Schriften zur
Europäischen Integration und
Internationalen Wirtschaftsordnung

Veröffentlichungen des
Wilhelm Merton-Zentrums für Europäische Integration und
Internationale Wirtschaftsordnung,

herausgegeben von

Professor Dr. Dr. Rainer Hofmann, Universität Frankfurt a. M.
Professor Dr. Stefan Kadelbach, Universität Frankfurt a. M.
Professor Dr. Rainer Klump, Universität Frankfurt a. M.

Band 57

Sascha Gourdet

Europäischer Grundrechtsschutz

Die Anwendung der Unionsgrundrechte in den Mitgliedstaaten der Europäischen Union und ihr Verhältnis zu den nationalen Grundrechten

Nomos

Onlineversion
Nomos eLibrary

Die Deutsche Nationalbibliothek verzeichnet diese Publikation in der Deutschen Nationalbibliografie; detaillierte bibliografische Daten sind im Internet über http://dnb.d-nb.de abrufbar.

Zugl.: Frankfurt am Main, Univ., Diss., 2021

ISBN 978-3-8487-8251-2 (Print)
ISBN 978-3-7489-2681-8 (ePDF)

1. Auflage 2021

Vorwort

Die vorliegende Arbeit wurde im Wintersemester 2020/2021 von der Fakultät für Rechtswissenschaft der Goethe-Universität Frankfurt am Main als Dissertation angenommen. Sie entstand während meiner Zeit als wissenschaftliche Hilfskraft von Herrn Professor Dr. Stefan Kadelbach, LL.M. Rechtsprechung und Literatur wurden im Wesentlichen bis März 2021 berücksichtigt.

Für die Anregung, die Bindung der Mitgliedstaaten an die Grundrechtecharta sowie deren Verhältnis zu nationalen Grundrechtsgewährleistungen näher zu untersuchen, danke ich meinem Doktorvater und Erstgutachter dieser Arbeit, Herrn Professor Dr. Stefan Kadelbach, LL.M. Für die stets ermutigende Betreuung während der gesamten Promotionszeit und die langjährige vertrauensvolle, wertschätzende Zusammenarbeit gilt ihm mein besonderer Dank.

Herrn Professor Dr. Dr. Rainer Hofmann danke ich für die Erstellung des Zweitgutachtens und die wertvollen Hinweise zur Überarbeitung des Manuskriptes. Für die zeitnahe Disputation möchte ich meinen beiden Gutachtern sowie dem Prüfungsvorsitzenden, Herrn Professor Dr. Matthias Jahn, herzlich danken.

Großer Dank gebührt meinen Kolleginnen Marie Dickel-Görig und Lea Isabelle Lang sowie meinen guten Freunden Benedikt Happ und Alexander Heger für die konstruktiven Anmerkungen bei der Korrektur des Manuskriptes und die Unterstützung während der gesamten Zeit.

Während meiner Promotion haben mich viele Kolleginnen und Kolleginnen am Institut für Öffentliches Recht stets in freundschaftlicher Weise begleitet. Herrn Professor Dr. Thomas Kleinlein danke ich für wertvolle Hinweise und Diskussionen. Für die gemeinsame Zeit und die gute Zusammenarbeit gebührt mein Dank meinen Kolleginnen und Kollegen Dr. Philipp Donath, Jennifer Ernst, Dr. Christina Henrich, Julia Hoffmann, Raven Kirchner, Jennifer Kring, Patricia Psaila, Luise Mehrling, Theresa Neumann, Thomas Siurkus und Malena Todt.

Der Studienstiftung des deutschen Volkes möchte ich für die finanzielle und immaterielle Unterstützung meinen Dank abstatten. Für die großzügige Gewährung eines Druckkostenzuschusses danke ich der Wilhelm Hahn und Erben-Stiftung in Bad Homburg.

Einen ganz besonderen Dank möchte ich meiner Familie und – allen voran – Johanna Steigerwald aussprechen, für die bedingungslose Unterstützung und den notwendigen Rückhalt während der gesamten Zeit.

Darmstadt, im April 2021 *Sascha Gourdet*

Inhaltsverzeichnis

Abkürzungsverzeichnis

a.A.	anderer Ansicht
ABl.	Amtsblatt (der Europäischen Gemeinschaften bzw. der Europäischen Union)
Abl. EG	Amtsblatt der Europäischen Gemeinschaften
Abs.	Absatz
AcP	Archiv für die civilistische Praxis
AEUV	Vertrag über die Arbeitsweise der Europäischen Union
a.F.	alte Fassung
AGG	Allgemeines Gleichbehandlungsgesetz
AnwBl.	Anwaltsblatt
AöR	Archiv des öffentlichen Rechts
Art.	Artikel
Aufl.	Auflage
AuR	Arbeit und Recht
BayVBl.	Bayerische Verwaltungsblätter
BAG	Bundesarbeitsgericht
Bd.	Band
BGBl.	Bundesgesetzblatt
BGH	Bundesgerichtshof
BT-Drs.	Bundestagsdrucksache
Buchst.	Buchstabe
BVerfG	Bundesverfassungsgericht
BVerfGE	Entscheidungssammlung des Bundesverfassungsgerichts
BVerfGG	Bundesverfassungsgerichtsgesetz
bzw.	beziehungsweise
B-VG	Bundes-Verfassungsgesetz
CDE	Cahiers de droit européen
CLJ	Cambridge Law Journal
CMLR	Common Market Law Review

ders.	derselbe
d.h.	das heißt
dies.	dieselbe, dieselben
DIP	Dokumentations- und Informationssystem für Parlamentarische Vorgänge
DÖV	Die Öffentliche Verwaltung
DSGVO	Europäische Datenschutz-Grundverordnung
DVBl.	Deutsches Verwaltungsblatt
ebd.	ebenda
EG	Europäische Gemeinschaft
EGKS	Europäische Gemeinschaft für Kohle und Stahl
EGMR	Europäischer Gerichtshof für Menschenrechte
EGV	Vertrag über die Europäische Gemeinschaft
EKMR	Europäische Kommission für Menschenrechte
EL	Ergänzungslieferung
ELJ	European Law Journal
ELR	European Law Review
EMRK	Europäische Menschenrechtskonvention
Entsch.	Entscheidung
ESM	European Stability Mechanism
ESZB	Europäisches System der Zentralbanken
EU	Europäische Union
EuConst	European Constitutional Law Review
EuCLR	European Criminal Law Review
EuG	Gericht der Europäischen Union
EuGH	Gerichtshof der Europäischen Union
EuGRZ	Europäische Grundrechte-Zeitschrift
EuR	Europarecht
Euratom	Europäische Atomgemeinschaft
EUV	Vertrag über die Europäische Union in der Fassung des Vertrags von Lissabon
EuZW	Europäische Zeitschrift für Wirtschaftsrecht
EWG	Europäische Wirtschaftsgemeinschaft

EWGV	Vertrag zur Gründung der Europäischen Wirtschaftsgemeinschaft
EWR	Europäischer Wirtschaftsraum
EWS	Europäisches Wirtschafts- und Steuerrecht
EZB	Europäische Zentralbank
f.	folgende
FAZ	Frankfurter Allgemeine Zeitung
ff.	fortfolgende
Fn.	Fußnote
FRA	Fundamental Rights Agency (Agentur der Europäischen Union für Grundrechte)
FS	Festschrift
GA	Generalanwalt / Generalanwältin
GASP	Gemeinsame Außen- und Sicherheitspolitik
gem.	gemäß
GESTA	Stand der Gesetzgebung des Bundes
GG	Grundgesetz
ggf.	gegebenenfalls
GLJ	German Law Journal
GRC, GRCh	Charta der Grundrechte der Europäischen Union
GRUR	Gewerblicher Rechtsschutz und Urheberrecht
GS	Gedächtnisschrift
HGR	Handbuch der Grundrechte
h.M.	herrschende Meinung
HRLR	Human Rights Law Review
HRRS	HöchstRichterliche Rechtsprechung im Strafrecht
Hrsg.	Herausgeber/in
Hs.	Halbsatz
HStR	Handbuch des Staatsrechts
I•CON	International Journal of Constitutional Law
ICLQ	International & Comparative Law Quarterly
i.E.	im Ergebnis

insb.	insbesondere
IPE	Handbuch Ius Publicum Europaeum
IR	Irish Reports
i.S.	im Sinne
i.S.d.	im Sinne der/des
i.S.e.	im Sinne eines/einer
i.S.v.	im Sinne von
IStR	Internationales Steuerrecht
i.V.m.	in Verbindung mit
JA	Juristische Arbeitsblätter
JBl.	Juristische Blätter
JCMS	Journal of Common Market Studies
JÖR	Jahrbuch Öffentliches Recht
JöR	Jahrbuch des Öffentlichen Rechts der Gegenwart
JR	Juristische Rundschau
JRP	Journal für Rechtspolitik
JURA	Juristische Ausbildung
JuS	Juristische Schulung
JZ	Juristenzeitung
KritV	Kritische Vierteljahresschrift für Gesetzgebung und Rechtswissenschaft
lit.	literra
LJN	Landelik Jurisprudentie Nummer (Entscheidungssammlung der Niederlande)
Maastricht J. Eur. & Comp. L.	Maastricht Journal of European and Comparative Law
m.	mit
MdEP	Mitglied des Europäischen Parlaments
MLR	The Modern Law Review
MMR	Multimedia und Recht
m.w.N.	mit weiteren Nachweisen

N.F.	Neue Folgen
NJECL	New Journal of European Criminal Law
NJW	Neue Juristische Wochenschrift
Nr.	Nummer
NStZ	Neue Zeitschrift für Strafrecht
NVwZ	Neue Zeitschrift für Verwaltungsrecht
NZA	Neue Zeitschrift für Arbeitsrecht
NZS	Neue Zeitschrift für Sozialrecht
NZWiSt	Neue Zeitschrift für Wirtschafts-, Steuer- und Unternehmensstrafrecht
OLG	Oberlandesgericht
OMT	Outright Monetary Transactions
ÖJZ	Österreichische Juristen-Zeitung
Öst. VerfGH	Österreichischer Verfassungsgerichtshof
PPU	procédure préjudicielle d'urgence
PSPP	Public Sector Asset Purchase Programme
PVS	Politische Vierteljahresschrift
QIL	Questions of International Law
RabelsZ	Rabels Zeitschrift für ausländisches und internationales Privatrecht
R.A.E.	Revue des Affaires Européennes
RdA	Recht der Arbeit
Rn.	Randnummer/n
Rs.	Rechtssache
RTDE	Revue trimestrielle de droit européen
S., s.	Seite, Satz, siehe
Slg.	Sammlung
sog.	sogenannt/e/n/r
TzBfG	Teilzeit- und Befristungsgesetz

u.	und
u.a.	unter anderem, und andere
UAbs.	Unterabsatz
UKSC	Supreme Court of the United Kingdom
UN	United Nations
Urt.	Urteil
v.	vom, von, gegen
verb.	verbunden/e
VerwArch	Verwaltungsarchiv
vgl.	vergleiche
VO	Verordnung
Vol.	Volume
Vorb.	Vorbemerkung
VVDStRL	Veröffentlichungen der Vereinigung der Deutschen Staatsrechtslehrer
VVE	Vertrag über eine Verfassung für Europa
YEL	Yearbook of European Law
ZaöRV	Zeitschrift für ausländisches öffentliches Recht und Völkerrecht
z.B.	zum Beispiel
ZEuP	Zeitschrift für Europäisches Privatrecht
ZEuS	Zeitschrift für europarechtliche Studien
Ziff.	Ziffer
zit.	zitiert
ZJS	Zeitschrift für das Juristische Studium
ZÖR	Zeitschrift für Öffentliches Recht
ZP	Zusatzprotokoll
ZParl	Zeitschrift für Parlamentsfragen
ZRP	Zeitschrift für Rechtspolitik
ZSE	Zeitschrift für Staats- und Europawissenschaften
ZUM	Zeitschrift für Urheber- und Medienrecht

Einleitung

Der Grundrechtsschutz in Europa befindet sich in einem stetigen Wandel und hat sich in den vergangenen Jahrzehnten erheblich verändert. Besonders deutlich wird dies im Verhältnis zwischen den nationalen Grundrechten und den Unionsgrundrechten, die bislang meist getrennt voneinander betrachtet wurden. Inzwischen ist zunehmend eine flexible Lösung im Sinne eines Grundrechtspluralismus zu beobachten. Dies zeigt sich etwa an den wegweisenden Beschlüssen des Bundesverfassungsgerichts aus dem Jahr 2019 zum sog. *Recht auf Vergessen*, in denen das Bundesverfassungsgericht die Unionsgrundrechte in bestimmten Situationen als Prüfungsmaßstab erachtet.[1] Auch weitere Verfassungs- bzw. Höchstgerichte sind zunehmend dazu bereit, Unionsgrundrechte in die eigene Prüfung einzubeziehen.[2]

Dieser Bedeutungswandel lässt sich auch aus einer historischen Perspektive erklären: Waren in der Zeit nach dem Zweiten Weltkrieg insbesondere die grund- und menschenrechtlichen Garantien der Nationalstaaten für den Einzelnen von entscheidender Bedeutung, so ist auf europäischer bzw. völkerrechtlicher Ebene zunächst mit der Konvention zum Schutze der Menschenrechte und Grundfreiheiten[3] und dem 1959 errichteten

---

1 BVerfGE 152, 152 – *Recht auf Vergessen I*; 152, 216 – *Recht auf Vergessen II*; s. dazu *Hofmann/Heger/Gharibyan*, KritV 2019, S. 277ff.; *Burchardt*, GLJ 21 (2020), Special Issue, S. 1ff.; *Edenharter*, DÖV 2020, S. 349ff.; *Geiger*, RTDE 2020, S. 225ff.; *Hoffmann*, NVwZ 2020, S. 33ff.; *Karpenstein/Kottmann*, EuZW 2020, S. 185ff.; *Klass*, ZUM 2020, S. 265ff.; *Klein*, DÖV 2020, S. 341ff.; *Kämmerer/Kotzur*, NVwZ 2020, S. 177ff.; *Kühling*, NJW 2020, S. 275ff.; *Makoski*, EuZW 2020, S. 1012ff.; *dies.*, EuZW 2020, S. 1053ff.; *Peifer*, GRUR 2020, S. 34ff.; *Thym*, EuConst 16 (2020), S. 1ff.; *Wendel*, JZ 2020, S. 157ff.; *ders.*, CMLR 57 (2020), S. 1383ff.; *Classen*, EuR 2021, S. 92ff.; umfassend zu diesen Entscheidungen auch die Beiträge im German Law Journal 21 (2020), Special Issue: Right to be forgotten BVerfG judgment. Der Zweite Senat hat sich inzwischen der Auffassung des Ersten Senats angeschlossen, BVerfG, Beschluss des Zweiten Senats v. 01.12.2020, 2 BvR 1845/18; dazu etwa *Hofmann/Heger*, EuGRZ 2021, S. 1ff.

2 S. etwa Öst. VerfGH, Erkenntnis v. 14.03.2012, U 466/11, U 1836/11; Cour constitutionnelle, Entscheid v. 15. März 2018, Nr. 29/2018; Corte costituzionale, Urt. Nr. 20/2019 v. 23.01.2019.

3 Gesetz über die Konvention zum Schutze der Menschenrechte und Grundfreiheiten vom 07.08.1952, BGBl. 1952 II, S. 685.

Europäischen Gerichtshof für Menschenrechte eine weitere Grund- bzw. Menschenrechtsordnung entstanden, welche den Individualrechtsschutz unmittelbar beeinflusst. Der Grundrechtsschutz in der Europäischen Union[4] hat sich hingegen vergleichsweise spät entwickelt: Die Gründungsverträge der ehemals bestehenden drei Europäischen Gemeinschaften – der Europäischen Gemeinschaft für Kohle und Stahl[5], der Europäischen Wirtschaftsgemeinschaft[6] und der Europäischen Atomgemeinschaft[7] – haben weder einen eigenständigen Grundrechtskatalog enthalten, noch finden sich sonstige Bezüge zu Grundrechten. Dies ist insbesondere damit zu erklären, dass die Europäischen Gemeinschaften primär wirtschaftliche Ziele verfolgten und eine über den wirtschaftlichen Bereich hinausgehende politische Integration zunächst nicht vorgesehen war.[8] Mit der zunehmenden Bedeutung des Unionsrechts, welche besonders deutlich wurde mit der Einordnung des Unionsrechts durch den EuGH als „neue Rechtsquelle des Völkerrechts (...), deren Rechtssubjekte nicht nur die Mitgliedstaaten, sondern auch die Einzelnen sind"[9] und dem damit verbundenen Vorrang vor nationalen Regelungen,[10] entwickelte der EuGH einen eigenständigen Grundrechtsschutz. Ausgangspunkt dieser Entwicklung sind die Rechtssachen *Stauder* und *Internationale Handelsgesellschaft*.[11] Die Unions-

4 Die Europäische Union besteht erst seit dem Vertrag von Maastricht, welcher am 01.11.1993 in Kraft getreten ist. Bis zum Inkrafttreten des Vertrags von Lissabon am 01.12.2009 wurde zudem zwischen Unionsrecht und Gemeinschaftsrecht unterschieden. Im Rahmen dieser Arbeit umfasst der Begriff Europäische Union auch den Zeitraum vor 1993, auch wird aus Gründen der Übersichtlichkeit nicht zwischen Gemeinschafts- und Unionsrecht differenziert, sondern einzig der Begriff Unionsrecht verwendet. Der Begriff Gemeinschaftsrecht wird nur gebraucht, sofern es sich um ein wörtliches Zitat handelt bzw. der Kontext dies zwingend erfordert.

5 Vertrag über die Gründung der Europäischen Gemeinschaft für Kohle und Stahl vom 18.04.1951, BGBl. 1952 II, S. 447.

6 Vertrag zur Gründung der Europäischen Wirtschaftsgemeinschaft vom 25.03.1957, BGBl. 1957 II, S. 766.

7 Vertrag zur Gründung der Europäischen Atomgemeinschaft vom 25.03.1957, BGBl. 1957 II, S. 1014.

8 *Chwolik-Lanfermann*, Grundrechtsschutz, 1994, S. 42ff.; *Mall*, Bindung der Mitgliedstaaten, 2012, S. 19.

9 EuGH, *Van Gend en Loos*, Rs. 26/62, EU:C:1963:1, S. 25.

10 Vgl. EuGH, *Costa/E.N.E.L.*, Rs. 6/64, EU:C:1964:66, S. 1270.

11 EuGH, *Stauder*, Rs. 29/69, EU:C:1969:57; *Internationale Handelsgesellschaft*, Rs. 11/70, EU:C:1970:114; s. zur Entwicklung der Grundrechte durch den EuGH allgemein *de Búrca*, in: Craig/de Búrca (Hrsg.), Evolution of EU Law, 2. Aufl., 2011, S. 465, 477ff.

grundrechte entstanden somit zunächst durch richterliche Rechtsfortbildung durch den EuGH unter Rückgriff auf die gemeinsamen Verfassungstraditionen der Mitgliedstaaten sowie die Vorschriften der Europäischen Konvention zum Schutz der Menschenrechte.[12] Positiv rechtlich wurde erstmals in der Präambel der Einheitlichen Europäischen Akte aus dem Jahr 1987[13] auf den Grundrechtsschutz verwiesen.[14] Mit dem Vertrag von Maastricht vom 07.02.1992[15] wurden Grundrechte sodann in Art. F des Vertrages auch im Primärrecht verankert, ohne jedoch deren Inhalt und Reichweite näher zu konkretisieren; insbesondere enthielt dieser keinen Grundrechtskatalog.[16] Die vorläufig letzte entscheidende Änderung in diesem Entwicklungsprozess stellt die Charta der Grundrechte der Europäischen Union (GRC) dar, die am 07.12.2000 von den Präsidenten des Europäischen Parlaments, des Rates und der Kommission unterzeichnet und feierlich proklamiert wurde.[17] Ursprünglich sollte die Charta Bestandteil einer Verfassung für Europa sein.[18] Nach dem Scheitern des Verfassungsprozesses wurde die GRC mit einigen Änderungen am 17.12.2007 erneut förmlich unterzeichnet. Rechtsverbindlichkeit erlangte die GRC mit Inkrafttreten am 01.12.2009, womit die Union erstmals über einen verbindlichen Grundrechtskatalog verfügt, der nach Art. 6 Abs. 1 EUV zum Primärrecht der EU gehört. Diese Entwicklung hat dazu beitragen,

12 Zu diesen Rechtsquellen ausführlich *Wetter*, Grundrechtscharta, 1998, S. 56ff.; *Cirkel*, Bindungen der Mitgliedstaaten, 2000, S. 34ff.; *Dauses*, Schutz der Grundrechte, 2010, S. 30ff.

13 Einheitliche Europäische Akte, ABl. L 169 v. 29.06.1987, S. 1.

14 Mit der Einheitlichen Europäischen Akte haben gemäß der Präambel die Mitgliedstaaten das Ziel, zu einer Europäischen Union beizutragen, beschlossen und ratifiziert „in dem Bewußtsein der Verantwortung Europas, ... ganz besonders für die Grundsätze der Demokratie und die Wahrung des Rechts und der Menschenrechte, denen sie sich verpflichtet fühlen, einzutreten ...".

15 Vertrag über die Europäische Union, ABl. C 191 v. 29.07.1992, S. 1.

16 Im Wesentlichen sind im Vertrag von Maastricht Grundrechte durch einen Verweis auf die EMRK und die gemeinsamen Verfassungsüberlieferungen der Mitgliedstaaten verankert, s. Art. F Abs. 2 des Vertrags von Maastricht: „Die Union achtet die Grundrechte, wie sie in der am 4. November 1950 in Rom unterzeichneten Europäischen Konvention zum Schutze der Menschenrechte und rundfreiheiten gewährleistet sind und wie sie sich aus den gemeinsamen Verfassungsüberlieferungen der Mitgliedstaaten als allgemeine Grundsätze des Gemeinschaftsrechts ergeben."

17 Proklamation der Charta der Grundrechte der Europäischen Union, ABl. C 364 v. 18.12.2000, S. 1.

18 Vertrag über eine Verfassung für Europa, ABl. C 310 v. 16.12.2004, S. 1.

dass sich zunehmend nationale Verfassungs- und Höchstgerichte mit den Unionsgrundrechten auseinandersetzen.

Insgesamt existieren somit als Mechanismen des Grundrechtsschutzes in Europa nationale Verfassungen, die EMRK und die GRC. Auf institutioneller Ebene bestehen mit den nationalen Verfassungsgerichten, dem EuGH und dem EGMR drei Institutionen, die als „Grundrechtsarchitekten“[19] bezeichnet werden können. Grundrechtsschutz in Europa muss daher stets im Mehrebenensystem gedacht werden. Als Folge dieser Entwicklung hin zu einem Grundrechtspluralismus in der EU ergeben sich einerseits umfassendere und vielfältigere Rechtsschutzmöglichkeiten für den Einzelnen, andererseits können sich Konflikte ergeben, etwa wenn sich Grundrechtsgewährleistungen materiell-rechtlich unterscheiden. Zudem können sich Abgrenzungsschwierigkeiten in Bezug auf die Geltung und Anwendbarkeit des jeweiligen Grundrechtskatalogs ergeben. Damit verbunden ist die Frage, welches Gericht zur (Letzt-)Entscheidung einer Grundrechtsstreitigkeit berufen ist. Die hier vertretene These ist, dass Lösungen im Einzelfall zu finden sind und die Frage nach dem „letzten Wort“ offenbleiben kann. Auf diese Weise können Rechtsprechungsdivergenzen und mögliche Konflikte vermieden werden.

Als Grundlage dieser Arbeit ist zunächst darzustellen, inwieweit Unionsrecht und mitgliedstaatliches Recht sich als jeweils eigenständige Rechtsordnungen beeinflussen und wie die EMRK in diese Rechtsordnungen einwirkt. Während Art. 1 EMRK grundsätzlich eine umfassende Bindung der Vertragsparteien an die EMRK normiert, gilt die Grundrechtecharta für die Mitgliedstaaten der EU gemäß Art. 51 Abs. 1 S. 1 GRC nur bei der „Durchführung des Rechts der Union“. Daraus ergibt sich, dass die Anwendbarkeit der GRC – im Gegensatz zur EMRK – auch von der Unionsrechtsordnung abhängig ist. Sodann sollen die materiellen Gewährleistungen der einzelnen Grundrechtskataloge sowie die institutionellen und prozeduralen Aspekte der verschiedenen Grundrechtsordnungen hinsichtlich Gemeinsamkeiten und Divergenzen untersucht werden. Dies ermöglicht es, denkbare Konflikte aufzuzeigen. Dabei wird sich zeigen, dass die Unionsrechtsordnung zunehmend Einfluss auf die Rechtsordnungen der Mitgliedstaaten hat und sowohl der EuGH als auch meist nationale Verfassungsgerichte eine Letztentscheidungskompetenz für sich reklamieren. Nationale Verfassungsgerichte sind aufgrund einer wachsenden Europäisierung vor vielfältige Herausforderungen gestellt, welche bis hin zu

---

19 *Schmahl*, EuR 2008, Beiheft 1, S. 7, 7; s. auch die Einschätzung dieser Spruchkörper als „Bermuda-Dreieck“, so zuerst *Lenz*, EuZW 1999, S. 311, 312.

Fragen der Existenz und Banalisierung von Verfassungsgerichtsbarkeit reichen.[20] Nationale Grundrechte und Unionsgrundrechte stehen daher in einem Spannungsverhältnis, welches sich von dem Verhältnis zwischen Unionsgrundrechten bzw. nationalen Grundrechten und den Rechten der EMRK unterscheidet (Kapitel 1).

Mit Inkrafttreten der GRC im Jahr 2009 und ihrer Anwendung durch den EuGH stellen sich mehr denn je Fragen zu diesem Verhältnis.[21] Aufgrund der kontinuierlich zunehmenden Spruchpraxis des EuGH im Bereich der Grundrechte ist die Frage des Verhältnisses von nationalen und europäischen Grundrechten von erhöhter Bedeutung. Während der EuGH vor Inkrafttreten der Charta nur äußerst selten eine Maßnahme der Union für grundrechtswidrig erklärte, zeigt sich seit Inkrafttreten, dass der EuGH den Grundrechtsschutz ernst nimmt und seine Grundrechtsprechung zunehmend vertieft, insbesondere hinsichtlich Maßnahmen der Union.[22] So erklärte der EuGH in der Rechtssache *Test Achats*[23] erstmals eine Richtlinie für unvereinbar mit den Unionsgrundrechten, in der Rechtssache *Schecke*[24] wurde ein Verstoß einer Verordnung gegen die Unionsgrundrechte festgestellt. Die zunehmende Bedeutung der Unionsgrundrechte in der Rechtsprechung des EuGH kommt auch in den Rechtssachen *Google Spain*, *Schrems* und *Facebook Ireland und Schrems* („*Schrems II*") zum Aus-

20 Vgl. *Schönberger*, in: Jestaedt/Lepsius/Möllers/Schönberger (Hrsg.), Das entgrenzte Gericht, 2011, S. 9, 59ff.

21 Die besondere Bedeutung der Rechtsverbindlichkeit betonen etwa *Lenaerts/Gutiérrez-Fons*, in: Peers/Hervey/Kenner/Ward (Hrsg.), EU Charter of Fundamental Rights, 2014, The Place of the Charter in the EU Constitutional Edifice, Rn. 55.04; *Sarmiento*, CMLR 50 (2013), S. 1267, 1268; darauf, dass der EuGH im Zeitraum von 2009 bis 2012 verstärkt die GRC zitierte und weniger auf die EMRK eingegangen ist und somit von einer verstärkten Bedeutung der GRC auszugehen sei, verweist d*e Búrca*, Maastricht J. Eur. & Comp. L. 20 (2013), S. 168, 174f.; die Zahl der Fälle vor dem EuGH in Bezug auf Auslegung und Anwendung der Grundrechtecharta hat ebenfalls erheblich zugenommen, s. *Lenaerts*, AnwBl. 2014, S. 772, Fn. 6; zum Bedeutungszuwachs der Unionsgrundrechte s. auch *Kingreen*, in: Kment (Hrsg.), FS Jarass, 2015, S. 51, 59ff.

22 *Kleinlein*, I•CON 15 (2017), S. 1157, 1164f.; s. auch *Cruz Villalón*, in: Öst. VerfGH (Hrsg.), Verfassungstag 2015, 2015, S. 13, 19.

23 EuGH, *Association Belge des Consommateurs Test-Achats u.a.*, Rs. C-236/09, EU:C:2011:100; s. auch *Digital Rights Ireland*, verb. Rs. C-293/12 und C-594/12, EU:C:2014:238.

24 EuGH, *Volker und Markus Schecke und Eifert*, verb. Rs. C-92/09 und C-93/09, EU:C:2010:662.

druck.[25] Die gestiegene Relevanz der Charta zeigt sich ferner daran, dass der Einfluss und die Auswirkungen der Unionsgrundrechte auf nationale Rechtsgebiete zunehmend Gegenstände rechtswissenschaftlicher Untersuchungen sind.[26] Die Betrachtung von nationalen Grundrechten und Unionsgrundrechten soll daher den Schwerpunkt der weiteren Untersuchung bilden.

Entscheidend ist dabei stets die Frage, wann die Mitgliedstaaten der EU überhaupt an Unionsgrundrechte gebunden sind. Nach Art. 51 Abs. 1 S. 1 GRC gilt die Charta „für die Mitgliedstaaten ausschließlich bei der Durchführung des Rechts der Union." Trotz dieser normativen Grundlage und ausführlichen rechtswissenschaftlichen Untersuchungen zur genauen Reichweite der Bindung der Mitgliedstaaten, ist nach wie vor ungeklärt, in welchen Situationen konkret die Mitgliedstaaten an Unionsgrundrechte gebunden sind.[27] Insbesondere ist die Bedeutung des Begriffs „Durchführung des Rechts der Union" i.S.d. Art. 51 Abs. 1 S. 1 GRC nicht eindeutig. Für Aufsehen sorgte in diesem Zusammenhang insbesondere das als Grundsatzentscheidung zur mitgliedstaatlichen Bindung an Unionsgrundrechte klassifizierte Urteil des EuGH in der Rechtsache *Åkerberg*

---

25 EuGH, *Google Spain*, Rs. C-131/12, EU:C:2014:317; *Schrems*, Rs. C-362/14, EU:C:2015:650; *Facebook Ireland und Schrems*, Rs. C-311/18, EU:C:2020:559.

26 S. etwa im Datenschutzrecht *Pötters*, Grundrechte und Beschäftigtendatenschutz, 2013; *Jung*, Grundrechtsschutz auf europäischer Ebene – am Beispiel des personenbezogenen Datenschutzes, 2016; im Strafverfahrensrecht *Esser*, in: Jahn/Radtke (Hrsg.), Deutsche Strafprozessreform und Europäische Grundrechte, 2016, S. 55, 79ff.; der auch darauf hinweist, dass die bestehende Struktur des Grundrechtsschutzes in Europa die Strafrechtspraxis vor „erhebliche Anwendungs- und Abgrenzungsschwierigkeiten" stelle, *ebd.*, S. 88; die gestiegene Bedeutung der Unionsgrundrechte im Strafverfahrensrecht betonen auch *Safferling/Rückert*, NJW 2021, S. 287ff.; im Privatrecht *Starke*, EU-Grundrechte und Vertragsrecht, 2016; Heiderhoff/Lohsse/Schulze (Hrsg.), EU-Grundrechte und Privatrecht, 2016.

27 So z.B. aus dem deutschsprachigen Schrifttum *Jones*, Bindung der Mitgliedstaaten an die Grundrechte der Europäischen Gemeinschaft, 1999; *Cirkel*, Bindungen der Mitgliedstaaten an die Gemeinschaftsgrundrechte, 2000; *Fries*, Die Grundrechtsbindung der Mitgliedstaaten nach dem Gemeinschaftsrecht, 2002; *Schaller*, EU-Mitgliedstaaten als Verpflichtungsadressaten der Gemeinschaftsgrundrechte, 2003; *Wallrab*, Die Verpflichteten der Gemeinschaftsgrundrechte, 2004; *Brosius-Gersdorf*, Bindung der Mitgliedstaaten, 2005; nach dem Inkrafttreten der Grundrechtecharta *Bleckmann*, Nationale Grundrechte im Anwendungsbereich des EU-Rechts, 2011; *Nusser*, Bindung der Mitgliedstaaten, 2011; *Mall*, Bindung der Mitgliedstaaten, 2012; *Heuer*, Art. 51 Abs. 1 Satz 1 GRC, 2014; *Fontaine*, Anwendbarkeit und Durchsetzbarkeit, 2018; *Pirker*, Grundrechtsschutz, 2018.

Fransson.[28] Weder dieses Urteil, noch die Folgerechtsprechung des EuGH, haben bislang jedoch zu der notwendigen Konkretisierung des Begriffs „Durchführung des Rechts der Union“ des Art. 51 Abs. 1 S. 1 GRC geführt. Auch mehr als zehn Jahre nach Inkrafttreten der GRC bestehen erhebliche Schwierigkeiten, den genauen Geltungsbereich der Charta in den Mitgliedstaaten zu ermitteln.[29] Die vorliegende Untersuchung will daher einen Beitrag dazu leisten, den Anwendungsbereich der Grundrechtecharta näher zu bestimmen. Im Zusammenhang mit der mitgliedstaatlichen Bindung an Unionsgrundrechte wird auch die Bindung Privater an die

---

28 EuGH, *Åkerberg Fransson*, Rs. C-617/10, EU:C:2013:280; Besprechung und Anmerkungen: *Eckstein*, ZIS 5/2013, S. 220ff.; *Fontanelli*, EuConst 9 (2013), S. 315ff.; *ders.*, ELR 2014, S. 682, 684ff.; *Gstrein/Zeitzmann*, ZEuS 2013, S. 239ff.; *Hancox*, CMLR 50 (2013), S. 1411ff.; *Hoffmann/Kollmar*, DVBl.2013, S. 717ff.; *Kadelbach*, KritV 2013, S. 276ff.; *Kingreen*, EuR 2013, S. 446ff.; *Kronenberger*, R.A.E. 2013, S. 147ff.; *Lenz*, EWS 2013, S. I; *Ogorek*, JA 2013, S. 956ff.; *Posch*, ÖJZ 2013, S. 380ff.; *Rabe*, NJW 2013, S. 1407ff.; *Reestman/Besselink*, EuConst 9 (2013), S. 169ff.; *Ritleng*, RTDE 2013, S. 267ff.; *Sarmiento*, CMLR 50 (2013), S. 1267ff.; *Streinz*, JuS 2013, S. 568ff.; *Thym*, NVwZ 2013, S. 889ff.; *van Bockel/Wattel*, ELR 38 (2013), S. 866ff.; *Vervaele*, Review of European Administrative Law 6 (2013), S. 113ff.; *Winter*, NZA 2013, S. 473ff.; *Wegner*, HRRS 2013, S. 126ff.; *Weiß*, EuZW 2013, S. 287ff.; *Epiney*, CDE 2014, S. 283ff.; *Frenzel*, Der Staat 53 (2014), S. 1; *Geiß*, DÖV 2014, S. 265ff. *Lange*, NVwZ 2014, S. 269ff.; *Safferling*, NStZ 2014, S. 545, 547ff.; *Scholz*, DVBl. 2014, S. 197ff.; *Szwarc*, European Public Law 20 (2014), S. 229ff.; *Zeder*, ÖJZ 2014, S. 494ff.; von „herausragender Bedeutung“ des Urteils spricht etwa *van Ooyen*, Staatstheorie, 8. Aufl., 2020, S. 162; zur Bedeutung des Urteils s. auch *van Bockel/Wattel*, ELR 38 (2013), S. 866, 871ff.; zu Hintergründen und der Bedeutung im schwedischen Recht *Nergelius/Kristoffersson (Hrsg.), Human Rights in Contemporary European Law – Swedish Studies in European Law Volume 6, Oxford/Portland 2015.*

29 S. dazu die Begründung zum Bericht des Ausschusses für konstitutionelle Fragen über die Umsetzung der Charta der Grundrechte der Europäischen Union im institutionellen Gefüge der EU (2017/2089(INI)) vom 30.01.2019. Dort wird festgestellt: „Trotz der Klarstellungen des EuGH zeigt sich an den nationalen Verfahren, dass es nach wie vor schwierig ist, zu beurteilen, ob und wie die Charta konkret gilt. Interessanterweise nutzen manchmal nationale Richter die Charta als Auslegungsquelle des positiven Rechts, auch in Fällen, die nicht in den Anwendungsbereich des EU-Rechts fallen. Generell führt diese Unklarheit in Verbindung mit weit verbreiteten Sensibilisierungsdefiziten in Bezug auf die Charta und dem Fehlen nationaler Strategien zur Förderung ihrer Anwendung jedoch dazu, dass die Charta auf nationaler Ebene in wesentlichem Maße nicht zurate gezogen wird. (…) Auf jeden Fall ist es von größter Bedeutung, den Anwendungsbereich besser zu klären und eine weniger starre Auslegung von Artikel 51 der Charta zu erreichen sowie gleichzeitig die Möglichkeit der Aufhebung dieses Artikels im Falle einer Revision der Verträge zu prüfen.“. S. auch *Berramdane*, Revue de l'Union Européenne 2020, S. 548, 548.

Charta (sog. Drittwirkung) oder die extraterritoriale Wirkung der GRC diskutiert. Diese beiden Themenfelder sollen jedoch nicht Gegenstand dieser Arbeit sein.[30] Die Kernfrage, der sich diese Untersuchung widmet, ist, welches mitgliedstaatliche Handeln eine Bindung an die Charta nach Art. 51 Abs. 1 S. 1 GRC begründet. Nach der Darstellung der Grundrechtsverpflichtung der Mitgliedstaaten vor Inkrafttreten der GRC bedarf es dazu der Auslegung des Art. 51 Abs. 1 S. 1 GRC, wobei insbesondere der Wortlaut dieser Norm in allen Amtssprachen der EU untersucht werden soll. Eine der Auslegung folgende Konkretisierung des Begriffs „Durchführung" soll durch die Zusammenführung und Weiterentwicklung von Ansätzen aus der Rechtswissenschaft und der Rechtsprechung erfolgen. Die Bestimmung der mitgliedstaatlichen Bindung an Unionsgrundrechte nach Art. 51 Abs. 1 S. 1 GRC lässt sich in Fallgruppen systematisieren, die den aktuellen Stand der Rechtsprechung abbilden, allerdings auch einer Weiterentwicklung zugänglich sind. Daher ist eine abschließende Klärung der Frage, in welchen Fällen konkret eine Bindungswirkung eintreten kann, nicht möglich und angesichts der möglichen künftigen Fallgestaltungen zum heutigen Zeitpunkt auch nicht erforderlich (Kapitel 2).

Aufbauend auf diesen Ergebnissen wird sich zeigen, dass eine strikte Trennung der verschiedenen Grundrechtssphären nicht uneingeschränkt möglich ist. Dementsprechend ist ein Verständnis des Art. 51 Abs. 1 S. 1 GRC als kollisionsrechtliche Lösung im Sinne einer Abgrenzung der verschiedenen Grundrechtssphären jedenfalls teilweise zu verwerfen. Daher ist es erforderlich, das Verhältnis von Unionsgrundrechten und nationalen Grundrechten – und damit verbunden das Verhältnis von EuGH und nationalen Verfassungsgerichten – näher zu untersuchen. Dieses Verhältnis ist seit Gründung der Europäischen Gemeinschaft umstritten und wird seitdem in der Literatur aus rechtswissenschaftlicher und rechtspolitischer Perspektive diskutiert.[31] Gerade die Frage der Anwendbarkeit der

30 S. zur Drittwirkung der Charta etwa *Stein*, Drittwirkung im Unionsrecht, 2016, S. 73ff.; *Pirker*, Grundrechtsschutz, 2018, S. 228ff.; der EuGH hat in einigen Fällen eine unmittelbare Drittwirkung bejaht, s. EuGH, *Egenberger*, Rs. C-414/16, EU:C:2018:257, Rn. 77ff.; *Bauer*, verb. Rs. C-569/16 und C-570/16, EU:C:2018:871, Rn. 87ff.; *Max-Planck-Gesellschaft zur Förderung der Wissenschaften*, Rs. C-684/16, Rn. 76ff.; zur extraterritorialen Wirkung der GRC etwa *Fontaine*, Anwendbarkeit und Durchsetzbarkeit, 2018, S. 338ff.

31 Aus der neueren Literatur umfassend *Klatt*, Praktische Konkordanz, 2014; ohne ausführlich auf das Verhältnis von Unionsgrundrechten und nationalen Grundrechte einzugehen *Proelß*, Bundesverfassungsgericht und überstaatliche Gerichtsbarkeit, 2014; ohne Berücksichtigung des EGMR *Büdenbender*, Verhältnis des

Unionsgrundrechte und des Verhältnisses von nationalen Grundrechten sowie Unionsgrundrechten sind nach wie vor ein Schwerpunkt der Diskussion um den europäischen Grundrechtsschutz und weiterhin besonders relevant.[32] In der Bundesrepublik Deutschland sind dabei die Beschlüsse des Bundesverfassungsgerichts zum *Recht auf Vergessen* für die Fortentwicklung des nationalen Grundrechtsschutzes im Zusammenwirken mit den Unionsgrundrechten in der Bundesrepublik Deutschland von erheblicher Bedeutung.

Angesichts möglicher Konflikte bei der Auslegung und Anwendung der Unionsgrundrechte im Zusammenspiel mit den nationalen Grundrechtsgewährleistungen ist zu erörtern, inwieweit einerseits die einheitliche Anwendung der Unionsgrundrechte sichergestellt werden kann, andererseits nationalen Gerichten Spielräume zur Entfaltung eigener grundrechtlicher Wertungen eingeräumt werden können. Es wird in diesem Zusammenhang vorgeschlagen, mögliche Konflikte nach einem Vorrangprinzip aufzulösen; demgegenüber stehen Ansätze, die eine grundsätzliche Letztentscheidungsbefugnis eines Gerichts ablehnen.[33] Weitgehend ungeklärt ist dabei, ob auch bei grund- und menschenrechtlichen Normen die allgemeinen Regelungen zu Vorrang und Konkurrenzen anwendbar sind.[34] Es wird sich zeigen, dass die Frage, welches Gericht das „letzte Wort" im

---

Europäischen Gerichtshofs, 2004; *Torres Pérez*, Conflicts of Rights, 2009; allgemein zum Verhältnis zwischen EuGH und nationalen Verfassungsgerichten *Lenaerts*, EuR 2015, S. 3; s. auch *Pernice*, Das Verhältnis europäischer zu nationalen Gerichten, 2006, S. 6, Fn. 1 m.w.N; Matz-Lück/Hong (Hrsg.), Grundrechte und Grundfreiheiten im Mehrebenensystem, 2012; *Hufeld/Rathke*, EuR 2013, Beiheft 3, S. 7; im Schwerpunkt auf das Verhältnis von EuGH zu EGMR abstellend *Hentschel-Bednorz*, Derzeitige Rolle und zukünftige Perspektive des EuGH, 2012; im Wesentlichen das Verhältnis von BVerfG und EGMR betrachtend *Rohleder*, Grundrechtsschutz im europäischen Mehrebenen-System, 2009.

32 *Dombert*, Grundrechtsföderalismus, 2017, S. 39.

33 Einen generellen Vorrang betont etwa *Hentschel-Bednorz*, Derzeitige Rolle und zukünftige Perspektive des EuGH, 2012, S. 172; *Grabenwarter*, in: Schumann (Hrsg.), Hierarchie, Kooperation und Integration, 2015, S. 129, 142; Ansätze normativer Hierarchisierung im Verhältnis von BVerfG und EuGH sieht *Dörr*, DVBl. 2006, S. 1088, 1089; für flexible Lösungsmodelle etwa *Lenaerts*, EuR 2015, S. 3, 27; in diesem Verhältnis sei nach der Vorstellung von *Lenaerts* die Beachtung der Wertevielfalt der Mitgliedstaaten möglich, Grenzen ergeben sich bei einer Gefährdung der Grundwerte der Union und bei Wertungen des Unionsgesetzgebers, *Lenaerts*, EuR 2015, S. 3, 20ff.; von „Dialog und Kooperation" spricht *von Danwitz*, EuGRZ 2013, S. 253, 261; „Zurückhaltung und Dialog" fordert *Kirchhof*, EuR 2014, S. 267, 272ff.

34 *Schmidt*, Grund- und Menschenrechte, 2013, S. 145.

Grundrechtsbereich hat, offenbleiben kann und keine strikte Hierarchie der Grundrechtsebenen besteht. Dieses Verständnis entspricht den rechtstheoretischen Ansätzen eines pluralistischen Verständnisses, insbesondere dem sog. konstitutionellen Pluralismus (*constitutional pluralism*), der von einem großen Teil des Schrifttums als rechtstheoretischer Zugang zur europäischen Integration aufgefasst wird.[35] Dieser beschreibt die Besonderheit, dass sowohl die mitgliedstaatlichen Rechtsordnungen als auch die Rechtsordnung der Union selbst den Status rechtlicher Unabgeleitetheit für sich beanspruchen und sich somit als Alternative zu einem auf Über- und Unterordnungsbeziehungen aufbauenden hierarchischen Verständnis der Union versteht.[36] Die vorliegende Arbeit wird Argumente dieses Verständnisses aufgreifen, kann jedoch keine umfassende Diskussion der verschiedenen Ansätze und keine ausführliche rechtstheoretische Betrachtung leisten.[37] Im Vordergrund soll eine jurisdiktionsbezogene Analyse des Verhältnisses von Unionsrecht und nationalem Recht stehen, die, trotz bestehender Gemeinsamkeiten, getrennt von einer rechtstheoretischen Analyse zu sehen ist.[38] Schließlich soll eine Methode dargestellt werden, wie na-

---

35 Dieser Ansatz im Kontext der europäischen Union geht zurück auf *MacCormick*, ELJ 1 (1995), S. 259ff.; *ders.*, Questioning Sovereignty, 1999, S. 102ff. und wurde etwa von *Walker*, MLR 65 (2002), S. 317ff. aufgegriffen und über die europäische Integration hinaus weiterentwickelt; vgl. zur Entstehung *Avbelj/Komárek*, in: Avbelj/Komárek (Hrsg.), Constitutional Pluralism, 2012, S. 1, 2ff.; zur Bedeutung *Kleinlein*, Grundrechtsföderalismus, 2020, S. 15 m. Nachweisen; kritisch dazu etwa *Kelemen*, Maastricht J. Eur. & Comp. L. 23 (2016), S. 136ff.; zu beachten ist, dass sich der *constitutional pluralism* von den klassischen Verständnissen des Konstitutionalismus und des Pluralismus unterscheidet, s. dazu *Kadelbach*, in: Bung/Engländer (Hrsg.), Souveränität, Transstaatlichkeit und Weltverfassung, 2017, S. 97ff.; zur Abgrenzung des ebenfalls in diesem Kontext verwendeten Begriffs des „Verbunds" bzw. des *multilevel constitutionalism*, s. *Calliess/Schnettger*, in: Calliess/van der Schyff (Hrsg.), Constitutional Identity, 2019, S. 348, 356ff.; s. für das Verhältnis von internationalem Menschenrechtsschutz und nationalem Grundrechtsschutzschutz auch *Benvenisti/Harel*, I•CON 15 (2017), S. 36ff., die insofern von *„discordant parity"* sprechen, *ebd.*, S. 36, 51ff.

36 Vgl. *Walker*, MLR 65 (2002), S. 317, 337; *Maduro*, in: Walker (Hrsg.), Sovereignty in Transition, 2003, S. 501ff.; *Kumm*, ELJ 11 (2005), S. 262ff.; *Wendel*, Permeabilität, 2011, S. 17ff.; *Walker*, ELJ 22 (2016), S. 333, 333f.; *Kleinlein*, Grundrechtsföderalismus, 2020, S. 13f.; s. zu den unterschiedlichen Begriffen und Ansätzen etwa *Tuori*, in: Douglas-Scott/Hatzis (Hrsg.), Research Handbook on EU Law and Human Rights, 2017, S. 35ff.

37 Für einen Überblick hinsichtlich der vertretenen Varianten des *constitutional pluralism* s. *Avbelj/Komárek*, in: Avbelj/Komárek (Hrsg.), Constitutional Pluralism, 2012, S. 1, 4ff. sowie die Beiträge in diesem Sammelband.

38 S. auch *Burchardt*, Rangfrage, 2015, S. 8f.

tionale Verfassungsgerichte Unionsgrundrechte anwenden können und wie ein entsprechender nationaler Spielraum ausgestaltet werden kann. Eine Fortentwicklung und Stärkung des europäischen Grundrechtsschutzes kann dabei nur im „Dialog“ der nationalen Verfassungs- bzw. Höchstgerichte mit dem EuGH erfolgen. Aufzuzeigen ist, unter welchen prozessualen Rahmenbedingungen ein solcher stattfinden kann (Kapitel 3).

Um ein vollständiges Bild des Grundrechtsschutzes in Europa zu zeichnen, ist es schließlich erforderlich, auf das Verhältnis der EU zur EMRK einzugehen. Art. 6 Abs. 2 EUV sieht vor, dass die Union der EMRK beitritt. Mit dem Gutachten 2/13 hat der EuGH das Beitrittsübereinkommen für unionsrechtswidrig erklärt, weshalb der Beitritt zunächst in weite Ferne gerückt zu sein schien.[39] Erneute Beitrittsverhandlungen haben im Herbst 2020 begonnen. Zu untersuchen ist daher, unter welchen Umständen nach diesem Gutachten ein Betritt der EU zur EMRK möglich ist. Nicht zuletzt, um die Glaubwürdigkeit der EU in grund- und menschenrechtlichen Fragestellungen unter Beweis zu stellen, ist der Beitritt trotz der gestiegenen Bedeutung der Unionsgrundrechte weiterhin erforderlich. Darzustellen ist daher, wie sich ein solcher auf das Verhältnis von Unionsgrundrechten, den Rechten der EMRK und nationalen Grundrechten auswirkt (Kapitel 4).

In einem abschließenden Kapitel werden die wesentlichen Ergebnisse der Arbeit zusammengefasst und mögliche Folgen für die weitere Entwicklung des Grundrechtsschutzes in Europa dargestellt (Kapitel 5).

---

39 EuGH, *EMRK-Beitritt II*, Gutachten 2/13, EU:C:2014:2454; dazu etwa *Breuer*, EuR 2015, S. 330ff.; *de Witte/Imamović*, ELR 40 (2015), S. 683ff.; *Eeckhout*, Fordham International Law Journal 38 (2015), S. 955ff.; *Halberstam*, GLJ 16 (2015), S. 105ff.; *Krenn*, GLJ 16 (2015), S. 147ff.; *Lock*, EuConst 11 (2015), S. 239ff.; *Peers*, GLJ 16 (2015), S. 214ff.; *Pernice*, CDE 2015, S. 47ff.; *Spaventa*, Maastricht J. Eur. & Comp. L. 22 (2015), S. 35ff.; *Tomuschat*, EuGRZ 2015, S. 133f.; *Wendel*, NJW 2015, S. 921ff.; *Polakiewicz*, Human Rights Law Journal 36 (2016), S. 10ff.; *Guerra Martins*, in: Papadopoulou/Pernice/Weiler (Hrsg.), Legitimacy Issues of the European Union, 2. Aufl., 2018, S. 233ff.

1. Kapitel: Grundrechtsschutz im Spannungsfeld zwischen nationalem Recht, Unions- und Völkerrecht

Der „europäische Verfassungsgerichtsverbund“[40] – bestehend aus nationalen Verfassungsgerichten,[41] dem EuGH und dem EGMR – gewinnt zunehmend an Bedeutung. Dabei birgt insbesondere das Verhältnis von nationalen Grundrechten und Unionsgrundrechten Konfliktpotential. Aus nationaler Sicht wird befürchtet, dass für den Grundrechtsschutz verstärkt der EuGH zuständig ist und nationale Gerichte zunehmend an Einfluss in diesem Bereich verlieren.[42] Hintergrund dieser Annahme ist, dass das Unionsrecht sich stetig auf das nationale Recht auswirkt und dies aufgrund der Bindung der Mitgliedstaaten an Unionsgrundrechte bei der „Durchführung des Rechts der Union“ auch den Grundrechtsschutz berührt. Zu untersuchen ist daher zunächst, wie das Unionsrecht nationales Recht beeinflussen kann (A.). Um die These zu belegen, dass das Verhältnis von nationalen Grundrechten und Unionsgrundrechten besonderer Aufmerksamkeit bedarf, aber auch um die Grundlage für die weitere Untersuchung zu bereiten, sind sodann die Wirkungsweise der jeweiligen Grundrechtssysteme und anhand zentraler Entscheidungen von Bundesverfas-

---

40 *Voßkuhle*, NVwZ 2010, S. 1, 3; s. zuvor bereits vom „europäischen Verfassungsgerichtsverbund“ sprechend bei einem Vortrag am 04.09.2009, *ders.*, JöR N.F. 59 (2011), S. 215ff.

41 In 18 Mitgliedstaaten existiert eine zentralisierte Verfassungsgerichtsbarkeit, während in den übrigen neun Mitgliedstaaten Verfassungsfragen von obersten nationalen Gerichten mit entschieden werden. Spezielle Verfassungsgerichte bestehen in Belgien, Bulgarien, Deutschland, Italien, Kroatien, Lettland, Litauen, Luxemburg, Malta, Österreich, Polen, Portugal, Rumänien, der Slowakei, Slowenien, Spanien, Ungarn und der Tschechischen Republik,; oberste Gerichte fungieren in Dänemark, Estland, Frankreich, Irland und Zypern als Verfassungsgerichtsbarkeit; in Finnland, Griechenland, den Niederlanden und Schweden werden die Funktionen eines Verfassungsgerichts von unterschiedlichen Spruchkörpern ausgeübt, *Lenaerts*, EuR 2015, S. 3, 4; *Haltern*, Europarecht, Bd. II, 2017, § 10, S. 529.

42 S. etwa *Aden*, in: Brosig (Hrsg.), Human Rights in Europe, 2006, S. 57, 63; *Kleinlein*, I•CON 15 (2017), S. 1157, 1165; bereits zu Beginn der mitgliedstaatlichen Bindung an europäische Grundrechte gehen *Coppel/O'Neill*, CMLR 29 (1992), S. 669ff. davon aus, dass der EuGH mit den Grundrechten seine Zuständigkeit auf Bereiche, welche den Mitgliedstaaten vorbehalten sind, ausweitet; Kritik daran von *Weiler/Lockhart*, CMLR 32 (1995), S. 51ff.; 579ff.

sungsgericht, EuGH und EGMR die Wechselwirkungen dieser Systeme zu erörtern. Hierzu bedarf es auch eines Vergleichs der Akteure des „europäischen Verfassungsgerichtsverbunds" in prozeduraler und institutioneller Hinsicht (B.). Ausgangspunkt soll hierbei zunächst das Verständnis bis zum Inkrafttreten der GRC bilden, auf die neueren Entwicklungen ist in den folgenden Kapiteln einzugehen. Darzustellen ist schließlich, ob und in welchen Bereichen Konflikte zwischen nationalem und europäischem Grundrechtsschutz auftreten können (C.).

A. Nationales Recht und Unionsrecht

Bereits unmittelbar aus dem Wortlaut des Art. 51 Abs. 1 S. 1 GRC ergibt sich, dass die Mitgliedstaaten nicht in jeder denkbaren Situation an Unionsgrundrechte gebunden sind, sondern die Frage der Bindung an Unionsgrundrechte nur in Abhängigkeit des jeweiligen Sachverhalts von Unionsrecht beantwortet werden kann. Im weiteren Verlauf der Arbeit geht es somit um die Anwendbarkeit der Grundrechtecharta auf nationales Recht, welches unionsrechtlich beeinflusst ist, sodass auf die Besonderheiten des Unionsrechts und seinen Rechtsquellen sowie Handlungsformen einzugehen ist. Daher ist es zunächst erforderlich, nach dem Verhältnis von Unionsrecht und nationalem Recht im Allgemeinen zu fragen (I.).[43] Dies soll aus der Perspektive des EuGH und der Verfassungsgerichte der Mitgliedstaaten der Union erfolgen. Darauf aufbauend ist im Überblick darzustellen, wie sich Unionsrecht direkt oder indirekt auf die Rechtsvorschriften der Mitgliedstaaten auswirken kann. Dabei ist auf die wesentlichen Handlungsformen der Union und deren tatsächliche Auswirkungen auf nationales Recht einzugehen (II.).

---

43 Die nachfolgende Darstellung orientiert sich vor allem an der Sichtweise der jeweiligen Gerichte, zu einer rechtstheoretischen Betrachtung des Verhältnisses von Unionsrecht und nationalem Recht s. etwa *Burchardt*, Die Rangfrage im europäischen Normenverbund, 2015.

I. Verhältnis von Unionsrecht und nationalem Recht

Trotz des Fehlens einer geschriebenen Regel[44] zum Verhältnis von Unionsrecht und nationalem Recht im Primärrecht ist in der Wissenschaft sowie in der europäischen und der nationalen Rechtsprechung der Mitgliedstaaten anerkannt, dass Unionsrecht Vorrang vor nationalem Recht zukommt, wobei weitgehend Einigkeit darüber besteht, dass es sich dabei um einen Anwendungsvorrang und nicht um einen Geltungsvorrang handelt.[45] Unterschiede bestehen in der Begründung des Vorrangs und in der Beurteilung hinsichtlich dessen Reichweite. Im Folgenden wird zunächst die Sichtweise des EuGH dargestellt (1.), bevor die Rechtsprechung des Bundesverfassungsgerichts zum Verhältnis von Unionsrecht und nationalem Recht in chronologischer Reihenfolge betrachtet wird (2.). Diese soll den Schwerpunkt der Betrachtung der Vorrangfrage in den Mitgliedstaaten bilden, da das Bundesverfassungsgericht in einer Vielzahl von Entscheidungen unterschiedliche Ansätze zum Verhältnis von Unionsrecht und nationalem Recht entwickelt hat. Auf die weiteren Mitgliedstaaten kann im Rahmen dieser Arbeit, auch aufgrund fehlender detaillierter Rechtskenntnisse in allen Mitgliedstaaten, nur holzschnittartig eingegangen werden (3.).

1. Aus der Perspektive des EuGH: Absoluter Vorrang des Unionsrechts

Der EuGH stellte 1964 in der Rechtssache *Costa/E.N.E.L* dar, dass „dem vom Vertrag geschaffenen, somit aus einer autonomen Rechtsquelle fließenden Recht wegen dieser seiner Eigenständigkeit keine wie immer gearteten innerstaatlichen Rechtsvorschriften vorgehen können, wenn ihm nicht sein Charakter als Gemeinschaftsrecht aberkannt und wenn nicht die Rechtsgrundlage der Gemeinschaft selbst in Frage gestellt werden soll", sodass erstmals ausdrücklich ein absoluter Vorrang des Unionsrechts statu-

---

44 Im Verfassungsvertrag (Vertrag über eine Verfassung für Europa, 2004/C 310/01, ABl. C 310 v. 16.12.2004, S. I-474) war zwar in Art. I-6 vorgesehen, dass der Vorrang des Unionsrecht normiert wird. Bekanntlich ist der Verfassungsvertrag jedoch gescheitert. In der Erklärung Nr. 17 zum Vertrag von Lissabon wird nun mehr darauf hingewiesen, dass Unionsrecht Vorrang vor mitgliedstaatlichem Recht hat, diese Erklärung ist jedoch nicht rechtsverbindlich, s. *Berger*, Anwendungsvorrang, 2015, S. 37ff.

45 *Berger*, Anwendungsvorrang, 2015, S. 66; *Simon*, Grenzen des Bundesverfassungsgerichts, 2016, S. 82.

iert wurde.[46] Dieser Vorrang wurde, und wird nach wie vor, maßgeblich mit der Eigenständigkeit des Unionsrechts begründet, wobei der autonome Charakter des Unionsrechts und somit der Unterschied zu gewöhnlichen internationalen Verträgen betont wurde.[47] Da sich das Unionsrecht somit von seiner völkerrechtlichen Grundlage gelöst hat, kann die Klärung des Rangverhältnisses im innerstaatlichen Rechtskreis aus unionsrechtlicher Perspektive nicht dem nationalen Recht überantwortet werden.[48]

In der Folgerechtsprechung hat der EuGH klargestellt, dass nationales Recht, welches vor Unionsrecht erlassen wurde, dem Unionsrecht nicht entgegengehalten werden kann.[49] In diesen Entscheidungen ging es jeweils um den Vorrang vor einfachem nationalen Recht; die These vom absoluten Vorrang des Unionsrechts wurde 1970 in der Rechtssache *Internationale Handelsgesellschaft* für nationales Verfassungsrecht bestätigt.[50] Auch dies wurde mit der erforderlichen einheitlichen Geltung des Unionsrechts sowie dessen Autonomie begründet.[51] Der Vorrang des Unionsrechts gilt auch gegenüber später erlassenem nationalen Recht, sodass der *lex posterior*-Grundsatz keine Anwendung findet.[52] In seiner späteren Rechtsprechung präzisierte der EuGH, dass es sich dabei um einen Anwendungs-,

---

46 EuGH, *Costa/E.N.E.L.*, Rs. 6/64, EU:C:1964:66, S. 1270.

47 EuGH, *Costa/E.N.E.L.*, Rs. 6/64, EU:C:1964:66, S. 1259, 1269; *Walt Wilhelm*, Rs. 14/68, EU:C:1969:4, Rn. 6; *Pernice*, VVDStRL 60 (2001), S. 148, 172; *Nettesheim*, in: Grabitz/Hilf/Nettesheim (Hrsg.), Das Recht der Europäischen Union, 41. EL., 2010, Art. 1 AEUV, Rn. 72; kritisch zu einer sich ausschließlich auf das Unionsrecht stützende Begründung für den Vorrang: *Rickert*, Grundrechtsgeltung, 1997, S. 116; *Streinz*, Europarecht, 2019, § 3 Rn. 210ff.

48 *Pernice*, VVDStRL 60 (2001), S. 148, 171; *Classen*, in: Mangoldt/Klein/Starck (Hrsg.), GG, Bd. II, 7. Aufl., 2018, Art. 24, Rn. 17; *Ehlers*, in: Schulze/Kadelbach/Janssen (Hrsg.), Europarecht, 2020, § 11, Rn. 13.

49 EuGH, *Walt Wilhelm u.a.*, Rs. 14/68, EU:C:1969:4, Rn. 6. In dieser Rechtssache hat der EuGH zudem erstmals den Ausdruck „Vorrang des Gemeinschaftsrechts“ verwendet, s. *ebd.*, Rn. 6.

50 EuGH, *Internationale Handelsgesellschaft*, Rs. 11/70, EU:C:1970:114, Rn. 3: „ (…) [Es] kann (…) die Gültigkeit einer Gemeinschaftshandlung oder deren Geltung in einem Mitgliedstaat nicht berühren, wenn geltend gemacht wird, die Grundrechte in der ihnen von der Verfassung dieses Staates gegebenen Gestalt oder die Strukturprinzipien der nationalen Verfassung seien verletzt.“; *Simmenthal II*, Rs. 106/77, EU:C:1978:49, Rn. 17ff.

51 EuGH, *Internationale Handelsgesellschaft*, Rs. 11/70, EU:C:1970:114, Rn. 3; *Proelß*, Bundesverfassungsgericht und überstaatliche Gerichtsbarkeit, 2014, S. 82.

52 EuGH, *Simmenthal II*, Rs. 106/77, EU:C:1978:49, Rn. 17f.; *Karaosmanoğlu*, Nichtanwendung deutscher unionsrechtswidriger Gesetze, 2017, S. 51.

nicht um einen Geltungsvorrang handelt.[53] Vielfach wird angenommen, dass der EuGH durch seine Rechtsprechung, die Gründungsverträge faktisch auf den Rang von Verfassungsrecht gehoben habe.[54]

2. Aus der Perspektive des Bundesverfassungsgerichts: Vorrang unter Vorbehalt

Das Bundesverfassungsgericht hat einen Vorrang von Unionsrecht vor einfachgesetzlichem deutschem Recht bereits 1971 anerkannt.[55] Dieser Vorrang wird jedoch vom Bundesverfassungsgericht weder als absoluter, noch als genuin unionsrechtlicher Vorrang anerkannt; die Herleitung und Begründung dieses Vorrangs erfolgt verfassungsrechtlich über den nationalen Rechtsanwendungsbefehl durch die Zustimmungsgesetze zu den Verträgen, sodass sich die Grenzen dieses Vorrangs dementsprechend aus der Verfassung ergeben.[56]

a. Die sog. *Solange*-Rechtsprechung

Ausgangspunkt der Rechtsprechungsentwicklung des Bundesverfassungsgerichts zum Verhältnis von Unionsrecht und nationalem Recht bildet der sog. *Solange I*-Beschluss.[57] In diesem bestätigte das Bundesverfassungsgericht den Vorrang des damaligen Gemeinschaftsrechts, betonte jedoch zugleich, dass dieser nicht grenzenlos bestehen könne.[58] Hervorgehoben wurde gerade die besondere Bedeutung der Grundrechte des Grundge-

---

53 EuGH, *Nimz*, Rs. C-184/89, EU:C:1991:50, Rn. 19; *IN.CO.GE.'90 u.a.*, verb. Rs. C-10/97 bis C-22/97, EU:C:1998:498, Rn. 21, *Pernice*, Das Verhältnis europäischer zu nationalen Gerichten, 2006, S. 24; zum Unterschied zwischen Anwendungs- und Geltungsvorrang etwa *Hwang*, EuR 2016, S. 355ff.

54 Vgl. *Pernice*, VVDStRL 60 (2001), S. 148, 163ff.; *Mayer*, in: von Bogdandy/Bast (Hrsg.), Europäisches Verfassungsrecht, 2009, S. 559, 5569ff.; *Giegerich*, ZEuS 2016, S. 3, 6f.; *Karaosmanoğlu*, Nichtanwendung deutscher unionsrechtswidriger Gesetze, 2017, S. 47 m.w.N.

55 BVerfGE 31, 145 – *Milchpulver*; s. bereits zuvor zur Anerkennung der Autonomie des Gemeinschaftsrechts: BVerfGE 22, 293 (296f.) – *EWG-Verordnungen*.

56 *Voßkuhle*, NVwZ 2010, S. 1, 5f.; *Simon*, Grenzen des Bundesverfassungsgerichts, 2016, S. 85.

57 BVerfGE 37, 271 – *Solange I*; dazu etwa *Meier*, NJW 1974, S. 1704f.; *Rupp*, NJW 1974, S. 2153ff.; *Riegel*, NJW 1974, S. 2176f.; *Maunz*, BayVBl. 1976, S. 360f.

58 BVerfGE 37, 271 (278ff.) – *Solange I*; s. auch BVerfGE 58, 1 (30f.) – *Eurocontrol I*.

setzes, die nicht durch die Übertragung von Hoheitsrechten relativiert werden dürfen, wobei sich das Bundesverfassungsgericht für die Prüfung zuständig erklärte, ob Gemeinschaftsrecht von nationalen Behörden oder Gerichten angewendet werden darf und somit Gemeinschaftsrecht am Maßstab der deutschen Grundrechte prüfte.[59] Dies gelte „solange der Integrationsprozeß der Gemeinschaft nicht so weit fortgeschritten ist, daß das Gemeinschaftsrecht auch einen von einem Parlament beschlossenen und in Geltung stehenden formulierten Katalog von Grundrechten enthält, der dem Grundrechtskatalog des Grundgesetzes adäquat ist (...).“[60] Eine Umkehrung dieses Vorbehalts erfolgte mit der sog. *Solange II*-Rechtsprechung. Nach dieser nimmt das Bundesverfassungsgericht seine eigene Prüfungskompetenz in Bezug auf nationale Maßnahmen, welche sich aus dem Unionsrecht ableiten, zurück, „solange die Europäischen Gemeinschaften, insbesondere die Rechtsprechung des Gerichtshofs der Gemeinschaften einen wirksamen Schutz der Grundrechte gegenüber der Hoheitsgewalt der Gemeinschaften generell gewährleisten, der dem vom Grundgesetz als unabdingbar gebotenen Grundrechtsschutz im wesentlichen gleichzuachten ist (...).“[61] Zur Herleitung des Anwendungsvorrangs führte das Bundesverfassungsgericht im *Solange II*-Beschluss aus: „Art. 24 Abs. 1 GG ordnet zwar nicht schon selbst die unmittelbare Geltung und Anwendbarkeit des von der zwischenstaatlichen Einrichtung gesetzten Rechts an, noch regelt er unmittelbar das Verhältnis zwischen diesem Recht und dem innerstaatlichen Recht, etwa die Frage des Anwendungsvorrangs. (...) Art. 24 Abs. 1 GG ermöglicht es indessen von Verfassungs wegen, Verträgen, die Hoheitsrechte auf zwischenstaatliche Einrichtungen übertragen, und dem von solchen Einrichtungen gesetzten Recht Geltungs- und Anwendungsvorrang vor dem innerstaatlichen Recht der Bundesrepublik Deutschland durch einen entsprechenden innerstaatlichen Anwendungsbefehl beizulegen. (...) Aus dem Rechtsanwendungsbefehl des Zustimmungsgesetzes zum EWG-Vertrag, der sich auf Art. 189 Abs. 2 EWGV erstreckt, ergibt sich die unmittelbare Geltung der Gemeinschaftsverordnungen für die Bundesrepublik Deutschland und ihr Anwendungsvorrang gegenüber innerstaatlichem Recht.“[62] Dementsprechend folgt der Vorrang des Unions-

59 BVerfGE 37, 271 (281f.) – *Solange I.*
60 BVerfGE 37, 271 (284) – *Solange I.*
61 BVerfGE 73, 339 (340) – *Solange II*; dazu etwa *Ipsen*, EuR 1987, S. 1ff.; *Rupp*, JZ 1987, S. 241f.; *Vedder*, NJW 1987, S. 526ff.; zur Bewertung und Kritik der *Solange I* und *Solange II*-Rechtsprechung des BVerfG s. etwa *Rickert*, Grundrechtsgeltung, 1997, S. 117ff. m.w.N.
62 BVerfGE 73, 339 (374f.) – *Solange II.*

rechts nach dem Bundesverfassungsgericht aus der verfassungsrechtlichen Ermächtigung zur Übertragung von Hoheitsrechten.

b. *Maastricht*-Urteil

Das *Maastricht*-Urteil hatte Verfassungsbeschwerden zur Überprüfung des Zustimmungsgesetzes zum Vertrag von Maastricht und des Gesetzes zur Änderung des Grundgesetzes vom 21. Dezember 1992, welches eine Neuregelung des Art. 23 GG beinhaltete, zum Gegenstand.[63] Prozessual ermöglichte das Bundesverfassungsgericht die Verfassungsbeschwerde gegen das Zustimmungsgesetz mittels Geltendmachung einer Verletzung von Art. 38 Abs. 1 GG, da das Wahlrecht nicht durch die Verlagerung von Aufgaben und Befugnissen des Bundestages derart entleert werden dürfe, dass die Grenzen der Übertragung von Hoheitsgewalt aus Art. 79 Abs. 3 GG überschritten werden.[64]

Seinen Kontrollvorbehalt erstreckte das Bundesverfassungsgericht in dieser Entscheidung auf alle Hoheitsakte „in Deutschland", sodass Unionsrechtsakte auch Beschwerdegenstand verfassungsgerichtlicher Verfahren sein konnten.[65] In Bezug auf den Grundrechtsschutz bestätigte das Bundesverfassungsgericht im *Maastricht*-Urteil die Aussagen der *Solange II*-Rechtsprechung im Wesentlichen, wich jedoch insofern ab, als dass Unionsrechtsakte dann an den Garantien des Grundgesetzes zu messen sind, wenn Grundrechtsberechtigte in Deutschland betroffen sind, wobei das Bundesverfassungsgericht „seine Gerichtsbarkeit über die Anwendbarkeit von abgeleitetem Gemeinschaftsrecht in Deutschland in einem ‚Kooperationsverhältnis' zum Europäischen Gerichtshof aus[übt], in dem der Europäische Gerichtshof den Grundrechtsschutz in jedem Einzelfall für das gesamte Gebiet der Europäischen Gemeinschaften garantiert, das Bundesverfassungsgericht sich deshalb auf eine generelle Gewährleistung der un-

---

63 Gesetz zur Änderung des Grundgesetzes vom 21. Dezember 1992, BGBl. 1992 I, S. 2086.

64 BVerfGE 89, 155 (172) – *Maastricht.*

65 BVerfGE 89, 155 (174f.) – *Maastricht*; anders noch BVerfGE 22, 293 (295ff.) – *EWG-Verordnungen*; 58, 1 (26ff.) – *Eurocontrol I*, wonach das BVerfG als „öffentliche Gewalt" i.S.d. § 90 Abs. 1 BVerfGG ausdrücklich „nur Akte der staatlichen, deutschen, an das Grundgesetz gebundenen öffentlichen Gewalt" qualifiziert hat; aus der umfangreichen Literatur zum *Maastricht*-Urteil etwa *Tomuschat*, EuGRZ 1993, S. 489ff.; *Lenz*, NJW 1993, S. 3038f.; *Frowein*, ZaöRV 54 (1994), S. 1ff.; *Ipsen*, EuR 1994, S. 1ff.; *Meesen*, NJW 1994, S. 549ff.

abdingbaren Grundrechtsstandards beschränken kann."[66] Aufgrund dieser Prüfungskompetenz hinsichtlich einer „generellen Gewährleistung" und somit einer terminologischen Abweichung zur *Solange II*-Rechtsprechung sowie der Betonung der eigenen Kontrollfunktion wurde der Eindruck erweckt, dass sich das Bundesverfassungsgericht die Befugnis zu einer Nachprüfung im Einzelfall vorbehalte.[67]

Neben diesem Prüfungsvorbehalt hinsichtlich der Grundrechtskontrolle nahm das Bundesverfassungsgericht im *Maastricht*-Urteil auch zu dem bereits im *Kloppenburg*-Beschluss[68] angesprochenen verfassungsrechtlichen Kontrollvorbehalt über die Kompetenzausübung der Unionsorgane Stellung: Das Bundesverfassungsgericht behielt sich insofern vor, zu prüfen, ob Rechtsakte der Unionsorgane sich in den Grenzen der ihnen eingeräumten Hoheitsrechte halten oder aus diesen ausbrechen (sog. *Ultra-vires*-Kontrolle).[69] Dies wurde damit begründet, dass Unionsrechtsakte, welche sich nicht im Rahmen des jeweiligen Vertrags bewegen, wie er dem nationalen Zustimmungsgesetz zugrunde liegt, nicht mehr vom innerstaatlichen Rechtsanwendungsbefehl gedeckt und somit nicht verbindlich seien.[70] Nationales Schutzgut ist demnach der Bestand der nationalen Kompetenzordnung, wie dies in Art. 23 Abs. 1 S. 2 GG zum Ausdruck kommt.[71] In diesem Zusammenhang wird auf die sog. „Brückentheorie" verwiesen, wonach das Unionsrecht nur über die „Brücke des nationalen Zustimmungsgesetzes" in den innerstaatlichen Bereich gelange und das Bundesverfassungsgericht diese Brücke zu kontrollieren habe.[72] Bei diesem Kontrollvorbehalt bestehe im Gegensatz zur Grundrechtskontrolle kein

---

66 BVerfGE 89, 155 (174f.) – *Maastricht* unter Verweis auf BVerfGE 73, 339 (387) – *Solange II*.

67 *Frowein*, ZaöRV 54 (1994), S. 1, 2f.; *König*, Übertragung von Hoheitsrechten, 2000, S. 471, 475f.; *Berger*, Anwendungsvorrang, 2015, S. 139.

68 BVerfGE 75, 223 – *Kloppenburg*.

69 BVerfGE 89, 155 (188) – *Maastricht*; im *Maastricht*-Urteil verwendete das BVerfG nur den Begriff des „ausbrechenden Rechtsaktes", den Ausdruck „*Ultra-vires*-Kontrolle" für diese Fallgruppe führt das BVerfG im *Lissabon*-Urteil ein, BVerfGE 123, 267 (353f.) – *Lissabon*; zum sprachlichen und dogmatischen Wandel s. *Schorkopf*, EuZW 2009, S. 718, 721.

70 BVerfGE 89, 155 (188) – *Maastricht*; ausführlich dazu *Mayer*, Kompetenzüberschreitung und Letztentscheidung, 2000, S. 98ff.

71 *Mannefeld*, Verfassungsrechtliche Vorgaben, 2017, S. 213.

72 Die „Brückentheorie" geht zurück auf den früheren Richter am Bundesverfassungsgericht *Paul Kirchhof*, s. *Kirchhof*, in: Hommelhoff/Kirchhof (Hrsg.), Staatenverbund, 1994, S. 11, 14; a.A. wonach das nationale Zustimmungsgesetz keine „Brücke" sei, etwa *Pernice*, VVDStRL 60 (2001), S. 148, 171; kritisch zur Funktion des Bundesverfassungsgerichts als „Brückenwärter" *Proelß*, Bundesverfassungs-

„Kooperationsverhältnis“: Die prinzipielle Aufrechterhaltung des grundgesetzlichen Grundrechtsschutzes enthalte nicht zwingend einen Fehlervorwurf an die europäische Ebene, während die Feststellung eines ausbrechenden Rechtsakts einen Fehlervorwurf an die Union und den EuGH impliziert, sodass kein Raum für ein „Kooperationsverhältnis“ verbleibe.[73]

c. *Bananenmarkt*-Beschluss

Der *Bananenmarkt*-Beschluss aus dem Jahr 2000[74] wird als vorläufiger Schlusspunkt der *Solange*-Rechtsprechung gesehen.[75] In diesem Beschluss wurde der im *Maastricht*-Urteil erstmals verwendete Begriff des „Kooperationsverhältnisses“ präzisiert und ausdrücklich erklärt, dass das *Maastricht*-Urteil keine Abkehr der *Solange II*-Rechtsprechung darstelle.[76] So entschied das Bundesverfassungsgericht im *Bananenmarkt*-Beschluss, dass die verfassungsrechtlichen Anforderungen des Art. 23 Abs. 1 S. 1 GG dann erfüllt sind, „wenn die Rechtsprechung des Europäischen Gerichtshofs einen wirksamen Schutz der Grundrechte gegenüber der Hoheitsgewalt der Gemeinschaften generell gewährleistet, der dem vom Grundgesetz als unabdingbar gebotenen Grundrechtsschutz im Wesentlichen gleich zu achten ist, zumal den Wesensgehalt der Grundrechte generell verbürgt.“[77] Verfassungsbeschwerden und Richtervorlagen, welche die Verletzung von Grundrechten durch sekundäres Unionsrecht geltend machen, sind unzulässig, wenn sich aus der jeweiligen Begründung nicht ergibt, „dass der jeweils als unabdingbar gebotene Grundrechtsschutz generell nicht gewährleistet ist.“[78] Dies bedeutet letztlich, dass der EuGH für den Grundrechtsschutz deutscher Hoheitsakte, die aufgrund sekundären Unionsrechts ergangen sind, grundsätzlich zuständig ist, es sei denn, der EuGH verlässt den im *Solange II*-Beschluss beschriebenen Grundrechtsstandard in gene-

---

gericht und überstaatliche Gerichtsbarkeit, 2014, S. 265; *Ludwigs*, NVwZ 2015, S. 537, 539; *Hofmann/Heger*, EuGRZ 2020, S. 176, 177f.

73 *Mayer*, in: von Bogdandy/Bast (Hrsg.), Europäisches Verfassungsrecht, 2009, S. 559, 576.

74 BVerfGE 102, 147 – *Bananenmarktordnung*; dazu etwa *Nicolaysen/Nowak*, NJW 2001, S. 1233ff.; *Nettesheim*, NVwZ 2002, S. 932ff.; *Hofmann*, in: Cremer/Giegerich/Richter/Zimmermann (Hrsg.), FS Steinberger, 2002, S. 1207ff.

75 *Ludwigs/Sikora*, EWS 2016, S. 121, 123.

76 BVerfGE 102, 147 (164f.) – *Bananenmarktordnung.*

77 BVerfGE 102, 147 (164) – *Bananenmarktordnung.*

78 BVerfGE 102, 147 (161, 164) – *Bananenmarktordnung.*

reller Weise; auf den Einzelfall kommt es insofern nicht an.[79] Aufgrund dieser Rücknahme des Kontrollanspruchs des Bundesverfassungsgerichts wird angenommen, dass sich das Bundesverfassungsgericht für den Bereich der Grundrechtskontrolle auf die Wahrnehmung einer strukturellen Reservekompetenz beschränkt, deren Aktivierung jedoch sehr unwahrscheinlich und ein Konflikt mit dem EuGH in diesem Bereich kaum mehr denkbar sei.[80]

d. *Lissabon*-Urteil

Im *Lissabon*-Urteil[81] hatte das Bundesverfassungsgericht aufgrund mehrerer Organstreitverfahren und Verfassungsbeschwerden über das deutsche Zustimmungsgesetz zum Vertrag von Lissabon sowie über die Verfassungsmäßigkeit des Gesetzes zur Änderung des Grundgesetzes[82] und des sog. Ausweitungsgesetzes[83] zu entscheiden. Die bereits entwickelten Kontrollvorbehalte hat das Bundesverfassungsgericht in diesem Urteil konkretisiert und ergänzt. Das Bundesverfassungsgericht bestätigte seine Rechtsprechung, wonach der Vorrang des Unionsrechts kraft der verfassungsrechtlichen Ermächtigung und dem innerstaatlichen Rechtsanwendungsbefehl gilt.[84] Zur bereits bestehenden *Ultra-vires*-Kontrolle wird die

---

79 *Hofmann*, in: Cremer/Giegerich/Richter/Zimmermann (Hrsg.), FS Steinberger, S. 1207, 1221.

80 *Limbach*, EuGRZ 2000, S. 417, 421; *Hofmann*, in: Cremer/Giegerich/Richter/Zimmermann (Hrsg.), FS Steinberger, S. 1207, 1218; *Pernice*, Das Verhältnis europäischer zu nationalen Gerichten, 2006, S. 31; *Sauer*, Jurisdiktionskonflikte, 2008, S. 295; *Wendel*, Permeabilität, 2011, S. 448; *Dederer*, JZ 2014, S. 313, 314; *Ludwigs*, EuGRZ 2014, S. 273, 274; *Ludwigs/Sikora*, EWS 2016, S. 121, 124; ähnlich *Nicolaysen/Nowak*, NJW 2001, S. 1233, 1236; vgl. auch *Schwerdtfeger*, EuR 2015, S. 290, 292, die davon ausgeht, dass die Grundrechtskontrolle „keine praktische Relevanz" mehr habe – wie sich noch zeigen wird, ist diese Annahme jedoch nicht zutreffend.

81 BVerfGE 123, 267; aus dem Schrifttum zu diesem Urteil s. etwa *Classen*, JZ 2009, S. 881ff.; *Ruffert*, DVBl. 2009, S. 1197ff.; *Schorkopf*, EuZW 2009, S. 718ff.; *Everling*, EuR 2010, S. 91ff.

82 Gesetz zur Änderung des Grundgesetzes (Artikel 23, 45 und 93) vom 08.10.2008, BGBl. 2008 I, S. 1926.

83 Gesetz über die Ausweitung und Stärkung der Rechte des Bundestages und des Bundesrates in Angelegenheiten der Europäischen Union (Ausweitungsgesetz), BT-Drs. 16/8489.

84 BVerfGE 123, 267 (397f.) – *Lissabon*; deutlich wird dies in der Aussage, dass „Grund und die Grenze für die Geltung des Rechts der Europäischen Union

entwickelte Begründung auf der Grundlage des Prinzips der begrenzten Einzelermächtigung fortgesetzt und konkretisiert, zugleich aber auch ausgedehnt, da das Bundesverfassungsgericht im *Lissabon*-Urteil auch eine Kompetenz zur Kontrolle, ob das Subsidiaritätsprinzip eingehalten wurde, begründet.[85] Das Bundesverfassungsgericht sieht sich demnach befugt zu prüfen, ob Unionsrechtsakte sich unter Wahrung des unionsrechtlichen Subsidiaritätsprinzips in den Grenzen der ihnen im Wege der begrenzten Einzelermächtigung eingeräumten Hoheitsrechte halten, wobei klargestellt wird, dass ausschließlich das Bundesverfassungsgericht selbst für diese Prüfung zuständig ist.[86] Materiell wird die *Ultra-vires*-Kontrolle im Ganzen auf „ersichtliche Grenzüberschreitungen" beschränkt, wobei in diesem Urteil noch offen bleibt, was unter diesem Begriff zu verstehen ist.[87]

Als weiteren Kontrollvorbehalt führte das Bundesverfassungsgericht im *Lissabon*-Urteil die sog. Identitätskontrolle ein. Dabei prüfte das Bundesverfassungsgericht, ob durch Handlungen der Unionsorgane „die in Art. 79 Abs. 3 GG für unantastbar erklärten Grundsätze der Art. 1 und Art. 20 GG verletzt werden. Damit wird sichergestellt, dass der Anwendungsvorrang des Unionsrechts nur kraft und im Rahmen der fortbestehenden verfassungsrechtlichen Ermächtigung gilt."[88] Dogmatisch wurde dies auch damit begründet, dass es sich bei der Unionsrechtsordnung um eine derivative Rechtsordnung handele, die auf dem innerstaatlichen Rechtsanwendungsbefehl beruhe, welcher als nationale Norm der Verfassung unterworfen sei und demnach auch die absolute Grenze des Art. 79 Abs. 3 GG zu berücksichtigen habe.[89] Aus dieser absoluten Grenze für die Übertragung von Hoheitsgewalt auf die Europäische Union aus Art. 23

---

in der Bundesrepublik Deutschland (...) der im Zustimmungsgesetz enthaltene Rechtsanwendungsbefehl, der nur im Rahmen der geltenden Verfassungsordnung erteilt werden kann", BVerfGE 123, 267 (402) – *Lissabon* unter Verweis auf BVerfGE 73, 339 (374ff.) – *Solange II*.

85 BVerfGE 123, 267 (353f.) – *Lissabon*; *Schorkopf*, EuZW 2009, S. 719, 721 weist daraufhin, dass es sich dabei nicht um eine *Ultra-vires*-Kontrolle im engeren Sinn handele, da Subsidiaritätsfragen voraussetzten, dass die EU bereits über eine Kompetenz verfüge.

86 BVerfGE 123, 267 (353) – *Lissabon*.

87 BVerfGE 123, 267 (353) – *Lissabon*.

88 BVerfGE 123, 267 (354) – *Lissabon*; s. zum Begriff der Verfassungsidentität des Grundgesetzes und einer inhaltlichen Konkretisierung dieser Integrationsgrenze ausführlich *Mannefeld*, Verfassungsrechtliche Vorgaben, 2017, S. 122ff.; kritisch zur Konzeption der Verfassungsidentität etwa *Ingold*, AöR 140 (2015), S. 1ff.

89 *Berger*, Anwendungsvorrang, 2015, S. 145f.

Abs. 1 S. 3 i.V.m. Art. 79 Abs. 3 GG werde der unantastbare Kerngehalt der Verfassungsidentität des Grundgesetzes geschützt, sodass etwa das Selbstbestimmungsrecht des deutschen Volkes in Gestalt der völkerrechtlichen Souveränität Deutschlands nicht zur freien Disposition des Gesetzgebers stehe.[90] Die Verfassungsidentität wird dabei mit der Schranke des Art. 79 Abs. 3 GG formell gleichgesetzt, reicht jedoch durch eine weiter gehende Aufladung mit demokratisch begründeten Inhalten darüber hinaus.[91] Die genaue Reichweite der Identitätskontrolle ergibt sich aus dem *Lissabon*-Urteil nicht: Sofern nur offenkundige Extremfälle erfasst sind, sei der Anwendungsbereich der Identitätskontrolle als gering einzuschätzen, jedoch ist mit diesem Vorbehalt eine „Flut von Identitätsbehauptungen“ möglich geworden, sodass eine weitere Präzisierung durch das Bundesverfassungsgericht erwartet wurde.[92]

e. *Honeywell*-Beschluss

Im *Honeywell*-Beschluss hat das Bundesverfassungsgericht hinsichtlich der *Ultra-vires*-Kontrolle prozedurale und materielle Kriterien aufgestellt und somit seine Prüfungskompetenz eingeschränkt. In materieller Hinsicht wurde zunächst der Begriff der „ersichtlichen Grenzüberschreitungen“ bzw. der „ersichtlichen Kompetenzüberschreitung“[93] erläutert. Das Bundesverfassungsgericht betonte dabei, dass die *Ultra-vires*-Kontrolle unter Verweis auf das *Lissabon*-Urteil nur europarechtsfreundlich ausgeübt werden dürfe und schränkte diesen Kontrollvorbehalt in prozeduraler Hinsicht insofern ein, als dass vor Annahme eines *Ultra-vires*-Aktes ein Vorabentscheidungsverfahren nach Art. 267 AEUV durchzuführen sei.[94] Eine ersichtliche Grenzüberschreitung ist gegeben, wenn ein hinreichend qualifizierter Kompetenzverstoß zu bejahen ist, was wiederum der Fall ist, wenn „das kompetenzwidrige Handeln der Unionsgewalt offensichtlich ist und der angegriffene Akt im Kompetenzgefüge zwischen Mitgliedstaaten und Union im Hinblick auf das Prinzip der begrenzten Einzelermäch-

---

90 Vgl. BVerfGE 123, 267 (354, 364f.) – *Lissabon*; *Ehlers*, in: Schulze/Kadelbach/Janssen (Hrsg.), Europarecht, 2020, § 11, Rn. 23.

91 *Walter/Vordermayer*, JöR N.F. 63 (2015), S. 129, 131.

92 Vgl. *Ruffert*, DVBl. 2009, S. 1197, 1205f.; zur Kritik der Konturlosigkeit der Identitätskontrolle s. auch *Schwerdtfeger*, EuR 2015, S. 290, 293f.; *Ludwigs/Sikora*, EWS 2016, S. 121, 129; *Hofmann/Heger*, EuGRZ 2020, S. 176, 180.

93 BVerfGE 126, 286 (302) – *Honeywell*.

94 BVerfGE 126, 286 (303f.) – *Honeywell*.

tigung und die rechtsstaatliche Gesetzesbindung erheblich ins Gewicht fällt“, wobei das Bundesverfassungsgericht dem EuGH einen „Anspruch auf Fehlertoleranz“ zugesteht.[95] Erforderlich ist eine „strukturell bedeutsame Verschiebung“ der Kompetenzen zu Lasten der Mitgliedstaaten.[96] Das Kriterium der „Ersichtlichkeit“ als Erfordernis der Kompetenzüberschreitung kann demnach in der Formel „Offensichtlichkeit plus strukturell bedeutsame Verschiebung im Kompetenzgefüge Mitgliedstaaten/EU“ zusammengefasst werden.[97] Die Kriterien für das Vorliegen eines hinreichend qualifizierten Kompetenzverstoßes wurden somit sehr streng ausgestaltet, sodass angenommen wurde, es sei unwahrscheinlich, dass ein entsprechender Kompetenzverstoß tatsächlich bejaht werden dürfte bzw. dies allenfalls in seltenen Einzelfällen erfolgen könne.[98] Mit dem *Honeywell*-Beschluss hat das Bundesverfassungsgericht somit einerseits die eigene Kontrollbefugnis eingeschränkt, andererseits seine Kompetenzkontrolle rechtlich konturiert.[99]

f. *OMT*-Verfahren

Im sog. *OMT*-Verfahren drohte das Bundesverfassungsgericht erstmals mit der Aktivierung des *Ultra-vires*-Prüfungsvorbehalts und verdeutlichte somit, dass ein hinreichend qualifizierter Kompetenzverstoß nicht nur theoretisch denkbar ist, sondern durchaus auch praktisch eintreten kann. Hintergrund dieses Verfahrens, in welchem die erste Vorlage des Bundesverfassungsgerichts an den EuGH im Wege des Vorabentscheidungsverfahrens erfolgte,[100] sind verschiedene Verfassungsbeschwerden und Anträge

---

95 BVerfGE 126, 286 (304ff.) – *Honeywell*; *Proelß*, EuR 2011, S. 241, 245 sieht in der Beschränkung auf hinreichend qualifizierte Kompetenzverstöße zugleich ein Aufgehen der *Ultra-vires*-Kontrolle in der Identitätskontrolle; *Calliess*, in: Maunz/Dürig (Hrsg.), Grundgesetz-Kommentar, 79. EL., 2016, Art. 24 GG, Rn. 206ff. vergleicht aufgrund der verfassungsgerichtlichen Auffangverantwortung der *Ultra-vires*-Kontrolle diese mit der Grundrechtskontrolle; kritisch zu der Formulierung des „Anspruchs auf Fehlertoleranz“ da dies das Bild eines Lehrmeisters und seines Zöglings transportiere *Ruffert*, EuGRZ 2017, S. 241, 243.

96 BVerfGE 126, 286 (309) – *Honeywell*.

97 *Proelß*, EuR 2011, S. 241, 245.

98 *Hobe*, in: Sachs/Siekmann (Hrsg.), FS Stern, 2012, S. 745, 756.

99 Vgl. *Sauer*, EuZW 2011, S. 94, 96f.

100 BVerfGE 134, 366 – *OMT-Beschluss*; dazu etwa *Brosius-Linke*, DÖV 2014, S. 612ff.; *Mayer*, EuR 2014, S. 473ff.; *Wendel*, ZaöRV 74 (2014), S. 615ff.

im Organstreitverfahren, welche im Wesentlichen Fragen zum Beschluss des Rats der Europäischen Zentralbank vom 06.09.2012 betreffend *Outright Monetary Transactions* (*OMT*-Beschluss) zum Gegenstand hatten.[101] Besondere Bedeutung erlangte dieses Verfahren durch die umfassenden Ausführungen des Bundesverfassungsgerichts zum Wesen der *Ultra-vires*-Kontrolle. Das Bundesverfassungsgericht stellte dar, dass *Ultra-vires*-Akte im Wege der Verfassungsbeschwerde unter Berufung auf Art. 38 Abs. 1 S. 1 GG geltend gemacht werden können, wobei unerheblich sei, ob zugleich eine Verletzung der Identitätsgarantie aus Art. 23 Abs. 1 S. 3 i.V.m. Art. 79 Abs. 3 GG nachgewiesen werde, sodass daraus folgt, dass nicht jede Kompetenzüberschreitung zwangsläufig einen Verstoß gegen die Identitätsgarantie beinhalten muss.[102] In seinem Vorlagebeschluss kam das Bundesverfassungsgericht zu der Auffassung, dass der *OMT*-Beschluss und seine Durchführung einen *Ultra-vires*-Akt darstellen.[103] Die Schranken aus Art. 79 Abs. 3 GG seien dabei auch für Unionsorgane beachtlich, da der deutsche Gesetzgeber keine „Hoheitsrechte übertragen darf, mit deren Inanspruchnahme eine Berührung der von Art. 79 Abs. 3 GG geschützten Verfassungsidentität einherginge."[104]

In seinem Endurteil vom 21.06.2016 verneinte das Bundesverfassungsgericht im Ergebnis das Vorliegen eines *Ultra-vires*-Aktes.[105] Zugleich stellt das *OMT*-Urteil eine Abkehr von der im *Maastricht*-Urteil eröffneten Mög-

---

101 S. zum Hintergrund *Kadelbach*, JURA 2017, S. 940f.

102 BVerfGE 134, 366 (392) – *OMT-Beschluss; Ludwigs*, NVwZ 2015, S. 537, 539; die somit eröffnete Möglichkeit eine Verfassungsbeschwerde zu erheben bei der Behauptung, dass ein europäischer Rechtsakt *ultra vires* sei, führte zur Kritik, dass das BVerfG damit eine dem Grundgesetz an sich systemfremde *actio popularis* eingeführt habe, vgl. *Mayer*, EuR 2014, S. 473, 502 ff.; *Wendel*, ZaöRV 74 (2014), S. 615, 633ff.; *Ludwigs*, NVwZ 2015, S. 537, 540; s. dazu auch die abweichende Meinung der Richterin *Lübbe-Wolff* zum *OMT*-Beschluss, BVerfGE 134, 366 (419ff.) sowie die abweichende Meinung des Richters *Gerhardt* zum *OMT*-Beschluss, BVerfGE 134, 366 (430ff.).

103 BVerfGE 134, 366 (398ff.) – *OMT-Beschluss*.

104 BVerfGE 134, 366 (384) – *OMT-Beschluss*; im *OMT*-Urteil findet sich nahezu die identische Formulierung, jedoch spricht das BVerfG dort davon, dass der deutsche Gesetzgeber „(...) keine Hoheitsrechte übertragen kann, (...)", BVerfGE 142, 123 (137) – *OMT-Programm*; kritisch zu dieser Konzeption *Sauer*, EuR 2017, S. 186, 192ff.

105 BVerfGE 142, 123 – *OMT-Programm;* der EuGH hatte in seiner Antwort auf die Vorlagefragen des BVerfG keine Verstöße gegen das Unionsrecht durch das *OMT*-Programm festgestellt, EuGH, *Gauweiler*, Rs. C-62/14, EU:C:2015:400; zum Urteil des BVerfG s. etwa *Frenz*, DVBl. 2016, 1056ff.; *Ludwigs/Sikora*, EWS 2016, S. 215ff.; *Kadelbach*, JURA 2017, S. 940ff.

lichkeit der unmittelbaren Prüfung von Unionsrechtsakten durch das Bundesverfassungsgericht dar, wenn betont wird, dass „Maßnahmen von Organen, Einrichtungen und sonstigen Stellen der Europäischen Union (…) keine Akte deutscher öffentlicher Gewalt im Sinne von Art. 93 Abs. 1 Nr. 4a GG, § 90 Abs. 1 BVerfGG und daher auch nicht unmittelbarer Beschwerdegegenstand im Verfahren der Verfassungsbeschwerde [sind]“.[106] Jedoch könnten Unionsrechtsakte „als Vorfrage“ Gegenstand der verfassungsrechtlichen Prüfung sein, „soweit sie die Grundrechtsberechtigten in Deutschland betreffen.“[107] Erforderlich ist somit, dass ein deutscher Hoheitsakt vorliegt; sofern dies nicht der Fall ist, kommt eine Prüfung des Unionsrechtsakts durch ein Unterlassen der deutschen Staatsgewalt, im Hinblick auf die sich aus der Integrationsverantwortung ergebende Verpflichtung der Verfassungsorgane, *Ultra-vires*-Akte sowie Verletzungen der Verfassungsidentität entgegenzuwirken, in Betracht.[108]

Von besonderer Relevanz ist im *OMT*-Urteil schließlich die Weiterentwicklung der *Ultra-vires*-Kontrolle durch die Rückführung auf Art. 79 Abs. 3 GG. Kompetenzüberschreitungen könnten den Grundsatz der Volkssouveränität verletzen, sodass es zu einer Verletzung des in Art. 79 Abs. 3 GG i.V.m. Art. 38 Abs. 1 S. 1 und Art. 20 Abs. 1 und 2 GG geschützten Kernbereichs des Demokratieprinzips kommen könne.[109] Anknüpfungspunkt sind dabei die im *Honeywell*-Beschluss entwickelten Voraussetzungen der „offensichtlichen“ und „strukturell bedeutsamen“ Kompetenzüberschreitung. Im *OMT*-Urteil erläuterte das Bundesverfassungsgericht, dass ein Unionsrechtsakt offensichtlich außerhalb der übertragenen Kompetenz liege, wenn „sich die Kompetenz – bei Anwendung allgemeiner methodischer Standards – unter keinem rechtlichen Gesichtspunkt begründen lässt“.[110] Bezogen auf den EuGH führte das Bundesverfassungsgericht aus, dass bei einer „offensichtlich schlechterdings nicht mehr nachvollziehbaren und daher objektiv willkürlichen Auslegung der Verträge“

---

106 BVerfGE 142, 123 (178) – *OMT-Programm*; s. auch bereits BVerfGE 129, 124 (175f.) – *Griechenlandhilfe*; diese Klarstellung überzeugt, da Unionsorgane nicht an nationale Urteile gebunden sind und demnach das BVerfG einen „zahnlosen Tiger“ darstellen würde, wenn es europäisches Handeln für rechtswidrig erklärt, *Classen*, EuR 2016, S. 529, 532.

107 BVerfGE 142, 123 (180) – *OMT-Programm*.

108 BVerfGE 142, 123 (207f.) – *OMT-Programm;* daran knüpft der Vorwurf an, dass das BVerfG die politische Verantwortung des Bundestages überdehne und diesen in die Rolle eines Rechtshüters dränge, *Calliess*, NVwZ 2019, S. 684, 689.

109 BVerfGE 142, 123 (190ff., 199) – *OMT-Programm*.

110 BVerfGE 142, 123 (200) – *OMT-Programm*.

die Grenze des Anspruchs auf Fehlertoleranz des EuGH erreicht sei und in einem solchen Fall „das gemäß Art. 23 Abs. 1 S. 2 in Verbindung mit Art. 20 Abs. 1 und Abs. 2 und Art. 79 Abs. 3 GG erforderliche Mindestmaß an demokratischer Legitimation“ fehle.[111] Präzisiert wurde schließlich das Erfordernis der strukturell bedeutsamen Verschiebung zulasten mitgliedstaatlicher Kompetenzen, indem das Bundesverfassungsgericht die Anforderung aufstellte, dass „die Kompetenzüberschreitung ein für das Demokratieprinzip und die Volkssouveränität erhebliches Gewicht“ besitzen müsse.[112] Eine Kompetenzüberschreitung der Union kann demnach zu einem Fehlen demokratischer Legitimation führen. Damit drängt sich auch die Frage auf, in welchem Verhältnis *Ultra-vires*-Kontrolle sowie Identitätskontrolle stehen, welche nicht abschließend geklärt ist.[113] Das Bundesverfassungsgericht sieht im *OMT*-Urteil die Identitätskontrolle und die *Ultra-vires*-Kontrolle als jeweils eigenständige Kontrollinstrumente an; da hinreichend qualifizierte Kompetenzüberschreitungen als Verletzung des Kernbereichs des Demokratieprinzips zugleich die Identität der Verfassung berühren, bezeichnet das Bundesverfassungsgericht die *Ultra-vires*-Kontrolle zugleich als „Anwendungsfall des allgemeinen Schutzes der Verfassungsidentität“.[114] Diese Einordnung hat vor allem praktische Auswirkungen für die Frage des Rechtsschutzes gegen Kompetenzüberschreitungen der Unionsorgane: Die Verbindung von Verfassungsidentität und dem grundrechtsgleichen Wahlrecht aus Art. 38 Abs. 1 S. 1 GG führt dazu, dass einem *Ultra-vires*-Akt die erforderliche demokratische Legitimation fehle, was sich auf die Zulässigkeit von Verfassungsbeschwerden auswirkt, da nun eine

---

111 BVerfGE 142, 123 (201) – *OMT-Programm*; kritisch, da somit die Hürden für eine *Ultra-vires*-Kontrolle zu hoch seien und die Kontrolldichte des Bundesverfassungsgerichts sich auf nahezu Null reduziert habe, *Murswiek*, EuGRZ 2017, S. 327, 336.

112 BVerfGE 142, 123 (201) – *OMT-Programm.*

113 S. etwa *Schwerdtfeger*, EuR 2015, S. 290, 294ff., die davon ausgeht, dass *Ultra-vires*-Kontrolle und Identitätskontrolle voneinander zu trennen sind; für ein Nebeneinander von *Ultra-vires*-Kontrolle und Identitätskontrolle etwa *Wendel*, Permeabilität, 2011, S. 473f.; *Kruis*, Anwendungsvorrang, 2013, S. 208ff.

114 BVerfGE 142, 123 (188ff., 203) – *OMT-Programm*; zur Einordnung der *Ultra-vires*-Kontrolle als „Sonderfall“ der Identitätskontrolle *Kadelbach*, JURA 2017, S. 940, 946; die *Ultra-vires*-Kontrolle als „spezielle Ausprägung“ bzw. „Spezialfall“ des Identitätsvorbehalts ansehend *Ludwigs/Sikora*, EWS 2016, S. 215, 219; *Dietz*, AöR 142 (2017), S. 78, 127; bereits auch *Dederer*, JZ 2014, S. 313, 317; davon ausgehend, dass der *Ultra-vires*-Vorbehalt vollständig in der Identitätskontrolle aufgeht, da der Kontrollvorbehalt des Bundesverfassungsgerichts nur so weit reichen könne wie die verfassungsrechtliche Identität der Bundesrepublik Deutschland betroffen ist, *Ludwigs*, NVwZ 2015, S. 537, 539.

Kompetenzüberschreitung unter Berufung auf Art. 38 Abs. 1 S. 1 GG gerügt werden kann.[115] Individuelle und demokratische Selbstbestimmung werden zu einer Art „Supergrundrecht", einem „Anspruch auf Demokratie"[116], verbunden.[117]

Die im *OMT*-Verfahren entwickelten Kriterien wurden im Verfahren zum *PSPP* und im Urteil zur Bankenunion bestätigt.[118]

g. *Europäischer Haftbefehl II*-Beschluss

Die erste ausführliche prozessuale Berücksichtigung der Identitätskontrolle im Bereich der Grundrechte erfolgte in einem Beschluss vom 15.12.2015 zum Europäischen Haftbefehl, womit zugleich das Verhältnis von Identitäts- und *Solange*-Vorbehalte präzisiert wurde.[119] Hintergrund dieser Rechtssache war die Verfassungsbeschwerde eines Staatsangehörigen der Vereinigten Staaten von Amerika, welche sich gegen die Auslieferung des Beschwerdeführers nach Italien richtete. Die Auslieferung sollte aufgrund der Vollstreckung eines Europäischen Haftbefehls auf Grundlage des Rahmenbeschlusses über den Europäischen Haftbefehl[120] erfolgen, welcher zur Vollstreckung eines in Abwesenheit des Beschwerdeführers

---

115 *Sauer*, EuR 2017, S. 186, 191.

116 BVerfGE 142, 123 (219) – *OMT-Programm*, Anführungszeichen im Original; s. zuvor auch BVerfGE 129, 124 (168f.) – *Griechenlandhilfe*, wonach Art. 38 Abs. 1 GG eine Rügemöglichkeit bei „Strukturveränderungen im staatsorganisationsrechtlichen Gefüge" oder bei Gewährleistungsermächtigungen „mit denen völkervertragliche Vereinbarungen umgesetzt werden, [die] nach Art und Umfang zu massiven Beeinträchtigungen der Haushaltsautonomie führen können" ermögliche; vgl. auch BVerfGE 135, 317 (386ff.) – *ESM-Vertrag*. In diesen Entscheidungen ging es, auch wenn die jeweiligen Maßnahmen in den Organen der EU entschieden wurden, um zwischenstaatliche Vereinbarungen, die formal nicht dem Unionsrecht zuzuordnen sind.

117 *Kadelbach*, JURA 2017, S. 940, 946; kritisch zum „Anspruch auf Demokratie" etwa *Ruffert*, EuGRZ 2017, S. 248f.; zustimmend zu dieser Konzeption etwa *Ludwigs/Sikora*, EWS 2016, S. 215, 219f.

118 BVerfGE 151, 202 – *Bankenunion*; zum *PSPP*-Verfahren ausführlich unten 1. Kapitel, A., I., 2., j.

119 BVerfGE 140, 317 – *Europäischer Haftbefehl II*; dazu etwa *Burchardt*, ZaöRV 76 (2016), S. 527ff.; *Classen*, EuR 2016, S. 304ff.; *Nettesheim*, JZ 2016, S. 424ff.; *Reinbacher/Wendel*, EuGRZ 2016, S. 333ff.; *Rung*, EWS 2016, S. 145ff.; *Sauer*, NJW 2016, S. 1134ff.; *Schönberger*, JZ 2016, S. 422ff.

120 Rahmenbeschluss des Rates vom 13. Juni 2002 über den Europäischen Haftbefehl und die Übergabeverfahren zwischen den Mitgliedstaaten, ABl. L 190 v.

ergangenen italienischen Strafurteils erlassen worden war. Die abschließende, für den Fall relevante, Regelung des Art. 4a Abs. 1 Buchst. d (i) des Rahmenbeschlusses sieht vor, dass eine Überstellung nicht verweigert werden kann, wenn die in Abwesenheit verurteilte Person unverzüglich nach der Übergabe die Entscheidung persönlich zugestellt erhalten und ausdrücklich von ihrem Recht auf Wiederaufnahme des Verfahrens oder auf ein Berufungsverfahren in Kenntnis gesetzt werden wird, an dem die Person teilnehmen kann und bei dem der Sachverhalt, einschließlich neuer Beweismittel, erneut geprüft werden und die ursprünglich ergangene Entscheidung aufgehoben werden kann. Das vorab mit diesem Sachverhalt befasste OLG Düsseldorf erklärte die Auslieferung für zulässig, was im Wesentlichen damit begründet wurde, dass eine umfassende Überprüfung des Abwesenheitsurteils in Italien gewährleistet sei. Der Beschwerdeführer machte die Verletzung seiner Grundrechte aus Art. 1, Art. 2 Abs. 1 und Abs. 2 S. 2, Art. 3 und Art. 103 Abs. 1 GG, seines Grundrechts auf ein faires Verfahren (Art. 2 Abs. 1 i.V.m. Art. 20 Abs. 3 GG, Art. 6 Abs. 3 EMRK), eine Verletzung der nach Art. 25 GG verbindlichen völkerrechtlichen Mindeststandards sowie einen eigenständigen Verstoß gegen Art. 6 Abs. 3 EMRK geltend, da er von dem Ermittlungs- bzw. Strafverfahren gegen ihn in Italien keine Kenntnisse hatte und nicht sichergestellt sei, dass ihm nach einer Auslieferung zwingend das Recht auf ein Gerichtsverfahren eingeräumt werde, sodass auch die strafrechtlichen Vorwürfe gegen ihn in tatsächlicher und rechtlicher Hinsicht nicht überprüft werden könnten.[121] Vor dem Bundesverfassungsgericht kam es somit darauf an, welche Überprüfungsmöglichkeiten des italienischen Strafurteils nach deutschem Verfassungsrecht gegeben sein müssen, damit eine Überstellung zulässig ist.

Im Ergebnis hat das Bundesverfassungsgericht – unter Verweis auf den in der Menschenwürdegarantie des Art. 1 Abs. 1 GG verankerten Grundsatz, dass jede Strafe Schuld voraussetzt – eine Verletzung von Art. 1 Abs. 1 i.V.m Art. 23 Abs. 1 S. 3 und Art. 79 Abs. 3 GG bejaht und ausgeführt, dass „das Bundesverfassungsgericht im Wege der Identitätskontrolle den gemäß Art. 23 Abs. 1 S. 3 in Verbindung mit Art. 79 Abs. 3 und Art. 1 Abs. 1

18.07.2002, S. 1, in der durch den Rahmenbeschluss 2009/299/JI des Rates vom 26. Februar 2009, ABl. L 81 v. 27.03.2009, S. 24, geänderten Fassung.

121 S. zum Sachverhalt BVerfGE 140, 317 (318ff.) – *Europäischer Haftbefehl II.*

GG unabdingbar gebotenen Grundrechtsschutz uneingeschränkt und im Einzelfall [gewährleistet].“[122]

Das Bundesverfassungsgericht führte in seiner Entscheidung zunächst aus, dass eine Inanspruchnahme der eigenen Prüfungskompetenz geboten sei, obwohl die zu prüfende Entscheidung unionsrechtlich determiniert sei, da der Vollzug des Rahmenbeschlusses über den Europäischen Haftbefehl das Schuldprinzip als der Teil der Garantie der Menschenwürde nach Art. 1 Abs. 1 GG sowie des Rechtsstaatsprinzips nach Art. 20 Abs. 3 GG und somit die Verfassungsidentität berühre.[123] Sodann analysierte das Bundesverfassungsgericht, ob der Rahmenbeschluss und die entsprechende Rechtsprechung des EuGH diesen Mindestgarantien gerecht wird, sodass das Bundesverfassungsgericht die Kontrollhoheit über die Rechtsprechung des EuGH und dessen Auslegung von Unionsrecht im Rahmen der Identitätskontrolle beansprucht.[124] Einer Begrenzung des dem Rahmenbeschluss zukommenden Anwendungsvorrangs aufgrund der Identitätskontrolle bedürfe es letztlich im konkreten Fall allerdings nicht, „da sowohl der Rahmenbeschluss selbst als auch das diesen umsetzende Gesetz über die internationale Rechtshilfe in Strafsachen eine Auslegung gebieten, die den von Art. 1 Abs. 1 GG geforderten Mindestgarantien von Beschuldigtenrechten bei einer Auslieferung Rechnung trägt.“[125] Das Bundesverfassungsgericht führte zur Begründung dieser Annahme eine umfassende Auslegung der Vorgaben des Rahmenbeschlusses durch und stellte dabei unter Berücksichtigung des Grundsatzes der gegenseitigen Anerkennung, der Art. 47 Abs. 2 und Art. 48 GRC sowie der Rechtsprechung des EGMR dar, dass unter bestimmten Umständen die Vollstreckung eines Europäischen Haftbefehls nicht erforderlich sei und diese unionsrechtlichen Anforderungen an die Vollstreckung eines Europäischen Haftbefehls nicht hinter denjeni-

---

122 BVerfGE 140, 317 (341) – *Europäischer Haftbefehl II*; diesen einzelfallbezogenen verfassungsprozessualen Zugriff im Rahmen der Identitätskontrolle hat das BVerfG grundsätzlich bestätigt, BVerfGE 147, 364 – *Auslieferung Rumänien I*. In dieser Entscheidung nahm das BVerfG jedoch eine Verletzung der Vorlagepflicht des vorabbefassten Fachgerichts und somit eine Verletzung von Art. 101 Abs. 1 S. 2 GG an, vgl. *Langenfeld*, in: Heusel/Rageade (Hrsg.), Authority of EU Law, 2019, S. 87, 95.

123 BVerfGE 140, 317 (342ff.) – *Europäischer Haftbefehl II*.

124 BVerfGE 140, 317 (352ff.) – *Europäischer Haftbefehl II*; *Dietz*, AöR 142 (2017), S. 78, 113f.

125 BVerfGE 140, 317 (355) – *Europäischer Haftbefehl II*.

gen zurück blieben, die das Grundgesetz als von Art. 1 Abs. 1 GG gebotene Mindestgarantien von Beschuldigtenrechten enthält.[126]

Die fachgerichtliche Entscheidung werde diesen Anforderungen nicht gerecht, da die Feststellung, dass eine erneute Beweisaufnahme in Italien „jedenfalls nicht ausgeschlossen sei“ nicht ausreichend sei, sodass eine Verletzung von Art. 1 Abs. 1 GG vorliege.[127] Somit kam es letztlich nicht zur Anwendung der Identitätskontrolle, da das Bundesverfassungsgericht nicht einen Unionsrechtsakt beanstandet hat, sondern eine nationale Gerichtsentscheidung, die Unionsrecht schon falsch angewendet hat, für verfassungswidrig erklärte.

Eine Vorlagepflicht zum EuGH bejahte das Bundesverfassungsgericht nur für den Fall, soweit dies „erforderlich“ sei, sodass diese im Gegensatz zur *Ultra-Vires*-Kontrolle nicht absolut gilt.[128] Das Kriterium der „Erforderlichkeit“ bleibt in der Entscheidung allerdings unklar. Insbesondere wird nicht deutlich, ob diese unionsrechtlich oder verfassungsrechtlich zu bestimmen ist. Im konkreten Fall entschied das Bundesverfassungsgericht, dass es keiner Vorlage an den EuGH bedürfe, da kein Konflikt zwischen Unionsrecht und dem Menschenwürdeschutz des Grundgesetzes bestehe und gemäß der *acte-clair*-Doktorin[129] die richtige Anwendung des Unionsrechts derart offenkundig sei, dass für einen vernünftigen Zweifel keinerlei Raum bleibe.[130]

Da sich diese Entscheidung speziell auf den für diese Arbeit relevanten Bereich des Grundrechtsschutzes bezieht, können sich hieraus weitergehende Aussagen zum Verhältnis von nationalem und europäischem Grundrechtsschutz ergeben. Eine nähere Erörterung dieser Entscheidung soll daher im 3. Kapitel dieser Arbeit erfolgen. Für das hier zu betrachtende Verhältnis von Unionsrecht und nationalem Recht bleibt festzuhalten, dass nach dieser Entscheidung im Wege der Identitätskontrolle, die näher

---

126 BVerfGE 140, 317 (356ff.) – *Europäischer Haftbefehl II.*

127 BVerfGE 140, 317 (367ff.) – *Europäischer Haftbefehl II*; dem zustimmend *Classen*, EuR 2016, S. 304, 305.

128 BVerfGE 140, 317 (341) – *Europäischer Haftbefehl II*; *Burchardt*, ZaöRV 76 (2016), S. 527, 535f.

129 Grundlegend EuGH, *CILFIT*, Rs. 283/81, EU:C:1982:335, Rn. 13ff.

130 BVerfGE 140, 317 (376) – *Europäischer Haftbefehl II*; eine Vorlage für erforderlich haltend, da der EuGH die Anforderungen des Rahmenbeschlusses konkretisieren könnte, *Classen*, EuR 2016, S. 304, 307; kritisch ebenfalls *Giegerich*, ZEuS 2016, S. 3, 34f.; *Nowag*, CMLR 53 (2016), S. 1441, 1451; *Rung*, EWS 2016, S. 145, 149; a.A. *Sauer*, NJW 2016, S. 1134, 1135; *Dietz*, AöR 142 (2017), S. 78, 117, davon ausgehend, dass die Auslegung des BVerfG von Art. 4a Abs. 1 Buchst. d (i) des Rahmenbeschlusses im Ergebnis zwingend sei.

konturiert wurde, Maßnahmen der Union wegen eines schwerwiegenden Grundrechtsverstoßes in Gestalt einer Verletzung des Art. 1 Abs. 1 GG in eng begrenzten Einzelfällen für unanwendbar erklärt werden können. Die Annahme, dass die Identitätskontrolle in Zukunft vorrangig vom Bundesverfassungsgericht zur verfassungsgerichtlichen Kontrolle in unionsrechtlichen Kontexten eingesetzt werden könnte, wird in der folgenden Rechtsprechung jedoch nicht bestätigt.[131]

h. *Recht auf Vergessen*-Entscheidungen

In einem Beschluss zum sog. *Recht auf Vergessen* bestätigte das Bundesverfassungsgericht den Anwendungsvorrang des Unionsrechts gegenüber den Grundrechten des Grundgesetzes – unter Berücksichtigung des *Solange II*-Vorbehalts – ausdrücklich.[132] Zugleich bestimmte der Erste Senat das Verhältnis der Grundrechte des Grundgesetzes und der Unionsgrundrechte grundlegend neu – Unionsgrundrechte können nunmehr Prüfungsmaßstab einer Verfassungsbeschwerde sein.[133]

Aufgrund dieser Neubestimmung des Prüfungsmaßstabs der Verfassungsbeschwerde und der damit verbundenen besonderen Bedeutung für den Bereich des Grundrechtsschutzes sowie für das Verhältnis von Unionsgrundrechten und den Grundrechten des Grundgesetzes, erfolgt eine ausführliche Auseinandersetzung mit den Ausführungen des Bundesverfassungsgerichts zur Grundrechtskontrolle im nicht vollharmonisierten Bereich sowie den Ausführungen und der Begründung der zukünftigen „Heranziehung“ der Unionsgrundrechte als Prüfungsmaßstab im vollharmonisierten Bereich im 3. Kapitel dieser Arbeit.[134] Für das an dieser

---

131 Zu dieser Annahme *Burchardt*, ZaöRV 76 (2016), S. 527, 550f.; zur Gefahr, dass eine Inflationierung der Verfassungsidentität drohe vgl. *Nettesheim*, JZ 2016, S. 425, 428; *Wendel*, in: Franzius/Mayer/Neyer (Hrsg.), Neuerfindung Europas, 2019, S. 51, 59.

132 BVerfGE 152, 216 (233ff.) – *Recht auf Vergessen II*.

133 BVerfGE 152, 152 – *Recht auf Vergessen I*; 152, 216 – *Recht auf Vergessen II*.

134 S. zur Bedeutung der Beschlüsse etwa die Bezeichnung „Novemberrevolution“ von *Kühling*, NJW 2020, S. 275, 275; *Wendel*, JZ 2020, S. 157, 157 erkennt mit diesen Beschlüssen den Beginn einer „neue[n] Ära verfassungsrechtlichen Grundrechtsschutzes“; *Hofmann/Heger/Gharibyan*, KritV 2019, S. 277, 291 sehen in den Beschlüssen eine Fortentwicklung der *Solange II*-Rechtsprechung, weshalb diese auch als „*Solange III*“ zu bezeichnen sind. Als „Meilenstein der Grundrechtsdogmatik und der Dogmatik im Bereich des Persönlichkeitsschutzes“ bezeichnend *Peifer*, GRUR 2020, S. 34, 37.

Stelle relevante Verhältnis von Unionsrecht und nationalem Recht im Allgemeinen ist festzuhalten, dass trotz der Weiterentwicklung im Grundrechtsschutz der Erste Senat keine Abweichung von der *Solange II*-Rechtsprechung des Zweiten Senats erkennen konnte.[135] Zudem bestätigte der Erste Senat die Zuständigkeit des EuGH für die letztverbindliche Auslegung des Unionsrechts und der Unionsgrundrechte, was für das Kooperationsverhältnis zum Gerichtshof von entscheidender Bedeutung ist.[136]

Der Zweite Senat schloss sich der Erweiterung des Prüfungsmaßstabs auf Unionsgrundrechte in einem Beschluss im Dezember 2020 an, wobei er ebenfalls den Rückgriff auf die *Ultra-Vires*-Kontrolle und die Identitätskontrolle bestätigte.[137]

i. *PSPP*-Verfahren

Erstmals entschied das Bundesverfassungsgericht im *PSPP*-Verfahren, dass sowohl der EuGH als auch die EZB *Ultra-vires* handelten. Gegenstand verschiedener Verfassungsbeschwerden war im Wesentlichen das *Public Sector Asset Purchase Programme* (*PSPP*) der EZB, ein Programm zum Ankauf von Anleihen von im Euroraum ansässigen Zentralstaaten, Emittenten mit Förderauftrag und europäischen Institutionen.[138] Die Beschwerdefüh-

---

135 BVerfGE 152, 216 (249f.) – *Recht auf Vergessen II*.

136 BVerfGE 152, 216 (244) – *Recht auf Vergessen II*; *Hofmann/Heger/Gharibyan*, KritV 2019, S. 277, 284f.

137 BVerfG, Beschluss des Zweiten Senats v. 01.12.2020, 2 BvR 1845/18, Rn. 40, 58.

138 Beschluss (EU) 2015/774 der Europäischen Zentralbank vom 4. März 2015 über ein Programm zum Ankauf von Wertpapieren des öffentlichen Sektors an den Sekundärmärkten (EZB/2015/10), ABl. L 121 v. 14.05.2015, S. 20; geändert durch den Beschluss (EU) 2015/2101 der Europäischen Zentralbank vom 5. November 2015, ABl. L 303 v. 20.11.2015, S. 106, den Beschluss (EU) 2015/2464 der Europäischen Zentralbank vom 16. Dezember 2015, ABl. L 344 v. 30.12.2015, S. 1, den Beschluss (EU) 2016/702 der Europäischen Zentralbank vom 18. April 2016, ABl. L 121 v. 11.05.2016, S. 24, den Beschluss (EU) 2017/100 der Europäischen Zentralbank vom 11. Januar 2017, ABl. L 16 v. 20.01.2017, S. 51 und den Beschluss (EU) 2019/1558 der Europäischen Zentralbank vom 12. September 2019 zur Änderung des Beschlusses (EU) 2019/1311 über eine dritte Reihe gezielter längerfristiger Refinanzierungsgeschäfte (EZB/2019/28), ABl. L 238 v. 16.09.2019, S. 2; Neufassung: Beschluss (EU) 2020/188 der Europäischen Zentralbank vom 3. Februar 2020 über ein Programm zum Ankauf von Wertpapieren des öffentlichen Sektors an den Sekundärmärkten (EZB/2020/9), ABl. L 39 v. 12.02.2020, S. 12 Ziel des PSPP ist es, die Inflationsraten im Euro-Währungsgebiet einem Niveau von unter, aber nahe 2 Prozent

renden rügten insbesondere, dass das *PSPP* gegen das Verbot monetärer Staatsfinanzierung gem. Art. 123 AEUV, gegen das Prinzip der begrenzten Einzelermächtigung gem. Art. 5 Abs. 1 EUV i.V.m. Art. 119ff. AEUV sowie gegen die durch Art. 4 Abs. 2 EUV und Art. 79 Abs. 3 GG geschützte Verfassungsidentität des Grundgesetzes verstoße.[139] Das Bundesverfassungsgericht zweifelte insbesondere aufgrund eines möglichen Verstoßes gegen das von Art. 123 AEUV umfasste Umgehungsverbot sowie aufgrund der Zuordnung des *PSPP* zum Bereich der Wirtschafts- und nicht ausschließlich zum Bereich der Währungspolitik und der damit verbundenen Überschreitung des Mandats der EZB gem. Art. 119 und Art. 127ff. AEUV an der Unionsrechtmäßigkeit des *PSPP*.[140] Das Bundesverfassungsgericht setzte daher das Verfahren aus und legte, nach dem *OMT*-Verfahren erst zum zweiten Mal, dem EuGH Fragen zur Vorabentscheidung vor.

Der EuGH äußerte keine Bedenken an der Unionsrechtskonformität des *PSPP*: Weder liege ein Verstoß gegen Art. 123 AEUV vor noch handele es sich bei dem *PSPP* um den Bereich der Wirtschaftspolitik, sodass das Mandat der EZB eingehalten werde. Zur Abgrenzung zwischen Währungs- und Wirtschaftspolitik stellte der EuGH maßgeblich auf die mit dem *PSPP* verfolgten Ziele und gewählten Mittel ab.[141] Eine Verletzung des Grundsatzes der Verhältnismäßigkeit komme hinsichtlich der verfolgten Ziele nicht in Betracht.[142] In diesem Zusammenhang betonte der EuGH, dass der EZB ein weiter Beurteilungsspielraum zukomme und daher der gerichtliche Kontrollmaßstab auf offensichtliche Beurteilungsfehler zu beschränken sei.[143] Ein Verstoß gegen das Verbot monetärer Staatsfinanzierung liege nicht vor, da im *PSPP* ausreichende Garantien enthalten seien, die verhinderten, dass private Marktteilnehmer Gewissheit über die Abnahme von Anleihen durch das ESZB haben könnten, sodass diese faktisch wie eine Mittelsperson des ESZB für den unmittelbaren Erwerb von An-

anzunähern, vgl. 4. Erwägungsgrund des Beschlusses (EU) 2015/774; s. zum Hintergrund des *PSPP* etwa *Gentzsch*, EuR 2019, S. 279, 280ff. Aktuelle Informationen zum *PSPP* sind online abrufbar unter https://www.ecb.europa.eu/mopo/implement/omt/html/pspp.en.html (dieser und alle folgenden Links wurden zuletzt geprüft am 28.04.2021).

139 BVerfGE 146, 216 (240ff.) – *PSPP-Beschluss*.

140 BVerfGE 146, 216 (264ff.) – *PSPP-Beschluss*.

141 EuGH, *Weiss u.a.*, Rs. C-493/17, EU:C:1018:1000, Rn. 53ff.; dem zustimmend *Gentzsch*, EuR 2019, S. 279, 290f.

142 EuGH, *Weiss u.a.*, Rs. C-493/17, EU:C:1018:1000, Rn. 70ff.

143 EuGH, *Weiss u.a.*, Rs. C-493/17, EU:C:1018:1000, Rn. 78, 91; *Dietz*, EuZW 2019, S. 925, 928.

leihen von einem Mitgliedstaat agieren könnte.[144] Zudem werde durch das *PSPP* nicht den Mitgliedstaaten der Anreiz genommen, eine gesunde Haushaltspolitik zu verfolgen.[145]

Am 05.05.2020 verkündete das Bundesverfassungsgericht seine Schlussentscheidung zum *PSPP*.[146] In dieser bestätigte es zunächst das Vorliegen der seit dem *Honeywell*-Beschluss aufgestellten Voraussetzungen der *Ultra-vires*-Kontrolle, wonach es eines offensichtlich kompetenzwidrigen Handelns der Unionsorgane bedarf, das zu einer strukturell bedeutsamen Verschiebung der Kompetenzen zu Lasten der Mitgliedstaaten führt und zudem vor Annahme eines *Ultra-vires*-Akts die Durchführung eines Vorabentscheidungsersuchen gem. Art. 267 Abs. 3 AEUV erforderlich ist.[147] Eine offensichtliche Kompetenzüberschreitung setze nicht voraus, dass keine unterschiedlichen Auslegungsvarianten zu der streitgegenständlichen Frage vertreten werden, sodass eine solche auch vorliegen könne, wenn eine Rechtsauffassung „sorgfältig und detailliert" begründet sei.[148]

Gemäß diesen Vorgaben setzte sich das Bundesverfassungsgericht mit der Entscheidung des EuGH im Vorabentscheidungsverfahren auseinander und kam zu dem Ergebnis, dass dieses „schlechterdings nicht mehr nachvollziehbar"[149], „methodisch nicht mehr vertretbar"[150] und „objektiv willkürlich"[151] sei, mit der Folge dass das Urteil des EuGH einen *Ultra-vires*-Akt darstelle und folglich keine Bindungswirkung entfalte.[152] Die Kritik

---

144 EuGH, *Weiss u.a.*, Rs. C-493/17, EU:C:1018:1000, Rn. 109ff.

145 EuGH, *Weiss u.a.*, Rs. C-493/17, EU:C:1018:1000, Rn. 129ff.

146 BVerfG, Urteil des Zweiten Senats v. 05. Mai 2020, 2 BvR 859/15; aus dem Schrifttum dazu etwa *Hofmann/Heger*, EuGRZ 2020, S. 176, 186ff.; *Kainer*, EuZW 2020, S. 533ff.; *Mayer*, JZ 2020, S. 725ff.; *Nettesheim*, NJW 2020, S. 1631ff.; *Pernice*, EuZW 2020, S. 508ff.; *Ruffert*, JuS 2020, S. 574ff.; *Siekmann*, EuZW 2020, S. 491ff.; s. auch die Beiträge in EuZW 2020, Heft 12.

147 BVerfG, Urteil des Zweiten Senats v. 05. Mai 2020, 2 BvR 859/15, Rn. 110ff.; s. dazu bereits oben 1. Kapitel, A., I., 2., e.

148 BVerfG, Urteil des Zweiten Senats v. 05. Mai 2020, 2 BvR 859/15, Rn. 113ff.

149 BVerfG, Urteil des Zweiten Senats v. 05. Mai 2020, 2 BvR 859/15, Rn. 116.

150 BVerfG, Urteil des Zweiten Senats v. 05. Mai 2020, 2 BvR 859/15, Rn. 119.

151 BVerfG, Urteil des Zweiten Senats v. 05. Mai 2020, 2 BvR 859/15, Rn. 116.

152 BVerfG, Urteil des Zweiten Senats v. 05. Mai 2020, 2 BvR 859/15, Rn. 163f.; s. dazu auch die Pressemitteilung des EuGH v. 08.05.2020, in der der EuGH zunächst darauf hinwies, dass „Dienststellen des Gerichtshofs (…) Urteile nationaler Gerichte nicht kommentieren" und sodann ausführte, dass „ganz generell (…) auf die ständige EuGH-Rechtsprechung hingewiesen werden [kann], wonach ein im Vorabentscheidungsverfahren ergangenes EuGH-Urteil für das vorlegende nationale Gericht bindend ist". Dadurch werde die einheitliche sowie die volle Wirksamkeit des Unionsrechts gewahrt, Pressemitteilung

des Bundesverfassungsgerichts setzte im Wesentlichen an der Prüfung des Grundsatzes der Verhältnismäßigkeit durch den EuGH an. Da dieser die wirtschaftspolitischen Auswirkungen des *PSPP* nicht in seine Abwägung einbezogen habe, werde die Verhältnismäßigkeitsprüfung funktionslos, weil „sie deren Kern – die Abwägung kollidierender Belange – nicht erfasst".[153] Der Gerichtshof verzichte auf eine effektive Kompetenzkontrolle der EZB, wobei auch die Beschränkung des gerichtlichen Kontrollmaßstabs durch den EuGH nicht überzeugen könne, da Grenzen der Zuständigkeit der EZB in vollem Umfang gerichtlicher Kontrolle unterlägen.[154] Dieses Vorgehen widerspreche „auch der methodischen Vorgehensweise des Gerichtshofs in nahezu allen anderen Bereichen des Unionsrechts", wobei das Bundesverfassungsgericht eine Reihe von Entscheidungen des EuGH zitiert, um dies zu belegen.[155]

Mangels Bindungswirkung des Urteils des EuGH prüfte das Bundesverfassungsgericht die streitgegenständlichen Beschlüsse des *PSPP* der EZB selbst und entschied, dass diese „mangels hinreichender Erwägungen zur Verhältnismäßigkeit von der währungspolitischen Kompetenz der EZB (Art. 127 Abs. 1 S. 1 AEUV) und ihrer lediglich unterstützenden Kompetenz für die Wirtschaftspolitik der Mitgliedstaaten (Art. 127 Abs. 1 S. 2 AEUV) nicht gedeckt sind".[156] Im Ergebnis habe die EZB die wirtschaftspolitischen Auswirkungen des *PSPP* nicht im Rahmen einer Verhältnismäßigkeitsprüfung berücksichtigt, sodass die fraglichen Beschlüsse wegen eines Abwägungs- und Darlegungsausfalls gegen Art. 5 Abs. 1 S. 2 und Abs. 4 EUV verstießen, mit der Folge, dass das *PSPP* insgesamt als *Ultra-vires*-Akt zu qualifizieren sei.[157] Einen offensichtlichen Verstoß gegen

Nr. 58/2020 im Nachgang zum Urteil des deutschen Bundesverfassungsgerichts v. 05.05.2020.

153 BVerfG, Urteil des Zweiten Senats v. 05. Mai 2020, 2 BvR 859/15, Rn. 138.

154 BVerfG, Urteil des Zweiten Senats v. 05. Mai 2020, 2 BvR 859/15, Rn. 140ff.

155 BVerfG, Urteil des Zweiten Senats v. 05. Mai 2020, 2 BvR 859/15, Rn. 146ff.; *Pernice*, EuZW 2020, S. 508, 513 weist daraufhin, dass die zitierten Urteile nichts zu der relevanten Frage beitragen können, ob die Verhältnismäßigkeitsprüfung vom EuGH als Kriterium der Kompetenzabgrenzung verwendet wird.

156 BVerfG, Urteil des Zweiten Senats v. 05. Mai 2020, 2 BvR 859/15, Rn. 164ff.

157 BVerfG, Urteil des Zweiten Senats v. 05. Mai 2020, 2 BvR 859/15, Rn. 176f.; sofern der EZB (bislang) nur der Vorwurf eines Abwägungs- und Darlegungsausfall gemacht wird, ist zweifelhaft, ob dem EuGH vorgeworfen werden kann, er habe den Grundsatz der Verhältnismäßigkeit deshalb willkürlich angewendet, da seine materielle Kontrolldichte zu gering gewesen sei, s. *Nettesheim*, NJW 2020, S. 1631, 1633.

Art. 123 Abs. 1 AEUV stellte das Bundesverfassungsgericht hingegen nicht fest.[158]

Die Argumentation des Bundesverfassungsgerichts ist keinesfalls zwingend. Insbesondere die vorgebrachte Kritik hinsichtlich des Grundsatzes der Verhältnismäßigkeit begegnet Bedenken: Zunächst kann und wird dieser Grundsatz verschieden interpretiert. Dies belegen nicht zuletzt die vom Bundesverfassungsgericht verwendeten Verweise der Rechtsprechung des EuGH. Die Prüfung der Verhältnismäßigkeit wird auch in den Mitgliedstaaten der Union unterschiedlich verstanden und gehandhabt.[159] Zudem ist die Heranziehung dieses Grundsatzes im Rahmen der Kompetenzabgrenzung fraglich. Der Grundsatz der Verhältnismäßigkeit ist zwar in Art. 5 Abs. 4 EUV normiert und somit bei der Abgrenzung der Kompetenzen zwischen Union und Mitgliedstaaten zu beachten. Primär geht es bei diesem jedoch um die Ausübung, nicht das Bestehen einer Verbandskompetenz der Union, wenngleich im Einzelfall der Grundsatz der Verhältnismäßigkeit auch dem „Ob" der Kompetenzausübung der Union entgegenstehen kann.[160] Eine Prüfung der Verhältnismäßigkeit im Rahmen der Rechtmäßigkeit wäre daher insgesamt überzeugender. Da die Verhältnismäßigkeit zudem maßgeblich bei Eingriffen in subjektive Rechte Relevanz entfaltet und sich aus diesem Schutzgedanken entwickelt hat,[161] ist zweifelhaft, ob eine Kompetenzabgrenzung zwischen Union und Mitgliedstaaten mit Hilfe der Verhältnismäßigkeit erfolgen kann.[162] Diese Zweifel werden auch dadurch verstärkt, dass die vom Bundesverfassungsgericht kritisierte Abwägung i.S.d. Angemessenheit regelmäßig verschieden gewichtet werden kann. Konsequenterweise müsste zudem die hohe

---

158 BVerfG, Urteil des Zweiten Senats v. 05. Mai 2020, 2 BvR 859/15, Rn. 213ff.

159 Vgl. m. Nachweisen *Kainer*, EuZW 2020, S. 533, 535.

160 *Kadelbach*, in: von der Groeben/Schwarze/Hatje (Hrsg.), Europäisches Unionsrecht, 7. Aufl., 2015, Art. 5 EUV, Rn. 3; *Bast*, in: Grabitz/Hilf/Nettesheim (Hrsg.), Das Recht der Europäischen Union, 65. EL., 2018, Art. 5 EUV, Rn. 55.; a.A. *Calliess*, in: Calliess/Ruffert (Hrsg.), EUV/AEUV, 5. Aufl., 2016, Art. 5 EUV, Rn. 5, demzufolge der Grundsatz der Verhältnismäßigkeit ausschließlich für die Frage heranzuziehen ist, „wie" die Union handeln soll, nicht jedoch „ob" sie überhaupt handeln darf.

161 Vgl. dazu etwa *Schulze-Fielitz*, in: Dreier (Hrsg.), Grundgesetz, Bd. II, 3. Aufl., 2015, Art. 20, Rn. 179.

162 Deutlich insoweit, dass das Verhältnismäßigkeitsprinzip nicht zur Kompetenzabgrenzung herangezogen werden kann, *Kainer*, EuZW 2020, S. 533, 535; *Siekmann*, EuZW 2020, S. 491, 494. Nach der Rechtsprechung des BVerfG kommt das Verhältnismäßigkeitsgrundsatz für die Abgrenzung der Kompetenzen von Bund und Ländern nicht zum Tragen, BVerfGE 81, 310 (338) – *Kalkar II*.

Gewichtung des Verhältnismäßigkeitsgrundsatzes durch das Bundesverfassungsgericht zu dem „untragbaren Ergebnis“ führen, dass jede Verletzung dieses Grundsatzes durch den EuGH einen Verstoß gegen Art. 19 Abs. 1 S. 2 EUV begründen könnte und somit jeder Rechtsanwendungsfehler des EuGH einen *Ultra-vires*-Akt darstellen würde.[163]

Bemerkenswert ist schließlich die Wortwahl des Bundesverfassungsgerichts gegenüber dem EuGH („schlechterdings nicht mehr nachvollziehbar“, „methodisch nicht mehr vertretbar“, „objektiv willkürlich“).[164] Die Entscheidung könnte daher vor allem Auswirkungen auf das Verhältnis dieser beiden Gerichte und auf das Verhältnis von Unionsrecht und nationalem Recht insgesamt haben. Die Auswirkungen auf die Maßnahmen der EZB könnten indes eher gering sein, zumal das Bundesverfassungsgericht das *PSPP* nicht inhaltlich, sondern nur aufgrund der fehlenden Berücksichtigung der wirtschaftspolitischen Auswirkungen als *Ultra-vires*-Akt qualifizierte. Dies legt es nahe, dass bei nachträglicher Verhältnismäßigkeitsprüfung das *PSPP* als rechtmäßig eingeordnet werden könnte – die Kritik des Bundesverfassungsgerichts an der Entscheidung des EuGH als „methodisch nicht mehr vertretbar“ ist unter diesem Gesichtspunkt nur wenig plausibel.

Ob dieses Urteil zu einer Schwächung der europäischen Rechtsgemeinschaft insgesamt führen wird, muss die weitere Entwicklung zeigen.[165] Nach einer optimistischeren Sichtweise könnte diese Entscheidung auch zu einer zukünftigen wechselseitigen Rücksichtnahme der verschiedenen Gerichte beitragen.[166] Möglich ist, dass die richterliche Überprüfung von

---

163 *Hofmann/Heger*, EuGRZ 2020, S. 176, 187.

164 S. auch *Hofmann/Heger*, EuGRZ 2020, S. 176, 187, die den Vorwurf der methodischen Unvertretbarkeit der Auslegung durch den EuGH als „massiven Affront“ bezeichnen sowie *Nettesheim*, NJW 2020, S. 1631, 1632, der von einer „erniedrigend anmutende[n] Schärfe“ spricht.

165 So befürchtete etwa die französische Regierung in einer ersten Einschätzung, dass das Urteil des BVerfG dazu dienen könne, dass die Zuständigkeit des EuGH auch von anderen EU-Staaten in weiteren Fällen angezweifelt werden könne, vgl. „Paris sieht EZB-Urteil als Gefahr für Stabilität“, FAZ v. 07.05.2020, S. 1; s. auch „Attentat auf Europa“, DER SPIEGEL 20/2020 v. 09.05.2020, S 6; von einer Destabilisierung aufgrund der durch die Entscheidung verursachte Unsicherheit ausgehend *Kainer*, EuZW 2020, S. 533, 536; vgl. auch *Pernice*, EuZW 2020, S. 508, 518; s. bereits vor der Entscheidung des BVerfG *Dietz*, die davor warnte, dass eine mögliche *Ultra vires*-Entscheidung als „Vorbild“ missbraucht werden könne, um gegen politisch ungewollte Entscheidungen des EuGH aufzubegehren, *Dietz*, EuZW 2019, S. 925, 933.

166 Vgl. die Einschätzung von *Grimm*, Jetzt war es so weit, FAZ v. 18.05.2020, S. 9.

Handlungen im Zusammenhang mit der Europäischen Union durch das Bundesverfassungsgericht weiter zunehmen wird. Die Entscheidung zum *PSPP*-Verfahren verdeutlicht, dass das Bundesverfassungsgericht den „Anspruch auf Demokratie“ zu einem umfassenden inhaltlichen Kontrollmechanismus entwickelt hat.[167]

j. Zusammenfassung

Die untersuchten Entscheidungen zeigen, dass das Bundesverfassungsgericht eine mittelbare Kontrolle des Unionsrechts am Maßstab des Grundgesetzes für zulässig erachtet und das „letzte Wort“ für sich beansprucht, was nicht zuletzt im *PSPP*-Verfahren deutlich wurde. In der Rechtsprechung des Bundesverfassungsgerichts haben sich drei verschiedene Kontrollvorbehalte entwickelt: die Grundrechtskontrolle, die *Ultra-vires*-Kontrolle und die Identitätskontrolle.[168] Die Grundrechts- sowie die Identitätskontrolle stellen dabei die verfassungsrechtlichen Grenzen des Nichtübertragbaren dar, während die *Ultra-vires*-Kontrolle die Grenze des

---

167 Vgl. *Nettesheim*, NJW 2020, S. 1631, 1632.

168 Diese Kontrollvorbehalte werden durch die sog. formelle Übertragungskontrolle ergänzt, wonach das BVerfG prüft, ob die formellen Voraussetzungen des Art. 23 Abs. 1 GG für eine Übertragung von Hoheitsrechten eingehalten worden sind. Diesen Vorbehalt entwickelte das BVerfG in einem Beschluss zum Gesetz zum Übereinkommen über ein Einheitliches Patentgericht (Plenarprotokoll 18/221, S. 22262, BT-Drs. 18/11137), BVerfG, Beschluss des Zweiten Senats v. 13.02.2020, 2 BvR 739/17; dazu *Hofmann/Heger*, EuGRZ 2020, S. 176, 183ff.; s. dazu auch die überzeugende abweichende Meinung der Richterinnen *König* und *Langenfeld* sowie des Richters *Maidowski*, die sich gegen die, der formellen Übertragungskontrolle zugrundeliegende, Erweiterung des Rechts aus Art. 38 Abs. 1 S. 1 GG aussprechen, da eine solche die Substanz und Grenzen des Rechts auf demokratische Selbstbestimmung verkenne und der „Anspruch auf Demokratie“ prinzipiell nicht gegen den demokratischen Prozess als solchen gewendet werden können, Rn. 4, 13ff. Da die für diesen Abschnitt der Untersuchung interessante Frage, ob der in Art. 20 des Übereinkommens (ABl. C 175 v. 20.06.2013, S. 1) normierte unbedingte Vorrang des Unionsrechts mit Art. 20 Abs. 1 und Abs. 2 i.V.m. Art. 79 Abs. 3 GG vereinbar ist, vom BVerfG ausdrücklich offengelassen wurde (BVerfG, Beschluss des Zweiten Senats v. 13.02.2020, 2 BvR 739/17, Rn. 166), erfolgt keine nähere Auseinandersetzung mit diesem Beschluss.

Nichtübertragenen abbildet, wobei die Einhaltung bereits übertragener Kompetenzen zu prüfen ist.[169]

Bezugspunkt, nicht Beschwerdegegenstand der *Ultra-vires*-Kontrolle ist im Gegensatz zur Identitätskontrolle ein Handeln der Union.[170] Die Grundrechtskontrolle hinsichtlich der Menschenwürdegarantie des Art. 1 Abs. 1 GG (ohne Vorliegen der Voraussetzungen des *Solange*-Vorbehalts) und die *Ultra-vires*-Kontrolle haben sich an die Identitätskontrolle zumindest angenähert; die *Ultra-vires*-Kontrolle kann auch als Sonderfall der Identitätskontrolle angesehen werden.[171] Festzustellen ist zudem, dass sich die Anwendung der Kontrollvorbehalte in der Rechtsprechung des Bundesverfassungsgerichts von der Wahrung des Grundrechtsschutzes zur Wahrung der Kompetenzgrenzen verschoben haben.[172] Die Anforderungen an die einzelnen Vorbehalte wurden zunehmend präzisiert und konturiert, wobei letztlich Einzelheiten offenbleiben und der Streit über das „letzte Wort" zwischen Bundesverfassungsgericht und EuGH fortbesteht. Zugespitzt hat sich dieser durch die Entscheidung des Bundesverfassungsgerichts im *PSPP*-Verfahren, wonach dem EuGH erstmals ein Handeln *ultra vires* vorgeworfen wird. Diese „historische"[173] Entscheidung birgt jedenfalls die Gefahr, dass der Vorrang des Unionsrechts zunehmend infrage gestellt wird. Nach wie vor stehen sich letztlich die unterschiedlichen Konzeptionen des Bundesverfassungsgerichts – wonach der Anwendungsvorrang des Unionsrechts allein über den nationalen „Rechtsanwendungsbefehl" Geltung erlangt – sowie des EuGH – wonach der Anwendungsvorrang unmittelbar aus Unionsrechtsordnung folgt – unauflösbar gegenüber.

Für den Bereich des Grundrechtsschutzes wird im Laufe der Arbeit insbesondere noch näher zu untersuchen sein, ob weiterhin die *Solange*-Rechtsprechung Geltung beanspruchen kann und zu welchen Änderungen in diesem Bereich die Prüfung der Menschenwürdegarantie nach Art. 1 Abs. 1 GG im unionsrechtlichen Kontext sowie die Anerkennung der Unionsgrundrechte als verfassungsrechtliche Prüfungsmaßstab führt.

---

169 *Ehlers*, in: Schulze/Kadelbach/Janssen (Hrsg.), Europarecht, 2020, § 11, Rn. 21ff.; kritisch zur Identitäts- und *Ultra-vires*-Kontrolle aus unions- und verfassungsrechtlicher Sicht *Giegerich*, ZEuS 2016, S. 3, 30ff.

170 *Dietz*, AöR 142 (2017), S. 78, 124.

171 *Hofmann/Heger*, EuGRZ 2020, S. 176, 188 gehen davon aus, dass durch die Entscheidung des BVerfG im *PSPP*-Verfahren der eigenständige Charakter der *Ultra-vires*-Kontrolle betont werde und die Verbindung von *Ultra-vires*- und Identitätskontrolle jedenfalls gelockert worden sei.

172 *Kadelbach*, JURA 2017, S. 940, 948.

173 *Pernice*, EuZW 2020, S. 508, 508.

3. Antwort auf die Vorrangfrage in den anderen Mitgliedstaaten der EU

Um zu prüfen, ob es sich bei der dargestellten Sichtweise des Bundesverfassungsgerichts um eine deutsche Eigentümlichkeit handelt oder ob Parallelen in anderen Mitgliedstaaten bestehen, die im weiteren Verlauf der Untersuchung zu berücksichtigen sind, ist es erforderlich, einen summarischen Überblick zur Anerkennung des Vorrangs des Unionsrechts in den Mitgliedstaaten zu geben.[174] Das Verhältnis von Unionsrecht und nationalem Recht ist in den Mitgliedstaaten Gegenstand vielfältiger Kontroversen, wobei der Vorrang des Unionsrechts in einigen Mitgliedstaaten nahezu uneingeschränkt anerkannt ist (a.), während in anderen Mitgliedstaaten von einem Vorrang des nationalen Verfassungsrechts ausgegangen wird (b.). Größtenteils zeigen sich jedoch Vorbehalte gegen einen uneingeschränkten unionsrechtlichen Vorranganspruch (c.).

a. Vorrang des Unionsrechts

Der grundsätzliche Vorrang des Unionsrechts vor nationalem Recht ist in Estland, den Niederlanden, Österreich und Zypern anerkannt. Dies dürfte auch in Finnland und Luxemburg gelten.

aa. Estland

Der Oberste Gerichtshof Estlands (*Riigikohus*) nimmt einen unbedingten unionsrechtlichen Vorrang vor nationalem Recht an, welcher durch das Verfassungsgesetz vermittelt wird, und hat klargestellt, dass auch die Verfassung selbst mit Unionsrecht vereinbar sein müsse, was sich ebenfalls aus dem Verfassungsgesetz ergebe.[175]

---

174 Ziel der nachfolgenden Betrachtung ist kein umfassender Rechtsvergleich. Der folgende Abschnitt soll primär die verschiedenen Ansätze und Lösungsmöglichkeiten zur Vorrangfrage in den Mitgliedstaaten der Union aufzeigen.

175 Riigikohus, Entsch. v. 26.08.2008, 3-4-1-5-08, Rn. 29ff., englische Übersetzung abrufbar unter https://www.riigikohus.ee/en/constitutional-judgment-3-4-1-5-08; vgl. *Kruis*, Anwendungsvorrang, 2013, S. 57f.

bb. Niederlande

Die niederländische Verfassung enthält in Art. 93 und Art. 94 Regelungen über die „Bestimmungen von Verträgen und Beschlüssen völkerrechtlicher Organisationen“ (Art. 93) und ordnet einen Anwendungsvorrang dieser Bestimmungen vor entgegenstehendem nationalem Recht an (Art. 94). Der niederländische Oberste Gerichtshof (*Hoge Raad der Nederlanden*) geht, trotz dieser Vorschriften, davon aus, dass das Unionsrecht seine Geltung unmittelbar aus der supranationalen Ebene ableite und diese autonome Geltung und Anwendbarkeit des Unionsrechts zu einer strukturellen Überordnung der Unionsrechtsordnung führe.[176] Somit wird der unbedingte Vorrang des Unionsrechts anerkannt.

cc. Österreich

In Österreich hat der Verfassungsgerichtshof den Vorrang des Unionsrechts ausdrücklich gegenüber innerstaatlichem Verfassungsrecht, auch vor den nationalen Grundrechten, anerkannt, wobei umstritten ist, ob sich der Vorrang aus dem Unionsrecht selbst oder aus dessen innerstaatlichem Geltungsgrund ergibt.[177]

dd. Zypern

In Zypern ist der Vorrang des Unionsrechts ausdrücklich in der Verfassung normiert.[178] Diese Feststellung erfolgte, nachdem der Oberste Ge-

---

176 Hoge Raad der Nederlanden, Entsch. v. 02.11.2004, Nr. LJN: AR1797, abrufbar unter https://uitspraken.rechtspraak.nl/; vgl. dazu *Wendel*, Permeabilität, 2011, S. 384f.; *Burchardt*, Rangfrage, 2015, S. 104f.; zur Kritik an dieser Sichtweise s. etwa *Barents*, EuConst 5 (2009), S. 421, 422.

177 Öst. VerfGH, Erkenntnis v. 24.02.1999, B 1625/98; vgl. *Wendel*, Permeabilität, 2011, S. 383f.; *Heller*, JBl. 2012, S. 675, 675 sowie *Heißl*, Grundrechtskollisionen, 2017, S. 485ff. m.w.N. aus der Rechtsprechung.

178 Art. 1A der Verfassung lautet: „*No provision of this Constitution shall be considered as invalidating laws enacted, acts done or measures adopted by the Republic necessitated by its obligations as a Member State of the European Union or shall prevent Regulations, Directives or other acts or binding measures of a legislative character adopted by the European Union or by the European Communities or by their institutions or by their competent bodies under the provisions of the treaties founding the European Communities or the European Union, from having legal effect in the Republic.*“

richtshof Zyperns (*Ανώτατο Δικαστήριο*) entschieden hatte, dass der Rahmenbeschluss zum Europäischen Haftbefehl keinen Vorrang vor der nationalen Verfassung habe, da dieser nach Art. 34 EUV a.F. keine unmittelbare Wirkung habe.[179] Der unionsrechtliche Vorrang wurde daraufhin vom Obersten Gerichtshof Zyperns, soweit ersichtlich, nicht infrage gestellt.

ee. Luxemburg und Finnland

In Luxemburg enthält die Verfassung keine Bestimmung darüber, wie sich das Völker- und Europarecht zum nationalen Recht verhält; auch wenn zudem eine Gerichtsentscheidung zum Vorrang des Unionsrecht vor der Verfassung fehlt, wird überwiegend davon ausgegangen, dass ein solcher Vorrang besteht.[180] Gleiches gilt für Finnland, wo die Verfassung ebenfalls zur innerstaatlichen Geltung des Unionsrechts schweigt, aber dennoch überwiegend davon ausgegangen wird, dass der unbedingte Vorrang des Unionsrechts anerkannt ist.[181]

b. Vorrang des nationalen Verfassungsrechts

Ein Totalvorbehalt der nationalen Verfassung wird in Litauen, Kroatien, Polen und Rumänien angenommen; ein differenziertes Bild zeigt sich in Frankreich. In Lettland und Griechenland kann wohl auch von einem Vorrang der Verfassung ausgegangen werden.

---

179 Supreme Court of Cyprus, Entsch. v. 07.11.2005, CMLR 44 (2007), S. 1163, 1171; vgl. dazu *Claes*, in: Arnull/Chalmers (Hrsg.), European Union Law, 2015, S. 178, 194, Fn. 63; *Kombos/Laulhé Shaelou*, in: Albi/Bardutzky (Hrsg.), National Constitutions, 2019, S. 1373, 1379ff.

180 Vgl. *Peters*, Elemente einer Theorie der Verfassung Europas, 2001, S. 311; *Wendel*, Permeabilität, 2011, S. 384; *Gerkrath*, in: Albi/Bardutzky (Hrsg.), National Constitutions, 2019, S. 221, 228ff.

181 Zu dieser Annahme *Kruis*, Anwendungsvorrang, 2013, S. 58, der auch darauf hinweist, dass der Oberste Verwaltungsgerichtshof Finnlands den Vorrang akzeptiert habe; zu berücksichtigen ist jedoch auch, dass Art. 106 des finnischen Grundgesetzes einen Vorrang des Grundgesetzes vorsieht, sofern die Anwendung einer Gesetzesvorschrift im offensichtlichen Widerspruch zum Grundgesetz steht; mögliche Konflikte werden bislang durch eine unionsrechtsfreundliche, harmonisierende Auslegung der finnischen Gerichte vermieden, vgl. *Blanquet*, Droit général de l‘ Union européenne, 11. Aufl., 2018, S. 538f.; *Ojanen/Salminen*, in: Albi/Bardutzky (Hrsg.), National Constitutions, 2019, S. 359, 373.

aa. Litauen

Das litauische Verfassungsgericht (*Lietuvos Respublikos Konstitucinis Teismas*) geht davon aus, dass aus der litauischen Verfassung folge, dass im Falle einer Kollision von Unionsrecht und nationalem Verfassungsrecht, das Verfassungsrecht Vorrang vor dem Unionsrecht habe, wobei das Konzept des Anwendungsvorrangs insgesamt akzeptiert und die Kollisionsnorm des Anwendungsvorrangs auf verfassungsrechtlicher Ebene verortet wird.[182]

bb. Kroatien

Für Kroatien regelt Art. 145 der Verfassung indirekt den Vorrang des Unionsrechts; dieser gilt jedoch nicht vor der Verfassung, insofern hat das kroatische Verfassungsgericht (*Ustavni sud Republike Hrvatske*) ausdrücklich betont, dass diese Vorrang vor Unionsrecht habe.[183]

cc. Polen

In Polen bestimmt Art. 8 der Verfassung, dass die Verfassung das oberste Recht der Republik Polen ist. Der polnische Verfassungsgerichtshof (*Trybunal Konstytucyjny*) betonte diese besondere Stellung der Verfassung auch gegenüber Unionsrecht und hat in der Entscheidung über den Vertrag über den Beitritt Polens zur Europäischen Union ausgeführt, dass die „europarechtsfreundliche" Auslegung ihre Grenzen habe und der Vorrang des Unionsrechts nicht im Verhältnis zu einer Norm der polnischen Verfassung gelte, wenn es zu einem unauflösbaren Widerspruch zwischen einer Norm der Verfassung und einer Norm des Unionsrechts käme.[184]

---

182 Lietuvos Respublikos Konstitucinis Teismas, Entsch. v. 14.03.2006, Nr. 17/02-24/02-06/03-22/04, Abschnitt III, Ziff. 9.4., abrufbar unter https://www.lrkt.lt/en/court-acts/rulings-conclusions-decisions; *Burchardt*, Rangfrage, 2015, S. 123; *Edenharter*, Grundrechtsschutz, 2018, S. 115.

183 Ustavni sud Republike Hrvatske, Entsch. v. 08.04.2015, U-VIIR-1159/2015, englische Zusammenfassung abrufbar unter https://sljeme.usud.hr/usud/prakswen.nsf/fOdluka.xsp?action=openDocument&documentId=9393347C501C6FA7C125800B002B0806; *Goldner Lang/Đurđević/Mataija*, in: Albi/Bardutzky (Hrsg.), National Constitutions, 2019, S. 1139, 1146f.

184 Trybunal Konstytucyjny, Entsch. v. 11.05.2005, K 18/04, EuR 2006, S. 236, 239f.; s. dazu etwa *Sadurski*, ELJ 14 (2008), S. 1, 18ff.

Somit wird eine Art „grundrechtsschützender Notanker“ als Vorbehalt eingeführt.[185] Letztlich wird dem unionalen Vorranggrundsatz jegliche Normativität abgesprochen, da das *Trybunal Konstytucyjny* nicht befugt sei, die Rechtsprechung des EuGH im Rahmen der Verfassungsmäßigkeitskontrolle zu prüfen und eine Bezugnahme auf das unionale Vorrangkonzept in dieser Entscheidung unterbleibt.[186] Den Vorrang der nationalen Verfassung hat das *Trybunal Konstytucyjny* auch in der Entscheidung zum Vertrag von Lissabon bestätigt und hervorgehoben, dass die polnische Verfassung das *„supreme law of the Republic of Poland“* darstelle.[187] Entgegen der Rechtsprechung des EuGH sieht sich das *Trybunal Konstytucyjny* in einer Entscheidung aus dem Jahr 2011 zur Prüfung der Vereinbarkeit des europäischen Sekundärrechts mit der polnischen Verfassung befugt, was ebenfalls zeigt, dass dieses an der Vorrangstellung der nationalen Verfassung festhält.[188]

dd. Rumänien

In Rumänien ist der unionsrechtliche Vorrang vor einfachem Gesetzesrecht in Art. 148 Abs. 2 der Verfassung normiert. Das rumänische Verfassungsgericht (*Curtea Constituţională a României*) hat in einer Entscheidung zu einem Vorschlag zur Änderung der Verfassung argumentiert, dass die Verfassung Ausdruck des Volkswillens sei und ihre Verbindlichkeit nicht bei entgegenstehendem Unionsrecht verlieren könne. Der Verfassung wird daher ein uneingeschränkter Vorrang eingeräumt, wobei auch auf die Entscheidung des polnischen Verfassungsgerichts über den Beitritt Polens zur Europäischen Union verwiesen wird.[189]

---

185 *Schmahl*, in: Härtel (Hrsg.), Handbuch Föderalismus, 2012, S. 411, 426f.

186 Trybunal Konstytucyjny, Entsch. vom 11.05.2005, K 18/04, EuR 2006, S. 236, 242; *Bainczyk/Ernst*, EuR 2006, S. 247, 251; *Burchardt*, Rangfrage, 2015, S. 124f.

187 Trybunal Konstytucyjny, Entsch. v. 24.11.2010, K 32/09, abrufbar unter http://trybunal.gov.pl/fileadmin/content/omowienia/K_32_09_EN.pdf; *Burchardt*, Rangfrage, 2015, S. 125.

188 Trybunal Konstytucyjny, Entsch. v. 16.11.2011, SK 45/09, abrufbar unter http://trybunal.gov.pl/fileadmin/content/omowienia/SK_45_09_EN.pdf; dazu *Granat*, EuR 2013, S. 205ff.; s. zur Sichtweise des *Trybunal Konstytucyjny* insgesamt auch *Bainczyk*, EuR 2017, S. 121, 124ff.

189 Curtea Constituţională a României, Entsch. Nr. 80/2014, zitiert nach *Iancu*, in: Albi/Bardutzky (Hrsg.), National Constitutions, 2019, S. 1047, 1051ff.

ee. Frankreich

In Frankreich sind für die Ausgestaltung des Verhältnisses von Unionsrecht und nationalem Recht insbesondere der Verfassungsrat (*Conseil constitutionnel*), der Staatsrat (*Conseil d'Etat*) als höchstes Verwaltungsgericht und das oberste Kassationsgericht (*Cour de cassation*) von Bedeutung.[190] Nach Art. 55 der französischen Verfassung haben völkerrechtliche Verträge oder Vereinbarungen, die ordnungsgemäß ratifiziert oder genehmigt wurden, mit ihrer Veröffentlichung Vorrang vor nationalen Gesetzen. Trotz dieser Verfassungsnorm hat der *Conseil d'Etat* zunächst einen Vorrang des primären Unionsrechts vor zeitlich nachfolgenden Parlamentsgesetzen 1968 in seiner Leitentscheidung *Syndicat général des fabricants de Semoules de France* ohne nähere Begründung abgelehnt.[191] Erst 1989 erfolgte die Anerkennung des Vorrangs von europäischem Primärrecht vor nationalen Gesetzen, wobei diese Anerkennung einzig mit der französischen Verfassung und nicht mit der Eigenständigkeit des Unionsrechts begründet wurde.[192] Im Gegensatz zum *Conseil d'Etat*, der in gewisser Weise das „letzte Wort" in europarechtlichen Fällen für sich beansprucht hat,[193] gilt die *Cour de Cassation* als europarechtsfreundlicher und hat den Vorrang des Unionsrechts vor nationalem Recht bereits 1975 anerkannt.[194] Diesen Vorrang akzeptiert grundsätzlich auch der *Conseil constitutionnel*; dieser hat jedoch in seiner Entscheidung zur Vereinbarkeit des Vertrags über eine Verfassung für Europa mit der französischen Verfassung betont, dass die französische Verfassung auch bei Inkrafttreten einer Verfassung für Europa weiterhin an der Spitze der nationalen Rechtsordnung bleibe.[195]

---

190 *Berger*, Anwendungsvorrang, 2015, S. 176.

191 Conseil d'Etat, Entsch. v. 01.03.1968, *Syndicat général des fabricants de Semoules de France.*

192 Conseil d'Etat, Entsch. v. 20.10.1989, *Nicolo*; der Vorrang von Richtlinien und Verordnungen wurde in den Entscheidungen Conseil d'Etat, Entsch. v. 24.09.01990, *Boiset* (Verordnung) und Conseil d'Etat, Entsch. v. 28.02.1992, *SA Rothmanns International France* (Richtlinie), anerkannt, s. *Berger*, Anwendungsvorrang, 2015, S. 222f.

193 Vgl. *Mayer/Lenski/Wendel*, EuR 2008, S. 63, 66ff.; insbesondere unter Verweis auf die Entscheidung Conseil d'Etat, Entsch. v. 22.12.1978, *Cohn-Bendit*, in der die unmittelbare Anwendbarkeit von Richtlinien abgelehnt wurde. Diese Entscheidung gilt erst durch die Rechtsache *Mme Perreux* als überholt, Conseil d'Etat, Entsch. v. 30.10.2009, *Mme Perreux*; *Wendel*, Permeabilität, 2011, S. 417; *Haltern*, Europarecht, Bd. II, 2017, § 10, S. 520.

194 Cour de cassation, Entsch. v. 23.05.1975, *Jacques Vabre*.

195 Conseil constitutionnel, Entsch. v. 19.11.2004, Nr. 2004-505, EuR 2004, S. 911ff.

Die grundsätzliche Akzeptanz des unionsrechtlichen Vorrangs durch den *Conseil constitutionnel* zeigt sich etwa daran, dass dieser die Verpflichtung zur Umsetzung von Richtlinien zu einem Verfassungsgebot erhoben habe, welches sich aus Art. 81-1 der Verfassung ergebe, der festlegt, dass Frankreich an der Europäischen Union mitwirkt, welche aus Staaten besteht, die sich in freier Entscheidung dazu entschlossen haben, einige ihrer Befugnisse gemeinsam auszuüben.[196] Allerdings betonte der *Conseil constitutionnel* auch, dass der Vorrang vor einfachem Recht nur gelte, sofern das Unionsrecht nicht gegen die verfassungsrechtliche Identität Frankreichs verstoße.[197] Dem folgend hat der *Conseil d' Etat* in der *Arcelor*-Entscheidung den Vorrang der Verfassung bekräftigt und dargestellt, dass bei der behaupteten Verletzung einer Bestimmung oder eines Prinzips von Verfassungsrecht durch nationales Recht, welches zur Umsetzung einer Richtlinie erlassen wurde, auf verwaltungsrechtlicher Ebene zu prüfen sei „ob es eine Regel oder einen allgemeinen Rechtsgrundsatz des Gemeinschaftsrechts gibt, welcher im Hinblick auf seine Natur und Tragweite, so wie er nach dem gegenwärtigen Stand der Rechtsprechung der Gemeinschaftsgerichtsbarkeit ausgelegt wird, durch seine Anwendung die effektive Beachtung der Verfassungsbestimmung bzw. des verfassungsrechtlichen Prinzips garantiert."[198] Bestehe ein solcher Rechtsgrundsatz, erfolge eine Prüfung am Maßstab des Unionsrechts, wobei ggf. ein Vorabentscheidungsverfahren an den EuGH einzuleiten sei; existiert kein allgemeiner Rechtsgrundsatz sei die Prüfung am Maßstab der Verfassung zulässig.[199] Soweit nationale Grundrechte auf Unionsebene hinreichend geschützt sind, tritt somit der verwaltungsgerichtliche Grundrechtsschutz bei unionsrechtlich determinierten Umsetzungsakten zurück.[200] Die Berufung auf die nationale verfassungsmäßige Identität führt dazu, dass französische Gerichte den unionsrechtlichen Verpflichtungen nachkommen können, ohne den Vor-

---

196 Conseil constitutionnel, Entsch. v. 10.06.2004, Nr. 2004-496; vgl. *Bleckmann*, Nationale Grundrechte im Anwendungsbereich, 2011, S. 183ff.; *Sauve*, in: Heusel/Rageade (Hrsg.), The Authority of EU Law, 2019, S. 61, 62.

197 Conseil constitutionnel, Entsch. v. 27.07.2006, Nr. 2006-540; zur Entstehung und Reichweite der Identitätskontrolle in Frankreich etwa *Millet*, in: Calliess/van der Schyff (Hrsg.), Constitutional Identity, 2020, S. 134, 140ff.

198 Conseil d'Etat, Entsch. v. 08.02.2007, *Arcelor Atlantique et Lorraine et autres*, EuR 2008, S. 57ff.; zu dieser Entscheidung *Mayer/Lenski/Wendel*, EuR 2008, S. 63, 73ff.

199 Conseil d'Etat, Entsch. v. 08.02.2007, *Arcelor Atlantique et Lorraine et autres*, EuR 2008, S. 57, 60f.

200 *Bleckmann*, Nationale Grundrechte im Anwendungsbereich, 2011, S. 192ff.

rang der nationalen Verfassung aufzugeben, wobei ein Abweichen vom Grundsatz der Einheitlichkeit des Unionsrechts nur in Ausnahmefällen in Betracht kommen dürfte.[201] Mit dieser Entscheidung formuliert der *Conseil d' Etat* einen Vorbehalt, der der Rechtsprechung des Bundesverfassungsgerichts ähnlich ist.[202] Festzuhalten bleibt, dass aus innerstaatlicher Sicht die französische Verfassung Vorrang gegenüber internationalem Recht, einschließlich dem Europarecht, genießt, angesichts der Entwicklung in der Rechtsprechung, insbesondere der *Arcelor*-Entscheidung, dürfte es sich dabei jedoch eher um eine formelle Höherrangigkeit des nationalen Verfassungsrechts handeln.[203]

ff. Lettland

Das lettische Verfassungsgericht (*Satversmes tiesa*) bezeichnete in seiner Entscheidung zum Vertrag von Lissabon die Verfassung als *„supreme law of the State"*, sodass anzunehmen ist, dass dieses einen unionsrechtlichen Vorrang vor der Verfassung nicht akzeptiert, wobei eine ausdrückliche Entscheidung des lettischen Verfassungsgerichts zum Verhältnis von nationalem Recht und Unionsrecht, soweit ersichtlich, nicht vorliegt.[204]

gg. Griechenland

Die griechische Verfassung sieht in Art. 28 einen Vorrang völkerrechtlicher Verträge vor unterverfassungsrechtlichem Recht vor; wenngleich eine ausdrückliche Bestimmung für das Unionsrecht nicht besteht, lassen sich der griechischen Rechtsprechung Tendenzen in Richtung eines Vorrangs der Verfassung entnehmen.[205] So hat 1997 die Sechste Kammer des

---

201 *Sauve*, in: Heusel/Rageade (Hrsg.), The Authority of EU Law, 2019, S. 61, 63.

202 *Schmahl*, in: Härtel (Hrsg.), Handbuch Föderalismus, 2012, S. 411, 425.

203 *Mayer/Lenski/Wendel*, EuR 2008, S. 63, 68; *Edenharter*, Grundrechtsschutz, 2018, S. 115.

204 Satversmes tiesa, Entsch. v. 07.04.2009, 2008-35-01, Rn. 11.1, abrufbar unter www.satv.tiesa.gov.lv/web/viewer.html?file=/wp-content/uploads/2008/09/2008-35_01_ENG.pdf; vgl. auch *Krūma/Statkus*, in: Albi/Bardutzky (Hrsg.), National Constitutions, 2019, S. 951, 958ff.

205 *Wendel*, Permeabilität, 2011, S. 511ff.

Griechischen Staatsrats[206] in drei Fällen entschieden, dass Unionsrecht keinen Vorrang gegenüber griechischem Verfassungsrecht beanspruchen könne.[207] Einer dieser Fälle gelangte vor das Plenum des Staatsrats, welcher die Entscheidung der Sechsten Kammer zwar bestätigte, aber auf die Vorrangfrage nicht einging, sondern aufgrund der Einordnung des Sachverhalts als außerhalb des Anwendungsbereichs des Unionsrechts liegend einen Konflikt mit dem Unionsrecht vermieden hat.[208] In anderen Fällen hat die Vierte Kammer des Staatsrates versucht, Unionsrecht ausdrücklich Vorrang gegenüber der Verfassung einzuräumen, wobei sowohl das Plenum als auch die Große Kammer des Griechischen Staatsrates es vermieden haben, zur Vorrangfrage Stellung zu nehmen, sondern entweder die Anwendbarkeit des Unionsrechts verneint oder einen Verstoß gegen Unionsrechts abgelehnt haben, sodass es auf einen möglichen Vorrang des Unionsrechts nicht angekommen ist.[209] In einer weiteren Entscheidung sprach sich die Vierte Kammer des Staatsrats für einen Vorrang der griechischen Verfassung im Sinne einer „*Solange*-Entscheidung" aus und stellte dar, dass der Vorrang der Verfassung gelte „zumindest im gegenwärtigen Entwicklungsstadium des Gemeinschaftsrechts und solange ein europäischer Verfassungstext als übergeordnete Norm nicht gesetzt wird, die Mitgliedstaaten daran bindet, ihre Verfassungen insoweit zu ändern, als sie zu diesem in Widerspruch stehen".[210] Eine ausdrückliche Entscheidung des Plenums zur Vorrangfrage besteht, soweit ersichtlich, nicht. Aufgrund der bisherigen Rechtspraxis des Griechischen Staatsrats erscheint es naheliegend, dass

---

206 Da ein Verfassungsgericht in Griechenland nicht existiert, hat der Staatsrat als oberstes Verwaltungsgericht entscheidende Bedeutung für das Verhältnis von nationalem Recht und Unionsrecht, vgl. *Wendel*, Permeabilität, 2015, S. 511.

207 Griechischer Staatsrat, Sechste Kammer, Nr. 2708/97; Griechischer Staatsrat, Sechste Kammer, Nr. 2808/97; Griechischer Staatsrat, Sechste Kammer, Nr. 2809/97, zit. nach *Magnaris*, ELR 23 (1998), S. 179; *Mayer*, Kompetenzüberschreitung und Letztentscheidung, 2000, S. 221.

208 Griechischer Staatsrat, Nr. 3457/98, zit. nach *Mayer*, Kompetenzüberschreitung und Letztentscheidung, 2000, S. 222, der aufgrund dieser Entscheidung davon ausgeht, dass der Staatsrat die Letztentscheidungskompetenz über die Auslegung des Unionsrechts und mittelbar über die Reichweite des Vorrangprinzips beanspruche.

209 Griechischer Staatsrat, Vierte Kammer, Nr. 3502/1994 und 249/1997 sowie Griechischer Staatsrat, Nr. 1545/1995 und 4674/1998, zit. nach *Illiopoulos-Strangas*, in: von Bogdandy/Cruz Villalón/Huber (Hrsg.), IPE II, 2008, § 16 Griechenland, Rn. 38.

210 Griechischer Staatsrat, Vierte Kammer, Nr. 3242/2004, zit. nach *Illiopoulos-Strangas*, in: von Bogdandy/Cruz Villalón/Huber (Hrsg.), IPE II, 2008, § 16 Griechenland, Rn. 38.

dieser insgesamt von einem Vorrang der griechischen Verfassung ausgeht, auch wenn dieser – etwa im Vergleich zum polnischen Verfassungsgericht – den innerstaatlichen Vorranganspruch bislang nicht offengelegt hat.[211]

c. Tendenziell begrenzter Vorrang des Unionsrechts

Von einem begrenzten Vorrang des Unionsrechts wird in Belgien, Dänemark, Irland, Italien, Malta, Portugal, Schweden Slowenien, Spanien, Tschechien und Ungarn ausgegangen.

aa. Belgien

Das belgische Kassationsgericht hat in einer Entscheidung aus dem Jahr 1971 den Vorrang des Unionsrechts aus der Autonomie des Unionsrechts abgeleitet.[212] Unklar war nach einer Entscheidung des belgischen Schiedshofs (*Cour d'arbitrage*), der zum 07.05.2007 in Verfassungsgerichtshof (*Cour constitutionnelle*) umbenannt wurde, ob dieser Vorrang auch vor belgischem Verfassungsrecht gilt. Die *Cour d'arbitrage* hat 1991 entschieden, dass Ratifikationsgesetze zu völkerrechtlichen Verträgen am Maßstab der Verfassung zu prüfen seien und sich die Prüfung auf die formelle und materielle Verfassungsmäßigkeit beziehe.[213] Diese Entscheidung wies allerdings keinen unmittelbaren Bezug zum Unionsrecht auf. Der belgische Verfassungsgerichtshof hat 2016 in einer Entscheidung zum sog. Fiskalpakt in einem *obiter dictum* betont, dass es dem Gesetzgeber gestattet sei, die Ausübung bestimmter Gewalten völkerrechtlichen Einrichtungen zu übertragen, dies aber nicht dazu führen dürfe, dass „auf diskriminierende Weise die nationale Identität verletzt wird, die den politischen und verfassungsmäßigen Basisstrukturen oder den Kernwerten des Schutzes,

---

211 Vgl. *Wendel*, Permeabilität, 2011, S. 513f.; *Burchardt*, Rangfrage, 2015, S. 126; *Apostolaki/Tzanakopoulos*, in: Palombino (Hrsg.), Duelling for Supremacy, 2019, S. 106, 117f.; zur Rechtsprechung des griechischen Staatsrats s. auch *Blanquet*, Droit général de l‘ Union européenne, 11. Aufl., 2018, S. 533.

212 Cour de Cassation, Entsch. v. 27.05.1971, *Etat belge, ministre des Affaires économiques v. Fromagerie Franco-Suisse Le Ski (Le Ski)*; vgl. *Peters*, Elemente einer Theorie der Verfassung Europas, 2001, S. 310f.

213 Cour d'arbitrage, Entsch. v. 16.10.1991, *Commune de Lanaken* (Niederländisch-Belgisches Doppelbesteuerungsabkommen), Journal des Tribunaux 1992, S. 670; *Mayer*, Kompetenzüberschreitung und Letztentscheidung, 2000, S. 179 m.w.N.

der den Rechtsunterworfenen durch die Verfassung gewährt wird, eigen ist."[214] Die *Cour constitutionnelle* hat somit jedenfalls implizit eine Identitätskontrolle bzw. *Ultra-vires*-Kontrolle für das belgische Verfassungsrecht eingeführt, ohne diese näher auszugestalten, und den uneingeschränkten Vorrang des Unionsrechts infrage gestellt.[215]

bb. Dänemark

Das Höchste Gericht Dänemarks (*Højesteret*) hat unter Bezugnahme auf die Integrationsklausel des § 20 Abs. 1 des dänischen Grundgesetzes und des darin enthaltenen Bestimmtheitsgebots entschieden, dass die dänischen Gerichte prüfen können, ob Unionsrechtsakte die Grenzen der durch das dänische Beitrittsgesetz zur Union vorgenommenen Souveränitätsübertragung überschreiten und auch befugt sind, bei einer solchen Überschreitung einen Unionsrechtsakt für unanwendbar zu erklären.[216] Einen solchen Fall nahm das *Højesteret* in einer Entscheidung aus dem Jahr 2016 an und erklärte, dass das Verbot der Altersdiskriminierung in seiner Ausprägung als allgemeiner Grundsatz des Unionsrechts in horizontaler Wirkung keine Bindung in Dänemark entfalte, da eine solche Konstellation im dänischen Beitrittsgesetz nicht vorgesehen sei und sich kein entsprechender Anknüpfungspunkt für eine solche Wirkung finden lasse.[217]

cc. Irland

In Irland normiert die Verfassung in Artikel 29 Abs. 4 UAbs. 6 den Vorrang des Unionsrechts gegenüber nationalem Recht, einschließlich des

---

214 Cour constitutionnelle, Entsch. Nr. 62/2016 v. 28.04.2016, B.8.7., online abrufbar unter https://www.const-court.be/public/d/2016/2016-062d.pdf.

215 *Gérard/Verrijdt*, EuConst 13 (2017), S. 182ff., die eine ausdrückliche Parallele zur Rechtsprechung des Bundesverfassungsgerichts aufzeigen, im Ergebnis jedoch nicht davon ausgehen, dass es zu einer Aktivierung dieser Kontrollmechanismen durch die *Cour constitutionnelle* kommt.

216 Højesteret, Entsch. v. 06.04.1998, I 361/1997, in Übersetzung von *Hofmann*, EuGRZ 1999, S. 49, 52.

217 Højesteret, Entsch. v. 06.12.2016, 15/2014, abrufbar unter https://domstol.dk/media/2udgvvvb/judgment-15-2014.pdf; s. dazu *Holdgaard/Elkan/Krohn Schaldemose*, CMLR 55 (2018), S. 17ff.; *Hjortnæs*, in: Heusel/Rageade (Hrsg.), The Authority of EU Law, 2019, S. 61, 72ff.

Verfassungsrechts. Dort ist festgelegt: „Keine Bestimmung dieser Verfassung macht staatliche Gesetze, Handlungen oder Maßnahmen ungültig, die vor, am Tag oder nach dem Inkrafttreten des Vertrages von Lissabon in Erfüllung der Pflichten der Mitgliedschaft der in Ziffer 5 dieses Absatzes erwähnten Europäischen Union oder der Europäischen Atomgemeinschaft notwendig sind, oder hindert Gesetze, Handlungen oder Maßnahmen (...) [der Europäischen Union, der Euratom bzw. ihrer Organe oder Einrichtungen] daran, im Staate Rechtskraft zu erlangen."[218] Trotz dieser vermeintlich eindeutigen Regelung ergeben sich zwei potentielle Einschränkungen des unionsrechtlichen Vorranganspruchs: Zum einen müssen innerstaatliche Umsetzungsakte „notwendig" sein, was einen Interpretationsspielraum eröffnet, zum anderen wird für die Geltungsbegründung des Unionsrechts auf das irische EU-Gesetz von 1972 abgestellt, was die „Notwendigkeit" dieses Gesetzes voraussetzt.[219] In der Rechtssache *Society for the Protection of Unborn Children* vor dem irischen *Supreme Court* bestand die Möglichkeit eines Konflikts zwischen irischem Verfassungsrecht und Unionsrecht, welcher nach einem Vorabentscheidungsverfahren vermieden wurde, wobei einige Richter zum Ausdruck brachten, dass trotz aller Offenheit für das Unionsrecht einzig der *Supreme Court* für die letztgültige Auslegung der Verfassung zuständig sei.[220]

dd. Italien

Die italienische *Corte costituzionale* hat den Vorrang des Unionsrecht anerkannt, dabei jedoch als erstes nationales Verfassungsgericht eine Ausnahme geschaffen, die als *„controlimiti"*-Theorie bezeichnet wird: Demnach wird der Vorrang nur anerkannt, soweit das Unionsrecht nicht grundlegende Prinzipien der verfassungsrechtlichen Ordnung oder die unveräu-

---

218 Diese Vorschrift wurde zum Inkrafttreten des Vertrags von Lissabon angepasst, Verfassungsänderungsgesetz v. 15.10.2009, abrufbar unter https://data.oireachtas.ie/ie/oireachtas/act/2009/C28/mul/enacted/a28th09.pdf; Übersetzung von *Wendel*, Permeabilität, 2011, S. 430.

219 S. ausführlich m.w.N. *Wendel*, Permeabilität, 2011, S. 430ff.

220 Supreme Court, Entscheid. v. 19.12.1989, *Society for the Protection of the Unborn Children (Ireland) Ltd. v. Grogan*, IR 1989, S. 753ff.; vgl. *Mayer*, Kompetenzüberschreitung und Letztentscheidung, 2000, S. 206; *Phelan*, ELR 33 (2008), S. 530, 536; zu einem möglichen Konflikt mit Unionsrecht EuGH, *Grogan*, Rs. C-159/90, EU:C:1991:378.

ßerlichen Menschenrechte verletzt.[221] Liegt eine solche Verletzung vor, ist das Verfassungsgericht verpflichtet, den in dem einfachen Ausführungsgesetz zu dem entsprechenden europäischen Vertrag enthaltenen Rechtsanwendungsbefehl aufzuheben, wobei die Aufhebung nur den Teil betrifft, der den Eingang der spezifischen, mit einem Verfassungsprinzip oder einem unverletzlichen Recht in Widerspruch stehenden Unionsrechtsnorm in die italienische Rechtsordnung ermöglicht.[222] Der Prüfungsvorbehalt der *Corte costituzionale* bezieht sich somit allein auf das innerstaatliche Zustimmungsgesetz.[223] Mit der Ausübung der *controlimiti*-Doktrin drohte die *Corte costituzionale* zuletzt jedenfalls indirekt in der sog. *Taricco*-Rechtsprechung.[224]

ee. Malta

Das maltesische Verfassungsgericht (*Qorti Konstituzzjonali*) hatte bisher, soweit ersichtlich, noch keine Gelegenheit, über die Vorrangstellung des Unionsrechts gegenüber der nationalen Verfassung zu entscheiden, wobei aufgrund von Art. 6 der Verfassung, der den Vorrang der Verfassung vor Gesetzen anordnet, davon ausgegangen wird, dass dem Verfassungsgericht das „letzte Wort“ in Bezug auf die Auslegung der Verfassung und die Anwendbarkeit des Unionsrecht zukommt.[225]

ff. Portugal

In Portugal normiert Art. 8 Abs. 4 der Verfassung, dass Unionsrecht unter Beachtung der Grundprinzipien des demokratischen Rechtsstaats An-

---

221 Corte costituzionale, Urt. Nr. 183/1973 v. 27.12.1973, *Frontini*, EuR 1974, S. 255ff.; Urt. Nr. 170 v. 05.06.1984, *Granital*, EuGRZ 1985, S. 98ff.; *Tizzano*, EuGRZ 2010, S. 1, 4f.; s. dazu auch *Mannefeld*, Verfassungsrechtliche Vorgaben, 2017, S. 176ff.

222 *Panara*, in: von Bogdandy/Cruz Villalón/Huber (Hrsg.), IPE II, 2008, § 18 Italien § 34.

223 *Wendel*, Permeabilität, 2011, S. 443.

224 Corte costituzionale, Urt. Nr. 24/2017 v. 23.11.2016, https://www.cortecostituzionale.it/documenti/download/doc/recent_judgments/O_24_2017.pdf; *Lochmann*, EuR 2019, S. 61, 65; *Gappa*, ZEuS 2020, S. 641, 651; ausführlich dazu s. 3. Kapitel, C., II., 2.

225 *Blanquet*, Droit général de l‘ Union européenne, 11. Aufl., 2018, S. 542; *Xuereb*, in: Albi/Bardutzky (Hrsg.), National Constitutions, 2019, S. 141, 145ff.

wendung findet, womit der Vorrang des Unionsrechts indirekt festgelegt wird.[226] Das portugiesische Verfassungsgericht (*Tribunal Constitucional de Portugal*) hat den Vorrang zwar anerkannt, jedoch nur, soweit sich dieser nicht auf die Verfassung erstreckt.[227]

gg. Schweden

In Schweden wurde zwar ein Vorschlag zu einer Verfassungsreform, wonach der Vorrang des Unionsrechts gegenüber dem nationalen Recht einschließlich der Verfassung konstitutiv festgelegt oder deklaratorisch erklärt werden sollte, nach heftiger Kritik verworfen; dennoch ist der Vorrang grundsätzlich von den schwedischen Gerichten akzeptiert, wenngleich die Beanspruchung eines Verfassungsvorbehalts im Sinne einer Letztentscheidungskompetenz nicht ausgeschlossen ist.[228]

hh. Slowenien

Nach Art. 3a Abs. 1 der slowenischen Verfassung kann Slowenien die Ausübung der Souveränität auf Internationale Organisationen übertragen, nach Abs. 3 dieser Norm werden Rechtsakte und Entscheidungen internationaler Organisationen, auf die Slowenien die Ausübung eines Teils

226 *Coutinho/Piçarra*, in: Albi/Bardutzky (Hrsg.), National Constitutions, 2019, S. 591, 601.

227 *Coutinho/Piçarra*, in: Albi/Bardutzky (Hrsg.), National Constitutions, 2019, S. 591, 602f., die auf die Entscheidung 575/2014 v. 15.08.2014 des portugiesischen Verfassungsgerichts verweisen, in der dieser ausführt: „*In a multilevel Constitutional system, in which several legal orders interact, internal legal norms cannot breach the Constitution (being that it is for the Constitutional Court, according to the Constitution, to administer justice in constitutional matters). EU law respects the national identity of the Member States, reflected in the fundamental political structures of each of them [Art. 4(2) TEU]. Moreover, in this case there is no disagreement between EU law and Portuguese constitutional law. The Constitutional principles of equality, proportionality and the protection of legitimate expectations that have been used by the Constitutional Court to assess the constitutionality of internal norms in matters related to those that are being reviewed are at the core of the rule of law and the common European legal traditions that also bind the EU*“, Nachweis und Übersetzung bei *Coutinho/Piçarra, ebd.*

228 S. zu dieser Einschätzung *Nergelius*, in: von Bogdandy/Cruz Villalón/Huber (Hrsg.), IPE II, 2008, § 22 Schweden, Rn. 15, 21; *Kruis*, Anwendungsvorrang, 2013, S. 65; *Burchardt*, Rangfrage, 2015, S. 129.

seiner Hoheitsrechte übertragen hat, in Slowenien gemäß der Rechtsordnung dieser Organisationen angewendet, woraus die Vorrangstellung des Unionsrecht abgeleitet wird.[229] Der unionsrechtliche Vorrang wird vom slowenischen Verfassungsgerichtshof (*Ustavno sodišče republike Slovenije*) akzeptiert, wobei noch ungeklärt ist, ob dieser auch uneingeschränkt vor der Verfassung gilt; eine Durchbrechung des Vorrangs wird zumindest in Ausnahmefällen für möglich erachtet.[230]

ii. Spanien

Das spanische Verfassungsgericht (*Tribunal Constitucional*) hat in seiner Entscheidung zur Vereinbarkeit des Vertrags über eine Verfassung für Europa mit der spanischen Verfassung klargestellt, dass er den Vorrang des Unionsrechts, dessen Geltungsgrund in der spanischen Verfassung zu finden sei, anerkennt und dass er zur Prüfung, ob die materiellen Grenzen der Übertragung der Kompetenzausübung an die Union eingehalten wurden, befugt ist.[231] Solche Grenzen stellten die in der Verfassung verankerte Souveränität des Staates, die grundlegenden Verfassungsstrukturen und das System der Grundwerte und -prinzipien dar.[232] Zudem hat der Verfassungsgerichtshof ausgeführt, dass der Vorrang des Unionsrecht (*primacía*) mit der Vorherrschaft bzw. Höchstrangigkeit der Verfassung (*supremacía*) zu vereinbaren sei: Der Vorrang (*primacía*) komme bei der Anwendung gültiger Normen zum Tragen, die Vorherrschaft (*supremacía*)

---

229 *Bardutzky*, in: Albi/Bardutzky (Hrsg.), National Constitutions, 2019, S. 687, 693.

230 Vgl. Ustavno sodišče republike Slovenije, Entsch. v. 19.10.2016, U-I-295/13, abrufbar unter http://www.us-rs.si/documents/49/50/u-i-295-13-decision2.pdf; dieser Entscheidung lag ein Vorabentscheidungsersuchen zum EuGH zugrunde, auf den Vorrang des Unionsrechts vor der Verfassung bei einem möglichen Konflikt geht der slowenische Verfassungsgerichtshof nicht ausdrücklich ein; zur Annahme, dass in Ausnahmefällen ein Vorrang der Verfassung denkbar ist: *Kruis*, Anwendungsvorrang, 2013, S. 64f.; *Bardutzky*, in: Albi/Bardutzky (Hrsg.), National Constitutions, 2019, S. 687, 694f.

231 Tribunal Constitucional, Entsch. v. 13.12.2004, Erklärung DTC 1/2004, EuR 2005, S. 339ff.; zu diesen Grenzen zählen die Souveränität des Staates, die grundlegenden Verfassungsstrukturen sowie das System der Grundwerte und -prinzipien; vgl. *Edenharter*, Grundrechtsschutz, 2018, S. 107f.; s. zu vorherigen Entscheidungen des spanischen Verfassungsgerichts *Berger*, Anwendungsvorrang, 2015, S. 326ff.

232 Tribunal Constitucional, Entsch. v. 13.12.2004, Erklärung DTC 1/2004, EuR 2005, S. 339, 343.

in den Rechtsetzungsverfahren. Vorrang (*primacía*) bestehe „in der Unterscheidung der Anwendungsbereiche verschiedener, grundsätzlich gültiger Normen, von denen trotzdem die eine oder einige die Fähigkeit besitzen, andere aus verschiedenen Gründen aufgrund ihrer vorgehenden Anwendung zu verdrängen."[233] Der Vorrang des Unionsrechts lässt sich daher als Anwendungsregelung zwischen zwei gleichrangig nebeneinander stehenden Rechtsordnungen beschreiben, sodass dieser die Vorherrschaft der ranghöchsten Norm nicht beeinträchtigen kann, wenn diese ihre eigene Verdrängung oder Nicht-Anwendung selbst bestimmt.[234] Insgesamt zeigt sich, dass der spanische Verfassungsgerichtshof eine „Notfallkompetenz" beansprucht, wenn der absolute Kernbereich der nationalen Verfassung berührt wäre.[235]

jj. Tschechien

Das tschechische Verfassungsgericht (*Ústavní soud České republiky*) sieht den Geltungsgrund des Unionsrechts in Art. 10a der tschechischen Verfassung und akzeptiert den Vorrang des Unionsrechts, welcher durch die Aufrechterhaltung der Grundlagen der Souveränität der Tschechischen Republik und den unabänderlichen Grundsätzen des demokratischen Rechtstaats nach Art. 9 Abs. 2 und 3 der tschechischen Verfassung begrenzt wird.[236] In der Entscheidung zum *Lissabon*-Vertrag hat das Verfassungsge-

---

233 Tribunal Constitucional, Entsch. v. 13.12.2004, Erklärung DTC 1/2004, EuR 2005, S. 345f.; da *primacía* und *supremacía* „Vorrang" bedeuten können, lassen sich diese Konzepte nur begrenzt nachzeichnen, der wesentliche Unterschied besteht darin, dass nur der Vorherrschaft (*supremacía*) ein hierarchisches Verständnis zugrunde liegt, *Becker*, EuR 2005, S. 353, 355.

234 Tribunal Constitucional, Entsch. v. 13.12.2004, Erklärung DTC 1/2004, EuR 2005, S. 346; *Edenharter*, Grundrechtsschutz, 2018, S. 109; das Auseinanderfallen von Höchstrangigkeit und Vorrang als überzeugend bewertend *Klatt*, Praktische Konkordanz, 2014, S. 385f.

235 *Berger*, Anwendungsvorrang, 2015, S. 332; den Vorbehalt als eine Art „Notbremse" bezeichnend *Pernice*, Das Verhältnis europäischer zu nationalen Gerichten, 2006, S. 41.

236 Ústavní soud České republiky, Entsch. v. 08.03.2006, Pl ÚS 50/04, *Sugar Quotas III*, Teil A-3); bestätigt in Entsch. v. 03.05.2006, Pl ÚS 66/04, *European Arrest Warrant*, Rn. 53; Entsch. v. 26.11.2008, Pl ÚS 19/08, *Treaty of Lisbon I*, Rn. 113f., 130, 196, abrufbar unter https://www.usoud.cz/en/decisions/; *Sadurski*, ELJ 14 (2008), S. 1, 6ff.; *Kruis*, Anwendungsvorrang, 2013, S. 67; *Edenharter*, Grundrechtsschutz, 2018, S. 110; s. zu möglichen Schranken für den europäischen

richt eine *Ultra-vires*-Kontrolle eingeführt und dargestellt, dass es „in Ausnahmefällen prüfen kann, ob ein Rechtsakt der Union die Grenzen der Übertragung von Kompetenzen nach Art. 10a der Verfassung überschritten hat.“[237] Als erstes nationales Verfassungsgericht hat das tschechische Verfassungsgericht im Jahr 2012 von dieser Kontrollfunktion Gebrauch gemacht und eine Entscheidung des EuGH als *Ultra-vires*-Akt eingestuft.[238] Dieser Entscheidung ging ein Vorabentscheidungsersuchen des Obersten Verwaltungsgerichtshofs Tschechiens voraus, in dem der EuGH die Praxis des tschechischen Verfassungsgerichts, wonach tschechische Staatsangehörige infolge der Teilung der Tschechischen und Slowakischen Föderativen Republik bei der Zahlung der Altersrente bevorzugt zu behandeln sind, für unionsrechtswidrig erklärte.[239] Das tschechische Verfassungsgericht war der Auffassung, dass die vom EuGH in seiner Entscheidung angeführte Verordnung[240] nicht anwendbar sei, da diese darauf abziele, die in verschiedenen Mitgliedstaaten erworbenen Ansprüche auf soziale Leistungen zu koordinieren, wohingegen der streitgegenständliche Sachverhalt die Folgen der Auflösung der Tschechoslowakei regele und somit gerade nicht verschiedene Mitgliedstaaten beteiligt seien.[241] Bei der Einordnung als *Ultra-vires* hat das tschechische Verfassungsgericht zwar auf die Entscheidungen des Bundesverfassungsgerichts in *Solange I*, *Solange II* und *Maastricht* verwiesen, ohne jedoch auf die entsprechenden Voraussetzungen näher einzugehen.[242] Diese Entscheidung dürfte im Ergebnis jedoch nicht als eine Abkehr von der Akzeptanz des Vorrangs des Unionsrechts insgesamt zu lesen sein. Naheliegender ist die Einschätzung, dass es sich bei der

---

Integrationsprozess in Tschechien ferner *Mannefeld*, Verfassungsrechtliche Vorgaben, 2017 S. 205ff.

237 Ústavní soud České republiky, Entsch. v. 26.11.2008, Pl ÚS 19/08, *Lissabon I*, Rn. 120, 139; s. dazu auch die zweite Entscheidung zum Vertrag von Lissabon: Ústavní soud České republiky, Entsch. v. 03.11.2009, Pl. ÚS 29/09, s. dazu *Hofmann*, EuGRZ 2010, S. 153ff.

238 Ústavní soud České republiky, Entsch. v. 31.01.2012, Pl ÚS 5/12, *Slovak Pensions*; s. ausführlich zu diesem Fall und den Hintergründen *Komárek*, EuConst 8 (2012), S. 323ff.; *Vincze*, EuR 2013, S. 194ff.; *Bobek*, EuConst 10 (2014), S. 54ff.

239 EuGH, *Landtová*, Rs. C-399/09, EU:C:2011:415.

240 Verordnung (EWG) Nr. 1408/71 des Rates vom 14. Juni 1971 zur Anwendung der Systeme der sozialen Sicherheit auf Arbeitnehmer und deren Familien, die innerhalb der Gemeinschaft zu- und abwandern.

241 Ústavní soud České republiky, Urt. v. 31.01.2012, PL. ÚS 5/12, *Slovak Pension*, VII. 2. 2.; *Vincze*, EuR 2013, S. 194, 198.

242 *Komárek*, EuConst 8 (2012), S. 323, 334f., der daher davon ausgeht, dass sich das tschechische Verfassungsgericht nicht ernsthaft mit den Entscheidungen des Bundesverfassungsgerichts auseinandergesetzt habe.

Entscheidung um eine Ausnahme handelt, die sich vor dem Hintergrund eines innerstaatlichen Konflikts zwischen dem Obersten Verwaltungsgericht und dem Verfassungsgericht sowie der Nicht-Berücksichtigung des Verfassungsgerichts im Vorabentscheidungsverfahren erklären lässt.[243]

kk. Ungarn

In Ungarn wurde im Rahmen des Beitritts zur Europäischen Union nach Kritik der Opposition auf eine verfassungsrechtliche Regelung der Vorrangfrage verzichtet, da die Anerkennung des Vorrangs des Unionsrechts die Stellung der nationalen Verfassung unterlaufen würde.[244] Das ungarische Verfassungsgericht (*Magyarország Alkotmánybírósága*) hat nach dem Beitritt zur EU ein nationales Gesetz, das zur Umsetzung einer Verordnung erlassen wurde, für verfassungswidrig erklärt, was zu der Einschätzung geführt hat, dass das ungarische Verfassungsgericht seinen Letztentscheidungsanspruch nicht aufgebe und somit auch das Vorrangkonzept infrage stellen könnte.[245] Die Entscheidung selbst setzte sich jedoch nicht mit dem Verhältnis von nationalem Recht und Unionsrecht auseinander, auch der Vorrang des Unionsrechts wird durch diese nicht berührt.[246] Grundlage für die Mitgliedschaft in der Union stellt inzwischen Art. E der ungarischen Verfassung dar, der seit 2018 eine Bestimmung zum Schutz der sog. nationalen Verfassungsidentität durch das Verfassungsgericht ent-

---

243 Das tschechische Verfassungsgericht hat versucht, im Vorabentscheidungsverfahren mit einem Brief seine Rechtsprechung zu der streitgegenständlichen Frage zu erklären, was vom EuGH mit der Begründung zurückwiesen wurde, dass dieser in anhängigen Verfahren mit „dritten Personen keine Korrespondenz führt", *Vincze*, EuR 2013, S. 194, 199; vgl. zu dieser Einschätzung insgesamt und dem innerstaatlichen Konflikt *Komárek*, EuConst 8 (2012), S. 323, 332; *Haltern*, Europarecht, Bd. II, 2017, § 10, S. 526f.; *Edenharter*, Grundrechtsschutz, 2018, S. 110f.

244 *Sajó*, ZSE 2004, S. 351, 353.

245 Magyarország Alkotmánybírósága, Entsch. v. 25.05.2004, Nr. 17/2004 (V. 25.) AB, abrufbar unter https://hunconcourt.hu/uploads/sites/3/2017/11/en_0017_2004.pdf; kritisch dazu etwa *Sajó*, ZSE 2004, S. 351, 362; s. auch *Sadurski*, ELJ 14 (2008), S. 1, 9ff.

246 *Sonnevend*, in: von Bogdandy/Cruz Villalón/Huber (Hrsg.), IPE II, 2008, § 25 Ungarn, Rn. 38; *Chronowski/Varju/Bárd/Sulyok*, in: Albi/Bardutzky (Hrsg.), National Constitutions, 2019, S. 1439, 1464.

hält.[247] Diese Norm enthält zugleich Integrationsschranken, die kaum mit der Rechtsprechung des EuGH zum Vorrang des Unionsrecht zu vereinbaren sind.[248] In einer Entscheidung zur Auslegung dieser Norm hat das ungarische Verfassungsgericht zum einen – auch unter Verweis auf die *Solange*-Rechtsprechung des Bundesverfassungsgerichts – eine Grundrechtskontrolle entwickelt, die eine Verletzung der Verfassungsidentität Ungarns verhindern soll; zum anderen wurde eine *Ultra-vires*-Kontrolle eingeführt, wobei beide Kontrollinstrumente nur abstrakt erörtert wurden.[249]

d. Unklare Rechtslage in Bulgarien und der Slowakei

Unklar ist die Rechtslage in Bulgarien, da sich – soweit ersichtlich – keine Aussagen zu Begründung und Akzeptanz des Vorrangs (vor der Verfassung) aus der Rechtsprechung bzw. der Verfassung entnehmen lassen.[250] Nicht geklärt ist bislang das Verhältnis von Unionsrecht und Verfassungsrecht auch in der Slowakei. Art. 7 Abs. 2 S. 2 der slowakischen Verfassung normiert zwar den Vorrang des Unionsrechts vor dem einfachen Recht,

---

247 Die entsprechende Bestimmung lautet: „*The exercise of powers under this Paragraph must be consistent with the fundamental rights and freedoms set out in the Fundamental Law, and it must not be allowed to restrict Hungary's inalienable right of disposition relating to its territorial integrity, population, political system and form of governance.*"; s. *Chronowski/Varju/Bárd/Sulyok*, in: Albi/Bardutzky (Hrsg.), National Constitutions, 2019, S. 1439, 1447.

248 Vgl. *Sonnevend*, in: von Bogdandy/Cruz Villalón/Huber (Hrsg.), IPE II, 2008, § 25 Ungarn, Rn. 22ff., noch zur Vorgängernorm Art. 2a Abs. 1, die Art. E Abs. 2 weitgehend entspricht; *Burchardt*, Rangfrage, 2015, S. 129f.

249 Magyarország Alkotmánybírósága, Entsch. v. 30.11.2016, Nr. 22/2016 (XII.5.), *Edenharter*, Grundrechtsschutz, 2018, S. 123 spricht von einer „Pervertierung" der *Solange II*-Rechtsprechung durch das ungarische Verfassungsgericht, da es nach dieser Entscheidung auch möglich sein soll, niedrigere nationale Grundrechtsstandards im Vergleich zur GRC anzuwenden; s. auch *Bakó*, ZaöRV 78 (2018), S. 863ff.

250 Art. 5 der bulgarischen Verfassung legt zwar einen Vorrang völkerrechtlicher Verträge gegenüber innerstaatlichem Recht, nicht jedoch der Verfassung, fest; einen ausdrückliche Bestimmung zum Unionsrecht enthält die Verfassung indes nicht, vgl. *Martinico/Pollicino*, Interaction between Europe's Legal Systems, 2012, S. 28, 66; *Kruis*, Anwendungsvorrang, 2013, S. 72; *Blanquet*, Droit général de l' Union européenne, 11. Aufl., 2018, S. 543f.

offen ist jedoch, ob dieser Vorrang auch auf die Verfassung zu übertragen ist.[251]

4. Zwischenergebnis

Während der Vorrang des Unionsrechts vor einfachem nationalen Recht weitgehend akzeptiert ist und kaum infrage gestellt wird, ist das Verhältnis von Unionsrecht und nationalem Verfassungsrecht nicht unumstritten. Es zeigt sich, dass in den meisten Mitgliedstaaten verfassungsrechtliche Vorbehalte gegen den absoluten Vorrang des Unionsrechts bestehen, die überwiegende Zahl der Verfassungs- und Höchstgerichte erkennen den uneingeschränkten Vorrang vor Verfassungsrecht nicht an. Der unionsrechtliche Vorrang wird dabei überwiegend auf eine Anordnung durch das nationale Recht gestützt. Nationale Gerichte verweisen regelmäßig auf die verfassungsrechtliche Identität als Geltungsgrund des Unionsrechts, sodass das Verfassungsrecht die Vorrangfrage kontrolliert.[252] Es lässt sich zudem beobachten, dass gerade in den vergangenen Jahren nationale Verfassungsgerichte bzw. Gerichte, die zur Letztentscheidung befugt sind, zunehmend Ausnahmen vom Vorrang des Unionsrechts entwickelt haben (Belgien, Ungarn) oder sogar ausdrücklich von der Rechtsprechung des EuGH abgewichen sind (Tschechien, Dänemark, Deutschland). Die Gültigkeit von Unionsrechtsakten wird dabei mit einem Verweis auf den Schutz der Grundrechte oder die nationale Verfassungsidentität bezweifelt. Somit lässt sich eine Tendenz zunehmender Verbreitung des Letztentscheidungsrechts bzw. des „letzten Wortes" auf nationaler Ebene feststellen. Die teils geäußerte Hypothese, dass Konflikte zwischen nationalen Höchstgerichten und dem EuGH unwahrscheinlich seien, kann somit als widerlegt gelten. Dies zeigt nicht zuletzt das Urteil des Bundesverfassungsgerichts im *PSPP*-

251 *Wendel*, Permeabilität, 2011, S. 425f.; *Vikarská/Bobek*, in: Albi/Bardutzky (Hrsg.), National Constitutions, 2019, S. 835, 847ff.; *Martinico/Pollicino*, Interaction between Europe's Legal Systems, 2012, S. 32 gehen davon aus, dass Art. 7 der slowenischen Verfassung auch den Vorrang des Unionsrechts gegenüber innerstaatlichem Verfassungsrecht umfasse.

252 Vgl. *de Witte*, in: Craig/de Búrca (Hrsg.), Evolution of EU Law, 2. Aufl., 2011, S. 323, 351, der bildhaft darstellt, dass die Annahme, dass das Unionsrecht aufgrund seiner Autonomie von den nationalen Gerichten als vorrangig anerkennt werde, ebenso unglaubwürdig sei, wie die Aussage des Barons von Münchhausen, er könne sich an seinem eigenen Schopf aus dem Treibsand ziehen; s. auch *Spieker*, CMLR 57 (2020), S. 361, 365ff.

Verfahren, womit dieses erstmals eine Entscheidung des EuGH als *ultra vires* einordnete.

Diese durchaus europakritischen Töne dürfen indes nicht überbewertet werden, insbesondere erscheint es unwahrscheinlich, dass ein nationales Verfassungs- oder Höchstgericht dem EuGH gänzlich die Gefolgschaft verweigern wird. Konflikte zwischen nationalen Verfassungen und dem Unionsrecht sind eher selten, sodass mögliche Probleme die Ausnahme darstellen dürften.[253] Zu berücksichtigen ist ferner jeweils der Kontext europakritischer Entscheidungen. Die untersuchten Entscheidungen lassen sich zum Teil als Einzelfallentscheidungen bewerten oder werden vor dem Hintergrund nationaler Besonderheiten verständlich. So ist etwa die *Ultra-vires*-Entscheidung des tschechischen Verfassungsgerichts auch im Zusammenhang mit einem innerstaatlichen Konflikt mit dem Obersten Verwaltungsgericht zu bewerten.

In den Mitgliedstaaten bestehen verschiedene, meist von den Verfassungs- bzw. Höchstgerichten geprägte, Vorstellungen und Konzeptionen des Vorrangs, die sich inhaltlich immer stärker einander annähern.[254] Die nationalen Gerichte berufen sich regelmäßig auf Entscheidungen der Verfassungs- und Höchstgerichte anderer Mitgliedstaaten, um die eigene Rechtsauffassung zu bestätigen, wonach dem Anwendungsvorrang des Unionsrechts Grenzen durch nationales (Verfassungs-)Recht gezogen sind.[255] Die Entscheidungen des Bundesverfassungsgerichts zur Frage des Vorrangs des Unionsrechts haben dabei eine gewisse Ausstrahlungswirkung und wurden auch in anderen Mitgliedstaaten rezipiert; die vergleichbaren Entscheidungen anderer Gerichte sind jedoch keinesfalls deckungsgleich und unterscheiden sich zum Teil deutlich, insbesondere sind die jeweiligen Prüfungsvorbehalte von unterschiedlicher Konzeption und Intensität, wobei den Konzeptionen gemeinsam ist, dass die konkrete Reichweite gerichtlicher (Reserve-)Zuständigkeiten auch von der jeweiligen Aus-

---

253 *Skouris*, EuR 2021, S. 3, 9.

254 *Haltern*, Europarecht, Bd. II, 2017, § 10, S. 531.

255 S. etwa für das Bundesverfassungsgericht: BVerfGE 134, 366 (387) – *OMT-Beschluss;* 140, 317 (340f.) – *Europäischer Haftbefehl II*; 142, 123 (197f.) – *OMT-Programm*; kritisch dazu mit der Begründung, dass dies den Ergebnissen einer Recherche durch Eingabe des Begriffs „Verfassungsidentität" in einer Datenbank gleiche *Haguenau-Moizard*, Europe 2016, S. 37, 38; dies verneint *Classen*, EuR 2016, S. 529, 533f., weist jedoch darauf hin, dass zwischen den einzelnen Gerichtsurteilen nur wenige Gemeinsamkeiten bestehen, etwa da die Verfassungsidentität in vielen Mitgliedstaaten nur den einfachen, nicht jedoch den verfassungsändernden Gesetzgeber begrenzte.

prägung des Grundrechtsschutzes auf supranationaler Ebene abhängig gemacht wird.[256]

II. Rechtsquellen des Unionsrechts und Auswirkungen auf nationales Recht

Das Unionsrecht wird in Primär,- Sekundär,- und Tertiärrecht unterteilt. Ebenfalls zum Unionsrecht zählen die von der Union abgeschlossenen völkerrechtlichen Verträge, welche im Rang zwischen Primär- und Sekundärrecht stehen. Gegenstand der folgenden Untersuchung soll die Funktionsweise dieser Rechtsquellen im Hinblick auf die Anwendung und Auswirkung im nationalen Recht sein. Diese soll zunächst kurz abstrakt erörtert werden (1.), bevor auf den tatsächlichen Einfluss des Unionsrechts auf die Rechtsetzung in den Mitgliedstaaten eingegangen wird (2.). In einem weiteren Schritt kann sodann erörtert werden, ob sich dadurch grundrechtliche Fragestellungen von der nationalen auf die europäische Ebene „verlagern", was wiederum die Befürchtung der „Marginalisierung" der Bedeutung des nationalen Grundrechtsschutzes bestätigen wird (3.).[257]

1. Rechtsquellen des Unionsrechts

Wenn danach gefragt wird, wie Unionsrecht nationales Recht beeinflussen kann, ist stets zu beachten, dass das Unionsrecht zwar eine eigenständige Rechtsordnung darstellt, die Union jedoch nur dann handeln darf, wenn sie durch die Verträge dazu ermächtigt ist. Wie sich aus Art. 4 Abs. 1 EUV und Art. 5 Abs. 2 EUV ergibt, sind bei allen Bereichen, die nicht der Union übertragen wurden, die Mitgliedstaaten zuständig. Die Kompetenzverteilung zwischen Union und Mitgliedstaaten ist demnach ein wesentlicher Anhaltspunkt für den Einfluss des Unionsrechts. Zwar gibt die Kompetenzverteilung keinen Aufschluss darüber, wie die Kompetenzen tatsächlich genutzt werden und auch nicht darüber, wie sich eine bereits ausgeübte Kompetenz auswirkt. Der Kompetenzverteilung kommt jedoch insofern entscheidende Bedeutung zu, als dass sich hieraus ergibt,

---

256 Vgl. *Mayer*, in: von Bogdandy/Bast (Hrsg.), Europäisches Verfassungsrecht, 2009, S. 559, 578ff.; *Wendel*, Permeabilität, 2011, S. 459f.; *Griller*, VVDStRL 77 (2018), S. 237, 258f.

257 S. zu dieser Befürchtung bereits oben Fn. 42.

in welchen Rechtsgebieten Unionsrecht nicht oder nur kaum auswirkt: Die Union hat nach dem Grundsatz der begrenzten Einzelermächtigung, im Gegensatz zu Staaten, nicht die Kompetenz selbst über ihre Zuständigkeiten zu entscheiden (sog. fehlende Kompetenz-Kompetenz).[258]

a. Primärrecht

Zum Primärrecht werden die Gründungsverträge der Europäischen Gemeinschaften mit ihren späteren Ergänzungen und Änderungen sowie der Vertrag zur Gründung der Europäischen Union und dessen nachfolgenden Änderungs- und Ergänzungsverträge einschließlich Anlagen, Anhängen und Protokollen, die Grundrechtecharta sowie die vom EuGH entwickelten allgemeinen Rechtsgrundsätze gezählt.[259] Derzeit sind somit insbesondere der Vertrag über die Europäische Union und der Vertrag über die Arbeitsweise der Europäischen Union maßgeblich. Die Verträge verpflichten zunächst die Mitgliedstaaten, können jedoch auch unmittelbar Rechte und Pflichten von Einzelnen begründen.[260] Diese beinhalten zwar überwiegend Normen zur Struktur und zum Aufbau der Union sowie damit verbundenen Regelungen zu den Befugnissen der Unionsorgane als auch ihren Beziehungen untereinander, können aber auch die Mitgliedstaaten zum Erlass oder zur Anpassung nationalen Rechts zwingen. Dies liegt darin begründet, dass die Verträge auch die materielle Grundlage der Union bilden.[261] Von besonderer Bedeutung für das nationale Recht sind die Grundfreiheiten als spezielle Diskriminierungsverbote sowie die weiteren Diskriminierungsverbote des AEUV: Wenn etwa Art. 30 AEUV ein

---

258 *Buschmann/Daiber*, DÖV 2011, S. 504; *Bast*, in: Grabitz/Hilf/Nettesheim (Hrsg.), Das Recht der Europäischen Union, 65. EL., 2018, Art. 5 EUV, Rn. 13ff.

259 Vgl. *Geiger*, in: Geiger/Khan/Kotzur (Hrsg.), EUV/AEUV, 6. Aufl., 2017, Art. 19 EUV, Rn. 2; *Streinz*, Europarecht, 2019, § 5, Rn. 453ff.

260 Grundlegend EuGH, *Van Gend en Loos*, Rs. 26/62, EU:C:1963:1, S. 25.

261 Dies kommt auch in der Bezeichnung des EGV als „Verfassungsurkunde der Gemeinschaft" des EuGH aus dem Jahr 1986 zum Ausdruck, EuGH, *Les Verts/ Parlament*, Rs. 294/83, EU:C:1986:166, Rn. 23; s. auch *EWR I*, Gutachten 1/91, EU:C:1991:490, Rn. 21; zur Diskussion, ob das Primärrecht als Verfassung bezeichnet werden kann etwa *Pernice*, VVDStRL 60 (2001), S. 148, 149ff.; *ders.*, Das Verhältnis europäischer zu nationalen Gerichten, 2006, S. 12ff.; *Wollenschläger*, in: Dreier (Hrsg.), Grundgesetz, Bd. II, 3. Aufl., 2015, Art. 23, Rn. 10f. m.w.N.; zum Begriff Europäische Verfassung *Pernice*, in: Krüper/Payandeh/Sauer (Hrsg.), Kraft der Verfassung, 2019, S. 165, 168ff.; zum Verfassungsbegriff umfassend *Peters*, Elemente einer Theorie der Verfassung Europas, 2001, S. 38ff.

Verbot von Ein- und Ausfuhrzöllen zwischen den Mitgliedstaaten vorsieht, ergibt sich daraus, dass die Mitgliedstaaten Rechtsvorschriften, welche Zölle vorsehen, nicht erlassen dürfen und bereits bestehende Vorschriften zurücknehmen müssen. Auch das allgemeine Diskriminierungsverbot aus Art. 18 AEUV kann dem Erlass nationalen Rechts entgegenstehen bzw. dafür sorgen, dass dieses nur in einer bestimmten Weise erlassen werden darf.[262] Neben den Verträgen können auch die allgemeinen Rechtsgrundsätze mitgliedstaatliches Recht beeinflussen. Diese hatten in der Zeit vor Inkrafttreten des Vertrags von Lissabon insbesondere eine Ergänzungsfunktion und begrenzten die Ausübung von Unionsgewalt materiell-rechtlich durch die Entwicklung der Grundrechte und rechtsstaatlichen Grundsätzen.[263] Die allgemeinen Rechtsgrundsätze waren demnach insbesondere ein Instrument der Auslegung des Unionsrechts, jedoch haben sich auch zumindest mittelbare Folgen für das mitgliedstaatliche Recht, etwa im Privatrecht, ergeben.[264] Gemäß Art. 6 Abs. 3 EUV sind die so richterrechtlich entwickelten Grundrechte weiterhin Teil des (primären) Unionsrechts und können sich auf nationales Recht auswirken.

b. Sekundärrecht

Art. 288 Abs. 1 AEUV normiert die Handlungsformen der Unionsorgane, wobei diese Aufzählung nicht abschließend ist.[265] Demnach gelten als von den Verträgen abgeleitetes Recht Verordnungen, Richtlinien, Beschlüsse, Empfehlungen und Stellungnahmen.

Verordnungen haben gemäß Art. 288 Abs. 2 AEUV allgemeine Geltung und sind in allen ihren Teilen verbindlich. Sie gelten unmittelbar in jedem Mitgliedstaat und ermöglichen so den Erlass einheitlich geltenden Rechts

---

262 S. etwa für den Bereich des Privat- und Wirtschaftsrechts die einzelnen Kapitel bei Langenbucher (Hrsg.), Europäisches Privat- und Wirtschaftsrecht, 4. Aufl., 2017, in welchen regelmäßig bei den primärrechtlichen Einwirkungen auf das nationale Recht die Grundfreiheiten und Diskriminierungsverbote genannt werden.

263 Ausführlich zu den Rechtsgrundsätzen *Tridimas*, The General Principles of EU Law, 2006.

264 *Schulze*, ZEuP 1993, S. 442, 456f.

265 Inzwischen ganz h.M. vgl. nur *Frenz*, Handbuch Europarecht, Bd. 5, 2010, Kapitel 10, Rn. 1517ff.

für die ganze Union.[266] Verordnungen sind nicht nur hinsichtlich des zu erreichenden Ziels verbindlich, sondern auch in Bezug auf die zu ergreifenden Formen und Mittel, wenngleich es auch möglich ist, dass Verordnungen Mitgliedstaaten einen gewissen Ermessensspielraum belassen.[267]

Richtlinien sind nach Art. 288 Abs. 3 AEUV für jeden Mitgliedstaat, an den sie gerichtet werden, hinsichtlich des zu erreichenden Ziels verbindlich, überlassen jedoch den innerstaatlichen Stellen die Wahl der Form und der Mittel, sodass Richtlinien erst in nationales Recht umgesetzt werden müssen und den Mitgliedstaaten dabei ein Ermessensspielraum eingeräumt wird.[268] Eingeschränkt wird dieser Spielraum dadurch, dass die Mitgliedstaaten die Formen und Mittel bei der Umsetzung zu wählen haben, welche zur Gewährleistung der praktischen Wirksamkeit der Richtlinie unter Berücksichtigung des mit ihr verfolgten Zwecks am besten geeignet sind.[269] In Richtlinien können auch, ausdrücklich oder implizit, Abweichungsmöglichkeiten inhaltlicher Art vorgesehen sein, etwa Wahl- und Ausnahmetatbestände oder sog. Mindestharmonisierungsklauseln.[270] Sog. Öffnungsklauseln können vorsehen, dass Mitgliedstaaten befugt sind, von den zwingenden Regelungen einer Richtlinie bei der Umsetzung abzuweichen, sowohl zugunsten als auch zulasten des Einzelnen.[271] Erst wenn eine Richtlinie umgesetzt wurde, entfaltet diese unmittelbar normative Wirkung, eine unmittelbare Anwendbarkeit von Richtlinien besteht grundsätzlich nicht.[272]

---

266 *Nettesheim*, in: Grabitz/Hilf/Nettesheim (Hrsg.), Das Recht der Europäischen Union, 48. EL., 2012, Art. 288 AEUV, Rn. 89.

267 *Schroeder*, in: Streinz (Hrsg.), EUV/AEUV, 3. Aufl., 2018, Art. 288 AEUV Rn. 41ff.

268 *Wölk*, Umsetzung, 2002, S. 85f.; *Maier*, Grundrechtsschutz, 2014, S. 43.

269 EuGH, *Royer*, Rs. 48/75, EU:C:1976:57, Rn. 69/73; *Adeneler u.a.*, Rs. C-212/04, EU:C:2006:443, Rn. 93; *Boehringer Ingelheim u.a.*, Rs. C-348/04, EU:C:2007:249, Rn. 58.

270 Ein Beispiel für eine Mindestharmonisierungsklausel ist Art. 8 der Richtlinie 90/314/EWG des Rates vom 13. Juni 1990 über Pauschalreisen, ABl. L 158 v. 23.06.1990, S. 59, wonach die „Mitgliedstaaten (…) in dem unter diese Richtlinie fallenden Bereich strengere Vorschriften zum Schutze des Verbrauchers erlassen oder aufrechterhalten [können]"; *Maier*, Grundrechtsschutz, 2014, S. 45, 76; zum Begriff der Mindestharmonisierung s. auch *de Cecco*, CMLR 43 (2006), S. 9ff.; *de Mol*, Maastricht J. Eur. & Comp. L. 23 (2016), S. 641, 655.

271 *Lindner*, EuZW 2007, S. 71ff.; *Matz-Lück*, in: Matz-Lück/Hong (Hrsg.), Grundrechte und Grundfreiheiten im Mehrebenensystem, 2012, S. 161, 169.

272 *Funke*, Umsetzungsrecht, 2010, S. 124 m.w.N.; etwas anderes gilt nur, sofern eine Richtlinie hinreichend genau sowie unbedingt formuliert ist. In dieser Situation sind nationale Stellen trotz fehlender oder mangelhafter Umsetzung

Beschlüsse sind gemäß Art. 288 Abs. 4 AEUV in allen ihren Teilen verbindlich; sofern sie an bestimmte Adressaten gerichtet sind, sind sie nur für diese verbindlich. Differenziert wird zwischen adressatenspezifischen (bzw. adressatenbezogenen) und adressatenunabhängigen (bzw. adressatenlosen) Beschlüssen.[273] Beschlüsse können sowohl an Individuen als auch an Mitgliedstaaten gerichtet sein.[274] Sofern ein Beschluss gegenüber einem Mitgliedstaat erlassen wird, kann dieser auch die Anpassung nationaler Vorschriften fordern, sodass die Wirkung mit der einer Richtlinie vergleichbar ist.[275] Der adressatenlose Beschluss hat regelmäßig rein unionsinterne Wirkung.[276]

Empfehlungen und Stellungnahmen sind nach Art. 288 Abs. 5 AEUV nicht verbindlich. Empfehlungen, welche im Unterschied zu Stellungnahmen auf eigene Initiative eines Unionsorgans zurückgehen, können an Mitgliedstaaten, ausnahmsweise auch an Einzelpersonen gerichtet sein; Stellungnahmen richten sich als vorbereitende Maßnahmen oder als Beurteilung bestimmter Vorgänge grundsätzlich an die Mitgliedstaaten.[277] Trotz ihrer fehlenden Verbindlichkeit kann ihnen indirekt eine rechtliche Wirkung in den Mitgliedstaaten zukommen, da sich Mitgliedstaaten, etwa aus Praktikabilitätsgründen oder um nicht als integrationsfeindlich zu gelten, häufig an ihnen orientieren.[278]

Völkerrechtliche Übereinkommen, die von der Union abgeschlossen werden, sind unmittelbarer Bestandteil des Unionsrechts und gehen dem-

---

einer Richtlinie an diese gebunden, sodass eine unmittelbare Wirkung besteht, EuGH, *Grad/Finanzamt Traunstein*, Rs. 9/70, EU:C:1970:78, Rn. 7ff.; s. ausführlich zur unmittelbaren Wirkung: *Wölk*, Umsetzung, 2002, S. 64ff.

273 Vgl. ausführlich *Nettesheim*, in: Grabitz/Hilf/Nettesheim (Hrsg.), Das Recht der Europäischen Union, 48. EL., 2012, Art. 288 AEUV, Rn. 172ff.

274 *Streinz*, Europarecht, 2019, § 5, Rn. 523.

275 *Nettesheim*, in: Grabitz/Hilf/Nettesheim (Hrsg.), Das Recht der Europäischen Union, 48. EL., 2012, Art. 288, Rn. 181; *Frenz*, Handbuch Europarecht, Bd. 5, 2010, Kapitel 9, Rn. 1294 geht in diesem Fall davon aus, dass eine eindeutige Abgrenzung zwischen staatengerichteten Beschlüssen und Richtlinien nicht möglich ist.

276 *Schroeder*, in: Streinz (Hrsg.), EUV/AEUV, 3. Aufl., 2018, Art. 288 AEUV, Rn. 119f.

277 *Nettesheim*, in: Grabitz/Hilf/Nettesheim (Hrsg.), Das Recht der Europäischen Union, 48. EL., 2012, Art. 288 AEUV, Rn. 204.

278 *Nettesheim*, in: Grabitz/Hilf/Nettesheim (Hrsg.), Das Recht der Europäischen Union, 48. EL., 2012, Art. 288 AEUV, Rn. 208; ähnliches gilt für nicht in Art. 288 AEUV normierte – zulässige – Rechtsakte der Union, z.B. Leitlinien, vgl. etwa *von Graevenitz*, EuZW 2013, S. 169ff.

nach mitgliedstaatlichem Recht vor.[279] Nach Art. 216 Abs. 2 AEUV sind diese für Mitgliedstaaten verbindlich, sodass sich auch Auswirkungen für das mitgliedstaatliche Recht ergeben können. Zudem leitete der EuGH aus den von der Union abgeschlossenen völkerrechtlichen Verträgen subjektive Rechte von Individuen gegenüber den Mitgliedstaaten ab.[280]

c. Zwischenergebnis

Es zeigt sich, dass das Unionsrecht potenziell in vielfältiger Weise Auswirkungen auf das nationale Recht haben kann. Das Primärrecht enthält Vorgaben, gegen welche Mitgliedstaaten nicht verstoßen dürfen, sodass sich das mitgliedstaatliche Recht insofern anpassen muss. Im Bereich des Sekundärrechts sind insbesondere Verordnungen und Richtlinien geeignet, nationales Recht zu beeinflussen, da beide Handlungsformen Pflichten für die Mitgliedstaaten begründen können, welche jedoch unterschiedlich determiniert sind. Die Darstellung der verschiedenen Möglichkeiten des Unionsrechts auf nationales Recht einzuwirken, sagt jedoch nichts darüber aus, inwieweit nationales Recht tatsächlich von Unionsrecht beeinflusst ist. Dieser Frage gilt es daher in einem nächsten Schritt nachzugehen.

2. Tatsächlicher Einfluss auf die Rechtsetzung in den Mitgliedstaaten

Weit verbreitet ist die Annahme, dass etwa 80 Prozent der nationalen Gesetzgebung von Unionsrecht beeinflusst sei.[281] Zurückgeführt wird dies

---

279 *Frenz*, Handbuch Europarecht, Bd. 5, 2010, Kapitel 6, Rn. 598.

280 *Streinz*, Europarecht, 2019, § 5, Rn. 545.

281 So hat etwa der Beschwerdeführer des Verfahrens gegen den Vertrag von Maastricht vor dem BVerfG vorgebracht, dass etwa 80 Prozent aller Regelungen im Bereich des Wirtschaftsrechts durch das damalige Gemeinschaftsrecht festgelegt und nahezu 50 Prozent aller deutschen Gesetze durch das Gemeinschaftsrecht veranlasst seien s. BVerfGE 89, 155 (172f.) – *Maastricht*; s. zu weiteren Nachweisen: *Hölscheidt/Hoppe*, ZParl 2010, S. 543 Fn. 7; 2007 sind der ehemalige Bundespräsident *Roman Herzog* und *Lüder Gerken* sogar davon ausgegangen, dass 84 Prozent der in Deutschland geltenden Gesetze auf Unionsrecht zurückzuführen seien, *Herzog/Gerken*, Die Europäische Union gefährdet die parlamentarische Demokratie, Gastkommentar, Die Welt v. 13.01.2007 https://www.welt.de/dossiers/eu-macht/article720463/Europa-entmachtet-uns-und-unsere-Vertreter.html; kritisch dazu mit Verweis darauf, dass sich diese Annahme nur auf eine knappe Antwort auf eine parlamentarische Anfrage stütze, *Töller*, in: Kadelbach

auf einen Redebeitrag im Jahr 1988 im Europäischen Parlament des früheren Kommissionspräsidenten *Jacques Delors*, der prognostizierte, dass im Jahr 1998 „80 Prozent der Wirtschaftsgesetzgebung, vielleicht auch der steuerlichen und sozialen, gemeinschaftlichen Ursprungs sein [werden]".[282] Insbesondere politikwissenschaftliche Ansätze versuchen, diese Aussage zu widerlegen bzw. zu verifizieren, wobei sich ein eindeutiges Ergebnis bislang nicht hat finden lassen. Im Wesentlichen werden in deutschen Untersuchungen zwei verschiedene Methoden verwendet, um die „Europäisierung"[283] nationalen Rechts zu bestimmen, welche aufgrund unterschiedlicher Ansätze nur begrenzt vergleichbar sind: Nach einer Methode (sog. „Impuls-Methode") wird untersucht, ob nationale Rechtsakte aufgrund eines „europäischen Impulses" bzw. aufgrund europäischen Einflusses erlassen wurden (a).[284] Eine weitere Methode (sog. „Kompetenz-Methode") fragt nach der Anzahl der derzeit geltenden Unionsrechtsakte und vergleicht diese mit der Anzahl der insgesamt im nationalen Recht existierenden Gesetze (b.).[285] Im Folgenden werden die wesentlichen Ergebnisse und Probleme dieser Methoden vorgestellt.[286]

(Hrsg.), Europäische Integration, 2009, S. 75, 79; *Ferdinand Kirchhof* sprach davon, dass „zwischen 60 und 70 Prozent der in der deutschen Rechtsordnung verbindlichen Normen von der Europäischen Union veranlasst und bestimmt werden.", *Kirchhof*, Demo-crazy?, FAZ v. 21.12.2017, S. 7.

282 Rede im Europäischen Parlament am 4. Juli 1988, erwähnt im Bulletin der Europäischen Gemeinschaften 1988 Nr. 7/8, S. 124; der Wortlaut der Rede ist abgedruckt im Anhang zum Abl. EG, Ausgabe in deutscher Sprache, Verhandlungen des Europäischen Parlaments, Sitzungsperiode 1988-1989, Nr. 2-367, S. 157.

283 Dieser Begriff wird hier verstanden als Auswirkungen der europäischen Politik auf nationale Gesetzgebung; zu diesem unklaren Begriff *Töller*, ZParl 2004, S. 25, 29f.; *Töller*, JCMS 2010, S. 419, 421; *Mangold*, Gemeinschaftsrecht, 2011, S. 21ff.; zu den verschiedenen Effekten der „Europäisierung" und den Auswirkungen in verschiedenen Staaten, s. die Beiträge in Bulmer/Lequesne (Hrsg.), The Member States of the European Union, 2020.

284 So z.B. *Töller*, ZParl 2004, S. 25ff.; *Töller*, ZParl 2008, S. 3ff.; *König/Mäder*, PVS 2008, S. 438ff. greifen die „eindrucksvolle" Untersuchung von *Töller*, ZParl 2008, S. 3ff. auf, und wollen diese weiterentwickeln.

285 Nach der Kompetenz fragen etwa *Hoppe*, EuZW 2009, S. 168f.; *Hölscheidt/Hoppe*, ZParl 2010, S. 543ff.

286 Im Rahmen dieser Arbeit kann im Wesentlichen nur auf den Einfluss von Unionsrecht auf deutsches Recht eingegangen werden. Zu Studien aus anderen Ländern, s. etwa *Töller*, ZParl 2008, S. 3, 7f.; *Pernice*, in: Pernice (Hrsg.), Der Europäische Verfassungsverbund, 2020, S. 921, 937f. m.w.N.; ausführlich dazu auch *Töller*, JCMS 2010, S. 417, 421ff. Nicht untersucht werden soll zudem, welche Bedeutung nationale Parlamente im Zuge einer fortschreitenden

a. Rechtsakte mit europäischem Einfluss („Impuls-Methode“)

Um eine quantitative Aussage über den Anteil der Europäisierung der deutschen Gesetzgebung zu erhalten, wurde in einer Untersuchung anhand des Informationssystems „Stand der Gesetzgebung des Bundes (GESTA)“ analysiert, wie viele Bundesgesetze unterschieden nach den jeweiligen Ressorts im Zeitraum zwischen 1983 und 2005 von einem „europäischen Impuls“ beeinflusst waren.[287] Die Kategorie „europäischer Impuls“ haben die Verwalter der GESTA-Datenbank erfunden; sie umfasste nicht nur Vorschriften, welche aufgrund einer Richtlinie erlassen wurden, sondern beinhaltete etwa auch Normen, welche aufgrund von Verordnungen oder Urteilen des EuGH angepasst wurden.[288] Diese Untersuchung kam zu dem Ergebnis, dass 2005 etwa 40 Prozent der erlassenen Gesetze in Deutschland auf einen „europäischen Impuls“ zurückzuführen sind, wobei sich erhebliche Unterschiede zwischen den einzelnen Ressorts zeigten: Agrar- und Umweltpolitik waren jeweils mit etwa 80 Prozent stark von europäischen Vorgaben beeinflusst, während die Bereiche Inneres sowie Arbeit und Soziales mit etwa 15 Prozent kaum „europäisiert“ waren.[289] Zugleich wurde dargestellt, dass der Anteil der Gesetzgebung des Bundes mit einem „europäischen Impuls“ von 1983 bis 2005 kontinuierlich gestiegen ist.[290] Ein auf dieser Studie aufbauender Ansatz untersucht ebenfalls

„Europäisierung“ haben und wie nationale Parlamente bei der europäischen Rechtsetzung mitwirken, s. dazu etwa *Freundorfer*, Beteiligung, 2008; *Töller*, in: Kadelbach (Hrsg.), Europäische Integration, 2009, S. 75ff.; *Calliess/Beichelt*, Die Europäisierung des Parlaments, 2015.

287 *Töller*, ZParl 2008, S. 3, 8ff.; die GESTA wurden ab der 16. Wahlperiode durch das Dokumentations- und Informationssystem für Parlamentarische Vorgänge ersetzt; zu den Schwierigkeiten der Auswertung der GESTA-Datenbank *Freundorfer*, Beteiligung, 2008, S. 118f.; zur Kritik im Hinblick auf den „europäischen Impuls“ *Göler*, PVS 2009, S. 75, 76f.; s. dazu jedoch auch die Antwort auf diese Kritik von *König/Mäder*, PVS 2009, S. 80ff.

288 *Töller*, ZParl 2008, S. 3, 9, 13. Unter den „europäischen Impuls“ wurden auch Maßnahmen, die nicht zur EU gehören, wie etwa Beschlüsse des Europarats, gefasst. Diese wurden in der Untersuchung von *Töller*, ZParl 2008, S. 3ff. jedoch nicht berücksichtigt, sodass sich der „europäische Impuls“ in dieser Untersuchung einzig auf EU-Maßnahmen bezieht.

289 *Töller*, ZParl 2008, S. 3, 9, 17; Studien aus Frankreich, Großbritannien und Österreich gehen von einem deutlich geringeren Anteil von europäisch beeinflussten Gesetzen aus; der jeweilige Anteil wird mit 6-10 Prozent angegeben, *Pernice*, in: Pernice (Hrsg.), Der Europäische Verfassungsverbund, 2020, S. 921, 937f.

290 S. die Übersicht bei *Töller*, ZParl 2008, S. 3, 9.

deutsche Rechtsakte mit „europäischem Impuls", zusätzlich werden jedoch auch qualitative Indikationen, wie der Anteil an Schlüsselgesetzen, d.h. Gesetze, welche als besonders innovativ eingeschätzt werden, einbezogen, sodass Aussagen über die Qualität der Europäisierung getroffen werden sollen.[291] Dabei wurde dargestellt, dass bei kostenimplizierenden Gesetzen, d.h. solchen Gesetzentwürfen, welche für die öffentlichen Haushalte Kosten verursachen, und Schlüsselgesetzen, etwa ein Viertel bis ein Drittel der Gesetze von einem „europäischen Impuls" im Zeitraum 1980-2005 beeinflusst waren.[292] Auch wurde die Tätigkeit in den Ausschüssen des Deutschen Bundestags mithilfe der Kategorie des „europäischen Impulses" untersucht.[293] Diesen Methoden können jedoch genaue Aussagen zu dem Grad der „Europäisierung" in Deutschland nicht entnommen werden: So werden etwa Rechtsverordnungen und Landesgesetze nicht berücksichtigt. Folglich werden Auswirkungen im nationalen Recht nicht vollständig erfasst. Auch werden Verordnungen, die aufgrund ihrer unmittelbaren Wirkung keine Anpassung von Gesetzen zur Folgen haben, nicht berücksichtigt.[294] Zudem wird nicht erfasst, ob ein nationales Gesetz umfassend von einem europäischen Einfluss determiniert ist oder sich nur ein Teilbereich eines Gesetzes auf Unionsrecht bezieht, mithin nur marginale Aspekte im Hinblick auf Unionsrecht angepasst wurden. Werden jeweils nur einzelne Politikbereiche untersucht, so lassen sich diese Probleme jedenfalls teilweise lösen.[295] Dennoch können exakte Aussagen zur „Europäisierung" der gesamten Gesetzgebung kaum getroffen werden, da etwa die sog. negative Integration, wonach keine nationale Vorschrift erlassen werden darf, die zu einer unrechtmäßigen Beeinträchtigung des Binnenmarktes führt, und das daraus resultierende Untätigbleiben des Gesetzgebers, nicht erfasst werden kann.[296] Hinzu kommt, dass ein Tätigwerden des Gesetzgebers in „vorauseilendem Gehorsam" nicht darstellbar ist und ferner das verfügbare

291 S. *König/Mäder*, PVS 2008, S. 438ff.

292 *König/Mäder*, PVS 2008, S. 438, 450ff.

293 S. für die Tätigkeit des Rechtsausschusses im Zeitraum 2002-2005: *Freundorfer*, Beteiligung, 2008, S. 116ff. Dabei wurde festgestellt, dass der Anteil nationaler Gesetzentwürfe mit europäischem Impuls in diesem Zeitraum 30,2 Prozent betragen hat, *ebd.*, S. 117.

294 *Göler*, PVS 2009, S. 75, 76.

295 Für den Bereich der Verkehrspolitik hat *Plehwe*, WZB-Mitteilungen 2007, S. 7, 9, im Zeitraum von 2002 bis 2005 auch europäische Verordnungen sowie nationale Rechtsverordnungen einbezogen und ist zu dem Ergebnis gekommen, dass der Anteil europäisch beeinflussten Rechts im Bereich der Verkehrspolitik bei etwa 65 Prozent liegt.

296 *Töller*, JCMS 2010, S. 419, 429f.

Datenmaterial erst ab der 8. Wahlperiode des Deutschen Bundestages Angaben zu „europäischen Impulsen“ enthält, sodass noch heute geltende Gesetze aus früheren Wahlperioden mit „europäischem Impuls“ nicht erfasst werden können.[297] Zwar ist die Kategorie des „europäischen Impulses“ nicht mehr in der Gesetzgebungsdokumentation des Deutschen Bundestages enthalten, dennoch ist den Datenblättern des Dokumentations- und Informationssystem für Parlamentarische Vorgänge (DIP) weiterhin zu entnehmen, ob ein Gesetz aufgrund unionsrechtlicher Vorgaben erlassen wurde: Im Zeitraum von 2009 bis 2013 hat demnach der Anteil von Bundesgesetzen mit europäischem Einfluss insgesamt etwa 37,4 Prozent betragen, wobei zwischen den einzelnen Sachgebieten erhebliche Unterschiede bestehen – so beträgt der Anteil europäisierter Gesetzgebung im Sachgebiet „Soziale Sicherung“ 7,14 Prozent, während dieser im Sachgebiet „Wirtschaft“ 57,14 Prozent beträgt.[298]

b. Vergleich der Rechtsakte auf europäischer und nationaler Ebene („Kompetenz-Methode“)

Die sog. „Kompetenz-Methode“ setzt die Anzahl der im Kompetenzbereich der Union erlassenen Rechtsakte und die Anzahl der im Kompetenzbereich von Deutschland geltenden Gesetze ins Verhältnis, um so zu ermitteln, wie viele der in Deutschland geltenden Vorschriften von der Union stammen.[299] Somit können sowohl die Gesetze der Bundesländer, als auch Verordnungen erfasst werden. Das Verhältnis europäischer und

297 *Hölscheidt/Hoppe*, ZParl 2010, S. 543, 545.

298 S. die Daten von *Töller*, Europäisierung der deutschen Gesetzgebung, Wissenschaftliches Kurzgutachten v. 14.04.2014, https://ub-deposit.fernuni-hagen.de/servlets/MCRFileNodeServlet/mir_derivate_00000959/Töller_ Kurzgutachten_Europäisierung_Gesetzgebung_2014.pdf, S. 9. Auch in dieser Untersuchung werden sowohl Verordnungen als auch Landesgesetze nicht berücksichtigt. Der im Vergleich zu früheren Untersuchungen von *Töller* etwas geringerer Anteil europäisierter Gesetzgebung lässt sich damit erklären, dass die Kategorie des „europäischen Impulses“ auch Einflüsse berücksichtigt hat, welche sich in den Datensätzen des DIP nicht mehr finden, vgl. *Töller*, *ebd.*, S. 7, 11. Bei Berücksichtigung von Verordnungen liegt der Anteil in den Sachgebieten deutlich höher (im Sachgebiet Gesundheit 54,16 Prozent statt 24,14 Prozent); aufgrund der verschiedenen Einteilung der Sachgebiete zwischen den Datenbanken Eur-Lex und DIP ist eine Darstellung aller Sachgebiete jedoch nicht möglich, s. *ebd.*, S. 11f.

299 *Hoppe*, EuZW 2009, S. 168ff.; *Hölscheidt/Hoppe*, ZParl 2010, S. 543, 545ff.

deutscher Gesetze hat Ende 2008 etwa 80 Prozent betragen – werden Unionsrechtsakte in den Bereichen Landwirtschaft und Fischerei, welche im Vergleich zu anderen Rechtsbereichen überproportional häufig erlassen werden, nicht berücksichtigt, so beträgt dieses Verhältnis 65 Prozent (europäische Rechtsakte) zu 35 Prozent (deutsche Rechtsakte).[300] Werden die geltenden Rechtsakte zum 31.12.2019 betrachtet, so ergibt sich ein Verhältnis von 71,9 Prozent (europäische Rechtsakte) zu 28,1 Prozent (deutsche Rechtsakte) bzw. 82,5 Prozent (europäische Rechtsakte) zu 17,5 Prozent (deutsche Rechtsakte), wenn auch die Bereiche Landwirtschaft und Fischerei berücksichtigt werden.[301] Ein wesentlicher Nachteil dieser Berechnungsmethode ist, dass keine Aussage darüber getroffen werden kann, wie groß der Einfluss des Unionsrechts auf das nationale Recht tatsächlich ist.[302] So ist es denkbar, dass eine Richtlinie eine Vielzahl von nationalen Sachverhalten beeinflussen kann oder, je nach Spezialität der Richtlinie, die Auswirkungen im nationalen Recht vergleichsweise gering sind.[303] Zudem kann sich eine einzelne Verordnung im nationalen Recht deutlich stärker auswirken, als eine Vielzahl von Richtlinien, sodass sich aus einer rein zahlenmäßigen Betrachtung, keine beachtliche Aussage zum Grad der Europäisierung entnehmen lässt.[304] Ein Vergleich der jeweils gül-

300 *Hoppe*, EuZW 2009, S. 168, 169; zur genauen Berechnungsweise s. *ebd.*, Fn. 8 und 9.

301 Eine Abfrage bei https://eur-lex.europa.eu/advanced-search-form.html?qid=1594668838254&action=update (Auswahl „Nur in geltenden Rechtsakten suchen", „Verordnung" bzw. „Richtlinie", Art des Datums „Alle Daten", Zeitraum „01/01/1951 bis „31/12/2019") ergibt 11.672 Verordnungen (davon 4.520 Bereich Landwirtschaft bzw. Fischerei) sowie 1.344 Richtlinien (davon 377 im Bereich Landwirtschaft bzw. Fischerei). Für das deutsche Recht ergibt die Abfrage bei juris.de (Auswahl „Titeldokumente", Dokumenttyp „Gesetz", Einschränkung „Heute") 1.862 Gesetze sowie insgesamt 6.760 Gesetze der Bundesländer, sodass sich ein Durchschnitt der Bundesländer von 423 Gesetzen ergibt.

302 So auch *Mangold*, Gemeinschaftsrecht, 2011, S. 312, die zu dem Ergebnis kommt, dass sich die Europäisierung nicht durch „einfache Aufrechnung der Zahlen" belegen lässt und diese Methode daher als „befremdlich" ansieht.

303 S. etwa die sog. Verbrauchsgüterkaufrichtlinie (Richtlinie 1999/44/EG des europäischen Parlaments und des Rates vom 25. Mai 1999 zu bestimmten Aspekten des Verbrauchsgüterkaufs und der Garantien für Verbrauchsgüter, ABl. L 171 v. 07.07.1999, S. 12, gültig bis 31.12.2021, aufgehoben durch die Richtlinie 2019/771/EU des Europäischen Parlaments und des Rates vom 20. Mai 2019 über bestimmte vertragsrechtliche Aspekte des Warenkaufs, ABl. L 136 v. 22.05.2019, S. 28), die sich auf eine Vielzahl von nationalen Sachverhalten auswirkt.

304 *Plehwe*, WZB-Mitteilungen 2007, S. 7.

tigen Rechtsakte berücksichtigt darüber hinaus nicht, dass einige Bereiche des nationalen Rechts etwa von der Rechtsprechung des EuGH erheblich beeinflusst sind.[305]

3. Schlussfolgerungen

Eine genaue Methode, um die „Europäisierung" der nationalen Gesetzgebung zu messen, existiert bislang nicht. Dennoch zeigen die bestehenden Ansätze, dass in quantitativer Hinsicht ein erheblicher Anteil der deutschen Gesetzgebung jedenfalls Berührungspunkte mit Unionsrecht aufweist. Aus diesen Daten lässt sich jedoch nicht vollständig auf das tatsächliche Ausmaß des Unionsrechts auf nationales Recht schließen. Untersuchungen, welche auch qualitative Faktoren berücksichtigen, relativieren den Anteil europäischen Einflusses auf die nationale Gesetzgebung zum Teil deutlich, wobei auch diese Untersuchungen keine genauen Ergebnisse liefern können, da einerseits eine objektive Beurteilung der Bedeutung von Gesetzen kaum möglich ist, und andererseits nicht alle europäischen Einflüsse erfasst werden können. Insbesondere der letztgenannte Aspekt lässt Zweifel aufkommen, ob eine genaue empirische Darstellung der „Europäisierung" überhaupt möglich ist. Indes ist fraglich, worin der Mehrwert einer solch exakten Angabe liege. Der Befund, dass nationales Recht zu einem großen Teil von Unionsrecht (mit-)beeinflusst wird, sagt zudem für sich genommen noch nichts darüber aus, ob daraus auch eine Marginalisierung des nationalen Grundrechtsschutzes folgt.

Jedenfalls ist allen bisherigen Untersuchungen gemein, dass ein tatsächlicher Einfluss des Unionsrechts auf nationales Recht in einzelnen Sachgebieten als erheblich angesehen wird. Ein Anhaltspunkt ist dabei die Kompetenzverteilung zwischen Union und Mitgliedstaaten.[306] Zwar gibt es insofern Tätigkeitsbereiche der EU, die keinen Bezug zu den Grundrechten aufweisen, dennoch können auch Kompetenzen mit spezifischem Grundrechtsbezug identifiziert werden, sodass insbesondere in diesen Bereichen kaum Raum für nationales Recht und Grundrechtsrechtsprechung

---

305 Ein Beispiel für eine Europäisierung durch Urteile des EuGH stellt etwa das nationale Steuerrecht dar, *Mangold*, Gemeinschaftsrecht, 2011, S. 319f. m.w.N.

306 *Töller*, Europäisierung der deutschen Gesetzgebung, Wissenschaftliches Kurzgutachten v. 14.04.2014, https://ub-deposit.fernuni-hagen.de/servlets/MCRFileNodeServlet/mir_derivate_00000959/Töller_Kurzgutach-ten_Europäisierung_Gesetzgebung_2014.pdf.

verbleiben könnte.[307] Zu den Bereichen, in denen die Union verstärkt eigene menschenrechtliche Aktivitäten entfalten kann, sind etwa das Antidiskriminierungs-, das Asyl- und Flüchtlingsrecht oder das Datenschutzrecht zu zählen.[308]

Festzuhalten bleibt, dass die Sorge einer Verdrängung nationaler Grundrechtsstandards vor dem Hintergrund des festgestellten Einflusses des Unionsrechts auf nationales Recht nicht unbegründet ist. Da die Mitgliedstaaten bei der „Durchführung des Rechts der Union" an Unionsgrundrechte gebunden sind, besteht je nach Auslegung dieses Begriffs die Gefahr einer Schwächung der nationalen Grundrechtsprechung. Dies gilt umso mehr, wenn der dargestellte Vorrang des Unionsrechts auch für die Unionsgrundrechte gilt. Zugleich zeigt die Untersuchung der „Europäisierung" nationaler Gesetze, dass diese sich – auch abhängig von den Kompetenzen – in verschiedenen Bereichen unterscheidet und daher von einer umfassenden Marginalisierung des nationalen Grundrechtsschutzes nicht auszugehen ist.

B. Grundrechtsschutz durch nationale Gerichte, EuGH und EGMR

Der Schutz der Grundrechte wird auf nationaler Ebene durch nationale Gerichte – in der Bundesrepublik Deutschland maßgeblich durch das Bundesverfassungsgericht – sowie auf europäischer Ebene durch den EuGH und den EGMR gewährleistet. Diesen Gerichten kommt nicht nur bei der Verwirklichung des Grundrechtsschutzes eine besondere Rolle zu, zugleich haben sie erheblichen Einfluss auf den politischen Prozess insgesamt und üben gesellschaftliche Funktionen aus.[309] Diese Spruchkörper sind aufgrund ihres Einflusses aus institutioneller und prozeduraler Sicht zu skizzieren (III.). Für das Verständnis der Diskussion im weiteren Verlauf dieser Untersuchung ist es zudem notwendig, zunächst auf die unterschiedlichen Rechtsquellen des europäischen Grundrechtsschutzes

307 Vgl. *Kleinlein*, Grundrechtsföderalismus, 2020, S. 289ff.

308 *Kingreen*, EuR 2010, S. 338, 354f.; s. zur Annahme, dass mit der Erweiterung des Unionsrechts auf verschiedene Politikbereich auch die Bedeutung der Unionsgrundrechte zunehme, *de Búrca*, Maastricht J. Eur. & Comp. L. 20 (2013), S. 168, 169; s. auch *Bilz*, Margin of Appreciation der EU-Mitgliedstaaten, 2020, S. 160.

309 S. zur Bedeutung von Höchstgerichten, wie dem BVerfG, dem EGMR und dem EuGH etwa *Lepsius*, in: Masing/Jestaedt/Capitant/Le Divellec (Hrsg.), Strukturfragen, 2015, S. 45ff. m.w.N.

einzugehen. Mit nationalen Grundrechten[310], den Unionsgrundrechten der Grundrechtecharta, den allgemeinen Rechtsgrundsätzen sowie den Rechten und Freiheiten der EMRK existieren verschiedene Grundrechtsquellen, wobei die Terminologie der Grundrechtsgewährleistungen nicht einheitlich ist. Neben den sprachlichen Unterschieden und den damit verbundenen divergierenden Konzeptionen (I.) ist auch zu untersuchen, inwieweit die einzelnen Grundrechtsquellen materiell-rechtliche Gemeinsamkeiten und Divergenzen aufweisen (II.). Nachdem das Verhältnis von Unionsrecht und nationalem Recht bereits betrachtet wurde, ist noch auf das Verhältnis zwischen Unionsrecht und der EMRK bzw. nationalem Recht und der EMRK einzugehen (IV.).

I. Terminologie des europäischen Grundrechtsschutzes

Im System des europäischen Grundrechtsschutzes existiert kein einheitlicher Grundrechtsbegriff.[311] Die Unterschiede sind nicht nur sprachlicher Natur, sondern haben auch inhaltliche Auswirkungen. Es bedarf daher zunächst einer terminologischen Klärung des Grundrechtsbegriffs (1.). Eine besondere Ausdifferenzierung findet sich dabei im Unionsrecht: vor Inkrafttreten der GRC wurden „Grundrechte" als Teil der ungeschriebenen „allgemeinen Rechtsgrundsätze" entwickelt. Dies wirft Fragen nach dem Verhältnis dieser ungeschriebenen Grundrechte zu den weiteren Rechtsgrundsätzen auf. Zudem wird diskutiert, ob einzelne Rechte der Verträge als „Grundrechte" bezeichnet werden können. Daher ist auf den Grundrechtsbegriff im Unionsrecht gesondert einzugehen (2.).

310 Geschriebene Grundrechtsgewährleistungen – auch wenn kein eigenständiger Grundrechtskatalog besteht – gibt es in allen Mitgliedstaaten der EU, vgl. *Kleinlein*, Grundrechtsföderalismus, 2020, S. 47 mit den jeweiligen Nachweisen für alle Mitgliedstaaten.

311 *Jones*, Bindung der Mitgliedstaaten, 1999, S. 24; *Wallrab*, Die Verpflichteten der Gemeinschaftsgrundrechte, 2004, S. 16; *Maier*, Grundrechtsschutz, 2014, S. 35, jeweils mit Verweisen auf *Rengeling*, Grundrechtsschutz, 1993, S. 171; s. auch *Winkler*, Grundrechte, 2006, S. 23ff.

1. Begriff der „Grundrechte“ in nationalen Verfassungen, der EMRK und der GRC

Im nationalen Grundrechtsschutz finden sich häufig die Begriffe „Menschenrechte“ und „Grundrechte“,[312] die EMRK differenziert – wie bereits in ihrem Titel deutlich wird – zwischen Menschenrechten und Grundfreiheiten ohne den Ausdruck „Grundrechte“ zu verwenden. Im Unionsrecht wird in Art. 6 EUV der Begriff „Grundrechte“ gebraucht, die Charta der Grundrechte differenziert zwischen „Rechten, Freiheiten und Grundsätze[n]“, der Begriff „Menschenrechte“ findet sich in der GRC hingegen nicht. Im verfassungsrechtlichen Kontext wird die Bezeichnung „Menschenrechte“ (*human rights, droits de l'homme*) verwendet, um überpositive, unmittelbar aus der Menschennatur abgeleitete Rechte zu kennzeichnen, während „Grundrechte“ (*fundamental rights, droits fondamentaux*) als Rechte verstanden werden, welche von Verfassungen gewährleistet werden.[313] Das Grundgesetz differenziert daher zwischen „Grundrechten“ als positives und den „Menschenrechten“ als überpositives Recht.[314] Auf das internationale Recht lässt sich diese Begriffsbildung nicht übertragen, da inzwischen die dort positivierten „Menschenrechte“ weit über den Charakter angeborener und unveräußerlicher Rechte hinausgehen.[315] Der Begriff der Menschenrechte ist daher im Völkerrecht weiter zu verstehen als im nationalen Recht. So werden im Völkerrecht unter dem Begriff Menschenrechte die dem Individuum als eigenständigem Völkerrechtssubjekt vom internationalen Recht zugestandenen grundlegenden Rechte verstanden; dementsprechend werden mit diesem Begriff subjektive Rechte des Einzelnen in einem nicht-hierarchisierten Kontext gekennzeichnet, wohingegen der Begriff „Grundrechte“ im Völkerrecht keine Verwendung findet.[316] Entsprechend der Struktur der Unionsrechtsordnung und ihrem hohen In-

---

312 So etwa in Art. 1 Abs. 2 GG, wo die Rede von „Menschenrechten als Grundlage jeder menschlichen Gemeinschaft“ ist, sowie Art. 1 Abs. 3 GG, wonach die „nachfolgenden Grundrechte (...) Gesetzgebung, vollziehende Gewalt und Rechtsprechung als unmittelbar geltendes Recht [binden].“

313 *Stern*, Staatsrecht, Bd. III/1, 1988, § 62, S. 219ff.; *de Witte*, in: Alston (Hrsg.), EU and Human Rights, 1999, S. 859, 860; *Lindfelt*, Fundamental Rights, 2007, S. 31f.; *Cruz Villalón*, ZEuS 2015, S. 265, 269.

314 *Gebauer*, Parallele Grund- und Menschenrechtsschutzsysteme, 2007, S. 26.

315 *Stern*, in: Merten/Papier (Hrsg.), HGR, Bd. I, 2004, § 1, Rn. 49f.

316 *Gebauer*, Parallele Grund- und Menschenrechtsschutzsysteme, 2007, S. 27ff.; s. zu den Merkmalen der Menschenrechte im Völkerrecht *Kälin/Künzli*, Universeller Menschenrechtsschutz, 2019, S. 35.

tegrationsgrad hat sich im Unionsrecht der Begriff „Grundrechte“ durchgesetzt.[317] Die Differenzierung der Charta zwischen Rechten, Freiheiten und Grundsätzen muss für die vorliegende Arbeit nicht näher untersucht werden, da es für die Frage der Bindung der Mitgliedstaaten an die Charta keiner konkreten Zuordnung der jeweiligen Gewährleistungen bedarf.[318] Im Gegensatz zum Unionsrecht handelt es sich bei der EMRK um einen rein völkerrechtlichen Vertrag. Mit dieser Eigenschaft lässt sich erklären, weshalb in der EMRK die Begriffe „Menschenrechte“ und „Grundfreiheiten“, nicht jedoch der Begriff „Grundrechte“ verwendet wird. Für den weiteren Verlauf der Untersuchung ist eine Abgrenzung zwischen diesen Begriffen nicht notwendig.[319] Eine exakte sprachliche Abgrenzung zwischen Grund- und Menschenrechten ist zudem nur begrenzt möglich. Auch Art. 6 Abs. 3 EUV führt keine Differenzierung ein. Dort heißt es, dass die „Grundrechte, wie sie in der Europäischen Konvention zum Schutz der Menschenrechte und Grundfreiheiten gewährleistet sind (…) als allgemeine Grundsätze Teil des Unionsrechts [sind]“. Im Folgenden wird daher der Begriff „Grundrechte“ für sämtliche Bindungskonstellationen des europäischen Grundrechtsschutzes verwendet; sofern sich Besonderheiten aufgrund des völkerrechtlichen Kontexts ergeben, wird die Bezeichnung „Menschenrechte“ verwendet.

---

317 Vgl. *Gebauer*, Parallele Grund- und Menschenrechtsschutzsysteme, 2007, S. 41.

318 Während der Begriff der Rechte einen Oberbegriff für Grundrechte und Freiheiten darstellt, ist die Unterscheidung zwischen Grundrechten und Grundsätzen zum Teil mit erheblichen Schwierigkeiten verbunden, s. dazu umfassend *Schmittmann*, Rechte und Grundsätze in der Grundrechtecharta, 2007; *Sagmeister*, Grundsatznormen in der Europäischen Grundrechtecharta, 2010; s. auch *Pache*, in: Heselhaus/Nowak (Hrsg.), Handbuch der Europäischen Grundrechte, 2. Aufl., 2020, § 7, Rn. 32ff. Die sprachliche Ungenauigkeit hinsichtlich der Verwendung des Begriffs „Grundrechte“, worunter auch „Grundsätze“ verstanden werden, in Bezug auf die Anwendbarkeit der Charta ist indes möglich, da sich die Erwägungen zu den Grundrechten auf die Grundsätze übertragen lassen, *Sagmeister*, Grundsatznormen in der Europäischen Grundrechtecharta, 2010, S. 180f., 308.

319 Aus der Präambel der EMRK ergibt sich, dass sich Grundfreiheiten aus den Menschenrechten herleiten. Grundfreiheiten bezeichnen fundamentale Rechte, die den Freiheitsstatus des Einzelnen näher bestimmen und von Gleichheits-, Leistungs- sowie Teilhaberechten zu unterschieden sind, s. *Pfeil*, Historische Vorbilder, 1998, S. 36.

2. Grundrechte vor Inkrafttreten der GRC, allgemeine Rechtsgrundsätze und Grundrechte in den Verträgen

Grundrechte wurden vor Inkrafttreten der GRC als ungeschriebene allgemeine Rechtsgrundsätze gewährleistet.[320] Neben diesen Grundrechten zählen rechtsstaatliche Grundsätze, wie der Grundsatz des Vertrauensschutzes sowie der Rechtssicherheit,[321] das Rechtsstaatsprinzip,[322] der Schutz gegen willkürliche und unverhältnismäßige Eingriffe und somit der Grundsatz der Verhältnismäßigkeit[323] zu den allgemeinen Rechtsgrundsätzen. Ferner sind etwa der allgemeine Gleichheitssatz[324] und prozessrechtliche Gewährleistungen, wie der Anspruch auf rechtliches Gehör[325] oder die Wahrung des Grundsatzes der Waffengleichheit,[326] als allgemeine Rechtsgrundsätze anerkannt. Insbesondere die rechtstaatlichen Grundsätze werden als Ausdruck des Grundsatzes ordnungsmäßiger Verwaltung verstanden und daher von den Grundrechten abgegrenzt, wenngleich einige Aspekte dieser Grundsätze nach deutschem Verständnis als Grundrechtsfragen behandelt werden.[327] Nach Inkrafttreten der Charta sind die Chartarechte gegenüber den allgemeinen Rechtsgrundsätzen vor-

---

320 S. z.B. EuGH, *Stauder*, Rs. 29/69, EU:C:1969:57, Rn. 7; *Internationale Handelsgesellschaft*, Rs. 11/70, EU:C:1970:114, Rn. 3f.; *Nold*, Rs. 4/73, EU:C:1974:51, Rn. 13; *Hauer*, Rs. 44/79, EU:C:1979:290, Rn. 15; s. die weiteren Nachweise zu den jeweiligen Grundrechten bei *Kadelbach*, Allgemeines Verwaltungsrecht unter europäischem Einfluß, 1999, S. 255; zur Bedeutung der allgemeinen Grundsätze nach Inkrafttreten der GRC s. umfassend *Amalfitano*, General Principles of EU Law and Protection of Fundamental Rights, 2018.

321 EuGH, *Deutsche Milchkontor GmbH*, verb. Rs. 205-215/82, EU:C:1983:233, Rn. 30.

322 EuGH, *Granaria*, Rs. 101/78, EU:C:1979:38, Rn. 5.

323 EuGH, *Hauer*, Rs. 44/79, EU:C:1979:290, Rn. 23; getrennt von der Frage, ob ein Grundrecht verletzt ist, s. etwa EuGH, *Schräder*, Rs. 265/87, EU:C:1989:303, Rn. 20ff.; *Hoechst*, verb. Rs. 46/87 und 227/88, EU:C:1989:337, Rn. 19, 35.

324 EuGH, *Ruckdeschel u.a.*, Rs. 117/76, EU:C:1977:160, Rn. 7.

325 EuGH, *Hoffmann-La Roche*, Rs. 85/76, EU:C:1979:36, Rn. 9, 11; *Michelin*, Rs. 322/81, EU:C:1983:313, Rn. 7; *Hoechst*, verb. Rs. 46/87 und 227/88, EU:C:1989:337, Rn. 15f.

326 EuGH, *Eurofood IFSC*, Rs. C-341/04, EU:C:2006:281, Rn. 66.

327 *Everling*, in: Stern (Hrsg.), 40 Jahre Grundgesetz, 1990, S. 167, 170f.; *Wallrab*, Die Verpflichteten der Gemeinschaftsgrundrechte, 2004, S. 19; *Pache*, in: Heselhaus/Nowak (Hrsg.), Handbuch der Europäischen Grundrechte, 2. Aufl., 2020, § 7, Rn. 71ff.; wohl auch *Gebauer*, Grundfreiheiten, 2004, S. 162ff., die diese „Rechtsstaatsprinzipen“ zwar zunächst zu den Gemeinschaftsgrundrechten zählt, diese letztlich jedoch aufgrund ihrer objektiv-rechtlichen Ausprägung von den subjektiven Freiheits- und Gleichheitsrechten abgrenzt.

rangig anzuwenden, wenngleich die allgemeinen Rechtsgrundsätze weiterhin anwendbar sind.[328] Dies ist etwa der Fall, wenn die streitgegenständliche Maßnahme vor Inkrafttreten der Charta erlassen wurde[329] oder wenn sich Rechte der Charta nach ihrem Wortlaut ausschließlich an die Union richten, wie dies etwa bei Art. 41 GRC der Fall ist.[330]

Einige Stimmen im Schrifttum gehen davon aus, dass in den Verträgen, insbesondere im AEUV, einige Rechtsnormen als „Grundrechte" zu bezeichnen sind, wobei keine Einigkeit darüber besteht, welche Normen dies sind.[331] Vereinzelt werden die Grundfreiheiten zu den Grundrechten gezählt.[332] Bereits die unterschiedliche funktionale Zielrichtung von Grundfreiheiten und Grundrechten lässt dies nicht zu: Grundfreiheiten bezwecken die Schaffung und die Sicherung der Funktionsfähigkeit eines gemeinsamen Binnenmarktes, wohingegen Unionsgrundrechte den Einzelnen vor supranationaler Hoheitsgewalt schützen sollen und somit Hoheitsgewalt eingrenzen.[333] Auch die Tatsache, dass Rechtsschutz bei Grundrechten unabhängig von sekundären Regelungszielen gewährt wird,

---

328 *Schorkopf*, in: Grabitz/Hilf/Nettesheim (Hrsg.), Das Recht der Europäischen Union, 68. EL., 2019, Art. 6 EUV, Rn. 56.

329 EuGH, *Sabou*, Rs. C-276/12, EU:C:2013:678, Rn. 25.

330 In der Rechtssache *Y.S. u.a.* hat der EuGH klargestellt, dass sich Art. 41 GRC nicht an die Mitgliedstaaten richtet, parallel dazu jedoch ein entsprechender allgemeiner Rechtsgrundsatz besteht, worauf der EuGH in dieser Rechtssache jedoch nicht näher eingegangen ist, da die vorlegenden Gerichte nicht die Auslegung dieses Grundsatzes ersucht haben, EuGH, *Y.S. u.a.*, verb. Rs. C-141/12 und C-372/12, EU:C:2014:2081, Rn. 67f.; bestätigt in EuGH, *Mukarubega*, Rs. C-166/13, EU:C:2014:2336, Rn. 44.

331 S. etwa *Terhechte*, Konstitutionalisierung, 2011, S. 63; *Fontaine*, Anwendbarkeit und Durchsetzbarkeit, 2018, S. 157f.; *Nicolaysen*, in: Heselhaus/Nowak (Hrsg.), Handbuch der Europäischen Grundrechte, 2. Aufl., 2020, § 1, Rn. 8ff.; ausführlich begründend *Heuer*, Art. 51 Abs. 1 Satz 1 GRC, 2014, S. 26ff.; a.A. *Knecht*, Charta der Grundrechte, 2005, S. 113ff.; *Pache*, in: Heselhaus/Nowak (Hrsg.), Handbuch der Europäischen Grundrechte, 2. Aufl., 2020, § 7, Rn. 98ff., der diese Normen als „Vertragsgrundrechte" bezeichnet.

332 S. etwa *Schwarze*, EuGRZ 1986, S. 293, 296; *Bleckmann*, Europarecht, 1997, § 8, Rn. 755ff.; zur Einordnung als wirtschaftliche Freiheitsrechte *Walter*, in: Ehlers (Hrsg.), Europäische Grundrechte, 2014, § 1, Rn. 47ff.

333 *Nicolaysen*, in: Heselhaus/Nowak (Hrsg.), Handbuch der Europäischen Grundrechte, 2. Aufl., 2020, § 1, Rn. 17ff.; im Ergebnis auch *Wallrab*, Die Verpflichteten der Gemeinschaftsgrundrechte, 2004, S. 18, die jedoch von einer grundrechtsähnlichen Auslegung der Grundfreiheiten ausgeht; eine pauschale Einordnung der Grundfreiheiten als Grundrechte verneint aufgrund der spezifischen Integrationsfunktion der Grundfreiheiten, *Wollenschläger*, Grundfreiheit ohne Markt, 2007, S. 375.

wohingegen dieser bei Grundfreiheiten endet, wenn der Nutzen für den Abbau von Disparitäten im Binnenmarkt nicht mehr gegeben ist, steht einer Qualifizierung der Grundfreiheiten als Grundrechte entgegen.[334] Die in Art. 21-24 AEUV geregelten Rechte der Unionsbürgerschaft finden sich im Wesentlichen auch in den Art. 39ff. GRC, sodass insofern davon ausgegangen werden kann, dass diese Rechte Grundrechte enthalten.[335] Schließlich werden Normen des AEUV, welche eine Entsprechung in der GRC finden, als Grundrechte angesehen.[336]

Schwerpunkt dieser Arbeit ist die Betrachtung der Bindung der Mitgliedstaaten an die Unionsgrundrechte. Damit sind zuvörderst die Grundrechte der Grundrechtecharta und die vor Inkrafttreten der Charta vom Gerichtshof entwickelten ungeschriebenen Grundrechte als allgemeine Rechtsgrundsätze gemeint. Zu berücksichtigen ist jedoch, dass der Gerichtshof den Begriff „Grundrecht" nicht stets dogmatisch präzise verwendet.[337] Da sowohl einige Rechte des AEUV und teilweise auch die vom EuGH entwickelten allgemeinen Rechtsgrundsätze als grundrechtsähnlich anzusehen sind und Bezüge zu grundrechtsrelevanten Fragestellungen aufweisen, sind auch diese Rechte in beschränktem Umfang Gegenstand der weiteren Betrachtung.

---

334 *Gebauer*, Grundfreiheiten, 2004, S. 356f.; kritisch zu einer Gleichsetzung von Grundfreiheiten und Grundrechten auch *Pirker*, Grundrechtsschutz im Unionsrecht, 2018, S. 189ff.

335 Vgl. *Pache*, in: Heselhaus/Nowak (Hrsg.), Handbuch der Europäischen Grundrechte, 2. Aufl., 2020, § 7, Rn. 82ff., der allerdings eine Abgrenzung zu den Unionsgrundrechten vornimmt, da die Unionsbürgerschaft des AEUV eine umfassende Bindung vermittele und somit über die GRC hinausgehe, *ebd.*, Rn. 77; s. auch *Kadelbach*, in: von Bogdandy/Bast (Hrsg.), Europäisches Verfassungsrecht, 2009, S. 611, 626; zur Einordnung des unionsrechtlichen Freizügigkeitsrechts als „Grundfreiheit ohne Markt" *Wollenschläger*, Grundfreiheit ohne Markt, 2007, S. 373ff.

336 Vgl. *Heuer*, Art. 51 Abs. 1 Satz 1 GRC, 2014, S. 31ff., der im Ergebnis die in den Art. 15 Abs. 3, Art. 16 Abs. 1, Art. 18 und Art. 157 Abs. 1 AEUV enthaltenen Rechte als Grundrechte sieht; kritisch gegenüber der Einordnung der vertraglichen Gleichheitsrechte als Grundrechte *Gebauer*, Grundfreiheiten, 2004, S. 179ff., 208f.

337 *Pache*, in: Heselhaus/Nowak (Hrsg.), Handbuch der Europäischen Grundrechte, 2. Aufl., 2020, § 7, Rn. 21ff.

II. Rechtsquellen des europäischen Grundrechts- und Menschenrechtsschutzes

1. Nationale Grundrechte am Beispiel des Grundgesetzes

Zu Beginn des Grundgesetzes findet sich ein Grundrechtskatalog, welcher die Artikel 1-19 GG umfasst.[338] Dieser erste Abschnitt des Grundgesetzes ist zugleich mit „Die Grundrechte" überschrieben. Es handelt sich dabei nicht um einen abschließenden Katalog, da weitere, als „grundrechtsgleiche Rechte" bezeichnete Rechte,[339] entsprechend der Aufzählung in Art. 93 Abs. 1 Nr. 4a GG, an verschiedenen Stellen im Grundgesetz normiert sind. Diese Rechte werden ebenfalls als Grundrechte verstanden; auch wenn das Grundgesetz formal zwischen Grundrechten und grundrechtsgleichen Rechten differenziert, unterscheiden sich Letztere in ihrer Eigenart nicht von den ausdrücklich als Grundrechten bezeichneten Rechten.[340] Bereits vom Verfassungsgeber intendiert, haben die Grundrechte in Deutschland eine besondere Bedeutung und – auch bedingt durch die Rechtsprechungsentwicklung – in sämtlichen Rechtsbereichen einen hohen Stellenwert.[341] Diese besondere Bedeutung wird neben der Stellung der Grundrechte zu Beginn des Grundgesetzes sowohl daran deutlich, dass in Art. 1 Abs. 1 GG zunächst die Menschenwürdegarantie normiert wird, als auch daran, dass Art. 1 Abs. 3 GG klarstellt, dass die drei Staatsgewalten der Bundesrepublik an die Grundrechte als unmittelbar geltendes Recht gebunden sind. Die Grundrechte in Art. 2-19 GG sind im Wesentlichen Freiheitsrechte, wie die allgemeine Handlungsfreiheit (Art. 2 Abs. 1 GG), das Recht auf Leben und körperliche Unversehrtheit (Art. 2 Abs. 2 GG), die Religions- und Gewissensfreiheit (Art. 4 GG) oder die Meinungsfreiheit (Art. 5 Abs. 1 GG).[342] Auch ein allgemeiner sowie besondere Gleichheitssätze finden sich im Grundrechtskatalog des Grundgesetzes (Art. 3

338 Zur Entstehungsgeschichte des Grundrechtskatalogs umfassend etwa *Stern*, Staatsrecht, Bd. III/1, 1988, § 60, S. 127ff.

339 Zu dieser Bezeichnung etwa *Dreier*, in: Dreier (Hrsg.), Grundgesetz, Bd. I, 3. Aufl., 2013, Vorb., Rn. 64 m.w.N.

340 *Hesse*, Grundzüge, 1995, § 9, Rn. 277.

341 Von einer „Grundrechtsrepublik" sprechend *Hufen*, NJW 1999, S. 1504.

342 Die Einteilung der Grundrechte in diesem und dem folgenden Überblick erfolgt nach den üblichen Kategorien, wenngleich bewusst ist, dass eine exakte Einteilung nicht möglich ist, s. dazu und mit den verbundenen Schwierigkeiten der Einteilung von Grundrechten *Stern*, Staatsrecht, Bd. III/1, 1988, § 64, S. 451ff.

GG). Schließlich enthält das Grundgesetz Verfahrensgarantien wie die Rechtsweggarantie (Art. 19 Abs. 4 GG). Insgesamt entspricht der Grundrechtskatalog des Grundgesetzes einem klassisch-liberalen Verständnis, wobei Regelungen, etwa zum Arbeits- und Wirtschaftsleben, weitgehend fehlen.[343] Dieses klassisch-liberale Verständnis zeigt sich auch dadurch, dass kaum soziale und kulturelle Rechte im Grundgesetz zu finden sind. Trotz des Fehlens sozialer Grundrechte können Grundrechte eine leistungsrechtliche Dimension aufweisen, so stellt der Menschenwürdesatz nach Art. 1 Abs. 1 GG i.V.m. dem Sozialstaatsprinzip die verfassungsrechtliche Grundlage für die Gewährleistung eines menschenwürdigen Existenzminimums dar.[344] Obwohl das Grundgesetz primär traditionelle Freiheitsrechte des Individuums schützt, kommt es aufgrund der Konstruktion von Art. 2 Abs. 1 GG, welcher das Recht auf freie Entfaltung der Persönlichkeit gewährleistet, als umfassender subjektiv-rechtlicher Freiheitsgarantie, zu einem „lückenlosen Grundrechtsschutz."[345] Für das Verständnis der Grundrechte des Grundgesetzes ist zudem von Bedeutung, dass diese sowohl subjektive Rechte des Einzelnen als auch Grundelemente objektiver Ordnung des Gemeinwesens sind, die insbesondere kein eigenes, in sich geschlossenes Systems bilden, sondern stets im Zusammenhang mit dem Grundgesetz als Ganzes im Verfassungsgefüge zu betrachten sind.[346]

2. EMRK

Die EMRK ist vor dem Hintergrund der systematischen Missachtung von Menschenrechten insbesondere im Dritten Reich als externes Kontrollsystem am 04.11.1950 in Rom unterzeichnet worden und am 03.09.1953 nach Erreichen der erforderlichen Zahl von zehn Ratifikationen in Kraft getreten.[347] Dementsprechend ist die Bedeutung der EMRK für den europä-

---

343 *Hufen*, NJW 1999, S. 1504, 1506.

344 BVerfGE 125, 175 (222ff.) – *Hartz IV*; s. zu den Grundrechten als Leistungsrecht etwa *Dreier*, in: Dreier (Hrsg.), Grundgesetz, Bd. I, 3. Aufl., 2013, Vorb., Rn. 89f.

345 Grundlegend BVerfGE 6, 32ff. – *Elfes*; BVerfGE 80, 137ff. – *Reiten im Walde*; zum Verständnis von Art. 2 Abs. 1 GG als umfassende Freiheitsgarantie *Di Fabio*, in: Maunz/Dürig (Hrsg.), Grundgesetz-Kommentar, 39. EL., 2001, Art. 2 Abs. 1 GG, Rn. 12ff.; kritisch dazu etwa *Hesse*, Grundzüge, 1995, § 12, Rn. 427.

346 Vgl. *Stern*, Staatsrecht, Bd. III/1, 1988, § 65, S. 473ff.; *Hesse*, Grundzüge, 1995, § 9, Rn. 279ff., 300.

347 *Grabenwarter/Pabel*, Europäische Menschenrechtskonvention, 7. Aufl., 2021, § 1, Rn. 1ff.; umfassend zur Entstehungsgeschichte sowie zum Entwicklungsprozess

ischen Grundrechtsschutz zunächst vor allem im zeitgeschichtlichen Kontext der Neu- oder Wiederordnung Europas und des institutionellen Umfelds mit der früheren experimentellen Phase von Internationalen Organisationen, insbesondere den Vereinten Nationen, zu verstehen, wobei die ursprünglich verabschiedete Form der EMRK einen Minimalkonsens zwischen den Vertragsstaaten darstellte.[348]

Die Konvention besteht aus drei Abschnitten, wobei im ersten Abschnitt die menschenrechtlichen Garantien normiert sind (Art. 2-18 EMRK). Diese lassen sich in elementare Menschenrechte, klassische Freiheitsrechte und besondere Verfahrensgarantien einteilen. Zu den menschenrechtlichen Gewährleistungen zählen etwa das Recht auf Leben (Art. 2 EMRK), das Verbot der Folter (Art. 3 EMRK), das Verbot der Sklaverei und der Zwangsarbeit (Art. 4 EMRK) sowie das Recht auf Freiheit und Sicherheit (Art. 5 EMRK). Den klassischen Freiheitsrechten lassen sich etwa das Recht auf Achtung des Privat- und Familienlebens (Art. 8 EMRK), die Gedanken-, Gewissens- und Religionsfreiheit (Art. 9 EMRK), die Freiheit der Meinungsäußerung (Art. 10 EMRK) sowie die Versammlungs- und Vereinigungsfreiheit (Art. 11 EMRK) zuordnen. Als Verfahrensgarantien enthält die EMRK etwa das Recht auf ein faires Verfahren (Art. 6 EMRK) sowie den Grundsatz „Keine Strafe ohne Gesetz“ (Art. 7 EMRK). Eine Eigentumsgarantie sowie soziale und wirtschaftliche Rechte waren zunächst nicht enthalten; eine Ausweitung der materiellen Garantien erfolgte durch die Verabschiedung von Zusatzprotokollen, in welchen weitere Rechte normiert sind, so etwa das Eigentumsrecht in Art. 1 des ersten Zusatzprotokolls, wobei diese Rechte nur für die Staaten verbindlich sind, welche das entsprechende Zusatzprotokoll ratifiziert haben.[349] Zurzeit wird die EMRK durch 16 Zusatzprotokolle ergänzt. Soziale Grundrechte, wie etwa das Recht auf Bildung im 1. ZP zur EMRK, sind nur vereinzelt Bestandteil des menschenrechtlichen Schutzsystems der EMRK; ein allgemeiner Gleichheitssatz ist im 12. ZP zur EMRK normiert, das bislang

---

der EMRK *Bates*, The Evolution of the European Convention on Human Rights, 2010; gemäß ihrer Schlussklausel ist die EMRK nur in englischer und französischer Sprache verbindlich; zur besseren Lesbarkeit wird im Folgenden, sofern nicht speziell die wörtliche Auslegung einer Norm von Bedeutung ist, auf die deutsche Übersetzung Bezug genommen.

348 Vgl. *Nußberger*, in: Isensee/Kirchhof (Hrsg.), HStR X, 2012, § 209, Rn. 23ff.; *dies.*, JZ 2019, S. 421f.

349 Zusatzprotokoll zur Konvention zum Schutz der Menschenrechte und Grundfreiheiten vom 20.03.1952, BGBl. 1956 II, S. 1879.

allerdings erst von 20 Konventionsstaaten ratifiziert wurde[350]; Leistungsrechte sind stellenweise in den Zusatzprotokollen normiert.[351] Die EMRK stellt somit, wie auch meistens nationale Verfassungen, zunächst kein abgeschlossenes menschenrechtliches Schutzsystem dar, sodass Lücken in der grundrechtlichen Gewährleistung verbleiben.[352] Dennoch hat die Konvention ein staatsübergreifendes, regionales Grundrechtssystem etabliert, das in vielen Mitgliedstaaten, in denen kein Grundrechtskatalog existiert, verfassungsergänzende Funktionen übernommen hat, weshalb die EMRK häufig als „Grundrechtsverfassung“ Europas, „Quasi-Verfassung“ oder „Nebenverfassung“ bezeichnet wird.[353]

3. Grundrechte in der GRC

Die GRC ist der jüngste und modernste Grundrechtskatalog des europäischen Grundrechtsschutzes. Erarbeitet wurde diese innerhalb von zehn Monaten von einem Expertenausschuss, dem sog. Konvent, bestehend aus 62 Mitgliedern.[354] Der Konvent tagte unter Vorsitz von *Roman Herzog* und setzte sich aus 15 persönlichen Beauftragten der Staats- und Regierungschefs der Mitgliedstaaten, 16 Mitgliedern des Europäischen Parlaments, 30 Mitgliedern der nationalen Parlamente sowie einem Vertreter der Kommission zusammen. Geplant war, dass die GRC als Teil II Bestandteil des Vertrags über eine Verfassung für Europa[355] wird. Da eine solche Verfassung für Europa aufgrund ablehnender Volksabstimmungen in den Niederlanden und Frankreich nicht in Kraft treten konnte, wurde die GRC mit Änderungen gegenüber der Fassung von 2000 am 12.12.2007 erneut feierlich unterzeichnet und besitzt seit dem Vertrag von Lissabon als Teil des Primärrechts Rechtsverbindlichkeit.

---

350 S. zum aktuellen Stand der Ratifikationen des 12. ZP zur EMRK: https://www.coe.int/en/web/conventions/full-list/-/conventions/treaty/177/signatures?p_auth=9FyQ2WD3.

351 Vgl. zu einer Übersicht etwa *Ehlers*, in: Ehlers (Hrsg.), Europäische Grundrechte, 2014, § 2, Rn. 25ff.; auf Ebene des Europarates existiert die Europäische Sozialcharta, die allerdings nicht vor dem EGMR durchsetzbar ist, Gesetz zur Europäischen Sozialcharta v. 18.10.1961, BGBl. 1964 II, S. 1261ff.

352 *Gebauer*, Parallele Grund- und Menschenrechtsschutzsysteme, 2007, S. 106f.

353 *Keller/Kühne*, ZaöRV 76 (2016), S. 245, 255f. m. Nachweisen.

354 Zur Zusammensetzung und Arbeitsweise des Konvents etwa *Barriga*, Entstehung der Charta, 2003, S. 20ff.

355 Vertrag über eine Verfassung für Europa, ABl. C 310 v. 16.10.2004, S. 1.

Die GRC ist in sieben Titel unterteilt: In Titel I sind Grundrechte zur „Würde des Menschen“ enthalten (Art. 1-5 GRC), wobei das Recht auf Menschenwürde, das Recht auf Leben, das Recht auf körperliche und geistige Unversehrtheit, das Verbot der Folter sowie das Verbot der Sklaverei sowie in Art. 3 Abs. 2 GRC detailliert Grundrechte der Medizin und Biologie normiert sind. Titel II „Freiheiten“ (Art. 6-19 GRC) umfasst weitgehend klassische Freiheitsgrundrechte wie das Recht auf Freiheit und Sicherheit oder das Recht auf Achtung des Privat- und Familienlebens. Titel III „Gleichheit“ beinhaltet ein allgemeines und spezielle Diskriminierungsverbote (Art. 20-26 GRC). Titel IV „Solidarität“ enthält vor allem Grundrechte der sog. „zweiten Generation“,[356] d.h. soziale Grundrechte wie das Recht auf Unterrichtung und Anhörung der Arbeitnehmer im Unternehmen oder das Recht auf Kollektivverhandlungen (Art. 27-38 GRC). Titel V normiert Bürgerrechte, wie etwa das Petitionsrecht in Art. 44 GRC (Art. 39-46 GRC), und Titel VI justizielle Rechte (Art. 47-50 GRC). In Titel VII finden sich schließlich Bestimmungen über die Auslegung und Anwendung der Charta (Art. 51-54 GRC). Mit diesen Bestimmungen sollen – so das Ziel bei der Erarbeitung der GRC – die bereits bestehenden Grundrechte der Union „zusammengefasst und dadurch sichtbarer gemacht werden“.[357] Etwa die Hälfte der materiell-rechtlichen Bestimmungen der Charta findet ihren Ursprung in der EMRK oder der Rechtsprechung des EGMR.[358] Die GRC beinhaltet darüber hinaus jedoch auch Rechte, welche in der Rechtsprechung des EuGH noch nicht ausdrücklich anerkannt waren.[359]

356 S. zu dieser Einteilung bereits *Vasak*, Human Rights: A Thirty-Year-Struggle, UNESCO Courier 1977, S. 29.

357 Schlussfolgerungen des Vorsitzes, Europäischer Rat (Köln), 03./04.06.1999, abgedruckt in: Deutscher Bundestag (Hrsg.), Charta der Grundrechte, 2001, S. 71.

358 *Callewaert*, in: Niedobitek/Sommermann (Hrsg.), Europäische Union als Wertegemeinschaft, 2013, S. 77, 78f.

359 Dies gilt insbesondere für die sozialen Rechte in Titel IV der Charta, wenngleich diesen nicht die gleiche Verbindlichkeit und Durchsetzbarkeit wie den Freiheits-, Gleichheits- und Unionsbürgerrechten der GRC zukommt, sondern diese eher als objektive Wertentscheidungen angesehen werden, *Pache/Rösch*, EuR 2009, S. 769, 778; *Ludwig*, EuR 2011, S. 715, 718; *Heuer*, Art. 51 Abs. 1 Satz 1 GRC, 2014, S. 25f.; *Fontaine*, Anwendbarkeit und Durchsetzbarkeit, 2018, S. 148.

4. Zwischenergebnis

Ein Überblick über die Grundrechte des Grundgesetzes, der Rechte der EMRK und der Grundrechtecharta zeigt, dass elementare grundrechtliche Gewährleistungen, wie das Recht auf Leben und körperliche Unversehrtheit in allen drei Grundrechtskatalogen enthalten sind. Auch klassische Freiheitsrechte, wie das Recht auf Freiheit und Sicherheit oder das Recht auf Gedanken-, Gewissens- und Religionsfreiheit, sind im Grundgesetz, der GRC sowie der EMRK normiert. Diese äußerliche Parallelität oder Identität der Grundrechtsgewährleistungen bedeutet nicht, dass auch die inhaltliche Ausgestaltung der Rechte identisch ist.[360] Zu berücksichtigen sind dabei die Ziele, aber auch die den Grundrechtskatalogen zugrunde liegenden Besonderheiten. Hinsichtlich der Konzeption ist zu beachten, dass die EMRK zunächst nur einen Mindeststandard sichern möchte. Sie beansprucht weder einen Anwendungsvorrang, noch enthält sie Bestimmungen, die einen einheitlichen Grundrechtsschutz in allen Konventionsstaaten vorsehen. Im Unterschied zu nationalen Verfassungen oder der Grundrechtecharta gestattet es die EMRK, dass die Konventionsstaaten nach Art. 57 EMRK Vorbehalte zu einzelnen Bestimmungen der Konvention erklären können. Die Grundrechtecharta sieht, im Unterschied zur EMRK, einen umfassenden Grundrechtsschutz vor. Sie enthält eine Vielzahl sozialer Grundrechte, welche der EMRK und ihren Zusatzprotokollen weitgehend fremd sind. Anders als die EMRK und das Grundgesetz beinhaltet die Grundrechtecharta auch wirtschaftliche Rechte, wie das Recht auf Unterrichtung und Anhörung der Arbeitnehmerinnen und Arbeitnehmer im Unternehmen. Zudem sind „moderne“ Rechte, wie der Schutz personenbezogener Daten oder das Verbot des reproduktiven Klonens von Menschen, enthalten, die bei der Ausarbeitung des Grundgesetzes und der EMRK noch nicht bekannt waren, jedenfalls keinen entsprechenden Stellenwert hatten. Die GRC enthält somit weitreichende Grundrechtsgewährleistungen, welche zumindest quantitativ über die Gewährleistungen etwa des Grundgesetzes hinausgehen.[361] Auch im Vergleich zur EMRK enthält die GRC inhaltlich weitergehende Gewährleistungen und eine unterschiedliche Ausgestaltung der einzelnen Rechte, was auch an den einzelnen europarechtlichen Diskriminierungsverboten und dem Diskri-

---

360 S. für die Rechte der EMRK und die (noch) ungeschriebenen Grundrechte des Gemeinschaftsrechts *Gebauer*, Parallele Grund- und Menschenrechtsschutzsysteme, 2007, S. 212.

361 *Starke*, EU-Grundrechte und Vertragsrecht, 2016, S. 65.

minierungsverbot des Art. 14 EMRK deutlich wird.[362] Dies kann zu der Kritik verleiten, dass die Charta zu umfangreich und an bestimmten Stellen zu detailreich sei.[363]

Trotz ähnlicher Rechte, die gemeinsame historische Wurzeln aufweisen, werden diese regelmäßig unterschiedlich von den verantwortlichen Institutionen interpretiert, sodass sich der jeweilige Bedeutungsgehalt unterscheiden kann.[364] Grund- und Menschenrechte werden wesentlich von der Spruchpraxis der verantwortlichen Gerichte geprägt, ausgestaltet und entwickelt.[365] Im Folgenden ist daher auf diese einzugehen.

III. Für den Grundrechtsschutz verantwortliche Gerichte

Das Bundesverfassungsgericht hat seine Arbeit im September 1951 aufgenommen, der EuGH im Jahr 1953 und der EGMR im April 1959. Trotz desselben zeitlichen Kontextes, in welchem die Gerichte entstanden sind, ergeben sich hinsichtlich Struktur, Verfahren und Funktion dieser Spruchkörper Unterschiede, welche im Verlauf der weiteren Untersuchung zu berücksichtigen sind.

1. Bundesverfassungsgericht

Die Grundlagen des Bundesverfassungsgerichts mit seinen zwei Senaten sind im IX. Abschnitt des GG über die Rechtsprechung und im BVerfGG[366] geregelt. Der Festlegung der wesentlichen Verfahrensarten vor dem Bundesverfassungsgericht in Art. 93 Abs. 1 GG sowie § 13 Abs. 1 BVerfGG ist zu entnehmen, dass das Bundesverfassungsgericht für die Auslegung von Normen des Grundgesetzes zuständig ist und die Letztent-

---

362 *Holoubek*, in: Becker/Hatje/Potacs/Wunderlich (Hrsg.), FS Schwarze, 2014, S. 109, 115f.

363 So etwa *Knecht*, Charta der Grundrechte, 2005, S. 225 m.w.N.

364 *Stern*, in: Becker/Hatje/Potacs/Wunderlich (Hrsg.), FS Schwarze, 2014, S. 244, 251.

365 Vgl. dazu auch etwa *Bäcker*, EuR 2019, S. 469, 472.

366 Gesetz über das Bundesverfassungsgericht vom 12.03.1951 in der Fassung der Bekanntmachung vom 11.08.1993 (BGBl. 1993 I, S. 1473), zuletzt geändert durch Art. 4 des Gesetzes zur Umsetzung der RL (EU) 2016/680 im Strafverfahren sowie zur Anpassung datenschutzrechtliche Bestimmungen an die VO (EU) 2016/679, BGBl. 2019 I, S. 1724.

scheidungskompetenz in Verfassungsfragen innehat. Seine Aufgabe ist es, den Vorrang der Verfassung zu sichern und diese letztverbindlich zu interpretieren, wobei Handlungen der Exekutive, Legislative und Judikative umfassend am Maßstab des Grundgesetzes geprüft werden können.[367] Das Bundesverfassungsgericht bezeichnet sich daher auch als „Hüter der Verfassung"[368] und verfügt über weitreichende Befugnisse, welche aus historischer und rechtsvergleichender Perspektive einzigartig sind.[369] Wie sich aus § 31 Abs. 1 BVerfGG ergibt, haben die Entscheidungen des Bundesverfassungsgerichts eine umfassende Bindungswirkung. Die Urteilsbegründungen sind häufig sehr ausführlich; Sondervoten sind gemäß § 30 Abs. 1 S. 1 BVerfGG der Entscheidung anzuschließen. Das Bundesverfassungsgericht kann nationale Gesetze für nichtig erklären und Urteile nationaler Gerichte aufheben. Nach § 31 Abs. 2 BVerfGG kann den Entscheidungen des Bundesverfassungsgerichts auch Gesetzeskraft zukommen.

Für den Einzelnen besteht die Möglichkeit der Verfassungsbeschwerde, welche nach Art. 93 Abs. 1 Nr. 4a GG „von jedermann mit der Behauptung erhoben werden [kann], durch die öffentliche Gewalt in einem seiner Grundrechte oder in einem seiner in Art. 20 Abs. 4, 33, 38, 101, 103 und 104 GG enthaltenen Rechte verletzt zu sein (...)". Die Rechtsprechungsentwicklung des Bundesverfassungsgerichts hat dazu geführt, dass im Wege der Verfassungsbeschwerde letztlich sämtliche belastende

---

367 Vgl. *Schlaich/Korioth*, Bundesverfassungsgericht, 2018, 1. Teil, Rn. 13; *Bethge*, in: Maunz/Schmidt-Bleibtreu/Klein/Bethge (Hrsg.), Bundesverfassungsgerichtsgesetz, 56. EL., 2019, § 31, Rn. 3 m.w.N.

368 S. in der „Denkschrift des Bundesverfassungsgerichts vom 27. Juni 1952. Die Stellung des Bundesverfassungsgerichts. Gerichtet an Bundespräsident, Präsidenten von Bundestag und Bundesrat sowie Bundesregierung", erstmals abgedruckt in JZ 1953, S. 157f.; erneut veröffentlicht *Leibholz*, JöR 6 (1957), S. 144ff.; die Veröffentlichung dieser Denkschrift zielte auf die faktische Anerkennung des Bundesverfassungsgerichts als Verfassungsorgan, wobei diese Stellung heute nicht mehr infrage gestellt wird vgl. *Lembcke*, Hüter der Verfassung, 2007, S. 93; *Mannefeld*, Verfassungsrechtliche Vorgaben, 2017, S. 60; in der Rechtsprechung etwa BVerfGE 1, 184 (195ff.) – *Normenkontrolle I*; 1, 396 (408) – *Deutschlandvertrag*; 2, 124 (129) – *Normenkontrolle II*; 40, 88 (93) – *Führerschein*; s. zu den Folgen der Einordnung als Verfassungsorgan *Schlaich/Korioth*, Bundesverfassungsgericht, 2018, 2. Teil, Rn. 31ff.; zu den daraus resultierenden Schwierigkeiten etwa *Schönberger*, in: Jestaedt/Lepsius/Möllers/Schönberger (Hrsg.), Das entgrenzte Gericht, 2011, S. 9, 50ff.

369 *Jestaedt*, in: Jestaedt/Lepsius/Möllers/Schönberger (Hrsg.), Das entgrenzte Gericht, 2011, S. 77, 81; *Hopfauf*, in: Schmidt-Bleibtreu/Hofmann/Henneke (Hrsg.), GG, 2017, Art. 93, Rn. 28ff.; *Schlaich/Korioth*, Bundesverfassungsgericht, 2018, 1. Teil, Rn. 1ff.

Maßnahmen der nationalen öffentlichen Gewalt am Maßstab des Grundgesetzes geprüft werden können, wobei die Verfassungsbeschwerde nicht einzig dem individuellen Grundrechtsschutz, sondern auch der Wahrung des objektiven Verfassungsrechts dient.[370] In der Praxis des Bundesverfassungsgerichts sind die weit überwiegende Anzahl der Verfahren Verfassungsbeschwerden, sodass das Bundesverfassungsgericht auch als „Grundrechtsfachgericht“ bezeichnet werden kann.[371]

2. EuGH

Nach Art. 19 Abs. 1 EUV sichert der Gerichtshof der Europäischen Union, bestehend aus dem Gerichtshof, dem Gericht und den Fachgerichten, die Wahrung des Rechts bei der Auslegung und Anwendung der Verträge. Der Begriff „Recht“ wird dabei umfassend verstanden.[372] Demnach umfasst das Aufgabenspektrum der Unionsgerichtsbarkeit sowohl die Aufgaben einer Verfassungsgerichtsbarkeit der Union, als auch solche einer obersten Verwaltungs-, Zivil-, Arbeits-, Steuer-, Sozial- und Strafgerichtsbarkeit.[373] Für das Unionsrecht hat der EuGH das Auslegungsmonopol und kann somit letztverbindlich über die Auslegung der Normen des Unionsrechts entscheiden, während Auslegungs- und Gültigkeitsfragen hinsichtlich des mitgliedstaatlichen Rechts nicht von der Zuständigkeit des EuGH umfasst sind.[374]

---

370 Vgl. *Berger*, Anwendungsvorrang, 2015, S. 77.

371 Von den Verfahren, welche von Plenum, Senat oder Kammer durch eine Entscheidung erledigt wurden, waren im Zeitraum von 1951-2010 rund 98 Prozent Verfassungsbeschwerden, *Jestaedt*, in: Jestaedt/Lepsius/Möllers/Schönberger (Hrsg.), Das entgrenzte Gericht, 2011, S. 77, 116, 119.

372 *Mayer*, in: Grabitz/Hilf/Nettesheim (Hrsg.), Das Recht der Europäischen Union, 66. EL., 2019, Art. 19 EUV, Rn. 23.

373 *Gebauer*, Parallele Grund- und Menschenrechtsschutzsysteme, 2007, S. 256; *Wegener*, in: Calliess/Ruffert (Hrsg.), EUV/AEUV, 5. Aufl., 2016, Art. 19 EUV, Rn. 4.

374 *Gaitanides*, in: von der Groeben/Schwarze/Hatje (Hrsg.), Europäisches Unionsrecht, 7. Aufl., 2015, Art. 19 EUV, Rn. 56f.; s. jedoch EuGH, *Rimšēvičs/Lettland*, verb. Rs. C-202/18 u. C-238/18, EU:C:2019:139, in der der EuGH erstmals einen nationalen Rechtsakt selbst für ungültig erklärte. Hintergrund des Falls war die Entlassung eines nationalen Zentralbankpräsidenten, der aufgrund dieser Position zugleich EZB-Ratsmitglied war. Die Nichtigerklärung der nationalen Entscheidung, den Zentralbankpräsidenten des Amts zu entheben, ist damit zu erklären, dass es sich bei diesem Verfahren um eine Klage nach Art. 14.2

Der Gerichtshof übt die Rechtsprechung durch Kammern mit drei oder fünf Richterinnen und Richtern aus; als Große Kammer, bestehend aus 15 Richterinnen und Richtern tagt er, wenn ein am Verfahren beteiligter Mitgliedstaat oder ein am Verfahren beteiligtes Unionsorgan dies beantragt, Art. 16 EuGH-Satzung. [375]

Wurde der EuGH in der Anfangszeit der Europäischen Gemeinschaft maßgeblich als „Integrationsfaktor erster Ordnung“[376] angesehen, wird inzwischen diskutiert, ob sich dieses Verständnis hin zur Rolle des EuGH als „Verfassungsgericht“ gewandelt hat.[377] Festzustellen ist jedenfalls, dass der EuGH zunächst überwiegend mit wirtschaftlichen Fragestellungen befasst war und sich dies dahingehend geändert hat, dass sich sein Zuständigkeitsbereich stetig erweiterte, was etwa durch die Befassung mit grundrechtlichen Angelegenheiten deutlich wird.[378]

Ein eigenes Verfahren für den Einzelnen zur Geltendmachung von Grundrechtsschutz vor dem EuGH besteht nicht, wurde jedoch insbesondere im Rahmen der Diskussion um die Grundrechtecharta gefordert.[379] Zwar können natürliche und juristische Personen im Wege der Individualnichtigkeitsklage nach Art. 263 Abs. 4 AEUV auch eine Grundrechtsverletzung geltend machen, jedoch ist damit das Erfordernis verbunden, dass diese Grundrechtsverletzung aus einer an die natürliche oder juristische Person gerichteten oder sie unmittelbar und individuell betreffenden sekundärrechtlichen Handlung oder aus einem Rechtsakt mit Verordnungscharakter, welcher sie unmittelbar betrifft und keine Durchführungsmaßnahmen nach sich zieht, herrührt. Der Nachweis der unmittelbaren und

---

EZB-Satzung handelte, die der EuGH als besondere Form der Nichtigkeitsklage einordnete, *ebd.*, Rn. 64ff.; kritisch dazu *Weinzierl*, EuR 2019, S. 434ff.

375 Eine Besonderheit des EuGH ist, dass dieser von elf Generalanwälten unterstützt wird, die in völliger Unparteilichkeit und Unabhängigkeit begründete Schlussanträge zu stellen haben Art. 252 AEUV i.V.m. dem Beschluss 2013/336/EU des Rates vom 25. Juni 2013 zur Erhöhung der Zahl der Generalanwälte des Gerichtshofs der Europäischen Union, ABl. L 179, S. 92 v. 29.06.2013.

376 *Hallstein*, Probleme der europäischen Integration, 1965, S. 9.

377 S. dazu etwa Schwarze (Hrsg.), Der Europäische Gerichtshof als Verfassungsgericht und Rechtsschutzinstanz, 1983; *Rodriguez Iglesias*, EuR 1992, S. 225ff.; *Jacobs*, in: Curtin/O'Keefe (Hrsg.), Constitutional Adjudication, 1992, S. 25; *Bauer*, Der Europäische Gerichtshof als Verfassungsgericht?, 2008; zur Annahme, dass sich der EuGH wie ein Verfassungsgericht verhalte etwa *Schorkopf*, NJW 2019, S. 3418, 3419.

378 *De Búrca*, Maastricht J. Eur. & Comp. L. 20 (2013), S. 168, 171.

379 S. etwa *Reich*, ZRP 2000, S. 375ff.

individuellen Betroffenheit wird insbesondere bei Verordnungen und Richtlinien häufig nicht gelingen, sodass eine effektive Rechtsschutzmöglichkeit für den Einzelnen auf Unionsebene nur teilweise besteht.[380] Neben dieser Klageart besteht mit dem Vorabentscheidungsverfahren nach Art. 267 AEUV ein weiteres Verfahren, mit welchem Einzelne jedenfalls mittelbar eine Verletzung von Unionsgrundrechten durch Sekundärrecht vor dem EuGH rügen können.[381] Ausgangspunkt dieses Verfahren ist regelmäßig ein nationales Gerichtsverfahren, in welchem Einzelne geltend machen, durch Sekundärrecht in ihren Unionsgrundrechten verletzt zu sein. Mitgliedstaatliche Gerichte[382] haben nach Art. 267 Abs. 1 lit. b AEUV die Möglichkeit, Fragen „über die Gültigkeit und die Auslegung der Handlungen der Organe, Einrichtungen oder sonstigen Stellen der Union" an den EuGH zu richten. Die Beantwortung der Fragen bindet die im Ausgangsstreitverfahren entscheidenden Gerichte; zudem kann der EuGH die Ungültigkeit von Unionsrecht mit *erga omnes*-Wirkung feststellen.[383] Wenn aus einem Vorabentscheidungsverfahren die Unvereinbarkeit nationaler Rechtsvorschriften mit dem Unionsrecht folgt, kann sich aus der Loyalitätspflicht des Art. 4 Abs. 3 EUV eine *erga omnes*-Wirkung derart ergeben, dass nationale Behörden der der Gesetzgeber zum Handeln verpflichtet sind.[384] Zwar steht die Vorlage an den EuGH im Ermessen der mitgliedstaatlichen Gerichte und ist kein Rechtsbehelf des Klägers,[385]

---

380 *Thiele*, EuR 2010, S. 30, 40; *Thiele* kommt zu dem Schluss, dass die Union nach den Änderungen des Vertrags von Lissabon „nicht den Anforderungen eines modernen Individualrechtsschutzes" genüge, *Thiele*, EuR 2010, S. 30, 50; vgl. auch *Gundel*, EWS 2014, S. 22ff.; zu den Voraussetzungen des Art. 263 Abs. 4 AEUV s. *Engel*, Beitritt der EU zur EMRK, 2015, S. 72ff.

381 Ausführlich zur Individualrechtsschutzfunktion des Vorabentscheidungsverfahrens *Thomy*, Individualrechtsschutz durch das Vorabentscheidungsverfahren, 2009.

382 S. zum Begriff des „Gerichts" etwa EuGH, *Nordsee/Reederei Mond*, Rs. 102/81, EU:C:1982:107, Rn. 9ff.; *Dorsch Consult*, C-54/96, EU:C:1997:413, Rn. 23; *Syfait u.a.*, C-53/03, EU:C:2005:333, Rn. 29; *Miles u.a.*, Rs. C-196/09, EU:C:2011:388, Rn. 37; *Associação Sindical dos Juízes Portugueses*, Rs. C-64/16, EU:C:2018:117, Rn. 38.

383 EuGH, *International Chemical Corporation*, Rs. 66/80, EU:C:1981:102, Rn. 13; *Produits de Maïs*, Rs. 112/83, EU:C:1985:86, Rn. 16; *Pechstein*, EU-Prozessrecht, 4. Aufl., 2011, Rn. 862ff.; *Wegener*, in: Calliess/Ruffert (Hrsg.), EUV/AEUV, 5. Aufl., 2016, Art. 267 AEUV, Rn. 49f.; zu den Wirkungen von Urteilen im Vorabentscheidungsverfahren s. auch *Thomy*, Individualrechtsschutz, 2009, S. 90ff.

384 EuGH, *Jonkman*, verb. Rs. C-231/06-233/06, EU:C:2007:373, Rn. 37f.; *Wollenschläger*, NJW 2018, S. 2532, 2534.

385 Ausdrücklich EuGH, *CILFIT*, Rs. 283/81, EU:C:1982:335, Rn. 9.

jedoch kann ein Verstoß gegen Art. 267 Abs. 3 AEUV eine Verletzung des Rechts auf ein unparteiisches Gericht nach Art. 47 Abs. 2 S. 1 GRC darstellen. Eine solche Verletzung ist jedoch mangels einer „Grundrechtsbeschwerde" auf Unionsebene nicht unmittelbar justiziabel. Auf nationaler Ebene ist in Deutschland bei willkürlicher Nichtvorlage eines nach Art. 267 Abs. 3 AEUV zur Vorlage verpflichteten Gerichts eine Verletzung von Art. 101 Abs. 1 S. 2 GG und ein unionsrechtlicher Schadenersatzanspruch gegen den Mitgliedstaat möglich.[386] Eine willkürliche Nichtvorlage kann ferner einen Verstoß gegen Art. 6 Abs. 1 EMRK darstellen.[387] Die eingeschränkten Möglichkeiten der Klageerhebung Einzelner nach Art. 263 Abs. 3 AEUV werden somit jedenfalls teilweise ausgeglichen, auch wenn das Verfahren nach Art. 267 AEUV selbst keinen umfassenden Individualrechtsschutz sicherstellen kann.[388] Insgesamt hat das Vorabentscheidungsverfahren eine nur eingeschränkt individualrechtsschützende Funktion; insbesondere ist aufgrund eines fehlenden Antragsrechts Betroffener nicht sichergestellt, dass in diesem Verfahren eine Prüfung am Maßstab der Unionsgrundrechte in jedem Fall durchgeführt wird.[389]

Die Urteilsbegründungen des EuGH waren ursprünglich eher kurz gehalten, wobei Abwägungen und rechtliche Argumentationen kaum Niederschlag fanden, sodass sich die Begründungen meist auf die wesentlichen Feststellungen beschränkten, mithin auch nicht ganz ersichtlich wurde, worauf diese Feststellungen gründeten.[390] Dies hat sich zunehmend gewandelt, die rechtlichen Ausführungen des EuGH sind inzwischen deut-

---

386 Zur Verletzung v. Art. 101 Abs. 1 S. 2 GG: BVerfGE 73, 339 (366f.) – *Solange II*; eine Verletzung wird bejaht, wenn die Auslegung und Anwendung des Art. 267 Abs. 3 AEUV bei verständiger Würdigung der das Grundgesetz bestimmenden Gedanken nicht mehr verständlich erscheinen und offensichtlich unhaltbar ist, BVerfGE 82, 159, 194 – *Absatzfonds*; zu den entsprechenden Fallgruppen: BVerfGE 126, 286 (316f.) – *Honeywell*; 128, 157 (187f.) – *Universitätsklinikum Gießen und Marburg*; 129, 78 (106f.) – *Anwendungserweiterung*; zum Schadenersatzanspruch: EuGH, *Köbler*, Rs. C-224/01, EU:C:2003:513, Rn. 51ff.

387 EGMR, *Dhahabi/Italien*, 08.04.2014 – 17120/09, Rn. 33f.; *Baydar/Niederlande*, 24.04.2018 – 55385/14, Rn. 39ff.

388 *Ehricke*, in: Streinz (Hrsg.), EUV/AEUV, 3. Aufl., 2018, Art. 267 AEUV, Rn. 8.

389 *Engel*, Beitritt der EU zur EMRK, 2015, S. 81; *Thomy*, Individualrechtsschutz, 2009, S. 166ff. kommt zu dem Ergebnis, dass die Rechtsschutzqualität des Vorabentscheidungsverfahren jedenfalls in Mitgliedstaaten, in welchen eine verfassungsgerichtliche Sanktionsmöglichkeit von Verletzung der Vorlageverpflichtung nicht besteht, als kritisch zu bewerten ist.

390 S. die Feststellung, dass sich der Urteilsstil des Gerichtshofs durch „Kargheit und apodiktische[r] Kürze" auszeichne, s. *Everling*, EuR 1994, S. 127, 129; vgl. *Gebauer*, Parallele Grund- und Menschenrechtsschutzsysteme, 2007, S. 271ff.

lich ausführlicher als in den Anfangsjahren.[391] Umfassende Ausführungen und eine ausführliche Darlegung der jeweiligen Grundrechtsdogmatik, wie diese etwa in den Urteilen des Bundesverfassungsgerichts erfolgen, sind den Begründungen des EuGH jedoch weiterhin meist fremd. Die Möglichkeit von Sondervoten ist nicht vorgesehen.

3. EGMR

Gemäß Art. 19 EMRK ist es die Aufgabe des Gerichtshofs, „die Einhaltung der Verpflichtungen sicherzustellen, welche die Hohen Vertragsparteien in dieser Konvention und den Protokollen dazu übernommen haben." Art. 32 EMRK legt weiter fest, dass die „Zuständigkeit des Gerichtshofs (...) alle die Auslegung und Anwendung dieser Konvention und der Protokolle dazu betreffenden Angelegenheiten [umfasst]." Aus diesem Aufgaben- und Zuständigkeitsbereich ergibt sich die Einordnung des EGMR als spezialisierter Menschenrechtsgerichtshof mit der EMRK als alleinigem Entscheidungsmaßstab, der in Einzelrichterbesetzung, in Ausschüssen mit drei Richterinnen und Richtern, in Kammern mit sieben Richterinnen und Richtern und in einer Großen Kammer mit siebzehn Richterinnen und Richtern tagt, Art. 26 EMRK.[392]

Für den Grundrechtsschutz des Einzelnen sowie für die Entwicklung der EMRK und ihrer Stellung im internationalen Menschenrechtsschutz insgesamt ist die Individualbeschwerde zum EGMR von erheblicher Bedeutung.[393] Beschwerdeführer können sich seit 1998 unmittelbar an den Gerichtshof wenden, sofern alle innerstaatlichen Rechtsbehelfe ausgeschöpft sind, Art. 35 Abs. 1 EMRK.[394] Zu den innerstaatlichen Rechtsbe-

391 *Dittert*, in: von der Groeben/Schwarze/Hatje (Hrsg.), Europäisches Unionsrecht, 7. Aufl., 2015, Art. 36 EuGH-Satzg., Rn. 8ff.

392 *Gebauer*, Parallele Grund- und Menschenrechtsschutzsysteme, 2007, S. 217f.

393 *Grabenwarter/Pabel*, Europäische Menschenrechtskonvention, 7. Aufl., 2021, § 9, Rn. 1.

394 Seit dem 9. ZP zur EMRK von 1990 (Protokoll Nr. 9 zur Konvention zum Schutze der Menschenrechte und Grundfreiheiten, BGBl. 1994 II, S. 491) ist die Individualbeschwerde zum EGMR möglich, während zuvor nur Beschwerden an die Europäische Kommission für Menschenrechte (EKMR) in Betracht kamen. Das 9. ZP sah ein zweistufiges Verfahren vor, wonach der Beschwerdeführer sich zunächst an die EKMR richten musste, bevor der Gerichtshof angerufen werden durfte. Dieses Verfahren wurde mit dem 11. ZP zur EMRK (Protokoll Nr. 11 zur Konvention zum Schutze der Menschenrechte und Grundfreiheiten,

helfen zählt auch die Verfassungsbeschwerde vor dem Bundesverfassungsgericht, sodass dessen Urteile vor dem EGMR geprüft werden können.

Die Urteilsbegründungen des EGMR sind regelmäßig sehr umfangreich und ausführlich.[395] Eventuelle Sondervoten werden veröffentlicht. Die Konvention sieht vor, dass der EGMR sich in seinen Urteilen auf die Feststellung einer Konventionsverletzung beschränkt und den entsprechenden Vertragsstaat nach Lage des Einzelfalls zur Zahlung einer gerechten Entschädigung nach Art. 41 EMRK verpflichten kann, wenn keine ausreichende Wiedergutmachung nach innerstaatlichem Recht erfolgen kann. Die Konventionsstaaten sind völkerrechtlich dazu verpflichtet, eine festgestellte Konventionsverletzung zu beenden, eine Wiedergutmachung zu leisten und geeignete Maßnahmen gegen eine Wiederholung der entsprechenden Verletzung zu ergreifen, etwa durch die Änderung von Gesetzen.[396] Es bleibt dabei den Staaten überlassen, in welcher Art und Weise sie der Verpflichtung aus einem Urteil nachkommen.[397] Für die Aufhebung innerstaatlicher Rechtsakte ist der EGMR nicht zuständig und kann daher nationale Gesetze nicht für nichtig erklären.[398] In seltenen Fällen versucht der EGMR die Umsetzung seiner Urteile auf nationaler Ebene zu beeinflussen, etwa durch konkrete Anordnungen und die Anordnung genereller Maßnahmen.[399] Kommt ein Vertragsstaat seiner Pflicht zur Umsetzung

über die Umgestaltung des durch die Konvention eingeführten Kontrollmechanismus, BGBl. 1995 II, S. 579) abgeschafft.

395 Zur Urteilstechnik des EGMR *Gebauer*, Parallele Grund- und Menschenrechtsschutzsysteme, 2007, S. 225f.

396 S. ausführlich zu diesen Verpflichtungen *Polakiewicz*, Verpflichtungen, 1993, S. 63ff.

397 *Mückl*, Der Staat 44 (2005), S. 403, 406; s. auch *Cremer*, EuGRZ 2004, S. 683, 691 m.w.N.

398 *Meyer-Ladewig/Brunozzi*, in: Meyer-Ladewig/Nettesheim/von Raumer (Hrsg.), Europäische Menschenrechtskonvention, 4. Aufl., 2017, Art. 46 EMRK, Rn. 4; *Grabenwarter/Pabel*, Europäische Menschenrechtskonvention, 7. Aufl., 2021, § 16, Rn. 3; zur Wirkung der Urteile des EGMR s. auch *Heer-Reißmann*, Letztentscheidungskompetenz, 2008, S. 82ff.; *Rohleder*, Grundrechtsschutz, 2009, S. 35ff.

399 Zu konkreten Anordnungen zur Freilassung konventionswidrig inhaftierter Personen s. etwa EGMR (GK), *Assanidze/Georgien*, 08.04.2004 – 71503/01, Rn. 202f., Tenor Nr. 14(a); (GK), *Ilaşcu u.a./Moldawien und Russland*, 08.07.2004 – 48787/99, Rn. 490, Tenor Nr. 22; (GK) *Del Río Prada/Spanien*, 21.10.2013 – 42750/09, Rn. 139, Tenor Nr. 3. *Keller/Kühne*, ZaöRV 76 (2016), S. 245, 278f. Generelle Maßnahmen werden insbesondere in Piloturteilsverfahren angeordnet, s. etwa EGMR (GK), *Broniowski/Polen*, 22.06.2004 – 31443/96, Rn. 193, Tenor Nr. 3 und 4; *Burdov/Russland* (Nr. 2), 15.01.2009 – 33509/04, Rn. 140; zu den Pi-

einer Entscheidung des EGMR nicht nach, so verletzt dieser nach der Rechtsprechung des Gerichtshofs die *rule of law*.[400] Aus Art. 46 EMRK ergibt sich, dass diese Verpflichtung nur die am Verfahren beteiligten Parteien betrifft, sodass den Urteilen des EGMR keine *erga omnes*-Wirkung zukommt.[401] Für den Einzelnen bedeutet die fehlende Möglichkeit des EGMR, seine Urteile zu vollstrecken, dass der individualschützende Charakter geringer ist, als dies bei nationalen Gerichten der Fall ist.[402]

Dem EGMR werden zwei Funktionen zugeschrieben: Zum einen wird die verfassungsrechtliche Funktion betont, wonach die Individualbeschwerde das Ziel verfolge, Mängel im europäischen Menschenrechtssystem aufzuzeigen und den Menschenrechtsschutz insgesamt zu verbessern.[403] Damit verbunden ist das Ziel der Etablierung eines *ordre public*, d.h. eines europaweit einheitlichen Menschenrechtsstandard.[404] Zum anderen wird die wesentliche Aufgabe des EGMR darin gesehen, den Schutz des Einzelnen vor Menschenrechtsverletzungen in den Konventionsstaaten zu gewährleisten, wobei des Prinzip der Einzelfallgerechtigkeit im Vordergrund stehen soll.[405] Beide Ansätze schließen sich nicht gegenseitig aus, sondern können sich gegenseitig ergänzen.[406] Das Verständnis der

---

lotverfahren vgl. *Baumann*, Piloturteilsverfahren, 2016, S. 92ff.; zur rechtlichen Zulässigkeit konkreter Umsetzungsanordnungen des EGMR insgesamt etwa *Rohleder*, Grundrechtsschutz, 2009, S. 61ff.

400 EGMR (GK), *Proceedings under Article 46 § 4 in the Case of Ilgar Mammadov v. Azerbaijan*, 29.05.2019 – 15172/13, Rn. 215.

401 *Mückl*, Der Staat 44 (2005), S. 403, 418; *Rohleder*, Grundrechtsschutz, 2009, S. 38 m.w.N.; s. zur Diskussion um eine erweiterte Bindungswirkung der Urteile des EGMR etwa *Klein*, in: Mahoney/Matscher/Petzold/Wildhaber (Hrsg.), GS Ryssdal, 2000, S. 705, 706ff.; *Baumann*, Piloturteilsverfahren, 2016, S. 288ff.

402 Zuständig für die Überwachung der Durchsetzung der Urteile ist das Ministerkomitee, Art. 46 Abs. 2 EMRK. Die fehlende Vollstreckungsmöglichkeit kann daher relativiert werden, vgl. *Meyer-Ladewig/Brunozzi*, in: Meyer-Ladewig/Nettesheim/von Raumer (Hrsg.), Europäische Menschenrechtskonvention, 4. Aufl., 2017, Art. 46 EMRK, Rn. 43ff.

403 S. etwa *Wildhaber*, EuGRZ 2002, S. 569, 570f.; s. allgemein zur Diskussion, ob der EGMR als „Verfassungsgericht" zu bezeichnen ist, etwa *Weidmann*, Der Europäische Gerichtshof für Menschenrechte auf dem Weg zu einem europäischen Verfassungsgerichtshof, 1985; *Senden*, Interpretation of Fundamental Rights, 2011, S. 16ff.; *Voßkuhle*, RdA 2015, S. 336, 337; *Nußberger*, JZ 2019, 421, 428; als „Schattenverfassungsgerichtshof" bezeichnend *Keller/Kühne*, ZaöRV 76 (2016), S. 245, 306.

404 *Keller/Kühne*, ZaöRV 76 (2016), S. 245, 257.

405 So etwa *Tomuschat*, EuGRZ 2003, S. 95ff.

406 Vgl. zu dieser Diskussion etwa *Verrijdt*, in: Claes/Devroe/Keirsblick (Hrsg.), Facing the Limits, 2009, S. 333, 334f., 345f.

Konvention als *living instrument*[407] und die Methode der effektiven Auslegung haben dazu geführt, dass die EMRK sich von ihrer Konzeption als Mindestschutz zu einem zentralen Element des europäischen *ordre public* weiterentwickelt hat.[408]

4. Zwischenergebnis

Die dargestellten Charakteristika der verschiedenen Akteure des europäischen Grundrechtsschutzes beeinflussen auch die jeweilige Grundrechtsrechtsprechung und -dogmatik. Zunächst zeigt sich, dass die betrachteten Spruchkörper unterschiedliche Funktionen haben und unterschiedliche Ziele verfolgen: Dem EGMR ist vorrangig der Auftrag zum Schutz von Menschenrechten in den derzeit 47 Mitgliedstaaten gegeben. Aufgrund unterschiedlicher Rechtsordnungen und Vorstellungen von Rechtsstaatlichkeit, Demokratie und Freiheit in den Mitgliedstaaten ist praktisch kein flächendeckender, lückenloser und europaweiter Grundrechtsschutz in allen Einzelfällen gewährleistet.[409] Der EuGH zielt auf die Sicherstellung und Durchsetzung des Unionsrechts und das Bundesverfassungsgericht dient dem subjektiven Rechtsschutz sowie objektivrechtlichen Zwecken, indem es die Grundrechte als objektive Werteordnung versteht.[410] Gemeinsam ist allen Gerichten, dass diese im Rahmen des jeweiligen Prüfungsmaßstabs letztverbindlich entscheiden. Hinsichtlich der Gerichtsorganisation handelt es sich bei dem Bundesverfassungsgericht um ein eigenständiges, gegenüber anderen staatlichen Gerichten sachlich und funktionell übergeordnetes Verfassungsgericht. Als unabhängiges und übergeordnetes Gericht, das – entsprechend des Ziels, einen europaweiten *ordre public* zu etablieren – „Verfassungsaufgaben" wahrnimmt, lässt sich auch der EGMR bezeichnen.[411] Jedoch ist zu berücksichtigen, dass der EGMR, anders als der EuGH und das Bundesverfassungsgericht, nicht in eine verfassungsrechtliche bzw. verfassungsrechtsähnliche Struktur eingebunden ist, sodass dieser in seiner Entscheidungsfindung nicht auf organisations-

407 Grundlegend EGMR, *Tyrer/Vereinigtes Königreich*, 25.04.1978 – 5856/72, Rn. 31.

408 Vgl. *Nußberger*, in: Isensee/Kirchhof (Hrsg.), HStR X, 2012, § 209, Rn. 32ff.

409 *Kirchhof*, NJW 2011, S. 3681, 3682.

410 *Lepsius*, in: Masing/Jestaedt/Capitant/Le Divellec (Hrsg.), Strukturfragen, 2015, S. 45, 62.

411 *Keller/Kühne*, ZaöRV 76 (2016), S. 245, 262.

oder kompetenzrechtliche Fragestellungen Rücksicht nehmen muss.[412] Durch die Einführung der Individualbeschwerde oder der zunehmenden Einflussnahme auf die Umsetzung der Urteile des EGMR im nationalen Recht kann zwar angenommen werden, dass sich der EGMR in gewisser Weise einem nationalen Verfassungsgericht angenähert hat. Zu beachten ist allerdings, dass der EGMR als völkerrechtliches Streitschlichtungsorgan konzipiert ist und keine Änderung hinsichtlich dieser Konzeption zu erwarten ist.

Schließlich wirkt sich die Anzahl der Verfahren und die damit verbundene Arbeitslast und die Zusammensetzung der Richterinnen und Richter auf die Grundrechtsdogmatik aus: Bei einer Zahl von rund 6.000 Verfahrenseingängen beim Bundesverfassungsgericht, rund 700 neu eingegangenen Rechtssachen beim EuGH und etwa 57.000 Eingangsfällen pro Jahr beim EGMR kann davon ausgegangen werden, dass es jedenfalls beim EuGH und Bundesverfassungsgericht noch möglich ist, eine stringente aufeinander aufbauende Dogmatik zu entwickeln, während die Rechtsprechung des EGMR eher kasuistisch geprägt ist, wozu auch die Binnenorganisation des EGMR mit einer wechselnden Kammerzusammensetzung beiträgt.[413] Hinzu kommt, dass im Gegensatz zum Bundesverfassungsgericht am EGMR sowie am EuGH Juristinnen und Juristen aus verschiedenen Rechtstraditionen tätig sind, sodass zwangsläufig keine derart stringente Dogmatik, wie diese häufig im nationalen Recht zu finden ist, zu erwarten ist.

---

412 Vgl. *Gebauer*, Parallele Grund- und Menschenrechtsschutzsysteme, 2007, S. 218f.

413 Der Durchschnittswert der jährlichen Verfahrenseingänge beim Bundesverfassungsgericht von 2010 bis 2019 beträgt 6.111, s. dazu die Jahresstatistik 2019 des Bundesverfassungsgerichts, https://www.bundesverfassungsgericht.de/DE/Verfahren/Jahresstatistiken/2019/gb2019/A-I-2.pdf?__blob=publicationFile&v=14; von 2015 bis 2019 sind durchschnittlich 792 Rechtssachen beim EuGH eingegangen, s. den Jahresbericht 2019 des Europäischen Gerichtshofs, Rechtsprechungstätigkeit, https://curia.europa.eu/jcms/upload/docs/application/pdf/2020-05/qd-ap-20-001-de-n.pdf, beim EGMR schwankt die Zahl der Verfahrenseingänge von 2010 bis 2019 von 40.500 Eingängen im Jahr 2015 bis zu 65.800 Eingängen im Jahr 2013, durchschnittlich sind pro Jahr in diesem Zeitraum 55.710 neue Verfahren eingegangen, European Court of Human Rights, Annual Report 2019, https://www.echr.coe.int/Documents/Annual_report_2019_ENG.pdf; s. auch *Jestaedt*, JZ 2011, S. 872ff., der die Arbeitslast von BVerfG, EuGH und EGMR jeweils seit Einrichtung der jeweiligen Spruchkörper bis 2010 vergleicht; s. zur Auswirkung der Verfahrenseingänge auf die Kontinuität der Rechtsprechung *Lepsius*, in: Masing/Jestaedt/Capitant/Le Divellec (Hrsg.), Strukturfragen, 2015, S. 45, 61.

Eine Verletzung von Grundrechten kann der Einzelne vor dem Bundesverfassungsgericht und dem EGMR geltend machen. Die Individualbeschwerde vor dem EGMR ist aufgrund ihrer Subsidiarität zu den innerstaatlichen Rechtsbehelfen und der im Völkerrecht typischerweise schwierigen Vollstreckungsmöglichkeit nicht als europäische Verfassungsbeschwerde anzusehen, kann aber ansatzweise mit der Verfassungsbeschwerde nationaler Rechtsordnungen verglichen werden.[414] Auf Unionsebene besteht im Vergleich zum Bundesverfassungsgericht und dem EGMR nur eingeschränkter Individualrechtsschutz hinsichtlich einer Grundrechtsverletzung durch Unionsrechtsakte.

IV. Verhältnis zwischen den europäischen Grundrechtsquellen

Hinsichtlich des Verhältnisses von nationalen Grundrechten und Unionsgrundrechten kann zunächst weitgehend auf die Darstellung zum Verhältnis von nationalem Recht und Unionsrecht verwiesen werden.[415] Der EuGH nimmt grundsätzlich einen Vorrang auch vor nationalen Grundrechten an,[416] während die meisten nationalen Verfassungs- oder Höchstgerichte diesen zumindest nicht uneingeschränkt akzeptieren.[417] Ob dieser Vorranganspruch auch nach Inkrafttreten der Charta ausnahmslos gilt und ob sich insofern Veränderungen zwischen EuGH und nationalen Gerichten abzeichnen, soll ausführlich im 3. Kapitel dieser Arbeit untersucht werden.

Zu erörtern ist indes noch das Verhältnis zwischen Unionsrecht und der EMRK unter Berücksichtigung der Rechtsprechung von EuGH und EGMR vor einem Beitritt der EU zur EMRK (1.) und das Verhältnis zwischen nationalem Recht bzw. den Grundrechten und der EMRK (2.).

---

414 *Vondung*, Architektur des europäischen Grundrechtschutzes, 2012, S. 31.
415 1. Kapitel, A., I.
416 EuGH, *Internationale Handelsgesellschaft*, Rs. 11/70, EU:C:1970:114, Rn. 3.
417 S. oben 1. Kapitel, A., I., 2., und 3.

1. Derzeitiges Verhältnis von Unionsgrundrechten und der EMRK

Die EU ist bislang der EMRK nicht beigetreten, der Beitritt ist in Art. 6 Abs. 2 EUV vorgesehen.[418] Die nachfolgende Betrachtung soll daher das Verhältnis von Unionsgrundrechten und der EMRK aus der unionsrechtlichen Perspektive des EuGH vor dem Beitritt der EU zur EMRK (a.) sowie aus der Perspektive des EGMR (b.) beschreiben. Auf den vorgesehenen Beitritt ist im 4. Kapitel näher einzugehen.

a. Perspektive des EuGH

Vor dem Beitritt der EU zur EMRK dienen die Rechte der EMRK als Rechtserkenntnisquelle.[419] Bereits zu Beginn der 1970er Jahre hatte der EuGH zur Entwicklung der Gemeinschaftsgrundrechte auf die EMRK rekurriert.[420] Auch in der folgenden Rechtsprechung bemühte sich der EuGH um die Beachtung der Rechtsprechung des EGMR und einen möglichst weitgehenden Gleichlauf von Gemeinschaftsgrundrechten und den Gewährleistungen der EMRK.[421] Dies zeigt sich etwa bei der Auslegung des Eigentumsrechts,[422] bei der Konturierung des effektiven Rechtsschutzes[423] oder der Meinungsfreiheit, bei welcher der EuGH die besondere Bedeutung der EMRK ausdrücklich betonte.[424] Abweichungen zur Rechtsprechung des EGMR sind eher selten in den Urteilen des EuGH zu erblicken; zumeist wird diesbezüglich die Rechtssache *Hoechst* zitiert,[425] in der der EuGH – im Gegensatz zum EGMR – darstellte, dass Geschäftsräume nicht von der Unverletzlichkeit der Wohnung erfasst seien.[426] Da

---

418 Art. 6 Abs. 2 S. 1 EUV lautet: „Die Union tritt der Europäischen Konvention zum Schutz der Menschenrechte und Grundfreiheiten bei."

419 *Kingreen*, in: Calliess/Ruffert (Hrsg.), EUV/AEUV, 5. Aufl., 2016, Art. 6 EUV, Rn. 20f.; s. auch *Lock*, Verhältnis zwischen dem EuGH und internationalen Gerichten, 2010, S. 246 m.w.N.

420 EuGH, *Nold*, Rs. 4/73, EU:C:1974:51, Rn. 12.

421 *Alber/Widmaier*, EuGRZ 2006, S. 113, 118; *Oeter*, VVDStRL 66 (2007), S. 361, 381.

422 EuGH, *Hauer*, Rs. 44/79, EU:C:1979:290, Rn. 17ff.

423 EuGH, *Johnston*, Rs. 222/84, EU:C:1986:206, Rn. 18; *Heylens*, Rs. 222/86, EU:C:1987:442, Rn. 14; *Krombach*, Rs. C-7/98, EU:C:2000:164, Rn. 39.

424 EuGH, *ERT*, Rs. C-260/89, EU:C:1991:254, Rn. 41ff.

425 *Ludwigs*, EuGRZ 2014, S. 273, 277.

426 EuGH, *Hoechst*, verb. Rs. 46/87 und 227/88, EU:C:1989:337, Rn. 17f.; der EGMR hat in der später ergangenen Entscheidung *Niemitz* dargestellt, dass auch Ge-

der EuGH in der Rechtssache *Roquette Frères* seine Rechtsprechung änderte und ausführte, dass unter Berücksichtigung der Rechtsprechung des EGMR „der Schutz der Wohnung (...) unter bestimmten Umständen auf Geschäftsräume ausgedehnt werden kann (...)“, kann von einem insgesamt kooperativen Verhalten des EuGH ausgegangen werden.[427] Auch wird vertreten, dass eine „faktische Bindung“ an die EMRK bestehe, da diese häufig maßgeblicher Bezugspunkt der Rechtsprechung des EuGH sei.[428]

Mit Inkrafttreten der Charta existiert Art. 52 Abs. 3 S. 1 GRC als normativer Anknüpfungspunkt für die Beschreibung des Verhältnisses von Unionsgrundrechten und der EMRK. Diese Norm bestimmt, dass die Rechte der Charta, soweit diese den durch die EMRK garantierten Rechten entsprechen, die gleiche Bedeutung und Tragweite haben, wie sie ihnen in der genannten Konvention verliehen wird. Nach Art. 52 Abs. 3 S. 2 GRC kann die Charta ein höheres Schutzniveau vorsehen. Die Erläuterungen zur Charta enthalten eine Auflistung der Artikel der Charta, die dieselbe Bedeutung und Tragweite wie die entsprechenden Artikel der EMRK haben sowie eine Auflistung der Artikel, die dieselbe Bedeutung haben wie die entsprechenden Artikel der EMRK, deren Tragweite aber umfassender ist.[429] Zur erstgenannten Gruppe zählen etwa Art. 2, 4, 5 Abs. 1 und 2, 6, 7 und 10 GRC, zur zweiten Gruppe gehören etwa Art. 9, 12 Abs. 1, 14 Abs. 3 und 47 Abs. 2 und 3 GRC. Diese Einordnung ist jedoch Bedenken ausgesetzt, da bei alleiniger Betrachtung dieser Auflistungen wichtige Differenzierungen nivelliert werden: Einerseits lässt sich eine Übereinstimmung nicht losgelöst von den einzelnen Stufen der Grundrechtsprüfung feststellen, da sich etwa die Rechtfertigungsgründe der EMRK ohne weiteres auf die Unionsgrundrechte übertragen lassen; andererseits ist eine abstraktive Feststellung einer Entsprechung nicht möglich, sondern es ist jeweils der Bezug zu einem konkreten Sachverhalt erforderlich.[430]

---

schäftsräume von der Unverletzlichkeit der Wohnung nach Art. 8 EMRK erfasst seien, EGMR, *Niemitz/Deutschland*, 16.12.1992 – 13710/88, Rn. 28ff.

427 EuGH, *Roquette Frères*, Rs. C-94/00, EU:C:2002:603, Rn. 29; *Ludwigs*, EuGRZ 2014, S. 273, 277; *Spiekermann*, Folgen des Beitritts der EU zur EMRK, 2013, S. 143ff. führt dieses Beispiel als Beugung des EuGH vor der Rechtsprechung des EGMR an.

428 Vgl. *Schaller*, EU-Mitgliedstaaten als Verpflichtungsadressaten, 2003, S. 123ff. m.w.N.

429 Erläuterungen zur Charta der Grundrechte, Abl. C 303 v. 14.12.2007, S. 17, 33f.

430 *Kingreen*, in: Calliess/Ruffert (Hrsg.), EUV/AEUV, 5. Aufl., 2016, Art. 52 GRC, Rn. 27ff.; *Edenharter*, Grundrechtsschutz, 2018, S. 806.

Die genaue Bedeutung von Art. 52 Abs. 3 S. 1 GRC ist insbesondere im Hinblick auf die Rechtsfolgenseite und die Formulierung „Bedeutung und Tragweite" umstritten.[431] Nach weit verbreiteter Ansicht handelt es sich bei dieser Norm um eine Transfer- oder Inkorporationsklausel, die eine Übernahme der entsprechenden EMRK-Bestimmungen in Gänze bewirkt, sodass die einander entsprechenden Rechte in der Charta und in der EMRK als inhaltlich identisch angesehen werden können.[432] Teilweise wird sogar von einem „materiellen Beitritt" der Union zur EMRK gesprochen.[433] Von der Übernahme umfasst sein sollen nicht nur die entsprechenden konventionsrechtlichen Schutzbereiche, sondern auch die Schranken der EMRK sowie sog. Negativdefinitionen und damit alle Rechtssätze, die im Recht der EMRK den materiellen Grundrechtsschutz des entsprechenden Rechts ausmachen.[434] Im Hinblick auf Art. 52 Abs. 1 GRC, der festlegt, dass jede Einschränkung der Ausübung der in der Charta anerkannten Rechte und Freiheiten gesetzlich vorgesehen sein und den Wesensgehalt dieser Rechte und Freiheiten achten muss, bedeute dies, dass Art. 52 Abs. 3 GRC diesen als *lex specialis* verdränge.[435] Dieser umfassende

---

431 S. ausführlich zum Streitstand *Ziegenhorn*, Einfluss der EMRK, 2009, S. 29ff.

432 *Barriga*, Entstehung der Charta, 2003, S. 163; *Rengeling/Szczekalla*, Grundrechte, 2004, § 7, Rn. 475; *von Danwitz*, in: Tettinger/Stern (Hrsg.), Kölner Gemeinschaftskommentar zur Europäischen Grundrechte-Charta, 2006, Art. 52 GRC, Rn. 51; *Borowsky*, in: Meyer (Hrsg.), Charta der Grundrechte, 4. Aufl., 2014, Art. 52 GRC, Rn. 30; ähnlich *Kober*, Grundrechtsschutz, 2009, S. 214f.; *Michl*, Überprüfung des Unionsrechts, 2014, S. 196f.; wohl auch *Callewaert*, in: Niedobitek/Sommermann (Hrsg.), Europäische Union als Wertegemeinschaft, 2013, S. 77, 79ff.; ähnlich *Naumann*, EuR 2008, S. 424, 429f., der von einer grundsätzlichen Übernahme der Rechtsprechung des EGMR und der Stellung der EMRK als „indirekte Rechtsquelle" des Unionsrechts ausgeht; als Synchronisation der Chartarechte mit den Konventionsrechten beurteilend *Schneiders*, Grundrechte der EU und die EMRK, 2010, S. 177ff.; eine „Transferklausel" annehmend, jedoch eine umfassende materielle Übernahme der EMRK-Verbürgungen verneinend *Pache*, in: Pechstein/Nowak/Häde (Hrsg.), Frankfurter Kommentar EUV/GRC/AEUV, 2017, Art. 52 GRC, Rn. 44f.

433 *Borowsky*, in: Meyer (Hrsg.), Charta der Grundrechte, 4. Aufl., 2014, Art. 52 GRC, Rn. 34.

434 *Schmitz*, EuR 2004, S. 691, 710; *Bühler*, Einschränkungen von Grundrechten, 2005, S. 313; *Uerpmann-Wittzack*, DÖV 2005, S. 152, 155f.; *von Danwitz*, in: Tettinger/Stern (Hrsg.), Kölner Gemeinschaftskommentar zur Europäischen Grundrechte-Charta, 2006, Art. 52 GRC, Rn. 51; *Ziegenhorn*, Einfluss der EMRK, 2009, S. 151.

435 *Rengeling/Szczekalla*, Grundrechte, 2004, § 7, Rn. 439, 473; *Uerpmann-Wittzack*, DÖV 2005, S. 152, 156; *Borowsky*, in: Meyer (Hrsg.), Charta der Grundrechte, 4. Aufl., 2014, Art. 52 GRC, Rn. 18; a.A. wonach eine kumulative Anwendung

Transfer der Rechte der EMRK in das Rechtsregime der Grundrechtscharta bedeute jedoch nicht, dass das jeweilige Grundrecht der Charta und das entsprechende Konventionsrecht formal identisch seien, sodass die der EMRK entlehnten Chartarechte eigenständige Bedeutung bewahren und einen genuin chartarechtlichen Rechtsschutz gewähren könnten, insbesondere als „Reservefunktion" bei einem eventuellen „Versagen" des materiellrechtlichen Grundrechtsschutzes der EMRK.[436] Die weitreichende Übernahme der Rechte der EMRK ergebe sich insbesondere aus dem Wortlaut des Art. 52 Abs. 3 S. 1 GRC, da dort gerade von „gleicher" Bedeutung und Tragweite die Rede sei und nicht etwa eine angemessene Berücksichtigung der EMRK bei der Auslegung der entsprechenden Chartarechte vorsehe.[437] Hinzu komme, dass der Begriff „gleich" als „deckungsgleich" und nicht etwa „mindestens gleichwertig" zu verstehen sei.[438] Gegen ein entsprechendes Verständnis von Art. 52 Abs. 3 GRC als Transfer- oder Inkorporationsklausel spricht jedoch, dass demnach den Besonderheiten des Unionsrechts kaum noch Rechnung getragen werden könnte.[439] Auch die Annahme eines „materiellen Beitritts" zur EMRK durch diese Norm kann nicht überzeugen, da für diesen abschließend Art. 6 Abs. 2 EUV gilt.[440] In systematischer Hinsicht zeigt Art. 52 Abs. 3 S. 2 GRC durch die Möglichkeit des weitgehenden Schutzes die Eigenständigkeit der Unionsgrundrechte.[441] Die Entstehungsgeschichte dieser Norm verlangt ebenfalls keine umfassende Geltung der EMRK-Rechte; wesentlich war insbesondere, dass Widersprüche in der Rechtsprechung von EuGH und EGMR vermieden

---

der Absätze 1-3 des Art. 52 GRC möglich sei *Eisner*, Schrankenregelung, 2005, S. 146ff., 150ff.; *von Danwitz*, in: Tettinger/Stern (Hrsg.), Kölner Gemeinschaftskommentar zur Europäischen Grundrechte-Charta, 2006, Art. 52 GRC, Rn. 30; *Rung*, Grundrechtsschutz, 2019, S. 118; *Jarass*, in: Jarass (Hrsg.), Charta der Grundrechte der EU, 4. Aufl., 2021, Art. 52, Rn. 60; die kumulative Anwendung der Absätze 1 und 2 bejahend *Philippi*, Charta der Grundrechte, 2002, S. 42.

436 Umfassend dazu *Ziegenhorn*, Einfluss der EMRK, 2009, S. 145ff., 183ff.; *Borowsky*, in: Meyer (Hrsg.), Charta der Grundrechte, 4. Aufl., 2014, Art. 52 GRC, Rn. 30.

437 *Naumann*, EuR 2008, S. 424, 429.

438 *Schmitz*, EuR 2004, S. 691, 710 mit Verweis auf die englische und französische Fassung der Norm, welche dies verdeutliche (*„the same"* bzw. *„les mêmes"*).

439 *Edenharter*, Grundrechtrechtsschutz, 2018, S. 807.

440 *Kingreen*, in: Calliess/Ruffert (Hrsg.), EUV/AEUV, 5. Aufl., 2016, Art. 52 GRC, Rn. 37.

441 Vgl. *Jarass*, in: Jarass (Hrsg.), Charta der Grundrechte der EU, 4. Aufl., 2021, Art. 52, Rn. 62; a.A. *Naumann*, EuR 2008, S. 424, 429, der in Art. 52 Abs. 3 S. 1 GRC eine Ausnahme von dem Grundsatz der vollständigen Übernahme der EMRK nach Art. 52 Abs. 3 S. 2 GRC erblickt.

werden.[442] Art. 52 Abs. 3 S. 1 GRC stellt daher eine Konvergenzregelung[443] dar, wobei die EMRK als gewichtige Rechtserkenntnisquelle fungiert.[444]

Eine ausführliche Erörterung des Anwendungsbereichs, des Inhalts oder der Tragweite des Art. 52 Abs. 3 GRC existiert in der Rechtsprechung des EuGH bislang nicht.[445] Es lassen sich dennoch einige Anhaltspunkte finden, die dafür sprechen, dass die EMRK weiterhin vom EuGH als Rechtserkenntnisquelle, nicht als Rechtsquelle, angesehen wird: In der Rechtssache *DEB* hat der Gerichtshof zu Art. 47 Abs. 3 GRC nach Heranziehung des Art. 52 Abs. 3 GRC betont, dass diese Norm „in ihrem Kontext im Licht anderer Vorschriften des Unionsrechts, des Rechts der Mitgliedstaaten und der Rechtsprechung des Europäischen Gerichtshofs für Menschenrechte auszulegen [ist]" und hat sodann, ohne auf Art. 52 Abs. 1 GRC einzugehen, die Rechtsprechung des EGMR ausgewertet sowie Beschränkungen des Rechts auf Zugang zu den Gerichten anhand der Grundsätzen des EGMR zu dieser Frage erörtert.[446] Im Gegensatz zu dieser Entscheidung hat der EuGH in den Rechtssachen *McB* bzw. *Pfleger* bei der Rechtfertigung eines Eingriffs in Art. 7 GRC bzw. Art. 17 GRC primär auf Art. 52 Abs. 1 GRC verwiesen, was dafür spricht, dass dieser Art. 52 Abs. 3 GRC – entgegen der Auffassung im Schrifttum, die in Art. 52 Abs. 3 GRC eine Transfer- oder Inkorporationsklausel sieht – nicht als *lex specialis* zu Art. 52 Abs. 1 GRC versteht.[447] Für eine kumulative Anwendbarkeit der Schranken der Charta sowie der EMRK lässt sich die Rechtssache *WebMindLicenses* anführen, in der der EuGH sowohl Art. 52 Abs. 1 als auch Art. 52 Abs. 3 GRC herangezogen hat.[448]

---

442 Ausführlich zur Entstehungsgeschichte von Art. 52 Abs. 3 GRC *Bühler*, Einschränkungen von Grundrechten, 2005, S. 303ff.

443 *Alber/Widmaier*, EuGRZ 2006, S. 113, 116; *Edenharter*, Grundrechtsschutz, 2018, S. 805; *Rung*, Grundrechtsschutz, 2019, S. 111ff.; von einer „Harmonisierungsklausel" ausgehend *Spiekermann*, Folgen des Beitritts der EU zur EMRK, 2013, S. 42f.; als eine über eine bloße Berücksichtigungspflicht hinausgehende Beachtenspflicht deutend *Ludwigs*, EuGRZ 2014, S. 273, 277.

444 *Kingreen*, in: Calliess/Ruffert (Hrsg.), EUV/AEUV, 5. Aufl., 2016, Art. 52 GRC, Rn. 37; *Jarass*, in: Jarass (Hrsg.), Charta der Grundrechte der EU, 4. Aufl., 2021, Art. 52, Rn. 64; Art. 52 Abs. 3 GRC als Auslegungsregel ansehend wohl *Dorf*, JZ 2005, S. 126, 128f.

445 *Toda Castán*, DÖV 2016, S. 12, 16; *Edenharter*, Grundrechtsschutz 2018, S. 809; *Rung*, Grundrechtsschutz, 2019, S. 119.

446 EuGH, *DEB*, Rs. C-279/09, EU:C:2010:811, Rn. 37.

447 EuGH, *McB*, Rs. C-400/10 PPU, EU:C:2010:582, Rn. 59; *Pfleger*, Rs. C-390/12, EU:C:2014:281, Rn. 57ff.; *Edenharter*, Grundrechtrechtsschutz, 2018, S. 809.

448 EuGH, *WebMindLicenses*, Rs. C-419/14, EU:C:2015:832, Rn. 69f.

Neben diesen Aussagen zur Berücksichtigung der Schranken der EMRK bei der Prüfung von Unionsgrundrechten hat der EuGH in einer Reihe von Entscheidungen festgestellt, dass mit Art. 52 Abs. 3 GRC „die notwendige Kohärenz zwischen der Charta und der EMRK geschaffen werden soll, ohne dass dadurch die Eigenständigkeit des Unionsrechts und des Gerichtshofs der Europäischen Union berührt wird."[449] Dies spricht eher dafür, dass der Gerichtshof nicht von einem umfassenden Transfer der Rechte der EMRK nach Art. 52 Abs. 3 GRC ausgeht, sondern die EMRK vielmehr im Rahmen der Auslegung der Unionsgrundrechte zu beachten ist. Dies unterstreichen auch Entscheidungen, in denen der EuGH von einer „Berücksichtigung" der EMRK ausgegangen ist, etwa im Urteil zur Rechtssache *AH u.a.*, in dem der EuGH nach der Feststellung, dass Art. 48 GRC wie den Erläuterungen zur Charta zu entnehmen ist Art. 6 Abs. 2 und 3 EMRK entspricht, betonte, dass „folglich (...) Art. 6 Abs. 2 und 3 EMRK nach Art. 52 Abs. 3 der Charta bei der Auslegung ihres Art. 48 als Mindestschutzstandard zu berücksichtigen [ist]."[450] In der Rechtssache *Florescu u.a.* stellte der EuGH dar, dass bei der Auslegung von Art. 17 GRC Art. 1 des 1. ZP zur EMRK „heranzuziehen" sei; hinsichtlich der Einschränkbarkeit von Art. 17 GRC verweist der EuGH auf Art. 52 Abs. 1 GRC.[451]

Zusammenfassend deutet die Rechtsprechung des EuGH auf das oben dargestellte Verständnis von Art. 52 Abs. 3 GRC als Konvergenzklausel hin, wobei die EMRK zwar ein Mindestniveau des Grundrechtsschutzes vorgibt, jedoch nicht zu einer Übernahme der Konventionsrechte in das Unionsrecht führt. Eine umfassende Bindung an die EMRK besteht somit nicht.

Vor einem Beitritt der EU zur EMRK hat der Status der EMRK als Rechtserkenntnisquelle keine Auswirkungen für das mitgliedstaatliche Recht. Zu beachten ist jedoch, dass die Grundrechtecharta jedenfalls den Einfluss der EMRK in den Mitgliedstaaten stärken kann.[452] Eine solche, je-

---

449 Vgl. EuGH, *N.*, Rs. C-601/15 PPU, EU:C:2016:84, Rn. 47; *JZ*, Rs. C-295/16 PPU, EU:C:2016:610, Rn. 50; *K.*, Rs. C-18/16, EU:C:2017:680, Rn. 50; *TC*, C-492/18 PPU, EU:C:2019:108, Rn. 57; *Consob*, Rs. C-481/19, EU:C:2021:84, Rn. 36.

450 EuGH, *AH u.a.*, Rs. C-377/18, EU:C:2019:670, Rn. 41; unter Verweis auf die Rechtsprechung zu Art. 17 GRC: EuGH, *Kommission/Ungarn*, C-235/17, EU:C:2019:432, Rn. 72; zu Art. 6 GRC EuGH, *Al Chodor*, C-528/15, EU:C:2017:213, Rn. 37.

451 EuGH, *Florescu u.a.*, C-258/14, EU:C:2017:448, Rn. 49ff.

452 In der Rechtssache *Kamberaj* hat der EuGH klargestellt, dass Art. 6 Abs. 2 EUV nicht das Verhältnis zwischen der EMRK und den Rechtsordnungen

denfalls indirekte, Stärkung kann eintreten, wenn Mitgliedstaaten an Unionsgrundrechte gebunden sind und das entsprechende Unionsgrundrecht mit dem Recht aus der EMRK nahezu identisch ist bzw. sich beide Rechte überlagern und insofern die Rechtsprechung des EGMR zu beachten ist.[453]

b. Perspektive des EGMR

Da die EU bislang nicht Vertragspartei der EMRK ist, können Entscheidungen des EuGH und Rechtsakte der Union kein Prüfungsgegenstand vor dem EGMR sein.[454] Bei der Interpretation der Konvention hat der EGMR das Unionsrecht als hilfreiche Anleitung angesehen und entsprechend berücksichtigt sowie bei inhaltlichen Parallelen auf Sachverhaltsebene die einschlägige Rechtsprechung des EuGH angeführt.[455] Dies erfolgt insbesondere, wenn der EGMR eine Konventionsgarantie interpretativ weiterentwickeln will.[456]

Da die Mitgliedstaaten der Union Vertragsstaaten der EMRK sind, ist es denkbar, dass der EGMR nationale Vollzugs- oder Umsetzungsakte

der Mitgliedstaaten regelt, sodass insofern auch die Grundrechtecharta dieses Verhältnis nicht zu beeinflussen vermag, EuGH, *Kamberaj*, Rs. C-571/70, EU:C:2012:233, Rn. 62; *Bernitz*, in: de Vries/Bernitz/Weatherill (Hrsg.), EU Charter of Fundamental Rights as Binding Instrument, 2015, S. 155, 167.

453 S. etwa zu den Auswirkungen der Rechtssache *Åkerberg Fransson* in Schweden und der dort erfolgten Änderung der nationalen Rechtsprechung aufgrund der Rechtsprechung des EGMR *Bernitz*, in: de Vries/Bernitz/Weatherill (Hrsg.), EU Charter of Fundamental Rights as Binding Instrument, 2015, S. 155, 165ff.

454 EGMR (GK), *Bosphorus/Irland*, 30.06.2005 – 45036/98, Rn. 152; *Schmahl*, EuR 2008, Beiheft 1, S. 7, 25, auch mit Verweis darauf, dass die EU eine Stellung als Vertragspartei nicht im Wege der Funktionsnachfolge erlangt hat; auch eine Bindung der EU aufgrund völkerrechtlicher Verpflichtungen ihrer Mitgliedstaaten lässt sich nicht begründen, s. dazu *Busch*, Bedeutung der Europäischen Menschenrechtskonvention, 2003, S. 31ff.

455 S. etwa EGMR (GK), *Christine Goodwin/Vereinigtes Königreich*, 11.07.2002 – 28957/95, S. 1ff., Rn. 100; *van Kück/Deutschland*, 12.06.2003 – 35968/97, S. 1ff., Rn. 36f.; *Gebauer*, Parallele Grund- und Menschenrechtsschutzsysteme, 2007, S. 340f.; *Spiekermann*, Folgen des Beitritts der EU zur EMRK, 2013, S. 159 m.w.N.

456 S. etwa hinsichtlich des Grundrechts des *ne bis in idem* EGMR (GK), *Zolotukhin/Russland*, 10.02.2009 – 14939/09, Rn. 33ff., 78ff.; hinsichtlich des *refoulementt*-Verbots in Art. 3 EMRK: EGMR (GK), *Scoppola/Italien*, 17.09.2009 – 10249/03; *Grabenwarter*, in: Schumann (Hrsg.), Hierarchie, Kooperation und Integration, 2015, S. 129, 133.

von Unionsrecht prüft und es somit zu einer mittelbaren (bzw. faktischen) Kontrolle des Unionsrechts durch den EGMR kommen könnte. Der EGMR hat bei der Übertragung von bestimmten Tätigkeitsbereichen auf eine Internationale Organisation entschieden, dass sich die Konventionsstaaten durch diese Übertragung nicht ihren Verpflichtungen aus der EMRK entziehen könnten und somit weiterhin die EMRK zu beachten haben.[457] Hinsichtlich der Übertragung von Hoheitsrechten auf die Europäischen Gemeinschaften war die EKMR in der Rechtssache *Melchers* von einer Unzulässigkeit *ratione materiae* ausgegangen, wenn eine nationale Maßnahme von sekundärem Gemeinschaftsrecht vorgegeben ist, solange das Gemeinschaftsrecht einen mit der EMRK vergleichbaren Grundrechtsschutz gewährleistet.[458]

In der Rechtssache *Matthews* hat der EGMR den Direktwahlakt zum Europäischen Parlament von 1976 als völkerrechtlichen Vertrag qualifiziert und eine Verantwortlichkeit für das Vereinigte Königreich als Mitgliedstaat der Union und eine Verletzung von Art. 3 des 1. ZP zur EMRK bejaht, sodass erstmals eine Verurteilung wegen Verstoßes eines Gemeinschaftsrechtsakts gegen die EMRK erfolgte.[459] Mit dieser Entscheidung ist jedoch keine Aussage zum Verhältnis von EMRK und Unionsrecht verbunden, da der Direktwahlakt selbst nicht vor dem EuGH überprüft werden konnte und somit auch eine Grundrechtskontrolle nicht möglich war, sodass es sich um eine Anwendung der in der Rechtssache *Melchers* aufgestellten Grundsätze handelt.[460]

Das Verhältnis zwischen der EMRK und dem Unionsrecht hat der EGMR schließlich in der *Bosphorus*-Entscheidung grundlegend be-

---

457 EGMR (GK), *Waite und Kennedy/Deutschland*, 18.02.1999 – 26083/94, Rn. 67; *Beer und Regan/Deutschland*, 18.02.1999 – 28934/95, Rn. 57; *Haratsch*, ZaöRV 66 (2006), S. 927, 941.

458 EKMR, *Melchers*, 09.02.1990 – 13258/87; *Schneiders*, Grundrechte der EU und die EMRK, 2010, S. 149; ausführlich zu dieser Rechtssache *Giegerich*, ZaöRV 50 (1990), S. 836ff.; *Busch*, Bedeutung der Europäischen Menschenrechtskonvention, 2003, S. 48ff.

459 EGMR, *Matthews/Vereinigtes Königreich*, 18.02.1999 – 24833/94; *Lenz*, EuZW 1999, S. 311ff.; *Busch*, Bedeutung der Europäischen Menschenrechtskonvention, 2003, S. 54ff.; *Gebauer*, Parallele Grund- und Menschenrechtsschutzsysteme, 2007, S. 363ff.

460 *Busch*, Bedeutung der Europäischen Menschenrechtskonvention, 2003, S. 62ff.; a.A. wohl *Lenz*, EuZW 1999, S. 311, 311f.

stimmt.[461] In dieser Rechtssache war die Rechtmäßigkeit der Beschlagnahme eines Flugzeugs der Fluggesellschaft *Bosphorus* durch irische Behörden auf Grundlage der EG-Verordnung 990/93[462] streitig. *Bosphorus* machte eine Verletzung ihres Eigentumsrechts nach Art. 1 des 1. ZP zur EMRK geltend.[463] Auf der Ebene der Rechtfertigung entschied der EGMR, dass ein Grundrechtseingriff in Erfüllung einer unionsrechtlichen Pflicht gerechtfertigt sei, solange davon auszugehen sei, dass die Union die Grundrechte sowohl materiell als auch verfahrensmäßig in einer Weise schützt, die dem durch die EMRK vermittelten Schutz als zumindest gleichwertig zu erachten ist.[464] Dies wurde damit begründet, dass das ordnungsgemäße Funktionieren der Rechtsgemeinschaft für Inter- bzw. supranationale Organisationen wie die Union von wachsender Bedeutung sei und der völkerrechtliche Satz des *pacta sunt servanda* auch von der Konvention anzuerkennen, sodass die Erfüllung unionsrechtlicher Verpflichtungen ein legitimes Ziel zur Einschränkung der Konventionsrechte sei.[465] Im Ergebnis handelt es sich dabei um eine Abwägungsfrage, die der EGMR auflöst, indem er seine Prüfung auf offenkundig unverhältnismäßige Maßnahmen beschränkt, sofern das Unionsrecht einen der Konvention vergleichbaren Grundrechtsschutz bereitstellt.[466] Die Kriterien, in welchen Fällen von einem offensichtlich ungenügenden materiellen Grundrechtsschutz auf Unionsebene auszugehen ist, stellt der EGMR nicht auf.[467] Diese Entschei-

---

461 EGMR (GK), *Bosphorus/Irland*, 30.06.2005 – 45036/98; dazu etwa *Bröhmer*, EuZW 2006, S. 71ff.; *Haratsch*, ZaöRV 66 (2006), S. 927ff.; *Lock*, Verhältnis zwischen dem EuGH und internationalen Gerichten, 2010, S. 257ff.

462 Verordnung (EWG) Nr. 990/93 des Rates v. 26.04.1993 über den Handel zwischen der Europäischen Wirtschaftsgemeinschaft und der Bundesrepublik Jugoslawien (Serbien und Montenegro), ABl. L 102 v. 28.04.1993, S. 14.

463 Zuvor hatte der EuGH bereits nach einem Vorabentscheidungsersuchen des irischen *Supreme Courts* entschieden, dass die unionsrechtlich gewährleisteten Grundrechte in diesem Fall zwar beeinträchtigt sind, dies jedoch gerechtfertigt ist, EuGH, *Bosphorus*, Rs. C-84/95, EU:C:1996:312, Rn. 19ff.

464 EGMR (GK), *Bosphorus/Irland*, 30.06.2005 – 45036/98, Rn. 151ff.; *Haratsch*, ZaöRV 66 (2006), S. 927, 929; bestätigt etwa in EGMR, *Michaud/Frankreich*, 06.12.2012 – 12323/11, Rn. 102ff.; *Avotiņš/Lettland*, 23.05.2016 – 17502/07, Rn. 101ff.; *Pirozzi/Belgien*, 17.04.2018 – 21055/11, Rn. 62ff.; *O'Sullivan McCarthy Mussel Development Ltd./Irland*, 07.06.2018 – 44460/16, Rn. 110ff.

465 EGMR (GK), *Bosphorus/Irland*, 30.06.2005 – 45036/98, Rn. 150f.; *Rung*, Grundrechtsschutz, 2019, S. 121; kritisch dazu insbesondere aus völkerrechtlicher Perspektive *Vondung*, Architektur des europäischen Grundrechtschutzes, 2012, S. 91f.

466 Vgl. *Rung*, Grundrechtsschutz, 2019, S. 122.

467 *Schmahl*, EuR 2008, Beiheft 1, S. 7, 29.

dung weist Ähnlichkeiten zur *Solange II*-Judikatur des Bundesverfassungsgerichts auf, im Gegensatz zu dieser erklärt der EGMR jedoch Beschwerden gegen unionsrechtlich-determinierte Maßnahme nicht gem. Art. 35 EMRK für unzulässig, sondern hält diese für unbegründet.[468] Zudem bleibt eine Widerlegung der Vermutung nach der *Bosphorus*-Entscheidung im Einzelfall möglich, wenn der Grundrechtsschutz nach den Umständen des Einzelfalls offensichtlich unzureichend ist („*manifestly deficient*").[469]

Die Anwendung der *Bosphorus*-Rechtsprechung und somit der Vermutung des gleichwertigen Schutzes der Grundrechte des Unionsrechts unterliegt zwei Voraussetzungen. Erstens ist erforderlich, dass die nationale Maßnahme vollständig vom Unionsrecht determiniert ist; verbleibt den Mitgliedstaaten ein Spielraum bei der Umsetzung des Unionsrechts, sodass eine nationale Maßnahme nicht unionsrechtlich determiniert ist, sieht sich der EGMR zur Prüfung dieser befugt.[470] Handeln Mitgliedstaaten nach dem „Grundsatz des gegenseitigen Vertrauens"[471] überwacht der EGMR, ob die Organe des Konventionsstaates geprüft haben, dass die Anwendung dieses Grundsatzes nicht zu einer Verletzung der Konventionsrechte führt.[472] Zweitens kommt die Vermutung des gleichwertigen Schutzes nach der Rechtssache *Michaud* nur dann zur Anwendung, wenn der im Unionsrecht vorgesehene Kontrollmechanismus in vollem Umfang zum Einsatz gekommen ist, d.h. insbesondere dann, wenn ein Vorabentscheidungsverfahren nach Art. 267 AEUV eingeleitet worden ist.[473] In der *Avotiņš*-Entscheidung hat der EGMR dies präzisiert und klargestellt, dass die Durchführung eines Vorabentscheidungsverfahrens nicht zwingend erforderlich ist, wenn unter Berücksichtigung der besonderen Umstände

---

468 *Haratsch*, ZaöRV 66 (2006), S. 927, 932f.; *Schmahl*, in: Härtel (Hrsg.), Handbuch Föderalismus, 2012, S. 411, 436.

469 EGMR (GK), *Bosphorus/Irland*, 30.06.2005 – 45036/98, Rn. 156; *Edenharter*, Grundrechtsschutz, 2018, S. 765.

470 S. etwa EGMR (GK), *M.S.S./Belgien*, 21.01.2011 – 30696/09, Rn. 338ff.; *Ojei/Niederlande*, 14.03.2017 – 64724/10, Rn. 28f.

471 Dazu etwa EuGH, *EMRK-Beitritt II*, Gutachten 2/13, EU:C:2014:2454, Rn. 191ff.; *Meyer*, EuR 2017, S. 163ff.

472 EGMR (GK), *Avotiņš/Lettland*, 23.05.2016 – 17502/07, Rn. 114ff.; *Pirozzi/Belgien*, 17.04.2018 – 21055/11, Rn. 62ff.

473 EGMR, *Michaud/Frankreich*, 06.12.2012 – 12323/11, Rn. 114ff.; *Vondung*, EuR 2013, S. 688, 692f. geht davon aus, dass eine Befassung des EuGH stets erforderlich sei und es nicht darauf ankomme, ob ein Gericht möglicherweise von der *acte-clair*-Doktrin Gebrauch gemacht habe.

des Einzelfalls die Durchführung eines Vorabentscheidungsverfahrens entbehrlich war.[474]

Aus der Perspektive des EGMR lässt sich das Verhältnis zwischen EuGH und EMGR somit insgesamt als kooperativ und konfliktvermeidend beschreiben, wobei insbesondere nach der *Bosphorus*-Rechtsprechung von einer deutlichen Rücknahme des Kontrollanspruchs des EGMR gegenüber dem EuGH auszugehen ist.[475]

2. Verhältnis von nationalem Recht und der EMRK

Die EMRK enthält keine Regelung darüber, welchen Rang sie im nationalen Recht einzunehmen hat. Das Verhältnis von EMRK und nationalen Grundrechten sowie die Art und Weise der Auslegung und Umsetzung der EMRK im innerstaatlichen Recht wird von den jeweiligen Staaten bestimmt. Es kommt dabei darauf an, ob die Konventionsstaaten das System des Monismus oder des Dualismus kennen, sodass die EMRK entweder direkt auf nationaler Ebene angewendet wird oder es der Transformation in innerstaatliches Recht bedarf.[476]

a. Überblick

Hinsichtlich des Status der EMRK in den Mitgliedstaaten der EU lassen sich drei Modelle erkennen:[477] Vereinzelt hat die EMRK den Rang von Verfassungsrecht oder einen vergleichbaren Rang, etwa in Österreich oder den Niederlanden.[478] Nach einem zweiten Modell wird die EMRK in das nationale Recht inkorporiert und hat zumeist den Rang eines einfachen Gesetzes ohne Vorrang gegenüber diesem; dies gilt etwa für das Vereinig-

---

474 EGMR (GK), *Avotiņš/Lettland*, 23.05.2016 – 17502/07, Rn. 110ff.

475 Vgl. *Ludwigs*, EuGRZ 2014, S. 273, 277f.; *Grabenwarter*, in: Schumann (Hrsg.), Hierarchie, Kooperation und Integration, 2015, S. 129, 144.

476 *Keller/Kühne*, ZaöRV 76 (2016), S. 245, 295.

477 S. ausführlich die Beiträge in Keller/Stone Sweet (Hrsg.), A Europe of Rights, 2008; *Kadelbach*, in: Kadelbach/Rensmann/Rieter (Hrsg.), Judging International Human Rights, 2019, S. 171, 182f.

478 In Österreich steht die EMRK auf derselben Ebene wie die Verfassung, in den Niederlanden steht die EMRK über dem Verfassungsrecht, *Nußberger*, in: Isensee/Kirchhof (Hrsg.), HStR X, 2012, § 209, Rn. 7, Fn. 23; *Masing*, JZ 2015, S. 477, 478 m. Nachweisen.

te Königreich, San Marino und die skandinavischen Staaten.[479] Drittens nimmt die EMRK in dem Großteil der Mitgliedstaaten der EU einen Rang über dem einfachen Recht, aber unter dem Verfassungsrecht ein, was dazu führt, dass mögliche Konflikte mit nationalem Recht unterschiedlich gelöst werden.[480]

b. Stellung der EMRK am Beispiel des deutschen Rechts

In Deutschland kommt der EMRK nach Art. 59 Abs. 2 GG in der Normenhierarchie derselbe Rang wie einfachen Gesetze zu.[481] Dem Streit, ob die EMRK durch die Umsetzung als Völkerrecht oder als transformiertes nationales Recht gilt, kommt aufgrund Modifizierungen der insofern entscheidenden Transformations- und Vollzugstheorie praktische keine Bedeutung mehr zu.[482] Maßgeblich für die Ausgestaltung der Funktion der EMRK und der EGMR-Rechtsprechung im innerstaatlichen Recht war die Entscheidung im Fall *Görgülü* vom 14.10.2004. In dieser stellte das Bundesverfassungsgericht ausdrücklich klar, dass für die nationalen Gerichte eine

---

479 *Grabenwarter/Pabel*, Europäische Menschenrechtskonvention, 7. Aufl., 2021, § 3, Rn. 5ff.; so ist etwa in Schweden die EMRK Bestandteil der Rechtsordnung als Parlamentsgesetz, sodass Gesetze nicht gegen die Verpflichtungen Schwedens aus der EMRK verstoßen dürfen und dieser eine „*quasi-constitutional position*" zukommt, wobei die genaue Reichweite und Bedeutung unklar ist, *Bernitz*, in: de Vries/Bernitz/Weatherill (Hrsg.), EU Charter of Fundamental Rights as Binding Instrument, 2015, S. 155, 166f.; eine Vorrangwirkung kommt der EMRK allerdings in Norwegen zu, s. *Polakiewicz*, in: Calliess (Hrsg.), FS Stein, 2015, S. 1050, 1052.

480 *Kadelbach*, in: Kadelbach/Rensmann/Rieter (Hrsg.), Judging International Human Rights, 2019, S. 171, 183; so sind etwa in Belgien die Bestimmungen der EMRK grundsätzlich unmittelbar anwendbar mit der Folge, dass die in der Konvention garantierten Rechte eine erhebliche Rolle in der belgischen Rechtsprechung spielen; auch in Frankreich nimmt die EMRK eine Zwischenstellung zwischen einfachen Gesetzen und Rechtsnormen mit Verfassungsrang ein und wird als unmittelbar anwendbares Recht betrachtet, anders als in Belgien hatte die Konvention zunächst nur geringe Bedeutung für die französische Gerichtspraxis, vgl. zum Ganzen *Polakiewicz*, Verpflichtungen, 1993, S. 291ff.

481 Vgl. BVerfGE 74, 358 (370) – *Unschuldsvermutung*; 82, 106 (120) – *Unschuldsvermutung II*; 111, 307 (316f.) – *Görgülü*; 148, 296 (350f.) – *Streikverbot für Beamte*; so auch die ganz herrschende Ansicht in der Literatur, vgl. nur *Herdegen*, in: Maunz/Dürig (Hrsg.), Grundgesetz-Kommentar, 46. EL., 2006, Art. 1 Abs. 2 GG, Rn. 41.

482 Vgl. *Rohleder*, Grundrechtsschutz, 2009, S. 148 m.w.N.

Pflicht zur Berücksichtigung der Entscheidungen des EGMR im Rahmen methodisch vertretbarer Gesetzesauslegung bestehe, die aus Art. 20 Abs. 3 GG hergeleitet wird.[483] Die EMRK und die Rechtsprechung des EGMR dienten als Auslegungshilfe für die Bestimmung von Inhalt und Reichweite von Grundrechten.[484] Die Berücksichtigungspflicht erfordere, „zumindest, dass die entsprechenden Texte und Judikate zur Kenntnis genommen werden und in den Willensbildungsprozess des zu einer Entscheidung berufenen Gerichts, der zuständigen Behörde oder des Gesetzgebers einfließen."[485] Zugleich stellt das Bundesverfassungsgericht klar, dass die EMRK kein unmittelbarer verfassungsrechtlicher Prüfungsmaßstab sei und die Anwendung der EMRK nicht gegen höherrangiges Recht, insbesondere gegen Verfassungsrecht, verstoßen dürfe.[486] Eine Verletzung der EMRK gestützt auf das entsprechende verletzte Grundrecht i.V.m. dem Rechtsstaatsprinzip kann nach dieser Entscheidung vor dem Bundesverfassungsgericht gerügt werden, das Bundesverfassungsgericht prüft dabei auch eine mögliche fehlerhafte Anwendung oder Nichtbeachtung völkerrechtlicher Verpflichtungen der Fachgerichte.[487] Als Ausdruck der Kooperation zwischen Bundesverfassungsgericht und EGMR steht das Bundesverfassungsgericht somit unmittelbar im Dienst der Durchsetzung des Völkerrechts, sodass die EMRK mittelbar zum Prüfungsmaßstab einer Verfassungsbeschwerde werden kann.[488] Vergleichbar mit den Entscheidungen zur europäischen Integration führte diese Entscheidung zu einer weiteren internationalen Öffnung des Grundgesetzes, wobei gleichzeitig deutlich wurde, dass sich das Bundesverfassungsgericht vorbehält, einen Kernbereich nationaler Bestimmungshoheit zu bewahren und zu definieren.[489]

Eine Fortentwicklung dieser Rechtsprechung erfolgte in der sog. *Sicherungsverwahrungs*-Entscheidung aus dem Jahr 2011, in der sich das Bundesverfassungsgericht zu einer Entscheidung des EGMR äußern musste, die der eigenen Rechtsprechung entgegenstand: Das Bundesverfassungsgericht

---

483 BVerfGE 111, 307 (323ff.) – *Görgülü*.

484 BVerfGE 74, 358 (370) – *Unschuldsvermutung*; BVerfGE 111, 307 (331) – *Görgülü*.

485 BVerfGE 111, 307 (324) – *Görgülü;* kritisch zur Berücksichtigungspflicht *Bergmann*, EuR 2006, S. 101, 108.

486 BVerfGE 111, 307 (317, 329) – *Görgülü*.

487 BVerfGE 111, 307 (317, 328ff.) – *Görgülü*.

488 *Bergmann*, EuR 2006, S. 101, 110; *Rohleder*, Grundrechtsschutz, 2009, S. 151; *Griebel*, Der Staat 52 (2013), S. 371, 378f.

489 *Nußberger*, in: Isensee/Kirchhof (Hrsg.), HStR X, 2012, § 209, Rn. 13f.; kritisch zur *Görgülü*-Entscheidung etwa *Tomuschat*, German Law Journal 11 (2010), S. 513, 520ff.; zustimmend hingegen *Meyer-Ladewig/Petzold*, NJW 2005, S. 15ff.

betonte in dieser Entscheidung, dass den Gewährleistungen der Europäischen Menschenrechtskonvention verfassungsrechtliche Bedeutung zukomme, indem sie die Auslegung der Grundrechte und rechtsstaatlichen Grundsätze des Grundgesetzes beeinflussen.[490] Zwar könnten Entscheidungen des EGMR keine unmittelbare Änderung der Rechtslage bewirken, jedoch könnten diese einer rechtserheblichen Änderung gleichstehen, sodass diese auch zu einer Überwindung der Rechtskraft einer Entscheidung des Bundesverfassungsgerichts führen können.[491] Das „letzte Wort" verbleibe jedoch bei der deutschen Verfassung, was einem internationalen und europäischen Dialog der Gerichte nicht entgegenstehe, sondern dessen normative Grundlage sei.[492] Diese Entscheidung kann als Relativierung des apodiktischen Souveränitätsverständnisses der *Görgülü*-Entscheidung angesehen werden, indem die Völkerrechtsfreundlichkeit des Grundgesetzes nun als „Ausdruck eines Souveränitätsverständnisses" betrachtet wurde, „das einer Einbindung in inter- und supranationale Zusammenhänge sowie deren Weiterentwicklung nicht nur nicht entgegensteht, sondern diese voraussetzt und erwartet."[493] Die eigene Rechtsprechung hat das Bundesverfassungsgericht auch in den sog. *Caroline*-Fällen, in welchen es um die Abwägung zwischen dem Schutz der Privatsphäre und der Pressefreiheit ging, modifiziert und sich dem EGMR angenähert.[494]

Weitere Präzisierungen des Verhältnisses des deutschen Rechts zur Rechtsprechung des EGMR erfolgten in der Entscheidung zum Streikverbot für Beamte aus dem Jahr 2018, welcher im Unterschied zur *Görgülü*- und *Sicherungsverwahrungs*-Entscheidung keine Individualbeschwerde ge-

490 BVerfGE 128, 326 (367) – *Sicherungsverwahrung II*.

491 BVerfGE 128, 326 (364f.) – *Sicherungsverwahrung II*; in dem Urteil EGMR, *M/Deutschland*, 17.12.2009 – 19359/04 stellte der EGMR eine Verletzung von Art. 5 Abs. 1 und Art. 7 Abs. 1 EMRK in einem Fall der rückwirkenden Verlängerung der Sicherungsverwahrung fest, nachdem zuvor das BVerfG diese als mit dem Grundgesetz vereinbar angesehen hat, BVerfGE 109, 133 – *Sicherungsverwahrung I*, vgl. dazu *Grabenwarter*, EuGRZ 2012, S. 507ff.

492 BVerfGE 128, 326 (369) – *Sicherungsverwahrung II*.

493 BVerfGE 128, 326 (369) – *Sicherungsverwahrung II*; *Nußberger*, in: Isensee/Kirchhof (Hrsg.), HStR X, 2012, § 209, Rn. 17.

494 S. einerseits EGMR, *Caroline v. Hannover/Deutschland*, 24.06.2004 – 59320/00; (GK) *Caroline v. Hannover/Deutschland (Nr. 2)*, 07.02.2012 – 40660/08 u. 60641/08; *Caroline v. Hannover/Deutschland (Nr. 3)*, 19.09.2013 – 8772/10 sowie andererseits BVerfGE 97, 125 – *Caroline von Monaco I*; 101, 361 – *Caroline von Monaco II*; 120, 180 – *Caroline von Monaco III*; s. dazu etwa *Hoffmann-Riem*, NJW 2009, S. 20ff.; *Hong*, in: Matz-Lück/Hong (Hrsg.), Grundrechte und Grundfreiheiten im Mehrebenensystem, 2012, S. 251, 280ff.; *Krämer/Märten*, EuR 2015, S. 169, 176ff.; *Pianka*, Konkurrenzen und Konflikte, 2016, S. 143ff.

gen Deutschland vorausging.[495] Das Bundesverfassungsgericht bestätigte die Stellung der EMRK als einfaches Bundesgesetz sowie ihre verfassungsrechtliche Bedeutung, wonach diese bei der Auslegung der Grundrechte und der rechtstaatlichen Grundsätze zu beachten sei.[496] Zugleich wurde betont, dass die EMRK „im Gegensatz zum Recht der Europäischen Union (...) in Ermangelung eines entsprechenden innerstaatlichen Rechtsanwendungsbefehls keinen Anwendungsvorrang gegenüber nationalem Gesetzesrecht beanspruchen kann."[497] Konturiert wurde in dieser Entscheidung die „Orientierungs- und Leitfunktion" der Rechtsprechung des EGMR, welche einen „Moment der Vergleichbarkeit" voraussetze, was bedeute, dass der konkrete Sachverhalt eines entschiedenen Falls und sein rechtskultureller Hintergrund und „mögliche spezifische Besonderheiten der deutschen Rechtsordnung" zu berücksichtigen seien.[498]

Insgesamt betrachtet schreibt das Bundesverfassungsgericht der EMRK eine besondere verfassungsrechtliche Rolle zu, sodass die EMRK hinsichtlich ihrer Rechtsstellung zwar formal auf Ebene eines einfachen Bundesgesetzes einzuordnen ist, in ihrer tatsächlichen Wirkung jedoch über dem einfachen Recht, aber unter dem Verfassungsrecht steht.[499]

c. Perspektive der EMRK und des EGMR

Zwar enthält die EMRK selbst keine Regelung über ihren Rang im nationalen Recht, aufschlussreich für das Verhältnis von nationalem Verfassungsrecht und den Garantien der Konvention ist jedoch Art. 53 EMRK. Nach Art. 53 EMRK ist die EMRK nicht so auszulegen, als beschränke oder beeinträchtige sie Menschenrechte und Grundfreiheiten, die in den Gesetzen einer Vertragspartei oder in einer anderen Übereinkunft, deren Vertragspartei sie ist, anerkannt werden. Die Norm sieht vor, dass Grundrechtsgarantien der nationalen Verfassungen bzw. Menschenrechtsgaran-

---

495 BVerfGE 148, 296 – *Streikverbot für Beamte.*

496 BVerfGE 148, 296 (350ff.) – *Streikverbot für Beamte.*

497 BVerfGE 148, 296 (354) – *Streikverbot für Beamte.*

498 BVerfGE 148, 296 (354) – *Streikverbot für Beamte*; vgl. dazu sowie zur Anwendung dieser Kriterien im konkreten Fall *Haug*, NJW 2018, S. 2674, 2676ff.

499 *Kadelbach*, in: Kadelbach/Rensmann/Rieter (Hrsg.), Judging International Human Rights, 2019, S. 171, 183; von einem mittelbar durch die Rechtsprechung des Bundesverfassungsgerichts quasi verfassungsrechtlichen Rang der EMRK ausgehend *Ehlers*, in: Ehlers (Hrsg.), Europäische Grundrechte, 2014, § 2, Rn. 15.

tien anderer internationaler Verträge günstigere Regelungen enthalten können, welche im Einzelfall zur Anwendung kommen können, weshalb Art. 53 EMRK als Günstigkeitsprinzip zu verstehen ist.[500] Der EGMR gestattet es den Konventionsstaaten hiernach, ein höheres Schutzniveau zu gewährleisten, sodass die EMRK einen Mindeststandard sichert.[501]

Im Verhältnis des EGMR zu den nationalen Gerichten ist vor allem die nicht ausdrücklich in der Konvention verankerte[502] sog. *margin of appreciation*-Doktrin von Bedeutung. Diese beschreibt den erlaubten Spielraum der Konventionsstaaten hinsichtlich der Durchführung der Konvention im nationalen Kontext unter Berücksichtigung nationaler Umstände und Bedingungen, wobei der EGMR seine Kontrolldichte in bestimmten Fällen bis hin zu einer bloßen Vertretbarkeitskontrolle reduziert, und den Konventionsstaaten somit einen Beurteilungsspielraum einräumt.[503] Damit ist allerdings nicht verbunden, dass ein unüberprüfbares Ermessen der Konventionsstaaten besteht, da sich der EGMR die menschenrechtliche Letztentscheidung weiterhin vorbehält und lediglich im Sinne eines *judicial self-restraint* Rücksicht auf nationale Besonderheiten nimmt.[504]

Schließlich ist im Verhältnis von nationalem Recht und der EMRK zu beachten, dass der EGMR auch die Rechtsprechung der nationalen Gerichte einbezieht und somit eine größtmögliche Angleichung der jeweiligen Prüfungsmaßstäbe erreicht.[505] Dies zeigt sich etwa in der Rechtssache *Scoppola (Nr. 2)*, in der sich der EGMR unter Berücksichtigung der gemeinsamen Verfassungstraditionen der EU-Mitgliedstaaten und insbesondere der Rechtsprechung des französischen Kassationshofs von seiner Ansicht, wonach Art. 7 EMRK kein Gebot der rückwirkenden Anwendung des milderen Strafgesetzes enthalten sollte, distanzierte. [506]

---

500 *Thienel*, in: Karpenstein/Mayer (Hrsg.), EMRK, 2. Aufl., 2015, Art. 53, Rn. 2; *Grabenwarter/Pabel*, Europäische Menschenrechtskonvention, 7. Aufl., 2021, § 2, Rn. 14f.

501 EGMR, *Wnuk/Polen*, 01.09.2008 – 38308/05; *Neresyan/Armenien*, 19.01.2010 – 15371/07, Rn. 25.

502 Art. 1 des sieht 15. Zusatzprotokolls sieht nach dessen Ratifikation die ausdrückliche Kodifizierung *margin of appreciation*-Doktrin vor, Protokoll Nr. 15 zur Konvention zum Schutze der Menschenrechte und Grundfreiheiten, BGBl. 2014 II, S. 1034; zum Hintergrund *Schulte*, Übertragbarkeit, 2018, S. 58ff.

503 S. ausführlich zur Bedeutung und den Kriterien 3. Kapitel, C., IV., 2.

504 Vgl. *Gebauer*, Parallele Grund- und Menschenrechtsschutzsysteme, 2007, S. 249f.

505 *Edenharter*, Grundrechtsschutz, 2018, S. 766f.

506 S. EGMR (GK), *Scoppola/Italien (Nr. 2)*,17.09.2009 – 10249/03, Rn. 105; anders zuvor noch EGMR, *Le Petit/Vereinigtes Königreich*, 05.12.2000 – 35574/97; *Za-*

C. Konfliktpotential zwischen nationalem und europäischem Grundrechtsschutz

Aufgrund der vorstehenden Untersuchung können mögliche Konflikte systematisiert werden. Der Begriff des Konflikts wird nicht einheitlich verwendet, wobei auch die Begriffe Kollision oder Konkurrenz gebräuchlich sind.[507] Kennzeichen eines Konflikts sind Uneinigkeit, Meinungsverschiedenheiten und die Konfrontation unterschiedlicher Intensität.[508] Denkbar ist es zunächst auf das Vorliegen einer Kollision zwischen zwei Rechtsnormen unterschiedlicher Rechtsordnungen abzustellen. In diesem Zusammenhang wird häufig zwischen direkten und indirekten Kollisionen differenziert.[509] Eine direkte Kollision liegt vor, wenn Normen unterschiedlicher Rechtsordnung auf denselben Sachverhalt anwendbar sind und bei gleichzeitiger Anwendung miteinander unvereinbare Rechtsfolgen entstünden.[510] Von einer indirekten Kollision wird bei jeder sonstigen Beeinträchtigung einer Norm übergeordneter Ebene durch nationales Recht gesprochen; das bedeutet auf Ebene des Unionsrechts etwa bei Auftreten eines Konflikts zwischen unionsrechtlicher Rechtsgewährung mit mitgliedstaatlicher Rechtsrealisierung.[511]

Für den Bereich der Grundrechte wird angenommen, dass derartige Kollisionen aufgrund der abwehrrechtlichen und freiheitssichernden Funktion der Grundrechte und der daraus resultierenden identischen Schutzrichtung zweier Grundrechtsnormen verschiedener Ebenen nicht möglich seien.[512] Dies verkennt jedoch, dass gerade beim Schutz der Grundrechte der Auslegungspraxis der beteiligten Gerichte entscheidende Bedeutung zukommt, sodass Kollisionen etwa durch die unterschiedliche Auslegung des Schutzbereichs oder verschiedenen Abwägungsergebnissen denkbar

prianov/Bulgarien, 06.03.2003 – 41171/98; *Ludwigs*, EuGRZ 2014, S. 273, 276; *Edenharter*, Grundrechtsschutz, 2018, S. 766f.

507 *Sauer*, Jurisdiktionskonflikte, 2008, S. 57; umfassend zu verschiedenen Erscheinungsformen des Konflikts *Klatt*, Praktische Konkordanz, 2014, S. 59ff.

508 *Sauer*, Jurisdiktionskonflikte, 2008, S. 57.

509 S. bereits *Kadelbach*, Allgemeines Verwaltungsrecht unter europäischem Einfluß, 1999, S. 25 m.w.N. für Normenkollisionen zwischen Gemeinschaftsrecht und mitgliedstaatlichem Recht.

510 *Niedobitek*, VerwArch 92 (2001), S. 58, 73f.; *Jarass/Beljin*, NVwZ 2004, S. 1, 3; *Ehlers*, in: Schulze/Kadelbach/Janssen (Hrsg.), Europarecht, 2020, § 11, Rn. 12.

511 *Niedobitek*, VerwArch 92 (2001), S. 58, 74ff.; *Jarass/Beljin*, NVwZ 2004, S. 1, 4.

512 Vgl. *Karaosmanoğlu*, Nichtanwendung deutscher unionsrechtswidriger Gesetze, 2017, S. 39; *Wolff*, Der Einzelne in der offenen Staatlichkeit, 2020, S. 357.

sind.[513] Dies gilt insbesondere, wenn sich bei einer Auseinandersetzung nicht Staat und Bürger gegenüberstehen, sondern grundrechtliche Fragestellungen zwischen Bürgern relevant werden.

Zwischen verschiedenen Spruchkörpern auf nationaler und europäischer Ebene kann eine Unterteilung zwischen kompetenzrechtlichen (I.) sowie inhaltlichen Konflikten und Konkurrenzen (II.) vorgenommen werden.[514]

I. Kompetenzrechtliche Konflikte

Kompetenzrechtliche Konflikte liegen vor, wenn Uneinigkeit über die Kompetenz zur Entscheidung über die Auslegung und Anwendung von Normen einer Rechtsordnung besteht.[515] Da alle Mitgliedstaaten der Union auch Vertragsstaaten der EMRK sind, sind sowohl nationale Gerichte als auch der EGMR zur Prüfung des nationalen Rechts befugt, sodass es möglich ist, dass die Frage der Vereinbarkeit einer nationalen Norm mit der EMRK unterschiedlich beurteilt wird. Da der EGMR nicht die Befugnis zur Aufhebung innerstaatlicher Rechtsakte besitzt, ist dieser Konflikt abgeschwächt. Sofern nationale Gerichte die EMRK auslegen, kann es zu Konflikten über die Letztentscheidungskompetenz zur Auslegung der EMRK kommen.

Ein unmittelbarer kompetenzrechtlicher Konflikt über die Gültigkeit des Unionsrechts kann im Verhältnis EuGH und EGMR nicht existieren, da die Union bislang nicht Vertragspartei der EMRK ist.

Im Verhältnis von nationalen Verfassungs- oder Höchstgerichten zum EuGH können Differenzen bezüglich der Prüfungsbefugnis von Unionsrecht bzw. nationalem Recht, welches einen Bezug zum Unionsrecht hat, entstehen. Für den Grundrechtsbereich zeigt sich dies im deutschen Bereich bei der *Solange*-Rechtsprechung.[516] Ein weiteres Beispiel für einen kompetenzrechtlichen Konflikt ist der Streit hinsichtlich *Ultra vires*-Akten: Einige nationale Höchstgerichte nehmen ein Letztentscheidungsrecht hin-

---

513 S. auch *Klatt*, Praktische Konkordanz, 2014, S. 62, 67ff.

514 Ähnlich *Sauer*, Jurisdiktionskonflikte, 2008, S. 85ff., der zwischen Kompetenzkonflikten und Konflikten um materiell-rechtliche Fragen unterscheidet; *Klatt*, Praktische Konkordanz, 2014, S. 63ff. differenziert zwischen formellen und materiellen Jurisdiktionskonflikten.

515 *Pianka*, Konkurrenzen und Konflikte, 2016, S. 91.

516 Dazu oben 1. Kapitel, A., I., 2., a.

sichtlich der Gültigkeit von Unionsrecht in Anspruch, wohingegen der EuGH dieses für sich beansprucht.

Im Bereich des Grundrechtsschutzes konnte in der Vergangenheit streitig sein, welches Gericht zur Prüfung von nationalem Recht, das Unionsrecht umsetzt, befugt ist. Während das Bundesverfassungsgericht bislang eher davon ausgegangen ist, dass entweder nationale Grundrechte oder Unionsgrundrechte bei Umsetzungsgesetzen von Richtlinien zur Anwendung kommen können,[517] nimmt der EuGH die parallele Geltung beider Grundrechtsebenen an.[518] Diese Konflikt kann abgeschwächt sein, wenn nationale Verfassungsgerichte die Unionsgrundrechte als Prüfungsmaßstab anerkennen bzw. bei der Auslegung nationaler Grundrechte berücksichtigen, wie dies etwa in den Beschlüssen des Ersten Senats des Bundesverfassungsgerichts zum *Recht auf Vergessen* erfolgt ist. Möglich ist nun, dass Konflikte über die Letztentscheidungskompetenz zur Auslegung der Grundrechtecharta entstehen. Dies wird die weitere Handhabung der Anwendbarkeit der Unionsgrundrechte durch das Bundesverfassungsgericht zeigen.

II. Inhaltliche Konflikte

Mögliche Konflikte können zwischen EuGH, nationalen Verfassungsgerichten und dem EGMR auftreten, da diese jeweils für den Grundrechtsschutz verantwortlich sind und es dabei im Bereich sich überlagernder Kompetenzen zu Rechtsprechungsdivergenzen kommen kann, insbesondere wenn verschiedene Grundrechtsgewährleistungen parallel in einem Sachverhalt zur Anwendung kommen können.[519] Diese können in Fälle formeller Divergenzen (1.) sowie materieller Divergenzen (2.) eingeteilt werden.

---

517 BVerfGE 118, 79 (95) – *Treibhausgas-Emissionsberechtigungen*; 121, 1 (15) – *Vorratsdatenspeicherung (einstweilige Anordnung)*; 125, 260 (306f.) – *Vorratsdatenspeicherung*. Dies wird auch als „Alternativitätsthese“ bezeichnet, *Kingreen*, JZ 2013, S. 801, 802f.

518 EuGH, *Melloni*, Rs. C-399/11, Rn. 60; „Kumulationsthese“, *Kingreen*, JZ 2013, S. 801, 803f.; zum Ganzen s. unten 3. Kapitel, A.

519 Vgl. *Oeter*, VVDStRL 66 (2007), S. 361, 370ff.; *Spiekermann*, Folgen des Beitritts der EU zur EMRK, 2013, S. 140.

1. Formelle Divergenzen

Eine formelle Divergenz kann bestehen, wenn derselbe Sachverhalt bzw. dieselbe Rechtssache von verschiedenen Gerichten unterschiedlich beurteilt wird.[520] Für das Verhältnis von EuGH und EGMR ist diese Konstellation bislang nicht denkbar, da es derzeit nicht möglich ist, eine Entscheidung des EuGH vor dem EGMR zu überprüfen.[521] In Betracht kommt jedoch entsprechend der *Bosphorus*-Entscheidung des EGMR eine mittelbare Kontrolle des Unionsrechts, wenn Mitgliedstaaten in Ausübung von Unionsrecht handeln, sodass formelle Konflikte entstehen können.[522]

Formelle Divergenzen können im Verhältnis von nationalen Verfassungsgerichten und dem EGMR auftreten. Ein Beispiel ist die Kontroverse um den Fall *Caroline*, in dem das Bundesverfassungsgericht und der EGMR zu unterschiedlichen Abwägungsergebnissen derselben kollidierenden Rechtsgüter gekommen sind.[523]

Individualbeschwerden zum EuGH sind nicht möglich, weshalb formelle Divergenzen zwischen dem EuGH und nationalen Verfassungsgerichten, entsprechend dem Verhältnis von nationalem Recht und der EMRK, zunächst nicht auftreten können. Möglich ist jedoch, dass der EuGH im Wege des Vorabentscheidungsverfahrens einen nationalen Sachverhalt faktisch entscheidet, obwohl das nationale Gericht zuvor eine gegenteilige Auffassung geäußert bzw. angedeutet hat. Denkbar ist auch, dass ein nationales Verfassungsgericht einen Fall hinsichtlich der Verletzung von Grundrechten entscheidet, jedoch kein abschließendes Urteil fällt und die Rechtssache an das vorabbefasste Gericht zurückverweist und dieses den EuGH nach Art. 267 AEUV anruft, wobei der EuGH Fragen die Unionsgrundrechte betreffend zu beantworten hat und ggf. eine andere grundrechtliche Abwägungsentscheidung treffen kann als das nationale Verfassungsgericht.[524]

---

520 *Wiethoff*, Verhältnis von EuGH und EGMR, 2008, S. 21; *Spiekermann*, Folgen des Beitritts der EU zur EMRK, 2013, S. 141 jeweils m.w.N.

521 S. oben 1. Kapitel, B., IV., 1., b.

522 EGMR (GK), *Bosphorus/Irland*, 30.06.2005 – 45036/98; dazu oben 1. Kapitel, B., IV., 1., b.

523 S. oben 1. Kapitel, III., 2., b.

524 S. etwa BVerfGE 142, 74 (79) – *Sampling*; BGH, Beschluss v. 1. Juni 2017 - I ZR 115/16; EuGH, *Pelham u.a.*, Rs. C-476/17, EU:C:2019:624; in diesem Verfahren ging es maßgeblich um die Abwägung zwischen der Kunstfreiheit (Art. 5 Abs. 3 S. 1 GG bzw. Art. 13 S. 1 GRC) und der Eigentumsgewährleistung (Art. 14 Abs. 1 GG bzw. Art. 17 GRC), s. dazu auch unten 3. Kapitel, C., IV., 6.

2. Materielle Divergenzen

Als materielle Divergenzen lassen sich gleich gelagerte Ausgangsfälle bezeichnen, die nicht dieselbe Rechtssache betreffen und zwei Gerichte zu unterschiedlichen Auslegungen des Inhalts und der Tragweite eines Grundrechts gelangen.[525] Voraussetzung ist dafür, dass entweder dasselbe Grundrecht angewendet wird oder dass die Grundrechtsgewährleistungen verschiedener Ebene sich inhaltlich kaum unterscheiden. Wie bereits gezeigt, sind die Grundrechte des Grundgesetzes, die Rechte der EMRK sowie die Gewährleistungen der Grundrechtecharta ähnlich ausgestaltet und weisen eine gemeinsame historische Grundlage auf. Eine unterschiedliche Auslegung von Bundesverfassungsgericht, EuGH und EGMR kann daher zu materiellen Divergenzen führen. Solche sind bislang in der Rechtsprechung des EuGH und EGMR etwa bei der Auslegung des Rechts auf Unverletzlichkeit der Wohnung nach Art. 8 EMRK und dem *nemo-tenetur*-Grundsatz nach Art. 6 EMRK aufgetreten.[526] Wenn sich Grundrechtsbereiche annähern, können Probleme auftreten, sofern die jeweiligen Grundrechte einen identischen Schutzbereich haben, jedoch unterschiedliche Schranken aufweisen, sodass sich möglicherweise die Schranken des einen Grundrechts auch gegenüber dem anderen durchsetzen und somit dessen Grundrechtsschutz verengen.[527] Im Verhältnis der Rechtsprechung des EuGH und des Bundesverfassungsgerichts können beispielswiese Divergenzen hinsichtlich der Zulässigkeit von arbeitsrechtlichen Verboten des Tragens von Kleidungsstücken, die die Zugehörigkeit zu einer bestimmten Religion symbolisieren, auftreten.[528] Die Bedeutung und Ausprägung

525 *Vondung*, Architektur des europäischen Grundrechtschutzes, 2012, S. 111; *Spiekermann*, Folgen des Beitritts der EU zur EMRK, 2013, S. 143.

526 S. die Nachweise bei *Wiethoff*, Verhältnis von EuGH und EGMR, 2008, S. 27ff.; *Spiekermann*, Folgen des Beitritts der EU zur EMRK, 2013, S. 143; bei Divergenzen in der Auslegung zwischen EuGH und EGMR ist häufig festzustellen, dass die Entscheidung des EuGH zur Auslegung eines Grundrechts zeitlich vor der Entscheidung des EGMR erfolgt, *Lock*, Verhältnis zwischen dem EuGH und internationalen Gerichten, 2010, S. 275; zum Konflikt zwischen Bundesverfassungsgericht und EuGH hinsichtlich des Rechts auf Unverletzlichkeit der Wohnung *Pianka*, Konkurrenzen und Konflikte, 2016, S. 157.

527 *Kirchhof*, NJW 2011, S. 3681, 3681.

528 S. einerseits EuGH, *Achbita/G4S Secure Solutions NV*, Rs. C-157/15, EU:C:2017:203, Rn. 36ff.; *Bougnaoui und ADDH*, Rs. C-188/15, EU:C:2017:204, wonach das Verbot eines privaten Arbeitgebers ein Kopftuch zu tragen, zulässig sein kann, wenn ein Unternehmen gegenüber seinen Kunden eine Politik der politischen, philosophischen oder religiösen Neutralität verfolgt und eine inner-

der jeweiligen Grundrechte in den verschiedenen Grundrechtsordnungen können als Gründe für materielle Divergenzen angeführt werden. Deutlich wird dies etwa hinsichtlich des Rechts auf Privatleben. Während die EMRK und die GRC dieses ausdrücklich normiert haben (Art. 8 EMRK bzw. Art. 7 GRC), ist dieses in Deutschland entweder über die Telekommunikationsfreiheit (Art. 10 GG), die Unverletzlichkeit der Wohnung (Art. 13 GG) oder über das Recht auf freie Entfaltung der Persönlichkeit (Art. 2 Abs. 1 i.V.m. Art. 1 Abs. 1 GG) geschützt, sodass es wenig überraschend ist, dass es gerade in diesem Bereich zu unterschiedlichen Urteilen des Bundesverfassungsgerichts und des EGMR gekommen ist.[529]

D. Ergebnis

Unionsrecht übt in vielfältiger Weise Einfluss auf das nationale Recht aus. Daher kann, je nach Verständnis des Begriffs „Durchführung des Rechts der Union“ in Art. 51 Abs. 1 S. 1 GRC, eine weitreichende Bindung der Mitgliedstaaten an Unionsgrundrechte bestehen. Insofern besteht ein wesentlicher Unterschied zur EMRK, da die Konventionsstaaten umfassend an die Gewährleistungen der EMRK gebunden sind.

Auf Unionsebene sowie auf mitgliedstaatlicher Ebene werden jeweils Effektivitäts- und Autonomieansprüche erhoben. Dies wird besonders deutlich in der Rechtsprechung des EuGH und nationaler Verfassungs- und Höchstgerichte: Der EuGH geht von einem absoluten Vorranganspruch des Unionsrechts aus, der in der Autonomie des Unionsrecht begründet ist. Nationale Verfassungs- und Höchstgerichte erkennen meist diesen

---

betriebliche Regel, die das Tragen politischer, philosophischer oder religiöser Zeichen verbietet, allgemein und undifferenziert angewendet wird. Anderseits BVerfGE 138, 296 – *Kopftuchverbot Nordrhein-Westfalen*, wonach jedenfalls in öffentlich-rechtlichen Dienstverhältnissen eine „eine hinreichend konkrete Gefahr“ zur Begründung eines entsprechenden Verbots vorliegen muss, s. zu möglichen Konflikten diesbezüglich *Wagner*, EuR 2018, S. 725, 729ff.; s. auch den Vorlagebeschluss des BAG v. 30.01.2019, 10 AZR 299/18 (A), mit dem dieses den EuGH zur Klärung der Frage ersucht, ob nach den Unionsgrundrechten eine hinreichend konkrete Gefahr für die mit dem Verbot des Tragens eines Kopftuchs geschützten Güter erforderlich ist bzw. ob insoweit die Anwendung eines höheren mitgliedstaatlichen Schutzniveaus der Religionsfreiheit zulässig ist.

529 *Lepsius*, in: Masing/Jestaedt/Capitant/Le Divellec (Hrsg.), Strukturfragen, 2015, S. 45, 50ff. mit Verweis auf die *Caroline*-Entscheidungen des BVerfG und des EGMR.

uneingeschränkten Vorrang vor Verfassungsrecht nicht an und begründen den unionsrechtlichen Vorrang kraft verfassungsrechtlicher Ermächtigung. Damit verbunden ist die Frage nach dem „letzten Wort", welches sowohl der EuGH als auch nationale Gerichte für sich beanspruchen. Konflikte und Probleme im Grundrechtsbereich können insbesondere auftreten, wenn Gerichte einen Anwendungsvorrang supranationalen Rechts beanspruchen oder Anspruch auf vorrangige Befolgung ihrer Urteile erheben, obwohl dadurch nationale Grundrechte verletzt werden bzw. es zu unterschiedlichen Abwägungsergebnissen kommt.[530] Da die EMRK selbst keine Aussagen zu Stellung und Rang im nationalen Recht enthält und hinsichtlich der EMRK der EGMR, anders als der EuGH hinsichtlich des Unionsrechts, keinen Vorranganspruch postuliert, stellt sich das Verhältnis von EuGH und EGMR als weniger konfliktträchtig dar. Wie gezeigt, hat der EGMR in seiner Rechtsprechung verschiedene Mechanismen entwickelt, wie Konkurrenzen und Konflikte im Verhältnis zum EuGH und nationalen Gerichten vermieden werden können. Die Auswertung der Rechtsprechung des Bundesverfassungsgerichts sowie des EuGH zeigt, dass Instrumente bestehen, um die Vorgaben des EGMR zu beachten und zu berücksichtigen. Eine entsprechende Entwicklung lässt sich für den Bereich von nationalen Grundrechten und Unionsgrundrechten bislang nicht beobachten. Zum Teil bestehen sogar bewusste Abweichungen nationaler Verfassungsgerichte von der Rechtsprechung des EuGH. Für den Bereich der Grundrechte ergeben sich nach den Beschlüssen des Ersten Senats des Bundesverfassungsgerichts zum sog. *Recht auf Vergessen* Fragen und Auswirkungen hinsichtlich der Anwendung nationaler Grundrechte und Unionsgrundrechte, nachdem das Verhältnis dieser Grundrechtsebenen nach der *Solange*-Rechtsprechung als weitgehend geklärt galt. In diesem Kontext ist schließlich zu berücksichtigen, dass sich das unionale Grundrechtsverständnis gewandelt hat, was neben der Rechtsverbindlichkeit der Grundrechtecharta zu möglichen Änderungen im europäischen Grundrechtsschutz beitragen kann: Lag den Unionsgrundrechten zunächst ein binnenmarktfunktionales Verständnis zugrunde, das vorrangig den Fortgang des Integrationsprozesses bezweckte, hat sich dieses hin zu einem eigenständigen Menschenrechtsschutz der Union entwickelt, sodass die Union als Grundrechtsunion einen eigenen Menschenrechtsstandard setzt.[531] Aus diesen Gründen soll im Folgenden vorrangig die Frage nach der Bindung der Mitgliedstaaten an Unionsgrundrechte sowie das Verhält-

530 *Kirchhof*, NJW 2011, S. 3681, 3681.
531 *Kingreen*, EuR 2010, S. 338, 351ff.

nis von nationalen Grundrechten und Unionsgrundrechten untersucht werden.

2. Kapitel: Bindung der Mitgliedstaaten an Unionsgrundrechte, Art. 51 Abs. 1 S. 1 GRC

Entscheidend für die Bindung der Mitgliedstaaten an Unionsgrundrechte ist seit dem Inkrafttreten der europäischen Grundrechtecharta im Jahr 2009 Art. 51 Abs. 1 S. 1 GRC. Demnach gilt die Grundrechtecharta „für die Mitgliedstaaten ausschließlich bei der Durchführung des Rechts der Union." Besonders klärungsbedürftig ist dabei, was unter „Durchführung des Rechts der Union" zu verstehen ist. In der Rechtsprechung vor Inkrafttreten der Charta verwendete der EuGH diese Formulierung bei der mitgliedstaatlichen Grundrechtsbindung im Zusammenhang mit Richtlinien und Verordnungen, während er bei der Bindung der Mitgliedstaaten an Gemeinschaftsgrundrechte bei der Beeinträchtigung von Grundrechten meist auf den Begriff „Anwendungsbereich" abstellte, wenngleich die Terminologie nicht stets einheitlich war (A.). Aufgrund dieser Rechtsprechung wird vertreten, dass Art. 51 Abs. 1 S. 1 GRC eine Bindung an Unionsgrundrechte bei der Beeinträchtigung von Grundfreiheiten nicht umfasse und daher restriktiv zu verstehen sei.[532] Zu klären ist daher, ob diese Norm die Rechtsprechung des EuGH vor Inkrafttreten der Charta kodifizieren soll oder eine Abweichung von dieser darstellt. Anhand der Auslegungsmethoden im Unionsrecht zeigt sich, dass Art. 51 Abs. 1 S. 1 GRC einem weiten Verständnis zugänglich ist und insbesondere keinen Rückschritt gegenüber der Rechtsprechung vor Inkrafttreten der Charta darstellt (B.). Dies bestätigt sich auch in der Rechtsprechung des Gerichtshofs nach Inkrafttreten der Charta, der zwar von einem grundsätzlichen weiten Verständnis des Art. 51 Abs. 1 S. 1 GRC, jedoch nicht von einer unbegrenzten Anwendbarkeit der Charta in den Mitgliedstaaten ausgeht (C.). Um die Reichweite der Norm zu bestimmen, können die im Schrifttum vorgeschlagenen Ansätze eine Orientierung bieten, letztlich ist die Frage, wann die Mitgliedstaaten an Unionsgrundrechte gebunden sind, allerdings am ehesten nach Fallgruppen zu beantworten (D.). Der Anwendungsbereich der Rechte der Grundrechtecharta ist auf den Anwendungsbereich der Grundrechte als allgemeine Rechtsgrundsätze i.S.d. Art. 6 Abs. 3 EUV zu übertragen (E.).

---

532 S. etwa *Goldsmith*, CMLR 38 (2001), S. 1201, 1205; *Jacobs*, ELR 26 (2001), S. 331, 338f.; *Cremer*, NVwZ 2003, 1452, 1455f.

A. Grundrechtsverpflichtung der Mitgliedstaaten vor Inkrafttreten der GRC

Für die Bindung der Mitgliedstaaten an Unionsgrundrechte bestand vor Inkrafttreten der GRC keine normative Grundlage. Eine solche Bindung hat der EuGH in richterlicher Rechtsfortbildung entwickelt und die zunächst bestehende Bindung der Unionsorgane an Unionsgrundrechte – verstanden als allgemeine Grundsätze – ohne Grundlage in den Verträgen auf die Mitgliedstaaten erstreckt. Der EuGH hat dabei zunehmend neue Konstellationen und Fallgruppen entwickelt, in welchen Mitgliedstaaten an Unionsgrundrechte gebunden sind. Um ein Verständnis hinsichtlich der Formulierung des Art. 51 Abs. 1 S. 1 GRC und der damit verbundenen Diskussion zu erhalten, wird im Folgenden skizziert, in welchen Situationen Mitgliedstaaten vor Inkrafttreten der GRC an Unionsgrundrechte gebunden waren. Dabei kann nicht die gesamte Rechtsprechung des EuGH in diesem Bereich dargestellt werden. Es erfolgt eine Auswahl der wesentlichen Entscheidungen, welche für die nachfolgende Diskussion von Bedeutung sind, wobei ausschließlich auf die unmittelbare Bindung der Mitgliedstaaten einzugehen ist.[533] Eine systematische Einordnung erfolgt durch die jeweils vom EuGH verwendeten Begriffe zur Kennzeichnung der Bindungskonstellationen (I.). Auch wenn die GRC bereits 2000 ausgearbeitet wurde, ist es zulässig, auch die nachfolgende Rechtsprechung einzubeziehen, da vor ihrer Rechtsverbindlichkeit im Jahr 2009 die Charta nochmals beraten und partiell geändert sowie die Erläuterungen zur Charta aktualisiert wurden.[534] Daher ist anzunehmen, dass ein entsprechender Wille, von der Rechtsprechung des EuGH ab 2000 abzuweichen, jedenfalls in den Erläuterungen zum Ausdruck gekommen wäre. Zudem soll die GRC nicht nur den *status quo* zu einem bestimmten Zeitpunkt abbilden, sondern dynamisch ausgelegt werden können.[535] Für die nachfolgende Diskussion zur Auslegung des Art. 51 Abs. 1 S. 1 GRC sind zudem die für den Untersuchungsgegenstand maßgeblichen Argumente im Schrifttum zur Bindung der Mitgliedstaaten an Unionsgrundrechte vor Inkrafttreten der GRC kurz zu rekonstruieren (II.).

---

533 S. zu weiteren Rechtssachen, bei welchen eine mittelbare Bindung der Mitgliedstaaten an Gemeinschaftsgrundrechte angenommen werden kann etwa *Ranacher*, ZÖR 58 (2003), S. 21, 29ff.

534 Vgl. *Jarass*, in: Jarass (Hrsg.), Charta der Grundrechte, 4. Aufl., 2021, Einl., Rn. 5.

535 *Von Diest*, Änderungen im Diskriminierungsschutz, 2016, S. 119.

I. Rechtsprechung des EuGH

Der EuGH hat erstmals in der Rechtssache *Cinéthèque* im Jahr 1985 die Frage der Bindung der Mitgliedstaaten an Unionsgrundrechte ausdrücklich thematisiert und eine mögliche Bindung zumindest angedeutet: In diesem Fall war streitig, ob ein nationales Gesetz, welches vorsieht, dass ein Filmwerk, das in Filmtheatern verwertet wird, nicht gleichzeitig vor Ablauf einer durch Dekret festzulegenden Frist von sechs bis achtzehn Monaten etwa in Form von Videokassetten, die zum Verkauf oder Verleih für den allgemeinen Privatgebrauch bestimmt sind, verwertet werden darf, gegen die Meinungsfreiheit verstößt, wie sie in Art. 10 EMRK anerkannt und somit als Unionsgrundrecht zu beachten ist.[536] Der EuGH hat entschieden, dass hinsichtlich eines nationalen Gesetzes, das wie im vorliegenden Fall zu einem Bereich gehört, der in das Ermessen des nationalen Gesetzgebers fällt, keine Prüfung in Bezug auf die Unionsgrundrechte zulässig ist.[537] Implizit hat der EuGH somit ausgedrückt, dass es durchaus Konstellationen geben kann, in welchen eine nationale Regelung anhand der Unionsgrundrechte geprüft werden kann. In welchen Situationen Mitgliedstaaten konkret an Unionsgrundrechte gebunden sind, geht aus dieser Entscheidung nicht hervor. In der Folgezeit können verschiedene Fallgruppen in der Rechtsprechung identifiziert werden, in welchen Mitgliedstaaten an Unionsgrundrechte gebunden sind.

---

536 EuGH, *Cinéthèque*, verb. Rs. 60/84 und 61/84, EU:C:1985:329, Rn. 2ff.

537 EuGH, *Cinéthèque*, verb. Rs. 60/84 und 61/84, EU:C:1985:329, Rn. 26; bereits 1976 hat sich der Generalanwalt *Alberto Trabucchi* in der Rechtssache *Watson und Belmann* mit der Frage der Bindung der Mitgliedstaaten an Grundrechte befasst. Das spätere Urteil des EuGH in dieser Rechtssache ist auf diese Frage jedoch nicht eingegangen, Schlussanträge GA *Trabucchi*, *Watson und Belmann*, Rs. 118/75, EU:C:1976:106, S. 1201, 1205ff.; teilweise wird auch in der Rechtssache *Rutili* aus dem Jahr 1975 die Grundlage für die mitgliedstaatliche Bindung an Unionsgrundrechte gesehen, s. *Weiler*, in: Capotorti u.a. (Hrsg.), FS Pescatore, 1987, S. 821, 833f.; *Coppel/O'Neill*, CMLR 1992, S. 669, 673; *Douglas-Scott*, Constitutional Law, 2002, S. 442; wohl auch *Wetter*, Grundrechtscharta, 1998, S. 85ff.; der Verweis auf die EMRK in der Rechtssache *Rutili* bezieht sich jedoch auf Gemeinschaftsrechtsakte, sodass nicht anzunehmen ist, dass der EuGH in dieser Entscheidung eine Bindung der Mitgliedstaaten an die EMRK oder Unionsgrundrechte begründen wollte, vgl. *Everling*, in: Stern (Hrsg.), 40 Jahre Grundgesetz, 1990, S. 167, 173; *Jürgensen/Schlünder*, AöR 121 (1996), S. 200, 214; *Cirkel*, Bindungen der Mitgliedstaaten, 2000, S. 56; *Bienert*, Kontrolle mitgliedstaatlichen Handelns, 2001, S. 86f.; *Schaller*, EU-Mitgliedstaaten als Verpflichtungsadressaten, 2003, S. 25f.; *Wallrab*, Die Verpflichteten der Gemeinschaftsgrundrechte, 2004, S. 35.

1. Konstellationen, in denen eine Bindung angenommen wurde

Diese Fallgruppen sollen im Folgenden im Hinblick auf die vom EuGH verwendete Terminologie zur Kennzeichnung von Bindungskonstellationen untersucht werden, da die Diskussion im nationalen Schrifttum um die Auslegung von Art. 51 Abs. 1 S. 1 GRC maßgeblich von dem Wortlaut dieser Norm geprägt ist. Eine terminologische Differenzierung in der Rechtsprechung des EuGH vor Inkrafttreten der GRC ist durch die Begriffe „Durchführung“ und „Anwendungsbereich“ möglich, wobei der Schwerpunkt der folgenden Untersuchung auf die Aussagen des EuGH zur Frage der mitgliedstaatlichen Bindung gelegt wird. Ausgehend von der verwendeten Terminologie soll auch eine Systematisierung der den Entscheidungen zugrundeliegenden Fallkonstellationen versucht werden. Damit verbunden ist auch die Frage, ob bestimmte Entwicklungstendenzen im Sinne einschränkender oder erweiternder Bindungsvorgaben die Rechtsprechung des EuGH kennzeichnen. Dabei wird sich zeigen, dass sich eine stringente Dogmatik anknüpfend an die vom EuGH gebrauchten Formulierungen nicht ableiten lässt. Auf eine ausführliche Wiedergabe der Sachverhalte und mögliche grundrechtliche Besonderheiten der jeweiligen Rechtssachen wird dabei aufgrund bereits bestehender umfassender Rezeptionen im Schrifttum weitgehend verzichtet.

a. „Durchführung“ von Unionsrecht

Eine Kategorie, wann Mitgliedstaaten an Unionsgrundrechte gebunden sind, lässt sich mit der Formulierung „Durchführung“ kennzeichnen.

aa. Nationales Recht im Zusammenhang mit Verordnungen

Ein erster Anhaltspunkt für die Frage, wann Mitgliedstaaten an Unionsgrundrechte gebunden sind, ist der Rechtssache *Klensch* aus dem Jahr 1986 zu entnehmen.[538] Diese Rechtssache hatte mitgliedstaatliche Erlasse

---

538 EuGH, *Klensch*, verb. Rs. 201/85 und 202/85, EU:C:1986:439; *Bienert*, Kontrolle mitgliedstaatlichen Handelns, 2001, S. 92ff. geht hingegen davon aus, dass diesem Fall noch keine Aussage über die mitgliedstaatliche Grundrechtsbindung zu entnehmen ist; anders etwa *Binder*, Protection of Fundamental Rights, 1995, S. 21; *Ruffert*, EuGRZ 1995, S. 518, 518.

zur Festsetzung von Referenzmengen für Milch zum Gegenstand, welche vor dem Hintergrund einer Verordnung geregelt wurden. Der EuGH hat entschieden, dass Mitgliedstaaten bei einem nationalen Handeln aufgrund einer Verordnung, welche den Mitgliedstaaten die Wahl zwischen mehreren Anwendungsmodalitäten offenlässt, zur Beachtung von Unionsgrundrechten verpflichtet sind.[539] Gleichwohl hat der EuGH den Begriff „Durchführung" in diesem Zusammenhang noch nicht verwendet. Diesen Begriff gebrauchte der EuGH erst in der Rechtssache *Wachauf* im Jahr 1989, wenn er betont, dass die Mitgliedstaaten „bei der Durchführung der gemeinschaftsrechtlichen Regelungen" die Unionsgrundrechte zu beachten haben.[540] In der Rechtssache *Wachauf* wird erstmals ausdrücklich eine Bindung der Mitgliedstaaten an Unionsgrundrechte bestätigt. Den Rechtssachen *Klensch* und *Wachauf* ist gemeinsam, dass die streitgegenständliche Verordnung den Mitgliedstaaten jeweils einen gewissen Gestaltungsspielraum hinsichtlich der Art und Weise der Anwendung der Verordnung belassen hat. Daher zeigt sich, dass die Grundrechtsbindung der Mitgliedstaaten auch dann besteht, wenn diesen ein Ermessen verbleibt und nicht nur, wenn die Mitgliedstaaten aufgrund zwingender Vorgaben des Unionsrechts handeln.[541] Der ähnlich gelagerten Rechtssache *Bostock* ist zu entnehmen, dass eine Verpflichtung zur Beachtung der Unionsgrundrechte schließlich auch dann besteht, wenn eine Verordnung eine bestimmte Maßnahme zwar vorsieht, es den Mitgliedstaaten jedoch frei steht, ob sie diese Maßnahme umsetzen oder nicht. Auch wenn ein Mitgliedstaat auf die Umsetzung dieser Maßnahme verzichtet, liegt nach der Rechtsprechung des EuGH eine „Durchführung" vor. Maßgeblich ist insofern der Bezug zu der entsprechenden Verordnung.[542] Schließlich sind bei der

---

539 Konkret ging es um die Beachtung des allgemeinen Gleichheitsgrundsatzes, „der zu den Grundprinzipien des Gemeinschaftsrechts gehört", EuGH, *Klensch*, verb. Rs. 201/85 und 202/85, EU:C:1986:439, Rn. 9ff.

540 EuGH, *Wachauf*, Rs. 5/88, EU:C:1989:321, Rn. 19.

541 Bestätigt wurde dies etwa in den Urteilen EuGH, *Fintan Duff*, Rs. C-63/93, Rn. 29f.; *Graff*, Rs. C-351/92, EU:C:1994:293, Rn. 17.

542 Die Rechtssache *Bostock* hatte, wie bereits die Rechtssachen *Klensch* und *Wachauf*, die Verordnung (EWG) Nr. 856/84 des Rates vom 31. März 1984 zur Änderung der Verordnung (EWG) Nr. 804/68 über die gemeinsame Marktorganisation für Milch und Milcherzeugnisse, ABl. Nr. L 90 v. 01.04.1984, S. 10 zum Gegenstand. Fraglich war in diesem Verfahren insbesondere, ob eine Grundrechtsbindung von Großbritannien besteht, da die Verordnung (EWG) Nr. 856/84 lediglich die Möglichkeit einer Vergütungszahlung an Erzeuger, die sich zur endgültigen Aufgabe der Milcherzeugung verpflichteten, vorsah. Eine britische Vorschrift, welche eine solche Vergütung gewährt, existierte je-

Anwendung nationalen materiellen Rechts im Zusammenhang mit einer Verordnung Unionsgrundrechte zu beachten, wie sich in der Rechtssache *Möllendorf* zeigt, in welcher es um die Frage ging, ob die Rechtsfolgen einer nationalen Regelung aufgrund der Anwendung einer Verordnung zu einer Verletzung von Unionsgrundrechten führen können.[543] Unter den Begriff der „Durchführung von Unionsrecht" fällt somit jegliches Handeln von Mitgliedstaaten aufgrund oder vor dem Hintergrund einer Verordnung, wobei auch ein Unterlassen umfasst ist, wenn dies von einer Verordnung vorgesehen ist. Entscheidend sind die aufgrund von Verordnungen bestehenden Pflichten der Mitgliedstaaten.

bb. Auslegung und Anwendung von nationalem Recht bei der Umsetzung von Richtlinien

Neben den dargestellten Konstellationen hinsichtlich Verordnungen, hat der EuGH den Begriff „Durchführung" auch bei mitgliedstaatlichem Tätigwerden aufgrund einer Richtlinie im Zusammenhang mit den Unionsgrundrechten verwendet. So formulierte der EuGH in der Rechtssache *Booker Aquaculture und Hydro Seafood* unter Verweis auf die Rechtssachen *Wachauf* und *Bostock*, dass zur Umsetzung einer Richtlinie durch die Mitgliedstaaten festzustellen ist, „dass [die Mitgliedstaaten] bei der Durchführung der gemeinschaftsrechtlichen Regelungen (…) auch die Erfordernisse des Grundrechtsschutzes in der Gemeinschaftsrechtsordnung beachten und diese Regelungen deshalb so weit wie möglich in Übereinstimmung mit diesen Erfordernissen anwenden müssen."[544]

---

doch nicht. Der Generalanwalt *Gulmann* war daher in seinen Schlussanträgen der Auffassung, dass hinsichtlich der Vergütungszahlung keine allgemeine Verpflichtung der Mitgliedstaaten bestehe, sodass auch eine Grundrechtskontrolle durch den EuGH nicht in Betracht komme, s. Schlussanträge GA *Gulmann*, *Bostock*, Rs. C-2/92, EU:C:1993:141, Rn. 30ff. Dem ist der EuGH jedoch nicht gefolgt und hat darauf verwiesen, dass auch in dieser Konstellation eine Durchführung von Unionsrecht vorliegt, EuGH, *Bostock*, Rs. C-2/92, EU:C:1994:116, Rn. 16f.; bestätigt in EuGH, *Karlsson*, Rs. C-292/97, EU:C:2000:202, Rn. 37.

543 EuGH, *Möllendorf*, Rs. C-117/06, EU:C:2007:596, Rn. 77f.; *Bleckmann*, Nationale Grundrechte im Anwendungsbereich, 2011, S. 20f. kommt daher zu dem Schluss, dass „die Mitgliedstaaten zur Gewährleistung einer insgesamt grundrechtskonformen Durchführung einer Verordnung verpflichtet sind."

544 EuGH, *Booker Aquaculture und Hydro Seafood*, Rs. C-20/00, EU:C:2003:397, Rn. 88; s. auch bereits EuGH, *Strafverfahren gegen X*, verb. Rs. C-74/95 u. C-129/95, EU:C:1996:491, Rn. 25f., in diesem Verfahren wurde eine mitglied-

Deutlich wird somit, dass bei der Auslegung bzw. Anwendung einer nationalen Norm, welche zur Umsetzung einer Richtlinie erlassen wurde, eine „Durchführung" vorliegt und daher Unionsgrundrechte zu beachten sind. Da das Rechtsinstitut der Richtlinie im Gegensatz zur Verordnung den Mitgliedstaaten stets einen Umsetzungsspielraum belässt, wurde insbesondere diskutiert, ob eine vollumfängliche Bindung an Unionsgrundrechte bei der Umsetzung von Richtlinien besteht, oder ob sich diese nur auf den von der Richtlinie vorgegebenen, determinierten Teil der Umsetzung erstreckt.[545] Zu diesem Problem hat sich der EuGH in einem Verfahren zur sog. Familienzusammenführungsrichtlinie[546] positioniert. Dort hat der EuGH bestätigt, dass auch bei Ermessensspielräumen, welche eine Richtlinie den Mitgliedstaaten eröffnet, die Erfordernisse des unionsrechtlichen Grundrechtsschutzes zu beachten sind, da auch in diesen Fällen eine Durchführung von Unionsrecht vorliegt.[547]

Eine umfassende Dogmatik hinsichtlich der Grundrechtsbindung der Mitgliedstaaten im Zusammenhang mit Richtlinien entwickelte der EuGH indes nicht. Nicht entschieden wurde etwa, ob auch bei einer Richtlinie, welche eine Mindestharmonisierung vorsieht, eine Grundrechtsbindung der Mitgliedstaaten besteht, wenn die streitgegenständliche nationale Vorschrift über die Mindestharmonisierung hinausgeht.[548]

---

staatliche Bindung an das strafrechtliche Bestimmtheitsgebot angenommen, welches der EuGH als Teil der allgemeinen Rechtsgrundsätze und nicht als Grundrecht qualifiziert; gleichwohl kann dieses Verfahren auch als Beispiel für mitgliedstaatliche Bindung an Unionsgrundrechte herangezogen werden, so etwa *Cirkel*, Bindung der Mitgliedstaaten, 2000, S. 84; *Nusser*, Bindung der Mitgliedstaaten, 2011, S. 185f.; diese Bindungskonstellation wurde bestätigt u.a. in EuGH, *Arkopharma*, Rs. C-107/97, EU:C:2000:253, Rn. 65; *Berlusconi u.a.*, verb. Rs. C-387/02, C-391/02 und C-403/02, EU:C:2005:270, Rn. 69; für das Gleichheitsgebot s. EuGH, *Rodríguez Caballero*, Rs. C-442/00, EU:C:2002:752, Rn. 30f.

545 S. etwa *Kingreen/Störmer*, EuR 1998, S. 263, 278ff.; *Weber*, NJW 2000, S. 537, 542.

546 Richtlinie 2003/86/EG des Rates vom 22. September 2003 betreffend das Recht auf Familienzusammenführung, ABl. L 251 v. 03.10.2003, S. 12.

547 EuGH, *Parlament/Rat*, Rs. C-540/03, EU:C:2006:429, Rn. 98, 104f.; s. auch *Promusicae*, Rs. C-275/06, EU:C:2008:54, Rn. 68.

548 Zwar könnte in der Rechtssache EuGH, *Booker Aquaculture*, verb. Rs. C-20/00 u. C-64/00, EU:C:2003:397 eine Mindestharmonisierungsklausel Grundlage für die mitgliedstaatliche Grundrechtsbindung gewesen sein, eine ausdrückliche Aussage dazu ist dem Urteil jedoch nicht zu entnehmen, s. dazu ausführlich *Maier*, Grundrechtsschutz, 2014, S. 77; gegen die Annahme einer Grundrechtsbindung in Fällen der Mindestharmonisierung wird die Rechtssache EuGH, *Deponiezweckverband Eiterköpfe*, Rs. C-6/03, EU:C:2005:222 angeführt, s. *Eden-*

cc. Zwischenergebnis

Der Begriff „Durchführung“ wurde vom EuGH im Zusammenhang mit der Bindung der Mitgliedstaaten an Unionsgrundrechte in zwei Konstellationen verwendet: Einerseits bei der Anwendung einer Verordnung durch nationale Organe, wobei dies auch gilt, wenn eine Verordnung den Mitgliedstaaten Ermessen einräumt oder eine Handlungsmöglichkeit offenlässt. Andererseits findet sich der Begriff „Durchführung“ bei Verfahren, in welchen nationales Recht auf einer Richtlinie beruht. Dazu zählt zum einen die Auslegung und Anwendung von nationalem Recht durch nationale Behörden und Gerichte, welches zur Umsetzung von einer Richtlinie erlassen wurde. Zum anderen ist der nationale Gesetzgeber beim Erlass eines Gesetzes zur Umsetzung einer Richtlinie an Unionsgrundrechte gebunden. Dies gilt auch im Bereich von Ermessensspielräumen, welche eine Richtlinie den Mitgliedstaaten einräumt. Situationen, in denen Mitgliedstaaten nach diesen Kriterien an Unionsgrundrechte gebunden sind, da sie beim Vollzug von sekundärem Unionsrecht als „verlängerter Arm“ der Unionsorgane handeln, werden auch als „Durchführungskonstellationen“ bzw. *agency situation* bezeichnet.[549]

b. Handeln im „Anwendungsbereich“ des Unionsrechts

Eine weitere Fallgruppe zur Klassifizierung von Bindungskonstellationen von Mitgliedstaaten an Unionsgrundrechte kann mit der Formulierung „Anwendungsbereich“ zusammengefasst werden. Eine erste Hinführung zu dieser Formulierung liefert die Entscheidung *Demirel* vom 30.09.1987, in der u.a. nach möglichen Auswirkungen von Art. 8 EMRK hinsichtlich der Begründung eines Rechts auf Familiennachzug gefragt wurde.[550] Der Gerichtshof stellt zwar dar, dass er „für die Beachtung der Grundrech-

---

harter, Grundrechtsschutz, 2018, S. 645; a.A. *Bleckmann*, Nationale Grundrechte im Anwendungsbereich, 2011, S. 46f.

549 Der Begriff „*agency situation*“ geht zurück auf *Weiler/Lockhart*, CMLR 32 (1995), S. 51, 73; dieser ist inzwischen anerkannt, vgl. etwa *Kingreen/Störmer*, EuR 1998, S. 263, 279; *Wallrab*, Die Verpflichteten der Gemeinschaftsgrundrechte, 2004, S. 63; *Brosius-Gersdorf*, Bindung der Mitgliedstaaten, 2005, S. 18; *Hoffmann/Rudolphi*, DÖV 2012, S. 597, 598; *Michl*, Überprüfung des Unionsrechts, 2014, S. 156; *Kleinlein*, Grundrechtsföderalismus, 2020, S. 249.

550 Vgl. Schlussanträge GA *Darmon*, *Demirel*, Rs. 12/86, EU:C:1987:232, Rn. 27; EuGH, *Demirel*, Rs. 12/86, EU:C:1987:400, Rn. 28.

te im Bereich des Gemeinschaftsrechts Sorge zu tragen" habe; für eine Grundrechtsprüfung im konkreten Fall erklärte er sich hingegen für unzuständig, da er eine nationale Regelung nicht auf die Vereinbarkeit mit Grundrechten untersuchen kann, wenn diese „nicht im Rahmen des Gemeinschaftsrechts liegt".[551] Offen gelassen wurde in dieser Entscheidung, was dieser „Rahmen" umfasst.

aa. Einschränkung von Grundfreiheiten

In der Rechtssache *ERT* hat der EuGH 1991 die Bindung der Mitgliedstaaten an Unionsgrundrechte in einer allgemeingültigen Formel bestätigt und somit auch den angesprochenen „Rahmen" konkretisiert. In dieser Entscheidung, in der die streitgegenständlichen Vorschriften nicht zur Umsetzung einer Richtlinie bzw. der Anwendung einer Verordnung dienten, wurde u.a. geprüft, ob die Monopolstellung des griechischen Staatsrundfunks die Dienstleistungs- und Warenverkehrsfreiheit verletzt und ob diese mit der Meinungsäußerungsfreiheit vereinbar ist.[552] Der EuGH erläuterte dazu: „Nach seiner Rechtsprechung (...) kann der Gerichtshof eine nationale Regelung, die nicht im Rahmen des Gemeinschaftsrechts ergangen ist, nicht im Hinblick auf die Europäische Menschenrechtskonvention beurteilen. Fällt eine solche Regelung dagegen in den Anwendungsbereich des Gemeinschaftsrechts, so hat der Gerichtshof, wenn er im Vorabentscheidungsverfahren angerufen wird, dem vorlegenden Gericht alle Auslegungskriterien an die Hand zu geben, die es benötigt, um die Vereinbarkeit dieser Regelung mit den Grundrechten beurteilen zu können, deren Wahrung der Gerichtshof zu sichern hat und die sich insbesondere aus der Europäischen Menschenrechtskonvention ergeben."[553] Maßgeblich ist demnach, dass eine nationale Regelung in den „Anwendungsbereich" des Unionsrechts fällt. Dies ist nach der *ERT*-Entscheidung „insbesondere" dann der Fall, wenn sich ein Mitgliedstaat auf eine geschriebene Ausnahmevorschrift zur Rechtfertigung der Beeinträchtigung einer Grundfreiheit

---

551 EuGH, *Demirel*, Rs. 12/86, EU:C:1987:400, Rn. 28.

552 EuGH, *ERT*, Rs. C-260/89, EU:C:1991:254, Rn. 3ff.

553 EuGH, *ERT*, Rs. C-260/89, EU:C:1991:254, Rn. 42; aufgrund dieser erstmaligen allgemeingültigen Anerkennung der Bindung der Mitgliedstaaten an Unionsgrundrechte, wird die *ERT*-Entscheidung auch als grundlegend für das Verständnis der Unionsgrundrechte insgesamt bewertet, s. *Chalmers*, in: Maduro/Azoulai (Hrsg.), The Past and Future of EU Law, 2010, S. 140ff.

beruft.[554] Unionsgrundrechte verfolgen in dieser Konstellation die gleiche Schutzrichtung wie die beeinträchtigte Grundfreiheit und stellen somit eine Grenze für die Rechtfertigung nationaler Grundrechtseingriffe dar.[555] In einer Entscheidung zum deutschen Arzneimittelrecht hat der EuGH eine Bindung an Grundrechte in dieser Fallkonstellation bestätigt, ohne dabei auf den Begriff „Anwendungsbereich" zurückzugreifen.[556]

bb. Grundrechte als selbstständiger Rechtfertigungsgrund bei der Beeinträchtigung einer Grundfreiheit

In der Rechtssache *Schmidberger* wurde erstmals eine Bindungskonstellation anerkannt, in welcher die Grundrechte unmittelbar dem Unionsrecht zu entnehmende immanente Schranken der Grundfreiheiten darstellen.[557] Anlass für den Ausgangsrechtsstreit war eine gemäß den Vorschriften des österreichischen Versammlungsgesetzes angekündigte Versammlung auf der Brenner-Autobahn, die zu einer rund 30-stündigen Sperrung der Autobahn führte.[558] Ein internationales Transportunternehmen mit Sitz in Deutschland verklagte daraufhin den Staat Österreich zur Zahlung von Schadenersatz für ausgefallene Fahrten nach Italien, da die Brenner-Autobahn die einzige für sie mögliche Transitroute sei und Österreich aus dem Grundsatz des freien Warenverkehrs dazu verpflichtet sei, wichtige Transitrouten freizuhalten. Das in zweiter Instanz zuständige OLG Innsbruck hat im Wege des Vorabentscheidungsverfahrens den EuGH angerufen, um im Wesentlichen Fragen zu den aus der Warenverkehrsfreiheit folgenden mitgliedstaatlichen Handlungspflichten zu klären. In seiner Antwort hat der Gerichtshof bei der Prüfung der Rechtfertigung der Beeinträchtigung der Warenverkehrsfreiheit auf die Unionsgrundrechte Bezug genommen: Ent-

---

554 EuGH, *ERT*, Rs. C-260/89, EU:C:1991:254, Rn. 43.

555 *Bleckmann*, Nationale Grundrechte im Anwendungsbereich, 2011, S. 85.

556 EuGH, *Kommission gegen Deutschland*, Rs. C-62/90, EU:C:1992:169, Rn. 23; im Zusammenhang mit der Beeinträchtigung von Grundfreiheiten wird häufig auch das Urteil in der Rechtssache *Grogan* diskutiert, EuGH, *Grogan*, Rs. C-159/90, EU:C:1991:378; da in diesem Urteil der EuGH auf die Frage der Bindung der Mitgliedstaaten mangels Beeinträchtigung einer Grundfreiheit nicht eingegangen ist, wird dieses nicht näher dargestellt, s. dazu etwa *Schaller*, EU-Mitgliedstaaten als Verpflichtungsadressaten, 2003, S. 62ff.; *von Papp*, Integrationswirkung, 2007, S. 101ff., 125f.; *Bleckmann*, Nationale Grundrechte im Anwendungsbereich, 2011, S. 86f.

557 *Kadelbach/Petersen*, EuGRZ 2003, S. 693, 695.

558 Vgl. EuGH, *Schmidberger*, Rs. C-112/00, EU:C:2003:333, Rn. 10ff.

gegen dem Vorschlag des Generalanwalts – die Anerkennung nationaler Grundrechte als zwingende Erfordernisse – hat der EuGH dabei unter Verweis auf Situationen, die in den „Anwendungsbereich des Gemeinschaftsrechts“ fallen, unmittelbar die europäischen Grundrechte zur Prüfung der Rechtfertigung herangezogen.[559] Hatten Grundfreiheiten und Grundrechte in der Rechtssache *ERT* noch die gleiche Schutzrichtung, stehen sich nun verschiedene Interessen gegenüber. Somit wurde die Bindung der Mitgliedstaaten an Unionsgrundrechte im Vergleich zur *ERT*-Rechtsprechung erweitert.[560]

cc. Grundrechtsbindung bei fehlender Beeinträchtigung einer Grundfreiheit?

Der Rechtssache *Karner* lag ein Vorabentscheidungsverfahren zur Auslegung der Warenverkehrsfreiheit zugrunde. Das vorlegende Gericht wollte wissen, ob eine nationale Norm eines Gesetzes gegen den unlauteren Wettbewerb, welche jede Bezugnahme auf die Herkunft der Ware aus einer Konkursmasse verbietet, wenn die Ware nicht mehr zum Bestand derselben gehört, mit der Warenverkehrsfreiheit vereinbar ist; die Beklagte des Ausgangsverfahrens rügte zudem eine Verletzung der Meinungsäußerungsfreiheit durch das nationale Gesetz.[561] Schließlich könnte dieses mit der Richtlinie 84/450/EWG über irreführende Werbung[562] unvereinbar sein.[563] Im Ergebnis bejahte der EuGH die mitgliedstaatliche Verpflichtung zur Beachtung der Unionsgrundrechte, ohne dabei jedoch den Bezugspunkt für die mitgliedstaatliche Bindung ausdrücklich zu benennen.

Da in dieser Rechtssache die Warenverkehrsfreiheit betroffen war, könnte zunächst eine Bindung entsprechend der *ERT*-Rechtsprechung anzunehmen sein. In seiner Entscheidung verwies der Gerichtshof auf *ERT* und stellte auf die Formulierung des „Anwendungsbereich des Gemein-

---

559 EuGH, *Schmidberger*, Rs. C-112/00, EU:C:2003:333, Rn. 75ff.; s. zum Vorschlag des Generalanwalts *Jacobs* Schlussanträge GA *Jacobs*, *Schmidberger*, Rs. C-112/00, EU:C:2002:437, Rn. 94ff.

560 *Kadelbach/Petersen*, EuGRZ 2003, S. 693, 698.

561 EuGH, *Karner*, Rs. C-71/02, EU:C:2004:181, Rn. 10ff.

562 Richtlinie 84/450/EWG des Rates vom 10. September 1984 zur Angleichung der Rechts- und Verwaltungsvorschriften der Mitgliedstaaten über irreführende Werbung, ABl. L 250 v. 19.09.1984, S. 17.

563 S. insb. Schlussanträge GA *Alber*, *Karner*, Rs. C-71/02, EU:C:2003:208, Rn. 35ff.

schaftsrechts“ ab.[564] Allerdings war eine Bindung an Unionsgrundrechte entsprechend der *ERT*-Rechtsprechung in *Karner* nicht gegeben, da nach Maßgabe der *Keck*-Formel[565] keine Beeinträchtigung der Grundfreiheiten vorlag.[566] Dies führte zu unterschiedlichen Interpretationen hinsichtlich der Bindung der Mitgliedstaaten an Unionsgrundrechte.

Zum einen wurde dieses Urteil als eine Erweiterung der mitgliedstaatlichen Grundrechtsbindung in Konstellationen, in welchen der Schutzbereich einer Grundfreiheit zwar eröffnet ist, eine Beeinträchtigung der Grundfreiheit jedoch nicht vorliegt, gedeutet.[567] Für eine derartige weitreichende Ausdehnung über die *ERT*-Rechtsprechung hinaus lassen sich letztlich jedoch keine Anhaltspunkte im Urteil des Gerichtshofs finden, sodass nicht von einer Erweiterung in dieser Hinsicht auszugehen ist. Zum anderen wurde angenommen, dass in dieser Entscheidung eine Grundrechtsprüfung dogmatisch anknüpfend an die *Keck*-Formel erfolgte und die Vereinbarkeit einer nationalen Maßnahme mit den Unionsgrundrechten als ergänzendes, im Rahmen der *Keck*-Formel zu beurteilendes Kriterium anerkannt werde, sodass Verkaufsmodalitäten nicht nur alle Wirtschaftsteilnehmer, die ihre Tätigkeit im Inland ausüben und den Absatz der inländischen Erzeugnisse und der Erzeugnisse aus anderen Mitgliedstaaten rechtlich wie tatsächlich in der gleichen Weise betreffen, sondern auch mit den Unionsgrundrechten vereinbar sein müssten.[568] Eine entsprechende Ergänzung der *Keck*-Formel ist dieser Entscheidung allerdings nicht zu entnehmen, da damit auch die aus der *Keck*-Rechtsprechung folgende Vermutung der binnenmarktrechtlichen Neutralität für grundrechtswidrige Verkaufsmodalitäten aufgehoben worden wäre; eine Behinderung des Binnenmarktes könnte demnach regelmäßig aus einer Unionsgrundrechtsbeeinträchtigung folgen.[569] Es erscheint wenig plausibel, dass der EuGH eine entsprechende Erweiterung, ohne dies zu begründen oder überhaupt zu thematisieren, mit der Rechtssache *Karner* bezwecken wollte, zumal der

564 EuGH, *Karner*, Rs. C-71/02, EU:C:2004:181, Rn. 48f.
565 EuGH, *Keck*, verb. Rs. C-267/91 und C-268/91, EU:C:1993:905, Rn. 16.
566 EuGH, *Karner*, Rs. C-71/02, EU:C:2004:181, Rn. 43; s. dazu auch *Scheuing*, EuR 2005, S. 162, 173f.; *von Papp*, Integrationswirkung, 2007, S. 199.
567 *Stuyck*, CMLR 41 (2004), S. 1683, 1695f.
568 *Von Papp*, Integrationswirkung, 2007, S. 199f.; ähnlich *Stuyck*, CMLR 41 (2004), S. 1683, 1695f.
569 *Bleckmann*, Nationale Grundrechte im Anwendungsbereich, 2011, S. 107.

Gerichtshof auf seine bisherige Rechtsprechung zur Bindung der Mitgliedstaaten verwiesen hat.[570]

Naheliegend ist in der Rechtssache *Karner* eine Grundrechtsbindung vermittelt über die Richtlinie 84/450/EWG, wobei der entsprechende Bezug der nationalen Regelung zur Richtlinie vage ist, da nicht eindeutig zu entscheiden ist, ob die streitgegenständliche nationale Norm in den Anwendungsbereich dieser Richtlinie fällt. Der EuGH stellte dazu dar, dass Vorschriften zum Verbraucherschutz beim Verkauf von Waren aus einer Konkursmasse nicht harmonisiert sind, bestimmte Aspekte der Werbung für solche Verkäufe jedoch in den Anwendungsbereich der Richtlinie 84/450/EWG fallen könnten.[571] Insofern kann eine Verbindung zwischen der nationalen Regelung und der Richtlinie angenommen werden, welche die Grundrechtsbindung und somit eine umfassende Anwendung der Gemeinschaftsgrundrechte begründen könnte.[572] Allerdings sind die mit der streitgegenständlichen nationalen Norm verfolgten Ziele nicht Gegenstand der durch die Richtlinie 84/450/EWG vorgenommenen Rechtsangleichung, sodass es sich nicht um einen unmittelbaren Vollzug i.S.d. *agency situation* handelt.[573] Wird angenommen, dass die Richtlinie 84/450/EWG eine Mindestharmonisierung vorsieht, so könnte die Rechtssache *Karner* in Richtung einer umfassenden Grundrechtsbindung im Zusammenhang mit sekundärrechtlichen Mindestharmonisierungsklauseln zu deuten sein.[574] Da der EuGH den Grad der Harmonisierung ausdrücklich nicht geprüft hat, kommt eine entsprechende Anerkennung der Grundrechtsbindung in diesem Bereich im Ergebnis jedoch nicht in Betracht.[575]

---

570 *Nusser*, Bindung der Mitgliedstaaten, 2011, S. 19f.; *Scheuing*, EuR 2005, S. 162, 175 spricht von einem „rätselhaft[en]“ Urteil; *Pirker*, Grundrechtsschutz im Unionsrecht, 2018, S. 201 nennt das Urteil eine „wenig überzeugende Einzelfallentscheidung“; a.A. *Mall*, Bindung der Mitgliedstaaten, 2012, S. 72, die davon ausgeht, dass die Entscheidung eine Erweiterung der mitgliedstaatlichen Grundrechtsbindung darstelle, wobei die der Erweiterung zugrundeliegenden Kriterien gerade nicht erkennbar werden.

571 EuGH, *Karner*, Rs. C-71/02, EU:C:2004:181, Rn. 31.

572 *Bleckmann*, Nationale Grundrechte im Anwendungsbereich, 2011, S. 39.

573 Vgl. Schlussanträge GA *Alber*, *Karner*, Rs. C-71/02, EU:C:2003:208, Rn. 36; die Richtlinie nicht als möglichen Anknüpfungspunkt ansehend *Scheuing*, EuR 2005, S. 162, 174.

574 *Weyer*, EuZW 2004, S. 455, 457 sieht eine Bindung aufgrund der Mindestharmonisierung als naheliegend an.

575 EuGH, *Karner*, Rs. C-71/02, EU:C:2004:181, Rn. 33; *Bleckmann*, Nationale Grundrechte im Anwendungsbereich, 2011, S. 39f.

dd. Anwendung nationaler Prozess- und Verfahrensregeln bei unionsrechtlich gewährleisteten Rechten

Der Rechtssache *Steffensen* lässt sich entnehmen, dass nationale Beweisregeln in den „Geltungsbereich" bzw. „Anwendungsbereich"[576] des Unionsrechts fallen, wenn diese bei der Beachtung von unionsrechtlich garantierten Rechten relevant werden.[577] Gegenstand dieses Verfahrens waren die Fragen, ob sich aus dem Unionsrecht im Rahmen der unionsrechtlich geregelten amtlichen Lebensmittelüberwachung das Recht auf Einholung eines Gegengutachtens ergibt, wenn mitgliedstaatliche Behörden eine Probe eines Erzeugnisses unter lebensmittelrechtlichen Aspekten beanstanden und ob entsprechende Probenahmen in einem nationalen Gerichtsverfahren zu Beweiszwecken nicht verwertet werden dürfen, wenn die Einholung eines Gegengutachtens nicht ermöglicht worden ist. Das Recht zur Einholung eines Gegengutachtens bejaht der EuGH durch Auslegung von Art. 7 Abs. 1 UAbs. 2 der Richtlinie 89/397/EWG.[578] Bei der Frage, ob ein Verwertungsverbot besteht, wenn ein solches Gegengutachten nicht einzuholen war, handelt es sich um nationales Prozessrecht, für welches die Union grundsätzlich keine Kompetenz hat; insbesondere wurden diese Beweisregeln auch nicht zur Umsetzung einer Richtlinie erlassen.[579] Der Gerichtshof hat dennoch eine eigenständige Grundrechtsprüfung durchgeführt, da die anwendbaren nationalen Beweisregeln in den „Anwendungsbereich" bzw. „Geltungsbereich" des Unionsrechts fallen.[580] Entscheidend ist insofern, dass diese nationalen Normen die Durchsetzung eines europarechtlich begründeten Anspruchs in einem sekundärrechtlichen Bereich

576 Teilweise findet sich in der deutschen Sprachfassung von Urteilen des EuGH der Begriff des „Geltungsbereichs des Gemeinschaftsrechts". Da in anderen Sprachfassungen, etwa im Englischen, die im *ERT*-Urteil verwendete Formulierung *„scope of Community law"* an dieser Stelle verwendet wird, wird die Formulierung „Geltungsbereich" in der vorliegenden Untersuchung dem Begriff „Anwendungsbereich" zugeordnet. In einigen Fällen – so auch in der Rechtssache *Steffensen* – wird neben dem „Geltungsbereich" auch vom „Anwendungsbereich" gesprochen – gleiches gilt für die noch zu besprechende Rechtssache *Mangold*.

577 EuGH, *Steffensen*, Rs. C-276/01, EU:C:2003:228, Rn. 71.

578 Richtlinie 89/397/EWG des Rates vom 14. Juni 1989 über die amtliche Lebensmittelüberwachung, ABl. L 186 v. 30.06.1989, S. 23; EuGH, *Steffensen*, Rs. C-276/01, EU:C:2003:228, Rn. 52.

579 *Scheuing*, EuR 2005, S. 162, 168.

580 EuGH, *Steffensen*, Rs. C-276/01, EU:C:2003:228, Rn. 70f.

ermöglichen.[581] Je nachdem, ob diese Durchsetzung als „Durchführung von Unionsrecht“ bewertet wird, lässt sich diese Rechtssache entweder in die Rechtsprechung des EuGH zur mitgliedstaatlichen Bindung an Unionsgrundrechte einordnen[582] oder als eine Erweiterung der bisherigen Bindungskonstellationen bewerten.[583] Festzuhalten ist zunächst, dass die zugrundeliegende Richtlinie gerade keine Vorgaben hinsichtlich der Auswirkungen einer Verletzung des Rechts zur Einholung eines Gegengutachtens im nationalen Gerichtsverfahren und auch keine Verpflichtung zum Erlass von nationalem Recht in diesem Bereich enthält. Anknüpfungspunkt für die Grundrechtsbindung der Mitgliedstaaten ist das in der Richtlinie garantierte subjektive Recht auf Einholung eines Gegengutachtens. Vergleichbar dazu sind Fälle, in welchen Mitgliedstaaten mangels unionsrechtlicher Regelung ihre eigenen Verfahrensvorschriften anwenden, dabei aber auch sekundärrechtliche Vorgaben beachten müssen.[584]

ee. Umsetzung von Richtlinien vor Ablauf der Umsetzungsfrist

Ob und inwieweit Richtlinien eine Grundrechtsbindung der Mitgliedstaaten vermitteln, erörterte der EuGH auch unter der Formulierung des „Anwendungsbereichs“. In den Rechtssachen *Guerrero Pecino*,[585] *Cordero Alonso*,[586] und *Velasco Navarro*[587] hat der EuGH entschieden, dass eine nationale

---

581 Vgl. *Frenz*, Handbuch Europarecht, Bd. 4, 2009, 2. Kapitel, Rn. 256f.

582 So etwa *Frenz*, Handbuch Europarecht, Bd. 4, 2009, 2. Kapitel, Rn. 257; *Bleckmann*, Nationale Grundrechte im Anwendungsbereich, 2011, S. 73; *Nusser*, Bindung der Mitgliedstaaten, 2011, S. 21f. sieht das mitgliedstaatliche Urteil als „Durchführung“ der Vorgaben der maßgeblichen Richtlinie an und verneint somit das Vorliegen einer neuen Fallgruppe.

583 *Scheuing*, EuR 2005, S. 162, 168f. geht bei diesem Urteil von einer neuen Fallgruppe im Sinne einer „Rechtsschutzgefährdungskonstellation“ aus; s. auch *Cruz Villalón*, in: Maduro/Azoulai (Hrsg.), The Past and Future of EU Law, 2010, S. 162, 167f.

584 S. etwa EuGH, *Société financière d'investissements SPRL (SFI)*, Rs. C-85/97, EU:C:1998:552, Rn. 29ff.; in dieser Rechtssache, welche im Wesentlichen Fragen zur Verjährung des Anspruchs auf Zahlung der Mehrwertsteuer zum Gegenstand hatte, stellte der EuGH fest, dass „das Mehrwertsteuerrecht unbestreitbar unter das Gemeinschaftsrecht [fällt]“ und somit die entsprechende „nationale Regelung in den Anwendungsbereich des Gemeinschaftsrechts [fällt]“, sodass eine Grundrechtsbindung besteht.

585 EuGH, *Guerrero Pecino*, Rs. C-177/05, EU:C:2005:764.

586 EuGH, *Cordero Alonso*, Rs. C-81/05, EU:C:2006:529.

587 EuGH, *Velasco Navarro*, Rs. C-246/06, EU:C:2008:19.

Regelung auch dann in den „Anwendungsbereich" des Unionsrechts fällt, wenn diese Regelung in den Anwendungsbereich einer Richtlinie fällt und diese bereits vor Inkrafttreten der Richtlinie erlassen wurde; unerheblich ist insofern auch, ob die Umsetzungsfrist der Richtlinie bereits abgelaufen ist.[588] Zu berücksichtigen ist dabei, dass die in diesen Rechtssachen maßgebliche Richtlinie zum Schutz der Arbeitnehmer bei Zahlungsunfähigkeit des Arbeitgebers[589] selbst in Art. 2 Abs. 1 UAbs. 2 vorsah, dass nationale Vorschriften, die der Umsetzung dieser Richtlinie dienen, bereits ab dem Zeitpunkt ihres Inkrafttretens auf jede Zahlungsunfähigkeit eines Arbeitgebers anzuwenden sind, sodass auch die Richtlinienvorgaben bei diesen Fällen zu beachten sind. Daraus kann die Schlussfolgerung gezogen werden, dass die Mitgliedstaaten an Unionsgrundrechte gebunden sind, wenn sie vor Ablauf der Umsetzungsfrist Umsetzungsmaßnahmen ergreifen und die Richtlinie eine Anwendung von einzelnen Bestimmungen vor Ende der Umsetzungsfrist vorsieht.[590] Dies gilt auch, wenn eine nationale Vorschrift bereits vor Inkrafttreten einer Richtlinie besteht und in den Anwendungsbereich dieser Richtlinie fällt. Deutlich wird somit zugleich, dass die Frage der Grundrechtsbindung nicht davon abhängig ist, ob eine nationale Vorschrift mit dem Ziel der Umsetzung einer Richtlinie erlassen wurde. Von Bedeutung für die Zuordnung zum Anwendungsbereich einer Richtlinie und damit für die Grundrechtsbindung ist demnach auch nicht der Zeitpunkt des Erlasses einer nationalen Regelung.[591] Besteht eine nationale Vorschrift zur Umsetzung einer Richtlinie noch nicht, sondern wird erst durch die Handlungsverpflichtung der Richtlinie notwendig, so besteht eine Grundrechtsbindung nicht vor Ablauf der Umsetzungsfrist der entsprechenden Richtlinie.[592]

---

588 S. EuGH, *Cordero Alonso*, Rs. C-81/05, EU:C:2006:529, Rn. 31f., 35; *Velasco Navarro*, Rs. C-246/06, EU:C:2008:19, Rn. 31ff.; ohne die Formulierung des „Anwendungsbereichs" zu verwenden und für den Fall, dass die Umsetzung einer Richtlinie vor Ablauf der Umsetzungsfrist erfolgt EuGH, *Guerrero Pecino*, Rs. C-177/05, EU:C:2005:764, Rn. 23ff.

589 Richtlinie 2002/74/EG des Europäischen Parlaments und des Rates vom 23. September 2002 zur Änderung der Richtlinie 80/987/EWG des Rates zur Angleichung der Rechtsvorschriften der Mitgliedstaaten über den Schutz der Arbeitnehmer bei Zahlungsunfähigkeit des Arbeitgebers, ABl. L 270 v. 08.10.2002, S. 10.

590 *Pirker*, Grundrechtsschutz, 2018, S. 379.

591 *Maier*, Grundrechtsschutz, 2014, S. 131.

592 Vgl. EuGH, *Bartsch*, Rs. C-427/06, EU:C:2008:517; *Maier*, Grundrechtsschutz, 2014, S. 134ff., geht davon aus, dass die Rechtssache *Bartsch* einen Widerspruch zu den Rechtssachen *Cordero Alonso* und *Velasco Navarro* darstellt, da der EuGH

ff. Änderung von zur Umsetzung von Richtlinien erlassenen Rechts

Mit der Änderung einer zur Umsetzung einer Richtlinie erlassenen Vorschrift befasste sich der EuGH in der Rechtssache *Mangold*, in welcher zudem erstmals das Verbot der Altersdiskriminierung als Unionsgrundrecht anerkannt wurde.[593] Zur Bindung der Mitgliedstaaten an die Unionsgrundrechte hat der EuGH entschieden, dass eine nationale Regelung auch dann in den „Geltungsbereich des Gemeinschaftsrechts" fällt, wenn diese Regelung ursprünglich zur Umsetzung einer Richtlinie erlassen wurde und nach diesem Erlass geändert wird.[594] Hintergrund dieser Rechtssache war § 14 Abs. 3 S. 4 des TzBfG, welcher den Abschluss befristeter Arbeitsverträge mit Personen ab 52 Jahren ohne Angabe eines sachlichen Grundes erlaubte. In dem nationalen Gerichtsverfahren wurde geltend gemacht, dass diese Regelung gegen das in der Richtlinie 2000/78/EG[595] niedergelegte Verbot der Diskriminierung wegen des Alters verstoße. § 14 TzBfG wurde als Umsetzungsgesetz der Richtlinie 1999/70/EG[596] erlassen. Daran anknüpfend entschied der EuGH, dass der Begriff der Umsetzung „nicht nur die ursprüngliche Umsetzung (…), [sondern] vielmehr alle nationalen Maßnahmen erfassen [muss], die die Erreichung des mit der Richtlinie verfolgten Zieles gewährleisten sollen, einschließlich derjenigen, mit denen nach der eigentlichen Umsetzung die bereits erlassenen nationalen Rechtsvorschriften ergänzt oder geändert werden."[597] Mit dieser Formulierung wird die Bindung der Mitgliedstaaten an Unionsgrundrechte denkbar weit

in diesen Rechtssachen eine Grundrechtsbindung vor Ablauf der Umsetzungsfrist angenommen hat. Im Unterschied zur Rechtssache *Bartsch* bestand in diesen Rechtssachen jedoch bereits eine nationale Vorschrift, die den Vorgaben der Richtlinie entsprochen hatte, sodass ein (weiterer) Umsetzungsakt nicht notwendig war.

593 EuGH, *Mangold*, Rs. C-144/04, EU:C:2005:709, Rn. 74f.; im Schrifttum wird dieses Urteil häufig kritisiert, wesentlicher Ansatzpunkt dieser Kritik ist die „Erfindung" des Grundrechts des Verbots der Altersdiskriminierung, vgl. zum Meinungstand *Haltern*, in: Haltern/Bergmann (Hrsg.), EuGH in der Kritik, 2012, S. 25, 38ff. m.w.N.

594 EuGH, *Mangold*, Rs. C-144/04, EU:C:2005:709, Rn. 51, 75; s. auch *Kingreen*, EuR 2010, S. 338, 358: „einmal Umsetzung, immer Umsetzung".

595 Richtlinie 2000/78/EG des Rates vom 27. November 2000 zur Festlegung eines allgemeinen Rahmens für die Verwirklichung der Gleichbehandlung in Beschäftigung und Beruf, ABl. L 303 v. 02.12.2000, S. 16.

596 Richtlinie 1999/70/EG des Rates vom 28. Juni 1999 zu der EGB-UNICE-CEEP-Rahmenvereinbarung über befristete Arbeitsverträge, ABl. L 175 v. 10.07.1999, S. 43.

597 EuGH, *Mangold*, Rs. C-144/04, EU:C:2005:709, Rn. 51.

ausgedehnt, da das Ziel einer Richtlinie meist sehr weit und allgemein gefasst ist; mithin kann diese Formulierung auch als eine Annäherung an eine „umfassende Inkorporation der Unionsgrundrechte“ gelesen werden.[598]

Da § 14 Abs. 3 S. 4 TzBfG auch in den Anwendungsbereich der Richtlinie 2000/78/EG fällt, die Umsetzungsfrist dieser Richtlinie im Zeitpunkt des Verfahrens aber noch nicht abgelaufen war, wurde im Schrifttum diskutiert, ob sich aus der sog. Vorwirkung von Richtlinien eine Bindungswirkung ergibt.[599] Als Vorwirkung wird die Situation bezeichnet, in welcher eine Richtlinie bereits in Kraft getreten, die Umsetzungsfrist jedoch noch nicht abgelaufen ist und die Mitgliedstaaten in diesem Zeitraum verpflichtet sind, den Erlass von Vorschriften zu unterlassen, die geeignet sind, das in der Richtlinie vorgeschriebene Ziel ernstlich infrage zu stellen.[600] Da die streitgegenständliche Fassung von § 14 Abs. 3 S. 4 TzBfG selbst nicht im Zuge der Umsetzung der Richtlinie 1999/70/EG, sondern erst später im Rahmen des Ersten Gesetzes für moderne Dienstleistungen am Arbeitsmarkt[601] erlassen wurde, wird angenommen, dass diese Vorschrift gerade nicht in den Anwendungsbereich der Richtlinie 1999/70/EG fällt, weshalb eine Grundrechtsbindung nur aufgrund der Vorwirkung der Richtlinie 2000/87/EG möglich gewesen wäre.[602] Angesichts der Tatsache, dass § 14 Abs. 3 S. 4 TzBfG im Zuge der Änderung von 2002 zwar primär beschäftigungspolitische Ziele verfolgt, diese Änderung jedoch auch im Kontext des von der Richtlinie 1999/70/EG u.a. verfolgten Ziels – dem Arbeitnehmerschutz bei befristeten Arbeitsverträgen – zu betrachten ist und zudem § 14 Abs. 3 TzBfG insgesamt zur Umsetzung dieser Richtlinie erlassen wurde, vermag dies nicht zu überzeugen. Letztlich kann die Frage, ob die konkrete nationale Norm tatsächlich als Umsetzung der Richtlinie 1999/70/EG einzuordnen ist, offenbleiben, da der EuGH jedenfalls mit die-

---

598 *Haltern*, in: Haltern/Bergmann (Hrsg.), EuGH in der Kritik, 2012, S. 25, 43.

599 S. etwa *Bleckmann*, Nationale Grundrechte im Anwendungsbereich, 2011, S. 51f.; *Maier*, Grundrechtsschutz, 2014, S. 138ff.; *Heuer*, Art. 51 Abs. 1 Satz 1 GRC, 2014, S. 216.

600 EuGH, *Inter-Environnement Wallonie*, Rs. C-129/96, EU:C:1997:628, Rn. 45.

601 Erstes Gesetz für moderne Dienstleistungen am Arbeitsmarkt v. 23.12.2002, BGBl. 2002 I, S. 4607.

602 Vgl. *Ziegenhorn*, NVwZ 2010, S. 803, 806; *Maier*, Grundrechtsschutz, 2014, S. 137; a.A. *Haltern*, in: Haltern/Bergmann (Hrsg.), EuGH in der Kritik, 2012, S. 25, 42; *Pötters*, Grundrechte und Beschäftigtendatenschutz, 2013, S. 179f.; *Kamanabrou*, in: Heiderhoff/Lohsse/Schulze (Hrsg.), EU-Grundrechte und Privatrecht, 2016, S. 167, 177.

ser Argumentation eine Grundrechtsbindung bejaht und gerade nicht auf eine mögliche Vorwirkung von Richtlinien abgestellt hat. Somit lässt sich der Rechtsprechung des EuGH zwar entnehmen, dass auch bei Änderungen einer Vorschrift, die zur Umsetzung einer Richtlinie erlassen wurde, eine Grundrechtsbindung der Mitgliedstaaten besteht, eine Aussage hinsichtlich der Bindung bei Vorwirkungen von Richtlinien ist der Rechtsprechung jedoch nicht zu entnehmen. Gleichzeitig zeigt sich aber, dass mit Verweis darauf, dass der Umsetzungsbegriff alle nationalen Maßnahmen, die die Erreichung des Ziels der jeweiligen Richtlinie sicherstellen sollen, der Anwendungsbereich der sog. *agency situation* erweitert wurde.

gg. Anwendung von Verordnungen

In der Rechtssache *Sopropé* war umstritten, ob die Länge einer im nationalen Recht bestehenden Frist zur Ausübung eines Anhörungsrechts als ausreichend zu bewerten ist. Die entsprechende Anhörung erfolgt im Rahmen eines Verfahrens zur Nacherhebung einer Zollschuld in Anwendbarkeit des Zollkodex der Gemeinschaften.[603] Der EuGH stellt dabei zur Begründung der Anwendbarkeit der Grundrechte auf den „Anwendungsbereich" ab.[604] Da der Zollkodex in Form einer Verordnung erlassen wurde und es gerade um Modalitäten geht, nach denen die nationalen Behörden diesen anzuwenden haben, liegt es näher, diese Rechtssache der sog. *agency situation* zuzuordnen, wenngleich der EuGH terminologisch auf die *ERT*-Situation verweist.

hh. Zwischenergebnis

Der EuGH hat die Formulierung „Anwendungsbereich" zunächst bei der Heranziehung von geschriebenen Ausnahmevorschriften im Rahmen

603 Zum Zeitpunkt des Verfahrens war die Verordnung (EWG) Nr. 2913/92 des Rates vom 12. Oktober 1992 zur Festlegung des Zollkodex der Gemeinschaften (ABl. L 302 v. 19.10.1992, S. 1) geändert durch die Verordnung (EG) Nr. 2700/2000 des Europäischen Parlaments und des Rates vom 16. November 2000 (ABl. L 311 v. 12.12.2000, S. 17) in Kraft; maßgeblich ist nunmehr die Verordnung (EU) Nr. 952/2013 des Europäischen Parlaments und des Rates vom 9. Oktober 2013 zur Festlegung des Zollkodex der Union, ABl. L 269 v. 10.10.2013, S. 11.

604 EuGH, *Sopropé*, Rs. C-347/09, EU:C:2008:746, Rn. 34.

der Beeinträchtigung von Grundfreiheiten zur Begründung der mitgliedstaatlichen Grundrechtsbindung verwendet. Dementsprechend wird im Schrifttum mit dem Verweis auf den Begriff „Anwendungsbereich“ eben diese Einschränkungskonstellation gekennzeichnet.[605] Die Analyse der Rechtsprechung des EuGH zeigt jedoch, dass dieser auf die Formulierung „Anwendungsbereich“ auch in Situationen zurückgreift, in welchen es nicht um eine Beeinträchtigung von Grundfreiheiten geht, sondern die Grundrechtsbindung über Richtlinien oder Verordnungen vermittelt wird. Dies kann auch dazu führen, dass richtlinienfremdes, nationales Recht, für welches die Union keine Rechtsetzungskompetenz besitzt, anhand der Unionsgrundrechte überprüft wird, sodass sich diese Situationen auch als „Durchführungskonstellation“ einordnen lassen.[606] Unter der Formulierung „Anwendungsbereich“ geht der EuGH jedoch auch über die Bindungskonstellationen des Begriffs „Durchführung“ in Bezug auf Richtlinien hinaus, etwa wenn – wie in der Rechtssache *Mangold* – auch nationale Änderungsgesetze eines Umsetzungsgesetzes, wenn diese in Zusammenhang mit der ursprünglich umgesetzten Richtlinie stehen, anhand der Unionsgrundrechte zu prüfen sind. Dies hat zur Folge, dass eine weitergehende Bindung an Unionsgrundrechte möglich ist.

c. Keine bestimmte Formulierung

Neben den dargestellten Formulierungen „Durchführung“ und „Anwendungsbereich“ prüft der Gerichtshof in weiteren Fällen nationales Recht anhand der Unionsgrundrechte, ohne auf eine bestimmte Terminologie zu verweisen. Im Folgenden soll daher untersucht werden, ob diese Fälle in eine der bereits dargestellten Fallgruppen eingeordnet werden können, oder ob mögliche Gründe für den Verzicht auf die Begriffe „Durchführung“ oder „Anwendungsbereich“ existieren.

aa. Rechtfertigung einer Beeinträchtigung von Grundfreiheiten durch Inanspruchnahme eines Grundrechts als zwingendes Erfordernis

In der Rechtssache *Familiapress* finden die Unionsgrundrechte erstmals in einer weiteren Konstellation Beachtung, ohne dass der EuGH eine be-

---

605 *Weiler/Lockhart*, CMLR 32 (1995), S. 51, 63f.

606 S. insb. die Rechtssache *Steffensen*, oben 2. Kapitel, A., I., 2., d.

stimmte Formulierung zur Begründung der Grundrechtsbindung anführt: Unionsgrundrechte sind auch bei Berufung auf zwingende Erfordernisse zur Rechtfertigung einer Beschränkung einer Grundfreiheit zu beachten – als zwingendes Erfordernis wurde in dieser Rechtssache die Aufrechterhaltung der Medienvielfalt anerkannt, wobei der Gerichtshof ausdrücklich darauf verwiesen hat, dass diese Vielfalt zur Wahrung des Rechts der Meinungsäußerungsfreiheit beiträgt.[607] Unter Verweis auf die Rechtssache *ERT* stellte der EuGH klar, dass sofern „ein Mitgliedstaat sich auf zwingende Erfordernisse beruft, um eine Regelung zu rechtfertigen, die geeignet ist, den freien Warenverkehr zu behindern, (...) diese Rechtfertigung im übrigen im Lichte der allgemeinen Rechtsgrundsätze und insbesondere der Grundrechte auszulegen [ist]."[608] Der EuGH hat somit – im Vergleich zur Rechtssache *ERT* – die Bindung der Mitgliedstaaten an Unionsgrundrechte bei Inanspruchnahme von ungeschriebenen Rechtfertigungsgründen einer Beeinträchtigung einer Grundfreiheit angenommen und eine Erweiterung vorgenommen, da eine Grundrechtsbindung zunächst nur bei Anwendung einer geschriebenen Ausnahmeklausel bestand. Vergleichbar ist diese Konstellation mit der Rechtssache *Schmidberger*. In dieser wurde, wie oben geschildert, die Beschränkung der Warenverkehrsfreiheit aufgrund des Grundrechts der Versammlungsfreiheit als gerechtfertigt bezeichnet, jedoch im Unterschied zur Rechtssache *Familiapress*, ohne dabei an zwingende Erfordernisse anzuknüpfen.[609]

bb. Grundfreiheit als formaler Anknüpfungspunkt?

In der Rechtssache *Carpenter* prüfte der EuGH die Vereinbarkeit einer nationalen Maßnahme mit den Unionsgrundrechten, nachdem er zuvor festgestellt hatte, dass in diesem Verfahren eine Beeinträchtigung der Dienstleistungsfreiheit vorliegt, weshalb zunächst die Annahme einer

---

607 EuGH, *Familiapress*, Rs. C-368/95, EU:C:1997:325, Rn. 18; auch in vorherigen Urteilen hat der EuGH bereits eine mittelbare Berücksichtigung der Meinungsfreiheit bei Entscheidungen zur Aufrechterhaltung der Medienvielfalt angenommen, ohne dabei ausdrücklich auf die Bindung der Mitgliedstaaten an Unionsgrundrechte einzugehen, vgl. *Bleckmann*, Nationale Grundrechte im Anwendungsbereich, 2011, S. 88.

608 EuGH, *Familiapress*, Rs. C-368/95, EU:C:1997:325, Rn. 24.

609 EuGH, *Schmidberger*, Rs. C-112/00, EU:C:2003:333, Rn. 79ff.; vgl. oben 2. Kapitel, A., I., 2., b.

Bindungskonstellation im Sinne der *ERT*-Rechtsprechung naheliegt.[610] Gegenstand dieses Verfahrens war eine britische Ausweisungsverfügung gegenüber einer philippinischen Staatsangehörigen, welche mit einem britischen Staatsangehörigen verheiratet war. Dieser hatte ein Unternehmen betrieben, in dessen Zusammenhang er grenzüberschreitend Dienstleistungen angeboten hatte. Der EuGH ging von einer Beeinträchtigung der Dienstleistungsfreiheit dieses britischen Staatsangehörigen aus; nicht näher ausgeführt und begründet wurde vom EuGH jedoch, inwiefern die Ausweisungsverfügung gegenüber seiner Ehefrau tatsächlich eine solche Beeinträchtigung darstellt.[611] Im Gegensatz zur Rechtssache *ERT* werden Grundfreiheit und Grundrecht zudem nicht mehr getrennt geprüft, das Grundrecht wird vielmehr Gegenstand der Abwägung des zwingenden Erfordernisses des Allgemeinwohls und der Grundfreiheit, sodass letztlich eine Prüfung erfolgt, ob die Einschränkung des Grundrechts aus Allgemeinwohlgründen verhältnismäßig ist, jedoch nicht, ob die Beschränkung der Grundfreiheit aus zwingenden Gründen gerechtfertigt ist.[612] Es drängt sich daher der Eindruck auf, dass der EuGH die Dienstleistungsfreiheit nur noch als formalen Anknüpfungspunkt bemühte und eigentlich direkt eine Grundrechtsprüfung vornahm; da durchaus gute Gründe dafür sprechen, die Ausweisung im vorliegenden Fall als ungerechtfertigt zu bezeichnen und die Geltendmachung von Art. 8 EMRK mangels Inkrafttretens des britischen *Human Rights Act*[613] vor britischen Gerichten nicht möglich war und das Unionsrecht eine effektivere Durchsetzung der Grundrechte

---

610 EuGH, *Carpenter*, Rs. C-60/00, EU:C:2002:434, Rn. 40f.

611 Die Generalanwältin *Stix-Hackl* hat in ihren Schlussanträgen darauf hingewiesen, dass sich die drittstaatsangehörige Ehefrau um die gemeinsamen Kinder kümmere und somit mittelbar ihren Ehemann bei der Ausübung der Dienstleistungsfreiheit unterstütze, s. Schlussanträge GA *Stix-Hackl*, *Carpenter*, Rs. C-60/00, EU:C:2001:447, Rn. 29, 103; *Mager*, JZ 2003, S. 204, 206 geht davon aus, dass eine Beeinträchtigung der Dienstleistungsfreiheit vorliegend nicht zu begründen ist; zur Kritik an der Argumentation der Generalanwältin *Stix-Hackl* zutreffend auch *Scheuing*, EuR 2005, 162, 165f. m.w.N.; zur Kritik an der knappen Begründung des EuGH, *Acierno*, ELR 28 (2003), S. 398, 403f.; Expansionstendenzen des EuGH im Grundrechtsbereichs kritisiert *von Bogdandy*, VVDStRL 62 (2003), S. 156, 186, Fn. 144 anhand dieses Urteils.

612 *Kanitz/Steinberg*, EuR 2003, S. 1013, 1023; es handelt sich insbesondere nicht – wie etwa in den Rechtssachen *ERT* oder *Familiapress* – um ein dreipoliges Rechtsverhältnis, in dem sich Grundrecht und Grundfreiheit verschiedener Betroffener gegenüberstehen, *Britz*, NVwZ 2004, S. 173, 176.

613 Der *Human Rights Act* war zum Zeitpunkt der Vorabentscheidung 1999 zwar bereits beschlossen, ist jedoch erst am 02.10.2000 in Kraft getretenen, Human Rights Act 1998 c42.

ermöglicht, ist im Ergebnis eher von einer Einzelfallentscheidung anstatt einer neuen Entwicklungsrichtung zu einer weiteren Grundrechtsbindung der Mitgliedstaaten auszugehen.[614] Dieser Fall zeigt, dass der über die Grundfreiheiten vermittelten mitgliedstaatlichen Grundrechtsbindung ein großes Potential zu einem umfassenden Geltungsanspruch der Unionsgrundrechte innewohnt, wenngleich die in diesem Fall angenommen Bindung einigermaßen konstruiert wirkt. Einschränkend ist jedoch zu berücksichtigen, dass bei einer Ausweisungsverfügung ein besonders schwerwiegender Eingriff in das Grundrecht auf Schutz des Familienlebens vorliegt und Beschränkungen dieses Grundrechts sich typischerweise in besonders negativer Weise auf die Inanspruchnahme der Grundfreiheiten auswirken, sodass sich das Grundrecht auf Schutz des Familienlebens als binnenmarktrelevantes Grundrecht einordnen lässt.[615]

cc. Weites Verständnis des Anwendungsbereichs einer Richtlinie

Im Vorabentscheidungsersuchen *Österreichischer Rundfunk* ging es um eine Regelung, welche vorsah, dass öffentliche Arbeitgeber die Bezüge oder Ruhebezüge öffentlicher Funktionäre dem Rechnungshof mitzuteilen hatten, sofern diese Bezüge eine normierte Höhe überschritten.[616] Der Rechnungshof ist nach dieser Vorschrift verpflichtet, diese Angaben in einem Bericht zusammenzufassen, welcher der Öffentlichkeit zur Verfügung zu stellen ist. Streitig war in diesem Verfahren insbesondere die Vereinbarkeit dieser Regelung mit der Richtlinie 95/46/EG[617] und den Unionsgrundrech-

614 *Acierno*, ELR 28 (2003), S. 398, 402; *Scheuing*, EuR 2005, S. 162, 165f.; a.A. wohl *Britz*, NVwZ 2004, S. 173, 176f., die eine Ausweitung des Geltungsanspruchs der Unionsgrundrechte in dieser Rechtssache erkennt; eine Einzelfallentscheidung mit Verweis auf die zunächst anschließende Folgerechtsprechung ablehnend *Mager*, JZ 2003, S. 204, 207.

615 *Bleckmann*, Nationale Grundrechte im Anwendungsbereich, 2011, S. 103f.; ein weiterer Fall, in welchem eine grundrechtliche Prüfung bei aufenthaltsrechtlichen Fragen erst über ein weites Verständnis des Anwendungsbereichs der Grundfreiheiten ermöglicht wurde, stellt die Rechtssache *Akrich* dar, EuGH, *Akrich*, Rs. C-109/01, EU:C:2003:491, vgl. *Azoulai*, in: Micklitz/de Witte (Hrsg.), European Court of Justice, 2012, S. 207, 209.

616 EuGH, *Österreichischer Rundfunk*, verb. Rs. C-465/00, C-138/01 und C-139/01, EU:C:2003:294; zum Sachverhalt s. Rn. 3ff. des Urteils.

617 Richtlinie 95/46/EG des Europäischen Parlaments und des Rates vom 24. Oktober 1995 zum Schutz natürlicher Personen bei der Verarbeitung personenbezogener Daten und zum freien Datenverkehr, ABl. L 281 v. 23.11.1995, S. 31.

ten sowie als Vorfrage die Anwendbarkeit dieser Richtlinie auf den Sachverhalt: Nach Art. 1 dieser Richtlinie gewährleisten die Mitgliedstaaten den Schutz der Grundrechte und Grundfreiheiten und insbesondere den Schutz der Privatsphäre natürlicher Personen bei der Verarbeitung personenbezogener Daten, wobei Art. 3 den Anwendungsbereich bestimmt und in seinem Abs. 1 festlegt, dass die Richtlinie „für die ganz oder teilweise automatisierte Verarbeitung personenbezogener Daten sowie für die nicht automatisierte Verarbeitung personenbezogener Daten, die in einer Datei gespeichert sind oder gespeichert werden sollen [gilt]". Ausgenommen ist nach Art. 3 Abs. 2 „die Verarbeitung personenbezogener Daten, die für die Ausübung von Tätigkeiten erfolgt, die nicht in den Anwendungsbereich des Gemeinschaftsrechts fallen, beispielsweise Tätigkeiten gemäß den Titeln V und VI des Vertrags über die Europäische Union."[618] Da sich Art. 3 Abs. 1 auf alle personenbezogenen Daten beziehe und der Anwendungsbereich der Richtlinie sehr weit definiert sei, bejahte der Gerichtshof die Anwendbarkeit der Richtlinie und somit auch die Anwendbarkeit der Unionsgrundrechte – ohne jedoch auf die bereits dargestellten Formulierungen zur Bindung der Mitgliedstaaten zurückzugreifen.[619] Bei der Ausnahmeregelung des Art. 3 Abs. 2 prüfte der EuGH nicht, ob die österreichische Vorschrift in den „Anwendungsbereich des Gemeinschaftsrecht" fällt, sondern verwies darauf, dass es sich nicht um Tätigkeiten gemäß den Titeln V und VI des Vertrages über die Europäische Union handele, sodass die Ausnahmeregelung nicht greife.[620] Der Anwendungsbereich der Richtlinie wird somit sehr weit gefasst, womit auch ein weites sowie einheitliches Konzept von Umsetzung und Anwendung von Richtlinien verbunden

---

618 Die Anwendbarkeit der Richtlinie wurde etwa vom Generalanwalt *Tizzano* mangels Bezugs zum Unionsrecht und unter Verweis darauf, dass es sich rein um eine öffentliche – nationale – Kontrolltätigkeit handele, verneint, Schlussanträge GA *Tizzano*, *Österreichischer Rundfunk*, EU:C:2002:662, Rn. 43ff.

619 EuGH, *Österreichischer Rundfunk*, verb. Rs. C-465/00, C-138/01 und C-139/01, EU:C:2003:294, Rn. 39ff.; diese weite Auslegung des Anwendungsbereichs der Richtlinie wurde in der Rechtssache *Lindqvist* grundsätzlich bestätigt, EuGH, *Lindqvist*, Rs. C-101/01, EU:C:2003:596; vgl. zu diesem Fall *Siemen*, EuR 2004, S. 306, 317ff.

620 Zudem gehe es nicht um Datenverarbeitungen, die die öffentliche Sicherheit, die Landesverteidigung, die Sicherheit des Staates und die Tätigkeiten des Staates im strafrechtlichen Bereich betreffen, sodass auch aus diesem Grund die Ausnahmeregelung nicht einschlägig ist, EuGH, *Österreichischer Rundfunk*, verb. Rs. C-465/00, C-138/01 und C-139/01, EU:C:2003:294, Rn. 45.

ist.[621] Nicht gefolgt ist der EuGH der Argumentation des Generalanwalts, wonach bei der Anwendung einer Richtlinie auch ihre Rechtsgrundlage zu berücksichtigen sei, sodass vorliegend, da die Richtlinie auf Art. 100a EGV a.F. (Art. 114 AEUV) gestützt wurde, keine über die Binnenmarktharmonisierung hinausgehenden Ziele verfolgt werden dürften.[622] Der EuGH entschied hingegen, dass für die Anwendbarkeit der Richtlinie im Einzelfall die Rechtsgrundlage nicht maßgeblich ist.[623] Daraus folgt, dass die Grenzen der Rechtsetzungskompetenzen der Union keine Auswirkungen auf die Anwendung von Unionsrechtsakten haben, sofern nicht die Gültigkeit des Rechtakts selbst bezweifelt wird.[624] Diese Konstellation zeigt, dass die Anwendung von Sekundärrecht eine Ausweitung der Bindungswirkung der Unionsgrundrechte ermöglicht – wenngleich zu berücksichtigen ist, dass für den Bereich des Datenschutzes der Grundrechtsschutz bereits in der Datenschutzrichtlinie 95/46/EG selbst normiert ist, im Zuge dessen von einem „Grundrechtsschutz durch die Richtlinie“ gesprochen werden kann.[625] Zugleich wird erneut deutlich, dass es unerheblich ist, ob ein nationaler Rechtsakt zur Umsetzung einer Richtlinie erlassen wird oder ob ein Rechtsakt, ohne dass dies vom nationalen Gesetzgeber intendiert war, in den Anwendungsbereich einer Richtlinie fällt.

dd. Grundrechtsbindung bei Kommissionsentscheidungen

Anknüpfungspunkt für die Bindung an Unionsgrundrechte in der Rechtssache *Fishermen's Organisations* war eine nationale Vorschrift, welche von einer Genehmigungsentscheidung der Kommission erfasst wurde.[626] Deutlich wird somit, dass eine mitgliedstaatliche Bindung an Unionsgrundrechte auch bei nicht unmittelbar anwendbaren Unionsrechtsakten wie

---

621 *Ruffert*, EuGRZ 2004, S. 466, 469, der auch zu bedenken gibt, dass die Auslegung des EuGH zum Anwendungsbereich der Richtlinie „mehr als gewagt“ sei; *Scheuing*, EuR 2005, S. 162, 171 betrachtet die Interpretation als nicht unvertretbar, wenngleich eine genauere Begründung des EuGH „zu begrüßen gewesen“ wäre; der Argumentation des EuGH hingegen zustimmend *Siemen*, EuR 2004, S. 306, 312f.

622 Schlussanträge GA *Tizzano*, *Österreichischer Rundfunk*, EU:C:2002:662, Rn. 51ff.

623 EuGH, *Österreichischer Rundfunk*, verb. Rs. C-465/00, C-138/01 und C-139/01, EU:C:2003:294, Rn. 41.

624 *Siemen*, EuR 2004, S. 306, 313; *Bleckmann*, Nationale Grundrechte im Anwendungsbereich, 2011, S. 63.

625 *Siemen*, EuR 2004, S. 306, 316.

626 EuGH, *Fishermen's Organisations*, Rs. C-44/94, EU:C:1995:325, Rn. 55ff.

etwa Kommissionentscheidungen besteht.[627] Da Entscheidungen bzw. Beschlüsse, wie auch Verordnungen und Richtlinien verbindlich sind, kann bezüglich der mitgliedstaatlichen Bindung grundsätzlich auf die entsprechenden Ausführungen verwiesen werden.[628]

ee. Umsetzung von Rahmenbeschlüssen

Mitgliedstaaten sind bei der Umsetzung von Rahmenbeschlüssen an Unionsgrundrechte gebunden, wie die Rechtssache *Pupino* zeigt: Der Gerichtshof entschied, dass ein Rahmenbeschluss so auszulegen ist, dass die Unionsgrundrechte beachtet werden; im konkreten Fall waren insbesondere bei einem Beweissicherungsverfahren und einer Anhörung nach nationalem Recht die Unionsgrundrechte zu berücksichtigen.[629]

ff. Bestätigung bisheriger Rechtsprechung

Insbesondere in Fällen, in welchen der EuGH seine Rechtsprechung zur Bindung an Unionsgrundrechte bei der Rechtfertigung einer Beeinträchtigung einer Grundfreiheit (*ERT*-Konstellation) und zur Bindung an Unionsgrundrechte als selbstständigen Rechtfertigungsgrund bei Grundfreiheitsbeeinträchtigung (Rechtsache *Schmidberger*) bestätigt, hat er nicht auf die Formel zum „Anwendungsbereich" zurückgegriffen.[630] Auch bei dem mitgliedstaatlichem Tätigwerden aufgrund einer Richtlinie hat der EuGH bestätigt, dass die Mitgliedstaaten Unionsgrundrechte zu beachten haben, ohne auf die Begriffe „Durchführung" oder „Anwendungsbereich" zu verweisen.[631]

---

627 Mit dem Vertrag von Lissabon existiert die Entscheidung als Rechtsakt nicht mehr; diese wurde vom Beschluss i.S.d. Art. 288 Abs. 4 AEUV abgelöst, *Ruffert*, in: Calliess/Ruffert (Hrsg.), EUV/AEUV, 5. Aufl., 2016, Art. 288 AEUV, Rn. 86.

628 So auch *Heuer*, Art. 51 Abs. 1 Satz 1 GRC, 2014, S. 263.

629 EuGH, *Pupino*, Rs. C-105/03, EU:C:2005:386, Rn. 58ff.

630 S. z.B. EuGH, *TV10*, Rs. C-23/93, EU:C:1994:362, Rn. 24, in welchem auf die Rechtssache *ERT* verwiesen und klargestellt wird, dass eine Bindung der Mitgliedstaaten auch bei der Rechtfertigung unterschiedslos beschränkender Maßnahmen gilt; in der Rechtssache *Omega* wird die Pflicht zur Beachtung von Grundrechten bei der Rechtfertigung einer Einschränkung der Grundfreiheiten im Rahmen der öffentlichen Ordnung bestätigt, EuGH, *Omega*, Rs. C-36/02, EU:C:2004:614.

631 S. etwa EuGH, *Dokter*, Rs. C-28/05, EU:C:2006:408, Rn. 71ff.

gg. Konstellationen bei einem weiten Grundrechtsverständnis

Bei einem weiten Verständnis des Begriffs der Grundrechte[632] können weitere Urteile des Gerichtshofs angeführt werden, bei welchen die Mitgliedstaaten an zumindest grundrechtsähnliche Gewährleistungen gebunden sind, der Anwendungsbereich jedoch über die *agency*- und *ERT*-Situation hinausgeht.

(1) Voraussetzung der Ausübung eines durch den Vertrag geschützten Rechts

In der Rechtssache *K.B.* prüfte der EuGH eine britische Regelung, wonach Anspruchsvoraussetzung einer Hinterbliebenenrente das Bestehen einer Ehe zum Todeszeitpunkt eines Partners war, wobei es transsexuellen Personen nach dem britischen Eherecht nicht möglich war, eine Ehe einzugehen, mit der Folge, dass Transsexuelle letztlich keine Hinterbliebenenrente beziehen konnten.[633] Da es in diesem Verfahren maßgeblich um die Definition des Ehebegriffs ging und dieser als Teil des Familienrechts in die Zuständigkeit der Mitgliedstaaten fällt, ist es denkbar, dass Unionsgrundrechte nicht zu beachten sind.[634] Der EuGH hat in der britischen Regelung einen Verstoß gegen Art. 141 EGV (jetzt Art. 157 AEUV) gesehen, welcher den Grundsatz des gleichen Entgelts für Männer und Frauen bei gleicher oder gleichwertiger Arbeit normiert, und dabei auf Grundrechte verwiesen. Die Inanspruchnahme dieses Grundsatzes werde zwar nicht unmittelbar berührt, die streitige Diskriminierung berühre jedoch die dafür bestehenden Voraussetzungen, sodass eine entsprechende nationale Regelung mit diesem Grundsatz nicht vereinbar sei.[635] Dabei führt der EuGH zwar keine eigenständige Grundrechtsprüfung durch, verweist jedoch ausdrücklich auf die Rechtsprechung des EGMR, wonach „der Umstand, dass es einem Transsexuellen nicht möglich ist, eine Person des Geschlechts zu heiraten, dem er vor der Geschlechtsumwandlung angehörte, der darauf beruht, dass sie personenstandsrechtlich gleichen Geschlechts sind, da das Recht des Vereinigten Königreichs die rechtliche Anerkennung seiner neu-

---

632 S. dazu oben 1. Kapitel, B., I., 2.

633 EuGH, *K.B.*, Rs. C-117/01, EU:C:2004:7, Rn. 8ff.

634 So u.a. ein Argument der Kommission, EuGH, *K.B.*, Rs. C-117/01, EU:C:2004:7, Rn. 24.

635 EuGH, *K.B.*, Rs. C-117/01, EU:C:2004:7, Rn. 34.

en sexuellen Identität nicht ermöglicht, eine Verletzung seines Rechts auf Eheschließung im Sinne des Art. 12 der EMRK dar[stellt]".[636]

Da es sich bei diesem Fall weder um eine „Durchführungskonstellationen" bzw. „*agency situation*" handelt, noch die Grundrechtsbindung über eine Richtlinie im weiteren Sinne gemäß der obigen Darstellung vermittelt wird und sich diese auch nicht durch eine Beeinträchtigung einer Grundfreiheit oder ein sonstiges bewusstes Abweichen von einer vertraglichen Vorschrift begründen lässt, kann dieser Rechtssache als Erweiterung des Anwendungsbereichs der Unionsgrundrechte gesehen werden.[637]

(2) Grundsatz der Gleichbehandlung von Männern und Frauen

In einigen Fällen hat der EuGH eine nationale Vorschrift anhand des Grundsatzes der Gleichbehandlung von Männern und Frauen geprüft, welcher in der Richtlinie 76/207[638] normiert ist.[639] Zwar unterscheiden sich diese Fälle von den vorstehenden Rechtssachen insofern, als dass nicht ein Grundrecht in der Ausprägung als allgemeiner Grundsatz des Unionsrechts geprüft wird, sondern in Gestalt der Richtlinie. Da der Grundsatz der Gleichbehandlung von Männern und Frauen jedoch auch als Grundrecht anerkannt ist, können diese Fälle als Beispiele für die mitgliedstaatliche Bindung an Unionsgrundrechte herangezogen werden. Gemeinsam ist diesen Fällen, dass die nationalen Vorschriften jeweils nicht zur strikten Umsetzung der Richtlinie 76/207 erlassen wurden, sodass in diesen Fällen eine Erweiterung des Anwendungsbereichs der Unionsgrundrechte im Vergleich zur klassischen „Durchführungskonstellation" gesehen werden kann.[640]

---

636 EuGH, *K.B.*, Rs. C-117/01, EU:C:2004:7, Rn. 33 unter Verweis auf EGMR, *Christine Goodwin/Vereinigtes Königreich*, 11.07.2002 – 28957/95, Rn. 97ff. und EGMR, *I./Vereinigtes Königreich*, 11.07.2002 – 25680/94, Rn. 77ff.; s. auch die ähnliche Rechtssache EuGH, *Richards*, Rs. C-423/04, EU:C:2006:256.

637 *Canor*, CMLR 41 (2004), S. 1113, 1121ff.; *Cartabia*, EuConst 5 (2009), S. 5, 11, 18; *Azoulai*, in: Micklitz/de Witte (Hrsg.), European Court of Justice, 2012, S. 207, 209.

638 Richtlinie 76/207/EWG des Rates vom 9. Februar 1976 zur Verwirklichung des Grundsatzes der Gleichbehandlung von Männern und Frauen hinsichtlich des Zugangs zur Beschäftigung, zur Berufsbildung und zum beruflichen Aufstieg sowie in bezug auf die Arbeitsbedingungen, ABl. L 39 v. 14.02.1976, S. 40.

639 EuGH, *Kalanke*, Rs. C-450/93, EU:C:1995:322; *Marschall*, Rs. C-409/95, EU:C:1997:533; *Abrahamsson und Anderson*, Rs. C-407/98, EU:C:2000:367.

640 S. dazu *Torres Pérez*, Conflicts of Rights, 2009, S. 18f.

hh. Zwischenergebnis

Zwar bestätigte der EuGH in einigen Entscheidungen bereits anerkannte Bindungskonstellationen, die sich der *agency*- bzw. *ERT*-Rechtsprechung zuordnen lassen, ohne dabei die Begriffe „Durchführung" bzw. „Anwendungsbereich" zu verwenden. Allerdings zeigt sich auch, dass der EuGH in einigen Entscheidungen über diese Konstellationen hinausgegangen ist und dabei nicht auf diese Formulierungen zurückgegriffen hat. Insbesondere bei einem weiten Verständnis des Begriffs der Grundrechte verwendete der Gerichtshof keine bestimmte Formulierung. Es lässt sich daher zwar eine richterrechtliche Erweiterung der Grundrechtskontrolle des EuGH gegenüber den Mitgliedstaaten feststellen, diese erfolgt aber eher aus Gründen der Einzelfallgerechtigkeit, wobei eine stringente Dogmatik nicht zu beobachten ist.[641]

2. Konstellationen, in denen eine Bindung abgelehnt wurde

Um die Konstellationen, in welchen nach der Rechtsprechung des EuGH vor Inkrafttreten der GRC eine Bindung der Mitgliedstaaten an Unionsgrundrechte bejaht wurden, näher zu beschreiben, ist es schließlich hilfreich, Situationen zu betrachten, in welchen der EuGH eine Grundrechtsbindung verneint hat. Die Auswahl der Fälle beschränkt sich dabei auf solche, in welchen eine Bindung jedenfalls nicht offensichtlich ausscheidet.

a. Potentielle Ausübung des Rechts auf Freizügigkeit

Die Grenze der mitgliedstaatlichen Bindung an Unionsgrundrechte zeigt etwa die Rechtssache *Kremzow*: Ein österreichischer Staatsangehöriger begehrte Schadenersatz, nachdem ihn der Oberste Gerichtshof in Österreich in Abwesenheit zu einer lebenslangen Freiheitsstrafe verurteilt und der EGMR diese Verurteilung als Verletzung von Art. 6 Abs. 3 lit. c EMRK angesehen hatte.[642] In diesem Rechtsstreit hatte der Oberste Gerichtshof dem EuGH die Frage vorgelegt, ob alle oder zumindest die materiell-rechtlichen Bestimmungen der EMRK Bestandteil des Gemeinschaftsrechts

641 Vgl. *Rohleder*, Grundrechtsschutz, 2009, S. 395f.
642 EuGH, *Kremzow*, Rs. C-299/95, EU:C:1997:254, Rn. 2ff.

sind, mit der Folge, dass der EuGH über ihre Auslegung zu entscheiden hat. Die Verhängung einer Freiheitsstrafe müsste als mitgliedstaatliche Beeinträchtigung einer Grundfreiheit gesehen werden, um eine mitgliedstaatliche Bindung an Unionsgrundrechte anzunehmen.[643] Der EuGH verwies in seiner Entscheidung zunächst auf seine Zuständigkeit, „wenn eine nationale Regelung in den Anwendungsbereich des Gemeinschaftsrechts fällt, dem vorlegenden Gericht alle Auslegungshinweise zu geben, die es benötigt, um die Vereinbarkeit dieser Regelung mit den Grundrechten beurteilen zu können" sowie die fehlende Zuständigkeit „hinsichtlich einer Regelung, die nicht in den Bereich des Gemeinschaftsrechts fällt" und stellt sodann fest, dass die Lage des Klägers im Ausgangsverfahren keinerlei Bezug zu einer der durch die Freizügigkeitsbestimmungen des Vertrags geregelten Situationen aufweist.[644] Die hypothetische Aussicht auf die Ausübung dieses Rechts auf Freizügigkeit stelle keinen ausreichend engen Bezug zum Unionsrecht her, welcher die Anwendung der Unionsgrundrechte rechtfertigen könnte; zudem sind die nationalen Vorschriften nicht dazu bestimmt, „die Beachtung gemeinschaftsrechtlicher Normen sicherzustellen", sodass diese nicht in den „Anwendungsbereich des Gemeinschaftsrechts" fallen.[645]

b. Kompetenz zum Erlass von Sekundärrecht

Keine Anwendung haben Unionsgrundrechte zudem in der Rechtssache *Maurin* gefunden, welche ein nationales Strafverfahren und die Reichweite des Rechts auf rechtliches Gehör zum Gegenstand hatte.[646] Dem Angeklagten wurde vorgeworfen, das Verbrauchsdatum von Lebensmitteln gefälscht und diese Lebensmittel – obwohl das Verbrauchsdatum bereits überschritten war – verkauft zu haben, was nach nationalem Recht strafbar war. Anknüpfungspunkt für die Bindung an Unionsgrundrechte könnte in diesem Fall die Richtlinie 79/112/EWG[647] sein, welche u.a. vorsieht, dass das Mindesthaltbarkeitsdatum bzw. das Verbrauchsdatum auf der Etiket-

---

643 Vgl. *Nusser*, Bindung der Mitgliedstaaten, 2011, S. 24.

644 EuGH, *Kremzow*, Rs. C-299/95, EU:C:1997:254, Rn. 15f.

645 EuGH, *Kremzow*, Rs. C-299/95, EU:C:1997:254, Rn. 16ff.

646 EuGH, *Maurin*, Rs. C-144/95, EU:C:1996:235, Rn. 2ff.

647 Richtlinie 79/112/EWG des Rates vom 18. Dezember 1978 zur Angleichung der Rechtsvorschriften der Mitgliedstaaten über die Etikettierung und Aufmachung von für den Endverbraucher bestimmten Lebensmitteln sowie die Werbung hierfür, ABl. L 33 v. 08.02.1979, S. 1.

tierung von Lebensmitteln angegeben sein muss. Der Gerichtshof stellte jedoch fest, dass die nationale Regelung nicht in den Geltungsbereich des Unionsrechts fällt, da „die Richtlinie nicht den Verkauf von Lebensmitteln [regelt], die ihren Bestimmungen in Bezug auf die Etikettierung entsprechen, und (...) daher für die Mitgliedstaaten keine Verpflichtungen [schafft], wenn es, wie im Ausgangsverfahren, um den Verkauf von der Richtlinie entsprechenden Erzeugnissen geht, deren Verbrauchsdatum überschritten ist."[648] Zwar bestand eine Kompetenz der Union zum Erlass entsprechender Vorschriften bezüglich des Verkaufs der Lebensmittel; da jedoch kein entsprechendes Sekundärrecht existierte, kam auch eine mitgliedstaatliche Bindung nicht in Betracht.[649]

c. Nationale Normen, die lediglich unionsrechtliche Regelungen berühren

In der Rechtssache *Annibaldi* ging es um die Vereinbarkeit eines italienischen Gesetzes mit den Unionsgrundrechten, insbesondere dem Recht auf Eigentum und dem Gleichheitsgrundsatz.[650] Mit dem streitgegenständlichen nationalen Gesetz wurde ein regionaler Natur- und Archäologiepark eingerichtet, in welchem landwirtschaftliche Tätigkeiten verboten wurden. Ausnahmen von diesem Verbot waren vorgesehen, sofern die entsprechende Tätigkeit mit der Förderung der Ziele des Parks zusammenhing. Das Gesetz verfolgte den Zweck, die Umwelt und die Kulturgüter des Gebietes zu schützen und zu erschließen. Gleichwohl hatte das Regionalgesetz auch Auswirkungen auf unionsrechtlich geregelte Bereiche, etwa der Landwirtschaft oder Umwelt, sodass eine Grundrechtsbindung denkbar gewesen wäre. Der EuGH prüfte, ob das italienische Regionalgesetz in den Anwendungsbereich des Unionsrechts fiel und kam zu dem Ergebnis, dass keine Anhaltspunkte dafür ersichtlich waren, dass „mit dem Regionalgesetz eine Durchführung des Gemeinschaftsrechts auf dem Gebiet der Landwirtschaft, der Umwelt oder der Kultur bezweckt wurde."[651] Zwar komme eine mittelbare Beeinflussung des Funktionierens einer gemeinsamen Agrarmarktorganisation in Betracht, jedoch würden mit dem

---

648 EuGH, *Maurin*, Rs. C-144/95, EU:C:1996:235, Rn. 11f.

649 *Heuer*, Art. 51 Abs. 1 Satz 1 GRC, 2014, S. 217f.; s. auch EuGH, *Bartsch*, Rs. C-427/06, EU:C:2008:517, Rn. 18.

650 EuGH, *Annibaldi*, Rs. C-309/96, EU:C:1997:631, Rn. 3ff.

651 EuGH, *Annibaldi*, Rs. C-309/96, EU:C:1997:631, Rn. 21.

Gesetz andere als die unter die Gemeinsame Agrarpolitik fallenden Ziele verfolgt; zudem sei das Regionalgesetz „allgemeiner Art“.[652] Demnach sind auch Regelungsziel und -mittel einer nationalen Maßnahme entscheidend für die Frage, ob Unionsgrundrechte zu berücksichtigen sind.[653] Diese Rechtssache zeigt, dass eine Bindung an Unionsgrundrechte nicht anzunehmen ist, wenn eine nationale Regelung lediglich das Unionsrecht nicht verletzt bzw. keinen Einfluss auf das Funktionieren einer Unionspolitik hat – erforderlich ist vielmehr eine tatsächliche Beeinflussung durch Unionsrecht.[654] Nicht ausreichend für eine mitgliedstaatliche Grundrechtsbindung ist es somit, wenn eine nationale Maßnahme eine Unionspolitik, wie die Landwirtschaft, mittelbar berührt und ein spezifischer Bezug der nationalen Regelung zum Unionsrecht fehlt. Entscheidend sind konkrete Vorgaben des Unionsrechts, mittelbarer Einfluss auf Politikbereiche der Union genügt nicht.[655] Auch wird aus diesem Urteil gefolgert, dass nationale Maßnahmen, die nicht der Erfüllung einer unionsrechtlichen Verpflichtung dienen, nicht am Maßstab der Unionsgrundrechte geprüft werden können.[656] Diese Entscheidung zeigt somit die Grenzen der *Wachauf*-Rechtsprechung auf.

3. Ergebnis und Stellungnahme

Die Analyse der Rechtsprechung des Gerichtshofs vor Inkrafttreten der Grundrechtecharta zeigt, dass dieser kein allgemeingültiges Kriterium festgelegt hat, nach dem Mitgliedstaaten an die ungeschriebenen Gemeinschaftsgrundrechte gebunden sind. Auch ist ein einheitlicher Ansatz im Anschluss an die Rechtssachen *Wachauf* und *ERT* nicht zu erkennen.[657] Gleichwohl geht der Gerichtshof bei der Frage, in welchen Situationen die Mitgliedstaaten zur Beachtung der Grundrechte verpflichtet sind, nicht willkürlich vor. Die vom EuGH verwendete Terminologie ist allerdings nicht einheitlich. Zwei Bindungskonstellation können als anerkannt gel-

---

652 EuGH, *Annibaldi*, Rs. C-309/96, EU:C:1997:631, Rn. 22.

653 *Winkler*, Grundrechte, 2006, S. 127.

654 *De Witte*, in: Alston (Hrsg.), EU and Human Rights, 1999, S. 859, 871f.; *Winkler*, Grundrechte, 2006, S. 128f.; *Frenz*, Handbuch Europarecht, Bd. 4, 2009, 2. Kapitel, Rn. 239f.; *Nusser*, Bindung der Mitgliedstaaten, 2011, S. 24.

655 *Wollenschläger*, in: Hatje/Müller-Graff (Hrsg.), Europäisches Organisations- und Verfassungsrecht, 2014, § 8, Rn. 29.

656 *Lenaerts*, EuConst 8 (2012), S. 375, 386.

657 *Stotz*, in: Heid/Stotz/Verny (Hrsg.), FS Dauses, 2014, S. 409, 416.

ten: Eine mitgliedstaatliche Bindung an Unionsgrundrechte kommt erstens in Betracht, wenn diese aufgrund einer Verordnung oder Richtlinie tätig werden (*agency situation*). Terminologisch kennzeichnete der EuGH diese Situationen meist mit dem Begriff „Durchführung", der auch in Konstellationen verwendet wurde, in welchen Handlungsspielräume der Mitgliedstaaten bestehen und nicht ausschließlich nur dann, wenn mitgliedstaatliches Handeln vollständig durch das Unionsrecht determiniert war. Zweitens sind die Mitgliedstaaten zur Beachtung der Unionsgrundrechte bei der Beeinträchtigung von Grundfreiheiten verpflichtet (*ERT*-Konstellation). Die Grundrechtsbindung in dieser Situation hat der EuGH mit dem Begriff „Anwendungsbereich" gekennzeichnet. Anhaltspunkte für eine dritte Fallgruppe lassen sich indes nicht eindeutig finden; Entscheidungen, die vermeintlich eine Ausweitung der Bindungskonstellationen darstellen, lassen sich eher als Einzelfallentscheidungen deuten und wurden insbesondere nicht in Folgeentscheidungen des EuGH bestätigt.[658] Darüber hinaus bestehen eine Reihe von Konstellationen, die der EuGH nicht ausdrücklich entschieden hat und die insofern Anlass zu weiterer Klärung bieten, etwa die Frage, ob bei einer Richtlinie, welche nur eine Mindestharmonisierung vorsieht und nationales Recht über diese hinausgeht (sog. „überschießende Richtlinienumsetzung"), eine Grundrechtsbindung der Mitgliedstaaten besteht.[659]

Es zeigt sich, dass sich den Entscheidungen des EuGH zwar bestimmte Entwicklungstendenzen entnehmen lassen – i.S. einer grundsätzlich erweiternden Bindung – aus einzelnen Urteilen lassen sich jedoch nicht zwangsläufig allgemeingültige Aussagen gewinnen. Die Begründung der mitgliedstaatlichen Bindung an Unionsgrundrechte ist zum Teil einzelfallabhängig, sodass insbesondere der Kontext der Entscheidung zu beachten ist. Eine auf den ersten Blick überraschende oder vermeintlich systemwid-

658 Für die Annahme einer dritten Fallgruppe, wenn ein Unionsrecht für seine Verwirklichung auf die Mitgliedstaaten angewiesen ist *Hancox*, CMLR 50 (2013), S. 1411, 1418; eine dritte Fallgruppe, die sich auf eine Verbindung zwischen Unionsrecht und nationalem Recht bezieht, wobei diese Verbindung nicht näher umschrieben wird, nimmt bezogen auf die allgemeinen Grundsätze *Prechal*, Review of European and Administrative Law 2010, Vol. 3, S. 5, 8ff. an.

659 Befürwortend *Bleckmann*, Nationale Grundrechte im Anwendungsbereich, 2011, S. 46f.; s. auch *Maier*, Grundrechtsschutz, 2014, S. 76ff., der im Ergebnis davon ausgeht, dass weder bei der „Überschießung" in der Harmonisierungsintensität, d.h. bei „Überfüllung" der inhaltlichen Vorgaben einer Richtlinie noch bei der Überschreitung des Anwendungsbereichs einer Richtlinie eine Bindung der Mitgliedstaaten an Unionsgrundrechte besteht, *ebd.*, S. 101.

rige Entscheidung wird so bei näherer Betrachtung verständlich bzw. lässt die Beweggründe des Gerichtshofs zur Begründung der Bindung der Mitgliedstaaten an Unionsgrundrechte nachvollziehbarer erscheinen.[660]

Werden die Bindungskonstellationen im Hinblick auf die jeweilige Terminologie des EuGH analysiert, ist festzustellen, dass die Verwendung der Formulierungen zur Begründung der mitgliedstaatlichen Bindung an Unionsgrundrechte nicht konsistent ist. So wird der Begriff „Anwendungsbereich" auch in Situationen verwendet, in welchen die Grundrechtsbindung über Richtlinien oder Verordnungen vermittelt wird und keine Beeinträchtigung von Grundfreiheiten vorliegt. Auch bei der Anwendung nationaler Prozess- und Verfahrensvorschriften handeln die Mitgliedstaaten im „Anwendungsbereich" des Unionsrechts und sind zur Beachtung der Unionsgrundrechte verpflichtet. Eine genaue Konturierung derjenigen Regelungen, die in den „Anwendungsbereich" des Unionsrechts fallen, fehlt.[661] Zwar lassen sich Anhaltspunkte ausmachen, wann der EuGH eine nationale Maßnahme dem „Anwendungsbereich" zuordnet, eine eindeutige Definition diesbezüglich existiert jedoch nicht.[662] Entscheidungen des EuGH, in welchen eine Verpflichtung der Mitgliedstaaten zur Beachtung der Unionsgrundrechte bei einer Beeinträchtigung von Grundfreiheiten bejaht wurde und der EuGH auf die Formulierung „Durchführung" rekurriert hat, sind nicht ersichtlich. Der Begriff „Anwendungsbereich" könnte daher auch als Oberbegriff für die *agency situation* und *ERT*-Konstellation verstanden werden.[663] So wurde etwa in der Rechtssache *Annibaldi* auf die überwiegend bei Einschränkungskonstellationen verwendete Formulierung des „Anwendungsbereichs" verwiesen, obwohl in der Sache geprüft wurde, ob eine Durchführungskonstellation vorliegt. Der EuGH verwendete somit die Begriffe „Anwendungsbereich des Gemeinschaftsrechts" und „Durchführung" synonym bzw. ohne eindeutig zwischen diesen zu differenzieren.[664]

In einigen Entscheidungen, in denen der EuGH weder die Formulierung „Durchführung" noch „Anwendungsbereich" verwendet, war die

---

660 Deutlich wird dies in der Rechtssache *Carpenter*, s. oben 2. Kapitel, A., I., 1. c., bb.

661 *Rengeling/Szczekalla*, Grundrechte, 2004, § 4, Rn. 290.

662 *Cirkel*, Bindungen der Mitgliedstaaten, 2000, S. 105.

663 S. etwa *Schaller*, EU-Mitgliedstaaten als Verpflichtungsadressaten, 2003, der jedoch auch darauf hinweist, dass der Begriff insgesamt „unbestimmt und interpretationsbedürftig" sei; die Formulierung *„within the field of application EU law"* als Oberbegriff ansehend, *Torres Pérez*, Conflicts of Rights, 2009, S. 16.

664 S. etwa EuGH, *Rodríguez Caballero*, Rs. C-442/00, EU:C:2002:752, Rn. 29f.

Grundrechtsbindung der Mitgliedstaaten stark umstritten, sodass diese sich jedenfalls nur nach einem weiten Verständnis in die *agency situation* oder die *ERT*-Konstellation einordnen lassen. So sind Mitgliedstaaten auch dann an Unionsgrundrechte gebunden, wenn sie nationales Recht erlassen, welches in den sachlichen Anwendungsbereich einer Richtlinie fällt, die den Schutz eines Grundrechts harmonisiert.[665] Zugleich finden sich Entscheidungen, die der *ERT*-Konstellation zuzuordnen sind, ohne dass dabei auf den „Anwendungsbereich" Bezug genommen wird.[666] Schließlich werden Bindungskonstellationen bestätigt, ohne dass dabei ausdrücklich eine „Durchführung" oder ein Handeln im „Anwendungsbereich" bejaht wird. Eine einheitliche Dogmatik ist den Entscheidungen, die nicht auf eine bestimmte Terminologie verweisen, nicht zu entnehmen.

Die Begriffe „Durchführung" und „Anwendungsbereich" werden vom EuGH nicht einheitlich gebraucht. Die häufig im Schrifttum zu findende Unterscheidung zwischen *agency situation* und *ERT*-Konstellationen kann daher nicht zwingend an den Begriffen „Durchführung" und „Anwendungsbereich" festgemacht werden. Eine einheitliche Begriffsbildung des Gerichtshofs existiert nicht. Eine klare Korrelation zwischen den Bindungskonstellationen und den verwendeten Begriffen lässt sich nicht feststellen.[667] Zutreffend ist daher die Annahme, dass es sich bei der Formulierung des EuGH, wonach Mitgliedstaaten im „Anwendungsbereich" des Unionsrechts an Unionsgrundrechte gebunden sind, um eine „offene Suchformel" handelt.[668]

II. Überblick zum Meinungsstand im Schrifttum

Vor Inkrafttreten der Grundrechtecharta war die Bindung der Mitgliedstaaten an Unionsgrundrechte in der *agency situation* im Schrifttum weit-

---

665 So die Rechtssache *Österreichischer Rundfunk*, welche sich der *agency situation* zuordnen lässt, s. oben 2. Kapitel, A., I., 1., c., cc.

666 So etwa in der Rechtssache *Familiapress*, s. oben 2. Kapitel, A., I., 1., c., aa.

667 *Pirker*, Grundrechtsschutz, 2018, S. 62ff., der in seine Untersuchung zur Begriffswahl in der Rechtsprechung des EuGH jedoch auch Entscheidungen vor Inkrafttreten der GRC einbezieht.

668 *Scheuing*, EuR 2005, S. 162, 163; s. auch bereits *Weiler/Lockhart*, CMLR 32 (1995), S. 51, 63 „*truly open-textured formulation*".

gehend anerkannt und akzeptiert.[669] Die Verpflichtung zur Beachtung der Grundrechte beim administrativen Vollzug von Verordnungen wurde kaum infrage gestellt.[670] Bei der Umsetzung von Richtlinien und der Anwendung von nationalem Recht, welches aufgrund einer Richtlinie erlassen oder geändert wurde, zeigt sich ein differenziertes Bild: Vereinzelt wurde vertreten, dass bei der Umsetzung von Richtlinien als Akt mitgliedstaatlicher Staatsgewalt keine Bindung an Unionsgrundrechte bestehe und nur die Richtlinie selbst an Unionsgrundrechten zu prüfen sei.[671] Demgegenüber wurde auch angenommen, dass die mitgliedstaatliche Bindung stets bei der Umsetzung von Richtlinien bestehe, da mitgliedstaatliches Handeln bei der Umsetzung unionsrechtlich veranlasst und der nationale Gesetzgeber stets an das Regelungsziel der Richtlinie gebunden sei.[672] Dies gelte auch für den nicht determinierten Teil einer Richtlinie, da unionsrechtlich eingeräumte Spielräume nicht im Widerspruch zu den Grundrechten stehen dürften und zudem eine Trennung zwischen determiniertem und nicht determiniertem Teil einer Richtlinie kaum möglich sei.[673] Zumeist findet sich im Schrifttum ein „Mittelweg“, wonach eine mitgliedstaatliche Bindung jedenfalls dann angenommen wird, soweit den Mitgliedstaaten kein Ermessensspielraum bei der Umsetzung einer Richtlinie verbleibe; bestehe hingegen ein Umsetzungsspielraum, seien die nationalen Grundrechte anwendbar.[674]

---

669 *Kingreen*, JuS 2000, S. 857, 864; s. ausführlich *Bienert*, Kontrolle mitgliedstaatlichen Handelns, 2001, S. 112ff.; zur Begründung der Grundrechtsbindung in dieser Konstellation etwa *Cirkel*, Bindungen der Mitgliedstaaten, S. 163ff., 172.

670 *Calliess*, JZ 2009, S. 113, 117 m.w.N.

671 Vgl. *Jürgensen/Schlünder*, AöR 121 (1996), S. 200, 211f.; *Kingreen/Störmer*, EuR 1998, S. 263, 281; s. auch die Nachweise bei *Rengeling/Szczekalla*, Grundrechte, 2004, § 4, Rn. 311, Fn. 136.

672 So etwa *Cirkel*, Bindungen der Mitgliedstaaten, 2000, S. 84f.; *Schaller*, EU-Mitgliedstaaten als Verpflichtungsadressaten, 2003, S. 38ff.; *Wallrab*, Die Verpflichteten der Gemeinschaftsgrundrechte, 2004, S. 87; *Ladenburger*, in: Tettinger/Stern (Hrsg.), Kölner Gemeinschaftskommentar zur Europäischen Grundrechte-Charta, 2006, Art. 51 GRC, Rn. 35; *Bleckmann*, Nationale Grundrechte im Anwendungsbereich, 2011, S. 30f.

673 *Wetter*, Grundrechtscharta, 1998, S. 94; *Wallrab*, Die Verpflichteten der Gemeinschaftsgrundrechte, 2004, S. 87.

674 *Ruffert*, EuGRZ 1995, S. 518, 527f.; *Weber*, NJW 2000, S. 537, 542; *Große Wentrup*, Europäische Grundrechtecharta, 2003, S. 54; *Rengeling/Szczekalla*, Grundrechte, 2004, § 4, Rn. 312f.; eine mitgliedstaatliche Grundrechtsbindung nur dann annehmend, wenn nationale Regelungen den Zielen einer Richtlinie entsprechen oder diesen zuwiderlaufen *Kotroni*, Grundrechtliche Verpflichtungen, 2004, S. 219f.; für eine Beachtung sowohl nationaler also auch unionaler Grund-

Das Meinungsbild zur Grundrechtsbindung der Mitgliedstaaten bei der Beeinträchtigung von Grundfreiheiten (*ERT*-Konstellation) ist hingegen weniger eindeutig. Die Bindungskonstellation wurde im Schrifttum vielfach kritisiert und zum Teil entschieden abgelehnt. Diese Ablehnung wurde etwa damit begründet, dass die Ausnahmeklauseln der Grundfreiheiten als Souveränitätsvorbehalte für Mitgliedstaaten der Unionsrechtsordnung entzogen seien und es an einem funktionalen Zusammenhang zwischen Unionsrechtsetzung und staatlicher Rechtsdurchsetzung fehle, da die Mitgliedstaaten autonome Maßnahmen nach eigenem Ermessen in diesem Bereich träfen.[675] Da es primär Aufgabe der Mitgliedstaaten sei, Rechtsgüter wie die öffentliche Sicherheit und Ordnung zu gewährleisten, handele es sich um eine originäre Zuständigkeit der Nationalstaaten, sodass bei Inanspruchnahme der Rechtfertigungsgründe im Rahmen der Beeinträchtigung von Grundfreiheiten nationale Staatsgewalt ausgeübt werde.[676] Auch findet sich der Vorwurf, der EuGH nutze die Grundrechte in diesem Bereich nur als Vorwand, um den Grundrechtsschutz zu stärken, tatsächlich gehe es dem Gerichtshof jedoch darum, seinen Einflussbereich in den Regelungsbereich der Mitgliedstaaten weiter auszudehnen.[677] Nach einer differenzierten Ansicht sollen Unionsgrundrechte zwar als Rechtfertigungsgründe der Beeinträchtigung einer Grundfreiheit herangezogen werden können, die Unanwendbarkeit einer nationalen Maßnahme könnten die Unionsgrundrechte jedoch nicht selbstständig begründen, wenn diese Maßnahme im Übrigen mit den Grundfreiheiten vereinbar sei.[678]

Zur Akzeptanz der Bindung in der *ERT*-Konstellation wurde angeführt, dass auch das von den Mitgliedstaaten ausgeübte Ermessen sich innerhalb eines unionsrechtlich vorgegebenen Rahmens halten müsse und daher die Ausgestaltung der Bedingungen der Inanspruchnahme der Ausnahmetatbestände dem EuGH obliege.[679] Ferner gebiete die einheitliche und ef-

---

rechte bei Umsetzungsspielräumen bei Richtlinien *Szczekalla*, NVwZ 2003, S. 1019, 1021.

675 *Ruffert*, EuGRZ 1995, S. 518, 528; *Kingreen/Störmer*, EuR 1998, S. 263, 282f.; *Kingreen*, JuS 2000, S. 857, 864f.; nach den entsprechenden Ausnahmebestimmungen differenzierend *Jürgensen/Schlünder*, AöR 121 (1996), S. 200, 216; gegen die Annahme der Ausnahmeklauseln als Souveränitätsvorbehalte *Mager*, JZ 2003, S. 204, 205; *von Papp*, Integrationswirkung, 2007, S. 91f.

676 *Huber*, EuR 2008, S. 190, 194.

677 *Coppel/O'Neill*, CMLR 29 (1992), S. 669, 691f.

678 Dazu etwa der Ansatz von *Kotroni*, Grundrechtliche Verpflichtung, 2004, S. 222ff.

679 So etwa *Ranacher*, ZÖR 58 (2003), S. 21, 54f.; s. auch bereits *Weiler*, in: Capotorti u.a. (Hrsg.), FS Pescatore, 1987, S. 821, 840f.

fektive Anwendbarkeit des Unionsrechts die Beachtung der Unionsgrundrechte durch die Mitgliedstaaten bei der Einschränkung von Grundfreiheiten.[680] Zudem müsse vor dem Hintergrund der besonderen Bedeutung des Grundrechtsschutzes in dieser Konstellation die Grundrechtskonformität einer nationalen Maßnahmen durch den EuGH überprüfbar sein, wobei den Mitgliedstaaten durchaus Möglichkeiten für die Realisierung nationaler Politikziele verblieben.[681]

Nur vereinzelt wird eine über diese Konstellationen, die der EuGH in seiner Rechtsprechung entwickelt hat, hinausgehende Bindung an Unionsgrundrechte angenommen, etwa bei allen Sachverhalten, die potenziell von einer Zuständigkeit der Union erfasst sein können.[682]

Zusammenfassend zeigt sich, dass die Rechtsprechung des EuGH zur Bindung der Mitgliedstaaten an Unionsgrundrechte in der sog. *agency situation* weitgehend Zustimmung im Schrifttum erfahren hat, wohingegen die Anwendung der Grundrechte bei der Beeinträchtigung der Grundfreiheiten sehr umstritten war.[683]

III. Terminologische Klarstellung für die weitere Untersuchung

Wird im Folgenden von einem engen bzw. restriktiven Verständnis des Begriffs „Durchführung" i.S.d. Art. 51 Abs. 1 S. 1 GRC ausgegangen, so bedeutet dies, dass auf die *Wachauf*-Rechtsprechung des EuGH abgestellt wird. Umfasst sind somit Konstellationen, in welchen Mitgliedstaaten aufgrund einer Verordnung oder Richtlinie tätig werden (*agency situation*). Ein weites Verständnis des Begriffs „Durchführung" umfasst auch die *ERT*-Rechtsprechung, d.h. Situationen, in welchen Mitgliedstaaten im „Anwendungsbereich" des Unionsrechts handeln, was insbesondere bei der Beeinträchtigung von Grundfreiheiten anzunehmen ist. Ein weites Verständnis des Art. 51 Abs. 1 S. 1 GRC kann möglicherweise auch weitere Bindungskonstellationen erfassen, welche in der Rechtsprechung des EuGH noch nicht entschieden wurden. Im Folgenden soll zunächst untersucht werden, ob Art. 51 Abs. 1 S. 1 GRC in diesem Sinne eng oder weit zu verstehen ist,

---

680 *Große Wentrup*, Europäische Grundrechtecharta, 2003, S. 60.

681 *Weiler/Lockhart*, CMLR 32 (1992), S. 51, 77f.; *Bleckmann*, Nationale Grundrechte im Anwendungsbereich, 2011, S. 112.

682 Vgl. *Jones*, Bindung der Mitgliedstaaten, 1999, S. 69, 157.

683 S. auch die Nachweise bei *Cirkel*, Bindungen der Mitgliedstaaten, 2000, S. 142.

bevor darauf aufbauend, eine Präzisierung der Bindungskonstellationen vorzunehmen ist.

B. Auslegung des Art. 51 Abs. 1 S. 1 GRC

Die zentrale Fragestellung bei der Auslegung des Art. 51 Abs. 1 S. 1 GRC ist, ob mit der Formulierung „ausschließlich bei der Durchführung des Rechts der Union" eine Beschränkung der mitgliedstaatlichen Bindung an die Unionsgrundrechte i.S.d. *Wachauf*-Rechtsprechung des EuGH gewollt ist (restriktives Verständnis des Art. 51 Abs. 1. S. 1 GRC) oder ob Art. 51 Abs. 1 S. 1 GRC gerade eine Bestätigung der gesamten Rechtsprechung des EuGH zur Frage der Bindungswirkung der Unionsgrundrechte darstellt (weites Verständnis des Art. 51 Abs. 1 S. 1 GRC). Eine Antwort auf diese Frage könnte zunächst der bloße Verweis auf das Urteil des EuGH in der Rechtssache *Åkerberg Fransson* sein. In dieser hat der EuGH klargestellt, dass Art. 51 Abs. 1 S. 1 GRC gerade keine Abkehr von der bisherigen Rechtsprechung des EuGH ist. Die Auslegung des Art. 51 Abs. 1 S. 1 GRC unterbleibt in diesem Urteil jedoch. Aus rechtswissenschaftlicher Sicht wäre der bloße Verweis auf diese Rechtssache – im Sinne des „Recht ist, was das Gericht sagt" – zudem unbefriedigend. Dies gilt umso mehr, als das Urteil aus einem nationalen Blickwinkel betrachtet, vereinzelt als europarechtswidrig und damit verfassungswidrig bewertet wurde.[684] Um sich der Frage, wann Mitgliedstaaten nach Art. 51 Abs. 1 S. 1 GRC an die Unionsgrundrechte gebunden sind, zu nähern, ist zunächst zu untersuchen, nach welchen Vorgaben sich die Auslegung im Unionsrecht richtet (I.). Es wird sich zeigen, dass insoweit insbesondere auf Wortlaut (II.), Systematik (III.), Historie (IV.) und Teleologie (V.) einzugehen ist, um zu klären,

---

684 *Scholz* stellt einen Verstoß gegen Art. 23 Abs. 1 GG durch das *Åkerberg Fransson*-Urteil fest und fordert eine Korrektur der neueren Rechtsprechung des EuGH zum Geltungsbereich der GRC, vgl. *Scholz*, DVBl. 2014, S. 197, 202ff. Auch das Bundesverfassungsgericht habe dieses Urteil als „Kriegserklärung" des EuGH aufgefasst, so die Einschätzung von *Thym*, NVwZ 2013, S. 889, 891. Anlass zu dieser Deutung war eine Aussage des BVerfG zum Urteil in der Rechtssache *Åkerberg Fransson*, wonach dieser „keine Lesart unterlegt werden [darf], nach der diese offensichtlich als *Ultra-vires*-Akt zu beurteilen wäre oder Schutz und Durchsetzung der mitgliedstaatlichen Grundrechte in einer Weise gefährdete, dass dies die Identität der durch das Grundgesetz errichteten Verfassungsordnung in Frage stellte", BVerfGE 133, 277, 316; s. dazu auch „Editorial Comments, Ultra vires – has the Bundesverfassungsgericht shown its teeth?", CMLR 50 (2013), S. 925ff.

ob Art. 51 Abs. 1 S. 1 GRC die bisherige Rechtsprechung des EuGH einschränken oder kodifizieren soll und somit einem restriktiven oder weiten Verständnis zugänglich ist.

I. Auslegung im Unionsrecht

Um die unklare Bedeutung der Formulierung „ausschließlich bei der Durchführung des Rechts der Union" näher zu bestimmen, ist die Auslegung[685] des Art. 51 Abs. 1 S. 1 GRC erforderlich. Ganz allgemein meint Auslegung, den Sinn eines Textes zum Verständnis zu bringen.[686] Dabei geht es nicht darum, den einzig „richtigen" Sinn eines Gesetzes zu ermitteln oder zu einem logisch zwingenden Schluss zu gelangen, sondern maßgeblich ist, die sich bei der Auslegung ergebenden Wertungsspielräume einzuschränken und dadurch die Interpretation einer Norm zu „rationalisieren".[687] Das Vorgehen, um den Sinn einer Norm zu ermitteln, steht jedoch in Abhängigkeit von der auszulegenden Norm und der entsprechenden Rechtsordnung. So richtet sich etwa im deutschen Recht die Auslegung maßgeblich nach den Auslegungsmethoden, welche auf *Savigny* zurückgeführt werden.[688] Zu diesen sog. „klassischen" Auslegungsmethoden zählen die grammatische, die systematische, die historische und die

---

685 Die Begriffe „Auslegung" und „Interpretation" werden im Folgenden synonym verwendet, so auch *Müller/Christensen*, Juristische Methodik, Bd. I, 2013, S. 41, Rn. 13; zur Frage der Definition der Begriffe „Methoden" und „Interpretation" aus allgemeiner und rechtswissenschaftlicher Sicht vgl. die Übersicht bei *Adrian*, Grundprobleme, 2009, S. 47ff.

686 *Larenz*, Methodenlehre, 1991, S. 313; nach *Savigny*, System des heutigen römischen Rechts, Bd. 1, 1840, S. 213, ist Auslegung die „Rekonstruktion des dem Gesetze innewohnenden Gedankens".

687 *Larenz/Canaris*, Methodenlehre, 1995, S. 26; *Kramer*, Juristische Methodenlehre, 2019, S. 55ff.; der auch darauf hinweist, dass durch die Auslegung einer Norm „Richtungsweisungen" geboten werden, *ebd.*; s. zum Streit zwischen rechtsfindungs- und begründungsorientierten Methodenlehre auch *Martens*, Methodenlehre des Unionsrechts, 2013, S. 47ff.

688 Darauf, dass es sich hinsichtlich der Rückführung auf *Savigny* um eine Fehlrezeption handeln dürfte, weist *Reimer*, Juristische Methodenlehre, 2020, S. 140ff., hin. Zu berücksichtigen ist zudem, dass *Savigny* zum einen nicht den Begriff Auslegungsmethoden verwendete, sondern von bei der Auslegung zu berücksichtigenden Elementen sprach; zum anderen erkannte *Savigny* ein logisches Element an und stand teleologischen Interpretationen kritisch gegenüber, vgl. *Savigny*, System des heutigen römischen Rechts, Bd. 1, 1840, S. 213f., 220.

teleologische Auslegung.[689] Zwar werden auch in anderen europäischen Staaten diese Methoden herangezogen, jedoch unterscheiden sich die jeweilige Anwendung und Bedeutung.[690] Neben diesen Differenzierungen zwischen verschiedenen Staaten sind auch bei der Auslegung innerhalb einer Rechtsordnung Unterschiede festzustellen. Es bestehen in Deutschland etwa methodische Besonderheiten zwischen den Teilrechtsgebieten Zivilrecht, Strafrecht und öffentlichem Recht – aber auch innerhalb dieser Teilrechtsgebiete.[691] Als Vorfrage ist daher aufgrund der Struktur der EU als Staatengemeinschaft und der damit verbundenen Supranationalität sowie der Eigenschaft der GRC als eigenem Grundrechtskatalog der Union zu klären, welche Auslegungsmethoden und -grundsätze bei der Auslegung des Art. 51 Abs. 1 S. 1 GRC zur Anwendung kommen.

1. Rückgriff auf bereits bestehende grundrechtsspezifische Auslegungselemente

Denkbar ist zunächst, dass bei der Auslegung der Grundrechtecharta auf die bereits im nationalen Verfassungsrecht anerkannten Auslegungsgrundsätze und auf die Auslegungsmethoden des EGMR zurückgegriffen werden kann.[692] Nahelegen könnte dies die Wortgleichheit einiger Artikel der Charta mit nationalen Grundrechten oder Art. 52 Abs. 3 GRC, wonach die Rechte der GRC, soweit sie den Rechten der EMRK entsprechen, „die gleiche Bedeutung und Tragweite" haben, wie sie in der EMRK ver-

689 Neben diesen Methoden werden noch weitere Auslegungsregeln, wie z.B. die rechtsvergleichende Auslegung oder topische Auslegungsmethode diskutiert, vgl. *Reimer*, Juristische Methodenlehre, 2020, S. 185ff.

690 S. für einen Vergleich zwischen der Auslegung im deutschen, französischen und englischen Recht: *Hager*, Rechtsmethoden in Europa, 2009; darüber hinaus zu einem umfassenden Überblick über die Methodenlehre in europäischen Staaten: *Henninger*, Europäisches Privatrecht und Methode, 2009.

691 Vgl. *Reimer*, in: Gödicke/Hammen/Schur/Walker (Hrsg.), FS Schapp, 2010, S. 431, 435f.

692 S. speziell zur Frage, ob Gewährleistungsinhalt und Schutzniveau eines gleich lautenden Grundrechts aus einer nationalen Verfassung auf die GRC übertragen werden könnte: *Günther*, Auslegung des Rechts auf Bildung, 2007, S. 50ff.; zur Auslegung der EMRK s. ausführlich *Matscher*, in: Macdonald/Matscher/Petzold (Hrsg.), The European System for the Protection of Human Rights, 1993, S. 63ff.

bürgt sind.[693] Allerdings stellt die GRC einen eigenen Grundrechtskatalog dar und gerade nicht eine Zusammenstellung verschiedener mitgliedstaatlicher Grundrechtsgewährleistungen und solcher der EMRK. Die bloße Übernahme von grundrechtsspezifischen Auslegungsregeln der Mitgliedstaaten der EU und des EGMR würde die besondere Bedeutung der GRC verkennen. Zudem zeigt sich, dass trotz der partiellen Gleichheit von Artikeln der GRC und nationalen Grundrechten die GRC bestimmte Grundrechte enthält, welche in nationalen Grundrechtskatalogen nicht separat aufgeführt sind, sondern dem Schutzgehalt eines anderen, ebenfalls in der GRC enthaltenen Grundrechts zugeordnet werden.[694] Daher kommt eine vollständige Übertragung bestehender Methoden zur Grundrechtsinterpretation nicht in Betracht, wenngleich ein Rückgriff auf diese – wie sich bereits aus dem genannten Art. 52 Abs. 3 GRC ergibt – notwendig und zulässig ist.

2. Besondere Auslegungsregeln für die Auslegung der Grundrechtecharta

Da es sich bei der Grundrechtecharta um eine eigenständige Rechtsquelle handelt, könnte eine spezielle, eigene Methodenlehre für die Auslegung der Unionsgrundrechte erforderlich sein. Die Grundrechtecharta ist jedoch gem. Art. 6 Abs. 1 Hs. 2 EUV mit den Verträgen rechtlich gleichrangig. Das Erfordernis der einheitlichen Auslegung des Unionsrechts steht daher einer jeweils eigenständigen Methodenlehre für die Auslegung der GRC einerseits und den Verträgen andererseits entgegen.[695] Die Zuordnung der GRC zum Primärrecht ermöglicht demnach grundsätzlich die Übertragung der bereits für die Verträge bestehenden Auslegungsregelungen auf die GRC.[696]

---

693 S. zur Wortgleichheit etwa Art. 1 GRC und Art. 1 GG: „Die Würde des Menschen ist unantastbar".

694 So wird das in Art. 4 GRC normierte Verbot der Folter in Deutschland dem Schutzgehalt des Art. 1 GG zugesprochen; trotz der Wortlautidentität des Art. 1 GRC und Art. 1 GG ergeben sich somit unterschiedliche Gehalte, s. *Dorf*, JZ 2005, S. 126f.

695 Vgl. *Weber*, in: Stern/Sachs (Hrsg.), GRCh, 2016, B II, Rn. 1f.

696 *Schmid*, in: Kahl/Raschauer/Storr (Hrsg.), Grundsatzfragen der europäischen Grundrechtscharta, 2013, S. 153, 155.

a. Methodische Besonderheiten bei der Anwendung bestehender Auslegungsregeln

Die bloße Anwendung der noch darzustellenden, bisherigen Auslegungspraxis im Unionsrecht würde jedoch verkennen, dass sich aus der Stellung und dem Entstehungsprozess der GRC eine veränderte methodische Auslegungssituation ergibt, die bei der Anwendung der bestehenden Auslegungsregelung zu beachten ist.[697] Diese Besonderheiten sind auch positivrechtlich festgelegt: So enthält Titel VII der GRC „Allgemeine Bestimmungen über die Auslegung und Anwendung der Charta" und somit normative Auslegungsvorgaben.[698] Die dort dargestellten Regeln beziehen sich jedoch überwiegend auf die Auslegung der Schutzbereiche sowie Schranken der Charta-Rechte und sind daher bei der Auslegung des Art. 51 Abs. 1 S. 1 GRC nur begrenzt hilfreich. So findet sich in Art. 52 Abs. 7 GRC und im zweiten Satz des Erwägungsgrundes Nr. 5 der Präambel der GRC die Regelung, dass die unter der Verantwortung des Präsidiums des Konvents formulierten „Erläuterungen zur Charta der Grundrechte"[699] gebührend zu berücksichtigen sind. Als Auslegungsmaßstab ist zudem Art. 51 Abs. 2 GRC zu beachten, wonach die Charta „den Geltungsbereich des Unionsrechts nicht über die Zuständigkeiten der Union hinaus aus[dehnt] und weder neue Zuständigkeiten noch neue Aufgaben für die Union [begründet], noch (…) die in den Verträgen festgelegten Zuständigkeiten und Aufgaben [ändert]."

b. Auslegung unter Berücksichtigung einer Grundrechtstheorie

In der nationalen Methodenlehre wird vielfach eine spezifische Verfassungs- und Grundrechtsinterpretation für erforderlich gehalten, um der Offenheit und der Weite der verfassungsrechtlichen Normen gerecht

---

697 *Weber*, in: Stern/Sachs (Hrsg.), GRCh, 2016, B II Rn. 4; s. zur Interpretation von Grundrechten auch *Winkler*, Grundrechte, 2006, S. 90ff., der betont, dass „die allgemeine Interpretationspraxis des EuGH zu den Verträgen (...) sich nur eingeschränkt für die Grundrechte der EU fruchtbar machen [lässt]".

698 S. ausführlich *Dorf*, JZ 2005, S. 126, 127ff.; *von Danwitz/Röder*, in: Stern/Tettinger (Hrsg.), Europäische Grundrechte-Charta, 2005, S. 31, 48ff.; *Günther*, Auslegung des Rechts auf Bildung, 2007, S. 63ff.

699 Erläuterungen zur Charta der Grundrechte, Abl. C 303 v. 14.12.2007, S. 17.

zu werden.[700] Bestimmte Grundrechtstheorien und ein vorgezeichnetes Grundverständnis der Grundrechte sollten die Grundrechtsinterpretation leiten; Auslegungsfragen seien auf das jeweilige Grundrechtsverständnis zurückzuführen.[701] Ein solches, allgemein anerkanntes Grundrechtsverständnis oder anerkannte Grundrechtstheorien bestehen auf europäischer Ebene derzeit nicht, gleichwohl wird gefordert, dass auch bei der Auslegung europäischer Grundrechte die Grundrechtstheorien zu beachten seien.[702] Problematisch ist dabei, dass aufgrund des Fehlens einer anerkannten europäischen Grundrechtstheorie bzw. eines europäischen Grundrechtsverständnisses das Risiko besteht, eine nationale Grundrechtsdogmatik den europäischen Grundrechten „überzustülpen".[703] Dies wiederum stellt einen Widerspruch zur Eigenständigkeit des Europarechts dar.[704] Aufgabe dieser Arbeit soll es nicht sein, die Diskussion um eine europäische Grundrechtsdogmatik hinsichtlich der Entwicklung von Grundrechtstheorien und -verständnissen zu bereichern. An dieser Stelle soll allein der für die vorliegende Untersuchung entscheidenden Vorfrage nachgegangen werden, ob für die Auslegung des Art. 51 Abs. 1 S. 1 GRC die

700 Zur Grundrechtsinterpretation s. etwa: *Böckenförde*, NJW 1974, S. 1529ff.; *Ossenbühl*, in: Merten/Papier (Hrsg.), HGR, Bd. I, 2004, § 15, Rn. 3ff.; allgemein zur Verfassungsauslegung: *Böckenförde*, NJW 1976, S. 2089, 2091; *Häberle/Kotzur*, Europäische Verfassungslehre, 2016, S. 473ff.; Bedenken gegen die Anwendung der herkömmlichen Auslegungsmethoden im Verfassungsrecht äußert *Hesse*, Grundzüge des Verfassungsrechts, 1995, S. 22ff., insbesondere lehnt dieser jedenfalls die Beschränkung auf diese ab; s. auch die differenzierende Darstellung bei *Starck*, in: Isensee/Kirchhof (Hrsg.), HStR, Bd. XII, 2014, § 271, Rn. 18ff.

701 Grundlegend zur Kategorisierung der Grundrechtstheorien im deutschen Recht *Böckenförde*, NJW 1974, S. 1529; zum Begriff des Grundrechtsverständnisses: *Starck*, in: Mangoldt/Klein/Starck (Hrsg.), GG, Bd. I, 7. Aufl., 2018, Art. 1 GG, Rn. 159ff., 166; a.A. *Ossenbühl*, in: Merten/Papier (Hrsg.), HGR, Bd. I, 2004, § 15, Rn. 41, der feststellt, dass „das Bestreben, die Grundrechtsauslegung durch eine konsentierte Grundrechtstheorie zu unterfangen, als gescheitert" zu betrachten sei und, dass „das Höchstmaß an rationaler Rechtsfindung nur mittels einer rationalen Begründung der Ergebnisse erreicht werden kann, nicht aber durch Verabsolutierung irgendwelcher Theorien oder Methoden".

702 Vgl. *Eisner*, Schrankenregelung, 2005, S. 256; *Wiethoff*, Verhältnis von EuGH und EGMR, 2008, S. 97; *Heuer*, Art. 51 Abs. 1 Satz 1 GRC, 2014, S. 116ff.; *Häberle/Kotzur*, Europäische Verfassungslehre, 2016, S. 508f.; *Mahlmann*, EuR 2011, S. 469, 476ff.; Ansätze einer Grundrechtsdogmatik des EuGH sieht *Kühling*, ZÖR 2013, S. 469, 471ff.

703 Auf dieses Risiko hinweisend etwa: *Rengeling/Szczekalla*, Grundrechte, 2004, § 1, Rn. 85; *Wiethoff*, Verhältnis von EuGH und EGMR, 2008, S. 95, 97.

704 Zur Autonomie des Unionsrechts grundlegend EuGH, *Costa/E.N.E.L.*, Rs. C-6/64, EU:C:1964:66, S. 1270.

Berücksichtigung einer Grundrechtstheorie erforderlich ist. Zweifel hieran ergeben sich zunächst aus der Funktion der Grundrechtstheorien: Grundrechtstheorien sind systematisch orientierte Auffassungen über den allgemeinen Charakter, die normative Zielrichtung und die inhaltliche Reichweite der Grundrechte; ihre Funktion ist die Einbindung der Interpretation der einzelnen Grundrechtsbestimmungen in den Gesamtzusammenhang einer Verfassungstheorie.[705] Es geht somit darum, den grundrechtlichen Gewährleistungsumfang selbst näher zu bestimmen. Wird einer bestimmten Grundrechtstheorie gefolgt, so ergeben sich Konsequenzen insbesondere für den konkreten Grundrechtsinhalt und daraus resultierende rechtliche Folgen.[706] Die Frage nach der Gewährleistungsreichweite kann sich aber erst stellen, nachdem die Anwendung eines Normensatzes überhaupt geklärt ist. Für die Auslegung des Art. 51 Abs. 1 S. 1 GRC, der selbst kein Grundrecht, sondern lediglich eine Anwendungsbestimmung ist, spricht dies gegen die Anwendbarkeit einer Grundrechtstheorie.

Zudem vermögen Grundrechtstheorien zwar, den inhaltlichen Gewährleistungsumfang auszugestalten, aber die Frage der Grundrechtsverpflichteten wird kaum oder gar nicht beeinflusst. Dies zeigt etwa Art. 1 Abs. 3 GG, der die Bindungswirkung von Grundrechten in Deutschland klarstellt. Nach Art. 1 Abs. 3 GG binden „die nachfolgenden Grundrechte (...) Gesetzgebung, vollziehende Gewalt und Rechtsprechung als unmittelbar geltendes Recht", sodass die drei Staatsgewalten in Deutschland – Legislative, Exekutive und Judikative – umfassend an Grundrechte gebunden sind. Die sich aus dieser Norm ergebende alleinige Verpflichtungswirkung für die Staatsgewalt wird durch das in Deutschland anerkannte nationale Verständnis der Grundrechte als „objektive Werteordnung" bzw. die „Ausstrahlungswirkung" der Grundrechte nicht i.S.e. unmittelbaren Bindung Privater an Grundrechte erweitert; die Grundrechte entfalten als Ausdruck einer Werteordnung nur eine abgeschwächte, „mittelbare" Einwirkung auf Rechtsbeziehungen zwischen Privaten („mittelbare Drittwirkung").[707] Die Grundrechtsbindung bleibt trotz dieser „mittelbaren Drittwirkung" auf staatliche Gewalt beschränkt, mithin ändert sich die Bindungswirkung der Grundrechte nicht.[708] Sowohl aus der Funktion der Grundrechtstheorien,

705 *Böckenförde*, NJW 1974, S. 1529.

706 S. mit Beispielen aus dem nationalen Recht *Böckenförde*, NJW 1974, S. 1529f.

707 S. grundlegend zur Ausstrahlungswirkung der Grundrechte BVerfGE 7, 198 – Lüth; *Herdegen*, in: Maunz/Dürig (Hrsg.), Grundgesetz-Kommentar, 87. EL., 2019, Art. 1 Abs. 3 GG, Rn. 64.

708 A.A. wohl *Heuer,* Art. 51 Abs. 1 Satz 1 GRC, 2014, S. 141, der davon ausgeht, dass durch das Verständnis der Grundrechte des Grundgesetzes als objektive

als auch aus rechtsvergleichenden Überlegungen ist daher die Frage nach der Anwendbarkeit einer Grundrechtstheorie im Zusammenhang mit der Auslegung des Art. 51 Abs. 1 S. 1 GRC zu verneinen. Das Auslegungsproblem lässt sich also nicht von vornherein auf ein bestimmtes Grundrechtsverständnis zurückführen.

c. Zwischenergebnis

Festzuhalten ist somit, dass bei der Auslegung des Art. 51 Abs. 1 S. 1 GRC die herkömmlichen Auslegungsmethoden im Unionsrecht – unter Berücksichtigung spezifischer Besonderheiten der GRC – heranzuziehen sind. Im folgenden Abschnitt ist daher ein Überblick zu geben, nach welchen Regeln sich die Auslegung im Unionsrecht richtet und welche Methodengrundsätze anzuwenden sind. Dabei kann allenfalls eine zusammenfassende Skizzierung der Rechtsprechung des EuGH sowie des Schrifttums zu dieser Fragestellung im Rahmen dieser Arbeit erfolgen.[709] Auf die bereits angedeuteten methodischen Besonderheiten in Bezug auf die Auslegung

---

Wertordnung „der Bereich der Anwendbarkeit der Grundrechte (...) erweitert [wird]"; umstritten ist, ob die Unionsgrundrechte überhaupt eine objektive Werteordnung im Europarecht darstellen, dies vor Inkrafttreten der GRC verneinend *Ruffert*, EuGRZ 1995, S. 518, 529; *Kotroni*, Grundrechtliche Verpflichtungen, 2004, S. 161; *Terhechte* verneint die Möglichkeit der Unionsgrundrechte als objektive Wertordnung aufgrund der fehlenden Staatsqualität der Union, *Terhechte*, Konstitutionalisierung, 2011, S. 54; s. zur Frage, ob sich aus der Funktion der Grundrechte als objektive Wertordnung eine Bindungswirkung für Mitgliedstaaten ableitet bereits *Jones*, Bindung der Mitgliedstaaten, 1999, S. 134ff.

709 Zur Problematik der Auslegung des Unionsrechts sowie der Auslegungspraxis des EuGH existieren bereits zahlreiche Abhandlungen, s. etwa *Bredimas*, Methods of Interpretation and Community Law, 1978; *Bengoetxea*, The legal reasoning of the European Court of Justice, 1993; *Anweiler*, Die Auslegungsmethoden des Gerichtshofs der Europäischen Gemeinschaften, 1997; *Grundmann*, Die Auslegung des Gemeinschaftsrecht durch den Europäischen Gerichtshof, 1997; *Buck*, Über die Auslegungsmethoden des Gerichtshofs der Europäischen Gemeinschaft, 1998; *Schübel-Pfister*, Sprache und Gemeinschaftsrecht, 2004; Müller/Burr (Hrsg.), Rechtssprache Europas, 2004; *Dederichs*, Die Methodik des EuGH, 2004; *Buerstedde*, Juristische Methodik des Europäischen Gemeinschaftsrechts, 2006; *Adrian*, Grundprobleme einer juristischen (gemeinschaftsrechtlichen) Methodenlehre, 2009; *Derlén*, Multilingual Interpretation of European Union Law, 2009; *Hager*, Rechtsmethoden in Europa, 2009; *Henninger*, Europäisches Privatrecht und Methode, 2009; *Müller/Christensen*, Juristische Methodik, Bd. II, Europarecht, 3. Aufl., 2012; *Martens*, Methodenlehre des Unionsrechts,

der GRC ist im Rahmen dieser Übersicht ebenfalls einzugehen. Im Anschluss an diese Darstellung folgt die konkrete Anwendung dieser Regeln auf die Auslegung des Art. 51 Abs. 1 S. 1 GRC.

3. Eigenständige Auslegungsregeln im Unionsrecht

Das Unionsrecht enthält zwar an einigen Stellen selbst Auslegungsvorgaben,[710] eine in allen Mitgliedstaaten anerkannte europäische Methodenlehre ist im Unionsrecht jedoch nicht enthalten und bislang auch im Schrifttum noch nicht vollständig ausgearbeitet.[711] Mangels verbindlicher Vorgaben wurde in der Vergangenheit insbesondere diskutiert, ob sich die Auslegung im Unionsrecht im Wesentlichen nach völkerrechtlichen oder nationalen Auslegungsgrundsätzen richtet.[712] Bereits die besondere Stellung des Unionsrechts als Rechtsordnung *sui generis* und der Umstand, dass das Unionsrecht den mitgliedstaatlichen Methodengrundsätzen, welche auf den anglo-amerikanischen, den romanischen und den mitteleuropäischen Rechtskreis zurückgehen, beachten muss, sprechen gegen die An-

---

2013; Riesenhuber (Hrsg.), Europäische Methodenlehre, 3. Aufl., 2015; *Zedler*, Mehrsprachigkeit und Methode, 2015.

710 So normiert etwa Art. 4 Abs. 2 S. 1 EUV, dass die Union die nationale Identität ihrer Mitgliedstaaten achtet; aus Art. 4 Abs. 3 EUV wird abgeleitet, dass europarechtliche Normen so auszulegen sind, dass ihnen „praktische Wirksamkeit" (*effet utile*) zukommt; vgl. auch *Reimer*, Juristische Methodenlehre, 2020, S. 44f.

711 *Gerards*, in: Neergaard/Nielsen (Hrsg.), European Legal Method, 2013, S. 27, 69; eine normative Methodenlehre des Unionsrechts hat zuletzt *Martens* vorgelegt. Seine rechtvergleichende Untersuchung hat sich im Wesentlichen auf die Rechtsordnungen Deutschlands, Englands und Frankreichs beschränkt, sodass der Geltungsanspruch für alle Mitgliedstaaten nicht besteht, vgl. *Martens*, Methodenlehre des Unionsrechts, 2013.

712 Zur Annahme, dass der EuGH weitgehend den Auslegungsmethoden des Völkerrechts folge etwa: *Bleckmann*, NJW 1982, S. 1177ff.; *Schneiders*, Grundrechte der EU und die EMRK, 2010, S. 32ff.; für die Auslegung nach nationalen Auslegungsmethoden unter Berücksichtigung europarechtlicher Besonderheiten s. etwa *Kutscher*, in: EuGH (Hrsg.), Begegnung von Justiz und Hochschule, 1976, S. I-6ff.; zur Begründung einer speziell europarechtlichen Auslegungsmethode: *Degan*, RTDE 1966, S. 189, 197ff.; *Bredimas*, Methods of Interpretation, 1978, S. 13ff.; *Schroeder*, JuS 2004, S. 180, 181f.; *Müller/Christensen*, Juristische Methodik, Bd. II, 2012, S. 26f., Rn. 8; *Oppermann/Classen/Nettesheim*, Europarecht, 9. Aufl., 2021, § 9, Rn. 168; gegen die Annahme einer besonderen europarechtlichen Auslegungsmethode *Leisner*, EuR 2007, S. 689, 694f.; ausführlich zu diesem Streit *Anweiler*, Auslegungsmethoden des Gerichtshofs, 1997, S. 76ff.; *Buck*, Auslegungsmethoden, 1998, S. 130ff.; *Adrian*, Grundprobleme, 2009, S. 262ff.

wendung rein völkerrechtlicher sowie rein nationaler Auslegungsregeln.[713] Auch die Supranationalität, die Lückenhaftigkeit des Unionsrechts und der Gedanke einer dynamischen Integration können zur Begründung der Erforderlichkeit einer eigenständigen Methodenlehre des Unionsrechts herangezogen werden.[714] Inzwischen ist weitgehend anerkannt, dass sich die Auslegung im Unionsrecht nach einer speziellen Methode richtet, welche eine Kombination von nationalen und völkerrechtlichen Methodengrundsätzen einschließt und insbesondere die alleinige Heranziehung einer nationalen Methodenlehre nicht zulässig ist.[715]

a. Auslegungsziel

Ziel der Auslegung ist nach dem EuGH, dass „erläutert und erforderlichenfalls verdeutlicht [wird], in welchem Sinn und mit welcher Tragweite die entsprechende Vorschrift seit ihrem Inkrafttreten zu verstehen und anzuwenden ist oder gewesen wäre".[716] Bevor auf die einzelnen Auslegungsgrundsätze einzugehen ist, ist zunächst zu klären, welches Ziel hinsichtlich der Erläuterung des „Sinns" der entsprechenden Vorschrift verfolgt wird: Geht es darum den historischen Willen des jeweiligen Normgebers zu ermitteln (sog. subjektive Theorie) oder soll der objektive Normzweck ermittelt werden (sog. objektive Theorie)? [717] Auswirkungen hat diese Grundsatzfrage jedenfalls dann, wenn sich die Auslegung streng nach einer der beiden Theorien richtet – so kann etwa, sofern sich die Bedeutung eines Wortes ändert, auf die Bedeutung, die der Gesetzgeber im Sinn hatte

713 *Pechstein/Drechsler*, in: Riesenhuber (Hrsg.), Europäische Methodenlehre, 2015, S. 125, 127ff; s. zu diesen Rechtskreisen: *Buck*, Auslegungsmethoden, 1998, S. 91ff.; zur Einordnung als Rechtsordnung *sui generis* s. grundlegend das Urteil des EuGH in der Rs. *Van Gend & Loos*, in der der EuGH feststellte, dass „die Gemeinschaft eine neue Rechtsordnung des Völkerrechts darstellt", vgl. EuGH, *Van Gend en Loos*, Rs. 29/62, EU:C:1963:1, Slg. 193, S. 7, 25.

714 *Zedler*, Mehrsprachigkeit und Methode, 2015, S. 58ff.

715 Vgl. *Henninger*, Europäisches Privatrecht und Methode, 2009, S. 279; *Langenbucher*, in: Langenbucher (Hrsg.), Europäisches Privat- und Wirtschaftsrecht, 2017, § 1, Rn. 5; *Lenaerts/Gutiérrez-Fons*, Columbia Journal of European Law 20 (2014), S. 3, 6; *Zedler*, Mehrsprachigkeit und Methode, 2015, S. 47ff.; *Oppermann/Classen/Nettesheim*, Europarecht, 9. Aufl., 2021, § 9, Rn. 168.

716 EuGH, *Amministrazione delle finanze dello Stato/Denkavit italiana*, Rs. 61/79, EU:C:1980:100, Rn. 16.

717 Vgl. ausführlich dazu *Larenz*, Methodenlehre, 1991, S. 316ff.

oder auf die aktuelle Bedeutung abgestellt werden.[718] In der deutschen Methodenlehre überwiegen inzwischen vermittelnde Auffassungen, welche Elemente der subjektiven und objektiven Theorie enthalten.[719] Für die Annahme, dass bei der Auslegung des Primärrechts vorrangig der objektiven Theorie zu folgen ist, wird angeführt, dass die Union auf die Integration wirtschaftlicher, sozialer und politischer Bereiche angelegt sei, sodass sich auch die Auslegung nach dem jeweiligen Stand der Integration richten müsse.[720] Demgegenüber streiten das Demokratieprinzip sowie der Grundsatz der Gewaltenteilung für eine Anwendung der subjektiven Theorie.[721] Der EuGH hat sich – anders als etwa das Bundesverfassungsgericht[722] – in seiner Rechtsprechung bisher nicht eindeutig für die objektive oder subjektive Theorie entschieden, betont jedoch in ständiger Rechtsprechung, dass die „Notwendigkeit einheitlicher Anwendung und damit Auslegung einer Vorschrift des Unionsrechts (…) [es gebiete] sie nach dem wirklichen Willen ihres Urhebers und dem von diesem verfolgten Zweck namentlich im Licht ihrer Fassung in allen Sprachen auszulegen“.[723] Indem sowohl auf den Willen des Urhebers, als auch auf den Zweck abgestellt wird, lässt sich folgern, dass der EuGH weder einer rein subjektiven, noch einer rein objektiven Methode folgt.[724] Folglich ist anzunehmen, dass bei der

718 *Reimer*, Juristische Methodenlehre, 2020, S. 125; von der „Unbrauchbarkeit“ dieser Differenzierung spricht hingegen: *Müller/Christensen*, Juristische Methodik, Bd. I, 2013, S. 504, Rn. 442.

719 Vgl. *Fleischer*, AcP 211 (2011), S. 317, 325 m.w.N.

720 *Anweiler*, Auslegungsmethoden des Gerichtshofs, 1997, S. 67; *Senden*, Interpretation of Fundamental Rights, 2011, S. 105; *Pechstein/Drechsler*, in: Riesenhuber (Hrsg.), Europäische Methodenlehre, 2015, S. 125, 130 gehen davon aus, dass der EuGH „bei der Auslegung des Primärrechts eher objektive (…) Auslegungsmethoden an[wendet]“ – unter Verweis auf *Bleckmann*, NJW 1982, S. 1177, 1178, der die Entscheidung des EuGH zur objektiven Auslegung aufgrund des Verzichts des Gerichtshofs auf den Rückgriff auf die Entstehungsgeschichte annimmt; a.A. *Bredimas*, Methods of Interpretation, 1978, S. 54, die von der „subjective or historical [basic method]“ spricht.

721 *Henninger*, Europäisches Privatrecht und Methode, 2009, S. 278.

722 Maßgeblich für die Auslegung ist nach der Rechtsprechung des BVerfG der objektivierte Wille des Gesetzgebers, vgl. BVerfGE 1, 299 (312) – *Wohnungsbauförderung*; 20, 283 (293) – *Rechtsverordnung über radioaktive Arzneimittel*; 79, 106 (121) – *Erbschaftsteuer*.

723 Vgl. EuGH, *Junk*, Rs. C-188/03, EU:C:2005:59, Rn. 33; *Zurita García und Choque Cabrera*, verb. Rs. C-261/08 und C-348/08, EU:C:2009:648, Rn. 54; *Internetportal und Marketing*, Rs. C-569/08, EU:C:2010:311, Rn. 35; *4finance*, Rs. C-515/12, EU:C:2014:211, Rn. 19; *Vilkas*, Rs. C-640/15, EU:C:2017:39, Rn. 47.

724 *Henninger*, Europäisches Privatrecht und Methode, 2009, S. 278.

Auslegung des Primärrechts sowohl subjektive als auch objektive Elemente zu beachten sind.

b. Auslegungsmethoden

Der EuGH, welchem nach Art. 19 EUV die Auslegungshoheit der Verträge zukommt, hat sich bislang kaum in allgemeiner Art zu den von ihm angewendeten Methodengrundsätzen geäußert und insbesondere keine verbindlichen, allgemeingültigen Auslegungsregeln dargestellt.[725] Die Systematisierung der Auslegungsmethoden des EuGH ist Aufgabe der europarechtlichen Wissenschaft, dementsprechend gibt es keine einheitliche Beurteilung der Anwendung und Bedeutung dieser Methoden.[726] Festzustellen ist jedoch, dass der EuGH grundsätzlich auf die aus dem nationalen Recht bekannten Methoden der grammatischen, systematischen, teleologischen und der historischen Auslegungsmethode zurückgreift.[727] Im Folgenden sollen die für die weitere Untersuchung maßgeblichen Besonderheiten des Unionsrechts im Hinblick auf die Auslegung des Primärrechts – unter Berücksichtigung der Besonderheiten der GRC – dargestellt werden.[728]

725 *Anweiler*, Auslegungsmethoden des Gerichtshofs, 1997, S. 143; *Schübel-Pfister*, Sprache und Gemeinschaftsrecht, 2004, S. 127; *Pechstein/Drechsler*, in: Riesenhuber (Hrsg.), Europäische Methodenlehre, 2015, S. 125, 131; *Zedler*, Mehrsprachigkeit und Methode, 2015, S. 138.

726 *Schübel-Pfister*, Sprache und Gemeinschaftsrecht, 2004, S. 127.

727 *Kutscher*, in: EuGH (Hrsg.), Begegnung von Justiz und Hochschule, 1976, S. I-1, I-6; *Buck*, Auslegungsmethoden, 1998, S. 141f.; *Schübel-Pfister*, Sprache und Gemeinschaftsrecht, 2004, S. 127; *Höpfner/Rüthers*, AcP 209 (2009), S. 1, 9; *Mayer*, in: Grabitz/Hilf/Nettesheim (Hrsg.), Das Recht der Europäischen Union, 66. EL., 2019, Art. 19 EUV, Rn. 53ff.; *Borchardt*, in: Schulze/Kadelbach/Janssen (Hrsg.), Europarecht, 2020, § 15, Rn. 31; zur Auffassung, dass die rechtsvergleichende Methode als fünftes Interpretationskriterium eigenständige Bedeutung hat, s. etwa *Zedler*, Mehrsprachigkeit und Methode, 2015, S. 151ff.; *Wegener*, in: Calliess/Ruffert (Hrsg.), EUV/AEUV, 5. Aufl., 2016, Art. 19 EUV, Rn. 17; *Häberle/Kotzur*, Europäische Verfassungslehre, 2016, S. 478ff.

728 Zur Notwendigkeit der Unterscheidung zwischen primärem und sekundärem Unionsrecht bei der Auslegung: *Roth*, RabelsZ 75 (2011), S. 787, 801; zu Besonderheiten bei der Auslegung von Sekundärrecht s. etwa *Langenbucher*, in: Langenbucher (Hrsg.), Europäisches Privat- und Wirtschaftsrecht, 2017, § 1, Rn. 15ff.

aa. Semantische Auslegung

Ausgangspunkt der Auslegung ist im Unionsrecht grundsätzlich der Wortlaut einer Norm.[729] Ziel der Wortlautauslegung ist es, aus dem allgemeinen bzw. gewöhnlichen Sprachgebrauch den Bedeutungsumfang der Gesetzesworte zu erforschen.[730] Zu beachten ist dabei, dass das Unionsrecht grundsätzlich einheitlich und autonom auszulegen ist.[731] Als Konsequenz daraus folgt, dass der Inhalt des Unionsrechts ausschließlich aus seinen eigenen Rechtsquellen zu ermitteln ist.[732] Dabei ist jedoch zu beachten, dass der Entstehung eines Begriffs des Unionsrechts die sprachliche Analyse sämtlicher Wortlaute vorauszugehen hat.[733] Als problematisch erweist sich dabei die auch aus dem nationalen Recht bekannte Schwierigkeit, dass Sprache stets mehrdeutig ist und Texte häufig nur aus ihrem Kontext heraus verständlich sind.[734] Im Unionsrecht kommt als weiteres Problem die Sprachenvielfalt hinzu: Gemäß Art. 55 EUV existieren 24 Vertragssprachen, welche alle gleichermaßen verbindlich sind. Welche Sprachfassung

---

729 EuGH, *Semen*, Rs. C-348/07, EU:C:2009:195, Rn. 27; *Gaz de France - Berliner Investissement*, Rs. C-247/07, EU:C:2009:600, Rn. 26; *Grundmann*, Auslegung des Gemeinschaftsrechts, 1997, S. 202; *Höpfner/Rüthers*, AcP 209 (2009), S. 1, 9; *Beck*, Legal Reasoning, 2012, S. 188; *Zedler*, Mehrsprachigkeit und Methode, 2015, S. 139; *Borchardt*, in: Schulze/Kadelbach/Janssen (Hrsg.), Europarecht, 2020, § 15, Rn. 34.

730 *Kutscher*, in: EuGH (Hrsg.), Begegnung von Justiz und Hochschule, 1976, S. I-1, I-18; *Zippelius*, Juristische Methodenlehre, 2012, S. 35; bei der Erörterung des gewöhnlichen Sprachgebrauchs vertraut der EuGH auf eine eigene Sprachkompetenz, eine besondere Beweisführung erfolgt nicht, s. *Potacs*, Auslegung im öffentlichen Recht, 1994, S. 48; kritisch dazu *Loehr*, Mehrsprachigkeitsprobleme, 1998, S. 160ff.

731 Vgl. etwa EuGH, *Ekro*, Rs. 327/82, EU:C:1984:11, Rn. 11; *Linster*, Rs. C-287/98, EU:C:2000:468, Rn. 43; *Nokia*, C-316/05, EU:C:2006:789, Rn. 21; *Österreichischer Rundfunk*, C 195/06, EU:C:2007:613, Rn. 24; *Pie Optiek*, Rs. C-376/11, EU:C:2012:502, Rn. 33; *Balkaya*, C-229/14, EU:C:2015:455, Rn. 33.

732 *Martens*, Methodenlehre des Unionsrechts, 2013, S. 335.

733 *Christensen/Sokolowski*, in: Müller/Burr (Hrsg.), Rechtssprache Europas, 2004, S. 113, 126.

734 *Buck*, Auslegungsmethoden, 1998, S. 152; *Höpfner/Rüthers*, AcP 209 (2009), S. 1, 9; *Martens*, Methodenlehre des Unionsrechts, 2013, S. 332ff.; ausführlich zu diesem Problem: *Müller/Christensen*, Juristische Methodik, Bd. I, 2013, S. 328ff.; auch wird, insbesondere unter Berufung auf die Sprachphilosophie *Wittgensteins*, davon ausgegangen, dass sich die Bedeutung von Wörtern aus ihrem konkreten Gebrauch ergebe und sich daher regelmäßig ändere, s. etwa im Zusammenhang mit der Auslegung im Unionsrecht *Griller*, VVDStRL 77 (2018), S. 237, 271ff.

bei der Auslegung der Charta maßgeblich ist, lässt sich der Charta nicht entnehmen. Insofern unterscheidet sie sich von EUV und AEUV, welche ausdrücklich normieren, in welchen Sprachen die Verträge abgefasst sind und die Verbindlichkeit jedes Wortlautes klarstellen, Art. 55 EUV bzw. Art. 358 AEUV. Aufgrund der Gleichrangigkeit der Charta mit den Verträgen gemäß Art. 6 Abs. 1 EUV und der daraus resultierenden Nähe der Charta zum EUV ergibt sich, dass auch die Charta analog Art. 55 EUV in den 24 Vertragssprachen gleichermaßen verbindlich und dementsprechend auszulegen ist .[735] Insbesondere in der Rechtssache *CILFIT* hat der EuGH die Folgen der Mehrsprachigkeit des Unionsrechts für die Auslegung dargestellt: Demnach „ist dem Umstand Rechnung zu tragen, dass die Vorschriften des Gemeinschaftsrechts in mehreren Sprachen abgefasst sind und dass die verschiedenen sprachlichen Fassungen gleichermaßen verbindlich sind; die Auslegung einer gemeinschaftsrechtlichen Vorschrift erfordert somit einen Vergleich ihrer sprachlichen Fassungen."[736] Wie aus der einheitlichen und autonomen Auslegung des Unionsrechts folgt, ist die Verweisung auf innerstaatliche Sinngehalte nicht gestattet, jedoch kann die unionsrechtliche Bedeutung einer Vorschrift durch den Vergleich der Fassungen eines Textes in den verschiedenen Sprachen ermittelt werden.[737]

Der Stellenwert der semantischen Auslegungsmethode wird unterschiedlich beurteilt: Quantitative Untersuchungen haben gezeigt, dass der EuGH häufig in seinen Urteilen den Wortlaut berücksichtigt.[738] In qualitativer Hinsicht zeigen bisherige Darstellungen jedoch auch, dass der EuGH sich durchaus auch gegen einen „eindeutigen" Wortlaut entscheidet oder

735 *Dörr*, in: Grabitz/Hilf/Nettesheim (Hrsg.), Das Recht der Europäischen Union, 45. EL., 2011, Art. 55 EUV, Rn. 7; eine analoge Anwendung des Art. 55 EUV zwar ablehnend, aber im Ergebnis ebenfalls von einer Berücksichtigung aller Amtssprachen bei der Auslegung der Charta ausgehend *Michl*, Unionsgrundrechte, 2018, S. 41f.; zur Bedeutung der sprachvergleichenden Auslegung bei der Grundrechtecharta s. auch *Burr*, in: Stern/Tettinger (Hrsg.), Europäische Grundrechte-Charta, 2005, S. 61ff.

736 EuGH, *CILFIT*, Rs. 283/81, EU:C:1982:335, Rn. 18.

737 Vgl. *Bengoetxea*, Legal reasoning, 1993, S. 236; *Anweiler*, Auslegungsmethoden des Gerichtshofs, 1997, S. 164; *Mayer*, in: Grabitz/Hilf/Nettesheim (Hrsg.), Das Recht der Europäischen Union, 66. EL., 2019, Art. 19 EUV, Rn. 53. .

738 *Buck*, Auslegungsmethoden, 1998, S. 169; ausführlich *Dederichs*, die die Entscheidung des EuGH im Jahrgang 1999 hinsichtlich der verwendeten Auslegungsmethoden untersucht. *Dederichs* kommt dabei zu dem Ergebnis, dass in 70 Prozent der Entscheidungen des Jahrgangs 1999 mit der grammatischen Methode argumentiert wird, *Dederichs*, Methodik des EuGHs, 2004, S. 65, 149.

das durch die Wortlautauslegung gefundene Ergebnis durch weitere Auslegungsmethoden stützt.[739] Aus diesem Grund wird meist angenommen, dass der Wortlautinterpretation in der Rechtsprechung des EuGH eher eine untergeordnete Rolle zukomme.[740] Überzeugender ist jedoch eine differenzierte Betrachtungsweise: Bereits der Grundsatz der Rechtssicherheit gebietet es, dass die grammatische Auslegungsmethode berücksichtigt wird und auch im Unionsrecht die Grundlage der Auslegung bilden muss. Eine wesentliche Leistung des Wortlautarguments ist zudem das Aufzeigen von verschiedenen Lesarten eines Textes und somit die Ermittlung eines Bedeutungsspektrums. Insbesondere aufgrund der Mehrsprachigkeit des Unionsrechts und der Mehrdeutigkeit von Begriffen kann der alleinige Verweis auf den Wortlaut eine Entscheidung jedoch meist nicht begründen, insofern ist eine Zusammenschau mit den weiteren Auslegungsmethoden erforderlich.[741]

bb. Systematische Auslegung

Die systematische Auslegungsmethode betrachtet das allgemeine normative sowie spezielle Umfeld einer Norm und schließt von der Stellung der

---

739 S. etwa *Buck*, Auslegungsmethoden, 1998, S. 170ff. mit Nachweisen aus der Rechtsprechung sowie dem Schrifttum.

740 *Schroeder*, JuS 2004, S. 180, 182; *Schmid*, in: Kahl/Raschauer/Storr (Hrsg.), Grundsatzfragen der europäischen Grundrechtscharta, 2013, S. 153, 160; s. auch *Grundmann*, Auslegung des Gemeinschaftsrechts, 1997, S. 236, der zu dem Ergebnis kommt, dass das Wortlautargument in der Rechtsprechung des EuGH „fast nur auf die Position eines Ansatzpunktes in die Auslegungsproblematik reduziert“ werde; die Auslegung nach dem Wortlaut nur als Hilfsfunktion ansehend *Baldus/Vogel*, in: Wallerath (Hrsg.), FS Krause, 2006, S. 237, 247; zu den Schwierigkeiten in Bezug auf die grammatische Auslegungsmethode bei der Grundrechtecharta: *Gerards*, in: Neergaard/Nielsen (Hrsg.), European Legal Method, 2013, S. 27ff.; a.A. *Christensen/Sokolowski*, in: Müller/Burr (Hrsg.), Rechtssprache Europas, 2004, S. 113, 127f.; *Dederichs*, Methodik des EuGH, 2004, S. 79, die der grammatischen Methode eine „zentrale Bedeutung“ zuspricht; *Wegener*, in: Calliess/Ruffert (Hrsg.), EUV/AEUV, 5. Aufl., 2016, Art. 19 EUV, Rn. 13, Fn. 34 weist jedoch darauf hin, dass die Untersuchung *Dederichs*‘ maßgeblich auf die Häufigkeit der Verwendung des Wortlautarguments abstellt, dies jedoch nichts über die Qualität des jeweiligen Arguments für die endgültige Entscheidung aussagt.

741 So auch *Hager*, Rechtsmethoden, 2009, S. 251; *Martens*, Methodenlehre des Unionsrechts, 2013, S. 373ff.

Norm im Regelungsgefüge auf deren Inhalt.[742] Somit werden mindestens zwei Normtexte zu einem Argument verbunden. Dabei ist im Unionsrecht sowohl der Vergleich mit Nachbarnormen desselben Kapitels, mit entfernt liegenden Bestimmungen desselben Vertrags, der Rückgriff auf den Gesamtzusammenhang eines Vertrags, aber auch ein Vergleich mit einem anderen (Gründungs-)Vertrag möglich.[743] Bei der Grundrechtecharta ist neben den Verträgen auch das Protokoll über die Anwendung der Charta der Grundrechte der Europäischen Union auf Polen und das Vereinigte Königreich[744] beachtlich. Die systematische Auslegung beruht auf der Idee, dass unionsrechtliche Vorschriften streng miteinander verknüpft sind und die Verträge eine funktionale Einheit bilden.[745] Daher kommt einem bestimmten Begriff, der in verschiedenen unionsrechtlichen Nomen verwendet wird, regelmäßig dieselbe Bedeutung zu.[746] Bei der Einordnung in den Gesamtzusammenhang einer Norm sind insbesondere auch die Ziele der Verträge zu berücksichtigen.[747] Gemeinsamkeiten zeigen sich insofern zur teleologischen Auslegungsmethode; auch in der Rechtsprechung des EuGH findet eine Trennung zwischen systematischer und teleologischer Auslegung teilweise nicht statt, sodass auch von der systematisch-teleologischen Auslegung gesprochen wird.[748]

---

742 *Buck*, Auslegungsmethoden, 1998, S. 177.

743 *Bredimas*, Methods of Interpretation, 1978, S. 43ff. S. ausführlich *Anweiler*, Auslegungsmethoden des Gerichtshofs, 1997, S. 173ff.; zu beachten ist, dass je weiter zwei Normen voneinander entfernt sind, diese auch andere Rechtsfolgen beinhalten und verschiedene Materien regeln – ein Vergleich ist daher nicht immer möglich, s. *Anweiler*, Auslegungsmethoden des Gerichtshofs, 1997, S. 183 mit Verweis auf EuGH, *Continental Can*, Rs. 6/72, EU:C:1973:22.

744 Protokoll (Nr. 30) über die Anwendung der Charta der Grundrechte auf Polen und das Vereinigte Königreich, ABl. C 115 v. 09.05.2008, S. 313; ausführlich dazu unten 2. Kapitel, B., III., 2.

745 *Bredimas*, Methods of Interpretation, 1978, S. 44.

746 *Anweiler*, Auslegungsmethoden des Gerichtshofs, Auslegungsmethoden, 1997, S. 172.

747 *Wegener*, in: Calliess/Ruffert (Hrsg.), EUV/AEUV, 5. Aufl., 2016, Art. 19 EUV, Rn. 15.

748 *Grundmann*, Auslegung des Gemeinschaftsrechts, 1997, S. 297; *Bredimas*, Methods of Interpretation, 1978, S. 73; *Bengoetxea*, Legal reasoning, 1993, S. 250; *Borchardt*, in: Schulze/Kadelbach/Janssen (Hrsg.), Europarecht, 2020, § 15, Rn. 45ff.

Bei der systematischen Auslegungsmethode wird meist von einer hohen Bedeutung ausgegangen.[749] Diese Annahme lässt sich insofern bestätigen, als dass bei der Auslegung des Primärrechts in der Rechtsprechung des EuGH systematischen Argumenten entscheidendes Gewicht zukommt.[750] Besondere Relevanz hat die systematische Auslegungsmethode zudem bei der Auslegung der Grundrechtecharta, da Art. 52 Abs. 3, 4 und 6 GRC und Art. 53 GRC Auslegungsregeln enthalten, welche ausdrücklich auf Rechtsnormen außerhalb der Charta verweisen.[751]

cc. Historische Auslegung

Die historische Auslegungsmethode fragt nach dem geschichtlichen Kontext einer Norm, etwa unter Berücksichtigung der Entstehungsgeschichte der Norm, den Gesetzesmaterialien oder den politischen, ökonomischen und sozialen Verhältnissen der Entstehungszeit, um somit Informationen über die Regelungsabsichten des historischen Gesetzgebers zu erhalten.[752] Insbesondere im Rahmen der historischen Auslegungsmethode stellt sich die bereits oben beschriebene Grundsatzfrage zwischen „objektiver" und „subjektiver" Auslegung, wobei hinsichtlich der Grundrechtecharta zu beachten ist, dass sich der „objektivierte Wille des Verfassungsgebers zur Zeit der Verabschiedung der GRC von den ‚subjektiven' Vorstellungen, wie sie sich in den Erläuterungen des Präsidiums finden, [kaum] unterscheiden dürfte".[753]

---

749 *Martens*, Methodenlehre des Unionsrechts, 2013, S. 431; a.A. *Dederichs*, Methodik des EuGH, 2004, S. 110, die der Auffassung ist, dass die Bedeutung der systematischen Auslegungsmethode in der Literatur überschätzt werde.

750 Vgl. etwa EuGH, *van Gand en Loos*, Rs. 26/62, EU:C:1963:1, Slg. 1963, S. 3, 21f.; *Costa/E.N.E.L.*, Rs. 6/64, EU:C:1964:66, Slg. 1964, S. 1259, 1269f.; *Les Verts*, Rs. 294/83, EU:C:1986:166, Rn. 23ff.; *Francovich*, verb. Rs. C-6/90 und C-9/90, EU:C:1991:428, Rn. 35f.; *Köbler*, Rs. C-224/01, EU:C:2003:513, Rn. 30; *Fuß*, Rs. C-429/09, EU:C:2010:171, Rn. 45; zur hohen Bedeutung s. auch: *Buck*, Auslegungsmethoden, 1998, S. 200f.; *Müller/Christensen*, Juristische Methodik, Bd. II, 2012, S. 60, Rn. 56.

751 Vgl. *Schmid*, in: Kahl/Raschauer/Storr (Hrsg.), Grundsatzfragen der europäischen Grundrechtscharta, S. 153, 161ff.

752 *Larenz*, Methodenlehre, 1991, S. 328ff.; *Anweiler*, Auslegungsmethoden des Gerichtshofs, 1997, S. 88.

753 *Weber*, in: Stern/Sachs (Hrsg.), GRCh, 2016, B II, Rn. 11; zur grundsätzlichen Bedeutung dieses Streits im Rahmen der historischen Auslegungsmethode, s. *Zedler*, Mehrsprachigkeit und Methode, 2015, S. 146ff.

Für die Auslegung des Primärrechts wird überwiegend angenommen, dass die historische Auslegungsmethode in der Rechtsprechung des EuGH nahezu ohne Bedeutung sei bzw. dieser allenfalls eine begrenzte Rolle zukomme.[754] Dies wird vor allem damit begründet, dass die Gesetzgebungsmaterialien zum Primärrecht nur teilweise zugänglich waren bzw. sind.[755] Zudem spricht die Idee einer immer stärker zusammenwachsenden Union und die damit verbundene dynamische Entwicklung gegen die Berücksichtigung historischer Argumente.[756] Hinsichtlich der verfügbaren Materialien zum Primärrecht ist zudem zu beachten, dass Aussagen einzelner Unterhändler nicht die Haltung aller Mitgliedstaaten wiedergeben, sofern sich diese nicht mit Hilfe der weiteren Auslegungsmethoden begründen lassen.[757] Bei der Auslegung der Grundrechtecharta ist demgegenüber zu berücksichtigen, dass die Beratungen des mit der Ausarbeitung der Charta beauftragten Konvents öffentlich waren und sämtliche Dokumente im Internet veröffentlicht wurden.[758] Hinzukommt, dass bei der Entstehungsgeschichte der Charta verschiedene Rechts(erkenntnis)quellen zu betrachten sind, wie etwa internationale Texte, die Rechtsprechung des EGMR und der Gemeinschaftsgerichte oder rechtlich unverbindliche

---

754 *Bredimas*, Methods of Interpretation, 1978, S. 54ff.; *Anweiler*, Auslegungsmethoden des Gerichtshofs, 1997, S. 262; *Dederichs*, Methodik des EuGH, 2004, S. 122; *Müller/Christensen*, Juristische Methodik, Bd. II, 2012, S. 66, Rn. 64; *Oppermann/Classen/Nettesheim*, Europarecht, 9. Aufl., 2021, § 9, Rn. 174f.; *Potacs*, Auslegung im öffentlichen Recht, 1994, S. 136ff. stellt dar, dass insbesondere bei älteren Urteilen der Entstehungsgeschichte eine entscheidende Bedeutung zukommt, bei der Auslegung des Primärrechts spiele die historische Auslegungsmethode jedoch inzwischen „nur eine relativ geringe Rolle"; *Stotz*, in: Riesenhuber (Hrsg.), Europäische Methodenlehre, S. 491, 496, weist darauf hin, dass bei der Auslegung des Primärrechts in der jüngeren Rechtsprechung des Öfteren auf die historische Auslegungsmethode eingegangen wird; von einer zunehmenden Bedeutung gehen auch *Lenaerts/Gutiérrez-Fons*, Columbia Journal of European Law 20 (2014), S. 3, 23ff. aus; von einem erheblichen Gewicht der subjektiv-historischen Methode spricht *Leisner*, EuR 2017, S. 689ff.

755 Vgl. *Bleckmann*, NJW 1982, S. 1177, 1178; *Dederichs*, Methodik des EuGH, 2004, S. 113; *Schroeder*, JuS 2004, S. 180, 183; *Borchardt*, in: Schulze/Kadelbach/Janssen (Hrsg.), Europarecht, 2020, § 15, Rn. 40f.; *Martens*, Methodenlehre des Unionsrechts, 2013, S. 394f. mit Angaben zur Verfügbarkeit und Auffindbarkeit der Gesetzgebungsmaterialien.

756 *Beck*, Legal Reasoning, 2012, S. 219.

757 *Martens*, Methodenlehre des Unionsrechts, 2013, S. 395f.

758 *Barriga*, Entstehung der Charta, 2003, S. 132; s. zur Entstehungsgeschichte der Charta insgesamt etwa *de Búrca*, ELR 26 (2001), S. 126ff.; s. für einen Überblick über die Arbeitsweise und die inhaltliche Arbeit des Konvents *Knecht*, Charta der Grundrechte, 2005, S. 76ff.

Quellen, wie die Gemeinschaftscharta der sozialen Grundrechte der Arbeitnehmer.[759] Schließlich sind die bereits erwähnten „Erläuterungen zur Charta der Grundrechte“ wesentlicher Bestandteil der historischen Auslegung. In diesem erläuternden Dokument wird auf die einzelnen Artikel der Charta eingegangen und deren Inhalt näher präzisiert. Da die Entstehungsgeschichte der Erläuterungen nicht – anders als die Charta selbst – ausführlich dokumentiert ist und insofern der „Wille“ des Gesetzgebers nicht deutlich wird, wird von einer eher geringen Bedeutung der Erläuterungen ausgegangen.[760] Zutreffend ist zwar, dass der Grundrechtekonvent sich nicht eingehend mit den Erläuterungen auseinandergesetzt hat und auch die 2007 verabschiedeten Erläuterungen, welche inhaltlich der Fassung des Europäischen Konvents 2002/2003 entsprechen, nie vom Konventsplenum gebilligt oder verabschiedet wurden.[761] Dennoch sind die Erläuterungen aus zwei Gründen von besonderer Bedeutung: Zum einen wurde der Status der Erläuterung zunächst im Rahmen des Verfassungskonvents und sodann bei der Regierungskonferenz 2003/2004 aufgewertet, zum anderen sind „Verfassungsgeber“ die Staatenvertreter, die mit der Ratifizierung des Vertrags von Lissabon in Kenntnis der Bedeutung der Erläuterungen bei der Auslegung der Charta auch die Erläuterungen als wirksames Rechtsdokument bestätigt haben.[762] Die Bedeutung der Erläuterungen darf zwar aufgrund ihrer Normierung gemäß Art. 52 Abs. 7 GRC, dem 5. Erwägungsgrund der Präambel der GRC und Art. 6 Abs. 1 EUV, wonach diese nur „gebührend zu berücksichtigen“ und nicht etwa „verbindlich“ sind, auch nicht überschätzt werden, dennoch ist insgesamt von einer wesentlichen Bedeutung für die historische Interpretation auszugehen.[763] Die Erläuterungen dienen aufgrund der fehlenden Rechtsverbindlichkeit als Auslegungshilfe, wobei Abweichungen durchaus zulässig

---

759 *Weber*, in: Stern/Sachs (Hrsg.), GRCh, 2016, B II, Rn. 4.

760 So etwa *Kingreen*, in: Calliess/Ruffert (Hrsg.), EUV/AEUV, 5. Aufl., 2016, Art. 52 GRC, Rn. 43.

761 S. ausführlich zur Entstehung der Erläuterungen *Ladenburger*, in: Stern/Sachs (Hrsg.), GRCh, 2016, Art. 52, Rn. 21ff.

762 Im Rahmen des Verfassungskonvents wurde die Präambel zunächst ergänzt, wonach die Charta „von den Gerichten der Union und der Mitgliedstaaten unter gebührender Berücksichtigung der Erläuterungen [...] ausgelegt wird“, entsprechend ergänzt wurde bei der Regierungskonferenz 2003/2004 Artikel II-112 Abs. 7, sodass der Status der Erläuterungen insgesamt aufgewertet wurde, s. m.w.N. sowie zum Argument der unterzeichnenden Staaten des Lissabon-Vertrags als „Verfassungsgeber“ *Michl*, Unionsgrundrechte, 2018, S. 45f.

763 *Schmid*, in: Kahl/Raschauer/Storr (Hrsg.), Grundsatzfragen der europäischen Grundrechtscharta, S. 153, 167f.; der für eine geringe Bedeutung der Erläuterun-

sind; solche erfordern jedoch einen gesteigerten Argumentationsaufwand je deutlicher und klarer sich die Erläuterungen zu einer spezifischen Frage erweisen.[764] Durch die Erläuterungen kann insgesamt von einem gesteigerten Gewicht der historischen Auslegung bei der Grundrechtecharta ausgegangen werden.[765]

dd. Teleologische Auslegung

Als zentrale Interpretationsmethode bzw. als Methode von wesentlicher oder überragender Bedeutung in der Rechtsprechung des EuGH wird häufig die teleologische Auslegungsmethode bezeichnet.[766] Belegen lässt sich dies mit der ständigen Rechtsprechung des EuGH, wonach „bei der Auslegung einer Unionsvorschrift nicht nur ihr Wortlaut, sondern auch ihr Zusammenhang und die Ziele zu berücksichtigen [sind], die mit der Regelung, zu der sie gehört, verfolgt werden".[767] Im Rahmen der teleologischen Auslegungsmethode wird der „Sinn und Zweck" einer Norm

---

gen auch die Kürze dieser anführt; für eine hohe Bedeutung der Auslegung: *Ladenburger*, in: Stern/Sachs (Hrsg.), GRCh, 2016, Art. 52, Rn. 133f.

764 *Borwosky*, in: Meyer (Hrsg.), Charta der Grundrechte, 4. Aufl., 2014, Art. 52 GRC, Rn. 47b.

765 *Borwosky*, in: Meyer (Hrsg.), Charta der Grundrechte, 4. Aufl., 2014, Art. 52 GRC, Rn. 47b; differenzierend: *Wiethoff*, Verhältnis von EuGH und EGMR, 2008, S. 77; *Weber*, in: Stern/Sachs (Hrsg.), GRCh, 2016, B II, Rn. 13; von einer geringen Bedeutung ausgehend *Kingreen*, in: Calliess/Ruffert (Hrsg.), EUV/AEUV, 5. Aufl., 2016, Art. 52 GRC, Rn. 42f.; *Ladenburger*, in: Tettinger/Stern (Hrsg.), Kölner Gemeinschaftskommentar zur Europäischen Grundrechte-Charta, 2006, Art. 52 GRC, Rn. 125.

766 S. etwa *Kutscher*, in: EuGH (Hrsg.), Begegnung von Justiz und Hochschule, 1976, S. I-1, I-41f.; *Bredimas*, Methods of Interpretation, 1978, S. 70ff.; *Bengoetxea*, Legal reasoning, 1993, S. 250f., 255f.; *Fenelly*, Fordham International Law Journal 20 (1996), S. 656, 664; *Anweiler*, Auslegungsmethoden des Gerichtshofs, 1997, S. 236ff.; *Grundmann*, Auslegung des Gemeinschaftsrechts, 1997, S. 394; *Buck*, Auslegungsmethoden, 1998, S. 221; *Schübel-Pfister*, Sprache und Gemeinschaftsrecht, 2004, S. 130; *Hager*, Rechtsmethoden, 2009, S. 253; *Roth*, RabelsZ 75 (2011), S. 787, 801; Hillgruber, in: Behrens/Eger/Schäfer (Hrsg.), Ökonomische Analyse des Europarechts, 2012, S. 1, 4; *Oppermann/Classen/Nettesheim*, Europarecht, 9. Aufl., 2021, § 9, Rn. 176; von einer eher geringen Bedeutung bei grundrechtlichen Fällen spricht hingegen *Senden*, Interpretation of Fundamental Rights, 2011, S. 382ff.

767 EuGH, *Yaesu Europe*, Rs. C-433/08, EU:C:2009:750, Rn. 24; *ebookers.com Deutschland*, Rs. C-112/11, EU:C:2012:487, Rn. 12; *Brain Products*, Rs. C-219/11, EU:C:2012:742, Rn. 13; *Utopia*, Rs. C-40/14, EU:C:2014:2389, Rn. 27; *Sodiaal*

ermittelt.[768] Sie soll aufzeigen, dass eine bestimmte Rechtsfolge förderlich ist, einen normativ gesetzten Zielzustand zu erreichen.[769] Die teleologische Auslegungsmethode läuft jedoch Gefahr, eine politische Wertung als zwingendes Ziel darzustellen. Erforderlich ist daher stets, dass das ermittelte Ziel eine Stütze im Primärrecht findet.[770] Der EuGH greift insofern auch auf die Entstehungsmaterialien oder auf systematische Erwägungen zurück; auch eine Orientierung an den allgemeinen Zielen der Verträge ist möglich, wobei die jeweilige Präambel zu beachten ist.[771] Bei der teleologischen Auslegung der Grundrechtecharta ist maßgeblich auf die Präambel zu rekurrieren.[772] Besondere Ausprägungen der teleologischen Auslegungsmethode stellen der Effektivitätsgrundsatz, der *effet utile*, und das dynamische bzw. evolutive Auslegungselement dar.[773] Nach dem *effet utile* ist eine Vorschrift derart auszulegen, dass ihr Zweck nach Möglichkeit vollständig erreicht wird, sodass die Vertragsziele am besten gefördert werden.[774] Nach diesem Grundsatz wird derjenigen Auslegung der Vorzug gegeben, bei welcher die praktische Nutzung der fraglichen Bestimmung am größten ist und sich die Wirkung der Norm am stärksten entfaltet.[775] Die dynamische Auslegung geht davon aus, dass das Primärrecht von einer besonderen Dynamik – im Sinne einer immer engeren Union – geprägt ist und dementsprechend auch auszulegen ist.[776] Während diese Auslegungsgrundsätze in der Rechtsprechung des EuGH insgesamt eine

International, Rs. C-383/14, EU:C:2015:541, Rn. 20; s. auch *Martens*, Methodenlehre des Unionsrechts, 2013, S. 456 m.w.N.

768 *Stotz*, in: Riesenhuber (Hrsg.), Europäische Methodenlehre, 2015, S. 491, 497; der EuGH verwendet auch andere Formulierungen synonym für „Sinn und Zweck", vgl. *Dederichs*, Methodik des EuGH, 2004, S. 80 mit Verweis auf EuGH, *Platbrood*, Rs. C-161/98, EU:C:1999:564, Rn. 28f.

769 *Oppermann/Classen/Nettesheim*, Europarecht, 9. Aufl., 2021, § 9, Rn. 176.

770 *Müller/Christensen*, Juristische Methodik, Bd. II, 2012, S. 365, Rn. 448.

771 Vgl. *Henninger*; Europäisches Vertragsrecht und Methode, 2009, S. 286f.; *Beck*, Legal Reasoning, 2012, S. 191; *Müller/Christensen*, Juristische Methodik, Bd. II, 2012, S. 82f., Rn. 88; *Zedler*, Mehrsprachigkeit und Methode, 2015, S. 144f.

772 *Günther*, Auslegung des Rechts auf Bildung, 2007, S. 65.

773 Vgl. *Grundmann*, Auslegung des Gemeinschaftsrechts, 1997, S. 406ff.; die dynamische Auslegung hingegen als eigenständig ansehend: *Anweiler*, Auslegungsmethoden des Gerichtshofs, 1997, S. 238ff.

774 *Müller/Christensen*, Juristische Methodik, Bd. II, 2012, S. 357f., Rn. 439.

775 *Kutscher*, in: EuGH (Hrsg.), Begegnung von Justiz und Hochschule, 1976, S. I-1, I-6; a.A. *Buerstedde*, Juristische Methodik, 2006, S. 75f., wonach dem Effektivitätsgrundsatz keine eigene inhaltliche Bestimmungswirkung zukomme, sondern dieser den Appell darstelle, Vertragsinhalte und -ziele zu berücksichtigen.

776 *Martens*, Methodenlehre des Unionsrechts, 2013, S. 475f.

wesentliche Rolle spielen, wurden diese in Grundrechtsfällen jedoch kaum angewendet.[777] Inwieweit sich dies in der Rechtsprechung des EuGH zur GRC ändert, ist noch offen; jedoch ist bereits erkennbar, dass sich der EuGH bei der Auslegung der GRC der dynamischen Argumentation nicht verschließt.[778]

c. Zusammenfassung und weiteres methodisches Vorgehen

Es hat sich gezeigt, dass die als klassische Auslegungsmethoden bezeichneten Methoden auch in der Rechtsprechung des EuGH zu finden sind. Zu berücksichtigen sind dabei methodische Besonderheiten, welche sich aus der Rechtsnatur des Unionsrechts im Allgemeinen und der Grundrechtecharta im Speziellen ergeben. Die Bedeutung der einzelnen Auslegungsmethoden wird in der Literatur unterschiedlich beurteilt, auch der EuGH hat insofern keine verbindlichen Vorgaben aufgestellt. Eine Rangfolge zwischen den einzelnen Auslegungskriterien wird überwiegend verneint.[779] Für die Auslegung des Art. 51 Abs. 1 S. 1 GRC gilt somit, dass eine Auslegung von Wortlaut, Systematik, Teleologie und Historie zu erfolgen hat, wobei die Besonderheiten des Unionsrechts zu berücksichtigen sind. Grundlage der Auslegung ist dabei die semantische Methode, wobei ein umfassender Sprachvergleich geboten ist. Aufgrund der unterschiedlichen Beurteilung der einzelnen Methoden im Unionsrechts, ist es notwendig, um der eingangs dargestellten Funktion der Auslegung – die Interpretation einer Norm zu „rationalisieren" – gerecht zu werden, dass im Falle divergierender Ergebnisse der einzelnen Methoden eine umfassende Begründung für die Annahme eines bestimmten Ergebnisses erfolgt.

---

777 Vgl. *Gerards*, in: Neergaard/Nielsen (Hrsg.), European Legal Method, 2013, S. 27, 34ff. mit Nachweisen aus der Rechtsprechung.

778 Vgl. *Weber*, in: Stern/Sachs (Hrsg.), GRCh, 2016, B II, Rn. 10 unter Verweis auf EuGH, *Åkerberg Fransson*, Rs. C-617/10, EU:C:2013:105.

779 Vgl. nur *Zedler*, Mehrsprachigkeit und Methode, 2015, S. 153 m.w.N.; auch wird eine Rangfolge zwischen bestimmten Methoden angenommen, etwa ein Vorrang der teleologischen und der grammatischen Auslegungsmethode gegenüber der historischen Methode: *Anweiler*, Auslegungsmethoden des Gerichtshofs, 1997, S. 384f.; von einer Priorität der systematischen und grammatischen vor der historischen Auslegung ausgehend *Müller/Christensen*, Juristische Methodik, Bd. II, 2012, S. 578, Rn. 704.

II. Semantische Auslegung

Es existieren 24 Sprachfassungen der Charta. Aus dem Grundsatz der Gleichbehandlung folgt, dass bei der semantischen Auslegung der Wortlaut aller 24 Amtssprachen der EU zu betrachten ist. Da insbesondere im deutschen Schrifttum bei der Debatte um die Reichweite des Art. 51 Abs. 1 S. 1 GRC regelmäßig auf den Wortlaut verwiesen wird und dem EuGH vorgeworfen wurde, gegen den Wortlaut zu entscheiden, soll zunächst ausführlich die deutsche Fassung des Art. 51 Abs. 1 S. 1 GRC erörtert werden (1.). Sodann wird ein Vergleich aller Sprachfassungen vorgenommen (2.).

1. Bedeutung des deutschen Wortlautes

Bei der Auslegung nach dem Wortlaut sollte zunächst versucht werden, einzig auf die allgemein-sprachliche Bedeutung eines Rechtstextes abzustellen, ohne dabei teleologische oder systematische Erwägungen heranzuziehen – auch wenn sich dies grundsätzlich als schwierig erweist.[780] In einem ersten Schritt ist daher zu untersuchen, ob sich bereits aus einer rein sprachlichen Analyse des Art. 51 Abs. 1 S. 1 GRC hinreichende Ergebnisse zur Frage der Bindung der Mitgliedstaaten an Unionsgrundrechte ergeben. Den Schwerpunkt wird die Untersuchung des Begriffs „Durchführung“ bilden.

a. Sprachliche Bedeutung des Begriffs „Durchführung“

Wie bereits dargestellt, kommt es bei der Wortlautauslegung maßgeblich auf den allgemeinen bzw. gewöhnlichen Sprachgebrauch an. Zu fragen ist daher, wie ein juristischer Laie eine Norm aufgrund seiner allgemeinen Sprachkenntnisse verstehen würde.

Unmittelbar dem Wortlaut des Art. 51 Abs. 1 S. 1 GRC zu entnehmen ist, dass eine umfassende Bindung der Mitgliedstaaten an Unionsgrundrechte nicht vorgesehen ist. Dies ergibt sich aus der Formulierung „ausschließlich bei der Durchführung des Rechts der Union“ – anderenfalls käme dem Wort „ausschließlich“ keine Bedeutung zu. Nähere Erkenntnisse lassen sich aus dem Wort „ausschließlich“ nicht ableiten, insbesondere kann daraus nicht gefolgert werden, dass sich hieraus eine insgesamt

780 *Martens*, Methodenlehre des Unionsrechts, 2013, S. 358.

restriktive Deutung des Art. 51 Abs. 1 S. 1 GRC ergibt.[781] So ist unklar, ob sich „ausschließlich“ auf „Durchführung“ oder auf „Recht der Union“ bezieht, wobei letzteres verdeutlichen würde, dass bei rein innerstaatlichen Sachverhalten die Anwendbarkeit der Charta ausgeschlossen ist.[782]

„Recht der Union“ ist in einem umfassenden Sinne zu verstehen, womit das gesamte Primär-, Sekundär- und Tertiärrecht, mit Ausnahme der GRC selbst, gemeint ist.[783] Somit bleibt zu klären, was unter dem Wort „Durchführung“ zu verstehen ist. Der Begriff „Durchführung“ ist weder in der Charta selbst noch in den Verträgen definiert. Eine hinreichend bestimmbare Konkretisierung lässt sich dem Begriff „Durchführung“ nach dem allgemeinen Sprachgebrauch aus Sicht eines juristischen Laien kaum entnehmen.[784] Eine Möglichkeit, sich die Bedeutungen sprachlicher Ausdrücke im Sinne eines allgemeinen Sprachverständnisses zu erschließen, ist die Verwendung von Wörterbüchern, wenngleich Wörterbücher regelmäßig nur Beispiele für den Sprachgebrauch und für die Erklärung von Bedeutungen liefern können.[785] „Durchführen“ bedeutet „ausführen“, „bewältigen“, „erfüllen“, „erledigen“, „realisieren“, „verwirklichen“, „vollbringen“ oder „(in die Tat) umsetzen“.[786] Diese Synonyme helfen jedoch kaum weiter, die Bedeutung des Begriffs „Durchführung“ nach dem gewöhnlichen Sprachgebrauch zu klären – so ist für einen juristischen Laien sicherlich kaum klar, wann Unionsrecht „ausgeführt“ oder „verwirklicht“ wird. Auch in deutschen Rechtswörterbüchern findet sich, soweit ersichtlich,

781 So jedoch *Schwerdtfeger*, in: Meyer/Hölscheidt (Hrsg.), Charta der Grundrechte, 5. Aufl., 2019, Art. 51 GRC, Rn. 37, da durch das Wort „ausschließlich“ die Beschränkung der mitgliedstaatlichen Bindung auf bestimmte Konstellationen besonders hervorgehoben werde.

782 Möglich ist zudem, dass das Wort „ausschließlich“ aus redaktionellen Gründen eingefügt wurde, s. dazu die Bezeichnung des Kommissionmitglieds *António Vitoríno* des Worts „ausschließlich“ als *„a stylistic precaution“*, zit. bei *Eeckhout*, CMLR 39 (2002), S. 945, 953, Fn. 29; in diesem Zusammenhang zur Entstehungsgeschichte, s. unten 2. Kapitel, B., IV., 1.

783 *Turpin*, RTDE 2003, S. 615, 622; *Ladenburger*, in: Tettinger/Stern (Hrsg.), Kölner Gemeinschaftskommentar zur Europäischen Grundrechte-Charta, 2006, Art. 51 GRC, Rn. 34, 63; *Obwexer*, ZÖR 2013, S. 487, 503; *Jarass*, Charta der Grundrechte der EU, 3. Aufl., 2016, Art. 51, Rn. 17.

784 So auch *von Diest*, Änderungen im Diskriminierungsschutz, 2016, S. 61.

785 Ausführlich *Müller/Christensen*, Juristische Methodik, Bd. I, 2013, S. 331ff., 337.

786 Vgl. Duden, Das Synonymwörterbuch, Bd. 8, 7. Aufl., 2019; s. auch *Bulitta/Bulitta*, Lexikon der Synonyme, 2005, dort nicht enthalten sind jedoch die Begriffe „bewältigen“, „erfüllen“, „vollbringen“ sowie „umsetzen“.

zum Begriff „durchführen“ kein Eintrag.[787] Erforderlich ist daher die Einordnung dieser Begriffe in einen europarechtlichen Kontext.

b. Rechtliche Bedeutung des Begriffs „Durchführung“

Der Begriff „Durchführung“ wird insbesondere im europäischen Verwaltungsrecht und im Zusammenhang mit der Frage der Bindung der Mitgliedstaaten an Unionsgrundrechte verwendet. Dabei weist dieser keinen gefestigten rechtsdogmatischen Gehalt auf.[788] In der deutschen Europarechtswissenschaft wurde der Begriff ursprünglich als Oberbegriff für die Ausführung durch Umsetzungsrechtsetzung und den Verwaltungsvollzug verwendet.[789] Die Durchführung des Unionsrechts durch normative Akte wird hinsichtlich der Durchführung von Richtlinien als Umsetzung bezeichnet, während in den übrigen Fällen der Begriff Ausführung verwendet wird; die sog. administrative Durchführung umfasst die Anwendung von Unionsrecht, etwa durch den Erlass von Verwaltungsakten.[790]

Positiv rechtlich normiert ist der Begriff der „Durchführung“ in Bezug auf mitgliedstaatliches Recht neben Art. 51 Abs. 1 S. 1 GRC etwa in Art. 197 Abs. 1 AEUV, welcher festlegt, dass die „für das ordnungsgemäße Funktionieren der Union entscheidende effektive Durchführung des Unionsrechts durch die Mitgliedstaaten als Frage von gemeinsamem Interesse anzusehen [ist]“. Zudem wird der Begriff in Art. 291 Abs. 1 AEUV verwendet, wonach die Mitgliedstaaten „alle zur Durchführung der verbindlichen

---

787 Keinen Eintrag enthalten jedenfalls die Standard-Werke *Creifelds*, Rechtswörterbuch, 23. Aufl., 2019 und *Köbler*, Juristisches Wörterbuch, 17. Aufl., 2018; sofern ein solcher vorhanden wäre, könnte dies freilich nur eine Annäherung sein, da die Wortlautauslegung im Unionsrecht eine autonome Auslegung erfordert und sich die jeweilige Bedeutung eines Begriffs aus dem Europarecht ergeben muss.

788 *Nettesheim*, in: Grabitz/Hilf/Nettesheim (Hrsg.), Das Recht der Europäischen Union, 47. EL., 2012, Art. 291 AEUV, Rn. 12.

789 *Kadelbach*, KritV 2013, S. 276, 282 mit Verweisen u.a. auf *Zuleeg*, Recht der Europäischen Gemeinschaften, 1969, S. 47f.; *Rengeling*, Rechtsgrundsätze beim Verwaltungsvollzug, 1977, S. 8f.; *Weber*, Rechtsfragen der Durchführung des Gemeinschaftsrechts, 1987, S. 3, 45; *Kadelbach*, Verwaltungsrecht unter europäischem Einfluß, 1999, S. 17f.; ähnlich *Schaller*, EU-Mitgliedstaaten als Verpflichtungsadressaten, 2003, S. 36, der den Begriff „Durchführung“ als Sammelbezeichnung für alle mitgliedstaatlichen Handlungspflichten versteht.

790 *Jarass*, Grundfragen der innerstaatlichen Bedeutung, 1994, S. 51; *Cirkel*, Bindungen der Mitgliedstaaten, 2000, S. 80f.

Rechtsakte der Union erforderlichen Maßnahmen nach innerstaatlichem Recht" ergreifen. Ein Vergleich dieser beiden Normen ist zulässig, da im Unionsrecht grundsätzlich gleichen Begriffen auch die gleiche Bedeutung zukommen soll.[791]

Bei Art. 291 Abs. 1 AEUV wird meist von einem weiten Begriffsverständnis ausgegangen: Von der „Durchführung" i.S.d. Art. 291 Abs. 1 AEUV ist demnach sowohl die Ausführung von Unionsrechtsakten als auch deren Anwendung umfasst, wobei als Ausführung der Erlass von Rechtsnormen, als Anwendung der Erlass von Einzelmaßnahmen durch Gerichte und Behörden bezeichnet wird, sodass alle staatlichen Maßnahmen, d.h. legislative sowie administrative Maßnahmen und der judikative Vollzug, zur Realisierung unionsrechtlicher Vorgaben umfasst sind.[792] Dabei kommt es auf eine Absicht zur Durchführung, d.h. den Willen, Unionsrecht gezielt umsetzen zu wollen, nicht an.[793]

Der Begriff „Durchführung" legt es ferner nahe, dass es um Entscheidungslagen geht, in denen dem Unionsrecht ein Mindestmaß an positiv-steuernder Determinationskraft zukommt und in denen ein Entscheidungsträger bei der Entscheidung im Anwendungsbereich einer unionsrechtlichen Regelung handelt.[794] Auch hinsichtlich Art. 197 Abs. 1 AEUV wird von einem weiten Verständnis des Begriffs „Durchführung" ausgegangen, sodass jede durch das Unionsrecht veranlasste mitgliedstaatliche Tätigkeit erfasst sein soll.[795] Auch an anderen Stellen in den Verträgen wird der Begriff der „Durchführung" weit verstanden und meist unscharf verwendet, etwa wenn in Art. 40 EUV von der „Durchführung der Gemeinsamen Außen- und Sicherheitspolitik" im Sinne der Inanspruchnahme von Zuständigkeiten, die der Union übertragen sind, die Rede ist.[796]

---

791 S. oben 2. Kapitel, B., I., 3, b., bb.

792 *Ruffert*, in: Calliess/Ruffert (Hrsg.), EUV/AEUV, 5. Aufl., 2016, Art. 291 AEUV, Rn. 1; *Gellermann*, in: Streinz (Hrsg.), EUV/AEUV, 3. Aufl., 2018, Art. 291 AEUV, Rn. 6ff.; s. auch EuGH, *Kommission/Rat*, Rs. 16/88, EU:C:1989:397, Rn. 11; *National Iranian Oil Company*, Rs. C-440/14 P, EU:C:2016:128, Rn. 36.

793 *Ohler*, NVwZ 2013, S. 1433, 1434.

794 *Nettesheim*, in: Grabitz/Hilf/Nettesheim (Hrsg.), Das Recht der Europäischen Union, 47. EL., 2012, Art. 291 AEUV, Rn. 12.

795 *Classen*, in: Grabitz/Hilf/Nettesheim (Hrsg.), Das Recht der Europäischen Union, 55. EL., 2015, Art. 197 AEUV, Rn. 17; *Ohler*, in: Streinz (Hrsg.), EUV/AEUV, 3. Aufl., 2018, Art. 197 AEUV, Rn. 4.

796 Vgl. *Ohler*, NVwZ 2013, 1433, 1434; s. auch einschränkend zum Konzept der Durchführung nach dem Konzept der Verträge bis Nizza *Möllers*, EuR 2002, S. 483, 495ff., der die administrative Anwendung des Unionsrechts nicht vom

Die synonymen Bezeichnungen „ausführen“ bzw. „verwirklichen“ für den Begriff „durchführen“ bestätigen das Verständnis der Durchführung i.S.d. Art. 291 Abs. 1 AEUV: Zum einen wird Europarecht „ausgeführt“, wenn Mitgliedstaaten Verordnungen und unmittelbar anwendbare Richtlinien vollziehen (sog. unmittelbarer indirekter Vollzug).[797] Zum anderen wird Unionsrecht „verwirklicht“ und somit „durchgeführt“, wenn Mitgliedstaaten Richtlinien in nationales Recht umsetzen und somit ein nationaler Umsetzungsakt vorliegt (sog. mittelbar indirekter Vollzug).[798] Ob darüber hinaus mitgliedstaatliches Handeln als „Durchführung“ einzuordnen ist, ist nicht abschließend geklärt. So ist insbesondere umstritten, ob von der „Durchführung“ auch die Situation erfasst ist, wenn Mitgliedstaaten die Grundfreiheiten des AEUV einschränken. Einerseits kann argumentiert werden, dass in dieser Konstellation Regelungen aufgrund von nationalen Kompetenzen erlassen werden, ohne dass Unionsrecht, welches „verwirklicht“ werden könnte, vorliegt, sodass diese Situation im Ergebnis nicht von dem Begriff „Durchführung“ erfasst ist.[799] Andererseits berufen sich die Mitgliedstaaten bei der Einschränkung von Grundfreiheiten zur Rechtfertigung dieser Einschränkung auf die Ausnahmebestimmung des AEUV bzw. auf ungeschriebene Rechtfertigungsgründe, weshalb insofern von einer „Verwirklichung“ der Rechtfertigungsgründe und somit der „Durchführung“ des Unionsrechts gesprochen werden kann.[800] Somit bleibt festzustellen, dass das Bemühen, die allgemein-sprachliche Bedeutung des Art. 51 Abs. 1 S. 1 GRC näher zu bestimmen, bereits in der deutschen Sprachfassung erhebliche Schwierigkeiten bereitet und keine zwingenden Schlussfolgerungen zulässt. Auch eine Annäherung an die rechtliche Bedeutung des Begriffs „Durchführung“ durch eine systematische Betrachtung vermag keine Klarheit zu bringen.

Begriff der Durchführung umfasst sieht; ausführlich zu dieser Diskussion auch *Glaser*, Entwicklung des Europäischen Verwaltungsrechts, 2013, S. 29ff.

797 *Ranacher*, ZÖR 58 (2003), S. 19, 21f.

798 *Eisner*, Schrankenregelung, 2005, S. 91.

799 *Griller*, in: Duschanek/Griller (Hrsg.), Grundrechte für Europa, 2002, S. 131, 139; *Schaller*, EU-Mitgliedstaaten als Verpflichtungsadressaten, 2003, S. 213; *Große Wentrup*, Europäische Grundrechtecharta, 2003, S. 67; *Dauses*, Schutz der Grundrechte, 2010, S. 97.

800 *Brosius-Gersdorf*, Bindung der Mitgliedstaaten, 2005, S. 43f.

c. Verständnis des Begriffs „Durchführung“ unter Berücksichtigung der Rechtsprechung des EuGH

Die Analyse der Rechtsprechung des EuGH vor Inkrafttreten der Charta hat gezeigt, dass der Begriff „Durchführung“ bei der Bindung der Mitgliedstaaten an Gemeinschaftsgrundrechte stets in Konstellationen verwendet worden ist, in denen ein direkter oder indirekter Vollzug von Gemeinschaftsrecht vorlag.[801] Hingegen wurde bei der Einschränkung von Grundfreiheiten nicht der Begriff „Durchführung“ verwendet; der EuGH verwendete die Formulierung „im Anwendungsbereich des Gemeinschaftsrechts“. Aus dieser unterschiedlichen Verwendung und der damit verbundenen Bezugnahme einzig auf die Rechtsprechung des EuGH vor Inkrafttreten der Grundrechtecharta zur Erläuterung des Begriffs „Durchführung“ kann gefolgert werden, dass eine Engfassung des Anwendungsbereichs der europäischen Grundrechte angezeigt und insbesondere die *ERT*-Konstellation von Art. 51 Abs. 1 S. 1 GRC nicht erfasst sei.[802] Wie gezeigt, hat der EuGH die Begriffe „Durchführung“ und „Anwendungsbereich“ in seiner Rechtsprechung vor Inkrafttreten der Charta nicht einheitlich verwendet und diese auch nicht näher erläutert. Zutreffend ist jedoch, dass der Begriff „Durchführung“ vorwiegend in Situationen, in denen Mitgliedstaaten aufgrund einer Verordnung oder Richtlinie tätig geworden sind, verwendet wurde. Sofern der Begriff „Durchführung“ in diesem restriktiven Sinne verstanden wird, kann die Verwendung des Begriffs in Art. 51 Abs. 1 S. 1 GRC zwar als Argument für eine Einschränkung der Rechtsprechungspraxis des EuGH angeführt werden, vermag allerdings für sich allein genommen keine hinreichende Begründung für einen Bruch mit der bestehenden Rechtsprechungspraxis darzustellen.[803]

---

801 S. oben 2. Kapitel, A., I.

802 *Streinz*, in: Streinz (Hrsg.), EUV/EGV, 2003, Art. 51 GRC, Rn. 8f.; *Schaller*, EU-Mitgliedstaaten als Verpflichtungsadressaten, 2003, S. 213; *Huber*, EuR 2008, S. 190, 197f.; *Kingreen*, EuR 2010, S. 338, 357; *Huber*, NJW 2011, S. 2385, 2387; *Cremer*, EuGRZ 2011, S. 545, 551; *Rabe*, NJW 2013, S. 1407, 1408; *Weiß*, EuZW 2013, S. 287, 288; *Geiß*, DÖV 2014, S. 265ff.; *Borowsky*, in: Meyer (Hrsg.), Charta der Grundrechte, 4. Aufl., 2014, Art. 51 GRC, Rn. 24; *Masing*, JZ 2015, S. 477, 481; *Kingreen*, in: Calliess/Ruffert (Hrsg.), EUV/AEUV, 5. Aufl., 2016, Art. 51 GRC, Rn. 20; *Dombert*, Grundrechtsföderalismus, 2017, S. 26; *Zimmermann*, Charta der Grundrechte, 2002, S. 22f. geht davon aus, dass der Wortlaut „Durchführung des Rechts der Union“ dazu führt, dass „die Bedeutung der Charta hinter der bisherigen Wirkung der Gemeinschaftsgrundrechte für die Mitgliedstaaten zurück [bliebe]“.

803 *Fontaine*, Anwendbarkeit und Durchsetzbarkeit, 2018, S. 277.

d. Zwischenergebnis

Für den deutschen Wortlaut des Art. 51 Abs. 1 S. 1 GRC ergibt sich folgendes Bild: Während eine sprachliche Analyse des Begriffs „Durchführung“ einer extensiven Interpretation nicht entgegensteht, kann die Rechtsprechung des EuGH vor Inkrafttreten der GRC für ein restriktives Verständnis angeführt werden. Ob damit eine Reduzierung der Bindungskonstellation auf solche des direkten und indirekten Vollzugs gemeint ist, ist noch zu erörtern. Zu berücksichtigen ist jedoch auch, dass dem Begriff „Durchführung“ im Europarecht nicht stets ein enges Verständnis zugrunde liegt, wie etwa Art. 291 AEUV zeigt, dem durchaus ein weites Verständnis innewohnt. Der Terminus „Durchführung“ ist im Unionsrecht gerade nicht eindeutig i.S.e. Einengung festgelegt.[804] Die restriktive Interpretation dieses Begriffs, wie sie teilweise im deutschen Schrifttum zu finden ist, ist vielmehr der Rechtsprechung zur Grundrechtsbindung durch den EuGH geschuldet.

2. Vergleich der weiteren Amtssprachen der EU

Da die 24 Vertragssprachen der Union gleichermaßen verbindlich sind, ist grundsätzlich eine Berücksichtigung aller Vertragssprachen geboten.[805] Eine umfassende Darstellung bereits eines Begriffs ist jedoch, wie bereits der deutsche Wortlaut zeigt, mit erheblichen Schwierigkeiten verbunden. Hinzu kommt, dass gerade bei einer rechtlichen Bewertung eines Begriffs regelmäßig auch Kenntnisse in der jeweiligen Rechtsordnung erforderlich sind, um den Begriff genau einordnen zu können. Aufgrund dieser Schwierigkeiten kann die nachfolgende Analyse nur eine Annäherung an das jeweilige Verständnis des Art. 51 Abs. 1 S. 1 GRC darstellen. Dabei ist folgendes Vorgehen vorgesehen: Zunächst soll die Bedeutung des in der jeweiligen Sprache verwendeten Ausdrucks für den Begriff „Durchführung“ geklärt werden, da dieser, wie gezeigt, in der Rechtsprechung des EuGH vor Inkrafttreten der Charta zur Grundrechtsbindung der Mitgliedstaaten

---

804 *Ehlers*, in: Ehlers (Hrsg.), Europäische Grundrechte, 2014, § 14, Rn. 67.

805 Den Grundsatz der Gleichberechtigung der nationalen Amtssprachen als „fundamentales Prinzip“ der Sprachenregelung bezeichnend *Baldus/Vogel*, in: Wallerath (Hrsg.), FS Krause, 2006, S. 237, 240; zu einem Vergleich der Amtssprachen hinsichtlich Art. 51 Abs. 1 S. 1 GRC s. auch *Brittain*, Dublin University Law Journal 36 (2013), S. 277, 291ff.

in der sog. *agency situation*, nicht jedoch in der *ERT*-Situation verwendet wurde. Dieser Begriff löste daher im Deutschen erhebliche Diskussionen aus und wird insbesondere für ein restriktives Verständnis des Art. 51 Abs. 1 S. 1 GRC angeführt, sodass es im folgenden Sprachvergleich primär auf diesen Begriff ankommen soll.[806] Bei diesen Übersetzungen dienen Wörterbücher als eine Erkenntnisquelle. Da sich aus Wörterbüchern jedoch nur begrenzt die rechtliche Bedeutung eines Begriffs entnehmen lässt, beruhen einige Annahmen auf Aussagen von Rechtswissenschaftlerinnen und Rechtswissenschaftlern aus den jeweiligen Ländern bzw. Juristinnen und Juristen mit entsprechenden sprachlichen Kenntnissen.[807] Zudem werden, soweit verfügbar, Kommentierungen und Literatur zur Bedeutung der jeweiligen Sprachfassung des Art. 51 Abs. S. 1 GRC herangezogen. Neben dem Vergleich des Begriffs „Durchführung" in Art. 51 Abs. 1 S. 1 GRC wird in einem zweiten Schritt die Rechtsprechung des EuGH vor Inkrafttreten der GRC in die Betrachtung einbezogen, da gerade diese, jedenfalls im Deutschen, zur Begründung eines restriktiven Verständnisses des Begriffs „Durchführung" angeführt wird. Als Untersuchungsgegenstand dienen die Urteile in den Rechtssachen *Möllendorf*[808] und *Velasco Navarro.*[809] Die Rechtssache *Möllendorf* befasst sich u.a. mit

806 Da nach hier vertretener Ansicht der Begriff „ausschließlich" nicht zwingend für ein insgesamt restriktives Verständnis des Art. 51 Abs. 1 S. 1 GRC angeführt werden kann, wird im Folgenden auf diesen nicht detailliert eingegangen. Eine entsprechende Formulierung besteht, soweit ersichtlich, in allen Amtssprachen mit Ausnahme der litauischen und ungarischen Fassung des Art. 51 Abs. 1 S. 1 GRC, s. z.B. die englische Version (*only*) oder die französische Fassung (*uniquement*).

807 Sofern nicht anders nachgewiesen, entstammen die Übersetzungen aus eben solchen Gesprächen. Für wertvolle Hinweise schulde ich daher *Joonas Tervo* (Finnisch), *Apostolos Papadimitriou* (Griechisch), *Nikola Jurisic* (Kroatisch), *Uldis Krastins* (Lettisch sowie Litauisch), *Michal Nobis* (Polnisch), *Ioana Blank* (Rumänisch), *Love Rönnelid* (Schwedisch), *Isabel Schnitzler* (Spanisch), *Kamil Baranik* (Slowakisch), *Kateřina Verostová* (Tschechisch), *Jakub Kánský* (Tschechisch) und *Csaba Hadnagy* (Ungarisch) großen Dank.

808 EuGH, *Möllendorf*, Rs. C-117/06, EU:C:2007:596.

809 EuGH, *Velasco Navarro, Rs. C*-246/06, EU:C:2008:19; diese beiden Urteile dienen primär als Untersuchungsgegenstand, da die Leitentscheidungen *Wachauf* bzw. *ERT* nicht in alle Sprachen übersetzt wurden. Sofern eine Übersetzung vorliegt, wird auch diese in die Untersuchung einbezogen. In sämtlichen Sprachfassungen wird bei Rechtssachen (sofern verfügbar) auf die folgenden Randnummern verweisen: EuGH, *Wachauf*, Rs. 5/88, EU:C:1989:321, Rn. 19; *ERT*, Rs. C-260/89, EU:C:1991:254, Rn. 42; *Velasco Navarro, Rs. C*-246/06, EU:C:2008:19, Rn. 31; *Möllendorf*, Rs. C-117/06, EU:C:2007:596, Rn. 78.

der Anwendung einer Verordnung, wobei grundrechtliche Belange tangiert werden. Diese Rechtssache betrifft somit die „Durchführung" von Unionsrecht im Sinne der Rechtsprechung vor Inkrafttreten der GRC.[810] In der Rechtssache *Velasco Navarro* geht es um die Frage, ob eine nationale Regelung in den „Anwendungsbereich" des Unionsrechts fällt, wenn eine nationale Vorschrift sich im Regelungsbereich einer Richtlinie befindet, die Umsetzungsfrist dieser jedoch noch nicht abgelaufen ist, sodass (noch) keine „Durchführung" von Unionsrecht vorliegt.[811] Anhand dieser beiden Urteile soll untersucht werden, ob in der jeweiligen Sprache eine Differenzierung in der Rechtsprechung des EuGH zwischen den Begriffen „Durchführung" und „Anwendungsbereich" erfolgt. Wenn dies bejaht werden kann, wird untersucht, ob in Art. 51 Abs. 1 S. 1 GRC jeweils der vermeintlich restriktive Begriff „Durchführung" – entsprechend des deutschen Wortlauts – verwendet wird. Schließlich werden Art. 18 AEUV und Art. 291 AEUV in die Untersuchung einbezogen. Art. 18 AEUV lautet in der deutschen Fassung: „Unbeschadet besonderer Bestimmungen der Verträge ist in ihrem Anwendungsbereich jede Diskriminierung aus Gründen der Staatsangehörigkeit verboten." Mit dieser Norm soll untersucht werden, ob der Begriff „Anwendungsbereich" wie in Art. 18 AEUV auch in Urteilen zur Bindung der Mitgliedstaaten in anderen Sprachen verwendet wird. Art. 291 AEUV bestimmt, dass die „Mitgliedstaaten (…) alle zur Durchführung der verbindlichen Rechtsakte der Union erforderlichen

810 Die entsprechende Formulierung des EuGH lautet im Deutschen: „Bezüglich der Anwendung der Verordnung Nr. 881/2002 ist jedoch im Übrigen daran zu erinnern, dass nach ständiger Rechtsprechung auch die Mitgliedstaaten bei der Durchführung der gemeinschaftsrechtlichen Regelungen die Erfordernisse des Grundrechtsschutzes in der Gemeinschaftsrechtsordnung zu beachten haben und diese Regelungen deshalb so weit wie möglich so anwenden müssen, dass die genannten Erfordernisse nicht missachtet werden", EuGH, *Möllendorf*, Rs. C-117/06, EU:C:2007:596, Rn. 78.

811 Die entsprechende Formulierung des EuGH lautet im Deutschen: „Die beiden Fragen des vorlegenden Gerichts betreffen zwar ihrem Wortlaut nach lediglich die unmittelbare Wirkung von Art. 3 Abs. 1 der Richtlinie 80/987, aber hinsichtlich der Zeit zwischen dem Inkrafttreten der Richtlinie 2002/74 und dem Ablauf der Frist für ihre Umsetzung ist daran zu erinnern, dass der Gerichtshof in Vorabentscheidungsverfahren, wenn eine nationale Regelung in den Anwendungsbereich des Gemeinschaftsrechts fällt, dem vorlegenden Gericht alle Auslegungshinweise zu geben hat, die es benötigt, um die Vereinbarkeit dieser Regelung mit den Grundrechten beurteilen zu können, deren Wahrung der Gerichtshof sichert", EuGH, *Velasco Navarro*, Rs. C-246/06, EU:C:2008:19, Rn. 31 unter Verweis auf EuGH, *Steffensen*, Rs. C-276/01, EU:C:2003:228, Rn. 70; s. zu dieser Fallgruppe bereits 2. Kapitel, A., I., 2., e.

Maßnahmen nach innerstaatlichem Recht [ergreifen].“ Mit dieser Norm soll geprüft werden, ob in der jeweiligen Sprachfassung der Rechtsbegriff „Durchführung“ besteht, und ob dieser in Art. 51 Abs. 1 S. 1 GRC und Art. 291 AEUV sowie in Urteilen zur Durchführungskonstellation verwendet wird.

Die Sprachfassungen werden in zwei Gruppen unterteilt: Sprachfassungen mit einem restriktiven Verständnis (a.) und Sprachfassungen mit einem weiten Verständnis (b.). Als Sprachfassung mit einem restriktiven Verständnis werden solche Sprachen bezeichnet, in welchen der Begriff „Durchführung“ in Art. 51 Abs. 1 S. 1 GRC mit dem verwendeten Begriff in dem untersuchten Urteil des EuGH zur Durchführungskonstellation sowie dem Begriff in Art. 291 AEUV übereinstimmt. Erfasst sind solche Situationen, die dem deutschen Wortlaut entsprechen, da insbesondere im deutschen Schrifttum aufgrund des Wortlauts eine Einschränkung der Bindung der Mitgliedstaaten in Betracht kommt. Als Sprachfassungen mit einem weiten Verständnis werden solche Sprachen bezeichnet, welche von dem dargestellten Schema abweichen und/oder in welchen sich der verwendete Begriff nicht (zwangsläufig) mit „Durchführung“ übersetzen lässt. [812]

a. Sprachfassungen mit einem restriktiven Verständnis

In ein eher restriktives Verständnis lassen sich die bulgarische, dänische, englische, französische, kroatische, lettische, litauische, maltesische, niederländische, slowakische und ungarische Fassung des Art. 51 Abs. 1 S. 1 GRC einordnen.

aa. Bulgarisch

Die in den untersuchten Normen verwendeten Begriffe legen eine Übersetzung i.S.v. „anwenden“ („*прилагам*“) bzw. Anwendung („*прилагане*“) nahe: Art. 51 Abs. 1 S. 1 GRC „*прилагат*“, Art. 291 AEUV „*прилагане*“

812 Auf die rechtliche Bedeutung des jeweiligen Begriffs kommt es im Folgenden nicht primär an. Im Rahmen dieser Arbeit ist es nicht möglich, die exakte rechtliche Bedeutung der jeweiligen Sprachfassung zu ermitteln. Die gefundenen Ergebnisse können insofern nur eine Annäherung sein.

sowie Art. 18 AEUV „*приложение*".[813] Der bulgarische Begriff für „durchführen" lautet „*провеждам*". Trotz dieser Übersetzung zeigt der Vergleich mit der untersuchten Rechtsprechung, dass die bulgarische Sprachfassung einem restriktiven Verständnis zuzuordnen ist, da in der Rechtssache *Möllendorf* dieselbe Formulierung wie in Art. 51 Abs. 1 S. 1 GRC verwendet wurde, während die Formulierung in der Rechtssache *Velasco Navarro* der Formulierung von „Anwendungsbereich" in Art. 18 AEUV ähnlich ist.

bb. Dänisch

In der dänischen Version des Art. 51 Abs. 1 S. 1 GRC wird der Begriff „*gennemfører*" verwendet, welcher mit „Durchführung" übersetzt werden kann.[814] Dies zeigt sich auch in Art. 291 AEUV, der den Begriff „*gennemføre*" enthält. Im Urteil zur Rechtssache *Wachauf* wird ebenfalls der Begriff „*gennemfører*" verwendet, währenddessen in Entscheidungen, die zur Rechtsprechungslinie *ERT* gehören, von „*anvendelsesområdet*" („Anwendungsbereich") gesprochen wird. In der dänischen Sprachfassung lässt sich somit eine restriktive Tendenz hinsichtlich des Wortlauts in Art. 51 Abs. 1 S. 1 GRC erkennen.

cc. Englisch

Art. 51 Abs. 1 S. 1 GRC lautet in der englischen Fassung: „*The provisions of this Charter are addressed to the institutions, bodies, offices and agencies of the Union with due regard for the principle of subsidiarity and to the Member States only when they are implementing Union law.*" Der Begriff „*implement*" lässt sich als „ausführen", „durchführen", „umsetzen" oder „vollziehen" übersetzen.[815] In Art. 291 AEUV wird ebenfalls der Begriff „*implement*"

---

813 Übersetzung nach *Walter*, Neues deutsch-bulgarisches Wörterbuch = Nov nemsko-bălgarski recnik, 2007; Langenscheidt, Universal-Wörterbuch Bulgarisch, 2013.

814 Übersetzung nach Wörterbuch Dänisch – Deutsch, Langenscheidt Online-Wörterbuch Premium.

815 Übersetzung nach *Dietl/Lorenz*, Wörterbuch für Recht, Wirtschaft und Politik, 2016; *Linhart*, Wörterbuch Recht, Englisch-Deutsch, Deutsch-Englisch, 2. Aufl., 2017; auch wird dargestellt, dass „*implementation*" als „Anwendung" zu verstehen sei, s. etwa *Bleckmann*, Nationale Grundrechte im Anwendungsbereich, 2011, S. 135; die englische Version wird – wie auch die Deutsche – jedoch

verwendet. Da in der Rechtssache *Wachauf* die Formulierung *„when they implement Community rules"* verwendet wird – im Gegensatz zur Rechtssache *ERT*, in der auf *„scope of Community law"* abgestellt wird – wird davon ausgegangen, dass der Wortlaut *„implementing Union law"* in Art. 51 Abs. 1 S. 1 GRC eher restriktiv zu verstehen ist.[816]

dd. Französisch

Art. 51 Abs. 1 S. 1 GRC lautet im Französischen: *„Les dispositions de la présente Charte s'adressent aux institutions, organes et organismes de l'Union dans le respect du principe de subsidiarité, ainsi qu'aux États membres uniquement lorsqu'ils mettent en œuvre le droit de l'Union."* Der Begriff *„mettent en œuvre"* lässt sich mit „gebrauchen", „umsetzen", „durchführen" „anwenden" oder „ausführen" übersetzen.[817] In den untersuchten Urteilen wird zwischen *„lorsqu'ils mettent en œuvre des réglementations communautaires"* (*Wachauf*) und *„champ d'application du droit communautaire"* (*ERT*) differenziert, sodass ebenfalls von einem restriktiven Verständnis des Begriffs *„mettent en œuvre"* ausgegangen wird.[818] In Art. 291 AEUV findet sich in der französischen Fassung *„mise en œuvre"*, während in Art. 18 AEUV *„le domaine*

überwiegend eher restriktiv verstanden, sodass die Übersetzung „Anwendung" in diesem Kontext nicht ganz überzeugen kann; für ein eher weites Verständnis s. hingegen *Eeckhout*, CMLR 39 (2002), S. 945, 975ff.

816 S. zu diesem Verständnis *Torres Pérez*, Conflict of Rights, 2009, S. 23; *Shuibhne*, ELR 2009, S. 230, 242; *Cartabia*, in: Mock/Demuro (Hrsg.), Human Rights in Europe, 2010, Article 51, S. 319f.; *Semmelmann*, ELR 35 (2010), S. 516, 526; *von Danwitz/Paraschas*, Fordham International Law Journal 35 (2012), S. 1396, 1403; *Fontanelli*, ELR 39 (2014), S. 682, 684; *Snell*, European Public Law 21 (2015), S. 285, 290f.; s. auch *Lord Goldsmith*, CMLR 38 (2001), S. 1201, 1205; a.A. *de Mol*, Maastricht J. Eur. & Comp. L. 23 (2016), S. 641, 645f., die wohl den Begriff *„implementation"* als Oberbegriff für die *agency*- und *ERT*-Situation auffasst.

817 Vgl. *Piccard/Thilo/Steiner*, Rechtswörterbuch, französisch-deutsch und deutsch-französisch = Dictionnaire juridique, 1950; *Doucet/Fleck*, Wörterbuch Recht und Wirtschaft = Dictionnaire juridique et économique, 7. Aufl., 2014; *Große Wentrup*, Europäische Grundrechtecharta, 2003, S. 67 stellt zunächst dar, dass der Wortlaut der französischen Fassung auch die *ERT*-Konstellation umfasse, geht jedoch ohne nähere Begründung davon aus, dass allein die Durchführung von Unionsrecht erfasst sein solle; vgl. auch *Mall*, Bindung der Mitgliedstaaten, 2012, S. 88; davon ausgehend, dass der französische Begriff weiter reicht als der Begriff „Durchführung" im Deutschen *Jarass*, NVwZ 2012, S. 457, 459.

818 S. *Braibant*, Charte des droits fondamentaux, 2001, S. 251; *Kronenberger*, R.A.E. 2013, S. 147, 148; *Ritleng*, RTDE 2013, S. 267, 271.

d'application des traités" verwendet wird. Die französische Sprachfassung des Art. 51 Abs. 1 S. 1 GRC legt daher ein restriktives Verständnis nahe.

ee. Kroatisch

Das in der kroatischen Version des Art. 51 Abs. 1 S. 1 GRC verwendete Verb „*provoditi*" entspricht dem deutschen Begriff „durchführen", welches sich auch in Art. 291 AEUV findet („*provedbu*"). In Art. 18 AEUV wird der Begriff „*područja primjene*" verwendet, der sich mit Anwendungsbereich („*primijeniti*" bedeutet „anwenden") übersetzen lässt. Eine kroatische Übersetzung der untersuchten Urteile liegt nicht vor, jedoch deutet die Übersetzung des Art. 51 Abs. 1 S. 1 GRC auf ein restriktives Verständnis hin.

ff. Lettisch

Der in Art. 51 Abs. 1 S. 1 GRC verwendete lettische Ausdruck „*īsteno*" entspricht dem Begriff „Umsetzung" bzw. „*implementation*". Dieser Ausdruck wird auch in Art. 291 AEUV verwendet sowie in der Rechtsprechung zur Durchführungskonstellation. Hingegen wird im Urteil zur Rechtssache *Velasco Navarro* der Begriff „*piemērošanas jomā*" verwendet, der sich mit „Anwendungsbereich" übersetzen lässt. In Art. 18 AEUV findet sich der vergleichbare Begriff „*Piemērojot Līgumus*". Die lettische Fassung des Art. 51 Abs. 1 S. 1 GRC ist somit in der Tendenz eher restriktiv zu verstehen.

gg. Litauisch

Art. 51 Abs. 1 S. 1 GRC enthält in der litauischen Fassung den Begriff „*įgyvendina*", der mit durchführen übersetzt werden kann. Dieser wird auch in Art. 291 AEUV und im untersuchten Urteil in der Rechtssache *Möllendorf* verwendet, währenddessen in Art. 18 AEUV sowie im Urteil *Velasco Navarro* der Ausdruck „*taikymo srityje*" bzw. „*taikymo sritį*" („Anwendungsbereich") gebraucht wird. Daher ist von einem restriktiven Verständnis in der litauischen Sprachfassung auszugehen.

hh. Maltesisch

Der in der maltesischen Fassung des Art. 51 Abs. 1 S. 1 GRC verwendete Begriff „*jimplimentaw*“ kann mit „durchsetzen“ oder „verwirklichen“ übersetzt werden.[819] Der Begriff „*jimplimentaw*“ wird auch in der Rechtssache *Möllendorf* gebraucht, wohingegen in der Entscheidung *Velasco Navarro* die Formulierung „*fil-kamp ta' applikazzjoni tad-dritt Komunitarju*“ zu finden ist, die auch in Art. 18 AEUV verwendet wird („*Fil-kamp ta' l-applikazzjoni tat-Trattati*“). „*Applikazzjoni*“ lässt sich mit „Anwendung“ übersetzen.[820] Zwar wird in Art. 291 AEUV nicht der Ausdruck „*jimplimentaw*“, sondern „*implimentazzjoni*“ verwendet, dennoch sprechen sowohl die Übersetzung als auch der Vergleich mit der Rechtsprechung für ein eher restriktives Verständnis der maltesischen Sprachfassung.

ii. Niederländisch

In der niederländischen Version des Art. 51 Abs. 1 S. 1 GRC wird der Ausdruck „*ten uitvoer brengen*“ gebraucht, der im Deutschen „zur Ausführung bringen“, „zur Anwendung bringen“ oder „zur Durchführung bringen“ bedeutet.[821] Die entsprechende Formulierung findet sich auch in der Rechtssache *Wachauf* sowie in Art. 291 AEUV. Im Urteil *ERT* wird die Formulierung „*toepassingsgebied van het gemeenschapsrecht*“ verwendet, Art. 18 AEUV spricht vom „*werkingssfeer van de Verdragen*“. Während die Übersetzung des Ausdrucks „*ten uitvoer brengen*“ nicht zwangsläufig ein restriktives Verständnis nahelegt, kann sich dieses jedenfalls aus dem Vergleich der Rechtssachen *Wachauf* und *ERT* auch im Niederländischen ergeben.[822]

---

819 *Moser*, Malti-Ġermaniż, Dizzjunarju kbir, Deutsch – Maltesisch, Großes Wörterbuch, 2005; frz. Übersetzung „*exécuter*“, „*réaliser*“, „*mettre en œuvre*“ nach *Cutayar*, Dictionnaire français – maltais, 2007.

820 *Moser*, Malti-Ġermaniż, Dizzjunarju kbir, Deutsch – Maltesisch, Großes Wörterbuch, 2005; frz. Übersetzung „*application*“ nach *Cutayar*, Dictionnaire français – maltais, 2007.

821 *Brosius-Gersdorf*, Bindung der Mitgliedstaaten, 2005, S. 45.

822 A.A. *Brosius-Gersdorf*, Bindung der Mitgliedstaaten, 2005, S. 44f.

jj. Slowakisch

Der slowakische Begriff *„vykonávajú“* in Art. 51 Abs. 1 S. 1 GRC hat die Bedeutung „anwenden“ oder „durchführen“ und wird auch in der Rechtssache *Möllendorf* sowie Art. 291 AEUV (*„vykonanie“*) verwendet. In der Rechtssache *Velasco Navarro* findet sich die Formulierung *„pôsobnosti práva Spoločenstva“*, die mit der Formulierung *„pôsobnosti zmlúv“* in Art. 18 AEUV vergleichbar ist, weshalb eine restriktive Lesart des Art. 51 Abs. 1 S. 1 GRC naheliegend ist.

kk. Ungarisch

Der ungarische Begriff *„hajtják végre“* in Art. 51 Abs. 1 S. 1 GRC kann mit „Durchführung“ übersetzt werden. Dieser Begriff wird auch in dem untersuchten Urteil *Möllendorf* zur Durchführungskonstellation verwendet, während im Urteil *Velasco Navarro* der Begriff *„hatálya alá“* (Anwendungsbereich) verwendet wird. In Art. 291 AEUV findet sich mit dem Begriff *„végrehajtásához“* ebenfalls die Bedeutung „Durchführung“. Der in Art. 18 AEUV verwendete Begriff *„Szerződések alkalmazási körében“* entspricht dem Anwendungsbereich. Der ungarische Wortlaut legt somit ein eher restriktives Verständnis des Art. 51 Abs. 1 S. 1 GRC nahe.

b. Sprachfassungen mit einem weiten Verständnis

Einem tendenziell weiten Verständnis des Art. 51 Abs. 1 S. 1 GRC entsprechen die estnische, finnische, griechische, irische, italienische, polnische, portugiesische, rumänische, schwedische, slowenische, spanische und tschechische Fassung dieser Norm.

aa. Estnisch

Die estnische Wendung *„kohaldamise“* in Art. 51 Abs. 1 S. 1 GRC lässt sich mit dem Begriff „anwenden“ übersetzen.[823] In Art. 291 AEUV wird der Begriff *„rakendamiseks“* verwendet, welche ebenfalls mit „anwenden“ über-

---

823 Kann/Kibbermann/Kibbermann/Kirotar (Hrsg.), Estnisch-deutsches Wörterbuch, 2003, Eintrag: *kohaldama*: anwenden.

setzt werden kann.[824] Dieser wird auch im Urteil *Möllendorf* gebraucht, während in der Rechtssache *Velasco Navarro* die Formulierung *„kohaldamisalasse“* verwendet wird, die dem Wortlaut in Art. 51 Abs. 1 S. 1 GRC entspricht. Somit wird in der estnischen Fassung des Art. 51 Abs. 1. S. 1 GRC gerade nicht der vermeintlich restriktivere Begriff der Rechtssache *Möllendorf* verwendet, wie etwa in der deutschen Version, sodass neben der Übersetzung des Begriffs *„kohaldamise“* auch der Vergleich mit der Rechtsprechung des EuGH einem eher weiten Verständnis des Art. 51 Abs. 1 S. 1 GRC entspricht.

bb. Finnisch

Der in der finnischen Version des Art. 51 Abs. 1 S. 1 GRC gebrauchte Begriff *„soveltavat“* bedeutet „anwenden“ und wird auch im Urteil der Rechtssache *ERT* verwendet. Im Urteil *Möllendorf* findet sich hingegen die Formulierung *„täytäntöön yhteisön oikeussääntöjä“*. Der eher dem Begriff „Durchführung“ entsprechende Begriff *„täytäntöönpanemiseksi“* wird auch in Art. 291 AEUV verwendet, Art. 18 AEUV enthält den Begriff *„soveltamisalalla“* („Anwendungsbereich“). Vergleichbar mit der estnischen Fassung lässt sich demnach die Argumentation im deutschsprachigen Schrifttum zu einem restriktiven Verständnis des Wortlauts des Art. 51 Abs. 1 S. 1 GRC nicht auf die finnische Fassung übertragen. Der finnische Wortlaut des Art. 51 Abs. 1 S. 1 GRC ist insgesamt einer weiten Auslegung zugänglich.[825]

cc. Griechisch

In der griechischen Version des Art. 51 Abs. 1 S. 1 GRC wird das Wort *„εφαρμόζουν“* verwendet. Dieses findet sich auch in Art. 18 AEUV (*„εφαρμογής“*) sowie in Art. 291 AEUV (*„εφαρμογή“*) und bedeutet „anwenden“. In den untersuchten Urteilen des EuGH findet sich ebenfalls

824 Kann/Kibbermann/Kibbermann/Kirotar (Hrsg.), Estnisch-deutsches Wörterbuch, 2003, Eintrag: *rakendama*: anwenden, verwenden.

825 S. auch *Kaila*, in: Cardonnel/Rosas/Wahl (Hrsg.), Constitutionalising the EU Judicial System, 2012, S. 291, 304; *Ward*, in: Peers/Hervey/Kenner/Ward (Hrsg.), EU Charter of Fundamental Rights, 2014, Art. 51, Rn. 51.49; *Bernitz*, in: Nergelius/Kristoffersson (Hrsg.), Human Rights in Contemporary European Law, 2015, S. 191, 197.

dieser Begriff, eine Differenzierung zwischen „Durchführung“ und „Anwendungsbereich“ findet somit nicht statt. Die griechischen Fassung des Art. 51 Abs. 1 S. 1 GRC ist daher jedenfalls nicht zwingend restriktiv zu verstehen.

dd. Irisch

In der irischen Fassung des Art. 51 Abs. 1 S. 1 GRC wird die Formulierung *„dlí an Aontais chun feidhme“* verwendet. Der Begriff *„feidhm“* kann mit „anwenden“ übersetzt werden.[826] Art. 18 AEUV enthält den Begriff *„raon feidhme“*, Art. 291 AEUV *„a chur chun feidhme“*. Die untersuchten Urteile sind bislang nicht in die irische Sprache übersetzt worden.[827] Eine nähere Analyse kann daher nicht erfolgen, die Übersetzungen der Normen legen jedoch nahe, dass die irische Fassung des Art. 51 Abs. 1 S. 1 GRC einem eher weiten Verständnis zumindest nicht entgegensteht.

ee. Italienisch

Die italienische Fassung des Art. 51 Abs. 1 S. 1 GRC lautet: *„Le disposizioni della presente Carta si applicano alle istituzioni, organi e organismi dell'Unione nel rispetto del principio di sussidiarietà, come pure agli Stati membri esclusivamente nell'attuazione del diritto dell'Unione.“* Der Begriff *„nell‘ attuazione“* lässt sich mit „Ausführung“, „Durchführung“, „Verwirklichung“ oder

---

826 So die englischsprachige Übersetzung *„application“* bzw. *„apply“* in: De Bhaldraithe (Hrsg.), English-Irish Dictionary, 1992; Ó Cróinin (Hrsg.), Pocket Oxford Irish Dictionary.

827 Irisch ist zwar seit 2005 offizielle Amts- und Arbeitssprache der EU, dennoch wurden die Organe der Union aus praktischen Gründen und vorübergehend zunächst von der Verpflichtung entbunden, alle Rechtsakte, einschließlich der Urteile des Gerichtshofs, in irischer Sprache abzufassen oder in diese zu übersetzen, die Ausnahmeregelung gilt derzeit bis Ende 2021, vgl. Verordnung (EU, Euratom) 2015/2264 des Rates vom 3. Dezember 2015 zur Verlängerung und schrittweisen Beendigung der durch die Verordnung (EG) Nr. 920/2005 eingeführten befristeten Ausnahmeregelungen zu der Verordnung Nr. 1 vom 15. April 1958 zur Regelung der Sprachenfrage für die Europäische Wirtschaftsgemeinschaft und zu der Verordnung Nr. 1 vom 15. April 1958 zur Regelung der Sprachenfrage für die Europäische Atomgemeinschaft, ABL. L 322 v. 08.12.2015, S. 1.

„Umsetzung“ übersetzen.[828] In der Rechtssache *Wachauf* findet sich für den Begriff „Durchführung“ das Wort *„esecuzione“*. Im Urteil zur Rechtssache *ERT* wird eine mitgliedstaatliche Bindung an Unionsgrundrechte mit der Formulierung *„applicazione del diritto comunitario“* („Anwendungsbereich“) bejaht. Der Begriff *„attuazione“* findet sich in Art. 291 AEUV, in Art. 18 AEUV wird die Formulierung *„campo di applicazione“* verwendet. Die grammatische Auslegung des italienischen Wortlauts stützt somit ein eher extensives Verständnis des Art. 51 Abs. 1. S. 1 GRC.[829]

ff. Polnisch

Der polnische Begriff *„stosują“* in Art. 51 Abs. 1 S. 1 GRC lässt sich mit „anwenden“ übersetzen.[830] In Art. 291 AEUV wird hingegen der Begriff *„wprowadzenia“* verwendet, welcher dem deutschen Begriff „Durchführung“ entspricht. Im Urteil *Möllendorf* wird ebenfalls der Begriff *„wprowadzenia“* gebraucht, in der Rechtssache *Velasco Navarro* findet sich hingegen die Formulierung *„zakres stosowania“*, was mit „Anwendungsbereich“ übersetzt werden kann. Die polnische Sprachfassung kann somit nicht als Beleg dafür herangezogen werden, dass der in Art. 51 Abs. 1 S. 1 GRC verwendete Begriff zur Beschreibung der Konstellationen, in denen die Mitgliedstaaten an Unionsgrundrechte gebunden sind, restriktiv i.S.v. „Durchführung“ zu verstehen ist.

gg. Portugiesisch

Der der portugiesischen Fassung des Art. 51 Abs. 1 S. 1 GRC verwendete Begriff *„apliquem“* kann mit „anwenden“ oder „umsetzen“ übersetzt werden.[831] Art. 291 AEUV enthält den Begriff *„execução“*, der „Ausführung“

---

828 Übersetzung nach *Linhart/Morosini*, Wörterbuch Recht, Italienisch-Deutsch, Deutsch-Italienisch, 2012; *Streinz/Michl*, in: Streinz (Hrsg.), EUV/AEUV 3. Aufl., 2018, Art. 51 GRC, Rn. 6, die davon ausgehen, dass sich die italienische Sprachfassung am ehesten mit „ausführen“ übersetzen lasse.

829 *Brosius-Gersdorf*, Bindung der Mitgliedstaaten, 2005, S. 44, 45; a.A. *Große Wentrup*, Europäische Grundrechtecharta, 2003, S. 67.

830 *Safjan*, EUI Working Papers LAW 2012/22, S. 3.

831 Übersetzung nach Wörterbuch Portugiesisch – Deutsch, Langenscheidt Online-Wörterbuch Premium; s. auch *Streinz/Michl*, in: Streinz (Hrsg.), EUV/AEUV, 3. Aufl., 2018, Art. 51 GRC, Rn. 6.

oder „Durchführung" bedeutet. Im Urteil zur Rechtssache *Wachauf* wird der Begriff *„implementação"* verwendet, in der Rechtssache *Möllendorf „aplicam"*. In der Rechtssache *ERT* wird von *„entre no campo de aplicação do direito comunitário"* („Anwendungsbereich") gesprochen. Die portugiesische Sprachfassung ist demnach in einem weiten Sinne zu verstehen.

hh. Rumänisch

In der rumänischen Fassung des Art. 51 Abs. 1 S. 1 GRC wird der Begriff *„aplicare"* verwendet. Dieser bedeutet „anwenden" bzw. „Anwendung" (von *„a aplica"*). Dieser Begriff findet sich ebenfalls in Art. 291 AEUV und in Art. 18 AEUV. Eine Differenzierung zwischen „Anwendung" und „Durchführung" findet sich zwar in der rumänischen Sprache (*„a implementa"*), jedoch ist diese Unterscheidung im juristischen Kontext nicht gebräuchlich. Insofern wird grundsätzlich auf den Begriff *„aplicare"* i.S.v. „Anwendung" rekurriert. Dementsprechend findet sich auch in den untersuchten Urteilen jeweils die Formulierung *„aplicare"* bzw. in der Rechtssache *Velasco Navarro* die Formulierung *„domeniul de aplicare"* („Anwendungsbereich").

ii. Schwedisch

Der in Art. 51 Abs. 1 S. 1 GRC verwendete schwedische Ausdruck *„tillämpa unionsrätt"* lässt sich mit „Unionsrecht anwenden" übersetzen.[832] *„Tillämpar"* entspricht dem Begriff „anwenden". Zugleich kann dieser Begriff auch bei der „Durchführung" von Unionsrecht verwendet werden, wobei die Begriffe *„implementera"*, *„transformera"* oder *„införliva"* eher dem Begriff „durchführen" entsprechen. In Art. 291 AEUV wird der Begriff *„genomföra"* verwendet, der auch in der Rechtssache *Möllendorf* gebraucht wird. Dieser kann zwar auch mit „durchführen" oder „anwenden" übersetzt werden, entspricht jedoch am ehesten dem Begriff „realisieren". In der Rechtssache *Velasco Navarro* wird auf die in Art. 51 Abs. 1. S. 1 GRC verwendete Formulierung *„tillämpa"* in Gestalt von *„tillämpningsområde"* zurückgegriffen. Die schwedische Sprachfassung enthält somit ein grund-

---

832 *Bernitz*, in: de Vries/Bernitz/Weatherill (Hrsg.), EU Charter of Fundamental Rights as Binding Instrument, 2015, S. 155, 158.

sätzliches weites Verständnis des Begriffs „Durchführung“ in Art. 51 Abs. 1 S. 1 GRC.[833]

jj. Slowenisch

Der in der slowenischen Fassung des Art. 51 Abs. 1 S. 1 GRC verwendete Begriff *„izvajajo“* bedeutet „durchführen“ (von *„izvájati“*).[834] Dieser wird auch in Art. 291 AEUV gebraucht (*„izvajanje“*), wohingegen in der Rechtssache *Möllendorf* von *„uporabljajo“* (*„uporábljati“* – „anwenden“) gesprochen wird.[835] In der Rechtssache *Velasco Navarro* findet sich die Formulierung *„področje uporabe“* („Anwendungsbereich“). [836] In Art. 18 AEUV wird der vergleichbare Begriff *„uporabljata“* verwendet. Der Wortlaut des Art. 51 Abs. 1 S. 1 GRC legt somit zunächst ein eher restriktives Verständnis i.S.v. „durchführen“ nahe, der Vergleich mit der Rechtsprechung kann dieses jedoch nicht bestätigen, sodass der Wortlaut insoweit nicht eindeutig ist, aber ein eher weites Verständnis nicht ausschließt.

kk. Spanisch

Die spanische Formulierung *„apliquen“* in Art. 51 Abs. 1 S. 1 GRC entspricht dem Begriff „anwenden“ (*„aplicación“* – „Anwendung“).[837] Im untersuchten Urteil der Rechtssache *Möllendorf* wird der Begriff *„aplican“* verwendet, im Gegensatz zur Rechtssache *Velasco Navarro*, in der eine Grundrechtsbindung der Mitgliedstaaten im *„ámbito de aplicación“* („Anwendungsbereich“) besteht. In Art. 291 AEUV findet sich der Begriff *„eje-*

---

833 S. auch *Kaila*, in: Cardonnel/Rosas/Wahl (Hrsg.), Constitutionalising the EU Judicial System, 2012, S. 291, 304; *Ward*, in: Peers/Hervey/Kenner/Ward (Hrsg.), EU Charter of Fundamental Rights, 2014, Art. 51, Rn. 51.49; *Bernitz*, in: Nergelius/Kristoffersson (Hrsg.), Human Rights in Contemporary European Law, 2015, S. 191, 197.

834 Übersetzung nach Wörterbuch Slowenisch – Deutsch, Langenscheidt Online-Wörterbuch Premium.

835 Übersetzung nach Wörterbuch Slowenisch – Deutsch, Langenscheidt Online-Wörterbuch Premium.

836 EuGH, *Velasco Navarro*, Rs. C-246/06, EU:C:2008:19, Rn. 31: „(…) ko nacionalna ureditev preide na področje uporabe prava Skupnosti (…)“; s. auch in Art. 18 AEUV *„uporabljata“*.

837 *Rothe*, Rechtswörterbuch, spanisch - deutsch, deutsch – spanisch = Diccionario jurídico, 1996.

cución", der sich mit „Ausführung", „Durchführung" oder „Vollstreckung" übersetzen lässt. Die spanische Sprachfassung des Art. 51 Abs. 1 S. 1 GRC ist somit einem extensiven Verständnis zugänglich.[838]

ll. Tschechisch

In Art. 51 Abs. 1 S. 1 GRC findet sich im tschechischen der Begriff *„uplatňují*", welcher sich mit „anwenden" übersetzen lässt. In der tschechischen Version wird somit gerade nicht der Begriff „Durchführung" verwendet. Insofern weicht Art. 51 Abs. 1 S. 1 GRC im Tschechischen auch von der Rechtsprechung des EuGH in der sog. „Durchführungskonstellation" ab, da in dieser Konstellation der Begriff *„provádějí-li*" verwendet wird, was sich mit „Durchführung" übersetzen lässt. Die tschechische Version des Art. 51 Abs. 1 S. 1 GRC weist somit eine Abweichung zur Rechtsprechung des EuGH vor Inkrafttreten der GRC auf, da in entsprechenden Urteilen der Begriff *„uplatňují*" soweit ersichtlich nicht verwendet wurde. In Art. 291 AEUV findet sich der Begriff *„provedení*", was dem Begriff „Durchführung" entspricht. Der Begriff „Durchführung" ist im tschechischen Unionsrecht durchaus enthalten, findet sich jedoch nicht in Art. 51 Abs. 1 S. 1 GRC. Der tschechische Wortlaut steht somit insgesamt einem weiten Verständnis offen.

c. Zwischenergebnis

12 Amtssprachen lassen sich einem restriktiven Verständnis zuordnen, 12 Amtssprachen einem weiten Verständnis. Diese Einteilung ist nicht zwingend und geht auf einen Vergleich der Rechtsprechung des EuGH vor Inkrafttreten der Charta und dem Wortlaut des Art. 51 Abs. 1 S. 1 GRC zurück. Der Vergleich der 24 Amtssprachen der Union zeigt insgesamt, dass kein einheitliches Verständnis hinsichtlich des Wortlauts in Art. 51 Abs. 1 S. 1 GRC besteht. In einigen Sprachfassungen wird ein Begriff verwendet, der dem deutschen (vermeintlich restriktiven) Ausdruck „Durchführung"

838 S. auch *Brosius-Gersdorf*, Bindung der Mitgliedstaaten, 2005, S. 44f.; *Kaila*, in: Cardonnel/Rosas/Wahl (Hrsg.), Constitutionalising the EU Judicial System, 2012, S. 291, 304; *Ward*, in: Peers/Hervey/Kenner/Ward (Hrsg.), EU Charter of Fundamental Rights, 2014, Art. 51, Rn. 51.49; *Bernitz*, in: Nergelius/Kristoffersson (Hrsg.), Human Rights in Contemporary European Law, 2015, S. 191, 197.

entspricht bzw. ähnlich ist, in anderen ist der jeweilige Begriff eher mit dem Ausdruck „anwenden“ zu übersetzen, welcher einem extensiveren Verständnis zugänglich ist.[839] Uneinheitlich ist zudem das Ergebnis des Vergleichs der verwendeten Formulierungen in der Rechtsprechung zur Bindung der Mitgliedstaaten an Unionsgrundrechte. In einigen Sprachfassungen entspricht die jeweilige Formulierung des Art. 51 Abs. 1 S. 1 GRC derjenigen in der *agency*- und *ERT*-Situation, während in anderen Sprachfassungen der verwendete Begriff in Art. 51 Abs. 1 S. 1 GRC nur in der *agency situation* gebraucht wird und somit – vergleichbar der Argumentation im Deutschen – ein restriktives Verständnis anzunehmen ist. Ein eindeutiger und klarer Wortlaut lässt sich insgesamt nicht entnehmen.[840]

Der Vergleich zeigt die Schwierigkeiten der semantischen Auslegung im Unionsrecht: So weichen teilweise die Sprachfassungen der Urteile des EuGH voneinander ab, auch die Charta selbst zeigt kein kohärentes Begriffsverständnis. Dies lässt sich möglicherweise damit erklären, dass die jeweiligen Begriffe im nationalen Recht entweder in einem rechtlichen Sinne nicht existieren, aber auch eine unterschiedliche Bedeutung haben können.[841] Zu erörtern ist daher, wie mit sprachlichen Divergenzen umzugehen ist.

3. Lösungsansätze zum Umgang mit sprachlichen Divergenzen im Unionsrecht

Zur Behebung der sprachlichen Divergenzen werden verschiedene Ansätze im Schrifttum vorgeschlagen. Auch in der Rechtsprechung finden sich unterschiedliche Kriterien, um eine Auswahl zwischen verschiedenen Bedeutungen zu rechtfertigen. Im Folgenden soll auf häufig diskutierte Ansätze eingegangen und geprüft werden, ob und inwiefern diese ein restriktives

839 *Cremer*, NVwZ 2003, 1452, 1455, Fn. 31, weist darauf hin, dass „anwenden“ bzw. „Anwendung“ nicht dem „Anwendungsbereich“ entspricht und daher diese Übersetzung nicht vergleichbar ausgelegt werden dürfe.

840 Nicht darauf einzugehen ist daher auf die Frage, ob bei einem klaren Wortlaut weitere Auslegungsmethoden zu berücksichtigen sind, dies verneinend etwa *Degan*, RTDE 1966, S. 189, 198; a.A. *Grundmann*, Auslegung des Gemeinschaftsrechts, 1997, S. 192ff.

841 Da es nicht Gegenstand der Untersuchung war, die exakte rechtliche Bedeutung der jeweiligen Sprachfassung zu ermitteln, können insofern keine näheren Aussagen getroffen werden.

oder weites Verständnis des Begriffs „Durchführung in Art. 51 Abs. 1 S. 1 GRC begründen können.[842]

a. Besondere Bedeutung der Ursprungsfassung

Sofern den Sprachen, die zum Zeitpunkt der Ratifikation eines Rechtsaktes – in diesem Fall des Inkrafttretens der Grundrechtecharta – Amtssprachen der Union waren, besondere Bedeutung beigemessen wird, hilft dies für die Auslegung des Art. 51 Abs. 1 S. 1 GRC nicht weiter.[843] Nicht zu berücksichtigen wäre insofern einzig die kroatische Sprachfassung des Art. 51 Abs. 1 S. 1 GRC. Ein einheitliches Verständnis der weiteren 23 Amtssprachen lässt sich jedoch nicht erkennen.

Wird auf die Entstehung der Charta abgestellt, wären insbesondere die englische und französische Sprachfassungen zu betrachten, da die Ausgangsfassung der Präsidiumsentwürfe oft in Französisch verfasst war, bei den von den Konventsmitgliedern eingereichten Dokumenten überwog das Englische.[844] Wenn jedoch diese Sprachfassungen maßgeblich berücksichtigt werden, würde dies Art. 55 EUV analog zuwiderlaufen, wonach alle 24 Vertragssprachen gleichermaßen verbindlich sind.

b. Anwendung der sog. Günstigkeitsregel

Ebenfalls nicht zielführend ist die Anwendung der sog. Günstigkeitsregel, welche auch im Völkerrecht herangezogen wird.[845] Nach dieser Regel ist derjenigen Sprachfassung der Vorzug zu geben, welche für den Bürger

---

842 S. zu Mehrsprachigkeit im Unionsrecht und den daraus folgenden Problemen und Lösungsansätzen insbesondere: *Schübel-Pfister*, Sprache und Gemeinschaftsrecht, 2004; *Zedler*, Mehrsprachigkeit und Methode, 2015; aus sprachwissenschaftlicher Sicht: *Loehr*, Mehrsprachigkeitsprobleme in der Europäischen Union, 1998; problematisch ist jedoch, dass die Arbeits- und Sichtweise zwischen Sprachwissenschaftlern und Rechtswissenschaftlern verschieden sind; vgl. *Schübel-Pfister*, Sprache und Gemeinschaftsrecht, 2004, S. 243; *Derlén*, Multilingual Interpretation, 2009, S. 42f.

843 Vgl. zu diesem Ansatz: *Schübel-Pfister*, Sprache und Gemeinschaftsrecht, 2004, S. 295ff.; *Buerstedde*, Juristische Methodik, 2006, S. 112f.; *Zedler*, Mehrsprachigkeit und Methode, 2015, S. 248f. m.w.N.

844 *Bernsdorff/Borowsky*, Handreichungen und Sitzungsprotokolle, 2002, S. 48; *Günther*, Auslegung des Rechts auf Bildung, 2007, S. 57.

845 Vgl. *Gächter-Alge*, Mehrsprachigkeit, 2011, S. 229.

am wenigsten belastend ist.[846] Übertragen auf die Auslegung des Art. 51 Abs. 1 S. 1 GRC ist zu fragen, ob ein restriktives oder weites Verständnis des Begriffs „Durchführung" für den Bürger am wenigsten belastend ist. Insofern könnte argumentiert werden, dass bei einem weiten Verständnis ein „Mehr" an Grundrechtsschutz entsteht, jedoch vermag die Einordnung der mitgliedstaatlichen Bindung an Unionsgrundrechte i.S.e. „Belastung" des Bürgers nicht zu überzeugen, da insbesondere in mehrpoligen Grundrechtsverhältnissen eine Abwägung erforderlich ist und sich daher der Grundrechtsschutz eines Bürgers nicht zwangsläufig „günstig" für einen anderen auswirkt.[847]

c. Beschränkung auf den kleinsten gemeinsamen Nenner

Denkbar ist zudem, dass der engsten sprachlichen Fassung, d.h. dem gemeinsamen Minimum, bei der Wortlautinterpretation der Vorzug gegeben wird, so wie dies in bestimmten Konstellationen im Völkerrecht anerkannt ist.[848] Für die Auslegung des Art. 51 Abs. 1 S. 1 GRC würde dies bedeuten, dass dem Begriff „Durchführung" eine insgesamt restriktive Bedeutung zukommt. Dies setzt jedoch voraus, dass dieser Begriff auch tatsächlich in allen Sprachen einen gemeinsamen Gehalt hat. Bereits der durchgeführte Sprachvergleich hat gezeigt, dass sich ein solcher gemeinsamer Gehalt kaum nachweisen lässt.[849] Dieser Ansatz kann zudem aufgrund des Gleichbehandlungsgebots aller Sprachfassungen nicht überzeugen, da

---

846 Ausdrücklich hat sich der EuGH in der Rechtssache *Stauder* auf, die für den Bürger am wenigsten belastende Auslegung berufen EuGH, *Stauder*, Rs. 29/69, EU:C:1969:57, Rn. 4; *Schübel-Pfister*, Sprache und Gemeinschaftsrecht, 2004, S. 279f. weist jedoch darauf hin, dass diese ausdrückliche Anerkennung der Günstigkeitsregel ein Einzelfall geblieben ist.

847 S. zu mehrpoligen Grundrechtsverhältnissen auch unten 3. Kapitel, C., I., 1., e.

848 S. mit Nachweisen aus dem Völkerrecht: *Hilf*, Auslegung mehrsprachiger Verträge, S. 95ff.; aus der Rechtsprechung wird auf das Urteil EuGH, *IFF*, Rs. 285/81, EU:C:1982:326, Rn. 7ff. verwiesen; bei dieser Auslegung auf ein gemeinsames Minimum handelt es sich jedoch um einen Einzelfall, *Müller/Christensen*, Juristische Methodik, Bd. II, 2012, S. 36, Rn. 22; *Anweiler*, Auslegungsmethoden des Gerichtshofs, 1997, S. 156ff. geht davon aus, dass die Ermittlung des kleinsten gemeinsamen Nenners jedenfalls als Auslegungsbasis für die weitere Auslegung in Betracht kommt.

849 S. allgemein zu dem Problem des Bestimmens einer gemeinsamen Bedeutung *Christensen/Sokolowski*, in: Müller/Burr (Hrsg.), Rechtssprache Europas, 2004, S. 113, 117f.

bestimmte Bedeutungsmerkmale in einer Sprachversion nicht berücksichtigt werden.[850]

d. Vorrang der klarsten Fassung

Nach dem Grundsatz *„in claris non fit interpretatio"* ist derjenigen Sprachfassung der Vorzug zu geben, welche eine unmissverständliche Bedeutung bzw. einen „eindeutigen" oder „klaren" Wortlaut hat.[851] Bedenken ergeben sich bei diesem Ansatz bereits daraus, dass bereits fraglich ist, ob ein Text bzw. Sprache überhaupt „klar" sein kann.[852] In der Rechtsprechung des EuGH lassen sich Beispiele für Sprachdivergenzen, bei denen sich eine klarere Fassung durchgesetzt hat, durchaus finden.[853] In kaum einer Entscheidung hat sich der EuGH dabei allerdings einzig auf das Wortlautargument gestützt.[854] Nicht geklärt ist daher, ob der Grundsatz *„in claris non fit interpretatio"* vom EuGH anerkannt wurde.[855] Bereits der kursorische Sprachvergleich der 24 Amtssprachen hat gezeigt, dass es kaum möglich ist, von einem „klaren" oder „eindeutigen" Wortlaut in Bezug auf Art. 51 Abs. 1 S. 1 GRC in einer Sprachfassung auszugehen. Zudem würde der Vorrang einer vermeintlich „klaren" Fassung dem Gebot, wonach ein Begriff im Unionsrecht autonom zu bestimmen ist, widersprechen, sodass dieser Ansatz nicht zur Behebung sprachlicher Divergenzen geeignet ist.

e. Vorrang der Mehrheit der Sprachfassungen

Entscheidend könnte sein, ob die Mehrheit der Sprachfassungen ein bestimmtes Auslegungsergebnis vorgibt. In der Rechtsprechung des EuGH finden sich Urteile, in denen der EuGH bewusst auf die Mehrzahl der

---

850 Vgl. *Buerstedde*, Juristische Methodik, 2006, S. 117.

851 Vgl. *Buck*, Auslegungsmethoden, 1998, S. 161ff.

852 S. dazu ausführlich *Müller/Christensen*, Juristische Methodik, 2012, Bd. II, S. 31ff., Rn. 16ff.

853 S. etwa EuGH, *Kommission/Italien*, Rs. C-385/02, EU:C:2004:522, Rn. 33ff.; *Intermodal Transports*, Rs. C-495/03, EU:C:2005:552, Rn. 54ff.; *Zedler*, Mehrsprachigkeit und Methode, 2015, S. 257ff. mit Nachweisen.

854 So z.B. in EuGH, *Kommission/Italien*, Rs. C-385/02, EU:C:2004:522, Rn. 37: „Diese Auslegung wird durch den Gegenstand der fraglichen Bestimmung und ihren Platz im System der Richtlinie bestätigt."

855 S. dazu etwa *Loehr*, Mehrsprachigkeitsprobleme, 1998, S. 172f.

Sprachfassungen abstellt und dieses Ergebnis durch Systematik und Zielsetzung abstützt.[856] In der Literatur wird die Bedeutung der Mehrheit der Sprachfassungen unterschiedlich beurteilt: So wird angenommen, dass der Mehrzahl der Sprachfassungen besonderes Gewicht in der Rechtsprechung des EuGH zukomme;[857] auch wird vertreten, dass die Mehrheit allenfalls ein erster Ansatzpunkt sein kann.[858] Gegen das alleinige Abstellen auf die Mehrheit der Sprachfassungen spricht bereits die in Art. 55 EUV erforderliche Gleichberechtigung aller sprachlichen Fassungen. Gleichwohl kann die Mehrheit eine Richtungsentscheidung vorgeben, die einer Bestätigung durch weitere Auslegungskriterien bedarf.[859] Nach der vorgenommenen Systematisierung, die, wie dargestellt, nicht zwingend ist, lässt sich indes keine „Mehrheit" zugunsten eines restriktiven oder weiten Verständnisses des Wortlauts in Art. 51 Abs. 1 S. 1 GRC feststellen, sodass das Kriterium der Mehrheit der Sprachfassungen auch nicht i.S.e. Richtungsentscheidung herangezogen werden kann.

f. Berücksichtigung von weiteren Auslegungsmethoden

Bei Bedeutungsdivergenzen oder bei jedenfalls nicht eindeutiger Bedeutung geht der EuGH regelmäßig auf weitere Auslegungsmethoden ein; eine ausschließlich wörtliche Auslegung findet grundsätzlich nicht statt.[860] In der Rechtsprechung des EuGH ist bei Abweichungen der verschiedenen Sprachfassungen nach der deutschen Übersetzung eine Auslegung

856 Z.B. EuGH, *Moskel*, Rs. 55/87, EU:C:1988:377, Rn. 16ff.; *Björnekulla Fruktindustrier*, Rs. C-371/02, EU:C:2004:275, Rn. 17ff.

857 So etwa *Zedler*, Mehrsprachigkeit und Methode, 2015, S. 251ff.; speziell zur Auslegung des Gemeinsamen Zolltarifs: s. *Schübel-Pfister*, Sprache und Gemeinschaftsrecht, 2004, S. 267f.; kritisch zur Auslegung nach der Mehrheit der Sprachfassungen *Baldus/Vogel*, in: Wallerath (Hrsg.), FS Krause, 2006, S. 237, 241.

858 *Buck*, Auslegungsmethoden, 1998, S. 155f.; *Müller/Christensen*, Juristische Methodik, Bd. II, 2012, S. 30, Rn. 14.

859 Vgl. etwa die Rechtssache EuGH, *Björnekulla Fruktindustrier*, Rs. C-371/02, EU:C:2004:275, Rn. 17ff. in der ein Auslegungsergebnis zunächst mit der Mehrzahl der Sprachfassungen begründet und dies sodann durch die systematische und teleologische Auslegungsmethode bestätigt wird; *Zedler*, Mehrsprachigkeit und Methode, 2015, S. 253.

860 *Bredimas*, Methods of Interpretation, 1978, S. 42; *Grundmann*, Auslegung des Gemeinschaftsrechts, 1997, S. 233ff.; *Buck*, Auslegungsmethoden, 1998, S. 161; *Buerstedde*, Juristische Methodik, 2006, S. 39.

„nach der allgemeinen Systematik und dem Zweck der Regelung (…), zu der [die Vorschrift] gehört“[861], „nach dem Zusammenhang und dem Zweck“ [862], eine Auslegung „anhand von Sinn und Zweck der Regelung“[863], bzw. eine Auslegung des entsprechenden Begriffs „nach dem allgemeinen Aufbau und dem Zweck der Regelung“[864] erforderlich. In der englischen Übersetzung findet sich hingegen in nahezu allen zitierten Urteilen die Formulierung *„(…) the provision in question must therefore be interpreted by reference to the purpose and general scheme of the rules of which it forms part.”*[865] Unabhängig von der jeweiligen Übersetzung zeigt sich, dass der EuGH für die Auslegung des Primärrechts bei sprachlichen Divergenzen vor allem systematische und teleologische Gesichtspunkte berücksichtigt.[866] Dabei geht der EuGH jedoch nicht stets auf die systematische und teleologische Methode gleichzeitig ein, sondern argumentiert teilweise auch nur mithilfe einer der beiden Methoden, sodass die Beurteilung, worauf sich der EuGH maßgeblich beruft, uneinheitlich ist.[867] Festzustellen ist daher, dass der EuGH hinsichtlich der Berücksichtigung von weiteren Auslegungsmethoden nicht nach starren Regeln vorgeht, sondern

---

861 Vgl. zu dieser Formulierung: EuGH, *Rockfon*, Rs. C-449/93, EU:C:1995:420, Rn. 28; *Codan*, Rs. C-236/97, EU:C:1998:617, Rn. 26; *W.N.*, Rs. C-420/98, EU:C:2000:209, Rn. 21; *Spanien/Rat*, Rs. C-36/98, EU:C:2001:64, Rn. 49; *Sabatauskas u.a.*, C-239/07; EU:C:2008:551, Rn. 39; *T-Mobile Austria*, Rs. C-616/11, EU:C:2014:242, Rn. 32.

862 S. zu dieser Formulierung etwa: EuGH, *Fonden Marselisborg Lystbådehavn*, Rs. C-428/02, EU:C:2005:126, Rn. 42; *DR und TV2 Danmark*, Rs. C-510/10, EU:C:2012:244, Rn. 45; *Bark*, C-89/12, EU:C:2013:276, Rn. 40.

863 Vgl. zu dieser Formulierung: EuGH, *Givane u.a.*, Rs. C-257/00, EU:C:2003:8, Rn. 37; *Hässle*, Rs. C-127/00, EU:C:2003:661, Rn. 70; *Plato Plastik Robert Frank*, Rs. C-341/01, EU:C:2004:254, Rn. 64.

864 EuGH, *Bouchereau*, Rs. 30/77, EU:C:1977:172, Rn. 14; *Cricket St Thomas*, Rs. C-372/88, EU:C:1990:140, Rn. 19; *Omejc*, Rs. C-536/09, EU:C:2011:398, Rn. 24.

865 Einzig im Urteil EuGH, *Omejc*, Rs. C-536/09, EU:C:2011:398, Rn. 24, findet sich hingegen die Formulierung „(…) must therefore be interpreted in the light of the context in which it is used and of the aims and scheme of the regulation of which it is part.“

866 S. auch *Schübel-Pfister*, Sprache und Gemeinschaftsrecht, 2004, S. 235ff.; *Beck*, Legal Reasoning, 2012, S. 189; *Lenaerts/Gutiérrez-Fons*, Columbia Journal of European Law 20 (2014), S. 3, 12f.

867 *Christensen/Sokolowski*, in: Müller/Burr (Hrsg.), Rechtssprache Europas, 2004, S. 113, 124 gehen davon aus, dass der EuGH häufig die systematische Auslegungsmethode anwendet; *Loehr*, Mehrsprachigkeitsprobleme, 1998, S. 170, betont hingegen das Eingehen des EuGH auf die teleologische Methode; s. auch *Müller/Christensen*, Juristische Methodik, 2012, Bd. II, S. 47, Rn. 38.

die Rechtsprechung durch ein flexibles Vorgehen gekennzeichnet ist. Für die weitere Auslegung des Art. 51 Abs. 1 S. 1 GRC ergibt sich somit, dass auf weitere Interpretationsmethoden einzugehen ist, ohne dass an dieser Stelle bereits eine bestimmte Gewichtung zugunsten eines restriktiven oder weiten Verständnisses des Art. 51 Abs. 1 S. 1 GRC bzw. der Interpretationsmethoden vorgenommen werden kann.

4. Zwischenergebnis

Die semantische Auslegung vermag insgesamt kein eindeutiges Ergebnis zu liefern. Die im Schrifttum vorgeschlagenen Ansätze zur Behebung sprachlicher Divergenzen können kein Ergebnis zur Auslegung des Art. 51 Abs. 1 S. 1 GRC liefern bzw. sind nicht auf das Unionsrecht zu übertragen. In der Rechtsprechung des EuGH lässt sich eine bestimmte Methode zur Lösung sprachlicher Divergenzen ebenfalls nicht feststellen. Der Gerichtshof wendet eine Kombination von mehreren anerkannten Auslegungsregeln an, wobei diese nicht schematisch kombiniert, sondern die einzelnen Methoden unterschiedlich berücksichtigt und gewichtet werden.[868] Die jeweiligen Unterschiede werden insofern nicht sprachlich, sondern mit Hilfe juristischer Argumente aufgelöst.[869] Zu berücksichtigen ist dabei, dass aufgrund 24 verschiedener Amtssprachen dem Wortlaut-Argument zwangsläufig ein geringerer Maßstab als im nationalen Recht zukommen muss. Die Leistung eines umfassenden Sprachvergleichs im Unionsrecht ist dabei insbesondere im Aufzeigen von verschiedenen Möglichkeiten der Interpretation zu finden. Ein umfassender Vergleich kann dabei helfen, die möglichen Bedeutungen festzustellen und die unmöglichen auszuschließen. Dieser Vergleich zeigt im Hinblick auf Art. 51 Abs. 1 S. 1 GRC, dass ein restriktives Verständnis – wie dieses insbesondere im deutschen Schrifttum unter Verweis auf den Wortlaut dieser Norm vertreten wird – alles andere als zwingend ist, da insbesondere nicht in allen Sprachfassungen des Art. 51 Abs. 1 S. 1 GRC die vermeintlich restriktivere Formulierung der *agency situation* verwendet wird. Der Wortlaut ist insgesamt nicht einheitlich, steht jedoch unter Berücksichtigung der 24 Amtssprachen der

868 *Buck*, Auslegungsmethoden, 1998, S. 161; *Derlén*, Multilingual Interpretation, 2009, S. 49.

869 *Christensen/Sokolowski*, in: Müller/Burr (Hrsg.), Rechtssprache Europas, 2004, S. 113, 125.

Union einem weiten Verständnis des Art. 51 Abs. 1 S. 1 GRC nicht entgegen.

III. Systematische Auslegung

Im Rahmen der systematischen Interpretation sind zunächst die Bestimmungen der Charta, welche im Zusammenhang mit Art. 51 Abs. 1 S. 1 GRC stehen, zu analysieren (1.). Zudem ist das Protokoll Nr. 30 zur Charta zu betrachten, welches möglicherweise eine Sonderrolle für Polen und das Vereinigte Königreich statuiert und somit Hinweise für die Auslegung des Art. 51 Abs. 1 S. 1 GRC geben könnte (2.). Rückschlüsse für die Bedeutung können sich schließlich aus dem Zusammenhang der Charta mit den Verträgen und den ungeschriebenen Rechtssätzen des Unionsrechts ergeben (3.).

1. Bestimmungen der Charta – Art. 51 Abs. 2 und Art. 53 GRC

Im unmittelbaren Zusammenhang zu Art. 51 Abs. 1 GRC ist zunächst Art. 51 Abs. 2 GRC zu betrachten. Gemäß Art. 51 Abs. 2 GRC dehnt die Charta den Geltungsbereich des Unionsrechts nicht über die Zuständigkeiten der Union hinaus aus und begründet weder neue Zuständigkeiten noch neue Aufgaben für die Union, noch ändert sie die in den Verträgen festgelegten Zuständigkeiten und Aufgaben. Die Vorschrift betont somit die generelle Geltung des Subsidiaritätsprinzips im Unionsrecht gemäß Art. 5 Abs. 1 EUV.[870] Sie ist vor dem Hintergrund der Befürchtung einer Unitarisierung durch Grundrechtsauslegung zu sehen, einem Phänomen, das im US-amerikanischen sowie im deutschen Bundesstaat zu beobachten ist.[871] Aus Art. 51 Abs. 2 GRC ergeben sich letztlich jedoch keine Erkenntnisse für die Auslegung des Art. 51 Abs. 1 S. 1 GRC. Zum einen folgt aus der Bindung an Unionsgrundrechte nicht zwangsläufig eine Kompetenzerweiterung. Zum anderen ist die Gewährleistung von Grundrechten

---

870 *Terhechte*, Konstitutionalisierung, 2011, S. 68.

871 *Groussot/Pech/Petursson*, in: de Vries/Bernitz/Weatherill (Hrsg.), Protection of Fundamental Rights, 2013, S. 97, 100f.; *Kadelbach*, KritV 2013, S. 276, 283; s. zur unitarisierenden Wirkung von Grundrechten für das Beispiel der Bundesrepublik Deutschland etwa im Zusammenhang mit dem Bildungswesen *Lücke*, Der Staat 17 (1978), S. 341, 346ff. m.w.N.; vgl. auch *Huber*, in: Biaggini/Diggelmann/Kaufmann (Hrsg.), FS Thürer, 2015, S. 305, 307f.

jedenfalls in ihrer abwehrrechtlichen Funktion kompetenzrechtlich neutral, sodass sich Art. 51 Abs. 2 GRC nur gegen eine Kompetenzerweiterung der Union über die Entwicklung von grundrechtlichen Schutzpflichten richtet.[872] Da Art. 51 Abs. 2 GRC somit den Grundsatz, dass die Union nur im Rahmen der ihr übertragenen Kompetenzen tätig werden darf, betont, hat diese Norm überwiegend deklaratorischen Charakter.

Im systematischen Zusammenhang zu Art. 51 Abs. 1 S. 1 GRC steht zudem die Regelung des Schutzniveaus der Charta nach Art. 53 GRC. Nach dieser Norm ist „keine Bestimmung der Charta (…) als eine Einschränkung oder Verletzung der Menschenrechte und Grundfreiheiten auszulegen, die in dem jeweiligen Anwendungsbereich durch das Recht der Union und das Völkerrecht sowie durch die internationalen Übereinkünfte, bei denen die Union oder alle Mitgliedstaaten Vertragsparteien sind, darunter insbesondere die Europäische Konvention zum Schutz der Menschenrechte und Grundfreiheiten, sowie durch die Verfassungen der Mitgliedstaaten anerkannt werden". Demnach darf die Charta nicht zu einer Einschränkung gegenüber dem bisher erreichten Grundrechtsschutzniveau führen, da von Art. 53 GRC auch die ungeschriebenen Grundrechte, die der EuGH vor Inkrafttreten der Charta entwickelt hat, umfasst sind.[873] Das Schutzniveau der Charta richtet sich insbesondere auch nach ihrem Anwendungsbereich, weshalb eine Einschränkung der Bindung der Mitgliedstaaten an Unionsgrundrechte gegenüber der vom Gerichtshof anerkannten Bindungssituation vor Inkrafttreten der Charta zu einem geringeren Schutzniveau führen würde, was wiederum einen Widerspruch zu Art. 53 GRC darstellen würde.[874] Daher spricht die systematische Betrachtung des Art. 53 GRC gegen ein restriktives Verständnis des Art. 51 Abs. 1 S. 1 GRC.

---

872 *Bleckmann*, Nationale Grundrechte im Anwendungsbereich, 2011, S. 144f.

873 *Scheuing*, EuR 2005, 162, 188; *Jarass*, Charta der Grundrechte der EU, 3. Aufl., 2016, Art. 51, Rn. 8.

874 *Ranacher*, ZÖR 58 (2003), S. 21, 99; *Kaila*, in: Cardonnel/Rosas/Wahl (Hrsg.), Constitutionalising the EU Judicial System, 2012, S. 291, 307; a.A. *Ruffert*, EuR 2004, S. 165, 177, Fn. 75, der davon ausgeht, dass sich Art. 53 GRC nur auf den Gewährleistungsbereich der Grundrechte, nicht auf die Grundrechtsadressaten bezieht.

2. Protokoll Nr. 30 über die Anwendung der Grundrechtecharta auf Polen und das Vereinigte Königreich

In systematischer Hinsicht ist zudem das Protokoll über die Anwendung der Charta der Grundrechte der Europäischen Union auf Polen und das Vereinigte Königreich[875] zu berücksichtigen.[876] Zwar bezieht sich dieses Protokoll nur auf Polen und das Vereinigte Königreich, dennoch könnte dieses auch bei der Auslegung des Art. 51 Abs. 1 S. 1 GRC insgesamt herangezogen werden. Weitgehend anerkannt ist, dass das Protokoll bereits für Polen grundsätzlich keine gegenüber den übrigen Mitgliedstaaten andere Anwendbarkeit der Charta normiert bzw. für das Vereinigte Königreich normierte und insbesondere nicht bedeutet, dass Unionsgrundrechte in Polen (und dem Vereinigten Königreich) nicht gelten.[877] Aufgrund der

---

875 Protokoll (Nr. 30) über die Anwendung der Charta der Grundrechte auf Polen und das Vereinigte Königreich ABl. C 115 v. 09.05.2008, S. 313; die Tschechische Republik hat nachträglich darauf bestanden, dass das vom Vereinigten Königreich und Polen ausgehandelte Protokoll auch für die Tschechische Republik gelten solle und hat sich einen Beitritt zum Protokoll zusichern lassen, s. Schlussfolgerungen des Europäischen Rates vom 29. und 30.10.2009, 15265/1/09 REV 1, S. 2, Anlage I; s. auch Stellungnahme der Kommission zu einem Entwurf eines Beschlusses des Europäischen Rates zugunsten einer Prüfung der vorgeschlagenen Änderung der Verträge betreffend die Beifügung eines Protokolls über die Anwendung der Charta der Grundrechte der Europäischen Union auf die Tschechische Republik v. 04.05.2012, COM(2012)197final; das Europäische Parlament hat am 22.05.2013 mehrheitlich dagegen gestimmt, einen Konvent zur Prüfung des Vorschlags einzuberufen, die Tschechische Republik in das Protokoll (Nr. 30) über die Anwendung der Charta der Grundrechte der Europäischen Union auf Polen und das Vereinigte Königreich aufzunehmen, sodass die 2009 getätigten Zusagen faktisch abgelehnt wurden, s. den Beschluss P7_TA(2013)0208 im Verfahren 2011/0818(NLE); inzwischen hat die Tschechische Republik das *„opt-out"* zur GRC jedoch zurückgezogen, s. *Fontaine*, Anwendbarkeit und Durchsetzbarkeit, 2018, S. 311f.

876 Das Vereinigte Königreich ist seit dem sog. *Brexit* am 31.01.2020 zwar kein Mitglied der EU mehr, da das Protokoll Rechtswirkungen weiterhin für Polen entfalten könnte, soll auf dieses dennoch im Folgenden eingegangen werden. Verweise auf das Vereinigte Königreich bleiben erhalten, sofern dies für das Verständnis des Protokolls und seinen Wirkungen erforderlich ist.

877 So insb. House of Lords European Union Committee, The Treaty of Lisbon: an impact assessment, Volume I: Report, published 13 March 2008, HL Paper 62-I, https://publications.parliament.uk/pa/ld200708/ldselect/ldeucom/62/62.pdf, S. 105: „*(…) The Protocol should not lead to a different application of the Charter in the United Kingdom and Poland when compared with the rest of the Member States. (…) We would not be surprised if, in considering the scope of the Charter in future, EU and domestic courts had regard to the terms of this Protocol in order*

Einheitlichkeit der Rechtsprechung des Gerichtshofs könnte sich das Protokoll auch auf die Bindung der Mitgliedstaaten insgesamt auswirken, insbesondere wenn das Protokoll – jedenfalls in einzelnen Bereichen – einen restriktiven Anwendungsbereich in Polen statuiert. Dazu ist zunächst die konkrete Bedeutung des Protokolls zu klären.

Nach Art. 1 Abs. 1 dieses Protokolls „bewirkt [die Charta] keine Ausweitung der Befugnis des Gerichtshofs der Europäischen Union oder eines Gerichts Polens oder des Vereinigten Königreichs zu der Feststellung, dass die Rechts- und Verwaltungsvorschriften, die Verwaltungspraxis oder -maßnahmen Polens oder des Vereinigten Königreichs nicht mit den durch die Charta bekräftigten Grundrechten, Freiheiten und Grundsätzen im Einklang stehen.“ Auf den ersten Blick könnte dies eine *„opt-out*-Klausel“ zur verbindlichen Geltung der Charta für das Vereinigte Königreich und Polen darstellen, was möglicherweise für ein insgesamt restriktives Verständnis des Art. 51 Abs. 1 S. 1 GRC sprechen könnte.[878] Art. 1 Abs. 1 des Protokolls bezieht sich jedoch zunächst auf eine bestehende Befugnis des Gerichtshofs. Damit wird der *status quo* zur mitgliedstaatlichen Grundrechtsbindung, d.h. Rechtsprechung des Gerichtshofs vor Inkrafttreten der Charta, anerkannt. Dies wird auch im 8. Erwägungsgrund des Protokolls bestätigt, wonach dieses das Ziel hat, „bestimmte Aspekte der Anwendung der Charta zu klären.“ Etwas zu klären bedeutet gerade nicht, dass eine Neuregelung bezweckt ist.[879] Wesentliche Aussage des Art. 1 Abs. 1 des Protokolls ist demnach, dass die bestehende Befugnis des Gerichtshofs durch die Charta nicht ausgeweitet wird. Dass die Charta den Geltungsbe-

---

to assist interpretation of the Charter's horizontal articles, even in cases where the United Kingdom and Poland were not involved. (…)“; zu dem Ergebnis, dass mit dem Protokoll keine Ausnahme der Bindung an Unionsgrundrechte von Polen und dem Vereinigten Königreich geschaffen wurde, kommen etwa auch *Pernice*, in: Griller/Ziller (Hrsg.), Lisbon Treaty, 2008, S. 235, 247; *Lindner*, EuR 2008, S. 786, 790; *Brummund*, Kohärenter Grundrechtsschutz, 2011, S. 65; *Terhechte*, Konstitutionalisierung, 2011, S. 69; *Hoffmann/Rudolphi*, DÖV 2012, S. 597, 600; *Rosas*, European Yearbook on Human Rights 2013, S. 97, 104; a.A. Wissenschaftliche Dienste des Deutschen Bundestags, Der Vertrag von Lissabon, Nr. 01/08, v. 19.12.2007, S. 3; *Kühling*, in: von Bogdandy/Bast (Hrsg.), Europäisches Verfassungsrecht, 2009, S. 657, 669f.; *Shuibhne*, ELR 34 (2009), S. 815; *Lazzerini*, in: Palmisano (Hrsg.), Making the Charter of Fundamental Rights a Living Instrument, 2014, S. 30, 51f.

878 Das Protokoll Nr. 30 als *opt-out* ansehend noch *Pache/Rösch*, NVwZ 2008, S. 473, 474; dies als partielles *opt-out* bezeichnend sodann *Pache/Rösch*, EuR 2009, S. 769, 784.

879 *Mall*, Bindung der Mitgliedstaaten, 2012, S. 109.

reich des Unionsrechts nicht ausdehnt, ist bereits in Art. 51 Abs. 2 GRC normiert, sodass dem Protokoll insoweit nur klarstellende Funktion zukommt.[880] Dem Verweis auf die Gerichte Polens und des Vereinigten Königreichs in Art. 1 Abs. 1 des Protokolls, lässt sich entnehmen, dass diese die Grundrechtecharta in rein internen Sachverhalten nicht anwenden dürfen. Das Protokoll verdeutlicht insofern, dass die Charta keinen universellen Grundrechtskatalog darstellt.[881]

Art. 1 Abs. 2 des Protokolls normiert, dass „mit Titel IV der Charta keine für Polen oder das Vereinigte Königreich geltenden einklagbaren Rechte geschaffen [werden], soweit Polen bzw. das Vereinigte Königreich solche Rechte nicht in seinem nationalen Recht vorgesehen hat." In Titel IV sind unter der Überschrift „Solidarität" soziale Rechte, wie etwa das Recht auf Kollektivverhandlungen und -maßnahmen und der Anspruch auf Schutz bei ungerechtfertigter Entlassung, normiert. Die ausdrückliche Nennung des Titels IV verdeutlicht die Befürchtung der Mitgliedstaaten, dass insbesondere in diesem Bereich die Charta Gewährleistungen enthält, die über die vorherige Rechtsprechung des EuGH hinausgehen und somit neue Kompetenzen für die Union begründet werden könnten.[882] Grundrechte setzen in ihrer abwehrrechtlichen Funktion jedoch grundsätzlich bestehende Kompetenzen voraus und können diese, wie Art. 51 Abs. 2 GRC klarstellt, nicht begründen (Parallelität von Kompetenzen und Grundrechtsschutz), sodass diese als Leistungsrechte leerlaufen, wenn sie sich an Stellen richten, die nicht über entsprechende Zuständigkeit verfügen, um die grundrechtlich geforderte Leistung auch tatsächlich zu erbringen.[883] Zudem ist zu berücksichtigen, dass die in Titel IV der Charta normierten Rechte weitgehend bereits als allgemeine Grundsätze des Unionsrechts vor Inkrafttreten der GRC anerkannt waren. Da diese nach Art. 6 Abs. 3 EUV unabhängig von der Charta zur Anwendung kommen können, ist es in dieser Hinsicht sehr zweifelhaft, ob Art. 1 Abs. 2 des Protokolls tatsäch-

---

880 *Craig*, Lisbon Treaty, 2010, S. 239; *Pötters*, Grundrechte und Beschäftigtendatenschutz, 2013, S. 192; *Lindner*, EuR 2008, S. 786, 791ff. versteht den Begriff der „Durchführung" in Art. 51 Abs. 1 S. 1 GRC in einem restriktiven Sinne und geht davon aus, dass bei einer Ausweitung der Rechtsprechung des EuGH das Protokoll konstitutiven Charakter entfalte.

881 *Barnard*, in: Griller/Ziller (Hrsg.), Lisbon Treaty, 2008, S. 257, 267.

882 *Ludwig*, EuR 2011, S. 715, 729; *Fontaine*, Anwendbarkeit und Durchsetzbarkeit, 2018, S. 316.

883 *Kingreen*, in: Calliess/Ruffert (Hrsg.), EUV/AEUV, 5. Aufl., 2016, Art. 51 GRC, Rn. 25 mit Verweis auf *Pernice*, DVBl. 2000, S. 847, 852.

lich ein *opt-out* darstellen soll.[884] Schließlich ist Sekundärrecht, welches in Bereichen erlassen wird, die von Titel IV der Charta berührt werden, weiterhin von Polen zu beachten und im Lichte der Unionsgrundrechte auszulegen.[885]

Art. 2 des Protokolls legt ferner fest, dass Bestimmungen der Charta, die auf das innerstaatliche Recht verweisen, auf Polen und das Vereinigte Königreich nur insoweit Anwendung findet, wie die darin enthaltenen Rechte oder Grundsätze durch das Recht oder die Praxis der beiden Mitgliedstaaten anerkannt sind. Diesem Anliegen wird bereits durch Art. 52 Abs. 6 GRC entsprochen, wonach den einzelstaatlichen Rechtsvorschriften und Gepflogenheiten in vollem Umfang Rechnung zu tragen ist.[886] Rechtswirkung kommt Art. 2 des Protokolls Nr. 30 allenfalls dann zu, wenn dieser von der Auslegung des Art. 52 Abs. 6 GRC abweicht: Art. 52 Abs. 6 GRC wird überwiegend als Ausgestaltungs- und Regelungsvorbehalt zugunsten der Mitgliedstaaten angesehen, der eine Beschränkung der Ausübung des unionalen Grundrechts darstellt.[887] Von einer abweichenden Auslegung des Art. 2 des Protokolls Nr. 30 derart, dass dieser einen tatbestandsprägenden Vorbehalt darstellt, d.h. das nationales Recht in Polen den Schutzbereich der jeweiligen Grundrechte bestimmen könnte, ist indes nicht auszugehen. Dies würde zu unterschiedlichen Schutzbereichen eines Unionsgrundrechts führen, was der Einheitlichkeit des Unionsrechts zuwiderlaufen würde. Art. 2 des Protokolls Nr. 30 hat daher keine eigenständige rechtliche Bedeutung. Der deklaratorische Charakter dieser Vorschrift kommt auch dadurch zum Ausdruck, dass diese die Aussage des Art. 1 des Protokolls Nr. 30, speziell auf innerstaatliches Recht und Praxis bezogen, bestätigt.[888]

Wesentliche Aussage des Protokolls Nr. 30 über die Anwendung der Grundrechtecharta auf Polen und das Vereinigte Königreich ist, dass nunmehr noch Polen entsprechend der Rechtsprechung des EuGH vor Inkrafttreten der Charta an die Unionsgrundrechte gebunden ist. Das Protokoll

---

884 *Mehde*, EuGRZ 2008, S. 269, 273f.; *Arold Lorenz/Groussot/Petursson*, European Human Rights Culture, 2013, S. 180; *Douglas-Scott*, in: Schütze/Tridimas (Hrsg.), Oxford Principles, Vol. I, 2018, S. 383, 395; kritisch *Ludwig*, EuR 2011, S. 715, 729.

885 *Di Federico*, in: Di Federico (Hrsg.), EU Charter of Fundamental Rights, 2010, S. 15, 43; *Pötters*, Grundrechte und Beschäftigtendatenschutz, 2013, S. 193.

886 *Kokott/Sobotta*, EuGRZ 2010, S. 265, 271.

887 S. ausführlich *Fontaine*, Anwendbarkeit und Durchsetzbarkeit, 2018, S. 319f. m.w.N.

888 *Pirker*, Grundrechtsschutz im Unionsrecht, 2018, S. 307.

steht einer Ausweitung der Befugnisse des EuGH im Sinne einer Grundrechtsverpflichtung von Polen über den *status quo* hinaus entgegen.[889] Ein restriktives Verständnis für die Auslegung des Art. 51 Abs. 1 S. 1 GRC folgt daraus nicht.[890] Zwar könnte der Gedanke, dass eine einheitliche Anwendung der Charta in den Mitgliedstaaten bei einer Weiterentwicklung der Rechtsprechung möglicherweise nicht mehr gegeben wäre, für eine restriktive Interpretation sprechen, da sich im Falle einer Weiterentwicklung Polen möglicherweise darauf berufen könnten, dass in diesem Fall Unionsgrundrechte nur noch eingeschränkt gelten. Zu erinnern ist jedoch daran, dass das Protokoll in den betroffenen Mitgliedstaaten eher eine politisch-symbolische als eine rechtliche Bedeutung hat.[891] Zudem verbleibt – im Ergebnis ohne Unterschied – im Falle der Unanwendbarkeit der Charta, die Bindung an Grundrechte im Sinne der allgemeinen Grundsätze nach Art. 6 Abs. 3 EUV, was jedoch der Transparenz und Verständlichkeit des europäischen Grundrechtssystem widerspricht.[892] Eine unterschiedliche Anwendbarkeit der Unionsgrundrechte zwischen den Mitgliedstaaten steht ferner im Widerspruch zum Solidaritätsgedanken der Union, da es anderenfalls zu einem Unter- oder Überbietungswettbewerb kommen kann.[893] Für eine begrenzte Wirkung des Protokolls spricht zudem, dass es zwar eine Ausweitung der Anwendbarkeit bezwecken soll, die Interpretation der Charta durch den EuGH jedoch weiterhin möglich ist.[894] Dem Protokoll kommt somit keine bzw. allenfalls eine begrenzte

---

889 *Pache/Rösch*, EuR 2009, S. 769, 784; *Terhechte*, Konstitutionalisierung, 2011, S. 69f.

890 A.A. *Lindner*, EuR 2008, S. 786, 793.

891 *Heuer*, Art. 51 Abs. 1 Satz 1 GRC, 2014, S. 18; das Protokoll hatte im Vereinigten Königreich auch den Zweck darauf hinzuweisen, dass sich der Vertrag von Lissabon vom Verfassungsvertrag unterscheide und daher ein Referendum über den Vertrag von Lissabon nicht notwendig sei, ausführlich zum politischen Hintergrund im Vereinigten Königreich s. *Barnard*, in: Griller/Ziller (Hrsg.), Lisbon Treaty, 2008, S. 257, 276ff.; *Mehde*, EuGRZ 2008, S. 269, 271; a.A. *Linder*, EuR 2008, S. 786, 798; zur (politischen) Bedeutung in Polen, wo insbesondere die Befürchtung vorlag, die Charta greife in sensible Fragen wie Sterbehilfe oder eingetragene Partnerschaften ein, s. *Biernat*, in: Stumpf/Kainer/Baldus (Hrsg.), FS Müller-Graff, 2015, S. 1350, 1350f.; in der polnischen Rechtsprechung hat das Protokoll keine bzw. allenfalls äußerst geringe Beachtung gefunden, s. *Wróblewski*, in: Palmisano (Hrsg.), Making the Charter of Fundamental Rights a Living Instrument, 2014, S. 314, 322.

892 *Brummund*, Kohärenter Grundrechtsschutz, 2011, S. 64f.

893 *Von Diest*, Änderungen im Diskriminierungsschutz, 2016, S. 115.

894 *Semmelmann*, ELR 35 (2010), S. 516, 525f.

rechtliche Wirkung zu.[895] Für die Auslegung des Art. 51 Abs. 1 S. 1 GRC lassen sich somit keine neuen Erkenntnisse aus dem Protokoll Nr. 30 gewinnen.

3. Bestimmungen der Verträge und Rechtsgrundsätze des Unionsrechts

Neben den Normen, die im unmittelbaren Zusammenhang mit Art. 51 Abs. 1 S. 1 GRC stehen, sind auch weitere primärrechtliche Vorschriften Gegenstand der systematischen Untersuchung.

a. Verhältnis zwischen Grundfreiheiten und Grundrechten

Ausgehend von der Rechtsprechung des EuGH vor Inkrafttreten der Charta, wonach eine Bindung der Mitgliedstaaten an Unionsgrundrechte bei der Einschränkung von Grundfreiheiten besteht, ist auch das Verhältnis zwischen Grundfreiheiten und Grundrechten für die Auslegung des Art. 51 Abs. 1 S. 1 GRC relevant. Grundfreiheiten und Grundrechte werden überwiegend als gleichrangig angesehen; ein Vorrang der wirtschaftlichen Grundfreiheiten vor den Grundrechten (oder umgekehrt) wird abgelehnt.[896] Insbesondere mit dem Wandel der Union von einem gemeinsamen Markt oder einer besonderen Freihandelszone hin zu einer Wertegemeinschaft mit gemeinsamen Grundüberzeugungen geht eine besondere Stellung der Grundrechte einher, welcher es widerspräche, wenn Mitgliedstaaten bei der Rechtfertigung der Beschränkung von Grundfreiheiten nicht mehr an Grundrechte gebunden wären.[897] Ansonsten wür-

---

895 So auch *Pernice*, in: Griller/Ziller (Hrsg.), Lisbon Treaty, 2008, S. 235, 244ff.; *Semmelmann*, ELR 35 (2010), S. 516, 525f.; *Craig*, The Lisbon Treaty, 2010, S. 237ff.; *Di Federico*, in: Di Federico (Hrsg.), EU Charter of Fundamental Rights, 2010, S. 15, 43; *Weiß*, EuZW 2013, S. 287, 289; *Groussot/Pech/Petursson*, in: de Vries/Bernitz/Weatherill (Hrsg.), Protection of Fundamental Rights, 2013, S. 97, 105f.; *Biernat*, in: Stumpf/Kainer/Baldus (Hrsg.), FS Müller-Graff, 2015, S. 1350, 1356f.; a.A. *Linder*, EuR 2008, S. 786, 798f.; *Hatje*, in: Becker/Hatje/Schoo/Schwarze (Hrsg.), EU-Kommentar, 4. Aufl., 2019, Art. 51 GRC, Rn. 20 geht davon aus, dass das Protokoll die Erstreckung der Charta auf innerstaatliche Maßnahmen ausschließen solle.

896 S. *Große Wentrup*, Europäische Grundrechtecharta, 2003, S. 59f.; *Kahl/Schwind*, EuR 2014, S. 170, 187; *von Diest*, Änderungen im Diskriminierungsschutz, 2016, S. 103; *Skouris*, in: Ellger/Schweitzer (Hrsg.), Verfassung, 2018, S. 53, 62.

897 *Brosius-Gersdorf*, Bindung der Mitgliedstaaten, 2005, S. 65f.

den wirtschaftsorientierten Betätigungen, welche von den Grundfreiheiten geschützt werden, in Konstellationen, in denen Grundrechte zur Rechtfertigung einer Beschränkung herangezogen werden, ein grundsätzlicher Vorrang eingeräumt. Dies entspricht jedoch nicht der Gleichrangigkeit von Grundrechten und Grundfreiheiten, sodass in systematischer Hinsicht das Verhältnis zwischen Grundfreiheiten und Grundrechten für eine Auslegung des Art. 51 Abs. 1 S. 1 GRC spricht, welche die bisherige Rechtsprechung des Gerichtshofs umfasst.[898]

b. Grundlegende Werte der Union i.S.d. Art. 2 EUV

Nach Art. 2 EUV gründet sich die Union auf „die Achtung der Menschenwürde, Freiheit, Demokratie, Gleichheit, Rechtsstaatlichkeit und die Wahrung der Menschenrechte". Die Beschreibung der Grundwerte der Union ist ähnlich der in Abs. 2 der Präambel der Charta genannten „Werte der Menschenwürde, Freiheit, Demokratie, Gleichheit, Rechtsstaatlichkeit und die Wahrung der Menschenrechte", auf die sich die Union gründet und die „auf den Grundsätzen der Demokratie und der Rechtsstaatlichkeit" beruht. Es zeigt sich somit, dass die Grundrechte für die Wertegrundlage der Europäischen Union essentiell sind, was wiederum gegen ein restriktives Verständnis des Art. 51 Abs. 1 S. 1 GRC spricht.[899]

Der Einwand, dass die Mitgliedstaaten der Union aufgrund eigener verfassungsrechtlicher Verpflichtungen oder den Verpflichtungen der EMRK ohnehin zur Beachtung eines hohen Grundrechtsniveaus verpflichtet sind und mit Art. 7 EUV ein entsprechender Sanktionsmechanismus bei einem Absinken des nationalen Grundrechtsschutzes existiere, sodass eine weitreichende Bindung der Mitgliedstaaten an die Charta nicht notwendig sei, kann nicht überzeugen.[900] Zum einen geht es bei der Frage des Anwendungsbereichs der Charta nicht darum, einen hohen Grundrechtsschutz in den Mitgliedstaaten erst aufzubauen oder zu erhalten, sondern darum, diesen insgesamt zu stärken und gemeinsam weiterzuentwickeln. Der Charta kommt somit eine zusätzliche Funktion zu. Zum anderen erfasst Art. 7 EUV nur gravierende Verletzungen des Wertefundaments der Union und stellt ein politisches Instrument dar, welches nur von den Mitgliedstaaten, dem Europäischen Parlament oder der Kommission aktiviert werden kann

898 *Von Diest*, Änderungen im Diskriminierungsschutz, 2016, S. 103ff.
899 *Jarass*, NVwZ 2012, S. 457.
900 So aber *Starke*, DVBl. 2017, S. 721, 723.

und nicht auf den Schutz von Einzelnen abzielt.[901] Aufgrund der besonderen Stellung des Art. 2 EUV und der zunehmenden Orientierung der Union als Wertegemeinschaft ist ein weites Verständnis des Art. 51 Abs. 1 S. 1 GRC angezeigt.

c. Grundsatz des wirksamen gerichtlichen Schutzes nach Art. 19 EUV

Gemäß Art. 19 Abs. 1 S. 2 „sichert [der Gerichtshof der Europäischen Union] die Wahrung des Rechts bei der Auslegung und Anwendung der Verträge.“ Recht i.S.d. Art. 19 EUV ist weit zu verstehen und meint das gesamte Primär- und Sekundärrecht, die von der Union bzw. den Mitgliedstaaten abgeschlossenen völkerrechtlichen Verträge, die in die Zuständigkeit der Union fallen, sonstige für die Union bindende Vereinbarungen sowie die allgemeinen Rechtsgrundsätze und das Unionsgewohnheitsrecht.[902] Aus Art. 19 EUV, welcher die in Art. 2 EUV gewährleistete Rechtstaatlichkeit der Union konkretisiert, ergibt sich auch der Grundsatz des wirksamen gerichtlichen Schutzes der Rechte aus dem Unionsrecht, zu dessen Wahrung der Gerichtshof und die nationalen Gerichte verpflichtet sind.[903] Bei einem restriktiven Verständnis des Art. 51 Abs. 1 S. 1 GRC bestünde die Gefahr, dass das in Art. 19 EUV gewährleistete Recht auf einen wirksamen Rechtsbehelf unterlaufen wird. Dies gilt insbesondere dann, wenn der Begriff „Durchführung“ so verstanden wird, dass davon nur Fälle erfasst werden, in denen Mitgliedstaaten tätig geworden sind, um eine Verpflichtung des Unionsrechts umzusetzen.[904] Sieht ein Mitgliedstaat jedoch von einem Tätigwerden ab, etwa weil die bestehende nationale Rechtslage bereits Unionsrecht entspricht, wäre bei einem derart restriktiven Verständnis die Anwendung der Unionsgrundrechte zu verneinen. Dies könnte dazu führen, dass sich bei vergleichbaren Sachverhalten die Anwendung der Unionsgrundrechte in verschiedenen Mitgliedstaaten unterscheidet und somit auch ein wirksamer gerichtlicher Schutz im Widerspruch zu Art. 19 EUV unterschiedlich ausgestaltet sein kann. Ein ten-

---

901 *Ruffert*, in: Calliess/Ruffert (Hrsg.), EUV/AEUV, 5. Aufl., 2016, Art. 7 EUV, Rn. 1ff.

902 *Wegener*, in: Calliess/Ruffert (Hrsg.), EUV/AEUV, 5. Aufl., 2016, Art. 19 EUV, Rn. 10.

903 Vgl. EuGH, *Associação Sindical dos Juízes Portugueses*, Rs. C-64/16, EU:C:2018:117, Rn. 32ff.

904 *Kaila*, in: Cardonnel/Rosas/Wahl (Hrsg.), Constitutionalising the EU Judicial System, 2012, S. 291, 308.

denziell weites Verständnis des Art. 51 Abs. 1 S. 1 GRC trägt hingegen dazu bei, dass die Wahrung der Rechte aus dem Unionsrecht einheitlich in der Union durchgesetzt werden kann.

d. Grundsatz der Rechtssicherheit

Der Grundsatz der Rechtssicherheit ist als grundlegendes Prinzip des Unionsrechts anerkannt und verlangt, dass Rechte und Pflichten eindeutig zu erkennen sind.[905] In Bezug auf den europäischen Grundrechtsschutz kann dies bedeuten, dass die Betroffenen, d.h. die Grundrechtsadressaten, ihre Rechte und somit die Anwendbarkeit der Unionsgrundrechte am leichtesten erkennen, wenn sich die Auslegung des Art. 51 Abs. 1 S. 1 GRC an der bisherigen Rechtsprechung des EuGH orientiert.[906] Allerdings ist diese Rechtsprechung selbst nicht einheitlich und beruht zum Teil auf einer wertenden Betrachtung im Einzelfall, wobei ein klares Abgrenzungskriterium nicht entwickelt wurde.[907] Einzelfallentscheidungen stehen der Vorhersehbarkeit einer Rechtsanwendung entgegen und dienen somit nicht der Rechtssicherheit.[908] Im Bereich der Durchführungskonstellation sind die Mitgliedstaaten regelmäßig beim Vollzug von sekundärem Unionsrecht an Unionsgrundrechte gebunden, d.h. insbesondere bei der Anwendung von Verordnungen sowie nationalem Recht, das auf Unionsrecht beruht, und bei der Umsetzung von Richtlinien sowie der Auslegung des nationalen Umsetzungsrechts. Unklarheiten bestehen insofern in Situationen, die zwar einen Bezug zum Sekundärrecht haben, die genaue Reichweite des nationalen Rechts zum Sekundärrecht ist jedoch umstritten.[909] Diese Konstellationen werden in der Rechtsprechung des Gerichtshofs nicht unter den Begriff „Durchführung“ gefasst, sodass jedenfalls bei einem restriktiven Verständnis dieses Begriffs die jeweiligen Bindungskonstellationen eingrenzbar und anerkannt sind. Bei der Beeinträchtigung der Grundfreiheiten bestehen indes erhebliche Unsicherheiten, gerade auch,

---

905 Vgl. etwa EuGH, *Gebroeders van Es Douane Agenten*, Rs. C-143/93, EU:C:1996:45, Rn. 27.

906 *Von Diest*, Änderungen im Diskriminierungsschutz, 2016, S. 108f.

907 S. oben 2. Kapitel, A., I., 3.

908 Vgl. *Nusser*, Bindung der Mitgliedstaaten, 2011, S. 59, der auch das fallgruppenbezogene Vorgehen bei der Ermittlung der mitgliedstaatlichen Grundrechtsbindung kritisch sieht.

909 S. dazu etwa die Rechtssachen *Mangold* oder *ORF*, oben 2. Kapitel, A., I., 1., b., ff. (*Mangold*) bzw. 2. Kapitel, A., I., 1., c., cc. (*ORF*).

da der grenzüberschreitende Bezug eines Sachverhalts unvorhersehbar und vom Zufall abhängig sein kann.[910] Eine klare Konturierung der Formulierung „Anwendungsbereich“ existiert bislang nicht, sodass der Grundsatz der Rechtssicherheit für die Beschränkung der mitgliedstaatlichen Grundrechtsbindung auf die klar bestimmbare Durchführungskonstellation streitet.[911]

4. Zwischenergebnis

Die systematische Auslegung steht insgesamt einem weiten Verständnis von Art. 51 Abs. 1 S. 1 GRC nicht entgegen, einzig der Grundsatz der Rechtssicherheit lässt sich in systematischer Hinsicht für die Eingrenzung der mitgliedstaatlichen Bindung an Unionsgrundrechte anführen.[912] Sowohl Bestimmungen der Charta im systematischen Kontext des Art. 51 Abs. 1 S. 1 GRC als auch der Zusammenhang mit den europäischen Verträgen zeigen, dass jedenfalls die Rechtsprechung des EuGH vor Inkrafttreten der GRC zur Bindung der Mitgliedstaaten an Unionsgrundrechte von Art. 51 Abs. 1 S. 1 GRC umfasst ist.

IV. Historische Auslegung

Wie dargestellt, wurden die Materialien zur Entstehung der Charta veröffentlicht, sodass die Entstehungsgeschichte umfassend abgebildet werden kann und dementsprechend bei der Auslegung stärker zu berücksichtigen ist, als dies im europarechtlichen Kontext üblich ist. Zu betrachten sind dabei zum einen die Charta selbst (1.) und zum anderen die Erläuterungen zur Charta (2.).

---

910 *Nusser*, Bindung der Mitgliedstaaten, 2011, S. 41f.

911 A.A. *von Diest*, Änderungen im Diskriminierungsschutz, 2016, S. 108f.

912 Für ein weites Verständnis nach systematischen Erwägungen etwa auch *Hatje*, in: Becker/Hatje/Schoo/ Schwarze (Hrsg.), EU-Kommentar, 4. Aufl., 2019, Art. 51 GRC, Rn. 18f.; a.A. *Edenharter*, Grundrechtsschutz, 2018, S. 694, wonach die systematische Auslegung ein restriktiveres Verständnis des Art. 51 Abs. 1 S. 1 GRC nahelege.

1. Ausarbeitung der Grundrechtecharta

Der Konvent zur Erarbeitung der Grundrechtecharta tagte erstmals im Dezember 1999 unter Vorsitz des ehemaligen deutschen Bundespräsidenten und Verfassungsrichters *Roman Herzog* und verabschiedete den Entwurf zur Grundrechtecharta im Oktober 2000.[913] Hierbei erarbeitete das Präsidium des Konvents Vorschläge, welche im Konvent diskutiert wurden und sodann vom Präsidium wieder geändert wurden (a.). Weitere Änderungen erfolgten bei der Ausarbeitung einer „Verfassung für Europa" 2003/2004 (b.) und bei der Ausarbeitung des Vertrags von Lissabon im Jahr 2007 (c.).

a. Beratungen im Grundrechtekonvent

Bereits seit der ersten Sitzung des Grundrechtekonvents war dieser mit der Frage des Anwendungsbereichs der Charta befasst. So wies bei seiner Eröffnungsrede der Vorsitzende des Konvents *Roman Herzog* darauf hin, dass es Aufgabe sei, einen Grundrechtskatalog zu formulieren, der sich an die Organe der Union richte und für diese eine umfassende Bindung vorsehe.[914]

aa. Erste Vorschläge für die Bindung der Mitgliedstaaten

Bei der Ausarbeitung der Charta wurde sodann erstmals in einem Dokument des Generalsekretariats auf den Anwendungsbereich der Charta eingegangen und unter Verweis auf die Rechtsprechung des Gerichtshofs betont, dass die Charta nicht auf Aktivitäten der Mitgliedstaaten angewendet werden solle, die außerhalb des Anwendungsbereichs des Gemeinschafts- bzw. Unionsrechts liegen.[915] Zwar war das Generalsekretariat selbst nicht

---

913 Zur Zusammensetzung und Arbeitsweise des Konvents etwa *Braibant*, Charte des droits fondamentaux, 2001, S. 19ff.; *Barriga*, Entstehung der Charta, 2003, S. 20ff.

914 *Bernsdorff/Borowsky*, Handreichungen und Sitzungsprotokolle, 2002, S. 110f.; *Borowsky*, in: Meyer (Hrsg.), Charta der Grundrechte, 4. Aufl., 2014, Art. 51 GRC, Rn. 2.

915 CHARTE 4111/00 BODY 3 v. 20.01.2000, S. 2. Dieses sowie die folgenden Dokumente zur Entstehungsgeschichte der Charta sind abrufbar im Dokumentenregister des Europäischen Rats und des Rates der Europäischen Union unter https://www.consilium.europa.eu/de/documents-publications/public-register/.

entscheidend an der Ausarbeitung der Charta beteiligt, dennoch handelt es sich bei diesem Dokument um ein „wegweisendes Papier zu den ‚horizontalen' Fragen".[916] Klargestellt wird in diesem auch, dass die Charta keine Verpflichtungen für die Mitgliedstaaten begründen soll, die sich außerhalb des Anwendungsbereichs des Unionsrechts im weiteren Sinne befinden.[917] Diese ersten Aussagen zum Anwendungsbereich der Charta verdeutlichen somit einerseits das Bestreben nach einem weiten Anwendungsbereich, um die Unionsgrundrechte sichtbar zu machen, sodass die EU-Gesetzgebung im weitesten Sinne maßgeblich sein solle, aber andererseits auch die Orientierung an der bisherigen Rechtsprechung des EuGH, wonach den Mitgliedstaaten keine neuen Verpflichtungen auferlegt werden sollten, um die Akzeptanz der Charta in den Mitgliedstaaten zu garantieren.[918]

In einem ersten Vorschlag des Präsidiums des Grundrechtskonvents, in welchem allerdings die horizontalen Bestimmungen nur als „Lösungsbeispiele" dargestellt wurden und keine verbindlichen Formulierungen beinhalteten, wurde die Verbindlichkeit der Charta für die Mitgliedstaaten „nur bei der Umsetzung oder Anwendung des Unionsrechts" bejaht, wobei in dem zugehörigen „Kommentar" darauf verwiesen wird, „dass der Anwendungsbereich der Charta auf die Europäische Union beschränkt ist und [dieser Vorschlag darauf abzielt] zu vermeiden, dass die Charta auf die Mitgliedstaaten angewandt wird, wenn diese aufgrund ihrer eigenen Befugnisse handeln".[919] Aufgrund der sich daran anschließenden Beratungen auf der Dritten Sitzung des Konvents, im Rahmen derer festgelegt wurde, dass die Bindung der Mitgliedstaaten in Art. 1 zur Menschenwürde normiert werden soll, wurde in dem darauffolgenden Vorschlag zu Art. 1 gegenüber dem „Lösungsbeispiel" der Begriff „Umsetzung" gestrichen, sodass die Mitgliedstaaten bei der „Anwendung des Gemeinschaftsrechts" an die Charta gebunden sein sollen.[920] Im Vergleich zum ersten Vorschlag des Generalsekretariats ist diese Formulierung etwas restriktiver, insbesondere da nur das „Gemeinschaftsrecht" anstelle des „Unionsrechts" erfasst ist.

Auf der Fünten Sitzung des Konvents wurde vorgeschlagen, dass der Anwendungsbereich in einem eigenen Artikel normiert werden soll, während

---

916 *Bernsdorff/Borowsky*, Handreichungen und Sitzungsprotokolle, 2002, S. 48.

917 CHARTE 4111/00 BODY 3 v. 20.01.2000, S. 2.

918 *Von Diest*, Änderungen im Diskriminierungsschutz, 2016, S. 83f.

919 CHARTE 4123/1/00 REV 1 CONVENT 5 v. 15.02.2000, S. 9.

920 S. zum Protokoll der Dritten Sitzung des Konvents (informelle Sitzung) am 24./25.02.2000, abgedruckt in *Bernsdorff/Borowsky*, Handreichungen und Sitzungsprotokolle, 2002, S. 134, 143f.; CHARTE 4149/00 CONVENT 13 v. 08.03.2000, S. 2.

inhaltlich keine Einwände gegen den Vorschlag erhoben wurden.[921] Dementsprechend hat der erste Entwurf eines eigenen Artikels (Artikel H.1) für den Anwendungsbereich der Charta die Bindung der Mitgliedstaaten an die Charta „ausschließlich bei der Anwendung des Gemeinschaftsrechts" vorgesehen.[922] Bei der Begründung für diesen Entwurf wurde auch auf die Rechtsprechung des Gerichtshofs verwiesen, wonach die Mitgliedstaaten zur Beachtung der Grundrechte verpflichtet sind, wenn sie „im Rahmen des Gemeinschaftsrechts" handeln.[923] Die Formulierung dieses Vorschlags ist somit an die bisherige Rechtsprechung des Gerichtshofs zur Frage der Bindung der Mitgliedstaaten an Grundrechte, bei welcher eine Bindung im „Anwendungsbereich" besteht, angelehnt, jedoch insofern restriktiver gefasst, als dass nicht jedes Handeln im Anwendungsbereich zwingend auch eine unmittelbare Anwendung von Gemeinschaftsrecht zur Folge haben muss.[924] Das Einfügen des Wortes „ausschließlich" spricht indes nicht zwangsläufig für ein engeres Verständnis das Anwendungsbereichs, sondern betont, dass die Charta nicht in allen denkbaren Fallgestaltungen anwendbar sein soll. So kann „ausschließlich" auch auf das „Gemeinschaftsrecht" verweisen und somit verdeutlichen, dass bei rein innerstaatlichen Sachverhalten die Charta nicht gelten soll. Zudem ist es denkbar, dass das Wort „ausschließlich" aus redaktionellen Gründen eingefügt wurde.[925]

bb. Diskussion und Änderungsvorschläge

In der Neunten Sitzung des Konvents wurde u.a. darauf hingewiesen, dass der Begriff des „Gemeinschaftsrechts" zu eng sei, da es auch um das Recht der Union gehe.[926] Dies wurde im nächsten Entwurf des Präsidiums,

921 Protokoll der Fünften Sitzung des Konvents (förmliche Tagung) am 20./21.03.2000, abgedruckt in *Bernsdorff/Borowsky*, Handreichungen und Sitzungsprotokolle, 2002, S. 163, 169f.

922 CHARTE 4235/00 CONVENT 27 v. 18.04.2000, S. 1.

923 CHARTE 4235/00 CONVENT 27 v. 18.04.2000, S. 2.

924 *Kober*, Grundrechtsschutz, 2009, S. 174.

925 In diese Richtung kann die Bezeichnung des Kommissionmitglieds *António Vitoríno* des Worts „ausschließlich" als *„a stylistic precaution"* deuten, zit. bei *Eeckhout*, CMLR 39 (2002), S. 945, 953, Fn. 29.

926 So die Auffassung des niederländischen Vertreters *Frits Korthals Altes*, s. Protokoll der Neuen Sitzung des Konvents (informelle Tagung) am 03./04.05.2000, abgedruckt in *Bernsdorff/Borowsky*, Handreichungen und Sitzungsprotokolle, 2002, S. 229, 233; bei den Diskussionen zu den sog. Querschnittsartikeln bei der Neunten Sitzung des Konvents wurde ansonsten kaum auf den Anwendungsbe-

als Art. 46, aufgegriffen und zugleich der Anwendungsbereich insgesamt erweitert, da eine Bindung der Mitgliedstaaten nun „ausschließlich im Geltungsbereich des Rechts der Union“ bestehen sollte.[927] Da in der Begründung, welche den Vorschlag des Präsidiums erläutern soll, auf den „Rahmen des Gemeinschaftsrechts“ sowie die „Durchführung der gemeinschaftsrechtlichen Regelungen“ Bezug genommen wurde, kann davon ausgegangen werden, dass das Präsidium letztlich von einer synonymen Bedeutung dieser Begriffe ausgegangen ist.[928]

Zu dieser Fassung konnten die Mitglieder des Konvents Änderungsvorschläge einreichen. Am restriktivsten war dabei die vereinzelte Forderung, die Charta solle ausschließlich Unionsorgane und -einrichtungen binden und keine Verpflichtungen für die Mitgliedstaaten begründen.[929] Weitere Mitglieder haben jedoch die Gefahr einer zu weitgehenden Bindung der Mitgliedstaaten gesehen, sodass eine mitgliedstaatliche Bindung „ausschließlich bei der Umsetzung und Durchführung des Gemeinschaftsrechts“ bestehen sollte.[930] Um zu vermeiden, dass Mitgliedstaaten bereits dann an Unionsgrundrechte gebunden sind, wenn innerstaatliche Sachverhalte thematisch der Union offenstehen, wurde schließlich vorgeschlagen, dass die Mitgliedstaaten an die Charta gebunden sein sollen „soweit diese unmittelbar Unions- oder Gemeinschaftsrecht anwenden“.[931] Einzelne Vorschläge deuten dagegen in die Richtung eines erweiterten Anwendungsbereichs, wenngleich diese sich nicht unmittelbar auf die Bin-

---

reich eingegangen; lediglich *Elena Paciotti*, MdEP, stellte dar, dass klar sei, dass die Charta nur für die Union gelten könne, vgl. Bericht zur Neunten Sitzung des Konvents am 03./04.05.2000, abgedruckt in Deutscher Bundestag (Hrsg.), Charta der Grundrechte, 2001, S. 265, 268.

927 CHARTE 4136/00 v. 16.05.2000, S. 9.

928 *Von Diest*, Änderungen im Diskriminierungsschutz, 2016, S. 86f.

929 So der Vorschlag von *Jens-Peter Bonde*, MdEP, s. CHARTE 4372/00 CONVENT 39 v. 16.06.2000, S. 17, 506.

930 Dies wurde von dem damaligen Thüringer Minister für Bundes- und Europaangelegenheiten, *Jürgen Gnauck*, vorgeschlagen, s. CHARTE 4372/00 CONVENT 39 v. 16.06.2000, S. 517; der britische Regierungsvertreter Lord *Goldsmith* hat den Vorschlag „bei der Umsetzung von Gemeinschaftsrecht“ unterbreitet, der französische Regierungsvertreter *Guy Braibant* plädierte für die Formulierung „ausschließlich im Rahmen der Umsetzung des Gemeinschaftsrechts“, vgl. *Borowsky*, in: Meyer (Hrsg.), Charta der Grundrechte, 4. Aufl., 2014, Art. 51 GRC, Rn. 6.

931 *Ingo Friedrich*, MdEP sowie *Peter Mombaur*, MdEP, s. CHARTE 4372/00 CONVENT 39 v. 16.06.2000, S. 518.

dung der Mitgliedstaaten bezogen.[932] Insgesamt lässt sich den Änderungsvorschlägen entnehmen, dass jedenfalls eine umfassende Grundrechtsbindung der Mitgliedstaaten nicht gewollt war und die Formulierung „im Geltungsbereich" als zu weitgehend angesehen wurde. Dementsprechend können diese Beratungen für ein restriktives Verständnis des Anwendungsbereichs der Grundrechtecharta angeführt werden.[933] Jedoch wurde eine Einschränkung gegenüber der bisherigen Rechtsprechung des Gerichtshofs kaum geäußert, weshalb die Annahme naheliegt, dass eine Abkehr von dieser mehrheitlich nicht gewollt war.

Bei der Zwölften Sitzung des Konvents wurde erneut auf die horizontalen Klauseln eingegangen, wobei deutlich wurde, dass sich die Mitglieder des Konvents insbesondere gegen eine Kompetenzerweiterung der EU durch die Grundrechtecharta ausgesprochen haben.[934]

In dem folgenden Entwurf des Präsidiums wurde auf die geäußerte Kritik eingegangen und die Regelung zum Anwendungsbereich in Art. 46 Abs. 1 des Entwurfs dahingehend geändert, dass die Anwendung der Charta auf die Mitgliedstaaten „ausschließlich bei der Umsetzung des Rechts der Union" vorgesehen ist.[935] In Abs. 2 wird vorgeschlagen, dass „(…) die Mitgliedstaaten – ausschließlich im Anwendungsbereich des Gemeinschaftsrecht (…) im Rahmen ihrer jeweiligen Zuständigkeiten und unter Wahrung des Subsidiaritätsprinzips die in dieser Charta verankerten Rechte [achten] (…)." Die Formulierung „Umsetzung" wurde im Konvent kritisch aufgefasst und geäußert, dass es sich dabei um einen Tippfehler handeln müsse, da auch die Anwendung des Rechts der Union erfasst sein solle.[936] Nicht ersichtlich ist dabei, weshalb in diesem Vorschlag sowohl der –

---

932 S. die Forderung von *Pervenche Berès*, MdEP, welche der Formulierung „im Geltungsbereich" zustimmt sowie eine Anwendung der Charta auch auf Private vorschlägt, CHARTE 4372/00 CONVENT 39 v. 16.06.2000, S. 522 sowie den Vorschlag von *van der Burg*, wonach auf die Bindung der Mitgliedstaaten zusätzlich in einem eigenen Absatz eingegangen werden solle, CHARTE 4372/00 CONVENT 39 v. 16.06.2000, S. 530.

933 *Lenaerts/Gutiérrez-Fons*, CMLR 47 (2010), S. 1629, 1657.

934 S. Bericht zur Zwölften informellen Sitzung des Konvents am 19./20.06.2000, abgedruckt in Deutscher Bundestag (Hrsg.), Charta der Grundrechte, 2001, S. 287, 292f.

935 CHARTE 4373/00 CONVENT 40 v. 23.06.2000, S. 5.

936 Diese Vermutung äußerte *Guy Braibant*, s. Protokoll der Dreizehnten Sitzung des Konvents (informelle Tagung) am 28./29./30.06.2000, abgedruckt in *Bernsdorff/Borowsky*, Handreichungen und Sitzungsprotokolle, 2002, S. 280, 295. Auch die Konventsmitglieder *Daniel Tarschys* sowie *Catherine Lalumière* und *Lars F. Tobisson* haben den Begriff „Umsetzung" als zu restriktiv angesehen, *ebd.*

jedenfalls nach deutschem Verständnis – restriktivere Begriff „Umsetzung" und der weiter gefasste Begriff „Anwendungsbereich" verwendet werden, sodass der Vorschlag selbst widersprüchlich ist und keine Einschränkung gegenüber dem vorherigen Präsidiumsentwurf darstellen sollte.[937]

cc. Erster Entwurf für den vollständigen Text der Charta und abschließende Diskussion

Im ersten Entwurf für den vollständigen Text der Charta lautet der entsprechende Art. 49 für den Anwendungsbereich in Abs. 1: „Diese Charta gilt für die Organe und Einrichtungen der Union unter Einhaltung des Subsidiaritätsprinzips und für die Mitgliedstaaten ausschließlich bei der Durchführung des Rechts der Union. Dementsprechend achten sie die Rechte, halten sich an die Grundsätze und fördern sie deren Anwendung gemäß ihren jeweiligen Zuständigkeiten."[938] Das Wort „Umsetzung" wurde somit in der deutschen Fassung durch den Begriff „Durchführung", der sich auch in Art. 51 Abs. 1 S. 1 GRC findet, ersetzt. Die genauen Gründe für diese Änderung lassen sich den Konventsmaterialien nicht entnehmen.[939] Da in anderen Sprachfassungen die vorherige Version beibehalten wurde, kann davon ausgegangen werden, dass die Änderung in der deutschen Version keine inhaltlichen Gründe hatte.[940]

---

937 *Von Diest*, Änderungen im Diskriminierungsschutz, 2016, S. 88f., die davon ausgeht, dass das Präsidium die Formulierung lediglich als formelle Frage aufgefasst hat und nur minimale inhaltliche Änderungen bezwecken wollte; a.A. *Brosius-Gersdorf*, Bindung der Mitgliedstaaten, 2005, S. 53.

938 CHARTE 4422/00 CONVENT 45 v. 28.07.2000, S. 15; ein erster ausformulierter Gesamtüberblick über die Charta lag bereits Mitte Mai 2000 vor, welcher auf eigene Initiative *Herzogs* erarbeitet wurde; bei dieser „Übersicht" ging es *Herzog* primär um eine sinnvolle Untergliederung der Charta und die Zuordnung der jeweiligen Rechte, seine „Formulierungsvorschläge" waren an den bereits vorliegenden Entwürfen orientiert, vgl. *Bernsdorff/Borowsky*, Arbeitsdokumente, Bd. 1, 2003, S. 143ff.

939 *Brosius-Gersdorf*, Bindung der Mitgliedstaaten, 2005, S. 53f.; *von Diest*, Änderungen im Diskriminierungsschutz, 2016, S. 89; von einem insgesamt restriktiven Ansatz des Konvents aufgrund der gewählten Formulierung geht *von Danwitz* aus, kommt jedoch gleichwohl zu dem Schluss, dass die Kontinuität der bisherigen Rechtsprechung des Gerichtshofs nicht infrage gestellt werden sollte, *von Danwitz*, in: Herdegen/Klein/Papier/Scholz (Hrsg.), FS Herzog, 2009, S. 19, 26f.

940 So findet sich etwa in der englischen Übersetzung die Formulierung *„exclusively when they implement Union law"* bereits im Dokument CHARTE 4373/00 CONVENT 40 v. 23.06.2000 als auch im Dokument CHARTE 4422/00 CONVENT

Zu diesem neuen Art. 49 konnten die Mitglieder des Grundrechtekonvents erneut Stellung beziehen. Dabei wurde auch eine Erweiterung des Anwendungsbereichs für mitgliedstaatliches Handeln gefordert, etwa durch Streichung des Wortes „ausschließlich".[941] Dies wurde insbesondere vor dem Hintergrund vorgeschlagen, dass anderenfalls der Eindruck entstehen könne, die mitgliedstaatliche Bindung bestehe nur in Fällen der Durchführung von Unionsrecht, nicht jedoch in anderen Fällen, was angesichts dessen, dass die Bestimmungen der Grundrechtecharta auch von den gemeinsamen verfassungsrechtlichen Überlieferungen abgeleitet werden, nicht zutreffend sei.[942] Ein weiterer Vorschlag hatte eine Bindung der Mitgliedstaaten ausdrücklich bei Tätigwerden im Anwendungsbereich des Unionsrechts vorgesehen.[943] Dies sei erforderlich, um dem Anliegen „eines einheitlichen europäischen Grundrechtsraumes" gerecht zu werden.[944] Auch wurde vorgeschlagen, dass die Mitgliedstaaten bei der „Anwendung" des Rechts der Union gebunden sein sollten.[945] In der 16. Sitzung des Konvents wurde auf den „klaren Unterschied" nach deutschem Verständnis zwischen „Anwendung" und „Durchführung" hingewiesen, wonach eine Richtlinie durchgeführt, eine Verordnung hingegen angewandt werde, sodass bei dem Begriff „Durchführung" ein großer Teil des vorgesehenen

45 v. 28.07.2000. Gleiches gilt für die französische Version „*exclusivement dans la mise en œuvre du droit de l'Union*".

941 So *Leinen* v. 20.08.2000, Observations reçues relatives au document CHARTE 4422/00 CONVENT 45 v. 07.09.2000, abgedruckt in *Bernsdorff/Borowsky*, Arbeitsdokumente, Bd. 2, 2003, S. 1565, 1810, 1816; *Papadimitriou*, Comments on CHARTE 4422/00 v. 30.08.2000, abgedruckt in *Bernsdorff/Borowsky*, Arbeitsdokumente, 2003, Bd. 2, S. 1565, 1924.

942 *Papadimitriou*, Comments on CHARTE 4422/00 v. 30.08.2000, abgedruckt in *Bernsdorff/Borowsky*, Arbeitsdokumente, Bd. 2, 2003, S. 1565, 1924.

943 *Korthals Altes* v. 28.08.2000, Observations reçues relatives au document CHARTE 4422/00 CONVENT 45 v. 07.09.2000, abgedruckt in *Bernsdorff/Borowsky*, Arbeitsdokumente, Bd. 2, 2003, S. 1565, 1787, 1793; *Einem/Holoubek* v. 31.08.2000, Observations reçues relatives au document CHARTE 4422/00 CONVENT 45 v. 07.09.2000, abgedruckt in *Bernsdorff/Borowsky*, Arbeitsdokumente, 2003, Bd. 2, S. 1565, 1686, 1688.

944 *Einem/Holoubek* v. 31.08.2000, Observations reçues relatives au document CHARTE 4422/00 CONVENT 45 v. 07.09.2000, abgedruckt in *Bernsdorff/Borowsky*, Arbeitsdokumente, Bd. 2, 2003, S. 1565, 1686, 1688.

945 *Friedrich*, Änderungsanträge zu KONVENT 45/CHARTE 4422/00, abgedruckt in *Bernsdorff/Borowsky*, Arbeitsdokumente, Bd. 2, 2003, S. 1565, 1693, 1697.

Anwendungsbereichs wegfallen würde.[946] Zudem wurde darauf verwiesen, dass besser von „Anwendung" zu sprechen sei, da anderenfalls der Geltungsbereich der Charta im Hinblick auf die Mitgliedstaaten nicht weit genug sei.[947] Im Übrigen wurde bei dieser Sitzung nicht näher auf die Bindung der Mitgliedstaaten eingegangen.[948]

Im endgültigen Vorschlag des Präsidiums, welcher zwei Tage nach der Sitzung im Konvent ausgegeben wurde, gab es keine inhaltlichen Änderungen, sodass letztlich eine Bindung der Mitgliedstaaten „ausschließlich bei der Durchführung des Rechts der Union" vorgesehen ist.[949]

In der letzten Arbeitssitzung des Konvents sei deutlich geworden, dass mit dem Gesamtentwurf insgesamt eine sehr breite Übereinstimmung erzielt worden sei, auch wenn klar sei, dass niemand mit dem Entwurf der Charta in allen Einzelheiten und allen Artikeln einverstanden sei.[950]

dd. Zwischenergebnis

Einerseits lässt sich mit der vermeintlich engeren Formulierung „Durchführung" dahingehend argumentieren, dass der Grundrechtekonvent ein

946 Dies brachte der Vertreter des Deutschen Bundestages *Peter Altmaier* vor, s. Protokoll der 16. Sitzung des Konvents am 11./12. September 2000, abgedruckt in: Deutscher Bundestag (Hrsg.), Charta der Grundrechte, 2001, S. 362.

947 So der Delegierte des österreichischen Nationalrates *Caspar Einem*, s. Protokoll der Sechszehnten Sitzung des Konvents (förmliche Tagung) am 11./12. September 2000, abgedruckt in *Bernsdorff/Borowsky*, Handreichungen und Sitzungsprotokolle, 2002, S. 354, 360.

948 S. Bericht zur 16. informellen Sitzung des Konvents am 11./12.09.2000, abgedruckt in Deutscher Bundestag (Hrsg.), Charta der Grundrechte, 2001, S. 359ff.

949 CHARTE 4471/00 CONVENT 47 v. 20.09.2000; *von Diest*, Änderungen im Diskriminierungsschutz, 2016, S. 92 führt Zeitdruck dafür an, dass bestimmte Vorschläge zur Bindung der Mitgliedstaaten bei dieser letzten Fassung nicht beachtet werden konnten und keine bewusste Einschränkung des Anwendungsbereichs gewollt war.

950 So die Einschätzung am Ende der letzten Arbeitssitzung von *Guy Braibant*, s. Protokoll der Siebzehnten Sitzung des Konvents (förmliche Tagung) am 25./26. September 2000, abgedruckt in *Bernsdorff/Borowsky*, Handreichungen und Sitzungsprotokolle, 2002, S. 377, 399; Kritik an dem Begriff „Durchführung" bei der Bindung der Mitgliedstaaten äußerte in dieser Sitzung erneut *Peter Altmaier*, der darauf verwies, dass die Charta auch bei der „Anwendung" des Gemeinschaftsrechts gelten müsse, s. Protokoll der Siebzehnten Sitzung des Konvents (förmliche Tagung) am 25./26. September 2000, abgedruckt in *Bernsdorff/Borowsky*, Handreichungen und Sitzungsprotokolle, 2002, S. 377, 383.

restriktives Verständnis des Anwendungsbereichs der Unionsgrundrechte in den Mitgliedstaaten beabsichtigt hat. Andererseits wurden auch Vorschläge für einen weiteren Anwendungsbereich und Kritik an dem gewählten Begriff der „Durchführung" vorgetragen. Insgesamt lassen sich den Beratungen im Konvent keine genauen Gründe für die verwendete Formulierung zur mitgliedstaatlichen Grundrechtsbindung entnehmen. Ersichtlich ist jedoch, dass weitgehende Bedenken eines Verlusts der nationalen Souveränität durch die Charta bestanden haben. Die verwendete Formulierung könnte eine entsprechende Reaktion auf diese Bedenken darstellen, um den Mitgliedstaaten die Sorge einer Ausdehnung der Unionskompetenz auf nationale Regelungsbereiche zu nehmen.[951]

Zwar wurde die Bindung der Mitgliedstaaten selbst soweit ersichtlich nicht ausführlich in den einzelnen Sitzungen des Konvents debattiert, jedoch zeigt sich anhand der dargestellten Stellungnahmen und Änderungsvorschlägen und den erfolgten Änderungen, dass der Konvent sich mit dieser Frage umfassend auseinandergesetzt hat.[952] Sofern eine deutliche Einschränkung der Rechtsprechung des Gerichtshofs und insbesondere eine Abkehr von der *ERT*-Rechtsprechung gewollt gewesen wäre, erscheint es naheliegend, dass dies im Konvent ausführlich beraten und auch von den Mitgliedstaaten deutlich artikuliert worden wäre.[953] Weder im Plenum noch im Präsidium wurde hingegen über einzelne EuGH-Urteile diskutiert, sodass ein bewusstes Abweichen von dieser Rechtsprechungslinie nicht anzunehmen ist.[954] Die auf den ersten Blick eher restriktive Formulierung „Durchführung" kann vor dem Hintergrund der Befürchtung einer ausufernden Grundrechtskontrolle des EuGH einiger Mitgliedstaaten und den damit verbundenen Bedenken einer Kompetenzverschiebung zulasten der Mitgliedstaaten erklärt werden.[955] Anzunehmen ist daher, dass mit der gewählten Formulierung die bisherige Rechtsprechung des

951 *Brosius-Gersdorf*, Bindung der Mitgliedstaaten, 2005, S. 59.

952 *Barriga*, Entstehung der Charta, 2003, S. 150, geht davon aus, dass der Konvent den Bestimmungen über den Anwendungsbereich der Charta grundsätzlich eine besonders hohe Aufmerksamkeit widmete.

953 So auch *Schaller*, EU-Mitgliedstaaten als Verpflichtungsadressaten, 2003, S. 214; *Scheuing*, EuR 2005, S. 162, 183; *Kober*, Grundrechtsschutz, 2009, S. 175; *Sarmiento*, CMLR 50 (2013), S. 1267, 1277; *Pötters*, Grundrechte und Beschäftigtendatenschutz, 2013, S. 189; a.A. *Borowsky*, in: Meyer (Hrsg.), Charta der Grundrechte, 4. Aufl., 2014, Art. 51 GRC, Rn. 24a; *Ruffert*, EuGRZ 2004, S. 466, 467.

954 *Ladenburger*, in: Stern/Tettinger (Hrsg.), Europäische Verfassung, 2006, S. 83, 86.

955 *De Búrca*, ELR 26 (2001), S. 126, 136f.; *Wallrab*, Die Verpflichteten der Gemeinschaftsgrundrechte, 2004, S. 75; *Scheuing*, EuR 2005, S. 162, 182.

Gerichtshofs umfasst sein soll. Dem Diskurs im Konvent ist zu entnehmen, dass zwar eine Eingrenzung der mitgliedstaatlichen Bindung mehrheitlich gewollt war, jedoch ist nicht ersichtlich, dass der zukünftige Anwendungsbereich enger verstanden werden sollte als die mitgliedstaatliche Grundrechtsbindung, wie sie der EuGH entwickelt hat.

b. Beratungen im Verfassungskonvent 2002-2003 und bei der Regierungskonferenz 2004

Mit der Charta befasste sich sodann von 2002 bis 2003 wieder der als Europäischer Konvent oder Verfassungskonvent bezeichnete „Konvent zur Zukunft Europas", welcher ein Abschlussdokument als Ausgangspunkt für die Arbeiten der Regierungskonferenz zur Reform der Verträge im Jahr 2004 erarbeiten sollte.[956] Dieser Konvent arbeitete in verschiedenen Arbeitsgruppen, wobei eine Arbeitsgruppe speziell für die Grundrechtecharta verantwortlich war. Vorgesehen war, dass die „Charta der Grundrechte der Union" als Teil II Bestandteil eines Verfassungsvertrags werden sollte, während der Grundrechtekonvent die Frage der Rechtsverbindlichkeit noch ausdrücklich offengelassen hatte.[957] Über die Formulierung zur Bindung der Mitgliedstaaten wurde soweit ersichtlich nicht derart umfassend diskutiert wie im Grundrechtekonvent, jedoch war sich der Verfassungskonvent der diesbezüglichen Problematik bewusst und hat sich dementsprechend auch mit der Frage der mitgliedstaatlichen Bindung auseinandergesetzt: In der Arbeitsgruppe zur Charta wurde davon ausgegangen, dass die Formulierung in Art. 51 Abs. 1 S. 1 GRC die Rechtsprechung des Gerichtshofs aufgreife und diese Linie auch nach Verbindlichkeit der Charta beibehalten werden sollte.[958] Hinsichtlich des Anwendungsbereichs bekräftigte die

---

956 Vgl. Schlussfolgerung des Vorsitzes, Europäischer Rat von Laeken, 14./15.12.2001, Anlage 1, BullEU 12-2001.

957 Die Charta sollte zunächst den (verfassungs-)rechtlichen und politischen Rahmen nicht ändern, dennoch wurde die Charta so verfasst, „als ob" ihr jederzeit Rechtsverbindlichkeit verliehen werden konnte, vgl. *de Búrca*, ELR 26 (2001), S. 126, 129; zum sog. „als-ob-Ansatz" s. auch *Bernsdorff/Borowsky*, Handreichungen und Sitzungsprotokolle, 2002, S. 51, 111.

958 Europäischer Konvent CONV 223/02 v. 31.07.2002, Kurzniederschrift der Arbeitsgruppe II „Charta" über die Sitzung v. 23.07.2002 unter dem Vorsitz des Mitglieds der Kommission Herrn *António Vitoríno*, S. 7. Die Dokumente des Konvents zur Zukunft Europa sind einsehbar im Dokumentenregister des Europäischen Rats und des Rates der Europäischen Union unter https://www.consilium.europa.eu/de/documents-publications/public-register; ausdrücklichen

Arbeitsgruppe zur Charta somit, dass die Verteilung der Zuständigkeiten zwischen der Union und den Mitgliedstaaten nicht verändert werden dürfe und schlug demgemäß „redaktionelle Anpassungen der horizontalen Artikel der Charta“ vor.[959] Insgesamt betrachtet hat der Verfassungskonvent nur geringfügige Änderungen am Text der Charta vorgenommen, welche überwiegend redaktioneller Art sind; inhaltlich ist die Charta des Verfassungskonvents somit fast identisch mit der Charta des Grundrechtekonvents.[960] Trotz entsprechenden Nachbesserungsforderungen aus der Rechtswissenschaft wurde letztlich von diesen abgesehen, was sich zum einen damit erklären lässt, dass der Verfassungskonvent nicht stärker als der Grundrechtekonvent legitimiert war, zum anderen hätte bei inhaltlichen Änderungen die Gefahr bestanden, dass die bereits erzielte Einigung zur Charta insgesamt infrage gestellt werden könnte.[961] Bei der Regierungskonferenz im Jahr 2004, welche das Abschlussdokument des Verfassungskonvents überarbeitete, wurden ebenfalls überwiegend sprachliche Änderungen vorgenommen, materiell-rechtlich wurde die Charta kaum geändert.[962]

c. Grundrechtecharta und Vertrag von Lissabon

Nach dem Scheitern des Verfassungsvertrags wurde auf der Tagung des Europäischen Rats vom 21./22.06.2007 entschieden, dass ein Vertrag zur Änderung der bestehenden Verträge ausgearbeitet werden soll (Reformvertrag bzw. später Vertrag von Lissabon), welcher zum Inhalt hat, dass die Neuerungen und Fortschritte der vorgesehenen Verfassung für Europa in die bestehenden Verträge eingearbeitet werden, wobei der Vertrag zur Gründung der Europäischen Gemeinschaft (EGV) in Vertrag zur Arbeitsweise der Europäischen Union (AEUV) umbenannt wurde.[963] Für die

---

Forderungen aus der Literatur an den Konvent, diese Bestimmung zu überarbeiten, wurde somit eine Absage erteilt, s. zu diesen Forderungen etwa deutlich *Große Wentrup*, Europäische Grundrechtecharta, 2003, S. 70.

959 Schlussbericht der Gruppe II über die Charta, CONV 354/02 WG II 16 v. 22.10.2002, S. 5, 17.

960 *Brecht*, ZEuS 2005, S. 355, 384; *Jarass/Kment*, EU-Grundrechte, 2019, § 1, Rn. 22.

961 *Schmitz*, EuR 2004, S. 691, 694.

962 Vertrag über eine Verfassung für Europa, ABl. C 310 v. 16.12.2004,; vgl. zu den vorgenommenen Änderungen *Brecht*, ZEuS 2005, S. 355, 385ff.

963 Schlussfolgerungen des Vorsitzes, Europäischer Rat (Brüssel), 21./22.06.2017, 11177/1/07 REV 1, Anlage 1.

Grundrechtecharta wurde festgelegt, dass diese nicht in den Verträgen enthalten sein wird, sondern durch einen Querverweis im Artikel über die Grundrechte Rechtsverbindlichkeit in der Fassung der Regierungskonferenz 2004 erlangen soll.[964] Dementsprechend wurden keine inhaltlichen Änderungen an der Charta vorgenommen. Da einige Artikel der Charta Bezug auf den ursprünglich geplanten Verfassungsvertrag genommen haben, wurden diese sprachlich geändert, ohne dass sich der materiell-rechtliche Gehalt verändert hat.[965] Da insgesamt inhaltliche Änderungen bei diesen Verhandlungen nicht vorgesehen und somit nicht vorgenommen wurden, kann aus dem Umstand, dass trotz der Hinweise der Literatur auf die vermeintliche Engführung des Anwendungsbereichs aufgrund des Wortlauts keine Änderung des Art. 51 Abs. 1 S. 1 GRC erfolgte, nicht zwingend auf ein restriktives Verständnis des Art. 51 Abs. 1 S. 1 GRC geschlossen werden.[966]

d. Zwischenergebnis

Aus der Diskussion im Grundrechtekonvent ergibt sich kein eindeutiges Bild zur Frage der mitgliedstaatlichen Grundrechtsbindung. Vereinzelt wurde vorgeschlagen, diese gegenüber den bisherigen Bindungskonstellationen einzuschränken. Andere Stimmen haben eine weitergehende Bindung an Unionsgrundrechte gefordert. Insgesamt legen die Beratungen jedoch nahe, dass eine umfassende Grundrechtsbindung, aber auch ein restriktives Verständnis der Formulierung „Durchführung“, nicht vorgesehen war. Dies bestätigen auch die Beratungen im Verfassungskonvent 2003, wenn davon ausgegangen wird, dass die gewählte Formulierung die Rechtsprechung des Gerichtshofs aufgreife. In den Beratungen zum Vertrag von Lissabon wurden keine inhaltlichen Änderungen an der Grundrechtecharta vorgenommen, sodass sich aus diesen Verhandlungen keine Aussagen zum Geltungsbereich gewinnen lassen.

---

964 Schlussfolgerungen des Vorsitzes, Europäischer Rat (Brüssel), 21./22.06.2017, 11177/1/07 REV 1, Anlage 1, insb. II.9.

965 Charta der Grundrechte der Europäischen Union ,Abl. C 303 v. 14.12.2007, S. 1.

966 So aber *Borowsky*, in: Meyer (Hrsg.), Charta der Grundrechte, 4. Aufl., 2014, Art. 51 GRC, Rn. 9a.

2. Erläuterungen zur Charta der Grundrechte

Die Erläuterungen, die im Auftrag des Präsidiums vom Sekretariat verfasst wurden, sollen die einzelnen Bestimmungen der Charta verdeutlichen und können – auch wenn sie nicht rechtsverbindlich sind – für die historische Auslegung von Art. 51 Abs. 1 S. 1 GRC von Bedeutung sein.[967]

In den Erläuterungen des ersten Entwurfs für den vollständigen Text der Charta wird sowohl auf die Rechtsprechung des Gerichtshofs zur mitgliedstaatlichen Bindung Bezug genommen, wonach „die Verpflichtung zur Einhaltung der Grundrechte auch für die Mitgliedstaaten gilt, wenn sie im Rahmen des Gemeinschaftsrechts handeln“ als auch auf die Rechtsprechung, wonach die Mitgliedstaaten „bei der Durchführung der gemeinschaftsrechtlichen Regelungen“ an europäische Grundrechte gebunden sind.[968] Dabei wird ausdrücklich auf die Rechtssachen *Wachauf* und *ERT* Bezug genommen. Da in den Erläuterungen von dem „Rahmen des Gemeinschaftsrechts“ und der „Durchführung“ die Rede ist und auf die entsprechenden Leitentscheidungen zur sog. Durchführungskonstellation und Einschränkungskonstellation verwiesen wird, ist zu vermuten,

---

967 S. bereits oben 2. Kapitel, B., I., 3., b., cc.; so auch *Bleckmann*, Nationale Grundrechte im Anwendungsbereich, 2011, S. 142, der die Erläuterungen als einen „wesentlichen, wenn nicht sogar den wichtigsten Ansatzpunkt für die historische Auslegung“ ansieht; für einen hohen Stellenwert der Erläuterungen bei der Charta s. auch *Ziegenhorn*, Einfluss der EMRK, 2009, S. 59ff.; *Lenaerts*, EuR 2012, S. 3, 16; a.A. *Cremer*, NVwZ 2003, S. 1452, 1455f., da die Erläuterungen nicht Bestandteil des Rechtstextes sind und eine Auslegung entgegen dem Wortlaut des Art. 51 Abs. 1 S. 1 GRC nicht möglich sei; so auch *Ludwig*, EuR 2011, S. 715, 722f.; *Herresthal*, ZEuP 2014, S. 238, 250; von einem zweifelhaften Status der Erläuterungen ausgehend *Schorkopf*, in: Grabenwarter (Hrsg.), Europäischer Grundrechteschutz, 2014, § 3, Rn. 26.

968 Die entsprechende Formulierung lautet: „Mit dieser Bestimmung soll der Anwendungsbereich der Charta festgelegt werden. (…) Der Rechtsprechung des Gerichtshofs ist eindeutig zu entnehmen, dass die Verpflichtung zur Einhaltung der Grundrechte auch für die Mitgliedstaaten gilt, wenn sie im Rahmen des Gemeinschaftsrechts handeln (Urteil vom 13. Juli 1989, Wachauf, Rs 5/88, Slg. 1989, S. 2609, Urteil vom 18. Juni 1991, ERT, Slg. 1991, I-2925). Der Gerichtshof hat diese Rechtsprechung in allerjüngster Zeit nochmals wie folgt bestätigt: ‚Die Mitgliedstaaten müssen bei der Durchführung der gemeinschaftsrechtlichen Regelungen aber auch die Erfordernisse des Grundrechtschutzes in der Gemeinschaftsrechtsordnung beachten.‘ (Urteil vom 13. April 2000, Rs. C-292/97, Randnr. 37).“, s. CHARTE 4423/00 CONVENT 46 v. 31.07.2000, S. 35.

dass eine Einschränkung des Anwendungsbereichs der Charta insgesamt seitens des Präsidiums und des Generalsekretariats nicht intendiert war.

Zweifel an der Aussagekraft der Erläuterungen können jedoch durch den Verweis auf das Urteil vom 13.04.2000, die Rechtssache *Karlsson*, welches als „Bestätigung“ der Rechtsprechung des Gerichtshofs in den Erläuterungen angesehen wird, aufkommen.[969] Diese Rechtssache hatte den Vollzug von Verordnungen durch einen Mitgliedstaat zum Gegenstand, sodass eine „Durchführung“ vorlag.[970] Somit stellt diese nur eine Bestätigung der *Wachauf*-, nicht jedoch der *ERT*-Rechtsprechung dar. Denkbar ist jedoch, dass die Rechtssache *Karlsson* in die Erläuterungen aufgenommen wurde, da diese die jüngste Entscheidung des EuGH zur mitgliedstaatlichen Grundrechtsbindung zum Zeitpunkt der Beratungen darstellte und es zudem weniger darum ging, einzelne Fallgruppen der Bindung der Mitgliedstaaten an Grundrechte zu verdeutlichen, sondern eher darum, die generelle Linie der Judikatur des Gerichtshofs unter beispielhafter Nennung einiger Urteile zu veranschaulichen.[971]

Die nächste Änderung der Erläuterungen erfolgte sodann bei der Ausarbeitung des Verfassungsvertrags durch den Verfassungskonvent 2003. Die aktualisierten Erläuterungen zum Anwendungsbereich lauten nun bezüglich der Mitgliedstaaten: „Was die Mitgliedstaaten betrifft, so ist der Rechtsprechung des Gerichtshofs eindeutig zu entnehmen, dass die Verpflichtung zur Einhaltung der im Rahmen der Union definierten Grundrechte für die Mitgliedstaaten nur dann gilt, wenn sie im Anwendungsbereich des Unionsrechts handeln (Urteil vom 13. Juli 1989, Wachauf, Rechtssache 5/88, Slg. 1989, S. 2609, Urteil vom 18. Juni 1991, ERT, Slg. 1991, I-2925); Urteil vom 18. Dezember 1997 (Rechtssache C-309/96, Annibaldi Slg. 1997, S. I-7493). Der Gerichtshof hat diese Rechtsprechung wie folgt bestätigt: ‚Die Mitgliedstaaten müssen bei der Durchführung der gemeinschaftsrechtlichen Regelungen aber auch die Erfordernisse des Grundrechtschutzes in der Gemeinschaftsrechtsordnung beachten.‘ (Urteil vom 13. April 2000, Rechtssache C-292/97, Slg. 2000, S. I-2737, Randnr. 37).“ [972] Zwar gab es in der Arbeitsgruppe II des Verfassungskonvents, welche sich mit der Charta befasste, Bestrebungen, die Bedeutung der Erläuterungen zu relativieren, dies hat sich jedoch nicht auf das Ergebnis des Verfassungskonvents insgesamt ausgewirkt, wonach den Erläuterungen trotz

---

969 *Mall*, Bindung der Mitgliedstaaten, 2012, S. 91.
970 EuGH, *Karlsson*, Rs. C-292/97, EU:C:2000:202, Rn. 3ff., 37.
971 *Brosius-Gersdorf*, Bindung der Mitgliedstaaten, 2005, S. 54, 57.
972 CONV 828/1/03 REV 1 v. 18.07.2003, S. 46f.

fehlenden rechtlichen Status eine wesentliche Bedeutung zukommt.[973] Daher ist auf die vorgenommenen Änderungen für die Auslegung des Art. 51 Abs. 1 S. 1 GRC näher einzugehen.

Die aktualisierten Erläuterungen des Verfassungskonvents erwähnen nun ausdrücklich den „Anwendungsbereich des Unionsrechts" und stellen somit einen eindeutigen Bezug zur *ERT*-Rechtsprechung her. Dies legt es nahe, dass von dem Begriff „Durchführung" im entsprechenden Artikel zur Geltung der Unionsgrundrechte auch die Formulierung „Anwendungsbereich" erfasst sein sollte.[974] Der Verweis auf die *Wachauf*-Rechtsprechung („Durchführung der gemeinschaftsrechtlichen Regelungen") bei gleichzeitigem Verweis auf die *ERT*-Rechtsprechung kann als weiterer Beleg dafür angeführt werden, dass es dem Verfassungskonvent darauf ankam, an der bestehenden Rechtsprechung des EuGH festzuhalten und diese nicht einzuschränken. Die gilt umso mehr, als dass es auch im Verfassungskonvent Versuche gab, die mitgliedstaatliche Bindung gegenüber der Rechtsprechung des EuGH zu beschränken und dennoch an der Zitierung der *ERT*-Rechtsprechung festgehalten wurde.[975] Im Vergleich zu den Erläuterungen, die unter Verantwortung des Präsidiums des Grundrechtekonvents erarbeitet wurden, wird nun auch auf die Rechtssache *Annibaldi* Bezug genommen, in welcher eine Grundrechtsbindung verneint wurde.[976] Gegenstand dieser Rechtssache war zwar eine Durchführungskonstellation, dennoch hat der EuGH in diesem Urteil auf den „Anwendungsbereich" verwiesen.[977] Die Aufnahme dieses Urteils in die Erläuterungen verdeutlicht, dass einerseits die Grenzen der mitgliedstaatlichen Bindung aufgezeigt werden sollen, anderseits aber auch, dass sowohl die Formulierungen „Durchführung" als auch „Anwendungsbereich" des Gerichtshofs weiterhin als Orientierung für die mitgliedstaatliche Grundrechtsbindung dienen sollen. Zwar verlieren die Erläuterungen aufgrund der verschiedenen Begrifflichkeiten an Klarheit, es zeigt sich jedoch einmal mehr anhand der Erläuterungen, dass der von einigen geäußerte Wunsch nach einer Einschränkung der mitgliedstaatlichen Bindung an Unionsgrundrechte nicht

---

973 *Grabenwarter*, EuGRZ 2004, S. 563, 564f.

974 Vgl. *de Búrca*, ELR 26 (2001), S. 126, 137; *Weber*, DVBl. 2003, S. 220, 223; *Ranacher*, ZÖR 58 (2003), S. 21, 98; *Rengeling/Szczekalla*, Grundrechte, 2004, § 4, Rn. 277.

975 *Grabenwarter*, EuGRZ 2004, S. 563, 564.

976 S. oben 2. Kapitel, A., I., 2., c.; *Frenzel*, Der Staat 53 (2014), S. 1, 9 führt die Aufnahme dieser Rechtssache in die Erläuterung als eine mögliche restriktive Deutung des Wortlauts des Art. 51 Abs. 1 S. 1 GRC an.

977 EuGH, *Annibaldi*, Rs. C-309/96, EU:C:1997:631, Rn. 13.

von allen Mitgliedern des Grundrechte- und Verfassungskonvents geteilt wurde.[978]

Bei der anschließenden Regierungskonferenz haben die Erläuterungen insgesamt eine Aufwertung erfahren, da der entsprechende Artikel der Charta zur Tragweite und Auslegung der Rechte und Grundsätze um einen Absatz ergänzt wurde, wonach die Erläuterungen „von den Gerichten der Union und der Mitgliedstaaten gebührend zu berücksichtigen" sind.[979] Inhaltlich wurden die Erläuterungen zum Anwendungsbereich nicht geändert.

Bei den Verhandlungen über den Vertrag von Lissabon wurden die Erläuterungen ebenfalls nicht verändert.[980] Insgesamt haben die Erläuterungen jedoch an Bedeutung gewonnen, da Art. 6 Abs. 1 UAbs. 3 EUV bekräftigt, dass die „in der Charta niedergelegten Rechte, Freiheiten und Grundsätze (...) unter gebührender Berücksichtigung der in der Charta angeführten Erläuterungen (...) ausgelegt [werden]" und somit das Primärrecht auf die Relevanz der Erläuterungen hinweist. Dass die Erläuterungen nicht geändert wurden, kann als Indiz dafür gewertet werden, dass die Rechtsprechung des Gerichtshofs auch weiterhin als Grundlage für die mitgliedstaatliche Bindung dienen sollte. Anderenfalls wäre davon auszugehen – gerade da auf die Erläuterung im Primärrecht verwiesen wird –, dass bei einer beabsichtigten Einschränkung des Anwendungsbereichs konsequenterweise auch die Erläuterungen entsprechend geändert worden wären, da im Schrifttum ebenfalls ausdrücklich auf den Unterschied zwischen dem Wortlaut des Art. 51 Abs. 1 S. 1 GRC und den Erläuterungen hingewiesen wurde.[981] Eine solche Änderung der Erläuterungen wäre gerade dann erforderlich, wenn mit dem Begriff „Durchführung" die bisherige Rechtsprechung des Gerichtshofs eingeschränkt werden sollte. Wie gezeigt, ist jedoch eher anzunehmen, dass mit dieser Formulierung die Rechtsprechung des Gerichtshofs kodifiziert werden sollte, sodass eine entsprechende Änderung der Erläuterungen nicht notwendig war.

---

978 *Groussot/Pech/Petursson*, in: de Vries/Bernitz/Weatherill (Hrsg.), Protection of Fundamental Rights, 2013, S. 97, 102f.

979 Vertrag über eine Verfassung für Europa, ABl. C 310 v. 16.12.2004, Artikel II-112 Abs. 7.

980 Erläuterungen zur Charta der Grundrechte, Abl. C 303 v. 14.12.2007, S. 17, 32.

981 *Craig*, Lisbon Treaty, 2010, S. 211f.

3. Zwischenergebnis

Angesichts der Widersprüchlichkeit der Dokumente zur Entstehungsgeschichte des Art. 51 Abs. 1 S. 1 GRC ist bereits fraglich, ob ein eindeutiger Wille der Beteiligten überhaupt anzunehmen ist.[982] Einige Tendenzen und Aussagen lassen sich dennoch aus der historischen Interpretation ableiten: Die Entstehungsgeschichte zeigt, dass nach dem Willen der Verfasser der Charta der Geltungsbereich im Hinblick auf die Mitgliedstaaten klar zu begrenzen und zu bestimmen sein soll. Bereits die Beratungen im Grundrechtekonvent sprechen jedoch nicht für eine Einschränkung der bisherigen Rechtsprechung des EuGH zur Bindung der Mitgliedstaaten und ein insgesamt restriktives Verständnis des Art. 51 Abs. 1 S. 1 GRC. Lediglich eine umfassende Grundrechtsbindung wurde überwiegend abgelehnt. Es ist anzunehmen, dass sich die Beteiligten im Grundrechtekonvent und bei den weiteren Beratungen darüber einig waren, dass mit dem Begriff „Durchführung" die Rechtsprechung des Gerichtshofs durch die Charta fortgeführt werden soll. Dies verdeutlichen auch die Erläuterungen zur Grundrechtecharta, welche auf Rechtsprechung, die über die Durchführungskonstellation hinausgeht, Bezug nimmt und auch begrifflich nicht auf die „Durchführung" beschränkt ist, sondern auf den „Anwendungsbereich" verweist. Zwar ist die historische Auslegung nicht eindeutig, steht jedoch einem weiten Verständnis des Art. 51 Abs. 1 S. 1 GRC nicht grundsätzlich entgegen. Als Ergebnis der historischen Auslegung lässt sich daher festhalten, dass Art. 51 Abs. 1 S. 1 GRC eine Bindung der Mitgliedstaaten gemäß der bisherigen Rechtsprechung des Gerichtshofs vorsieht und dass es zwar Anhaltspunkte für ein restriktives Verständnis dieser Norm gibt, letztlich jedoch auch ein tendenziell weites Verständnis mit Ausnahme einer umfassenden Grundrechtsbindung nicht ausgeschlossen ist.[983]

---

982 Dies verneinend *Kadelbach*, KritV 2013, S. 276, 282; *Mayer*, in: Grabitz/Hilf/Nettesheim (Hrsg.), Das Recht der Europäischen Union, 41. EL., 2010, Nach Art. 6 EUV, Rn. 55.

983 So auch *Barriga*, Entstehung der Charta, 2003, S. 152f.; *Kaiser*, Minderheitenschutz, 2005, S. 147; *Lindfelt*, Fundamental Rights, 2007, S. 133; *von Diest*, Änderungen im Diskriminierungsschutz, 2016, S. 93; *Fontaine*, Anwendbarkeit und Durchsetzbarkeit, 2018, S. 281; *Bleckmann*, Nationale Grundrechte im Anwendungsbereich, 2011, S. 144 geht davon aus, dass zwar weitgehend die Rechtsprechung des EuGH durch Art. 51 Abs. 1 S. 1 GRC bestätigt wird, jedoch sei Zurückhaltung hinsichtlich einer künftigen Fortentwicklung der mitgliedstaatlichen Grundrechtsbindung geboten, so auch *Ladenburger*, in: Stern/Tettinger (Hrsg.), Europäische Verfassung, 2006, S. 83, 87; *Grabenwarter*, in: Schumann (Hrsg.), Hierarchie, Kooperation und Integration, 2015, S. 129, 136; a.A. *Borow-*

V. Teleologische Auslegung

Die bislang gefundenen Ergebnisse sprechen für ein tendenziell weites Verständnis des Art. 51 Abs. 1 S. 1 GRC. Für eine abschließende Betrachtung ist die Einbeziehung der für die Rechtsprechung besonders bedeutsamen teleologischen Auslegungsmethode erforderlich. Zur Ermittlung des Ziels einer Vorschrift und um zu verhindern, dass politische Erwägungen diese Auslegungsmethode leiten, ist auf die Entstehungsgeschichte (1.) und auf normative Anknüpfungspunkte (2.) einzugehen. Erkenntnisse können sich aus dem *effet utile* (3.) sowie aus dem dynamischen bzw. evolutiven Auslegungselement (4.) als Ausprägung der teleologischen Auslegungsmethode ergeben. Zudem ist zu untersuchen, ob und wie sich der Gedanke, dass die Mitgliedstaaten der Union unionale Hoheitsgewalt ausüben können, auf die Auslegung des Art. 51 Abs. 1 S. 1 GRC auswirkt (5.). Schließlich ist darauf einzugehen, ob die angestrebte einheitliche Durchsetzung des Unionsrechts (6.) und die Vorstellung der Union als Wertegemeinschaft (7.) eine bestimmte Auslegung nahelegen können.

1. Ziele der Charta vor ihrem entstehungsgeschichtlichen Hintergrund

Wie bereits gezeigt, war es ein Ziel der Beratungen im Grundrechtekonvent, den Mitgliedstaaten die Bedenken hinsichtlich eines Verlusts der nationalen Souveränität sowie einer zu großen Bedeutung der Charta im nationalen Recht zu nehmen. Dieses Ziel wird jedoch nicht mit einem restriktiven Verständnis des Art. 51 Abs. 1 S. 1 GRC, insbesondere nicht mit einer Beschränkung der mitgliedstaatlichen Bindung auf Durchführungskonstellationen, erreicht. Wären Mitgliedstaaten nicht bei Eingriffen von Grundfreiheiten an Unionsgrundrechte gebunden, so könnten diese auch nicht zur Rechtfertigung dieser Eingriffe von den Mitgliedstaaten herangezogen werden, sodass damit deren Handlungsspielraum verkürzt würde.[984] Zudem wurde durch die Charta insbesondere intendiert, dass

---

sky, in: Meyer (Hrsg.), Charta der Grundrechte, 4. Aufl., 2014, Art. 51 GRC, Rn. 24f., der von einer „vorsichtigen Einschränkung gegenüber der Rechtsprechung des EuGH" ausgeht; ähnlich auch *Stalberg*, Anwendungsbereich, 2013, S. 62ff.; *Bucher*, ZEuS 2016, S. 203, 206; *Dombert*, Grundrechtsföderalismus, 2017, S. 26; *Pirker*, Grundrechtsschutz, 2018, S. 290f. nimmt an, dass sich aus der Entstehungsgeschichte keine konkreten Argumente für die Auslegung des Art. 51 Abs. 1 S. 1 GRC ableiten lassen.

984 *Brosius-Gersdorf*, Bindung der Mitgliedstaaten, 2005, S. 60f.

der Grundrechtsschutz in der Union erhalten und gestärkt wird. Deutlich wird dies in einer Entschließung der Europäischen Parlaments, wonach die Charta auch zum Ziel haben soll, „den Schutz der Grundrechte auf der Ebene der Europäischen Union zu verstärken“[985] und dem Mandat des Rates von Köln, welches betont, dass die Charta „die überragende Bedeutung der Grundrechte und ihre Tragweite für die Unionsbürger sichtbar zu machen“ hat.[986] Die Grundrechtecharta hat somit grundsätzlich eine identifikationsstiftende Funktion: Sie soll die Identifikation der Unionsangehörigen mit der EU als Grundrechtsgemeinschaft stärken, diesen die Union näher bringen und damit einen Beitrag zur Legitimation der Union leisten.[987] Um dies zu erreichen, ist es notwendig, dass Unionsgrundrechte verstärkt in nationalen Rechtsstreitigkeiten mit unionsrechtlichem Bezug zur Anwendung kommen und diese somit ins Bewusstsein der Unionsbürgerinnen und Unionsbürger gebracht werden. Daher sprechen teleologische Überlegungen bei der Ausarbeitung der Charta für ein tendenziell extensives Verständnis des Art. 51 Abs. 1 S. 1 GRC, jedenfalls für ein Verständnis im Sinne der bisherigen Rechtsprechung des Gerichtshofs zur mitgliedstaatlichen Grundrechtsbindung.

2. Normative Anknüpfung der Ziele der Charta in der Präambel

Wesentliche Hinweise für die teleologische Auslegung ergeben sich zudem aus der Präambel der Charta. In Abs. 4 heißt es, dass es Ziel ist, „den Schutz der Grundrechte zu stärken, indem sie in einer Charta sichtbarer gemacht werden“. Dem würde es widersprechen, wenn Art. 51 Abs. 1 S. 1 GRC als weitreichende Einschränkung des bisherigen Schutzniveaus, welches der Gerichtshof entwickelt hat, zu verstehen wäre.[988] Eine Stärkung der Akzeptanz und Wirksamkeit der Charta könnte zwar damit erreicht werden, dass ihr Anwendungsbereich weitgehend auf das Handeln der Unionsorgane und -einrichtungen beschränkt bliebe, um möglichen na-

985 Entschließung des Europäischen Parlaments zur Erarbeitung einer Charta der Grundrechte der Europäischen Union (C5-0058/1999 — 1999/2064(COS)), Abl. C 377 v. 29.12.2000, S. 329, 330.

986 Schlussfolgerungen des Vorsitzes, Europäischer Rat (Köln), 03./04.06.1999, Ziffer 44, 45 sowie Anhang IV; s. zu diesem Ziel der Charta auch *Frantziou*, European Public Law 25 (2019), S. 183, 185ff.

987 *Holoubek*, in: Becker/Hatje/Potacs/Wunderlich (Hrsg.), FS Schwarze, 2014, S. 109, 114ff.; s. auch bereits *Zuleeg*, EuGRZ 2000, S. 511, 516.

988 *Jarass*, NVwZ 2012, S. 457, 459.

tionalen Bedenken hinsichtlich eines Bedeutungsverlusts der eigenen Verfassungstradition entgegenzuwirken.[989] Dem ist jedoch entgegenzuhalten, dass die Charta nur dann eine breite Akzeptanz erfahren kann, wenn sich Grundrechtsberechtigte ihrer Existenz bewusst sind. Dies setzt voraus, dass die Charta auch im mitgliedstaatlichen Recht zur Anwendung kommen muss. Zudem ergibt sich aus dem Ziel, die Unionsgrundrechte sichtbarer zu machen, dass keine Rückschritte des bisher vom Gerichtshof erreichten Grundrechtsschutz erfolgen dürfen, sodass jedenfalls eine mitgliedstaatliche Bindung in den Konstellationen, die der EuGH entschieden hat, besteht.[990] Aus Abs. 5 der Präambel, welcher auf die Rechtsprechung des Gerichtshofs verweist, ergibt sich, dass ein Zurückbleiben hinter dem erreichten Grundrechtsniveau mit den Zielen der Charta nicht vereinbar ist.[991] Auch dies spricht für ein eher weites Verständnis des Art. 51 Abs. 1 S. 1 GRC.

3. Gebot des *effet utile*

Unter Berücksichtigung des Gebots des *effet utile*, wonach die Vertragsziele am besten gefördert werden sollen, wird das Ergebnis eines weiten Verständnisses des Art. 51 Abs. 1 S. 1 GRC verstärkt. Das Ziel der Charta, den Schutz der Grundrechte zu stärken und diese sichtbarer zu machen, wird am besten dadurch erreicht, wenn Unionsgrundrechte auch auf mitgliedstaatlicher Ebene regelmäßig angewendet werden. Der *effet utile* ist insbesondere bei mehreren Auslegungsvarianten anzuwenden, wobei derjenigen der Vorzug zu geben ist, bei der sich die Wirkung der Norm am stärksten entfaltet. Denkbar ist zunächst eine Auslegung des Art. 51 Abs. 1 S. 1 GRC, wonach nur die sog. *agency situation* von dem Begriff „Durchführung" umfasst ist. Ebenfalls ist es möglich, diesen Begriff weiter zu verstehen, sodass auch die mitgliedstaatliche Bindung bei der sog. *ERT*-Situation oder auch eine noch weitreichendere Bindung, etwa bei Berührungspunkten nationaler Maßnahmen mit Unionsrecht, erfasst ist. Die Wirkung des Art. 51 Abs. 1 S. 1 GRC hinsichtlich des Ziels der Charta, den Grundrechtsschutz zu stärken, entfaltet sich bei einer weiten Interpretation des Begriffs „Durchführung" am ehesten. Die genaue Reichweite lässt sich zwar nicht ermitteln, jedenfalls steht der *effet utile*

989 So *Ludwig*, EuR 2011, S. 715, 721f.; *Starke*, DVBl. 2017, S. 721, 723.
990 *Scheuing*, EuR 2005, S. 162, 183f.
991 *Große Wentrup*, Europäische Grundrechtecharta, 2003, S. 68.

jedoch einer Beschränkung der mitgliedstaatlichen Bindung auf die sog. Durchführungskonstellation und somit einem Zurückbleiben hinter der Rechtsprechung des EuGH vor Inkrafttreten der GRC entgegen. Dies wird noch verdeutlicht, wenn sich die Folgen einer restriktiven Auslegung des Art. 51 Abs. 1 S. 1 GRC vergegenwärtigt werden, welche die mitgliedstaatliche Bindung bei der *ERT*-Konstellation verneint: In diesem Fall würde die Grundrechtecharta die bisherige Rechtsprechung des EuGH aufheben. Es wäre daher denkbar, dass die Mitgliedstaaten in einigen Situationen an die Rechtsprechung vor Inkrafttreten der Charta i.S.d. Unionsgrundrechte als allgemeine Rechtsgrundsätze – unabhängig von der Charta und somit auch möglicherweise abweichend von einer neueren Rechtsprechung des EuGH – gebunden sind, während sie in anderen Situationen ausschließlich an die Charta gebunden sind.[992] Der Grundrechtsschutz würde damit unübersichtlicher und möglicherweise auch abgeschwächt, da zukünftige Entwicklungen des Grundrechtsschutzes durch den EuGH in einigen Fällen auf mitgliedstaatlicher Ebene nicht berücksichtigt werden könnten. Das Gebot des *effet utile* gebietet somit eine weite Auslegung des Begriffs der „Durchführung".

4. Dynamische Auslegung

Art. 51 Abs. 1 S. 1 GRC steht grundsätzlich einer Weiterentwicklung im Sinne der dynamischen Auslegung offen. Bereits der Grundrechtekonvent ist davon ausgegangen, dass die Weiterentwicklung dem Unionsrecht und somit der Charta immanent ist, was sich etwa daran zeigt, dass in den Erläuterungen zu Art. 52 GRC „die Weiterentwicklung des Rechts, der Gesetzgebung und der Verträge" ausdrücklich nicht ausgeschlossen wird.[993] Begrenzt wird die dynamische Auslegung durch den aktuellen Stand des Unionsrechts.[994] Seit der Ausarbeitung der Grundrechtecharta lassen sich trotz bestehender Probleme und Defizite Ansätze einer vertieften Entwicklung im europäischen Integrationsprozess beobachten. Dies zeigen etwa Reformvorschläge hinsichtlich der Entwicklung einer gemeinsamen Sicherheits- und Verteidigungspolitik sowie im Finanz- und Wirtschaftsbereich die Vorschläge zur Einführung eines Euro-Zonen-Budgets oder

992 Vgl. *Kober*, Grundrechtsschutz, 2009, S. 177; *Craig*, Lisbon Treaty, 2010, S. 212f.
993 *Von Diest*, Änderungen im Diskriminierungsschutz, 2016, S. 133.
994 *Anweiler*, Auslegungsmethoden des Gerichtshofs, 1997, S. 245f.

eines europäischen Finanzministers.[995] Ein dynamisches Verständnis wird zudem durch Art. 53 GRC gestützt. Dort heißt es: „Keine Bestimmung dieser Charta ist als eine Einschränkung oder Verletzung der Menschenrechte und Grundfreiheiten auszulegen, die in dem jeweiligen Anwendungsbereich durch das Recht der Union (...) sowie durch die Verfassungen der Mitgliedstaaten anerkannt werden.“ Die Formulierung „anerkannt werden“ beinhaltet ein dynamisches Element, da es anderenfalls „anerkannt sind“ lauten müsste.[996] Übertragen auf die Auslegung des Art. 51 Abs. 1 S. 1 GRC kann aus einer dynamischen Auslegung gefolgert werden, dass die Grundrechte entsprechend einer weiter voranschreitenden Integration auch in den Mitgliedstaaten vermehrt angewendet werden sollte, sodass dies für ein expansives Verständnis des Art. 51 Abs. 1 S. 1 GRC spricht.

5. Ausübung von unionaler Hoheitsgewalt

Das auch vom Unionsrecht anerkannte Prinzip der Rechtsstaatlichkeit setzt die umfassende Bindung staatlicher Gewalt an Grundrechte voraus.[997] Dem entspricht es, dass Art. 51 Abs. 1 GRC auf die umfassende Bindung der Union abzielt. Wesentliche Teile ihrer Inhalte setzt die Union durch die Mitgliedstaaten um und durch, sodass die Mitgliedstaaten den Grundrechtsträgern gegenüber funktionell für die Union handeln.[998] Handeln Mitgliedstaaten funktionell für die Union, begründet dies demnach eine Bindung an Unionsgrundrechte. Dies führt zu der Frage, wann und in welchen Bereichen die Mitgliedstaaten unionale Hoheitsgewalt ausüben. Weitgehend anerkannt ist, dass unionale Hoheitsgewalt beim Erlass von Rechtsvorschriften zur Umsetzung und Ausführung von Unionsrecht ausgeübt wird, d.h. insbesondere bei der Umsetzung von Richtlinien, beim Erlass von Einzelfallentscheidungen, die ihre Grundlage im Unionsrecht haben, durch nationale Behörden sowie bei der Auslegung und Anwen-

---

995 S. etwa zu den Problemen und Entwicklungen im Integrationsprozess *Hatje/Schwarze*, EuR 2019, S. 153ff.

996 *Von Diest*, Änderungen im Diskriminierungsschutz, 2016, S. 122.

997 S. ausführlich *Nusser*, Bindung der Mitgliedstaaten, 2011, S. 71ff.; vgl. auch *Hofmann*, in: Hofmann/u.a. (Hrsg.), Rechtstaatlichkeit in Europa, 1996, S. 3, 12; *Calliess*, in: Callies/Ruffert (Hrsg.), EUV/AEUV, 5. Aufl., 2016, Art. 2 EUV, Rn. 25.

998 Vgl. *Nusser*, Bindung der Mitgliedstaaten, 2011, S. 79; *Fontaine*, Anwendbarkeit und Durchsetzbarkeit, 2018, S. 284; *Gundel*, in: Schulze/Kadelbach/Janssen (Hrsg.), Europarecht, 2020, § 3, Rn. 1ff.

dung des EU-Rechts wie des zur Umsetzung von EU-Recht ergangenen nationalen Rechts durch die nationalen Gerichte.[999] Im Einzelnen ist dabei umstritten, wie groß der Zusammenhang sein muss, um noch von einem funktionellen Handeln sprechen zu können; dies gilt insbesondere bei Gestaltungsspielräumen der Mitgliedstaaten, wie diese bei der Umsetzung von Richtlinien typisch sind.[1000] Jedenfalls die generelle Ablehnung eines funktionellen Handelns bei Handlungsspielräumen der Mitgliedstaaten kann nicht überzeugen, da in diesen Fällen das Unionsrecht den Anlass für das Tätigwerden eines Mitgliedstaates gibt bzw. den Rahmen vorgibt. Nicht eindeutig geklärt ist zudem, ob in der *ERT*-Konstellation ein funktionelles Handeln zu bejahen ist: So wird angeführt, dass bei der Beschränkung von Grundfreiheiten die Mitgliedstaaten aus eigenem Recht tätig würden und somit keine von der Union abgeleitete Hoheitsgewalt ausübten.[1001] Allerdings müssen in diesen Fällen auch die unionsrechtlich vorgesehenen Rechtfertigungsgründe einheitlich im Lichte der Unionsgrundrechte ausgelegt werden, sodass ein funktionales Handeln der Mitgliedstaaten anzunehmen ist.[1002]

Mit der Bindung der Mitgliedstaaten an Unionsgrundrechte ist das Ziel verbunden, die Ausübung von unionaler Hoheitsgewalt durch Unionsgrundrechte zu begrenzen. Grundsätzlich üben die Mitgliedstaaten sowohl in der sog. *Wachauf*-Konstellation als auch der *ERT*-Situation unionale Hoheitsgewalt aus, sodass diese Bindungskonstellationen auch nach Art. 51 Abs. 1 S. 1 GRC Geltung beanspruchen. Mangels einer Definition des Begriffs „Ausübung von unionaler Hoheitsgewalt“ in der Charta oder den Verträgen soll eine weitere Begrenzung bzw. mögliche Ausweitung dieser Konstellationen gemäß der an dieser Stelle zu untersuchenden Fragestellung dem restriktiven oder weiten Verständnis des Art. 51 Abs. 1 S. 1 GRC noch nicht erfolgen.

---

999 *Jarass*, in: Jarass (Hrsg.), Charta der Grundrechte der EU, 4. Aufl., 2021, Art. 51, Rn. 29ff.

1000 S. für die Annahme, dass der nationale Gesetzgeber nur in Bereichen, in denen dieser keinen Spielraum besitzt, keine eigene Hoheitsgewalt ausübt etwa *Augsberg*, DÖV 2010, S. 153, 158; *Ziegenhorn*, NVwZ 2010, S. 803, 807f.; *Calliess*, JZ 2009, S. 113, 120f.; a.A. etwa *Wallrab*, Die Verpflichteten der Gemeinschaftsgrundrechte, 2004, S. 84ff.; *Lindner*, EuZW 2007, S. 71, 73ff.; *Brummund*, Kohärenter Grundrechtsschutz, 2011, S. 67f.; *Schaller*, EU-Mitgliedstaaten als Verpflichtungsadressaten, 2003, S. 38ff., 192f.

1001 *Huber*, EuR 2008, S. 190, 194; *ders*., NJW 2011, S. 2385, 2386f.; *Kingreen*, in: Calliess/Ruffert (Hrsg.), EUV/AEUV, 5. Aufl., 2016, Art. 51 GRC, Rn. 20.

1002 *Mayer*, EuR 2009, Beiheft 1, S. 87, 93.

6. Einheitliche Durchsetzung des Unionsrechts

Die Bindung der Mitgliedstaaten an Unionsrecht wird auch mit der einheitlich-effektiven Durchsetzung des Unionsrechts und der Überlegung, dass es im Interesse der Mitgliedstaaten liegt, durch eine einheitliche Anwendung des Unionsrechts in allen Mitgliedstaaten die mit der Gründung der Union verfolgten Ziele zu fördern, begründet.[1003] Übertragen auf die Grundrechtecharta ist zu fragen, ob eine einheitliche Anwendung der Grundrechtecharta beabsichtigt ist. Die Grundrechtecharta statuiert keinen Mindeststandard und hat insbesondere keine Harmonisierung des Grundrechtsschutzes in Europa zum Ziel.[1004] Grundrechte sollen zudem die individuelle Freiheit bewahren, was keine europaweite Einheitlichkeit voraussetzt, sondern teilweise durch einen situations- und kontextabhängigen Grundrechtsschutz sogar besser erreicht werden kann.[1005] Dementsprechend ist ein weites Verständnis des Art. 51 Abs. 1 S. 1 GRC nicht zwingend notwendig. Zudem verlangt das Prinzip der einheitlichen Wirksamkeit des Unionsrechts nicht die einheitliche Geltung und Anwendung der Charta selbst, sondern erst, wenn eine mitgliedstaatliche Bindung an Unionsgrundrechte bejaht wird, muss diese Bindung einheitlich gelten und die Unionsgrundrechte müssen einheitlich angewendet werden.[1006] Auch die ursprüngliche Funktion und Zielrichtung der Grundrechte auf europäischer Ebene spricht für ein eher restriktives Verständnis dieser Norm: Da Unionsrecht auch Vorrang vor nationalem Verfassungsrecht beansprucht, sollten europäische Grundrechte zunächst das Fehlen grundrechtlichen Schutzes in unionsrechtlichen Konstellationen kompensieren, sodass auch die Grundrechte der GRC nur in Bereichen eingreifen sollten, in welchen wegen der Einheit des Unionsrechts für nationale Grundrechte kaum Raum verbleibt.[1007]

1003 *Honer*, JuS 2017, S. 409, 410f.

1004 *Von Danwitz/Paraschas*, Fordham International Law Journal 35 (2012), S. 1396, 1400f.

1005 S. *Kirchhof*, NVwZ 2014, S. 1537, 1540 der etwa darauf verweist, dass ein Industriestaat einen anderen Grundrechtsschutz als ein Agrarstaat benötige.

1006 *Cremer*, NVwZ 2003, S. 1452, 1456; *Nusser*, Bindung der Mitgliedstaaten, 2011, S. 69f.; *Fontaine*, Anwendbarkeit und Durchsetzbarkeit, 2018, S. 293f.

1007 *Masing*, JZ 2015, S. 477, 480f.

7. Union als Wertegemeinschaft

Eine abweichende Beurteilung ergibt sich jedoch unter Berücksichtigung der Weiterentwicklung der Union von einer Wirtschaftsgemeinschaft zu einer Wertegemeinschaft.[1008] Während die Grundfreiheiten wirtschaftliche Freiheiten schützen, sichern Grundrechte Menschen- und Bürgerrechte innerhalb dieser Wertegemeinschaft. Die europäische Integration ist mit einem gemeinsamen Wertefundament verbunden.[1009] Die Charta hat demnach zum Ziel, die Identifikation der Bürgerinnen und Bürger mit der Europäischen Union zu erhöhen und die europäische Integration zu stärken.[1010] Die fortschreitende Integration erfordert einen umfassenden europäischen Grundrechtsschutz.[1011] Insbesondere ist bei Annahme eines weiten Verständnisses des Art. 51 Abs. 1 S. 1 GRC noch keine Aussage darüber getroffen, wie sich Unionsgrundrechte und nationale Grundrechte zueinander verhalten. Sind Unionsgrundrechte und nationale Grundrechte nebeneinander anwendbar und zu berücksichtigen, kann dies zu einem einheitlichen Grundrechtsverständnis im Sinne einer Wertegemeinschaft beitragen. Die Frage, ob und in welchen Bereichen den Mitgliedstaaten möglicherweise eine größere Autonomie bei der Durchsetzung nationaler Grundrechte verbleiben sollte, kann losgelöst von der prinzipiellen Anwendbarkeit der Unionsgrundrechte beantwortet werden.

8. Zwischenergebnis

Die teleologische Interpretation spricht insgesamt für ein weites Verständnis des Art. 51 Abs. 1 S. 1 GRC. Die mit der Charta primär verfolgten Ziele – die Stärkung des Grundrechtsschutzes in der Union und die erhöhte Sichtbarkeit der Unionsgrundrechte – können bei einer regelmäßigen Beachtung der Chartagrundrechte durch die Mitgliedstaaten am besten erreicht werden. Eine Beschränkung der mitgliedstaatlichen Bindung auf solche Situationen, die der sog. *agency situation* entsprechen, steht die teleologische Auslegung des Art. 51 Abs. 1 S. 1 GRC entgegen, insbesondere

1008 Vgl. zur Entwicklung der Werteorientierung des Integrationsprozesses etwa *Terhechte*, Konstitutionalisierung, 2011, S. 1ff. m.w.N.

1009 Eingehend dazu etwa *Calliess*, JZ 2004, S. 1033, 1034ff.

1010 *Däubler-Gmelin*, EuZW 2000, S. 1; *Magiera*, DÖV 2000, S. 1017, 1021; *Zuleeg*, EuGRZ 2000, S. 511, 516.

1011 *Von Diest*, Änderungen im Diskriminierungsschutz, 2016, S. 113f.

würde eine Einschränkung des vor Inkrafttretens der Charta bestehendes Schutzes gerade nicht zur Stärkung des Schutzes der Grundrechte, wie dies die Präambel der Charta vorsieht, führen.[1012]

VI. Ergebnis

Die Auslegung des Art. 51 Abs. 1 S. 1 GRC ergibt, dass eine Engführung des Anwendungsbereichs der Unionsgrundrechte gegenüber der gefestigten Rechtsprechung des EuGH vor Inkrafttreten der Charta nicht angezeigt ist. Diese Norm kodifiziert vielmehr die Grundsätze zur mitgliedstaatlichen Bindung an die damaligen Gemeinschaftsgrundrechte, die der EuGH entwickelte. Dies bedeutet, dass Mitgliedstaaten nach Art. 51 Abs. 1 S. 1 GRC sowohl in der *agency situation* als auch bei der Beschränkung von Grundfreiheiten an Unionsgrundrechte gebunden sind.[1013] Eine umfassen-

---

1012 *Jarass*, NVwZ 2012, S. 457, 459.

1013 So auch *Eeckhout*, CMLR 39 (2002), S. 945, 977ff.; *Große Wentrup*, Europäische Grundrechtecharta, 2003, S. 70; *Scheuing*, EuR 2005, S. 162, 182ff.; *Calliess*, JZ 2009, S. 113, 115; *Frenz*, Handbuch Europarecht, Bd. 4, 2009, 2. Kapitel, Rn. 276f.; *Kober*, Grundrechtsschutz, 2009, S. 175; *Rohleder*, Grundrechtsschutz, 2009, S. 398; *Di Federico*, in: Di Federico (Hrsg.), EU Charter of Fundamental Rights, 2010, S. 15, 43; *Sagmeister*, Grundsatznormen in der Europäischen Grundrechtecharta, 2010, S. 314ff.; *Kokott/Sobotta*, EuGRZ 2010, S. 265, 268ff.; *Schmoll*, ZÖR 2011, S. 461, 468; *Ladenburger*, in: Laffranque (Hrsg.), Protection of Fundamental Rights, 2012, S. 141, 164f.; *Jarass*, NVwZ 2012, S. 457, 459; *von Danwitz/Paraschas*, Fordham International Law Journal 35 (2012), S. 1396, 1406f.; *Groussot/Pech/Petursson*, in: de Vries/Bernitz/Weatherill (Hrsg.), Protection of Fundamental Rights, 2013, S. 97, 117f.; *Sarmiento*, CMLR 2013, S. 1267, 1277; *Trstenjak/Beysen*, ELR 38 (2013), S. 293, 306f.; *Fontanelli*, HRLR 14 (2014), S. 231, 234; *Latzel*, EuZW 2015, S. 658, 659; *Grabenwarter*, in: Schumann (Hrsg.), Hierarchie, Kooperation und Integration, 2015, S. 129, 140f.; *Pache*, in: Pechstein/Nowak/Häde (Hrsg.), Frankfurter Kommentar EUV/GRC/AEUV, 2017, Art. 51 GRC, Rn. 31; *Fontaine*, Anwendbarkeit und Durchsetzbarkeit, 2018, S. 308; *Picod*, in: Picod/van Drooghenbroeck (Hrsg.), Charte des droits fondamentaux, 2018, Art. 51, Rn. 22; *Pirker*, Grundrechtsschutz, 2018, S. 334f.; *Edenharter*, Grundrechtsschutz, 2018, S. 693ff.; *Hatje*, in: Becker/Hatje/Schoo/Schwarze (Hrsg.), EU-Kommentar, 4. Aufl., 2019, Art. 51 GRC, Rn. 15ff.; *Jarass/Kment*, EU-Grundrechte, 2019, § 4, Rn. 9; *Bilz*, Margin of Appreciation der EU-Mitgliedstaaten, 2020, S. 13ff.; *Heselhaus*, in: Heselhaus/Nowak (Hrsg.), Handbuch der Europäischen Grundrechte, 2. Aufl., 2020, § 6, Rn. 31; so auch *von Danwitz*, in: Herdegen/Klein/Papier/Scholz (Hrsg.), FS Herzog, 2009, S. 19, 26f., der jedoch eine restriktive Tendenz in Art. 51 Abs. 1 S. 1 GRC erkennt; *Ziegenhorn*, Einfluss der EMRK,

de Bindung an Unionsgrundrechte ist hingegen nicht vorgesehen. Ob und inwieweit der EuGH Bindungskonstellationen über diese Fallgruppen hinaus entwickeln darf, lässt sich nicht zweifelsfrei klären.[1014] Bereits die semantische Auslegung legt es – entgegen einiger Stimmen im Schrifttum – nicht zwingend nahe, von einem restriktiven Verständnis des Art. 51 Abs. 1 S. 1 GRC auszugehen. Dies ergibt sich insbesondere aus einem Sprachvergleich, der verschiedene Deutungsmöglichkeiten offenlegt. Auch die Entstehungsgeschichte ist insofern nicht eindeutig, deutet jedoch trotz erkennbarer Bestrebungen einer Eingrenzung daraufhin, dass die bisherige Rechtsprechung des Gerichtshofs zur Bindung der Mitgliedstaaten erfasst sein soll. Die Erläuterungen der Charta, welche auf die gesamte Rechtsprechung des EuGH zur mitgliedstaatlichen Bindung Bezug nehmen, deuten ebenfalls in diese Richtung. Für ein eher weites Verständnis des Art. 51 Abs. 1 S. 1 GRC lassen sich sowohl die systematische Auslegung als auch die teleologische Auslegung, die von besonderer Bedeutung in der Rechtsprechung des EuGH ist, anführen. Ein restriktives Verständnis dieser Norm ist daher abzulehnen.[1015] Weder der Wortlaut noch die Histo-

---

2009, S. 208ff. geht zwar davon aus, dass die Mitgliedstaaten entsprechend der Rechtsprechungslinien des EuGH vor Inkrafttreten an die Charta gebunden sind, ist jedoch dahingehend restriktiver, dass er darstellt, dass eine Bindung bei der Durchführung von Unionsrecht nur bestehe, soweit mitgliedstaatliche Rechtsakte unionsrechtlich determiniert sind, *ebd.*, S. 215. Wie gezeigt, enthält die Rechtsprechung des EuGH vor Inkrafttreten eine solche Einschränkung jedoch nicht, vgl. 2. Kapitel, A., I.; davon ausgehend, dass die *ERT*-Situation nicht von Art. 51 Abs. 1 S. 1 GRC erfasst ist: *Goldsmith*, CMLR 38 (2001), S. 1201, 1205; *Jacobs*, ELR 26 (2001), S. 331, 338f.; *Cremer*, NVwZ 2003, S. 1452, 1455f.; *Cremer*, EuGRZ 2011, S. 545, 551; *Brittain*, Dublin University Law Journal 36 (2013), S. 277, 309f.; *Posch*, ÖJZ 2013, S. 380f.; *Herresthal*, ZEuP 2014, S. 238, 249f.; *Schorkopf*, in: Grabenwarter (Hrsg.), Europäischer Grundrechteschutz, 2014, § 3, Rn. 27; wohl auch *Huber*, EuR 2008, S. 190, 197f.; *Folz*, in: Vedder/Heintschel von Heinegg (Hrsg.), Europäisches Unionsrecht, 2018, Art. 51 GRC, Rn. 6.; die Frage, ob die *ERT*-Rechtsprechung von Art. 51 Abs. 1 S. 1 GRC erfasst wird, ausdrücklich offenlassend *Ludwig*, EuR 2011, S. 715, 723.

1014 Ein „*judicial self-restraint*" des EuGH anmahnend, sodass insbesondere keine weiteren Fallgruppen der mitgliedstaatlichen Bindungen durch den EuGH entwickelt werden dürften, etwa *Kober*, Grundrechtsschutz, 2009, S. 175ff.; *Stangl*, in: Kahl/Raschauer/Storr (Hrsg.), Grundsatzfragen, 2013, S. 1, 17; vgl. auch *Mall*, Bindung der Mitgliedstaaten, 2012, S. 93ff.

1015 So jedoch etwa *Besselink*, Maastricht J. Eur. & Comp. L. 8 (2001), S. 68, 79; *Schwarze*, EuR 2003, S. 535, 562; *Kotroni*, Grundrechtliche Verpflichtungen, 2004, S. 45f.; *Lindner*; EuR 2008, S. 786, 791f.; *Kirchhof*, in: Herdegen/Klein/Papier/Scholz (Hrsg.), FS Herzog, 2009, S. 155, 168; *Huber*, NJW 2011, S. 2385,

rie oder systematische Überlegungen, deuten zudem zwingend daraufhin, dass mit „Durchführung“ von Unionsrecht solche Situationen ausgeschlossen sein sollen, in welchen die Mitgliedstaaten über Gestaltungsspielräume verfügen.[1016] Art. 51 Abs. 1 S. 1 GRC ist demnach einem weiten Verständnis zugänglich.[1017] Die Unionsgrundrechte sind für die Mitgliedstaaten zu beachten, wenn ein Sachverhalt vom Anwendungsbereich des Unionsrechts erfasst ist.[1018] Damit ist jedoch nicht gesagt, dass in jeder Konstellation, welche bloße Anknüpfungspunkte mit dem Unionsrecht aufweist, eine mitgliedstaatliche Bindung an Unionsgrundrechte besteht. Es bedarf vielmehr weiterer Kriterien, um eine Durchführung von Unionsrecht i.S.d. Art. 51 Abs. 1 S. 1 GRC zu bejahen. Diese Kriterien lassen sich der Auslegung selbst nicht entnehmen. Als Ergebnis der Untersuchung lässt sich festhalten, dass Art. 51 Abs. 1 S. 1 GRC die bisherige Rechtsprechung des EuGH kodifizieren soll und insgesamt einem weiten Anwendungsbereich nicht entgegensteht. Die genaue Reichweite des Anwendungsbereichs ist in einem nächsten Schritt zu klären.

C. Entwicklung in der Rechtsprechung des EuGH

Die Konkretisierung und Konturierung der mitgliedstaatlichen Bindung an Unionsgrundrechte ist eine der wesentlichen Aufgaben, die dem EuGH

2387f.; *Kirchhof*, NJW 2011, S. 3681, 3684; *Rabe*, NJW 2013, S. 1407, 1408; *Stalberg*, Anwendungsbereich, 2013, S. 69; *Borowsky*, in: Meyer (Hrsg.), Charta der Grundrechte, 4. Aufl., 2014, Art. 51 GRC, Rn. 24, 24a; *Stern*, in: Becker/Hatje/Potacs/Wunderlich (Hrsg.), FS Schwarze, 2014, S. 244, 258f.; *Masing*, JZ 2015, S. 477, 481f.; *Kingreen*, in: Calliess/Ruffert (Hrsg.), EUV/AEUV, 5. Aufl., 2016, Art. 51 GRC, Rn. 12ff.; *Ladenburger/Vondung*, in: Stern/Sachs (Hrsg.), GRCh, 2016, Art. 51 GRC, Rn. 32f.

1016 So auch *Fontaine*, Anwendbarkeit und Durchsetzbarkeit, 2018, S. 299; a.A. *Kingreen*, EuR 2013, S. 446, 453, der eine mitgliedstaatliche Bindung bei Spielräumen verneint.

1017 S. auch *García*, ELJ 8 (2002), S. 492, 493ff.; *Schmahl*, EuR 2008, Beiheft 1, S. 7, 12, Fn. 41; *Cartabia*, in: Mock/Demuro (Hrsg.), Human Rights in Europe, 2010, Article 51, S. 319f.; *Latzel*, EuZW 2015, S. 658, 659; *de Mol*, Maastricht J. Eur. & Comp. L. 23 (2016), S. 641, 645ff.; *Frenzel*, Der Staat 53 (2014), S. 1, 10 geht ebenfalls von einem weiten Verständnis aus, verneint eine Bindung etwa bei losen Zusammenhängen oder bloßen sachlichen Bezügen.

1018 *Pötters*, Grundrechte und Beschäftigtendatenschutz, 2013, S. 189f.

im Bereich des Grundrechtsschutzes zugesprochen wird.[1019] Im Folgenden ist daher die Rechtsprechung des EuGH zur Reichweite des Art. 51 Abs. 1 S. 1 GRC seit Inkrafttreten der GRC zu untersuchen. Die nachfolgende weitestgehend chronologische Darstellung wird zeigen, dass das weite Verständnis des Gerichtshofs zum Anwendungsbereich der Charta, wie dies in der Rechtssache *Åkerberg Fransson* deutlich wurde, in der Folgerechtsprechung bestätigt wurde. Eine umfassende Bindung der Mitgliedstaaten an Unionsgrundrechte ist der Rechtsprechung des EuGH nicht zu entnehmen.

I. Anfänglich restriktive Anwendung der Charta – Rechtssachen *McB*, *Asparuhov* und *Chartry*

Einen eher restriktiven Ansatz verfolgte der EuGH in der Rechtssache *McB* im Jahr 2010.[1020] Dieser Entscheidung lag eine irische Sorgerechtsstreitigkeit zugrunde, wobei u.a. die Brüssel-IIa-VO 2201/2003[1021] anwendbar war, sodass möglicherweise auch die Grundrechtecharta für das nationale Recht von Bedeutung sein konnte. Das vorlegende irische Gericht fragte den EuGH, wie der Erwerb des Sorgerechts aufgrund der Bestimmungen der Verordnung sowie Art. 7 GRC auszugestalten ist.[1022] Aus Art. 51 Abs. 1 S. 1 GRC und Art. 51 Abs. 2 GRC folgerte der EuGH, dass „die Charta im Rahmen der vorliegenden Rechtssache allein zum Zweck der Auslegung der Verordnung Nr. 2201/2003 heranzuziehen ist, ohne dass das nationale Recht als solches zu beurteilen wäre."[1023] Diese vermeintliche

1019 Vgl. *von Danwitz*, in: Herdegen/Klein/Papier/Scholz (Hrsg.), FS Herzog, 2009, S. 19, 25; *Bleckmann*, Nationale Grundrechte im Anwendungsbereich, 2011, S. 146f.

1020 EuGH, *McB*, Rs. C-400/10 PPU, EU:C:2010:582.

1021 Verordnung (EG) Nr. 2201/2003 des Rates vom 27. November 2003 über die Zuständigkeit und die Anerkennung und Vollstreckung von Entscheidungen in Ehesachen und in Verfahren betreffend die elterliche Verantwortung und zur Aufhebung der Verordnung (EG) Nr. 1347/2000, ABl. L 338 v. 23.12.2003, S. 1.

1022 EuGH, *McB*, Rs. C-400/10 PPU, EU:C:2010:582, Rn. 25.

1023 EuGH, *McB*, Rs. C-400/10 PPU, EU:C:2010:582, Rn. 51f.; s. auch die Rechtssache *Dereci*, in welcher der EuGH zwar keine Entscheidung zur mitgliedstaatlichen Bindung selbst trifft, sondern diese dem vorlegenden Gericht überlasst; aufgrund des Verweises auf die Rechtssache *McB* ist der Rechtssache *Dereci* ebenfalls ein eher restriktives Verständnis zu entnehmen, EuGH, *Dereci*, Rs. C-256/11, EU:C:2011:734, Rn. 71.

Zurückhaltung lässt sich damit erklären, dass das Familienrecht grundsätzlich den Mitgliedstaaten vorbehalten ist und die Brüssel-IIa-VO 2201/2003 insbesondere eine Koordinierungsfunktion hat und keine nationalen Vorschriften harmonisiert. Indem der EuGH in der Rechtssache *McB* die Unionsgrundrechte nur hinsichtlich der Verordnung und nicht der nationalen Regelung betrachtete, kommt ein zunächst restriktives Verständnis des Art. 51 Abs. 1 S. 1 GRC zum Ausdruck, wodurch der Gerichtshof der Kompetenzverteilung zwischen Union und Mitgliedstaaten im Bereich des Grundrechtsschutzes Rechnung trägt.[1024]

Für eine anfänglich restriktive Anwendung der Charta durch den Gerichtshof lassen sich auch die Beschlüsse in den Rechtssachen *Asparuhov* und *Chartry* anführen. In der Rechtssache *Asparuhov* war fraglich, ob das Recht auf einen wirksamen Rechtsbehelf nach Art. 47 GRC dadurch verletzt ist, dass das nationale Recht keine Möglichkeit vorsieht, gegen eine Entscheidung über einen Flächennutzungsplan gerichtlich vorzugehen.[1025] Der Gerichtshof erklärte sich nach Art. 92 § 1 seiner Verfahrensordnung für offensichtlich unzuständig, da nach dem Wortlaut des Art. 51 Abs. 1 S. 1 GRC die Charta „für die Mitgliedstaaten ausschließlich bei der Durchführung des Rechts der Union" gilt und sich aus der Vorlage keine Anhaltspunkte dafür ergaben, dass die infrage stehende nationale Maßnahme eine „Durchführung des Unionsrechts darstellt oder dass es andere Anknüpfungspunkte an das Unionsrecht gibt".[1026] Auch in *Chartry* hat der Gerichtshof eine mitgliedstaatliche Bindung an Unionsgrundrechte zwar verneint, jedoch verdeutlicht, dass die Mitgliedstaaten bei der „Anwendung des Unionsrechts (…) nach ständiger Rechtsprechung die Erfordernisse des Grundrechtsschutzes zu beachten" haben und sich durch das Inkrafttreten des Vertrags von Lissabon nichts an der Einschränkung, dass die Charta „für die Mitgliedstaaten ausschließlich bei der Durchführung des Rechts der Union" gilt, geändert hat.[1027] Diese Erläuterung zeigt, dass

---

1024 *Maier*, Grundrechtsschutz, 2014, S. 164; *Edenharter*, Grundrechtsschutz, 2018, S. 723; s. jedoch *Heuer*, Art. 51 Abs. 1 Satz 1 GRC, 2014, S. 250f., der davon ausgeht, dass der EuGH nur scheinbar seine Überprüfung anhand der Unionsgrundrechte auf die Verordnung beschränke, sodass dieser Rechtssache keine restriktive Deutung zu entnehmen sei.

1025 EuGH, *Asparuhov*, Rs. C-339/10, EU:C:2010:680, Rn. 6ff.

1026 EuGH, *Asparuhov*, Rs. C-339/10, EU:C:2010:680, Rn. 12ff.

1027 EuGH, *Chartry*, Rs. C-457/09, EU:C:2011:101, Rn. 22ff. bezugnehmend auf EuGH, *Asparuhov*, C-339/10, EU:C:2010:680, Rn. 13; im Ausgangsrechtsstreit der Rechtssache *Chartry* ging es um die Rechtmäßigkeit von Steuernachzahlungsbescheiden, die einem belgischen Staatsangehörigen aufgrund seiner in

der Gerichtshof davon ausgeht, dass mit dem Begriff der „Durchführung“ keine umfassende Bindung der Mitgliedstaaten an Unionsgrundrechte verbunden ist, aber auch keine Abweichung von der mitgliedstaatlichen Bindung vor Inkrafttreten des Vertrags von Lissabon und der Grundrechtecharta. Den ersten Entscheidungen zur Anwendung der Grundrechte der Charta in den Mitgliedstaaten ist zwar eine gewisse Zurückhaltung zu entnehmen, jedoch wird deutlich, dass der EuGH Art. 51 Abs. 1 S. 1 GRC grundsätzlich als Bestätigung des *status quo* seiner bisherigen Rechtsprechung versteht.[1028]

II. Bindung auch bei sekundärrechtlich gewährleisteten Ermessensspielräumen – Rechtssache *N.S. u.a.*

Weitere Hinweise zur Auslegung des Art. 51 Abs. 1 S. 1 GRC durch den EuGH lassen sich der Rechtssache *N.S. u.a.* entnehmen.[1029] Der Gerichtshof hat in diesem Urteil klargestellt, dass eine Grundrechtsbindung der Mitgliedstaaten auch dann nach Art. 51 Abs. 1 S. 1 GRC besteht, wenn diese einen sekundärrechtlich gewährleisteten Ermessensspielraum – im konkreten Fall einen durch eine Verordnung eingeräumten Handlungsspielraum – haben und dieses Ermessen ausgeübt wird.[1030] Insoweit bestätigte der EuGH die Durchführungskonstellation im Sinne der *Wachauf*-Rechtsprechung. Zugleich klärte der EuGH in dieser Entscheidung, dass das Protokoll Nr. 30 über die Anwendung der Charta der Grundrechte auf Polen und das Vereinigte Königreich kein *opt-out* darstelle, sondern Art. 1 Abs. 1 des Protokolls den Anwendungsbereich des Art. 51 Abs. 1 S. 1 GRC verdeutliche und keine Freistellung der Republik Polen und des Vereinigten Königreichs von der Verpflichtung zur Einhaltung der Bestimmungen

---

Belgien erwirtschafteten Gewinne auferlegt wurden, im Zusammenhang mit dem Recht auf einen wirksamen Rechtsbehelf, s. zum Sachverhalt EuGH, *Chartry*, Rs. C-457/09, EU:C:2011:101, Rn. 5ff.

1028 Eine restriktive Deutung der Entscheidung *Chartry* nimmt *Huber*, NJW 2011, S. 2385, 2388 vor; a.A. *Jarass*, NVwZ 2012, S. 457, 459; *Pirker*, Grundrechtsschutz, 2018, S. 337, die davon ausgehen, dass diese Rechtssache bestätige, dass sich am Anwendungsbereich der Unionsgrundrechte durch die Charta keine Änderung ergeben habe.

1029 EuGH, *N.S. u.a.*, verb. Rs. C-411/10 und C-493/10, EU:C:2011:865.

1030 EuGH, *N.S. u.a.*, verb. Rs. C-411/10 und C-493/10, EU:C:2011:865, Rn. 68; *Hailbronner/Thym*, NVwZ 2012, S. 406, 407; *Streinz*, in: Heid/Stotz/Verny (Hrsg.), FS Dauses, 2014, S. 429, 440, Fn. 81; *Bucher*, ZEuS 2016, S. 203, 213.

der Charta bezwecke.[1031] Mitgliedstaaten sind somit nach dieser Entscheidung an Unionsgrundrechte gebunden, wenn sie einen Ermessensspielraum haben, „ob" sie überhaupt tätig werden. In der Folgerechtsprechung bestätigte der EuGH, dass dies auch gilt, wenn das Ermessen das „Wie" des Handelns betrifft, etwa wenn eine Verordnung auf einen nicht harmonisierten Begriff verweist und die Mitgliedstaaten bei der Anwendung der Verordnung an Unionsgrundrechte gebunden sind.[1032]

III. Erste Kriterien zur Bestimmung der Reichweite des Art. 51 Abs. 1 S. 1 GRC – Rechtssachen *Iida, Ymerga* und *Pringle*

In drei Entscheidungen aus den Jahren 2012 und 2013 hat der Gerichtshof zwar im Ergebnis eine Bindung an Unionsgrundrechte verneint, zugleich wurden jedoch Kriterien zur Bestimmung der Reichweite des Art. 51 Abs. 1 S. 1 GRC entwickelt: In der Rechtssache *Iida* entschied der Gerichtshof, dass zur Beantwortung der Frage, ob eine Durchführung des Rechts der Union i.S.d. Art. 51 Abs. 1. S. 1 GRC zu bejahen ist, „u.a. zu prüfen [ist], ob mit der in Rede stehenden nationalen Regelung eine Durchführung einer Bestimmung des Unionsrechts bezweckt wird, welchen Charakter diese Regelung hat und ob mit ihr andere als die unter das Unionsrecht fallenden Ziele verfolgt werden, selbst wenn sie das Unionsrecht mittelbar beeinflussen kann, sowie ob es eine Regelung des Unionsrechts gibt, die für diesen Bereich spezifisch ist oder ihn beeinflussen kann."[1033] Diese Kriterien wurden in *Ymerga* bestätigt.[1034]

1031 EuGH, *N.S. u.a.*, verb. Rs. C-411/10 und C-493/10, EU:C:2011:865, Rn. 116ff.; ausdrücklich offen gelassen hat der EuGH die Auslegung von Art. 1 Abs. 2 des Protokolls, da es in dieser Rechtssache nicht um die Rechte des Titels IV der Charta ging, *ebd.*, Rn. 121; s. zum Protokoll Nr. 30 bereits oben 2. Kapitel, B., III., 2.; s. für ein Verfahren, das die Republik Polen betraf etwa EuGH, *Kommission/Polen (Indépendance de la Cour suprême)*, Rs. C-619/18, EU:C:2019:531, Rn. 53.

1032 EuGH, *Soukupová*, Rs. C-401/11, EU:C:2013:223, Rn. 26; *Fontaine*, Anwendbarkeit und Durchsetzbarkeit, 2018, S. 257f.

1033 EuGH, *Iida*, Rs. C-40/11, EU:C:2012:691, Rn. 79 unter Verweis auf EuGH, *Annibaldi*, Rs. C-309/96, EU:C:1997:631, Rn. 21-23; kritisch zur Übertragung der Kriterien aus der Rechtssache *Annibaldi*, da sich diese speziell auf den Bereich der Gemeinsamen Agrarpolitik bezogen hätten *Dougan*, CMLR 52 (2015), S. 1201, 1233ff.; *Lock*, in: Kellerbauer/Klamert/Tomkin (Hrsg.), EU Treaties and the Charter of Fundamental Rights, 2019, Article 51 CFR, Rn. 13.

1034 EuGH, *Ymerga*, Rs. C-87/12, EU:C:2013:291, Rn. 41.

In der Rechtssache *Pringle* hat der Gerichtshof festgestellt, dass die Mitgliedstaaten bei der Einrichtung eines Stabilitätsmechanismus wie des *European Stability Mechanism* (ESM) nicht an Unionsgrundrechte gebunden sind, da insofern keine spezielle Kompetenz der Union besteht, woraus gefolgert werden kann, dass nicht jegliche Koordinierungsmaßnahme der Union als Durchführung von Unionsrecht i.S.v. Art. 51 Abs. 1 S. 1 GRC zu qualifizieren ist und der EuGH anerkennt, dass das Unionsrecht, wie von Art. 51 Abs. 2 GRC vorgesehen, im Lichte der GRC nur in den Grenzen der der Union übertragenen Zuständigkeiten zu prüfen ist.[1035]

IV. Weites Verständnis der Durchführung i.S.d. Art. 51 Abs. 1 S. 1 GRC – Rechtssache *Åkerberg Fransson* und Folgerechtsprechung

Als Leitentscheidung zur Auslegung des Art. 51 Abs. 1 S. 1 GRC und zur Bestimmung der Reichweite der mitgliedstaatlichen Bindung an Unionsgrundrechte gilt das Urteil vom 26.02.2013 in der Rechtssache *Åkerberg Fransson* (1.).[1036] Der Gerichtshof hat in dieser ein weites Verständnis des Art. 51 Abs. 1 S. 1 GRC bestätigt. In der Folgerechtsprechung lehnte der EuGH zunächst in einigen Fällen eine Verpflichtung zur Beachtung der Unionsgrundrechte ab, was als Einschränkung dieses weiten Verständnisses gedeutet wurde (2.). In weiteren Entscheidungen lässt sich dies jedoch nicht bestätigen, sodass weiterhin von einem weiten Anwendungsbereich der Unionsgrundrechte in den Mitgliedstaaten auszugehen ist (3.).

1035 EuGH, *Pringle*, Rs. C-370/12, EU:C:2012:756, Rn. 180; *Edenharter*, Grundrechtsschutz, 2018, S. 697; *Fontaine*, Anwendbarkeit und Durchsetzbarkeit, 2018, S. 259f.

1036 EuGH, *Åkerberg Fransson*, Rs. C-617/10, EU:C:2013:105; *Stangl* sieht diese Entscheidung als „Meilenstein“ in der Rechtsprechung der EuGH an: *Stangl*, in: Kahl/Raschauer/Storr (Hrsg.), Grundsatzfragen, 2013, S. 1, 20.

1. Leitentscheidung zu Art. 51 Abs. 1 S. 1 GRC – Rechtssache *Åkerberg Fransson*

a. Sachverhalt

Der Rechtssache *Åkerberg Fransson* lag folgender Sachverhalt zugrunde:[1037] Dem schwedischen Fischer Herrn *Åkerberg Fransson* wurde vorgeworfen, in den Jahren 2004 und 2005 seine Steuerklärung nicht ordnungsgemäß abgegeben zu haben, wodurch dem schwedischen Staat u.a. Einnahmen aus der Einkommens- und Mehrwertsteuer entgangen waren. In Schweden sind in diesen Fällen verschiedene Sanktionsmöglichkeiten vorgesehen: Steuerzuschläge können von den Steuerbehörden festgelegt werden, wobei die Verwaltungsgerichtsbarkeit für die Prüfung der Rechtmäßigkeit dieser Zuschläge zuständig ist. Zudem ist es möglich, Steuervergehen strafrechtlich vor der ordentlichen Gerichtsbarkeit zu verfolgen. Herrn *Åkerberg Fransson* wurden 2007 Steuerzuschläge durch Bescheide des schwedischen Finanzamts auferlegt, 2009 wurde Herr *Åkerberg Fransson* wegen Steuerhinterziehung in einem schweren Fall vor einem schwedischen Strafgericht, dem *Haparanda tingsrätt*, angeklagt. Dieses hat im Wege des Vorabentscheidungsverfahrens gem. Art. 267 AEUV den EuGH angerufen und mehrere Fragen betreffend die Auslegung des Art. 50 GRC (Verbot der Doppelbestrafung) vorgelegt. Die Beantwortung dieser Fragen durch den EuGH setzte voraus, dass dieser überhaupt zuständig ist, was der Fall ist, wenn die GRC in diesem Fall Anwendung findet. Dies stellte zugleich den Hauptstreitpunkt des Urteils dar.

b. Schlussanträge des Generalanwalts *Cruz Villalón*

In seinen Schlussanträgen hat der Generalanwalt *Cruz Villalón* einen Vorschlag zur allgemeinen Bestimmung der Reichweite des Art. 51 Abs. 1 S. 1 GRC im Sinne einer Regel-Ausnahme-Beziehung unterbreitet: Grundsätzlich obliege die Verantwortung für die Grundrechtskontrolle von Handlungen der öffentlichen Gewalt den Mitgliedstaaten, bei denen ein Wertungsspielraum besteht. Eine Ausnahme hiervon komme dann in Betracht, wenn die nationale öffentliche Gewalt das europäische Recht anwende, sodass es zu einer Verlagerung im Sinne einer Übertragung der

---

1037 S. zum Sachverhalt EuGH, *Åkerberg Fransson*, Rs. C-617/10, EU:C:2013:105, Rn. 12ff.

ursprünglichen Verantwortung der Staaten für die Grundrechtsgewährleistung auf die Union komme und ein spezifisches Interesse der Union an der Grundrechtsgewährleistung bestehe.[1038] Dabei sei im Einzelfall unter Berücksichtigung des betroffenen Unionsgrundrechts und des staatlichen Handelns zu prüfen, ob die ursprüngliche Verantwortung der Staaten für die Grundrechtsgewährleistung auf die Union übergegangen sei, wobei es nicht ausreichend sei, dass die Ausübung öffentlicher Gewalt durch die Mitgliedstaaten „auf das Unionsrecht zurückgeht“. Entscheidend sei die „Präsenz“ oder der „Protagonismus des Unionsrechts im nationalen Recht in der jeweiligen Fallkonstellation“.[1039]

Im konkreten Fall sei der Zusammenhang zwischen dem Unionsrecht – der Richtlinie über das gemeinsame Mehrwertsteuersystem[1040] – und dem nationalen Recht nicht ausreichend, um eine Durchführung des Unionsrechts anzunehmen. Aus dieser Richtlinie ergebe sich lediglich die Verpflichtung zu einer effizienten Mehrwertsteuererhebung, wohingegen die schwedischen Regelungen zum Verbot der Doppelbestrafung unabhängig von der Mehrwertsteuererhebung bestünden und damit nicht der Umsetzung von Unionsrecht dienten und die Verpflichtung zu einer effizienten Mehrwertsteuererhebung keine Verlagerung der Verteilung der Verantwortlichkeit für die Gewährleistung der Grundrechte von den Mitgliedstaaten hin zur Union begründe, sodass keine Durchführung des Unionsrechts vorliege.[1041] *Cruz Villalón* unterscheidet zwischen der *causa* und der reinen *occasio*[1042] und sieht es als unverhältnismäßig an, aus der *occasio* (der Konzeption der Reichweite des Verbots der Doppelbestrafung im schwedischen Recht) eine Verlagerung der Verteilung der Verantwortlichkeit für die Gewährleistung der Grundrechte zwischen der Union und den

---

1038 Schlussanträge GA *Cruz Villalón*, *Åkerberg Fransson*, Rs. C-617/10, EU:C:2012:340, Rn. 35ff.; zustimmend *Cariat*, Charte des droits fondamentaux, 2016, S. 408; kritisch dazu *Hancox*, CMLR 50 (2013), S. 1411, 1427; *Kühling*, ZÖR 2013, S. 469, 475; *Fontanelli*, HRLR 14 (2014), S. 231, 255f.

1039 Schlussanträge GA *Cruz Villalón*, *Åkerberg Fransson*, Rs. C-617/10, EU:C:2012:340, Rn. 40f., 47; *Cruz Villalón* geht davon aus, dass es sich um Sachverhalte handeln müsse, „in denen die Legitimität der europäischen *res publica* auf dem Spiel stehen kann“, *ebd.*, Rn. 41; zustimmend zur Berücksichtigung des konkreten Einzelfalls *Kadelbach*, KritV 2013, S. 276, 284.

1040 Richtlinie 2006/112/EG des Rates vom 28. November 2006 über das gemeinsame Mehrwertsteuersystem, ABl. L 347 v. 11.12.2006, S. 1.

1041 Schlussanträge GA *Cruz Villalón*, *Åkerberg Fransson*, Rs. C-617/10, EU:C:2012:340, Rn. 56ff.

1042 Schlussanträge GA *Cruz Villalón*, *Åkerberg Fransson*, Rs. C-617/10, EU:C:2012:340, Rn. 61.

Staaten herzuleiten.[1043] Mangels einer Durchführung des Unionsrechts im Sinne von Art. 51 Abs. 1 S. 1 GRC sei der EuGH für die Beantwortung der Vorlagefragen folglich nicht zuständig.[1044]

c. Entscheidung des EuGH

Der EuGH hat sich dieser Auffassung des Generalanwalts *Cruz Villalón* nicht angeschlossen. Unter Verweis auf die ständige Rechtsprechung zur Frage der mitgliedstaatlichen Bindung an Unionsgrundrechte, die durch Art. 51 Abs. 1 S. 1 GRC bestätigt werde, hat der EuGH in seinem Urteil zunächst festgestellt, „dass die in der Unionsrechtsordnung garantierten Grundrechte in allen unionsrechtlich geregelten Fallgestaltungen, aber nicht außerhalb derselben Anwendung finden."[1045] Der Gerichtshof hat sodann unter Verweis auf die Erläuterungen zu Art. 51 GRC ausgeführt, dass die bisherige Rechtsprechung zur Grundrechtsbindung der Mitgliedstaaten auch unter der Grundrechtecharta fortgelte und betont, dass „wenn eine nationale Rechtsvorschrift in den Geltungsbereich des Unionsrechts fällt, (…) keine Fallgestaltungen denkbar [sind], die vom Unionsrecht erfasst würden, ohne dass diese Grundrechte anwendbar wären."[1046] In der Rechtssache *Åkerberg Fransson* stehe das Strafverfahren im Zusammenhang mit der Nichteinhaltung von Mitteilungspflichten auf dem Gebiet der Mehrwertsteuer. Aus den Art. 2, 250 Abs. 1 und 273 der Richtlinie 2006/112/EG des Rates vom 28. November 2006 über das gemeinsame Mehrwertsteuersystem sowie aus Art. 4 Abs. 3 EUV ergebe sich die Verpflichtung der Mitgliedstaaten zum Erlass von Rechts- und Verwaltungsvorschriften zur Gewährleistung der Erhebung der gesamten in ihrem Hoheitsgebiet geschuldeten Mehrwertsteuer sowie zur Bekämpfung des Mehrwertsteuerbetrugs. Zudem seien die Mitgliedstaaten nach Art. 325 AEUV verpflichtet, zur Bekämpfung von rechtswidrigen Handlungen, die sich gegen die finanziellen Interessen der Union richten, abschreckende und wirksame Maßnahmen zu ergreifen. Da die Einnahmen aus der Mehrwertsteuer der Mitgliedstaaten auch Bestandteil des Haushalts

---

1043 Schlussanträge GA *Cruz Villalón*, *Åkerberg Fransson*, Rs. C-617/10, EU:C:2012:340, Rn. 61ff.

1044 Schlussanträge GA *Cruz Villalón*, *Åkerberg Fransson*, Rs. C-617/10, EU:C:2012:340, Rn. 64.

1045 EuGH, *Åkerberg Fransson*, Rs. C-617/10, EU:C:2013:105, Rn. 18f.

1046 EuGH, *Åkerberg Fransson*, Rs. C-617/10, EU:C:2013:105, Rn. 20f.

der Union seien, seien finanzielle Interessen der Union betroffen. Der Gerichtshof kam daher zu dem Ergebnis, dass steuerliche Sanktionen und ein Strafverfahren wegen Steuerhinterziehung aufgrund unrichtiger Angaben zur Mehrwertsteuer als Durchführung der Richtlinie 2006/112 sowie von Art. 325 AEUV anzusehen sei und somit eine Durchführung des Unionsrechts im Sinne von Art. 51 Abs. 1 der Charta darstelle.[1047]

Die Argumentation des EuGH beruht – vereinfacht – auf der Überlegung, dass die Mitgliedstaaten aufgrund unionsrechtlicher Vorschriften verpflichtet sind, finanzielle Interessen der Union wahrzunehmen. Eine ausführliche Auseinandersetzung mit Art. 51 Abs. 1 S. 1 GRC unterbleibt in der Entscheidung des EuGH, die Auslegung erfolgt einzig unter Hinweis auf die Erläuterungen zur Charta. Auch eine allgemein gültige Definition des Begriffs der „Durchführung“ wird nicht formuliert.

d. Reaktionen und Bewertung

Die Entscheidung des EuGH hat zu einer breiten Diskussion in der rechtswissenschaftlichen Literatur geführt.[1048] Neben dem Vorwurf, dass die Aussagen der Entscheidung des EuGH zu allgemein gehalten seien und

---

1047 EuGH, *Åkerberg Fransson,* Rs. C-617/10, EU:C:2013:105, Rn. 24ff.; zu Art. 50 GRC führte der Gerichtshof aus, dass eine Kombination von steuerlichen und strafrechtlichen Sanktionen zulässig sein könne. Art. 50 GRC stehe der Einleitung eines Strafverfahrens dann entgegen, wenn eine verwaltungsrechtliche Sanktion strafrechtlichen Charakter habe, wobei als Kriterien die rechtliche Einordnung der Zuwiderhandlung im innerstaatlichen Recht, die Art der Zuwiderhandlung und die Art und der Schweregrad der angedrohten Sanktion zu beachten seien. Die Entscheidung, ob die Kumulierung von steuerlichen und strafrechtlichen Sanktionen am Maßstab des Grundsatzes *ne bis in idem* zulässig ist, überließ der EuGH den nationalen Gerichten, EuGH, *Åkerberg Fransson,* Rs. C-617/10, EU:C:2013:105, Rn. 34ff.; zur Reaktion der schwedischen Justiz in einem vergleichbaren Fall s. *Zeder*, ÖJZ 2014, S. 494, 498.

1048 Zustimmend etwa *Gstrein/Zeitzmann*, ZEuS 2013, S. 254ff.; *Kadelbach*, KritV 2013, S. 276, 284f.; *Kühling*, ZÖR 2013, S. 469, 474; *Lenz*, EWS 2013/Heft 3, S. I; *Ritleng*, RTDE 2013, S. 267, 275ff.; *Sarmiento*, CMLR 50 (2013), S. 1267, 1277; *Szwarc*, European Public Law 20 (2014), S. 229, 239ff.; *Dougan*, CMLR 52 (2015), S. 1201, 1214f.; *Pirker*, Grundrechtsschutz, 2018, S. 339ff.; kritisch hingegen *Eckstein*, ZJS 5/2013, S. 220, 224f.; *Posch*, ÖJZ 2013, S. 380ff.; *Frenzel*, Der Staat 53 (2014), S. 1, 21ff.; *Kingreen*, EuR 2013, S. 446, 451ff.; *ders.*, JZ 2013, S. 801, 804; *Rabe*, NJW 2013, S. 1407, 1408; *Weiß*, EuZW 2013, S. 287, 288; *Britz*, EuGRZ 2015, S. 275, 278; *Dombert*, Grundrechtsföderalismus, 2017, S. 24f.

eine vertiefte Auslegung des Art. 51 Abs. 1 S. 1 GRC unterbleibe,[1049] setzt die vorgebrachte Kritik insbesondere am fehlenden Bezug zum Unionsrecht an. Der Bezug sei nicht ausreichend, um eine Durchführung i.S.d. Art. 51 Abs. 1 S. 1 GRC zu bejahen: Da es sich sowohl bei dem Steuer- als auch dem Strafrecht um besonders sensible Bereiche handele und diese unionsrechtlich weder determiniert noch irgendwie veranlasst seien, sei der Zusammenhang zwischen nationalem Recht und Unionsrecht zu unspezifisch, um den Vorgaben des Art. 51 Abs. 1 S. 1 GRC zu entsprechen.[1050] Da die vom EuGH zitierten Vorschriften der Mehrwertsteuerrichtlinie nur festlegen, welche Umsätze der Mehrwertsteuer unterliegen, eine Erklärungspflicht normieren sowie die Möglichkeit der Einführung weiterer Pflichten durch die Mitgliedstaaten erlauben, aber gerade keine Bestimmungen hinsichtlich der Vollstreckung von Umsatzsteuerdelikten enthalten, könne nicht von einer Durchführung gesprochen werden.[1051] Einen Zusammenhang zum schwedischen Recht könne einzig Art. 273 der Richtlinie begründen, der Mitgliedstaaten ermächtigt, weitere Pflichten vorzusehen, um eine genaue Erhebung der Steuer sicherzustellen und um Steuerhinterziehung zu vermeiden; ob sich dies als Durchführung bezeichnen lässt, sei jedoch fraglich.[1052] Da die Richtlinie keine Vorgaben zur Sanktionierung von Verstößen gegen die Mehrwertsteuererhebung enthält, könne diese keine Bindungswirkung an die Unionsgrundrechte vermitteln, wenn es um straf- bzw. verwaltungsrechtliche Sanktionen gehe.[1053] Aus Art. 325 AEUV folge schließlich lediglich die Pflicht zur Bekämpfung rechtswidriger Handlungen, die sich gegen die finanziellen Interessen der Union richten; im Ausgangsverfahren gehe es jedoch um die Frage, wie sich verwaltungs- und strafrechtliche Sanktionen zueinan-

---

1049 *Hoffmann/Kollmar*, DVBl. 2013, S. 717, 717; *Grabenwarter*, in: Schumann (Hrsg.), Hierarchie, Kooperation und Integration, 2015, S. 129, 138; s. auch *Dombert*, Grundrechtsföderalismus, 2017, S. 24f., der kritisiert, dass eine Subsumtion des Sachverhalts unterbleibe und der EuGH lediglich Feststellungen treffe.

1050 *Grimm*, JZ 2013, S. 585, 591; *Fontanelli*, Columbia Journal of European Law 20 (2014), S. 193, 217; *Frenzel*, Der Staat 53 (2014), S. 1, 18f.; einen konstruierten Zusammenhang annehmend *Safferling*, NStZ 2014, S. 545, 548; einen weit hergeholten Bezug sieht *Bucher*, ZEuS 2016, S. 203, 220; von vagen Bezügen ausgehend *Ogorek*, JA 2013, S. 956, 958; s. auch *Huber*, in: Streinz (Hrsg.), EUV/AEUV, 3. Aufl., 2018, Art. 19 EUV, Rn. 35f.

1051 *Van Bockel/Wattel*, ELR 38 (2013), S. 866, 877; *Kingreen*, EuR 2013, S. 446, 451; *Fontanelli*, Columbia Journal of European Law 20 (2014), S. 193, 217.

1052 *Fontanelli*, EuConst 9 (2013), S. 315, 325.

1053 *Maier*, Grundrechtsschutz, 2014, S. 172.

der verhalten, die (Nicht-)Erfüllung der Pflichten des Art. 325 AEUV sei hingegen nicht berührt.[1054] Gegen eine Bindung an Unionsgrundrechte spreche zudem, dass das Sanktionenrecht, soweit es Strafrecht ist, in den Zuständigkeitsbereich der Mitgliedstaaten fällt und die Einordnung eines Strafverfahrens als Durchführung einer Richtlinie daher nicht überzeugen könne.[1055] Das Urteil stelle daher eine nicht unbedenkliche Ausweitung des Begriffs der Durchführung dar.[1056] Denkbar sei zudem nach dieser Entscheidung, dass praktisch jegliches mitgliedstaatliche Handeln mit Bezug zum Unionsrecht am Maßstab der Unionsgrundrechte zu prüfen wäre.[1057]

Überzeugen können diese Argumente letztlich nicht, auch wenn sich das entschiedene Verfahren als „Grenzfall" erweist.[1058] Die zum Teil sehr deutlichen kritischen Reaktionen, insbesondere in Deutschland, lassen sich zunächst damit erklären, dass Teile der deutschen Rechtswissenschaft den Begriff „Durchführung" weiterhin in einem engen Sinne verstehen.[1059] Wie bereits gezeigt, ist dieses Verständnis jedoch abzulehnen. Art. 51 Abs. 1 S. 1 GRC steht zwar einer umfassenden Bindung der Mitgliedstaaten an Unionsgrundrechte entgegen, ist jedoch einem weiten Verständnis des Begriffs Durchführung zugänglich.[1060] Daher kann auch nicht der Einwand überzeugen, dass die Begründung des Gerichtshofs in *Åkerberg Fransson* nicht akzeptabel sei, da der irreführende Eindruck entstehe, dass die Mitgliedstaaten mit Art. 51 Abs. 1 S. 1 GRC die Rechtsprechung zur mitgliedstaatlichen Bindung vor Inkrafttreten der GRC kodifiziert hätten.[1061] Diese Kodifizierung war, wie gezeigt, von einem Großteil der an der Ausarbeitung der Charta Beteiligten intendiert.

Zu fragen ist somit, ob die Entscheidung des EuGH den anerkannten Konstellationen zur mitgliedstaatlichen Bindung entspricht. Hierzu ist zunächst festzustellen, dass das Mehrwertsteuerrecht und die daraus resul-

---

1054 *Kingreen*, EuR 2013, S. 446, 451.

1055 *Grabenwarter*, in: Schumann (Hrsg.), Hierarchie, Kooperation und Integration, 2015, S. 129, 138.

1056 *Pache*, in: Pechstein/Nowak/Häde (Hrsg.), Frankfurter Kommentar EUV/GRC/AEUV, 2017, Art. 51 GRC, Rn. 27; zur Kritik, dass sich die Entscheidung über den Wortlaut des Art. 51 Abs. 1 S. 1 GRC hinwegsetze *Weiß*, EuZW 2013, S. 287, 288.

1057 *Geiß*, DÖV 2014, S. 265, 267; *Voßkuhle*, RdA 2015, S. 336, 341; *Langenfeld*, in: Heusel/Rageade (Hrsg.), Authority of EU Law, 2019, S. 87, 92.

1058 *Kadelbach*, KritV 2013, S. 276, 284.

1059 Vgl. *Griller*, VVDStRL 77 (2018), S. 237, 275f.

1060 S. oben 2. Kapitel, B., VI.

1061 *Folz*, in: Vedder/Heintschel von Heinegg (Hrsg.), Europäisches Unionsrecht, 2018, Art. 51 GRC, Rn. 13.

tierende Verpflichtung der Mitgliedstaaten zur Zahlung von Beiträgen aus dem Mehrwertsteueraufkommen an die Union unbestritten eine Frage des Unionsrechts ist.[1062] Zwar beziehen sich die nationalen, schwedischen Vorschriften auf das gesamte Steuersystem, sind jedoch zugleich auch maßgeblich für die Erhebung der unionsrechtlich geregelten Mehrwehrsteuer und tragen somit (auch) zur Durchsetzung unionsrechtlicher Bestimmungen bei. Die Situation in der Rechtssache *Åkerberg Fransson* entspricht daher der sog. *Wachauf*-Konstellation, in welcher Mitgliedstaaten zwar nicht Unionsrecht unmittelbar umsetzen, jedoch unionsrechtlichen Verpflichtungen nachkommen.[1063] Die einheitliche Durchsetzung und Sanktionierung des Mehrwertsteueranspruchs ist zudem von grundlegender Bedeutung für den Binnenmarkt, sodass sich damit die Geltung der Unionsgrundrechte begründen lässt.[1064] Der Einwand, dass das schwedische Recht nicht der Umsetzung der Mehrwertsteuerrichtlinie diente, sondern vor dieser erlassen wurde, kann dieses Ergebnis nicht infrage stellen, weil es für die Grundrechtsbindung keinen Unterschied machen kann, ob zur Verwirklichung von Richtlinien nationale Vorschriften erst erlassen werden müssen oder ob das nationale Recht bereits der Richtlinie entspricht, da sich andernfalls je nach Ausgestaltung des nationalen Rechts verschiedene Schutzniveaus ergeben könnten.[1065] Maßgeblich sind demnach objektive Kriterien zur Bestimmung der Reichweite des Art. 51 Abs. 1 S. 1 GRC. Auf Gesichtspunkte subjektiver Art wie das mitgliedstaatlich verfolgte Ziel beim Erlass einer Vorschrift kann es nicht ankommen. Trotz des vermeintlich losen Zusammenhangs des Sachverhalts mit dem Unionsrecht lassen sich die Pflichten zur effektiven Mehrwertsteuererhebung und Bekämpfung des Mehrwertsteuerbetrugs als „Durchführung" im weiteren Sinne einordnen.[1066] Der wirksame und gleichwertige Schutz der finanziellen Interessen der Union, der in der Sachverhaltskonstellation

---

1062 *Dougan*, CMLR 52 (2015), S. 1201, 1214f.; ähnlich *Winter*, NZA 2013, S. 473, 474f.; *Hancox*, CMLR 50 (2013), S. 1411, 1431.

1063 *Holoubek*, in: Becker/Hatje/Potacs/Wunderlich (Hrsg.), FS Schwarze, 2014, S. 109, 121; von einer Fortschreibung der bisherigen Rechtsprechung ausgehend auch *Winter*, NZA 2013, S. 473, 477; weder der *Wachauf*- noch der *ERT*-Rechtsprechung zuordnend *van Bockel/Wattel*, ELR 38 (2013), S. 866, 877.

1064 *Kokott*, NZWiSt 2017, S. 409, 410.

1065 *Kadelbach*, KritV 2013, S. 276, 284; zu diesem Einwand *Edenharter*, Grundrechtsschutz, 2018, S. 702f.

1066 *Thym*, NVwZ 2013, S. 889, 894; s. auch *Rauchegger*, in: *Bernitz*, in: de Vries/Bernitz/Weatherill (Hrsg.), EU Charter of Fundamental Rights as Binding Instrument, 2015, S. 93, 106f.

berührt ist, kann auch von einem gleichwertigen Schutz der Grundrechte begleitet werden.[1067]

Hilfreich bei der Einordnung dieser Entscheidung ist auch ein Blick in die Vergangenheit: Bereits vor Inkrafttreten der Grundrechtecharta hat der EuGH entschieden, dass das Mehrwertsteuerrecht unter das Unionsrecht fällt und der unionsrechtliche Gleichheitssatz daher auch bei der Anwendung nationaler Verfahrensvorschriften anwendbar ist.[1068] Eine mitgliedstaatliche Grundrechtsbindung wurde zudem bei der Auslegung innerstaatlicher Strafvorschriften angenommen, wenn das anwendbare Sekundärrecht die Mitgliedstaaten dazu verpflichtet, geeignete Maßregeln bzw. geeignete Sanktionen für die Nichteinhaltung der durch das Sekundärrecht geforderten Handlungen anzudrohen, ohne dass für diese Maßregeln oder Sanktionen nähere Vorgaben aufgestellt werden.[1069] Zwar enthält die Mehrwertsteuerrichtline gerade keine Regelungen zu möglichen Sanktionen, wenn die Mehrwertsteuer nicht ordnungsgemäß gezahlt wird. Der EuGH hat jedoch in anderen Entscheidungen festgestellt, dass die Mitgliedstaaten dazu verpflichtet sind, „alle Rechts- und Verwaltungsvorschriften zu erlassen, die geeignet sind, die Erhebung der gesamten in seinem Hoheitsgebiet geschuldeten Mehrwertsteuer zu gewährleisten."[1070] Insbesondere stehe es den Mitgliedstaaten zwar frei, die aus ihrer Sicht sachgerechte Sanktion zu wählen, um Steuerhinterziehung im Bereich der Mehrwertsteuer zu ahnden, dabei seien die Mitgliedstaaten jedoch zur Beachtung des Unionsrechts und seiner allgemeinen Grundsätze verpflichtet.[1071] Auch die Aussage in der Rechtssache *Kremzow*, wonach Unionsgrundrechte nicht zu beachten sind, sofern nationale Vorschriften nicht dazu bestimmt sind, „die Beachtung gemeinschaftsrechtlicher Normen sicherzustellen" kann dahingehend gedeutet werden, dass eine Pflicht zur Beachtung der Unionsgrundrechte umgekehrt besteht, wenn innerstaatliches Strafrecht dazu bestimmt ist, die Sicherstellung unionsrechtlicher

1067 *Vervaele*, Review of European Administrative Law 6 (2013), S. 113, 130.

1068 EuGH, *SFI*, Rs. C-85/97, EU:C:1998:552, Rn. 30f.; *Schima*, Fordham International Law Journal 38 (2015), S. 1097, 1109.

1069 S. etwa die Rechtssache EuGH, *Berlusconi u.a.*, verb. Rs. C-387/02, C-391/02 und C-403/02, EU:C:2005:270, Rn. 9, 14, 17, 69.

1070 EuGH, *Kommission/Italien*, Rs. C-132/06, EU:C:2008:412, Rn. 37; s. auch *Belvedere Costruzioni*, Rs. C-500/10, EU:C:2012:186, Rn. 20ff.

1071 EuGH, *Louloudakis*, C-262/99, EU:C:2001:407, Rn. 67; *Profaktor Kulesza*, Rs. C-188/09, EU:C:2010:454, Rn. 29.

Normen zu gewährleisten.[1072] Das dem Rechtsstreit zugrunde liegende Recht dient (auch) der Sicherstellung der Erhebung der Mehrwertsteuer, welche zu den Eigenmitteln der Union beiträgt, und daher auch der Sicherstellung unionsrechtlicher Normen. Vor diesem Hintergrund ist die Entscheidung des EuGH in *Åkerberg Fransson*, Unionsgrundrechte anzuwenden, nur wenig überraschend – das gegenteilige Ergebnis hätte zudem eine Schwächung des Grundrechtsschutzes bei der Umsetzung und Durchführung von Richtlinien bedeutet.[1073] Die Annahme, dass sich der Gerichtshof von den Bindungskonstellationen vor Inkrafttreten der Charta verabschiedet habe und das Urteil eine unzulässige richterliche Rechtsfortbildung darstelle, kann daher nicht überzeugen.[1074]

Bei der Bewertung dieser Entscheidung darf zudem nicht ausgeblendet werden, dass der grundrechtliche Schutz in Schweden keine große Tradition hat und insbesondere keine umfassende Rechtsprechung zu den Grundrechten wie etwa in Deutschland besteht, sodass die Entscheidung des EuGH eine Stärkung der Judikative bewirken kann.[1075]

Das Bundesverfassungsgericht hat diese Entscheidung zum Anlass genommen, deutliche Worte an den EuGH zu richten: Im Urteil zur Verfassungsmäßigkeit der sog. Antiterrordatei hat das Bundesverfassungsgericht ausgeführt, dass der Rechtssache *Åkerberg Fransson* „im Sinne eines kooperativen Miteinanders zwischen dem Bundesverfassungsgericht und dem Europäischen Gerichtshof (…) keine Lesart unterlegt werden [darf], nach der diese offensichtlich als *Ultra-vires*-Akt zu beurteilen wäre oder Schutz und Durchsetzung der mitgliedstaatlichen Grundrechte in einer Weise

---

1072 EuGH, *Kremzow*, Rs. C-299/95, EU:C:1997:254, Rn. 16ff.; s. zu dieser Deutung *Stangl*, in: Kahl/Raschauer/Storr (Hrsg.), Grundsatzfragen, 2013, S. 1, 15, 21.

1073 Vgl. *Bernitz*, in: de Vries/Bernitz/Weatherill (Hrsg.), EU Charter of Fundamental Rights as Binding Instrument, 2015, S. 155, 158; *ders.* in: Nergelius/Kristoffersson (Hrsg.), Human Rights in Contemporary European Law, 2015, S. 191, 199; s. auch *Epiney*, CDE 2014, S. 283, 293f.

1074 So jedoch *Maier*, Grundrechtsschutz, 2014, S. 171; a.A. *Stangl*, in: Kahl/Raschauer/Storr (Hrsg.), Grundsatzfragen, 2013, S. 1, 21; *Fontanelli*, HRLR 14 (2014), S. 231, 261; *Lazzerini*, in: Palmisano (Hrsg.), Making the Charter of Fundamental Rights a Living Instrument, 2014, S. 30, 42; keinen Bruch mit der bisherigen Rechtsprechung des EuGH, aber expansive Tendenzen, die nicht von Art. 51 Abs. 1 S. 1 GRC vorgesehen seien, sieht *Lange*, NVwZ 2014, S. 169, 171f.

1075 Vgl. *Kadelbach*, KritV 2013, S. 276, 285; *Kingreen*, EuR 2013, S. 446, 451f. sieht dies als Argument gegen eine Anwendung der Grundrechtsbindung, da insofern das funktionierende, schwedische System, in welchem individuelle Rechte vorwiegend durch unabhängige Ombudsleute geschützt werden, geändert werden würde.

gefährdete (Art. 23 Abs. 1 S. 1 GG), dass dies die Identität der durch das Grundgesetz errichteten Verfassungsordnung in Frage stellte (…). Insofern darf die Entscheidung nicht in einer Weise verstanden und angewendet werden, nach der für eine Bindung der Mitgliedstaaten durch die in der Grundrechtecharta niedergelegten Grundrechte der Europäischen Union jeder sachliche Bezug einer Regelung zum bloß abstrakten Anwendungsbereich des Unionsrecht oder rein tatsächliche Auswirkungen auf dieses ausreiche."[1076] Die Einordnung als *Ultra-vires*-Akt ist nach den Kriterien des Bundesverfassungsgerichts[1077] allerdings mehr als zweifelhaft, da sich die Entscheidung des EuGH – wie gezeigt – „im üblichen rechtswissenschaftlichen Diskussionsrahmen" bewegt und somit keinen *Ultra-vires*-Akt darstellen kann.[1078] Naheliegend ist es, die Ausführungen des Bundesverfassungsgerichts als Aufforderung an den EuGH zu verstehen, wonach dieser Kriterien zur Bestimmung bzw. Eingrenzung des Anwendungsbereichs des Art. 51 Abs. 1 S. 1 GRC zu entwickeln habe, sodass nationale Verfassungsgerichte weiterhin im Bereich des Grundrechtsschutzes eine bedeutende Stellung einnehmen können.[1079]

Zusammenfassend zeigt sich, dass der EuGH mit der Rechtssache *Åkerberg Fransson* bestätigt, dass Art. 51 Abs. 1 S. 1 GRC die Rechtslage vor Inkrafttreten der Charta kodifiziert und er andeutet, dass die Begriffe „Anwendungsbereich" und „Durchführung" identisch zu verstehen sind.[1080] Die Entscheidung lässt die genauen Kriterien, wann eine „Durchführung" i.S.d. Art. 51 Abs. 1 S. 1 GRC zu bejahen ist, offen. Sie deutet jedoch in Richtung eines weiten Verständnisses dieses Begriffs. Zugleich lässt sie sich so verstehen, dass mit dieser Entscheidung der EuGH den Willen zur Fortführung und Vervollständigung der bisherigen Grundsätze zur mitgliedstaatlichen Bindung an Unionsgrundrechte erkennen lässt.[1081]

1076 BVerfGE 133, 277 (316) – *Antiterrordateigesetz*; der Pressemitteilung Nr. 31/2013 v. 24.04.2013 zu dieser Entscheidung ist zu entnehmen, dass der Senat davon ausgeht, „dass die in der EuGH-Entscheidung enthaltenen Aussagen auf Besonderheiten des Umsatzsteuerrechts beruhen, aber keine grundsätzliche Auffassung äußern".

1077 S. dazu bereits oben 1. Kapitel, I., 2.

1078 *Thym*, NVwZ 2013, S. 889, 891; *Ohler*, NVwZ 2013, S. 1433, 1436; *Weiß*, EuZW 2013, S. 287, 289; *Wegner*, HRRS 2013, S. 126, 129; *Franzius*, EuGRZ 2015, S. 139, 141.

1079 Vgl. „Editorial Comments, Ultra vires – has the Bundesverfassungsgericht shown its teeth?", CMLR 50 (2013), S. 925, 929.

1080 *Dougan*, CMLR 52 (2015), S. 1201, 1206.

1081 *Epiney*, CDE 2014, S. 283, 293; *Pirker*, Grundrechtsschutz, 2018, S. 342.

2. Einschränkung der Entscheidung *Åkerberg Fransson*? – Rechtssachen *Siragusa, Torralbo Marcos, Hernández* und *Dano*

Nach der Entscheidung in der Rechtssache *Åkerberg Fransson* lehnte der Gerichtshof etwa in den Rechtssachen *Siragusa*, *Torralbo Marcos*, *Hernández* und *Dano* eine Bindung der Mitgliedstaaten an Unionsgrundrechte ab, obwohl jeweils Bezugspunkte zum Unionsrecht vorhanden waren, weshalb eine Durchführung i.S.d. Art. 51 Abs. 1 S. 1 GRC jedenfalls denkbar war. Diese Entscheidungen wurden daher im Schrifttum als Korrektur eines zu expansiven Verständnisses des Art. 51 Abs. 1 S. 1 GRC in *Åkerberg Fransson* gedeutet.[1082]

a. Rechtssache *Siragusa*

Hintergrund des Verfahrens in der Rechtssache *Siragusa* war die Anordnung einer italienischen Behörde, die Herrn *Siragusa* dazu verpflichtete, ohne vorherige Genehmigung errichtete Bauten auf seinem Grundstück in einem Landschaftsschutzgebiet zu beseitigen.[1083] Das vorlegende italienische Gericht war der Auffassung, dass der Bereich des Landschaftsschutzes im Unionsrecht Teil des Umweltschutzes sei, wobei auf verschiedene unionsrechtliche Vorschriften verwiesen wurde. Daher seien Art. 17 GRC und der Grundsatz der Verhältnismäßigkeit als allgemeiner Grundsatz anwendbar, welche im Widerspruch zu der streitgegenständlichen Regelung stehen könnten, wonach eine nachträgliche Genehmigung unabhängig von der konkreten Feststellung der Vereinbarkeit der Eingriffe mit den Werten des Landschaftsschutzes des spezifischen betroffenen Orts nicht möglich ist. Der Gerichtshof hat die Anwendbarkeit der GRC verneint und betont, „dass der Begriff der ‚Durchführung des Rechts der Union' im Sinne von Art. 51 der Charta einen hinreichenden Zusammenhang von einem gewissen Grad verlangt, der darüber hinausgeht, dass die fraglichen Sachbereiche benachbart sind oder der eine von ihnen mittelbare Auswirkungen auf den anderen haben kann."[1084] Sodann verwies der EuGH auf die in *Annibaldi*, *Iida* und *Ymerga* entwickelten Kriterien, wonach es u.a. darauf ankommt, welchen Charakter die nationale Regelung hat, ob mit dieser die

1082 Vgl. etwa *Ludwigs/Sikora*, JuS 2017, S. 385, 390; *Starke*, DVBl. 2017, S. 721, 726.
1083 S. zum Sachverhalt EuGH, *Siragusa*, Rs. C-206/13, EU:C:2014:126, Rn. 7ff.
1084 EuGH, *Siragusa*, Rs. C-206/13, EU:C:2014:126, Rn. 24 unter Verweis auf EuGH, *Kremzow*, Rs. C-299/95, EU:C:1997:254, Rn. 16.

Durchführung einer Bestimmung des Unionsrechts bezweckt wird, welche Ziele mit der Regelung verfolgt werden sowie das Bestehen einer unionsrechtlichen Regelung, die für diesen Bereich spezifisch ist oder ihn beeinflussen kann.[1085] Zudem seien Unionsgrundrechte insbesondere dann nicht anwendbar, wenn das Unionsrecht keine Verpflichtungen der Mitgliedstaaten im Hinblick auf den im Ausgangsverfahren fraglichen Sachverhalt schafft.[1086] Unter Zugrundelegung dieser Kriterien kam der EuGH zu dem Ergebnis, dass weder primärrechtliche noch sekundärrechtliche Vorschriften den Mitgliedstaaten bestimmte Verpflichtungen im Hinblick auf den Landschaftsschutz auferlegten. Auch entsprächen die Ziele der nationalen Regelungen nicht denen des einschlägigen Primärrechts, sodass das vorlegende Gericht keinen hinreichenden Zusammenhang zum Unionsrecht aufgezeigt habe und die Unionsgrundrechte nicht anwendbar seien.[1087] Wie auch in *Åkerberg Fransson* ergaben sich in dem Sachverhalt in *Siragusa* aus dem Unionsrecht keine speziellen Verpflichtungen, weshalb gefolgert werden könne, dass der Gerichtshof ein restriktives Verständnis der mitgliedstaatlichen Bindung an Unionsgrundrechte in der Rechtssache *Siragusa* entwickelt habe.[1088] Möglich ist auch eine Lesart, wonach als entscheidendes Kriterium für die Grundrechtsbindung der Mitgliedstaaten zu prüfen ist, ob eine spezielle Verpflichtung für Mitgliedstaaten durch das Unionsrecht besteht.[1089]

b. Rechtssache *Torralbo Marcos*

In der Rechtssache *Torralbo Marcos* war fraglich, ob die Verpflichtung zur Entrichtung einer Gebühr für die Einlegung eines Rechtsmittels im Rahmen eines Zwangsvollstreckungsverfahrens, um die Feststellung der Zahlungsunfähigkeit des Arbeitgebers durch das Gericht zu erlangen, die dem Arbeitnehmer Zugang zu den Leistungen der zuständigen Garantie-

---

1085 EuGH, *Siragusa*, Rs. C-206/13, EU:C:2014:126, Rn. 25.
1086 EuGH, *Siragusa*, Rs. C-206/13, EU:C:2014:126, Rn. 26 unter Verweis auf EuGH, *Maurin*, Rs. C-144/95, EU:C:1996:235, Rn. 11 und 12.
1087 EuGH, *Siragusa*, Rs. C-206/13, EU:C:2014:126, Rn. 27ff.
1088 So etwa *Douglas-Scott*, in: Schütze/Tridimas (Hrsg.), Oxford Principles, Vol. I, 2018, S. 383, 392.
1089 *Fontanelli*, Columbia Journal of European Law 20 (2014), S. 193, 242.

einrichtung gemäß der Richtlinie 2008/94/EG[1090] verschafft, mit Art. 47 GRC vereinbar ist.[1091] Nach Darstellung der Grundsätze der Rechtssache *Åkerberg Fransson*, stellte der EuGH fest, dass die streitgegenständliche nationale Vorschrift nicht bezwecke, Bestimmungen des Unionsrechts durchzuführen; zudem enthalte das Unionsrecht keine spezielle Regelung im Bereich der Gebühren der Rechtspflege und keine Regelung, die sich auf diese nationale Regelung auswirken könnte.[1092] Ferner betreffe der Gegenstand des Ausgangsverfahrens einzig die Auslegung oder Anwendung der fraglichen Norm der Charta, nicht jedoch einer anderen Norm des Unionsrechts.[1093] Mit dieser Entscheidung bekräftigte der EuGH, wie bereits in *Siragusa*, dass die Frage, ob mit der nationalen Vorschrift die Durchführung einer Bestimmung des Unionsrechts bezweckt wird, ein wesentliches Kriterium zur Feststellung der Anwendbarkeit der Charta ist, sodass es auf einen gewissen finalen Zusammenhang zwischen nationalem Recht und Unionsrecht ankommt.[1094]

c. Rechtssache *Hernández*

In der Rechtssache *Hernández* hat der Gerichtshof weitere Hinweise zum Verständnis des Art. 51 Abs. 1 S. 1 GRC gegeben. Gegenstand dieses Vorabentscheidungsersuchens war die Frage, ob der spanische Staat zur Zahlung ausstehender Gehälter verpflichtet ist, wenn eine ausgesprochene Kündigung nichtig und der Arbeitgeber zahlungsunfähig ist.[1095] Die spanischen Rechtsvorschriften sahen eine entsprechende Zahlungsverpflichtung des Staates nach dem 60. Werktag nach der Erhebung einer Kündigungsschutzklage nur dann vor, wenn die Kündigung für rechtswidrig erklärt wurde. Das vorlegende Gericht wollte u.a. wissen, ob eine entsprechende Regelung, welche die Zahlungsverpflichtung nur bei einer rechtswidrigen

---

1090 Richtlinie 2008/94/EG des Europäischen Parlaments und des Rates vom 22. Oktober 2008 über den Schutz der Arbeitnehmer bei Zahlungsunfähigkeit des Arbeitgebers, ABl. L 283 v. 28.10.2008, S. 36.

1091 EuGH, *Torralbo Marcos*, Rs. C-265/13, EU:C:2014:187, Rn. 25.

1092 EuGH, *Torralbo Marcos*, Rs. C-265/13, EU:C:2014:187, Rn. 28ff.

1093 EuGH, *Torralbo Marcos*, Rs. C-265/13, EU:C:2014:187, Rn. 33; insbesondere falle der Streitgegenstand weder in den Anwendungsbereich der Richtlinie 2008/94/EG noch allgemein in den des Unionsrechts, *ebd.*, Rn. 36ff.

1094 *Edenharter*, Grundrechtsschutz, 2018, S. 708.

1095 Zum Sachverhalt EuGH, *Hernández u.a.*, Rs. C-198/13, EU:C:2014:2055, Rn. 19ff.

Kündigung und nicht bei einer nichtigen Kündigung vorsieht, mit Art. 20 der Charta oder jedenfalls mit dem allgemeinen Grundsatz der Gleichheit und der Nichtdiskriminierung im Unionsrecht vereinbar ist. Bezugspunkt zum Unionsrecht könnte dabei die Richtlinie 2008/94/EG über den Schutz der Arbeitnehmer bei Zahlungsunfähigkeit des Arbeitgebers sein.[1096]

Der Gerichtshof bestätigte in seiner Entscheidung zunächst die Grundsätze der Rechtssache *Siragusa*, wonach „der Begriff der ‚Durchführung des Rechts der Union' im Sinne von Art. 51 der Charta das Vorliegen eines Zusammenhangs zwischen einem Unionsrechtsakt und der fraglichen nationalen Maßnahme voraussetzt, der darüber hinausgeht, dass die fraglichen Sachbereiche benachbart sind oder der eine von ihnen mittelbare Auswirkungen auf den anderen haben kann."[1097] Der EuGH prüfte sodann die bereits in *Siragusa* dargelegten Kriterien, wonach es darauf ankomme, ob das Unionsrecht für die Mitgliedstaaten bestimmte Verpflichtungen in dem streitgegenständlichen Bereich schafft, ob eine Durchführung des Unionsrechts bezweckt wird, welchen Charakter die nationale Vorschrift hat, welche Ziele mit dieser verfolgt werden sowie ob es eine Regelung des Unionsrechts gibt, die für diesen Bereich spezifisch ist oder ihn beeinflussen kann.[1098] Der Gerichtshof stellte dabei fest, dass die spanischen Vorschriften einen Anspruch des Arbeitgebers gegen den spanischen Staat begründeten, der bei Zahlungsunfähigkeit auf den Arbeitnehmer übergehen könne, jedoch keine Ansprüche von Arbeitnehmern aus Arbeitsverträgen oder Arbeitsverhältnissen gegen zahlungsunfähige Arbeitgeber, wie dies die Richtlinie 2008/94/EG vorsehe. Zudem verfolgten die nationalen Regelungen das Ziel, dafür Sorge zu tragen, dass eine Entschädigung für die schadensbegründenden Folgen einer 60 Werktage übersteigenden Dauer von Gerichtsverfahren durch den spanischen Staat zu leisten ist. Die Vorschriften verfolgten jedoch nicht das Ziel der Richtlinie 2008/94/EG, einen Mindestschutz der Arbeitnehmer bei Zahlungsunfähigkeit des Arbeitgebers zu gewährleisten. Eine Durchführung i.S.d. Art. 51 Abs. 1 S. 1 GRC liege daher nicht vor, insbesondere sei es nicht ausreichend, dass die Union im Bereich der Sozialpolitik nach Art. 153 Abs. 2 AEUV über Zuständigkeiten verfüge.[1099] Klargestellt wurde somit, dass das bloße Be-

---

1096 Richtlinie 2008/94/EG des Europäischen Parlaments und des Rates vom 22. Oktober 2008 über den Schutz der Arbeitnehmer bei Zahlungsunfähigkeit des Arbeitgebers, ABl. L 283 v. 28.10.2008, S. 36.

1097 EuGH, *Hernández u.a.*, Rs. C-198/13, EU:C:2014:2055, Rn. 34.

1098 EuGH, *Hernández u.a.*, Rs. C-198/13, EU:C:2014:2055, Rn. 35ff.

1099 EuGH, *Hernández u.a.*, Rs. C-198/13, EU:C:2014:2055, Rn. 38ff.

stehen einer Kompetenz nicht die Anwendbarkeit der Charta auslösen kann. Die Prüfung des konkreten Falls anhand der Kriterien der *Siragusa*-Entscheidung verdeutlicht, dass nicht jegliche Berührungspunkte mit dem Unionsrecht ausreichen, um eine Grundrechtsbindung nach Art. 51 Abs. 1 S. 1 GRC begründen zu können. Ein universaler Geltungsanspruch der Grundrechtecharta wird vom EuGH mit dieser Entscheidung (wiederholt) abgelehnt.[1100]

d. Rechtssache *Dano*

In der Rechtssache *Dano* hatte der EuGH u.a. über die Frage zu entscheiden, ob Art. 1, 20 und 51 GRC es gebieten, einem Unionsbürger, der in einem anderen Mitgliedstaat nie eine Arbeit ausgeübt hat und unstreitig nicht arbeitssuchend ist, eine beitragsunabhängige Geldleistung zu zahlen ist, die einen dauerhaften Aufenthalt in diesem Mitgliedstaat ermöglicht.[1101] Einschlägige unionsrechtliche Vorschriften waren die Verordnung (EG) Nr. 883/2004 zur Koordinierung der Systeme der sozialen Sicherheit[1102] und die Freizügigkeitsrichtlinie[1103]. Art. 24 Abs. 1 der Freizügigkeitsrichtlinie normiert die Gleichbehandlung von Unionsbürgern, die sich aufgrund der Richtlinie im Hoheitsgebiet eines anderen Mitgliedstaats aufhalten, mit den Staatsangehörigen dieses Mitgliedstaates. Art. 24 Abs. 2 legt fest, dass „der Aufnahmemitgliedstaat (…) nicht verpflichtet [ist], anderen Personen als Arbeitnehmern oder Selbstständigen, Personen,

1100 *Pötters*, EuZW 2014, S. 798; im Zusammenhang mit der Entscheidung *Siragusa* wird die Rechtssache *Hernández* häufig als Einschränkung der *Åkerberg Fransson*-Entscheidung verstanden bzw. als eine Reaktion auf die Kritik des Bundesverfassungsgerichts in der Entscheidung zur Antiterrordatei hin zu einer restriktiveren Handhabe des Art. 51 Abs. 1 S. 1 GRC, so etwa *Franzius*, ZaöRV 75 (2015), S. 383, 390; *Kotzur*, in: Geiger/Khan/Kotzur (Hrsg.), EUV/AEUV, 6. Aufl., 2017, GR-Charta Einf., Rn. 11; *Edenharter*, Grundrechtsschutz, 2018, S. 711.

1101 S. zum Sachverhalt und den Vorlagefragen EuGH, *Dano*, Rs. C-333/13, EU:C:2014:2358, Rn. 35ff.

1102 Verordnung (EG) Nr. 883/2004 des Europäischen Parlamentes und des Rates vom 29. April 2004 zur Koordinierung der Systeme der sozialen Sicherheit, ABl. L 166 v. 30.04.2004, S. 1.

1103 Richtlinie 2004/38/EG des Europäischen Parlamentes und des Rates vom 29. April 2004 über das Recht der Unionsbürger und ihrer Familienangehörigen, sich im Hoheitsgebiet der Mitgliedstaaten frei zu bewegen und aufzuhalten, ABl. L 158 v. 30.04.2004, S. 77.

denen dieser Status erhalten bleibt, und ihren Familienangehörigen während der ersten drei Monate des Aufenthalts oder gegebenenfalls während des längeren Zeitraums nach Artikel 14 Absatz 4 Buchstabe b) einen Anspruch auf Sozialhilfe (...) zu gewähren." Leistungen der Grundsicherung sind somit grundsätzlich aufgrund des Gleichbehandlungsgrundsatzes des Art. 24 Abs. 1 der Freizügigkeitsrichtlinie zu gewähren, sofern der jeweilige Mitgliedstaat nicht von dem Ausnahmetatbestand des Art. 24 Abs. 2 Gebrauch gemacht hat. Besteht, wie in der Rechtssache *Dano*, eine nationale Regelung, die entsprechend sekundärrechtlich vorgeprägt ist und eine Umsetzung des Art. 24 Abs. 2 darstellt, könne dies eine Durchführung i.S.d. Art. 51 Abs. 1 S. 1 GRC begründen.[1104] Der EuGH hat eine mitgliedstaatliche Bindung an Unionsgrundrechte jedoch verneint. Da nach Art. 70 der Verordnung (EG) Nr. 883/2004 die inhaltlichen Voraussetzungen für das Vorliegen eines Anspruchs auf besondere beitragsunabhängige Geldleistungen nicht definiert werden und sich diese auch nicht aus anderen Sekundärrechtsakten ergeben, sei es den Mitgliedstaaten überlassen, die entsprechenden Voraussetzungen auszugestalten, sodass keine Durchführung des Unionsrechts i.S.d. Art. 51 Abs. 1 S. 1 GRC bei der Festlegung der Voraussetzungen und des Umfangs der Gewährung besonderer beitragsunabhängiger Geldleistungen vorliege.[1105] Diese Argumentation ist indes nicht zwingend, da die Anwendbarkeit der Grundrechtecharta auch aus einem weiteren Grund nicht vollkommen abwegig ist: Wird darauf abgestellt, dass die Verordnung (EG) Nr. 883/2004 besondere beitragsunabhängige Geldleistungen vorsieht, wenngleich die genaue Ausgestaltung den Mitgliedstaaten überlassen bleibt, könnte der so gewährte Ermessensspielraum eine Grundrechtsbindung begründen.[1106] So war es in *Åkerberg Fransson* für den EuGH ausreichend, dass das Unionsrecht die Pflicht zur Erhebung der Mehrwertsteuer vorsieht, die Sanktionierung des Mehrwertsteueranspruchs aber der Ausgestaltung der Mitgliedstaaten bedarf, um eine Durchführung nach Art. 51 Abs. 1 S. 1 GRC anzunehmen.[1107] Die Entscheidung des EuGH könnte daher so zu deuten sein, dass bei nationa-

---

1104 So *Greiner/Kock*, NZS 2017, S. 201, 205.

1105 EuGH, *Dano*, C-333/13, EU:C:2014:2358, Rn. 89ff.

1106 Vgl. *Dougan*, CMLR 52 (2015), S. 1201, 1225; kritisch zur Ablehnung des mitgliedstaatlichen Bindung an Unionsgrundrechte in dieser Entscheidung auch *Düsterhaus*, in: Kochenov (Hrsg.), EU Citizenship and Federalism, 2017, S. 642, 658.

1107 Für einen Vergleich zur *Åkerberg Fransson*-Entscheidung *Douglas-Scott*, in: Schütze/Tridimas (Hrsg.), Oxford Principles, Vol. I, 2018, S. 383, 393; s. auch *Frenz*, DVBl. 2015, S. 741, 744.

len Regelungsspielräumen nicht zwangsläufig eine vollständige Bindung an Unionsgrundrechte besteht.[1108] Zu berücksichtigen ist allerdings, dass die Verordnung (EG) Nr. 883/2004 zwar besondere beitragsunabhängige Geldleistungen vorsieht, aber keine Pflicht zur Gewährung solcher Leistungen begründet und – anders als in *Åkerberg Fransson* – den Mitgliedstaaten keine unionsrechtlichen Pflichten im Interesse der Union auferlegt. Die Rechtssache *Dano* zeigt daher, dass auch bei Einschlägigkeit des Unionsrechts die Unionsgrundrechte nicht automatisch anwendbar sind und nationale Grundrechte weiterhin eine eigenständige Funktion behalten.[1109] Die bloße Ausübung des Freizügigkeitsrechts genügt ebenfalls nicht, um eine Bindung an Unionsgrundrechte zu begründen.

3. Bestätigung der Grundsätze der Rechtssache *Åkerberg Fransson* – Rechtssachen *Delvigne*, *WebMindLicenses*, *Petruhhin*, *Tele2 Sverige* und *Berlioz Investment Fund*

Die Annahme, dass sich die Rechtsprechung des EuGH in Richtung einer Einschränkung des Anwendungsbereichs der Unionsgrundrechte nach *Åkerberg Fransson* entwickelt habe, lässt sich nicht bestätigen. In den Rechtssachen *Delvigne*, *WebMindLicenses*, *Petruhhin*, *Tele2 Sverige* und *Berlioz Investment Fund* kommt zum Ausdruck, dass der Gerichtshof an seiner Position eines weiten Verständnisses des Begriffs der Durchführung in Art. 51 Abs. 1 S. 1 GRC festhält, wenngleich eine umfassende mitgliedstaatliche Bindung an Unionsgrundrechte nicht besteht.

a. Rechtssache *Delvigne*

Der Rechtssache *Delvigne* lag folgender Sachverhalt zugrunde:[1110] Herr *Delvigne* wurde 1988 von einem französischen Gericht letztinstanzlich zu

1108 Vgl. *Teetzmann*, EuR 2016, S. 90, 102, Fn. 27, der Zweifel daran äußert, ob eine umfassende Bindung an die GRC bei der Umsetzung von Richtlinien nach den Rechtssachen *Siragusa* und *Dano* besteht, führt jedoch zugleich für eine umfassende Bindung die Rechtssache *Léger* (Rs. C-528/13, EU:C:2015:288, Rn. 46) an.

1109 *Kingreen*, NVwZ 2015, S. 1503, 1506, der die *Dano*-Entscheidung daher als „Anwendungsbeispiel für einen gelungenen Grundrechtsföderalismus" bezeichnet.

1110 S. zum Sachverhalt EuGH, Rs. C-650/13, *Delvigne*, EU:C:2015:648, Rn. 14ff.

einer Freiheitsstrafe von zwölf Jahren verurteilt und verlor infolge dieser Verurteilung nach den Vorschriften des Strafgesetzbuches (*Code pénal*) von Rechts wegen seine bürgerlichen Rechte, insbesondere sein Stimmrecht, sein Wahlrecht und seine Wählbarkeit. Nach einer Gesetzesänderung des *Code pénal* im Jahr 1992, die am 01.03.1994 in Kraft trat, muss eine vollständige oder teilweise Aberkennung der bürgerlichen Rechte von einem Gericht angeordnet werden und kann bei Verurteilung wegen eines Verbrechens für die Dauer von höchstens zehn Jahren verhängt werden. Diese Gesetzesänderung wirkte sich nicht auf den Verlust der bürgerlichen Rechte von Herrn *Delvigne* aus, da dieser auf einer vor dem Inkrafttreten des neuen *Code pénal* rechtskräftig gewordenen Verurteilung beruhte. 2012 wurde Herr *Delvigne* aus dem Wählerverzeichnis seiner Heimatgemeinde gestrichen, wogegen er eine Anfechtungsklage erhob. Das vorlegende Gericht ersuchte den EuGH um Beantwortung der Fragen, ob Art. 49 GRC einer Regelung entgegensteht, wonach es nicht gestattet ist, die Strafe eines milderen Strafgesetzes anzuwenden, wenn dieses Gesetz bei Verurteilung noch nicht in Kraft getreten war und ob Art. 39 GRC die Mitgliedstaaten verpflichtet, keine generelle, unbeschränkte und automatische Versagung der Ausübung bürgerlicher und politischer Rechte vorzusehen, damit es nicht zu einer Ungleichbehandlung der Angehörigen der Mitgliedstaaten kommt.

In seinen Schlussanträgen griff der Generalanwalt *Cruz Villalón* seinen in der Rechtssache *Åkerberg Fransson* entwickelten Vorschlag wieder auf, berücksichtigte aber auch die Entscheidung des EuGH in dieser Rechtssache.[1111] Er schlug in *Delvigne* vor, dass für jedes der geltend gemachten Grundrechte separat zu prüfen sein soll, ob eine „Durchführung" i.S.d. Art. 51 Abs. 1 S. 1 GRC vorliegt, sodass eine bestimmte Situation, je nachdem, um welche Bestimmung es geht, aus der Sicht der Charta „prüfbar" und zugleich „nicht prüfbar" sein kann.[1112] Dies begründete *Cruz Villalón* damit, dass der von Herrn *Delvigne* gerügten Situation auf zwei verschiedenen, alternativen Wegen abgeholfen werden könne: Einerseits könne ihm durch die Feststellung, dass das Strafrecht, das auf ihn angewandt wurde, sein Wahlrecht bei den Wahlen zum Europäischen Parlament einschränkt (Art. 39 GRC), geholfen werden. Andererseits könne alternativ darauf abgestellt werden, dass jedenfalls das spätere nationale Strafrecht, das nicht

1111 S. zu diesem Ansatz 2. Kapitel, C., IV., 1., b.; *Fontaine*, Anwendbarkeit und Durchsetzbarkeit, 2018, S. 263.

1112 Schlussanträge GA *Cruz Villalón*, Rs. C-650/13, *Delvigne*, EU:C:2015:363, Rn. 71f.

auf ihn angewandt wurde, im Einklang mit der in Art. 49 GRC enthaltenen Garantie (Recht auf rückwirkende Anwendung des milderen Strafgesetzes) auf ihn hätte angewandt werden müssen.[1113] Zu Art. 49 GRC führte der Generalanwalt aus, dass die Ausübung der Strafgewalt durch den Mitgliedstaat in einem Bereich stattgefunden habe, der völlig außerhalb der Zuständigkeit der Union liege, sodass eine nationale Bestimmung, die eine bestimmte Rückwirkung einer nicht zur Durchführung des Rechts der Union erlassenen strafrechtlichen Regelung ausschließe, ebenfalls nicht den Charakter einer bei der Durchführung des Rechts der Union erlassenen nationalen Regelung habe.[1114] Hinsichtlich Art. 39 GRC kam *Cruz Villalón* zu dem Ergebnis, dass Art. 223 Abs. 1 AEUV, der die Rechtsgrundlage für ein einheitliches Verfahren zur Wahl des Europäischen Parlaments in allen Mitgliedstaaten darstellt, eine Verbindung zwischen der streitigen nationalen Regelung und dem Unionsrecht herstelle – wenngleich das von Art. 223 Abs. 1 AEUV angestrebte einheitliche Verfahren noch nicht eingeführt wurde; es bestehe somit ein „spezifisches Interesse der Union" daran, dass „die Ausübung öffentlicher Gewalt durch die Mitgliedstaaten bei der Anwendung von Unionsrecht (…) mit dem Grundrechtsverständnis der Union im Einklang steht", was die Annahme einer Durchführung i.S.d. Art. 51 Abs. 1 S. 1 GRC begründe.[1115]

Der Gerichtshof prüfte in seinem Urteil sowohl Art. 39 Abs. 2 GRC als auch Art. 49 Abs. 1 S. 3 GRC und differenziert somit hinsichtlich des Anwendungsbereichs nicht wie der Generalanwalt *Cruz Villalón* zwischen den verschiedenen Grundrechten. Bezüglich des Wahlrechts zu den Wahlen zum Europäischen Parlament stellte der EuGH dar, dass die Mitgliedstaaten gemäß Art. 1 Abs. 3 des Akts von 1976[1116] i.V.m. Art. 14 Abs. 3

1113 Schlussanträge GA *Cruz Villalón*, Rs. C-650/13, *Delvigne*, EU:C:2015:363, Rn. 73.

1114 Schlussanträge GA *Cruz Villalón*, Rs. C-650/13, *Delvigne*, EU:C:2015:363, Rn. 82ff., unter Verweis auf EuGH, *Annibaldi*, Rs. C-309/96, EU:C:1997:631, Rn. 21ff., wonach eine bloß mittelbare Beeinflussung eines in den Geltungsbereich der Union fallenden Sachgebiets (hier: die Ausübung des Wahlrechts zum Europäischen Parlament) keine mitgliedstaatliche Bindung an Unionsgrundrechte begründet.

1115 Schlussanträge GA *Cruz Villalón*, Rs. C-650/13, *Delvigne*, EU:C:2015:363, Rn. 92ff., unter Verweis auf seine Schlussanträge in der Rechtssache *Åkerberg Fransson*, Schlussanträge GA *Cruz Villalón*, *Åkerberg Fransson*, Rs. C-617/10, EU:C:2012:340, Rn. 40.

1116 Akt zur Einführung allgemeiner unmittelbarer Wahlen der Mitglieder des Europäischen Parlaments im Anhang des Beschlusses 76/787/EGKS, EWG, Euratom des Rates vom 20. September 1976, ABl. L 278 v. 08.10.1976, S. 5,

EUV verpflichtet seien, dafür Sorge zu tragen, dass die Wahl der Mitglieder des Europäischen Parlaments allgemein, unmittelbar, frei und geheim erfolgt; in der Erfüllung dieser Verpflichtung liege eine Durchführung des Rechts der Union i.S.v. Art. 51 Abs. 1 S. 1 GRC.[1117] Eine Verletzung von Art. 39 Abs. 2 und Art. 49 Abs. 1 S. 3 GRC bestehe bei einer nationalen Regelung, die Wahlberechtigte bei den Wahlen zum Europäischen Parlament von Rechts wegen bei Verurteilung wegen eines schweren Verbrechens ausschließt, letztlich aber nicht.[1118]

Auf den ersten Blick ist die vom EuGH angenommene Anwendbarkeit der Unionsgrundrechte keinesfalls offensichtlich, da die streitgegenständlichen nationalen strafrechtlichen Vorschriften nicht zur Umsetzung von Unionsrecht erlassen wurden und diese Entscheidung daher als Ausweitung des Anwendungsbereichs der Unionsgrundrechte zu deuten sein könnte.[1119] Im Ergebnis bewegt sich der EuGH mit seiner Entscheidung allerdings im Bereich seiner bisherigen Rechtsprechung, in dem er auf die Erfüllung einer Verpflichtung durch die Mitgliedstaaten abstellt, um die Durchführung i.S.v. Art. 51 Abs. 1 S. 1 GRC zu begründen. Zudem hat der EuGH bereits vor Inkrafttreten der GRC im Zusammenhang mit der Durchführung von Wahlen zum Europäischen Parlament den Grundsatz der Gleichbehandlung als allgemeinen Grundsatz angewendet.[1120] Der Bezug zwischen Wahlrechtsaberkennung und Unionsrecht mag zwar nicht sehr stark erscheinen, ist jedoch zweifelsfrei vorhanden, sodass sich der Sachverhalt als Beispiel dafür eignet, dass das Unionsrecht materiell auch Felder erfasst, die (nur) auf den ersten Blick klar im nationalen Bereich verankert erscheinen.[1121] Diese Rechtssache zeigt somit, dass der EuGH nicht von einem grundsätzlich restriktiveren Verständnis des Art. 51 Abs. 1 S. 1 GRC ausgeht, wie dies die Entscheidungen *Siragusa*, *Hernández* oder *Dano* nahelegen könnten.

---

zuletzt geändert durch Beschluss (EU, Euratom) 2018/994 des Rates vom 13.07.2018, ABl. L 178 v. 16.07.2018, S. 1.

1117 EuGH, *Delvigne*, Rs. C-650/13, EU:C:2015:648, Rn. 32f.

1118 EuGH, *Delvigne*, Rs. C-650/13, EU:C:2015:648, Rn. 43ff.

1119 *Gundel*, EuR 2016, S. 176, 178; *Kornezov*, CLJ 75 (2016), S. 24, 25; im Vorabentscheidungsverfahren haben die französische und die spanische Regierung sowie die Regierung des Vereinigten Königreichs die Anwendbarkeit der GRC verneint, da die streitgegenständlichen Vorschriften keine Durchführung des Unionsrechts im Sinne von Art. 51 Abs. 1 der Charta darstellten, EuGH, *Delvigne*, Rs. C-650/13, EU:C:2015:648, Rn. 24.

1120 EuGH, *Eman und Sevinger*, Rs. C-300/04, EU:C:2006:545, Rn. 57ff.; *Edenharter*, Grundrechtsschutz, 2018, S. 712.

1121 So auch *Gundel*, EuR 2016, S. 176, 187.

Die vom Generalanwalt *Cruz Villalón* vorgenommene Differenzierung zwischen den einzelnen Grundrechten vermag indes nicht zu überzeugen, da Art. 51 Abs. 1 S. 1 GRC gerade nicht hinsichtlich der mitgliedstaatlichen Bindung an einzelne Grundrechte unterschiedet. Sofern eine „Durchführung“ bejaht wird, liegt eine umfassende Bindung an die GRC vor. Abweichungen können sich allenfalls aus den einzelnen Grundrechten ergeben, sofern diese einen Vorbehalt normieren.

b. Rechtssache *WebMindLicenses*

In der Rechtssache *WebMindLicenses* war u.a. fraglich, ob Beweise, die durch die geheime Überwachung des E-Mail- und Telekommunikationsverkehrs in einem Strafverfahren erlangt wurden, einen Verstoß gegen die GRC begründen und falls dies bejaht wird, wie sich ein solcher Verstoß auf die Verwertbarkeit der Beweismittel durch die nationalen Steuerbehörden in einem Verfahren wegen vermeintlicher Mehrwertsteuerhinterziehung auswirkt.[1122] Die streitgegenständlichen nationalen Vorschriften wurden nicht aufgrund unionsrechtlicher Vorgaben erlassen. Zur Anwendbarkeit der GRC stellte der EuGH unter Verweis auf die Entscheidung *Åkerberg Fransson* fest, dass die „in der Unionsrechtsordnung garantierten Grundrechte in allen unionsrechtlich geregelten Fallgestaltungen Anwendung finden“ und die „Mehrwertsteuernacherhebung infolge der Feststellung einer missbräuchlichen Praxis wie der im Ausgangsrechtsstreit fraglichen als Durchführung von Art. 2, Art. 250 Abs. 1 und Art. 273 der Mehrwertsteuerrichtlinie sowie von Art. 325 AEUV und somit als Durchführung des Unionsrechts im Sinne von Art. 51 Abs. 1 der Charta anzusehen [ist]“.[1123] Der Bezug zur Mehrwertsteuerrichtlinie und den daraus resultierenden unionsrechtlichen Pflichten der Mitgliedstaaten ist somit ausreichend, um die Berücksichtigung der Unionsgrundrechte bei den nationalen Vorschriften zu begründen.[1124] Deutlich wird somit erneut, dass der EuGH seine grundlegende Position in *Åkerberg Fransson* nicht revidieren wollte.[1125]

1122 EuGH, *WebMindLicenses*, Rs. C-419/14, EU:C:2015:832, Rn. 20ff.

1123 EuGH, *WebMindLicenses*, Rs. C-419/14, EU:C:2015:832, Rn. 66f.

1124 S. auch EuGH, *Orsi*, verb. Rs. C-217/15 und C-350/15, EU:C:2017:264, Rn. 15f.; *Menci*, C-524/15, EU:C:2018:197, Rn. 21; *Glencore Agriculture Hungary*, Rs. C-189/18, EU:C:2019:861, Rn. 59.

1125 *Edenharter*, Grundrechtsschutz, 2018, S. 712, die zugleich davon ausgeht, dass mit dieser Entscheidung keine Abweichung von der präzisierenden Folge-

c. Rechtssache *Petruhhin*

In dem Urteil des EuGH in der Rechtssache *Petruhhin* vom 06.09.2016 ging es zunächst um die Frage, ob Art. 18 Abs. 1 und Art. 21 Abs. 1 AEUV es gebieten, dass bei der Auslieferung eines Unionsbürgers an einen Drittstaat, die aufgrund eines Auslieferungsabkommens zwischen einem Mitgliedstaat und einem Drittland erfolgt, dasselbe Schutzniveau gewährleistet sein muss wie für einen Bürger des betreffenden Mitgliedstaats. Daran anknüpfend wollte das vorlegende Gericht wissen, ob der um Auslieferung ersuchte Mitgliedstaat im Falle der Auslieferung des Unionsbürgers zur Beachtung der Garantien der Grundrechtecharta, insbesondere des Art. 19 GRC, verpflichtet ist.[1126] Da der Kläger des Ausgangsverfahrens, Herr *Petruhhin*, ein estnischer Staatsangehöriger, nach Lettland gereist war und somit von seinem Recht auf Freizügigkeit als Unionsbürger Gebrauch gemacht hatte und die lettischen Auslieferungsvorschriften zwischen lettischen Staatsangehörigen und Staatsangehörigen anderer Mitgliedstaaten differenzieren, bejahte der EuGH eine Beschränkung der Freizügigkeit im Sinne von Art. 21 AEUV.[1127] Der Gerichtshof bestätigte somit seine ständige Rechtsprechung, wonach der Anwendungsbereich der Verträge i.S.d. Art. 18 AEUV stets eröffnet ist, wenn Unionsbürger von ihrem Recht auf Freizügigkeit in der Union Gebrauch machen und sich rechtmäßig im Hoheitsgebiet eines anderen Mitgliedstaats aufhalten.[1128] Zur Anwendbarkeit der Grundrechtecharta führte der EuGH sodann aus, dass „die Entscheidung eines Mitgliedstaats, einen Unionsbürger in einer Situation wie der des Ausgangsverfahrens auszuliefern, in den Anwendungsbereich der Art. 18 und 21 AEUV [fällt] und somit des Unionsrechts im Sinne von Art. 51 Abs. 1 der Charta."[1129] Die weite Auslegung des Anwendungsbereichs i.S.d. Art. 18 AEUV hatte somit die Anwendbarkeit der Unionsgrundrechte zur Folge, weshalb diese Entscheidung auf einen

---

rechtsprechung, d.h. der aufgestellten Kriterien in *Siragusa* und *Hernández*, verbunden ist.

1126 EuGH, *Petruhhin*, Rs. C-182/15, EU:C:2016:630, Rn. 17.

1127 EuGH, *Petruhhin*, Rs. C-182/15, EU:C:2016:630, Rn. 28ff.

1128 EuGH, *Petruhhin*, Rs. C-182/15, EU:C:2016:630, Rn. 31 unter Verweis auf EuGH, *Cowan*, Rs. C-186/87, EU:C:1989:47, Rn. 17ff.

1129 EuGH, *Petruhhin*, Rs. C-182/15, EU:C:2016:630, Rn. 52 unter Verweis auf EuGH, *Åkerberg Fransson*, C-617/10, EU:C:2013:105, Rn. 25-27; s. auch EuGH, *Raugevicuis*, Rs. C-247/17, EU:C:2018:898, Rn. 27ff.; *Ruska Federacija*, C-897/19 PPU, EU:C:2020:262, Rn. 63f.

(zumindest potenziell) weiten Anwendungsbereich der Grundrechtecharta hindeutet.[1130]

d. Rechtssache *Tele2 Sverige*

Die Entscheidung in der Rechtssache *Tele2 Sverige* befasste sich mit der Umsetzung der Richtlinie 2006/24/EG zur Vorratsdatenspeicherung.[1131] Von besonderer Relevanz für die Anwendbarkeit der GRC in den Mitgliedstaaten ist diese Entscheidung, da der EuGH die entsprechende Richtlinie zur Vorratsdatenspeicherung im April 2014 für ungültig erklärte.[1132] Demnach wäre eine „Durchführung" i.S.v. Art. 51 Abs. 1 S. 1 GRC abzulehnen, da mit der Ungültigerklärung auch die europarechtliche Pflicht zur Einführung der Vorratsdatenspeicherung entfallen sein und es auch an der zur Begründung der mitgliedstaatlichen Grundrechtsbindung erforderlichen Umsetzung einer Richtlinie fehlen könnte.[1133] Der EuGH stützte die Anwendbarkeit der Unionsgrundrechte jedoch maßgeblich auf Art. 15 Abs. 1 der sog. E-Privacy-Richtlinie,[1134] welcher die Mitgliedstaaten dazu ermächtigt, Verkehrs- und Standortdaten zum Schutz der Sicherheit des Staats sowie zu Strafverfolgungszwecken während einer begrenzten Zeit aufzubewahren.[1135] Zwar sind nach Art. 1 Abs. 3 der Richtlinie Tätigkeiten des Staates u.a. im Bereich der öffentlichen Sicherheit und des

---

1130 *Epiney*, NVwZ 2017, S. 846, 848.

1131 Richtlinie 2006/24/EG des Europäischen Parlaments und des Rats vom 15. März 2006 über die Vorratsspeicherung von Daten, die bei der Bereitstellung öffentlich zugänglicher elektronischer Kommunikationsdienste oder öffentlicher Kommunikationsnetze erzeugt oder verarbeitet werden, und zur Änderung der Richtlinie 2002/58/EG, ABl. L 105 v. 13.04.2006, S. 54.

1132 EuGH, *Digital Rights Ireland*, verb. Rs. C-293/12 und C-594/12, EU:C:2014:238.

1133 So etwa *Schiedermair/Mrozek*, DÖV 2016, S. 89, 91ff.; *Wollenschläger/Krönke*, NJW 2016, S. 906, 907ff.; *Langenfeld*, in: Heusel/Rageade (Hrsg.), Authority of EU Law, 2019, S. 87, 108.

1134 Richtlinie 2002/58/EG des Europäischen Parlaments und des Rates vom 12. Juli 2002 über die Verarbeitung personenbezogener Daten und den Schutz der Privatsphäre in der elektronischen Kommunikation (Datenschutzrichtlinie für elektronische Kommunikation), ABl. L 201 v. 31.07.2002, S. 37.

1135 EuGH, *Tele2 Sverige*, verb. Rs. C-203/15 und C-698/15, EU:C:2016:970, Rn. 71ff.; Art. 15 Abs. 1 der Richtlinie 2002/58/EG als Grundlage für eine normative Regelung über die Vorratsdatenspeicherung auf mitgliedstaatlicher Ebene ansehend und daher auch die Anwendung der Unionsgrundrechte nach Art. 51 Abs. 1 S. 1 GRC bejahend bereits *Roßnagel*, MMR 2014, S. 372, 376; a.A., da die Richtlinie keine hinreichende Determinierung der Vorratsdaten-

Strafrechts vom Geltungsbereich der Richtlinie ausgeschlossen, dies führe jedoch nicht dazu, dass Vorschriften i.S.d. Art. 15 Abs. 1 der Richtlinie von deren Geltungsbereich ausgeschlossen seien, da anderenfalls der Bestimmung jede praktische Wirksamkeit genommen würde.[1136] Diese Rechtssache zeigt somit, dass auch in nur begrenzt europäisierten Bereichen, wie dem Polizei- und Strafrecht, eine mitgliedstaatliche Grundrechtsbindung in Betracht kommt, wenn eine nationale Regelung in den Geltungsbereich einer Richtlinie fällt und ein Mitgliedstaat von einer in der Richtlinie eingeräumten Befugnis Gebrauch macht.[1137]

e. Rechtssache *Berlioz Investment Fund*

Hintergrund dieser Rechtssache, die von der Großen Kammer entschieden wurde, war ein Rechtsstreit zwischen der Gesellschaft *Berlioz Investment Fund* und dem *Directeur de l'administration des contributions directes* (Direktor der Verwaltung für direkte Abgaben, Luxemburg) über eine Geldbuße, die gegen *Berlioz* verhängt wurde, da diese einem Informationsersuchen im Rahmen eines Informationsaustauschs mit der französischen Steuerverwaltung nicht nachgekommen war.[1138] Das vorlegende Gericht hat den EuGH u.a. gefragt, ob eine Durchführung i.S.v. Art. 51 Abs. 1 S. 1 GRC vorliegt, wenn ein Bußgeld wegen des Vorwurfs der Verletzung von Mitwirkungspflichten bei einem Informationsaustausch zwischen Finanzbehörden der Mitgliedstaaten festgesetzt wird und das Ersuchen um Austausch von Informationen u.a. aufgrund der Richtlinie 2011/16/EU über den Informationsaustausch[1139] erfolgt. Der Sachverhalt ist vergleichbar mit der Rechtssache *Åkerberg Fransson*, da es sich in *Berlioz Investment Fund* – wie auch in *Åkerberg Fransson* – zunächst um eine rein nationale Verwaltungssanktion handelt, die nicht von der Richtlinie 2011/16/EU, die den Bezug zum Unionsrecht herstellt, vorgesehen ist. Das nationale Gesetz,

---

speicherung vorsehe: *Wollenschläger/Krönke*, NJW 2016, S. 906, 908; kritisch auch *Schiedermair/Mrozek*, DÖV 2016, S. 89, 92.

1136 EuGH, *Tele2 Sverige*, verb. Rs. C-203/15 und C-698/15, EU:C:2016:970, Rn. 73.

1137 S. auch EuGH, *Ministerio Fiscal*, Rs. C-207/16, EU:C:2018:788, Rn. 29ff.; *La Quadrature du Net u.a.*, verb. Rs. C-511/18, C-512/18 und C-520/18, EU:C:2020:791, Rn. 94ff.

1138 EuGH, *Berlioz Investment Fund SA*, Rs. C-682/15, EU:C:2017:373, Rn. 21ff.

1139 Richtlinie 2011/16/EU des Rates vom 15. Februar 2011 über die Zusammenarbeit der Verwaltungsbehörden im Bereich der Besteuerung und zur Aufhebung der Richtlinie 77/799/EWG, ABl. L 64 v. 11.03.2011, S. 1.

das zur Festsetzung der Geldbuße ermächtigte, wurde zudem nicht zur Umsetzung dieser Richtlinie erlassen. Der Gerichtshof entschied, dass der Qualifizierung der Geldbuße als Durchführung der Richtlinie 2011/16/EU nicht entgegenstehe, dass eine solche Sanktion nicht ausdrücklich von der Richtlinie vorgesehen ist. Dies begründete der EuGH damit, dass der „Begriff ‚zur Beschaffung von Informationen zur Verfügung stehende Maßnahmen' im Sinne von Art. 18 der Richtlinie und der Begriff ‚notwendige Maßnahmen, um das reibungslose Funktionieren der Regelungen über die Zusammenarbeit der Verwaltungsbehörden sicherzustellen' im Sinne von Art. 22 Abs. 1 der Richtlinie solche Maßnahmen umfassen [können]."[1140] Diese Entscheidung zeigt (erneut), dass Mitgliedstaaten an Unionsgrundrechte gebunden sind, wenn eine nationale Maßnahme dazu bestimmt ist, die in einer Richtlinie vorgesehenen Pflichten einzuhalten, wobei die Richtlinie keine ausdrückliche Verpflichtung zum Erlass bestimmter Maßnahmen enthalten muss. Die Argumentation des Gerichtshofs entspricht somit in der Sache der Argumentation in der Rechtssache *Åkerberg Fransson*. Diese Entscheidung ist daher ein weiterer Beleg dafür, dass der EuGH insgesamt nicht von seiner weiten Auslegung des Art. 51 Abs. 1 S. 1 GRC abrückt und nicht zu einer vermeintlich restriktiveren Auslegung tendiert.[1141]

V. Grundrechtsbindung bei Beeinträchtigung von Grundfreiheiten – Rechtssachen *Pelckmans Turnhout*, *Pfleger*, *Global Starnet* und *Europäische Kommission/Ungarn*

Zur umstrittenen Frage, ob und inwieweit eine Grundrechtsbindung vermittelt über die Grundfreiheiten des AEUV nach Art. 51 Abs. 1 S. 1 GRC

1140 EuGH, *Berlioz Investment Fund SA*, Rs. C-682/15, EU:C:2017:373, Rn. 38f.; da die nationalen Vorschriften zur Umsetzung der Richtlinie 2011/16 erlassen seien, bestehe zudem eine spezifische Verbindung, die eine mitgliedstaatliche Grundrechtsbindung begründet: *Neve*, Review of European Administrative Law 2017, S. 95, 110.

1141 *Oppel/Sendke*, IStR 2018, S. 110, 113; s. auch EuGH, *Glencore Agriculture Hungary*, Rs. C-189/18, EU:C:2019:861, Rn. 59; keine Durchführung des Unionsrechts liegt hingegen vor, wenn für einen Einkommensteuerbescheid Beweise verwertet werden, die im Rahmen eines Strafverfahrens, das im Zusammenhang mit der Untersuchung von Mehrwertsteuerbetrugsfällen eingeleitet worden war, erlangt wurden, EuGH, *Belgische Staat*, Rs. C-469/18, EU:C:2019:895, Rn. 18ff.

möglich ist, nahm der EuGH in den Rechtssachen *Pelckmans Turnhout* und *Pfleger* Stellung.[1142] Nähere Anhaltspunkte für die mitgliedstaatliche Bindung an Unionsgrundrechte im Zusammenhang mit den Grundfreiheiten ergeben sich zudem aus den Rechtssachen *Global Starnet* und *Europäische Kommission/Ungarn*.

1. Rechtssache *Pelckmans Turnhout*

Gegenstand des Vorabentscheidungsersuchens des belgischen Verfassungsgerichtshofs in der Rechtssache *Pelckmans Turnhout* war die Vereinbarkeit der Verpflichtung zur Einhaltung eines wöchentlichen Ruhetags von Gewerbetreibenden mit dem Unionsrecht, u.a. mit Art. 20 und 21 GRC i.V.m. Art. 15 und 16 GRC.[1143] Die Charta wäre in diesem Fall anwendbar, wenn eine Grundfreiheit beeinträchtigt ist. Der EuGH sah die Warenverkehrsfreiheit als nicht beeinträchtigt an, da gemäß der ständigen Rechtsprechung nationale Ladenschlussregelungen für alle im Inland tätigen Wirtschaftsteilnehmer gelten und den Absatz der inländischen Erzeugnisse und der Erzeugnisse aus anderen Mitgliedstaaten rechtlich wie tatsächlich in der gleichen Weise berühren.[1144] Hinsichtlich der Dienstleistungsfreiheit führte der Gerichtshof aus, dass die streitgegenständliche Vorschrift nicht die Regelung der Bedingungen für die Dienstleistungserbringung der betreffenden Unternehmen bezwecke und dass die beschränkenden Wirkungen, die sie für die Dienstleistungsfreiheit haben könnten, zu ungewiss und zu mittelbar seien, als dass die in ihr festgelegte Verpflichtung diese Freiheit beeinträchtigen könnte.[1145] Deutlich wird somit zunächst, dass auch nach Inkrafttreten der Charta die Anwendbarkeit der Charta ausgeschlossen ist und somit keine Durchführung i.S.d. Art. 51 Abs. 1 S. 1 GRC vorliegt, wenn zwar der Schutzbereich einer Grundfreiheit eröffnet, eine solche jedoch nicht beeinträchtigt ist.

1142 Zu diesem Streit s. die Nachweise 2. Kapitel, A., II.
1143 EuGH, *Pelckmans Turnhout*, Rs. C-483/12, EU:C:2014:304, Rn. 9ff.
1144 EuGH, *Pelckmans Turnhout*, Rs. C-483/12, EU:C:2014:304, Rn. 24.
1145 EuGH, *Pelckmans Turnhout*, Rs. C-483/12, EU:C:2014:304, Rn. 25.

2. Rechtssache *Pfleger*

Die Klärung, ob die *ERT*-Situation von Art. 51 Abs. 1 S. 1 GRC erfasst ist, erfolgte in der Rechtssache *Pfleger*. Dieser lag ein Vorabentscheidungsersuchen zugrunde, das im Rahmen verschiedener Rechtsstreitigkeiten in Oberösterreich ergangen ist. Diesen war gemeinsam, dass im Anschluss an Kontrollen Glücksspielautomaten, die ohne Konzession betrieben wurden und daher der Veranstaltung von nach nationalem Recht unzulässigen Glücksspielen gedient haben sollen, vorläufig in Beschlag genommen wurden.[1146] Die Vorlagefragen bezogen sich im Wesentlichen auf die Auslegung der Dienstleistungsfreiheit nach Art. 56 AEUV und – damit verbunden – die Anwendbarkeit der Grundrechtecharta. Während die Regierungen Österreichs, Belgiens, der Niederlande und Polens die Anwendbarkeit der Charta verneinten, da die nationalen Regelungen im nicht harmonisierten Bereich des Glücksspiels angesiedelt waren, kam der Gerichtshof – wenig überraschend – zu dem gegenteiligen Ergebnis: Da in dieser Rechtssache eine Beschränkung der Dienstleistungsfreiheit vorlag, ist die Rechtfertigung dieser Beschränkung im Licht der durch die Charta garantierten Grundrechte auszulegen.[1147] Der Gerichtshof bestätigte somit in diesem Urteil, dass die *ERT*-Rechtsprechung nach Inkrafttreten der Grundrechtecharta weiterhin gilt. Eine nähere Begründung blieb der Gerichtshof indes schuldig, sondern verwies auf die Rechtssache *Åkerberg Fransson*, wonach „die durch die Charta garantierten Grundrechte zu beachten sind, wenn eine nationale Rechtsvorschrift in den Geltungsbereich [sic] des Unionsrechts fällt."[1148]

1146 S. zum Sachverhalt EuGH, *Pfleger*, Rs. C-390/12, EU:C:2014:281, Rn. 9ff.

1147 EuGH, *Pfleger*, Rs. C-390/12, EU:C:2014:281, Rn. 35f.

1148 EuGH, *Pfleger*, Rs. C-390/12, EU:C:2014:281, Rn. 31ff.; zu dieser Entscheidung etwa *Snell*, European Public Law 21 (2015), S. 285, 298; *van der Mei*, Maastricht J. Eur. & Comp. L. 22 (2015), S. 432, 437; bestätigt in EuGH, *AGET Iraklis*, Rs. C-201/15, EU:C:2016:972, Rn. 62ff.; *Online Games*, Rs. C-685/15, EU:C:2017:452, Rn. 55ff.; *PI*, Rs. C-230/18, EU:C:2019:383, Rn. 81; *Kommission/Ungarn*, Rs. C-235/17, EU:C:2019:432, Rn. 63ff.; *Kommission/Ungarn (Transparenz von Vereinigungen)*, Rs. C-78/18, EU:C:2020:476, Rn. 101; *Fussl Modestraße Mayr*, Rs. C-555/19, EU:C:2021:89, Rn. 80.

3. Rechtssache *Global Starnet*

In der Rechtssache *Global Starnet* war fraglich, ob eine nationale Regelung in Italien, welche neue Anforderungen und Pflichten für Personen stellt, die gesetzlich erlaubte Online-Glücksspiele betreiben und entsprechende Konzessionen haben, u.a. mit Art. 16 GRC vereinbar ist.[1149] Die Prüfung der nationalen Regelung anhand von Art. 16 GRC konnte in diesem Fall nur erfolgen, wenn eine Grundfreiheit beeinträchtigt wurde, sodass eine mitgliedstaatliche Bindung im Sinne der *ERT*-Rechtsprechung bestünde. Der Generalanwalt lehnte aufgrund des Vorliegens eines rein innerstaatlichen Sachverhalts eine solche Beeinträchtigung ab, da die neuen Anforderungen für Glücksspielbetreiber zwar möglicherweise höhere Kosten verursachen, welche jedoch primär ein mögliches Hindernis für bereits in Italien ansässige Glücksspielbetreiber darstelle. Hingegen deute nichts daraufhin, dass EU-ausländische Unternehmen davon abgehalten würden, sich in Italien niederzulassen oder Glücksspieldienstleistungen grenzüberschreitend anzubieten bzw. dass die zusätzlichen Anforderungen dies beeinträchtigen könnten.[1150] Der EuGH ging in seinem Urteil hingegen nicht auf das Vorliegen eines rein innerstaatlichen Sachverhalts ein und nahm eine Beschränkung der Dienstleistungsfreiheit nach Art. 49 und 56 AEUV an, da die neuen nationalen Anforderungen die Rentabilität der Investitionen der Glücksspielbetreiber zunichtemachen könnten.[1151] Womöglich lässt es der EuGH ausreichen, dass es sich bei der Klägerin des Ausgangsverfahrens um eine nicht-italienische Gesellschaft handelte, um den grenzüberschreitenden Bezug zu bejahen. Dieser Fall zeigt, dass der EuGH weiterhin zu einer teilweise sehr weiten Auslegung des Anwendungsbereichs der Grundfreiheiten tendiert, was letztlich auch zu einer unionsgrundrechtlichen Bindung der Mitgliedstaaten führen kann.

1149 EuGH, *Global Starnet*, Rs. C-322/16, EU:C:2017:985, Rn. 5ff.

1150 Schlussanträge GA *Wahl*, *Global Starnet*, Rs. C-322/16, EU:C:2017:442, Rn. 26ff.

1151 EuGH, *Global Starnet*, Rs. C-322/16, Rn. 36f.; eine getrennte Prüfung von Art. 16 GRC nimmt der EuGH im Ergebnis nicht vor, da die Prüfung der Beschränkung der Dienstleistungsfreiheit auch mögliche Einschränkungen der Ausübung der in den Art. 15 bis 17 der Charta vorgesehenen Rechte und Freiheiten erfasst, Rn. 50.

4. Rechtssache *Europäische Kommission/Ungarn*

Das Verhältnis zwischen Grundfreiheiten und Grundrechten wurde in einem Vertragsverletzungsverfahren der Kommission gegen Ungarn näher erläutert. Gegenstand des Verfahrens waren nationale Regelungen, wonach vertraglich bestellte Nießbrauchsrechte an land- und forstwirtschaftlichen Flächen nichtig sind, sofern die Bestellung nicht zugunsten eines nahen Angehörigen des Eigentümers der Flächen erfolgte.[1152] Die Kommission erblickte hierin einen Verstoß gegen die Verpflichtungen Ungarns aus den Art. 49 und 63 AEUV sowie Art. 17 GRC. Der Generalanwalt vertrat in seinen Schlussanträgen die Auffassung, dass die Charta in diesen Fällen nicht autonom angewendet werden könne.[1153] Ein Verstoß gegen die Charta könne nicht unabhängig von der Frage des Verstoßes gegen die Grundfreiheiten erörtert werden, da nach der *ERT*-Rechtsprechung die Frage der Grundrechte und die der Grundfreiheiten untrennbar miteinander verbunden seien; zudem sei die Prüfung der Unionsgrundrechte für den Ausgang des Verfahrens nicht erforderlich.[1154] Der Gerichtshof stellte in seiner Entscheidung zunächst eine Beschränkung der Kapitalverkehrsfreiheit fest und betonte, dass bei Inanspruchnahme eines Rechtfertigungsgrundes im Hinblick auf die Beschränkung einer Grundfreiheit eine Durchführung des Rechts der Union i.S.v. Art. 51 Abs. 1 S. 1 GRC vorliege.[1155] Im Gegensatz zu vorherigen Entscheidungen prüfte der EuGH in dieser Entscheidung das in Rede stehende Unionsgrundrecht zwar im Rahmen der Rechtfertigung der Beschränkung der Kapitalverkehrsfreiheit, führte jedoch eine vergleichsweise ausführliche und umfassende Prüfung des Art. 17 GRC durch.[1156] Dieser Rechtssache kann daher die Tendenz

---

1152 EuGH, *Kommission/Ungarn*, Rs. C-235/17, EU:C:2019:432, Rn. 21f.

1153 Schlussanträge GA *Saugmandsgaard Øe*, *Kommission/Ungarn*, Rs. C-235/17, EU:C:2018:971, Rn. 64ff.

1154 Schlussanträge GA *Saugmandsgaard Øe*, *Kommission/Ungarn*, Rs. C-235/17, EU:C:2018:971, Rn. 77ff.

1155 EuGH, *Kommission/Ungarn*, Rs. C-235/17, EU:C:2019:432, Rn. 54ff., 63ff.; s. auch *Kommission/Ungarn (Transparenz von Vereinigungen)*, Rs. C-78/18, EU:C:2020:476, Rn. 101; zuvor bereits EuGH, *SEGRO*, verb. Rs. C-52/16 und C-113/16, EU:C:2018:157. In dieser Entscheidung hielt der EuGH es aufgrund des Verstoßes gegen Art. 63 AEUV allerdings für nicht erforderlich, die GRC zu prüfen: EuGH, *SEGRO*, verb. Rs. C-52/16 und C-113/16, EU:C:2018:157, Rn. 127ff.

1156 EuGH, *Kommission/Ungarn*, Rs. C-235/17, EU:C:2019:432, Rn. 67ff.; etwa im Gegensatz zu EuGH, *Pfleger*, Rs. C-390/12, EU:C:2014:281, Rn. 57ff.; *Berlington Hungary u.a.*, Rs. C-98/14, EU:C:2015:386, Rn. 90f.; *AGET Iraklis*, Rs. C-201/15,

entnommen werden, dass bei Vorliegen einer Ausnahme vom Unionsrecht eine selbstständige, autonome Prüfung der Unionsgrundrechte möglich ist.

VI. Erfüllung unionsrechtlicher Pflichten als Anknüpfungspunkt für die mitgliedstaatliche Grundrechtsbindung – Rechtssachen *Florescu u.a.*, *Demarchi Gino* und *Miravitlles Ciurana u.a.*

In der weiteren Rechtsprechung des Gerichtshofs wird deutlich, dass ein wesentliches Kriterium hinsichtlich der Frage, ob Mitgliedstaaten an Unionsgrundrechte gebunden sind, das Bestehen unionsrechtlicher Verpflichtungen ist.

1. Rechtssache *Florescu u.a.*

In der Rechtssache *Florescu u.a.* waren die Kläger des Ausgangsverfahrens beruflich als Richter in Rumänien tätig und übten neben ihrer Richtertätigkeit eine Tätigkeit als Hochschullehrer aus.[1157] Nach ihrer Versetzung in den Ruhestand konnten sie zunächst noch gleichzeitig Ruhegehalt und das Einkommen aus der Tätigkeit als Hochschullehrer beziehen. Eine solche Kumulierung wurde durch ein Gesetz, das infolge der Wirtschafts- und Finanzkrise und im Zusammenhang mit Maßnahmen des in Art. 143 AEUV vorgesehenen Systems des gegenseitigen Beistands erlassen wurde, untersagt, sofern das Ruhegehalt das durchschnittliche Bruttonationaleinkommen übersteigt, das als Grundlage für die Festlegung des staatlichen Sozialversicherungshaushalts gedient hat. Konkret erfolgte der Erlass dieses Gesetzes, um den Verpflichtungen aus einer Grundsatzvereinbarung zwischen der damaligen Europäischen Gemeinschaft und Rumänien nachzukommen. Das vorlegende rumänische Gericht hatte Bedenken, ob diese Regelung u.a. mit dem Eigentumsrecht nach Art. 17 GRC vereinbar ist. Zur Anwendbarkeit der GRC führte der EuGH aus, dass die streitgegenständliche Maßnahme des Verbots des gleichzeitigen Bezugs von Ruhegehalt und Arbeitsentgelt einerseits Ziele verfolge, die im Zusammenhang mit den Maßnahmen nach Art. 143 AEUV stehen, und andererseits der Er-

EU:C:2016:972, Rn. 62ff., 102f.; *Global Starnet*, Rs. C-322/16, EU:C:2017:985, Rn. 50.

1157 S. zum Sachverhalt EuGH, *Florescu u.a.*, Rs. C-258/14, EU:C:2017:448, Rn. 21ff.

füllung unionsrechtlicher Pflichten durch Rumänien diene, insbesondere solcher, die in der Grundsatzvereinbarung festgehalten wurden.[1158] Unerheblich sei, dass Rumänien Ermessen eingeräumt ist, wie die Erfüllung der genannten Verpflichtungen am besten erreicht werden kann, da im Rahmen des Ermessens, das einem Mitgliedstaat durch einen Unionsrechtsakt gewährt worden ist, davon auszugehen sei, dass Unionsrecht i.S.v. Art. 51 Abs. 1 S. 1 GRC durchgeführt werde, zumal die in der Grundsatzvereinbarung festgelegten Ziele hinreichend detailliert und präzise seien.[1159] Diese Entscheidung bestätigt die *Wachauf*-Rechtsprechung und verdeutlicht zudem, dass auch bei Ausübung eines Handlungsspielraums, den eine Maßnahme der Union gewährt, eine mitgliedstaatliche Bindung an Unionsgrundrechte besteht.[1160]

2. Verbundene Rechtssachen *Demarchi Gino*

Die Kläger des Ausgangsverfahrens waren als Gläubiger an zwei verschiedenen Insolvenzverfahren beteiligt.[1161] Da diese Verfahren unangemessen lange dauerten, sprach ihnen das Berufungsgericht Turin eine angemessene Entschädigung zu, zu dessen Zahlung das Justizministerium verurteilt wurde. Die Klage auf Durchsetzung dieses Anspruchs wurde von dem vorlegenden Gericht, dem Regionalen Verwaltungsgericht Piemont, für unzulässig erklärt, da nicht alle im italienischen Gesetz vorgesehenen Formalitäten von den Klägern erfüllt wurden. Das vorlegende Gericht war der Auffassung, dass dieses Gesetz den Gläubigern die Möglichkeit nehme, eine angemessene Entschädigung für den Schaden geltend zu machen, der ihnen aufgrund der verspäteten Zahlung der geschuldeten Entschädigung entstanden sei. Das italienische Gericht zweifelte daher an der Vereinbarkeit des nationalen Gesetzes mit dem Grundsatz, wonach jede Person im Bereich der justiziellen Zusammenarbeit in Zivil- und in Strafsachen ein Recht nach Art. 47 Abs. 2 GRC i.V.m. den Art. 67, 81 und 82 AEUV darauf hat, dass ihre Sache von einem unabhängigen Gericht innerhalb angemessener Frist verhandelt wird.

1158 EuGH, *Florescu u.a.*, Rs. C-258/14, EU:C:2017:448, Rn. 44f.

1159 EuGH, *Florescu u.a.*, Rs. C-258/14, EU:C:2017:448, Rn. 48 unter Verweis auf EuGH, *N.S. u.a.*, C-411/10 und C-493/10, EU:C:2011:865, Rn. 65ff.

1160 *Markakis/Dermine*, CMLR 55 (2018), S. 643, 663f.

1161 S. zum Sachverhalt EuGH, *Demarchi Gino*, verb. Rs. C-177/17 und C-178/17, EU:C:2017:656, Rn. 6ff.

Der Gerichtshof verneinte in seinem Beschluss seine Zuständigkeit zur Beantwortung der Vorlagefrage: Entgegen der Auffassung des vorlegenden Gerichts, das davon ausging, dass das nationale Gesetz mit der Verfolgung des Ziels, die Dauer gerichtlicher Verfahren zu verkürzen, das ordnungsgemäße Funktionieren der Union als Rechtsraum gewährleiste und somit eine Bindung an Unionsgrundrechte begründen könne, führte der EuGH aus, dass die „angeführten Bestimmungen des AEU-Vertrags den Mitgliedstaaten keine spezifischen Verpflichtungen in Bezug auf die Beitreibung vom Staat aufgrund einer unangemessenen Dauer eines Gerichtsverfahrens als angemessene Entschädigung geschuldeter Beträge auferlegen und dass das Unionsrecht in seinem gegenwärtigen Stand in diesem Bereich keine spezifische Regelung enthält."[1162] Das streitige Gesetz, das allgemeinen Charakter habe, bezwecke nicht die Umsetzung einer unionsrechtlichen Bestimmung; eine mittelbare Beeinflussung des Funktionierens der Union als Rechtsraum sei ebenfalls nicht ausreichend, um eine Durchführung i.S.v. Art. 51 Abs. 1 S. 1 GRC anzunehmen.[1163] Es zeigt sich somit, dass es nicht ausreichend ist, einen Bezug zum Unionsrecht aufzuzeigen, um die Anwendbarkeit der Charta zu begründen. Erforderlich ist eine spezifische Regelung des Unionsrechts oder eine spezifische Verpflichtung, die das Unionsrecht den Mitgliedstaaten auferlegt.

3. Rechtssache *Miravitlles Ciurana u.a.*

Maßgeblich auf die Existenz bestimmter Verpflichtungen aus einer Richtlinie stellte der Gerichtshof in der Rechtssache *Miravitlles Ciurana u.a.* ab.[1164] Streitgegenständlich war insbesondere die Frage, ob und unter welchen Voraussetzungen die Gläubiger einer Aktiengesellschaft Schadenersatz von dem Geschäftsführer verlangen können, wenn bei schweren Verlusten des gezeichneten Kapitals die Hauptversammlung nicht einberufen wurde.[1165] Die zum Zeitpunkt des Ausgangsverfahrens gültige Richtlinie

1162 EuGH, *Demarchi Gino*, verb. Rs. C-177/17 und C-178/17, EU:C:2017:656, Rn. 23ff.

1163 EuGH, *Demarchi Gino*, verb. Rs. C-177/17 und C-178/17, EU:C:2017:656, Rn. 26.

1164 EuGH, *Miravitlles Ciurana u.a.*, Rs. C-243/16, EU:C:2017:969.

1165 Zum Sachverhalt EuGH, *Miravitlles Ciurana u.a.*, Rs. C-243/16, EU:C:2017:969, Rn. 21ff.

2012/30/EU[1166] sah in Art. 19 Abs. 1 vor, dass „bei schweren Verlusten des gezeichneten Kapitals die Hauptversammlung innerhalb einer durch die Rechtsvorschriften der Mitgliedstaaten zu bestimmenden Frist einberufen werden [muss], um zu prüfen, ob die Gesellschaft aufzulösen ist oder andere Maßnahmen zu ergreifen sind". Der Generalanwalt vertrat in diesem Verfahren die Auffassung, dass die relevanten nationalen Vorschriften dem Erfordernis des Art. 19 Abs. 1 der Richtlinie genügten und zur Effektivität dieser Regelung beitrügen und folgerte daraus, dass eine mitgliedstaatliche Grundrechtsbindung an Unionsgrundrechte bestehe.[1167] Der EuGH schloss sich in seinem Urteil den Schlussanträgen nicht an und lehnte eine Unionsgrundrechtsbindung ab, da Art. 19 Abs. 1 der Richtlinie hinsichtlich der Voraussetzungen eines Schadensersatzanspruchs in der streitgegenständlichen Konstellation keine bestimmten Verpflichtungen der Mitgliedstaaten erzeuge.[1168]

VII. Restriktives Verständnis bei Mindestharmonisierung – Rechtssachen *Muladi*, *Milev*, *TSN* und *Moro*

Nicht eindeutig geklärt ist bislang, ob auch bei Richtlinien, die eine Mindestharmonisierung[1169] vorsehen, eine Pflicht der Mitgliedstaaten zur Beachtung der Unionsgrundrechte besteht. Anhaltspunkte zur Klärung dieser Frage liefern die Rechtssachen *Muladi*, *Milev*, *TSN* und *Moro*.

1166 Richtlinie 2012/30/EU des Europäischen Parlaments und des Rates vom 25. Oktober 2012 zur Koordinierung der Schutzbestimmungen, die in den Mitgliedstaaten den Gesellschaften im Sinne des Artikels 54 Absatz 2 des Vertrages über die Arbeitsweise der Europäischen Union im Interesse der Gesellschafter sowie Dritter für die Gründung der Aktiengesellschaft sowie für die Erhaltung und Änderung ihres Kapitals vorgeschrieben sind, um diese Bestimmungen gleichwertig zu gestalten, ABl. L 315 v. 14.11.2012, S. 74.

1167 Schlussanträge GA *Bot*, *Miravitlles Ciurana u.a.*, Rs. C-243/16, EU:C:2017:620, Rn. 53ff.

1168 EuGH, *Miravitlles Ciurana u.a.*, Rs. C-243/16, EU:C:2017:969, Rn. 31ff. unter Verweis auf EuGH, *Hernández u.a.*, Rs. C-198/13, EU:C:2014:2055, Rn. 35.

1169 Zum Begriff s. bereits oben 1. Kapitel, A., II., 1., b.

1. Rechtssache *Muladi*

In der Rechtssache *Muladi* war fraglich, ob nationales Recht strengere Regelungen für die Berufsausbildung von Berufskraftfahrern vorsehen darf, die über die einschlägige Richtlinie hinausgehen, etwa durch die Verpflichtung zur Weiterbildung, die in der Richtlinie nicht vorgesehen ist.[1170] Der EuGH stellte zunächst fest, dass die streitgegenständlichen Richtlinienbestimmungen zu einer Mindestharmonisierung der nationalen Vorschriften über die Grundqualifikation und die Weiterbildung der Kraftfahrer bestimmter Kraftfahrzeuge für den Güter- oder Personenkraftverkehr führten und es den Mitgliedstaaten nicht verwehrt sei, zusätzliche Bedingungen, die die Richtlinie nicht enthält, zu erlassen.[1171] Diese Bedingungen dürften allerdings nicht die Erreichung des von der fraglichen Richtlinie vorgeschriebenen Ziels ernstlich infrage stellen und auch nicht zu einer Verletzung der Berufsfreiheit nach Art. 15 GRC führen.[1172] Der Gerichtshof prüfte somit zwar die nationalen Maßnahmen am Maßstab der Grundrechtecharta. Eine generelle Aussage zur Bindung an Unionsgrundrechte im Falle einer Mindestharmonisierung lässt sich dieser Entscheidung nicht entnehmen, insbesondere auf Art. 51 Abs. 1 S. 1 GRC ging der EuGH nicht ausdrücklich ein und begründete die Prüfung des Art. 15 GRC nicht gesondert.

2. Rechtssache *Milev*

Gegenstand der Rechtssache *Milev* waren u.a. die Anforderungen an die Verhängung einer Untersuchungshaft, insbesondere hinsichtlich der Aufklärungs- und Begründungspflichten des zuständigen Strafgerichts.[1173] Die Richtlinie 2016/343/EU[1174] enthält gemäß Art. 1 lit. a. gemeinsame Mindestvorschriften für bestimmte Aspekte der Unschuldsvermutung in Strafverfahren, weshalb, so der Generalanwalt, aufgrund der in der Richtlinie enthaltenen verbindlichen Vorschriften zur Unschuldsvermutung eine

1170 S. zum Sachverhalt EuGH, *Muladi*, Rs. C-447/15, EU:C:2016:533, Rn. 20ff.
1171 EuGH, *Muladi*, Rs. C-447/15, EU:C:2016:533, Rn. 39ff., 51.
1172 EuGH, *Muladi*, Rs. C-447/15, EU:C:2016:533, Rn. 43, 51.
1173 EuGH, *Milev*, Rs. C-310/18 PPU, EU:C:2018:732, Rn. 22ff.
1174 Richtlinie 2016/343/EU des Europäischen Parlaments und des Rates vom 9. März 2016 über die Stärkung bestimmter Aspekte der Unschuldsvermutung und des Rechts auf Anwesenheit in der Verhandlung in Strafverfahren, ABl. L 65 v. 11.03.2016, S. 1.

Durchführung i.S.d. Art. 51 Abs. 1 S. 1 GRC bei Strafverfahren anzunehmen sei.[1175] Der EuGH bejahte zwar zunächst die Anwendbarkeit der Richtlinie im vorliegenden Fall, verwies jedoch auf den 16. Erwägungsgrund der Richtlinie, wonach die Beachtung der Unschuldsvermutung Entscheidungen über die Untersuchungshaft unberührt lässt, soweit die beschuldigte Person darin nicht als schuldig bezeichnet wird.[1176] Zudem werde mit der Richtlinie nur ein Mindestmaß an Harmonisierung angestrebt, sodass letztlich die Anordnung der Untersuchungshaft nicht an den Grundrechten der Charta zu messen sei, sondern sich ausschließlich nach nationalem Recht beurteile.[1177] Bewirkt eine Richtlinie nur eine Mindestharmonisierung, bedeutet die Anwendbarkeit einer solchen Richtlinie auf einen nationalen Sachverhalt somit nicht zwangsläufig eine Verpflichtung der Mitgliedstaaten zur Beachtung der Unionsgrundrechte.

3. Verbundene Rechtssachen *TSN*

Den verbundenen Rechtssachen im Verfahren *TSN* lagen arbeitsrechtliche Streitigkeiten zugrunde, in denen es u.a. um die Frage ging, ob das Unionsrecht, insbesondere Art. 31 Abs. 2 GRC, einer nationalen tarifvertraglichen Regelung entgegensteht, wonach es zulässig ist, dass im Krankheitsfall eines Arbeitnehmers während des ihm zustehenden Jahresurlaubs eine Gutschrift der jeweiligen Krankheitstage nicht erfolgt, wenn dadurch der in Art. 7 Abs. 1 der Richtlinie 2003/88/EG[1178] normierte Mindestjahresurlaub von vier Wochen nicht gemindert wird.[1179] Hinsichtlich Art. 51 Abs. 1 S. 1 GRC war zu klären, ob eine Durchführung des Unionsrechts vorliegt, wenn eine Richtlinie Mindestvorschriften vorsieht – im konkreten Fall den Anspruch auf vier Wochen bezahlten Mindestjahresurlaub – und zugleich das Recht der Mitgliedstaaten, günstigere Rechts- und Verwaltungsvorschriften anzuwenden oder zu erlassen, nicht berührt. Art. 15 der Richtlinie 2003/88/EG sieht vor, dass für die Sicherheit und den Gesundheitsschutz der Arbeitnehmer günstigere nationale Regelungen erlas-

---

1175 So Schlussanträge GA *Wathelet*, *Milev*, Rs. C-310/18 PPU, EU:C:2018:645, Rn. 57.

1176 EuGH, *Milev*, Rs. C-310/18 PPU, EU:C:2018:732, Rn. 40ff.

1177 EuGH, *Milev*, Rs. C-310/18 PPU, EU:C:2018:732, Rn. 45ff.

1178 Richtlinie 2003/88/EG des Europäischen Parlaments und des Rates vom 4. November 2003 über bestimmte Aspekte der Arbeitszeitgestaltung, ABl. L299 v. 18.11.2003, S. 9.

1179 Vgl. EuGH, *TSN*, verb. Rs. C-609/17 und C-610/17, EU:C:2019:981, Rn. 18ff.

sen bzw. günstigere Tarifverträge angewendet werden können. Im streitgegenständlichen Verfahren sah der anwendbare Tarifvertrag einen Jahresurlaub, der über die in Art. 7 Abs. 1 der Richtlinie 2003/88/EG festgelegte Mindestdauer von vier Wochen hinausgeht, vor. Der Generalanwalt stellte in seinen Schlussanträgen dar, dass somit von dem in Art. 15 der Richtlinie 2003/88/EG eingeräumten Recht Gebrauch gemacht wurde, was einer Durchführung des Rechts der Union i.S.v. Art. 51 Abs. 1 S. 1 GRC gleichzustellen sei.[1180] Die Tatsache, dass durch diese Befugnis den Mitgliedstaaten keine spezifische Verpflichtung auferlegt werde, könne nicht dazu führen, dass die Anwendbarkeit der Unionsgrundrechte abgelehnt werde, da die insofern bestehende Verknüpfung mit der Richtlinie zur Bejahung einer Durchführung ausreichend sei.[1181]

Zur Frage des Anwendungsbereichs der Charta nach Art. 51 Abs. 1 S. 1 GRC bestätigte der EuGH in seiner Entscheidung in den verbundenen Rechtssachen *TSN* zunächst seine Rechtsprechung, wonach es nicht ausreichend ist, dass die Union in einem Bereich über Zuständigkeiten verfügt.[1182] Sodann führte der Gerichtshof aus, dass Art. 15 der Richtlinie 2003/88/EG den Mitgliedstaaten keine unionsrechtlich begründete Rechtsetzungsbefugnis verleihe, sondern eine solche bereits bestehende nationale Befugnis anerkenne; dies unterscheide das Ausgangsverfahren von Fällen, in denen das Unionsrecht den Mitgliedstaaten einen Gestaltungs- oder Ermessensspielraum eröffnet.[1183] Eine Durchführung i.S.d. Art. 51 Abs. 1 S. 1 GRC liege letztlich nicht vor, da weder der Mindestschutz, den die Richtlinie vorsieht, eingeschränkt werde und auch keine Beeinträchtigung von sonstigen Regelungen der Richtlinie sowie deren Kohärenz und Ziele erfolge.[1184] Diese Rechtssache zeigt somit, dass eine Bindung an Unionsgrundrechte nicht besteht, wenn eine Richtlinie nur Mindestvoraussetzungen normiert und darüber hinaus keine unionsrechtliche Rechtsetzungsbefugnis begründet sowie den Mitgliedstaaten keine Verpflichtungen auferlegt.

1180 Schlussanträge GA *Bot*, *TSN*, verb. Rs. C-609/17 und C-610/17, EU:C:2019:459, Rn. 82ff.

1181 Schlussanträge GA *Bot*, *TSN*, verb. Rs. C-609/17 und C-610/17, EU:C:2019:459, Rn. 90f.

1182 EuGH, *TSN*, verb. Rs. C-609/17 und C-610/17, EU:C:2019:981, Rn. 46f. unter Verweis auf EuGH, *Hernández u.a.*, Rs. C-198/13, EU:C:2014:2055, Rn. 36.

1183 EuGH, *TSN*, verb. Rs. C-609/17 und C-610/17, EU:C:2019:981, Rn. 49f.

1184 EuGH, *TSN*, verb. Rs. C-609/17 und C-610/17, EU:C:2019:981, Rn. 51.

4. Rechtssache *Moro*

Hintergrund der Rechtssache *Moro* war ein Strafverfahren in Italien in dessen Verlauf aufgrund des Geständnisses des Angeklagten die Anklage auf den Straftatbestand Diebstahl anstatt Hehlerei umgestellt wurde.[1185] Der Verteidiger des Angeklagten beantragte daraufhin die Verhängung einer Strafe im Wege der Verständigung. Dieser Antrag wurde für unzulässig erachtet, da die Anwendung des Verständigungsverfahrens nach italienischem Recht vor Beginn der Hauptverhandlung beantragt werden muss, sofern sich nicht im Laufe des Verfahrens Änderungen hinsichtlich des Sachverhalts ergeben. Ändert sich hingegen die rechtliche Beurteilung des der Anklage zugrunde liegenden Sachverhalts kommt eine Verständigung nicht in Betracht. Das vorlegende Gericht äußerte Zweifel, ob eine entsprechende nationale Regelung mit dem Recht auf Belehrung und Unterrichtung in Strafverfahren sowie dem Recht auf Unterrichtung über den Tatvorwurf der Richtlinie 2012/13/EU[1186] und Art. 48 GRC vereinbar ist.

Der Gerichtshof stellte bei der Beantwortung der Vorlagefrage dar, dass diese Richtlinie zur Schaffung einer Mindestharmonisierung der Strafverfahren innerhalb der Union beitrage.[1187] Zur Anwendbarkeit der Charta nach Art. 51 Abs. 1 S. 1 GRC führte er aus, dass die Fragen des Ausgangsverfahrens das Recht nach Art. 6 Abs. 4 der Richtlinie 2012/13/EU beträfen, wonach eine umgehende Mitteilung erfolgen muss, wenn sich in Bezug auf den Tatvorwurf Änderungen ergeben haben und eine solche erforderlich ist, um ein faires Verfahren zu gewährleisten, und daher eine Grundrechtsbindung der Mitgliedstaaten bestehe.[1188] Entscheidend war somit, dass die Reichweite eines in einer Richtlinie festgelegten Rechts betroffen ist, auch wenn die Richtlinie eine Mindestharmonisierung vorsieht.[1189]

1185 EuGH, *Moro*, Rs. C-646/17, EU:C:2019:489, Rn. 17ff.

1186 Richtlinie 2012/13/EU des Europäischen Parlaments und des Rates vom 22. Mai 2012 über das Recht auf Belehrung und Unterrichtung in Strafverfahren, ABl. L 142 v. 01.06.2012, S. 1.

1187 EuGH, *Moro*, Rs. C-646/17, EU:C:2019:489, Rn. 51ff.

1188 EuGH, *Moro*, Rs. C-646/17, EU:C:2019:489, Rn. 66ff.

1189 Eine Grundrechtsbindung verneinte hingegen der Generalanwalt in diesem Verfahren, da bei Verfahrensrechten, die Übereinstimmung mit Rechten der Charta aufweisen, die Charta nicht als weiterer Prüfungsmaßstab herangezogen werden könne, wenn die nationale Regelung nicht in den Geltungsbereich der einschlägigen Richtlinie falle, Schlussanträge GA *Bobek*, *Moro*, Rs. C-646/17, EU:C:2019:95, Rn. 89.

VIII. Keine Anwendbarkeit der Charta trotz möglicher Bezugspunkte zum Unionsrecht – Rechtssachen *X und X* und *Associação Sindical dos Juízes Portugueses*

Obwohl mögliche Bezugspunkte zum Unionsrecht in den Rechtssachen *X und X* und *Associação Sindical dos Juízes Portugueses* bestanden, lehnte der EuGH eine Bindung der Mitgliedstaaten an Unionsgrundrechte ab. Diese Rechtssachen verdeutlichen, dass der Gerichtshof nicht von einer umfassenden Bindung ausgeht und die Kompetenzverteilung im Bereich des Grundrechtsschutzes zwischen Union und Mitgliedstaaten achtet.

1. Rechtssache *X und X*

Die Antragsteller des Ausgangsverfahrens der Rechtssache *X und X* besaßen die syrische Staatsangehörigkeit und stellten in der belgischen Botschaft in Beirut nach Art. 25 Abs. 1 lit. a des Visakodexes[1190] Anträge auf Visa.[1191] Die Antragsteller gaben an, dass sie in Belgien Asyl beantragen möchten, um die belagerte Stadt Aleppo zu verlassen. Sie waren zudem der Auffassung, dass Art. 18 GRC den Mitgliedstaaten die positive Verpflichtung auferlege, das Asylrecht zu garantieren, und dass die Gewährung internationalen Schutzes das einzige Mittel sei, um die Gefahr eines Verstoßes gegen Art. 3 EMRK und Art. 4 der Charta abzuwenden. Das vorlegende Gericht fragte daher, ob die Anwendung des Art. 25 Abs. 1 Buchst. a des Visakodex, der normiert, dass ein Visum u.a. erteilt wird, wenn der betreffende Mitgliedstaat dies aufgrund internationaler Verpflichtungen für erforderlich hält, zu einer Verpflichtung der Mitgliedstaaten führt, wonach diese das beantragte Visum erteilen müssen, wenn die Gefahr eines Verstoßes gegen Art. 18 GRC droht. Der EuGH entschied, dass Anträge, auch wenn sie formal auf der Grundlage von Art. 25 des Visakodex gestellt wurden, nicht in dessen Anwendungsbereich fallen, wenn diese darauf abzielen, einen Aufenthaltstitel zu erhalten, dessen Gültigkeit nicht auf 90 Tage beschränkt wäre, wie dies in Art. 1 des Visakodex normiert ist.[1192] Es liege somit eine Situation vor, welche nicht vom Unionsrecht geregelt sei,

1190 Verordnung (EG) Nr. 810/2009 des Europäischen Parlaments und des Rates vom 13. Juli 2009 über einen Visakodex der Gemeinschaft (Visakodex), ABl. L 243 v. 15.09.2009, S. 1.

1191 EuGH, *X und X*, C-638/16 PPU, EU:C:2017:173, Rn. 19ff.

1192 EuGH, *X und X*, C-638/16 PPU, EU:C:2017:173, Rn. 42f.

weshalb die Grundrechtecharta keine Anwendung finde.[1193] Die Nichtanwendbarkeit des Visakodexes führte somit zur Nichtanwendbarkeit der Charta. Zwingend ist dieses Ergebnis indes nicht, wenn davon ausgegangen wird, dass das von den Antragstellern verfolgte Ziel mit Erteilung eines Visums (Beantragung von Asyl) zwar die Ablehnung eines Antrags auf Visum begründen, nicht jedoch die Anwendung des Visakodexes infrage stellen kann.[1194] Zudem schließt der Visakodex nicht per se Visaanträge, die Asylanträge bezwecken, von seinem Anwendungsbereich aus, sondern sieht vor, dass unter bestimmten Umständen ein Visum mit räumlich beschränkter Gültigkeit aus humanitären Gründen zu erteilen ist.[1195] Diese Entscheidung zeigt, dass der EuGH nicht zwangsläufig von einem weiten Verständnis des Anwendungsbereichs der Unionsgrundrechte ausgeht. Entscheidend für die Bindung der Mitgliedstaaten sind auch die Umstände des konkreten Einzelfalls. Im Hinblick auf die Rechtssache *X und X* wird vermutet, dass der EuGH sich von einer Folgenorientierung dahingehend habe leiten lassen, dass das humanitäre Visum zum „Einfallstor" für die Asylantragstellung in Vertretungen der Mitgliedstaaten werden könnte.[1196]

2. Rechtssache *Associação Sindical dos Juízes Portugueses*

Die Rechtssache *Associação Sindical dos Juízes Portugueses* betraf die Auslegung von Art. 19 Abs. 1 UAbs. 2 EUV und Art. 47 GRC. Streitgegenständlich war die Frage, ob der Grundsatz der richterlichen Unabhängigkeit nach Art. 19 Abs. 1 UAbs. 2 EUV und Art. 47 GRC der vorübergehenden Kürzung der Bezüge von Mitgliedern am portugiesischen Rechnungshof entgegensteht.[1197] Diese Kürzung erfolgte im Zuge verschiedener Maßnahmen, die dazu dienten, das übermäßige Haushaltsdefizit abzubauen. Hierzu war die portugiesische Regierung durch Unionsbeschlüsse, mit denen Portugal u.a. eine Finanzhilfe gewährt wurde, verpflichtet worden, sodass die Kürzung auf Unionsrecht zurückzuführen sei. Der Gerichtshof knüpfte bei der Beantwortung der Vorlagefrage an Art. 19 Abs. 1

1193 EuGH, *X und X*, C-638/16 PPU, EU:C:2017:173, Rn. 45.

1194 So Schlussanträge GA *Mengozzi*, *X und X*, C-638/16 PPU, EU:C:2017:93, Rn. 49ff. Wird die Anwendbarkeit des Visakodexes bejaht, schließt sich die Frage der extraterritorialen Wirkung der GRC an, dazu *ebd.*, Rn. 88ff.

1195 *Hwang*, EuR 2018, S. 269, 281.

1196 So die Vermutung von *Hwang*, EuR 2018, S. 269, 287.

1197 Zum Sachverhalt EuGH, *Associação Sindical dos Juízes Portugueses*, Rs. C-64/16, EU:C:2018:117, Rn. 11ff.

UAbs. 2 EUV an, der in „den vom Unionsrecht erfassten Bereichen“ Anwendung findet; es komme dabei nicht darauf an, „in welchem Kontext die Mitgliedstaaten Unionsrecht im Sinne von Art. 51 Abs. 1 der Charta durchführen.“[1198] Art. 19 EUV, der den Wert der in Art. 2 EUV proklamierten Rechtsstaatlichkeit konkretisiere, erfordere, dass mitgliedstaatliche Gerichte i.S.d. Unionsrechts, die über Fragen der Anwendung oder der Auslegung des Unionsrechts zu entscheiden haben, einen wirksamen gerichtlichen Rechtsschutz gewähren, wozu der Zugang zu einem „unabhängigen“ Gericht gehöre.[1199] Entscheidend für die Anwendbarkeit des Art. 19 EUV ist demnach, dass ein nationales Gericht über Fragen aus den vom Unionsrecht erfassten Bereichen zu entscheiden hat. Unerheblich war in der Rechtssache *Associação Sindical dos Juízes Portugueses* hingegen die Verpflichtung zum Abbau des Haushaltsdefizits, um Art. 19 EUV anzuwenden.[1200] Aus der Anwendbarkeit des Art. 19 EUV folgt zugleich nicht, dass auch eine Durchführung i.S.d. Art. 51 Abs. 1 S. 1 GRC vorliegt. Es bestehen somit unterschiedliche „Anwendungsbereiche“ des Unionsrechts, welche nicht zwangsläufig die mitgliedstaatliche Bindung an Unionsgrundrechte auslösen. Im Ergebnis verneinte der EuGH eine Beeinträchtigung der Unabhängigkeit der Mitglieder des portugiesischen Rechnungshofs durch die vorübergehende Kürzung der Bezüge.[1201]

Den Rückgriff auf Art. 19 EUV ohne eigenständige Prüfung des Art. 47 Abs. 2 GRC und somit ohne Berücksichtigung der Charta sowie ihrer Anwendbarkeit nach Art. 51 Abs. 1 S. 1 GRC wählte der Gerichtshof auch in zwei Vertragsverletzungsverfahren der Kommission gegen die Republik Polen, die die Herabsetzung des Ruhestandsalters der amtierenden Richter des Obersten Gerichts bzw. der ordentlichen Gerichtsbarkeit sowie die Er-

---

1198 EuGH, *Associação Sindical dos Juízes Portugueses*, Rs. C-64/16, EU:C:2018:117, Rn. 29.

1199 EuGH, *Associação Sindical dos Juízes Portugueses*, Rs. C-64/16, EU:C:2018:117, Rn. 32ff.; Art. 47 Abs. 2 GRC bestätige, dass die Unabhängigkeit des Gerichts zur Gewährleistung eines wirksamen gerichtlichen Rechtsschutzes von grundlegender Bedeutung sei; eine eigenständige Prüfung des Art. 47 Abs. 2 GRC findet in der Entscheidung nicht statt, *ebd.*, Rn. 41; eine Durchführung i.S.d. Art. 51 Abs. 1 S. 1 GRC hingegen annehmend Schlussanträge GA *Saugmandsgaard Øe*, *Associação Sindical dos Juízes Portugueses*, Rs. C-64/16, EU:C:2017:395, Rn. 53; s. auch *Markakis/Dermine*, CMLR 55 (2018), S. 643, 664f.

1200 So ausdrücklich der Verweis auf die Rechtssache *Associação Sindical dos Juízes Portugueses* in EuGH, *Kommission/Polen (Indépendance de la Cour suprême)*, Rs. C-619/18, EU:C:2019:531, Rn. 51.

1201 EuGH, *Associação Sindical dos Juízes Portugueses*, Rs. C-64/16, EU:C:2018:117, Rn. 46ff.

mächtigung des Präsidenten der Republik Polens bzw. des Justizministers zur Verlängerung der aktiven Dienstzeit der Richter über das neu festgelegte Ruhestandsalter hinaus zum Gegenstand hatten.[1202] Der EuGH greift in diesen Rechtssachen zwar in mitgliedstaatliche Kompetenzbereiche ein, indem er die innerstaatliche Justizorganisation betreffende Fragen anhand des Primärrechts prüft. Dies erfolgt jedoch nicht anhand der Grundrechtecharta, sodass für die hier relevante Frage der Bindung der Mitgliedstaaten an die Unionsgrundrechte eine jedenfalls denkbare Ausweitung der Reichweite der Grundrechtsbindung nicht anzunehmen ist.[1203]

IX. Keine Grundrechtsbindung mangels konkreter Anhaltspunkte

In einer Reihe von Entscheidungen lehnte der EuGH eine mitgliedstaatliche Grundrechtsbindung (auch) ab, wenn die Vorlageentscheidung keine konkreten Anhaltspunkte dafür enthielt, dass die streitgegenständliche Situation vom Unionsrecht erfasst wird, der Zusammenhang zwischen dem Unionsrecht und den in den Ausgangsverfahren anwendbaren nationalen Rechtsvorschriften nicht erläutert wurde oder wenn aus der Vorlageentscheidung nicht hinreichend deutlich wurde, weshalb eine Durchführung des Unionsrechts vorliegen solle.[1204] Erforderlich sind hinreichende Anga-

---

1202 EuGH, *Kommission/Polen (Indépendance de la Cour suprême)*, Rs. C-619/18, EU:C:2019:531, Rn. 50; *Kommission/Polen (Indépendance des juridictions de droit commun)*, Rs. C-192/18, EU:C:2019:924, Rn. 101; s. auch *Miasto Łowicz*, verb. Rs. C-558/18 und C-563/18, EU:C:2020:234, Rn. 33.

1203 Vgl. *Schorkopf*, NJW 2019, S. 3418, 3421; eine mitgliedstaatliche Bindung an Unionsgrundrechte in dieser Konstellation hingegen annehmend *Berramdane*, Revue de l'Union Européenne 2020, S. 548, 552; werden die Grundrechte der GRC ausschließlich als subjektive Rechte verstanden, ist Art. 47 GRC keine normative Grundlage einer Prüfung im Vertragsverletzungsverfahren, so etwa *Klatt*, NVwZ 2019, S. 1109, 1117; eine Grundrechtsbindung nach Art. 51 Abs. 1 S. 1 GRC besteht hingegen, wenn im Wege des Vorabentscheidungsverfahrens aufgrund der Herabsetzung des Ruhestandsalters ein Verstoß gegen das Verbot der Altersdiskriminierung nach der Richtlinie 2000/78/EG des Rates vom 27. November 2000 zur Festlegung eines allgemeinen Rahmens für die Verwirklichung der Gleichbehandlung in Beschäftigung und Beruf, ABl. L 303 v. 02.12.2000, S. 16 geltend gemacht wird, EuGH, *A.K. (Indépendance de la chambre disciplinaire de la Cour suprême)*, verb. Rs. C-585/18, C-624/18 und C-625/18, EU:C:2019:982, Rn. 78ff.

1204 S. etwa EuGH, *Sindicato dos Bancários do Norte u.a.*, Rs. C-128/12, EU:C:2013:149, Rn. 12; *Pelckmans Turnhout*, Rs. C-483/12, EU:C:2014:304, Rn. 22; *Pańczyk*, Rs. C-28/14, EU:C:2014:2003, Rn. 23; *Petrus*, Rs. C-451/14,

ben über den Ausgangsrechtsstreit und den einschlägigen Sachverhalt.[1205] Größtenteils handelt es sich dabei um Kammerbeschlüsse, die in einem vereinfachten Verfahren ohne mündliche Verhandlung und ohne Schlussanträge ergangen sind.[1206] Nicht ausreichend ist es insbesondere, wenn das vorlegende Gericht lediglich Bestimmungen der Charta benennt, ohne sich auf andere Bestimmungen des Unionsrechts zu berufen, um einen Zusammenhang zwischen Unionsrecht und nationalem Recht zu begründen.[1207] Deutlich wurde dies in der Rechtssache *Gullotta und Farmacia di Gullotta Davide & C.*: Der EuGH lehnte die Prüfung von Art. 15 GRC ab, da sich aus der Vorlageentscheidung nicht ergebe, aus welchen Gründen das vorlegende Gericht an der Vereinbarkeit der streitgegenständlichen nationalen Normen mit Art. 15 GRC zweifelte.[1208] Von der Anwendbarkeit der Charta nach Art. 51 Abs. 1 S. 1 GRC konnte in dieser Rechtssache allerdings ausgegangen werden, da die nationalen Maßnahmen eine Beschränkung der Niederlassungsfreiheit darstellten.[1209] Es ist somit nicht ausreichend, wenn ein nationales Gericht lediglich einen Bezug zu den Unionsgrundrechten aufzeigt. Zu erkennen ist daher die Tendenz, dass der Gerichtshof zunehmend den nationalen Gerichten die Verantwortung überträgt, zu erklären, weshalb die Charta auf den Sachverhalt anwendbar sei bzw. wie sich diese auswirke und bei diesbezüglich fehlenden Hinweisen die Anwendbarkeit verneint.[1210]

X. Ergebnis

Zehn Jahre nach Inkrafttreten der Charta hat der EuGH keine für jeden Einzelfall gültige Formel entwickelt, um die Bindung der Mitgliedstaaten an Unionsgrundrechte nach Art. 51 Abs. 1 S. 1 GRC exakt zu bestim-

---

EU:C:2015:71, Rn. 19; *Burzio*, Rs. C-497/14, EU:C:2015:251, Rn. 29; *Filippi u.a.*, Rs. C-589/16, EU:C:2018:417, Rn. 28ff.; *Stadtapotheke E Renvoi préjudiciel*, Rs. C-378/20, EU:C:2021:130, Rn. 28ff.

1205 Vgl. EuGH, *Zakaria*, Rs. C-23/12, EU:C:2013:24, Rn. 39.

1206 Vgl. *Skouris*, AuR 2015, S. 294, 295.

1207 So etwa EuGH, *Kárász*, Rs. C-199/14, EU:C:2014:2243, Rn. 13ff.; *Stylinart*, Rs. C-282/14, EU:C:2014:2486, Rn. 19ff.

1208 EuGH, *Gullotta und Farmacia di Gullotta Davide & C.*, Rs. C-497/12, EU:C:2015:436, Rn. 16ff.

1209 Vgl. Schlussanträge GA *Wahl*, *Gullotta und Farmacia di Gullotta Davide & C.*, Rs. C-497/12, EU:C:2015:168, Rn. 53ff.

1210 S. auch *de Witte*, in: González Pascual/Torres Pérez (Hrsg.), Right to Family Life, 2017, S. 29, 35.

men. Nicht zutreffend ist allerdings der Vorwurf, der EuGH gebe den Mitgliedstaaten keine klaren Kriterien zur Anwendbarkeit der Charta an die Hand.[1211] Der Rechtsprechung des EuGH lassen sich durchaus Kriterien und Tendenzen entnehmen, in welchen Situationen die Mitgliedstaaten (nicht) an die GRC gebunden sind. Der Gerichtshof geht dabei seit der Rechtssache *Åkerberg Fransson* von einem grundsätzlichen weiten Verständnis des Art. 51 Abs. 1 S. 1 GRC aus. Klargestellt ist mit dieser Entscheidung, dass die vor Inkrafttreten der GRC anerkannten Bindungskonstellationen weiterhin Geltung beanspruchen. Wie die Rechtssache *Pfleger* verdeutlicht, sind die Mitgliedstaaten insbesondere auch bei der umstrittenen Fallgruppe der Beeinträchtigung von Grundfreiheiten an Unionsgrundrechte gebunden. Die Begriffe „Durchführung“ und „im Anwendungsbereich“ werden vom EuGH wie zuvor mehr oder weniger synonym verwendet, wesentliche Unterschiede sind mit diesen Formulierungen nicht verbunden.[1212]

Den in *Åkerberg Fransson* dargestellten und vielfach kritisierten Ansatz, wonach eine Durchführung i.S.d. Art. 51 Abs. 1 S. 1 GRC vorliegt, wenn es um die Auslegung nationaler Vorschriften über Strafverfahren wegen Straftaten im Bereich der Mehrwertsteuer geht, hat der EuGH in Folgeurteilen ausdrücklich bestätigt.[1213] Für ein entsprechend weites Verständnis des Gerichtshofs hinsichtlich des Anwendungsbereichs der Unionsgrundrechte lassen sich etwa die Entscheidungen in den Rechtssachen *Pfleger*, *Delvigne*, *Tele2 Sverige*, *WebMindLicenses*, *Berlioz Investment Fund*, *Global Starnet* anführen.[1214] Dies bedeutet allerdings nicht, dass eine umfassende mitgliedstaatliche Bindung besteht und der EuGH auf eine umfassende Unitarisierung im Grundrechtsbereich zielt. Die Rechtssachen *Ymeraga*, *Siragusa* und *Hernández* deuten an, dass der EuGH keine uferlose Ausdehnung des Art. 51 Abs. 1 S. 1 GRC anstrebt.[1215] Damit ist allerdings keine Abkehr von dem weiten Verständnis des Begriffs Durchführung verbunden, vielmehr handelt es sich um den Versuch einer Präzisierung dieses

1211 In diese Richtung noch *Fontanelli*, HRLR 14 (2014), S. 231, 265.

1212 So auch *Rosas*, European Yearbook on Human Rights 2013, S. 97, 111; *Bucher*, ZEuS 2016, S. 203, 232.

1213 EuGH, *Orsi*, verb. Rs. C-217/15 und C-350/15, EU:C:2017:264, Rn. 15f.; *Menci*, C-524/15, EU:C:2018:197, Rn. 21; *Glencore Agriculture Hungary*, Rs. C-189/18, EU:C:2019:861, Rn. 59.

1214 Ein in diesen Rechtssachen zum Ausdruck kommendes zu extensives Verständnis kritisiert *Huber*, in: Streinz (Hrsg.), EUV/AEUV, 3. Aufl., 2018, Art. 19 EUV, Rn. 35f.

1215 *Edenharter*, Grundrechtsschutz, 2018, S. 713f.

Begriffs anhand bestimmter Kriterien.[1216] Mit den in diesen Rechtssachen dargestellten Kriterien, wonach es darauf ankommen soll, ob das Unionsrecht für die Mitgliedstaaten bestimmte Verpflichtungen in dem streitgegenständlichen Bereich schafft, ob eine Durchführung des Unionsrechts bezweckt wird, welchen Charakter die nationale Vorschrift hat, welche Ziele mit dieser verfolgt werden sowie ob es eine Regelung des Unionsrechts gibt, die für diesen Bereich spezifisch ist oder ihn beeinflussen kann, besteht eine Orientierung für den nationalen Rechtsanwender hinsichtlich der Frage, ob die Grundrechtecharta Anwendung findet.[1217] Ungeklärt ist allerdings die exakte Bedeutung dieser Kriterien, ihre genaue Anwendung oder die relative Bedeutung und Gewichtung dieser Kriterien untereinander, insbesondere wenn diese zu gegensätzlichen Ergebnissen kommen.[1218] Der Gerichtshof greift zudem nicht stets bei der Auslegung des Art. 51 Abs. 1 S. 1 GRC auf diese Kriterien zurück.

Weitere Anhaltspunkte für die Präzisierung und Konkretisierung des Begriffs der Durchführung des Rechts der Union lassen sich den Rechtssachen *Dano*, *X und X*, *Associação Sindical dos Juízes Portugueses*, *Milev* und *TSN* entnehmen, in welchen ein restriktives Verständnis dieses Begriffs zum Ausdruck kommt. Ein entscheidendes Kriterium für die Anwendbarkeit der GRC ist die Existenz bestimmter Verpflichtungen, welche beispielsweise in der Rechtssache *Dano* nicht vorgelegen hat und der EuGH daher keine Durchführung i.S.d. Art. 51 Abs. 1 S. 1 GRC annahm. Die Rechtssachen *Milev* und *TSN* zeigen, dass bei der Anwendung oder Auslegung einer nationalen Norm, welche in den Anwendungsbereich einer Richtlinie fällt, diese jedoch nur eine Mindestharmonisierung vorsieht, nicht zwangsläufig eine Unionsgrundrechtsbindung der Mitgliedstaaten besteht. Es genügt demnach nicht, wenn Mitgliedstaaten in Bereichen handeln, in denen thematisch relevante Bestimmungen des Unionsrechts existieren, sofern diese sich nicht tatsächlich in rechtlicher Weise auswirken. So genügt etwa ein Handeln im Bereich des Art. 151 AEUV, der die Ziele der Union im Bereich der Sozialpolitik normiert, nicht, um im Hinblick auf nationale Regelungen über die Probefrist bei unbefristeten Arbeitsverträgen eine Durchführung i.S.v. Art. 51 Abs. 1 S. 1 GRC anzu-

---

1216 *Calliess*, JRP 23 (2015), S. 17, 22.

1217 EuGH, *Hernández u.a.*, Rs. C-198/13, EU:C:2014:2055, Rn. 35ff.

1218 Vgl. *Fontanelli*, Columbia Journal of European Law 20 (2014), S. 193, 242; *Dougan*, CMLR 52 (2015), S. 1201, 1233ff.; *Bucher*, ZEuS 2016, S. 203, 223; auf das in diesem Zusammenhang bestehende Risiko der Rechtsunsicherheit hinweisend *Edenharter*, Grundrechtsschutz, 2018, S. 887; zu einer Systematisierung dieser Kriterien s. jedoch *Pirker*, Grundrechtsschutz, 2018, S. 366ff.

nehmen, da Art. 151 AEUV insoweit keine besonderen Verpflichtungen schafft und es nicht ausreichend ist, dass sich der Arbeitnehmerschutz bei Beendigung eines Arbeitsvertrages abstrakt betrachtet als Mittel zur Erreichung der unionsrechtlichen Ziele in diesem Bereich eignet.[1219] Nicht ausreichend ist es zudem, dass die Union allgemein in einem Bereich über Zuständigkeiten verfügt. Keine Durchführung liegt ferner vor, wenn einzig die Auslegung oder Anwendung der Norm einer Charta, aber keiner anderen Unionsrechtsnorm betroffen ist.[1220] Insoweit kommt den nationalen Gerichten die Pflicht zu, einen entsprechenden Zusammenhang mit dem Unionsrecht und nicht ausschließlich mit einem Chartagrundrecht aufzuzeigen. Ist weder eine Richtlinie noch eine andere unionsrechtliche Bestimmung auf einen nationalen Sachverhalt anwendbar, ist auch die GRC nicht anwendbar.[1221]

Aus der Rechtsprechung des EuGH ergibt sich allerdings auch, dass jeweils der Kontext einer Entscheidung und der Zusammenhang mit anderen Rechtssachen zu beachten ist.[1222] Die Rechtssache *X und X* lässt sich als ein Beispiel dafür anführen, dass die Auslegung des Art. 51 Abs. 1 S. 1 GRC durch den EuGH auch von einer Berücksichtigung der möglichen Folgen geprägt sein könnte.

Festzuhalten bleibt, dass sich die Befürchtung einer nahezu unbegrenzten Anwendbarkeit der GRC in den Mitgliedstaaten nicht bestätigt hat. Eine umfassende mitgliedstaatliche Bindung besteht nicht.[1223] Der Gerichtshof ist nach Inkrafttreten der Charta nicht bestrebt, nationale Sachverhalte jedweder Art mit Grundrechtsrelevanz an den Unionsgrundrechten zu prüfen.[1224] Dies zeigten nicht zuletzt eine Vielzahl von Fällen, in denen die Anwendbarkeit der Charta mangels Anknüpfung an das Unionsrecht verneint wurde.[1225] Allerdings liegt der Auslegung des Art. 51 Abs. 1 S. 1 GRC ein durchaus extensives Verständnis zugrunde, das auch

---

1219 EuGH, *Nisttahuz Poclava*, Rs. C-117/14, EU:C:2015:60, Rn. 40f.; *Pirker*, Grundrechtsschutz, 2018, S. 466f.

1220 EuGH, *Aiudapds*, Rs. C-520/15, EU:C:2016:124, Rn. 21ff.

1221 EuGH, *Ortiz Mesonero*, Rs. C-366/18, EU:C:2019:757, Rn. 51; *Corte dei Conti u.a.*, verb. Rs. C-789/18 und C-790/18, EU:C:2019:417, Rn. 29.

1222 *Bucher*, ZEuS 2016, S. 203, 233.

1223 In diese Richtung jedoch *Stein*, Drittwirkung im Unionsrecht, 2016, S. 77; s. auch die Einschätzung von *Riedel*, Grundrechtsprüfung, 2020, S. 84, wonach der EuGH eben nicht jede denkbare Möglichkeit genutzt habe, um die Charta im mitgliedstaatlichen Bereich anzuwenden.

1224 *Stotz*, ZEuS 2017, S. 259, 270.

1225 S. oben 2. Kapitel, C., VIII. sowie IX.; *Skouris*, AuR 2015, S. 294, 295.

durch tendenziell restriktiv zu deutende Entscheidungen nicht grundsätzlich infrage gestellt wird. Eine allgemeingültige Definition, wann eine Durchführung i.S.d. Art. 51 Abs. 1 S. 1 GRC angenommen werden kann, besteht nach wie vor nicht. Anhand der dargestellten Kriterien und Anhaltspunkte lassen sich die Bindungskonstellationen jedoch eingrenzen und näher definieren. Die bereits vor Inkrafttreten der Charta zum Ausdruck gebrachte Bewertung der Formulierung des „Anwendungsbereichs“ als „offene Suchformel“[1226], lässt sich daher nach Berücksichtigung der Rechtsprechung des Gerichtshofs jedenfalls nicht uneingeschränkt auf den Begriff Durchführung übertragen. Die Rechtsprechungsentwicklung zeigt, dass es zunehmend einfacher ist, die Frage zu beantworten, in welchen Konstellationen die Mitgliedstaaten nach Art. 51 Abs. 1 S. 1 GRC an die Unionsgrundrechte gebunden sind.

D. Ansätze zur Bestimmung des Anwendungsbereichs der Grundrechtecharta in den Mitgliedstaaten

Im Folgenden soll auf die vom Schrifttum und von den Generalanwältinnen und Generalanwälten unterbreiteten Vorschläge zur Konkretisierung des Begriffs „Durchführung des Rechts der Union“ eingegangen werden. Denkbar ist zunächst, dass zur Bejahung der mitgliedstaatlichen Bindung an Unionsgrundrechte ein rein thematischer Sachbezug zum Unionsrecht ausreichend sein könnte.[1227] Dies würde eine Abgrenzung der verschiedenen Grundrechtssphären deutlich erleichtern, da sich das Vorliegen eines thematischen Bezugs zum Unionsrecht vergleichsweise leicht bestimmen lässt. Insbesondere vor dem Hintergrund, dass die Union inzwischen in deutlich mehr Politikbereichen Regelungen erlässt als noch in ihren Anfangsjahren, ist allerdings zu berücksichtigen, dass die Anknüpfung an rein thematische Bezüge zu einer umfassenden Grundrechtsbindung und somit zu einer weitreichenden Ausweitung des Anwendungsbereichs der GRC führen würde.[1228] Eine solche war jedoch mit der Einführung des Art. 51 Abs. 1 S. 1 GRC nicht intendiert. Wie bereits die Auslegung dieser

1226 *Scheuing*, EuR 2005, S. 162, 163.

1227 Vgl. *Geiß*, DÖV 2014, S. 265, 266, der diese Möglichkeit in einer weiten Lesart der in *Åkerberg Fransson* verwendeten Formulierung der Anwendbarkeit der Unionsgrundrechte in allen „unionsrechtlich geregelten Fallgestaltungen“ erblickt, diese Möglichkeit im Ergebnis jedoch ablehnt.

1228 S. zum Einfluss des Unionsrechts bereits oben 1. Kapitel, A., II., 2.

Norm gezeigt hat, soll jedenfalls eine gewisse Eingrenzung der mitgliedstaatlichen Bindung an Unionsgrundrechte erfolgen, welche bei Vorliegen von rein thematischen Sachbezügen nicht erreicht werden würde. Lose Zusammenhänge sind nicht ausreichend, um eine Durchführung anzunehmen.[1229] Es bedarf daher weiterer Kriterien, um eine Durchführung von Unionsrecht i.S.d. Art. 51 Abs. 1 S. 1 GRC zu bejahen.[1230]

Eine präzise Bestimmung der mitgliedstaatlichen Bindung an Unionsgrundrechte anhand der im Schrifttum vorgeschlagenen Ansätze gelingt dabei nur teilweise (I.). Weitere Vorschläge bewirken im Ergebnis eine Erweiterung der mitgliedstaatlichen Bindung an Unionsgrundrechte. Eine entsprechende Ausweitung ist indes kaum mit den Vorgaben des Art. 51 Abs. 1 S. 1 GRC zu vereinbaren (II.). Um zu klären, in welchen Situationen die Mitgliedstaaten an Unionsgrundrechte gebunden sind, bietet sich vielmehr eine Orientierung an Fallgruppen an (III.).

I. Konkretisierung des Art. 51 Abs. 1 S. 1 GRC

Zur Konkretisierung des Begriffs der „Durchführung" i.S.d. Art. 51 Abs. 1 S. 1 GRC werden verschiedene Voraussetzungen genannt, die je nach Auslegung zu einer restriktiven oder weiten Anwendbarkeit der Unionsgrundrechte in den Mitgliedstaaten führen.

1. Kriterium des „Beruhens der Unionsgrundrechtsbeeinträchtigung auf unionaler Hoheitsgewalt"

Einem restriktiven Verständnis zur Konkretisierung des Art. 51 Abs. 1 S. 1 GRC liegt der Ansatz *Nussers* zugrunde, wonach die Mitgliedstaaten nur dann zur Beachtung der Unionsgrundrechte verpflichtet seien, wenn eine mitgliedstaatliche Handlung in Ausübung unionaler Hoheitsgewalt ergehe und die mitgliedstaatliche Beeinträchtigung eines Unionsgrundrechts auf unionaler Hoheitsgewalt beruhe.[1231] Begründung und zugleich Begrenzung der Bindung der Mitgliedstaaten an Unionsgrundrechte sei das

---

1229 So auch *Frenzel*, Der Staat 53 (2014), S. 1, 10.

1230 Zum Erfordernis einer qualifizierten Anknüpfung an Unionsrecht s. *Kadelbach*, KritV 2013, S. 276, 283.

1231 *Nusser*, Bindung der Mitgliedstaaten, 2011, S. 147, zu Art. 51 Abs. 1 S. 1 GRC und dem Kriterium des „Beruhens", *ebd.*, S. 206ff.

unionale Rechtsprinzip, das die Rechtlichkeit unionaler Hoheitsgewalt in einem umfassenden Sinn garantiere.[1232] Daher sei es erforderlich, dass Mitgliedstaaten in Ausübung unionaler Hoheitsgewalt handeln, was wiederum der Fall sei, wenn eine mitgliedstaatliche Stelle sich unionsrechtlichen Inhalten funktional unterordne, d.h. die mitgliedstaatliche Stelle müsse zwingenden unionsrechtlichen Vorgaben unterworfen sein, durch die ihre Handlung jedenfalls auch unionsrechtlich geprägt werde.[1233] Durch das Erfordernis, dass die mitgliedstaatliche Unionsgrundrechtsbeeinträchtigung auf unionaler Hoheitsgewalt beruhen müsse, soll zum Ausdruck kommen, dass die von einer mitgliedstaatlichen Handlung ausgehende Unionsgrundrechtsbeeinträchtigung in einem engen inhaltlichen Zusammenhang mit der unionalen Vorgabe steht, die Union somit Urheber der mitgliedstaatlichen Unionsgrundrechtsbeeinträchtigung sein müsse.[1234] Objektive Kriterien, die alternativ oder kumulativ herangezogen werden können, um die Zurechnung im Sinne des „Beruhens" zu begründen sind: „(…) die unionsrechtliche Steuerung der mitgliedstaatlichen Handlung in Richtung auf eine Unionsgrundrechtsbeeinträchtigung, die Unionsgrundrechtsbeeinträchtigung als typische Folge der unionsrechtlichen Vorgabe, die Herrschaft der Union über die mitgliedstaatliche Unionsgrundrechtsbeeinträchtigung, die inhaltliche Unmittelbarkeit, schließlich auch die Vorhersehbarkeit der mitgliedstaatlichen Unionsgrundrechtsbeeinträchtigung."[1235] In eine vergleichbare Richtung deutet der Vorschlag, wonach Mitgliedstaaten an Unionsgrundrechte gebunden sind, wenn eine Grundrechtsgefährdung durch eine nationale Maßnahme auf eine bestimmte oder jedenfalls bestimmbare Rechtspflicht zurückzuführen ist und diese bei unvoreingenommener Betrachtung des unionalen Regelungsprogramms nicht außerhalb dessen liegt, was objektiv zu erwarten ist.[1236]

Gegen das Abstellen auf das Kriterium des „Beruhens" spricht, dass bei Mehrfachzurechnungen, die es in einem eng verflochtenen, quasiföderalen Mehrebenen-Verbund geben kann, keine zwingenden Antworten hinsicht-

1232 *Wegener*, in: Calliess/Ruffert (Hrsg.), EUV/EGV, 3. Aufl., 2007, Art. 220 EGV, Rn. 3; *Nusser*, Bindung der Mitgliedstaaten, 2011, S. 72, 94f.

1233 *Nusser*, Bindung der Mitgliedstaaten, 2011, S. 95, 101; eine prägende Wirkung komme unionsrechtlichen Bestimmungen nur dann zu, wenn diese den Mitgliedstaaten zwingende Vorgaben mache, was der Fall sei, wenn die Bestimmungen unmittelbar gelten, unmittelbar anwendbar sind und ihnen im Kollisionsfalle Vorrang vor mitgliedstaatlichem Recht zukommt, *ebd.*, S. 105ff.

1234 *Nusser*, Bindung der Mitgliedstaaten, 2011, S. 123f., 128ff.

1235 *Nusser*, Bindung der Mitgliedstaaten, 2011, S. 146.

1236 *Michl*, Überprüfung des Unionsrechts, 2014, S. 158.

lich der Zurechnung der Verantwortlichkeit für eine Unionsgrundrechtsverletzung zur Union oder den Mitgliedstaaten vorgegeben werden.[1237] Zudem setzt eine Begrenzung der mitgliedstaatlichen Bindung mithilfe des „Beruhens"-Kriteriums voraus, dass Art. 51 Abs. 1 S. 1 GRC nicht als Kodifizierung der Rechtsprechung des EuGH vor Inkrafttreten der Charta zu verstehen ist.[1238] Die Auslegung des Art. 51 Abs. 1 S. 1 GRC sowie die nachfolgende Rechtsprechung des EuGH haben gezeigt, dass von dem Anwendungsbereich der Charta gerade die Bindungskonstellationen entsprechend der Rechtsprechung vor Inkrafttreten der Charta erfasst sein sollen und die Norm einem weiten Verständnis nicht entgegensteht. Dieser Ansatz vermag daher keine überzeugende Konkretisierung der Reichweite des Art. 51 Abs. 1 S. 1 GRC zu leisten.

2. Bestehen einer Vorschrift des Unionsrechts sowie einer spezifischen Verbindung zwischen nationalem Recht und Unionsrecht

Vielen Vorschlägen ist gemein, dass eine Bindung der Mitgliedstaaten an Unionsgrundrechte nur dann bestehen soll, wenn eine unionsrechtliche Norm, die keine Norm der Charta selbst ist, im nationalen Recht relevant bzw. anwendbar ist.[1239] Dies wirft die Frage auf, ob weitergehende Anforderungen an eine solche unionsrechtliche Vorschrift zu stellen ist. *Sarmiento* fordert insofern eine konkrete, anwendbare Norm (*triggering rule*). Er unterschiedet dabei zwischen Regelungen, die die Mitgliedstaaten beauftragen, bestimmte Ziele zu erreichen (*mandating rules*), solche, die zwar einen Bereich abschließend regeln, es den Mitgliedstaaten jedoch

---

1237 *Kadelbach*, KritV 2013, S. 276, 284; *Fontaine*, Anwendbarkeit und Durchsetzbarkeit, 2018, S. 301.

1238 S. *Nusser*, Bindung der Mitgliedstaaten, 2011, S. 206ff., der im Ergebnis davon ausgeht, dass Art. 51 Abs. 1 S. 1 GRC eine eigenständige Bedeutung zukomme und für ein Verständnis offen sei, wonach die Mitgliedstaaten nur dann an Unionsgrundrechte gebunden sind, wenn diese unionale Hoheitsgewalt ausüben und die von ihrer Handlung ausgehende Grundrechtsbeeinträchtigung auf dieser unionalen Hoheitsgewalt beruht.

1239 S. etwa *Rosas*, Jurisprudence 2012, S. 1269, 1277f.; *Mager*, in: Stumpf/Kainer/Baldus (Hrsg.), FS Müller-Graff, 2015, S. 1358ff.; ähnlich *von Danwitz*, in: Herdegen/Klein/Papier/Scholz (Hrsg.), FS Herzog, 2009, S. 19, 28, der davon ausgeht, dass die Anwendbarkeit der Charta auf einer wertenden Betrachtung beruht und die Pflicht zur Beachtung der Unionsgrundrechte in den Mitgliedstaaten voraussetzt, dass ein Rechtsverhältnis besteht, das sich zumindest hauptsächlich aus dem Unionsrecht ergibt.

freistellen, eigene Regeln zu erlassen (*optioning rules*) sowie Vorschriften, nach denen mitgliedstaatliche Gerichte handeln, um die Effektivität des Unionsrechts zu gewährleisten (*remedial rules*).[1240] Sei eine solche Norm in einem konkreten nationalen Sachverhalt anwendbar, seien die Unionsgrundrechte zu beachten. Gefordert wird ferner, dass eine „ausreichend spezifische Verbindung" („*sufficiently specific link*")[1241] zwischen dem nationalen Rechtsakt und einer konkreten, anwendbaren Unionsrechtsnorm bestehen müsse.

Die Bestimmung einer solchen Verbindung kann sich indes schwierig gestalten. *Ladenburger* nimmt primär eine Negativ-Abgrenzung vor und bezeichnet Situationen, in denen eine solche spezifische Verbindung nicht gegeben sein soll: Eine solche Verbindung fehle, wenn bei der Umsetzung einer Richtlinie dem nationalen Recht Bestimmungen hinzugefügt werden, die nicht durch die Richtlinie veranlasst sind oder wenn eine Norm des Unionsrechts lediglich vorsehe, dass nationale Maßnahmen „mit den Verträgen vereinbar sein" müssen (so etwa Art. 193 AEUV); nicht ausreichend sei es zudem, wenn nationales Recht ein Grundrecht enthalte, das gleich oder ähnlich formuliert sei wie ein Recht der Charta; zudem fehle diese Verbindung bei nationalen Maßnahmen, die eine staatliche Beihilfe darstellten und somit den Voraussetzungen der Art. 107, 108 AEUV unterlägen.[1242] Auch solle bei einer nationalen Maßnahme, die der mitgliedstaatlichen Umsetzung eines speziellen Gleichheitsrechts diene, die Charta nur hinsichtlich des entsprechenden Grundrechts der Charta Bindungswirkung entfalten, da nur insofern eine entsprechend enge Verbindung bejaht werden könne.[1243] Das Erfordernis einer unionsrechtlichen Bestimmung, die keine Norm der Charta selbst ist, findet sich auch in der Rechtsprechung des EuGH.

Weder die Unterteilung in verschiedene Normkategorien noch das Abstellen auf eine „spezifische Verbindung" können jedoch Klarheit über die genauen Bindungskonstellationen bewirken, da die exakten Anforde-

---

1240 *Sarmiento*, CMLR 50 (2013), S. 1267, 1279ff.

1241 *Ladenburger*, in: Laffranque (Hrsg.), Protection of Fundamental Rights, 2012, S. 141, 163; *Borowsky*, in: Meyer (Hrsg.), Charta der Grundrechte, 4. Aufl., 2014, Art. 51 GRC, Rn. 30b; einen *material link* fordert *Eeckhout*, CMLR 39 (2002), S. 945, 993.

1242 Vgl. *Ladenburger*, in: Laffranque (Hrsg.), Protection of Fundamental Rights, 2012, S. 141, 165ff.

1243 *Ladenburger*, in: Laffranque (Hrsg.), Protection of Fundamental Rights, 2012, S. 141, 165f. mit Verweis auf EuGH, *Vino*, Rs. C-20/10, EU:C:2010:677, Rn. 52-66; *Vino II*, Rs. C-161/11, EU:C:2011:420, Rn. 22-40.

rungen unklar bleiben.[1244] Die Kriterien, wonach eine Unionsrechtsnorm die Anwendbarkeit der Charta auslöst, bedürfen einer weiteren Konkretisierung.

3. Determination des mitgliedstaatlichen Rechts als Abgrenzungskriterium

Auf die Anwendbarkeit einer Norm des primären oder sekundären Unionsrechts *in concreto* stellen auch Ansätze ab, die als maßgebliches Kriterium die Determination des mitgliedstaatlichen Rechts durch Unionsrecht ansehen.[1245] Bei der Umsetzung von Unionsrecht könne eine mitgliedstaatliche Bindung an Unionsgrundrechte nur dann vorliegen, wenn eine „qualifizierte Umsetzung" bejaht werden könne, was abhängig vom Grad der unionsrechtlichen Determinierung sein solle.[1246] Determiniert ist ein Rechtsakt, wenn dieser auf zwingenden Vorgaben des Unionsrechts beruht und den Mitgliedstaaten kein Ermessensspielraum verbleibt.[1247] Zur Begründung des Erfordernisses einer bestimmten Determination als Voraussetzung für die Grundrechtsbindung wird etwa auf den unionsrechtlichen Anwendungsvorrang,[1248] da dieser eine Verdrängung nationaler Grundrechte bewirke, sodass einzig die Unionsgrundrechte in diesen Situationen Grundrechtsschutz gewährleisten könnten, oder auf einen Vergleich zur

1244 Keine zu strengen Anforderungen an den erforderlichen Zusammenhang zwischen nationalem Recht und Unionsrecht, da ansonsten die Anwendung in den Mitgliedstaaten zu gering wäre, fordert *Picod*, in: Picod/van Drooghenbroeck (Hrsg.), Charte des droits fondamentaux, 2018, Art. 51, Rn. 39.

1245 S. etwa *von Danwitz*, in: Grabenwarter (Hrsg.), Europäischer Grundrechteschutz, 2014, § 6, Rn. 33, wonach das dem EuGH zur Entscheidung vorliegende Rechtsverhältnis „maßgeblich von der Anwendung einer unionsrechtlichen Bestimmung determiniert werden" müsse, um die Anwendbarkeit der Unionsgrundrechte zu bejahen; zur Forderung, wonach mitgliedstaatliches Handeln zumindest in gewissem Umfang von Unionsrecht bestimmt sein müsse *Cartabia*, in: Mock/Demuro (Hrsg.), Human Rights in Europe, 2010, Article 51, S. 319f.; *Pache*, in: Pechstein/Nowak/Häde (Hrsg.), Frankfurter Kommentar EUV/GRC/AEUV, 2017, Art. 51 GRC, Rn. 19.

1246 *Winkler*, Grundrechte der EU, 2006, S. 126ff., der dies als das „einzig tragfähige Kriterium" zur Bestimmung der Reichweite des Art. 51 Abs. 1 S. 1 GRC bezeichnet.

1247 Zur Abgrenzung zwischen unbestimmten Rechtsbegriffen und Ermessen im nationalen Recht und Unionsrecht *Kadelbach*, Allgemeines Verwaltungsrecht unter europäischem Einfluß, 1999, S. 443ff.

1248 *Mager*, in: Stumpf/Kainer/Baldus (Hrsg.), FS Müller-Graff, 2015, S. 1358ff.

Konstellation bei der Beeinträchtigung von Grundfreiheiten verwiesen.[1249] Nationale Grundrechte seien demnach bei der Anwendung und Umsetzung sekundärrechtlicher Vorschriften in nicht unionsrechtlich determinierten Bereichen zu beachten.[1250]

Das Anknüpfen an das Kriterium der Determinierung führt zu komplexen Abgrenzungsfragen und ist zum Teil mit erheblichen, wohl kaum zu bewältigenden, Schwierigkeiten verbunden.[1251] Dies zeigt sich daran, dass eine trennscharfe Unterscheidung zwischen nationalen Freiräumen und unionsrechtlichen Vorgaben bei vielen Sekundärrechtsakten nicht möglich ist.[1252] Vielfach wird zudem eine nationale Regelung vorliegen, die sowohl zwingende unionsrechtliche Vorgaben enthält als auch national zu verantwortende Entscheidungen zulässt, was eine Differenzierung kaum ermöglicht.[1253] Die Abgrenzung nach Ermessensspielräumen ist schließlich weiteren Bedenken ausgesetzt: Ein Ausschluss der Bindung an die Charta bei Ermessensspielräumen bei der Umsetzung von Richtlinien könnte dazu führen, dass der Unionsgesetzgeber in den Richtlinien selbst detaillierte Vorgaben hinsichtlich des Schutzes der Unionsgrundrechte normiert, sodass der Umsetzungsspielraum entsprechend eingeengt wird, was dem Wesen der Richtlinie zuwiderläuft.[1254] Die Determination des mitgliedstaatlichen Rechts kann daher kein taugliches, alleiniges Abgrenzungskriterium sein.

4. Erfüllung unionsrechtlicher Pflichten

Als entscheidendes Kriterium zur Begründung der mitgliedstaatlichen Bindung an Unionsgrundrechte wird vielfach auf die Erfüllung unionsrecht-

1249 *Heselhaus*, in: Heselhaus/Nowak (Hrsg.), Handbuch der Europäischen Grundrechte, 2. Aufl., 2020, § 6, Rn. 40.

1250 *Mager*, in: Stumpf/Kainer/Baldus (Hrsg.), FS Müller-Graff, 2015, S. 1358, 1360; zustimmend *Edenharter*, Grundrechtsschutz, 2018, S. 884f.; s. auch *Schmoll*, ZÖR 2011, S. 461, 471, die davon ausgeht, dass bei geringer Determination, d.h. bei Ausübung von Ermessen durch die Mitgliedstaaten, neben der Bindung an Unionsgrundrechte auch die nationalen Grundrechte verbindlich seien.

1251 Vgl. *Matz-Lück*, EuGRZ 2011, S. 207, 209; *Jarass*, NVwZ 2012, S. 457, 460; *Ohler*, NVwZ 2013, S. 1433, 1437.

1252 *Hailbronner/Thym*, NVwZ 2012, S. 406.

1253 *De Cecco*, CMLR 43 (2006), S. 9, 11ff.; *Wollenschläger*, in: Hatje/Müller-Graff (Hrsg.), Europäisches Organisations- und Verfassungsrecht, 2014, § 8, Rn. 21.

1254 Vgl. *Teetzmann*, EuR 2016, S. 90, 94, 102.

licher Verpflichtungen abgestellt.[1255] Dabei wird gefordert, dass hinreichend bestimmte Verpflichtungen der Mitgliedstaaten vorliegen müssten, was wiederum der Fall sein solle, wenn sich die jeweilige Verpflichtung konkret aus dem in der Sache zu schützenden (durchzuführenden) Recht ergibt.[1256] Nicht darauf ankommen kann es in diesem Zusammenhang, ob ein Mitgliedstaat mit dem Willen handelt, eine unionsrechtliche Verpflichtung zu erfüllen, da anderenfalls bei bereits bestehenden nationalen Regelungen, die der Erfüllung unionsrechtlicher Pflichten dienen, die erst nach Erlass der Regelungen begründet wurden, eine Grundrechtsbindung zu verneinen sein könnte.[1257] Die Absicht der Mitgliedstaaten kann jedoch als Indiz berücksichtigt werden. Nach Auffassung des Generalanwalts *Bot* sei eine nationale Vorschrift am Maßstab der Unionsgrundrechte zu prüfen, wenn diese der wirksamen Umsetzung einer auf Unionsrecht beruhenden Verpflichtung auf der nationalen Ebene diene, es sei denn, der Erlass und die Anwendung dieser nationalen Vorschrift sei „vernünftigerweise nicht erforderlich, um das betreffende Unionsrecht durchzusetzen".[1258] Ferner wird gefordert, dass für eine mitgliedstaatliche Grundrechtsbindung hinreichend spezifische Vorgaben des Unionsrechts für den konkreten Sachverhalt erforderlich seien.[1259]

Die Auswertung der Rechtsprechung des EuGH zeigt, dass das Bestehen bestimmter bzw. spezifischer Verpflichtungen die Grundrechtskontrolle mitgliedstaatlicher Rechtsakte begründen kann.[1260] Allerdings führt auch

---

1255 S. etwa *Lenaerts*, EuConst 8 (2012), S. 375, 378; *Ohler*, NVwZ 2013, S. 1433, 1434, der eine „bestimmte oder zumindest bestimmbare Rechtspflicht auf Grund von Unionsrecht" fordert. *Geiß*, DÖV 2014, S. 265, 269 sieht in der Rechtssache *Åkerberg Fransson* ein Indiz dafür, dass es maßgeblich auf das Bestehen unionsrechtlicher Pflichten ankommen soll; *Britz*, EuGRZ 2015, S. 275, 278 fragt danach, ob eine der Inhalt einer nationalen Maßnahme zwingend unionsrechtlich vorgegeben ist, was wiederum der Fall sei, wenn „bestimmte Verpflichtungen" der Mitgliedstaaten bestehen.

1256 *Latzel*, EuZW 2015, S. 658, 659ff.

1257 *Fontanelli*, EuConst 9 (2013), S. 315, 318f.

1258 Schlussanträge GA *Bot*, *Ispas*, Rs. C- 298/16, EU:C:2017:650, Rn. 56, mit dem Beispiel, dass die Frage, ob es in einem Finanzamt eine Cafeteria gibt, vernünftigerweise für das Funktionieren der Mehrwertsteuererhebung nicht von Bedeutung ist, wohingegen mögliche Sanktionen die Erhebung der Mehrwertsteuer sicherstellen können und somit der Umsetzung einer unionsrechtlichen Verpflichtung dienen, *ebd.*, Rn. 57.

1259 *Wollenschläger*, in: Hatje/Müller-Graff (Hrsg.), Europäisches Organisations- und Verfassungsrecht, 2014, § 8, Rn. 31, der jedoch offenlässt, ob eine unionsrechtliche Verpflichtung zwingend notwendig ist.

1260 S. oben 2. Kapitel, C., VI.

dies zu Abgrenzungsschwierigkeiten, da nicht geklärt ist, wie konkret die sich aus dem Unionsrecht ergebende Verpflichtung sein muss und auch der Umfang der Verpflichtung selbst streitig sein kann. Das alleinige Abstellen auf eine Verpflichtung ist zudem nicht ausreichend, da die Charta auch in Fällen angewendet wurde, in denen gerade keine unionsrechtliche Verpflichtung erfüllt wurde, sowie in Fällen, in denen Mitgliedstaaten zu einem bestimmten Handeln verpflichtet waren, aber Unionsgrundrechte nicht zur Anwendung kamen.[1261] So ist eine Durchführung von Unionsrecht auch anzunehmen, wenn die Mitgliedstaaten ein unionsrechtlich gewährtes Recht in Anspruch nehmen, nicht nur dann, wenn diese eine unionsrechtliche Pflicht erfüllen.[1262]

5. Einheitlichkeit des Unionsrechts

Um Konstellationen zu beschreiben, die sich nicht eindeutig der *ERT*- oder *agency*-Situation zuordnen lassen, wird vorgeschlagen, dass eine gerichtliche Kontrolle nationalen Handelns durch den EuGH am Maßstab der Unionsgrundrechte erfolgen solle, wenn eine nationale Maßnahme die Einheit und die Wirksamkeit des Unionsrechts beeinträchtige.[1263] Auch insofern ist fraglich, welcher Maßstab an eine solche Beeinträchtigung anzulegen ist, insbesondere, ob bereits geringe Beeinträchtigungen ausreichend sind, um eine mitgliedstaatliche Grundrechtsbindung auszulösen. Dieser eher kontextbezogene Vorschlag führt insgesamt zu einer zurückhaltenden Erweiterung der Grundrechtsbindung der Mitgliedstaaten nach Art. 51 Abs. 1 S. 1 GRC und birgt die Gefahr einer ausufernden Grundrechtskontrolle des EuGH, wenn bereits eine mögliche Bedrohung der Einheit und der Wirksamkeit des Unionsrechts ausreicht, um die mitgliedstaatliche Grundrechtsbindung zu begründen.[1264] Eine klare Abgrenzung der Grundrechtssphären ist daher nicht möglich.

1261 S. die Nachweise bei *Fontanelli*, Columbia Journal of European Law 20 (2014), S. 193, 209f.

1262 Schlussanträge GA *Kokott*, *Sabou*, Rs. C-276/12, EU:C:2013:370, Rn. 42.

1263 *Dougan*, CMLR 52 (2015), S. 1201, 1235ff., der diesen Vorschlag als *Annibaldi-Melloni*-Kriterium bezeichnet; zur Rechtssache *Melloni* s. noch unten 3. Kapitel, C., I., 2.; die Prinzipien der Wirksamkeit und Einheitlichkeit als Begrenzung der mitgliedstaatlichen Grundrechtsbindung ansehend *Hancox*, CMLR 50 (2013), S. 1411, 1427.

1264 Vgl. *Dougan*, CMLR 52 (2015), S. 1201, 1242ff., der darauf hinweist, dass auch eine weitere Definition des Anwendungsbereichs des Unionsrechts zu akzep-

6. Orientierung an Ziel- und Schutzvorgaben

Nach einem weiteren Vorschlag sei eine Durchführung i.S.d. Art. 51 Abs. 1 S. 1 GRC dann anzunehmen, wenn der „Wirkungsbereich des Unionsrechts" betroffen ist, wobei darunter der Bereich zu verstehen sein soll, der vom Einfluss des Unionsrechts (mit-)bestimmt ist.[1265] Um diesen Bereich näher zu konkretisieren, wird auf das Kriterium der Orientierung an den Ziel- und Schutzvorgaben der jeweiligen konkreten, expliziten primär- oder sekundärrechtlichen Bestimmung verwiesen.[1266] Zur Begründung wird u.a. darauf abgestellt, dass aus dem Verständnis der Unionsgrundrechte als objektive Werteordnung ein weites Verständnis des Begriffs der Durchführung folge und die jeweiligen Ziel- und Schutzvorgaben Ausdruck der in den Unionsgrundrechten enthaltenen Werte seien.[1267] Zudem verpflichte Art. 4 Abs. 3 UAbs. 2 EUV die Mitgliedstaaten zum effektiven Erreichen unionsrechtlicher Zielvorgaben.[1268] Zweifelhaft ist bereits, ob die Unionsgrundrechte tatsächlich eine objektive Werteordnung darstellen.[1269] Zudem kann sich die Bestimmung der Ziel- und Schutzvorgaben einer unionsrechtlichen Bestimmung als schwierig erweisen, da diese selbst interpretationsbedürftig sein können. Das Abstellen auf die Ziel- und Schutzvorgaben kann daher ein Anhaltspunkt für die Bestimmung der Durchführung i.S.d. Art. 51 Abs. 1 S. 1 GRC sein, jedoch nicht das allein entscheidende Merkmal.

tieren sei, sofern die Kriterien für diese Definition hinreichend klar seien, eine überzeugende verfassungsrechtliche Begründung für eine solche Erweiterung vorliege und damit eine Änderung der Unionsgrundrechte hin zu einer autonomeren Anwendung verbunden sei.

1265 S. zu diesem Vorschlag *Heuer*, Art. 51 Abs. 1 Satz 1 GRC, 2014, S. 150.

1266 Vgl. *Heuer*, Art. 51 Abs. 1 Satz 1 GRC, 2014, S. 237ff., 286ff., 304ff., 328; s. auch *Stangl*, in: Kahl/Raschauer/Storr (Hrsg.), Grundsatzfragen, 2013, S. 1, 21, der unter Verweis auf die Rechtssache *Åkerberg Fransson* davon ausgeht, dass eine Durchführungssituation stets vorliege, wenn ein mitgliedstaatliches Handeln „dem effektiven Erreichen einer konkreten unionsrechtlichen Zielvorgabe dienen soll oder hierfür notwendig ist".

1267 *Heuer*, Art. 51 Abs. 1 Satz 1 GRC, 2014, S. 239f.

1268 *Stangl*, in: Kahl/Raschauer/Storr (Hrsg.), Grundsatzfragen, 2013, S. 1, 21f.

1269 S. dazu 2. Kapitel, B., I., 2., b.

7. Zwischenergebnis

Die dargestellten Ansätze zeigen die Schwierigkeit auf, ein allgemeingültiges Kriterium zur Begründung der mitgliedstaatlichen Grundrechtsbindung zu finden. Die vorgeschlagenen Kriterien sind entweder selbst auslegungsbedürftig oder führen zu Abgrenzungsfragen, die sich nicht eindeutig beantworten lassen. Abstrakt-schematische Lösungen, wie diese zum Teil im Schrifttum entwickelt wurden, vermögen daher nicht zu überzeugen.[1270] Aufgrund der unklaren Konturen des Begriffs der Durchführung wird es immer Fälle geben, in denen nicht eindeutig entschieden werden kann, ob die Grundrechtecharta anwendbar ist. Zudem ist die Anwendung der Charta in den Mitgliedstaaten regelmäßig abhängig von einer Norm des Unionsrechts und wird daher folgerichtig als „Schatten“[1271] des Unionsrechts bezeichnet. Das Unionsrecht erstreckt sich über verschiedene Rechtsgebiete, wobei sich der Geltungsbereich etwa im Sozialrecht anders als der Geltungsbereich im Strafrecht bestimmen lässt, sodass eine umfassend anwendbare Regel für die Geltung der Grundrechtecharta für alle Rechtsgebiete kaum zu entwickeln ist.[1272] Eine allgemeingültige Formel, die zur Konkretisierung des Begriffs der Durchführung i.S.d. Art. 51 Abs. 1 S. 1 GRC heranzuziehen ist, wird sich daher nicht finden lassen.[1273]

II. Vorschläge zur Ausweitung der mitgliedstaatlichen Bindung an Unionsgrundrechte

Neben Ansätzen, die im Wesentlichen auf eine Präzisierung der Durchführungskonstellationen abzielen, werden Vorschläge unterbreitet, die eine Erweiterung des Anwendungsbereichs der Unionsgrundrechte in den Mitgliedstaaten vorsehen. Zwar können diese eine Vereinfachung hinsichtlich der Frage, wann Unionsgrundrechte und wann nationale Grundrechte anwendbar sind, darstellen. Bedenken ergeben sich dabei im Hinblick auf die Vereinbarkeit mit Art. 51 Abs. 1 S. 1 GRC.

1270 *Fontaine*, Anwendbarkeit und Durchsetzbarkeit, 2018, S. 375f., die im Ergebnis von einer wertenden Betrachtung im Einzelfall ausgeht, um die Anwendbarkeit der GRC in den Mitgliedstaaten zu bestimmen.

1271 *Lenaerts*, AnwBl. 2014, S. 772, 776.

1272 Schlussanträge GA *Bot*, *Ispas*, Rs. C-298/16, EU:C:2017:650, Rn. 59.

1273 So auch *Bucher*, ZEuS 2016, S. 203, 233.

1. Bindung auch ohne Bezug zum Unionsrecht

Der weitreichendste Vorschlag zur Bindung der Mitgliedstaaten an Unionsgrundrechte sieht vor, dass die Mitgliedstaaten auch bei rein innerstaatlichen Sachverhalten an die Charta gebunden sind, sodass ein Bezug zum Unionsrecht nicht mehr erforderlich ist und die Union so zu einer „Grundrechtsgemeinschaft" wird.[1274] Als Argumente, um eine derart extensive Grundrechtsbindung zu begründen, werden insbesondere die Unionsbürgerschaft sowie Art. 2 und Art. 7 EUV als Anknüpfungspunkte genannt.[1275] Eine generelle Bindung der Mitgliedstaaten steht in eindeutigem Widerspruch zum Wortlaut des Art. 51 Abs. 1 S. 1 GRC und wäre daher *contra legem*. Der Vergleich zu den Grundrechten des Grundgesetzes und den Rechten der EMRK, die eine dem Art. 51 Abs. 1 S. 1 GRC entsprechende Bindungsbegrenzung nicht enthalten, verdeutlicht, dass eine umfassende mitgliedstaatliche Bindung nicht zulässig ist.[1276] Insofern kann auch das Argument, dass das Recht maßgeblich von der Handhabung durch die Gerichte geprägt ist, nicht überzeugen.[1277] Ein derartiges Verständnis erfordert eine Änderung des Art. 51 Abs. 1 S. 1 GRC dahingehend, dass dieser eine umfassende mitgliedstaatliche Bindung normiert.[1278] Denkbar ist nach der derzeitigen Rechtslage somit allenfalls, dass in den Fällen, die keinen Bezug zum Unionsrecht aufweisen und somit nicht in den Anwendungsbereich des Unionsrechts fallen, die Grundrechtecharta durch nationale Richter als *soft law* berücksichtigt werden

---

1274 *Jakab*, in: Jakab/Kochenov (Hrsg.), Enforcement of EU Law and Values, 2017, S. 252, 255ff.; s. auch Entschließung des Europäischen Parlaments v. 16.02.2017 zu möglichen Entwicklungen und Anpassungen der derzeitigen institutionellen Struktur der Europäischen Union (2014/2248(INI)), wonach die Aufhebung von Art. 51 GRC empfohlen wird, *ebd.*, Rn. 45.

1275 *Jakab*, in: Jakab/Kochenov (Hrsg.), Enforcement of EU Law and Values, 2017, S. 252, 255f., der Art. 2 und Art. 7 EUV letztlich als geeignete Anknüpfungspunkte ansieht; zu diesen beiden Normen als mögliche Begründung für eine Grundrechtsbindung der Mitgliedstaaten, im Ergebnis dies jedoch verneinend bereits *Rosas*, Jurisprudence 2012, S. 1269, 1282.

1276 *Lindner*, EuR 2007, S. 160, 185ff.; *Heuer*, Art. 51 Abs. 1 Satz 1 GRC, 2014, S. 137.

1277 So jedoch *Jakab*, in: Jakab/Kochenov (Hrsg.), Enforcement of EU Law and Values, 2017, S. 252, 259.

1278 Vgl. *Reding*, „Observations on the EU Charter of Fundamental Rights and the Future of the European Union", Rede beim XXV. FIDE-Kongress in Tallinn am 31.05.2012, https://ec.europa.eu/commission/presscorner/detail/en/SPEECH_12_403; *Chronowski*, JURA 2014, S. 13, 16.

könnte.[1279] Eine umfassende Grundrechtskontrolle widerspricht zudem der Aufgabenverteilung zwischen Union und Mitgliedstaaten und ist nach dem derzeitigen Stand des Unionsrechts nicht vorgesehen.

2. Abgrenzung nach Kompetenzen

Einen weitreichenden Vorschlag hat die Generalanwältin *Sharpston* in ihren Schlussanträgen zur Rechtssache *Ruiz Zambrano* unterbreitet: Eine Bindung an Unionsgrundrechte solle immer dann bestehen, wenn die Union die Zuständigkeit in einem bestimmten Rechtsbereich besitze, sei es eine ausschließliche oder geteilte Zuständigkeit, unabhängig davon, ob die Zuständigkeit wahrgenommen wurde oder nicht.[1280] Ein solcher Vorschlag stelle die Grundlage für ein föderales Grundrechtssystem dar, das einen einheitlichen und kohärenten Schutzstandard in den Bereichen gewährleiste, in denen die Union zuständig sei.[1281]

Eine Abgrenzung nach der Kompetenzverteilung zwischen Union und Mitgliedstaaten zur Begründung ist allerdings erheblichen Bedenken ausgesetzt: Zunächst ist eine entsprechende Abgrenzung nicht vom Wortlaut des Art. 51 Abs. 1 S. 1 GRC gedeckt, da die Mitgliedstaaten kein Unionsrecht durchführen können, das noch nicht verabschiedet wurde, weshalb eine Anwendung der Charta auch bei einer bestehenden, jedoch nicht ausgeübten Kompetenz der Union nicht in Betracht kommt.[1282] Allenfalls das Bestehen einer ausgeübten Kompetenz kann als Indiz für die Frage der Anwendbarkeit der Charta in den Mitgliedstaaten berücksichtigt werden.[1283] Zu beachten ist, dass bei der Entstehung der Charta Einigkeit darüber bestand, dass der Grundrechtsschutz akzessorisch zu den Unionskompetenzen sein soll und keine Kompetenzerweiterung durch die Charta

1279 S. zu diesem Vorschlag *Gerkrath*, in: Masing/Jestaedt/Capitant/Le Divellec (Hrsg.), Strukturfragen, 2015, S. 3, 33f.

1280 Schlussanträge GA *Sharpston*, *Ruiz Zambrano*, C-34/09, EU:C:2010:560, Rn. 163ff.; s. zur Abgrenzung nach der Kompetenzverteilung bereits *Jürgensen/Schlünder*, AöR 121 (1996), S. 200, 222f.; *Sharpston* kommt allerdings zu dem Ergebnis, dass ein entsprechender Vorschlag (noch) nicht mit den konstitutionellen Grundlagen der Union zu vereinbaren ist, Schlussanträge GA *Sharpston*, *Ruiz Zambrano*, Rs. C-34/09, EU:C:2010:560, Rn. 171ff.

1281 *Iglesias Sánchez*, ELJ 20 (2014), S. 464, 473.

1282 *Peers*, Cambridge Yearbook of European Legal Studies 13 (2011), S. 283, 298; *Streinz/Michl*, in: Streinz (Hrsg.), EUV/AEUV, 3. Aufl., 2018, Art. 51 GRC, Rn. 23.

1283 Vgl. *Spaventa*, CMLR 55 (2018), S. 997, 1007.

intendiert war; betont wurde zudem, dass die Charta auch bei Vertragsänderungen gültig bleiben soll und daher auch Grundrechte in der Charta enthalten sind, die nicht von den Kompetenznormen der Union gedeckt sind und nicht alle grundrechtsrelevanten Bereiche von den Unionskompetenzen erfasst sind.[1284] Diese Überlegungen bei der Ausarbeitung der Charta würden unterlaufen, wenn die Existenz einer Zuständigkeit der Union zugleich die mitgliedstaatliche Grundrechtsbindung auslösen würde. Ferner vermag eine entsprechende Abgrenzung keine erheblichen Vorteile im Hinblick auf die Rechtssicherheit oder Transparenz im Vergleich zur bestehenden Rechtslage zu bringen: Auch die Abgrenzung von Kompetenzen kann schwierig sein, da die genauen Grenzen einer bestimmten Zuständigkeit der Union sich nicht eindeutig definieren lassen.[1285] Zudem beruht die Kompetenzverteilung zwischen der Union und ihren Mitgliedstaaten nicht auf einem Katalog oder einer Auflistung, sondern auf expliziten und impliziten Befugnissen zur Erfüllung spezifischer Aufgaben, die sich aufgrund der dynamischen Entwicklung des Unionsrecht wandeln können.[1286] Eine Abgrenzung nach Kompetenzen erweist sich daher als zu ungenau und unspezifisch.

3. Nichtdiskriminierung und Unionsbürgerschaft

Anknüpfungspunkt für die Bindung der Mitgliedstaaten an Unionsgrundrechte könnte zunächst der Anwendungsbereich des Diskriminierungsverbots i.S.d. Art. 18 AEUV sein (a.). Da Art. 18 AEUV in unmittelbarem Zusammenhang mit den Rechten aus der Unionsbürgerschaft, insbesondere dem Freizügigkeitsrecht aus Art. 21 AEUV, steht und sich insofern eine wechselseitige Verklammerung zeigt, könnte auch die Ausübung des Freizügigkeitsrechts der Unionsbürger eine Grundrechtsbindung auslösen

1284 *Barriga*, Entstehung der Charta, 2003, S. 52ff.; *von Diest*, Änderungen im Diskriminierungsschutz, 2016, S. 106.

1285 *Ranacher*, ZÖR 58 (2003), S. 21, 69; *Schmoll*, ZÖR 2011, S. 461, 476f.; *Dougan*, CMLR 52 (2015), S. 1201, 1228, *Cariat*, Charte des droits fondamentaux, 2016, S. 407; *Iglesias Sánchez*, ELJ 20 (2014), S. 464, 472 weist in diesem Zusammenhang darauf hin, dass eine Abgrenzung nach Kompetenzen kaum komplizierter als die bisherige Rechtslage zu Art. 51 Abs. 1 S. 1 GRC sei.

1286 Vgl. *Jacobs*, ELR 26 (2001), S. 331, 337; *Iglesias Sánchez*, ELJ 20 (2014), S. 464, 472.

(b.).[1287] Dies führt zu der Frage, ob nicht die Unionsbürgerschaft insgesamt eine Verpflichtung zur Beachtung der Unionsgrundrechte begründen könnte (c.). Im Ergebnis kommt weder eine Anknüpfung an Art. 18 AEUV noch eine mitgliedstaatliche Bindung allein aufgrund der Ausübung des Freizügigkeitsrechts oder des Status als Unionsbürger in Betracht (d.).

a. Anwendungsbereich der Verträge nach Art. 18 AEUV

Einem sehr weiten Verständnis entspricht der Rückgriff auf Art. 18 AEUV bei der Auslegung des Art. 51 Abs. 1 S. 1 GRC. Gemäß Art. 18 AEUV ist „unbeschadet besonderer Bestimmungen der Verträge (...) in ihrem Anwendungsbereich jede Diskriminierung aus Gründen der Staatsangehörigkeit verboten". Wie bereits gezeigt, nimmt der EuGH eine Grundrechtsbindung der Mitgliedstaaten im „Anwendungsbereich des Unionsrechts" an. Naheliegend könnte es daher sein, zur Auslegung des Art. 51 Abs. 1 S. 1 GRC auf den Anwendungsbereich des Art. 18 AEUV zurückzugreifen.[1288] Zunächst ist insoweit zu prüfen, ob Art. 18 AEUV auch in anderen Sprachfassungen den Begriff „Anwendungsbereich" verwendet und somit eine Anknüpfung an die Rechtsprechung des EuGH zur mitgliedstaatlichen Bindung an die Unionsgrundrechte – wie in der deutschen Sprachfassung – besteht (aa.).[1289] Es wird sich zeigen, dass die deutsche Sprachfassung insofern keine Ausnahme darstellt und daher zu analysieren ist, was unter dem Anwendungsbereich i.S.d. Art. 18 AEUV zu verstehen ist (bb.).

1287 Vgl. zum Verhältnis von Art. 18 AEUV und der Unionsbürgerschaft etwa *von Bogdandy*, in: Grabitz/Hilf/Nettesheim (Hrsg.), Das Recht der Europäischen Union, 42. EL., 2010, Art. 18 AEUV, Rn. 35; *Streinz*, in: Streinz (Hrsg.), EUV/AEUV, 3. Aufl., 2018, Art. 18 AEUV, Rn. 18; zu Art. 12 EG und Art. 18 EG: *Wollenschläger*, Grundfreiheit ohne Markt, 2007, S. 211ff.

1288 S. bereits die Gleichsetzung des Anwendungsbereichs des Vertrags i.S.d. Art. 12 Abs. 1 EG und des Anwendungsbereichs der mitgliedstaatlichen Grundrechtsbindung bei *Cirkel*, Bindungen der Mitgliedstaaten, 2000, S. 104f., 108, 140; zu diesem Gedanken s. auch *Thym*, NVwZ 2013, S. 889, 893; *Thym*, DÖV 2014, S. 941, 950.

1289 Diese Untersuchung erfolgt rein terminologisch, s. zu der Vorgehensweise sowie den berücksichtigten Urteilen oben 2. Kapitel, B., II., 2.

aa. Sprachvergleich

Wie auch die deutsche Sprachfassung des Art. 18 AEUV entsprechen die bulgarische (*обхвата на прилoжение на Договорите*), dänische (*anvendelsesområde*), englische (*scope of application*), finnische (*soveltamisalalla*), französische (*domaine d'application*)[1290], griechische (*εφαρμογής*), italienische (*campo di applicazione*), litauische (*taikymo srityje*), lettische (*Piemērojot Līgumus*), maltesische (*ta' l-applikazzjoni tat-Trattati*), polnische (*zakresie zastosowania*), portugiesische (*âmbito de aplicação*), rumänische (*domeniul de aplicare*), schwedische (*tillämpningsområde*), slowakische (*rámci pôsobnosti*), slowenische (*se uporabljata Pogodbi*) und die spanische (*ámbito de aplicación*) Sprachfassung derselben oder jedenfalls ähnlichen Formulierung, die auch in Entscheidungen des EuGH zur Bindung der Mitgliedstaaten an Unionsgrundrechte verwendet wird.

Terminologische Abweichungen bestehen hingegen bei der estnischen (*aluslepingutes käsitletud valdkondades*), der niederländischen (*werkingssfeer van de Verdragen*), der tschechischen (*rámci použití Smluv*) und der ungarischen (*Szerződések alkalmazási körében*) Sprachfassung des Art. 18 AEUV. Aus terminologischer Sicht zeigt sich, dass in der deutlichen Mehrheit der Sprachversionen des Art. 18 AEUV derselbe Begriff „Anwendungsbereich" verwendet wird wie in der Rechtsprechung des EuGH zur Grundrechtsbindung der Mitgliedstaaten. Der deutsche Wortlaut bildet somit keine Ausnahme, sodass es möglich erscheint, den Anwendungsbereich i.S.d. Art. 18 AEUV zur Auslegung des Art. 51 Abs. 1 S. 1 GRC heranzuziehen.

bb. Sachliche Reichweite des Anwendungsbereichs in Art. 18 AEUV

Die sachliche Reichweite des Anwendungsbereichs der Verträge i.S.d. Art. 18 AEUV ist im Einzelnen umstritten und nicht eindeutig geklärt.[1291] Nicht unbeachtet gelassen werden dürfen in diesem Zusammenhang die Unionsbürgerrechte, welche als „besondere Bestimmungen" gegenüber

---

1290 Dem Begriff *domaine d'application* kommt die gleiche Bedeutung wie der Formulierung zur Anwendbarkeit der Unionsgrundrechte *champ d'application* zu, *Cariat*, Charte des droits fondamentaux, 2016, S. 307.

1291 S. dazu ausführlich *Epiney*, in: Calliess/Ruffert (Hrsg.), EUV/AEUV, 5. Aufl., 2016, Art. 18 AEUV, Rn. 16ff.; noch zu Art. 12 EGV: *Rossi*, EuR 2000, S. 197ff.; zu den Fallgruppen, in welchen der EuGH eine Eröffnung des Anwendungsbereichs bejaht s. auch *Nusser*, Bindung der Mitgliedstaaten, 2011, S. 117.

Art. 18 AEUV vorrangig sind, aber auch zum „Anwendungsbereich der Verträge" gehören.[1292]

Der EuGH beurteilt den Anwendungsbereich einzelfallorientiert, meist unter Rückgriff auf den „gegenwärtigen Entwicklungsstand" des Unionsrechts.[1293] Für die Eröffnung des Anwendungsbereichs lassen sich im Wesentlichen drei Anknüpfungspunkte unterscheiden:[1294] Erstens die mitgliedstaatliche Durchführung des Unionsrechts, sodass etwa ein zur Durchführung einer Verordnung erlassener nationaler Rechtsakt am Maßstab des Art. 18 AEUV zu prüfen ist.[1295] Zweitens ist Art. 18 AEUV bei mitgliedstaatlichen Handlungen in (mittelbarem) Zusammenhang mit der Ausübung oder tatsächlichen Verwirklichung der Grundfreiheiten zu beachten.[1296] Drittens ist der Anwendungsbereich der Verträge i.S.d. Art. 18 AEUV eröffnet, wenn ein Unionsbürger sich rechtmäßig in einem anderen Mitgliedstaat aufhält und daher von seinem Freizügigkeitsrecht Gebrauch gemacht hat, wobei sich diese Fallgruppe zum Teil mit der Konstellation

1292 *Kadelbach*, in: von Bogdandy/Bast (Hrsg.), Europäisches Verfassungsrecht, 2009, S. 611, 636; zu den Unionsbürgerrechten im engeren Sinne zählen die Freizügigkeit (Art. 21 AEUV), politische Rechte, d.h. das Wahlrecht bei Kommunalwahl sowie zum Europäischen Parlament (Art. 22 AEUV), das Petitionsrecht (Art. 24 Abs. 2 AEUV), das Recht auf Zugang zu einem Bürgerbeauftragten (Art. 24 Abs. 3 AEUV) sowie das Recht auf Informationen in jeder Vertragssprache (Art. 24 Abs. 3 AEUV) und das Recht auf diplomatischen und konsularischen Schutz (Art. 23 AEUV).

1293 *Epiney*, in: Calliess/Ruffert (Hrsg.), EUV/AEUV, 5. Aufl., 2016, Art. 18 AEUV, Rn. 16ff.; zur Diskussion um den Anwendungsbereich i.S.d. Vorgängernorm Art. 12 EGV s. etwa *Kotroni*, Grundrechtliche Verpflichtungen, 2004, S. 173ff.

1294 So die Fallgruppenbildung bei *Schmahl*, in: Grabenwarter (Hrsg.), Europäischer Grundrechteschutz, 2014, § 15, Rn. 69; *Epiney*, in: Calliess/Ruffert (Hrsg.), EUV/AEUV, 5. Aufl., 2016, Art. 18 AEUV, Rn. 16ff.

1295 EuGH, *Pastoors und Trans-Cap*, Rs. C-29/95, EU:C:1997:28, Rn. 13ff.; *Dominic Wolzenburg*, Rs. C-123/08, EU:C:2009:616, Rn. 42ff.; für den Fall, dass eine bestimmte Situation Gegenstand einer Regelung des abgeleiteten Rechts ist, s. EuGH, *International Jet Management*, Rs. C-628/11, ECLI:EU:C:2014:171, Rn. 34 ff.

1296 EuGH, *Gravier*, Rs. 293/83, EU:C:1985:69, Rn. 21ff.; *Cowan*, Rs. 186/87, EU:C:1989:47, Rn. 17; *Raulin*, Rs. C-357/89, EU:C:1992:87, Rn. 25ff.; *Parlament/Rat*, Rs. C-295/90, EU:C:1992:294, Rn. 18f.; *Data Delecta Aktiebolag und Forsberg*, Rs. C-43/95, EU:C:1996:357, Rn. 10ff.; *Bickel und Franz*, Rs. C-274/96, EU:C:1998:563, Rn. 13ff.; *Kommission/Österreich*, Rs. C-147/03, EU:C:2005:427, Rn. 31ff.; *Wood*, Rs. C-164/07; EU:C:2008:321, Rn. 10ff.; *Bressol u.a.*, Rs. C-73/08, EU:C:2010:181, Rn. 30ff.

der Grundfreiheiten überlagert.[1297] Innerhalb dieser Fallgruppe neigt der Gerichtshof zu einer großzügigen Auslegung des Begriffs „Anwendungsbereich des Vertrages“.[1298] Entscheidend sind etwa das Vorliegen einer unionsrechtlich geregelten Situation[1299] oder die Frage, ob Berührungspunkte mit einem der Sachverhalte bestehen, auf die das Unionsrecht abstellt.[1300] Auch hat der EuGH zur Erörterung des Anwendungsbereichs auf Regelungen des Primär- und Sekundärrechts verwiesen, wobei unklar ist, wie ein konkret möglicher „Bezug“ zu diesem ausgestaltet sein muss.[1301]

Im Schrifttum werden verschiedene Anknüpfungspunkte zur Bestimmung des Anwendungsbereichs des Vertrages dargestellt: Nach einer weiten Auslegung des Art. 18 AEUV soll in sachlicher Hinsicht die Gesamtheit der von den Bestimmungen der Verträge erfassten Sachverhalte vom Anwendungsbereich des Art. 18 AEUV umfasst sein, sodass Sachverhalte, die aufgrund einer Kompetenzbestimmung einer Regelung zugänglich sind, in den Anwendungsbereich der Verträge fallen, wobei es nicht auf die Ausübung der Kompetenz durch die Union ankomme.[1302] Einschränkend wird gefordert, dass dies insbesondere nicht für Art. 114 AEUV und Art. 115 AEUV gelten könne, da diese ein „Einfallstor für einen fast grenzenlosen Anwendungsbereich“ darstellen könnten.[1303] Zudem wird einschränkend verlangt, den Anwendungsbereich nur nach den ausgeübten

1297 EuGH, *Martinez Sala*, Rs. C-85/96, EU:C:1998:217, Rn. 63; *Grzelczyk*, Rs. C-184/99, EU:C:2001:458, Rn. 34ff.; *Trojani*, Rs. C-456/02, EU:C:2004:488, Rn. 40; *Bidar*, Rs. C-209/03, EU:C:2005:169, Rn. 31ff.; *Tas-Hagen und Tas*, Rs. C-192/05, EU:C:2006:676, Rn. 20ff.; *Förster*, Rs. C-158/07, EU:C:2008:630, Rn. 35ff.; *Gottwald*, Rs. C-103/08, EU:C:2009:597, Rn. 24ff.; *Grauel Rüffer*, Rs. C-322/13, EU:C:2014:189, Rn. 19ff.; *Dano*, Rs. C-333/13, EU:C:2014:2358, Rn. 58ff.; *Petruhhin*, Rs. C-182/15, EU:C:2016:630, Rn. 31ff.; *TopFit und Biffi*, Rs. C-22/18, EU:C:2019:497, Rn. 26ff.; *Österreich/Deutschland*, Rs. C-591/17, EU:C:2019:504, Rn. 37ff.

1298 *Von der Decken*, in: Heselhaus/Nowak (Hrsg.), Handbuch der Europäischen Grundrechte, 2. Aufl., 2020, § 49, Rn. 22; kritisch zu dieser großzügigen Auslegung *Schmahl*, in: Grabenwarter (Hrsg.), Europäischer Grundrechteschutz, 2014, § 15, Rn. 70.

1299 EuGH, *Cowan*, Rs. 186/87, EU:C:1989:47, Rn. 10.

1300 EuGH, *Morson und Jhanjan*, verb. Rs. 35/82 und 36/82, EU:C:1982:368, Rn. 16.

1301 Vgl. *Epiney*, in: Epiney/Haag/Heinemann (Hrsg.), FS Bieber, 2007, S. 661, 671f.

1302 *Von Bogdandy*, in: Grabitz/Hilf/Nettesheim (Hrsg.), Das Recht der Europäischen Union, 42. EL., 2010, Art. 18 AEUV, Rn. 33f.; *Latzel*, EuZW 2015, S. 658, 661.

1303 So für die Vorgängernormen *Bleckmann*, Europarecht, 1997, Rn. 1764ff.; a.A. *von Bogdandy*, in: Grabitz/Hilf/Nettesheim (Hrsg.), Das Recht der Europäischen Union, 42. EL., 2010, Art. 18 AEUV, Rn. 34.

Kompetenzen, nicht nach den möglichen, zu bestimmen.[1304] Schließlich kann an die Rechtswirkungen des Vertrages und des Sekundärrechts angeknüpft werden, sodass primär die Tragweite des geltenden Unionsrechts maßgeblich ist.[1305] Der Anwendungsbereich solle zudem nur in Sachbereichen, in denen die Union legitimerweise Aufgaben wahrnimmt, eröffnet sein.[1306]

Zusammenfassend zeigt sich, dass unter Berücksichtigung der Rechtsprechung des EuGH kaum noch Sachverhaltskonstellationen verbleiben, die nicht in den Anwendungsbereich des Vertrags fallen dürften, wenngleich die genauen Konturen des Anwendungsbereichs i.S.d. Art. 18 AEUV unklar bleiben.[1307] Jedenfalls rein innerstaatliche Sachverhalte sind nicht vom Anwendungsbereich des Art. 18 AEUV erfasst, ein grenzüberschreitendes Element ist stets erforderlich.[1308] Unabhängig von der genauen Reichweite dieses Begriffs ist festzuhalten, dass der Anwendungsbereich i.S.d. Art. 18 AEUV deutlich weiter zu verstehen ist als der Begriff der Durchführung i.S.d. Art. 51 Abs. 1 S. 1 GRC.[1309]

b. Bindung an Unionsgrundrechte aufgrund der Ausübung der Freizügigkeit der Unionsbürger

Wie gezeigt, ist der Anwendungsbereich der Verträge nach Art. 18 AEUV eröffnet, wenn ein Unionsbürger von seinem Freizügigkeitsrecht Gebrauch gemacht hat und sich rechtmäßig in einem anderen Mitgliedstaat aufhält. In der Vergangenheit wurde vorgeschlagen, dass dieses Kriterium

---

1304 *Kischel*, EuGRZ 1997, S. 1, 7.

1305 *Bungert*, Recht ausländischer Kapitalgesellschaften, 1994, S. 555ff.; *Rossi*, EuR 2000, S. 197, 203f.; *Nusser*, Bindung der Mitgliedstaaten, 2011, S. 118.

1306 *Khan/Henrich*, in: Geiger/Khan/Kotzur (Hrsg.), EUV/AEUV, 6. Aufl., 2017, Art. 18 AEUV, Rn. 12.

1307 *Von der Decken*, in: Heselhaus/Nowak (Hrsg.), Handbuch der Europäischen Grundrechte, 2. Aufl., 2020, § 49, Rn. 22; zur weiten Auslegung durch den EuGH s. auch *Martin*, in: Kellerbauer/Klamert/Tomkin (Hrsg.), EU Treaties and the Charter of Fundamental Rights, 2019, Article 18 TFEU, Rn. 13; vgl. auch für Art. 12 EGV, wonach „kaum ein Bereich des nationalen Rechts vom Anwendungsbereich des Art. 12 EGV ausgeschlossen werden“ könne, *Epiney*, in: Epiney/Haag/Heinemann (Hrsg.), FS Bieber, 2007, S. 661, 680.

1308 *Holoubek*, in: Becker/Hatje/Schoo/Schwarze (Hrsg.), EU-Kommentar, 4. Aufl., 2019, Art. 18 AEUV, Rn. 28ff.

1309 S. zum Vergleich mit der Vorgängernorm Art. 12 EGV: *Eeckhout*, CMLR 39 (2002), S. 945, 959ff.

die Mitgliedstaaten zur Beachtung der Grundrechte verpflichten solle. So unterbreitete bereits zu Beginn der Rechtsprechung des Gerichtshofs zur mitgliedstaatlichen Bindung an die damaligen Gemeinschaftsgrundrechte der Generalanwalt *Sir Francis Jacobs* in der Rechtssache *Konstantinidis* im Jahr 1992 einen Vorschlag, wonach die Mitgliedstaaten bei grenzüberschreitender Ausübung einer Grundfreiheit zur Beachtung der Gemeinschaftsgrundrechte verpflichtet sein sollen. In diesem Fall solle ein Gemeinschaftsangehöriger davon ausgehen dürfen, „daß er, wohin er sich in der Europäischen Gemeinschaft zu Erwerbszwecken auch begibt, stets im Einklang mit einer gemeinsamen Ordnung von Grundwerten behandelt wird, insbesondere denen, die in der Europäischen Menschenrechtskonvention niedergelegt sind. Mit anderen Worten, er ist berechtigt, zu sagen ‚*civis europeus sum*' und sich auf diesen Status zu berufen, um sich jeder Verletzung seiner Grundrechte zu widersetzen."[1310] Auf eine Beschränkung der Freizügigkeit oder das Vorliegen einer Diskriminierung solle es demnach nicht ankommen. Der EuGH hat sich in dem Urteil zu dieser Rechtssache nicht zu den Grundrechten geäußert und hat sich somit auch nicht mit diesem Vorschlag befasst.[1311]

Den Ansatz von *Sir Francis Jacobs* hat die Generalanwältin *Eleanor Sharpston* in der Rechtssache *Ruiz Zambrano* aufgegriffen. Unter Zitierung der Schlussanträge der Rechtssache *Konstantinidis* ist *Sharpston* der Auffassung, dass der „Unionsbürger, der von Freizügigkeitsrechten Gebrauch macht, (...) sich auf die gesamte Palette der unionsrechtlich geschützten Grundrechte berufen [kann] (gleichviel, ob diese mit der wirtschaftlichen Tätigkeit zusammenhängen, zu deren Ausübung er sich von einem Mitgliedstaat in einen anderen begibt). Wäre dies nicht der Fall, könnte er von

1310 Schlussanträge GA *Jacobs*, *Konstantinidis*, Rs. C-168/91, EU:C:1992:504, Rn. 46; jedoch beurteilt *Jacobs* die Bindung der Mitgliedstaaten nach der Charta deutlich einschränkender und kritisiert die Rechtsprechung des Gerichtshofs zur mitgliedstaatlichen Bindung bei der Rechtfertigung der Beschränkung von Grundfreiheiten; diese sei nicht von Art. 51 Abs. 1 S. 1 GRC erfasst, *Jacobs*, ELR 26 (2001), S. 331, 336ff.; *Haltern*, Europarecht, Bd. II, 2017, § 12, Rn. 1944ff. weist daraufhin, dass es bemerkenswert sei, dass *Jacobs* die lateinische Sprache verwendet und somit an den Ausdruck „*Civis romanus sum*" erinnere und kritisiert, dass damit eine an dem Christentum orientierte Identitätskonzeption verbunden sei, da dieser Ausdruck nicht zuletzt in der Apostelgeschichte verwendet wird, um römische Soldaten von Misshandlungen abzuhalten.

1311 EuGH, *Konstantinidis*, Rs. C-168/91, EU:C:1993:115.

der Wahrnehmung dieser Freizügigkeitsrechte abgehalten werden."[1312] Unionsbürger sollten sich dabei auch ohne grenzüberschreitenden Bezug auf die Unionsgrundrechte berufen können, wovon unter bestimmten Voraussetzungen auch die sog. Inländerdiskriminierung, d.h. Sachverhalte, die als solche dem Anwendungsbereich des Unionsrechts entzogen sind, erfasst sein soll.[1313] *Sharpston* schlug vor, dass Art. 18 AEUV bei kumulativem Vorliegen von drei Voraussetzungen eingreifen solle und so zu verstehen sei, dass dieser einer umgekehrten Diskriminierung entgegenstehe, die durch das Ineinandergreifen von Art. 21 AEUV und nationalem Recht verursacht werde, wenn eine Verletzung der im Unionsrecht anerkannten Grundrechte verursacht werde und wenn nach nationalem Recht kein mindestens gleichwertiger Schutz zur Verfügung stehe.[1314]

Denkbar ist schließlich, dass von Art. 18 AEUV i.V.m. Art. 21 AEUV auch reine Inlandssachverhalte aufgrund einer potenziellen Beeinträchtigung des Freizügigkeitsrechts erfasst sind. Ferner ist es möglich, Art. 21 AEUV als vom Freizügigkeitsrecht losgelöstes Aufenthaltsrecht im Herkunftsmitgliedstaat zu qualifizieren, was eine Grundrechtsbindung auslösen könnte.[1315]

1312 Schlussanträge GA *Sharpston*, *Ruiz Zambrano*, Rs. C-34/09, EU:C:2010:560, Rn. 83; kritisch dies als „dubiose Prämisse" bezeichnend *Michl*, Überprüfung des Unionsrechts, 2014, S. 180.

1313 Schlussanträge GA *Sharpston*, *Ruiz Zambrano*, Rs. C-34/09, EU:C:2010:560, Rn. 83ff., 144ff.

1314 Schlussanträge GA *Sharpston*, *Ruiz Zambrano*, Rs. C-34/09, EU:C:2010:560, Rn. 144ff.; als Voraussetzung nennt *Sharpston* erstens, dass es sich bei dem Rechtsuchenden um einen Unionsbürger handeln müsse, der sich im Mitgliedstaat seiner Staatsangehörigkeit aufhalte und von seinen Freizügigkeitsrechten aus dem AEUV keinen Gebrauch gemacht habe, dessen Situation aber mit der Situation anderer Unionsbürger desselben Mitgliedstaats, die sich auf Rechte aus Art. 21 AEUV berufen können, vergleichbar sei; zweitens müsse die beanstandete umgekehrte Diskriminierung die Verletzung eines unionsrechtlich geschützten Grundrechts umfassen; drittens dürfe Art. 18 AEUV nur subsidiär eingreifen, wenn kein angemessener Grundrechtsschutz im nationalen Recht bestehe, *ebd.*, Rn. 145ff.

1315 Zu einer solchen Möglichkeit s. etwa *Graf Vitzthum*, EuR 2011, S. 550, 557f., der diese im Ergebnis jedoch ablehnt; zu einer denkbar weiten Auslegung der Unionsbürgerschaft und des Freizügigkeitsrechts auch bereits *Wallrab*, Die Verpflichteten der Gemeinschaftsgrundrechte, 2004, S. 121ff.

c. Unionsbürgerschaft als Auslöser der mitgliedstaatlichen Grundrechtsbindung

Wären die Unionsgrundrechte stets anwendbar, wenn ein Unionsbürger sich rechtmäßig in einem anderen Mitgliedstaat aufhält, so könnte dies zur Diskriminierung von Unionsbürgern, die nicht von ihrem Freizügigkeitsrecht Gebrauch gemacht haben, führen.[1316] Konsequenterweise müsste, um eine solche Diskriminierung zu vermeiden, die in den Art. 20ff. AEUV normierte Unionsbürgerschaft, die 1992 mit dem Vertrag von Maastricht eingeführt wurde, als einziges Kriterium genügen, um die Anwendbarkeit der Unionsgrundrechte zu begründen. Als Ansatzpunkt hierfür wird der sog. Kernbestand der Rechte, die der Unionsbürgerstatus verleiht, diskutiert, wonach die Anwendbarkeit der Unionsgrundrechte in den Mitgliedstaaten stets anzunehmen sei, wenn der Kernbestand der Unionsbürgerrechte betroffen ist; dies gelte auch bei rein internen Sachverhalten.[1317]

Als erste Ausprägung des Kernbestandsschutzes der Unionsbürger kann die Rechtssache *Rottmann* angeführt werden.[1318] Da der Gerichtshof diese Rechtssache erst im Nachhinein ausdrücklich mit dem Kernbestandsschutz in Verbindung brachte, gilt als grundlegende Entscheidung für die Entwicklung des Konzepts des Kernbestands der Rechte des Unionsbürgers die Rechtssache *Ruiz Zambrano*.[1319] In dieser entschied der EuGH, dass Art. 20 AEUV nationalen Maßnahmen entgegenstehe, die bewirken, dass den Unionsbürgern der tatsächliche Genuss des Kernbestands der Rechte, die ihnen der Unionsbürgerstatus verleiht, verwehrt wird. Im konkreten Fall war insbesondere fraglich, ob sich aus den Bestimmungen der Unionsbürgerschaft ein abgeleitetes Aufenthaltsrecht eines an sich nicht aufenthaltsberechtigten Drittstaatsangehörigen ergibt, sofern dieser minderjährige Kinder hat, die Unionsbürger sind, und auf den Unterhalt des Drittstaatsangehörigen angewiesen sind.[1320] Eine Besonderheit des Falls lag darin, dass die Kinder des Drittstaatsangehörigen von ihrem Freizügig-

1316 *Eeckhout*, CMLR 39 (2002), S. 945, 972; zu dem Problem der Inländerdiskriminierung umfassend etwa *Epiney*, Umgekehrte Diskriminierungen, 1995.

1317 *Van den Brink*, Legal Issues of Economic Integration 39 (2012), S. 273ff.; kritischer jedoch *van den Brink*, ELJ 25 (2019), S. 21ff.

1318 EuGH, *Rottmann*, C-135/08, EU:C:2010:104; s. dazu ausführlich *Neier*, Kernbestandsschutz, 2019, S. 45ff.

1319 EuGH, *Ruiz Zambrano*, Rs. C-34/09, Rs. C-34/09, EU:C:2011:124, Rn. 42 unter Verweis auf EuGH, *Rottmann*, Rs. C-135/08, EU:C:2010:104, Rn. 42.

1320 S. zum gesamten Sachverhalt EuGH, *Ruiz Zambrano*, Rs. C-34/09, EU:C:2011:124, Rn. 14ff.

keitsrecht noch keinen Gebrauch gemacht hatten. Der Gerichtshof kam zu dem Ergebnis, dass sich aus Art. 20 AEUV ein abgeleitetes Aufenthaltsrecht ergibt, denn eine fehlende Aufenthaltsgenehmigung „hat nämlich zur Folge, dass sich die genannten Kinder – Unionsbürger – gezwungen sehen, das Gebiet der Union zu verlassen, um ihre Eltern zu begleiten. Ebenso besteht die Gefahr, dass eine solche Person, wenn ihr keine Arbeitserlaubnis erteilt wird, nicht über die für ihren Unterhalt und den ihrer Angehörigen erforderlichen Mittel verfügt, was ebenfalls zur Folge hätte, dass sich ihre Kinder – Unionsbürger – gezwungen sähen, das Hoheitsgebiet der Union zu verlassen. Unter derartigen Umständen wäre es den genannten Unionsbürgern *de facto* unmöglich, den Kernbestand der Rechte, die ihnen der Unionsbürgerstatus verleiht, in Anspruch zu nehmen."[1321] Auf die Grundrechte der Charta, und somit auch nicht auf ihre Anwendbarkeit, ging der EuGH nicht ein.[1322] Das vorlegende Gericht hatte in seinen Vorlagefragen jedoch insbesondere auf die Rechte der Kinder nach Art. 24 GRC sowie das Recht auf soziale Sicherheit und soziale Unterstützung nach Art. 34 GRC verwiesen.

In der Folgerechtsprechung präzisierte der Gerichtshof die Konstruktion des Kernbestands der Unionsbürgerrechte. In der Rechtssache *Dereci* stellte der EuGH klar, dass das Kriterium der Verwehrung des Kernbestands der Rechte, die der Unionsbürgerstatus verleiht, zu berücksichtigen ist, wenn die Unionsbürgerschaft ihrer praktischen Wirksamkeit beraubt würde und sich ein Unionsbürger *de facto* gezwungen sähe, das Gebiet der Union als Ganzes zu verlassen.[1323] Voraussetzung des Kernbestandsschutzes ist

---

1321 EuGH, *Ruiz Zambrano*, Rs. C-34/09, EU:C:2011:124, Rn. 44; unklar bleibt jedoch, was vom „Kernbestand der Rechte, die der Unionsbürgerstatus verleiht" umfasst ist und welche Unionsbürgerrechte der Kinder bei einer Ausweisung tatsächlich betroffen wären, vgl. *Graf Vitzthum*, EuR 2011, S. 550, 555f.

1322 Diskutiert wird, ob mit dieser Entscheidung eine neue Ebene des Grundrechtsschutzes begründet werden, d.h. eine neue Kategorie von Grundrechten erschaffen wurde, deren Anwendungsbereich losgelöst von der GRC zu beurteilen ist, vgl. etwa *Milej*, BayVBl. 2015, S. 361, 365.

1323 EuGH, *Dereci*, Rs. C-256/11, EU:C:2011:734, Rn. 66f.; bestätigt in EuGH, *Iida*, Rs. C-40/11, EU:C:2012:691, Rn. 71; *Ymerga*, Rs. C-87/12, EU:C:2013:291, Rn. 36; *Alokpa und Moudoulou*, Rs. C-86/12, EU:C:2013:645, Rn. 32; *Rendón Marín*, Rs. C-165/14, EU:C:2016:675, Rn. 78; *K.A. u.a.*, Rs. C-82/16, EU:C:2018:308, Rn. 52; *Subdelegación del Gobierno en Ciudad Real*, Rs. C-836/18, EU:C:2020:119, Rn. 40. Zuvor bereits *McCarthy*, Rs. C-434/09, EU:C:2011:277; s. zum Ganzen etwa *van den Brink*, Legal Issues of Economic Integration 39 (2012), S. 273, 277ff.; *Iglesias Sánchez*, ELJ 20 (2014), S. 464, 474ff.

somit eine „qualifizierte Zwangslage“, in der sich ein Unionsbürger befinden muss.[1324] Zur Prüfung des Rechts auf Achtung des Privat- und Familienlebens nach Art. 7 GRC führte der EuGH aus, dass dieses nur zu berücksichtigen sei, wenn der Sachverhalt des Ausgangsverfahrens in den Anwendungsbereich des Unionsrechts falle, was das nationale Gericht zu entscheiden habe.[1325]

d. Stellungnahme

Für eine Berücksichtigung des Art. 18 AEUV bzw. der Unionsbürgerschaft bei der Auslegung des Art. 51 Abs. 1 S. 1 GRC kann die Überlegung angeführt werden, dass den Grundrechten der Charta eine vergleichbare Bedeutung zukommt wie dem Recht auf Nichtdiskriminierung aufgrund der Staatsangehörigkeit, und Unionsbürgerschaft sowie Unionsgrundrechte vergleichbare Ziele – den Schutz der Rechte des Einzelnen – verfolgen.[1326] Zudem könnte so der Kritik begegnet werden, die Union fokussiere sich zu sehr auf die wirtschaftlichen Freiheiten und die Förderung des „Marktbürgers“, da über die Charta eine soziale Komponente in die Marktintegration eingebracht werde, wenn sich der Unionsbürger, der von seinem Freizügigkeitsrecht Gebrauch macht, stets auf die Unionsgrundrechte berufen könnte.[1327]

Gegen eine entsprechende Auslegung des Art. 51 Abs. 1 S. 1 GRC spricht zunächst der Wortlaut des Art. 51 Abs. 1 S. 1 GRC.[1328] Dieser ist zwar einem weiten Verständnis zugänglich. Wie gezeigt, geht der Anwendungsbereich i.S.d. Art. 18 AEUV jedoch deutlich über den Begriff der Durchführung i.S.d. Art. 51 Abs. 1 S. 1 GRC hinaus. Auch im Übrigen ist den Verträgen keine rechtliche Grundlage zu entnehmen, wonach die Unionsgrundrechte vermittelt über die Unionsbürgerschaft angewendet werden können, insbesondere sind die Grundrechte der Charta nicht Teil

---

1324 S. *Cede*, EuR 2015, Beiheft 1, S. 79, 84f.

1325 EuGH, *Dereci*, Rs. C-256/11, EU:C:2011:734, Rn. 66f., 71f.

1326 Vgl. *Eeckhout*, CMLR 39 (2002), S. 945, 970f.; *Iglesias Sánchez*, ELJ 20 (2014), S. 464, 465; *Neier*, Kernbestandsschutz, 2019, S. 220f.

1327 *Eeckhout*, CMLR 39 (2002), S. 945, 971ff. weist zudem darauf hin, dass eine stärkere Berücksichtigung der Unionsbürgerschaft im Rahmen der Bindungskonstellationen auch zu einer Stärkung der Unionsbürgerschaft insgesamt führen könnte.

1328 *Peers*, Cambridge Yearbook of European Legal Studies 13 (2011), S. 283, 298; *Neier*, Kernbestandsschutz, 2019, S. 221.

der grundlegenden Rechte der Unionsbürgerschaft.[1329] Mit einer erweiternden Auslegung der mitgliedstaatlichen Bindung wären weitreichende Auswirkungen verbunden, die nicht mit der Struktur des derzeitigen Systems des Grundrechtsschutzes auf Unionsebene zu vereinbaren sind, wobei insbesondere zu berücksichtigen ist, dass die Union keine allgemeine Menschenrechtsorganisation ist.[1330]

Bei näherer Betrachtung spricht zudem die funktionale Zielrichtung der Diskriminierungs- und Beschränkungsverbote des AEUV gegen eine Erweiterung der Bindung an Unionsgrundrechte: Der weite Anwendungsbereich des Art. 18 AEUV dient dazu, Hindernisse für den grenzüberschreitenden Verkehr zu beseitigen; unterfällt eine nationale Maßnahme in Bezug auf grenzüberschreitende Sachverhalte dem Unionsrecht, folgt daraus nicht, dass dieselbe Maßnahme bei einem rein internen Sachverhalt an der Charta zu messen ist.[1331] Zu berücksichtigen ist insofern, dass die Regelungsgegenstände von Art. 18 AEUV und Art. 51 Abs. 1 S. 1 GRC nicht vergleichbar sind: Jede Diskriminierung von Unionsbürgern aufgrund der Staatsangehörigkeit widerspricht der eigentlichen Idee der Unionsbürgerschaft – ein Grundwert der Union, dessen Verteidigung eine zentrale Aufgabe der Institutionen der EU ist.[1332] Das Diskriminierungsverbot ist insofern originär und berührt den Kern der Unionsbürgerrechte.[1333] Das Diskriminierungsverbot sowie das Freizügigkeitsrecht können zudem selbstständig ihre eigene Anwendbarkeit begründen, wohingegen die Bindung der Mitgliedstaaten an Unionsgrundrechte erst durch das Unionsrecht vermittelt wird.[1334] Adressaten des Diskriminierungsverbots sind pri-

---

1329 *Van Bockel/Wattel*, ELR 38 (2013), S. 866, 875; s. auch *Pirker*, Grundrechtsschutz, 2018, S. 316, der ebenfalls darauf verweist, dass die Verpflichtung zur Beachtung der Unionsgrundrechte in allen Konstellationen, in denen Unionsbürger sich rechtmäßig in einem anderen Mitgliedstaat aufhalten, einen entscheidenden Schritt in Richtung einer Zentralisierung des Grundrechtsschutzes darstellen würde, wozu es beim derzeitigen Stand des Unionsrechts an einer angemessenen Rechtsgrundlage fehle.

1330 Vgl. *Eeckhout*, CMLR 39 (2002), S. 945, 971f.; *Iglesias Sánchez*, ELJ 20 (2014), S. 464, 474; *Croon-Gestefeld*, in: Kochenov (Hrsg.), EU Citizenship and Federalism, 2017, S. 665, 675f.

1331 *Thym*, NVwZ 2013, S. 889, 893.

1332 *Ladenburger*, in: Laffranque (Hrsg.), Protection of Fundamental Rights, 2012, S. 141, 168; *Ladenburger/Vondung*, in: Stern/Sachs (Hrsg.), GRCh, 2016, Art. 51 GRC, Rn. 38.

1333 *Kadelbach*, KritV 2013, S. 276, 282.

1334 *Kadelbach*, KritV 2013, S. 276, 282; *Pirker*, Grundrechtsschutz, 2018, S. 225.

mär die Mitgliedstaaten, während zur Beachtung der Unionsgrundrechte insbesondere die Union verpflichtet ist.

Einwenden lässt sich ferner, dass die Möglichkeit der gerichtlichen Kontrolle des mitgliedstaatlichen Handels durch den EuGH noch nichts darüber aussagt, welcher Prüfungsmaßstab anzulegen ist.[1335] Verweist das Unionsrecht auf einen Anwendungsbereich oder auf die „vom Unionsrecht erfassten Bereiche“ (vgl. Art. 19 Abs. 1 EUV), bedeutet dies zwar, dass der Gerichtshof nationale Maßnahmen prüfen kann, allerdings ist damit nicht zwangsläufig eine Prüfung anhand der Unionsgrundrechte geboten.[1336] Das Unionsrecht kennt verschiedene Anwendungsbereiche, die sich unterschiedlich auswirken können.

Im Hinblick auf die Entstehungsgeschichte der Charta zeigt sich einerseits, dass weder Art. 18 AEUV noch die Rechtsprechung des EuGH zu Art. 18 AEUV Gegenstand der Beratungen der Bindung der Mitgliedstaaten an die Charta waren und diese auch in den Erläuterungen nicht erwähnt werden, was ebenfalls gegen die Berücksichtigung des Art. 18 AEUV im Kontext des Art. 51 Abs. 1 S. 1 GRC spricht.[1337] Andererseits kam der Unionsbürgerschaft eine besondere Bedeutung hinsichtlich der Charta zu und war eines der Hauptmotive für ihre Entstehung.[1338] Dies kann jedoch nicht dazu führen, dass die Ausübung des Freizügigkeitsrechts der Unionsbürger eine Grundrechtsbindung begründet.[1339] Anderenfalls ist eine nicht von der Charta vorgesehene umfassende Bindung der Mitgliedstaaten an die Unionsgrundrechte möglich. Die Entwicklung des Freizügigkeitsrechts in der Rechtsprechung des EuGH könnte zu einer uneingeschränkten Geltung der Charta führen, da kaum eine Situation denkbar ist, die nicht geeignet wäre, die Ausübung der Freiheit, sich in einem anderen Mitgliedstaat zu bewegen und aufzuhalten, zu erleichtern.[1340] Unabhängig von der genauen Reichweite des Rechts auf Freizügigkeit führt

---

1335 *Kotroni*, Grundrechtliche Verpflichtungen, 2004, S. 184.

1336 S. insoweit insbesondere die Rechtsprechung des EuGH zum Grundsatz der richterlichen Unabhängigkeit nach Art. 19 Abs. 1 UAbs. 2 EUV und dem Verhältnis zur GRC, oben 2. Kapitel, C., VIII., 2.

1337 *Von Danwitz/Paraschas*, Fordham International Law Journal 35 (2012), S. 1396, 1408.

1338 *Eeckhout*, CMLR 39 (2002), S. 945, 971 unter Verweis auf die Präambel der GRC, wonach die Union „die Person in den Mittelpunkt ihres Handelns [stellt], indem sie die Unionsbürgerschaft (...) begründet.“

1339 So jedoch *Obwexer*, EuR 2015, Beiheft 1, S. 51, 71.

1340 *Griller*, EuR 2015, Beiheft 1, S. 7, 17; a.A. *Pirker*, Grundrechtsschutz, 2018, S. 226, der auf die Einschränkungen des Anwendungsbereichs des Freizügigkeitsrechts durch den EuGH hinweist.

dieses als „Auslöser“ der Grundrechtsbindung zu weiteren Problemen: Wären die Unionsgrundrechte stets anwendbar, wenn ein Unionsbürger sich rechtmäßig in einem anderen Mitgliedstaat aufhält, so könnte dies zur Benachteiligung und Diskriminierung von Unionsbürgern, die nicht von ihrem Freizügigkeitsrecht Gebrauch gemacht haben, führen.[1341] Konsequenterweise müsste, um eine solche umgekehrte Diskriminierung zu vermeiden, die Unionsbürgerschaft als einziges Kriterium genügen, um die Anwendbarkeit der Unionsgrundrechte zu begründen. Ein derart weites Verständnis des Anwendungsbereichs der GRC ist nicht mit Art. 51 Abs. 1 S. 1 GRC zu vereinbaren und widerspricht dem Grundsatz der begrenzten Einzelermächtigung.[1342] Bereits mit der Einführung der Unionsbürgerschaft im Vertrag von Maastricht war zudem keine umfassende Geltung der Unionsgrundrechte intendiert.[1343]

Schließlich ist auch aus normativer Sicht die Anwendung der Unionsgrundrechte vermittelt über die Unionsbürgerschaft problematisch, da eine nicht zu rechtfertigende Ungleichbehandlung zwischen Unionsbürgern und Drittstaatsangehörigen begründet werden könnte.[1344] Auch die Unterscheidung der Grundrechtecharta zwischen Menschenrechten, Rechten der Unionsbürger und Rechten, die sich an bestimmte Gruppen richten (z.B. Rechte der Arbeitnehmer), spricht dagegen, die Unionsbürgerschaft als taugliches Kriterium über die Anwendbarkeit der Charta anzusehen, da sich insbesondere die Menschenrechte gerade nicht ausschließlich an Unionsbürger richten.[1345] Bedenken gegen die Anknüpfung an die Unionsbürgerschaft, um eine Erweiterung des Grundrechtsschutzes zu erreichen, ergeben sich auch daraus, dass Grundrechte dem Einzelnen kraft seines Menschseins zustehen, nicht aufgrund der Staatsangehörigkeit.[1346]

1341 *Eeckhout*, CMLR 39 (2002), S. 945, 972; *Streinz/Michl*, in: Streinz (Hrsg.), EUV/AEUV, 3. Aufl., 2018, Art. 51 GRC, Rn. 22, die darauf hinweisen, dass ansonsten „zwei Klassen von Bürgern“ entstünden.

1342 So auch *Graf Vitzthum*, EuR 2011, S. 550, 559; *Wollenschläger*, in: Hatje/Müller-Graff (Hrsg.), Europäisches Organisations- und Verfassungsrecht, 2014, § 8, Rn. 35; *Cede*, EuR 2015, Beiheft 1, S. 79, 90.

1343 *Ruffert*, EuGRZ 1995, S. 518, 524; *Wallrab*, Die Verpflichteten der Gemeinschaftsgrundrechte, 2004, S. 126.

1344 Vgl. *van den Brink*, ELJ 25 (2019), S. 21, 29ff.; zum „Widerspruch“ zwischen Staatsbürgerschaft und Grundrechten s. auch *Düsterhaus*, in: Kochenov (Hrsg.), EU Citizenship and Federalism, 2017, S. 642, 643ff.

1345 *Von Diest*, Änderungen im Diskriminierungsschutz, 2016, S. 145.

1346 *Stern*, in: HGR I, 2004, § 1, Rn. 4; *Wollenschläger*, in: Hatje/Müller-Graff (Hrsg.), Europäisches Organisations- und Verfassungsrecht, 2014, § 8, Rn. 35;

Der Rechtsprechung des EuGH ist eine Grundrechtsbindung der Mitgliedstaaten vermittelt über das Freizügigkeitsrecht oder die Unionsbürgerschaft ebenfalls bislang nicht zu entnehmen: In der Rechtssache *Petruhhin* ermöglichte zwar die weite Auslegung des Begriffs des Anwendungsbereichs der Verträge i.S.d. Art. 18 AEUV i.V.m. Art. 21 AEUV die Anwendbarkeit der Grundrechtecharta auf nationaler Ebene.[1347] In dieser Rechtssache führte jedoch die Beschränkung der Freizügigkeit zur mitgliedstaatlichen Bindung an Unionsgrundrechte. Eine Bestätigung der Vorschläge in der Literatur, wonach eine Grundrechtsbindung auch bei bloßer Ausübung des Freizügigkeitsrechts anzunehmen ist, ohne dass dieses beschränkt wird, findet sich in der Rechtsprechung des EuGH bisher nicht. Auch eine denkbar weite Auslegung einzig des Art. 18 AEUV derart, dass Berührungspunkte zum Unionsrecht ausreichen, um den Anwendungsbereich der Verträge zu eröffnen, hat der Gerichtshof noch nicht auf Art. 51 Abs. 1 S. 1 GRC erstreckt – jedoch, soweit ersichtlich, auch nicht ausdrücklich abgelehnt. Eine solche erweiterte Auslegung erscheint bei Weiterentwicklung der Rechtssache *Ruiz Zambrano* nicht gänzlich fernliegend.[1348] Zwar stellt dieses Urteil keine Ausweitung der mitgliedstaatlichen Bindung an Unionsgrundrechte dar, dennoch ist es naheliegend, dass innerhalb des „Kernbereichs der Unionsbürgerschaft" auch Unionsgrundrechte gelten.[1349] Zumindest bei einer Verletzung dieses Kernbereichs sind Unionsgrundrechte zu beachten.[1350] Der EuGH hat darüber hinaus an-

---

Croon-Gestefeld, in: Kochenov (Hrsg.), EU Citizenship and Federalism, 2017, S. 665, 674f.

1347 EuGH, *Petruhhin*, Rs. C-182/15, EU:C:2016:630, Rn. 52; *Epiney*, NVwZ 2017, S. 846, 848; s. dazu bereits oben 2. Kapitel, C., IV., 3., c.

1348 Vgl. *van den Brink*, Legal Issues of Economic Integration 39 (2012), S. 273, 274; *Mall*, Bindung der Mitgliedstaaten, 2012, S. 83; diese lehnt i.E. mit Verweis auf die Auswirkungen auf das nationale Rechtssystem eine solche Auslegung jedoch ab und schlägt eine einheitliche Auslegung des Anwendungsbereichs vor, allerdings mittels Annäherung des Art. 18 AEUV an das engere Verständnis des Art. 51 Abs. 1 S. 1 GRC *Mall*, Bindung der Mitgliedstaaten, 2012, S. 85; kritisch dazu, dass eine solche Weiterentwicklung durch den EuGH erfolgt *Jacqué* in: Rossi/Casolari (Hrsg.), The EU after Lisbon, 2014, S. 137, 146f.

1349 *Hailbronner/Thym*, NJW 2011, S. 2008, 2009; kritisch *Neier*, Kernbestandsschutz, 2019, S. 222ff.

1350 EuGH, *Dereci*, Rs. C-256/11, EU:C:2011:734, Rn. 72; *Pirker*, Grundrechtsschutz, 2018, S. 226; kritisch dazu *Streinz/Michl*, in: Streinz (Hrsg.), EUV/AEUV 3. Aufl., 2018, Art. 51 GRC, Rn. 20; s. auch die Rechtssache EuGH, *Chavez-Vilchez u.a.*, Rs. C-133/15, EU:C:2017:354, Rn. 70, in der der EuGH die Unionsgrundrechte bereits zur Beurteilung des Anwendungsbereichs des Art. 20 AEUV berücksichtigt; dazu *Neier*, Kernbestandsschutz, 2019, S. 149ff.

gedeutet, dass zwischen den Unionsgrundrechten und der Unionsbürgerschaft ein enger Zusammenhang besteht, wonach nationale Maßnahmen „den Erfordernissen des Unionsrechts in Bezug auf den effektiven Schutz der den Unionsbürgern insbesondere durch (…) [die Grundrechtecharta] verliehenen Grundrechte“ entsprechen müssen.[1351]

Eine Bindung allein über den Unionsbürgerstatus ist aus den genannten Gründen allerdings insgesamt abzulehnen. Die Eigenschaft als Unionsbürger kann gleichwohl berücksichtigt werden, wenn zusätzlich eine nationale Vorschrift im sachlichen Zusammenhang mit Unionsrecht steht und somit in den Anwendungsbereich des Unionsrechts fällt.[1352] Eine Durchführung i.S.d. Art. 51 Abs. 1 S. 1 GRC kann bei einer Beschränkung des Freizügigkeitsrechts und bei einer Verwehrung des tatsächlichen Genusses des Kernbestands der Rechte, die aus dem Unionsbürgerstatus folgen, anzunehmen sein. Die Rechtsprechung des EuGH zeigt, dass diese Fallgruppen nicht extensiv auszulegen sind, sodass keine uneingeschränkte Bindung an Unionsgrundrechte besteht.

4. „Umgekehrte“ *Solange*-Doktrin

Dogmatisch knüpft an die Unionsbürgerschaft und die Rechtsprechung des EuGH, wonach Unionsbürger in den Genuss eines Kernbestands der Rechte kommen müssen, der Vorschlag einer „umgekehrten“ *Solange*-Doktrin an, der auch als *reverse Solange* bezeichnet wird.[1353] Nach diesem Vor-

---

1351 EuGH, *Peñarroja Fa*, verb. Rs. C-372/09 und C-373/09, EU:C:2011:156, Rn. 62; *van den Brink*, ELJ 25 (2019), S. 21, 25.

1352 *Schaller*, EU-Mitgliedstaaten als Verpflichtungsadressaten, 2003, S. 52f. (noch für Art. 12 EGV, jetzt Art. 18 AEUV).

1353 *Von Bogdandy u.a.*, ZaöRV 72 (2012), S. 45ff.; zur Erweiterung dieses Vorschlags derart, dass ausdrücklich auch nationales Verfassungsrecht umfasst sein soll *von Bogdandy u.a.*, in: von Bogdandy/Sonnevend (Hrsg.), Constitutional Crisis, 2015, S. 235ff.; s. zu einem ähnlichen Ansatz zuvor *Kirchhof*, NJW 2011, S. 3681, 3686. *Kirchhof* hat vorgeschlagen, dass der EuGH seine Grundrechtskontrolle solange über mitgliedstaatliches Handeln zurücknehme soll, als der jeweilige Mitgliedstaat den Mindeststandard europäischer Grundrechte gewährleistet. Im Gegensatz zum Ansatz von *von Bogdandy u.a.* dient dieser Vorschlag nicht dazu, den Anwendungsbereich des Art. 51 Abs. 1 S. 1 GRC zu erweitern; kritisch dazu, da das Modell eines Regel-Ausnahme-Verhältnisses zugunsten der nationalen Ebene keine Stütze in der Rechtsprechung sowie Art. 51 Abs. 1 S. 1 GRC finde, *Franzius*, ZaöRV 75 (2015), S. 383, 385; vgl. *Kleinlein*, Grundrechtsföderalismus, 2020, S. 370f.; ähnlich auch bereits

schlag sind die Mitgliedstaaten an einen Wesensgehalt der europäischen Grundrechte nach Art. 2 EUV gebunden, wobei sich ein Unionsbürger grundsätzlich nicht auf Unionsgrundrechte berufen kann, solange die Vermutung gilt, dass dieser Wesensgehalt im betreffenden Mitgliedstaat gewährleistet ist.[1354] Für eine entsprechende Verbindung von Unionsgrundrechten und der Unionsbürgerschaft führen die Autoren des Vorschlags an, dass diese der geschichtlichen Entwicklung von Grundrechten als Bürgerrechten in den europäischen Staaten sowie insbesondere der Union entspreche.[1355] Grundlage ist hier Art. 2 EUV, welcher – im Unterschied zur Grundrechtecharta – keine Einschränkung hinsichtlich seiner Geltung enthält und die grundlegenden Werte, wozu die „Wahrung der Menschenrechte" gehört, normiert.[1356] In der Praxis könnte sich nach diesem Ansatz ein Unionsbürger vor einem nationalen Gericht auch außerhalb des Anwendungsbereichs der Grundrechtecharta auf bestimmte Unionsgrundrechte berufen, wenn dieser die Vermutung widerlegen kann, dass der betreffende Mitgliedstaat den Wesensgehalt der Grundrechte gewährleistet – etwa bei Vorliegen systemischer Defizite in diesem Mitgliedstaat.[1357] Nationale Gerichte sind so aufgefordert, gemeinsam mit dem EuGH im Wege des Vorabentscheidungsverfahrens den Wesensgehalt von Grundrechten zu überwachen.

Kritisieren lässt sich an diesem Ansatz zunächst, dass sich der Wesensgehalt der Grundrechte nur schwer bestimmen lässt.[1358] Dem wird entgegengehalten, dass es – abhängig von dem jeweiligen Grundrecht – Kriterien gebe, um dieses näher zu präzisieren, sodass eine Verletzung des Wesensge-

---

Schlussanträge GA *Maduro*, *Centro Europa* 7, Rs. C-380/05, EU:C:2007:505, Rn. 17ff.

1354 *Von Bogdandy u.a.*, ZaöRV 72 (2012), S. 45, 66; s. zu diesem Vorschlag die Beiträge in Steinbeis/Kemmerer/Möllers (Hrsg.), Gebändigte Macht: Verfassung im europäischen Nationalstaat, 2015, S. 151ff.

1355 *Von Bogdandy u.a.*, ZaöRV 72 (2012), S. 45, 64; skeptisch dazu *van den Brink*, ELJ 25 (2019), S. 21, 26ff., wonach Grundrechte aus historischer Sicht nicht als Bürgerrechte definiert wurden.

1356 *Von Bogdandy u.a.*, ZaöRV 72 (2012), S. 45, 67f.; der Begriff „Wahrung der Menschenrechte" wird dabei so verstanden, dass dieser auf den Schutz von menschenrechtlichen *Essentialia* zielen soll und insbesondere die notstandsfesten Rechte nach Art. 15 Abs. 2 EMRK umfasst sein sollen; s. auch *Hilf/Schorkopf*, in: Grabitz/Hilf/Nettesheim (Hrsg.), Das Recht der Europäischen Union, 51. EL., 2013, Art. 2 EUV, Rn. 36.

1357 *Von Bogdandy u.a.*, ZaöRV 72 (2012), S. 45, 72.

1358 *Sonnevend*, in: Steinbeis/Kemmerer/Möllers (Hrsg.), Gebändigte Macht, 2015, S. 151, 153; *Thym*, in: Steinbeis/Kemmerer/Möllers (Hrsg.), Gebändigte Macht, 2015, S. 173, 174; *Kleinlein*, Grundrechtsföderalismus, 2020, S. 370.

halts eines Grundrechts im konkreten Fall festzustellen sei.[1359] Ungeklärt ist zudem die genaue Reichweite des Kriteriums der systemischen Defizite.[1360] Unabhängig von diesen Fragen bewirkt dieser Vorschlag zwar eine Ausweitung des Anwendungsbereichs der europäischen Grundrechte, bezieht sich jedoch insbesondere auf Art. 2 EUV und will den Anwendungsbereich des Art. 51 Abs. 1 S. 1 GRC nicht erweitern.[1361] Die insoweit speziellere Norm Art. 51 Abs. 1 S. 1 GRC zur Bindung der Mitgliedstaaten wird insofern nicht von Art. 2 EUV verdrängt.[1362] Im Kern geht es um das Versagen der Verfassungs- und Grundrechtekultur in den betreffenden Mitgliedstaaten, was allerdings primär politische Maßnahmen erfordert.[1363] Auch ist es fraglich, ob der EuGH tatsächlich das Gesamtsystem des Grundrechtsschutzes in einem Mitgliedstaat beurteilen kann und soll.[1364] Entgegenzuhalten ist ferner, dass der intergouvernemental ausgeprägte Mechanismus des Art. 2 und 7 EUV, der darauf zielt, ein Mindestmaß gemeinsamer Werte zu sichern, durch eine „umgekehrte" *Solange*-Doktrin derart umgestaltet werden könnte, dass je nach Fallkonstellation ein aus den Werten des Art. 2 EUV entwickelter vom nationalen Grundrechtesystem in vielen Detailfragen abweichender Grundrechtekatalog entstehen könnte.[1365] Schließlich birgt dieser Vorschlag die Gefahr einer tiefgreifenden Veränderung des Verhältnisses der Union und der Mitgliedstaaten, die

1359 *Von Bogdandy/Antpöhler/Ioannidis*, in: Jakab/Kochenov (Hrsg.), Enforcement of EU Law and Values, 2017, S. 218, 222, die unter Verweis auf die Rechtsprechung des EGMR darstellen, dass die politischen Aspekte der Pressefreiheit zum Wesensgehalt dieses Grundrechts zählen.

1360 *Franzius*, ZaöRV 75 (2015), S. 383, 405.

1361 *Von Bogdandy u.a.*, in: von Bogdandy/Sonnevend (Hrsg.), Constitutional Crisis, 2015, S. 235, 252f. kritisieren die weite Auslegung des Art. 51 Abs. 1 S. 1 GRC durch den EuGH und führen an, dass die umgekehrte *Solange*-Doktrin zu einem besseren Grundrechtsschutz auf europäische Ebene führe.

1362 *Ohler*, NVwZ 2013, S. 1433, 1435.

1363 *Mangold*, in: Steinbeis/Kemmerer/Möllers (Hrsg.), Gebändigte Macht, 2015, S. 155, 156f.; *van den Brink*, ELJ 25 (2019), S. 21, 35; dieser Kritik wird begegnet mit dem Verweis, dass die „umgekehrte" *Solange*-Doktrin als Ergänzung des politischen Prozesses zu verstehen sei, *von Bogdandy/Antpöhler/Ioannidis*, in: Jakab/Kochenov (Hrsg.), Enforcement of EU Law and Values, 2017, S. 218, 223f.

1364 Vgl. *Pirker*, Grundrechtsschutz, 2018, S. 317.

1365 *Cede*, EuR 2015, Beiheft 1, S. 79, 90; ähnlich kritisch auch *Huber*, in: Biaggini/Diggelmann/Kaufmann (Hrsg.), FS Thürer, 2015, S. 305, 312.

nicht von den bestehenden vertraglichen Grundlagen der Union gedeckt ist.[1366]

Im Jahr 2020 wurde dieser Vorschlag derart weiterentwickelt, dass jedes mitgliedstaatliche Verhalten am Maßstab des Art. 2 EUV zu prüfen sei, sofern eine weitere spezifische Bestimmung des Unionsrechts unmittelbar anwendbar ist, die gemeinsam mit Art. 2 EUV zu einer „gegenseitigen Verstärkung" führe.[1367] Dies sei etwa bei Art. 19 EUV der Fall, der vor dem Hintergrund der in Art. 2 EUV normierten Werte ausgelegt werden könne, sodass Art. 2 EUV wiederum durch eine unmittelbar anwendbare Norm konkretisiert und somit indirekt zur Anwendung gebracht werde.[1368] Betont wird dabei, dass eine Berufung auf Art. 2 EUV und die entsprechenden Rechte der Charta über den Anwendungsbereich des Art. 51 Abs. 1 S. 1 GRC hinaus nur in außergewöhnlichen Konstellationen möglich sein soll.[1369] Diese Weiterentwicklung der „umgekehrten" *Solange*-Doktrin mag daher als politisches Instrument vor den Entwicklungen etwa in Polen zu sehen sein, ist jedoch ähnlichen Bedenken wie der ursprüngliche Vorschlag eines *reverse Solange* ausgesetzt und kann daher nicht zur Bestimmung der mitgliedstaatlichen Bindung an Unionsgrundrechte insgesamt herangezogen werden.

5. Horizontales *Solange*-Prinzip

Ein weiterer Ansatz zielt ebenfalls auf das *Solange*-Prinzip ab und erstreckt dieses auf horizontale Grundrechtsbeziehungen: die Kooperation zwischen den Mitgliedstaaten sei aufrechtzuerhalten, solange alle Mitgliedstaaten wesentliche Unionsgrundrechte befolgten, wobei den nationalen Gerichten die Überprüfung obliege, ob andere Mitgliedstaaten den europäischen

---

1366 S. dazu *Croon-Gestefeld*, in: Kochenov (Hrsg.), EU Citizenship and Federalism, 2017, S. 665, 680ff.; *Streinz/Michl*, in: Streinz (Hrsg.), EUV/AEUV, 3. Aufl., 2018, Art. 51 GRC, Rn. 24.

1367 *Von Bogdandy/Spieker*, EuR 2020, S. 301, 317ff.

1368 *Von Bogdandy/Spieker*, EuR 2020, S. 301, 320ff. führen als Beispiel dafür die bereits oben (2. Kapitel, C., VIII., 2.) dargestellten Rechtssache *Associação Sindical dos Juízes Portugueses*, Rs. C-64/16, EU:C:2018:117 sowie nachfolgend *Kommission/Polen (Indépendance de la Cour suprême)*, Rs. C-619/18, EU:C:2019:531, *Kommission/Polen (Indépendance des juridictions de droit commun)*, Rs. C-192/18, EU:C:2019:924, an.

1369 *Von Bogdandy/Spieker*, EuR 2020, S. 301, 328f.

Grundrechtsschutzstandard einhielten.[1370] Dieses Prinzip sei in der Rechtssache *N.S. u.a.* angelegt, in der der EuGH feststellte, dass Mitgliedstaaten die Überstellung von Asylbewerbern in einen anderen Mitgliedstaaten nicht vornehmen dürfen, wenn diesen nicht unbekannt sein kann, dass systemische Mängel im Aufnahmemitgliedstaat ernsthafte und durch Tatsachen bestätigte Gründe für die Annahme darstellen, dass ein Asylbewerber Gefahr läuft, einer unmenschlichen oder erniedrigenden Behandlung i.S.d. Art. 4 GRC ausgesetzt zu werden.[1371] Die Mitgliedstaaten seien demnach auch an die Unionsgrundrechte gebunden, wenn es zu systemischen Verstößen gegen wesentliche Grundrechte der Charta kommt. Auf diese Weise erweitere der Gerichtshof die Konstellationen, in denen Unionsgrundrechte die souveränen Zuständigkeiten von Mitgliedstaaten beeinflussen, was zu einer Umgehung des Art. 51 GRC führe.[1372] Zu berücksichtigen ist, dass es sich bei dem vorgeschlagenen horizontalen *Solange*-Prinzip um einen besonderen Bereich handelt, der durch die Koexistenz unabhängiger Politiken geprägt ist.[1373] In der Rechtssache *N.S. u.a.* war für die Bindung an Unionsgrundrechte entscheidend, dass das mitgliedstaatliche Handeln aufgrund eines durch eine Verordnung eingeräumten Ermessensspielraums erfolgte, weshalb ein derartiges horizontales *Solange*-Prinzip nicht als eine neue Konstellation der Bindung der Mitgliedstaaten an Unionsgrundrechte einzuordnen ist.[1374] Eine Erweiterung der Verpflichtung zur Beachtung der Unionsgrundrechte derart, dass die Mitgliedstaaten in Fällen mit Bezügen zu anderen Mitgliedstaaten stets zur Prüfung, ob wesentliche Unionsgrundrechte in diesem Staat beachtet werden, ist nicht von Art. 51 Abs. 1 S. 1 GRC umfasst. Einwenden lässt sich zudem, dass die Begriffe „systemische Mängel“ sowie „wesentliche Unionsgrundrechte“ konkretisierungsbedürftig sind und sich Abgrenzungsschwierigkeiten ergeben können und die erfassten Situationen daher nicht eindeutig zu bestimmen sind.

1370 Vgl. *Canor*, CMLR 50 (2013), S. 383, 385ff.

1371 EuGH, *N.S. u.a.*, verb. Rs. C-411/10 und C-493/10, EU:C:2011:865, Rn. 86ff.; *Canor*, CMLR 50 (2013), S. 383, 391ff.

1372 *Canor*, CMLR 50 (2013), S. 383, 395f.

1373 S. *Franzius*, ZaöRV 75 (2015), S. 383, 408, der sich jedoch für eine Verallgemeinerung des horizontalen *Solange*-Prinzips ausspricht.

1374 *Pirker*, Grundrechtsschutz, 2018, S. 412; a.A. *Franzius*, EuGRZ 2015, S. 139, 147.

6. Zwischenergebnis

Vorschläge, die eine Ausweitung der Bindung der Mitgliedstaaten an die Unionsgrundrechte vorsehen, können zu einer vereinfachten Bestimmung des Anwendungsbereichs der Charta führen. Dies gilt insbesondere, wenn eine umfassende Geltung der Charta ohne Bezug zum Unionsrecht angenommen wird bzw. bei der Anknüpfung an die Unionsbürgerschaft als entscheidendes Kriterium für die Anwendbarkeit der Charta in den Mitgliedstaaten. Eine entsprechende extensive Bindungswirkung der Charta ist jedoch nicht mit dem Wortlaut des Art. 51 Abs. 1 S. 1 GRC zu vereinbaren und steht im Widerspruch zu den derzeitigen vertraglichen Grundlagen der Union. Nicht übersehen werden darf insofern, dass die Charta von einem geteilten Grundrechtsschutz ausgeht und insofern der Anwendungsbereich der Charta in den Mitgliedstaaten zu begrenzen ist. Der Petitionsausschuss des Europäischen Parlaments hat in einer Stellungnahme zur Umsetzung der Charta der Grundrechte der Europäischen Union im institutionellen Gefüge der EU vorgeschlagen, den Anwendungsbereich der Charta bei der nächsten Vertragsüberarbeitung auszuweiten, was auch eine Änderung des Art. 51 Abs. 1 S. 1 GRC inkludiert, ohne diesen Vorschlag näher zu konkretisieren.[1375] Für eine entsprechende Vertragsänderung bestehen allerdings derzeit keine Anzeichen, sodass eine solche als wenig wahrscheinlich anzusehen ist.

Die Frage, wann die Mitgliedstaaten zur Beachtung der Charta nach Art. 51 Abs. 1 S. 1 GRC verpflichtet sind, lässt sich daher am ehesten an einer nach Fallgruppen orientierten Darstellung bestimmen und näher eingrenzen.[1376]

1375 Stellungnahme des Petitionsausschusses vom 21.01.2019 für den Ausschuss für konstitutionelle Fragen zur Umsetzung der Charta der Grundrechte der Europäischen Union im institutionellen Gefüge der EU (2017/2089(INI)), Vorschlag Nr. 28.

1376 So auch *Obwexer*, ZÖR 2013, S. 487, 506; *Wollenschläger*, in: Hatje/Müller-Graff (Hrsg.), Europäisches Organisations- und Verfassungsrecht, 2014, § 8, Rn. 31; *Ladenburger/Vondung*, in: Stern/Sachs (Hrsg.), GRCh, 2016, Art. 51 GRC, Rn. 45ff.; *Thym*, DÖV 2014, S. 941, 948ff., der eine Typologie von Sachverhaltskonstellationen, auf der Grundlage der Rechtsprechung des EuGH sowie allgemeiner Erwägungen, die (nicht) der Charta unterfallen, vorschlägt.

III. Fallgruppen zur Bestimmung der mitgliedstaatlichen Bindung an Unionsgrundrechte nach Art. 51 Abs. 1 S. 1 GRC

Grundlage einer nach Fallgruppen orientierten Bestimmung der mitgliedstaatlichen Bindung an Unionsgrundrechte ist zuvorderst die Rechtsprechung des EuGH. Wie die Auslegung des Art. 51 Abs. 1 S. 1 GRC gezeigt hat, normiert diese Bestimmung die bisherige Rechtsprechung des Gerichtshofs zur Bindung der Mitgliedstaaten. Die vor Inkrafttreten der Charta umfassten Bindungskonstellationen beanspruchen daher weiterhin Gültigkeit. Zugleich ist der Begriff Durchführung i.S.d. Art. 51 Abs. 1 S. 1 GRC einem weiten Verständnis zugänglich. Diese Ergebnisse und die Diskussionen im Schrifttum ermöglichen es, den Anwendungsbereich der Charta im Sinne einer Fallgruppenbildung näher zu bestimmen. Ausgangspunkt der nachfolgenden Darstellung ist der Umstand, dass die Bindung der Mitgliedstaaten an die Grundrechtecharta erst durch das Unionsrecht vermittelt wird. Im Wesentlichen vermitteln das Primärrecht (1.) und das Sekundärrecht (2.) die Pflicht zur Beachtung der Unionsgrundrechte. Die entsprechenden Konstellationen können dabei jeweils in Situationen, in denen eine Bindung stets anzunehmen bzw. abzulehnen ist, sowie solche, in denen eine differenzierte Betrachtung geboten ist, unterteilt werden. Ferner kann eine Grundrechtsbindung bei nationalen Vorschriften oder Maßnahmen, die zwar zunächst keinen unmittelbaren Bezug zum Unionsrecht aufweisen, allerdings auf dieses verweisen oder Bestandteil des Unionsrechts werden, in Betracht kommen (3.). Aufgrund der Dynamik des Unionsrechts kann die nachfolgende Systematisierung keine abschließende sein, sondern nur den derzeitigen Stand der Bindungskonstellationen erfassen.

1. Grundrechtsbindung vermittelt über Primärrecht

Führt nationales Handeln zu einer Beeinträchtigung von Grundfreiheiten (a.) oder einer Beschränkung des Freizügigkeitsrechts bzw. des Kernbestands der Unionsbürgerschaft (b.), liegt eine Durchführung i.S.d. Art. 51 Abs. 1 S. 1 GRC vor. Sind die Mitgliedstaaten zur Beachtung weiterer primärrechtlicher Vorgaben verpflichtet, besteht ebenfalls eine Bindung an Unionsgrundrechte (c.). Berührungspunkte zum Primärrecht genügen hingegen nicht (d.).

a. Bindung bei Beeinträchtigung einer Grundfreiheit

Eine über das Primärrecht vermittelte Bindung der Mitgliedstaaten an die Charta stellt insbesondere die sog. *ERT*-Situation dar, wenn mitgliedstaatliches Handeln zu einer Einschränkung der primärrechtlich gewährleisteten Grundfreiheiten führt.[1377] In dieser Konstellation sind die Mitgliedstaaten dazu verpflichtet, Unionsgrundrechte als Schranken-Schranken der Grundfreiheiten zu beachten, d.h. eine Rechtfertigung einer Beschränkung der Grundfreiheiten kommt nur in Betracht, wenn diese mit den Unionsgrundrechten vereinbar ist. Der EuGH unterscheidet dabei nicht zwischen geschriebenen und ungeschriebenen Rechtfertigungsgründen für die grundsätzliche Beschränkungsmöglichkeit einer Grundfreiheit, sondern wendet die Charta in beiden Fällen an.[1378] Liegt hingegen keine Beschränkung einer Grundfreiheit vor, da etwa eine nationale Regelung für alle im Inland tätigen betroffenen Wirtschaftsteilnehmer gilt und den Absatz der inländischen Erzeugnisse und solchen aus anderen Mitgliedstaaten rechtlich wie tatsächlich in der gleichen Weise berührt oder mögliche beschränkende Wirkungen „zu ungewiss und zu mittelbar sind“, kommt eine Bindung an Unionsgrundrechte nicht in Betracht.[1379]

Neben der Bindung an Unionsgrundrechte als Schranken-Schranken können die Unionsgrundrechte als Rechtfertigungsgrund einer Beeinträchtigung einer Grundfreiheit in Betracht kommen, sodass auch insofern eine mitgliedstaatliche Grundrechtsbindung besteht (Unionsgrundrechte als Schranke).[1380]

Die mitgliedstaatliche Bindung an Unionsgrundrechte vermittelt über die Grundfreiheiten führt zu einem weiten Anwendungsbereich der Charta in den Mitgliedstaaten, da der EuGH den Anwendungsbereich der Grundfreiheiten in einigen Entscheidungen weit verstanden hat. Dies führt indes nicht zu einer umfassenden Grundrechtsbindung bei jeglichen

---

1377 Grundlegend EuGH, *ERT*, Rs. C-260/89, EU:C:1991:254, Rn. 42; bestätigt nach Inkrafttreten der GRC in EuGH, *Pfleger*, Rs. C-390/12, EU:C:2014:281, Rn. 35f.

1378 Erstmals prüfte der EuGH Unionsgrundrechte bei Inanspruchnahme eines ungeschriebenen Rechtfertigungsgrundes in EuGH, *Familiapress*, Rs. C-368/95, EU:C:1997:325, Rn. 24.

1379 S. EuGH, *Pelckmans Turnhout*, Rs. C-483/12, EU:C:2014:304, Rn. 22ff.; *Pirker*, Grundrechtsschutz, 2018, S. 455f., der darauf verweist, dass insofern die „klassischen“ Regeln zur Bestimmung der Beschränkung einer Grundfreiheit auch bei der Frage der Reichweite der Unionsgrundrechte zur Anwendung kommen.

1380 EuGH, *Schmidberger*, Rs. C-112/00, EU:C:2003:333, Rn. 75ff.

Sachverhalten, die Bezüge zu den Grundfreiheiten aufweisen: Zu berücksichtigen ist insofern, dass Fälle, in denen die über die Grundfreiheiten vermittelte Grundrechtsbindung einigermaßen konstruiert wirkten, die Ausnahme geblieben sind.[1381]

b. Bindung bei Beschränkung des Freizügigkeitsrechts bzw. des Kernbestands der Unionsbürgerschaft

Eine Beschränkung des Freizügigkeitsrechts stellt ebenfalls eine Durchführung i.S.d. Art. 51 Abs. 1 S. 1 GRC dar.[1382] Auch innerhalb des „Kernbereichs der Unionsbürgerschaft" sind die Mitgliedstaaten zur Beachtung der Unionsgrundrechte verpflichtet.[1383] Parallel zur Fallgruppe der Beeinträchtigung einer Grundfreiheit, genügen die bloße Ausübung des Freizügigkeitsrechts oder die Unionsbürgerschaft als solche hingegen nicht, um eine Grundrechtsbindung der Mitgliedstaaten zu begründen.[1384]

c. Bindung bei der Verpflichtung zur Beachtung weiterer primärrechtlicher Vorgaben

Die Mitgliedstaaten sind stets an die Charta gebunden, wenn sie zur Beachtung primärrechtlicher Vorgaben verpflichtet sind. Neben den bereits dargestellten Verpflichtungen hinsichtlich der Grundfreiheiten sowie des Freizügigkeitsrechts und der Unionsbürgerschaft kommen weitere Verpflichtungen aus dem EUV und dem AEUV in Betracht, die eine Grundrechtsbindung der Mitgliedstaaten begründen können.

Eine solche Verpflichtung besteht etwa nach Art. 14 Abs. 3 EUV, wonach die Mitgliedstaaten dafür Sorge zu tragen haben, dass die Wahl der Mitglieder des Europäischen Parlaments allgemein, unmittelbar, frei und geheim erfolgt.[1385]

1381 Vgl. oben 2. Kapitel, C., V.; konstruiert wirkte der Bezug zu den Grundfreiheiten insbesondere in der Rechtssache *Carpenter*, s. oben 2. Kapitel, A., I., c., bb.

1382 EuGH, *Petruhhin*, Rs. C-182/15, EU:C:2016:630, Rn. 52.

1383 EuGH, *Dereci*, Rs. C-256/11, EU:C:2011:734, Rn. 72.

1384 S. oben 2. Kapitel, D., II., 3.

1385 EuGH, *Delvigne*, Rs. C-650/13, EU:C:2015:648, Rn. 33; diese Verpflichtung besteht im Zusammenhang mit Art. 1 Abs. 3 des Akts zur Einführung allgemeiner unmittelbarer Wahlen der Mitglieder des Europäischen Parlaments, dazu bereits oben 2. Kapitel, C., IV., 3., a.

Verstoßen Mitgliedstaaten gegen das Primärrecht, können sich daraus Verpflichtungen ergeben, woraus zwar keine umfassende Bindung hinsichtlich des gesamten Sachverhalts folgt. Jedoch ist bezüglich der jeweiligen Pflichten eine Durchführung i.S.d. Art. 51 Abs. 1 S. 1 GRC anzunehmen. Unterfällt etwa eine nationale Regelung den unionsrechtlichen Beihilfevorgaben der Art. 107ff. AEUV, folgt daraus nicht, dass die Mitgliedstaaten diesbezüglich umfassend die Unionsgrundrechte zu beachten haben; diese gelten zunächst nur hinsichtlich des Verfahrens zur Feststellung der Vereinbarkeit oder Unvereinbarkeit staatlicher Beihilfen mit dem Unionsrecht.[1386] Erhebt ein Mitgliedstaat unter Verstoß gegen das abgabenrechtliche Diskriminierungsverbot des Art. 110 AEUV eine Steuer, so ist er zur Erstattung verpflichtet.[1387] In einer solchen Situation ergeben sich – hinsichtlich der Erstattung – zudem weitere Verpflichtungen aus dem Grundsatz der loyalen Zusammenarbeit gem. Art. 4 Abs. 3 EUV, wozu insbesondere das Äquivalenz- und Effektivitätsgebot gehören, die ebenfalls dazu führen, dass Unionsgrundrechte anwendbar sind.[1388] Dementsprechend ist bei der Anwendung nationalen Verwaltungs-, Verwaltungsverfahrens- und Prozessrechts, das dem Vollzug oder der Durchsetzung des Unionsrechts dient, die Grundrechtecharta zu beachten.[1389] Dies gilt auch bei nationalen strafverfahrensrechtlichen Vorschriften, die der Verpflichtung, die Beeinträchtigung der finanziellen Interessen der Union i.S.d. Art. 325 AEUV zu verhindern, dienen.[1390] Beeinträchtigt nationales Recht die Effektivität von Rechten aus dem Unionsrecht, sind Unionsgrundrechte ebenfalls anwendbar.[1391]

1386 Vgl. EuGH, *Rittinger u.a.*, Rs. C-492/17, EU:C:2018:1019, Rn. 48ff.

1387 S. etwa EuGH, *Târşia*, Rs. C-69/14, EU:C:2015:662, Rn. 24 m.w.N.

1388 Vgl. EuGH, *Toma*, Rs. C-205/15, EU:C:2016:499, Rn. 28; *Agrokonsulting-04*, Rs. C-93/12, EU:C:2013:432, Rn. 35f.

1389 S. etwa EuGH, *Steffensen*, Rs. C-276/01, EU:C:2003:228, Rn. 71; *Alassini u.a.*, verb. Rs. C-317/08, C-318/08, C-319/08 und C-320/08, EU:C:2010:146, Rn. 46, 61f.; *Åkerberg Fransson*, Rs. C-617/10, EU:C:2013:105, Rn. 26f.; *Lesoochranárske zoskupenie VLK*, Rs. C-243/15, EU:C:2016:838, Rn. 51f.; *de Mol*, Maastricht J. Eur. & Comp. L. 23 (2016), S. 641, 654.

1390 EuGH, *Kolev u.a.*, C-612/15, EU:C:2018:392, Rn. 68; *Clergeau u.a.*, Rs. C-115/17, EU:C:2018:651, Rn. 28ff.; *Dzivev u.a.*, Rs. C-310/16, EU:C:2019:30, Rn. 33.

1391 EuGH, *DEB*, Rs. C-279/09, EU:C: 2010:811, Rn. 30ff.; kritisch dazu *Bucher*, ZEuS 2016, S. 203, 212.

d. Keine Bindung im Zusammenhang mit dem Primärrecht

Keine Durchführung i.S.d. Art. 51 Abs. 1 S. 1 GRC liegt vor, wenn nationales Handeln lediglich Berührungspunkte mit dem Primärrecht aufweist. So lässt sich eine Bindung der Mitgliedstaaten an Unionsgrundrechte nicht allein mit dem Umstand begründen, dass eine nationale Maßnahme in den Anwendungsbereich einer primärrechtlichen Vorschrift fällt, etwa wenn Art. 19 EUV anwendbar ist.[1392] Auch genügt es nicht, wenn eine nationale Maßnahme in den Bereich einer primärrechtlichen Norm fällt, diese jedoch keine besonderen Verpflichtungen vorsieht oder wenn der Unionsgesetzgeber zwar in einem bestimmten Bereich zuständig ist, der streitgegenständliche Sachverhalt jedoch nicht Gegenstand von auf der Grundlage dieser Bestimmungen erlassenen Maßnahmen waren.[1393] Nicht an die Charta gebunden sind die Mitgliedstaaten demnach, wenn die Union zwar über eine Kompetenz zur Gesetzgebung verfügt, diese jedoch nicht ausgeübt hat.[1394] Koordiniert bzw. unterstützt die Union nationale Politiken, etwa im Bereich der Bildungspolitik oder der Sozialhilfe, so sind die Mitgliedstaaten nicht zur Beachtung der Unionsgrundrechte verpflichtet, sofern keine näheren unionalen Vorgaben zur sachlichen Ausgestaltung dieser Rechtsbereiche bestehen.[1395]

2. Grundrechtsbindung vermittelt über Sekundärrecht

Als Anknüpfungspunkte für eine mitgliedstaatliche Grundrechtsbindung, die über das Sekundärrecht begründet wird, kommen insbesondere Verordnungen und Richtlinien in Betracht. Fällt eine nationale Vorschrift in den Anwendungsbereich einer Verordnung oder Richtlinie, liegt eine Durchführung i.S.d. Art. 51 Abs. 1. S. 1 GRC vor. Enthält ein Sekundärrechtsakt hingegen keine bzw. keine spezifischen Regelungen für eine na-

---

1392 Vgl. EuGH, *Kommission/Polen (Indépendance de la Cour suprême)*, Rs. C-619/18, EU:C:2019:531; *Kommission/Polen (Indépendance des juridictions de droit commun)*, Rs. C-192/18, EU:C:2019:924; s. oben 2. Kapitel, C., VIII., 2.

1393 EuGH, *Nisttahuz Poclava*, Rs. C-117/14, EU:C:2015:60, Rn. 40f.

1394 EuGH, *Hernández u.a.*, Rs. C-198/13, EU:C:2014:2055, Rn. 38ff.; s. auch EuGH, *Široká*, Rs. C-459/13, EU:C: 2014:2120, Rn. 19, 25.

1395 *Thym*, DÖV 2014, S. 941, 949f. unter Verweis auf EuGH, *Sindicato dos Bancários do Norte u.a.*, Rs. C-128/12, EU:C:2013:149.

tionale Maßnahme, findet die Charta keine Anwendung.[1396] Abgrenzungsfragen stellen sich dabei insbesondere im Zusammenhang mit Richtlinien, während bei Verordnungen stets eine Pflicht zur Beachtung der Unionsgrundrechte durch die Mitgliedstaaten anzunehmen ist. Da die jeweiligen Überlegungen entsprechend auch für weitere Rechtsakte der Union wie Beschlüsse oder gemeinsame Standpunkte angeführt werden können, wird auf diese im Folgenden nicht gesondert eingegangen.[1397]

a. Bindung bei Verordnungen

Eine Durchführung i.S.d. Art. 51 Abs. 1 S. 1 GRC ist regelmäßig anzunehmen, wenn die Mitgliedstaaten aufgrund einer Verordnung handeln. So sind mitgliedstaatliche Behörden etwa an Unionsgrundrechte gebunden, wenn diese unionsrechtliche Zollvorschriften anwenden, ohne selbst rechtsgestaltend tätig zu werden.[1398] Die Gewährung von Beihilfen[1399] oder der Erlass eines Rechtsakts[1400] aufgrund einer Verordnung stellen ebenfalls eine Durchführung i.S.d. Art. 51 Abs. 1 S. 1 GRC dar. Eine unionsgrundrechtliche Bindung besteht auch, wenn eine Verordnung einen Ermessenspielraum vorsieht und ein Mitgliedstaat von diesem Gebrauch

1396 So etwa für das Beispiel der Erhebung einer staatlichen Genehmigungsgebühr EuGH, *Fratelli De Pra SpA*, Rs. C-416/14, EU:C:2015:617, Rn. 53; s. auch EuGH, *Torralbo Marcos*, Rs. C-265/13, EU:C:2014:187, Rn. 28ff.; *Dano*, C-333/13, EU:C:2014:2358, Rn. 89ff.

1397 S. zur Bindung an Unionsgrundrechte bei der mitgliedstaatlichen Umsetzung eines Rahmenbeschlusses, der eine Mindestharmonisierung vorsieht, etwa EuGH, *Prokuratura Rejonowa w Słupsku*, Rs. C-634/18, EU:C:2020:455, Rn. 41f., vgl. auch *Pirker*, Grundrechtsschutz, 2018, S. 377 m.w.N.; keine Grundrechtsbindung ist jedoch bei nicht verbindlichen Rechtsakten wie Empfehlungen und Stellungnahmen anzunehmen, *ebd.*, S. 469f. Handeln die Mitgliedstaaten aufgrund von Beschlüssen im Rahmen der Gemeinsamen Außen- und Sicherheitspolitik können Unionsgrundrechte ebenfalls nach Art. 51 Abs. 1 S. 1 GRC Anwendung finden, s. dazu umfassend *Fontaine*, Anwendbarkeit und Durchsetzbarkeit, 2018, S. 191ff.

1398 EuGH, *Sopropé*, Rs. C-347/09, EU:C:2008:746, Rn. 35.

1399 EuGH, *Soukupová*, Rs. C-401/11, EU:C:2013:223, Rn. 27f.; *Szatmári Malom*, Rs. C-135/13, EU:C:2014:327, Rn. 65.

1400 Vgl. etwa EuGH, *Liivimaa Lihaveis MTÜ*, Rs. C-562/12, EU:C:2014:2229, Rn. 65; PARKING, verb. Rs. C-267/19 und C-323/19; EU:C:2020:351, Rn. 37ff.; *Veselības ministrija*, Rs. C-243/19, EU:C:2020:872, Rn. 34.

macht.[1401] Die konkrete Ausgestaltung dieses Spielraums, etwa im Sinne einer Handlungsoption oder -pflicht, ist dabei unerheblich.[1402] Bei einer mitgliedstaatlichen Entscheidung über die Überstellung eines Asylantragstellers in einen anderen Mitgliedstaat nach der Dublin III-Verordnung[1403] ist eine Durchführung i.S.d. Art. 51 Abs. 1 S. 1 GRC anzunehmen.[1404] Üben Mitgliedstaaten eine Zuständigkeit aus, die ihnen durch eine Bestimmung des Unionsrechts, etwa eine Verordnung, zugewiesen wurde, besteht ebenfalls eine Bindung an die Charta.[1405] Nicht ausreichend für die mitgliedstaatliche Bindung ist es hingegen, wenn eine nationale Maßnahme durch Strukturfonds der Union, die sekundärrechtlich durch Verordnungen konkretisiert werden, finanziert werden kann.[1406]

b. Bindung bei Richtlinien

Im Grundsatz vergleichbar zu Verordnungen sind die Mitgliedstaaten bei der Umsetzung von Richtlinien an die Unionsgrundrechte gebunden. Unionsgrundrechte kommen stets zur Anwendung, wenn ein nationales Gesetz (ausdrücklich) zur Umsetzung einer Richtlinie erlassen wurde.[1407] Gleiches gilt, wenn ein nationales Gesetz geändert wurde, um den Vorgaben einer Richtlinie zu entsprechen.[1408] Nicht entscheidend ist dabei, ob ein Mitgliedstaat mit der Absicht zur Umsetzung von Unionsrecht handelt, d.h. ob eine nationale Regelung nach dem Willen des Gesetzgebers der Durchführung des Unionsrechts dient.[1409] Maßgeblich ist insofern

---

1401 EuGH, *N.S. u.a.*, verb. Rs. C-411/10 und C-493/10, EU:C:2011:865, Rn. 68; *C.K. u.a.*, Rs. C-578/16 PPU, EU:C:2017:127, Rn. 53; s. auch *Centraal Israëlitisch Consistorie van België u.a.*, Rs. C-336/19, EU:C:2020:1031, Rn. 48f.

1402 Vgl. dazu *Pirker*, Grundrechtsschutz, 2018, S. 404ff.

1403 Verordnung (EG) Nr. 343/2003 des Rates vom 18. Februar 2003 zur Festlegung der Kriterien und Verfahren zur Bestimmung des Mitgliedstaats, der für die Prüfung eines von einem Drittstaatsangehörigen in einem Mitgliedstaat gestellten Asylantrags zuständig ist, ABl. L 50 v. 25.02.2003, S. 1.

1404 EuGH, *Jawo*, Rs. C-163/17, EU:C:2019:218, Rn. 77.

1405 EuGH, *Spika u.a.*, Rs. C-540/16, EU:C:2018:565, Rn. 22f.

1406 EuGH, *Nisttahuz Poclava*, Rs. C-117/14, EU:C:2015:60, Rn. 42.

1407 S. etwa EuGH, *Stefan*, Rs. C-329/13, EU:C:2014:815, Rn. 31; *Garlsson Real Estate u.a.*, Rs. C-537/16, EU:C:2018:193, Rn. 23; s. auch die Rechtssache EuGH, *Léger*, Rs. C-528/13, EU:C:2015:288, Rn. 41, 47, in der die nationale Regelung ausdrücklich darauf verwies, eine Richtlinie umzusetzen.

1408 EuGH, *Leitner*, Rs. C-396/17, EU:C:2019:375, Rn. 58.

1409 *Ohler*, NVwZ 2013, S. 1433, 1434; *Pirker*, Grundrechtsschutz, 2018, S. 372.

die Funktion der Umsetzung.[1410] Bei sämtlichen Umsetzungs- und Rechtsschutzmechanismen von Richtlinien sind die Mitgliedstaaten zur Beachtung der Charta verpflichtet. Sieht eine Richtlinie etwa vor, dass es den Mitgliedstaaten überlassen bleibt, Sanktionen festzulegen, wenn Pflichten aus der entsprechenden Richtlinie nicht eingehalten werden, so sind die getroffenen Sanktionen als Durchführung i.S.d. Art. 51 Abs. 1 S. 1 GRC anzusehen.[1411] Behördliche Bescheide, deren nationale Rechtsgrundlage zur Umsetzung von Unionsrecht erlassen wurde, sind an der Charta zu messen.[1412] Die Grundrechtsbindung der Mitgliedstaaten besteht insbesondere auch, wenn diese im Rahmen der Ermessensspielräume, die eine Richtlinie typischerweise eröffnet, handeln, da der Regelungsrahmen insoweit vom Unionsrecht vorgegeben ist.[1413]

Zu beachten ist, dass es der Gerichtshof teilweise vermeidet, nationale Maßnahmen anhand der Unionsgrundrechte zu prüfen und die Pflicht der Mitgliedstaaten betont, das Sekundärrecht grundrechtskonform auszulegen, sodass die Mitgliedstaaten zwar nicht direkt an die Charta gebunden sind, diese dennoch zu beachten haben.[1414] In diesen Konstellationen wird von einer mittelbaren bzw. indirekten Bindung der Mitgliedstaaten an Unionsgrundrechte gesprochen, wobei die unionsgrundrechtskonforme Auslegung von Sekundärrecht diese Bindung auslöst, da die Vorgaben des Sekundärrechts selbst unter Berücksichtigung der Charta auszulegen sind.[1415] Da die Auslegung des Sekundärrechts durch die Mitgliedstaaten unter Beachtung der Unionsgrundrechte zu erfolgen hat und diese zur ordnungsgemäßen Umsetzung bzw. Anwendung von Sekundärrecht verpflichtet sind, wirken sich die Unionsgrundrechte somit indirekt auf das mitgliedstaatliche Verhalten aus.

1410 *Sarmiento*, CMLR 50 (2013), S. 1267, 1279; *Kleinlein*, Grundrechtsföderalismus, 2020, S. 251.

1411 S. etwa EuGH, *Texdata Software GmbH*, Rs. C-418/11, Rn. 71ff.

1412 EuGH, *UBS Europe SE u.a.*, Rs. C-358/16, EU:C:2018:715, Rn. 51f.

1413 EuGH, *Léger*, Rs. C-528/13, EU:C:2015:288, Rn. 46ff.; *Milkova*, Rs. C-406/15, EU:C:2017:198, Rn. 51f.; *Torubarov*, C-556/17, EU:C:2019:626, Rn. 55; *Streinz/Michl*, in: Streinz (Hrsg.), EUV/AEUV, 3. Aufl., 2018, Art. 51 GRC, Rn. 12.

1414 *Ladenburger/Vondung*, in: Stern/Sachs (Hrsg.), GRCh, 2016, Art. 51 GRC, Rn. 31.

1415 S. etwa EuGH, *McB*, Rs. C-400/10 PPU, EU:C:2010:582, Rn. 51f.; *O. und S.*, verb. Rs. C-356/11 und C-357/11, EU:C:2012:776, Rn. 76ff.; *Alemo-Herron*, Rs. C-426/11, EU:C:2013:521, Rn. 31ff.; *Asklepios Kliniken*, verb. Rs. C-680/15 und C-681/15, EU:C:2017:317, Rn. 23; *SM*, Rs. C-129/18, EU:C:2019:248, Rn. 63ff.; zum Begriff *Kotroni*, Grundrechtliche Verpflichtungen, 2004, S. 205f. m.w.N.

Aufgrund der besonderen Regelungsstruktur von Richtlinien, bedürfen drei Fragen einer gesonderten Betrachtung. Erstens die Frage, ob eine nationale Vorschrift tatsächlich eine Richtlinie umsetzen soll bzw. nationales Recht in den Regelungs- bzw. Anwendungsbereich einer Richtlinie fällt (aa.). Zweitens bedürfen die sog. überschießende Umsetzung und Mindestharmonisierung einer separaten Untersuchung (bb.). Drittens ist danach zu differenzieren, ab wann die Mitgliedstaaten im Zusammenhang mit Richtlinien an Unionsgrundrechte gebunden sind (cc.).

aa. Anwendungsbereich einer Richtlinie

Ist der sachliche und/oder persönliche Anwendungsbereich einer Richtlinie nicht eröffnet, kommt eine Bindung der Mitgliedstaaten an die Charta nicht in Betracht.[1416] Im Einzelfall kann es allerdings schwierig zu entscheiden sein, ob eine nationale Vorschrift in den Anwendungsbereich einer Richtlinie fällt und somit ihrer Umsetzung dient. Wesentliche Anhaltspunkte sind dabei die vom EuGH entwickelten Kriterien, wonach es darauf ankommt, ob das Unionsrecht für die Mitgliedstaaten bestimmte Verpflichtungen in dem streitgegenständlichen Bereich schafft, ob eine Durchführung des Unionsrechts bezweckt wird, welchen Charakter die nationale Vorschrift hat, welche Ziele mit dieser verfolgt werden sowie ob es eine Regelung des Unionsrechts gibt, die für diesen Bereich spezifisch ist oder ihn beeinflussen kann.[1417] Der Gerichtshof legte bislang verschiedene Schwerpunkte bei der Gewichtung dieser Kriterien. Als maßgeblich kann dabei zunächst das bereits in der Literatur diskutierte Kriterium, ob das Unionsrecht bzw. eine Richtlinie den Mitgliedstaaten bestimmte Verpflichtungen auferlegt, gelten.[1418] Von entscheidender Bedeutung ist

1416 S. etwa EuGH, *Ajdini*, Rs. C-312/12, EU:C:2013:103, Rn. 25; *Lietuvos Respublikos transporto priemonių draudikų biuras*, Rs. C-587/15, EU:C:2017:463, Rn. 42ff.; *Ministerio Fiscal*, Rs. C-207/16, EU:C:2018:788, Rn. 29ff.; *Rayonna prokuratura Lom*, Rs. C-467/18, EU:C:2019:765, Rn. 64ff.; *MAK TURS*, Rs. C-376/19, EU:C:2020:99, Rn. 21ff.

1417 EuGH, *Hernández u.a.*, Rs. C-198/13, EU:C:2014:2055, Rn. 35ff.

1418 Zum Meinungsstand in der Literatur, s. bereits oben 2. Kapitel, D., I., 5.; aus der Rechtsprechung des EuGH etwa EuGH, *Berlioz Investment Fund SA*, Rs. C-682/15, EU:C:2017:373, Rn. 34ff.; *NK (Pensions d'entreprise de personnel cadre)*, Rs. C-223/19, EU:C:2020:753, Rn. 79f.; mangels bestimmter Verpflichtungen lehnte der EuGH etwa in den Rechtssachen *Hernández u.a.*, Rs. C-198/13, EU:C:2014:2055, Rn. 35; *Consorzio Italian Management e Catania Multiservizi*, Rs. C-152/17, EU:C:2018:264, Rn. 33f.; *Spetsializirana prokuratura*

zudem die Frage, ob die Zielsetzung einer nationalen Regelung der Zielsetzung einer Richtlinie entspricht, um zu entscheiden, ob diese Regelung in den Anwendungsbereich der Richtlinie fällt.[1419] Der Rechtsprechung des EuGH ist allerdings nicht eindeutig zu entnehmen, welches Maß an Zielkonvergenz ausreichend ist, um eine Grundrechtsbindung der Mitgliedstaaten anzunehmen.[1420] Wie etwa in der Rechtssache *Hernández u.a.* zum Ausdruck kommt, begründet der EuGH die (Nicht-)Anwendbarkeit der Unionsgrundrechte zudem nicht ausschließlich mit einem Kriterium, sondern stützt seine Argumentation auf mehrere Gesichtspunkte.[1421] Festzuhalten bleibt, dass die genauen Konturen und die Gewichtung dieser Kriterien im Einzelnen vom Gerichtshof noch nicht abschließend geklärt sind. Ein wesentlicher Gesichtspunkt zur Bestimmung einer Durchführung i.S.d. Art. 51 Abs. 1 S. 1 GRC hinsichtlich Richtlinien ist das Kriterium, ob sich aus einer Richtlinie bestimmte Verpflichtungen der Mitgliedstaaten ergeben.

bb. Überschießende Umsetzung und Mindestharmonisierung

Als überschießende Umsetzung einer Richtlinie wird die Konstellation bezeichnet, in der der Anwendungsbereich einer nationalen Umsetzungsmaßnahme weiter reicht als derjenige der Richtlinie.[1422] Da das nationale

---

(Presomption d'innocence), Rs. C-467/19 PPU, EU:C:2019:776, Rn. 40ff. eine Durchführung i.S.d. Art. 51 Abs. 1 S. 1 GRC ab.

1419 Vgl. etwa EuGH, *Baldonedo Martín*, Rs. C-177/18, EU:C:2020:26, Rn. 58ff.; vor Inkrafttreten der GRC insbesondere EuGH, *Annibaldi*, Rs. C-309/96, EU:C:1997:631, Rn. 22, s. oben 2. Kapitel, A., I., 2., c.

1420 *Pirker*, Grundrechtsschutz, 2018, S. 480.

1421 In der Rechtssache *Hernández u.a.* war neben der fehlenden Verpflichtung auch ausschlaggebend, dass die nationale Regelung eine andere Zielsetzung als die infrage stehende Richtlinie verfolgte, EuGH, *Hernández u.a.*, Rs. C-198/13, EU:C:2014:2055, Rn. 38ff.

1422 Erstmalige Verwendung dieses Begriffs wohl bei *Habersack/Mayer*, JZ 1999, S. 913ff.; zum Begriff s. etwa *Nettesheim*, in: Grabitz/Hilf/Nettesheim (Hrsg.), Das Recht der Europäischen Union, 48. EL., 2012, Art. 288 AEUV, Rn. 131; *Kuhn*, EuR 2015, S. 216; *Leidenmühler*, EuR 2019, S. 383, 386. Der Begriff der überschießenden Umsetzung wird auch verwendet, wenn das nationale Recht innerhalb des Anwendungsbereichs einer Richtlinie liegt, jedoch über deren inhaltliche Vorgaben hinausgeht, so etwa *Jäger*, Überschießende Richtlinienumsetzung, 2006, S. 54f.; zur Abgrenzung *Habersack/Mayer*, in: Riesenhuber (Hrsg.), Europäische Methodenlehre, 2015, S. 297, 298, Fn. 1 m.w.N.

Recht in diesen Fällen außerhalb des Anwendungsbereichs einer Richtlinie liegt, besteht keine mitgliedstaatliche Bindung an die Charta.[1423]

Schwieriger zu beurteilen ist hingegen die Situation der sog. „Übererfüllung“, in der nationales Recht innerhalb des Anwendungsbereichs einer Richtlinie liegt, jedoch höhere Standards als von der Richtlinie vorgesehen enthält.[1424] Dies betrifft insbesondere die sog. Mindestharmonisierung von Richtlinien. Ob Mitgliedstaaten in dieser Konstellation an Unionsgrundrechte gebunden sind, wird kontrovers diskutiert.[1425]

Die Rechtsprechung des EuGH zur Frage, ob bei einer Mindestharmonisierung eine Grundrechtsbindung der Mitgliedstaaten besteht, ist nicht eindeutig.[1426] In den Rechtssachen *Muladi* und *Moro* bejahte der Gerichtshof eine Pflicht zur Beachtung der Unionsgrundrechte im Zusammenhang mit Richtlinien, die zur Mindestharmonisierung dienten, wohingegen in der Rechtssache *Milev* und den verbundenen Rechtssachen *TSN*

1423 S. auch *Maier*, Grundrechtsschutz, 2014, S. 95f.; *Heuer*, Art. 51 Abs. 1 Satz 1 GRC, 2014, S. 259f., der insofern von „autonomer Harmonisierung“ spricht.

1424 Es finden sich auch die Bezeichnungen „modifizierende Umsetzung“, „inhaltliche Übererfüllung“ oder „*Gold Plating*“, vgl. *Leidenmühler*, EuR 2019, S. 383, 387 m.w.N.

1425 Eine Bindung annehmend etwa Schlussanträge GA *Sharpston*, *Bartsch*, Rs. C-427/06, EU:C:2008:297, Rn. 69; *Heuer*, Art. 51 Abs. 1 Satz 1 GRC, 2014, S. 260f.; *Bleckmann*, Nationale Grundrechte im Anwendungsbereich, 2011, S. 46, befürwortet eine Bindung, da weitergehende nationale Maßnahmen zur Erreichung eines Richtlinienziels unionsrechtlich veranlasst und daher in die Sphäre des Unionsrechts einzuordnen seien; gegen eine Grundrechtsbindung spreche, dass bei Mindestharmonisierungsklauseln gerade davon auszugehen sei, dass der Unionsgesetzgeber Regelungen, die über die Vorgaben der Richtlinie hinausgehen, nicht erlassen konnte oder wollte, sodass eine Grundrechtsbindung in diesem Bereich insgesamt abzulehnen sei, *Maier*, Grundrechtsschutz, 2014, S. 91ff. verweisend auf *Jäger*, Überschießende Richtlinienumsetzung, 2006, S. 70; s. auch *Streinz/Michl*, in: Streinz (Hrsg.), EUV/AEUV, 3. Aufl., 2018, Art. 51 GRC, Rn. 12, die zwar von „überschießender Umsetzung“ sprechen, jedoch wohl auch die Konstellation der Mindestharmonisierung einschließen.

1426 Im Schrifttum werden die Rechtssachen EuGH, *Deponiezweckverband Eiterköpfe*, Rs. C-6/03, EU:C:2005:222 sowie *Borsana*, Rs. C-2/97, EU:C:1998:613, die vor Inkrafttreten der GRC ergangen sind, als Beleg für die Ablehnung einer Grundrechtsbindung der Mitgliedstaaten bei der Mindestharmonisierung genannt, so etwa *de Mol*, Maastricht J. Eur. & Comp. L. 23 (2016), S. 641, 656, Fn. 73; richtigerweise lässt sich entsprechendes dies den Entscheidungen nicht entnehmen, da es jeweils um die besonderen Merkmale des Grundsatz der Verhältnismäßigkeit und nicht um Grundrechte insgesamt ging, vgl. *Maier*, Grundrechtsschutz, 2014, S. 86ff.

eine Grundrechtsbindung abgelehnt wurde.[1427] Diese Entscheidungen zeigen, dass eine differenzierte Betrachtung geboten ist. Es liegt nahe, eine mitgliedstaatliche Grundrechtsbindung im Bereich der Mindestharmonisierung nur anzunehmen, wenn unionsrechtliche Regelungen über bereits erlassene Mindestvorschriften hinaus überhaupt möglich sind und nicht in Bereichen, in denen die Union nur die Kompetenz zum Erlass von Mindestvorschriften hat, etwa in der Sozialpolitik.[1428] Eine Abgrenzung einzig nach der Kompetenzgrundlage ist jedoch, wie die Rechtssache *Moro* zeigt, in der die streitgegenständliche Richtlinie auf Art. 82 Abs. 2 AEUV gestützt wurde, der zur Festlegung von Mindestvorschriften ermächtigt, nicht zielführend. Entscheidend ist, ob eine nationale Vorschrift konkret die Reichweite eines Rechts aus der Richtlinie betrifft, sodass eine Grundrechtsbindung besteht. Werden darüber hinausgehende Rechte im nationalen Recht gewährt und die Union besitzt nur die Kompetenz zum Erlass von Mindestvorschriften, so ist die Charta nicht anwendbar. Von Bedeutung ist insofern auch, ob die nationale Regelung vom Unionsrecht „trennbar" ist.[1429]

Etwas anderes gilt, wenn die Richtlinie selbst vorsieht, dass eine nationale Vorschrift, die über die Vorgaben der Richtlinie hinausgeht, in Übereinstimmung mit dem Unionsrecht stehen muss.[1430] In diesen Fällen sind die Mitgliedstaaten zur Beachtung der Unionsgrundrechte verpflichtet.[1431] Eine mitgliedstaatliche Grundrechtsbindung ist zudem anzunehmen, wenn nationales Recht zwar höhere Standards als von einer Richtlinie vorgesehen normiert, aber aus anderen Gründen als Durchführung

---

1427 S. dazu bereits oben 2. Kapitel, C., VII.

1428 Zu dieser Differenzierung *Pirker*, Grundrechtsschutz, 2018, S. 442ff.

1429 Vgl. bereits *Winkler*, Grundrechte, 2006, S. 135ff., der darauf verweist, dass im Einzelfall zu entscheiden sei, ob nationale Regelungen, die über die Vorgaben einer Richtlinie hinausgehen, einen autonomen Regelungsgehalt haben und auf abstrakter Ebene keine näheren Kriterien zur Abgrenzung genannt werden könnten.

1430 S. etwa Art. 4 Abs. 1 der Richtlinie 2010/13/EU des Europäischen Parlaments und des Rates vom 10. März 2010 zur Koordinierung bestimmter Rechts- und Verwaltungsvorschriften der Mitgliedstaaten über die Bereitstellung audiovisueller Mediendienste, ABl. L 95 v. 15.04.2010, S. 1: „Die Mitgliedstaaten können Mediendiensteanbieter, die ihrer Rechtshoheit unterworfen sind, verpflichten, strengeren oder ausführlicheren Bestimmungen in den von dieser Richtlinie koordinierten Bereichen nachzukommen, sofern diese Vorschriften im Einklang mit dem Unionsrecht stehen."

1431 EuGH, *Sky Italia*, Rs. C-234/12, EU:C:2013:496, Rn. 13f.; *de Mol*, Maastricht J. Eur. & Comp. L. 23 (2016), S. 641, 657; a.A. *Maier*, Grundrechtsschutz, 2014, S. 93f.

i.S.d. Art. 51 Abs. 1. S. 1 GRC zu beurteilen ist, etwa wenn diese nationale Vorschrift zugleich in den Anwendungsbereich einer anderen Richtlinie fällt oder zu einer Beschränkung von Grundfreiheiten führt.

cc. Zeitpunkt der Grundrechtsbindung

Da Richtlinien noch nicht ab ihrem Inkrafttreten, sondern erst mit Ablauf der Umsetzungsfrist vollständige Verbindlichkeit entfalten, ist der Frage nachzugehen, ob die Mitgliedstaaten im Zeitraum zwischen Inkrafttreten und dem Ende der Umsetzungsfrist zur Beachtung der Unionsgrundrechte verpflichtet sind.[1432] Teilweise hat der Gerichtshof vor Ablauf der Umsetzungsfrist eine mitgliedstaatliche Bindung angenommen, sofern die Richtlinie eine Anwendung von einzelnen Bestimmungen bereits vor Ablauf der Umsetzungsfrist vorsah: Die bereits vor Inkrafttreten der Charta ergangenen Entscheidungen in den Rechtssachen *Guerrero Pecino*, *Cordero Alonso* und *Velasco Navarro* haben gezeigt, dass die nationalen Vorschriften, die nicht zur Umsetzung einer Richtlinie erlassen wurden, jedoch in den Anwendungsbereich einer später erlassenen Richtlinie fallen, ab Inkrafttreten der jeweiligen Richtlinie eine mitgliedstaatliche Bindung an Unionsgrundrechte auslösen.[1433] Der Zeitpunkt des Erlasses einer nationalen Norm ist dabei nicht entscheidend. Zudem sind die Mitgliedstaaten aufgrund der Vorwirkung von Richtlinien und des damit verbundenen Frustrationsverbots im Zeitraum bis zum Ablauf der Umsetzungsfrist auch insofern zur Beachtung der Unionsgrundrechte verpflichtet, als dass keine nationalen Maßnahmen erfolgen dürfen, die den durch die Unionsgrundrechte gewährleisteten Schutz nach Ablauf der Umsetzungsfrist ernsthaft gefährden würden.[1434]

Die Grundrechtsbindung der Mitgliedstaaten im Zusammenhang mit Richtlinien entsteht im Übrigen mit Ablauf der Umsetzungsfrist, eine generelle Bindung bei vorzeitigen Umsetzungsakten besteht nicht.[1435]

1432 Vgl. dazu etwa auch ausführlich *Maier*, Grundrechtsschutz, 2014, S. 128ff.
1433 S. dazu oben 2. Kapitel, A., I., 1., b., ee.
1434 Vgl. *Maier*, Grundrechtsschutz, 2014, S. 142f., der von einer „vorgelagerten" nationalen Durchführung spricht; s. auch *Bleckmann*, Nationale Grundrechte im Anwendungsbereich, 2011, S. 51f.; *Latzel*, EuZW 2015, S. 658, 660.
1435 *Maier*, Grundrechtsschutz, 2014, S. 136f.; *Pirker*, Grundrechtsschutz, 2018, S. 379f.; a.A. wohl *Bleckmann*, Nationale Grundrechte im Anwendungsbereich, 2011, S. 50f.

3. Grundrechtsbindung vermittelt über nationales Recht, das auf Unionsrecht verweist oder zum Bestandteil des Unionsrechts wird

Bei nationalen Vorschriften, die einen rein innerstaatlichen Sachverhalt betreffen, ist die Grundrechtecharta nicht anwendbar. Der Gerichtshof erklärt sich allerdings für die Entscheidung über Vorabentscheidungsersuchen für zuständig, wenn Vorschriften vom nationalen Recht unmittelbar und unbedingt für anwendbar erklärt worden sind, um die Gleichbehandlung von innerstaatlichen und durch das Unionsrecht geregelten Sachverhalten zu gewährleisten.[1436] In Bezug auf die Anwendbarkeit der Grundrechte in diesen Fällen ist es nicht ausreichend, wenn ein nationales Gesetz allgemein auf die „Grundsätze der Gemeinschaftsrechtsordnung" verweist, ohne näher auf die Grundrechtecharta Bezug zu nehmen.[1437] Erforderlich ist, dass aus einer nationalen Regelung klar hervorgeht, dass bei der Entscheidung über eine innerstaatliche Rechtsfrage nicht die spezifischen nationalen Vorschriften, sondern die Grundsätze des Unionsrechts anzuwenden sind.[1438]

Denkbar ist zudem, dass nationales Handeln zunächst zwar keinen Bezug zum Unionsrecht aufweist, sich ein solcher jedoch nachträglich ergibt. Dies kann bei völkerrechtlichen Verträgen in Betracht kommen: Bei völkerrechtlichen Verträgen zwischen den Mitgliedstaaten besteht grundsätzlich keine Bindung an die Charta, wenn die Mitgliedstaaten bei Abschluss des Vertrages außerhalb der Kompetenzen der Union handelten.[1439] Möglich ist, dass solche Verträge, die zunächst von Mitgliedstaaten ohne Beteiligung der Union geschlossen wurden, zu einem späteren Zeitpunkt zum Bestandteil des Unionsrechts werden.[1440] In diesen Fällen

1436 Vgl. EuGH, *Kleinwort Benson*, Rs. C-346/93, EU:C:1995:85, Rn. 16; *ETI u.a.*, Rs. C-280/06, EU:C:2007:775, Rn. 25; *Cicala*, Rs. C-482/10, EU:C:2011:868, Rn. 19; *Nolan*, Rs. C-583/10, EU:C:2012:638, Rn. 45ff.; *Solar Electric Martinique*, Rs. C-303/16, EU:C:2017:773, Rn. 25ff.

1437 EuGH, *Cicala*, Rs. C-482/10, EU:C:2011:868, Rn. 25ff.

1438 EuGH, *Romeo*, Rs. C-313/12, EU:C:2013:718, Rn. 34.

1439 EuGH, *Pringle*, Rs. C-370/12, EU:C:2012:2493, Rn. 179f.; *Pirker*, Grundrechtsschutz, 2018, S. 465.

1440 S. EuGH, *XC u.a.*, Rs. C-234/17, EU:C:2018:853, Rn. 14. Diese Rechtssache betraf das Übereinkommen zur Durchführung des Übereinkommens von Schengen vom 14. Juni 1985 zwischen den Regierungen der Staaten der Benelux-Wirtschaftsunion, der Bundesrepublik Deutschland und der Französischen Republik betreffend den schrittweisen Abbau der Kontrollen an den gemeinsamen Grenzen (ABl. L 239 v. 22.09.2000, S. 19), das nach dem Vertrag von Lissabon beigefügten Protokoll Nr. 19 über den in den Rahmen der Europä-

sind nationale Maßnahmen, die sich auf den völkerrechtlichen Vertrag beziehen, als Durchführung i.S.d. Art. 51 Abs. 1 S. 1 GRC zu werten. Zudem kommt eine mitgliedstaatliche Bindung im Zusammenhang mit völkerrechtlichen Abkommen in Betracht, wenn ein Mitgliedstaat verfahrensrechtliche Regelungen erlässt, die auf in einem Abkommen vorgesehenen Rechtsbehelfe anwendbar sind und auf die Geltendmachung von Rechten aus einer Richtlinie gerichtet sind, sodass der Mitgliedstaat insofern eine unionrechtliche Verpflichtung umsetzt.[1441]

E. Übertragbarkeit des Anwendungsbereichs der Rechte der GRC auf Grundrechte als allgemeine Rechtsgrundsätze i.S.d. Art. 6 Abs. 3 EUV

Art. 51 Abs. 1 S. 1 GRC regelt die Anwendbarkeit der Chartagrundrechte in den Mitgliedstaaten. Neben diesen bestehen nach Art. 6 Abs. 3 EUV – trotz Inkrafttretens der GRC – weiterhin die vom EuGH entwickelten Grundrechte als allgemeine Rechtsgrundsätze. Grundrechte als allgemeine Rechtsgrundsätze können für die Mitgliedstaaten in unterschiedlicher Weise relevant werden: Zum einen ist es möglich, dass der EuGH Grundrechte, die nicht in der Charta enthalten sind, erkennt und sichtbar macht, sodass diese als subsidiäre Ergänzung zur Charta gelten.[1442] Zum anderen sind einige Rechte der Charta nicht an die Mitgliedstaaten adressiert, weshalb in diesen Fällen die Anwendbarkeit der Grundrechte als allgemeine Rechtsgrundsätze in Betracht kommt. Dies gilt etwa für Art. 41 GRC, der sich ausschließlich an die Organe und Stellen der Union und nicht an die Mitgliedstaaten richtet.[1443]

---

ischen Union einbezogenen Schengen-Besitzstand (ABl. C 326 v. 26.10.2012, S. 290) integraler Bestandteil des Unionsrechts ist.

1441 EuGH, *Protect Natur-, Arten- und Landschaftsschutz Umweltorganisation*, Rs.C-644/15, EU:C:2017:987, Rn. 44f.; eine mitgliedstaatliche Bindung an Unionsgrundrechte besteht zudem, wenn Mitgliedstaaten Verpflichtungen aus einem Übereinkommen erfüllen, das nach Art. 216 Abs. 2 EUV Bestandteil des Unionsrechts ist, s. EuGH, *Kommission/Ungarn (Enseignement supérieur)*, Rs. C-66/18, EU:C: EU:C:2020:792, Rn. 213.

1442 *Ludwig*, EuR 2011, S. 715, 733; a.A. *Kingreen*, in: Calliess/Ruffert (Hrsg.), EUV/AEUV, 5. Aufl., 2016, Art. 6 EUV, Rn. 17, der davon ausgeht, dass der EuGH auch nach Art. 6 Abs. 3 EUV keine neuen Rechte außerhalb der Charta schaffen dürfe.

1443 Ausdrücklich bestätigt in EuGH, *Y.S. u.a.*, verb. Rs. C-141/12 und C-372/12, EU:C:2014:2081, Rn. 67; dazu *Gundel*, EuR 2015, S. 80ff.; s. auch EuGH, *Spanien/Rat*, Rs. C-521/15, EU:C:2017:982, Rn. 88ff.; s. zur Bedeutung der allge-

In diesen Konstellationen ist zumindest theoretisch ein engerer oder weiterer Anwendungsbereich der Grundrechtecharta als der Anwendungsbereich der allgemeinen Rechtsgrundsätzen denkbar. Allerdings spricht bereits das von Art. 6 EUV vorgesehene „gleichberechtigte Nebeneinander“ von allgemeinen Rechtsgrundsätzen und Chartagrundrechten gegen die Möglichkeit, dass zwei Grundrechtsregime mit abweichender Reichweite in der Union bestehen sollte.[1444] Anderenfalls könnte es zu nicht vorgesehenen Widersprüchen innerhalb einer einheitlichen Grundrechtsordnungen kommen, die zur Rechtsunsicherheit führen können.[1445] Zudem könnte ein eigener Anwendungsbereich für Grundrechte als allgemeine Rechtsgrundsätze zu einer Umgehung der Voraussetzungen des Art. 51 Abs. 1 S. 1 GRC führen, sodass die Bindung der Mitgliedstaaten an Unionsgrundrechte „ausschließlich bei der Durchführung des Unionsrechts“ letztlich ohne Bedeutung wäre.[1446]

Auch der Rechtsprechung des EuGH sind keine Anhaltspunkte zu entnehmen, wonach ein zweigeteiltes Anwendungsregime mit unterschiedlichen Voraussetzungen abhängig von der Rechtsquelle bestehen soll.[1447] Das dargestellte Verständnis des Gerichtshofs, wonach Art. 51 Abs. 1 S. 1 GRC die Rechtsprechung vor Inkrafttreten der Charta zur Bindung der Mitgliedstaaten an die damaligen Gemeinschaftsgrundrechte als allgemeine Rechtsgrundsätze kodifiziert, deutet im Gegenteil daraufhin, dass die Bedingungen für die Anwendung der Charta und der allgemeinen Rechtsgrundsätze vereinheitlicht wurden.[1448]

Im Ergebnis sind somit für Bestimmung des Anwendungsbereichs der Grundrechte nach allgemeinen Rechtsgrundsätzen dieselben Kriterien her-

---

meinen Grundsätze nach Inkrafttreten der GRC im Zusammenhang mit der Unionsgrundrechten *Amalfitano*, General Principles of EU Law and Protection of Fundamental Rights, 2018, S. 110ff.

1444 Vgl. *Pirker*, Grundrechtsschutz, 2018, S. 279ff. m.w.N.

1445 *Rauchegger*, in: de Vries/Bernitz/Weatherill (Hrsg.), EU Charter of Fundamental Rights as Binding Instrument, 2015, S. 93, 100; *Schwerdtfeger*, in: Meyer/Hölscheidt (Hrsg.), Charta der Grundrechte, 5. Aufl., 2019, Art. 51 GRC, Rn. 42.

1446 *Fontaine*, Anwendbarkeit und Durchsetzbarkeit, 2018, S. 373f.

1447 *Trstenjak/Beysen*, ELR 38 (2013), S. 293, 306f.; *Kleinlein*, Grundrechtsföderalismus, 2020, S. 247f.

1448 Vgl. Schlussanträge GA *Kokott*, *Sabou*, Rs. C-276/12, EU:C:2013:370, Rn. 38f. unter Verweis auf EuGH, *Åkerberg Fransson*, Rs. C-617/10, EU:C:2013:105, Rn. 17f.

anzuziehen, wie für die Bindung der Mitgliedstaaten an die Rechte der Grundrechtecharta nach Art. 51 Abs. 1 S. 1 GRC.[1449]

F. Ergebnis

Die Auslegung des Art. 51 Abs. 1 S. 1 GRC hat gezeigt, dass mit dieser Norm die Rechtsprechung des EuGH zur Bindung der Mitgliedstaaten an Unionsgrundrechte vor Inkrafttreten der Grundrechtecharta kodifiziert werden soll. Der EuGH hat dies in der Rechtssache *Åkerberg Fransson* bestätigt und dabei ein weites Verständnis des Begriffs der Durchführung des Unionsrechts i.S.d. Art. 51 Abs. 1 S. 1 GRC angenommen. Die Folgerechtsprechung verdeutlicht, dass keine umfassende mitgliedstaatliche Bindung besteht, zeigt jedoch zugleich, dass eine allgemeingültige Definition, in welchen Situationen die Mitgliedstaaten die Unionsgrundrechte zu beachten haben, nicht existiert. Die im Schrifttum vorgeschlagenen Kriterien zur Präzisierung dieser Situationen können ebenfalls nicht zu einer trennscharfen Abgrenzung und einer damit verbundenen Rechtssicherheit beitragen. Insofern kommt eine nach Fallgruppen orientierte Darstellung in Betracht, die den Anwendungsbereich der Unionsgrundrechte in den Mitgliedstaaten näher konturieren kann. Angesichts des weiten Verständnisses des Art. 51 Abs. 1 S. 1 GRC ist im Folgenden auf das Verhältnis zwischen Grundrechten und nationalen Grundrechten einzugehen, um zu klären, inwieweit Unionsgrundrechte von nationalen Verfassungsgerichten durchgesetzt werden können und zugleich Raum für die Berücksichtigung nationaler Besonderheiten und Grundrechtsgewährleistungen verbleibt.

1449 So auch *Safjan*, EUI Working Papers LAW 2012/22, S. 13; *Brenn*, ZÖR 2013, S. 707, 711; *Fontanelli*, HRLR 14 (2014), S. 231, 234; *Heuer*, Art. 51 Abs. 1 Satz 1 GRC, 2014, S. 36ff.; *Fontaine*, Anwendbarkeit und Durchsetzbarkeit, 2018, S. 372ff.; *Pirker*, Grundrechtsschutz, 2018, S. 281ff.; *Kleinlein*, Grundrechtsföderalismus, 2020, S. 247ff.

3. Kapitel: Verhältnis zwischen Grundrechtecharta und nationalen Grundrechtsgewährleistungen

Im „europäischen Verfassungsgerichtsverbund“[1450] stellen sich komplexe Abgrenzungsfragen. Dies gilt insbesondere, wenn von einem weiten Verständnis des Art. 51 Abs. 1 S. 1 GRC ausgegangen wird, dessen genaue Reichweite nicht exakt im Sinne einer „mathematischen Formel“ zu bestimmen ist. Das Nebeneinander mehrerer Grundrechtsordnungen kann zu Wettbewerb und zur Stärkung des Grundrechtsschutzes in den Mitgliedstaaten und somit einem insgesamt höheren Schutzniveau für den Einzelnen führen, aber auch Divergenzen, Abstimmungsprobleme sowie Rechtsunsicherheit begünstigen und widersprüchliche Ergebnisse zur Folge haben.[1451]

Um das Verhältnis zwischen der Grundrechtecharta und nationalen Grundrechtsgewährleistungen näher zu beschreiben, ist es zunächst erforderlich, zu klären, ob die Mitgliedstaaten der Union an nur eine Grundrechtsebene gebunden sind oder ob Mehrfachbindungen bestehen und daher möglicherweise sowohl nationale als auch Unionsgrundrechte zur Anwendung kommen können. Hierzu ist zunächst zu untersuchen, ob aus normativer Sicht eine „Doppelgeltung“ von Grundrechtsgewährleistungen möglich ist und welche Konsequenzen hieraus folgen (A.). Sodann ist auf das Verhältnis zwischen dem EuGH und nationalen Verfassungsgerichten näher einzugehen. Insbesondere nationale Verfassungsgerichte werden aufgrund der oben skizzierten Verflechtungen vor Herausforderungen gestellt: Das Unionsrecht beansprucht Vorrang vor nationalem Verfassungsrecht und ist von allen Gerichten der Mitgliedstaaten zu beachten. Dies kann dazu führen, dass bestimmte verfassungsrechtliche Fragestellungen nicht den Weg zu den Verfassungsgerichten finden und deren Bedeutung

---

1450 *Voßkuhle*, NVwZ 2010, S. 1, 3.

1451 Vgl. *Sauer*, in: Matz-Lück/Hong (Hrsg.), Grundrechte und Grundfreiheiten im Mehrebenensystem, 2012, S. 1, 3; *Klatt*, Praktische Konkordanz, 2014, S. 4ff.; *Huber*, in: Biaggini/Diggelmann/Kaufmann (Hrsg.), FS Thürer, 2015, S. 305, 305; *Kleinlein*, Grundrechtsföderalismus, 2020, S. 1; s. zu Befürchtungen bereits bei der Erarbeitung der Grundrechtecharta, wonach der nationale Grundrechtsschutz durch die Charta abgesenkt werden könnte, *Meyer* bei seiner Rede im Deutschen Bundestag am 12.10.2000, abgedruckt in: Deutscher Bundestag (Hrsg.), Charta der Grundrechte, 2001, S. 140.

kontinuierlich abnimmt. Die Grundrechtecharta bietet demgegenüber die Chance für nationale Verfassungsgerichte, die aufgrund ihrer besonderen Stellung im nationalen Recht auch im europäischen Verfassungsraum eine hervorgehobene Position einnehmen, gemeinsam mit dem EuGH die europäische Grundrechtsprechung zu prägen und weiterzuentwickeln.[1452] Der Gerichtshof sowie bestimmte nationale Verfassungsgerichte stehen möglichen Mehrfachbindungen im Grundrechtsbereich zunehmend aufgeschlossen gegenüber, wobei nationale Verfassungsgerichte die Unionsgrundrechte in der jüngeren Rechtsprechung als Prüfungsmaßstab anwenden (B.). Da die dargestellten Herausforderungen grenzüberschreitender Natur sind, bietet es sich an, fremde Rechtsordnungen zu begutachten und hieraus Erkenntnisse für die eigene Rechtsordnung zu gewinnen, da durch den Kontrast zum ausländischen Recht auch innerstaatliches Recht besser verstanden werden kann.[1453] Allerdings kann im Rahmen dieser Arbeit keine vertiefte Einbeziehung aller Verfassungsgerichte in der EU erfolgen. Dies würde voraussetzen, dass die Besonderheiten der jeweiligen Verfassungsgerichtsbarkeit berücksichtigt werden, zumal bereits innerhalb eines Grundmodells der Verfassungsgerichtsbarkeit erhebliche Unterschiede beobachtet werden können.[1454] Schwerpunkt der Untersuchung ist die Rechtsprechung des Bundesverfassungsgerichts, dessen Charakteristika bereits dargestellt wurden. Schließlich sollen Lösungsmöglichkeiten dargestellt werden, wie mit unterschiedlichen Rechtsauffassungen hinsichtlich der Grundrechtsgewährleistungen im europäischen Mehrebenensystem umzugehen ist. Nationale Grundrechtsgewährleistungen können dabei nach Art. 53 GRC oder Art. 4 Abs. 2 EUV auf unionsrechtlicher Ebene berücksichtigt werden. Ferner kommt eine Rücknahme der Kontrolldichte des EuGH in Betracht, um nationalen Verfassungsgerichte eigene Ent-

---

1452 Diese Möglichkeit anerkennend auch etwa *Bobek*, EuConst 10 (2014), S. 54, 86f.

1453 Vgl. *Wendel*, Der Staat 52 (2013), S. 339, 356; *Reiling*, in: Broemel/Krell/Muthorst/Prütting (Hrsg.), Prozessrecht, 2017, S. 11, 12.

1454 Traditionell lassen sich zwei institutionelle Modelle der Verfassungsgerichtsbarkeit unterscheiden: Verfassungsgerichte nach US-amerikanischem Vorbild (sog. Einheitsmodell) sowie das österreichische Modell (sog. Trennungsmodell), vgl. etwa *Wieland*, in: Dreier (Hrsg.), Grundgesetz, Bd. III, 3. Aufl., 2018, Art. 93, Rn. 32ff.; *Jestaedt*, JZ 2019, S. 473, 473f.; s. für einen Vergleich zwischen dem französischen *Conseil constitutionnel* und dem deutschen Bundesverfassungsgericht, die sich beide dem österreichischen Modell zuordnen lassen, *ebd.*; s. ferner zu prozessrechtlichen sowie materiell-rechtlichen Unterschieden der Verfassungsgerichtsbarkeit *de Visser*, Constitutional Review in Europe, 2014, S. 97ff., 229ff.

scheidungsspielräume einzuräumen (C.). Mögliche Divergenzen und Unklarheiten können im Wege des sog. judiziellen Dialogs geklärt werden, dem eine entscheidende Bedeutung zukommt. In der Union steht insofern insbesondere das Vorabentscheidungsverfahren nach Art. 267 AEUV zur Verfügung. Dieser Dialog ermöglicht es, dass nationale Verfassungsgerichte ihre Argumente auf europäischer Ebene einbringen können. Ferner kann dieser dazu führen, den Grundrechtsschutz in der Union insgesamt zu optimieren (D.).

A. Möglichkeit der „Doppelgeltung“ der Grundrechtsgewährleistungen

Insbesondere vor Inkrafttreten der Grundrechtecharta nahm ein überwiegender Teil der Literatur, und implizit wohl auch der EuGH, an, dass eine parallele Anwendung von europäischen und nationalen Grundrechten nicht möglich ist und die Gemeinschaftsgrundrechte in ihrem Anwendungsbereich gegenüber den nationalen Grundrechten Vorrang zukommt und diese eine Sperrwirkung entfalten.[1455] Eine zu den europäischen Grundrechten ergänzende Anwendung nationaler Grundrechte wurde für möglich erachtet, wenn den Mitgliedstaaten Ermessensspielräume eröffnet waren.[1456] Mit Inkrafttreten der Grundrechtecharta und der Kodifikation der Bindung der Mitgliedstaaten an Unionsgrundrechte nach Art. 51 Abs. 1 S. 1 GRC könnte unionsrechtlich ein grundsätzlicher Ausschluss nationaler Grundrechtsgewährleistungen bei der Durchführung von Unionsrecht begründet worden sein (I.). Zudem könnte sich aus dem nationalen Recht ergeben, dass im Falle der Beachtung von Unionsrecht eine Bindung an nationale Grundrechte nicht besteht oder jedenfalls eingeschränkt ist (II.). Die vorliegende Arbeit kann weder eine umfassende Untersuchung der Geltung nationaler Grundrechte in allen Mitgliedstaaten der Union noch eine detaillierte Betrachtung der jeweiligen Grundrechtssysteme leisten. Im Schwerpunkt wird daher auf die Grundrechtsbindung

1455 *Wetter*, Grundrechtscharta, 1998, S. 95f.; *Calliess*, JZ 2009, S. 113, 119; *von Danwitz*, in: Herdegen/Klein/Papier/Scholz (Hrsg.), FS Herzog, 2009, S. 19, 27f.; a.A. *Ruffert*, EuGRZ 1995, S. 518, 528.

1456 Etwa *Ranacher*, ZÖR 2003, S. 21, 76ff.; *Wallrab*, Die Verpflichteten der Gemeinschaftsgrundrechte, 2004, S. 146f.; s. auch bereits zu Beginn der Rechtsprechung des EuGH zur mitgliedstaatlichen Bindung an Gemeinschaftsgrundrechte von einer „doppelten Grundrechtsloyalität“ ausgehend *Pernice*, NJW 1990, 2409, 2417.

der Mitgliedstaaten am Beispiel der Bundesrepublik Deutschland eingegangen.

I. Nationaler Grundrechtsschutz nach dem Unionsrecht

Die Verträge sowie insbesondere die Charta enthalten keine Aussage zur Frage, ob die parallele Geltung nationaler Grundrechte im Falle einer „Durchführung“ i.S.d. Art. 51 Abs. 1 S. 1 GRC und somit bei der Bindung der Mitgliedstaaten an Unionsgrundrechte, möglich ist. Teilweise wird angenommen, dass Art. 51 Abs. 1 S. 1 GRC eine Abgrenzung bewirke, sodass entweder ausschließlich die Unionsgrundrechte oder nationale Grundrechte zur Anwendung kommen könnten, wobei zumeist offen bleibt, ob daraus eine Bindungsrücknahme nationaler Grundrechte folgt.[1457] Zwar mag es im Sinne einer Vereinfachung wünschenswert sein, dass sich die Grundrechtsbereiche nach Art. 51 Abs. 1 S. 1 GRC abgrenzen lassen. Eine rechtliche Stütze findet sich allerdings nicht. Art. 51 Abs. 1 S. 1 GRC legt lediglich fest, wann die Mitgliedstaaten an Unionsgrundrechte gebunden sind, trifft jedoch keine Aussage dazu, ob in diesem Fall auch eine Bindung an nationale Grundrechtsgewährleistungen besteht. Hinzu kommt, dass der Entstehungsgeschichte der Charta, soweit ersichtlich, keine Anhaltspunkte dafür zu entnehmen sind, dass mit Art. 51 Abs. 1 S. 1 GRC eine entsprechende Abgrenzungsregelung bezweckt war. Zudem würde eine umfassende Sperrwirkung der Unionsgrundrechte, aus nationaler Sicht, den Rechtsschutz des Einzelnen verkürzen, da jegliche nationale Maßnahmen, die als Durchführung des Unionsrechts zu qualifizieren sind, nicht mehr an den Grundrechten des Grundgesetzes geprüft werden könnten und der Einzelne somit auf eine Grundrechtsprüfung im fachgerichtlichen Verfahren beschränkt wäre.[1458] Die Frage der Anwendbarkeit der Unionsgrundrechte nach Art. 51 Abs. 1 S. 1 GRC ist daher richtigerweise von der Frage des Verhältnisses von nationalen Grundrechten und Unionsgrundrechten zu trennen.[1459]

1457 So etwa deutlich noch *Kingreen*, in: Calliess/Ruffert (Hrsg.), EUV/AEUV, 4. Aufl., 2011, Art. 53 GRC, Rn. 5; differenzierter nunmehr *ders.*, in: Calliess/Ruffert (Hrsg.), EUV/AEUV, 5. Aufl., 2016, Art. 51 GRC, Rn. 14; s. auch *Britz*, EuGRZ 2015, S. 275, 276.

1458 Vgl. *Matz-Lück*, in: Matz-Lück/Hong (Hrsg.), Grundrechte und Grundfreiheiten im Mehrebenensystem, 2012, S. 161, 190.

1459 Vgl. *Streinz/Michl*, in: Streinz (Hrsg.), EUV/AEUV, 3. Aufl., 2018, Art. 51 GRC, Rn. 26; *Wolff*, Der Einzelne in der offenen Staatlichkeit, 2020, S. 355f.

Als Argument für eine mögliche parallele Geltung von Unionsgrundrechten und nationalen Grundrechten und möglichen Überschneidungen der Grundrechtsebenen lässt sich aus unionsrechtlicher Sicht Art. 53 GRC anführen. Diese Norm legt fest, dass „keine Bestimmung dieser Charta (...) als eine Einschränkung oder Verletzung der Menschenrechte und Grundfreiheiten auszulegen [ist], die in dem jeweiligen Anwendungsbereich durch das Recht der Union (...) sowie durch die Verfassungen der Mitgliedstaaten anerkannt werden." Der Verweis auf den „jeweiligen Anwendungsbereich" könnte auf den ersten Blick dafür sprechen, dass die Charta von separaten Anwendungsbereichen ausgeht; allerdings wäre bei strikter Trennung der Anwendungsbereiche nationaler Grundrechte und Unionsgrundrechte die Vorschrift des Art. 53 GRC letztlich überflüssig.[1460] Auch die fehlende funktionale Aufgabentrennung in der Union, wie diese etwa in der Bundesrepublik Deutschland zwischen Bund und Ländern existiert, führt dazu, dass eine gewisse Überschneidung der Grundrechtsbereiche unvermeidbar ist, sodass eine parallele Geltung von Unionsgrundrechten und nationalen Grundrechte in der Struktur der Union angelegt ist.[1461]

Auch der Anwendungsvorrang des Unionsrechts kann als „Kollisionsnorm" nicht zu einer Bindungsrücknahme der nationalen Grundrechte führen.[1462]

Insgesamt ist daher aus unionsrechtlicher Perspektive eine „Doppelgeltung" der nationalen und europäischen Grundrechtsebene möglich.

1460 Vgl. *Besselink*, Maastricht J. Eur. & Comp. L. 8 (2001), S. 68, 75; *de Boer*, CMLR 50 (2013), S. 1083, 1093; *Heuer*, Art. 51 Abs. 1 Satz 1 GRC, 2014, S. 60; *Maier*, Grundrechtsschutz, 2014, S. 336f.; *von Papp*, ELR 2018, S. 511, 519; a.A. wohl *Bleckmann*, Nationale Grundrechte im Anwendungsbereich, 2011, S. 271; *Streinz*, in: Kment (Hrsg.), FS Jarass, 2015, S. 133, 138.

1461 Vgl. *Thym*, DÖV 2014, S. 941, 947; *Franzius*, ZaöRV 75 (2015), S. 383, 391f.

1462 Vgl. *Fontaine*, Anwendbarkeit und Durchsetzbarkeit, 2018, S. 387f. m.w.N. Sofern im Schrifttum dargestellt wird, dass der Anwendungsvorrang die nationalen Grundrechte verdränge, bleibt dabei meist unklar, ob dies im kollisionsrechtlichen Sinne gemeint ist oder zu einer Bindungsrücknahme führt, s. etwa *Dederer*, ZaöRV 66 (2006), S. 575, 584, der darstellt, dass als Konsequenz des Vorrangprinzips der nationale Grundrechtsschutz „zwar verdrängt" werde, dies jedoch dazu führe, dass „die EU-Mitgliedstaaten damit nicht aus jeder Grundrechtsbindung entlassen [sind]", sondern an die Unionsgrundrechte gebunden seien. Offen bleibt insofern, ob die Bindung an nationale Grundrechte nicht mehr bestehen soll. Von einer „Überlagerung" der Grundrechtsbindung aus Art. 1 Abs. 3 GG durch den Anwendungsvorrang ausgehend *Wolff*, Der Einzelne in der offenen Staatlichkeit, 2020, S. 350.

II. Grundrechtsbindung der Mitgliedstaaten am Beispiel der Bundesrepublik Deutschland

Ausgangspunkt der Grundrechtsbindung deutscher Staatsgewalt bildet Art. 1 Abs. 3 GG. Diese Norm begründet eine umfassende Bindung der deutschen Staatsorgane an die Grundrechte des Grundgesetzes. Dies gilt zunächst sowohl für die Legislative bei der Umsetzung unionsrechtlicher Vorgaben als auch für die Exekutive und Judikative bei der Anwendung des Unionsrechts und des deutschen Ausführungsrechts, sodass jede Ausübung deutscher Staatsgewalt unter den Geboten des Art. 1 Abs. 3 und Art. 20 Abs. 3 GG steht.[1463]

Denkbar ist jedoch, dass die Bindung an die Grundrechte des Grundgesetzes zurückgenommen wird, wenn den Mitgliedstaaten bei der Durchführung von Unionsrecht kein Umsetzungs- oder Vollzugsspielraum überlassen ist.[1464] Zur Begründung wird dabei von Teilen des Schrifttums auf Art. 23 Abs. 1 GG verwiesen. Demnach sei die Bindung an Art. 1 Abs. 3 GG aufgrund von Art. 23 Abs. 1 GG eingeschränkt, weshalb Art. 23 Abs. 1 GG zu einer Rücknahme der Bindung deutscher Staatsgewalt an die Grundrechte des Grundgesetzes führe.[1465] Art. 23 GG stellt die verfassungsrechtliche Grundlage für die Mitwirkung der Bundesrepublik an der Entwicklung der EU dar und ermöglicht dem Bund gemäß seinem Abs. 1 S. 2 die Übertragung von Hoheitsrechten an die Union nach Zustimmung des Bundesrats. Die Struktursicherungsklausel des Art. 23 Abs. 1 GG sieht ferner vor, dass die Union einen dem „Grundgesetz im wesentlichen vergleichbaren Grundrechtsschutz gewährleistet“.[1466] Aus dieser Rücknahme des geforderten Schutzniveaus wird gefolgert, dass gegenüber Art. 1

1463 Vgl. BVerfGE 31, 58 (74, 76) – *Spanier-Beschluss*; *Streinz*, in: Isensee/Kirchhof (Hrsg.), HStR X, 2012, § 218, Rn. 41f.

1464 *Sauer*, in: Matz-Lück/Hong (Hrsg.), Grundrechte und Grundfreiheiten im Mehrebenensystem, 2012, S. 1, 31 unter Verweis auf *Cornils*, ZJS 2008, S. 69, 72ff.; *Masing*, NJW 2006, S. 264ff.; s. auch *Bäcker*, EuR 2015, S. 389, 390, der darstellt, dass sofern eine staatliche Handlung auf einem Unionsrechtsakt beruht, die Grundrechtsbindung nach dem Grundgesetz „zum Teil zurückgenommen“ werde.

1465 Vgl. *Hain*, DVBl. 2002, S. 148, 152f.; *Büdenbender*, Verhältnis des Europäischen Gerichtshofs, 2004, S. 232ff.; *Streinz*, in: Isensee/Kirchhof (Hrsg.), HStR X, 2012, § 218, Rn. 50; *Dreier*, in: Dreier (Hrsg.), Grundgesetz, Bd. I, 3. Aufl., 2013, Art. 1 Abs. 3 GG, Rn. 20 geht von einer „Modifizierung“ der Bindung an Art. 1 Abs. 3 GG nach Art. 23 Abs. 1 S. 1 GG aus.

1466 S. dazu etwa *Scholz*, in: Maunz/Dürig (Hrsg.), Grundgesetz-Kommentar, 92. EL., 2020, Art. 23 GG, Rn. 80ff.

Abs. 3 GG eine geringere Grundrechtsbindung bestehe und daher bei der Anwendung von determiniertem Unionsrecht Art. 1 Abs. 3 GG nicht gelte.[1467] Dem kann aus zwei Gründen nicht gefolgt werden: Zum einen handelt es sich auch bei der Anwendung und dem Vollzug determinierten Unionsrechts durch nationale Organe um die Ausübung deutscher Staatsgewalt, welche umfassend und lückenlos an die Grundrechte nach Art. 1 Abs. 3 GG gebunden ist.[1468] Eine „Flucht" in zwischenstaatliche Organisationen kann nicht möglich sein. Zum anderen gehört die Bindungsanordnung in Art. 1 Abs. 3 GG zu den Verfassungsnormen, die auch im Zuge des Integrationsprozesses in Art. 23 Abs. 1 S. 3 i.V.m. Art. 79 Abs. 3 GG ausdrücklich für unabänderlich erklärt werden.[1469] Demnach ist auch bei nationalem Handeln im Rahmen des Unionsrechts, etwa bei der Umsetzung einer Richtlinie, eine „Freizeichnung" der Bindung an nationale Grundrechte aufgrund der Grundsätze der Art. 1 Abs. 3, Art. 20 Abs. 3 GG nicht möglich.[1470]

Auch eine Bindungsrücknahme durch Zustimmungsgesetze zu den Gemeinschafts- bzw. Unionsverträgen kommt nicht in Betracht. Regelmäßig enthalten diese neben der Zustimmung keinen substantiellen Regelungsgehalt, insbesondere keine Freistellung von verfassungsrechtlichen Bindungen.[1471]

Dem steht auch nicht die bereits dargestellte Rechtsprechung des Bundesverfassungsgerichts entgegen. Dieser lässt sich nicht eindeutig entnehmen, ob der nach den Bedingungen der *Solange*-Rechtsprechung erfolgte Ausschluss der Grundrechtsprüfung auf prozessualen Erwägungen beruht

---

1467 Vgl. *Hain*, DVBl. 2002, S. 148, 152f.; *Funke*, Umsetzungsrecht, 2010, S. 187 weist zutreffend daraufhin, dass ein entsprechender Schluss in Art. 23 Abs. 1 S. 1 GG keine rechtliche Grundlage findet.

1468 S. *Pernice*, NJW 1990, S. 2409, 2417; *Huber*, AöR 116 (1991), S. 210, 233; *Kirchhof*, in: Herdegen/Klein/Papier/Scholz (Hrsg.), FS Herzog, 2009, S. 155, 162; *Funke*, Umsetzungsrecht, 2010, S. 181; *Wolff*, Der Einzelne in der offenen Staatlichkeit, 2020, S. 349; zur Lückenlosigkeit der Grundrechtsbindung aller Staatsgewalt etwa *Höfling*, in: Sachs (Hrsg.), GG, 9. Aufl., 2021, Art. 1, Rn. 85 m.w.N.

1469 *Sauer*, in: Matz-Lück/Hong (Hrsg.), Grundrechte und Grundfreiheiten im Mehrebenensystem, 2012, S. 1, 32; *Fontaine*, Anwendbarkeit und Durchsetzbarkeit, 2018, S. 385.

1470 S. bereits *Scholz*, in: Lorenz/Trunk/Eidenmüller/Wendehorst/Adolff (Hrsg.), FS Heldrich, 2005, S. 1311, 1317.

1471 *Funke*, Umsetzungsrecht, 2010, S. 195.

oder die Bindung an die Grundrechte des Grundgesetzes ausgeschlossen ist.[1472]

Im Ergebnis besteht daher stets eine Bindung an die Grundrechte des Grundgesetzes nach Art. 1 Abs. 3 GG, sofern ein Handeln deutscher Staatsgewalt vorliegt. Dies gilt auch bei der Durchführung von Unionsrecht i.S.d. Art. 51 Abs. 1 S. 1 GRC, mit der Folge, dass eine „Doppelgeltung“ von Unionsgrundrechten und den Grundrechten des Grundgesetzes möglich ist. Die in diesem Zusammenhang davon zu trennende Frage, ob das unionsrechtliche Vorrangprinzip zu einer Verdrängung nationaler Grundrechte führt,[1473] soll Gegenstand der weiteren Untersuchung sein.

Die Anwendung der Unionsgrundrechte als Prüfungsmaßstab des Bundesverfassungsgerichts lässt sich normativ jedoch nicht ohne Weiteres begründen. Nach Art. 93 Abs. 1 Nr. 4a GG sind tauglicher Prüfungsmaßstab bei der Prüfung einer Verfassungsbeschwerde die Grundrechte des Grundgesetzes und die Rechte aus Art. 20 Abs. 4, 33, 38, 101, 103 und 104 GG. Sowohl die Rechtsprechung des Bundesverfassungsgerichts als auch weite Teile des Schrifttums sind vor den Beschlüssen zum *Recht auf Vergessen*[1474] davon ausgegangen, dass ein Verstoß gegen Unionsrecht und insbesondere gegen die Unionsgrundrechte nicht mit der Verfassungsbeschwerde gerügt werden kann.[1475] Die Durchsetzung der Unionsgrundrechte wurde als Aufgabe der Fachgerichte angesehen, die unter Umständen zur Einleitung eines Vorabentscheidungsverfahrens nach Art. 267 AEUV zum Zwecke der Klärung von Fragen hinsichtlich der Auslegung und Anwendung der Unionsgrundrechte verpflichtet sein können.[1476] Eine mögliche Begrün-

1472 S. dazu ausführlich *Funke*, Umsetzungsrecht, 2010, S. 171ff.; s. auch *Sauer*, in: Matz-Lück/Hong (Hrsg.), Grundrechte und Grundfreiheiten im Mehrebenensystem, 2012, S. 1, 31f.; *Fontaine*, Anwendbarkeit und Durchsetzbarkeit, 2018, S. 385f.; *Wolff*, Der Einzelne in der offenen Staatlichkeit, 2020, S. 360, Fn. 54.

1473 S. etwa die Argumentation von *Wolff*, Der Einzelne in der offenen Staatlichkeit, 2020, S. 351ff., wonach Art. 23 Abs. 1 GG i.V.m. dem Zustimmungsgesetz zu einer „Art (grundgesetzlicher) Grundrechtsimmunität des deutschen Vollzugs- bzw. Kooperationsakts, nicht jedoch [zu einer] ‚(aktiven) Bindungsrücknahme‘“ führe; s. auch *Sauer*, in: Matz-Lück/Hong (Hrsg.), Grundrechte und Grundfreiheiten im Mehrebenensystem, 2012, S. 1, 32f.

1474 BVerfGE 152, 152 – *Recht auf Vergessen I*; 152, 216 – *Recht auf Vergessen II*; ausführlich dazu 3. Kapitel, B., II., 3.

1475 Allgemein zu gemeinschaftsrechtlich begründeten Rechten und noch nicht auf Unionsgrundrechte bezogen BVerfGE 110, 141 (154f.) – *Kampfhunde*; 115, 276 (299f.) – *Sportwetten*; *Voßkuhle*, in: Mangoldt/Klein/Starck (Hrsg.), GG, Bd. III, 7. Aufl., 2018, Art. 93 GG, Rn. 179; *Walter*, in: Maunz/Dürig (Hrsg.), Grundgesetz-Kommentar, 84. EL., 2018, Art. 93 GG, Rn. 362.

1476 *Bäcker*, EuR 2015, S. 389, 391; *Britz*, EuGRZ 2015, S. 275, 276.

dung für die Heranziehung der Unionsgrundrechte als Prüfungsmaßstab der Verfassungsbeschwerde kann die Anwendungserweiterung des Art. 93 Abs. 1 Nr. 4a GG, entsprechend der Erweiterung der Anwendbarkeit des Art. 19 Abs. 3 GG auf juristische Personen aus Mitgliedstaaten der EU aufgrund der „Europarechtsfreundlichkeit“ des Grundgesetzes, darstellen.[1477]

III. Zwischenergebnis

Das Unionsrecht schließt eine Doppelbindung der Mitgliedstaaten an Unionsgrundrechte und nationale Grundrechte nicht aus. Am Beispiel der Bundesrepublik Deutschland zeigt sich, dass sie auch dann an die deutschen Grundrechte gebunden ist, wenn es sich um einen unionsrechtlich determinierten Sachverhalt handelt, der zur Anwendung der Unionsgrundrechte führt. Eine Doppelgeltung von Grundrechtsgewährleistungen kommt hingegen dann nicht in Betracht, wenn die nationale Staatsgewalt nicht im Rahmen einer Durchführungssituation i.S.d. Art. 51 Abs. 1 S. 1 GRC handelt. In diesem Fall sind ausschließlich die nationalen Grundrechte maßgeblich. Im Ergebnis zeigt sich, dass eine doppelte Grundrechtsbindung möglich ist.[1478] Eine solche doppelte Grundrechtsbindung kann zu Folgeproblemen wie der Gefährdung der einheitlichen Geltung des Unionsrechts sowie zur Beeinträchtigung des unionsrechtlichen Vorranganspruchs oder zu Zweifeln am Verwerfungsmonopols des Gerichtshof für sekundäres Unionsrecht führen.[1479] Die Fragen, in welchem Verhältnis na-

---

1477 S. *Griebel*, DVBl. 2014, S. 204, 207ff.; s. zur Erstreckung der Grundrechtsberechtigung auf juristische Personen aus Mitgliedstaaten der EU, BVerfGE 129, 78 – *Anwendungserweiterung*; ähnlich auch *Bäcker*, EuR 2015, S. 389, 410ff., der zur Erweiterung des Prüfungsmaßstabs des BVerfG um die Unionsgrundrechte mit dem unionsrechtlichen Äquivalenzgrundsatz argumentiert.

1478 So auch *Griebel*, Der Staat 52 (2013), S. 371, 387f.; *ders.*, DVBl. 2014, S. 204, 208; *Frenzel*, Der Staat 53 (2014), S. 1, 13ff.; *Wollenschläger*, EuZW 2014, S. 577, 580; *Franzius*, EuGRZ 2015, S. 139, 141f.; *Rauchegger*, in: de Vries/Bernitz/Weatherill (Hrsg.), EU Charter of Fundamental Rights as Binding Instrument, 2015, S. 93, 110; *Volkmann*, in: Geis/Winkler/Bickenbach (Hrsg.), FS Hufen, 2015, S. 127, 133; eine Doppelbindung von nationalen Grundrechten und Unionsgrundrechten in Österreich bejahend etwa *Heißl*, in: Kahl/Raschauer/Storr (Hrsg.), Grundsatzfragen der europäischen Grundrechtscharta, 2013, S. 59, 63; a.A. *Ziegenhorn*, Einfluss der EMRK, 2009, S. 224; *Brenn*, ÖJZ 2012, S. 1062, 1064; *ders.*, ZÖR 2013, S. 707, 714ff.; *Britz*, EuGRZ 2015, S. 275, 280f.

1479 *Von Danwitz*, in: Herdegen/Klein/Papier/Scholz (Hrsg.), FS Herzog, 2009, S. 19, 31.

tionale Grundrechte und Unionsgrundrechte stehen, wenn beide Ebenen zur Anwendung kommen, und wie mögliche Konflikte zu lösen sind, sind Gegenstand der nachfolgenden Untersuchung.

B. Verhältnis nationaler Grundrechte und Unionsgrundrechte in der Rechtsprechung des EuGH und nationaler Verfassungsgerichte

Die parallele Anwendbarkeit von nationalen Grundrechten und Unionsgrundrechten hat der EuGH unter bestimmten Umständen anerkannt (I.). Das Bundesverfassungsgericht ist bislang davon ausgegangen, dass die Grundrechtsebenen strikt zu trennen seien. Mit zwei Beschlüssen aus dem Jahr 2019 hat der Erste Senat des Bundesverfassungsgerichts jedoch ebenfalls eine Prüfung der Unionsgrundrechte und die „Doppelgeltung" nationaler Grundrechte und Unionsgrundrechte für zulässig erachtet (II.). Das Vorgehen weiterer Verfassungs- und Höchstgerichte zum Umgang mit der Grundrechtecharta lässt ebenfalls eine parallele Anwendbarkeit im Grundsatz zu (III.).

I. EuGH

Der EuGH geht inzwischen davon aus, dass jedenfalls in bestimmten Situationen Unionsgrundrechte und nationale Grundrechte nebeneinander anwendbar sein können. In der bereits erörterten Rechtssache *Åkerberg Fransson* führte der Gerichtshof aus: „Hat das Gericht eines Mitgliedstaats zu prüfen, ob mit den Grundrechten eine nationale Vorschrift oder Maßnahme vereinbar ist, die in einer Situation, in der das Handeln eines Mitgliedstaats nicht vollständig durch das Unionsrecht bestimmt wird, das Unionsrecht im Sinne von Art. 51 Abs. 1 der Charta durchführt, steht es somit den nationalen Behörden und Gerichten weiterhin frei, nationale Schutzstandards für die Grundrechte anzuwenden, sofern durch diese Anwendung weder das Schutzniveau der Charta, wie sie vom Gerichtshof ausgelegt wird, noch der Vorrang, die Einheit und die Wirksamkeit des Unionsrechts beeinträchtigt werden."[1480] Deutlich wird somit, dass nach

1480 EuGH, *Åkerberg Fransson*, Rs. C-617/10, EU:C:2013:105, Rn. 29 sowie unter Verweis auf EuGH, *Melloni*, Rs. C-399/11, EU:C:2013:107, Rn. 60.

der Rechtsprechung des EuGH die Doppelbindung mitgliedstaatlicher Regelungen an nationale und unionale Grundrechte möglich ist.[1481]

II. Bundesverfassungsgericht

Das Bundesverfassungsgericht ist zunächst davon ausgegangen, dass entweder nationale Grundrechte oder Unionsgrundrechte für einen Sachverhalt maßgeblich sind, sodass eine klare Trennung der gerichtlichen Zuständigkeiten möglich war (1.). Eine doppelte Grundrechtsbindung hat das Bundesverfassungsgericht indes nicht explizit ausgeschlossen.[1482] Diese Rechtsprechungslinie wurde zumindest in Teilen mit der Entscheidung zum Europäischen Haftbefehl aus dem Jahr 2015 aufgegeben (2.). Eine grundlegende Neuordnung derart, dass die Unionsgrundrechte auch Prüfungsmaßstab des Bundesverfassungsgerichts sein können, erfolgte mit zwei Beschlüssen des Ersten Senats zum sog. *Recht auf Vergessen* im Jahr 2019 (3.). Diese Rechtsprechungsänderung bestätigte der Zweite Senat im Dezember 2020 mit einem Beschluss zum Europäischen Haftbefehl (4.).

1. Trennungskonzeption

Das Bundesverfassungsgericht ist bis zu den Beschlüssen *Recht auf Vergessen I und II*[1483] von getrennten Grundrechtsbereichen ausgegangen. Diese Sichtweise des Bundesverfassungsgerichts wurde als „Trennungsthese“[1484] oder „Alternativitätsthese“[1485] bezeichnet, da dieses die beiden Grundrechtsebenen – national und unional – strikt getrennt wissen wollte. Dieses Verständnis entstammte der *Solange*-Rechtsprechung, die der Annahme

---

1481 *Hwang*, EuR 2014, S. 400, 403.

1482 *Geiß*, DÖV 2014, 265, 270; die Möglichkeit einer parallelen Anwendung nationaler und europäischer Grundrechte nach der Rechtsprechung des BVerfG ablehnend *Classen*, EuR 2017, S. 347, 357.

1483 Dazu bereits oben 1. Kapitel, A., I., 2., h.

1484 *Thym*, NVwZ 2013, S. 889, 892; s. auch die Bezeichnung als „Trennungsmodell“ von *Classen*, EuR 2017, S. 347, 357; darauf hinweisend, dass aufgrund der Entwicklung des Unionsrechts eine solche Trennung wenig überzeugen kann etwa *Kingreen*, JZ 2013, S. 801, 806; *Thym*, JZ 2015, S. 53, 54; *Griebel*, in: Gornig (Hrsg.), FS Bohl, 2015, S. 315, 334; *Buchholtz*, DÖV 2017, S. 837, 839.

1485 *Kingreen*, JZ 2013, S. 801, 802.

folgt, dass entweder Unionsgrundrechte oder nationale Grundrechte anwendbar sind und jeweils den alleinigen Prüfungsmaßstab bilden.[1486]

Maßgebliches Kriterium, ob Unionsgrundrechte oder nationale Grundrechte zu prüfen sind, war dabei das Kriterium der Determination: Soweit das Unionsrecht zwingende Vorgaben setzt und insofern keinen Umsetzungsspielraum lässt, etwa wenn eine nationale Vorschrift zwingenden Vorgaben einer Richtlinie entspricht und insoweit unionsrechtlich determiniert ist, war diese Vorschrift einzig am Maßstab der Unionsgrundrechte zu prüfen; verbleibt hingegen ein nationaler Entscheidungsspielraum, etwa bei einer nationalen Vorschrift, die zwar auf einer Richtlinie beruht, sich jedoch innerhalb des eingeräumten Umsetzungsspielraums bewegt, so prüfte das Bundesverfassungsgericht die Vorschrift einzig am Maßstab der nationalen Grundrechte.[1487] In der Entscheidung vom 24.04.2013 zur Verfassungsmäßigkeit des Antiterrorgesetzes führte das Bundesverfassungsgericht insoweit ausdrücklich aus, dass „die angegriffenen Vorschriften schon deshalb an den Grundrechten des Grundgesetzes zu messen [sind], weil sie nicht durch Unionsrecht determiniert sind", sodass „auch kein Fall der Durchführung des Rechts der Europäischen Union vor[liegt], die allein die Bindung der Mitgliedstaaten an die Grundrechtecharta nach sich ziehen könnte (...)."[1488] Damit verbunden war ein restriktives Verständnis des Art. 51 Abs. 1 S. 1 GRC und die offen geäußerte Kritik an der weiten Auslegung dieser Norm durch den EuGH.[1489]

In prozessualer Hinsicht waren aufgrund dieser Trennungskonzeption bei zwingenden Vorgaben primär die Fachgerichte gemeinsam mit dem EuGH für den Grundrechtsschutz verantwortlich, während bei nationalen Spielräumen das Bundesverfassungsgericht im Wege der Verfassungsbeschwerde maßgeblich verantwortlich war.[1490] Die Prüfung des Bundesverfassungsgerichts im Bereich des europäischen Grundrechtsschutzes verengte sich insofern auf die Frage, ob die Vorlagepflicht nach Art. 267 Abs. 3 AEUV eingehalten wurde, da anderenfalls ein Verstoß gegen Art. 101

1486 BVerfGE 73, 339 (387) – *Solange II*; *Thym*, NVwZ 2013, 889, 892.

1487 BVerfGE 118, 79 (95ff.) – *Treibhausgas-Emissionsberechtigungen*; 121, 1, (15) – *Vorratsdatenspeicherung (einstweilige Anordnung)*; 125, 260 (308f.) – *Vorratsdatenspeicherung*; 129, 78 (90f.) – *Anwendungserweiterung*.

1488 BVerfGE 133, 277, (313) – *Antiterrordatei*.

1489 BVerfGE 133, 277 (316) – *Antiterrordatei*; zur Kritik des BVerfG s. oben 2. Kapitel, C., IV., 1., d.

1490 S. etwa BVerfGE 129, 186 (198ff.) – *Investitionszulagengesetz*; näher dazu *Wendel*, EuZW 2012, S. 213ff.

Abs. 1 S. 2 GG vorliegt.[1491] Das Bundesverfassungsgericht konnte somit mittelbar die Anwendung der Charta kontrollieren. Im Rahmen seiner Rechtsprechung verfeinerte das Bundesverfassungsgericht dabei schrittweise die materiellen und prozessualen Grundlagen eines Trennungsmodells, um Verschränkungen zwischen Unionsgrundrechten und dem Grundgesetz zu vermeiden.[1492] Ferner kam eine verfassungsrechtliche Prüfung des Bundesverfassungsgerichts im Bereich des europäischen Grundrechtsschutzes in Betracht, wenn nach der *Solange*-Rechtsprechung ein Beschwerdeführer ein generelles Absinken des Grundrechtsschutzes auf Unionsebene oder eine Verletzung der Verfassungsidentität geltend machen konnte.

Diese Rechtsprechung hat im Schrifttum vielfach Zustimmung erfahren und wurde damit begründet, dass sich nur im Falle des fehlenden Umsetzungsspielraums einer Richtlinie die Ausübung supranationaler Hoheitsgewalt durch ein mitgliedstaatliches Gesetz fortsetze und daher die Grundrechtsbeeinträchtigung durch die nationale Vorschrift bei funktionaler Betrachtung der Union zuzurechnen sei.[1493] Der Vorteil einer Trennung der einzelnen Grundrechtsbereiche sei zwar eine vermeintliche Klarheit, jedoch zeigt sich, dass die ihr zugrunde liegende Dichotomie zwischen zwingendem und nicht-zwingendem Unionsrecht den verschiedenen Gestaltformen der Vorgaben des Unionsrechts nicht hinreichend gerecht werden kann.[1494] Mangels exakter Abgrenzungsmöglichkeiten wirft zudem das Kriterium der Determination Wertungsfragen auf, wobei die Abgrenzung umso problematischer wird, wenn ein Sachverhalt sowohl unionsrechtlich determiniert ist und zugleich mitgliedstaatliche Spielräume überlässt.[1495]

Aufgrund der zunehmenden Bedeutung der EMRK und dem weiten Anwendungsbereich der Grundrechtecharta nahm die Kritik an der Trennungskonzeption im Schrifttum in den vergangenen Jahren zu. So forderte etwa *Thym* die Aufgabe der „Trennungsthese“ und schlug ein „Fusionsmodell“ vor, nach dem der sachliche Anwendungsbereich der deutschen

---

1491 BVerfGE 73, 339 (366f.) – *Solange II*; 75, 223 (233ff.) – *Kloppenburg*; 82, 159 (192ff.) – *Absatzfonds*; 126, 286 (316f.) – *Honeywell*; 129, 78 (105) – *Anwendungserweiterung*; BVerfGE 135, 155 (230ff.) – *Filmförderabgabe*; 147, 364 (378f.) – *Auslieferung*.

1492 *Thym*, JZ 2015, S. 53, 55.

1493 *Papier*, DVBl. 2009, S. 473, 480; *Ziegenhorn*, NVwZ 2010, S. 803, 806ff.; s. auch *von Danwitz*, EuGRZ 2013, S. 253, 259; *Britz*, EuGRZ 2015, S. 275, 280.

1494 *Reinbacher/Wendel*, EuGRZ 2016, S. 333, 336.

1495 *Schwerdtfeger*, in: Meyer/Hölscheidt (Hrsg.), Charta der Grundrechte, 5. Aufl., 2019, Art. 51 GRC, Rn. 43.

Grundrechte mit einer inhaltlichen Annäherung von Grundgesetz, EMRK und Grundrechtecharta verbunden sein solle.[1496] Dies hätte zur Folge, dass bei nationalen Maßnahmen stets die Grundrechte des Grundgesetzes anwendbar wären, wobei bei unionsrechtlich determinierten Sachverhalten die Grundrechtecharta – entsprechend der bisherigen Praxis hinsichtlich der EMRK – mittelbar berücksichtigt würde, sodass es zu einer „Inzidentprüfung der überstaatlichen Grundrechte" käme.[1497]

2. Abweichungen von der bisherigen Rechtsprechung im Beschluss *Europäischer Haftbefehl II*

Eine erste Abkehr von der strikten Trennungskonzeption erfolgte mit dem Beschluss des Bundesverfassungsgerichts zum Europäischen Haftbefehl aus dem Jahr 2015.[1498] In jenem Beschluss legte das Bundesverfassungsgericht dar, dass die streitgegenständliche Entscheidung des OLG Düsseldorf, in der es um die Vollstreckung eines europäischen Haftbefehls ging, „unionsrechtlich determiniert" sei.[1499] Gemäß seiner bisherigen Trennungskonzeption hätte das Bundesverfassungsgericht sich demnach für unzuständig erklären müssen, da nach der vorherigen Rechtsprechung einzig die Unionsgrundrechte zu prüfen wären. Da das Oberlandesgericht als letztinstanzliches Gericht bei Zweifeln im Hinblick auf unionsrechtliche Anforderungen zur Vorlage an den EuGH verpflichtet gewesen wäre, wäre als verfassungsgerichtliche Reaktion der Ausspruch über die Verletzung des Rechts auf den gesetzlichen Richter gem. Art. 101 Abs. 1 S. 2 GG denkbar gewesen.[1500] Diesen Weg ist das Bundesverfassungsgericht allerdings nicht

---

1496 *Thym*, JZ 2015, S. 53, 57ff.; diesem Vorschlag zustimmend *Buchholtz*, DÖV 2017, S. 837, 844f.; s. zur Erweiterung des verfassungsrechtlichen Prüfungsmaßstabs auf Unionsgrundrechte *Griebel*, DVBl. 2014, S. 204, 207ff.; *Frenzel*, Der Staat 53 (2014), S. 1, 14; *Bäcker*, EuR 2015, S. 389, 410ff.; aufgrund eines Vergleichs zum Status der EMRK in der Rechtsprechung des BVerfG zumindest eine Berücksichtigung der Unionsgrundrechte durch das BVerfG fordernd *Griebel*, Der Staat 52 (2013), S. 371, 392ff.

1497 S. *Thym*, JZ 2015, S. 53, 57, 59f.

1498 S. zum Sachverhalt und der Entscheidung des BVerfG ausführlich bereits oben 1. Kapitel, A., II., 2., g.; zur Abkehr von der Trennungskonzeption auch *Reinbacher/Wendel*, EuGRZ 2016, S. 333, 336; *Nettesheim*, JZ 2016, S. 424, 425 spricht davon, dass der Zweite Senat die „Trennungsthese" aufgegeben habe.

1499 BVerfGE 140, 317 (352) – *Europäischer Haftbefehl II.*

1500 Vgl. zu einer vom OLG Hamburg angenommenen zulässigen Auslieferung aufgrund eines Europäischen Haftbefehls, in dem der Beschwerdeführer vor

gegangen, sondern legte in der Sache selbst seine Rechtsauffassung dar. Dies könnte mit dem fehlenden Vertrauen, dem EuGH in einem grundrechtssensiblen Bereich wie dem des Europäischen Haftbefehls den eigenen hohen Grundrechtsstandard zu überantworten, zu erklären sein.[1501]

Indes ist die Einschätzung, dass die Entscheidung des OLG Düsseldorf „unionsrechtlich determiniert" sei, nicht zwingend, sodass auch eine verfassungsrechtliche „Lösung" denkbar gewesen wäre. Eine unionsrechtliche Pflicht zur Überstellung bestand nach dem Rahmenbeschluss über den Europäischen Haftbefehl für den der Entscheidung zugrunde liegenden Sachverhalt gerade nicht, da eine erneute Beweisaufnahme nach Auslieferung nicht gewährleistet wurde, sodass Art. 4a Abs. 1 Buchst. d (i) des Rahmenbeschlusses gerade nicht die Bewilligung der Überstellung des Beschwerdeführers vorschrieb; folglich lag keine Maßnahme der EU, sondern ein rein mitgliedstaatlicher Akt, vor, sodass der Verweis auf die Identitätskontrolle mangels tauglichen Gegenstands nicht geboten war.[1502] Naheliegender Prüfungsmaßstab zur Beurteilung, ob dem Beschwerdeführer eine umfassende Sach- und Rechtsprüfung hinsichtlich der ursprünglichen strafrechtlichen Verurteilung in Italien offenstand, wäre demnach die Garantie eines fairen Verfahrens nach Art. 2 Abs. 1 GG i.V.m. Art. 20 Abs. 3 GG gewesen.[1503]

Neben diesem partiellen Abweichen von der Trennungskonzeption ist die Weiterentwicklung der Identitätskontrolle der *Lissabon*-Entscheidung für den Grundrechtsbereich von Bedeutung, da zugleich Fragen zum Verhältnis der Identitätskontrolle zum *Solange*-Vorbehalt aufgeworfen sind. Das Bundesverfassungsgericht führte aus, dass im Rahmen der Identitätskontrolle der „gemäß Art. 23 Abs. 1 S. 3 in Verbindung mit Art. 79 Abs. 3 und Art. 1 Abs. 1 GG unabdingbar gebotenen[e] Grundrechtsschutz unein-

---

dem BVerfG ebenfalls eine Verletzung von Art. 1 Abs. 1 GG gerügt hatte, dieses jedoch keine Identitätskontrolle durchführte, sondern eine Verletzung des Rechts auf den gesetzlichen Richter feststellte, BVerfGE 147, 364 – *Auslieferung*.

1501 So die Einschätzung von *Haltern*, Europarecht, Bd. II, 2017, § 10, S. 508ff.; ähnlich auch *Brodowski*, JR 2016, S. 415, 425.

1502 Das OLG Düsseldorf war der Auffassung, dass eine erneute Beweisaufnahme „jedenfalls nicht ausgeschlossen" sei, BVerfGE 140, 317 (326) – *Europäischer Haftbefehl II*. Die unionsrechtliche Determinierung verneinen mit dieser Argumentation *Reinbacher/Wendel*, EuGRZ 2016, S. 333, 336; *Schönberger*, JZ 2016, S. 422, 423; *Burchardt*, ZaöRV 76 (2016), S. 527, 548f.

1503 *Schönberger*, JZ 2016, S. 422, 424; *Schmahl*, in: Kadelbach (Hrsg.), Die Welt und Wir, 2017, S. 45, 53f.

geschränkt und im Einzelfall" gewährleistet wird.[1504] Somit ist nur eine Verletzung der Menschenwürde im Einzelfall darzulegen, nicht jedoch das Absinken des Menschenwürdeschutzniveaus auf Unionsebene in genereller Weise.[1505] Dies kann durchaus als „partielle" Abkehr von dem *Solange*-Ansatz verstanden werden, da nach diesem gerade nicht der konkrete Einzelfall maßgeblich ist.[1506] Von Bedeutung ist dabei zudem, dass das Bundesverfassungsgericht nicht von Art. 1 Abs. 1 GG als einzelnem Grundrecht, sondern insgesamt von der Gewährleistung des „Grundrechtsschutzes" sprach. Dies kann unter der Annahme, dass alle Grundrechte einen Menschenwürdekern aufweisen, so verstanden werden, dass das Bundesverfassungsgericht damit den Weg zu einer umfassenden einzelfallbezogenen Grundrechtskontrolle sowie einer parallelen Grundrechtskontrolle durch BVerfG und EuGH geebnet habe.[1507] Die Möglichkeit im Rahmen einer Verfassungsbeschwerde gegen einen Einzelakt oder bei einer konkreten Normenkontrolle eine parallele Verletzung nationaler und europäischer Grundrechte geltend zu machen, hat das Bundesverfassungsgericht somit implizit in seinem Beschluss zum Europäischen Haftbefehl anerkannt.[1508]

Das Bundesverfassungsgericht äußerte sich zum Verhältnis der Identitätskontrolle und dem *Solange*-Vorbehalt in seiner Entscheidung allerdings nicht ausdrücklich. Bei Geltendmachung der Verletzung der Menschenwürdegarantie im Rahmen der Identitätskontrolle sei diese Verletzung zu prüfen, „ungeachtet der bisherigen Rechtsprechung zur Unzulässigkeit von Verfassungsbeschwerden und Vorlagen, mit denen die Verletzung in Grundrechten des Grundgesetzes durch sekundäres Gemeinschafts- beziehungsweise Unionsrecht gerügt wurde."[1509] Eine gänzliche Aufgabe der *Solange*-Rechtsprechung lässt sich dem nicht entnehmen. Zudem wird mit der Verletzung von Art. 1 Abs. 1 GG als „de[m] höchsten Rechtswert

1504 BVerfGE 140, 317 (341) – *Europäischer Haftbefehl II*; eine Ausweitung der Identitätskontrolle annehmend *Nowag*, CMLR 53 (2016), S. 1441, 1446.

1505 *Burchardt*, ZaöRV 76 (2016), S. 527, 543.

1506 *Sauer*, NJW 2016, S. 1134, 1135.

1507 Vgl. *Karaosmanoğlu/Ebert*, DVBl. 2016, S. 875, 878; *Burchardt*, ZaöRV 76 (2016), S. 527, 544, die jedoch auch betont, dass eine solche Entwicklung mit einer „inhaltlichen Aushöhlung der Menschenwürdegarantie als absoluter Grenze staatlichen Handelns einher[geht]"; das BVerfG erwähnt in seiner Entscheidung zum *OMT*-Programm den „Menschenwürdekern der Grundrechte", BVerfGE 142, 123 (195) – *OMT-Programm.*

1508 So auch *Classen*, EuR 2017, S. 347, 359.

1509 BVerfGE 140, 317 (334) – *Europäischer Haftbefehl II.*

innerhalb der verfassungsmäßigen Ordnung“[1510] zwar der Grundrechtsbereich tangiert, jedoch ist gerade aufgrund der besonderen Stellung von Art. 1 Abs. 1 GG und der Anknüpfung an Art. 79 Abs. 3 GG diese Entscheidung unmittelbar nicht dem Bereich der Grundrechtskontrolle i.S.d. *Solange*-Rechtsprechung zuzuordnen.[1511] Zu berücksichtigen ist, dass der Grundrechtsschutz durch Art. 23 Abs. 1 S. 1 GG nicht mit dem Grundrechtsschutz durch die Verfassungsidentität gleichzusetzen ist.[1512] Daher ergibt sich aus dieser Entscheidung keine Abkehr von der *Solange*-Rechtsprechung.[1513] Auch von einer „*Solange III*“[1514]- oder „*Solange II,5*“[1515]-Entscheidung kann nicht gesprochen werden.[1516]

Als weiterer Aspekt dieser Entscheidung ist der Rückgriff auf die Identitätskontrolle überraschend, da die verfassungsrechtliche Identität durch das Unionsrecht nach Ansicht des Bundesverfassungsgerichts gar nicht beeinträchtigt werde und es daher der Konstruktion der Identitätskontrolle nicht bedurft hätte.[1517] Das Bundesverfassungsgericht stellte insofern dar, dass die unionsrechtlichen Anforderungen an die Vollstreckung ei-

---

1510 BVerfGE 140, 317 (341) – *Europäischer Haftbefehl II.*

1511 Das BVerfG grenzt selbst in diesem Beschluss die Identitätskontrolle von dem *Solange*-Vorbehalt sowie der *Ultra-vires*-Kontrolle ab, BVerfGE 140, 317 (337) – *Europäischer Haftbefehl II.*

1512 Vgl. *Dietz*, AöR 142 (2017), S. 78, 106.

1513 A.A. *Sauer*, NJW 2016, S. 1134, 1135, der davon ausgeht, dass sich das Bundesverfassungsgericht mit dieser Entscheidung vom *Solange*-Ansatz „partiell verabschiedet“ habe; *Nettesheim*, JZ 2016, S. 424, 428 spricht vom „faktische[n] Ende der *Solange*-Rechtsprechung“; *Ludwigs/Sikora*, EWS 2016, S. 215, 219, weisen darauf hin, dass abzuwarten bleibt, ob die Grundrechtskontrolle vom BVerfG auch auf Art. 79 Abs. 3 GG zurückgeführt wird und ordnen die Rechtssache „*Europäischer Haftbefehl II*“ nicht als Grundrechtskontrolle ein; von einer erheblichen Relativierung der *Solange*-Rechtsprechung ausgehend *Hwang*, Der Staat 56 (2017), S. 107, 116.

1514 *Burchardt*, ZaöRV 76 (2016), S. 527, 543; *Hong*, EuConst 12 (2016), S. 549, 550; *Rauchegger*, in: Violini/Baraggia (Hrsg.), Fragmented Landscape of Fundamental Rights Protection, 2018, S. 94, 96, 102ff.

1515 *Edenharter*, Grundrechtsschutz, 2018, S. 106f.

1516 So auch *Rung*, EWS 2016, S. 145, 150; *Satzger*, NStZ 2016, S. 514, 518; von der Gültigkeit der *Solange II*-Rechtsprechung ausgehend, soweit Art. 1 Abs. 1 GG nicht berührt ist *Reinbacher/Wendel*, EuGRZ 2016, S. 333, 334, die (überspitzt) formulieren: „Solange eine Verletzung der Menschenwürde substantiiert gerügt wird, prüft das BVerfG im Einzelfall auch unmittelbar anwendbares Unionsrecht oder unionsrechtlich determiniertes Recht auf seine Vereinbarkeit mit der grundgesetzlichen Verfassungsidentität.“

1517 *Classen*, EuR 2016, S. 304, 308; *Reinbacher/Wendel*, EuGRZ 2016, S. 333, 337; *Sauer*, NJW 2016, S. 1134, 1135.

nes Europäischen Haftbefehls nicht hinter den Anforderungen des Art. 1 Abs. 1 GG zu den gebotenen Mindestgarantien von Beschuldigtenrechten zurückblieben, wobei ausführlich auf die Rechtsprechung des EGMR und die Garantien eines fairen Verfahrens nach Art. 6 EMRK eingegangen wurde.[1518] Im Kern legt das Bundesverfassungsgericht dabei Art. 47 und 48 GRC im Lichte der EMRK aus und übernimmt somit eine Auslegungsverantwortung, die zuvor den Fachgerichten zugesprochen wurde.[1519] Einer Vorlage an den EuGH bedarf es dabei nach dem Bundesverfassungsgericht nicht, da die „richtige Anwendung des Unionsrechts (...) derart offenkundig [ist], dass für einen vernünftigen Zweifel keinerlei Raum bleibt."[1520]

Zusammenfassend sind drei Aspekte dieser Entscheidung hervorzuheben. Erstens die Aufgabe der strikten Trennungskonzeption durch die Zuständigkeitserklärung bei einem „unionsrechtlich determinierten" Sachverhalt. Zweitens die Grundrechtsprüfung im Einzelfall entgegen der generellen Prüfung nach der *Solange*-Rechtsprechung – wenn auch nur im Ausnahmebereich der Menschenwürde. Drittens die Ausführungen zur Identitätskontrolle im Grundrechtsbereich, obwohl dieser Kontrollvorbehalt letztlich nicht aktiviert wird. Bei allen drei Punkten zeigt sich, dass die Ausführungen des Bundesverfassungsgerichts keinesfalls zwingend sind, sondern entsprechend der vorherigen Rechtsprechung andere Lösungsmöglichkeiten naheliegender gewesen wären. Dieser Befund legt die Interpretation nahe, dass das Bundesverfassungsgericht diese Entscheidung und den Bezug zum Unionsrecht nutzte, um als „Spieler auf das Feld der europäischen Grundrechtskontrolle" zurückzukehren.[1521]

1518 BVerfGE 140, 317 (355ff.) – *Europäischer Haftbefehl II*; *Haltern*, Europarecht, Bd. II, 2017, § 10, S. 510f. sieht in der Analyse der Rechtsprechung des EGMR zum einen eine Belehrung des EuGH über die EMRK und zum anderen das Bemühen des BVerfG zum Aufbau einer gemeineuropäischen Position.

1519 *Reinbacher/Wendel*, EuGRZ 2016, S. 333, 342.

1520 BVerfGE 140, 317 (376) – *Europäischer Haftbefehl II*; kritisch zur Annahme eines *acte-clair*-Aktes s. etwa *Classen*, EuR 2016, S. 304, 307; *Reinbacher/Wendel*, EuGRZ 2016, S. 333, 342f.; *Satzger*, NStZ 2016, S. 514, 519; *Rauchegger*, in: Violini/Baraggia (Hrsg.), Fragmented Landscape of Fundamental Rights Protection, 2018, S. 94, 109; zustimmend hingegen *Sauer*, NJW 2016, S. 1134, 1135.

1521 So die Einschätzung von *Nettesheim*, JZ 2016, S. 424, 428.

3. Neuordnung durch die Beschlüsse *Recht auf Vergessen I und II*

Die Aufgabe der Trennungskonzeption erfolgte 2019 mit zwei Beschlüssen des Ersten Senats zum sog. *Recht auf Vergessen*, welche das Verhältnis der Grundrechte des Grundgesetzes zu den Unionsgrundrechten grundlegend neu bestimmen.[1522]

a. Sachverhalte

Beide Beschlüsse betreffen inhaltlich Fragen zum allgemeinen Persönlichkeitsrecht im digitalen Raum und der Problematik, dass im Internet Informationen ohne Regulierung auf nahezu unbestimmte Zeit abrufbar sein können, wobei insbesondere im Hinblick auf den strafrechtlichen Resozialisierungsgedanken ein Ausgleich zwischen dem „Erinnern" und dem „Vergessen" gefunden werden muss – Unterschiede ergeben sich in den Beschlüssen aus der Regelungsdichte des einschlägigen unionalen Datenschutzrechts.[1523]

Gegenstand des Beschlusses *Recht auf Vergessen I* war das Begehren auf Anonymisierung in Berichten über eine Straftat aus dem Jahr 1981 gegen ein Presseunternehmen als Betreiber eines Online-Archivs. Berichte über diese Straftat, die den vollständigen Namen des Beschwerdeführers enthielten, waren ohne Zugangsbarrieren in einem Online-Archiv abrufbar. Der Beschwerdeführer, der 1982 rechtskräftig wegen Mordes und versuchten Mordes zu einer lebenslangen Freiheitsstrafe verurteilt wurde, wollte erreichen, dass die entsprechenden Berichte nicht mehr seinen Familiennamen enthalten, sodass bei entsprechender Eingabe in einer Suchmaschine die Berichte nicht mehr gefunden werden können.[1524] In dem Verfahren *Recht auf Vergessen II* begehrte die Beschwerdeführerin die Löschung der Verlinkung auf einen vermeintlich ehrverletzenden Beitrag eines Fernsehmagazins unmittelbar aus einer Suchmaschine von dem Suchmaschinenbetreiber. Die Beschwerdeführerin wollte damit bewirken,

1522 BVerfGE 152, 152 – *Recht auf Vergessen I*; 152, 216 – *Recht auf Vergessen II*; dazu bereits oben 1. Kapitel, A., I., 2., h.; zur besonderen Bedeutung dieser Beschlüsse für den Grundrechtsbereich s. bereits oben Fn. 134.

1523 Vgl. dazu sowie zur bisherigen zivilrechtlichen Rechtsprechung in diesem Kontext und der vom BVerfG vorgenommenen Abwägung zwischen dem Schutz des Persönlichkeitsrechts sowie dem Interesse der Öffentlichkeit an medialer Berichterstellung *Klass*, ZUM 2020, S. 265ff.

1524 Zum Sachverhalt s. BVerfGE 152, 152 (154ff.) – *Recht auf Vergessen I.*

dass bei Eingabe ihres Namens in die Suchmaschine die Verlinkung auf diesen Fernsehbeitrag nicht mehr angezeigt wird.[1525]

Beide Rechtsstreitigkeiten betrafen die Datenschutz-Richtlinie 95/46/EG[1526], die durch die am 24.05.2016 in Kraft getretene Datenschutz-Grundverordnung (DSGVO)[1527] abgelöst worden war. Da mit der DSGVO die Auslegung der Datenschutz-Richtlinie des EuGH als Vollharmonisierung durch den Unionsgesetzgeber bestätigt und rechtlich abgesichert wurde, konnte das Bundesverfassungsgericht diese bei der Frage des Harmonisierungsgrades des Datenschutzes heranziehen, wenngleich grundsätzlich die Rechtslage zum Zeitpunkt der letzten Tatsachenverhandlung der angegriffenen Entscheidung maßgeblich ist.[1528]

Entscheidender Unterschied zwischen beiden Verfahren war, dass in *Recht auf Vergessen I* für Online-Archive das sog. Medienprivileg (Art. 9 der Richtlinie 94/46/EG, Art. 85 DSGVO) griff, wonach den Mitgliedstaaten ein weitreichender Gestaltungsspielraum eingeräumt wird, wenn beispielsweise die Datenverarbeitung zu journalistischen Zwecken erfolgt.[1529] In der Rechtssache *Recht auf Vergessen II* war hingegen das sog. Medienprivileg nicht einschlägig, mit der Folge, dass sich der dem Verfahren zugrundeliegende Rechtsstreit nach vollständig unionsrechtlich determinierten Regelungen richtete.[1530]

1525 BVerfGE 152, 216 (217ff.) – *Recht auf Vergessen II.*

1526 Richtlinie 95/46/EG des Europäischen Parlaments und des Rates vom 24. Oktober 1995 zum Schutz natürlicher Personen bei der Verarbeitung personenbezogener Daten und zum freien Datenverkehr, ABl. L 281 v. 23.11.1995, S. 31.

1527 Verordnung (EU) 2016/679 des Europäischen Parlaments und des Rates vom 27. April 2016 zum Schutz natürlicher Personen bei der Verarbeitung personenbezogener Daten, zum freien Datenverkehr und zur Aufhebung der Richtlinie 95/46/EG (Datenschutz-Grundverordnung) (Text von Bedeutung für den EWR), ABl. L 119 v. 04.05.2016, S. 1; gültig seit dem 24.04.2018, Art. 99 DSGVO.

1528 BVerfGE 152, 216 (232) – *Recht auf Vergessen II*; *Kühling*, NJW 2020, S. 275, 276.

1529 S. dazu *Kühling/Martini u.a.*, Datenschutz-Grundverordnung und nationales Recht, 2016, S. 285ff.

1530 BVerfGE 152, 216 (229ff.) – *Recht auf Vergessen II.*

b. Neubestimmung des bundesverfassungsgerichtlichen Prüfungsmaßstabs

Diese Ausgangslage führte zu weitreichenden Neuerungen hinsichtlich des bundesverfassungsgerichtlichen Prüfungsmaßstabs: Die weitreichendste Änderung der bisherigen Rechtsprechung ist dabei die Anwendung der Unionsgrundrechte durch das Bundesverfassungsgericht. Verbleibt den Mitgliedstaaten bei der Anwendung des nationalen Rechts kein Umsetzungsspielraum, sodass eine „unionsrechtlich vollständig vereinheitlichte Materie" vorliegt, können nach dem Beschluss *Recht auf Vergessen II* nunmehr Unionsgrundrechte Prüfungsmaßstab einer Verfassungsbeschwerde sein.[1531]

Weniger revolutionär, aber dennoch von erheblicher Bedeutung sind die Aussagen im Bereich von nicht vollumfänglich vereinheitlichtem Unionsrecht im Beschluss *Recht auf Vergessen I*: Bestehe „gestaltungsoffenes Unionsrecht", sind die Grundrechte des Grundgesetzes alleiniger Prüfungsmaßstab für innerstaatliches Recht.[1532] Im Einzelfall könnten daneben auch die Unionsgrundrechte Geltung beanspruchen, was zunächst voraussetze, dass eine Durchführung des Unionsrechts i.S.d. Art. 51 Abs. 1 S. 1 GRC vorliegt.[1533] Erstmals legte das Bundesverfassungsgericht dar, dass auch bei nationalen Gestaltungsspielräumen eine Bindung an Unionsgrundrechte nach Art. 51 Abs. 1 S. 1 GRC bestehen kann, womit zugleich eine parallele Anwendbarkeit der Grundrechte des Grundgesetzes und der Unionsgrundrechte verbunden ist. Sofern das Unionsrecht den Mitgliedstaaten einen Gestaltungsspielraum überlasse, könne sich das Bundesverfassungsgericht auf die Vermutung stützen, dass durch eine Prüfung am Maßstab der Grundrechte des Grundgesetzes das Schutzniveau der Charta, wie sie vom EuGH ausgelegt wird, in der Regel mitgewährleistet werde.[1534] Auch bei der primären Anwendung der Grundrechte des Grundgesetzes seien diese jedoch im Lichte der Charta auszulegen.[1535]

1531 BVerfGE 152, 216 (229) – *Recht auf Vergessen II*.

1532 BVerfGE 152, 152 (169) – *Recht auf Vergessen I*.

1533 BVerfGE 152, 152 (169f.) – *Recht auf Vergessen I*, wobei das BVerfG betont, dass keine „übermäßig weite Auslegung des Art. 51 Abs. 1 S. 1 GRC" erfolgen dürfe; s. zur Anwendung dieser Grundsätze und die Prüfung des Art 51 Abs. 1 S. 1 GRC durch den Ersten Senat etwa BVerfG, Beschluss der 1. Kammer des Ersten Senats v. 18.08.2020, 1 BvQ 82/20, Rn. 18ff.

1534 BVerfGE 152, 152 (175) – *Recht auf Vergessen I*.

1535 BVerfGE 152, 152 (177) – *Recht auf Vergessen I*.

Eine solche Prüfung einzig am Maßstab der Grundrechte des Grundgesetzes könne jedoch dann im Einzelfall nicht ausreichend sein, „wenn konkrete und hinreichende Anhaltspunkte vorliegen, dass hierdurch das grundrechtliche Schutzniveau des Unionsrechts ausnahmsweise nicht gewährleistet ist".[1536] Enthält etwa das unionsrechtliche Fachrecht auch für Umsetzungsspielräume engere grundrechtliche Maßgaben, sei eine weitergehende Prüfung anhand der Unionsgrundrechte geboten, sodass die alleinige Prüfung am Maßstab der Grundrechte des Grundgesetzes nicht ausreichend sei.[1537]

c. Begründung für die Prüfung und Berücksichtigung der Unionsgrundrechte

Das Bundesverfassungsgericht begründete die Anwendung der Unionsgrundrechte bei „unionsrechtlich vollständig vereinheitlichter Materie" mit der Integrationsverantwortung aus Art. 23 Abs. 1 S. 1 GG sowie, damit verbunden, mit seinem verfassungsrechtlichen Auftrag zur Gewährleistung umfassenden Grundrechtsschutzes (aa.). Dass bei „gestaltungsoffenem Unionsrecht" primär die Grundrechte des Grundgesetzes bei Auslegung im Lichte der Unionsgrundrechte zu prüfen sind, begründete das Bundesverfassungsgericht maßgeblich mit der Befugnis zur Prüfung von Akten der deutschen öffentlichen Gewalt anhand des Grundgesetzes und der sich aus dem Unionsrecht ergebenden Möglichkeit zur Vielgestaltigkeit des Grundrechtsschutzes (bb.).

aa. Unionsgrundrechte als Prüfungsmaßstab

Begründet wurde die Anerkennung der Unionsgrundrechte als Prüfungsmaßstab des Bundesverfassungsgerichts mit der Integrationsverantwortung aus Art. 23 Abs. 1 S. 1 GG (1) sowie der besonderen Rolle des Bundesverfassungsgerichts im Grundrechtsbereich und einer ansonsten bestehenden Schutzlücke bei der fachgerichtlichen Anwendung der Unionsgrundrechte (2).

1536 BVerfGE 152, 152 (179ff.) – *Recht auf Vergessen I.*
1537 BVerfGE 152, 152 (181) – *Recht auf Vergessen I.*

(1) Integrationsverantwortung aus Art. 23 Abs. 1 S. 1 GG

Normativer Anknüpfungspunkt der Erstreckung der bundesverfassungsgerichtlichen Prüfungskompetenz auf die Grundrechte der GRC ist die Integrationsverantwortung, die das Bundesverfassungsgericht aus Art. 23 Abs. 1 S. 1 GG herleitet. Die Integrationsverantwortung verpflichte alle Verfassungsorgane der Bundesrepublik Deutschland zur Mitwirkung an der Entfaltung der Union sowie zur Beachtung der verfassungsrechtlichen Voraussetzungen und Grenzen i.S.d. Art. 20 Abs. 1 und Abs. 2 i.V.m. Art. 79 Abs. 3 GG bei der Übertragung von Hoheitsrechten und der Ausgestaltung der Union.[1538] Für die nationalen Gerichte bedeute dies, dass unmittelbar anwendbares Unionsrecht und nationales Umsetzungsrecht nach den entsprechenden prozessrechtlichen Normen anzuwenden seien.[1539] Da die Unionsgrundrechte ein „Funktionsäquivalent" zu den Grundrechten des Grundgesetzes bildeten, gebiete es die Integrationsverantwortung, dass die Möglichkeit der Verfassungsbeschwerde auf die Durchsetzung der Unionsgrundrechte erstreckt werde.[1540] Das Konzept der Integrationsverantwortung wird somit, entgegen seiner bisherigen Stoßrichtung zur Begrenzung der europäischen Integration und zur Einhaltung des vereinbarten Integrationsprogramms, zum Auftrag zur Mitwirkung an dieser herangezogen.[1541]

Das Bundesverfassungsgericht betonte dabei, dass der Wortlaut des Art. 93 Abs. 1 Nr. 4a GG angesichts der Integrationsverantwortung aus Art. 23 Abs. 1 S. 1 GG der Prüfung der Unionsgrundrechte durch das Bundesverfassungsgericht nicht entgegenstehe, wenngleich bei der Entstehung des Grundgesetzes diese Vorschrift ausdrücklich auf die Grundrechte des Grundgesetzes beschränkt gewesen sei.[1542] Im Schrifttum wurde insbesondere diese Begründung kritisiert und angenommen, dass die Erweiterung des verfassungsrechtlichen Prüfungsmaßstabs auf Unionsgrundrechte nicht mit dem Wortlaut des Art. 93 Abs. 1 Nr. 4a GG vereinbar und daher unter Berücksichtigung der Rechtssicherheit und der Gewaltenteilung eine

---

1538 BVerfGE 152, 216 (238f.) – *Recht auf Vergessen II*; grundlegend BVerfGE 123, 267 (356) – *Lissabon*; 142, 123 (180) – *OMT-Programm*.

1539 BVerfGE 152, 216 (239) – *Recht auf Vergessen II*.

1540 BVerfGE 152, 216 (239ff.) – *Recht auf Vergessen II*.

1541 *Karpenstein/Kottmann*, EuZW 2020, S. 185, 188; kritisch daher zu dem Rückgriff auf die Integrationsverantwortung aus Art. 23 Abs. 1 GG *Kämmerer/Kotzur*, NVwZ 2020, S. 177, 180; *Klein*, DÖV 2020, S. 341, 343; zustimmend *Classen*, EuR 2021, S. 92, 97.

1542 BVerfGE 152, 216 (243) – *Recht auf Vergessen II*.

Verfassungsänderung erforderlich sei.[1543] Dagegen lässt sich jedoch anführen, dass der Begriff „Grundrechte“ in Art. 93 Abs. 1 Nr. 4a GG durchaus der Interpretation offensteht, dass darunter auch Unionsgrundrechte als „funktionsäquivalent“ zu den Grundrechten des Grundgesetzes zu verstehen sind.[1544] Zudem ist eine verfassungsändernde Wirkung bereits materiell im Zuge der Übertragung von Hoheitsrechten eingetreten, sodass eine Änderung des Wortlauts nicht erforderlich ist.[1545]

(2) Verfassungsrechtlicher Auftrag zur Gewährleistung umfassenden Grundrechtsschutzes

Eng verbunden mit der Integrationsverantwortung aus Art. 23 Abs. 1 S. 1 GG führte das Bundesverfassungsgericht zur Begründung der Erstreckung des verfassungsgerichtlichen Prüfungsmaßstabs seinen verfassungsrechtlichen Auftrag zur Gewährleistung eines „umfassenden“ Grundrechtsschutzes an.[1546] Ohne eine entsprechende Erweiterung des Prüfungsmaßstabs auf Unionsgrundrechte bliebe „der Grundrechtsschutz gegenüber der fachgerichtlichen Rechtsanwendung nach dem heutigen Stand des Unionsrechts unvollständig.“[1547] Diese Schutzlücke könne auch nicht auf Unionsebene geschlossen werden, da Einzelne mangels entsprechenden Rechtsbehelfs nicht die Möglichkeit hätten, die Verletzung von Unionsgrundrechten durch mitgliedstaatliche Fachgerichte vor dem EuGH zu rügen.[1548] Zwar seien auch die Fachgerichte zur Gewährleistung des unionsrechtlichen Grundrechtsschutzes verpflichtet; die Verfassungsbeschwerde ergänze den fachgerichtlichen Rechtsschutz jedoch durch die „grundrechtsspezifische Kontrollfunktion“ des Bundesverfassungsgerichts, da mit dieser eine „auf die grundrechtliche Perspektive spezialisierte Kontrolle gegenüber

1543 So etwa *Edenharter*, DÖV 2020, S. 349, 353; *Klein*, DÖV 2020, S. 341, 343; a.A. *Hoffmann*, NVwZ 2020, S. 33, 34; *Wolff*, Der Einzelne in der offenen Staatlichkeit, 2020, S. 399ff.

1544 So auch *Kämmerer/Kotzur*, NVwZ 2020, S. 177, 180.

1545 Vgl. *Wendel*, JZ 2020, S. 157, 162; zur Verfassungsänderung durch die Übertragung von Hoheitsrechten s. *Pernice*, VVDStRL 60 (2001), S. 148, 178f.

1546 BVerfGE 152, 216 (238) – *Recht auf Vergessen II*; kritisch hierzu, da die Gewährleistung des Grundrechtsschutzes durch das Bundesverfassungsgericht bereits bezogen auf nationale Grundrechte etwa durch Zulässigkeitsvoraussetzungen begrenzt werde, *Klein*, DÖV 2020, S. 341, 344.

1547 BVerfGE 152, 216 (240f.) – *Recht auf Vergessen II.*

1548 BVerfGE 152, 216 (241) – *Recht auf Vergessen II.*

den Fachgerichten eröffnet werden [soll], um so den Grundrechten gegenüber dem einfachen Recht ihr spezifisches Gewicht zu sichern und den Bürgerinnen und Bürgern diesbezüglich besonderen Schutz zukommen zu lassen."[1549]

Dieses Argument folgt ausschließlich einer nationalen Logik, wonach aufgrund der besonderen verfassungsrechtlichen Position des Bundesverfassungsgerichts eine umfassende Grundrechtskontrolle gewährleistet sein müsse. In anderen Mitgliedstaaten, in denen der Grundrechtsschutz durch die Fachgerichte, die auch die Unionsgrundrechte anwenden, ausgeübt wird, vermag dieses Argument aus unionsrechtlicher Perspektive nur bedingt zu überzeugen.[1550] Auch aus deutscher Sicht kann schließlich argumentiert werden, dass die Anwendung des Unionsrechts durch die Fachgerichte für den Grundrechtsschutz ausreichend sei und es insofern keiner über die Verletzung des Art. 101 Abs. 1 S. 2 GG hinausgehenden verfassungsrechtlichen Kontrolle bedürfe.[1551] Dem lässt sich jedoch entgegenhalten, dass gerade in den Staaten, in denen ein „Grundrechtsfachgericht"[1552] existiert, eine vollumfängliche Kontrolle der Fachgerichte im Bereich der Grundrechte geboten ist.[1553] Zudem existiert gerade keine Möglichkeit des Einzelnen eine fehlerhafte Anwendung der Unionsgrundrechte durch die Fachgerichte vor dem EuGH zu rügen, sodass der Rechtsweg zu einem spezialisierten Grundrechtsgericht, wie dem Bundesverfassungsgericht, eine zusätzliche Rechtschutzmöglichkeit darstellt.

bb. Primäre Anwendung der Grundrechte des Grundgesetzes und Auslegung der Grundrechte im Lichte der Unionsgrundrechte

Das Bundesverfassungsgericht betonte zunächst, dass sich die Befugnis zur Prüfung innerstaatlichen Rechts, auch wenn dieses im Anwendungsbereich des Unionsrechts liegt, am Maßstab der Grundrechte des Grundgesetzes bereits aus Art. 1 Abs. 3, Art. 20 Abs. 3 und Art. 93 Abs. 1 Nr. 4a GG ergebe.[1554] Das Hinzutreten der Unionsgrundrechte nach Art. 51 Abs. 1 S. 1 GRC ändere nichts an der primären Anwendung der Grundrechte

---

1549 BVerfGE 152, 216 (241f.) – *Recht auf Vergessen II.*

1550 Vgl. *Edenharter*, DÖV 2020, S. 349, 354; *Kämmerer/Kotzur*, NVwZ 2020, S. 177, 180.

1551 *Klein*, DÖV 2020, S. 341, 344; *Burchardt*, GLJ 21 (2020), Special Issue, S. 1, 12.

1552 Zu dieser Bezeichnung für das BVerfG, s. oben 1. Kapitel, B., III., 1.

1553 S. auch *Hofmann/Heger/Gharibyan*, KritV 2019, S. 277, 287.

1554 BVerfGE 152, 152 (169) – *Recht auf Vergessen I.*

des Grundgesetzes bei „gestaltungsoffenem Unionsrecht“, da dies der allgemeinen Funktion des Bundesverfassungsgerichts, der Prüfung nationaler Maßnahmen am Maßstab des Grundgesetzes, entspreche und sich aus der föderativen Gestaltung der Union, verbunden mit der Verpflichtung zur Achtung des Subsidiaritätsprinzips, die Kompetenz zur primären Anwendung nationaler Grundrechte ergebe.[1555] Dieses Ergebnis werde durch die Annahme gestützt, dass das Unionsrecht im gestaltungsoffenen Bereich nicht auf eine Einheitlichkeit des Grundrechtsschutzes ziele, sondern Grundrechtsvielfalt zulasse.[1556] Sowohl die Rechtsprechung des EuGH als auch Art. 53 GRC erlaube es den Mitgliedstaaten, sofern das unionsrechtliche Fachrecht Spielräume vorsehe, grundrechtliche Wertungskonflikte im Wesentlichen auf Grundlage der jeweiligen mitgliedstaatlichen Grundrechte zu lösen.[1557]

Die Vermutung des Bundesverfassungsgerichts, dass in diesen Fällen eine Prüfung am Maßstab der Grundrechte des Grundgesetzes das Schutzniveau der Charta, wie sie vom EuGH ausgelegt wird, in der Regel mitgewährleistet werde, sei getragen „von einer übergreifenden Verbundenheit des Grundgesetzes und der Charta in einer gemeinsamen europäischen Grundrechtstradition.“[1558] Das gemeinsame Fundament bilde die EMRK, wobei in Art. 52 Abs. 3, 4 GRC deutlich werde, dass die Wechselwirkungen zwischen Charta, EMRK und mitgliedstaatlichen Verfassungen Vielfalt ermöglichten, aber auf einer gemeinsamen Grundlage beruhten.[1559]

Zur Begründung der Auslegung der Grundrechte des Grundgesetzes im Lichte der Charta führte das Bundesverfassungsgericht schließlich aus, dass dies aufgrund der Völker- und Europarechtsfreundlichkeit des Grundgesetzes geboten sei, wonach „das Grundgesetz die Auslegung der Grundrechte und die Fortentwicklung des Grundrechtsschutzes in die Entwicklung des

---

1555 BVerfGE 152, 152 (170f.) – *Recht auf Vergessen I*; zur Begründung einer durch die europäischen Verträge garantierten Vielfalt der Kulturen und Traditionen sowie des Grundrechtsschutzes verweist das BVerfG auf die Präambel zur Charta sowie zum EUV als auch auf Art. 51 Abs. 1, 2, Art. 52 Abs. 4, 6 und Art. 53 GRC sowie Art. 5 Abs. 3 EUV, *ebd.*, Rn. 48.

1556 BVerfGE 152, 152 (172ff.) – *Recht auf Vergessen I.*

1557 BVerfGE 152, 152 (174) – *Recht auf Vergessen I* unter Verweis auf EuGH, *Connolly/Kommission*, Rs. C-274/99 P, EU:C:2001:127, Rn. 48ff.; *Omega*, Rs. C-36/02, EU:C:2004:614, Rn. 31ff.; *Melloni*, Rs. C-399/11, EU:C:2013:107, Rn. 57ff.

1558 BVerfGE 152, 152 (175) – *Recht auf Vergessen I.*

1559 BVerfGE 152, 152 (175ff.) – *Recht auf Vergessen I*; zur Bedeutung des Art. 52 Abs. 3 GRC s. bereits oben 1. Kapitel, B., IV., 1., a.

internationalen Menschenrechtsschutzes und insbesondere in die europäische Grundrechtstradition [stellt].“[1560]

d. Anwendbarkeit der Unionsgrundrechte, Art. 51 Abs. 1 S. 1 GRC

In den Beschlüssen *Recht auf Vergessen I und II* äußerte sich das Bundesverfassungsgericht zur im Rahmen dieser Arbeit besonders relevanten Reichweite des Art. 51 Abs. 1 S. 1 GRC. Hierbei betonte der Erste Senat, dass diese Norm den innerstaatlichen Anwendungsbereich der Charta begrenze und eine föderative Vielfalt mitgliedstaatlicher Grundrechtsgewährleistungen ermögliche.[1561] Eine nähere Konkretisierung des Begriffs der Durchführung von Unionsrecht i.S.d. Art. 51 Abs. 1 S. 1 GRC lieferte das Bundesverfassungsgericht dabei freilich nicht. Ob einzig die Unionsgrundrechte anwendbar seien oder ob eine primäre Prüfung am Maßstab der nationalen Grundrechte geboten sei, sei abhängig „von einer Unterscheidung zwischen vollständig vereinheitlichtem und gestaltungsoffenem Unionsrecht“, wobei die Frage der Gestaltungsoffenheit im konkreten Einzelfall nach der anzuwendenden unionsrechtlichen Vorschrift zu beurteilen sei.[1562] Dabei könne weder die gewählte Rechtsform dieser Vorschrift noch die aus dem nationale Recht bekannte Abgrenzung zwischen unbestimmten Rechtsbegriffen und Ermessen hinreichende Erkenntnisse zur Bestimmung eines nationalen Gestaltungspielraums liefern.[1563] Entscheidend sei vielmehr, dass die maßgebliche Vorschrift des Unionsrechts auf „die Ermöglichung von Vielfalt und die Geltendmachung verschiedener Wertungen angelegt ist, oder ob sie nur dazu dienen soll, besonderen Sachgegebenheiten hinreichend flexibel Rechnung zu tragen, dabei aber von dem Ziel der gleichförmigen Rechtsanwendung getragen ist.“[1564] Das Bundesverfassungsgericht liefert somit zwar Anhaltspunkte für die Abgrenzung von zwingendem und spielraumeröffnendem Unionsrecht, die Rechtspraxis steht dennoch vor erheblichen Abgrenzungsschwierigkei-

---

1560 BVerfGE 152, 152 (177) – *Recht auf Vergessen I.*; s. zuvor bereits zu einer ähnlichen Argumentation, um die Berücksichtigung der Unionsgrundrechte durch das BVerfG, jedenfalls entsprechend den Rechten aus der EMRK, zu begründen, *Giegerich*, ZEuS 2016, S. 3, 18.

1561 BVerfGE 152, 152 (169) – *Recht auf Vergessen I.*

1562 BVerfGE 152, 216 (246f.) – *Recht auf Vergessen II.*

1563 BVerfGE 152, 216 (247f.) – *Recht auf Vergessen II.*

1564 BVerfGE 152, 216 (247f.) – *Recht auf Vergessen II* unter Verweis auf EuGH, *Funke Medien NRW*, Rs. C-469/17, EU:C:2019:623, Rn. 40 m.w.N.

ten.[1565] Das Bundesverfassungsgericht lässt es daher auch zu, dass im Einzelfall „schwierige Abgrenzungsfragen nach der Reichweite der Vereinheitlichung" auch dahinstehen können, sofern die Anwendung der verschiedenen Grundrechte zu keinen unterschiedlichen Ergebnissen führe.[1566] Bei der Feststellung der Gestaltungsoffenheit des Fachrechts sei zudem nicht entscheidend, ob diese eine Offenheit für Grundrechtsvielfalt beinhalte; sofern das Unionsrecht Spielräume überlasse, seien primär die Grundrechte des Grundgesetzes (ausgelegt im Lichte der EMRK und GRC) zu prüfen, es sei denn, es liegen „konkrete und hinreichende Anhaltspunkte" dafür vor, dass eine Beeinträchtigung des Schutzniveaus der Charta bei primärer Anwendung der nationalen Grundrechte bestehen könnte.[1567] Bei Fehlen solcher Anhaltspunkte könne die Frage, ob eine Durchführung i.S.d. Art. 51 Abs. 1 S. 1 GRC und somit eine mitgliedstaatliche Bindung an Unionsgrundrechte überhaupt vorliege, ebenfalls offenbleiben.[1568]

Festzuhalten bleibt, dass aus Sicht des Ersten Senats entgegen der früheren Rechtsprechung eine Durchführung i.S.d. Art. 51 Abs. 1 S. 1 GRC auch bei nationalen Gestaltungsspielräumen vorliegen kann, sodass die Trennungskonzeption des Bundesverfassungsgerichts als überholt angesehen werden kann.[1569] Durch die parallele Anwendung von Unionsgrundrechten und den Grundrechten des Grundgesetzes im Bereich von „gestaltungsoffenem Unionsrecht"– konkret also die Prüfung der nationalen Grundrechte im Lichte der Charta – hat sich der Streit um die exakte Reichweite des Art. 51 Abs. 1 S. 1 GRC jedenfalls teilweise entschärft. Die Bestimmung, ob eine Durchführung von Unionsrecht vorliegt, ist damit jedoch keinesfalls hinfällig. Diese Frage wirkt sich auf die aus der parallelen Anwendbarkeit von Unionsgrundrechten und nationalen Grundrechten folgenden Problematik der Lösung von möglichen Konflikten zwischen beiden Grundrechtsebenen aus. Dies kommt auch im Beschluss *Recht auf Vergessen I* zum Ausdruck, wenn der Erste Senat von einem „dynamischen Anwendungsbereich der Charta" spricht und Art. 51

1565 *Wendel*, JZ 2020, S. 157, 164.
1566 BVerfGE 152, 216 (248) – *Recht auf Vergessen II.*
1567 BVerfGE 152, 152 (182f.) – *Recht auf Vergessen I.*
1568 BVerfGE 152, 152 (182f.) – *Recht auf Vergessen I.*
1569 Dies gilt jedenfalls, soweit die Trennungskonzeption als Abgrenzung der Zuständigkeiten verstanden wird. Eine „Trennung" bleibt insofern bestehen, als im Bereich determinierten Unionsrechts weiterhin nur die Unionsgrundrechte anwendbar sind, während im nicht vollständig harmonisierten Bereich primär nationale Grundrechte zur Anwendung kommen, vgl. *Kämmerer/Kotzur*, NVwZ 2020, S. 177, 179, die von der „Bereichsscheidungslehre" sprechen.

Abs. 1 S. 1 GRC als Konkretisierung der „Vielgestaltigkeit des europäischen Grundrechtsschutzes als Strukturprinzip der Union" ansieht.[1570] Je deutlicher eine Durchführung i.S.d. Art. 51 Abs. 1 S. 1 GRC zu bejahen ist, desto mehr müssen sich die Unionsgrundrechte bei möglichen Konflikten durchsetzen.[1571] Zudem bleibt die Frage, ob eine Bindung an Unionsgrundrechte nach Art. 51 Abs. 1 S. 1 GRC besteht, insbesondere für die Fachgerichte relevant, denen es, eine Bindung bejahend, weiterhin freisteht, auch bei paralleler Anwendbarkeit Auslegungsfragen im Hinblick auf die Grundrechtecharta dem EuGH vorzulegen.[1572]

e. Verhältnis zum EuGH

Hinsichtlich des Verhältnisses zum EuGH betonte das Bundesverfassungsgericht, dass es, soweit die Unionsgrundrechte als Prüfungsmaßstab herangezogen werden, seine „Kontrolle in enger Kooperation mit dem Europäischen Gerichtshof" ausüben werde.[1573] Die Zuständigkeit des EuGH für die letztverbindliche Auslegung des Unionsrechts und damit für die Auslegung der Grundrechtecharta bezweifelte der Erste Senat nicht. Die unmittelbare Anwendung der Unionsgrundrechte komme nur in Betracht, „wenn der Europäische Gerichtshof deren Auslegung bereits geklärt hat oder die anzuwendenden Auslegungsgrundsätze aus sich heraus offenkundig sind."[1574] Seine eigene Bereitschaft zur Vorlage an den EuGH im Wege des Vorabentscheidungsverfahrens nach Art. 267 AEUV bestätigte das Bundesverfassungsgericht ausdrücklich und betonte die eigene Vorlagepflicht als letztentscheidende Instanz im Sinne des Art. 267 Abs. 3 AEUV.[1575] Dabei ist freilich auf diese Bereitschaft zu vertrauen, da der Einzelne im Falle der Nichtvorlage keine Möglichkeit hat, eine Verletzung des gesetzlichen Richters durch das Bundesverfassungsgericht geltend zu machen und –

1570 BVerfGE 152, 152 (173f.) – *Recht auf Vergessen I.*
1571 S. dazu unten 3. Kapitel, C., IV., 4., a.
1572 BVerfGE 152, 152 (183f.) – *Recht auf Vergessen I*; 152, 216 (246) – *Recht auf Vergessen II.*
1573 BVerfGE 152, 216 (243f.) – *Recht auf Vergessen II.*
1574 BVerfGE 152, 216 (244) – *Recht auf Vergessen II.*
1575 BVerfGE 152, 152 (183) – *Recht auf Vergessen I*; 152, 216 (244ff.) – *Recht auf Vergessen II.*

eine aus Sicht des EuGH – unzutreffende Auslegung der Unionsgrundrechte erst in einem späteren Fall berichtigt werden könnte.[1576]

f. Folgen der Beschlüsse

Unmittelbare Folge dieser Beschlüsse ist zunächst, dass eine Verletzung von Unionsgrundrechten nunmehr auch im Wege der Verfassungsbeschwerde gerügt werden kann. Als prozessuale Konsequenz ergibt sich, dass Beschwerdeführer, die sich auf Unionsgrundrechte berufen, nicht nur eine entsprechende Verletzung geltend machen, sondern auch darlegen müssen, dass eine vollständig unionsrechtlich determinierte Konstellation vorliegt, mit der Folge, dass die Unionsgrundrechte den Prüfungsmaßstab bilden, oder dass im Falle von „gestaltungsoffenem Unionsrecht" konkrete und hinreichende Anhaltspunkte nahelegen, dass das grundrechtliche Schutzniveau des Unionsrechts nicht durch die deutschen Grundrechte gewährleistet ist.[1577] Zugleich ergeben sich Änderungen im Verhältnis zur Fachgerichtsbarkeit (aa.). Offen bleibt hingegen, ob die Unionsgrundrechte auch zum Prüfungsmaßstab der Normenkontrolle werden (bb.).

aa. Verhältnis zur Fachgerichtsbarkeit

Innerstaatlich führt die Entscheidung des Bundesverfassungsgerichts zu einer institutionellen Konzentration der letztinstanzlichen Grundrechtskontrolle beim Bundesverfassungsgericht.[1578] War das Bundesverfassungsgericht zuvor auf die Prüfung beschränkt, ob eine Verletzung von Art. 101 Abs. 1 S. 2 GG vorliegt, sofern Fachgerichte ihrer Verpflichtung zur Vorlage an den EuGH nicht nachgekommen sind, kann das Bundesverfassungsgericht nun selbst über die Anwendung der Unionsgrundrechte im Einzelfall entscheiden.[1579] Das Bundesverfassungsgericht kann somit „seine

---

1576 S. *Klein*, DÖV 2020, S. 341, 345, der insoweit auch darauf hinweist, dass eine Vorlage im Verfahren *Recht auf Vergessen II* geboten gewesen wäre, auch um die eigene „Kooperationsbekundung" des BVerfG unter Beweis zu stellen.

1577 S. ausführlich dazu *Scheffczyk*, NVwZ 2020, S. 977, 978f.

1578 *Wendel*, JZ 2020, S. 157, 161.

1579 Die Prüfung eines Verstoßes gegen Art. 101 Abs. 1 S. 2 GG bleibt weiterhin möglich, jedoch ist fraglich, ob das BVerfG einen solchen Verstoß tatsächlich annehmen würden, wenn es stattdessen dem EuGH selbst vorlegen könnte, s. *Wendel*, JZ 2020, S. 157, 167f.

grundrechtsspezifische Kontrollfunktion“ [1580] auch gegenüber den Fachgerichten im Bereich der Unionsgrundrechte wahrnehmen.

Sofern das Bundesverfassungsgericht diese ernst nimmt, müsste eine Verfassungsbeschwerde auch zulässig sein, wenn ein Fachgericht bei Zweifeln über die richtige Anwendung der Unionsgrundrechte den EuGH im Wege des Vorabentscheidungsverfahrens eingeschaltet hat und sodann nach den Vorgaben des EuGH die Unionsgrundrechte im Einzelfall anwendet. Wenn das Bundesverfassungsgericht in einem solchen Fall wiederum an der korrekten Anwendung der Unionsgrundrechte durch das Fachgericht zweifelt, sind Konflikte mit der Rechtsprechung des EuGH denkbar, sodass das Bundesverfassungsgericht zur Vorlage an den EuGH nach Art. 267 Abs. 3 AEUV verpflichtet ist. Offen bleibt, ob das letztinstanzliche Fachgericht im Falle einer grundrechtlichen Vorlagepflicht des Bundesverfassungsgerichts nicht mehr nach Art. 267 Abs. 3 AEUV vorlagepflichtig ist.[1581] Sofern das Bundesverfassungsgericht selbst im Wege der Verfassungsbeschwerde die Auslegung und Anwendung der Unionsgrundrechte geprüft hat, unabhängig davon, ob das Fachgericht zuvor den EuGH nach Art. 267 AEUV angerufen hat, könnte möglicherweise das Bedürfnis bestehen, dass das Fachgericht den EuGH (erneut) bei Zweifeln an der Auslegung der Unionsgrundrechte durch das Bundesverfassungsgericht anrufen will. Nach § 31 Abs. 1 BVerfGG binden die Entscheidungen des Bundesverfassungsgerichts die Verfassungsorgane des Bundes und der Länder sowie alle Gerichte und Behörden. Diese Bindungswirkung erstreckt sich wegen der Funktion des Bundesverfassungsgerichts als Hüter der Verfassung zunächst auf die Auslegung von Verfassungsrecht, nicht aber auf die Auslegung einfachen Rechts.[1582] Umfasst sind allerdings auch Ausführungen zur Auslegung von Unionsrecht und zum Recht der EMRK.[1583] Da nach der Rechtsprechung des EuGH es den nationalen Gerichten zu jedem Zeitpunkt freistehen müsse, dem Gerichtshof eine Frage zur Vorabentscheidung vorzulegen, die sie für erforderlich halten, ist eine differenzierte Betrachtung geboten.[1584] Hat das Bundesverfassungsgericht den EuGH zur Auslegung der Unionsgrundrechte nach Art. 267 AEUV angerufen und die Vorgaben des Gerichtshofs in seiner Entscheidung angewendet, kann ein

---

1580 BVerfGE 152, 216 (241) – *Recht auf Vergessen II*.

1581 BVerfGE 152, 216 (245) – *Recht auf Vergessen II*.

1582 Vgl. BVerfGE 19, 377 (392) – *Berlin-Vorbehalt II*; 40, 88 (93f.) – *Führerschein*; 112, 268 (277) – *Kinderbetreuungskosten*.

1583 *Bethge*, in: Maunz/Schmidt-Bleibtreu/Klein/Bethge (Hrsg.), Bundesverfassungsgerichtsgesetz, 56. EL., 2019, § 31, Rn. 88.

1584 EuGH, *Melki und Abdeli*, Rs. C-188/10, EU:C:2010:363, Rn. 52.

Fachgericht, wenn sein Urteil nach § 95 Abs. 2 BVerfGG aufgehoben und zurückverwiesen wurde, kein Vorabentscheidungsverfahren zum EuGH einleiten. Hat des Bundesverfassungsgericht hingegen selbst die Auslegung und Anwendung der Unionsgrundrechte geprüft, ohne den EuGH zu befassen, muss es dem Fachgericht bei bestehenden Zweifeln hinsichtlich der Auslegung der Unionsgrundrechte stets möglich sein, ein Vorabentscheidungsverfahren anzustrengen.[1585] Eine solche Differenzierung ist geboten, da der Einzelne ansonsten keine Möglichkeit hat, im Falle einer (willkürlichen) Nichtvorlage Rechtsschutz zu suchen, insbesondere da kein entsprechendes Verfahren des Individualrechtsschutzes beim EuGH besteht.[1586]

bb. Erstreckung auf die Normenkontrolle denkbar?

Die Äußerungen des Ersten Senats erfolgten in einem Verfahren der Urteilsverfassungsbeschwerde und wurden auf die dort „zu beurteilende Konstellation der Jurisdiktion des Bundesverfassungsgerichts“ beschränkt, sodass diese nicht ohne Weiteres auf Normenkontrollverfahren übertragbar sind, in denen die Gültigkeit einer Norm, nicht die Anwendung von Unionsrecht, zu prüfen ist.[1587]

(1) Konkrete Normenkontrolle, Art. 100 Abs. 1 GG

Art. 100 Abs. 1 GG normiert, dass ein Gericht dazu verpflichtet ist, eine Entscheidung des Bundesverfassungsgerichts einzuholen, wenn dieses ein Gesetz, auf dessen Gültigkeit es bei der Entscheidung ankommt, für verfassungswidrig hält. Gemäß der bereits dargestellten Trennungskonzepti-

---

1585 A.A. wohl *Klein*, DÖV 2020, S. 341, 348, der annimmt, dass aufgrund der Rechtskraft und Bindungswirkung nach § 31 Abs. 1 BVerfGG Fachgerichte nach einer Entscheidung des BVerfG keine Möglichkeit zur Anrufung des EuGH mehr haben; *Hofmann/Heger*, EuGRZ 2021, S. 1, 9f. gehen davon aus, dass eine Vorlage an den EuGH stets möglich sein müsse.

1586 Möglich ist indes eine Individualbeschwerde zum EGMR mit der eine Verletzung des Rechts auf ein faires Verfahren nach Art. 6 EMRK gerügt wird. Eine solche nahm der EGMR an, wenn sich das nationale Gericht mit dem ausdrücklichen Vorlagebegehren des Beschwerdeführers nicht auseinandergesetzt und die Entscheidung zudem keinen Hinweis auf die Rechtsprechung des EuGH enthalten hatte, EGMR, *Dhahbi/Italien*, 17120/09 – 08.04.2014, Rn. 33.

1587 BVerfGE 152, 216 (229) – *Recht auf Vergessen II*; *Klein*, DÖV 2020, S. 341, 346.

on des Bundesverfassungsgerichts sind Gesetze, die zur Umsetzung von zwingendem Unionsrecht erlassen wurden und dementsprechend keinen Gestaltungsspielraum des nationalen Gesetzgebers beinhalten, nach der bisherigen Rechtsprechung des Bundesverfassungsgerichts nicht im Verfahren nach Art. 100 Abs. 1 GG vorlagefähig.[1588] In diesem Fall muss das Fachgericht einen möglichen Verstoß gegen Unionsrecht, ggf. mittels Vorabentscheidungsverfahrens zum EuGH, prüfen. Eine verfassungsrechtliche Grundrechtskontrolle des Umsetzungsgesetzes ist nur möglich, wenn der EuGH das streitgegenständliche zwingende Sekundärrecht für nichtig erklärt hat.[1589] Vor dem Hintergrund des bisherigen Verständnisses, wonach Prüfungsmaßstab des Bundesverfassungsgerichts einzig die Grundrechte des Grundgesetzes sind,[1590] ist dies überzeugend, da ansonsten Unionsrecht jedenfalls mittelbar am Maßstab des Grundgesetzes gemessen würde.

Im Hinblick auf die im Beschluss *Recht auf Vergessen II* angeführte „grundrechtsspezifische Kontrollfunktion" des Bundesverfassungsgerichts ist es zunächst denkbar, den Prüfungsmaßstab der konkreten Normenkontrolle auch auf Unionsgrundrechte zu erweitern, mit der Folge, dass Umsetzungsgesetze, die auf zwingenden Vorgaben des Unionsrechts beruhen, vorlagefähig sein könnten.[1591] In diese Richtung deuten auch die Äußerungen des Ersten Senats, wonach dieser das Bundesverfassungsgericht als „innerstaatlich letztentscheidende Instanz i.S.d. Art. 267 Abs. 3 AEUV" ansieht und darstellt, dass bei bestehender Vorlagepflicht des Bundesverfassungsgerichts möglicherweise die Vorlagepflicht der Fachgerichte entfallen könnte.[1592] Der Zweck des Art. 100 Abs. 1 GG, die Wahrung der

---

1588 S. auch *Dederer*, in: Maunz/Dürig (Hrsg.), Grundgesetz-Kommentar, 70. EL., 2013, Art. 100 GG, Rn. 122ff.

1589 BVerfGE 118, 79 (97f.) – *Treibhausgas-Emissionsberechtigungen*; 129, 186, 199ff.; kritisch dazu, da sich bei einem Verstoß gegen Unionsgrundrechte die Feststellung der Nichtigkeit einer Richtlinie durch den EuGH auch auf den nationalen Umsetzungsakt auswirke, etwa *Heck*, NVwZ 2008, S. 523, 524f. Dem lässt sich jedoch entgegenhalten, dass mit der Nichtigerklärung einer Richtlinie das Umsetzungsgesetz lediglich rückwirkend nicht mehr als Durchführung des Unionsrechts i.S.d. Art. 51 Abs. 1 S. 1 GRC anzusehen ist und daher eine Prüfung anhand der nationalen Grundrechte weiterhin möglich ist, vgl. *Dederer*, in: Maunz/Dürig (Hrsg.), Grundgesetz-Kommentar, 70. EL., 2013, Art. 100 GG, Rn. 126.

1590 S. etwa *Wieland*, in: Dreier (Hrsg.), Grundgesetz, Bd. III, 3. Aufl., 2018, Art. 100, Rn. 31.

1591 So *Kämmerer/Kotzur*, NVwZ 2020, S. 177, 183; a.A. *Scheffczyk*, NVwZ 2020, S. 977, 981f.

1592 BVerfGE 152, 216 (244ff.) – *Recht auf Vergessen II*; *Klein*, DÖV 2020, S. 341, 347.

Autorität des konstitutionellen Gesetzgebers, und das Bedürfnis nach einheitlichen Gerichtsentscheidungen sprechen ebenfalls für eine erweiterte Anwendung des Art. 100 Abs. 1 GG.[1593] Dem steht auch nicht der Wortlaut des Art. 100 Abs. 1 GG entgegen. Dieser spricht ausdrücklich von der „Verfassungswidrigkeit“ eines Gesetzes. Das Unionsrecht stellt zwar kein Verfassungsrecht dar, jedoch bestehen zwischen Unionsrecht und nationalem Verfassungsrecht Verschränkungen, sodass der Wortlaut insofern nicht zu eng zu verstehen ist.[1594] Bedenken gegen eine entsprechende Erweiterung der konkreten Normenkontrolle ergeben sich jedoch insbesondere aus unionsrechtlicher Perspektive: Erklärt das Bundesverfassungsgericht ein Gesetz zur Umsetzung zwingender Vorgaben für nichtig, kommt dies im Ergebnis der Ungültigerklärung des sekundärrechtlichen Unionsakts gleich. Ausdrücklich nicht entschieden hat der Erste Senat in seinem Beschluss *Recht auf Vergessen II* die Frage, ob die Erweiterung des Prüfungsmaßstabs auf Unionsgrundrechte dazu führt, dass nunmehr das Bundesverfassungsgericht auch über die Wirksamkeit von Rechtsakten der Union oder von deutschen Normen, die zwingendes Unionsrecht innerstaatlich umsetzen, d.h. entgegen seiner bisherigen Rechtsprechung auch in Fällen, in denen – mittelbar oder unmittelbar – die Gültigkeit von Unionsrecht selbst infrage steht, entscheiden kann.[1595] Die Tatsache, dass Unionsrecht selbst kein zulässiger Prüfungsgegenstand des Bundesverfassungsgerichts ist, spricht gegen die Annahme einer Nichtigkeitserklärung von Unionsrecht durch das Bundesverfassungsgericht. Erhebliche Bedenken bestehen insofern auch angesichts der erforderlichen Einheit und Wirksamkeit des Unionsrechts, die gefährdet wäre, wenn nationale Verfassungsgerichte über die Gültigkeit von Unionsrecht entscheiden könnten. Das insoweit bestehende Entscheidungsmonopol muss daher beim EuGH verbleiben.[1596] Eine konkrete Normenkontrolle hinsichtlich eines nationalen Gesetzes, das zwingende unionsrechtliche Vorgaben umsetzt, ist daher unzulässig.

1593 Vgl. *Burkiczak*, ZRP 2015, S. 21, 22.

1594 Vgl. *Karaosmanoğlu*, Nichtanwendung deutscher unionsrechtswidriger Gesetze, 2017, S. 205f., der im Ergebnis jedoch die Verfassungswidrigkeit von unionsrechtswidrigen nationalen Gesetzen ablehnt und daher die Anwendung des Art. 100 Abs. 1 GG vorschlägt, wobei Prüfungsmaßstab des BVerfG einzig die Normen des Grundgesetzes sein sollen, s. *ebd.*, S. 218ff.

1595 BVerfGE 152, 216 (237) – *Recht auf Vergessen II*; s. auch BVerfG, Beschluss des Zweiten Senats v. 13.02.2020, 2 BvR 739/17, Rn. 116; Beschluss des Ersten Senats v. 27.05.2020, 1 BvR 1873/13, Rn. 84.

1596 *Klein*, DÖV 2020, S. 341, 348.

Schwieriger sind hingegen die Konstellationen zu beurteilen, in denen ein nationales Gesetz sowohl zwingende Vorgaben des Unionsrechts umsetzt als auch auf „gestaltungsoffenem“ Unionsrecht beruht. Dies gilt insbesondere, da eine trennscharfe Abgrenzung in vielen Fällen kaum möglich sein wird. In diesen Konstellationen ist zu klären, ob Fachgerichte bei Zweifeln an der Vereinbarkeit eines entsprechenden Gesetzes mit den Unionsgrundrechten oder nationalen Grundrechten zunächst dem EuGH nach Art. 267 AEUV vorlegen sollen bzw. müssen oder ob in erster Linie der Weg zum Bundesverfassungsgericht nach Art. 100 Abs. 1 GG geboten ist, das seinerseits dem EuGH vorlegen könnte.

Hierzu ist zunächst festzustellen, dass aus unionsrechtlicher Sicht jedes nationale Gericht dazu berechtigt bzw. verpflichtet ist, unionsrechtswidriges nationales Recht unangewendet zu lassen und ein Entscheidungsmonopol der nationalen Verfassungsgerichte in diesen Fällen nicht mit dem Unionsrecht vereinbar ist.[1597] Dies gilt auch, wenn eine nationale Regelung verfassungswidrig ist und ein Rechtsbehelf zum Verfassungsgericht zur Klärung der Verfassungswidrigkeit im nationalen Recht zwingend ist.[1598] In der Rechtssache *Melki und Abdeli* wurde dem EuGH die Frage vorgelegt, ob eine verfassungsrechtliche Vorschrift, die den nationalen Gerichten vorschreibt, vorrangig das nationale Verfassungsgericht anzurufen, wenn sich die Unvereinbarkeit einer nationalen Rechtsvorschrift mit der nationalen Verfassung aus ihrer Unvereinbarkeit mit den Bestimmungen des Unionsrechts ergibt, mit Art. 267 AEUV vereinbar ist.[1599] Der EuGH stellte hierzu fest, dass es den nationalen Gerichten möglich sein müsse, in jedem Moment des Verfahrens, den diese für geeignet halten, und auch nach Abschluss eines Zwischenverfahrens zur Kontrolle der Verfassungsmäßigkeit dem Gerichtshof jede Frage zur Vorabentscheidung vorzulegen, die sie für erforderlich halten.[1600] Zudem müsse es den nationalen Gerichten freistehen, auch nach Abschluss eines solchen Zwischenverfahrens die betreffende nationale Norm unangewendet zu lassen, sofern es diese als unionsrechtswidrig ansieht.[1601] Die Verpflichtung zur Einleitung eines

---

1597 Grundlegend EuGH, *Simmenthal II*, Rs. 106/77, EU:C:1978:49, Rn. 21ff.; bestätigt in *Factortame u.a.*, Rs. C-213/89, EU:C:1990:257, Rn. 20ff.; s. zu den Auswirkungen dieser Entscheidung für nationale (Fach-)Gerichte und Verfassungsgerichte, *Piqani*, in: de Witte/Mayoral/Jaremba/Wind/Podstawa (Hrsg.), National Courts and EU Law, 2016, S. 26ff.

1598 EuGH, *Mecanarte*, Rs. C-347/89, EU:C:1991:278, Rn. 44f.

1599 EuGH, *Melki und Abdeli*, Rs. C-188/10, EU:C:2010:363, Rn. 22.

1600 EuGH, *Melki und Abdeli*, Rs. C-188/10, EU:C:2010:363, Rn. 52.

1601 EuGH, *Melki und Abdeli*, Rs. C-188/10, EU:C:2010:363, Rn. 53.

Zwischenverfahrens zur Kontrolle der Verfassungsmäßigkeit sei jedenfalls dann nicht mit Art. 267 AEUV vereinbar, wenn sie dazu führe, dass nationale Gerichte an der Wahrnehmung ihrer Befugnis oder der Erfüllung ihrer Verpflichtung gehindert sind, dem Gerichtshof Fragen zur Vorabentscheidung vorzulegen.[1602] Aus dieser Entscheidung des Gerichtshofs folgt, dass jedenfalls eine verpflichtende vorherige Befassung des Bundesverfassungsgerichts nach Art. 100 Abs. 1 GG nach der Rechtsprechung des EuGH nicht unionsrechtskonform wäre. Nach der bisherigen Rechtsprechung des Bundesverfassungsgerichts steht es einem Gericht frei, das einen Verstoß sowohl gegen Unionsrecht als auch gegen Verfassungsrecht sieht, welches Zwischenverfahren es zunächst einleitet.[1603] Ist ein Fachgericht der Auffassung, dass vollständig determiniertes Umsetzungsrecht einzig gegen Unionsgrundrechte verstößt, ist bei Auslegungsfragen ein Vorabentscheidungsverfahren nach Art. 267 AEUV einzuleiten. In diesen Fällen bleibt weiterhin die Urteilsverfassungsbeschwerde nach dem Beschluss *Recht auf Vergessen II* möglich, die jedoch regelmäßig unzulässig sein dürfte, sofern nicht ausnahmsweise der *Solange II*-Vorbehalt oder die Identitätskontrolle eingreifen.[1604] In Fällen, in denen bei einem Gesetz hinsichtlich zwingender Vorgaben des Unionsrechts unionsgrundrechtliche Bedenken bestehen und zugleich in einem nicht-determinierten Bereich eine Verletzung der nationalen Grundrechte vorliegt oder eine Verfassungswidrigkeit aus anderen Gründen in Betracht kommt, ist eine Vorlage nach Art. 100 Abs. 1 GG möglich, wobei die Prüfungskompetenz des Bundesverfassungsgerichts auf den Bereich von „gestaltungsoffenem" Unionsrecht begrenzt bleibt.[1605] Die fachgerichtliche Entscheidung, ob ein Vorabentscheidungsersuchen an den EuGH nach Art. 267 AEUV oder eine Vorlage an das Bundesverfassungsgericht nach Art. 100 Abs. 1 GG einzuleiten ist, ist dabei auch unter Aspekten der Prozessökonomie im Einzelfall zu treffen.[1606]

1602 EuGH, *Melki und Abdeli*, Rs. C-188/10, EU:C:2010:363, Rn. 53ff.; s. auch EuGH, *A gegen B u.a.*, Rs. C-112/13, EU:C:2014:2195, Rn. 38; kritisch dazu *Burkiczak*, ZRP 2015, S. 21, 24; *Karaosmanoğlu*, Nichtanwendung deutscher unionsrechtswidriger Gesetze, 2017, S. 233ff.

1603 BVerfGE 116, 202 (214f.) – *Tariftreueerklärung*; *Wieland*, in: Dreier (Hrsg.), Grundgesetz, Bd. III, 3. Aufl., 2018, Art. 100, Rn. 28.

1604 Vgl. BVerfG, Beschluss des Ersten Senats v. 08.09.2020, 1 BvR 895/16, Rn. 23ff.

1605 S. auch BVerfG, Beschluss des Zweiten Senats v. 11.03.2020, 2 BvL 5/17, Rn. 65f., wonach bei „Bestehen eines Gestaltungsspielraums" eine vollumfängliche Prüfung am Maßstab des Grundgesetzes möglich ist.

1606 Vgl. *Makoski*, EuZW 2020, S. 1053, 1055.

Prüft das Bundesverfassungsgericht ein nationales Gesetz im „gestaltungsoffenen“ Bereich im Wege der konkreten Normenkontrolle kann es sein, dass, entsprechend den Ausführungen im Beschluss *Recht auf Vergessen I*, Unionsgrundrechte zu berücksichtigen sind. Kommt das Bundesverfassungsgericht zu dem Ergebnis, dass eine nationale Norm verfassungswidrig ist, folgt daraus nach dem Wortlaut des BVerfGG, dass diese für nichtig erklärt wird, §§ 78 S. 1, 82 Abs. 1 i.V.m. 78 S. 1, 95 Abs. 3 S. 1 BVerfGG.[1607] Sofern das Schutzniveau der Charta dasjenige des Grundgesetzes übersteigt und das Bundesverfassungsgericht im „gestaltungsoffenen“ Bereich eine mittelbare Verletzung der Unionsgrundrechte feststellt, ist es naheliegend, da der Anwendungsvorrang des Unionsrechts nicht die Gültigkeit nationaler Normen berührt, dass das Bundesverfassungsgericht die Unvereinbarkeit der entsprechenden Norm feststellt, nicht jedoch ihre Nichtigkeit.[1608] In diesen Fällen kann die vorherige Anrufung des EuGH nach Art. 267 AEUV geboten sein, um mögliche Rechtsprechungsdivergenzen mit dem Gerichtshof zu vermeiden.

(2) Abstrakte Normenkontrolle, Art. 93 Abs. 1 Nr. 2 GG

Im Wege der abstrakten Normenkontrolle entscheidet das Bundesverfassungsgericht nach Art. 93 Abs. 1 Nr. 2 GG „bei Meinungsverschiedenheiten oder Zweifeln über die förmliche und sachliche Vereinbarkeit von Bundesrecht oder Landesrecht mit diesem Grundgesetze (…)“. Unionsrecht ist derzeit kein anerkannter Prüfungsmaßstab im Verfahren der abstrakten Normenkontrolle, sodass ein Verstoß eines Gesetzes gegen Unionsrecht erst bei der Anwendung eines Gesetzes im Wege des fachge-

---

1607 Zur Frage, ob es sich dabei um eine „Regelfolge“ handelt, *Hömig*, in: Maunz/Schmidt-Bleibtreu/Klein/Bethge (Hrsg.), Bundesverfassungsgerichtsgesetz, 50. EL., 2017, § 95, Rn. 39, Fn. 315.

1608 Vgl. *Scheffczyk*, NVwZ 2020, S. 977, 981f., der dies für die Gesetzesverfassungsbeschwerde mit einer teleologischen Reduktion und der analogen Anwendung des § 95 Abs. 3 BVerfGG begründet; ähnlich i.E. auch *Thym*, EuConst 16 (2020), S. 1, 13; zur Unvereinbarkeitserklärung einer Norm s. etwa BVerfGE 39, 316 (332f.) – *AOK*; 84, 168, (186f.) – *Sorgerecht für nichteheliche Kinder*; 130, 240 (260f.) – *Bayerisches Landeserziehungsgeldgesetz*; 133, 59 (99) – *Sukzessivadoption*; ausführlich zu den Fallgruppen und Rechtsfolgen der Unvereinbarkeitserklärung *Hömig*, in: Maunz/Schmidt-Bleibtreu/Klein/Bethge (Hrsg.), Bundesverfassungsgerichtsgesetz, 50. EL., 2017, § 95, Rn. 43ff.

richtlichen Verfahrens geltend gemacht werden kann.[1609] Im Vergleich zu Art. 93 Abs. 1 Nr. 4a GG ist der Wortlaut insofern eindeutiger, als dass der Ausdruck „mit diesem Grundgesetze" zunächst nicht die Prüfung der Unionsgrundrechte zulässt. Mit ähnlichen Erwägungen, wie bereits hinsichtlich der konkreten Normenkontrolle nach Art. 100 Abs. 1 GG dargelegt, ist es denkbar, dass Unionsgrundrechte im Bereich von „gestaltungsoffenem" Unionsrecht auch bei der abstrakten Normenkontrolle zu prüfen sind.

Wesentliche Konsequenz dieser Erweiterung des Prüfungsmaßstabs der abstrakten Normenkontrolle wäre, dass das Bundesverfassungsgericht die Klärung der Frage, ob Unionsrecht Umsetzungsspielräume im nationalen Recht lässt, entgegen der bisherigen Rechtsprechung, im Bereich der konkreten Normenkontrolle,[1610] selbst vornehmen müsste, da insofern kein vorheriger Rechtsweg zu den Fachgerichten besteht. Sollte das Bundesverfassungsgericht die Unionsgrundrechte auch bei der abstrakten Normenkontrolle nach Art. 93 Abs. 1 Nr. 2 GG prüfen, ist aufgrund der Einheit des Unionsrechts – entsprechend den Ausführungen zur konkreten Normenkontrolle – eine erhöhte Vorlagebereitschaft des Bundesverfassungsgerichts geboten.

g. Konsequenzen für das Verhältnis zur EMRK

Wie bereits dargestellt, stellte das Bundesverfassungsgericht in seiner *Görgülü*-Entscheidung dar, dass die Rechte der EMRK bei der Auslegung der Grundrechte des Grundgesetzes zu berücksichtigen seien.[1611] Insofern zeigt sich eine Parallele zum Beschluss *Recht auf Vergessen I*, wonach die Unionsgrundrechte nunmehr die Auslegung der Grundrechte des Grundgesetzes beeinflussen können. Die Unionsgrundrechte sind, im Gegensatz zu den Gewährleistungen der EMRK, die nur gemeinsam mit dem entsprechenden nationalen Grundrecht i.V.m. dem Rechtsstaatsprinzip gerügt werden können, nach dem Beschluss *Recht auf Vergessen II* allerdings unmittelbarer verfassungsrechtlicher Prüfungsmaßstab. Insofern zeigt sich,

---

1609 BVerfGE 114, 196 (220) – *Beitragssatzsicherungsgesetz*; 136, 69 (91, Rn. 43) – *Verordnung über die Zulassung von Fahrzeugen mit Überlänge*; *Rozek*, in: Maunz/Schmidt-Bleibtreu/Klein/Bethge (Hrsg.), Bundesverfassungsgerichtsgesetz, 52. EL., 2017, § 76, Rn. 64.

1610 S. etwa BVerfGE 129, 186 (200f.) – *Investitionszulagengesetz*.

1611 S. dazu oben 1. Kapitel, B., IV., 2., b.

dass das Bundesverfassungsgericht das Grundgesetz im Bereich des europäischen Grundrechtsschutzes weiter öffnet.

Vor dem Hintergrund der Modifizierung des verfassungsrechtlichen Prüfungsmaßstabs hinsichtlich der EMRK ist die Erweiterung des Prüfungsmaßstabs auf die Unionsgrundrechte letztlich konsequent, da die bundesverfassungsgerichtliche Prüfung der Anwendung und Auslegung der EMRK durch die Fachgerichte auch damit begründet wurde, Verletzungen des Völkerrechts zu verhindern; insofern war nicht plausibel, weshalb das Bundesverfassungsgericht seinen Prüfungsmaßstab auf eine Willkürkontrolle hinsichtlich der Frage, ob ein Fachgericht seiner Vorlagepflicht nach Art. 267 Abs. 3 AEUV nachgekommen ist, begrenzt hatte und es daher möglich war, dass ein Vertragsverletzungsverfahren gegen die Bundesrepublik Deutschland bei einer nicht willkürlichen Verletzung der Vorlagepflicht als unionsrechtswidriges Verhalten in Betracht kam.[1612]

Die Rechte der EMRK sind nach Art. 52 Abs. 3 GRC im Rahmen der Auslegung der Unionsgrundrechte zu beachten, sodass sie ebenso wie die Rechtsprechung des EGMR zu berücksichtigen sind, wenn das Bundesverfassungsgericht Unionsgrundrechte als Prüfungsmaßstab anwendet.[1613] Da die EMRK im Falle eines Beitritts der Union zur EMRK zudem zum unmittelbaren verfassungsrechtlichen Prüfungsmaßstab wird, wenn eine Durchführung i.S.d. Art. 51 Abs. 1 S. 1 GRC vorliegt, ist auch angesichts der Beschlüsse zum *Recht auf Vergessen*, mit welchen das bereits in der *Görgülü*-Entscheidung enthaltene Verständnis der Berücksichtigung einer inter- bzw. supranationalen Grundrechtsordnung zum Ausdruck kommt, von einer zunehmenden Bedeutung der EMRK in der Rechtsprechung des Bundesverfassungsgerichts auszugehen.[1614]

4. Bestätigung des Zweiten Senats durch den Beschluss *Europäischer Haftbefehl III*

Gegenstand des Beschlusses *Europäischer Haftbefehl III* vom 01.12.2020 des Zweiten Senats war die Überprüfung von zwei Auslieferungsentscheidungen nach Rumänien auf Grundlage europäischer Haftbefehle am Maßstab des Art. 4 GRC: Die Beschwerdeführer rügten insbesondere die Haftbe-

1612 Vgl. bereits *Griebel*, Der Staat 52 (2013), S. 371, 385.

1613 Zur Bedeutung der EMRK innerhalb des Unionsrechts s. oben 1. Kapitel, B., IV., 1., a.

1614 Zum Beitritt der EU zur EMRK s. umfassend 4. Kapitel.

dingungen in Rumänien, wobei sie ihre Verfassungsbeschwerde auf eine Verletzung der Verfassungsidentität nach Art. 79 Abs. 3 GG i.V.m. Art. 1 Abs. 1 GG stützen.[1615] Im Rahmen der Begründetheit prüfte der Zweite Senat zunächst eine Verletzung von Art. 4 GRC, wonach niemand der Folter oder unmenschlicher oder erniedrigender Strafe oder Behandlung unterworfen werden darf. Dabei bestätigte er die „Revolution" des Ersten Senats und führte aus, dass bei der „Anwendung unionsrechtlich vollständig vereinheitlichter Regelungen (...) grundsätzlich nicht die deutschen Grundrechte, sondern die Unionsgrundrechte maßgeblich [sind]."[1616] Entsprechend der Begründung des Ersten Senats verweist der Zweite Senat darauf, dass die Unionsgrundrechte ein Funktionsäquivalent zu den Grundrechten des Grundgesetzes bildeten und betont seinen verfassungsrechtlichen Auftrag zur Gewährleistung umfassenden Grundrechtsschutzes, wozu auch die Kontrolle der Fachgerichtsbarkeit bei der Anwendung der Unionsgrundrechte gehöre.[1617]

Voraussetzung für die Anwendung der Unionsgrundrechte sei insbesondere, dass der EuGH deren Auslegung bereits geklärt hat oder die anzuwendenden Auslegungsgrundsätze aus sich heraus offenkundig sind.[1618] Deutlicher als der Erste Senat hebt der Zweite Senat hervor, dass bei der Frage der Offenkundigkeit auch auf die Rechtsprechung des EGMR oder weiterer mitgliedstaatlicher Verfassungs- und Höchstgerichte zu Grundrechten, die sich aus den gemeinsamen Verfassungsüberlieferungen ergeben und den in der Charta der Grundrechte gewährleisteten Grundrechten entsprechen, abzustellen sei, sodass das Zusammenspiel im europäischen (Verfassungs-)Gerichtsverbund stärker in der Vordergrund gerückt wird.[1619]

1615 BVerfG, Beschluss des Zweiten Senats v. 01.12.2020, 2 BvR 1845/18, Rn. 2ff., 22ff.

1616 BVerfG, Beschluss des Zweiten Senats v. 01.12.2020, 2 BvR 1845/18, Rn. 36; angesichts dieser Bestätigung der Erweiterung des bundesverfassungsgerichtlichen Prüfungsmaßstabs auf Unionsgrundrechte kommt es auf die Beantwortung der Frage, ob bei den Beschlüssen zum *Recht auf Vergessen* eine Plenumsentscheidung erforderlich gewesen wäre, nicht mehr an. Zur Auffassung, dass eine solche Entscheidung erforderlich gewesen wäre s. etwa *Edenharter*, DÖV 2020, S. 349, 350f.; a.A. *Hofmann/Heger/Gharibyan*, KritV 2019, S. 277, 290f.

1617 BVerfG, Beschluss des Zweiten Senats v. 01.12.2020, 2 BvR 1845/18, Rn. 36f. unter Verweis auf BVerfGE 152, 216 (236, 237, 239f.) – *Recht auf Vergessen II*.

1618 BVerfG, Beschluss des Zweiten Senats v. 01.12.2020, 2 BvR 1845/18, Rn. 39.

1619 BVerfG, Beschluss des Zweiten Senats v. 01.12.2020, 2 BvR 1845/18, Rn. 39; *Hofmann/Heger*, EuGRZ 2021, S. 1, 3.

Zur Begründung einer Verletzung von Art. 4 GRC stellte der Zweite Senat ausführlich die Rechtsprechung des EuGH und des EGMR zu den Grundsätzen des gegenseitigen Vertrauens und der gegenseitigen Anerkennung sowie den Anforderungen hinsichtlich den Haftbedingungen dar.[1620] Ausführlich erörterte der Zweite Senat schließlich, dass Art. 1 Abs. 1 GG hinsichtlich der Mindestanforderungen an Hafträume im ersuchenden Staat und hinsichtlich der Aufklärungspflichten der mit Überstellungsersuchen befassten Gerichte keine von Art. 4 GRCh abweichenden Anforderungen stellt.[1621]

5. Bewertung und Ausblick

Die Entscheidung des Bundesverfassungsgerichts, den Prüfungsmaßstab der Verfassungsbeschwerde auf Unionsgrundrechte zu erweitern, verdient Zustimmung.[1622] Im Gegensatz zu Vorschlägen, die die Unionsgrundrechte im Bereich vollständig determinierten Unionsrechts als „Auslegungshilfe" heranziehen wollen, ist dies die überzeugendere Lösung, um den Herausforderungen des europäischen Grundrechtsschutzes zu begegnen.[1623] Bei der Anwendung der Unionsgrundrechte als „Auslegungshilfe" bliebe unklar, wie sich dies konkret ausgestaltet, noch entspricht dies ihrem Status als Teil des Primärrechts. Die Beschlüsse *Recht auf Vergessen I und II* entsprechen zudem den Entscheidungen des EuGH in den Rechtssachen *Åkerberg Fransson* und *Melloni*. Das Bundesverfassungsgericht kann mit seiner Rechtsprechungsänderung nicht nur einem drohenden Bedeutungsverlust begegnen,[1624] sondern unterbreitet zugleich dem EuGH ein „Dia-

1620 BVerfG, Beschluss des Zweiten Senats v. 01.12.2020, 2 BvR 1845/18, Rn. 42-56.

1621 BVerfG, Beschluss des Zweiten Senats v. 01.12.2020, 2 BvR 1845/18, Rn. 57-69.

1622 So im Ergebnis auch *Hofmann/Heger/Gharibyan*, KritV 2019, S. 277, 286ff.; *Edenharter*, DÖV 2020, S. 349, 357; *Kühling*, NJW 2020, S. 275, 278f.; *Makoski*, EuZW 2020, S. 1012ff.; *Thym*, EuConst 16 (2020), S. 1ff.; differenzierend *Kämmerer/Kotzur*, NVwZ 2020, S. 177, 184; *Klein*, DÖV 2020, S. 341, 349; *Wolff*, Der Einzelne in der offenen Staatlichkeit, 2020, S. 395ff.; *Classen*, EuR 2021, S. 92, 110ff.; kritisch *Burchardt*, GLJ 21 (2020), Special Issue, S. 1ff.; *van Ooyen*, Staatstheorie, 8. Aufl., 2020, S. 189ff.

1623 S. insofern den Ansatz bei *Thym*, JZ 2015, S. 53, 57ff.; *Buchholtz*, DÖV 2017, S. 837, 844f.

1624 Vgl. etwa *Wendel*, CMLR 57 (2020), S. 1383, 1401; s. auch *Edenharter*, DÖV 2020, S. 349, 350, die davon ausgeht, dass durch die Beschlüsse das BVerfG „wieder zu einem zentralen Akteur bei der Verwirklichung des Grundrechts-

logangebot“[1625] als wichtiger Gesprächspartner zur Weiterentwicklung des europäischen Grundrechtsschutzes.[1626] Die Anerkennung der Unionsgrundrechte als verfassungsrechtlicher Prüfungsmaßstab ermöglicht ein Grundrechtsgespräch zwischen Bundesverfassungsgericht und EuGH, das dazu führen kann, dass verfassungskulturelle Unterschiede der Mitgliedstaaten auch bei der Anwendung der Unionsgrundrechte berücksichtigt werden können.[1627] Es ist dabei nicht anzunehmen, dass es dem Ersten Senat darum ging, die alleinige Deutungshoheit über die Unionsgrundrechte zu erlangen und er sich mit der Erweiterung des Prüfungsmaßstabs auf die Unionsgrundrechte für den extensiven Zugriff des Gerichtshof auf die Grundrechtsprüfung in der Rechtssache *Åkerberg Fransson* „revanchieren“ wollte.[1628]

Die bisherige Rechtsprechung des EuGH steht nationalen Einflussmöglichkeiten offen. So hat sich bereits in der Vergangenheit gezeigt, dass der EuGH sich häufiger mit nationalen Rechtstraditionen und Lösungsvorschlägen befasst, als dies die offiziellen Entscheidungsgründe abbilden.[1629] Als ein Beispiel kann die Entscheidung zur Vorratsdatenspeicherungsrichtlinie[1630] dienen, in der der Gerichtshof die Rechtsprechung des Bundesverfassungsgerichts rezipierte.[1631]

Mit dieser Stärkung des Dialogs ist auch verbunden, dass die Vorstellung eines „Über- und Unterordnungsverhältnisses“ in der Union zurück-

---

schutzes in Europa im Spannungsfeld zwischen EuGH, nationalen Verfassungs- und Höchstgerichten und Fachgerichten wird“.

1625 *Schorkopf*, Botschaft aus Karlsruhe, Das Bürgergericht hält sich im Spiel, FAZ v. 05.12.2019, S. 7; davon ausgehend, dass das BVerfG nunmehr den Dialog der Grundrechtsysteme aktiv gestalten und somit auch Einfluss auf das europäische Wertesystem im Sinne der deutschen Grundrechte nehmen könne, *Hofmann/Heger/Gharibyan*, KritV 2019, S. 277, 288.

1626 So auch *Karpenstein/Kottmann*, EuZW 2020, S. 185, 188; ähnlich *Makoski*, EuZW 2020, S. 1012, 1015.

1627 Vgl. bereits *Bäcker*, EuR 2015, S. 389, 405.

1628 So jedoch *Kämmerer/Kotzur*, NVwZ 2020, S. 177, 178, 181.

1629 *Thym*, JZ 2015, S. 53, 59; *ders.*, EuConst 16 (2020), S. 1, 19; ausführlich dazu *Lenaerts*, ICLQ 52 (2003), S. 873ff.

1630 Richtlinie 2006/24/EG des Europäischen Parlaments und des Rates vom 15. März 2006 über die Vorratsspeicherung von Daten, die bei der Bereitstellung öffentlich zugänglicher elektronischer Kommunikationsdienste oder öffentlicher Kommunikationsnetze erzeugt oder verarbeitet werden, und zur Änderung der RL 2002/58/EG, ABl. L 105 v. 13.04.2006, S. 54.

1631 EuGH, *Digital Rights Ireland*, verb. Rs. C-293/12 und C-594/12, EU:C:2014; *Thym*, JZ 2015, S. 53, 59.

weicht.[1632] Das Bundesverfassungsgericht trägt mit der Anerkennung des Neben- und Miteinanders von nationaler und unionsrechtlicher Grundrechtsordnung zur Förderung des europäischen Grundrechtspluralismus bei und bewegt sich somit auf den EuGH zu.[1633] Zudem bewirkt diese Entscheidung eine Stärkung der Grundrechtecharta insgesamt und kann dazu führen, dass diese auch in der Praxis zunehmend beachtet wird.[1634] Eine mögliche Folge ist zudem eine Verbesserung des Grundrechtsschutzniveaus in der Union.[1635] Ansätze einer gestiegenen Bedeutung der Charta lassen sich bereits in der Folgerechtsprechung des Ersten Senats erkennen: In einem Beschluss der 1. Kammer des Ersten Senats im August 2020 prüfte diese ausführlich das Vorliegen eine Durchführung des Unionsrechts nach Art. 51 Abs. 1 S. 1 GRC; obwohl dieses verneint wurde, erörterte die Kammer, ob das Unionsrecht eine Grundrechtsbindung staatlicher Einrichtungen erfordere, die im vorliegenden Fall aus verfassungsrechtlicher Perspektive abzulehnen war.[1636] In verfassungsprozessualer Hinsicht ist zukünftig eine vertiefte Auseinandersetzung mit der Rechtsprechung des EuGH zur Grundrechtecharta geboten.

Auswirkungen ergeben sich durch die Anerkennung der Unionsgrundrechte als verfassungsrechtlichen Prüfungsmaßstab auch für das Verständnis des Art. 51 Abs. 1 S. 1 GRC. Auf nationaler Ebene wurde, um der Gefahr einer Schwächung der nationalen Verfassungsgerichtsbarkeit gegenüber den Fachgerichten zu begegnen, eine restriktive Auslegung des Art. 51 Abs. 1 S. 1 GRC gefordert.[1637] Mit der nun mehr möglichen Kontrolle der Anwendung der Unionsgrundrechte durch die Fachgerichte, kann das Bundesverfassungsgericht dieser befürchteten Schwächung entgegentreten und eigene grundrechtliche Akzente setzen. Eine einschränkende Auslegung des Art. 51 Abs. 1 S. 1 GRC ist insofern nicht geboten.

1632 *Hofmann/Heger/Gharibyan*, KritV 2019, S. 277, 288.

1633 Vgl. *Wendel*, JZ 2020, S. 157, 160; zur Terminologie „Grundrechtspluralismus" s. *Lepsius*, in: Masing/Jestaedt/Capitant/Le Divellec (Hrsg.), Strukturfragen, 2015, S. 45ff.; zum Begriff „Grundrechtsföderalismus" s. etwa *Kingreen*, JZ 2013, S. 801ff.; *Kleinlein*, Grundrechtsföderalismus, 2020, *passim*.

1634 Skeptisch diesbezüglich hingegen *Burchardt*, GLJ 21 (2020), Special Issue, S. 1, 13, da die Unionsgrundrechte ausschließlich im Bereich vollständig determinierten Unionsrechts zur Anwendung kommen und der vom BVerfG gewählte Ansatz hinsichtlich gestaltungsoffenem Unionsrecht die Unionsgrundrecht kaum berücksichtige.

1635 *Hofmann/Heger*, EuGRZ 2021, S. 1, 4.

1636 BVerfG, Beschluss der 1. Kammer des Ersten Senats v. 18.08.2020, 1 BvQ 82/20, Rn. 18ff.

1637 S. etwa *Streinz*, in: Heid/Stotz/Verny (Hrsg.), FS Dauses, 2014, S. 429, 442f.

Die Bestätigung der „Doppelgeltung" von nationalen Grundrechten und Unionsgrundrechten durch das Bundesverfassungsgericht führt dazu, dass dieses auch im Anwendungsbereich der Charta eigene Vorstellungen in den europäischen Grundrechtsdiskurs einbringen kann.[1638] Die Konkretisierung des Anwendungsbereichs der Charta nach Art. 51 Abs. 1 S. 1 GRC ist danach aber nicht obsolet geworden, sondern weiterhin Aufgabe von Wissenschaft und Praxis. Dabei ist nach Kriterien zu suchen, die eine Unterscheidung zwischen nationalen Freiräumen und unionsrechtlichen Vorgaben ermöglichen und insofern zu einer rechtssicheren Abgrenzung zwischen gestaltungsoffenem und vollvereinheitlichtem Unionsrechts beitragen. Dies dürfte sich insbesondere bei Sekundärrechtsakten als schwierig erweisen, die beide Komponenten beinhalten.

Die primäre Anwendung der Grundrechte des Grundgesetzes im Bereich von „gestaltungsoffenem Unionsrecht" kann dazu führen, dass diesen weiterhin eine erhebliche Bedeutung im nationalen Recht verbleibt. Da die nationalen Grundrechte in dieser Konstellation im Lichte der Unionsgrundrechte auszulegen sind, besteht ein flexibler Ansatz, um die Rechtsprechung des Gerichtshofs zu berücksichtigen. Auch insofern besteht daher die Möglichkeit, in einen grundrechtlichen Dialog auf europäischer Ebene einzutreten. Zugleich zeigt sich, dass die Verdrängung nationaler Grundrechte im Bereich von unionsrechtlich eingeräumten Spielräumen keinesfalls zwingend ist.[1639]

Trotz dieser im Wesentlichen positiven Bewertung der materiellen Inhalte der Rechtsprechungsänderung des Bundesverfassungsgerichts, kann die Anwendung der Unionsgrundrechte zu Folgeproblemen im europäischen Grundrechtsverbund führen. Die Erstreckung des Prüfungsmaßstabs auf Unionsgrundrechte birgt die „Gefahr einer Nationalisierung"[1640] der Grundrechte der GRC und der „Marginalisierung"[1641] der Unionsgrundrechte im Bereich von gestaltungsoffenem Unionsrecht. Entscheidend wird insofern sein, inwieweit das Bundesverfassungsgericht die Anforderungen des EuGH, auf die der Erste Senat in *Recht auf Vergessen I* auch hinweist, wonach bei der Ausübung von Ermessensspielräumen zwar nationale Grundrechte angewendet werden können, „sofern durch

1638 Vgl. bereits *Thym*, JZ 2015, S. 53, 58.
1639 So jedoch für das Beispiel des Datenschutzes *Buchholtz*, DÖV 2017, S. 837, 841.
1640 *Kämmerer/Kotzur*, NVwZ 2020, S. 177, 183.
1641 *Wendel*, JZ 2020, S. 157, 165; zur Gefahr, dass die Unionsgrundrechten im Bereich von „gestaltungsoffenem Unionsrecht" faktisch kaum beachtet werden und ihre Rolle somit sehr begrenzt sein könnte, s. auch *Burchardt*, GLJ 21 (2020), Special Issue, S. 1, 7f., 14.

diese Anwendung jedoch weder das Schutzniveau der Charta, wie sie vom Gerichtshof ausgelegt wird, noch der Vorrang, die Einheit und die Wirksamkeit des Unionsrechts beeinträchtigt werden“[1642] konsequent anwendet – was eine kritische Betrachtung der zukünftigen Rechtsprechung durch Wissenschaft und Praxis erfordert. Hierbei kommt es auch maßgeblich darauf an, dass das Bundesverfassungsgericht zur Vorlage an den EuGH bereit ist – sowohl hinsichtlich der Frage nach dem Bestehen von nationalen Gestaltungsspielräumen und der Anwendbarkeit der Charta als auch hinsichtlich des materiellen Inhalts der Unionsgrundrechte.[1643] Positiv zu bewerten ist insofern, dass sich sowohl der Erste Senat als auch der Zweite Senat ausdrücklich zur Vorlagebereitschaft bekannt haben.[1644] Zu erwarten – und zugleich zu hoffen – ist, dass die Zahl der Vorlagen an den EuGH nach Art. 267 AEUV im unionsrechtlich vollständig vereinheitlichten Bereich durch das Bundesverfassungsgericht steigen wird und somit insgesamt von einem zunehmenden Einfluss des Bundesverfassungsgerichts im europäischen Grundrechtsverbund auszugehen ist.[1645] Damit verbunden ist, dass die nationalen Grundrechte jedenfalls im Bereich von „unionsrechtlich vollständig vereinheitlichter Materie“ kaum eigenständige Bedeutung haben werden.[1646] Unterbleiben hingegen Vorlagen an den EuGH bei ungeklärten Fragen, kann dies dazu führen, dass nationale Vorstellungen als europäische Grundrechtsgehalte deklariert werden und die Unionsgrundrechte unterschiedlich interpretiert werden. Dies gilt insbesondere, sofern Verfassungsgerichte, auch in anderen Mitgliedstaaten, auf das Vorabentscheidungsverfahren nach Art. 267 AEUV weitgehend verzichten und die Charta eigenständig auslegen würden. Im Sinne eines einheitlichen Grundrechtsschutzes auf europäischer Ebene, der auch nationale Besonderheiten achtet, ist das Vorabentscheidungsverfahren daher von besonderer Bedeutung.[1647]

1642 EuGH, *Åkerberg Fransson*, Rs. C-617/10, EU:C:2013:105, Rn. 29; *Melloni*, Rs. C-399/11, EU:C:2013:107, Rn. 60; s. dazu 3. Kapitel, C., I., 2.

1643 Vgl. *Kämmerer/Kotzur*, NVwZ 2020, S. 177, 183; *Wendel*, JZ 2020, S. 157, 165f.; *ders.*, CMLR 57 (2020), S. 1383, 1412.

1644 BVerfGE 152, 216 (244) – *Recht auf Vergessen II*; BVerfG, Beschluss des Zweiten Senats v. 01.12.2020, 2 BvR 1845/18, Rn. 39; so auch *Hofmann/Heger*, EuGRZ 2021, S. 1, 3.

1645 In diese Richtung auch *Edenharter*, DÖV 2020, S. 349, 354; *Hofmann/Heger/Gharibyan*, KritV 2019, S. 277, 288.

1646 *Edenharter*, DÖV 2020, S. 349, 355.

1647 So auch *Geiger*, RTDE 2020, S. 225, 238; *Makoski*, EuZW 2020, S. 1053, 1057; s. zur Bedeutung des Vorabentscheidungsverfahrens in diesem Kontext und

Aus den dargestellten Beschlüssen könnte zudem folgen, dass das Bundesverfassungsgericht selbst regelmäßig das Fachrecht auslegen könnte, um den anzuwendenden Grundrechtsmaßstab zu bestimmen und somit seine, sowohl selbst als auch von der Verfassung gesetzten, Funktionsgrenzen überschreiten könnte.[1648] Anzunehmen ist daher, dass die Bedeutung der Fachgerichte im Bereich des europäischen Grundrechtsschutzes abnehmen wird. Das Bundesverfassungsgericht könnte insofern, entgegen seiner eigenen Äußerungen,[1649] zu einer Art „Superrevisionsinstanz" werden.

Noch nicht abschließend geklärt ist, wie sich die Erstreckung des Prüfungsmaßstabs auf die vom Zweiten Senat entwickelte Prüfung der Verletzung der Menschenwürdegarantie im Rahmen der Identitätskontrolle auswirkt; insbesondere bleibt offen, ob die Anwendung der Unionsgrundrechte noch Raum lässt für die im Beschluss zum Europäischen Haftbefehl für denkbar erachtete Prüfung deutscher Grundrechte.[1650] In seinem Beschluss, in dem der Zweite Senat ebenfalls die Unionsgrundrechte als verfassungsrechtlichen Prüfungsmaßstab anerkannte, betonte dieser, dass eine Identitätskontrolle „nur in Betracht [kommt], wenn die aus der Grundrechtecharta der Europäischen Union folgenden Anforderungen, wie sie in der Rechtsprechung des Gerichtshofs der Europäischen Union ihren Ausdruck gefunden haben, dem unabdingbaren Maß an Grundrechtsschutz in Art. 1 Abs. 1 GG nicht genügen."[1651] Dies legt es nahe, dass zukünftig bei der Anwendung der Unionsgrundrechte eine einzelfallbezogene Prüfung jedenfalls hinsichtlich der Menschenwürdegarantie (weiterhin) möglich ist. Umfassende Ausführungen zur Identitätskontrolle, wie im Beschluss *Europäischer Haftbefehl III*, sollten jedoch die Ausnahme bleiben – anderenfalls droht jeweils eine Einzelfallprüfung, ob das Grundrechtsschutzniveau der Charta mit dem des Grundgesetzes übereinstimmt, die indes nicht vorgesehen ist.[1652] Da der Zweite Senat eine Vermutungsregel derart aufgestellt hat, dass mit der Gewährleistung der Grundrechte in der Konkretisierung, die sie durch die Grundrechtecharta erfahren haben, eine Berührung der von Art. 1 Abs. 1 GG i.V.m. Art. 23 Abs. 1 S. 3 GG und Art. 79 Abs. 3

der möglichen Beeinflussung des Gerichtshofs durch das „erste Wort" des vorlegenden Gerichts *Thym*, EuConst 16 (2020), S. 1, 18ff.

1648 *Wendel*, JZ 2020, S. 157, 164f.; *ders.*, CMLR 57 (2020), S. 1383, 1411.

1649 S. ausdrücklich BVerfG, Beschluss der 2. Kammer des Zweiten Senats v. 24.10.1999, 2 BvR 1821/99, Rn. 6.

1650 *Kämmerer/Kotzur*, NVwZ 2020, S. 177, 182.

1651 BVerfG, Beschluss des Zweiten Senats v. 01.12.2020, 2 BvR 1845/18, Rn. 58.

1652 Vgl. *Hofmann/Heger*, EuGRZ 2021, S. 1, 3f.

GG verbürgten Grundsätze „in der Regel" vermieden werde, dürfte in den meisten Fällen ein Identitätsverstoß letztlich nicht vorliegen.[1653]

Festzuhalten bleibt die optimistische Einschätzung, wonach die zukünftige Anwendung der Unionsgrundrechte durch das Bundesverfassungsgericht als spezialisiertes Grundrechtsgericht zu einer besseren Durchsetzung des europäischen und einem auch aus nationaler Sicht insgesamt überzeugenden Grundrechtsschutz führen könnte.[1654] Entscheidend wird dabei sein, ob das Bundesverfassungsgericht verstärkt den EuGH anrufen wird, um im Wege der Kooperation den europäischen Grundrechtsschutz weiterzuentwickeln.

III. Weitere Verfassungsgerichte

Als erstes nationales Verfassungsgericht erklärte der Österreichische Verfassungsgerichtshof bereits 2012 die Unionsgrundrechte unter bestimmten Umständen zum Prüfungsmaßstab. Aus diesem Grund sollen diese Entscheidung und die Folgerechtsprechung einer näheren Betrachtung unterzogen werden (1.). Vergleichbare Tendenzen lassen sich auch beim französischen Verfassungsrat (*Conseil constitutionnel*) und beim italienischen Verfassungsgerichtshof (*Corte costituzionale*) beobachten, weshalb die jeweilige Rechtsprechung exemplarischer ausführlicher dargestellt wird. Der *Conseil constitutionnel* hat bislang die Rechte der Grundrechtecharta zwar noch nicht als Prüfungsmaßstab anerkannt, in einer Entscheidung im Jahr 2018 jedoch diese erstmals explizit berücksichtigt (2.). Die *Corte costituzionale* erklärte die Grundrechtecharta 2019 für anwendbar (3.).

1. Österreichischer Verfassungsgerichtshof

Eine zentrale Kompetenz des Österreichischen Verfassungsgerichtshofs ist die sog. generelle Normenkontrolle, d.h. die Prüfung der Vereinbarkeit von generell-abstrakten Rechtsakten mit höherrangigem Recht, wozu neben den Grundrechten des Verfassungsrechts des Bundes auch die Garan-

---

1653 BVerfG, Beschluss des Zweiten Senats v. 01.12.2020, 2 BvR 1845/18, Rn. 40; *Safferling/Rückert*, NJW 2021, S. 287, 291f.

1654 S. bereits *Classen*, EuR 2016, S. 304, 310.

tien der EMRK gehören (a.).[1655] Zu einer Konstitutionalisierung der Charta führte das sog. „Charta-Erkenntnis" des Verfassungsgerichtshofs (b.). Aufgrund eines Vorabentscheidungsersuchens des Obersten Gerichtshofs konnte der EuGH mittelbar eine Stellungnahme zu dieser abgeben (c.). In der Folgerechtsprechung zeigte sich, dass der Verfassungsgerichtshof zwar die Unionsgrundrechte anwendet, diese jedoch meist nicht ausführlich prüft (d.).

a. Ausgangslage

Gem. Art. 139 und 140 B-VG kommt dem Verfassungsgerichtshof hinsichtlich generell-abstrakter Rechtsnormen ein Verwerfungsmonopol zu. Eine Überprüfung des innerstaatlichen Rechts am Maßstab des Unionsrechts lehnte der Verfassungsgerichtshof zunächst ab.[1656] Prüfungsmaßstab sind jedoch die EMRK und ihre Zusatzprotokolle, die in Österreich im Rang formellen Verfassungsrechts stehen. Der österreichische Verfassungsgerichtshof rekurriert daher häufig auf die EMRK und die Rechtsprechung des EGMR und zeigt dabei ein hohes Maß an Loyalität gegenüber dem EGMR.[1657]

Hinsichtlich des Rechtsschutzes bei individuellen Rechtsakten liegt eine geteilte Kompetenz von Verfassungsgerichtshof und den Höchstgerichten vor, wobei insofern vom „Verhältnis der Parität und Trennung" gesprochen wird.[1658] Ein Verstoß gegen Unionsgrundrechte ist dabei vor den Höchstgerichten, dem Obersten Gerichtshof und dem Verwaltungsgerichtshof zu rügen, sodass im Anwendungsbereich des Unionsrechts insbesondere der Verwaltungsgerichtshof maßgebliches Grundrechtsgericht war.[1659]

1655 Für einen Überblick der Kompetenzen des Österreichischen Verfassungsgerichtshofs s. etwa *Reiling*, in: Broemel/Krell/Muthorst/Prütting (Hrsg.), Prozessrecht, 2017, S. 11, 24ff.; zum Grundrechtsschutz in Österreich und dem Zusammenwirken mit Völker- und Unionsrecht, s. *Grabenwarter*, in: Merten/Papier (Hrsg.), HGR, Bd. VII/1, 2014, § 2, Rn. 1ff.

1656 S. etwa Öst. VerfGH, Erkenntnis v. 08.03.2000, G23/99; Erkenntnis v. 15.06.2000, B 65/00 u.a.; Erkenntnis v. 29.11.2011, B1166/10.

1657 S. *Grabenwarter*, in: von Bogdandy/Grabenwarter/Huber (Hrsg.), IPE VI, 2016, § 102, Rn. 123.

1658 *Schmoll*, ZÖR 2011, S. 461, 482ff.; *Grabenwarter*, in: von Bogdandy/Grabenwarter/Huber (Hrsg.), IPE VI, 2016, § 102, Rn. 104.

1659 *Schmoll*, ZÖR 2011, S. 461, 482ff.

b. „Charta-Erkenntnis" und Kritik

In zwei Verfahren betreffend das Recht auf mündliche Verhandlung im Asylverfahren vor dem Asylgerichtshof entschied der Österreichische Verfassungsgerichtshof im Jahr 2012 erstmals, dass die Grundrechte der Grundrechtecharta prinzipiell vor dem Österreichischen Verfassungsgerichtshof durchsetzbar sind und damit Prüfungsmaßstab der verfassungsgerichtlichen Kontrolle in Verfahren der generellen Normenkontrolle sein können.[1660] Somit „konstitutionalisierte" der Verfassungsgerichtshof die Grundrechtecharta entsprechend dem in Österreich geltenden Verständnis der Rechte der EMRK.[1661] Der Verfassungsgerichtshof stellte dazu dar, dass die in der Charta verankerten Rechte als verfassungsgesetzlich gewährleistete Rechte gem. Art. 144 und 144a B-VG geltend gemacht werden können, wenn „die betreffende Garantie der Grundrechte-Charta in ihrer Formulierung und Bestimmtheit verfassungsgesetzlich gewährleisteten Rechten der österreichischen Bundesverfassung gleicht".[1662] Dem stehe nicht entgegen, dass es bereits vor Inkrafttreten der Charta Grundrechte als allgemeine Rechtsgrundsätze gab, da die Geltung eines detaillierten Grundrechtekatalogs wie der Charta nicht mit der Herleitung von Rechtspositionen aus allgemeinen Rechtsgrundsätzen vergleichbar sei.[1663] Weitere Voraussetzung für die Prüfung der Unionsgrundrechte ist nach der Rechtsprechung des Verfassungsgerichtshofs, dass die Grundrechtecharta überhaupt anwendbar ist, sodass eine Durchführung i.S.d. Art. 51 Abs. 1 S. 1 GRC vorliegen muss.[1664] Zur Begründung der Anerkennung der Charta als Prüfungsmaßstab führte der Verfassungsgerichtshof den unionsrechtlichen Äquivalenzgrundsatz an, wonach „Rechte, die von unmittelbar anwendbarem Unionsrecht garantiert werden, in einem Verfahren durchsetzbar sein müssen, das für vergleichbare Rechte besteht, die aus

---

1660 Öst. VerfGH, Erkenntnis v. 14.03.2012, U 466/11, U 1836/11; dazu etwa *Brenn*, ÖJZ 2012, S. 1062ff.; *Grabenwarter*, JRP 2012, S. 298ff.; *Merli*, JRP 2012, S. 355ff.; *Potacs*, JBl. 2012, S. 509ff.; *Heller*, JBl. 2012, S. 675ff.; *Klaushofer/Palmstorfer*, European Public Law 19 (2013), S. 1ff.; *Potacs*, JÖR 2013, S. 11ff.; zur Rechtslage in Österreich vor der Entscheidung des Öst. VerfGH s. *Schmoll*, ZÖR 2011, S. 461, 480ff.

1661 *Öhlinger*, EuZW 2014, S. 955, 955; *Reiling*, in: Broemel/Krell/Muthorst/Prütting (Hrsg.), Prozessrecht, 2017, S. 11, 28.

1662 Öst. VerfGH, Erkenntnis v. 14.03.2012, U 466/11, U 1836/11, Rn. 33.

1663 Öst. VerfGH, Erkenntnis v. 14.03.2012, U 466/11, U 1836/11, Rn. 37f.

1664 S. auch Öst. VerfGH, Erkenntnis v. 12.03.2014, B 166/2013, Rn. 23f.; Erkenntnis v. 03.03.2015, G 107/2013, Rn. 54.

der Rechtsordnung der Mitgliedstaaten stammen."[1665] In seiner Erkenntnis betonte der Verfassungsgerichtshof schließlich, dass bei Zweifeln an der Auslegung der Unionsgrundrechte ein Vorabentscheidungsverfahren einzuleiten ist, es sei denn, die entsprechende Rechtsfrage ist nicht entscheidungserheblich, da der Fall am Maßstab eines verfassungsgesetzlich gewährleisteten Rechts mit gleichem Anwendungsbereich, insbesondere ein Recht der EMRK, entschieden werden kann.[1666] Damit aufgeworfen ist die Frage, ob die Fachgerichte dazu verpflichtet sind, den Verfassungsgerichtshof anzurufen, sofern sie der Auffassung sind, dass ein nationales Gesetz gegen die Unionsgrundrechte als verfassungsgesetzlich gewährleistete Rechte verstößt; die Erkenntnis enthält diesbezüglich keine eindeutigen Anhaltspunkte.[1667]

Kritisiert wurde hieran neben der Begründung hinsichtlich des Äquivalenzgrundsatzes insbesondere, dass der Österreichische Verfassungsgerichtshof mit seiner Entscheidung als „Akt der Selbstbehauptung" versuche, seine traditionelle Rolle als zentrales Grundrechtsgericht zu wahren und einem Bedeutungsverlust gegenüber den Fachgerichten zu entgehen.[1668] Die „Charta-Erkenntnis" wird daher auch als verfassungspolitischer Akt dahingehend gedeutet, dass sich der Verfassungsgerichtshof in Grundrechtsfragen als „privilegierter Dialogpartner des EuGH" positionieren möchte.[1669] Zudem dürfte die Entscheidung des Verfassungsgerichtshofs vor dem Hintergrund der Ähnlichkeit der Rechte der EMRK und der Chartagrundrechte sowie der in Österreich kraft Gesetzes anerkannten Stellung der EMRK als unmittelbar anwendbares Verfassungsrecht zu

1665 Öst. VerfGH, Erkenntnis v. 14.03.2012, U 466/11, U 1836/11, Rn. 29; zustimmend *Heller*, JBl. 2012, S. 675, 677f.; kritisch hingegen, da der Äquivalenzgrundsatz nicht zwingend einen identischen, sondern nur einen gleichwertigen Rechtsschutz verlange, *Merli*, JRP 2012, S. 355, 356.; kritisch zur Begründung des Öst. VerfGH auch *Brenn*, ÖJZ 2012, S. 1062, 1063; *Paris*, EuConst 11 (2015), S. 389, 397.

1666 Öst. VerfGH, Erkenntnis v. 14.03.2012, U 466/11, U 1836/11, Rn. 40ff.; *Potacs*, JÖR 2013, S. 11, 16 befürchtete, dass sich der VerfGH aufgrund dieser Einschränkung nur „formal" zum vorlagepflichtigen Gericht erklärt habe, er dieser Verpflichtung aber nicht ernsthaft nachkommen werde; kritisch ebenfalls *Klaushofer/Palmstorfer*, European Public Law 19 (2013), S. 1, 10f.

1667 *Paris*, EuConst 11 (2015), S. 389, 398.

1668 Vgl. *Reiling*, in: Broemel/Krell/Muthorst/Prütting (Hrsg.), Prozessrecht, 2017, S. 11, 29 m.w.N.

1669 Vgl. *Brenn*, ÖJZ 2012, S. 1062, 1065; *Merli*, JRP 2012, S. 355, 360.

sehen sein.[1670] Zu berücksichtigen ist dabei auch, dass es in Österreich keine Beschwerdemöglichkeit gegen Entscheidungen der ordentlichen Gerichtsbarkeit zum Verfassungsgerichtshof gibt.[1671] Aufgabe der künftigen Judikatur wird die Klärung daher im Detail noch offener Fragen und insbesondere die Präzisierung sein, welche Rechte der GRC jenen der österreichischen Bundesverfassung derart gleichen, dass diese als verfassungsgesetzlich gewährleistete Rechte geltend gemacht werden können.[1672]

c. Reaktion des EuGH

In einem Vorabentscheidungsersuchen des Obersten Gerichtshofs hatte der EuGH Gelegenheit sich mittelbar zur Rechtsprechung des Verfassungsgerichtshofs zu äußern. Der Oberste Gerichtshof wollte u.a. wissen, ob im Geltungsbereich des Unionsrechts aus dem Äquivalenzgrundsatz abzuleiten ist, dass die ordentlichen Gerichte bei Verstoß eines Gesetzes gegen Art. 47 GRC das nationale Verfassungsgericht, das einzig für die Aufhebung von Gesetzen zuständig ist, anrufen müssen und nicht bloß das Gesetz im konkreten Fall unangewendet lassen können.[1673] Der EuGH bezog sich in seiner Antwort auf die Rechtsprechung des Österreichischen Verfassungsgerichtshofs, wonach die Verpflichtung bestehe, diesen mit einem Antrag auf allgemeine Aufhebung eines gegen die Charta verstoßenden Gesetzes zu befassen und prüfte, ob dies mit Art. 267 AEUV und dem Vorrang des Unionsrechts in Einklang steht.[1674] Dazu führte der Gerichtshof aus, dass „ein innerstaatliches Gericht, bei dem ein das Unionsrecht betreffender Rechtsstreit anhängig ist und das die Auffassung vertritt, dass eine innerstaatliche Vorschrift nicht nur gegen das Unionsrecht verstößt, sondern darüber hinaus verfassungswidrig ist, auch dann, wenn zur Feststellung der Verfassungswidrigkeit einer innerstaatlichen Vorschrift ein Rechtsbehelf zum Verfassungsgericht zwingend vorgeschrieben ist, gemäß Art. 267 AEUV befugt bzw. verpflichtet ist, dem Gerichtshof Fragen nach

1670 Vgl. *Grabenwarter*, JRP 2012, S. 298, 301; *Potacs*, JBl. 2012, S. 509, 510; *Paris*, EuConst 11 (2015), S. 389, 396.

1671 *Jestaedt*, JZ 2019, S. 473, 474.

1672 *Grabenwarter*, in: von Bogdandy/Grabenwarter/Huber (Hrsg.), IPE VI, 2016, § 102, Rn. 130.

1673 S. zum Ausgangsverfahren EuGH, *A gegen B u.a.*, Rs. C-112/13, EU:C:2014:2195, Rn. 15ff.

1674 EuGH, *A gegen B u.a.*, Rs. C-112/13, EU:C:2014:2195, Rn. 29ff.

der Auslegung oder der Gültigkeit des Unionsrechts vorzulegen."[1675] Zur parallelen Anwendbarkeit nationaler Grundrechte und Unionsgrundrechte führte der EuGH aus, dass damit nicht die alleinige Zuständigkeit des EuGH, Handlungen der Union für ungültig zu erklären, umgangen werden darf, sofern nationale Gesetze, die zur Umsetzung zwingender unionsrechtlicher Bestimmungen erlassen wurden, für verfassungswidrig erklärt werden.[1676] Zudem könne die Anwendung des Äquivalenzgrundsatzes nicht dazu führen, dass die nationalen Gerichte von den Anforderungen des Art. 267 AEUV befreit sind.[1677] Die grundsätzliche Befugnis, Unionsgrundrechte als Prüfungsmaßstab der nationalen Verfassungsgerichtsbarkeit anzuwenden, lehnte der EuGH im Ergebnis nicht ab.[1678] Die Entscheidung des Gerichtshofs kann allerdings zu der Annahme führen, dass dieser jedoch keine Vorteile darin erblickt, wenn nationale Verfassungsgerichte zu einer Art „oberste Gerichte der Unionsrechte auf nationaler Ebene" werden.[1679]

d. Folgerechtsprechung des Verfassungsgerichtshofs

Der Verfassungsgerichtshof hat in seiner Folgerechtsprechung etwa das Recht der unternehmerischen Freiheit nach Art. 16 GRC, das Recht auf Eigentum nach Art. 17 GRC, das Recht auf einen wirksamen Rechtsbehelf und ein unparteiisches Gericht nach Art. 47 GRC sowie das Diskriminierungsverbot des Art. 21 GRC als Prüfungsmaßstab anerkannt und somit klargestellt, dass diese Garantien der Charta in ihrer Formulierung und Bestimmtheit verfassungsgesetzlich gewährleisteten Rechten der österreichischen Bundesverfassung gleichen.[1680] Im Vergleich zu den nationalen

---

1675 EuGH, *A gegen B u.a.*, Rs. C-112/13, EU:C:2014:2195, Rn. 38 unter Verweis auf EuGH, *Melki und Abdeli*, Rs. C-188/10, EU:C:2010:363, Rn. 45.

1676 EuGH, *A gegen B u.a.*, Rs. C-112/13, EU:C:2014:2195, Rn. 41ff.

1677 EuGH, *A gegen B u.a.*, Rs. C-112/13, EU:C:2014:2195, Rn. 45; *Paris*, EuConst 11 (2015), S. 389, 403 schließt daraus, dass der EuGH damit zum Ausdruck bringe, dass die Begründung des Verfassungsgerichtshofs, wonach der Äquivalenzgrundsatz zur Anerkennung der Charta als Prüfungsmaßstab führe, nicht gänzlich überzeugend sei.

1678 *Reiling*, in: Broemel/Krell/Muthorst/Prütting (Hrsg.), Prozessrecht, 2017, S. 11, 31f.

1679 Vgl. *Paris*, EuConst 11 (2015), S. 389, 405.

1680 Öst. VerfGH, Erkenntnis v. 13.03.2013, U 1175/12 u.a. (Art. 47 GRC), Erkenntnis v. 12.03.2014, B 166/2013 (Art. 21 GRC); Erkenntnis v. 03.03.2015, G 107/13 (Art. 16 GRC); Erkenntnis v. 05.03.2015, B 533/2013 (Art. 21 GRC);

Grundrechten sowie den Rechten der EMRK nehmen die Unionsgrundrechte trotz zunehmender Zitierung und stärkerer Berücksichtigung allerdings eine eher untergeordnete Position in der Rechtsprechung des Verfassungsgerichtshofs ein, da dieser in einigen Entscheidungen eine Verletzung nationaler Grundrechte ausführlich prüft und die Charta demgegenüber nur kurz abhandelt oder eine Verletzung der Unionsgrundrechte offenlässt.[1681] Da der Verfassungsgerichtshof die Unionsgrundrechte zudem meist ohne vorherige Vorlage an den EuGH konkretisierte und den Anwendungsbereich der Charta weitgehend autonom definierte, kann der Eindruck entstehen, dass die Heranziehung der GRC eine „Pflichtübung" sei und keine wirkliche Kooperation zwischen EuGH und Verfassungsgerichtshof bestehe.[1682] In gewissem Widerspruch dazu steht das Selbstverständnis des Verfassungsgerichtshofs, wenn dieser durch das „Charta-Erkenntnis" „zum einen seine Funktion als wichtigster Garant der Grundrechte in Österreich und zum anderen seine (…) Vorreiterrolle im Dialog der nationalen und europäischen Höchstgerichte" betont.[1683]

2. *Conseil constitutionnel*

Der französische Verfassungsrat (*Conseil constitutionnel*) prüft nationale Rechtsnormen grundsätzlich nicht am Maßstab des Unionsrechts, sondern ausschließlich am Maßstab der französischen Verfassung, sodass die Prüfung des Unionsrechts Aufgabe der Fachgerichtsbarkeit ist.[1684] Seit 2004 ist das Unionsrecht allerdings als Prüfungsmaßstab des *Conseil constitu-*

Erkenntnis v. 03.07.2015, G 239/14 u.a., V 14/15 u.a. (Art. 17 GRC); *Reiling*, in: Broemel/Krell/Muthorst/Prütting (Hrsg.), Prozessrecht, 2017, S. 11, 32; zur Folgerechtsprechung s. auch *Kieber/Klaushofer*, European Public Law 23 (2017), S. 221ff.

1681 *Edenharter*, Grundrechtsföderalismus, 2018, S. 731 m. Nachweisen aus der Rechtsprechung.

1682 Vgl. *Reiling*, in: Broemel/Krell/Muthorst/Prütting (Hrsg.), Prozessrecht, 2017, S. 11, 32ff.; s. jedoch die Vorlage des Verfassungsgerichtshofs zum EuGH im Zusammenhang mit der Vorratsdatenspeicherung, Öst. VerfGH, Erkenntnis v. 28.12.2012, G 47/12-11, G 59/12-10, G 62,70,71/12-11.

1683 Vorwort des Präsidenten des Verfassungsgerichtshofs *Holzinger*, in: Öst. VerfGH (Hrsg.), Verfassungstag 2015, 2015, S. 8f.

1684 Conseil constitutionnel, Entsch. v. 15.01.1975, Nr. 75-54; diese Entscheidung bezog sich zwar auf völkerrechtliche Bestimmungen, der *Conseil constitutionnel* unterscheidet jedoch nicht zwischen den Unionsverträgen und völkerrechtlichen Verträgen, s. *Geiger*, DÖV 2020, S. 366, 368 m.w.N.

tionnel insofern anerkannt, als eine verfassungsrechtliche Verpflichtung zur Umsetzung von Richtlinien besteht, die durch die französische Verfassungsidentität beschränkt ist, wobei der *Conseil constitutionnel* seine Kontrolle auf die Feststellung offenkundiger Verletzungen der Umsetzungspflicht beschränkt.[1685] In einer am 26.07.2018 ergangenen Entscheidung erklärte der *Conseil constitutionnel* erstmals ausdrücklich, dass bestimmte Grundrechte der französischen Menschen- und Bürgerrechtserklärung von 1789[1686] in ihrem Schutzniveau den jeweiligen Grundrechten der GRC entsprechen.[1687] Diese indirekte Prüfung der Unionsgrundrechte war erforderlich, da die streitgegenständlichen Normen teilweise zur Umsetzung zwingender Vorgaben einer Richtlinie erlassen wurden und sich die Prüfung des *Conseil constitutionnel* in diesen Fällen auf die Frage beschränkt, ob die Umsetzung die Verfassungsidentität Frankreichs verletzt; eine solche Verletzung kommt nicht in Betracht, wenn ein französisches Verfassungsprinzip einen gleichwertigen Schutz im Unionsrecht erfährt.[1688] Zudem dürfte diese Entscheidung vor dem Hintergrund zu sehen sein, dass der *Conseil constitutionnel* widersprüchliche Ergebnisse mit den Fachgerichten vermeiden möchte, welche zur Prüfung der Unionsgrundrechte befugt sind, sodass Abweichungen bei nationalen Umsetzungsakten denkbar sind, wenn der *Conseil constitutionnel* diese ausschließlich am Maßstab der nationalen Grundrechte prüft.[1689] Zugleich ergibt sich aus der Entscheidung, dass eine Prüfung am Maßstab der nationalen Grundrechte dann in Betracht kommt, wenn die nationale Norm zwar zur Umsetzung von Unionsrecht erlassen wurde, dabei jedoch ein Umsetzungsspielraum

---

1685 Conseil constitutionnel, Entsch. v. 10.06.2004, Nr. 2004-496; s. dazu bereits oben 1. Kapitel, A., I., 3., b., ff.

1686 In der Verfassung der Französischen Republik vom 04.10.1958 wird in der Präambel an die Erklärung der Menschen- und Bürgerrechte von 1789 erinnert, sodass diese zum französischen Verfassungsrecht gehört.

1687 Conseil constitutionnel, Entsch. v. 26.07.2018, Nr. 2018-768, Rn. 10 (Meinungs- und Kommunikationsfreiheit), Rn. 12 (unternehmerische Freiheit), Rn. 38 (Gleichheitsgrundsatz).

1688 Diese Kontrolle geht zurück auf die Entscheidung Conseil constitutionnel, Entsch. v. 27.07.2006, Nr. 2006-540 DC, s. dazu sowie mit Nachweisen zur Folgerechtsprechung des *Conseil constitutionnel Millet*, in: Calliess/van der Schyff (Hrsg.), Constitutional Identity, 2020, S. 134, 140ff.; vgl. auch den vom *Conseil constitutionnel* veröffentlichten Kommentar zur Entscheidung Nr. 2018-768, Commentaire de la Décision n° 2018-768 DC du 26 juillet 2018, https://www.conseil-constitutionnel.fr/sites/default/files/as/root/bank_mm/decisions/2018768dc/2018768dc_ccc.pdf; *Geiger*, DÖV 2020, S. 366, 370.

1689 Vgl. *Geiger*, DÖV 2020, S. 366, 368.

der Mitgliedstaaten bestand.[1690] Der Prüfungsmaßstab des *Conseil constitutionnel* wird in dieser Entscheidung nicht ausdrücklich auf die GRC erweitert, da die nationale Norm nicht unmittelbar am Maßstab der GRC geprüft wird. Das „Gleichsetzen" von französischen Grundrechten und Unionsgrundrechten kann allerdings als erster Schritt in Richtung der Anerkennung der Unionsgrundrechte als Prüfungsmaßstab des *Conseil constitutionnel* gewertet werden.[1691] Weitere Entscheidungen, in denen der *Conseil constitutionnel* auf die Grundrechtecharta Bezug genommen hat, bestehen bislang, soweit ersichtlich, nicht.[1692]

3. *Corte costituzionale*

In einer Entscheidung aus dem Jahr 2017 erklärte der italienische Verfassungsgerichtshof (*Corte costituzionale*), dass die Fachgerichte unter bestimmten Umständen bei einem Konflikt einer nationalen Norm im Anwendungsbereich des Unionsrechts mit den Unionsgrundrechten oder den nationalen Grundrechten zunächst vorrangig die *Corte costituzionale* anrufen sollten und die Fachrichter insofern zunächst von der Erklärung der Unanwendbarkeit dieser Norm absehen sollten – die Möglichkeit der Einleitung eines Vorabentscheidungsverfahrens nach Art. 267 AEUV bliebe im Übrigen unberührt.[1693] Dies ergebe sich daraus, dass die Grundrechtecharta verfassungsrechtliche Merkmale aufweise und die italienische Verfassung eine zentralisierte Überprüfbarkeit von Grundrechtsverletzungen durch den Verfassungsgerichtshof vorsehe.[1694] In diesem Vorgehen zeigt

---

1690 Conseil constitutionnel, Entsch. v. 26.07.2018, Nr. 2018-768, Rn. 11, 13ff., 24, 39f.; da der *Conseil constitutionnel* es weitgehend vermeidet, sich auf das Unionsrecht zu beziehen, ergibt sich aus dieser Entscheidung schließlich nicht, ob im Bereich determinierten Unionsrechts französische Grundrechte unanwendbar sind, *Geiger*, DÖV 2020, S. 366, 368f.

1691 So *Geiger*, DÖV 2020, S. 366, 371; s. auch *Burgorgue-Larsen*, La mobilisation de la Charte des droits fondamentaux de l'Union européenne par les juridictions constitutionnelles, 02.04.2019, https://www.conseil-constitutionnel.fr/publications/titre-vii/la-mobilisation-de-la-charte-des-droits-fondamentaux-de-l-union-europeenne-par-les-juridictions.

1692 *Madelaine*, Revue de l'Union Européenne 2020, S. 567, 568.

1693 Corte costituzionale, Urt. Nr. 269/2017 v. 07.11.2017, englische Übersetzung abrufbar unter https://www.cortecostituzionale.it/documenti/download/doc/recent_judgments/S_269_2017_EN.pdf; s. dazu *Martinico/Repetto*, EuConst 15 (2019), S. 731ff.

1694 Corte costituzionale, Urt. Nr. 269/2017 v. 07.11.2017, Abschnitt 5.2.

sich das Bestreben der *Corte costituzionale*, einen ersten Zugriff auf Grundrechtsfragen im europäischen Kontext zu erhalten; sie deutet an, dass sie zunehmend Grundrechtsfälle vor dem Hintergrund der Wechselwirkungen von nationalen Grundrechten und Unionsgrundrechten entscheiden wird.[1695] Die Anerkennung der Unionsgrundrechte erfolgte sodann im Jahr 2019.[1696] In dieser Entscheidung, die die Konstellation der gleichzeitigen Verletzung von Unionsrecht und italienischem Verfassungsrecht zum Gegenstand hatte, betonte die *Corte costituzionale*, dass die Schutzgehalte der Unionsgrundrechte und der Grundrechte der italienischen Verfassung sich teilweise überschneiden und, dass eine Prüfung am Maßstab der Unionsgrundrechte, sofern diese anwendbar sind, in Betracht kommt.[1697] Zur Begründung wurde maßgeblich auf die bereits in der Entscheidung 269/2017 dargestellten Grundsätze verwiesen, wobei der verfassungsrechtlichen Vorgabe einer zentralisierten Verfassungskontrolle wesentliche Bedeutung zukommt.[1698] In einer weiteren Entscheidung bestätigte die *Corte costituzionale* die Einbeziehung der Unionsgrundrechte in den verfassungsrechtlichen Prüfungsmaßstab und betonte, dass es ihr nicht verwehrt sei, ein nationales Gesetz, das zur Umsetzung unionsrechtlicher Verpflichtungen erlassen wurde, für verfassungswidrig zu erklären, auch wenn zuvor nicht der EuGH im Wege des Vorabentscheidungsverfahrens nach Art. 267 AEUV eingeschaltet wurde; zugleich bekräftigte die *Corte costituzionale*, dass es den Fachgerichten jederzeit freistehe, ein entsprechendes Verfahren einzuleiten.[1699]

1695 Vgl. *Martinico/Repetto*, EuConst 15 (2019), S. 731, 734, 737.

1696 Corte costituzionale, Urt. Nr. 20/2019 v. 23.01.2019, englische Übersetzung abrufbar unter https://www.cortecostituzionale.it/documenti/download/doc/recent_judgments/S_20_2019_EN.pdf.

1697 Corte costituzionale, Urt. Nr. 20/2019 v. 23.01.2019, Abschnitt 2.1.

1698 Corte costituzionale, Urt. Nr. 20/2019 v. 23.01.2019, Abschnitt 2.1; im Vergleich zur Entscheidung Nr. 269/2017 verdeutlichte die *Corte costituzionale*, dass keine Pflicht der Fachgerichte bestehe, zunächst eine verfassungsrechtliche Entscheidung bei Zweifeln über die Vereinbarkeit nationalen Rechts mit Unionsgrundrechten sowie der Verfassung einzuholen, *ebd.*, Abschnitt 2.3.; s. auch *Martinico/Repetto*, EuConst 15 (2019), S. 731, 737f.

1699 Corte costituzionale, Urt. Nr. 117/2019 v. 06.03.2019, englische Übersetzung abrufbar unter https://www.cortecostituzionale.it/documenti/download/doc/recent_judgments/O_117_2019_EN.pdf.

IV. Zusammenfassung und Bewertung

Ohne ausführlich auf die Besonderheiten der jeweiligen Verfassungsgerichtsbarkeit einzugehen, lässt sich feststellen, dass Verfassungsgerichte zunehmend bereit sind, die Unionsgrundrechte in die eigene Prüfung einzubeziehen.[1700] Allerdings unterscheiden sie sich zunächst in der Begründung der jeweiligen Erweiterung: Während der Österreichische Verfassungsgerichtshof maßgeblich den Äquivalenzgrundsatz zur Anerkennung der Unionsgrundrechte als Prüfungsmaßstab herangezogen hat und somit eine unionsrechtliche Begründung wählte, argumentierte das Bundesverfassungsgericht mit der Integrationsverantwortung aus Art. 23 Abs. 1 S. 1 GG und die *Corte costituzionale* mit der Vorgabe einer zentralisierten Verfassungsgerichtsbarkeit aus einer verfassungsrechtlichen Perspektive.

Ein weiterer Unterschied besteht hinsichtlich der Konstellationen, in denen die Unionsgrundrechte zum Prüfungsmaßstab werden: Während der Österreichische Verfassungsgerichtshof stets bei Vorliegen einer Durchführung i.S.d. Art. 51 Abs. 1 S. 1 GRC die Unionsgrundrechte prüft, sofern diese verfassungsrechtlich gewährleisteten Rechten entsprechen, differenzieren das Bundesverfassungsgericht sowie die *Corte costituzionale* nach der Determiniertheit der unionsrechtlichen Vorgaben bzw. dem Vorliegen eines mitgliedstaatlichen Gestaltungsspielraums, um festzustellen, ob primär nationale Grundrechte oder Unionsgrundrechte zur Anwendung kommen. In diese Richtung deutet auch die Entscheidung des *Conseil*

1700 Zur GRC als Prüfungsmaßstab s. auch die Entscheidung des belgischen Verfassungsgerichtshofs, Cour constitutionnelle, Entscheid v. 15. März 2018, Nr. 29/2018, Abschnitte B.9., B.10.5., B.15.ff. sowie des kroatischen Verfassungsgerichts, Ustavni sud Republike Hrvatske, Entsch. v. 21.09.2017, U-III-1095/2014, englische Übersetzung der Abschnitte, die sich auf die GRC beziehen, abrufbar unter https://fra.europa.eu/en/caselaw-reference/croatia-constitutional-court-u-iii-10952014; auch in weiteren Mitgliedstaaten verweisen Verfassungsgerichte auf Gewährleistungen der Charta oder berücksichtigen diese, ohne dass die Charta zum Prüfungsmaßstab wird so etwa in Bulgarien, Polen, Portugal, Slowenien, Tschechien; in Spanien wird die Charta vom Verfassungsgericht zur Auslegung nationaler Grundrechte herangezogen, da gem. Art. 10 Abs. 2 der spanischen Verfassung für die Bestimmung der Grundrechtsgewährleistungen auf die internationalen Menschenrechtsverträge, wozu auch die GRC zählt, abzustellen ist, s. *Pliakos/Anagnostaras*, YEL 34 (2015), S. 97, 103f.; s. zum Ganzen die Länderberichte in: Burgorgue-Larsen (Hrsg.), La Charte des Droits Fondamentaux, 2017 sowie FRA (Hrsg.), Zehn Jahre danach: Das volle Potenzial der Charta ausschöpfen, 2020, S. 8ff. m.w.N., online abrufbar unter: https://fra.europa.eu/sites/default/files/fra_uploads/fra-2020-fundamental-rights-report-2020-focus_de.pdf.

constitutionnel, in der dieser darstellte, dass das Schutzniveau bestimmter Unionsgrundrechte dem Schutzniveau der nationalen Grundrechte entspreche.

Gemeinsam ist den Entscheidungen der Verfassungsgerichte, dass mit der Anwendung der Unionsgrundrechte Konsequenzen hinsichtlich des Verhältnisses zur Fachgerichtsbarkeit verbunden sind. Das betrifft zum einen die Frage, ob sich Fachgerichte im Rahmen der Normenkontrolle bei einer Verletzung von Unionsgrundrechten primär an den EuGH oder an das nationale Verfassungsgericht wenden sollen. Eine Pflicht, zunächst das nationale Verfassungsgericht anzurufen widerspricht, wie dargestellt, der Rechtsprechung des EuGH und wird, soweit ersichtlich, auch von den nationalen Verfassungsgerichten nicht angenommen. Ein nationales Zwischenverfahren zur Kontrolle der Verfassungsmäßigkeit stellt jedoch keine Verletzung des Unionsrechts dar, wenn nationale Fachgerichte zu jedem Verfahrenszeitpunkt dem Gerichtshof Fragen nach der Auslegung oder der Gültigkeit des Unionsrechts vorlegen und nationales Recht auch nach Abschluss eines nationalen Zwischenverfahrens unangewendet lassen können, wenn dieses unionsrechtswidrig ist. Zum anderen sind die Entscheidungen der Verfassungsgerichte, den eigenen Prüfungsmaßstab auf Unionsgrundrechte zu erweitern, auch vor dem Hintergrund eines drohenden Bedeutungsverlusts der Verfassungsgerichte und eines (befürchteten) zunehmenden Einflusses der nationalen Fachgerichte im Bereich des europäischen Grundrechtsschutzes zu sehen.[1701]

Dieser zunehmende Einfluss erfolgt zunächst durch die Rechtsprechung des EuGH, welche den Fachgerichten Kompetenzen gegenüber nationalen Verfassungsgerichten zuspricht. Bereits die Rechtssachen *Simmenthal II* und *Mecanarte* haben dazu geführt, dass die an sich ausschließliche Befugnis der Verfassungsgerichte zur Kontrolle der Verfassungsmäßigkeit nationaler Normen eingeschränkt wurde.[1702] In der Rechtssache *Winner Wetten* entschied der EuGH, dass ein nationales Gericht eine nationale Norm unangewendet lassen muss, wenn diese gegen Unionsrecht verstößt und zuvor das nationale Verfassungsgericht die Norm zwar für verfassungswidrig, jedoch nicht unmittelbar für nichtig erklärt hat, sondern die Rechts-

---

1701 *Martinico/Repetto*, EuConst 15 (2019), S. 731, 741f., führen auch fehlendes Vertrauen der *Corte costituzionale* in die richtige Anwendung der Unionsgrundrechte durch die Fachgerichte als Begründung für eine zentralisierte Kontrolle durch die *Corte costituzionale* an.

1702 EuGH, *Simmenthal II*, Rs. 106/77, EU:C:1978:49; *Mecanarte*, Rs. C-347/89, EU:C:1991:278; *Bobek*, in: Claes/de Visser/Popelier/van de Heyning (Hrsg.), Constitutional Conversations in Europe, 2012, S. 287, 294ff.

wirkungen für einen bestimmten Zeitraum fortbestehen ließ.[1703] Somit zeigt sich, dass die Autorität nationaler Verfassungsgerichte insoweit eingeschränkt werden kann, als nationale Gerichte dazu verpflichtet sind, entgegen einem Urteil eines Verfassungsgerichts zu handeln, wenn anderenfalls die einheitliche Geltung und die Wirksamkeit des Unionsrechts beeinträchtigt wird.[1704] In der Rechtssache *Križan u.a.* stellte der Gerichtshof zudem klar, dass nationale Gerichte zur Vorlage nach Art. 267 AEUV verpflichtet sind, wenn zuvor zwar das nationale Verfassungsgericht eine für den entsprechenden Rechtsstreit bindende Entscheidung getroffen, dabei jedoch nicht das Unionsrecht berücksichtigt hat und das nationale Gericht der Auffassung ist, dass sich nach Einbezug des Unionsrechts eine andere Sichtweise ergebe.[1705] In der Rechtssache *Global Starnet* verdeutlichte der EuGH, dass ein mitgliedstaatliches Gericht auch dann zur Vorlage nach Art. 267 Abs. 3 AEUV berechtigt oder verpflichtet ist, wenn das jeweilige nationale Verfassungsgericht die streitgegenständliche Maßnahme anhand der nationalen Grundrechte geprüft hat und das vorlegende Gericht davon ausgeht, dass den nationalen Grundrechten grundsätzlich die gleiche Bedeutung und Tragweite zukommt wie den Unionsgrundrechten.[1706]

Die eigenständige Prüfung der Unionsgrundrechte durch die Fachgerichte bei der Durchführung des Unionsrechts i.S.d. Art. 51 Abs. 1 S. 1 GRC und die damit eröffnete Möglichkeit, nationale Normen bei einem Grundrechtsverstoß unangewendet zu lassen, kann zudem dazu führen, dass nationale Verfassungsgerichte in Grundrechtsfragen im unionsrechtlichen Bereich an Bedeutung verlieren.[1707] Verbunden mit der Ausweitung des Unionsrechts und dem Inkrafttreten der Grundrechtecharta kann die dargestellte Rechtsprechung des EuGH, in der der EuGH den Fachgerichten zunehmend Befugnisse zugesprochen hat, somit zusätzlich zu einer gewissen Marginalisierung nationaler Verfassungsgerichte beitragen,

---

1703 EuGH, *Winner Wetten*, Rs. C-409/06, EU:C:2010:503, Rn. 53ff.; s. auch EuGH, *Filipak*, Rs. C-314/08, EU:C:2009:719.

1704 *Piqani*, in: de Witte/Mayoral/Jaremba/Wind/Podstawa (Hrsg.), National Courts and EU Law, 2016, S. 26, 33.

1705 EuGH, *Križan u.a.*, Rs. C-416/10, EU:C:2013:8, Rn. 62ff.

1706 EuGH, *Global Starnet*, Rs. C-322/16, EU:C:2017:985, Rn. 25f.

1707 Die Bereitschaft nationaler Verfassungsgerichte auf die Prüfung nationaler Normen anhand des Unionsrechts zu verzichten und dies den Fachgerichten zu überlassen, lässt sich auch damit erklären, dass diese sich primär mit Fragen der nationalen Verfassung befassen. Mit Inkrafttreten der GRC können nun verstärkt Fachgerichte originäre verfassungsrechtliche Fragen klären, s. *Komárek*, EuConst 9 (2013), S. 420, 429.

insbesondere wenn eine zentralisierte Verfassungskontrolle vorgesehen ist.[1708] Mit der Anwendung der Grundrechtecharta können nationale Verfassungsgerichte einem etwaigen drohenden Bedeutungsverlust entgegenwirken.[1709] Das Beispiel Österreichs zeigt, dass damit nicht zwangsläufig eine Verdrängung nationaler Grundrechte verbunden ist, da eine solche trotz der Erweiterung des Prüfungsmaßstabs des Verfassungsgerichtshofs bislang nicht zu beobachten ist.[1710]

Der Anerkennung der Unionsgrundrechte als Prüfungsmaßstab wird entgegengehalten, dass das nationale Verfassungsrecht und das Unionsrecht unterschiedliche Zielsetzungen verfolgen, die sich auf die Aufgaben der jeweiligen Gerichtsbarkeit auswirkten, sodass der jeweilige Prüfungsmaßstab nicht austauschbar sei: Während das nationale Verfassungsrecht primär dem Ausgleich zwischen individueller und kollektiver Autonomie diene, bezwecke das Unionsrecht maßgeblich die Ausweitung individueller Freiheiten.[1711] Zutreffend ist zwar, dass hinsichtlich der Zielsetzung der Verträge und nationalen Verfassungen Unterschiede bestehen. Dies gilt jedoch nicht in gleichem Maße für einen Vergleich zwischen den Unionsgrundrechten und den nationalen Grundrechten. Nach der Präambel der Grundrechtecharta stellt die Union den „Menschen in den Mittelpunkt ihres Handelns." Zugleich zeigt die Verpflichtung zur „Achtung der Vielfalt der Kulturen und Traditionen der Völker Europas" die kollektive Dimension des europäischen Grundrechtsschutzes auf. Die Grundrechtecharta verfolgt somit vergleichbare Interessen wie nationale Grundrechtsgewährleistungen und bringt ein universelles Grundrechtsverständnis zum Ausdruck.[1712] Diese Universalität kommt insbesondere durch den beson-

---

1708 Vgl. *Komárek*, EuConst 9 (2013), S. 420, 421; *Piqani*, in: de Witte/Mayoral/Jaremba/Wind/Podstawa (Hrsg.), National Courts and EU Law, 2016, S. 26, 35; kritisch dazu *Claes*, GLJ 16 (2015), S. 1331, 1336.

1709 S. auch *Bobek*, in: Claes/de Visser/Popelier/van de Heyning (Hrsg.), Constitutional Conversations in Europe, 2012, S. 287, 305; *Piqani*, in: de Witte/Mayoral/Jaremba/Wind/Podstawa (Hrsg.), National Courts and EU Law, 2016, S. 26, 35f.; a.A. *Komárek*, in: de Vries/Bernitz/Weatherill (Hrsg.), EU Charter of Fundamental Rights as Binding Instrument, 2015, S. 75, 91, da Fachgerichte weiterhin den ersten Zugriff auf Fälle, die im Widerspruch zu den Unionsgrundrechten stehen, hätten.

1710 3. Kapitel, B., III., 1., d.; s. auch *Edenharter*, DÖV 2020, S. 349, 356.

1711 *Komárek*, EuConst 9 (2013), S. 420, 425ff., 445f.

1712 Vgl. *Reestman/Besselink*, EuConst 9 (2013), S. 169, 170; da Grundrechte stets an ein bestimmtes Rechtssystem gebunden seien, und sich verändernde, soziologische Vorstellungen in der Union und ihren Mitgliedstaaten, auch auf das jeweilige Grundrechtsverständnis auswirkten, geht hingegen *Komárek* von

deren Stellenwert der Garantie der Menschenwürde zum Ausdruck, wenngleich Grundrechte auch in ihrem historischen und kulturellen Kontext zu betrachten sind.[1713] Nationalen Verfassungsgerichten ist es dabei möglich, die Unionsgrundrechte vor diesem Hintergrund anzuwenden. Die Besonderheiten des Unionsrechts als supranationaler Rechtsordnung stehen nationalen Besonderheiten im Grundrechtsbereich nicht entgegen.

Ein entscheidendes Argument für die Einbeziehung der Unionsgrundrechte in die Prüfung durch nationale Verfassungsgerichte ist deren hervorgehobene Position im nationalen Rechtssystem. Diese können meist, auch wenn in den Mitgliedstaaten hinsichtlich der konkreten Befugnis Unterschiede bestehen, im Gegensatz zu den Fachgerichten und dem EuGH nationale Gesetze für nichtig erklären und somit zur Rechtssicherheit beitragen, da eine Entscheidung über den Einzelfall hinaus getroffen wird.[1714]

Das Verhältnis von nationalen Grundrechten und Unionsgrundrechten lässt sich insgesamt immer weniger als getrennte Sphären betrachten, sodass es Aufgabe von Rechtswissenschaft und -praxis sein wird, das Zusammenspiel beider Grundrechtsebenen zunehmend zu analysieren und zu bewerten. Auch in Mitgliedstaaten, in denen das Verfassungsgericht einer Anwendung der Grundrechtecharta zurückhaltend gegenübersteht, wird im Schrifttum vermehrt die Berücksichtigung der Unionsgrundrechte gefordert.[1715] Vorschläge und Impulse aus unterschiedlichen Rechtsordnungen können zu einem „wechselseitigen Lernprozess" der beteiligten Akteure führen und somit zur Lösung von Problemen im Grundrechtsbereich beitragen.[1716] Die Anerkennung der Unionsgrundrechte als Prüfungsmaßstab ist dazu ein wichtiger Schritt, als solcher jedoch nicht ausreichend.

Unterschieden zwischen nationalen Grundrechten und Unionsgrundrechten aus, s. *Komárek*, in: de Vries/Bernitz/Weatherill (Hrsg.), EU Charter of Fundamental Rights as Binding Instrument, 2015, S. 75, 83ff.

1713 *Cartabia*, EuConst 5 (2009), S. 5, 20; *Rauchegger*, in: de Vries/Bernitz/Weatherill (Hrsg.), EU Charter of Fundamental Rights as Binding Instrument, 2015, S. 93, 101.

1714 Vgl. *Reiling*, in: Broemel/Krell/Muthorst/Prütting (Hrsg.), Prozessrecht, 2017, S. 11, 37f.; zudem erhalten Entscheidungen der Verfassungsgerichte regelmäßig höhere öffentliche Aufmerksamkeit, als dies bei der Entscheidung der Nichtanwendung eines Gesetzes aufgrund eines Verstoßes gegen Unionsrecht durch ein Fachgericht der Fall ist, was dem Ziel der Charta, die Unionsgrundrechte sichtbar zu machen, entspricht, s. *ebd.*

1715 S. etwa für die Rechtsprechung des polnischen Verfassungsgerichts, *Kustra-Rogatka/Hamuľák*, Baltic Journal of European Studies 9 (2019), S. 72ff.

1716 Vgl. für das Verhältnis von EMRK und den Grundrechten des Grundgesetzes *Hofmann-Riem*, NJW 2009, S. 20, 26.

Dabei besteht insbesondere die Gefahr, dass es zu einer Nationalisierung der Grundrechtecharta kommt, was der Einheit des Unionsrechts zuwiderläuft. Zu betonen ist insoweit, dass nationale Verfassungsgerichte als letztinstanzliche Gerichte i.S.d. Art. 267 Abs. 3 AEUV bei der Auslegung der Unionsgrundrechte zur Einleitung eines Vorabentscheidungsverfahrens verpflichtet sind, wenn nicht bereits eine gesicherte Rechtsprechung des Gerichtshof vorliegt oder nach der der *acte-clair*-Doktorin[1717] die richtige Anwendung des Unionsrechts offenkundig ist.

Aus Sicht nationaler Verfassungsgerichte dürfte allerdings der „Mehrwert“ gering sein, die Unionsgrundrechte anzuwenden, ohne dass Raum zur Entfaltung eigener Vorstellung im europäischen Grundrechtsbereich verbleibt. Die kumulative Anwendung von nationalen Grundrechten und Unionsgrundrechten ist nur dann sinnvoll, wenn der Gerichtshof Räume belässt, in denen mitgliedstaatliche Grundrechtskulturen zur Ausprägung eigener Standards herangezogen werden können.[1718] Dieses Spannungsfeld erfordert daher einen Austausch zwischen nationalen Verfassungsgerichten und dem EuGH. Die Rolle der Verfassungsgerichte kann insofern in einer „Mittlerfunktion“ gesehen werden, wonach diese die Grundrechtecharta in der nationalen Ordnung effektuieren und zugleich nationale Besonderheiten und Ansätze in den europäischen Diskurs einbringen können.[1719]

Gegenstand der weiteren Untersuchung soll daher die Frage sein, inwiefern nationale Verfassungsgerichte auf die Rechtsprechung des EuGH Einfluss nehmen und Wechselwirkungen zwischen nationalen und europäischen Grundrechten berücksichtigt werden können.

C. Ausgleichs- und Abwägungslösungen zur Berücksichtigung des nationalen Grundrechtsschutzes

Im europäischen Mehrebenensystem ist es einerseits notwendig, dass die Unionsgrundrechte einheitlich ausgelegt und angewendet werden. Andererseits ist eine gewisse Grundrechtsvielfalt geboten, um den Grundrechtsschutz in der Union insgesamt zu optimieren. Die Union besteht aus Mitgliedstaaten, die jeweils eine eigene Identität aufweisen und in denen sich

1717 Grundlegend EuGH, *CILFIT*, Rs. 283/81, EU:C:1982:335, Rn. 13ff.

1718 Vgl. *Franzius*, ZaöRV 75 (2015), S. 383, 402.

1719 *Reiling*, in: Broemel/Krell/Muthorst/Prütting (Hrsg.), Prozessrecht, 2017, S. 11, 37.

unterschiedliche Kulturen sowie Traditionen entwickelt haben, die von der Union beachtet werden müssen.[1720] Dies verdeutlicht auch die Präambel der Charta, wonach die Union zur Entwicklung von gemeinsamen Werten „unter Achtung der Vielfalt der Kulturen und Traditionen der Völker Europas“ beiträgt. Dabei ist es wesentlich, dass Konflikte vermieden werden, die entstehen können, wenn unterschiedliche Gerichte über denselben oder vergleichbare Sachverhalte entscheiden. Unterschiedliche Ergebnisse und Wertungen können bei der Auslegung ähnlicher Normen entstehen.[1721] In Grundrechtskonstellationen tritt die Besonderheit hinzu, dass der Abwägungsvorgang zwischen verschiedenen Grundrechtspositionen eine zentrale Rolle einnimmt. Hinzu kommt, dass im Grundrechtsbereich regelmäßig keine eindeutigen, zwingenden Lösungen existieren – um Widersprüche zu vermeiden, ist eine wechselseitige Berücksichtigung der jeweiligen Gerichte und eine „vorausschauende“ Auslegung des eigenen Maßstabs geboten.[1722]

Zur Lösung möglicher Konflikte wird in der Tradition *Kelsens* auf die Vorstellung strikter Rangordnungen und Hierarchien verwiesen und ein generelles Vorrangprinzip sowie ein umfassender Kontrollanspruch der höherrangigen Instanz angenommen.[1723] Wie bereits dargestellt, haben die meisten nationalen Verfassungs- bzw. Höchstgerichte jedoch einen uneingeschränkten Vorrang des Unionsrechts abgelehnt und verfassungsrechtliche Vorbehalte formuliert.[1724] Zudem können starre Lösungsmodelle mit festen Hierarchien nicht den Besonderheiten des Mehrebenensystems des europäischen Grundrechtsschutzes gerecht werden, da diese nicht auf die erforderliche Koordination zielen.[1725] Im „europäischen Verfassungsgerichtsverbund“ bietet es sich daher an, von „Differenz und Vielfalt, Homogenität und Pluralität, Abgrenzung, Zusammenspiel und Verschränkung“ anstatt von Über- und Unterordnung zu sprechen.[1726] Die Frage nach dem

1720 *Cartabia*, EuConst 5 (2009), S. 5, 17ff.; *Lenaerts*, EuGRZ 2015, S. 353, 353.

1721 S. zu möglichen Konflikten bereits oben 1. Kapitel, C.

1722 Vgl. *Hoffmann-Riem*, EuGRZ 2002, S. 473, 478; *Voßkuhle*, JöR N.F. 59 (2011), S. 215, 239.

1723 S. etwa *Hentschel-Bednorz*, Derzeitige Rolle und zukünftige Perspektive des EuGH, 2012, S. 172; *Grabenwarter*, in: Schumann (Hrsg.), Hierarchie, Kooperation und Integration, 2015, S. 129, 142; s. auch *Dörr*, DVBl. 2006, S. 1088, 1089; dem entspricht die Vorrangrechtsprechung des EuGH, womit dieser ein „System klarer Normenhierarchien zu etablieren gesucht“ hat, *Oeter*, VVDStRL 66 (2007), S. 361, 366.

1724 S. oben 1. Kapitel, A., I., 3.

1725 *Klatt*, Praktische Konkordanz, 2014, S. 141f.

1726 Vgl. *Voßkuhle*, JöR N.F. 59 (2011), S. 215, 220.

„letzten Wort“ kann dabei offen bleiben, da Kompetenzfragen in föderalen Ordnungen in der Schwebe gehalten werden können.[1727] Erforderlich sind Ausgleichs- und Abwägungslösungen, die die Berücksichtigung nationaler Grundrechte zulassen und zugleich eine einheitliche Anwendung der Unionsgrundrechte sicherstellen.

Im Schrifttum wurden dazu verschiedene Abwägungsmodelle auf einer rechtstheoretischen Basis entwickelt, um mögliche Konflikte im Mehrebenensystem des europäischen Grundrechtsschutzes zu lösen. Nach einem Ansatz soll eine „Konfliktlösung durch Vorrangbestimmung“ erfolgen.[1728] Hiernach soll einem der an einem konkreten Streitfall beteiligten Gerichte im Mehrebenensystem, die Entscheidungsbefugnis „exklusiv zugewiesen und dem anderen endgültig abgesprochen werden.“[1729] Der Entscheidungsvorrang eines der konfliktbeteiligten Gerichte sei anhand der Entscheidungsnähe als Rechtsprinzip i.S.d. Prinzipientheorie zu bestimmen, wobei weitere Faktoren, wie etwa Sachkunde- und Akzeptanzfragen, in eine Gesamtabwägung einzustellen seien.[1730] Nach einem weiteren Modell könnten Jurisdiktionskonflikte im Wege einer formellen Abwägung von formellen und materiellen Prinzipien, die jedoch getrennt voneinander betrachtet werden, aufgelöst werden (sog. Zweiebenenmodell).[1731] Mit diesem Modell bestehe eine flexible und zugleich rechtliche Lösung, um einen Vorrang der Kontrollkompetenz eines Gerichts und der Gewährung von Kompetenzspielräumen zu begründen.[1732] Ein materiell-rechtlicher Ansatz zur Auflösung von Kollisionen zwischen Unionsrecht und

1727 *Möllers*, ZEuP 2015, S. 461, 467.

1728 *Sauer*, Jurisdiktionskonflikte, 2008, S. 115ff., 413ff.

1729 *Sauer*, Jurisdiktionskonflikte, 2008, S. 414.

1730 *Sauer*, Jurisdiktionskonflikte, 2008, S. 419ff., 443ff.; kritisch, da sich in dem Modell von *Sauer* Missverständnisse hinsichtlich der Prinzipientheorie zeigten, *Klatt*, Praktische Konkordanz, 2014, S. 147ff.; Bedenken gegen diesen Ansatz ergeben sich ferner daraus, dass Abwägungsmodelle im Gegensatz zu diesem Ansatz – nicht zu starren Vorrangrelationen führen, s. *Klatt*, Praktische Konkordanz, 2014, S. 148; *Edenharter*, Grundrechtsschutz, 2018, S. 966f.

1731 *Klatt*, Praktische Konkordanz, 2014, S. 191f., 277ff.; Kriterien, die bei der Abwägung für die Bestimmung des Gewichts formeller Prinzipien heranzuziehen seien, seien etwa die demokratische Legitimität eines Prinzips, die Entscheidungsnähe in zeitlicher und örtlicher Hinsicht, der Grundsatz der Subsidiarität oder die Qualität einer Entscheidung, *ebd.*, S. 222ff.; s. zum (umstrittenen) Begriff der formellen Prinzipien und zur Unterscheidung zwischen formellen und materiellen Prinzipien auch etwa *Portocarrero Quispe*, Der autoritative Charakter der Grundrechtsabwägung, 2014, S. 15ff.

1732 *Klatt*, Praktische Konkordanz, 2014, S. 387ff.; zu beachten ist indes, dass aufgrund der starken Arithmetisierung der Rechtsnormkollisionen dieser Ansatz

nationalem Recht versteht die Gesamtheit der unionalen und nationalen Rechtsnormen als Verbund von Normen, der durch ein Nebeneinander von hierarchischen und heterarchischen Elementen gekennzeichnet sei.[1733] Kommt es zu einer Kollision zwischen einer unionsrechtlichen und einer nationalen Norm, sei nicht abstrakt nach festen Rangnormen zu entscheiden, sondern auf die jeweilige Norm abzustellen und eine Abwägung anhand von Strukturprinzipien vorzunehmen.[1734] Dies ermöglicht flexible Abwägungen, die keine absolute Hierarchie des Unionsrechts oder des mitgliedstaatlichen Rechts begründen, sodass bei abstrakter Betrachtung des formellen Ursprungs oder materiellen Gehalts einer Norm keine Aussage dazu getroffen werden kann, ob diese im Kollisionsfall vorrangig anzuwenden sein wird.[1735] Diese Ansätze zeigen, dass sich flexible Lösungsmodelle und die Ausbalancierung von Grundrechtseinheit und -vielfalt rechtlich begründen lassen und Konfliktlösungen nicht primär aufgrund politischer Entscheidungen zu suchen sind.[1736] Die vorgeschlagenen Abwägungskriterien sind für den Grundrechtsbereich sowie die Anwendung durch Gerichte jedoch nur begrenzt praktikabel und tragen aufgrund ihrer rechtlichen Unbestimmtheit zur Rechtsunsicherheit bei.[1737] Im Folgenden sollen normative Anhaltspunkte und die Rechtsprechung des EuGH nach Möglichkeiten zum Ausgleich von Grundrechtsvielfalt und -einheit in der Union untersucht werden, die zur Rechtssicherheit beitragen können. Eine Orientierung an den genannten Ansätzen ist jedenfalls denkbar.

Art. 53 GRC ermöglicht unter bestimmten Voraussetzungen einen weitergehenden nationalen Grundrechtsschutz in Fällen der parallelen Anwendbarkeit von Unionsgrundrechten und nationalen Grundrechten. Dies gilt insbesondere, wenn die Mitgliedstaaten bei der Anwendung des Uni-

---

für die praktische Anwendung nur begrenzt geeignet erscheint, *Edenharter*, Grundrechtsschutz, 2018, S. 969.

1733 *Burchardt*, Rangfrage, 2015, S. 185ff., 249ff.

1734 *Burchardt*, Rangfrage, 2015, S. 249ff., 260ff.; zustimmend *Schmidt-Aßmann*, EuGRZ 2016, S. 85, 90; zu diesen Strukturprinzipien zählen etwa das Legalitätsprinzip, das Subsidiaritätsprinzip, der Menschenrechtsschutz, das Demokratieprinzip und das Uniformitätsgebot sowie das Gebot der Wahrung der Identität der am Verbund beteiligten Verfassungsordnungen, *Burchardt*, Rangfrage, 2015, S. 266ff.; s. auch zu einem prozessualen Ansatz *Kumm*, ELJ 11 (2005), S. 262, 306, wonach eine Abwägung anhand des Demokratieprinzips, des Subsidiaritätsprinzips, des Rechtmäßigkeitsprinzips und des Prinzips des Grundrechtsschutzes erfolgen soll.

1735 *Burchardt*, Rangfrage, 2015, S. 331; *Schmidt-Aßmann*, EuGRZ 2016, S. 85, 90.

1736 S. dazu etwa die Nachweise bei *Kumm*, ELJ 11 (2005), S. 262, 269f.

1737 *Edenharter*, Grundrechtsschutz, 2018, S. 880ff., 969.

onsrechts einen Ermessensspielraum haben (I.). Die Unionsgrundrechte selbst beanspruchen dabei keinen umfassenden Anwendungsvorrang (II.). Handeln die Mitgliedstaaten aufgrund zwingender unionsrechtlicher Vorgaben, kann es im Einzelfall geboten sein, dass ein höheres nationales Grundrechtsschutzniveau aufgrund der Verpflichtung der Union zur Achtung der nationalen Identität gem. Art. 4 Abs. 2 EUV in eng begrenzten Ausnahmefällen anzuwenden ist (III.). Bei der Anwendung der Unionsgrundrechte durch nationale Gerichte sollte diesen ein eigenständiger Beurteilungsspielraum zukommen, der es erlaubt, eigene Bewertungen in grundrechtliche Fragestellungen einzubringen (IV.).

I. Art. 53 GRC als Anhaltspunkt für die Bestimmung des Verhältnisses von Unionsgrundrechten und nationalen Grundrechten

Der Charta lässt sich keine exakte Aussage dazu entnehmen, wie der EuGH bei einem Konflikt zwischen GRC und nationalen Grundrechten oder auch der EMRK zu entscheiden hat. Einen Anhaltspunkt bietet Art. 53 GRC, wonach „keine Bestimmung dieser Charta (…) als eine Einschränkung oder Verletzung der Menschenrechte und Grundfreiheiten auszulegen [ist], die in dem jeweiligen Anwendungsbereich durch das Recht der Union und das Völkerrecht sowie durch die internationalen Übereinkünfte, bei denen die Union oder alle Mitgliedstaaten Vertragsparteien sind, darunter insbesondere die Europäische Konvention zum Schutz der Menschenrechte und Grundfreiheiten, sowie durch die Verfassungen der Mitgliedstaaten anerkannt werden." Diese Norm wird im Schrifttum unterschiedlich interpretiert. Um die Bedeutung des Art. 53 GRC näher zu bestimmen, bedarf es zunächst der Auslegung dieser Norm (1.). Als Grundsatzentscheidung des EuGH zur Auslegung des Art. 53 GRC gilt die Rechtssache *Melloni* (2.).

1. Auslegung des Art. 53 GRC

Das Meinungsspektrum über die genaue Bedeutung dieser Norm ist vielfältig, wobei die Bezeichnungen der Norm, etwa als „Mindestschutzklausel" oder „Meistbegünstigungsklausel", nicht einheitlich verwendet werden.

Im Wesentlichen lassen sich vier verschiedene Interpretationsansätze erkennen:

Erstens wird angenommen, dass Art. 53 GRC als Mindeststandardklausel eine Durchbrechung des Anwendungsvorrangs des Unionsrechts zugunsten weitergehender Grundrechtsgewährleistungen darstelle und mitgliedstaatliche Verfassungsvorbehalte anerkenne.[1738] Demnach könnten sich auch bei der Anwendung von Unionsrechtsakten im Einzelfall nationale Grundrechte im Konfliktfall durchsetzen (im Folgenden: Mindeststandardklausel).

Zweitens wird dargestellt, dass es sich bei Art. 53 GRC um eine Mindestschutzklausel handeln soll, die es erfordere, dass die Auslegung der Unionsgrundrechte weder hinter menschenrechtlichen Garantien noch hinter nationalen Grundrechten der Mitgliedstaaten zurückbleiben dürfe.[1739] Dies kann zur Folge haben, dass die Unionsgrundrechte, in allen Fällen, in denen nationale Grundrechte einen höheren Schutz gewährleisten, nach Maßgabe der nationalen Grundrechte zur Anwendung gelangen, wobei die „Schutzverstärkung" in jedem Mitgliedstaat individuell gewährleistet werden solle, sodass die einheitliche Anwendung des Unionsrechts infrage gestellt wird.[1740] Zugleich könnte dies bedeuten, dass der unionsrechtliche Grundrechtsstandard insgesamt dem jeweils höchsten grundrechtlichen Schutzniveau der Mitgliedstaaten entspricht (Maximalstandardthese).[1741] In beiden Fällen wirkt sich ein derartiges Verständnis des Art. 53 GRC unmittelbar auf die Auslegung der Unionsgrundrechte aus (im Folgenden: Mindest- bzw. Maximalstandardthese).

Drittens wird eine Meistbegünstigung oder Schutzverstärkung durch Art. 53 GRC in Konstellationen angenommen, in denen sich der jeweilige

---

1738 S. etwa *Griller*, in: Duschanek/Griller (Hrsg.), Grundrechte für Europa, 2002, S. 131, 169ff.; *Ruffert*, EuR 2004, S. 165, 174; zu einem ähnlichen Verständnis vor Erarbeitung der GRC s. bereits *Besselink*, CMLR 35 (1998), S. 629ff.

1739 Vgl. *von Danwitz*, in: Tettinger/Stern (Hrsg.), Kölner Gemeinschaftskommentar zur Europäischen Grundrechte-Charta, 2006, Art. 53 GRC, Rn. 14ff.; *Calliess*, JZ 2009, S. 113, 119f.; wohl auch *García*, ELJ 8 (2002), S. 492, 507ff., als Mindestschutzklausel hinsichtlich der Schranken der Charta auffassend *Eisner*, Schrankenregelung, 2005, S. 156f.; Art. 53 als *„non-regression clause"*, die den Mindeststandard sichert, verstehend *Arold Lorenz/Groussot/Petursson*, European Human Rights Culture, 2013, S. 212f.

1740 *Seidel*, EuZW 2003, S. 97; unmittelbar dagegen *Everling*, EuZW 2003, S. 225.

1741 Art. 53 GRC sei demnach eine Art Transformator des jeweils höchsten in den Mitgliedstaaten geltenden Schutzniveaus auf Unionsebene; zum Begriff „Maximalstandardthese" *Bühler*, Einschränkungen von Grundrechten, 2005, S. 413 m.w.N.; ähnlich s. auch *Hwang*, EuR 2014, S. 400, 416f.

Anwendungsbereich gleicht oder jedenfalls überschneidet.[1742] Eine nationale Vorschrift, die unionsrechtlich nicht determiniert ist, könne etwa gegen nationale Grundrechte verstoßen, auch wenn diese mit den Unionsgrundrechten vereinbar ist. Demnach soll sich der Grundrechtsträger auf das Grundrecht berufen können, welches den weitergehenden Schutz enthält, wobei nicht deutlich wird, ob damit auch eine gewisse Relativierung des Anwendungsvorrangs verbunden ist (im Folgenden: Meistbegünstigungsklausel).[1743]

Viertens wird angenommen, dass Art. 53 GRC als „Geltungserhaltungsklausel" lediglich verdeutliche, dass die Grundrechtecharta keine Änderung hinsichtlich der Geltung der Grundrechtsnormen der EMRK sowie der Mitgliedstaaten bewirke und die Koexistenz der verschiedenen Grundrechtsquellen bestätige, weshalb Art. 53 GRC keine Aussagen zur Anwendung verschiedener Grundrechte im Konfliktfall entnommen werden könne (im Folgenden: Geltungserhaltungsklausel).[1744]

Die nachfolgende Auslegung soll der Frage nachgehen, welcher Interpretationsansatz der Bedeutung des Art. 53 GRC entspricht. Diese orien-

1742 *Lindner*, EuZW 2007, S. 71, 74; *Calliess*, JZ 2009, S. 113, 119f.; *Brummund*, Kohärenter Grundrechtsschutz, 2011, S. 111f.; *Borowsky*, in: Meyer (Hrsg.), Charta der Grundrechte, 4. Aufl., 2014, Art. 53 GRC, Rn. 14; *Calliess*, JRP 23 (2015), S. 17, 31; *Streinz*, in: Kment (Hrsg.), FS Jarass, 2015, S. 133, 136; *Terhechte*, in: von der Groeben/Schwarze/Hatje (Hrsg.), Europäisches Unionsrecht, 7. Aufl., 2015, Art. 53 GRC, Rn. 4; *Jarass*, in: Jarass (Hrsg.), Charta der Grundrechte der EU, 4. Aufl., 2021, Art. 53, Rn. 2; von einer Mindestschutzklausel ausgehend, die jedoch den Vorrang des Unionsrechts unberührt lässt, sodass die begriffliche Divergenz i.E. keinen Unterschied bewirkt *Matz-Lück*, EuGRZ 2011, S. 207, 210; *Matz-Lück*, in: Matz-Lück/Hong (Hrsg.), Grundrechte und Grundfreiheiten im Mehrebenensystem, 2012, S. 161, 194; Art. 53 GRC ebenfalls in diesem Sinne verstehend, jedoch als „Günstigkeitsklausel" bezeichnend *Scholz*, in: Lorenz/Trunk/Eidenmüller/Wendehorst/Adolff (Hrsg.), FS Heldrich, 2005, S. 1311, 1319ff.; als „Geltungserhaltungsklausel" bezeichnend *Lindner*, EuR 2007, S. 160, 168f.

1743 S. etwa *Jarass*, EuR 2013, S. 29, 39 der betont, dass der Vorrang des sonstigen Unionsrechts zu achten sei; *Kirchhof*, EuR 2014, S. 267, 271 geht in diesen Fällen hingegen davon aus, dass der „Anwendungsvorrang des EU-Rechts nicht allgemein angenommen werden" dürfe.

1744 *Wollenschläger*, in: Hatje/Müller-Graff (Hrsg.), Europäisches Organisations- und Verfassungsrecht, 2014, § 8, Rn. 91; *Kingreen*, in: Calliess/Ruffert (Hrsg.), EUV/AEUV, 5. Aufl., 2016, Art. 53 GRC, Rn. 7; *Szczekalla*, in: Heselhaus/Nowak (Hrsg.), Handbuch der Europäischen Grundrechte, 2. Aufl., 2020, § 10, Rn. 107; als „Günstigkeitsklausel" bezeichnend *Barriga*, Entstehung der Charta, 2003, S. 169f.; s. auch Schlussanträge GA *Bot*, *Melloni*, Rs. C-399/11, EU:C:2012:600, Rn. 128ff.

tiert sich an den bereits dargestellten Auslegungsgrundsätzen im Unionsrecht.[1745]

a. Semantische Auslegung

Dem Wortlaut des Art. 53 GRC ist zunächst zu entnehmen, dass der Grundrechtsschutz nach der Charta den national gewährten Grundrechtsschutz unberührt lässt.[1746] Die semantische Auslegung könnte somit die Annahme stützen, dass sich mitgliedstaatliche Grundrechte gegenüber Unionsgrundrechten durchsetzen könnten. Zum einen lässt sich insofern die Bezugnahme auf internationale Abkommen, bei denen „alle" Mitgliedstaaten Vertragsparteien sind, anführen. Dies könnte den Schluss nahelegen, dass die in Art. 53 GRC genannten Instrumente als Minimalstandard des unionsrechtlichen Grundrechtssystems anzusehen sind.[1747] Zum anderen verweist Art. 53 GRC auf die Verfassungen der Mitgliedstaaten, nicht auf das Recht der Mitgliedstaaten insgesamt, was bedeuten kann, dass die Union die mitgliedstaatlichen Verfassungen in besonderer Weise zu achten hat.[1748] Zu berücksichtigen ist jedoch, dass der Wortlaut der Norm den Vorrang des schutzstärkeren nationalen Grundrechts auf die „Bestimmungen dieser Charta" beschränkt, sodass Art. 53 GRC nicht das Verhältnis des nationalen Grundrechtsschutzes zu anderen Bestimmungen des Unionsrechts regelt und keine Ausnahme vom unionsrechtlichen Vorranggrundsatz insgesamt darstellen kann.[1749] Die Formulierung „in dem jeweiligen Anwendungsbereich" deutet zudem daraufhin, dass die Beachtung des jeweils höchsten nationalen grundrechtlichen Schutzniveaus im Anwendungsbereich des Unionsrechts nicht intendiert ist, sodass die sog. Maximalstandardthese nicht mit dem Wortlaut des Art. 53 GRC zu ver-

---

1745 Dazu bereits oben 2. Kapitel, B., I. Da sich die jeweiligen Sprachfassungen des Art. 53 GRC, im Gegensatz zu Art. 51 Abs. 1 S. 1 GRC, nicht in relevanter Weise unterscheiden, wird auf einen umfassenden Sprachvergleich verzichtet.

1746 *Bleckmann*, Nationale Grundrechte im Anwendungsbereich, 2011, S. 270.

1747 *Liisberg*, CMLR 38 (2001), S. 1171, 1192; *Bühler*, Einschränkungen von Grundrechten, 2005, S. 406; *Brummund*, Kohärenter Grundrechtsschutz, 2011, S. 107.

1748 Zu diesem Gedanken *Liisberg*, CMLR 38 (2001), S. 1171, 1192; jedoch auch darauf hinweisend, dass die Bezugnahme auf die Verfassungen wohl einen Kompromiss zwischen dem Wortlaut *„national law"*, der Erwähnung der gemeinsamen Verfassungstraditionen der Mitgliedstaaten sowie gar keinen Bezug auf nationales Recht darstellen soll, *ebd.*, S. 1171, 1193; *Bühler*, Einschränkungen von Grundrechten, 2005, S. 411.

1749 *Bleckmann*, Nationale Grundrechte im Anwendungsbereich, 2011, S. 295.

einbaren ist.[1750] Der Wortlaut des Art. 53 GRC verdeutlicht durch die Bezugnahme auf den „jeweiligen Anwendungsbereich“, dass außerhalb des Anwendungsbereichs der Grundrechtecharta keine innerstaatlichen Vorschriften, d.h. auch solche der nationalen Verfassung, unter Verweis auf die Charta zum Nachteil des Individuums ausgelegt und angewendet werden dürfen.[1751] Insofern kann Art. 53 GRC lediglich deklaratorische Bedeutung zugesprochen werden, da dieser nur die geltende Rechtslage wiedergibt.[1752] Dem Wortlaut des Art. 53 GRC ist somit primär die Aussage zu entnehmen, dass die Eigenständigkeit der mitgliedstaatlichen Grundrechtsordnungen bewahrt werden soll, sodass Art. 53 GRC als Geltungserhaltungsregel einzuordnen sein könnte.[1753]

b. Systematische Auslegung

In systematischer Hinsicht sind zunächst Art. 52 Abs. 3 und Abs. 4 GRC zu betrachten. Art. 52 Abs. 3 GRC normiert, dass die Rechte der Charta, soweit diese den Rechten der EMRK entsprechen, die gleiche Bedeutung und Tragweite, wie sie ihnen in der EMRK verliehen wird, haben und ein weitergehender Schutz des Unionsrechts möglich ist.[1754] Art. 52 Abs. 4 GRC bestimmt, dass die in der Charta anerkannten Grundrechte, wie sie sich aus den gemeinsamen Verfassungsüberlieferungen der Mitgliedstaaten ergeben, im Einklang mit diesen Überlieferungen ausgelegt werden. Art. 52 Abs. 3 bzw. Abs. 4 GRC regeln somit bereits den Einfluss der EMRK sowie der gemeinsamen Verfassungsüberlieferungen der Mitgliedstaaten auf den unionsrechtlichen Grundrechtsstandard, was gegen die Interpretationsansätze spricht, wonach Art. 53 GRC zu einer Aufladung der Unionsgrundrechte durch diese Grundrechtsquellen führe.[1755]

1750 Vgl. *Lindner*, EuR 2007, S. 160, 168; *Bleckmann*, Nationale Grundrechte im Anwendungsbereich, 2011, S. 271.

1751 *Barriga*, Entstehung der Charta, 2003, S. 169f.; *Borowsky*, in: Meyer (Hrsg.), Charta der Grundrechte, 4. Aufl., 2014, Art. 53 GRC, Rn. 12.

1752 *Pache*, in: Pechstein/Nowak/Häde (Hrsg.), Frankfurter Kommentar EUV/GRC/AEUV, 2017, Art. 53 GRC, Rn. 19.

1753 So im Ergebnis deutlich *Kingreen*, in: Calliess/Ruffert (Hrsg.), EUV/AEUV, 5. Aufl., 2016, Art. 53 GRC, Rn. 7.

1754 Zu Art. 52 Abs. 3 GRC s. bereits oben 1. Kapitel, B., IV., 1., a.

1755 *Bleckmann*, Nationale Grundrechte im Anwendungsbereich, 2011, S. 271; *Rung*, Grundrechtsschutz, 2019, S. 101; *Bilz*, Margin of Appreciation der EU-Mitgliedstaaten, 2020, S. 138f.; a.A. *Griller*, in: Duschanek/Griller (Hrsg.), Grundrechte für Europa, 2002, S. 131, 165, wonach der enge Zusammenhang

Von wesentlicher Bedeutung für das Verständnis des Art. 53 GRC ist zudem Art. 51 Abs. 1 S. 1 GRC. Wie gezeigt, legt der Wortlaut des Art. 53 GRC ein Verständnis als Geltungserhaltungsklausel nahe, wonach die Grundrechtecharta zu keinen Einschränkungen der nationalen Verfassungen führen soll. Dieser Klarstellung hätte es streng genommen nicht bedurft, da die Grundrechtecharta ohnehin nur bei der Durchführung des Unionsrechts i.S.d. Art. 51 Abs. 1 S. 1 GRC durch die Mitgliedstaaten eingreift.[1756]

Dementsprechend zeigt die vergleichende Betrachtung der Art. 51 Abs. 1 S. 1 GRC und Art. 53 GRC, dass zum einen eine parallele Geltung von Unionsgrundrechten und nationalen Grundrechten möglich ist.[1757] Zudem folgt aus dem Vergleich beider Normen, dass bei Überschneidung der Anwendungsbereiche der beiden Grundrechtsebenen unter bestimmten Voraussetzungen auch eine Meistbegünstigung der nationalen Grundrechte möglich ist, da anderenfalls Art. 53 GRC keinen eigenständigen rechtlichen Gehalt hätte und somit redundant wäre.[1758]

Zwar könnte die systematische Betrachtung des Art. 53 GRC mit Art. 51 und 52 GRC so zu interpretieren sein, dass mit diesem Artikel verdeutlicht werden solle, dass die Charta nicht zum ausschließlichen Instrument zum Schutz der Grundrechte werden soll und nur im Anwendungsbereich des Unionsrechts das Schutzniveau der Grundrechte vorgibt.[1759] Allerdings ist auch eine solche Verdeutlichung letztlich nicht erforderlich, da eine entsprechende Funktion als alleinige Grundrechtsquelle im europäischen Grundrechtsverbund nicht intendiert war und auch von dem Mandat zur Ausarbeitung der Charta nicht gedeckt wäre.[1760] Um Art. 53 GRC

---

mit der EMRK als Mindestgarantieregel nach Art. 52 Abs. 3 GRC dafür spreche, auch hinsichtlich der nationalen Verfassungen von einer grundrechtlichen Mindestgarantieregel auszugehen; s. auch *Hwang*, EuR 2014, S. 400, 413ff., die davon ausgeht, dass Art. 53 GRC dazu verpflichte, bei Auslegung und Anwendung der GRC die gegebenenfalls höheren Schutzstandards der mitgliedstaatlichen Grundrechte zu beachten.

1756 *Streinz/Michl*, in: Streinz (Hrsg.), EUV/AEUV, 3. Aufl., 2018, Art. 53 GRC, Rn. 5, weisen darauf hin, dass in diesen Bereichen außerhalb der Durchführung i.S.d. Art. 51 Abs. 1 S. 1 GRC schon keine Kollision bestehe, sodass es einer Kollisionsregel nicht bedürfte.

1757 S. dazu bereits oben 3. Kapitel, A., I.

1758 Vgl. *Streinz/Michl*, in: Streinz (Hrsg.), EUV/AEUV, 3. Aufl., 2018, Art. 53 GRC, Rn. 5f.

1759 Schlussanträge GA *Bot*, *Melloni*, Rs. C-399/11, EU:C:2012:600, Rn. 129ff.

1760 S. zum Mandat zur Erarbeitung der GRC des Rates von Köln bereits oben 2. Kapitel, B., IV., 1.

somit eine eigenständige Bedeutung zuzusprechen, ist es erforderlich, dass nationalen Grundrechtsgewährleistungen bei paralleler Anwendung der Unionsgrundrechte eine eigenständige Bedeutung verbleiben muss.

In systematischer Hinsicht ist schließlich die Menschenwürdegarantie nach Art. 1 GRC von Bedeutung. Vergleichbar dem Verständnis des Art. 1 GG, der Art. 1 GRC als Vorbild diente, ist die Menschenwürde durch die Normierung als eigenständiges Grundrecht an der Spitze der Unionsgrundrechte für die Auslegung sämtlicher Rechte der Charta maßgeblich.[1761] Die besondere Stellung der Menschenwürde in Art. 1 GRC streitet somit für das Argument, dass die Charta ein insgesamt hohes Schutzniveau der Rechte des Individuums erreichen möchte und daher ein weitergehender Grundrechtsschutz als durch die Charta gewährleistet wird, denkbar ist.[1762]

Offen bleibt jedoch, unter welchen Voraussetzungen nationale Grundrechte zu berücksichtigen sind. Die Erwähnung des Subsidiaritätsprinzips in Art. 51 Abs. 1 GRC, wonach die Charta „für die Organe, Einrichtungen und sonstigen Stellen der Union unter Wahrung des Subsidiaritätsprinzips" gilt, könnte im Zusammenhang mit Art. 53 GRC so zu lesen sein, dass die Mitgliedstaaten stets einen über die Charta hinausgehenden Grundrechtsschutz gewährleisten dürften.[1763] Dies würde jedoch bedeuten, dass sich der mitgliedstaatliche Grundrechtsschutz auch gegenüber Unionsrechtsakten durchsetzen könnte, was jedoch mit der ausschließlichen Zuständigkeit der Union zur Kontrolle sekundären Unionsrechts nicht vereinbar ist.[1764]

Keine näheren Erkenntnisse für das Verständnis des Art. 53 GRC können schließlich aus einem Vergleich zu dem ähnlichen Art. 53 EMRK, dessen Verständnis als Günstigkeitsklausel anerkannt ist,[1765] gewonnen werden. Die EMRK setzt als Teil des internationalen Menschenrechtsschutz-

---

1761 *Calliess*, in: Calliess/Ruffert (Hrsg.), EUV/AEUV, 5. Aufl., 2016, Art. 1 GRC, Rn. 4; *Frenz*, in: Pechstein/Nowak/Häde (Hrsg.), Frankfurter Kommentar EUV/GRC/AEUV, 2017, Art. 1 GRC, Rn. 16; *Borowsky*, in: Meyer/Hölscheidt (Hrsg.), Charta der Grundrechte, 5. Aufl., 2019, Art. 1 GRC, Rn. 29.

1762 Vgl. *von Papp*, ELR 2018, S. 511, 516.

1763 S. *Philippi*, Charta der Grundrechte, 2002, S. 38, die dies im Ergebnis jedoch ablehnt, da sich das Subsidiaritätsprinzip in Art. 51 Abs. 1 GRC auf die Bindung der Union bezieht.

1764 *Griller*, in: Duschanek/Griller (Hrsg.), Grundrechte für Europa, 2002, S. 131, 179; *Bühler*, Einschränkungen von Grundrechten, 2005, S. 412.

1765 Vgl. dazu *Thienel*, in: Karpenstein/Mayer (Hrsg.), EMRK, 2. Aufl., 2015, Art. 53, Rn. 2; *Grabenwarter/Pabel*, Europäische Menschenrechtskonvention, 7. Aufl., 2021, § 2, Rn. 14f.

systems primär einen grundrechtlichen Mindeststandard, während die Grundrechtecharta in das komplexe System des Unionsrechts eingebunden ist, weshalb eine Parallelisierung beider Normen abzulehnen ist.[1766]

Die systematische Auslegung legt daher, insbesondere unter Berücksichtigung des Art. 51 Abs. 1 S. 1 GRC, ein Verständnis des Art. 53 GRC als Meistbegünstigungsklausel nahe, wonach bei paralleler Geltung von nationalen Grundrechten und Unionsgrundrechten ein weitergehendes Schutzniveau nationaler Grundrechte möglich ist. Ungeklärt bleibt zunächst, wann dieses höhere Schutzniveau eingreifen kann.

c. Historische Auslegung

Der erste Entwurf zu Art. 53 GRC, der in der ersten Fassung als Art. Z bezeichnet wurde und nur das Verhältnis der Charta zur EMRK behandelte, lautete: „Keine Bestimmung dieser Charta kann dahin gehend ausgelegt werden, daß sie den gemäß Artikel 6 des Vertrags über die Europäische Union durch die Europäische Menschenrechtskonvention gewährten Schutz einschränkt."[1767] Mit dieser Formulierung war die Rezeption der EMRK in die Charta bezweckt, wobei die EMRK den Mindeststandard darstellen sollte.[1768] Im zweiten Entwurf wurde der Artikel in Art. Y umbenannt, wobei keine inhaltliche Änderung erfolgte, mit Ausnahme der Streichung des Verweises auf Art. 6 EUV.[1769]

1766 Vgl. *Brummund*, Kohärenter Grundrechtsschutz, 2011, S. 112; *Wollenschläger*, in: Hatje/Müller-Graff (Hrsg.), Europäisches Organisations- und Verfassungsrecht, 2014, § 8, Rn. 90; *Rung*, Grundrechtsschutz, 2019, S. 101f.; *Lock*, in: Kellerbauer/Klamert/Tomkin (Hrsg.), EU Treaties and the Charter of Fundamental Rights, 2019, Article 53 CFR, Rn. 2; umfassend zur möglichen Vergleichbarkeit von Art. 53 EMRK und Art. 53 GRC s. auch *Bilz*, Margin of Appreciation der EU-Mitgliedstaaten, 2020, S. 146ff.; a.A. *Bühler*, Einschränkungen von Grundrechten, 2005, S. 419, die Art. 53 GRC einen dem Art. 53 EMRK entsprechenden Aussagegehalt zuschreibt; zu einem Vergleich mit Art. 53 EMRK s. auch *van de Heying*, in: Popelier/van de Heyning/van Nuffel (Hrsg.), Human rights protection in the European legal order, 2011, S. 65, 73ff.

1767 CHARTE 4123/1/00 REV 1 CONVENT 5 vom 15.02.2000, S. 11; s. umfassend zur Entstehungsgeschichte des Art. 53 GRC mit wertvollen Hintergrundinformationen *Liisberg*, CMLR 38 (2001), S. 1171ff. sowie *Bühler*, Einschränkungen von Grundrechten, 2005, S. 397ff., an denen sich die nachfolgende Darstellung orientiert.

1768 *Barriga*, Entstehung der Charta, 2003, S. 167f.

1769 CHARTE 4149/00 CONVENT 13 v. 08.03.2000, S. 18.

In den nachfolgenden Diskussionen wurde betont, dass die Charta das zum Teil sehr hohe Grundrechtsschutzniveau in den einzelnen Mitgliedstaaten nicht herabsetzen und nicht zu einer Nivellierung der nationalen Grundrechte führen dürfe.[1770] Dies wurde im folgenden Entwurf aufgegriffen, der sich offensichtlich an Art. 53 EMRK orientierte und nun lautete: „Diese Charta darf nicht als Einschränkung der Tragweite der durch das Recht der Union, das Recht der Mitgliedstaaten, das Völkerrecht und die von den Mitgliedstaaten ratifizierten internationalen Übereinkommen, darunter die Europäische Menschenrechtskonvention in ihrer Auslegung durch die Rechtsprechung des Europäischen Gerichtshofs für Menschenrechte gewährleisteten Rechte ausgelegt werden."[1771] In der Sitzung des Grundrechtekonvents, die die Beratung der horizontalen Bestimmungen der Charta zum Gegenstand hatte, wurde hinsichtlich des Artikels zum Schutzniveau darauf verwiesen, dass der Hinweis auf das nationale Recht problematisch sei, da die Gültigkeit des europäischen Rechts nicht am Maßstab nationalen Rechts geprüft werden dürfe.[1772] Zu ausführlicheren Diskussionen als der Verweis auf das nationale Recht führte allerdings der Verweis auf die Rechtsprechung des EGMR: Uneinigkeit bestand insbesondere darüber, ob es sich dabei um eine statische oder eine dynamische Verweisung handeln soll, wobei bei einer dynamischen Sichtweise anzunehmen sei, dass auch der Inhalt der Charta durch die Rechtsprechung des EGMR geändert werden könne.[1773] Der Vorsitzende des Konvents *Roman Herzog* wies im Verlauf dieser Beratungen zudem darauf hin, dass dieser Artikel im Sinne einer sog. „Meistbegünstigungsklausel" verstanden werden müsse.[1774] Infolge dieser Diskussionen wurde zum einen die Formulierung „Recht der Mitgliedstaaten" in „Verfassungen der Mitgliedstaaten"

1770 Vgl. Protokoll der Fünften Sitzung des Konvents (förmliche Tagung) am 20./21. März 2000, abgedruckt in *Bernsdorff/Borowsky*, Handreichungen und Sitzungsprotokolle, 2002, S. 163, 164.

1771 CHARTE 4235/00 CONVENT 27 v. 18.04.2000, S. 3; zum Vergleich zu Art. 53 EMRK *Liisberg*, CMLR 38 (2001), S. 1171, 1174.

1772 So die Aussage von *Peter Altmaier*, s. Protokoll der Neunten Sitzung des Konvents (informelle Tagung) am 3./4. Mai 2000, abgedruckt in *Bernsdorff/Borowsky*, Handreichungen und Sitzungsprotokolle, 2002, S. 229, 236ff.

1773 Vgl. Protokoll der Neunten Sitzung des Konvents (informelle Tagung) am 3./4. Mai 2000, abgedruckt in *Bernsdorff/Borowsky*, Handreichungen und Sitzungsprotokolle, 2002, S. 229, 236ff.; s. auch *Liisberg*, CMLR 38 (2001), S. 1171, 1175; *Barriga*, Entstehung der Charta, 2003, S. 168.

1774 S. Bericht des Ausschuss für die Angelegenheiten der Europäischen Union des Deutschen Bundestags über die Neunte Sitzung des Konvents (informelle Sitzung) zur Erarbeitung einer EU-Charta der Grundrechte am 3./4. Mai 2000 in

geändert, zum anderen wurde der Verweis auf die Rechtsprechung des EGMR gestrichen.[1775] Zudem wurde in diesem Entwurf die Formulierung „in ihrem jeweiligen Anwendungsbereich“ aufgenommen, die auf die Sicherstellung des unionsrechtlichen Vorrangs zielen sollte.[1776]

Schriftlich konnten die Mitglieder des Konvents zu dieser Fassung Änderungsvorschläge einreichen. Dabei zeigte sich, dass dieser Entwurf nicht sonderlich umstritten war: Zwar wurden sowohl die Streichung als auch die Erweiterung des Anwendungsbereichs des Artikels derart, dass der Vorrang der Unionsrechts einzuschränken sei, vorgeschlagen. Dennoch waren die meisten Änderungsvorschläge darauf gerichtet, den Wortlaut anzupassen, ohne damit eine inhaltliche Änderung zu bewirken.[1777] Das Verhältnis der Charta zur EMRK wurde dabei weniger im Rahmen des heutigen Art. 53 GRC diskutiert, sondern in Bezug auf die Vorgängernorm des heutigen Art. 52 Abs. 3 GRC.[1778]

Im ersten Entwurf für den vollständigen Text lautete der dem heutigen Art. 53 GRC entsprechende Artikel: „Keine Bestimmung dieser Charta ist als eine Einschränkung oder Verletzung der Menschenrechte und Grundfreiheiten auszulegen, die in ihrem jeweiligen Anwendungsbereich durch das Völkerrecht und die internationalen Übereinkommen, bei denen die Union, die Gemeinschaft oder alle Mitgliedstaaten Vertragsparteien sind, darunter insbesondere die Europäische Konvention zum Schutz der Menschenrechte und Grundfreiheiten, sowie die Verfassungen der Mitglied-

Brüssel, abgedruckt in Deutscher Bundestag (Hrsg.), Charta der Grundrechte, 2001, S. 270.

1775 CHARTE 4316/00 CONVENT 34 v. 16.05.2000, S. 11.

1776 *Liisberg*, CMLR 38 (2001), S. 1171, 1175f., der darauf hinweist, dass diese Einfügung nach ausführlichen Beratungen zwischen den Juristischen Diensten der Kommission und des Rats erfolgt sei, um jeden Zweifel über den Vorrang des Unionsrechts auszuschließen; s. auch *Hoppe*, in: Meyer/Hölscheidt (Hrsg.), Charta der Grundrechte, 5. Aufl., 2019, Art. 53 GRC, Rn. 8. Der geänderte Artikel lautete somit: „Diese Charta ist nicht als eine Einschränkung oder Verletzung der Menschenrechte und Grundfreiheiten auszulegen, die in ihrem jeweiligen Anwendungsbereich durch die Verfassungen der Mitgliedstaaten, das Völkerrecht und die internationalen Übereinkommen anerkannt werden, zu deren Vertragsparteien die Union, die Gemeinschaft oder alle Mitgliedstaaten gehören, darunter insbesondere die Europäische Konvention zum Schutze der Menschenrechte und Grundfreiheiten.“

1777 Vgl. CHARTE 4383 CONVENT 41 v. 03.07.2000, S. 28; *Liisberg*, CMLR 38 (2001), S. 1171, 1176ff.; *Bühler*, Einschränkungen von Grundrechten, 2005, S. 400f.

1778 *Liisberg*, CMLR 38 (2001), S. 1171, 1179.

staaten anerkannt werden."[1779] Bei der Tagung des Konvents, die sich mit diesem Entwurf für den vollständigen Text der Charta befasste, gab es, soweit ersichtlich, keinen wesentlichen Diskussionsbedarf zu dieser vorgeschlagenen Fassung und auch die Kommission signalisierte in einer Mitteilung ihre Zustimmung zu den horizontalen Bestimmungen.[1780] Der endgültige Entwurf des Art. 53 GRC weicht daher kaum von dem ersten Entwurf im vollständigen Text der Charta ab, am auffälligsten ist die Einfügung der Bezugnahme auf das Recht der Union.[1781] Erwähnenswert ist schließlich eine Mitteilung der Kommission aus Oktober 2000, in der betont wird, dass sich die Besorgnis, dass die Charta Änderungen der mitgliedstaatlichen Verfassungen erfordern werde, als unbegründet erweise.[1782] Es stehe außer Zweifel, dass die Charta in ihrem Geltungsbereich nicht an die Stelle der nationalen Verfassungen trete und das Verhältnis zwischen Primärrecht und nationalem Recht nicht ändere.[1783]

Im Kontext der historischen Auslegung sind auch die Erläuterungen zu Art. 53 GRC zu betrachten. In diesen heißt es, dass „Zweck dieser Bestimmung (...) die Aufrechterhaltung des durch das Recht der Union, das Recht der Mitgliedstaaten und das Völkerrecht in seinem jeweiligen Anwendungsbereich gegenwärtig gewährleisteten Schutzniveaus [ist]. Aufgrund ihrer Bedeutung findet die EMRK Erwähnung. Der durch die Charta gewährleistete Schutz darf unter keinen Umständen geringer als der durch die EMRK gewährte Schutz sein, was bedeutet, dass die in der Charta vorgesehene Einschränkungsregelung nicht unter dem in der

---

1779 CHARTE 4422/00 CONVENT 45 v. 28.07.2000, S. 6.

1780 Protokoll der Sechzehnten Sitzung des Konvents am 11./12. September 2000, abgedruckt in *Bernsdorff/Borowsky*, Handreichungen und Sitzungsprotokolle, 2002, S. 354, 358ff.; CHARTE 4477 CONTRIB 328 v. 20.09.2000.

1781 Art. 53 GRC lautete somit: „Keine Bestimmung dieser Charta ist als eine Einschränkung oder Verletzung der Menschenrechte und Grundfreiheiten auszulegen, die in dem jeweiligen Anwendungsbereich durch das Recht der Union und das Völkerrecht sowie durch die internationalen Übereinkommen, bei denen die Union, die Gemeinschaft oder alle Mitgliedstaaten Vertragsparteien sind, darunter insbesondere die Europäische Konvention zum Schutze der Menschenrechte und Grundfreiheiten, sowie durch die Verfassungen der Mitgliedstaaten anerkannt werden.", CHARTE 4487/00 CONVENT 50 v. 28.09.2000, S. 23.

1782 CHARTE 4956/00 CONTRIB 355 v. 18.10.2000, S. 6.

1783 CHARTE 4956/00 CONTRIB 355 v. 18.10.2000, S. 6f.; die Kommission bezieht sich dabei zwar nicht ausdrücklich auf Art. 53 GRC, es handelt sich dabei jedoch um eine implizite Bezugnahme auf diesen Artikel, *Lüsberg*, CMLR 38 (2001), S. 1171, 1181.

EMRK vorgesehenen Niveau liegen darf."[1784] Der letzte Satz dieser Erläuterungen wurde bei der Ausarbeitung des Verfassungsvertrags durch den Verfassungskonvent 2003 gestrichen.[1785] Die Erläuterungen verdeutlichen, dass Art. 53 GRC keine Regelung über eine Rangordnung mit den Verfassungen der Mitgliedstaaten darstellt, sondern ein Absinken des *status quo* verbietet.[1786]

Die historische Auslegung des Art. 53 GRC ergibt insgesamt kein eindeutiges Bild, auch da der ursprüngliche Entwurf primär das Verhältnis zur EMRK betraf, das nunmehr in Art. 52 Abs. 3 GRC geregelt ist. Aus der Entstehungsgeschichte des Art. 53 GRC geht jedoch hervor, dass es ein wesentliches Anliegen war, dass die Charta zu keinen Verfassungsänderungen in den Mitgliedstaaten führen solle und dies durch Art. 53 GRC verdeutlicht werden sollte.[1787] Aus Sicht des Präsidiums wurde deutlich darauf hingewiesen, dass die Norm eine Art „Meistbegünstigungsklausel" darstelle. Die entscheidenden Fragen, das Verhältnis zwischen europäischen und nationalen Grundrechten, die Frage der gerichtlichen Letztentscheidungskompetenz und der Vorrang des Unionsrechts wurden allerdings kaum ausdrücklich thematisiert.[1788] So wurde nur vereinzelt vorgebracht, dass Art. 53 GRC als „materielle Kollisionsnorm" verstanden werden könne, was eine Gefährdung des unionsrechtlichen Vorrangs impliziert.[1789] Soweit ersichtlich, wurde die Vorrangfrage von den Mitgliedern des Konvents nicht ausführlich diskutiert und es gibt keine Hinweise darauf, dass diese als sonderlich problematisch angesehen wurde.[1790] Naheliegend ist daher die Vermutung, dass keine „schlafenden Hunde geweckt" werden sollten und es bevorzugt wurde, hinter den Kulissen Grundrechtepolitik zu betreiben.[1791] Daher spricht die historische Auslegung insbesondere

1784 CHARTE 4473/00 CONVENT 49 v. 11.10.2000, S. 50.

1785 CONV 828/1/03 REV 1 v. 18.07.2003, S. 52.

1786 *Heißl*, in: Kahl/Raschauer/Storr (Hrsg.), Grundsatzfragen der europäischen Grundrechtscharta, 2013, S. 59, 69.

1787 *Liisberg*, CMLR 38 (2001), S. 1171, 1181.

1788 *Hoppe*, in: Meyer/Hölscheidt (Hrsg.), Charta der Grundrechte, 5. Aufl., 2019, Art. 53 GRC, Rn. 11; *Liisberg*, CMLR 38 (2001), S. 1171, 1181 und *Bühler*, Einschränkungen von Grundrechten, 2005, S. 404 bezeichnen dies als „überraschend".

1789 So die Abgeordneten *Friedrich* und *Mombaur*, Nachweis bei *Liisberg*, CMLR 38 (2001), S. 1171, 1177.

1790 *Liisberg*, CMLR 38 (2001), S. 1171, 1190.

1791 *Liisberg*, CMLR 38 (2001), S. 1171, 1182; *Bühler*, Einschränkungen von Grundrechten, 2005, S. 404; *Hoppe*, in: Meyer/Hölscheidt (Hrsg.), Charta der Grundrechte, 5. Aufl., 2019, Art. 53 GRC, Rn. 11; *Liisberg*, CMLR 38 (2001), S. 1171,

gegen ein Verständnis des Art. 53 GRC als Durchbrechung des Anwendungsvorrangs des Unionsrechts, unabhängig davon, ob diese Norm als Mindeststandardklausel oder als Meistbegünstigungsklausel eingeordnet wird, sofern insoweit der Anwendungsvorrang relativiert werden soll. Dies wird verdeutlicht durch die fehlende Befugnis des Grundrechtekonvents zur Infragestellung des Vorrangs des Unionsrechts.[1792]

d. Teleologische Auslegung

Die Entstehungsgeschichte des Art. 53 GRC verdeutlicht das primär politische Ziel dieser Norm: Mit ihr soll zum Ausdruck kommen, dass die Charta rechtlich zu keinerlei Veränderungen der nationalen Verfassungen oder anderen Menschenrechtsinstrumente zwingen wird und den grundrechtlichen *status quo* auf nationaler und völkerrechtlicher Ebene nicht infrage stellt.[1793] Zugleich zielt die Norm auf einen insgesamt hochwertigen Grundrechtsschutz innerhalb der Union, auch um die Akzeptanz der Union insgesamt zu verbessern.[1794] Diese Zielsetzung spricht sowohl für die Einordnung des Art. 53 GRC als Meistbegünstigungsklausel als auch für den Interpretationsansatz, wonach diese Norm eine Geltungserhaltungsklausel darstellt.

Das Verständnis als Meistbegünstigungsklausel kann zur Folge haben, dass in unionsrechtlichen Fallgestaltungen eine „Schutzverstärkung" derart zur Anwendung kommt, dass ein höheres Schutzniveau in dem jeweiligen Mitgliedstaat gilt, sodass ein differenzierter Grundrechtsschutz in der Union bestünde, was die einheitlich-effektive Durchsetzung des Uni-

1181 beschreibt den Entstehungsprozess daher insgesamt als *„fumbling approach"*.

1792 *Liisberg*, CMLR 38 (2001), S. 1171, 1193; *de Witte*, in: Peers/Hervey/Kenner/Ward (Hrsg.), EU Charter of Fundamental Rights, 2014, Art. 53, Rn. 53.21; a.A. *Besselink*, ELR 39 (2014), S. 531, 544, der darauf verweist, dass die Charta zunächst keine Bindungswirkung entfalten sollte und die Mitglieder der Konvents daher weitgehend frei hinsichtlich der Ausgestaltung der Charta gewesen seien.

1793 *Bühler*, Einschränkungen von Grundrechten, 2005, S. 404; *Bleckmann*, Nationale Grundrechte im Anwendungsbereich, 2011, S. 272; *Borowsky*, in: Meyer (Hrsg.), Charta der Grundrechte, 4. Aufl., 2014, Art. 53 GRC, Rn. 11f.

1794 *Von Danwitz*, in: Tettinger/Stern (Hrsg.), Kölner Gemeinschaftskommentar zur Europäischen Grundrechte-Charta, 2006, Art. 53 GRC, Rn. 8; *Bleckmann*, Nationale Grundrechte im Anwendungsbereich, 2011, S. 297.

onsrechts gefährdet.[1795] In der Präambel der Charta wird betont, dass die Union die „Vielfalt der Kulturen und Traditionen der Völker Europas sowie der nationalen Identität der Mitgliedstaaten" achtet. Dies legt es nahe, dass jedenfalls der Grundrechtsschutz im Anwendungsbereich des Unionsrechts nicht stets vereinheitlicht sein muss und im Einzelfall auch nationale Grundrechtsstandards zur Anwendung kommen können. Die Grundrechtecharta zielt insofern nicht auf die Herstellung identischer Grundrechtslagen und nicht uneingeschränkt auf die absolute Durchsetzung der Unionsrechtsordnung.[1796] Dies kann jedoch nicht so weit reichen, dass Art. 53 GRC insgesamt zu einer Einschränkung des Vorrangs des Unionsrechts führt, was nicht zuletzt mit dem im Rahmen teleologischer Erwägungen zu berücksichtigenden Gebot des *effet utile* zu begründen ist.[1797] Auch das Primärrecht sieht in Art. 114 Abs. 4ff. AEUV vor, wenngleich in anderem Zusammenhang, dass nationale Abweichungen zur Intensivierung des Rechtsgüterschutzes zulässig sein können.[1798] Die Einheitlichkeit des Unionsrechts ist somit nicht absolut zu verstehen, sondern kann in eng begrenzten Ausnahmefällen durchbrochen werden.[1799]

Wird der Sinn und Zweck des Art. 53 GRC maßgeblich in der Festlegung eines Mindeststandards bei gleichzeitiger Beibehaltung aller höheren Standards gesehen, ist auch die Qualifizierung als Mindestschutzklausel denkbar.[1800] Dabei besteht jedoch die Gefahr, dass unionsrechtliche Vorgaben nicht beachtet werden.[1801] Die Charta zielt gerade nicht darauf ab, den Vorrang des Unionsrechts zu beeinträchtigen, was jedoch eine zwangsläufige Folge der Einordnung des Art. 53 GRC als Mindestschutzklausel ist.

1795 Vgl. *Philippi*, Charta der Grundrechte, 2002, S. 39.

1796 *Kirchhof*, EuR 2014, S. 267, 271.

1797 Vgl. *Philippi*, Charta der Grundrechte, 2002, S. 38f.; *Bühler*, Einschränkungen von Grundrechten, 2005, S. 409f.; *Jarass*, in: Jarass (Hrsg.), Charta der Grundrechte der EU, 4. Aufl., 2021, Art. 53, Rn. 11; a.A. *Hwang*, EuR 2014, S. 400, 415.

1798 *Korte*, in: Calliess/Ruffert (Hrsg.), EUV/AEUV, 5. Aufl., 2016, Art. 114 AEUV, Rn. 70f.; zu den verschiedenen Interpretationsansätzen dieser Norm s. ausführlich *Tietje*, in: Grabitz/Hilf/Nettesheim (Hrsg.), Das Recht der Europäischen Union, 59. EL., 2016, Art. 114 AEUV, Rn. 156ff.

1799 So im Ergebnis *Tietje*, in: Grabitz/Hilf/Nettesheim (Hrsg.), Das Recht der Europäischen Union, 59. EL., 2016, Art. 114 AEUV, Rn. 156ff.; *Wolff*, Der Einzelne in der offenen Staatlichkeit, 2020, S. 370 geht davon aus, dass diese Norm auch Abweichungen vom Anwendungsvorrang des Unionsrechts zulasse und dieser daher „ein zumindest vereinzelte Ausnahmen zulassender bloßer Grundsatz des Unionsrechts" sei; s. auch *von Papp*, ELR 2018, S. 511, 524f.

1800 *Besselink*, Maastricht J. Eur. & Comp. L. 8 (2001), S. 68, 73.

1801 *Bäcker*, EuR 2015, S. 389, 397.

Ein wesentliches Ziel der Charta insgesamt ist es, die Unionsgrundrechte und deren Bedeutung sichtbarer zu machen.[1802] Die Annahme, dass die Auslegung der Unionsgrundrechte von den nationalen Grundrechtsgewährleistungen abhängig sein soll, sei es als Mindest- oder als Maximalstandard, läuft diesem Ziel zuwider, da der Rechtsanwender stets mitgliedstaatliche Grundrechtsquellen begutachten müsste.[1803] Gegen die Maximalstandardthese spricht ferner, dass die Mitgliedstaaten einseitig den Gehalt der Unionsgrundrechte bestimmen könnten und somit anderen Mitgliedstaaten ein bestimmtes Grundrechtsniveau „aufzwingen" könnten; dies entspricht auch nicht der bisherigen Rechtsprechung des EuGH.[1804] Zudem käme es in der Folge zu praktisch unlösbaren Spannungen bei Grundrechtskollisionen, sofern in einem Mitgliedstaat ein Grundrecht stärker geschützt wird, als das widerstreitende Grundrecht in einem anderen Mitgliedstaat, das allerdings dort einen höheren Schutzgehalt aufweist und somit die Schutzwirkung des einen Rechts zugunsten der Schutzwirkung des anderen Rechts beschränkt wäre.[1805] Schließlich gestaltet sich der Vergleich verschiedener Grundrechtsstandards als schwierig, da dabei regelmäßig gesellschaftliche Werte, die in den einzelnen Staaten divergieren können, zu berücksichtigen sind.[1806] Folglich spricht der Sinn und Zweck der Charta gegen ein Verständnis des Art. 53 GRC im Sinne der Mindest- oder Maximalstandardthese.

Unter Beachtung des Ziels, einen hohen Grundrechtsschutz innerhalb der Union sicherzustellen, streitet die teleologische Auslegung des Art. 53 GRC, auch angesichts des Ziels der Aufrechterhaltung des Schutzniveaus mitgliedstaatlicher Grundrechtsgewährleistungen, für eine Interpretation dieses Artikels als Meistbegünstigungsklausel, wonach bei paralleler Anwendbarkeit nationaler Grundrechte und Unionsgrundrechte auch ein höherer nationaler Grundrechtsstandard berücksichtigt werden kann, ohne den Vorrang des Unionsrechts insgesamt infrage zu stellen.[1807]

1802 Dazu bereits oben 2. Kapitel, B., V., 1.

1803 *Barriga*, Entstehung der Charta, 2003, S. 172.

1804 *Griller*, in: Duschanek/Griller (Hrsg.), Grundrechte für Europa, 2002, S. 131, 177f.

1805 *Griller*, in: Duschanek/Griller (Hrsg.), Grundrechte für Europa, 2002, S. 131, 177f.; *Barriga*, Entstehung der Charta, 2003, S. 171.

1806 Vgl. *García*, ELJ 8 (2002), S. 492, 508ff.

1807 So auch *Calliess*, JRP 2015, S. 17, 30.

e. Ergebnis

Im Ergebnis zeigt die Auslegung des Art. 53 GRC zunächst, dass diese Norm keine Ausnahme vom Vorrang des Unionsrechts darstellt.[1808] Art. 53 GRC regelt insofern nicht den Anwendungsrang mitgliedstaatlicher Grundrechtsnormen im Verhältnis zum Unionsrecht.[1809] Durch die Bekräftigung des Ziels eines hochwertigen Grundrechtsschutzes in der Union und der Zusicherung der Bewahrung des nationalen Grundrechtsschutzniveaus beinhaltet Art. 53 GRC allerdings eine Mahnung, den Grundsatz des unionsrechtlichen Vorrangs in grundrechtlichen Bereichen nur mit Zurückhaltung anzuwenden, sodass weder die automatische Verdrängung nationaler Grundrechte aufgrund vorrangigen Unionsrechts noch ein absoluter Vorrang nationaler Grundrechte, die einen weitergehenden Schutz begründen, geboten ist.[1810] Art. 53 GRC normiert vielmehr ein Optimierungsgebot, das die Unionsorgane verpflichtet, einen schonenden Ausgleich der konfligierenden Grundrechte und Grundrechtsstandards in rechtsordnungsübergreifenden Grundrechtskollisionen anzustreben und zielt insgesamt auf einen optimalen Grundrechtsschutz.[1811] So verstanden, ist diese Norm Ausdruck eines Verfassungspluralismus, der dem EuGH aufgibt, seine Gründe darzulegen, wenn er dem Grundrechtsschutzniveau der Mitgliedstaaten folgen oder davon abweichen will, weshalb diese Norm das Gebot zu einem Dialog mit den nationalen Verfassungsgerichten impliziert.[1812]

Die Auslegung des Art. 53 GRC verdeutlicht, dass diese Norm Bedeutung bei der Überschneidung des Anwendungsbereichs nationaler Grundrechte und der Charta erlangt und dabei die Berücksichtigung weiterge-

---

1808 *Barriga*, Entstehung der Charta, 2003, S. 172; *von Danwitz*, in: Tettinger/Stern (Hrsg.), Kölner Gemeinschaftskommentar zur Europäischen Grundrechte-Charta, 2006, Art. 53 GRC, Rn. 13; *Brummund*, Kohärenter Grundrechtsschutz, 2011, S. 109; *Heißl*, in: Kahl/Raschauer/Storr (Hrsg.), Grundsatzfragen der europäischen Grundrechtscharta, 2013, S. 59, 69; *Maier*, Grundrechtsschutz, 2014, S. 337; *Franzius*, ZaöRV 75 (2015), S. 383, 399; *Heißl*, Grundrechtskollisionen, 2017, S. 491ff.; *Rung*, Grundrechtsschutz, 2019, S. 101.

1809 Vgl. *Streinz*, in: Kment (Hrsg.), FS Jarass, 2015, S. 133, 137; *Krämer*, in: Stern/Sachs (Hrsg.), GRCh, 2016, Art. 53 GRC, Rn. 8.

1810 *Bleckmann*, Nationale Grundrechte im Anwendungsbereich, 2011, S. 297ff.

1811 *Von Danwitz*, in: Tettinger/Stern (Hrsg.), Kölner Gemeinschaftskommentar zur Europäischen Grundrechte-Charta, 2006, Art. 53 GRC, Rn. 19ff.; *Bleckmann*, Nationale Grundrechte im Anwendungsbereich, 2011, S. 299.

1812 *Lenaerts*, AnwBl 2014, S. 772, 780; ähnlich auch *Hwang*, ZEuS 2016, S. 369, 385.

hender nationaler Schutzstandards ermöglicht, sodass diese Norm, wenn auch nicht uneingeschränkt, als Meistbegünstigungsklausel zu verstehen ist.[1813] Eine Grenze bildet dabei, wie insbesondere die Beratungen im Grundrechtekonvent zeigen, der Vorrang des Unionsrechts, welcher durch Art. 53 GRC nicht berührt werden soll. Art. 53 GRC kann demnach zwar dazu führen, dass in bestimmten Konstellationen die Einheitlichkeit des Unionsrechts beeinträchtigt wird, nicht jedoch der unionsrechtliche Anwendungsvorrang.[1814] Es handelt sich somit nicht um eine Vorschrift, deren Aussagegehalt auf eine politische Bedeutung zu reduzieren ist und mit der lediglich zum Ausdruck kommen solle, dass mitgliedstaatliche Grundrechtsgewährleistungen auch nach Inkrafttreten der Charta nicht überflüssig werden.[1815]

Schwierigkeiten bestehen indes im Bereich sog. mehrpoliger Grundrechtskonstellationen, d.h. wenn sich Grundrechte verschiedener Grundrechtsträger gegenüberstehen, da das Prinzip der Meistbegünstigung in diesen Konstellationen bei einem „Mehr" an Grundrechtsschutz eines Betroffenen zwangsläufig zu einem „Weniger" bei dem anderen Grundrechtsträger führt.[1816] Zudem kann die Bestimmung des jeweils günstige-

---

1813 *Bühler*, Einschränkungen von Grundrechten, 2005, S. 420f.; *Lindner*, EuZW 2007, S. 71, 74; *Kober*, Grundrechtsschutz, 2009, S. 255; *Schmoll*, ZÖR 2011, S. 461, 488; *Lenaerts*, AnwBl 2014, S. 772, 785; *Calliess*, JRP 23 (2015), S. 17, 31; *Streinz*, in: Kment (Hrsg.), FS Jarass, 2015, S. 133, 136; *Terhechte*, in: von der Groeben/Schwarze/Hatje (Hrsg.), Europäisches Unionsrecht, 7. Aufl., 2015, Art. 53 GRC, Rn. 4; *Streinz/Michl*, in: Streinz (Hrsg.), EUV/AEUV, 3. Aufl., 2018, Art. 53 GRC, Rn. 5f.; *Bilz*, Margin of Appreciation der EU-Mitgliedstaaten, 2020, S. 150ff.

1814 Vgl. *von Papp*, ELR 2018, S. 511, 523 die es jedoch auch für möglich hält, dass der Art. 53 GRC auch als Ausnahme vom Anwendungsvorrang zu verstehen sein könnte.

1815 So jedoch *Szczekalla*, in: Heselhaus/Nowak (Hrsg.), Handbuch der Europäischen Grundrechte, 2. Aufl., 2020, § 10, Rn. 107; vgl. auch zu einer geringen Bedeutung der Norm, sofern im Anwendungsbereich der GRC stets die Unionsgrundrechte vorrangig sind, *Liisberg*, CMLR 38 (2001), S. 1171, 1191; *Kingreen*, in: Calliess/Ruffert (Hrsg.), EUV/AEUV, 5. Aufl., 2016, Art. 53 GRC, Rn. 7; *Hoppe*, in: Meyer/Hölscheidt (Hrsg.), Charta der Grundrechte, 5. Aufl., 2019, Art. 53 GRC, Rn. 14; die rechtliche Erheblichkeit des Art. 53 GRC als gering beurteilend *Bilz*, Margin of Appreciation der EU-Mitgliedstaaten, 2020, S. 137.

1816 *Weber*, DVBl. 2003, S. 220, 224; *Maier*, Grundrechtsschutz, 2014, S. 342; *Streinz/Michl*, in: Streinz (Hrsg.), EUV/AEUV, 3. Aufl., 2018, Art. 53 GRC, Rn. 7; *Jarass*, in: Jarass (Hrsg.), Charta der Grundrechte der EU, 4. Aufl., 2021, Art. 53, Rn. 17; vgl. auch *Hoffmann-Riem*, EuGRZ 2006, S. 492ff.

ren Grundrechtsschutzniveaus in der Praxis zu Problemen führen.[1817] Aus der Auslegung des Art. 53 GRC ergeben sich keine näheren Anhaltspunkte, wie in diesen Situationen zu verfahren ist. Zur Wahrung nationaler Besonderheiten liegt es nahe, den mitgliedstaatlichen Gerichten einen Wertungsspielraum unter Berücksichtigung von durch den EuGH aufgestellten Rahmenvorgaben hinsichtlich der Bedeutung und Tragweite der beteiligten Grundrechte anzuerkennen.[1818] Im Verlauf dieser Arbeit wird daher noch näher zu untersuchen sein, inwiefern mitgliedstaatlichen Gerichte ein solcher Spielraum zukommen kann.

2. Grundsatzentscheidung des EuGH zu Art. 53 GRC – Rechtssache *Melloni*

In der Rechtssache *Melloni* war der EuGH erstmals mit der Auslegung des Art. 53 GRC befasst.[1819] Das spanische Verfassungsgericht (*Tribunal Constitucional*) legte dem EuGH in diesem Verfahren Fragen zur Auslegung des Rahmenbeschlusses über den Europäischen Haftbefehl[1820] hinsichtlich der Voraussetzungen vor, unter welchen die Vollstreckung eines Haftbefehls abgelehnt werden kann. Damit verbunden war die Frage, ob es Art. 53 GRC den Mitgliedstaaten gestattet, einen nationalen Grundrechtsschutzstandard anzuwenden, der im Vergleich zum unionsrechtlichen Grund-

---

1817 Vgl. *Bühler*, Einschränkungen von Grundrechten, 2005, S. 421f., die daher davon ausgeht, dass Art. 53 GRC letztlich in der Rechtsprechung kaum von Relevanz sein werde.

1818 *Streinz/Michl*, in: Streinz (Hrsg.), EUV/AEUV, 3. Aufl., 2018, Art. 53 GRC, Rn. 7; für die Auffassung, dass in diesen Konstellationen der Anwendungsvorrang zum Tragen kommen kann s. etwa *Maier*, Grundrechtsschutz, 2014, S. 342 m.w.N.

1819 EuGH, *Melloni*, Rs. C-399/11, EU:C:2013:107; s. dazu etwa *Brkan*, R.A.E. 2013, S. 139ff.; *de Boer*, CMLR 50 (2013), S. 1083ff.; *de Visser*, Maastricht J. Eur. & Comp. L. 20 (2013), S. 576ff.; *Gaede*, NJW 2013, S. 1279ff.; *Lavranos*, European Law Reporter 2013, S. 133ff.; *Vervaele*, Review of European Administrative Law 6 (2013), S. 37ff.; *Besselink*, ELR 39 (2014), S. 531ff.; *Herrnfeld*, in: Becker/Hatje/Potacs/Wunderlich (Hrsg.), FS Schwarze, 2014, S. 81ff.; *Pliakos/Anagnostaras*, YEL 34 (2015), S. 97ff.; zum Hintergrund s. den Vorlagebeschluss des Tribunal Constitucional v. 09.06.2011, ATC 86/2011; unmittelbar dazu *Torres Pérez*, EuConst 8 (2012), S. 105ff.

1820 Rahmenbeschluss 2002/584/JI des Rates vom 13. Juni 2002 über den Europäischen Haftbefehl und die Übergabeverfahren zwischen den Mitgliedstaaten, ABl. L 190, S. 1, geändert durch den Rahmenbeschluss 2009/299/JI des Rates vom 26. Februar 2009, ABl. L 81, S. 24.

rechtsschutz als höherwertig anzusehen ist (a.). Der EuGH entschied, dass nationale Grundrechte sich nicht gegenüber Sekundärrechtsakten durchsetzen könnten und die Anwendung nationaler Grundrechtsstandards nur in Betracht komme, wenn weder das Schutzniveau der Charta noch der Vorrang, die Einheit und die Wirksamkeit des Unionsrechts beeinträchtigt werde (b.). Diese Entscheidung führte im Schrifttum zu der Kritik, dass nationale Grundrechtsstandards im Anwendungsbereich des Unionsrechts nahezu bedeutungslos werden (c.). Insbesondere im Zusammenhang mit der Rechtssache *Åkerberg Fransson* zeigt sich allerdings, dass ein höheres nationales Grundrechtsschutzniveau angewendet werden kann, wenn den Mitgliedstaaten Spielräume verbleiben (d.).

a. Sachverhalt

Spanische Justizbehörden ordneten 1996 die Auslieferung von Herrn *Melloni* zur Durchführung eines Strafverfahrens an.[1821] Nach seiner Freilassung auf Kaution, gelang ihm die Flucht, sodass er nicht den italienischen Behörden übergeben werden konnte. Das zuständige italienische Strafgericht verurteilte Herrn *Melloni* in Abwesenheit zu einer Haftstrafe von zehn Jahren. Nachdem er vor mehreren Instanzen vergeblich gegen diese Entscheidung geklagt hatte, wurde ein Europäischer Haftbefehl des zuständigen italienischen Generalstaatsanwalts ausgestellt. In Spanien widersprach Herr *Melloni* der Auslieferungsentscheidung der spanischen Strafgerichtsbarkeit und erhob Verfassungsbeschwerde (*recurso de amparo*). Diese wurde damit begründet, dass die Auslieferung im Widerspruch zum Wesensgehalt des in Art. 24 Abs. 2 der spanischen Verfassung niedergelegten Rechts auf ein faires Verfahren stünde, da dieses beinhaltet, dass eine Überprüfungsmöglichkeit gegen eine in Abwesenheit ergangene Verurteilung bestehen muss. Eine solche sieht die italienische Rechtsordnung jedoch nicht vor, sodass der Wesensgehalt eines fairen Verfahrens in einer Weise beeinträchtigt werde, die die Menschenwürde berühre.

Art. 4a Abs. 1 des Rahmenbeschlusses über den Europäischen Haftbefehl legt fest, dass die Vollstreckung eines Europäischen Haftbefehls verweigert werden kann, wenn die Person nicht persönlich zur Verhandlung erschienen ist, sofern nicht bestimmte Tatbestände vorliegen, etwa die rechtzeitige persönliche Vorladung mit dem Hinweis, dass eine Entscheidung auch bei Nichterscheinen ergehen kann oder die Verteidigung durch einen von

1821 Zum Sachverhalt EuGH, *Melloni*, Rs. C- 399/11, EU:C:2013:107, Rn. 13ff.

der betroffenen Person oder vom Staat bestellten Rechtsbeistand, wobei die betroffene Person Kenntnis von der Verhandlung haben muss.

Das *Tribunal Constitucional* legte dem EuGH im Hinblick auf den Widerspruch der Voraussetzungen der spanischen Verfassung und des Rahmenbeschlusses über den Europäischen Haftbefehl die Fragen vor, ob Art. 4a Abs. 1 des Rahmenbeschluss dahin auszulegen ist, dass er die nationalen Behörden daran hindert, die Vollstreckung eines Europäischen Haftbefehls von der Bedingung abhängig zu machen, dass die infrage stehende Verurteilung überprüft werden kann, und falls dies bejaht wird, ob Art. 4a Abs. 1 des Rahmenbeschluss mit der Charta vereinbar ist. Schließlich wollte das Verfassungsgericht wissen, ob es Art. 53 der Charta gestattet, dass ein Mitgliedstaat ein höheres grundrechtliches Schutzniveau anwenden darf, als das sich aus dem Recht der Europäischen Union ergebende, um eine Auslegung zu vermeiden, die ein in der Verfassung dieses Mitgliedstaats anerkanntes Grundrecht einschränkt oder verletzt.

b. Entscheidung des EuGH

In seiner Entscheidung stellte der EuGH zunächst klar, dass unter den Voraussetzungen des Art. 4a Abs. 1 Buchst. a und b des Rahmenbeschlusses 2002/584 eine Übergabe nicht von der Möglichkeit einer Überprüfung des Verfahrens im Ausstellungsmitgliedstaat in Anwesenheit der Person abhängig gemacht werden kann.[1822] Dies sei auch mit den Verfahrensgrundrechten der Art. 47 und Abs. 48 Abs. 2 GRC vereinbar, da „das Recht des Angeklagten, persönlich zur Verhandlung zu erscheinen, zwar ein wesentlicher Teil des Rechts auf ein faires Verfahren, aber kein absolutes Recht ist“, sodass der Angeklagte aus freiem Willen ausdrücklich oder stillschweigend darauf verzichten könne.[1823] Die für den Fall der Vereinbarkeit des Rahmenbeschlusses mit der Charta gestellte Frage, ob Art. 53 GRC die Anwendung eines höheren grundrechtlichen Schutzniveaus gestatte, verneinte der EuGH: Der Gerichtshof stellte klar, dass Art. 53 GRC nicht derart ausgelegt werden kann, dass die Norm „es einem Mitgliedstaat erlauben würde, die Anwendung von mit der Charta vollständig im Einklang stehenden Unionsrechtsakten zu verhindern, wenn sie den in der Verfassung dieses Staats garantierten Grundrechten nicht entsprächen“, da dies zu einem Verstoß gegen den unionsrechtlichen Vorrang

---

1822 EuGH, *Melloni*, Rs. C-399/11, EU:C:2013:107, Rn. 40ff.
1823 EuGH, *Melloni*, Rs. C-399/11, EU:C:2013:107, Rn. 47ff.

führen würde.[1824] Es stehe den Mitgliedstaaten allerdings frei, „nationale Schutzstandards für die Grundrechte anzuwenden, sofern durch diese Anwendung weder das Schutzniveau der Charta, wie sie vom Gerichtshof ausgelegt wird, noch der Vorrang, die Einheit und die Wirksamkeit des Unionsrechts beeinträchtigt werden."[1825] Da Art. 4a des Rahmenbeschlusses 2002/584 sowohl die Voraussetzungen für die Vollstreckung eines Europäischen Haftbefehls bei einer Verurteilung in Abwesenheit als auch dem Betroffenen zu gewährenden Grundrechtsschutz festlegt, sei dieser insofern abschließend, mit der Folge, dass die Anwendung eines höheren nationalen Grundrechtsschutzes die Wirksamkeit des Rahmenbeschlusses beeinträchtige und daher nicht möglich sei.[1826]

c. Reaktionen und Bewertung

Die Entscheidung des EuGH in der Rechtssache *Melloni* verdeutlicht zunächst, dass eine kumulative Anwendung von nationalen Grundrechten und Unionsgrundrechten nicht ausgeschlossen ist. Insofern wurde diese Entscheidung auch als ein „Kompromissangebot" des EuGH an nationale Verfassungsgerichte gedeutet, da nationale Grundrechte auch dann anwendbar sein können, wenn eine Durchführung i.S.d. Art. 51 Abs. 1 S. 1 GRC vorliegt.[1827] Zugleich stellte der EuGH klar, dass Art. 53 GRC nicht als Mindestschutzklausel zu verstehen ist, die es nationale Gerichten erlauben würde, einen höheren nationalen Grundrechtsstandard anzuwenden, wenn dadurch „der Vorrang, die Einheit und die Wirksamkeit des Unionsrechts" beeinträchtigt wird. Dies führte zu der Kritik, dass der Gerichtshof entgegen Sinn und Zweck von Art. 53 GRC entschieden habe und somit über die Vorgaben des Art. 53 GRC hinausgegangen sei, sodass diese Norm letztlich überflüssig werde.[1828] Angesichts der vorherigen Rechtsprechung des EuGH, etwa aufgrund der bereits dargestellten Entscheidungen

1824 EuGH, *Melloni*, Rs. C-399/11, EU:C:2013:107, Rn. 58.
1825 EuGH, *Melloni*, Rs. C-399/11, EU:C:2013:107, Rn. 60.
1826 EuGH, *Melloni*, Rs. C-399/11, EU:C:2013:107, Rn. 61ff.
1827 *Thym*, NVwZ 2013, S. 889, 891f.
1828 Vgl. etwa *Lavranos*, European Law Reporter 2013, S. 133, 140; *Tuori*, in: Douglas-Scott/Hatzis (Hrsg.), Research Handbook on EU Law and Human Rights, 2017, S. 35, 50; *von Papp*, ELR 2018, S. 511, 521f.

in den Rechtssachen *Winner Wetten* oder *Melki und Abdeli*, war diese Klarstellung des EuGH allerdings wenig überraschend.[1829]

Entsprechend der Auslegung des Art. 53 GRC zeigt die Entscheidung des Gerichtshofs, dass es nicht ausgeschlossen ist, dass mitgliedstaatliche Gerichte höhere nationale Grundrechtsstandards anwenden können, wenn die Grundrechtecharta anwendbar ist. Der Vorrang des Unionsrechts wird somit „ein Stück weit relativiert."[1830] Eine solche Anwendung des höheren nationalen Grundrechtsstandards ist insbesondere in zwei Konstellationen möglich: Zum einen, wenn die Mitgliedstaaten in unionsrechtlichen Fällen einen Ermessensspielraum haben und keine durch den Unionsgesetzgeber definierten einheitlichen Grundrechtsstandards bestehen.[1831] Zum anderen ist die Anwendung eines höheren nationalen grundrechtlichen Schutzniveaus dem Grunde nach möglich, wenn Mitgliedstaaten sich auf einen unionsrechtlichen Ausnahmetatbestand berufen, etwa bei der Rechtfertigung der Einschränkung einer Grundfreiheit.[1832] Aufgrund der Einschränkung, wonach das nationale Grundrechtsschutzniveau nur dann berücksichtigt werden darf, wenn dadurch weder „der Vorrang, die Einheit und die Wirksamkeit des Unionsrechts" beeinträchtigt wird, ist offen, wieviel Raum tatsächlich für die nationale Grundrechtsentfaltung in diesen Konstellationen verbleibt. Durch diese Einschränkung wird angenommen, dass die Gefahr bestehe, dass der EuGH einerseits nahezu unbeschränkten Zugriff auf Grundrechtsfragen erhalten kann und anderseits nationale Grundrechte kaum zur Anwendung kommen könnten, sodass im Ergebnis Art. 53 GRC nach der Rechtssache *Melloni* nur noch eine begrenzte eigenständige Bedeutung habe.[1833] Entscheidend ist insofern,

---

1829 EuGH, *Winner Wetten*, Rs. C-409/06, EU:C:2010:503; *Melki und Abdeli*, Rs. C-188/10, EU:C:2010:363; vgl. *de Visser*, Maastricht J. Eur. & Comp. L. 20 (2013), S. 576, 581f.; kritisch hingegen *Gaede*, NJW 2013, S. 1279, 1281, da der Europäische Haftbefehl auf dem früheren Recht der Dritten Säule basiere und damit kein Vorrang supranationalen Rechts gelte.

1830 *Kleinlein*, Grundrechtsföderalismus, 2020, S. 278.

1831 *De Boer*, CMLR 50 (2013), S. 1083, 1096; *Lenaerts*, AnwBl 2014, S. 772, 783; *Lenaerts*, EuR 2015, S. 3, 24, der als Beispiele für Konstellationen, in denen keine einheitlichen Grundrechtsstandards durch den Unionsgesetzgeber definiert wurden, die Rechtssachen EuGH, *Åkerberg Fransson,* Rs. C-617/10, EU:C:2013:105 sowie EuGH, *Jeremy F.*, Rs. C-168/13 PPU, EU:C:2013:358; s. zu letztgenannter Rechtsache, *ebd.*, Fn. 109.

1832 *De Boer*, CMLR 50 (2013), S. 1083, 1096.

1833 Vgl. *de Boer*, CMLR 50 (2013), S. 1083, 1103; *Franzius*, ZaöRV 75 (2015), S. 383, 400; zur Annahme, dass nationale Grundrechte zur „Randerscheinung" werden s. *Buchholtz*, DÖV 2017, S. 837, 841.

wie die Voraussetzung der Beeinträchtigung des „Vorrangs, der Einheit und der Wirksamkeit des Unionsrechts“ näher ausgestaltet wird.[1834] Von Bedeutung ist dabei insbesondere die „Einheit“ und die „Wirksamkeit“ des Unionsrechts.[1835] Der EuGH äußerte sich zu den Voraussetzungen, wann der Vorrang, die Einheit oder die Wirksamkeit des Unionsrechts beeinträchtigt werden, in der Rechtssache *Melloni* nicht näher. Je nach Interpretation dieser Begriffe, kann nationalen Grundrechten durchaus eine eigenständige Bedeutung in unionsrechtlichen Fällen verbleiben. Wie bereits dargestellt, ist die Einheitlichkeit des Unionsrechts nicht absolut zu verstehen, da das Unionsrecht Rechtsinstrumente vorsieht, die für nationale Vielfalt Raum lassen und Abweichungsmöglichkeiten ermöglichen, etwa im Rahmen der Mindestharmonisierung.[1836] Von Bedeutung ist dabei auch, dass der Gerichtshof gerade nicht auf einen insgesamt einheitlichen Grundrechtsschutz in der Union verwies.[1837] Zudem könnte der Verweis auf die „Einheit des Unionsrechts“ eine verstärkte Grundrechtsvielfalt ermöglichen, da die „Einheit des Unionsrechts“ nicht unmittelbar auf dem Spiel steht, wenn keine „Einheitlichkeit“ besteht.[1838] Zu beachten ist allerdings, dass die Kontrolle der Anwendung nationaler Grundrechte vom EuGH ausgeübt wird und die Kontrolldichte nach der Bedeutung der relevanten unionsrechtlichen Interessen variieren kann und umso intensiver ausgeübt wird, je eher sich nationale Maßnahmen nachteilig auf spezifische Interessen der Union auswirken können und insofern die „Wirksamkeit“ des Unionsrechts auf dem Spiel steht.[1839]

Da es sich bei der in *Melloni* streitgegenständlichen Verurteilung in Abwesenheit um einen vollständig unionsrechtlich determinierten Bereich des Unionsrecht handelte, bestand keine Möglichkeit zu nationalen Abweichungen aufgrund nationaler Grundrechte, sodass die Entscheidung

1834 *De Boer*, CMLR 50 (2013), S. 1083, 1096; *Fontaine*, Anwendbarkeit und Durchsetzbarkeit, 2018, S. 419.

1835 *Rung*, Grundrechtsschutz, 2019, S. 105 verweist darauf, dass die Nennung des unionsrechtlichen Vorrangs zirkulär ist, da diese Formel gerade klären soll, in welchen Situationen nationale Grundrechte aufgrund des Vorrangprinzips verdrängt werden.

1836 Vgl. oben 3. Kapitel, C., I., 1., d.; s. auch *de Visser*, Maastricht J. Eur. & Comp. L. 20 (2013), S. 576, 583.

1837 *Brkan*, R.A.E. 2013, S. 139, 144.

1838 S. *Besselink*, ELR 39 (2014), S. 531, 547, der jedoch hinsichtlich dieser Wortwahl skeptisch ist, auch da der EuGH in *Melloni* maßgeblich auf die „Einheitlichkeit des im Rahmenbeschluss festgelegten Grundrechtsschutzstandards“ abstellt, EuGH, *Melloni*, Rs. C-399/11, EU:C:2013:107, Rn. 63.

1839 *Pliakos/Anagnostaras*, YEL 34 (2015), S. 97, 112.

des Gerichtshofs in dieser Hinsicht überzeugend ist.[1840] Zu berücksichtigen ist zudem, dass das Verständnis des Rechts auf ein faires Verfahren nicht primär aus einer bestimmten und ausdrücklichen verfassungsrechtlichen Regelung folgte, sondern auf der Interpretation durch den spanischen Verfassungsgerichtshof beruhte.[1841]

In Fällen der vollständigen unionsrechtlichen Determinierung bleibt den mitgliedstaatlichen Gerichten schließlich die Möglichkeit, im Wege des Vorabentscheidungsverfahrens zu klären, ob die entsprechende unionsrechtliche Regelung mit den Unionsgrundrechten vereinbar ist.[1842] Diese Prüfung hätte in der Rechtssache *Melloni* indes strenger ausfallen können, zumal das im Rahmenbeschluss zum Europäischen Haftbefehl wechselseitige Vertrauen zwischen den Regierungen vereinbart wurde und der EuGH somit in *Melloni* die Exekutive, nicht die Legislative geschützt hat.[1843] Die Entscheidung kann daher als Beleg dafür angeführt werden, dass der EuGH kein Grundrechtsgericht ist, da der materielle Inhalt der Unionsgrundrechte sich nicht an dem Schutzniveau, das die Regierungen im Rahmenbeschluss definiert haben, orientieren darf.[1844] Sie widerspreche jedenfalls dem Ziel, einen möglichst hohen Grundrechtsschutz zu gewährleisten.[1845] Die grundrechtliche Zurückhaltung des Gerichtshofs könnte jedoch mit den Besonderheiten des Europäischen Haftbefehls und dem Grundsatz des gegenseitigen Vertrauens zu erklären sein.[1846] Verallgemeinerungsfähige Aussagen zum Stellenwert des Grundrechtsschutzes in der Rechtsprechung des EuGH lassen sich somit nicht aus der Rechtssache *Melloni* gewinnen.

1840 *Thym*, EuConst 9 (2013), S. 391, 402; *Thym*, NVwZ 2013, S. 889, 891f.; *Geiß*, DÖV 2014, S. 265, 271; *Rauchegger*, in: de Vries/Bernitz/Weatherill (Hrsg.), EU Charter of Fundamental Rights as Binding Instrument, 2015, S. 93, 113f.; s. auch *Bilz*, Margin of Appreciation der EU-Mitgliedstaaten, 2020, S. 129.

1841 *De Boer*, CMLR 50 (2013), S. 1083, 1102.

1842 Der Rechtssache *Melloni* insofern zustimmend *Sarmiento*, CMLR 50 (2013), S. 1267, 1291f.; *Herrnfeld*, in: Becker/Hatje/Potacs/Wunderlich (Hrsg.), FS Schwarze, 2014, S. 81, 104f.

1843 *Franzius*, ZaöRV 75 (2015), S. 383, 400; zum Vorwurf, der EuGH habe daher den Grundrechtsschutz vernachlässigt und die Rechte des Einzelnen hinter die Interessen des Gesetzgebers, in diesem Fall der Regierungen, gestellt, *Besselink*, ELR 39 (2014), S. 531, 551f.; s. auch *Streinz*, in: Heid/Stotz/Verny (Hrsg.), FS Dauses, 2014, S. 429, 439.

1844 So *Franzius*, ZaöRV 75 (2015), S. 383, 398.

1845 *Lavranos*, European Law Reporter 2013, S. 133, 140; *Rauchegger*, in: de Vries/Bernitz/Weatherill (Hrsg.), EU Charter of Fundamental Rights as Binding Instrument, 2015, S. 93, 113.

1846 Vgl. *Vervaele*, Review of European Administrative Law 6 (2013), S. 37, 52f.

Als Beispiel für die Anwendung nationaler Grundrechtsgewährleistungen kann die Rechtssache *Jeremy F.* angeführt, wenngleich der Gerichtshof in dieser nicht auf die Rechtssache *Melloni* verwiesen hat. In der Rechtssache *Jeremy F.* stellte der EuGH dar, dass es den Mitgliedstaaten möglich ist, einen Rechtsbehelf gegen eine Entscheidung über die Vollstreckung des Europäischen Haftbefehls oder gegen eine Entscheidung, mit der einer Ausweitung des Haftbefehls oder einer weiteren Übergabe zugestimmt wird, zur Verfügung stellen, auch wenn dies im Rahmenbeschluss zum Europäischen Haftbefehl nicht ausdrücklich geregelt ist.[1847] Dies dürfe jedoch nicht dazu führen, dass die Anwendung des Rahmenbeschlusses vereitelt wird, weshalb sich die Grenzen eines etwaigen Anspruchs auf einen Rechtsbehelf mit aufschiebender Wirkung aus den im Rahmenbeschluss vorgesehenen Fristen ergeben.[1848] Da sich das Erfordernis eines entsprechenden Rechtsbehelfs in der streitgegenständlichen Rechtssache aus dem nationalen grundrechtlichen Anspruch auf einen wirksamen gerichtlichen Rechtsbehelf ergab, zeigt sich, dass nationalen Grundrechten auch nach der *Melloni*-Rechtsprechung ein eigenständiger Anwendungsbereich in unionsrechtlichen Fallgestaltungen verbleibt, sofern die Effektivität des Unionsrechts nicht beeinträchtigt wird.[1849] Die Anwendung höherer nationaler Grundrechtsstandards hat der Gerichthof in weiteren Rechtssachen für möglich erachtet, sofern der unionsrechtliche Sekundärrechtsakt eine bestimmte Verpflichtung der Mitgliedstaaten zwar nicht vorschreibt, bestimmte Maßnahmen allerdings auch nicht verbietet und somit kein Widerspruch zum Unionsrecht besteht.[1850] Auch wenn eine Richtlinie nur einen Mindestschutz vorsieht, kann die Entscheidung, ob die Anwendung

---

1847 EuGH, *Jeremy F.*, Rs. C-168/13 PPU, EU:C:2013:358, Rn. 37ff.; s. dazu *Millet*, CMLR 51 (2014), S. 195ff.

1848 EuGH, *Jeremy F.*, Rs. C-168/13 PPU, EU:C:2013:358, Rn. 56ff.

1849 *Millet*, CMLR 51 (2014), S. 195, 213ff.; *Torres Pérez*, in: de Witte/Mayoral/Jaremba/Wind/Podstawa (Hrsg.), National Courts and EU Law, 2016, S. 191, 200f.; *Pirker*, Grundrechtsschutz, 2018, S. 353f.; *Rung*, Grundrechtsschutz, 2019, S. 105.

1850 S. etwa EuGH, *Google (Portée territoriale du déréférencement)*, Rs. C-507/17, EU:C:2019:772. In dieser Rechtssache war fraglich, ob die Auslistung von Einträgen aus einer Suchmaschine die Auslistung in allen Versionen der Suchmaschine, nur in allen mitgliedstaatlichen Versionen oder nur in der Version für den Mitgliedstaat, in dem der Auslistungsantrag gestellt wurde, zu erfolgen hat. Der EuGH entschied, dass das Unionsrecht eine Verpflichtung zur Auslistung in allen Versionen der Suchmaschine nicht vorsieht, dies jedoch auch nicht verbietet, sodass insofern nationale Schutzstandards für die Grundrechte anwendbar sein können, *ebd.*, Rn. 64, 72.

nationaler Grundrechte in diesen Fällen möglich ist, im Einzelfall schwierig sein.[1851]

Zusammenfassend zeigt sich, dass nationale Grundrechtsstandards auch in unionsrechtlichen Konstellationen zur Anwendung kommen können, wobei maßgeblich ist, wie die sich aus „Vorrang, Einheit und Wirksamkeit“ ergebenden Grenzen verstanden werden. Abhängig von der Frage, inwieweit eine nationale Situation von Unionsrecht bestimmt ist, könnte der EuGH eine Differenzierung hinsichtlich seiner Grundrechtsprüfung vornehmen und etwa bei nur leichten Berührungspunkten des Unionsrechts mit dem nationalen Recht dem nationalen Gericht einen größeren Beurteilungsspielraum im Falle einer Grundrechtsabwägung zugestehen, sodass Raum für eine autonome Handhabung der Unionsgrundrechte in den Mitgliedstaaten verbleibt.[1852] Die Rechtssache *Melloni* lässt insofern den Schluss zu, dass der Gerichtshof einem pluralistischen Verständnis in Verfassungsfragen zuneigt und keine Gefahr besteht, dass der Grundrechtspluralismus in der Union beeinträchtigt wird.[1853] Zugleich kann die Entscheidung als Einladung an nationale Verfassungsgerichte verstanden werden, im Wege des Vorabentscheidungsverfahrens in den Dialog mit dem EuGH zu treten, um das im Rahmen der Charta gewährte Schutzniveau im Zusammenhang mit nationalen Grundrechtsstandards zu klären.[1854] In diesem Sinne hat Art. 53 GRC eine eigenständige Bedeutung und ist Ausdruck des Verfassungspluralismus.[1855]

1851 S. etwa die Frage, ob ein Kopftuchverbot im Arbeitsverhältnis von der Bedingung abhängig gemacht werden darf, dass dieses unter der Einschränkung, dass eine „hinreichend konkrete Gefahr“ bestehe, eine i.S.d. Art. 8 Abs. 1 der Richtlinie 2000/78/EG zur Festlegung eines allgemeinen Rahmens für die Verwirklichung der Gleichbehandlung in Beschäftigung und Beruf zur Wahrung des Gleichbehandlungsgrundsatzes „günstigere“ Regelung darstellt; dies bejahend *Klein*, NVwZ 2017, S. 920, 921ff.; ablehnend hingegen *Wagner*, EuR 2018, S. 725, 740ff.; zum Hintergrund s. bereits oben Fn. 528; vgl. auch das anhängige Vorabentscheidungsverfahren des BAG in der Rs. C-341/19 (Vorlagebeschluss v. 30.01.2019 – 10 AZR 299/18 (A)).

1852 Vgl. *Torres Pérez*, Conflicts of Rights, 2009, S. 168ff.; *Thym*, EuConst 9 (2013), S. 391, 403ff.; *Schima*, Fordham International Law Journal 38 (2015), S. 1097, 1125; *Bilz*, Margin of Appreciation der EU-Mitgliedstaaten, 2020, S. 131f.

1853 *Sarmiento*, CMLR 50 (2013), S. 1267, 1302; *Vervaele*, Review of European Administrative Law 6 (2013), S. 37, 52.

1854 *De Visser*, Maastricht J. Eur. & Comp. L. 20 (2013), S. 576, 588.

1855 So auch *de Witte*, in: Peers/Hervey/Kenner/Ward (Hrsg.), EU Charter of Fundamental Rights, 2014, Art. 53, Rn. 53.26; *Kleinlein*, Grundrechtsföderalismus, 2020, S. 441; a.A. *de Boer*, CMLR 50 (2013), S. 1083, 1103.

d. Rückschlüsse aus der gemeinsamen Betrachtung der Rechtssachen *Åkerberg Fransson* und *Melloni*

Da der Gerichtshof die Leitentscheidungen zu Art. 51 Abs. 1 S. 1 GRC (*Åkerberg Fransson*) sowie Art. 53 GRC (*Melloni*) am selben Tag veröffentlichte und sich aus einer systematischen Betrachtung beider Normen, wie bereits gezeigt, Folgerungen für das Verhältnis von nationalen Grundrechten und Unionsgrundrechten ergeben, können aus der gemeinsamen Betrachtung dieser Rechtssachen weitergehende Rückschlüsse gewonnen werden.

Aus der weiten Auslegung des Art. 51 Abs. 1 S. 1 GRC durch den EuGH in der Rechtssache *Åkerberg Fransson* und das damit verbundene umfassende Verständnis des Anwendungsbereichs der Charta sowie der Betonung des unionsrechtlichen Vorrangs in der Rechtssache *Melloni* wird gefolgert, dass die Gefahr der Marginalisierung mitgliedstaatlicher Verfassungsorgane und nationaler Grundrechte sowie Verfassungsidentitäten drohe.[1856] Es wurde vertreten, dass sich aus einer Gesamtbetrachtung beider Entscheidungen der Eindruck aufdrängt, dass der Gerichtshof das „letzte Wort" im europäischen Grundrechtsverbund für sich beanspruche und insofern zu einer Art oberstem Grundrechtsgericht in Europa werden könnte.[1857] Diese Möglichkeit ist zwar nicht von der Hand zu weisen. Allerdings zeigt bereits die Folgerechtsprechung des EuGH zu *Åkerberg Fransson*, dass der Gerichtshof nicht jeglichen Anhaltspunkt zum Unionsrecht zum Anlass nimmt, um Unionsgrundrechte zu prüfen.[1858] Die Einschätzung, der EuGH könne zu einem obersten Grundrechtsgericht werden, lässt sich insofern (noch) nicht bestätigen.

Um beide Entscheidungen einordnen zu können, ist es erforderlich, den wesentlichen Unterschied der Rechtssachen in Erinnerung zu rufen. Während der EuGH in der Rechtssache *Melloni* darlegte, dass der Sachverhalt vollständig durch Unionsrecht determiniert war, nahm er dies in *Åkerberg Fransson* gerade nicht an. Der EuGH stellte insofern fest, dass „in einer Situation, in der das Handeln eines Mitgliedstaats nicht vollständig durch das Unionsrecht bestimmt wird, (…) es somit den nationalen Behörden und Gerichten weiterhin frei[steht], nationale Schutzstandards für

---

1856 S. etwa *Reestman/Besselink*, EuConst 9 (2013), S. 169, 169; *Safferling*, NStZ 2014, S. 545, 550f.

1857 Vgl. *Lavranos*, European Law Reporter 2013, S. 133, 140; zum Verständnis des EuGH als Grundrechtsgericht s. auch *Kühling*, ZÖR 2013, S. 469, 471ff.

1858 S. dazu oben 2. Kapitel, C.

die Grundrechte anzuwenden, sofern durch diese Anwendung weder das Schutzniveau der Charta, wie sie vom Gerichtshof ausgelegt wird, noch der Vorrang, die Einheit und die Wirksamkeit des Unionsrechts beeinträchtigt werden."[1859] Verdeutlicht wird somit, dass es den Mitgliedstaaten bei der Ausübung von Ermessensspielräumen grundsätzlich möglich ist, einen höheren, nationalen Grundrechtsschutzstandard anzuwenden.[1860] Von Bedeutung ist dabei, ob auf Unionsebene ein bereits festgelegter Grundrechtsstandard existiert oder ob das Unionsrecht nur Rahmenbedingungen aufstellt, innerhalb derer sich das Grundrechtsschutzniveau bewegen muss.[1861] Der Gerichtshof erkennt somit einen „kumulativ unional-nationalen Prüfungsmaßstab als Konsequenz der gemischt unional-nationalen Natur von Durchführungsakten" an.[1862] Zugleich kommt damit das Vertrauen des EuGH in die Mitgliedstaaten zum Ausdruck, einen insgesamt hohen Grundrechtsstandard zu gewährleisten und diesen in Kooperation mit dem Gerichtshof im Wege des Vorabentscheidungsverfahrens auszuüben.[1863] Zwar wird in Fällen, in denen den Mitgliedstaaten Ermessen eingeräumt ist, befürchtet, dass der Vorrang des Unionsrechts zu einer weitgehenden Verdrängung nationaler Grundrechtsstandards führen könne und der EuGH nicht zwischen Situationen, in denen ein Unionsrechtsakt nationale Durchführungsmaßnahmen erforderlich macht und solchen, in denen mitgliedstaatliche Handlung nicht vollständig vom Unionsrecht determiniert sind, unterscheide.[1864] Nicht zutreffend ist jedoch die Annahme, dass durch die Entscheidungen nationale Grundrechte praktisch nicht mehr von Bedeutung sind, sofern der Anwendungsbereich des Unionsrechts eröffnet ist.[1865] Die Möglichkeit der parallelen Anwendung

---

1859 EuGH, *Åkerberg Fransson*, Rs. C-617/10, EU:C:2013:105, Rn. 29 sowie unter Verweis auf Art. 53 GRC, EuGH, *Melloni*, Rs. C-399/11, EU:C:2013:107, Rn. 60.

1860 Vgl. *Sarmiento*, CMLR 50 (2013), S. 1267, 1294f.; *van Bockel/Wattel*, ELR 38 (2013), S. 866, 879; *Herrnfeld*, in: Becker/Hatje/Potacs/Wunderlich (Hrsg.), FS Schwarze, 2014, S. 81, 102f.; *Bernitz*, in: de Vries/Bernitz/Weatherill (Hrsg.), EU Charter of Fundamental Rights as Binding Instrument, 2015, S. 155, 158; *Perez Fernandes*, Revista de Derecho Comunitario Europeo 2018, S. 677, 691.

1861 S. *Lenaerts*, EuGRZ 2015, S. 353, 357ff.

1862 *Burchardt*, Rangfrage, 2015, S. 309f.

1863 *Skouris*, Il diritto dell'Unione Europea 2013, S. 229, 242f.

1864 *Hwang*, EuR 2014, S. 400, 405; *Szwarc*, European Public Law 20 (2014), S. 229, 240; s. auch *Franzius*, ZaöRV 75 (2015), S. 383, 402, der weniger die „Weite" der Rechtssache *Åkerberg Fransson* kritisiert, sondern eher eine Schmälerung des Grundrechtsschutzes durch die Rechtssache *Melloni* erblickt.

1865 So jedoch *Safferling*, NStZ 2014, S. 545, 550.

von nationalen Grundrechten und Unionsgrundrechten, die ausdrücklich in *Åkerberg Fransson* bestätigt wird, relativiert ein striktes Verständnis von Art. 53 GRC, wie dies in der Rechtssache *Melloni* angenommen werden kann, im nicht-determinierten Bereich, sodass sich nicht zwingend Unionsgrundrechte durchsetzen müssen.[1866] Von entscheidender Bedeutung wird insofern sein, wie die Begriffe der „Einheit und der Wirksamkeit des Unionsrechts" verstanden werden, was im Einzelfall unter Berücksichtigung des unionsrechtlichen Bezugs zu entscheiden sein wird. Zudem bedarf es der weiteren Klärung, in welchen Situationen von vollständig unionsrechtlich determinierten Sachverhalten ausgegangen werden kann.[1867] Dies kann dazu führen, dass sich Abgrenzungsschwierigkeiten hinsichtlich der Frage, ob eine Durchführungssituation i.S.d. Art. 51 Abs. 1 S. 1 GRC vorliegt, auf das Zusammenwirken der nationalen und unionalen Grundrechte im Anwendungsbereich der Charta verlagern.[1868]

3. Zwischenergebnis

Insgesamt ergibt sich somit nach der Rechtsprechung des Gerichtshofs zu Art. 51 Abs. 1 S. 1 GRC und Art. 53 GRC folgendes Bild: Handeln Mitgliedstaaten bei der Durchführung des Rechts der Union sind diese nach Art. 51 Abs. 1 S. 1 GRC an die Grundrechtecharta gebunden. Dies schließt es jedoch nicht aus, dass zugleich nationale Grundrechte zur Anwendung kommen können. Insbesondere in unionsrechtlich determinierten Situationen ist daher ein höheres nationales Grundrechtsschutzniveau nach Art. 53 GRC ausgeschlossen. Verbleibt den Mitgliedstaaten hingegen ein Handlungsspielraum, so steht es diesen frei, nationale Grundrechte anzuwenden, sofern dabei nicht der Standard der Grundrechtcharta unterschritten wird und nicht „Vorrang, Einheit und Wirksamkeit des Unionsrechts" beeinträchtigt werden.

1866 Vgl. *Sarmiento*, CMLR 50 (2013), S. 1267, 1302; *Martinico/Repetto*, EuConst 15 (2019), S. 731, 750.

1867 *Lazzerini*, in: Palmisano (Hrsg.), Making the Charter of Fundamental Rights a Living Instrument, 2014, S. 30, 45.

1868 *Sarmiento*, CMLR 50 (2013), S. 1267, 1302; *Geiß*, DÖV 2014, S. 265, 272.

II. Anwendungsvorrang der Grundrechtecharta

Dem Unionsrecht kommt grundsätzlich Vorrang vor nationalem Recht zu, wovon auch nationales Verfassungsrecht umfasst ist.[1869] Überwiegend wird angenommen, dass sich aus diesem Vorrang auch ein Vorrang der Unionsgrundrechte ableitet, da andernfalls diese nicht im vollen Umfang durchgreifen, wenn das seinerseits vorrangige Unionsrecht zur Anwendung kommt.[1870] Insbesondere bei unionsrechtlich determinierten Umsetzungsakten sei der Anwendungsvorrang der Grundrechtecharta geboten.[1871] Die Begründung des unionsrechtlichen Anwendungsvorrangs bedarf hinsichtlich der Unionsgrundrechte, auch aufgrund der Unterschiede im Grundrechtsschutz in den Mitgliedstaaten der Union,[1872] jedoch einer gesonderten Betrachtung (1.). Die Rechtssache *M.A.S. und M.B.* wird im Schrifttum auch als Einschränkung des Anwendungsvorrangs des Unionsrechts durch den EuGH gedeutet, zeigt allerdings eher, dass nationale Grundrechte auch bei unionsrechtlichen Fallgestaltungen zu berücksichtigen sein können, ohne dass der Vorrang insgesamt infrage gestellt wird (2.).

1. Bedeutung des Anwendungsvorrangs im Grundrechtsbereich

Der unionsrechtliche Anwendungsvorrang wird maßgeblich mit dem Prinzip der einheitlichen Tragweite und Wirksamkeit des Unionsrechts begründet.[1873] Dies gilt insbesondere für den europäischen Binnenmarkt, der auf Regelungen einheitlicher Verbindlichkeit angewiesen ist, was jedoch für den grundrechtlichen Bereich bezweifelt werden darf.[1874] Die Unionsgrundrechte bezwecken primär die Begrenzung staatlicher Macht und den Schutz der Rechte Einzelner.[1875] Im Gegensatz zum richterrechtlich ent-

---

1869 S. umfassend oben 1. Kapitel, A., I.

1870 S. etwa *Ohler*, NVwZ 2013, S. 1433, 1437; *Thym*, NVwZ 2013, S. 889, 892; *Frenz*, DVBl. 2015, S. 741, 741.

1871 S. etwa *Wolff*, Der Einzelne in der offenen Staatlichkeit, 2020, S. 356.

1872 *Kirchhof*, in: Herdegen/Klein/Papier/Scholz (Hrsg.), FS Herzog, 2009, S. 155, 164; *Masing*, JZ 2015, S. 477, 487.

1873 Dazu bereits oben 1. Kapitel, A., I., 1.

1874 Vgl. *Kirchhof*, in: Herdegen/Klein/Papier/Scholz (Hrsg.), FS Herzog, 2009, S. 155, 163f.

1875 *Rauchegger*, in: de Vries/Bernitz/Weatherill (Hrsg.), EU Charter of Fundamental Rights as Binding Instrument, 2015, S. 93, 100f.

wickelten Anwendungsvorrang sind sie daher nicht primär unter dem Gesichtspunkt der Integrationsfreundlichkeit zu betrachten.[1876] Bereits dies legt es nahe, nicht von einem uneingeschränkten Anwendungsvorrang der Unionsgrundrechte auszugehen.

Als weiteres Argument gegen einen uneingeschränkten Vorrang der Unionsgrundrechte lässt sich die Rechtsprechung des EuGH in der Rechtssache *Kadi* anführen. Eine wesentliche Frage dieses Verfahrens war, ob eine Verordnung am Maßstab der Unionsgrundrechte geprüft werden kann, wenn diese durch Vorgaben der Vereinten Nationen nahezu vollständig determiniert ist.[1877] Während das EuG eine Prüfungskompetenz anhand der Unionsgrundrechte aufgrund des Vorrangs der UN-rechtlichen Verpflichtungen verneinte, stellte der EuGH klar, dass keine Maßnahme in der Union rechtmäßig sein könne, welche mit der Achtung der Menschenrechte unvereinbar ist, und die Union zu einer umfassenden Rechtmäßigkeitskontrolle in Bezug auf die Grundrechte verpflichtet sei, sodass auch Maßnahmen, die der Umsetzung von Resolutionen des UN-Sicherheitsrats dienen, anhand der Unionsgrundrechte geprüft werden könnten.[1878] Dieses Beispiel zeigt, dass sich Grundrechte einer „kleineren" Rechtsordnung auch gegenüber Rechten einer „größeren" Einheit durchsetzen können.[1879]

Der Vorrang ist zwar eine elementare Voraussetzung für das effektive Funktionieren der Union. Zu beachten ist jedoch auch, dass der Schutz elementarer nationaler Verfassungsnormen im grundrechtlichen Bereich unabdingbar ist, solange kein gesellschaftlicher Konsens in der Union hin-

---

1876 *Kirchhof*, NVwZ 2014, S. 1540f.; *ders.*, EuR 2014, S. 267, 271; *Karaosmanoğlu/Ebert*, DVBl. 2016, S. 875, 879; a.A. *Frenz*, DVBl. 2015, S. 741, 742.

1877 Hintergrund waren Sanktionen gegen Terrorismusverdächtige, die von der UN angeordnet wurden und im Wesentlichen durch die Verordnung (EG) Nr. 881/2002 des Rates vom 27. Mai 2002 über die Anwendung bestimmter spezifischer restriktiver Maßnahmen gegen bestimmte Personen und Organisationen, die mit dem Al-Qaida-Netzwerk in Verbindung stehen (ABl. Nr. L 139, S. 9), umgesetzt wurden, vgl. zum Ganzen etwa *Bartmann*, Terrorlisten, 2011.

1878 Vgl. EuG, *Kadi I*, T-315/01, EU:T:2005:332; EuGH, *Kadi I*, verb. Rs. C-402/05 P und C-415/05 P, EU:C:2008:461; dazu etwa *Kotzur*, EuGRZ 2006, S. 19ff.; *ders.*, EuGRZ 2008, S. 673ff.; *Schmalenbach*, JZ 2009, S. 35ff.; die Überprüfbarkeit völkerrechtlich determinierter Unionsrechtsakte bestätigte der EuGH in EuGH, *Kadi II*, verb. Rs. C-584/10 P, C-593/10 P und C-595/10 P, EU:C:2013:518.

1879 Vgl. *Kirchhof*, in: Herdegen/Klein/Papier/Scholz (Hrsg.), FS Herzog, 2009, S. 155, 165; *Karaosmanoğlu*, Nichtanwendung deutscher unionsrechtswidriger Gesetze, 2017, S. 98.

sichtlich grundrechtlicher Fragestellungen besteht.[1880] Dies wird durch die Verpflichtung der Union zur Achtung der nationalen Verfassungsidentität nach Art. 4 Abs. 2 EUV verdeutlicht.[1881] Es ist daher zu überlegen, ob in bestimmten Situationen die Unionsgrundrechte nicht vorrangig sein sollten, ohne dass damit zugleich der Anwendungsvorrang des Unionsrechts insgesamt infrage gestellt wird. Um Fälle grundrechtsoptimierend zu lösen, kann es erforderlich sein, den Vorrang im Grundrechtsbereich differenzierend zu beurteilen und nicht auf die einfache Generalformel einer Hierarchie des Unionsrechts oder des nationalen Rechts zurückzugreifen.[1882] Dies gilt insbesondere in Fällen, in denen mitgliedstaatliche Freiräume bei der Durchführung des Unionsrechts bestehen: Belässt eine Richtlinie den Mitgliedstaaten einen Umsetzungsspielraum, gestattet diese insoweit unterschiedliche mitgliedstaatliche Regelungen, sodass auch ein höherer nationaler Grundrechtsschutzstandard auf nationaler Ebene zulässig sein kann.[1883] Eine Vorrangwirkung unionaler Grundrechte, die ein geringeres Schutzniveau begründen, kommt daher nicht in Betracht.[1884] Die Chartagrundrechte selbst beanspruchen demnach keinen umfassenden Anwendungsvorrang, sondern nur, soweit sie die Auslegung und Anwendung des Unionsrechts determinieren.[1885]

2. Mögliche Einschränkung des Anwendungsvorrangs durch die Rechtssache *M.A.S.* und *M.B. (Taricco II)*

Die Rechtssache *M.A.S. und M.B.* betrifft die Frage des Verhältnisses von nationalen Grundrechten und unionsrechtlichen Verpflichtungen und wird als Relativierung bzw. Ausnahme vom Vorrang des Unionsrechts gedeutet.[1886] Diese Rechtssache hatte italienische Verjährungsregeln zum Gegenstand und ist aufgrund ihres unmittelbaren Bezugs zur Rechtssache

---

1880 So allgemein für den Vorrang des Unionsrechts *Haltern*, Europarecht, Bd. II, 2017, § 10, S. 533.

1881 *Franzius*, EuGRZ 2015, S. 139, 142f.; ausführlich dazu 3. Kapitel, C., III.

1882 Vgl. *Kirchhof*, NJW 2011, S. 3681, 3682.

1883 S. dazu *Maier*, Grundrechtsschutz, 2014, S. 330ff. m.w.N.

1884 *Matz-Lück*, in: Matz-Lück/Hong (Hrsg.), Grundrechte und Grundfreiheiten im Mehrebenensystem, 2012, S. 161, 192; *Maier*, Grundrechtsschutz, 2014, S. 332.

1885 *Kokott/Sobotta*, EuGRZ 2010, S. 265, 270; *Bilz*, Margin of Appreciation der EU-Mitgliedstaaten, 2020, S. 155; ähnlich auch *Hwang*, ZEuS 2016, S. 369, 377f.

1886 EuGH, *M.A.S. und M.B.*, Rs. C-42/17, EU:C:2017:936; zu dieser Deutung s. *Burchardt*, EuR 2018, S. 248, 249; *Lochmann*, EuR 2019, S. 61, 66.

Taricco in Zusammenhang mit dieser zu sehen, weshalb sie regelmäßig als *Taricco II* bezeichnet wird.[1887]

a. Ausgangsverfahren *Taricco I* und erneute Vorlage der *Corte costituzionale*

Erstmals war der EuGH mit den streitgegenständlichen nationalen Vorschriften in der Rechtssache *Taricco* im September 2015 befasst: Vereinfacht ging es in diesem Verfahren um die Frage, ob nationale Vorschriften, die zu einer *De-facto*-Straffreiheit des Mehrwertsteuerbetrugs führen, eine Verletzung von Unionsrecht darstellen.[1888] Zu einer *De-facto*-Straffreiheit kam es nach italienischem Recht, da Ermittlungen und Strafverfahren im Bereich des Mehrwertsteuerbetrugs regelmäßig komplex waren und die Verjährungsfrist für die in Rede stehenden Delikte sechs bzw. sieben Jahre betrug. Diese konnte auch im Falle einer Unterbrechung nach Art. 160 und 161 des italienischen Strafgesetzbuches, etwa bei einem Beschluss über die Entscheidung über die Anberaumung einer Vorverhandlung, maximal um ein Viertel der normalen Verjährungsfrist verlängert werden, sodass aufgrund des Verfahrens in verschiedenen Instanzen die *De-facto*-Straffreiheit nicht die Ausnahme, sondern die Regel war.

Der Gerichtshof entschied, dass die Anwendung einer nationalen Verjährungsregelung die Verpflichtungen des Art. 325 Abs. 1 und 2 AEUV beeinträchtigen könne, „falls diese nationale Regelung die Verhängung von wirksamen und abschreckenden Sanktionen in einer beträchtlichen Anzahl von gegen die finanziellen Interessen der Union gerichteten schweren Betrugsfällen verhindern oder für die Betrugsfälle zum Nachteil der finanziellen Interessen des betreffenden Mitgliedstaats längere Verjährungsfristen als für die Betrugsfälle zum Nachteil der finanziellen Interessen der Union vorsehen sollte."[1889] Komme das nationale Gericht zu dem Ergebnis, dass die nationalen Regelungen entsprechende Auswirkungen haben, müsse es, um die volle Wirksamkeit des Unionsrechts zu gewährleisten, diese nationalen Regelungen unangewendet lassen.[1890] Dem stünden auch nicht die Grundsätze der Gesetzmäßigkeit und der Verhältnismäßigkeit

1887 *Piccirilli*, EuConst 14 (2018), S. 814, 815; *Viganò*, NJECL 9 (2018), S. 18, 18.
1888 Zum Sachverhalt EuGH, *Taricco u.a.*, Rs. C-105/14, EU:C:2015:555, Rn. 18ff.
1889 EuGH, *Taricco u.a.*, Rs. C-105/14, EU:C:2015:555, Rn. 58; zur Kritik an dieser Entscheidung, insbesondere hinsichtlich der unmittelbaren Anwendbarkeit des Art. 325 AEUV, *Lochmann*, EuR 2019, S. 61, 68ff. m.w.N.
1890 EuGH, *Taricco u.a.*, Rs. C-105/14, EU:C:2015:555, Rn. 49.

nach Art. 49 GRC entgegen, da danach Verjährungsregelungen nicht dem materiellen Strafrecht zuzuordnen seien, sondern nur eine prozessuale Regelung nach Begehung der Tat verändert werde.[1891]

Entsprechend dieser Vorgaben des EuGH waren die *Corte d'appello di Milano* (Berufungsgericht Mailand) und die *Corte suprema di cassazione* (Kassationshof) der Auffassung, dass die nationalen Verjährungsregelungen in Verfahren wegen schweren Mehrwertsteuerbetrugs nicht anzuwenden seien, was jedoch gegen die italienische Verfassung, insbesondere den Grundsatz der Gesetzmäßigkeit im Zusammenhang mit Straftaten und Strafen, verstoße.[1892] Nach italienischem Verfassungsrecht erfasst das Rückwirkungsverbot auch Verjährungsvorschriften.[1893] Die *Corte costituzionale* wurde daher von beiden Gerichten konsultiert und legte das Verfahren dem EuGH (erneut) nach Art. 267 AEUV vor.[1894] Die *Corte costituzionale* wollte wissen, ob eine nationale Verjährungsvorschrift nach der *Taricco*-Entscheidung, auch dann unangewendet zu lassen ist, wenn es für diese Nichtanwendung keine hinreichend bestimmte Rechtsgrundlage gibt, wenn die Verjährung nach der Rechtsordnung des Mitgliedstaats Teil des materiellen Strafrechts ist und unter den Grundsatz der Gesetzmäßigkeit fällt, und wenn diese Nichtanwendung mit den obersten Grundsätzen des Verfassungsrechts des Mitgliedstaats oder mit den in der Verfassung des Mitgliedstaats anerkannten unveräußerlichen Grundrechten unvereinbar ist.[1895] In der Sache wurde somit der „*controlimiti*"-Vorbehalt angedroht.[1896]

1891 EuGH, *Taricco u.a.*, Rs. C-105/14, EU:C:2015:555, Rn. 54ff. unter Verweis auf die Rechtsprechung des EGMR, die die Verjährung dem Verfahrensrecht zuordnet, s. etwa EGMR, *Coëme u.a./Belgien*, 22.06.2000 – 32492/96, 32547/96, 32548/96, 33209/96, 33210/96, Rn. 146ff.; *Timmerman*, CMLR 53 (2016), S. 779, 795, kritisiert unter Verweis auf Art. 52 Abs. 4 GRC, dass der EuGH sich nicht mit dem Verhältnis zwischen dem Legalitätsprinzip und den Verjährungsregeln in anderen Mitgliedstaaten auseinandergesetzt habe.

1892 Vgl. EuGH, *M.A.S. und M.B.*, Rs. C-42/17, EU:C:2017:936, Rn. 9ff.; s. zu den Reaktionen der italienischen Gerichte ausführlich *Viganò*, EuCLR 7 (2017), S. 103, 107ff.

1893 Neben dem EGMR vertritt etwa auch das BVerfG hingegen die Auffassung, dass die Verjährung zum Verfahrensrecht zählt, vgl. BVerfGE 25, 269 (286) – *Verfolgungsverjährung*; *Kokott*, NZWiSt 2017, S. 409, 411.

1894 Corte costituzionale, Urt. Nr. 24/2017 v. 23.11.2016, https://www.cortecostituzionale.it/documenti/download/doc/recent_judgments/O_24_2017.pdf; s. dazu etwa *Paris*, QIL 37 (2017), S. 5ff.

1895 EuGH, *M.A.S. und M.B.*, Rs. C-42/17, EU:C:2017:936, Rn. 20.

1896 *Lochmann*, EuR 2019, S. 61, 65; zu diesem Vorbehalt bereits 1. Kapitel, A., 3., c., dd.

b. Entscheidung des EuGH in der Rechtssache *M.A.S.* und *M.B.* *(Taricco II)*

Mit diesen Fragen ist zugleich die Problematik hinsichtlich des Verhältnisses von nationalen Grundrechten sowie Unionsgrundrechten und damit der Auslegung des Art. 53 GRC aufgeworfen. Der Generalanwalt *Bot* lehnte in seinen Schlussanträgen eine Auslegung von Art. 53 GRC mit Verweis auf die *Melloni*-Rechtsprechung ab, die es den Mitgliedstaaten erlauben würde, im Anwendungsbereich des Unionsrechts ihre Verfassungsnormen anzuwenden, die ein höheres Schutzniveau des betreffenden Grundrechts gewährleisten, da dies den Vorrang des Unionsrechts beeinträchtige.[1897] Im Ergebnis wies der Generalanwalt daher das Ansinnen zurück, die nationalen Verjährungsregeln anzuwenden. Dem folgte der EuGH nicht und entschied, dass eine Verpflichtung zur Nichtanwendung nationaler Verjährungsregelungen nach der *Taricco*-Entscheidung bestehe, es sei denn, die „Nichtanwendung führt wegen mangelnder Bestimmtheit der anwendbaren Rechtsnorm oder wegen der rückwirkenden Anwendung von Rechtsvorschriften, die strengere Strafbarkeitsbedingungen aufstellen als die zum Zeitpunkt der Begehung der Straftat geltenden Rechtsvorschriften, zu einem Verstoß gegen den Grundsatz der Gesetzmäßigkeit im Zusammenhang mit Straftaten und Strafen."[1898] Somit erlaubte der Gerichtshof italienischen Gerichten, von den Grundsätzen der *Taricco*-Entscheidung abzuweichen.

Der EuGH betonte dabei zunächst, dass die nationalen Gerichte zur Beachtung der Grundrechte der Personen, denen eine Straftat zur Last gelegt wird, verpflichtet seien, es ihnen dabei gemäß der *Åkerberg Fransson*-Entscheidung jedoch freistehe, „nationale Schutzstandards für die Grundrechte anzuwenden, sofern dadurch weder das Schutzniveau der Charta, wie sie vom Gerichtshof ausgelegt wird, noch der Vorrang, die Einheit oder die Wirksamkeit des Unionsrechts beeinträchtigt werden."[1899] Dabei sei auch zu berücksichtigen, dass die Verjährungsvorschriften im Bereich der Mehrwertsteuer zum im Ausgangsverfahren maßgeblichen Zeitpunkt auf

---

1897 Schlussanträge GA *Bot*, *M.A.S. und M.B.*, Rs. C-42/17, EU:C:2017:564, Rn. 152ff.

1898 EuGH, *M.A.S. und M.B.*, Rs. C-42/17, EU:C:2017:936, Rn. 62.

1899 EuGH, *M.A.S. und M.B.*, Rs. C-42/17, EU:C:2017:936, Rn. 46f. unter Verweis auf EuGH, *Åkerberg Fransson*, Rs. C-617/10, EU:C:2013:280, Rn. 29. In dieser Randnummer verweist der EuGH auf die Rechtssache *Melloni*, sodass in der Rechtssache *M.A.S. und M.B.* zumindest indirekt auf *Melloni* Bezug genommen wird.

Unionsebene noch nicht harmonisiert waren.[1900] Der Gerichtshof führte weiter aus, dass die Mitgliedstaaten beim Handeln der im Rahmen der ihnen durch Art. 325 AEUV auferlegten Verpflichtungen das Legalitätsprinzip nach Art. 49 GRC zu beachten haben, wobei die Anforderungen des Art. 49 GRC unter Berücksichtigung der Rechtsprechung des EGMR dargestellt wurden.[1901] Sodann stellte der EuGH dar, dass das Legalitätsprinzip auch in der italienischen Rechtsordnung gelte und die nationalen Gerichte zu prüfen haben, ob in der italienischen Rechtsordnung eine Unsicherheit geschaffen werde, die hinsichtlich der Bestimmung der anwendbaren Verjährungsregelung gegen den Grundsatz der Bestimmtheit des anzuwendenden Rechts verstößt.[1902] Der Gerichtshof präzisierte allerdings nicht, ob insofern die Vorgaben der unionsrechtlichen Vorschrift des Art. 49 GRC oder die Vorgaben aus dem nationalen Verfassungsrecht zu beachten sind. Mithin wurde gerade nicht deutlich, ob Verjährungsvorschriften unter den Begriff „Straftaten und Strafen“ i.S.d. Art. 49 GRC zu fassen sind, mit der Folge, dass es zu einer unionsrechtsinternen Abwägung zwischen Art. 325 AEUV und Art. 49 GRC kommen könnte.[1903]

c. Reaktionen und Bewertung

In seiner Entscheidung thematisiert der EuGH weder die Reichweite des Art. 53 GRC noch äußerte er sich ausdrücklich zur Rechtssache *Melloni*, obwohl beides naheliegend gewesen wäre. Eine explizite Auseinandersetzung mit dem Verhältnis von Unionsgrundrechten, wesentlichen Grundsätzen des nationalen Verfassungsrechts und dem Effektivitätsgrundsatz unterbleibt somit. Daher und wegen der unklaren Begründung können verschiedene Deutungen des Aussagegehalts der Entscheidung vorgenommen werden. Einerseits kann diesbezüglich die Deutung erfolgen, dass die Entscheidung eine Abkehr von den *Melloni*-Grundsätzen darstelle, da in der Rechtssache *M.A.S. und M.B.*, wie auch in der Rechtssache *Melloni*, insbesondere die Effektivität des Unionsrechts gefährdet

1900 EuGH, *M.A.S. und M.B.*, Rs. C-42/17, EU:C:2017:936, Rn. 44f.
1901 EuGH, *M.A.S. und M.B.*, Rs. C-42/17, EU:C:2017:936, Rn. 52ff.
1902 EuGH, *M.A.S. und M.B.*, Rs. C-42/17, EU:C:2017:936, Rn. 58f.
1903 Von einer unionsrechtsinternen Abwägung ausgehend *Pilz*, NJW 2018, S. 221, 221; *Meyer*, JZ 2018, S. 304, 306; s. auch *Bilz*, Margin of Appreciation der EU-Mitgliedstaaten, 2020, S. 136f., der annimmt, dass der EuGH den Schutzbereich des Art. 49 GRC anhand des nationalen Schutzniveaus bestimmt hat; a.A. *Burchardt*, EuR 2018, S. 248, 253; *Viganò*, NJECL 9 (2018), S. 18, 21.

sei.[1904] Entscheidend ist insofern, ob der Effektivitätsgrundsatz absolut verstanden wird oder ob bereichspezifische Eingrenzungen möglich sind, wobei der EuGH bislang noch nicht ausführlich entschieden hat, unter welchen Voraussetzungen der Vorrang, die Einheit oder die Wirksamkeit des Unionsrechts beeinträchtigt werden.[1905] Denkbar ist daher, dass die mögliche Beeinträchtigung der Effektivität des Unionsrechts als nur gering einzuschätzen ist. Dies gilt insbesondere, wenn die Entscheidung des EuGH so verstanden wird, dass ausnahmsweise eine Verletzung des Unionsrechts in bereits bestehenden Fällen aufgrund der Bedeutung des Legalitätsprinzips hingenommen wird – vergleichbar der Rechtssache *Impresa Pizzarotti*, auf die der EuGH auch verweist.[1906] Zudem war in der Rechtssache *Melloni* die besondere Bedeutung des Europäischen Haftbefehls und damit verbunden die Anerkennung gegenseitigen Vertrauens als grenzüberschreitendes Element zu berücksichtigen.[1907] Andererseits ist zu beachten, dass der Bereich der Verjährungsvorschriften bei Mehrwertsteuerhinterziehung zum Zeitpunkt des streitgegenständlichen Verfahrens noch nicht vollständig harmonisiert war und sich somit der Sachverhalt wesentlich von der Rechtssache *Melloni* unterscheidet, was gegen eine Abkehr von den *Melloni*-Grundsätzen spricht.[1908] Die Rechtssache *M.A.S. und M.B.* kann daher eher als Anwendungsfall dieser Grundsätze und als Beispiel für die Berücksichtigung nationaler Grundrechte angesehen werden, wenn weder das Schutzniveau der Charta noch der Vorrang, die Einheit und die Wirksamkeit des Unionsrechts beeinträchtigt werden.[1909]

1904 *Viganò*, NJECL 9 (2018), S. 18, 21f.; s. auch Schlussanträge GA *Bot*, *M.A.S. und M.B.*, Rs. C-42/17, EU:C:2017:564, Rn. 166f.

1905 Vgl. *Meyer*, JZ 2018, S. 304, 306; *Rauchegger*, CMLR 55 (2018), S. 1521, 1531.

1906 S. EuGH, *M.A.S. und M.B.*, Rs. C-42/17, EU:C:2017:936, Rn. 61 unter Verweis auf EuGH, *Impresa Pizzarotti*, Rs. 213/13, EU:C:2014:2067, Rn. 58f. In dieser Rechtssache entschied der EuGH, dass es das Unionsrecht nicht gebiete, von der Anwendung prozessrechtlicher Normen abzusehen, selbst wenn dadurch einer mit dem Unionsrecht unvereinbaren nationalen Situation abgeholfen werden könnte; zu einer Lesart wie hier *Rauchegger*, CMLR 55 (2018), S. 1521, 1536; kritisch, da es sich bei der Rechtssache *M.A.S. und M.B.* um eine materielle Kollisionslage handele, *Burchardt*, EuR 2018, S. 248, 256.

1907 *Rauchegger*, CMLR 55 (2018), S. 1521, 1534.

1908 Vgl. *Lochmann*, EuR 2019, S. 61, 66f.; kritisch dazu hingegen *Viganò*, NJECL 9 (2018), S. 18, 21f., da in beiden Fällen die Effektivität des Unionsrechts gefährdet sei; von einer „Modifizierung der Melloni-Systematik" ausgehend *Burchardt*, EuR 2018, S. 248, 255; gegen eine Relativierung von den Grundsätzen der *Melloni*-Rechtsprechung s. auch *Gappa*, ZEuS 2020, S. 641, 653ff.

1909 *Rauchegger*, CMLR 55 (2018), S. 1521, 1532; *Lenaerts*, Il Diritto dell'Unione Europea 2018, S. 9, 18; *Perez Fernandes*, Revista de Derecho Comunitario Euro-

Wie gezeigt, sind verschiedene Interpretationen der Entscheidung des EuGH denkbar – insbesondere sind die Ausführungen und die Begründung des Gerichtshofs wenig transparent und könnten insgesamt ausführlicher sein.[1910] Dies spricht gegen die Annahme, dass mit dieser Entscheidung der Vorrang des Unionsrechts infrage gestellt wird oder der Gerichtshof eine Ausnahme vom Anwendungsvorrang des Unionsrechts begründete.[1911]

Deutlich wird stattdessen, dass der EuGH zum Dialog mit den nationalen Verfassungsgerichten bereit ist und dabei auch verfassungsgerichtlich artikulierte Belange in das materielle Unionsrecht überführt werden können.[1912]

3. Zusammenfassung

Aufgrund der Zielsetzung des Grundrechtsschutzes kann es geboten sein, dass sich in Einzelfällen der unionsrechtliche Vorrang nicht uneingeschränkt durchsetzt. Dies gilt insbesondere, wenn eine Materie nicht vollständig vom Unionsrecht determiniert ist. Die Entscheidung in der Rechtssache *M.A.S. und M.B.* (*Taricco II*) ist zwar nicht als generelle Abkehr vom Anwendungsvorrang zu deuten, zeigt jedoch, dass der EuGH dazu bereit ist, nationale Besonderheiten im Bereich des Grundrechtsschutzes anzuerkennen und Mitgliedstaaten im Einzelfall von der strikten Befolgung unionsrechtlicher Verpflichtungen befreit sein können. Mit der Anerkennung eines Entscheidungsspielraums für die Heranziehung nationaler Verfassungsgrundsätze in dieser Rechtssache verdeutlicht der EuGH die Bereitschaft, den Anspruch auf Vorrang, Einheit und Wirksamkeit des Unionsrechts nicht unreflektiert durchsetzen zu wollen, sondern ein „ech-

---

peo 2018, S. 677, 708; *Kleinlein*, Grundrechtsföderalismus, 2020, S. 297; a.A. *Bonelli*, Maastricht J. Eur. & Comp. L. 25 (2018), S. 357, 365.

1910 Von einer „erstaunlich kurz gefasste[n] Lösung" ausgehend *Staffler*, EuGRZ 2018, S. 613, 615; als „mangelhafte Begründung" bezeichnend *Bilz*, Margin of Appreciation der EU-Mitgliedstaaten, 2020, S. 136.

1911 *Rauchegger*, CMLR 55 (2018), S. 1521, 1543; a.A. *Burchardt*, EuR 2018, S. 248, 256.

1912 Vgl. *Pilz*, NJW 2018, S. 221, 221; *Wendel*, in: Franzius/Mayer/Neyer (Hrsg.), Neuerfindung Europas, 2019, S. 51, 65; diese Rechtssache als „besonders herausgestelltes Kooperationsangebot" des EuGH an die nationalen Verfassungsgerichte bezeichnend *Klein*, DÖV 2018, S. 605, 609.

tes Kooperationsverhältnis mit den nationalen Verfassungs- und Höchstgerichten zu begründen."[1913]

III. Berücksichtigung nationaler Identität, Art. 4 Abs. 2 EUV

Handeln die Mitgliedstaaten aufgrund zwingender unionsrechtlicher Verpflichtungen, kommt die Anwendung des Art. 53 GRC nicht in Betracht. In diesen Fällen könnte die Berücksichtigung eines höheren nationalen Grundrechtsschutzniveaus nach Art. 4 Abs. 2 EUV möglich sein, sofern dieses der nationalen Identität zuzuordnen ist.

Nach Art. 4 Abs. 2 S. 1 EUV achtet die Union die „jeweilige nationale Identität [der Mitgliedstaaten], die in ihren grundlegenden politischen und verfassungsmäßigen Strukturen einschließlich der regionalen und lokalen Selbstverwaltung zum Ausdruck kommt."[1914] Diese Norm geht zurück auf Art. F Abs. 1 des Vertrags von Maastricht, wonach die Union „die nationale Identität ihrer Mitgliedstaaten, deren Regierungssysteme auf demokratischen Grundsätzen beruhen [achtet]", der allerdings nicht der Zuständigkeit des Gerichtshofs unterlag, wohingegen Art. 4 Abs. 2 EUV in der Rechtsprechung des EuGH direkt zur Anwendung kommen kann.[1915] Die Achtung der nationalen Identität findet sich zudem in der Präambel der Grundrechtecharta, die festlegt, dass die Union „zur Erhaltung und zur Entwicklung [der] gemeinsamen Werte unter Achtung (...) der nationalen Identität der Mitgliedstaaten und der Organisation ihrer staatlichen Gewalt auf nationaler, regionaler und lokaler Ebene bei[trägt]".

Der Rückgriff auf die nationale Identität und insbesondere Art. 4 Abs. 2 EUV könnte so zu verstehen sein, dass diese Norm die Verfassungsidentität der Mitgliedstaaten schützt und eine verfassungsrechtliche Identitätskontrolle, wie diese von einigen mitgliedstaatlichen Verfassungsgerichten entwickelt wurde, zulässt. Denkbar ist ferner, dass die Norm Ausnahmen vom Vorrang des Unionsrechts ermöglicht und somit Spielräume zur Be-

---

1913 *Edenharter*, Der Staat 57 (2018), S. 227, 230.

1914 Zur Frage, ob diese Norm eine rechtliche Verpflichtung der Union zur Achtung der nationalen Identität begründet ausführlich *Cloots*, National Identity, 2015, S. 35ff.; umfassend zur Auslegung von Art. 4 Abs. S. 1 EUV s. *Schnettger*, Verbundidentität, 2020, S. 39ff.

1915 *Von Bogdandy/Schill*, ZaöRV 70 (2010), S. 701, 705f.; s. zur Relevanz der nationalen Identität jedoch bereits EuGH, *Kommission/Luxemburg*, Rs. C-473/93, EU:C:1996:263, Rn. 35f.; zuvor EuGH, *Groener*, Rs. C-379/87, EU:C:1989:599, Rn. 18ff.

rücksichtigung nationaler Grundrechte eröffnet. Zunächst ist daher die Bedeutung des Begriffs der nationalen Identität zu erörtern (1.). Die genaue Bestimmung des Begriffs erfolgt durch den EuGH und nationale Gerichte (2.). In der Rechtsprechung des EuGH hat Art. 4 Abs. 2 EUV bislang eher eine untergeordnete Rolle gespielt (3.). Diese Norm ermöglicht es, dass nationale Grundrechte auch im Bereich vollständig determinierten Unionsrechts zu berücksichtigen sind (4.).

1. Begriff der „nationalen Identität" i.S.d. Art. 4 Abs. 2 EUV

Sowohl der Begriff „Nation" als auch der Begriff „Identität" sind vieldeutig und weisen viele Unklarheiten auf.[1916] Der Begriff „Identität" umfasst sozialwissenschaftliche, politische und juristische Diskurse, muss als Rechtsbegriff jedoch einen eigenständigen Zugriff auf das Phänomen der Identität finden.[1917]

Von der nationalen Identität eines Staates oder eines Volkes umfasst sind grundsätzlich übereinstimmende Ideengehalte und Werte, Vorstellungen von Ordnung und Gerechtigkeit, sowie Strukturen, die aus historischen, wirtschaftlichen, religiösen oder sonstigen soziokulturellen Gründen das Selbstverständnis dieses Staates oder Volkes prägen und sich von anderen Nationen abgrenzen, wobei als wesentliches Unterscheidungsmerkmal zu anderen Nationen überwiegend die gemeinsame Sprache angesehen wird.[1918] Ein derart weites Verständnis des Begriffs der nationalen Identität ist hinsichtlich Art. 4 Abs. 2 EUV indes nicht anzunehmen. Durch die Verknüpfung der nationalen Identität mit den „grundlegenden politischen und verfassungsmäßigen Strukturen" in Art. 4 Abs. 2 EUV wird der Fokus des Identitätsbegriffs auf verfassungsrechtliche Kriterien

1916 S. umfassend dazu *von Bogdandy*, VVDStRL 62 (2003), S. 156ff.; Zweifel, ob insbesondere der Begriff der Identität überhaupt im rechtswissenschaftlichen Diskurs verwendet werden sollte, äußert etwa *Wendel*, in: Franzius/Mayer/Neyer (Hrsg.), Neuerfindung Europas, 2019, S. 51, 52.

1917 *Wischmeyer*, AöR 140 (2015), S. 415, 423; wissenschaftlich wurde der Begriff der Identität in der Psychologie geprägt, wonach dieser „sowohl ein dauerndes inneres Sich-Selbst-Gleichsein wie ein dauerndes Teilhaben an bestimmten gruppenspezifischen Charakterzügen" umfasst, *Erikson*, Identität und Lebenszyklus, Nachdruck 2007, S. 124; *Wendel*, in: Franzius/Mayer/Neyer (Hrsg.), Neuerfindung Europas, 2019, S. 51, 51.

1918 Ausführlich *Pache*, DVBl. 2002, S. 1154, 1156f. m.w.N.; *Puttler*, in: Calliess/Ruffert (Hrsg.), EUV/AEUV, 5. Aufl., 2016, Art. 4 EUV, Rn. 14; *Schnettger*, in: Calliess/van der Schyff (Hrsg.), Constitutional Identity, 2019, S. 9, 14.

gelegt.[1919] Umfasst ist das formelle Verfassungsrecht, wobei sich grundlegende verfassungsmäßige Strukturen auch aus materiellem Verfassungsrecht ergeben können.[1920] Durch die Einschränkung auf „grundlegende" Verfassungsstrukturen kann jedoch nicht das gesamte formelle und materielle Verfassungsrecht gemeint sein, sondern lediglich die prinzipiellen Strukturentscheidungen der Mitgliedstaaten.[1921] Dies verdeutlicht auch ein Vergleich der verschiedenen Sprachfassungen in Bezug auf die Formulierung „zum Ausdruck kommen": Während etwa in der deutschen, der dänischen oder der schwedischen Sprachfassung des Art. 4 Abs. 2 EUV die nationale Identität in grundlegenden politischen und verfassungsmäßigen Strukturen „zum Ausdruck kommen" muss (dänisch *„som den kommer til udtryk i"* bzw. schwedisch *„som kommer till uttryck i"*), wird in der englischen oder französischen Fassung davon ausgegangen, dass die nationale Identität den grundlegenden politischen und verfassungsmäßigen Strukturen „inhärent" sein muss (*„inherent in"* bzw. *„inhérente à"*), die niederländische Version geht von einem „enthalten sein" aus (*„die besloten ligt in"*). [1922] Diese Sprachfassungen deuten darauf hin, dass die nationale Identität der Verfassung innewohnend sein und es sich somit um Identitätsgehalte der mitgliedstaatlichen Verfassung handeln muss.[1923] Zu den grundlegenden politischen und verfassungsmäßigen Strukturen zählen etwa die Staatlichkeit und Souveränität der Mitgliedstaaten, grundlegende Organisationsstrukturen sowie die Prinzipien der Demokratie, des Rechtsstaats und der Schutz der Menschenrechte.[1924] Nicht von der

1919 *Von Bogdandy/Schill*, ZaöRV 70 (2010), S. 701, 711; ausführlich zur Bedeutung der nationalen Identität i.S.d. Art. 4 Abs. 2 EUV s. *Cloots*, National Identity, 2015, S. 134ff.

1920 *Haratsch*, EuR 2016, S. 131, 135.

1921 *Von Bogdandy/Schill*, CMLR 48 (2011), S. 1417, 1430ff.; *Claes*, in: Claes/de Visser/Popelier/van de Heyning (Hrsg.), Constitutional Conversations in Europe, 2012, S. 205, 218: *Puttler*, in: Calliess/Ruffert (Hrsg.), EUV/AEUV, 5. Aufl., 2016, Art. 4 EUV, Rn. 15; *Haratsch*, EuR 2016, S. 131, 135f.

1922 S. zur Übersetzung *Cloots*, National Identity, 2015, S. 136.

1923 Vgl. *von Bogdandy/Schill*, ZaöRV 70 (2010), S. 701, 711f.; auf einen umfassenden Sprachvergleich wird an dieser Stelle verzichtet, da sich bereits aus der Formulierung „zum Ausdruck kommen" die erforderliche Verbindung zur nationalen Verfassung ergibt, wenngleich diese in der Formulierung „inhärent" deutlicher wird.

1924 *Hatje*, in: Becker/Hatje/Schoo/Schwarze (Hrsg.), EU-Kommentar, 4. Aufl., 2019, Art. 4 EUV, Rn. 11.

nationalen Identität i.S.d. Art. 4 Abs. 2 EUV erfasst sind demnach religiöse, moralische oder kulturelle gesellschaftliche Wertentscheidungen.[1925]

Ungeklärt ist bislang, ob und inwieweit nationale Grundrechtsgewährleistungen als Identitätsgehalte nach Art. 4 Abs. 2 EUV zu schützen sind. Insofern wurde darauf hingewiesen, dass „das, was unter einen anspruchsvollen Begriff des Grundrechtsschutzes fällt, nicht mit einer Beeinträchtigung der nationalen Identität" zu verwechseln sei.[1926] Zutreffend ist zwar, dass nicht jegliche Berührung mitgliedstaatlicher Grundrechte als Einschränkung der nationalen Identität zu werten ist, da anderenfalls der Anwendungsbereich des Art. 4 Abs. 2 EUV zu weitgehend wäre. Dies kann jedoch nicht bedeuten, dass damit der Grundrechtsschutz in Gänze von der nationalen Identität ausgeschlossen ist. Bereits der Sinn und Zweck der unionsrechtlichen Pflicht zur Achtung der nationalen Identität streitet für die Berücksichtigung des nationalen Grundrechtsschutzes: Die nationale Identität erweist sich gerade deshalb als besonders schützenswert, da sich eine Gemeinschaft dazu entschieden hat, die Gehalte identitätsprägender sozialer Konstruktionen durch Konstitutionalisierung als verbindlich anzusehen.[1927] Auch Grundrechte können insofern eine identitätsstiftende Funktion erfüllen.[1928] Daher sind jedenfalls die in einer Verfassung verbürgten Mindeststandards eines Grundrechts bzw. der Wesensgehalt von Grundrechten[1929] als Bestandteil der nationalen Identität anzuerkennen.[1930]

1925 *Schill/Krenn*, in: Grabitz/Hilf/Nettesheim (Hrsg.), Das Recht der Europäischen Union, 65. EL., 2018, Art. 4 EUV, Rn. 17; *Schulte*, Übertragbarkeit, 2018, S. 351; a.A. *Besselink*, Utrecht Law Review 6 (2010), S. 36, 42ff.; wohl auch *Streinz*, in: Streinz (Hrsg.), EUV/AEUV, 3. Aufl., 2018, Art. 4 EUV, Rn. 15, der davon ausgeht, dass auch politische, soziale und kulturelle Besonderheiten zur nationalen Identität i.S.d. Art. 4 Abs. 2 EUV gehören.

1926 Schlussanträge GA *Bot*, *Melloni*, Rs. C-399/11, EU:C:2012:600, Rn. 142; *Walter/Vordermayer*, JöR N.F. 63 (2015), S. 129, 142, gehen daher davon aus, dass „Grundrechtsfragen in der Regel nicht Bestandteil der Verbürgung des Art. 4 Abs. 2 EUV sind".

1927 *Wischmeyer*, AöR 140 (2015), S. 415, 428ff., 440.

1928 S. etwa *Terhechte*, Konstitutionalisierung, 2011, S. 19, der als Beispiel für die Umsetzung einer identitätsstiftenden Freiheitsidee die Grundrechte der Amendments der US-amerikanischen Verfassung anführt.

1929 S. dazu aus nationaler Sicht etwa BVerfGE 37, 271 (280) – *Solange I*; 73, 339 (376) – *Solange II*; Tribunal Constitucional, Entsch. v. 13.12.2004, Erklärung DTC 1/2004, EuR 2005, S. 339, 343.

1930 *Torres Pérez*, in: Saiz Arnaiz/Alcoberro Llivina (Hrsg.), National Constitutional Identity, 2013, S. 141, 144; *Pliakos/Anagnostaras*, YEL 34 (2015), S. 97, 113ff.;

Häufig wird der Begriff der nationalen Identität mit dem Begriff der Verfassungsidentität synonym verwendet.[1931] Soweit ersichtlich, berief sich erstmals der französische Verfassungsrat im Jahr 2006 auf eine *„identité constitutionnelle"*.[1932] Das Bundesverfassungsgericht erklärte in seiner *Lissabon*-Entscheidung 2009 die Verfassungsidentität zu einer absoluten Schranke der europäischen Integration.[1933] Die Gleichsetzung von nationaler Identität und Verfassungsidentität ist allerdings nicht überzeugend: Der Begriff der Verfassungsidentität ist selbst auslegungsbedürftig und hat keine einheitliche Bedeutung. Wie gezeigt, wird das Konzept einer Verfassungsidentität von verschiedenen europäischen Verfassungs- und Höchstgerichten verwendet, wobei es unterschiedliche Schutzkonzeptionen in den einzelnen Mitgliedstaaten umfasst und meist abstrakte Umschreibungen hinsichtlich grundlegender Staatsstrukturen und -prinzipien beinhaltet.[1934] Eine entsprechende Gleichsetzung beider Begriffe hätte somit zur Folge, dass die nationale Identität i.S.d. Art. 4 Abs. 2 EUV in den Mitglied-

---

Klein, DÖV 2018, S. 605, 612; *Bilz*, Margin of Appreciation der EU-Mitgliedstaaten, 2020, S. 173f.; *Schnettger*, Verbundidentität, 2020, S. 179ff.

1931 S. etwa *Besselink*, Utrecht Law Review 6 (2010), S. 36, 37, 43f.; *ders.*, CMLR 49 (2012), S. 671, 672, 683; *Klein*, in: Niedobitek/Sommermann (Hrsg.), Die Europäische Union als Wertegemeinschaft, 2013, S. 59, 64; vgl. auch *Pernice*, AöR 136 (2011), S. 185, 189; *Maier*, Grundrechtsschutz, 2014, S. 349; *Hofmann/Heger*, EuGRZ 2020, S. 176, 189.

1932 Conseil constitutionnel, Entsch. v. 27.07.2006, Nr. 2006-540; *Schönberger*, JöR N.F. 63 (2015), S. 41, 45.; das BVerfG verwendete zuvor bereits den Ausdruck der „Grundstruktur der Verfassung, auf der ihre Identität beruht", BVerfGE 37, 271 (279) – *Solange I.*

1933 Zum Begriff der Verfassungsidentität in der Rechtsprechung des Bundesverfassungsgerichts, s. 1. Kapitel, A., I., 2., d.; s. auch umfassend *Ingold*, AöR 140 (2015), S. 1ff.; das BVerfG stellte in seiner Folgerechtsprechung dar, dass Art. 4 Abs. 2 EUV „ein Begriff der nationalen Identität zugrunde[liegt], der dem Begriff der Verfassungsidentität im Sinne von Art. 79 Abs. 3 GG nicht entspricht, sondern weit darüber hinausreicht", BVerfGE 134, 366 (386) – *OMT-Beschluss.*

1934 S. dazu bereits oben 1. Kapitel, A., I., 3.; *Wendel*, in: Franzius/Mayer/Neyer (Hrsg.), Neuerfindung Europas, 2019, S. 51, 60ff.; *van der Schyff*, in: Calliess/van der Schyff (Hrsg.), Constitutional Identity, 2019, S. 305, 307; so wird etwa in Dänemark der Begriff der Verfassungsidentität nicht verwendet, in Italien erstmals in der Rechtssache *Taricco* im Jahr 2017, s. dazu die Länderberichte in Calliess/van der Schyff (Hrsg.), Constitutional Identity, 2019; für einen Überblick s. auch *Bilz*, Margin of Appreciation der EU-Mitgliedstaaten, 2020, S. 17ff.; *Spieker*, CMLR 57 (2020), S. 361, 368ff.; zu einer umfassenden Darstellung der Begriffe der Verfassungsidentität und nationalen Identität auf mitgliedstaatlicher wie unionaler Ebene ferner *Wischmeyer*, AöR 140 (2015), S. 415ff.

staaten eine unterschiedliche Bedeutung hat, was mit der Einheit des Unionsrechts nicht vereinbar ist. Die Verfassungsidentität eines Mitgliedstaats kann zwar Bestandteil der nationalen Identität i.S.d. Art. 4 Abs. 2 EUV sein, sofern diese den bereits genannten Kriterien entspricht – letztlich geht die nationale Identität i.S.d. Art. 4 Abs. 2 EUV jedoch über den Begriff der Verfassungsidentität hinaus.[1935] Der unionsrechtliche Identitätsbegriff ist daher nicht mit dem nationalen Begriff der Verfassungsidentität deckungsgleich.[1936] Enthält etwa eine nationale Verfassung eine sog. Ewigkeitsklausel, kann diese zur Bestimmung der nationalen Identität herangezogen werden, ohne dass die Verfassungsidentität jedoch auf den Inhalt dieser Klausel beschränkt bleiben muss.[1937]

In der Rechtsprechung des EuGH hat sich bislang keine abschließende Definition der nationalen Identität i.S.d. Art. 4 Abs. 2 EUV entwickelt; als Schutzgüter der nationalen Identität sind bislang anerkannt die republikanische Staatsform[1938], die offiziellen Landes-[1939] bzw. Amtssprachen[1940] und die Verteilung von Zuständigkeiten zwischen föderalen Gliedstaaten, wovon auch die innerstaatliche Neuordnung der Kompetenzen umfasst ist.[1941]

1935 *Huber*, in: Kment (Hrsg.), FS Jarass, 2015, S. 205, 207f.; *Schnettger*, in: Calliess/van der Schyff (Hrsg.), Constitutional Identity, 2019, S. 9, 17; a.A. *van der Schyff*, ELR 37 (2012), S. 563, 567; zur Auffassung, dass die „unionsrechtliche Identitätsklausel als Gegenbild der Verfassungsidentität" zu verstehen sei *Schönberger*, JöR N.F. 63 (2015), S. 41, 51ff.; *Goldhammer*, JöR N.F. 63 (2015), S. 105, 107 ordnet Art. 4 Abs. 2 EUV hingegen als „europarechtliches Pendant" zur Verfassungsidentität der Mitgliedstaaten ein; s. auch Schlussanträge GA *Bot*, *Melloni*, Rs. C-399/11, EU:C:2012:600, Rn. 137, wonach die Verfassungsidentität „ganz gewiss" zur nationalen Identität i.S.d. Art. 4 Abs. 2 EUV gehöre.

1936 *Cloots*, National Identity, 2015, S. 164ff.; *Haratsch*, EuR 2016, S. 131, 131; *Wolff*, Der Einzelne in der offenen Staatlichkeit, 2020, S. 372.

1937 *Van der Schyff*, in: Calliess/van der Schyff (Hrsg.), Constitutional Identity, 2019, S. 305, 309.

1938 EuGH, *Sayn-Wittgenstein*, Rs. C-208/09, EU:C:2010: 806, Rn. 92; s. auch EuGH, *Bogendorff von Wolffersdorff*, Rs. C-438/14, EU:C:2016:401, Rn. 64, 73.

1939 EuGH, *Runevič-Vardyn und Wardyn*, Rs. C-391/09, EU:C:2011:291, Rn. 86.

1940 EuGH, *Kommission/Luxemburg*, Rs. C-51/08, EU:C:2011:336, Rn. 124; *Las*, Rs. C-202/11, EU:C:2013:239, Rn. 26; s. auch EuGH, *New Valmar*, Rs. C-15/15, EU:C:2016:464, Rn. 50.

1941 EuGH, *Digibet und Albers*, Rs. C-156/13, EU:C:2014:1756, Rn. 34; *Remondis*, Rs. C-51/15, EU:C:2016:985, Rn. 51; *Porin kaupunki*, Rs. C-328/19, EU:C:2020:483, Rn. 46ff.; zum Ganzen s. *Hatje*, in: Becker/Hatje/Schoo/Schwarze (Hrsg.), EU-Kommentar, 4. Aufl., 2019, Art. 4 EUV, Rn. 13.

Aufgrund des dynamischen Charakters[1942] des Begriffs der nationalen Identität sowie der unterschiedlichen Identitätsvorstellungen in den Mitgliedstaaten, unabhängig vom Begriff der Verfassungsidentität, muss dieser Begriff letztlich zwangsläufig in gewisser Weise vage und unbestimmt bleiben und ist im konkreten Fall näher zu definieren.[1943]

2. Kompetenz zur Konkretisierung des Identitätsbegriffs

Angesichts der notwendigen Unschärfe des Begriffs der nationalen Identität i.S.d. Art. 4 Abs. 2 S. 1 EUV ist zu klären, ob der konkrete Gehalt auf Ebene der Union oder der Mitgliedstaaten zu bestimmen ist. Zwar handelt es sich dabei um einen unionsrechtlichen Begriff, dieser ist allerdings auch von verfassungsrechtlichen Strukturen der Mitgliedstaaten abhängig.[1944] Da der Begriff der nationalen Identität sich auf die Wertung der Mitgliedstaaten beziehe, könne die nähere Bestimmung dieser nur den jeweiligen Mitgliedstaaten zustehen.[1945] Würde es den nationalen Gerichten allerdings freistehen, die Bedeutung des Art. 4 Abs. 2 EUV jeweils eigenständig ohne Berücksichtigung der Vorgaben des EuGH zu bestimmen, käme dies einem Freibrief gleich, jeglichen Bereich, den diese vor europäischen Einflüssen schützen möchten, festzulegen; die Geltung des Unionsrechts könnte nach Belieben ausgehebelt werden.[1946] Dies verdeutlicht, dass der Identitätsbegriff nur in einem Wechselspiel zwischen nationalen Gerichten und dem Gerichtshof konkretisiert werden kann.

Die nationale Identität ist als unionsrechtlicher Begriff autonom von den mitgliedstaatlichen Rechtsordnungen vom Gerichtshof zu interpretieren, jedoch ergibt sich seine genaue Bedeutung aus dem jeweiligen Selbstverständnis der Mitgliedstaaten, das durch nationales Verfassungsrecht

---

1942 S. *Pernice*, AöR 136 (2011), S. 185, 190.

1943 *Goldhammer*, JöR N.F. 63 (2015), S. 105, 113f., der davon ausgeht, dass Art. 4 Abs. 2 EUV „nicht ohne eine beachtliche Mindestabstraktionshöhe“ auskomme und aufgrund der Vagheit des Begriffs auch sichergestellt werde, dass der unionsrechtliche Anwendungsvorrang gewahrt bleibe.

1944 *Klein*, in: Niedobitek/Sommermann (Hrsg.), Die Europäische Union als Wertegemeinschaft, 2013, S. 59, 65.

1945 In diese Richtung wohl noch zur Vorgängernorm *Hilf*, in: Randelzhofer/Scholz/Wilke (Hrsg.), GS Grabitz, 1995, S. 157, 163.

1946 Vgl. *Pernice*, AöR 136 (2011), S. 185, 195; *Wischmeyer*, AöR 140 (2015), S. 415, 446; *Schnettger*, in: Calliess/van der Schyff (Hrsg.), Constitutional Identity, 2019, S. 9, 11.

konturiert wird.[1947] Da die Verpflichtung zur Achtung der nationalen Identität zunächst bedeutet, dass das im Sinne demokratischer Selbstbestimmung dem Wandel unterworfene mitgliedstaatliche Selbstverständnis berücksichtigt wird, kommt den nationalen Gerichten ein erster Zugriff zur Bestimmung der nationalen Identität zu, der vom EuGH zu beachten ist.[1948] Der Gerichtshof hat daher insbesondere auf die Rechtsprechung der nationalen Verfassungs- und Höchstgerichte zu rekurrieren.[1949] Es ist dazu erforderlich, dass diese den rechtlichen Inhalt und die besondere Bedeutung innerhalb des nationalen verfassungsrechtlichen Kontexts so genau wie möglich darstellen und rechtlich begründen.[1950] Die Mitgliedstaaten müssen klären, was zu ihren grundlegenden politischen und verfassungsrechtlichen Strukturen zählt, dem Gerichtshof obliegt es jedoch festzulegen, inwiefern er auf die Besonderheiten Rücksicht nehmen will.[1951] Die Union legt insofern einen allgemeinen Rahmen zur Bestimmung der nationalen Identität i.S.d. Art. 4 Abs. 2 EUV fest, innerhalb dessen die Mitgliedstaaten die nationale Identität näher ausgestalten können.[1952] Art. 4

1947 *Von Bogdandy/Schill*, ZaöRV 70 (2010), S. 701, 711; *Walter/Vordermayer*, JöR N.F. 63 (2015), S. 129, 132; *Schill/Krenn*, in: Grabitz/Hilf/Nettesheim (Hrsg.), Das Recht der Europäischen Union, 65. EL., 2018, Art. 4 EUV, Rn. 15; *Streinz*, in: Streinz (Hrsg.), EUV/AEUV, 3. Aufl., 2018, Art. 4 EUV, Rn. 14; *Bilz*, Margin of Appreciation der EU-Mitgliedstaaten, 2020, S. 172; *Skouris*, EuR 2021, S. 3, 16f.

1948 *Pernice*, AöR 136 (2011), S. 185, 214; s. auch *Cloots*, National Identity, 2015, S. 148f.

1949 Vgl. *von Bogdandy/Schill*, ZaöRV 70 (2010), S. 701, 716f.; soweit ersichtlich, stellte der EuGH zur Bestimmung der nationalen Identität allerdings bislang maßgeblich auf die Stellungnahme der nach Art. 23 der Satzung des Gerichtshofs äußerungsberechtigten nationalen Regierungen ab, *Wischmeyer*, AöR 140 (2015), S. 415, 449; s. etwa EuGH, *Torresi*, verb. Rs. C-58/13 und C-59/13, EU:C:2014:2088, Rn. 59; auch in der Rechtssache *Melloni* war die spanische Regierung der Auffassung, dass die vom *Tribunal Constitucional* vorgebrachten Bedenken hinsichtlich des Rechts auf ein faires Verfahren nicht zur Verfassungsidentität Spaniens gehörten, Schlussanträge GA *Bot*, *Melloni*, Rs. C-399/11, EU:C:2012:600, Rn. 141.

1950 *Wendel*, Permeabilität, 2011, S. 579; *Schnettger*, in: Calliess/van der Schyff (Hrsg.), Constitutional Identity, 2019, S. 9, 21f.

1951 *Walter/Vordermayer*, JöR N.F. 63 (2015), S. 129, 132; s. auch *Wendel*, in: Franzius/Mayer/Neyer (Hrsg.), Neuerfindung Europas, 2019, S. 51, 63f., der betont, dass über die normative Konsequenz des Identitätsschutzes im Unionsrecht zu entscheiden ist.

1952 *Schill/Krenn*, in: Grabitz/Hilf/Nettesheim (Hrsg.), Das Recht der Europäischen Union, 65. EL., 2018, Art. 4 EUV, Rn. 15; *Schnettger*, in: Calliess/van der Schyff (Hrsg.), Constitutional Identity, 2019, S. 9, 15; *Bilz*, Margin of Appreciation

Abs. 2 EUV führt somit dazu, dass die Unionsrechtsordnung „permeabel" für normative Inhalte der nationalen Rechtsordnung wird.[1953]

Offen ist, inwieweit dem Gerichtshof auch die Kompetenz zukommt, über die mitgliedstaatliche Bedeutung der nationalen Identität zu entscheiden. Teilweise wird angenommen, dass die Bestimmung dessen, was zur nationalen Identität i.S.d. Art. 4 Abs. 2 EUV gehört, aus unionsrechtlicher Perspektive zu entscheiden sei und den Mitgliedstaaten nicht die Kompetenz zukomme, den nach Art. 4 Abs. 2 EUV zu berücksichtigenden nationalen Identitätskern festzulegen.[1954] Der Gerichtshof wäre demnach nicht an das Vorbringen der Mitgliedstaaten gebunden. Denkbar ist zudem, dass die Mitgliedstaaten innerhalb des unionsrechtlich bestimmten Rahmens eigenständig die Bedeutung der Identitätsklausel näher definieren können. Nicht zuletzt das in systematischer Hinsicht zu betrachtende Loyalitätsgebot des Art. 4 Abs. 3 EUV begründet eine Verpflichtung gegenseitiger Kooperation, sodass eine Zuweisung des „letzten Worts" hinsichtlich der Definitionsmacht der nationalen Identität ausscheidet.[1955] Naheliegender ist daher eine vermittelnde Position: Für die Auslegung des Art. 4 Abs. 2 EUV ist zwar der EuGH letztlich zuständig, dieser sollte jedoch einen Beurteilungsspielraum der Mitgliedstaaten in Bezug auf eigene, verfassungsrechtliche Besonderheiten akzeptieren.[1956] Hierbei ist ein funktionierendes Zusammenwirken nationaler Gerichte und dem EuGH notwendig, das im Wege des „Dialogs" im Vorabentscheidungsverfahren nach Art. 267 AEUV

der EU-Mitgliedstaaten, 2020, S. 172; zur Unionsrechtsordnung als Rahmenordnung in diesem Zusammenhang s. auch *Hwang*, Der Staat 56 (2017), S. 107, 127ff.

1953 *Schnettger*, in: Calliess/van der Schyff (Hrsg.), Constitutional Identity, 2019, S. 9, 13; *Wendel*, in: Franzius/Mayer/Neyer (Hrsg.), Neuerfindung Europas, 2019, S. 51, 63; s. umfassend zum Konzept der „Permeabilität" *Wendel*, Permeabilität, 2011 sowie speziell im Kontext des Art. 4 Abs. 2 EUV *ebd.*, S. 572ff.

1954 *Haratsch*, EuR 2016, S. 131, 138f.; *Wolff*, Der Einzelne in der offenen Staatlichkeit, 2020, S. 372.

1955 Vgl. *von Bogdandy/Schill*, ZaöRV 70 (2010), S. 701, 729f.

1956 *Pernice*, AöR 136 (2011), S. 185, 195; *Obwexer*, in: von der Groeben/Schwarze/Hatje (Hrsg.), Europäisches Unionsrecht, 7. Aufl., 2015, Art. 4 EUV, Rn. 27; *Hatje*, in: Becker/Hatje/Schoo/Schwarze (Hrsg.), EU-Kommentar, 4. Aufl., 2019, Art. 4 EUV, Rn. 22f.; *Bilz*, Margin of Appreciation der EU-Mitgliedstaaten, 2020, S. 172; s. auch *Klein*, DÖV 2018, S. 605, 611, der den Mitgliedstaaten eine Art Beurteilungsspielraum einräumt, den der EuGH vorbehaltlich einer ausreichenden Begründung der mitgliedstaatlichen Gerichte „als Wertungsfrage akzeptieren" sollte; von einer „Plausibilitätskontrolle" des EuGH hinsichtlich des Vorbringens des mitgliedstaatlichen Gerichts ausgehend *Burchardt*, EuR 2018, S. 248, 262f.

zur Entwicklung eines gemeinsamen Verständnisses des Art. 4 Abs. 2 EUV führen kann.[1957] Erforderlich sind hierzu insbesondere Vorlagen nationaler Verfassungsgerichte, die aufgrund ihres Aufgabenbereichs das nationale (verfassungsrechtliche) Identitätsverständnis in den europäischen Diskurs einbringen können.[1958]

3. Beispiele aus der Rechtsprechung des EuGH

Obwohl sich bereits einige Schlussanträge mit Art. 4 Abs. 2 EUV als möglicher Anerkennung nationaler Grundrechtsgewährleistungen, wenn zugleich Unionsgrundrechte anwendbar sind, auseinandersetzen, ist der Gerichtshof in diesen Fällen jeweils nicht gesondert auf die Achtung der nationalen Identität eingegangen.[1959] Der Gerichtshof wendete insgesamt die Identitätsklausel des Art. 4 Abs. 2 EUV bislang zurückhaltend an, zumeist geht es darum, die Beschränkung von Grundfreiheiten durch mitgliedstaatliches Recht in bestimmten Situationen neu oder anders zu rekonstruieren.[1960] Exemplarisch sollen dazu die Rechtssachen *Omega*, in der der EuGH zwar nicht ausdrücklich auf Art. 4 Abs. 2 EUV verwies, aber dennoch ein Bezug zur nationalen Identität erkennbar wird, und *Sayn-Wittgenstein*, als einer der ersten Fälle, die sich mit Art. 4 Abs. 2 EUV befassten, näher betrachtet werden.

a. Rechtssache *Omega*

Die Rechtssache *Omega* ist, soweit ersichtlich, die erste Entscheidung des Gerichtshof, in der zur Rechtfertigung der Beschränkung einer Grundfreiheit eine eigenständige, mitgliedstaatliche verfassungsrechtliche Wertung

---

1957 Vgl. *Pernice*, AöR 136 (2011), S. 185, 213ff.; *Claes*, in: Claes/de Visser/Popelier/van de Heyning (Hrsg.), Constitutional Conversations in Europe, 2012, S. 205, 229ff.; *van der Schyff*, ELR 37 (2012), S. 563, 571ff.; *Burchardt*, ZaöRV 76 (2016), S. 527, 538f.; *Tuori*, in: Douglas-Scott/Hatzis (Hrsg.), Research Handbook on EU Law and Human Rights, 2017, S. 35, 53.

1958 *Schwarze*, NJW 2005, S. 3459, 3462; *Wendel*, Permeabilität, 2011, S. 579f.

1959 S. etwa Schlussanträge GA *Bot*, *Melloni*, Rs. C-399/11, EU:C:2012:600, Rn. 137ff.; Schlussanträge GA *Bot*, *M.A.S. und M.B.*, Rs. C-42/17, EU:C:2017:564, Rn. 169ff.

1960 *Schönberger*, JöR N.F. 63 (2015), S. 41, 50.

berücksichtigt wurde.[1961] In dieser Rechtssache ging es um den Betrieb eines sog. Laserdroms, einer Anlage, in welcher Spieler zum Ziel hatten, Sensorempfänger auf den von anderen Spielern getragenen Westen zu treffen und somit Tötungshandlungen zu simulieren.[1962] Die zuständige deutsche Ordnungsbehörde hatte den Betrieb der Anlage unter Verweis auf die nach Art. 1 Abs. 1 GG geschützte Menschenwürdegarantie untersagt. Das in der Revision zuständige Bundesverwaltungsgericht legte dem EuGH im Vorabentscheidungsverfahren die Frage vor, ob eine entsprechende Untersagung, gestützt auf grundrechtliche Wertentscheidungen, die Dienstleistungs-, und Warenverkehrsfreiheit des Unionsrechts verletzt, wobei sich der unionsrechtliche Bezug daraus ergab, dass die Spielgeräte von einer Firma aus Großbritannien stammten.

Der EuGH stellte eine Beschränkung der Dienstleistungsfreiheit fest und prüfte eine Rechtfertigung aus Gründen der öffentlichen Ordnung.[1963] Er führte aus, dass der Begriff der öffentlichen Ordnung abhängig von den jeweiligen Mitgliedstaaten unterschiedlich verstanden werden könne, sodass den zuständigen innerstaatlichen Behörden ein Beurteilungsspielraum bei der Konkretisierung dieses Begriffs zustehe.[1964] Als Bestandteil der Gemeinschaftsrechtsordnung seien dabei die Grundrechte zu beachten, die zur Rechtfertigung der Beschränkung einer Grundfreiheit herangezogen werden könnten. Es sei hierbei unerheblich, dass der Schutz der Menschenwürde in Deutschland, im Gegensatz zu anderen Mitgliedstaaten, ein selbstständiges Grundrecht ist, da das Ziel, die Menschenwürde zu schützen, mit dem Gemeinschaftsrecht vereinbar sei.[1965] Das

---

1961 *Bulterman/Kranenborg*, ELR 31 (2006), S. 93, 96; s. zuvor bereits die Rechtssache *Schmidberger*, in der die Versammlungs- und Meinungsfreiheit als gemeinschaftsrechtlich anerkannte Grundrechte zur Rechtfertigung grundfreiheitsbeschränkender Maßnahmen herangezogen wurden und den nationalen Stellen ein weites Ermessen hinsichtlich der Abwägung zwischen Grundrechten und Grundfreiheiten eingeräumt wurde; EuGH, *Schmidberger*, Rs. C-112/00, EU:C:2003:333, Rn. 71ff.; *Bleckmann*, Nationale Grundrechte im Anwendungsbereich, 2011, S. 305ff.; in Bezug auf die mitgliedstaatliche Bindung an Unionsgrundrechte s. zu dieser Rechtssache bereits oben 2. Kapitel, A., I., 1., b., bb.

1962 EuGH, *Omega*, Rs. C-36/02, EU:C:2004:614, Rn. 3ff.; dazu etwa *Ackermann*, CMLR 42 (2005), S. 1107ff.; *Bulterman/Kranenborg*, ELR 31 (2006), S. 93ff.

1963 EuGH, *Omega*, Rs. C-36/02, EU:C:2004:614, Rn. 25ff.

1964 EuGH, *Omega*, Rs. C-36/02, EU:C:2004:614, Rn. 31.

1965 EuGH, *Omega*, Rs. C-36/02, EU:C:2004:614 Rn. 33ff.; s. zur Menschenwürde als Rechtsnorm und der Annahme, dass die Stellung der Menschenwürde in Deutschland als eigenständiges Grundrecht ein „Ausnahmefall“ sei Schlussanträge GA *Stix-Hackl*, *Omega*, Rs. C-36/02, EU:C:2004:162, Rn. 82ff.

behördliche Verbot des sog. Laserdroms entspreche schließlich auch den Anforderungen des Verhältnismäßigkeitsgrundsatzes, wobei der Gerichtshof darauf hinwies, dass die Untersagung „dem Grad des Schutzes der Menschenwürde entspricht, der mit dem Grundgesetz im Hoheitsgebiet der Bundesrepublik Deutschland sichergestellt werden sollte“ und diese zudem nur die Variante des Spiels betreffe, die das Töten von Personen zum Gegenstand hat.[1966]

Die Entscheidung des Gerichtshofs in der Rechtssache *Omega* zeigt, dass dieser mitgliedstaatliche Ausprägungen des Grundrechtsschutzes und nationale Konfliktlösungen akzeptiert, auch wenn diese von den Wertungen anderer Mitgliedstaaten oder der Union abweichen.[1967] Nicht ganz deutlich wird jedoch, ob der EuGH primär eine gemeinschaftsrechtliche Auslegung des Begriffs der öffentlichen Ordnung vornahm oder vielmehr nationale verfassungsrechtliche Erwägungen zur Rechtfertigung der Beschränkung der Dienstleistungsfreiheit heranzog.[1968] Zwar bezieht sich der EuGH auf das deutsche Verständnis der Menschenwürdegarantie; dies dürfte jedoch weniger als Anwendung nationaler Grundrechte im Rahmen des Unionsrechts, sondern eher als Anerkennung mitgliedstaatlicher Ermessensspielräume zu lesen sein. [1969] Jedenfalls zeigt sich, dass Unterschiede im Schutzniveau der mitgliedstaatlichen Grundrechtsgewährleistungen auf Unionsebene möglich sind und bei einer Abwägung nationale Besonderheiten berücksichtigt werden können.[1970] Deutlich wird schließlich, dass eine uneinheitliche Anwendung von Unionsrecht im Rahmen der öffentlichen Ordnung i.S.d. Art. 52 AEUV möglich ist.[1971]

Zwar erwähnte der EuGH in der Rechtssache *Omega* die nationale Identität nicht ausdrücklich. Aufgrund des engen Bezugs zur nationalen Ausprägung der Menschenwürdegarantie und der besonderen Bedeutung der Menschenwürde kann diese dennoch als Beispiel für die Rücksichtnahme

---

1966 EuGH, *Omega*, Rs. C-36/02, EU:C:2004:614, Rn. 36ff.

1967 *Ackermann*, CMLR 42 (2005), S. 1107, 1120; *Bleckmann*, Nationale Grundrechte im Anwendungsbereich, 2011, S. 311ff.

1968 *Besselink*, CMLR 49 (2012), S. 671, 681; zur Auslegung des Rechtfertigungstatbestands der öffentlichen Ordnung entsprechend der Bedeutung und der Tragweite der Menschenwürde in der Gemeinschaftsrechtsordnung s. Schlussanträge GA *Stix-Hackl*, *Omega*, Rs. C-36/02, EU:C:2004:162, Rn. 92ff.

1969 *Wollenschläger*, in: Hatje/Müller-Graff (Hrsg.), Europäisches Organisations- und Verfassungsrecht, 2014, § 8, Rn. 27.

1970 Vgl. *Ackermann*, CMLR 42 (2005), S. 1107, 1116; *Schwarze*, NJW 2005, S. 3459, 3561; *von Danwitz*, in: Herdegen/Klein/Papier/Scholz (Hrsg.), FS Herzog, 2009, S. 19, 32; *Edenharter*, Grundrechtsschutz, 2018, S. 664.

1971 *Goldhammer*, JöR N.F. 63 (2015), S. 105, 115.

des Gerichtshofs auf Grundrechte mit engem Bezug zur Verfassungsidentität angeführt werden.[1972] Insofern ist nicht entscheidend, dass es sich nicht um einen Konflikt zwischen unionsrechtlichen Verpflichtungen und nationalem Verfassungsrecht handelte, sondern um die unionsrechtliche Rechtfertigung einer Grundfreiheitenbeschränkung.[1973]

b. Rechtssache *Sayn-Wittgenstein*

Die Rechtssache *Sayn-Wittgenstein* ist einer der ersten Fälle, in denen der EuGH ausdrücklich auf Art. 4 Abs. 2 EUV Bezug nahm, sodass diese Anhaltspunkte für das Verständnis dieser Norm liefert.[1974]

Die Beschwerdeführerin des Ausgangsverfahrens war eine österreichische Staatsangehörige, die als Erwachsene von einem deutschen Staatsangehörigen in Deutschland adoptiert wurde.[1975] Infolge der Adoption erhielt die Beschwerdeführerin den Nachnamen *„Fürstin von Sayn-Wittgenstein"*, der durch österreichische Behörden in das österreichische Geburtenbuch eingetragen wurde. Der Österreichische Verfassungsgerichtshof entschied in einem vergleichbaren Sachverhalt, dass es nach dem im Verfassungsrang stehenden und insoweit den Gleichheitsgrundsatz ausführenden Adelsaufhebungsgesetz nicht zulässig sei, einen Adelstitel zu führen. Dies gelte auch, wenn dieser aufgrund einer Adoption erworben wurde, weshalb eine Berichtigung im Geburtenbuch auf den Namen *„Sayn-Wittgenstein"* vorzunehmen sei. Die Beschwerdeführerin wendete sich gegen diese Berichtigung und berief sich dabei vor allem auf ihr Freizügigkeitsrecht und ihre Dienstleistungsfreiheit. Das vorlegende Gericht wollte daher wissen, ob Art. 21 AEUV einer Regelung entgegenstehe, wonach die Anerkennung eines Nachnamens, der ein (auch verfassungsrechtlich) unzulässiges Adelsprädikat enthält, von den nationalen Behörden abgelehnt wird.

Der Gerichtshof führte zunächst aus, dass die Nichtanerkennung der Adelsbezeichnung „Fürstin von" eine Beschränkung der Freiheiten des

---

1972 So auch *Walter/Vordermayer*, JöR N.F. 63 (2015), S. 129, 136ff.; die Rechtssache *Omega* als Anwendungsfall für die Achtung der nationalen Verfassungsidentität ansehend *Wendel*, Permeabilität, 2011, S. 585.

1973 S. jedoch *Claes*, in: Claes/de Visser/Popelier/van de Heyning (Hrsg.), Constitutional Conversations in Europe, 2012, S. 205, 228f.

1974 EuGH, *Sayn-Wittgenstein*, Rs. C-208/09; dazu etwa *van der Schyff*, ELR 37 (2012), S. 563, 565ff.; *Besselink*, CMLR 49 (2012), S. 671ff.

1975 Zum Sachverhalt s. EuGH, *Sayn-Wittgenstein*, Rs. C-208/09, Rn. 19ff.

Art. 21 AEUV darstelle.[1976] Zur Rechtfertigung dieser Beschränkung stellte er dar, dass „im Kontext der österreichischen Verfassungsgeschichte das Adelsaufhebungsgesetz als Teil der nationalen Identität (...) berücksichtigt werden kann" und dies „als Berufung auf die öffentliche Ordnung anzusehen" ist.[1977] Unter Bezugnahme auf die Rechtssache *Omega* verwies der EuGH auf den Beurteilungsspielraum, der den Mitgliedstaaten bei der Bestimmung des Begriffs der öffentlichen Ordnung zukomme, wobei unterschiedliche Schutzregelungen zulässig seien.[1978] Das österreichische Adelsaufhebungsgesetz habe zum Ziel, den Gleichheitsgrundsatz zu wahren, der unionsrechtlich als allgemeiner Rechtsgrundsatz sowie in Art. 20 GRC anerkannt sei.[1979] Im Rahmen der Verhältnismäßigkeit wies der Gerichtshof darauf hin, dass „die Union nach Art. 4 Abs. 2 EUV die nationale Identität ihrer Mitgliedstaaten achtet, zu der auch die republikanische Staatsform gehört" und die zuständigen nationalen Behörden dadurch, dass sie die streitgegenständliche Adelsbezeichnung nicht anerkannt haben, über das hinausgegangen seien, was zur Erreichung des von ihnen verfolgten grundlegenden verfassungsrechtlichen Ziels erforderlich ist.[1980] Im Ergebnis sei daher die Beeinträchtigung der Rechte des Art. 21 AEUV aus Gründen der öffentlichen Ordnung gerechtfertigt.

Da die Rechtfertigung maßgeblich auf die öffentliche Ordnung gestützt wurde, könnte die Rechtssache so zu verstehen sein, dass der nationalen Identität i.S.d. Art. 4 Abs. 2 EUV insgesamt nur eine untergeordnete Rolle zukommt.[1981] Bei näherer Betrachtung zeigt sich indes, dass der Verweis auf die nationale Identität als einziges Argument zur Begründung der Verhältnismäßigkeit angeführt wird und Art. 4 Abs. 2 EUV daher eine zentrale Bedeutung für die Entscheidung des Gerichtshofs hat.[1982] Der Gerichtshof überprüfte die Verhältnismäßigkeit somit nur eingeschränkt, sodass dem Mitgliedstaat insoweit ein weiter Beurteilungsspielraum zustand.[1983]

1976 EuGH, *Sayn-Wittgenstein*, Rs. C-208/09, Rn. 52ff.

1977 EuGH, *Sayn-Wittgenstein*, Rs. C-208/09, Rn. 83f.

1978 EuGH, *Sayn-Wittgenstein*, Rs. C-208/09, Rn. 87ff. unter Verweis auf EuGH, *Omega*, Rs. C-36/02, EU:C:2004:614, Rn. 31, 37f.

1979 EuGH, *Sayn-Wittgenstein*, Rs. C-208/09, Rn. 88f.; vgl. auch EuGH, *Bogendorff von Wolffersdorff*, Rs. C-438/14, EU:C:2016:401, Rn. 64ff.

1980 EuGH, *Sayn-Wittgenstein*, Rs. C-208/09, Rn. 91ff.

1981 Vgl. *von Bogdandy/Schill*, CMLR 48 (2011), S. 1417, 1424.

1982 *Besselink*, CMLR 49 (2012), S. 671, 684.

1983 S. *Edenharter*, Grundrechtsschutz, 2018, S. 722f. m.w.N.; s. auch EuGH, *Runevič-Vardyn und Wardyn*, Rs. C-391/09, EU:C:2011:291, Rn. 86ff., in der der EuGH den nationalen Behörden ebenfalls einen weiten Spielraum einräumte, jedoch zugleich Vorgaben für die Ausübung des Ermessens machte.

c. Zwischenergebnis

Die Rechtssachen *Omega* und *Sayn-Wittgenstein* verdeutlichen zunächst, dass der EuGH bereit ist, nationale Belange zu berücksichtigen.[1984] In beiden Fällen waren mit der Menschenwürde und dem Gleichheitsgrundsatz Belange betroffen, die von der Unionsrechtsordnung anerkannt sind, zugleich allerdings eine spezifische Bedeutung im nationalen Kontext haben.[1985] Auch in weiteren Entscheidungen wurde die Wahrung der nationalen Identität nicht als eigenständiger Rechtfertigungsgrund für die Beschränkung der Grundfreiheiten herangezogen, sondern als bekräftigendes Argument im Rahmen der bestehenden Rechtfertigungsgründe.[1986]

Ferner hat der EuGH etwa die Versammlungs- und Meinungsfreiheit[1987] oder die Koalitionsfreiheit[1988] als nationale Verfassungswerte zur Rechtfertigung der Beeinträchtigung von Grundfreiheiten akzeptiert; wenngleich in diesen Entscheidungen nicht auf die nationale Identität verwiesen wird, legen diese es nahe, dass der EuGH bestrebt ist, Verfassungsgrundsätze der Mitgliedstaaten zu achten.[1989]

In der Rechtsprechung des EuGH führte Art. 4 Abs. 2 EUV bislang allerdings nicht zu einer Abweichung von zwingenden unionsrechtlichen Vorgaben. Dies bedeutet aber nicht, dass in dieser Konstellation die Berufung auf die nationale Identität nicht möglich ist. Ein eigenständiger Anwendungsbereich kommt dieser Bestimmung insbesondere zu, wenn die Rücksichtnahme auf nationale Besonderheiten nicht anderweitig möglich ist, etwa durch die Anwendung des Art. 53 GRC.[1990] Damit lässt sich auch erklären, weshalb in der Rechtssache *M.A.S. und M.B.* der EuGH, entgegen

1984 So auch *Hofmann/Heger*, EuGRZ 2020, S. 176, 189f., die jedoch fordern, dass „der EuGH hier noch sehr viel aktiver werden muss, um seinen Beitrag für ein wahrhaft gleichgewichtetes Kooperationsverhältnis zu leisten."

1985 *Shuibhne*, in: Arnardóttir/Buyse (Hrsg.), Shifting Centres of Gravity in Human Rights Protection, 2016, S. 116, 133.

1986 S. etwa EuGH, *Digibet und Albers*, Rs. C-156/13, EU:C:2014:1756, Rn. 34ff.; *Bilz*, Margin of Appreciation der EU-Mitgliedstaaten, 2020, S. 191.

1987 EuGH, *Schmidberger*, Rs. C-112/00, EU:C:2003:333, Rn. 71ff.; in Bezug auf die mitgliedstaatliche Bindung an Unionsgrundrechte s. zu dieser Rechtssache bereits oben 2. Kapitel, A., I., 1., b., bb.

1988 EuGH, *Viking*, Rs. C-438/05, EU:C:2007:772, Rn. 45ff.; *Laval*, Rs. C-341/05, EU:C:2007:809, Rn. 87ff.

1989 *Von Bogdandy/Schill*, ZaöRV 70 (2010), S. 701, 707f.

1990 Vgl. *Bilz*, Margin of Appreciation der EU-Mitgliedstaaten, 2020, S. 185; a.A. *Pirker*, Grundrechtsschutz, 2018, S. 313f., der Art. 4 Abs. 2 EUV nur unter den Voraussetzungen der *Melloni*-Rechtsprechung anwenden möchte.

dem Vorbringen der *Corte costituzionale*,[1991] nicht auf Art. 4 Abs. 2 EUV eingegangen wurde: Wie gezeigt, ist diese Rechtssache als Anwendungsfall des Art. 53 GRC zu interpretieren.[1992] Der Rückgriff auf die Identitätsklausel des Art. 4 Abs. 2 EUV war daher nicht erforderlich. Eine nähere Auseinandersetzung mit der nationalen Identität wäre hingegen in der Rechtssache *Melloni* denkbar gewesen. Dass der Gerichtshof diese jedoch nicht vorgenommen hat, kann damit zu begründen sein, dass in diesem Verfahren unklar war, inwieweit tatsächlich die nationale Identität i.S.d. Art. 4 Abs. 2 EUV berührt war und der Vorlagebeschluss nicht unmittelbar auf Art. 4 Abs. 2 EUV Bezug nahm.[1993]

4. Rechtsfolge des Art. 4 Abs. 2 EUV

Art. 4 Abs. 2 EUV normiert eine Achtungspflicht im Sinne einer rechtlichen Verpflichtung der Union.[1994] Achtung bedeutet die Anerkennung der von Art. 4 Abs. 2 EUV geschützten Güter als rechtlich erhebliche Position.[1995] Zugleich ergibt sich aus dem Wortlaut, dass die nationale Identität einer Abwägung mit entgegenstehenden Interessen zugänglich ist und daher eingeschränkt werden kann.[1996] Bei der Abwägung ist dabei etwa von Bedeutung, inwiefern das mitgliedstaatliche Interesse Ausdruck „demokratischer Selbstgestaltungsfähigkeit“ bzw. inwieweit dies für das Funktionieren der demokratischen Ordnung von Bedeutung ist, sodass das mitgliedstaatliche Interesse höher zu gewichten ist.[1997] Dieses Verständnis, wonach Art. 4 Abs. 2 EUV keinen absoluten Schutz nationaler Identitätsgehalte begründet, entspricht der üblichen Bedeutung des Begriffs „Achten“ im Unionsrecht, wie sich diese vor allem aus der Grundrechtecharta ergibt,

---

1991 Vgl. Schlussanträge GA *Bot*, *M.A.S. und M.B.*, Rs. C-42/17, EU:C:2017:564, Rn. 169ff.

1992 S. oben 3. Kapitel, C., II., 2., b.

1993 S. Schlussanträge GA *Bot*, *Melloni*, Rs. C-399/11, EU:C:2012:600, Rn. 137ff.; zur möglichen Berücksichtigung der nationalen Identität in der Rechtssache *Melloni* auch *Pliakos/Anagnostaras*, YEL 34 (2015), S. 97, 115ff.

1994 *Cloots*, National Identity, 2015, S. 35ff.; *Schill/Krenn*, in: Grabitz/Hilf/Nettesheim (Hrsg.), Das Recht der Europäischen Union, 65. EL., 2018, Art. 4 EUV, Rn. 43.

1995 *Hatje*, in: Becker/Hatje/Schoo/Schwarze (Hrsg.), EU-Kommentar, 4. Aufl., 2019, Art. 4 EUV, Rn. 20.

1996 *Pernice*, AöR 136 (2011), S. 185, 194, Fn. 34; *Hofmann/Heger*, EuGRZ 2020, S. 176, 189.

1997 *Wischmeyer*, AöR 140 (2015), S. 415, 448.

die – mit Ausnahme von Art. 1 GRC – verhältnismäßige Grundrechtseingriffe zulässt.[1998] Die unverhältnismäßige Beeinträchtigung der nationalen Identität i.S.d. Art. 4 Abs. 2 EUV kann dazu führen, dass eine Maßnahme der Union als rechtswidrig anzusehen ist oder sie kann auch eine Rechtfertigung dafür darstellen, dass die Mitgliedstaaten von einer primär- oder sekundärrechtlichen Pflicht abweichen.[1999]

Die Anwendung des Art. 4 Abs. 2 EUV ist nur im Ausnahmefall zulässig.[2000] Da jedenfalls bestimmte grundrechtliche Inhalte zur nationalen Identität gehören können, erlaubt es Art. 4 Abs. 2 EUV, dass nationale Grundrechte unter bestimmten Umständen „Vorrang" vor Unionsrecht haben können.[2001] Es ist somit möglich, von unionsrechtlichen Verpflichtungen abzuweichen und nationale Grundrechtsstandards im Sinne eines verfassungsrechtlich verbürgten Mindeststandards anzuwenden, auch wenn die Unionsgrundrechte nach Art. 51 Abs. 1 S. 1 GRC zu beachten sind.[2002] In diesem Sinne können Kollisionen unterschiedlicher Grundrechtsschutzstandards zwischen den Mitgliedstaaten und der Union unter Berücksichtigung der wechselseitigen Loyalitätspflichten aus Art. 4 Abs. 3 EUV gelöst werden.[2003] Hiermit ist zugleich die Frage aufgeworfen, ob die Anwendung des Art. 4 Abs. 2 EUV zu einem grundlegenden Konflikt mit dem unionsrechtlichen Anwendungsvorrang führen kann.

Der Wortlaut des Art. 4 Abs. 2 EUV („Die Union achtet…") legt es zunächst nicht nahe, dass die Norm grundlegend den Vorrang des Unionsrechts beschränken soll.[2004] In systematischer Hinsicht kann – unter

---

1998 *Von Bogdandy/Schill*, ZaöRV 70 (2010), S. 701, 725.

1999 *Von Bogdandy/Schill*, CMLR 48 (2011), S. 1417, 1443f.; *Goldhammer*, JöR N.F. 63 (2015), S. 105, 116f.; *Haratsch*, EuR 2016, S. 131, 140; *Franzius*, in: Pechstein/Nowak/Häde (Hrsg.), Frankfurter Kommentar EUV/GRC/AEUV, 2017, Art. 4 EUV, Rn. 62ff.; *Schill/Krenn*, in: Grabitz/Hilf/Nettesheim (Hrsg.), Das Recht der Europäischen Union, 65. EL., 2018, Art. 4 EUV, Rn. 17: kritisch s. etwa *Fabbrini/Sajó*, ELJ 25 (2019), S. 457ff., die insbesondere darauf hinweisen, dass Art. 4 Abs. 2 EUV nicht als *carte blanche* interpretiert werden darf, um von Unionsrecht abzuweichen, *ebd.*, S. 457, 473.

2000 Vgl. *Pernice*, AöR 136 (2011), S. 185, 216; *Puttler*, in: Calliess/Ruffert (Hrsg.), EUV/AEUV, 5. Aufl., 2016, Art. 4, Rn. 22; eine Anwendung der Norm nur bei „außergewöhnlichen Konfliktfällen zwischen Unions- und Verfassungsrecht" annehmend *von Bogdandy/Schill*, ZaöRV 70 (2010), S. 701, 714; a.A. *Wischmeyer*, AöR 140 (2015), S. 415, 446.

2001 *Mayer*, VVDStRL 75 (2016), S. 7, 45f.

2002 *De Visser*, Maastricht J. Eur. & Comp. L. 20 (2013), S. 576, 583; *Klein*, DÖV 2018, S. 605, 612.

2003 *Wischmeyer*, AöR 140 (2015), S. 415, 445, 451.

2004 *Bilz*, Margin of Appreciation der EU-Mitgliedstaaten, 2020, S. 195.

Berücksichtigung des Grundsatzes der begrenzten Einzelermächtigung gemäß Art. 4 Abs. 1 EUV und des Grundsatzes der loyalen Zusammenarbeit zwischen der Union sowie den Mitgliedstaaten, die insgesamt einer hierarchischen Grundstruktur der Union widersprechen – die Achtung nationaler Identität als „Schlüsselrolle“ zur Berücksichtigung mitgliedstaatlicher Besonderheiten in Art. 4 Abs. 2 EUV jedoch so zu lesen sein, dass diese einem absoluten Vorrang des Unionsrechts im Sinne einer starren Hierarchie entgegensteht.[2005]

Entscheidend ist, dass mögliche nationale Abweichungen aufgrund des Art. 4 Abs. 2 EUV durch das Unionsrecht selbst gestattet sind, und solche – aus unionsrechtlicher Perspektive – nicht aufgrund einer eigenständigen Berufung nationaler Gerichte auf ein nationales (Verfassungs-)Identitätsverständnis zulässig sind. Daher ist in diesen Fällen nicht der Anwendungsvorrang des Unionsrechts als solcher betroffen, sondern die Einheitlichkeit des Unionsrechts.[2006] Eine Ausnahme vom Anwendungsvorrang aufgrund des verfassungsrechtlichen Identitätsvorbehalts begründet Art. 4 Abs. 2 EUV somit nicht.[2007]

5. Zwischenergebnis

Zusammenfassend zeigt sich, dass Art. 4 Abs. 2 EUV eine Rechtsgrundlage für die Gewährung mitgliedstaatlicher Spielräume durch den EuGH darstellt.[2008] Als unionsrechtliche Schnittstelle zum mitgliedstaatlichen Ver-

---

2005 *Von Bogdandy/Schill*, ZaöRV 70 (2010), S. 701, 702, 709; *Klatt*, Praktische Konkordanz, 2014, S. 384.

2006 Vgl. *Claes*, in: Claes/de Visser/Popelier/van de Heyning (Hrsg.), Constitutional Conversations in Europe, 2012, S. 205, 207; *Schnettger*, in: Calliess/van der Schyff (Hrsg.), Constitutional Identity, 2019, S. 9, 32ff.; *Schnettger*, Verbundidentität, 2020, S. 211ff.

2007 *Pernice*, AöR 136 (2011), S. 185, 215; *Cloots*, National Identity, 2015, S. 181ff.; *Obwexer*, in: von der Groeben/Schwarze/Hatje (Hrsg.), Europäisches Unionsrecht, 7. Aufl., 2015, Art. 4 EUV, Rn. 37; *Schönberger*, JöR N.F. 63 (2015), S. 41, 52; *Rauchegger*, CMLR 55 (2018), S. 1521, 1542; *Bilz*, Margin of Appreciation der EU-Mitgliedstaaten, 2020, S. 196; a.A. *Besselink*, Utrecht Law Review 6 (2010), S. 36, 47f.; *Wolff*, Der Einzelne in der offenen Staatlichkeit, 2020, S. 364ff.; dies ausdrücklich offenlassend *Hofmann/Heger*, EuGRZ 2020, S. 176, 189; Art. 4 Abs. 2 EUV als interne Relativierung des unionsrechtlichen Vorrangs ansehend *Franzius*, ZaöRV 75 (2015), S. 383, 401.

2008 So auch *Arold Lorenz/Groussot/Petursson*, European Human Rights Culture, 2013, S. 95ff.; *Schulte*, Übertragbarkeit, 2018, S. 349; Art. 4 Abs. 2 EUV als

fassungsrecht kommt der Norm eine vielfaltswahrende Funktion zu.[2009] Anwendung findet Art. 4 Abs. 2 EUV in Einzelfällen und kann nationale Grundrechte in ihrer identitätsrelevanten Ausprägung auch bei Sachverhalten, die unionsrechtlich determiniert sind, zur Berücksichtigung verhelfen.[2010] Der unionsrechtliche Anwendungsvorrang wird dabei nicht grundlegend infrage gestellt. Die Anwendung des Art. 4 Abs. 2 EUV kann indes als Rücknahme des absoluten Vorrangs des Unionsrechts im Sinne des Verzichts auf das „letzte Wort" verstanden werden, ist jedoch nicht als Grundlage für einen prinzipiellen Vorrang bestimmter verfassungsrechtlicher Wertungen der Mitgliedstaaten anzusehen.[2011]

IV. Gewährung von Entscheidungsspielräumen nationaler Verfassungsgerichte durch den EuGH

Die vorhergehende Untersuchung hat gezeigt, dass nationale Grundrechtsgewährleistungen dann zu berücksichtigen sein können, wenn das Unionsrecht mitgliedstaatliche Spielräume belässt oder – in Ausnahmefällen – wenn das Unionsrecht abschließende Regelungen trifft. Im ersten Fall kommt eine Berücksichtigung nach Art. 53 GRC in Betracht, im zweiten Fall die Berufung auf die nationale Identität nach Art. 4 Abs. 2 EUV. Angesichts der Ergebnisse des 1. und 2. Kapitels, d.h. des weitreichenden Einflusses des Unionsrechts auf das nationale Recht und dem im Grundsatz weiten Verständnis des Art. 51 Abs. 1 S. 1 GRC sowie der damit verbundenen möglichen „Expansion" der Unionsgrundrechte, stellt sich zunehmend die Frage nach dem „Wie" der Grundrechtskontrolle der Gerich-

„föderales Grundrecht" bezeichnend *Pernice*, AöR 136 (2011), S. 185, 193f.; s. hingegen den Vorschlag, wonach sich nationale Verfassungsgerichte weniger auf die nationale Identität nach Art. 4 Abs. 2 EUV berufen sollte, sondern anhand der gemeinsamen Werte der Union, wie sie etwa in Art. 2 EUV normiert sind, ihre Standpunkte vortragen, um nationale Besonderheiten auf Ebene der Union zu berücksichtigen, *Spieker*, CMLR 57 (2020), S. 361, 386ff.

2009 *Wendel*, in: Franzius/Mayer/Neyer (Hrsg.), Neuerfindung Europas, 2019, S. 51, 62ff.

2010 Ähnlich auch *Schnettger*, Verbundidentität, 2020, S. 269.

2011 *Von Bogdandy/Schill*, ZaöRV 70 (2010), S. 701, 725ff.; *Franzius*, in: Pechstein/Nowak/Häde (Hrsg.), Frankfurter Kommentar EUV/GRC/AEUV, 2017, Art. 4 EUV, Rn. 67; *Wendel*, in: Franzius/Mayer/Neyer (Hrsg.), Neuerfindung Europas, 2019, S. 51, 64f.

te.[2012] Nationale Gerichte werden dabei aufgrund einer größeren Sachnähe und der möglichen Berücksichtigung nationaler Interessen vielfach als geeigneter angesehen, um bei Abwägungsentscheidungen eine gerechtere, den Umständen des Einzelfalls entsprechende Entscheidung zu treffen.[2013] Im Grundrechtsbereich können insbesondere die nationalen Verfassungsgerichte auf eine langjährige grundrechtliche Rechtsprechungstradition blicken und sind, im Gegensatz zum EuGH, als spezialisierte „Grundrechtsgerichte" regelmäßig mit grundrechtlichen Fragestellungen befasst. Praktische Erwägungen, wie die Besetzung des Gerichtshofs mit nunmehr 27 Richterinnen und Richtern, lassen vermuten, dass der EuGH keine detaillierten Vorgaben hinsichtlich des grundrechtlichen Schutzniveaus und der genauen Abwägungsergebnisse in jedem Einzelfall festlegen kann und daher nationalen Verfassungsgerichten Beurteilungs- bzw. Entscheidungsspielräume[2014] im europäischen Grundrechtsbereich einzuräumen sind.[2015] Aus diesen Gründen ist zu überlegen, ob und inwieweit der Gerichtshof seine Kontrolldichte gegenüber nationalen Gerichten zurücknehmen bzw. diese auf Ebene der Mitgliedstaaten verlagern kann, um einerseits eine effektive Grundrechtskontrolle zu gewährleisten und zugleich die Grundrechtsvielfalt in der Union zu stärken. Dies gilt sowohl in den Fällen, in denen nationale (Verfassungs-)Gerichte die Unionsgrundrechte als Prüfungsmaßstab anwenden, als auch in den Fällen, in denen nationale Grundrechte berücksichtigt werden können.

Im Schrifttum wird insbesondere diskutiert, ob zur Gewährung mitgliedstaatlicher Beurteilungsspielräume durch den EuGH auf ähnliche Kriterien zurückgegriffen werden kann, die in der Rechtsprechung des

2012 Vgl. *Volkmann*, in: Geis/Winkler/Bickenbach (Hrsg.), FS Hufen, 2015, S. 127, 128, 133; *Kleinlein*, Grundrechtsföderalismus, 2020, S. 434.

2013 Vgl. etwa *Bilz*, Margin of Appreciation der EU-Mitgliedstaaten, 2020, S. 84f.

2014 Die Terminologie diesbezüglich ist sowohl im Schrifttum als auch in der Rechtsprechung des EuGH uneinheitlich. In der Rechtsprechung finden sich etwa die Begriffe „Beurteilungsspielraum", „Gestaltungsspielraum", oder „Ermessen", die allerdings überwiegend im Zusammenhang mit der Einräumung von Spielräumen nationaler Stellen verwendet werden, vgl. mit Nachweisen *Schulte*, Übertragbarkeit, 2018, S. 218f., 336f.; *Riedel*, Grundrechtsprüfung, 2020, S. 254f. Die Verwendung der Begriffe im Folgenden bezieht sich nicht auf die im nationalen Recht bekannte Dogmatik, insbesondere, da das jeweilige Begriffsverständnis in den Mitgliedstaaten abweichen kann.

2015 *Schulte*, Übertragbarkeit, 2018, S. 340f.; *Bilz*, Margin of Appreciation der EU-Mitgliedstaaten, 2020, S. 75; für den Bereich der Grundfreiheiten s. *Zglinski*, CMLR 55 (2018), S. 1341, 1382f.

EGMR als sog. *margin of appreciation* anerkannt sind.[2016] Um dies zu klären, sind zunächst die wesentlichen Aussagen dieses Konzepts darzustellen (1.). Sodann ist zu betrachten, inwieweit der EuGH in der bisherigen Rechtsprechung den Mitgliedstaaten einen Entscheidungsspielraum im Grundrechtsbereich eingeräumt hat (2.). Einer vollständigen Übertragbarkeit der *margin of appreciation*-Doktrin stehen die Besonderheiten des Unionsrechts entgegen, wenngleich sich die Rechtsprechung des Gerichtshofs an dieser orientieren kann (3.). Zur Begründung der Rücknahme der Kontrolldichte sind schließlich eigenständige Kriterien zu entwickeln (4.). Entscheidungsspielräume nationaler Gerichte können insbesondere bei Abwägungsentscheidungen geboten sein (5.). Die Anerkennung der Unionsgrundrechte als Prüfungsmaßstab nationaler Verfassungsgerichte zeigt, dass auch abseits von Art. 53 GRC und Art. 4 Abs. 2 EUV über die Anerkennung nationaler Entscheidungsspielräume nachzudenken ist (6.).

1. *Margin of appreciation*-Doktrin in der Rechtsprechung des EGMR

Die sog. *margin of appreciation*-Doktrin des EGMR bedeutet, dass den Konventionsstaaten hinsichtlich der Durchführung der Konvention im nationalen Kontext unter Berücksichtigung nationaler Umstände und Bedingungen ein Spielraum zugesprochen wird, sodass den unterschiedlichen Gegebenheiten in den einzelnen Staaten Rechnung getragen werden kann.[2017] Anwendung findet die Doktrin inzwischen auf alle Konventi-

---

2016 S. etwa *Torres Pérez*, Conflicts of Rights, 2009, S. 169; *Bleckmann*, Nationale Grundrechte im Anwendungsbereich, 2011, S. 361ff.; *Heuer*, Art. 51 Abs. 1 Satz 1 GRC, 2014, S. 66; *Buchholtz*, DÖV 2017, S. 837, 845; *Mangold/Payandeh*, EuR 2017, S. 700, 713; *Kleinlein*, Grundrechtsföderalismus, 2020, S. 447ff.; umfassend *Gerards*, ELJ 17 (2011), S. 80, 115ff.; *Edenharter*, Grundrechtsschutz, 2018, S. 917ff.; *dies.*, Der Staat 57 (2018), S. 227, 236ff.; *Bilz*, Margin of Appreciation der EU-Mitgliedstaaten, 2020, S. 53ff.; für die Übertragbarkeit im Kontext der Grundfreiheiten *Schulte*, Übertragbarkeit, 2018; s. ferner die Nachweise, auch zur Forderung nationaler Spielräume, ohne auf die *margin of appreciation*-Doktrin zu verweisen *Bilz*, Margin of Appreciation der EU-Mitgliedstaaten, 2020, S. 34f., Fn. 140, 141; zur Frage, ob und inwiefern die Kontrolldichte des EuGH hinsichtlich der Anwendung des Art. 4 Abs. 2 S. 1 EUV eingeschränkt sein sollte s. *Schnettger*, Verbundidentität, 2020, S. 385ff.

2017 Dazu etwa *MacDonald*, in: MacDonald/Matscher/Petzold (Hrsg.), European System, 1993, S. 83ff.; *Brems*, ZaöRV 56 (1996), S. 240ff.; *Callewaert*, in: Mahoney/Matscher/Petzold/Wildhaber (Hrsg.), GS Ryssdal, 2000, S. 147ff.; *Prepeluh*, ZaöRV 61 (2001), S. 771, 772ff.; *Nußberger*, NVwZ Beilage 1/2013, S. 36, 41f.;

onsrechte einschließlich der Rechte aus den Zusatzprotokollen.[2018] Die Kontrolldichte variiert dabei von einer bloßen Vertretbarkeitskontrolle zu einer detaillierten Prüfung auf der Grundlage vorab definierter Kriterien.[2019]

Die Rechtsfigur der *margin of appreciation* geht zurück auf die Rechtssache *Handyside*, in der der EGMR prüfte, ob sich der Vertragsstaat bei dem Eingriff in ein von der EMRK geschütztes Recht innerhalb des von der EMRK gewährten Entscheidungsspielraums bewegt, sodass sich die Kontrolldichte des EGMR reduziert.[2020] Demnach ist in einem bestimmten Bereich die Überprüfung nationalen Handelns durch den EGMR weniger detailliert.[2021] Grundgedanke der Gewährung des Entscheidungsspielraums der Vertragsstaaten ist, dass es zunächst Aufgabe der nationalen Organe ist, die in der EMRK verankerten Rechte und Freiheiten zu sichern und sich der Inhalt bestimmter Rechtfertigungsgründe in den einzelnen Vertragsstaaten unterscheiden kann, weshalb nationale Gerichte grundsätzlich besser dazu in der Lage sind, diesen zu bestimmen und die widerstreitenden Interessen abzuwägen, als ein internationaler Gerichtshof.[2022] Die Doktrin dient somit maßgeblich zur Verwirklichung der Subsidiarität der Konvention gegenüber den grundrechtlichen Gewährleistungen der Mitgliedstaaten.[2023] Der Inhalt und die Reichweite dieses Entscheidungsspielraums sind von den konkreten Umständen des zugrundeliegenden Rechtsstreits

---

Mayer, in: Karpenstein/Mayer (Hrsg.), EMRK, 2. Aufl., 2015, Einl., Rn. 60ff.; ausführlich zur Entwicklung der *margin of appreciation*-Doktrin *Schulte*, Übertragbarkeit, 2018, S. 22f.; umfassend *Asche*, Die Margin of Appreciation, 2018.

2018 *Mayer*, in: Karpenstein/Mayer (Hrsg.), EMRK, 2. Aufl., 2015, Einl., Rn. 61.

2019 *Nußberger*, NVwZ Beilage 1/2013, S. 36, 41.

2020 EGMR, *Handyside/Vereinigtes Königreich*, 07.12.1976 – 5493/72, Rn. 47ff.; zuvor bereits *de Wilde, Ooms u. Versyp/Belgien*, 18.06.1971 – 2832/66 u.a., Rn. 93 („power of appreciation").

2021 *MacDonald*, in: MacDonald/Matscher/Petzold (Hrsg.), European System, 1993, S. 83, 84f.; die *margin of appreciation* als inhaltliche Modifikation des Grundsatzes der Verhältnismäßigkeit bewertend *Nußberger*, NVwZ Beilage 1/2013, S. 36, 41; a.A. *Grabenwarter/Pabel*, Europäische Menschenrechtskonvention, 7. Aufl., 2021, § 18, Rn. 20, die die Doktrin als Instrument zur Variation der Kontrolldichte des EGMR einordnen.

2022 EGMR, *Handyside/Vereinigtes Königreich*, 07.12.1976 – 5493/72, Rn. 48; *Callewaert*, in: Mahoney/Matscher/Petzold/Wildhaber (Hrsg.), GS Ryssdal, 2000, S. 147, 150; *Gebauer*, Parallele Grund- und Menschenrechtsschutzsysteme, 2007, S. 249.

2023 *Bilz*, Margin of Appreciation der EU-Mitgliedstaaten, 2020, S. 38 m.w.N.

abhängig, eine allgemeingültige Definition dieses Instruments ist daher kaum möglich.[2024]

Trotz einer flexiblen Handhabung der *margin of appreciation*-Doktorin durch den EGMR lassen sich in der Rechtsprechung Kriterien feststellen, nach denen sich der jeweilige Beurteilungsspielraum näher beschreiben lässt: Einen nur eingeschränkten Spielraum nimmt der EGMR etwa an, wenn es um einen besonders wichtigen Aspekt der Existenz oder Identität einer Person geht[2025] oder bei Vorliegen eines gemeinsamen europäischen Standards.[2026] Einen strengen Prüfungsmaßstab legt der EGMR zudem bei Konventionsrechten an, welchen in einer demokratischen Gesellschaft besondere Relevanz zukommt, wie etwa der Pressefreiheit nach Art. 10 EMRK.[2027] Gleiches gilt, wenn das betroffene Grundrecht für den Einzelnen von wesentlicher Bedeutung ist.[2028] Einen weiten Beurteilungsspielraum überlässt der EGMR den Vertragsstaaten beispielsweise bei sensiblen Fragen der Moral und Ethik[2029] oder bei dem Ausgleich zwischen privaten und öffentlichen Interessen.[2030] Weitere Kriterien für die Frage, ob den Mitgliedstaaten ein enger oder weiter Beurteilungsspielraum zukommt,

---

2024 Dies führt zu der Kritik, dass kaum vorhersehbar sei, unter welchen Bedingungen den Vertragsstaaten Beurteilungsspielräume zugestanden werden, *MacDonald*, in: MacDonald/Matscher/Petzold (Hrsg.), European System, 1993, S. 83, 85; *Callewaert*, in: Mahoney/Matscher/Petzold/Wildhaber (Hrsg.), GS Ryssdal, 2000, S. 147, 158; *Mayer*, in: Karpenstein/Mayer (Hrsg.), EMRK, 2. Aufl., 2015, Einl., Rn. 67.

2025 EGMR (GK), *Evans/Vereinigtes Königreich*, 10.07.2007 – 6339/05, Rn. 77; (GK), *A, B und C/Irland*, 16.12.2010 – 25579/09, Rn. 232.

2026 S. zu einem weiten Beurteilungsspielraum, wenn kein Konsens der Konventionsstaaten festzustellen ist etwa EGMR, *Fretté/Frankreich*, 26.02.2002 – 36515/97, Rn. 41; *Casado Coca/Spanien*, 24.02.1994 – 15450/89, Rn. 54f.; s. auch *Mayer*, in: Karpenstein/Mayer (Hrsg.), EMRK, 2. Aufl., 2015, Einl., Rn. 63f.; s. zur Bezeichnung als „Konsensmethode“ etwa *Walter/Vordermayer*, JöR N.F. 63 (2015), S. 129, 155.

2027 EGMR, *Lingens/Österreich*, 08.07.1986 – 9815/92, Rn. 42; *Thorgeirson/Island*, 25.06.1992 – 13778/88, Rn. 63; *MacDonald*, in: MacDonald/Matscher/Petzold (Hrsg.), European System, 1993, S. 83, 86f., 93; *Brems*, ZaöRV 56 (1996), S. 240, 266; *Prepeluh*, ZaöRV 61 (2001), S. 771, 777; *Edenharter*, Grundrechtsschutz, 2018, S. 759.

2028 EGMR, *Gillow/Vereinigtes Königreich*, 24.11.1986 – 9063/80, Rn. 55ff.; *Buckley/Vereinigtes Königreich*, 29.09.1996 – 20348/92, Rn. 74ff.; (GK), *S. und Marper/Vereinigtes Königreich*, 04.12.2008 – 30562/04 u. 30566/04, Rn. 102ff.

2029 So etwa EGMR, *Handyside/Vereinigtes Königreich*, 07.12.1976 – 5493/72, Rn. 48; *Müller u.a./Schweiz*, 24.05.1988 – 10737/84, Rn. 35; *Fretté/Frankreich*, 26.02.2002 – 36515/97, Rn. 41.

2030 EGMR, *Odièvre/Frankreich*, 13.02.2003 – 42326/98, Rn. 44ff.

sind etwa die Art des legitimen Eingriffsziels, die Klarheit des Sachverhalts sowie das Bestehen spezifischer nationaler oder regionaler Besonderheiten in rechtlicher oder faktischer Hinsicht.[2031] Schließlich lässt sich ein Ansatz für die Bestimmung der Reichweite der *margin of appreciation* erkennen, der sich an prozeduralen Kriterien orientiert und auf die Verfahren der Entscheidungsfindung abstellt: Wenn die innerstaatlichen Stellen, sei es im Gesetzgebungsverfahren oder im Gerichtsverfahren, die betroffenen Rechte und Interessen umfassend geprüft und dabei die Verfahrensrechte der Beschwerdeführenden beachtet haben, schränkt der EGMR eher seine Kontrolldichte ein.[2032] Bei mehrpoligen Rechtsverhältnissen ist ungeklärt, ob der EGMR den Konventionsstaaten einen weiten Beurteilungsspielraum überlässt.[2033]

Insgesamt ist festzuhalten, dass eine Systematisierung der Kriterien bei der Einräumung einer *margin of appreciation* möglich ist, die Gründe für einen eingeschränkten oder weiten Beurteilungsspielraum allerdings variieren und einzelfallabhängig sind.[2034]

2. Rechtsprechung des EuGH

Der Gerichtshof stellte bislang nur in sehr wenigen Fällen ausdrücklich dar, ob und aus welchen Gründen seine Kontrolldichte eingeschränkt oder

---

2031 S. *Edenharter*, Grundrechtsschutz, 2018, S. 759ff. m. Nachweisen; zu den Kriterien s. auch den Überblick bei *Prepeluh*, ZaöRV 2001, S. 771, 774ff.; *Gorzoni*, Der „margin of appreciation“ beim Europäischen Gerichtshof für Menschenrechte, 2019, S. 39ff.

2032 S. etwa EGMR (GK) 10.05.2001, *Z u.a./Vereinigtes Königreich*, 10.05.2001 – 29392/95; (GK), *Hatton u.a./Vereinigtes Königreich*, 08.07.2003 – 36022/97, Rn. 128; (GK) *Hirst/Vereinigtes Königreich (Nr. 2)*, 06.10.2005 – 74025/01, Rn. 78ff.; (GK), *Evans/Vereinigtes Königreich*, 10.07.2007 – 6339/05, Rn. 86; (GK), *Dickson/Vereinigtes Königreich*, 04.12.2007 – 44362/04, Rn. 83; (GK) *Animal Defenders International/Vereinigtes Königreich*, 22.04.2013 – 48876/08, Rn. 108; *Shindler/Vereinigtes Königreich*, 07.05.2013 – 19840/09, Rn. 102, 117; (GK) *Correia de Matos/Portugal*, 04.04.2018 – 56402/12, Rn. 116f.; zu diesem Ansatz etwa *van de Heyning*, YEL 31 (2012), S. 128, 153ff.; *Saul*, HRLR 15 (2015), S. 745ff.; *Kleinlein*, Grundrechtsföderalismus 2020, S. 454ff.

2033 Einen weiten Beurteilungsspielraum unter Verweis auf die Rechtssache *Evans/Vereinigtes Königreich*, 10.07.2007 – 6339/05 annehmend *Bilz*, Margin of Appreciation der EU-Mitgliedstaaten, 2020, S. 42; a.A. *Klatt*, Praktische Konkordanz, 2014, S. 115f.; *Edenharter*, Grundrechtsschutz, 2018, S. 761.

2034 *Walter/Vordermayer*, JöR N.F. 63 (2015), S. 129, 158.

umfassend ist.[2035] Im Folgenden wird auf Entscheidungen eingegangen, aus denen sich Hinweise für die Prüfungsbefugnis des EuGH hinsichtlich mitgliedstaatlicher Maßnahmen bzw. die Verlagerung der Kontrolle auf nationale Gerichte im Grundrechtsbereich ergeben. Eine umfassende Darstellung kann diese Untersuchung allerdings nicht leisten.

Bereits vor Inkrafttreten der Charta entschied der EuGH in der Rechtssache *Wachauf*, dass die „fragliche gemeinschaftsrechtliche Regelung (…) den zuständigen nationalen Behörden somit einen Ermessensspielraum [lässt], der weit genug ist, um ihnen die Anwendung dieser Regelung in einer mit den Erfordernissen des Grundrechtsschutzes im Einklang stehenden Weise zu ermöglichen."[2036] Diese Rechtssache kann als ein Beispiel dafür angeführt werden, in der der Gerichthof die Grundrechtskontrolle im Detail den mitgliedstaatlichen Gerichten überlässt.[2037]

Wie bereits angedeutet, hat der EuGH den Mitgliedstaaten Spielräume vor allem im Zusammenhang mit der Rechtfertigungsprüfung von Beschränkungen der Grundfreiheiten eingeräumt, ohne dass dabei eine stringente Dogmatik zu erkennen ist.[2038] In Bezug auf mitgliedstaatliche Grundrechte ist dabei insbesondere die Rechtssache *Omega* anzuführen.[2039] Begründet wird die Einräumung mitgliedstaatlicher Spielräume in diesem Bereich meist mit der Abwesenheit einer Harmonisierung; aber auch weitere Faktoren, wie die Bedeutung des geschützten Belangs oder die Berührung gesellschaftlich sensibler Themen können zur Anerkennung von Spielräumen führen, wobei aufgrund von Vorgaben des EuGH, etwa hinsichtlich der Anforderungen an die Rechtfertigung und den Ver-

---

2035 S. *Oreschnik*, Verhältnismäßigkeit und Kontrolldichte, 2019, S. 247, der als Ausnahme die Rechtsprechung zu Marktordnungsmaßnahmen auf dem Gebiet der Gemeinsamen Agrarpolitik anführt; vgl. auch *Riedel*, Grundrechtsprüfung, 2020, S. 249ff. hinsichtlich der Prüfdichte im Rahmen der Verhältnismäßigkeit.

2036 EuGH, *Wachauf*, Rs. 5/88, EU:C:1989:321, Rn. 22.; s. auch EuGH, *Parlament/Rat*, Rs. C-540/03, EU:C:2006:429, Rn. 104.

2037 *Kleinlein*, Grundrechtsföderalismus, 2020, S. 437.

2038 S. oben 3. Kapitel, C., III., 3.; ausführlich dazu auch die Untersuchung von *Schulte* zu Spielräumen in der Rechtsprechung der EuGH im Bereich der Grundfreiheiten, *Schulte*, Übertragbarkeit, 2018, S. 184ff.

2039 Dazu etwa *Eeckhout*, Fordham International Law Journal 33 (2010), S. 1490, 1509, wonach die Entscheidung in der Rechtssache *Omega* der *margin of appreciation* ähnlich sei; s. auch *Edenharter*, Grundrechtsschutz, 2018, S. 745, die zusätzlich die Rechtssache *Sayn-Wittgenstein* anführt.

hältnismäßigkeitsgrundsatz, diese Spielräume letztlich eingeschränkt sind, da der EuGH eine Art Ergebniskontrolle durchführt.[2040]

Eine verringerte Prüfungsdichte des Gerichtshofs zeigt sich in der Rechtssache *Promusicae*. In dieser entschied der EuGH, dass die Mitgliedstaaten bei der Umsetzung von Richtlinien verpflichtet sind, „ein angemessenes Gleichgewicht zwischen den verschiedenen durch die Gemeinschaftsrechtsordnung geschützten Grundrechten sicherzustellen."[2041] Sofern das Sekundärrecht keine abschließende Regelung hinsichtlich unionsrechtlich angelegter grundrechtlicher Konfliktlagen enthält, ist eine mitgliedstaatliche Abwägung möglich, sodass der Gerichtshof insofern seine Kontrollintensität einschränkt.[2042]

Auch nach Inkrafttreten der Grundrechtecharta finden sich Beispiele für die Einräumung von Beurteilungsspielräumen des EuGH gegenüber mitgliedstaatlichen Gerichten. In der Rechtssache *Florescu u.a.* wies der Gerichtshof daraufhin, dass hinsichtlich der Geeignetheit und Erforderlichkeit der streitgegenständlichen nationalen Regelung „die Mitgliedstaaten unter Berücksichtigung des besonderen wirtschaftlichen Kontexts über ein weites Ermessen bei Entscheidungen auf wirtschaftlichem Gebiet verfügen und dass sie am besten in der Lage sind, die Maßnahmen zu bestimmen, die zur Verwirklichung des angestrebten Ziels geeignet sind."[2043] Allerdings prüfte der EuGH zumindest in Ansätzen die Verhältnismäßigkeit der nationalen Maßnahmen, wenngleich er wesentliche Teile dieser Prüfung dem vorlegenden Gericht überließ, sodass die genaue Bedeutung dieser Aussage offenbleibt.[2044] In einigen Fällen gesteht der EuGH die Prüfung der Verhältnismäßigkeit dem nationalen Gericht zu, gibt dabei jedoch bestimmte Anforderungen vor, die dieses zu beachten hat.[2045] Dies gilt auch, wenn die Mitgliedstaaten bei der Konkretisierung sekundärrechtlicher Vorgaben Unionsgrundrechte zu beachten haben.[2046] Ab-

2040 *Schulte*, Übertragbarkeit, 2018, S. 328ff.

2041 EuGH, *Promusicae*, Rs. C-275/06, EU:C:2008:54, Rn. 68.

2042 *Bleckmann*, Nationale Grundrechte im Anwendungsbereich, 2011, S. 333ff.

2043 EuGH, *Florescu u.a.*, Rs. C-258/14, EU:C:2017:448, Rn 57.

2044 *Riedel*, Grundrechtsprüfung, 2020, S. 257.

2045 S. etwa EuGH, *HK Danmark*, Rs. C-476/11, EU:C:2013:590, Rn. 68; *Puškár*, Rs. C-73/16, EU:C:2017:725, Rn. 87ff.; *NK (Pensions d'entreprise de personnel cadre)*, Rs. C-223/19, EU:C:2020:753, Rn. 89, 92; ähnlich auch EuGH, *WebMindLicenses*, Rs. C-419/14, EU:C:2015:832, Rn. 75ff.

2046 S. etwa EuGH, *Kamberaj*, Rs. C-571/10, EU:C:2012:233, Rn. 92.

hängig von dem schützenden Rechtsgut kommt den Mitgliedstaaten im Rahmen der Verhältnismäßigkeit ebenfalls ein Wertungsspielraum zu.[2047]

Erste Differenzierungen können dabei hinsichtlich der Bedeutung des beeinträchtigten Rechts und der Schwere des Eingriffs festgestellt werden, auch wenn sich insgesamt noch keine einheitliche Dogmatik erkennen lässt. Eine umfassende Kontrolldichte kann etwa bei Fällen, die das Recht auf Achtung des Privat- und Familienlebens nach Art. 7 GRC und das Recht auf den Schutz personenbezogener Daten nach Art. 8 GRC betreffen und die einen „besonders schwerwiegenden" Eingriff darstellen, festgestellt werden.[2048] Von einer eher geringeren Prüfungsdichte kann hingegen beim Schutz der unternehmerischen Freiheit nach Art. 16 GRC ausgegangen werden, auch wenn insoweit die Aussagen des EuGH nicht eindeutig sind.[2049] Die bisherige Rechtsprechung zur Religionsfreiheit nach Art. 10 GRC zeigt hingegen, dass der EuGH den Mitgliedstaaten nur begrenzt Wertungsspielräume überlässt. In zwei vergleichbaren Rechtssachen zur Zulässigkeit von Kopftuchverboten durch private Arbeitgeber nahm der EuGH eine Abwägung zwischen Art. 10 GRC und Art. 16 GRC bei der Auslegung der einschlägigen Gleichbehandlungsrichtlinie 2000/78/EG[2050] vor, mit der Folge, dass der mitgliedstaatliche Beurteilungsspielraum insoweit stark eingeschränkt ist.[2051] Diese hohe Kontrolldichte kann mit der hohen Eingriffsintensität in beiden Fällen und der Bedeutung

2047 So gesteht der EuGH den Mitgliedstaaten etwa im Bereich des Gesundheitsschutzes einen Beurteilungsspielraum zu, s. etwa EuGH, *Visnapuu*, Rs. C-198/14, EU:C:2015:751, Rn. 118; *Veselības ministrija*, Rs. C-243/19, EU:C:2020:872, Rn. 53.

2048 EuGH, *Tele2 Sverige*, verb. Rs. C-203/15 und C-698/15, EU:C:2016:970, Rn. 93ff., 100; ausdrücklich auf eine „strikte Kontrolle (...) im Lichte der Charta" verweisend EuGH, *Schrems*, Rs. C-362/14, EU:C:2015:650, Rn. 78; *Oreschnik*, Verhältnismäßigkeit und Kontrolldichte, 2019, S. 256f., 269ff.; zur Annahme, dass eine hohe Kontrolldichte vor allem bei Entscheidungen zu Datenschutzgrundrechten bestehe s. auch *Bilz*, Margin of Appreciation der EU-Mitgliedstaaten, 2020, S. 68f.

2049 S. etwa EuGH, *AGET Iraklis*, Rs. C-201/15, EU:C:2016:972, Rn. 86; *Riedel*, Grundrechtsprüfung, 2020, S. 251f., 259.

2050 Richtlinie 2000/78/EG des Rates vom 27. November 2000 zur Festlegung eines allgemeinen Rahmens für die Verwirklichung der Gleichbehandlung in Beschäftigung und Beruf, ABl. L 303 v. 02.12.2000, S. 16.

2051 EuGH, *Achbita/G4S Secure Solutions NV*, Rs. C-157/15, EU:C:2017:203, Rn. 36ff.; *Bougnaoui und ADDH*, Rs. C-188/15, EU:C:2017:204, Rn. 33ff.; kritisch zu diesen Entscheidungen insgesamt etwa *Mangold/Payandeh*, EuR 2017, S. 700ff.; *Wagner*, EuR 2018, S. 724ff.

der Religionsfreiheit allgemein begründet werden.[2052] In der Rechtssache *Egenberger* war fraglich, ob das kirchliche Selbstbestimmungsrecht, das nach Art. 10 GRC anerkannt ist, nur eingeschränkt gerichtlich überprüfbar ist oder einer umfänglichen gerichtlichen Kontrolle offensteht.[2053] Dabei war streitig, ob die Ablehnung einer Bewerbung bei einem kirchlichen Arbeitgeber aufgrund der Konfessionslosigkeit der Beschwerdeführerin zulässig ist.[2054] Das vorlegende BAG wies darauf hin, dass die staatlichen Gerichte nur eine Plausibilitätskontrolle hinsichtlich des kirchlichen Selbstbestimmungsrechts vornehmen dürften, was gegen Art. 4 Abs. 2 der Gleichbehandlungsrichtlinie 2000/78 verstoße, wonach „eine Ungleichbehandlung wegen der Religion (...) keine Diskriminierung darstellt, wenn die Religion (...) dieser Person nach der Art dieser Tätigkeiten oder de[n] Umstände[n] ihrer Ausübung eine wesentliche, rechtmäßige und gerechtfertigte berufliche Anforderung angesichts des Ethos der Organisation darstellt." Aus der Richtlinie gehe nicht hervor, dass ein kirchlicher Arbeitgeber diese Voraussetzungen verbindlich selbst bestimmen dürfe und daher eine strengere gerichtliche Kontrolle geboten sei. Der EuGH entschied, dass das in Art. 10 GRC und Art. 17 AEUV anerkannte Recht auf Autonomie der Kirchen in Abwägung mit Art. 47 GRC eine umfassende gerichtliche Kontrolle kirchlicher Entscheidungen erfordert.[2055] Dies zeigt, dass in einer multipolaren Konstellation kein Raum für die Gewährung einer *margin of appreciation* verbleibt, wenn damit Vorrang und Wirksamkeit sekundärrechtlicher Vorgaben beeinträchtigt würden.[2056]

Der kursorische Überblick der Rechtsprechung des EuGH zu einer Rücknahme seiner Kontrolldichte im Verhältnis zu den Mitgliedstaaten im Grundrechtsbereich zeigt, dass dieser in einigen Fällen seine Prüfungsbefugnis zurückgenommen und eine detaillierte Grundrechtsprüfung den nationalen Gerichten überlassen hat. Wenngleich die Rechtsprechung insofern nicht einheitlich ist und der EuGH in bestimmten Fällen eine hohe Kontrolldichte annimmt, lässt sich insgesamt beobachten, dass dieser den nationalen Gerichten zunehmend Raum zur Ermöglichung nationaler

---

2052 *Mangold/Payandeh*, EuR 2017, S. 700, 713f., die jedoch die „gravierende Vernachlässigung sowohl der Religionsfreiheit als auch des Anliegens des Diskriminierungsschutzes" in diesen Rechtssachen kritisieren, *ebd.*, S. 700, 722.

2053 EuGH, *Egenberger*, Rs. C-414/16, EU:C:2018:257.

2054 Zum Sachverhalt EuGH, *Egenberger*, Rs. C-414/16, EU:C:2018:257, Rn. 24.

2055 EuGH, *Egenberger*, Rs. C-414/16, EU:C:2018:257, Rn. 49ff.; s. auch EuGH, *IR*, Rs.C-68/17, EU:C:2018:696, Rn. 45ff.

2056 *Bilz*, Margin of Appreciation der EU-Mitgliedstaaten, 2020, S. 268.

Lösungsmöglichkeiten belässt.[2057] Eine der *margin of appreciation*-Doktrin des EGMR entsprechende Dogmatik kann dabei indes nicht festgestellt werden, was auch damit zu begründen sein dürfte, dass die Bedeutung der Unionsgrundrechte insbesondere seit Inkrafttreten der Charta zunehmend gestiegen ist und daher die Herleitung dogmatischer Aussagen zur Begründung mitgliedstaatlicher Spielräume sowie zur Kontrolldichte des EuGH gegenwärtig erst am Anfang steht.[2058]

3. Übertragbarkeit des Ansatzes des EGMR?

Angesichts der im europäischen Menschenrechtsschutz bereits bestehenden und (weitgehend) anerkannten Rechtsfigur der *margin of appreciation* des EGMR könnte es sich anbieten, diese zur Vermeidung von Konflikten zwischen dem EuGH und nationalen Verfassungs- und Höchstgerichten heranzuziehen. Eine Übertragbarkeit dieser Doktrin kann damit begründet werden, dass der EuGH in seiner Rechtsprechung zumindest vergleichbare Erwägungen wie der EGMR bei der Gewährung von nationalen Beurteilungsspielräumen hinsichtlich der Auflösung von Grundrechtskonflikten angestellt hat.[2059] Dem lässt sich nicht entgegenhalten, dass es sich bei der *margin of appreciation* ursprünglich um ein völkerrechtliches Konzept handelt, da die Union nach ihrem Selbstverständnis zwar eine Rechtsordnung *sui generis* darstellt, völkerrechtliche Elemente aber dennoch Bestandteil der Union sind und die Union einen völkerrechtlichen Ursprung hat.[2060] Auch die vom EGMR herangezogene Argumentation zur Begründung einer *margin of appreciation*, wonach nationale Gerichte *„better placed"* seien, um einen Sachverhalt sowie lokale Bedingungen zu bewerten und bei Abwägungsfragen aufgrund einer besonderen Sachnähe gerechtere Entscheidungen zu treffen, kann auf den EuGH übertragen werden, da die nationalen Gerichte im Vergleich zum EuGH ebenfalls sachnäher über die konkreten Umstände einer Rechtsstreitigkeit entscheiden können und

---

2057 S. auch *Thym*, EuConst 9 (2013), S. 391, 403f., 411f.; so auch die Untersuchung von *Zglinski* im Bereich der Grundfreiheiten, *Zglinski*, CMLR 55 (2018), S. 1341ff.

2058 Vgl. *Schulte*, Übertragbarkeit, 2018, S. 373f.

2059 Vgl. *Kleinlein*, Grundrechtsföderalismus, 2020, S. 460ff., der von einer Übernahme der *margin of appreciation*-Doktrin „mit Modifikationen" ausgeht.

2060 *Edenharter*, Grundrechtsschutz, 2018, S. 917.

regelmäßig eine höhere demokratische Legitimation aufweisen.[2061] Zudem kann der Grundsatz der Subsidiarität, der in Art. 51 Abs. 1 S. 1 GRC sowie in Art. 5 Abs. 1 S. 2 1. Var. und Abs. 3 EUV normiert ist, für eine Übertragung des Konzepts sprechen, da auch die *margin of appreciation* des EGMR maßgeblich auf diesem Grundsatz beruht.[2062] Wie bereits dargestellt, ermöglichen Art. 53 GRC und Art. 4 Abs. 2 EUV unter bestimmten Umständen die Berücksichtigung nationaler Grundrechte, was zwangsläufig die Rücknahme der Kontrolldichte des EuGH impliziert.

Gegen die Übertragbarkeit der *margin of appreciation*-Doktrin des EGMR spricht die Stellung des EGMR und das Verhältnis der EMRK zum nationalen Recht, da beides nicht vergleichbar mit der Stellung des EuGH und des Verhältnisses von Unionsrecht und nationalem Recht ist.[2063] Während der EGMR als internationaler Gerichtshof auf eine systemexterne Kontrolle zielt, übt der EuGH nach Art. 19 Abs. 1 EUV mit der Aufgabe der Wahrung des Rechts bei der Auslegung und Anwendung der Verträge eine eher systeminterne Kontrolle aus.[2064] Ferner ist zu beachten, dass der Kreis der Mitgliedstaaten insgesamt als homogener anzusehen ist als der der Konventionsstaaten und von einer hohen Integrationsdichte innerhalb der Union auszugehen ist.[2065] Es ist daher anzunehmen, dass in vielen unionsrechtlich geregelten Bereichen Einigkeit zwischen den Mitgliedstaaten besteht, weshalb das Kriterium des Fehlens eines gemeinsamen europäischen Standards, das in der Rechtsprechung des EGMR zu einer

---

2061 Aus der Rechtsprechung des EGMR s. etwa EGMR, *Handyside/Vereinigtes Königreich*, 07.12.1976 – 5493/72, Rn. 48; (GK), *Ehemaliger König Griechenlands u.a./Griechenland*, 23.11.2000 – 25701/94, Rn. 87; (GK) *Hatton u.a./Vereinigtes Königreich*, 08.07.2003 – 36022/97, Rn. 97; (GK) *S.A.S./Frankreich*, 01.07.2014 – 43835/11, Rn. 129; (GK) *Correia de Matos/Portugal*, 04.04.2018 – 56402/12, Rn. 116; *Gerards*, ELJ 17 (2011), S. 80, 85; *Bilz*, Margin of Appreciation der EU-Mitgliedstaaten, 2020, S. 84f.

2062 *Edenharter*, Grundrechtsschutz, 2018, S. 917; a.A. *Bilz*, Margin of Appreciation der EU-Mitgliedstaaten, 2020, S. 161f., der zutreffend darauf hinweist, dass das unionsrechtliche Subsidiaritätsprinzip kompetenzbezogen und nicht verfahrensrechtlich zu verstehen ist und daher nur mittelbar einen Beurteilungsspielraum der Mitgliedstaaten begründen kann.

2063 Vgl. dazu auch bereits oben 1. Kapitel, A., B.

2064 Vgl. *Wollenschläger*, in: Hatje/Müller-Graff (Hrsg.), Europäisches Organisations- und Verfassungsrecht, 2014, § 8, Rn. 77; *Krämer*, in: Stern/Sachs (Hrsg.), GRCh, 2016, Art. 52, Rn. 56; *Bilz*, Margin of Appreciation der EU-Mitgliedstaaten, 2020, S. 86ff., der im Ergebnis allerdings eine Übertragbarkeit der *margin of appreciation*-Doktrin bejaht.

2065 *Kühling*, in: von Bogdandy/Bast (Hrsg.), Europäisches Verfassungsrecht, 2009, S. 657, 697.

geringeren Kontrolldichte führt, in der Union nur in Ausnahmefällen einen Beurteilungsspielraum der Mitgliedstaaten begründen kann.[2066] Zu berücksichtigen ist schließlich, dass die *margin of appreciation*-Doktrin des EGMR ein Bestandteil des dogmatischen Gesamtkonzepts der Konvention ist und daher eine Übertragung auf die Grundrechtecharta nicht ohne weiteres möglich ist.[2067] Aus diesen Gründen ist eine vollständige und uneingeschränkte Übernahme des Konzepts der *margin of appreciation*, wie dieses vom EGMR entwickelt wurde, nicht möglich. Die eigenständige Bedeutung der Unionsrechtsordnung erfordert es, entsprechend den Besonderheiten im Verhältnis zwischen Union und ihren Mitgliedstaaten nach eigenen Kriterien zu suchen, um die Rücknahme der Kontrolle des EuGH zu begründen. Bei der Entwicklung dieser Kriterien bietet es sich jedoch an, sich an der Rechtsprechung des EGMR zur *margin of appreciation* zu orientieren.[2068]

4. Kriterien zur Bestimmung der Rücknahme der Kontrolldichte des Gerichtshofs

Mögliche Kriterien zur Rücknahme der Kontrolldichte des Gerichtshofs und der Gewährung von Entscheidungsspielräumen können in Ansätzen auch der Rechtsprechung des EuGH entnommen werden. Die vorausgegangenen Überlegungen zur mitgliedstaatlichen Bindung an die Unionsgrundrechte sowie zur Berücksichtigung nationaler Grundrechtsgewährleistungen können diese ergänzen und zu einer Systematisierung beitragen. Die folgende Darstellung kann angesichts der sich noch entwickelnden Rechtsprechung zur Grundrechtecharta und des Fehlens einer unionsrechtlich anerkannten Dogmatik des Verhältnisses von Unionsgrundrech-

2066 *Kühling*, in: von Bogdandy/Bast (Hrsg.), Europäisches Verfassungsrecht, 2009, S. 657, 697; *Edenharter*, Grundrechtsschutz, 2018, S. 929f.; s. jedoch EuGH, *Dynamic Medien*, Rs. C-244/06, EU:C:2008:85, Rn. 44.

2067 *Riedel*, Grundrechtsprüfung, 2020, S. 251.

2068 S. auch *Gerkrath*, in: Masing/Jestaedt/Capitant/Le Divellec (Hrsg.), Strukturfragen, 2015, S. 3, 42f.; *Kleinlein*, Grundrechtsföderalismus, 2020, S. 460ff.; wohl auch *Edenharter*, Grundrechtsschutz, 2018, S. 924ff.; für eine uneingeschränkte Übertragbarkeit der Rechtsprechung des EGMR s. *Ohler*, NVwZ 2013, S. 1433, 1437f.; gegen die Anwendung einer *margin of appreciation* s. *Peers/Prechal*, in: Peers/Hervey/Kenner/Ward (Hrsg.), EU Charter of Fundamental Rights, 2014, Art. 52, Rn. 52.68; eine Übertragbarkeit der *margin of appreciation*-Doktrin auf die Rechtsprechung des EuGH zu den Grundfreiheiten ablehnend *Schulte*, Übertragbarkeit, 2018, S. 373ff.

ten und nationalen Grundrechten nicht abschließend sein. Die Entwicklung einer entsprechenden Dogmatik ist Aufgabe der zukünftigen Rechtsprechung des EuGH im Zusammenwirken mit nationalen Gerichten. Die nachfolgenden Kriterien können eine Orientierung bieten, in welchen Situationen eine Rücknahme der Kontrolldichte des EuGH möglich ist. Die Kriterien können sowohl alternativ als auch kumulativ vorliegen.

a. Kontrolldichte in Abhängigkeit von Art. 51 Abs. 1 S. 1 GRC

Bei der Bestimmung der Kontrolldichte des EuGH kann zunächst an den Begriff der „Durchführung" in Art. 51 Abs. 1 S. 1 GRC angeknüpft und demnach die Kontrolldichte des EuGH bewertet werden.[2069] Wie bereits gezeigt, gibt es Fälle, in denen eindeutig eine Durchführung anzunehmen ist und eine Bindung der Mitgliedstaaten an Unionsgrundrechte besteht. Zugleich bestehen Situationen, in denen die Frage, ob eine Durchführung i.S.d. Art. 51 Abs. 1 S. 1 GRC vorliegt, sich nicht eindeutig beantworten lässt.[2070] In diesen Fällen, bzw. wenn der Bezug zum Unionsrecht nur schwach ist, könnte den Mitgliedstaaten ein größerer Entscheidungsspielraum zukommen, währenddessen von einer höheren Kontrolldichte des EuGH auszugehen ist, wenn der Bezug zum Unionsrecht stärker ist.[2071] Eine Rücknahme der Kontrolldichte kommt etwa in Fällen der Mindestharmonisierung in Betracht.[2072]

Die Frage, inwieweit Abwägungsentscheidungen von nationalen Gerichten getroffen werden können, ist demnach auch abhängig von dem Grad

2069 Ähnlich *Bilz*, Margin of Appreciation der EU-Mitgliedstaaten, 2020, S. 351ff., wonach „maßgeblicher Faktor für die Bestimmung mitgliedstaatlicher Spielräume (…) in erster Linie die Konstellation der mitgliedstaatlichen Bindung an die Unionsgrundrechte, die gem. Art. 51 Abs. 1 GRC den Anwendungsbereich der Charta eröffnet", ist; a.A. wohl *Kirchhof*, NVwZ 2014, S. 1537, 1538.

2070 Umfassend dazu oben 2. Kapitel, C., D.

2071 Vgl. Schlussanträge GA *Bot*, *Ispas*, Rs. C-298/16, EU:C:2017:650, Rn. 61ff., der metaphorisch von einem „Leuchtturm-Ansatz" ausgeht, wonach die Nähe zu einer konkreten und spezifischen Regelung des Unionsrechts das mitgliedstaatliche Ermessen bei der Anwendung nationaler Schutzstandards für Grundrechte einschränkt und eine „größere Entfernung vom Leuchtturm" eine wenige intensive Überprüfung einer Entscheidung eines nationalen Gerichts durch den EuGH zur Folge hat.

2072 *Spaventa*, CMLR 55 (2018), S. 997, 1020f., die zudem annimmt, dass die Charta bei Umsetzungsspielräumen nur als eine Art „Sicherheitsnetz" in den Mitgliedstaaten zur Anwendung kommen sollte.

der unionsrechtlichen Determinierung: Bei geringem Determinierungsgrad des Unionsrechts ist eine detaillierte Grundrechtskontrolle der Mitgliedstaaten möglich, bei einem hohen Grad der Determinierung sind die Vorgaben der Grundrechtecharta und des EuGH stärker zu gewichten.[2073] Dabei ist zu berücksichtigen, dass eine genaue Bestimmung des Determinierungsgrads des Unionsrechts kaum möglich ist.[2074] Dies gilt auch, wenn kollisionsrechtliche Lösungen anhand von Regelungsinhalten von Richtlinien gesucht werden, da eine entsprechende Differenzierung zwischen zwingenden Vorgaben und Gestaltungsspielräumen der Mitgliedstaaten sehr schwierig, zum Teil sogar unmöglich ist.[2075] Eine Annäherung ist möglich, wenn darauf abgestellt wird, wie detailliert und umfangreich unionsrechtliche Vorgaben sind. Dementsprechend ist eine Rücknahme der Kontrolldichte angezeigt, wenn das Unionsrecht lediglich abstrakt und unvollständig ist.[2076] In sog. mehrpoligen Grundrechtsverhältnissen existiert ein mitgliedstaatlicher Entscheidungsspielraum nur, soweit die unionsrechtliche Norm, die die Grundrechtsbindung nach Art. 51 Abs. 1 S. 1 GRC auslöst, nicht selbst Vorgaben zum grundrechtlichen Abwägungsergebnis vorsieht.[2077] Ein geringerer Determinierungsgrad ist auch in der Beschränkungskonstellation anzunehmen, d.h. der Rechtfertigung der Beeinträchtigung einer Grundfreiheit, sodass insofern ein größerer mitgliedstaatlicher Spielraum besteht.[2078]

Diesem Verständnis entspricht auch die Rechtsprechung des Bundesverfassungsgerichts zur Anwendung der Unionsgrundrechte nach den Beschlüssen zum *Recht auf Vergessen*.[2079] Im Bereich von vollständig vereinheitlichtem Unionsrecht sind demnach die Unionsgrundrechte maßgeb-

---

2073 *Ohler*, NVwZ 2013, S. 1433, 1437f.; *Bilz*, Margin of Appreciation der EU-Mitgliedstaaten, 2020, S. 351ff.

2074 S. bereits oben 2. Kapitel, D., I., 3.

2075 Vgl. *Scholz*, in: Lorenz/Trunk/Eidenmüller/Wendehorst/Adolff (Hrsg.), FS Heldrich, 2005, S. 1311, 1317f.

2076 *Kleinlein*, Grundrechtsföderalismus, 2020, S. 437ff.

2077 S. etwa zu grundrechtlichen Abwägungsentscheidungen innerhalb einer Richtlinie EuGH, *Funke Medien NRW*, Rs. C-469/17, EU:C:2019:623, Rn. 55ff.; *Pelham u.a.*, Rs C-476/17, EU:C:2019:624, Rn. 56ff.; *Spiegel Online*, Rs. C-516/17, EU:C:2019:625, Rn. 40ff.; *Bilz*, Margin of Appreciation der EU-Mitgliedstaaten, 2020, S. 366f.; s. auch *Edenharter*, Grundrechtsschutz, 2018, S. 932f., die darauf hinweist, dass allein das Vorliegen eines mehrpoligen Rechtsverhältnisses keine Rücknahme der Kontrolldichte des EuGH begründen kann.

2078 *Bilz*, Margin of Appreciation der EU-Mitgliedstaaten, 2020, S. 353f.

2079 Ausführlich bereits oben 3. Kapitel, B., II., 3.

lich, sodass insofern der mitgliedstaatliche Beurteilungsspielraum begrenzt ist. Im Bereich von gestaltungsoffenem Unionsrecht prüft das Bundesverfassungsgericht primär die Grundrechte des Grundgesetzes, berücksichtigt jedoch auch die Unionsgrundrechte, sofern diese ein höheres Schutzniveau im Einzelfall vorsehen. Somit verbleibt ein Wertungsspielraum auf nationaler Ebene. In diesen Bereichen ist von der Vermutung auszugehen, dass der mitgliedstaatliche Grundrechtsschutz von einer Kontrolle durch den EuGH dispensiert ist, solange nicht qualifizierte Anzeichen dafür bestehen, dass dieser grundsätzlich ungenügend ist.[2080] Unionsrechtlich wäre es in letztgenannter Konstellation auch zulässig, die Unionsgrundrechte als Prüfungsmaßstab heranzuziehen. Dabei wäre eine eingeschränkte Prüfdichte des EuGH denkbar, bei der Abwägungsentscheidungen maßgeblich den nationalen Gerichten zu überlassen wären.

b. Kompetenzaufteilung zwischen Union und Mitgliedstaaten

Von Bedeutung für die Bestimmung der Kontrolldichte des EuGH ist zudem die Kompetenzaufteilung zwischen der Union und den Mitgliedstaaten. Verfügt die Union in einem Sachbereich über weitreichende Kompetenzen, sind die mitgliedstaatlichen Spielräume regelmäßig geringer, weshalb eine Rücknahme der Prüfdichte des Gerichtshofs nicht in Betracht kommt.[2081] Das bloße Bestehen einer Kompetenz der Union ist dabei jedoch nicht ausreichend, entscheidend ist insofern, dass die Union die entsprechende Kompetenz auch ausgeübt hat.[2082] Dies zeigt etwa die Rechtsprechung des EuGH, die in datenschutzrechtlichen Konstellationen oder in Fällen, die das Antidiskriminierungsrecht betreffen, eine umfassende Kontrolldichte annimmt.[2083] In der Rechtssache *Åkerberg Fransson* kam

2080 So bereits der ehemalige Richter am BVerfG *Masing*, der Berichterstatter der Beschlüsse zum sog. *Recht auf Vergessen* war, *Masing*, JZ 2015, S. 477, 486; s. auch bereits *Kirchhof*, in: Herdegen/Klein/Papier/Scholz (Hrsg.), FS Herzog, 2009, S. 155, 167, der vorschlägt, dass der EuGH seinen Schutzauftrag suspendieren könne, sofern gleich- oder höherwertige Grundrechtsgarantien in den Mitgliedstaaten bestünden.

2081 *Bilz*, Margin of Appreciation der EU-Mitgliedstaaten, 2020, S. 354f.; s. auch *Edenharter*, Grundrechtsschutz, 2018, S. 927, 935f.

2082 Vgl. *Arnardóttir/Guðmundsdóttir*, in: Arnardóttir/Buyse (Hrsg.), Shifting Centres of Gravity in Human Rights Protection, 2016, S. 161, 177.

2083 EuGH, *Tele2 Sverige*, verb. Rs. C-203/15 und C-698/15, EU:C:2016:970; *Egenberger*, Rs. C-414/16, EU:C:2018:257; *IR*, Rs.C-68/17, EU:C:2018:696.

dem nationalen Gericht hingegen im Bereich des Strafrechts, in dem die Union über nur wenige Kompetenzen verfügt, ein weitreichender Beurteilungsspielraum zu.[2084]

c. Berücksichtigung des Verfahrens

Als Kriterium für eine unionsrechtliche *margin of appreciation* ist zudem von Bedeutung, vergleichbar mit den prozeduralen Kriterien des EGMR, inwieweit die Verfahrensrechte der Beteiligten beachtet und die Grundrechte des Einzelnen im nationalen Verfahren angemessen berücksichtigt wurden bzw. wie umfangreich eine Grundrechtsabwägung stattgefunden hat.[2085] Eine Rücknahme der Kontrolldichte kommt umso eher in Betracht, je mehr von einer prozeduralen Rationalität innerstaatlicher Entscheidungen auszugehen ist, etwa wenn die Rechtsprechung des EGMR bereits umfassend gewürdigt wurde. Erforderlich ist demnach eine detaillierte Begründung der Entscheidungen nationaler Gerichte. Für die Einräumung eines weiten Ermessensspielraums der nationalen Gerichte, wenn diese eine sorgfältige Abwägung vorgenommen haben, streitet zudem das Subsidiaritätsprinzip.[2086] Ferner ermöglicht ein entsprechendes Vorgehen die Förderung demokratiefunktionaler Elemente im Grundrechtsverständnis und erlaubt es, Unitarisierungstendenzen entgegenzuwirken.[2087]

d. Bedeutung des Grundrechts und Intensität des Grundrechtseingriffs

Vergleichbar mit der Rechtsprechung des EGMR kann auch auf die Bedeutung, die der EuGH dem betroffenen Grundrecht zuschreibt, abgestellt werden; verwiesen werden kann insofern etwa auf die hohe Bedeutung des

2084 EuGH, *Åkerberg Fransson*, Rs. C-617/10, EU:C:2013:105, Rn. 32ff.
2085 *Kleinlein*, I•CON 15 (2017), S. 1157, 1169ff.; s. zur Weiterentwicklung dieses prozeduralen Ansatzes, wonach zusätzlich auf einen europäischen Konsens abzustellen ist (Modell „moderierter Redundanz"): *ders.*, Grundrechtsföderalismus, 2020, S. 460ff.
2086 Vgl. *Edenharter*, Grundrechtsschutz, 2018, S. 938f.
2087 *Kleinlein*, Grundrechtsföderalismus, 2020, S. 460.

Grundrechts zum Schutz personenbezogener Daten nach Art. 8 GRC.[2088] Von einer hohen Bedeutung geht der EuGH unter Verweis auf die Rechtsprechung des EGMR bei der Freiheit der Meinungsäußerung nach Art. 11 GRC aus, „insbesondere im Rahmen der politischen Auseinandersetzung oder einer Diskussion, die das allgemeine Interesse berührt."[2089] Verbunden mit der Bedeutung eines Grundrechts ist auch die Intensität des Eingriffs in den Schutzbereich eines Grundrechts zu betrachten. So ist eine strenge Kontrolle bei eingriffsintensiven Maßnahmen geboten.[2090] Dies gilt umso mehr, je bedeutender das betroffene Grundrecht ist. Eine Reduzierung der Kontrolldichte ist hingegen bei eingriffsschwächeren Maßnahmen möglich.

e. Besonderheiten des Vorabentscheidungsverfahrens

Eine gewisse Rücknahme der Kontrolldichte folgt zwangsläufig aus der Funktion und Struktur des Vorabentscheidungsverfahrens und den prozeduralen Unterschieden zum Individualbeschwerdeverfahren nach der EMRK. Die Individualbeschwerde nach Art. 34 EMRK, setzt die Erschöpfung der innerstaatlichen Rechtsbehelfe voraus, sodass eine umfassende Sachverhaltsaufklärung bereits erfolgt sein kann, wenn der EGMR mit einer Individualbeschwerde befasst ist. Im Gegensatz dazu kann ein nationales Gericht den EuGH in jedem Verfahrenszeitpunkt zur Klärung unionsrechtlicher Fragestellungen anrufen, weshalb der dem Vorabentscheidungsverfahren zugrundliegende Sachverhalt noch in weiten Teilen unklar sein kann und Tatsachenfragen noch offen sein können.[2091] Beweiserhebungen erfolgen regelmäßig nicht, sodass die endgültige Aufklärung eines Sachverhalts beim nationalen Gericht verbleibt.[2092] Der Gerichtshof

---

2088 *Edenharter*, Grundrechtsschutz, 2018, S. 926f.; *Bilz*, Margin of Appreciation der EU-Mitgliedstaaten, 2020, S. 358ff.; s. zu diesem Kriterium auch *Heuer*, Art. 51 Abs. 1 Satz 1 GRC, 2014, S. 345f.

2089 EuGH, *Funke Medien NRW*, Rs. C-469/17, EU:C:2019:623, Rn. 73f.; *Spiegel Online*, Rs. C-516/17, EU:C:2019:625, Rn. 57f. unter Verweis auf EGMR, *Ashby Donald u.a./Frankreich*, 10.01.2013 – 36769/08, Rn. 39.

2090 *Kühling*, in: von Bogdandy/Bast (Hrsg.), Europäisches Verfassungsrecht, 2009, S. 657, 698; EuGH, *Tele2 Sverige*, verb. Rs. C-203/15 und C-698/15, EU:C:2016:970, Rn. 102.

2091 Zum Kriterium der Klarheit des Sachverhalts s. auch *Edenharter*, Grundrechtsschutz, 2018, S. 930.

2092 *Kühling/Drechsler*, NJW 2017, S. 2950, 2954.

ist daher von den Informationen abhängig, die ihm das vorlegende Gericht mitgeteilt hat. Diese Rücknahme der Kontrolldichte zeigt sich in der Rechtsprechung des EuGH auch daran, dass dieser teilweise die Prüfung der Verhältnismäßigkeit dem betroffenen Mitgliedstaat überlässt, dabei allerdings abstrakte Vorgaben aufstellt, die von dem vorlegenden Gericht zu beachten sind. Auch die Beurteilung einer Rechtsfrage kann dem nationalen Gericht unter Beachtung der Anforderungen des EuGH zugewiesen werden, wenn diese im Zusammenhang mit nationalem Recht zu betrachten ist oder Tatsachenfragen zu klären sind.[2093]

f. Nationale Unterschiede hinsichtlich bestimmter Rechtsfragen

Trotz eines hohen Integrationsgrades der Union existieren weiterhin Bereiche, in denen unterschiedliche Vorstellungen zwischen den Mitgliedstaaten bestehen, etwa im Bereich der Moral und Sittlichkeit oder der Religion.[2094] Wenngleich der Begriff der nationalen Identität i.S.d. Art. 4 Abs. 2 EUV, wie gezeigt, restriktiv zu verstehen ist, spricht diese Norm dafür, dass jedenfalls in bestimmten Situation nationale Besonderheiten ein Kriterium für die Rücknahme der Kontrolldichte des EuGH sein können.[2095] Dabei ist insbesondere zu berücksichtigen, inwieweit Interessen der Union beeinträchtigt werden. In diese Richtung ist auch die Rechtssache *Omega* zu interpretieren, da eine einheitliche Vorstellung des Konzepts der Menschenwürde innerhalb der Union nicht existiert und dies für einen entsprechenden mitgliedstaatlichen Beurteilungsspielraum sprechen kann.[2096]

2093 Vgl. zu Beispielen, in denen der EuGH Vorgaben aufstellt, weitere Entscheidungen aber vom mitgliedstaatlichen Gericht zu treffen sind, etwa EuGH, *Kamberaj*, Rs. C-571/70, EU:C:2012:233, Rn. 92; *HK Danmark*, EU:C:2013:590, Rs. C-476/11, Rn. 68; *WebMindLicenses*, Rs. C-419/14, EU:C:2015:832, Rn. 75ff.; *Puškár*, Rs. C-73/16, EU:C:2017:725, Rn. 87ff.

2094 *Edenharter*, Grundrechtsschutz, 2018, S. 933f.

2095 Ähnlich auch *Edenharter*, Grundrechtsschutz, 2018, S. 934, die auf die Verfassungsidentität der Mitgliedstaaten sowie das Subsidiaritätsprinzip in diesem Kontext verweist.

2096 EuGH, *Omega*, Rs. C-36/02, EU:C:2004:614, Rn. 31; s. auch EuGH, *Dynamic Medien*, Rs. C-244/06, EU:C:2008:85, Rn. 44; *Garkalns*, Rs. C-470/11, EU:C:2012:505, Rn. 36.

5. Auswirkungen der Rücknahme der Kontrolldichte des EuGH

Die Rücknahme der Kontrolldichte des EuGH wirkt sich insbesondere bei der Prüfung der Verhältnismäßigkeit aus.[2097] Da die dargestellten Kriterien miteinander konkurrieren können und dementsprechende Faktoren für eine Reduzierung der Prüfdichte sprechen können, während andere im selben Fall für einen strengen Kontrollmaßstab streiten, ist jeweils eine Entscheidung im Einzelfall erforderlich.[2098] Art. 19 EUV und Art. 47 GRC erfordern im Regelfall eine umfassende gerichtliche Kontrolle hoheitlicher Maßnahmen im Anwendungsbereich des Unionsrechts durch den EuGH, sodass Abweichungen von einem strengen Kontrollmaßstab begründungsbedürftig sind.[2099] *Gerards* hat dazu, im Ergebnis überzeugend, vorgeschlagen, zwischen einer strikten Prüfung bzw. Vollkontrolle (*strict scrutiny*), einer mittleren Prüfdichte (*intermediate review*) und einer geringen Prüfdichte bzw. Willkürprüfung (*marginal review*) zu differenzieren.[2100] Demnach sei regelmäßig von einer geringen Prüfdichte auszugehen, sofern nicht wesentliche Verfahrensfehler oder die Verletzung elementarer Grundrechte eine strikte Prüfung gebieten; eine mittlere Prüfdichte (*„second look" approach*) bestehe, wenn es um moralische und ethische Fragen gehe bzw. wenn nationale Gerichte eine sachnähere Entscheidung treffen könnten (*better placed*-Argument).[2101] Im Falle sich widersprechender Kriterien seien Lösungsmöglichkeiten im Sinne der klassischen Theorien der *procedural democracy* zu suchen, wonach wesentliche Entscheidungen von

---

2097 *Kühling*, in: von Bogdandy/Bast (Hrsg.), Europäisches Verfassungsrecht, 2009, S. 657, 696.

2098 S. etwa für den Bereich der Grundfreiheiten EuGH, *Caves Krier Frères*, Rs. C-379/11, EU:C:2012:798, der EuGH führte hier aus, dass die Mitgliedstaaten im Bereich der Sozialpolitik „über einen weiten Beurteilungsspielraum verfügen", dieser könne jedoch „keine Beeinträchtigung der Rechte rechtfertigen, die der Einzelne aus den Bestimmungen des Vertrags herleiten kann, in denen seine Grundfreiheiten verankert sind", *ebd.*, Rn. 51f. Da im Bereich der Sozialpolitik keine umfassende Zuständigkeit der Union besteht, verdeutlicht diese Rechtssache, dass das Abstellen auf ein Kriterium, in diesem Fall die Kompetenzverteilung zwischen Union und Mitgliedstaaten, nicht ausreichend sein kann, um die Rücknahme der Kontrolldichte des EuGH zu begründen; s. auch *Gerards*, ELJ 17 (2011), S. 80, 117.

2099 *Bilz*, Margin of Appreciation der EU-Mitgliedstaaten, 2020, S. 300, 378.

2100 So insgesamt, nicht ausschließlich auf den Grundrechtsbereich bezogen, *Gerards*, ELJ 17 (2011), S. 80, 117; dies aufgreifend insbesondere *Edenharter*, Grundrechtsschutz, 2018, S. 953ff.; *Bilz*, Margin of Appreciation der EU-Mitgliedstaaten, 2020, S. 378ff.

2101 *Gerards*, ELJ 17 (2011), S. 80, 119.

der demokratisch legitimierten Legislative bzw. Exekutive, nicht jedoch von der Judikative, zu treffen seien.[2102] Kritikwürdig ist dabei, dass dieser Ansatz im Regelfall von einer geringen Kontrolldichte ausgeht. Zutreffend stellt *Edenharter* daher auf der Grundlage dieses Ansatzes dar, dass eine strikte Kontrolle des Gerichtshofs anzunehmen ist, sofern nicht besondere Umstände, wie die größere Sachnähe der mitgliedstaatlichen Gerichte oder eine bereits erfolgte umfassende Abwägung durch die nationalen Gerichte die Rücknahme der Kontrolldichte auf eine mittlere Prüfungsdichte oder eine bloße Willkürprüfung erfordern.[2103] Im Ausgangspunkt ist von einer hohen Kontrolldichte des EuGH auszugehen. Die Rücknahme seiner Kontrolldichte ist im Einzelfall zu begründen, wobei maßgeblich darauf abzustellen ist, inwieweit eine Bindung der Mitgliedstaaten an Unionsgrundrechte nach Art. 51 Abs. 1 S. 1 GRC besteht; je detaillierter die unionsrechtlichen Vorgaben des maßgeblichen Sekundärrechts sind oder nationale Maßnahmen sekundärrechtliche Interessen und Ziele berühren bzw. je umfassender die unionsrechtlichen Verpflichtungen der Mitgliedstaaten sind, desto strenger hat die Kontrolle durch den EuGH zu erfolgen.[2104]

6. Anwendungsbeispiel unter Berücksichtigung der Entscheidungen zum sog. *Recht auf Vergessen*

Die Gewährung von Entscheidungsspielräumen nationaler Verfassungsgerichte kann anhand der Rechtssache *Metall auf Metall* bzw. *Pelham u.a.* illustriert werden, deren Gegenstand die deutschen Gerichte bereits seit 2002 beschäftigt.[2105] Vereinfacht gesagt ging es in diesem Verfahren um die urheber- und leistungsschutzrechtliche Zulässigkeit des Tonträgersampling und die Abwägung zwischen Eigentumsfreiheit und Kunstfreiheit.

Streitgegenständlich war die nicht genehmigte Entnahme einer zwei-sekündigen Rhythmussequenz des Titels „*Metall auf Metall*“, welche in das Musikstück „*Nur mir*“ integriert und um 5 Prozent verlangsamt fortlaufend wiederholt wurde (sog. *Loop*).[2106] Durch diese Übernahme der Rhythmussequenz sahen die Musikproduzenten des Titels „*Metall auf Metall*“

2102 *Gerards*, ELJ 17 (2011), S. 80, 118; s. auch *Kleinlein*, Grundrechtsföderalismus, 2020, S. 449ff.

2103 *Edenharter*, Grundrechtsschutz, 2018, S. 955ff.

2104 So auch *Bilz*, Margin of Appreciation der EU-Mitgliedstaaten, 2020, S. 379f.

2105 Zuletzt BGH, Urteil v. 30.04.2020 – I ZR 115/16, s. zum Verfahrensverlauf *ebd.*, Rn. 4ff.

2106 BGH, Urteil v. 13.12.2012 – I ZR 182/11, Rn. 2.

ihre Rechte als Tonträgerhersteller verletzt, was vom Bundesgerichtshofs im Jahr 2012 bestätigte wurde.[2107] Die Komponisten des Titels *„Nur mir"* beriefen sich auf die verfassungsrechtlich geschützte Kunstfreiheit nach Art. 5 Abs. 3 S. 1 GG, welche auch das sog. Sampling umfasse, und erhoben gegen die Entscheidung des BGH Verfassungsbeschwerde.[2108]

Das Bundesverfassungsgericht nahm 2016 im Ergebnis eine Verletzung von Art. 5 Abs. 3 S. 1 GG an, da das Tonträgersampling als stilprägendes Element des Hip-Hop vom Schutzbereich der Kunstfreiheit umfasst sei und die Annahme, dass die Übernahme selbst kleinster Tonsequenzen einen unzulässigen Eingriff in das Tonträgerherstellerrecht darstelle, soweit der übernommene Ausschnitt gleichwertig nachspielbar sei, der Kunstfreiheit nicht hinreichend Rechnung trage.[2109] Zur Begründung führte das Bundesverfassungsgericht aus, dass der Musikschaffende, der unter Einsatz von Samples ein neues Werk schaffen will, in seiner Betätigungsfreiheit stark eingeschränkt werde, wenn dieser sich entweder um eine entsprechende Lizensierung bemühen oder das Sample selbst nachspielen müsse; demgegenüber stelle die Übernahme eines Samples nur einen geringfügigen Eingriff in das Tonträgerherstellerrecht dar, da der Originaltonträgerhersteller keine erheblichen wirtschaftlichen Nachteile zu befürchten habe, sofern das neue geschaffene Werk sich von dem ursprünglichen Werk derart unterscheide, dass diese nicht miteinander konkurrierten.[2110]

Das Bundesverfassungsgericht verwies die Sache an den Bundesgerichtshof zurück und wies dabei ausdrücklich auf eine mögliche Prüfung der Unionsgrundrechte hin, da seit dem 22.12.2002 die Urheberrechtsrichtlinie[2111] anwendbar ist. Der Bundesgerichtshof habe zunächst zu prüfen, inwieweit die Urheberrechtsrichtlinie Umsetzungsspielräume im nationalen Recht zulässt und sodann, soweit dies nicht der Fall ist, das entsprechend

2107 BGH, Urteil v. 13.12.2012 – I ZR 182/11.

2108 BVerfGE 142, 74 – *Sampling;* s. zu dieser Entscheidung etwa *Leistner*, GRUR 2016, S. 772ff.:; als *Sampling* wird ein musikalisches Gestaltungsmittel bezeichnet, bei dem Töne, Tonfolgen, Sounds, Klänge oder sonstige Geräuschsequenzen aus bereits bestehenden Tonaufnahmen in einem neuen Musikstück integriert und verarbeitet werden, vgl. *Pötzlberger*, ZUM 2019, S. 250, 250.

2109 BVerfGE 142, 74 (103ff.) – *Sampling.*

2110 BVerfGE 142, 74 (106ff.) – *Sampling*; diese Wertung gelte auch, sofern die Rechte der Tonträgerhersteller von Art. 14 Abs. 1 GG umfasst sind, *ebd.* (110).

2111 Richtlinie 2001/29/EG des Europäischen Parlaments und des Rates vom 22. Mai 2001 zur Harmonisierung bestimmter Aspekte des Urheberrechts und der verwandten Schutzrechte in der Informationsgesellschaft, ABl. L 167 v. 22.06.2001, S. 10.

umgesetzte deutsche Recht am Maßstab der Unionsgrundrechte zu beurteilen; bei verbleibenden Umsetzungsspielräumen im Anwendungsbereich der Urheberrechtsrichtlinie seien hingegen die Grundrechte des Grundgesetzes maßgeblich.[2112]

Nach der neueren Rechtsprechung zum sog. *Recht auf Vergessen* hätte das Bundesverfassungsgericht in diesem Verfahren die entsprechende Prüfung selbst vornehmen können und, angesichts der vollständigen unionsrechtlichen Harmonisierung des Vervielfältigungsrechts der Hersteller von Tonträgern nach der Urheberrechtsrichtlinie,[2113] eine Abwägung des nach Art. 17 Abs. 2 GRC geschützten Rechts am geistigen Eigentum und der nach Art. 13 GRC geschützten Kunstfreiheit vornehmen können.[2114] Zu klären wäre sodann, inwieweit der Gerichtshof bei einer Vorlage nach Art. 267 AEUV, entweder durch das Bundesverfassungsgericht oder den BGH, an den das Verfahren zurückverwiesen wurde, bei dieser Abwägung einen nationalen Beurteilungsspielraum anerkennen sollte. Es handelt sich dabei weder um eine Konstellation nach Art. 53 GRC, in der ein höheres nationales Grundrechtsniveau anzuwenden ist, noch ist die nationale Identität nach Art. 4 Abs. 2 EUV betroffen.[2115] Entscheidend ist vielmehr, inwieweit die von einem nationalen Verfassungsgericht vorgeschlagene

---

2112 BVerfGE 142, 74 (112f.) – *Sampling* unter Bezugnahme auf die *Solange II*-Rechtsprechung und die sog. „Trennungsthese" BVerfGE 73, 339 (387) – *Solange II*; BVerfGE 118, 79 (95) – *Treibhausgas-Emissionsberechtigungen*; 121, 1, (15) – *Vorratsdatenspeicherung (einstweilige Anordnung)*; 125, 260 (306f.) – *Vorratsdatenspeicherung*; 129, 186 (198f.) – *Investitionszulagengesetz*; 133, 277 (313ff.) – *Antiterrordatei*.

2113 Vgl. dazu EuGH, *Pelham u.a.*, Rs. C-476/17, EU:C:2019:624, Rn. 75ff.

2114 Der EuGH nahm im Vorabentscheidungsverfahren des BGH keine ausführliche Abwägung vor, sondern entschied, dass „die Technik des ‚Elektronischen Kopierens von Audiofragmenten' (*Sampling*), bei der ein Nutzer – zumeist mit Hilfe elektronischer Geräte – einem Tonträger ein Audiofragment entnimmt und dieses zur Schaffung eines neuen Werks nutzt, eine künstlerische Ausdrucksform ist, die unter die durch Art. 13 der Charta geschützte Freiheit der Kunst fällt" und die „Ausübung dieser Freiheit [gewährleistet, dass] der Nutzer eines Audiofragments (*Sample*) bei der Schaffung eines neuen Werks das dem Tonträger entnommene Fragment so ändern [kann], dass es im neuen Werk beim Hören nicht wiedererkennbar ist", EuGH, *Pelham u.a.*, Rs. C-476/17, EU:C:2019:624, Rn. 35f.; s. zum Vorlagebeschluss BGH, Beschluss v. 01.06.2017 – I ZR 115/16.

2115 Die Möglichkeit, dass mit der Entscheidung EuGH, *Pelham u.a.*, Rs. C-476/17, EU:C:2019:624 der „Menschenwürdekern" bzw. die Substanz des Schutzversprechens der Kunstfreiheit nach Art. 5 Abs. 3 S. 1 GG verletzt ist, sieht hingegen *Oechsler*, NJW 2020, S. 3206, 3210.

Abwägung für den Gerichtshof „bindend" ist. Angesichts der bereits erfolgten Harmonisierung des Urheberrechts und den weitreichenden Kompetenzen der Union in diesem Bereich ist die Annahme einer strikten Kontrolle des Gerichtshofs anzunehmen, sodass der EuGH in diesem Fall eine eigene Abwägungsentscheidung anstelle der Entscheidung des nationalen Verfassungsgerichts vornehmen könnte. Verdeutlicht wird insofern, dass die Frage der Anerkennung nationaler Entscheidungsspielräume einzelfallabhängig unter Heranziehung der bereits dargestellten (nicht abschließenden) Kriterien zu entscheiden ist.

V. Zwischenergebnis

Die Untersuchung hat gezeigt, dass nationale Grundrechtsgewährleistungen nach Art. 53 GRC zu beachten sein können, wenn das Unionsrecht den Mitgliedstaaten einen Ermessensspielraum einräumt und durch die Anwendung nationaler Grundrechte weder der Vorrang noch die Einheit und die Wirksamkeit des Unionsrechts beeinträchtigt werden. Der Rechtsprechung des Gerichtshofs in der Rechtssache *M.A.S. und M.B.* lässt sich entnehmen, dass nicht schon eine einfache Beeinträchtigung dieser Voraussetzungen dazu führt, dass ein höheres nationales Grundrechtsschutzniveau ausgeschlossen ist und durchaus Raum für die Anwendung nationaler Besonderheiten im Grundrechtsbereich verbleibt.

Im Bereich von unionsrechtlich determinierten Situationen kann in Einzelfällen die Beachtung nationaler Grundrechte nach Art. 4 Abs. 2 EUV in Betracht kommen. Insoweit sind strengere Anforderungen als die des Art. 53 GRC zu stellen. Voraussetzung dafür ist, dass nationale Grundrechte ein höheres Schutzniveau als das Unionsrecht begründen und dieses Teil der Identität des jeweiligen Mitgliedstaates ist. Da in dieser Konstellation mögliche Abweichungen von unionsrechtlichen Verpflichtungen nach Art. 4 Abs. 2 EUV zulässig sind, ist der Anwendungsvorrang des Unionsrechts nicht betroffen.

Eine Rücknahme der Kontrolldichte des EuGH bzw. die Verlagerung der Grundrechtskontrolle auf nationale Verfassungsgerichte lässt sich zudem vergleichbar mit dem durch die Rechtsprechung des EGMR entwickelten Instituts der *margin of appreciation* begründen, wobei eigene unionsrechtliche Kriterien im Rahmen einer Gesamtabwägung entscheidend sind. Nationale Entscheidungsspielräume können sich dabei bei der Anwendung der Unionsgrundrechte durch nationale (Verfassungs-)Gerichte ergeben, insbesondere wenn diese eine eigene Abwägungsentscheidung treffen.

D. Dialog zwischen EuGH und nationalen Verfassungsgerichten

Die vorhergehende Analyse verdeutlicht, dass zur Berücksichtigung nationaler Grundrechtsgewährleistungen und zur Rücknahme der Kontrolldichte des EuGH keine allgemeingültigen, formelhaften Lösungen gefunden werden können. Um den dargestellten Herausforderungen, insbesondere der parallelen Anwendbarkeit von nationalen Grundrechten und Unionsgrundrechten, im „europäischen Verfassungsgerichtsverbund" gerecht zu werden, ist es erforderlich, im Wege der Kooperation zwischen nationalen Gerichten und dem EuGH nach Lösungen im Einzelfall zu suchen.[2116] Das Bundesverfassungsgericht stellte in seinem *Maastricht*-Urteil im Jahr 1993 dar, dass sein Verhältnis zum EuGH als „Kooperationsverhältnis" zu verstehen sei.[2117] Kooperation kann Zusammenarbeit oder Zusammenwirken bedeuten, wobei eine echte Zusammenarbeit aufgrund verschiedener Sachverhalte und zeitlicher sowie prozessualer Unterschiede zwischen den Gerichten nicht stattfinden kann und überdies auch nicht vorgesehen ist.[2118]

Als Ausdruck dieser Kooperation wird insbesondere vom „Dialog" bzw. *dialogue* gesprochen, um Interaktionen zwischen Gerichten, aber auch anderen Akteuren zu beschreiben.[2119] Dieser Ausdruck hat seinen Ursprung

---

2116 Vgl. etwa *García*, ELJ 8 (2002), S. 492, 512; *Frenzel*, Der Staat 53 (2014), S. 1, 14.

2117 BVerfGE 89, 155 (175) – *Maastricht*; zur Kooperation zwischen EuGH und EGMR s. etwa *Heer-Reißmann*, Letztentscheidungskompetenz, 2008, S. 60, 205ff.

2118 *Grabenwarter*, Konkurrenz und Kooperation, in: Schumann (Hrsg.), Hierarchie, Kooperation und Integration, S. 129, 130f., der aus diesem Grund unter Kooperation das Zusammenwirken der verschiedenen europäischen Gerichte und nationalen Verfassungsgerichte sieht.

2119 S. etwa *Cartabia*, EuConst 5 (2009), S. 5, 7; *Torres Pérez*, Conflicts of Rights, 2009, S. 97ff.; *Claes*, in: Claes/de Visser/Popelier/van de Heyning (Hrsg.), Constitutional Conversations in Europe, 2012, S. 205, 208; *Martinico/Pollicino*, Interaction between Europe's Legal Systems, 2012, S. 17; *Hertig Randall*, EuGRZ 2014, S. 5ff.; *Guerra Martins/Prata Roque*, in: Andenas/Fairgrieve (Hrsg.), Courts and Comparative Law, 2015, S. 300, 304ff.; *Krämer/Märten*, EuR 2015, S. 169ff.; *Amalfitano*, General Principles of EU Law and Protection of Fundamental Rights, 2018, S. 198; *Kleinlein*, Grundrechtsföderalismus,

im amerikanischen Verfassungsrecht und beschreibt Theorien und Konzepte, die sich dem Verhältnis von Judikative, Exekutive und Legislative widmen.[2120] Im Folgenden soll es ausschließlich um den Dialog zwischen Gerichten (*judicial dialogue*) gehen, der im Wege von Entscheidungen geführt werden kann, wobei insofern, insbesondere außerhalb des unionsrechtlichen Kontexts, die Heranziehung fremder Rechtsprechung i.S.d. der verfassungsvergleichenden Argumentation gemeint ist.[2121]

Um die Funktionen des gerichtlichen Dialogs zu untersuchen, soll zunächst der Begriff des „Dialogs" näher betrachtet werden (I.). Der Dialog zwischen EuGH und nationalen (Verfassungs-)Gerichten kann nur unter bestimmten Bedingungen und insbesondere im Wege des Vorabentscheidungsverfahren nach Art. 267 AEUV stattfinden (II.). Anhand von Beispielen des Dialogs (III.) sind abschließend die wesentlichen Vorteile der entsprechenden Interaktion zwischen den Gerichten aufzuzeigen und darzustellen, wie ein judizieller Dialog zu einer Optimierung des Grundrechtsschutzes in Europa beitragen kann (IV.).

2020, S. 396ff.; aus der Rechtsprechung s. etwa Tribunal Constitucional, Entsch. v. 13.12.2004, Erklärung DTC 1/2004, EuR 2005, S. 339, 349; Corte costituzionale, Urt. Nr. 115/2018 v. 10.04.2018; zu den unterschiedlichen Begriffen s. *Tzanakopoulos*, in: Aust/Nolte (Hrsg.), Interpretation of International Law, 2016, S. 72, 73ff.; *Müller/Kjos*, in: Müller (Hrsg.), Judicial Dialogue and Human Rights, 2017, S. 1, 2f.; s. ferner die Nachweise bei *Poli*, Der Staat 55 (2016), S. 373, 373, Fn. 6.; zur Bedeutung des Dialogs weltweit s. bereits *Heureux-Dubé*, Tulsa Law Review 34 (1998), S. 15, 17ff. („*Rather than a one-way transmission, the development of human rights jurisprudence, in particular, is increasingly a dialogue*", *ebd.*, S. 15, 21); kritisch zum Konzept des Dialogs zwischen den Gerichten, da der Zugang zu Dokumenten, die die Argumente der Parteien enthalten, schwierig sei und der Dialog häufig in informeller Weise erfolge, s. etwa *de Boer*, CMLR 50 (2013), S. 1083, 1101 m.w.N.

2120 In diesem Zusammenhang werden auch die Begriffe *judicial self-restraint* (richterliche Zurückhaltung, die sich in der „bloßen" Interpretation des Rechts ausdrückt) und *judicial activism* (Weiterentwicklung des Rechts durch Gerichte) verwendet, s. zum Ganzen m. Nachweisen *Krämer/Märten*, EuR 2015, S. 169, 171ff.; zum Dialog zwischen Gerichten und nichtgerichtlichen Akteuren, insbesondere dem Gesetzgeber, s. etwa *Bateup*, Brooklyn Law Review 71 (2006), S. 1109ff.; *Glas*, Procedural Dialogue, 2016, S. 70ff.

2121 Vgl. kritisch dazu insb. *Law/Chang*, Washington Law Review 86 (2011), S. 523, 528ff.; nicht näher betrachtet werden soll im Folgenden der gerichtliche Dialog im Wege informeller Treffen, s. zu dessen Bedeutung und Institutionalisierung etwa *Arden*, YEL 29 (2010), S. 3, 12f.; *de Visser/Claes*, in: Vauchez/de Witte (Hrsg.), Lawyering Europe, 2013, S. 75, 79ff.; *Edenharter*, Grundrechtsschutz, 2018, S. 898ff.

I. Begriffliche Konkretisierung

Als Dialog werden „Gespräche, die zwischen zwei Interessengruppen geführt werden" oder die „von zwei oder mehreren Personen abwechselnd geführte Rede und Gegenrede" bzw. „Zwiegespräche" verstanden.[2122] Bedenken zur Verwendung dieses Begriffs im Zusammenhang mit dem Verhältnis der Gerichte zueinander können entstehen, da sich ihre Aussagen nicht primär an das jeweilige Gegenüber, d.h. nicht an ein anderes Gericht, wenden. Die Entscheidungsgründe bzw. Urteile richten sich in erster Linie an die Beschwerdeführer bzw. Antragsteller und Antragsgegner.[2123] Ein Gespräch der Richterinnen und Richter untereinander findet allenfalls im informellen Rahmen statt.[2124] Zweifel bestehen insoweit auch hinsichtlich der Vorschläge, wonach begrifflich nicht von einem „Dialog" zu sprechen, sondern von einem „judikativen Diskurs"[2125] oder einer „Konversation" [2126] auszugehen sein soll. Um die Unabhängigkeit der beteiligten Gerichte zu betonen, die jeweils nicht zwangsläufig die eigene Rechtsauffassung durchsetzen können, wird ferner vorgeschlagen von „judizieller Dialektik" anstatt vom „Dialog" zu sprechen.[2127]

Trotz dieser Bedenken soll auch im Folgenden weiterhin vom „Dialog" gesprochen werden, um die Interaktion zwischen dem Gerichtshof und den nationalen Verfassungsgerichten zu beschreiben. Zum einen, da dieser Begriff im Schrifttum anerkannt ist. Zum anderen kann die oben

2122 Duden online, Eintrag: Dialog, www.duden.de/rechtschreibung/dialog; *Krämer/Märten*, EuR 2015, S. 169, 173f.

2123 *Wendel*, Der Staat 52 (2013), S. 339, 362; kritisch insofern *Law/Chang*, Washington Law Review 86 (2011), S. 523, 529, die betonen, dass nicht von einem Dialog auszugehen ist, wenn Gerichte zwar einen ähnlichen Sachverhalt verhandeln, ihre Entscheidung im Hinblick auf die konkrete Situation der Verfahrensbeteiligten getroffen wird.

2124 *Grabenwarter*, in: Schumann (Hrsg.), Hierarchie, Kooperation und Integration, 2015, S. 129, 149.

2125 S. etwa für das Vorabentscheidungsverfahren des Art. 267 AEUV *de la Mare/Donnelly*, in: Craig/de Búrca (Hrsg.), Evolution of EU Law, 2. Aufl., 2011, S. 363, 378ff.

2126 *Claes/de Visser/Popelier/van de Heyning*, in: dies. (Hrsg.), Constitutional Conversations in Europe, 2012, S. 1, 4, die darauf verweisen, dass der Begriff „Dialog" regelmäßig Gespräche zwischen (nur) zwei Teilnehmenden beschreibe und das Verhältnis eher formell sei, sodass der Begriff „Konversation" (*conversation*) besser geeignet sei, um die Kommunikation zwischen Gerichten zu beschreiben.

2127 *Ahdieh*, New York University Law Review 79 (2004), S. 2029, 2035, 2088ff.; *Gerards*, ELJ 17 (2011), S. 80, 84.

genannte Definition auf den europäischen Kontext übertragen werden, da mit dem Vorabentscheidungsverfahren nach Art. 267 AEUV ein Mittel zur Verfügung steht, das eine „direkte Kommunikation" zwischen Gerichten ermöglicht. Insofern kann „Dialog" ein „kooperatives Rechtsgespräch zwischen den nationalen Gerichten und dem EuGH"[2128] bezeichnen. In diesem Sinne kann, auch im Hinblick auf die Etymologie des Begriffs „Dialog" (*dia*: durch, hindurch; *logos*: Wort), der grundrechtliche Dialog der europäischen Gerichte als „eine Diskussion, in welcher zwei oder mehrere europäische Gerichte über die richtige Auslegung der Grundrechte ringen" verstanden werden.[2129] Begrifflich weist „Dialog" zudem daraufhin, dass in bestimmten Situationen kein klares Ergebnis existiert, eine Konfliktsituation bestehen bleibt und eine Lösung erst im Laufe der Zeit erfolgt.[2130]

II. Voraussetzungen und Ausgestaltung

Zentrale Voraussetzung eines Dialogs ist eine gemeinsame Sprache, wobei eine Gesprächssituation auf Augenhöhe erfolgen muss, was die gegenseitige Bereitschaft impliziert, die Argumente der anderen Partei anzuhören und sich mit diesen auseinanderzusetzen.[2131] Erforderlich ist dabei der Verzicht auf das „letzte Wort", zugleich sind Meinungsverschiedenheiten und das selbstbewusste Vortragen des eigenen Standpunkts entscheidend, um zu einem gelingenden Dialog beizutragen.[2132]

Ein ausführliches Modell zum Dialog der Gerichte im Grundrechtsbereich auf europäischer Ebene entwickelte *Torres Pérez*: Nach diesem Modell, das die Bedingungen des rationalen Diskurses übernimmt und u.a. auf die Diskurstheorie von *Habermas* gestützt wird, setzt ein Dialog voraus, dass erstens unterschiedliche Sichtweisen vorliegen, zweitens, dass

2128 *Haltern*, Europarecht, Bd. II, 2017, § 10, S. 495.

2129 *Hertig Randall*, EuGRZ 2014, S. 5, 7.

2130 S. den Redebeitrag von *Paulus* in der Diskussion des Vortrags „Konkurrenz und Kooperation zwischen EGMR, EuGH und BVerfG" von *Grabenwarter* anlässlich des 17. Symposions der Kommission „Die Funktion des Gesetzes in Geschichte und Gegenwart", abgedruckt in: Schumann (Hrsg.), Hierarchie, Kooperation und Integration, 2015, S. 155, 158.

2131 *Krämer/Märten*, EuR 2015, S. 169, 174; *Safjan*, in: Cafaggi/Law (Hrsg.), Judicial Cooperation, 2017, S. 51, 63.

2132 *De Visser*, Human Rights Review 15 (2014), S. 39, 48; *Haltern*, Europarecht, Bd. II, 2017, § 10, S. 495.

die Beteiligten eine gemeinsame Grundlage für Verständnis teilen, drittens das Fehlen vollständiger Autorität eines Teilnehmers über einen anderen, viertens gegenseitige Anerkennung und Respekt, fünftens die gleiche Chance aller Beteiligten zur Partizipation sowie sechstens die Kontinuität des Dialogs in der Zeit; diese Voraussetzungen seien in der Union erfüllt.[2133] Insbesondere aus zwei Gründen kann sich ein entsprechender Dialog auf Unionsebene entwickeln: Zum einen besteht zwischen dem EuGH und den mitgliedstaatlichen Verfassungsgerichten mangels hierarchischer Beziehung keine vollständige Autorität und zum anderen wurden die europäischen Grundrechte vom EuGH als ungeschriebene allgemeine Rechtsgrundsätze aus den „gemeinsamen Verfassungsüberlieferungen der Mitgliedstaaten" entwickelt, sodass zumindest insoweit ein gemeinsames Verständnis besteht.[2134] Dieses kommt nicht zuletzt in der Anerkennung der Unionsgrundrechte als Prüfungsmaßstab zum Ausdruck. Unvermeidbare Folge eines solchen Modells ist indes, dass ein gewisses Maß an Unbestimmtheit und Rechtsunsicherheit bestehen bleibt.[2135]

Als Instrument des Dialogs steht in der Union insbesondere das Vorabentscheidungsverfahren nach Art. 267 AEUV zur Verfügung. Dieses beruht auf einem „Dialog des einen mit dem anderen Gericht, dessen Aufnahme ausschließlich von der Beurteilung der Erheblichkeit und der Notwendigkeit der Vorlage durch das nationale Gericht abhängt."[2136] Das Vorabentscheidungsverfahren ist kein streng hierarchisches Verfahren, weshalb dieses, im Unterschied zum Rechtsmittelverfahren, auf die Kooperation der beteiligten Gerichte angewiesen ist.[2137] Die Entscheidung zur Einreichung einer Vorlage nach Art. 267 AEUV beruht maßgeblich auf einer freiwilligen Entscheidung eines Gerichts. Zwar sind nach Art. 267 Abs. 3 AEUV letztinstanzliche Gerichte, wozu auch Verfassungsgerichte gezählt werden

2133 *Torres Pérez*, Conflicts of Rights, 2009, S. 118ff.; *Kleinlein*, Grundrechtsföderalismus, 2020, S. 403.

2134 Vgl. *Kleinlein*, Grundrechtsföderalismus, 2020, S. 403f.; s. auch *Bonelli*, Maastricht J. Eur. & Comp. L. 25 (2018), S. 357, 370f., der darauf verweist, dass sich nationale Verfassungsgerichte bei entsprechenden Vorabentscheidungsersuchen auf die gemeinsamen Verfassungstraditionen und weniger auf die nationale Identität beziehen sollten.

2135 *Torres Pérez*, Conflicts of Rights, 2009, S. 182f.

2136 EuGH, *Kempter*, Rs. C-2/06, EU:C:2008:78, Rn. 42; *Cartesio*, Rs. C-210/06, EU:C:2008:723, Rn. 91; *VB Pénzügyi Lízing*, Rs. C-137/08, EU:C:2010:659, Rn. 29; *Kelly*, Rs. C-104/10, EU:C:2011:506, Rn. 63; *Križan u. a.*, Rs. C-416/10, EU:C:2013:8, Rn. 66; *Tolley*, Rs. C-430/15, EU:C:2017:74, Rn. 31; *RH*, Rs. C-8/19 PPU, EU:C:2019:110, Rn. 37.

2137 *Kleinlein*, Grundrechtsföderalismus, 2020, S. 408.

können, zur Vorlage verpflichtet und eine Verletzung der Vorlagepflicht könnte im Vertragsverletzungsverfahren nach Art. 258 AEUV gerügt werden. Jedoch hat sich die Kommission wegen der Verletzung der Vorlagepflicht aus Opportunitätserwägungen bislang zurückhaltend gezeigt, ein Vertragsverletzungsverfahren einzuleiten.[2138] Erstmals war im Jahr 2018 ein Verstoß gegen Art. 267 Abs. 3 AEUV Gegenstand eines entsprechenden Verfahrens vor dem EuGH.[2139]

Das Vorabentscheidungsverfahren bietet die Möglichkeit, mitgliedstaatliche Ausnahmevorbehalte des Anwendungsvorrangs prozessual zu bewältigen, wobei das Loyalitätsgebot nach Art. 4 Abs. 3 EUV sowohl nationale Gerichte als auch den Gerichtshof zur gegenseitigen Kooperation verpflichtet.[2140] Da im Vorabentscheidungsverfahren der EuGH nur für die Auslegung des Unionsrechts, nicht des nationalen Rechts, zuständig ist, ist das nationale Gericht befugt, über die Vereinbarkeit einer nationalen Regelung mit dem Unionsrecht vor dem Hintergrund der vom EuGH verbindlich vorgegebenen Auslegung des Unionsrecht zu entscheiden. Das „letzte Wort“ verbleibt somit faktisch beim nationalen Gericht.

Die nationalen Verfassungs- und Höchstgerichte haben sich in der Vergangenheit eher zurückhaltend gegenüber einer Vorlage zum EuGH nach Art. 267 AEUV gezeigt.[2141] Dies lässt sich darauf zurückführen, dass diese, im Gegensatz zu den Fachgerichten, typischerweise nicht mit der Anwendung des Unionsrechts befasst waren.[2142] Aufgrund der zunehmenden Bedeutung der Unionsgrundrechte stellen sich auf Unionsebene zunehmend Fragen, die bisher im nationalen Rechtssystem maßgeblich von den Verfassungsgerichten zu entscheiden waren. Die Anerkennung der Unionsgrundrechte als Prüfungsmaßstab, etwa durch den Österreichischen Verfassungsgerichtshof oder das Bundesverfassungsgericht, verdeutlichen diese Entwicklung. Aus diesem Grund sollten nationale Verfassungs-

---

2138 Vgl. *Wegener*, in Calliess/Ruffert (Hrsg.), EUV/AEUV, 5. Aufl., 2016, Art. 267 AEUV, Rn. 34f.; *Poli*, Der Staat 55 (2016), S. 373, 381f.; willkürliche Nichtvorlagen können auch einen mitgliedstaatlichen Staatshaftungsanspruch wegen judikativen Unrechts begründen, EuGH, *Köbler*, Rs. C-224/01, EU:C:2003:513, Rn. 55.

2139 EuGH, *Kommission/Frankreich (Steuervorabzug für ausgeschüttete Dividenden)*, Rs. C-416/17, EU:C:2018:811, Rn. 100ff.

2140 *Schmidt-Aßmann*, EuGRZ 2016, S. 85, 91; s. zum Zweck des Vorabentscheidungsverfahrens in diesem Kontext auch Schlussanträge GA *Cruz Villalón*, *Gauweiler*, Rs. C-62/14, EU:C:2015:7, Rn. 30ff.

2141 *Edenharter*, Grundrechtsschutz, 2018, S. 728ff.

2142 *Torres Pérez*, Conflicts of Rights, 2009, S. 137; *Claes*, GLJ 16 (2015), S. 1331, 1333.

bzw. Höchstgerichte zunehmend von der Möglichkeit der Vorlage an den EuGH Gebrauch machen, nicht zuletzt, da diese teilweise eine langjährige verfassungsrechtliche Entscheidungspraxis aufweisen und ihre Erfahrungen somit in den europäischen Rechtsprechungsdialog einbringen können.[2143] Den nationalen Verfassungsgerichten kommt gewissermaßen eine Doppelrolle zu: Einerseits ist es ihre Aufgabe, grundlegende Verfassungsprinzipien zu schützen, andererseits sind sie etwa nach Art. 47 GRC zu einem effektiven Grundrechtsschutz, der eine unionsrechtliche Abstimmung erfordert, verpflichtet.

III. Beispiele für den Dialog zwischen EuGH und nationalen Verfassungsgerichten im Grundrechtsbereich

Wenngleich nationale Verfassungsgerichte bisher eher zurückhaltend hinsichtlich des Vorabentscheidungsverfahrens nach Art. 267 AEUV sind, existieren Fälle, in denen ein nationales Verfassungsgericht Vorlagen zur Klärung offener Fragen im Verhältnis von nationalen Grundrechten und Unionsgrundrechten an den Gerichtshof gerichtet haben. Diese werden nachfolgend als „direkter Dialog“ verstanden (1.).

Zudem bestehen Fälle, die dem EuGH von den Fachgerichten vorgelegt wurden und auf die Rechtsprechung der nationalen Verfassungsgerichtsbarkeit Bezug nehmen oder denen jedenfalls ein Sachverhalt zugrunde liegt, der in ähnlicher Konstellation bereits von dem nationalen Verfassungsgericht entschieden wurde. Diese Konstellationen werden im Folgenden als „indirekter Dialog“ bezeichnet (2.).[2144]

1. Direkter Dialog

Im Bereich des Grundrechtsschutzes können insbesondere die bereits dargestellten Rechtssachen *Melloni* (a.) und *Taricco* (b.) als Beispiele für einen Dialog zwischen einem nationalen Verfassungsgericht und dem EuGH im Wege des Vorabentscheidungsverfahrens angeführt werden. Da die bisherige Untersuchung maßgeblich die Feststellungen des Gerichtshofs

---

2143 *Cartabia*, EuConst 5 (2009), S. 5, 26.

2144 S. zur Unterscheidung zwischen einem direkten und einem indirekten Dialog auch *Poli*, Der Staat 55 (2016), S. 373, 380f.; *Bonelli*, Maastricht J. Eur. & Comp. L. 25 (2018), S. 357, 358, 373.

zu den gestellten Vorlagefragen zum Gegenstand hatte, soll nunmehr auch die endgültige Entscheidung der jeweiligen Verfassungsgerichte dargestellt werden, um hieraus Erkenntnisse zu der Funktion und den Voraussetzungen des Vorabentscheidungsverfahrens als Instrument des Dialogs zwischen EuGH und nationalen Verfassungsgerichten zu ziehen.

a. Rechtssache *Melloni* als „Negativbeispiel"

Wie bereits dargestellt, war die Rechtssache *Melloni* das erste Vorabentscheidungsverfahren des spanischen Verfassungsgerichts (*Tribunal Constitucional*) zum EuGH. Das *Tribunal Constitucional* erkannte einen Konflikt zwischen den Voraussetzungen der spanischen Verfassung und des Rahmenbeschlusses über den Europäischen Haftbefehl und ersuchte den EuGH um Beantwortung der Fragen, ob der Rahmenbeschluss über den Europäischen Haftbefehl mit den Unionsgrundrechten vereinbar ist, und ob die Anwendung eines höheren mitgliedstaatlichen grundrechtlichen Schutzniveaus nach Art. 53 GRC zulässig ist. [2145]

Nachdem der EuGH die Vereinbarkeit des Rahmenbeschlusses mit den Unionsgrundrechten festgestellt und zugleich betont hatte, dass die Anwendung höherer nationaler Grundrechtsstandards nicht zulässig ist, wenn dadurch Vorrang, Einheit und Wirksamkeit des Unionsrechts beeinträchtigt werden, wies das *Tribunal Constitucional* in seiner finalen Entscheidung die Verfassungsbeschwerde von Herrn *Melloni* zurück.[2146]

In seiner Begründung führte das *Tribunal Constitucional* zunächst aus, dass die Antwort des EuGH auf das Vorabentscheidungsersuchen zu ergänzen sei und verwies auf seine Erklärung DTC 1/2004 zur Vereinbarkeit des Vertrags über eine Verfassung für Europa mit der spanischen Verfassung.[2147] Es erinnerte daran, dass sich materielle Grenzen der Übertragung von Hoheitsrechten an die Union aus den Grundrechten ergeben könnten und die Gewährleistung der Grundrechte durch die Union eine Voraussetzung der Anerkennung des unionsrechtlichen Vorrangs sei. Sodann stellte das *Tribunal Constitucional* dar, dass es nicht zur Prüfung unionsrechtlicher

---

2145 Ausführlich zum Sachverhalt und den Vorlagefragen sowie der Entscheidung des EuGH s. oben 3. Kapitel, C., I., 2.

2146 Tribunal Constitucional, Entsch. v. 13.02.2014, STC 26/2014.

2147 Tribunal Constitucional, Entsch. v. 13.02.2014, STC 26/2014, Rn. 3 unter Verweis auf Tribunal Constitucional, Entsch. v. 13.12.2004, Erklärung DTC 1/2004, s. dazu oben 1. Kapitel, A., I., 3., c., ii.

Vorschriften befugt sei und zitierte den in der Erklärung DTC 1/2004 formulierten Letztvorbehalt, wonach in dem äußerst unwahrscheinlichen Fall, dass das Unionsrecht nicht mehr mit der spanischen Verfassung zu vereinbaren wäre, die Höchstrangigkeit der spanischen Verfassung einen entsprechenden Konflikt lösen könnte.[2148] Diese ohne konkreten Bezug zu den folgenden Urteilsgründen vorangestellten Ausführungen verdeutlichen, dass das *Tribunal Constitucional* offenbar das „letzte Wort" bei einem Konflikt zwischen spanischem Verfassungsrecht und Unionsrecht beansprucht.[2149]

Sodann wendete sich das *Tribunal Constitucional* der Auslegung des Art. 24.2 der spanischen Verfassung zu, der das Recht auf ein faires Verfahren bzw. effektiven Rechtsschutz normiert.[2150] Nach der Darstellung der bisherigen Rechtsprechung kam das *Tribunal Constitucional* unter Berücksichtigung der Rechtsprechung des EGMR und des EuGH zu dem Ergebnis, dass der Wesensgehalt („*absolute contents*") des verfassungsrechtlich garantierten Rechts auf ein faires Verfahren neu zu bestimmen sei, sodass dieses Recht auch dann nicht verletzt sei, wenn eine Verurteilung in Abwesenheit erfolgte und keine Rechtsmittel hiergegen in dem anderen Mitgliedstaat bestehen, soweit die Abwesenheit bei ordnungsgemäßer Ladung des Angeklagten „freiwillig" erfolgte und dieser von einem bestellten Anwalt wirksam verteidigt wurde. Dieses Vorgehen lässt sich damit erklären, dass nach Art. 10.2 der spanischen Verfassung die nationalen Grundrechte in Übereinstimmung mit der Allgemeinen Erklärung der Menschenrechte und den von Spanien ratifizierten internationalen Verträgen und Abkommen zum Schutz der Grundrechte auszulegen sind, wenngleich das *Tribunal Constitucional* nicht ausdrücklich in seiner Entscheidung auf diese Verfassungsbestimmung verwiesen hat.[2151] Im Ergebnis lehnte das *Tribunal Constitucional* eine Verletzung des Rechts auf ein faires Verfahren ab,

---

2148 Tribunal Constitucional, Entsch. v. 13.02.2014, STC 26/2014, Rn. 3 mit Zitierung von Tribunal Constitucional, Entsch. v. 13.12.2004, Erklärung DTC 1/2004, Begründung Nr. 3; *Herzmann*, EuGRZ 2015, S. 445, 449.

2149 Vgl. *Torres Pérez*, EuConst 10 (2014), S. 308, 320; *Herzmann*, EuGRZ 2015, S. 445, 449; *Edenharter*, Der Staat 57 (2018), S. 227, 235; s. zur Einschätzung, dass diese Ausführungen für die Entscheidung letztlich nicht notwendig waren, auch das Sondervotum der Richterin *Asua Batarrita* zur Entsch. v. 13.02.2014, STC 26/2014, Rn. 2.

2150 Tribunal Constitucional, Entsch. v. 13.02.2014, STC 26/2014, Rn. 4.

2151 *Herzmann*, EuGRZ 2015, S. 445, 449; kritisch dazu, da in der vorliegenden Konstellation die Anwendung der Unionsgrundrechte geboten sei, sodass der Rückgriff auf das nationale Grundrecht nicht zulässig sei, Sondervotum der Richterin *Asua Batarrita* zur Entsch. v. 13.02.2014, STC 26/2014, Rn. 3.

wobei es sich ausschließlich auf nationales Recht (Art. 24.2 der spanischen Verfassung) stützte und die Entscheidung des EuGH als Interpretationshilfe betrachtete.[2152] Auf Art. 53 GRC und die diesbezügliche Auslegung des Gerichtshofs nimmt die Entscheidung hingegen keinen Bezug, was angesichts der umfassenden Darstellung im Vorlagebeschluss überraschend ist.

Somit zeigt sich, dass das *Tribunal Constitucional* im Ergebnis zwar dem EuGH gefolgt ist. Eine genauere Analyse zeigt allerdings, dass das *Tribunal Constitucional* einen verfassungsrechtlichen Ansatz bei seiner abschließenden Entscheidung wählte und weniger auf seine unionsrechtlichen Verpflichtungen und die Antwort des EuGH auf die Vorlagefrage abstellte.[2153] In dieser Hinsicht wurde das Gericht seiner Rolle als „europäischer Richter“ nicht gerecht.[2154]

Der Vorwurf, dass es sich aufgrund der fehlenden Berücksichtigung der Antwort des EuGH im Vorabentscheidungsverfahren eher um einen Monolog anstatt um einen Dialogs handelt,[2155] ist indes nicht nur an das *Tribunal Constitucional*, sondern auch an den EuGH zu richten.[2156] Angesichts der vorgebrachten nationalen verfassungsrechtlichen Bedenken wäre eine ausführlichere Begründung des Gerichtshofs geboten gewesen; die fehlende Auseinandersetzung mit den Argumenten des *Tribunal Constitucional* zeigt, dass auch der Gerichtshof nicht in einen Dialog mit dem spanischen Verfassungsgerichtshof eingetreten ist.[2157] Denkbar wäre es insofern gewesen, dass der EuGH den Rahmenbeschluss am Maßstab des Rechts auf ein faires Verfahren anhand der Charta prüft und dabei untersucht, ob die Interpretation des *Tribunal Constitucional* den gemeinsamen

2152 Tribunal Constitucional, Entsch. v. 13.02.2014, STC 26/2014, Rn. 4; *Torres Pérez*, EuConst 10 (2014), S. 308, 322f.; zur Kritik, dass das *Tribunal Constitucional* insofern die Bedeutung des Vorabentscheidungsverfahrens ignoriere s. *Pliakos/Anagnostaras*, YEL 34 (2015), S. 97, 119.

2153 *Besselink*, ELR 39 (2014), S. 531, 550; *Franzius*, ZaöRV 75 (2015), S. 383, 401; *Pliakos/Anagnostaras*, YEL 34 (2015), S. 97, 119.

2154 S. das Sondervotum der Richterin *Roca Trías* zur Entsch. v. 13.02.2014, STC 26/2014, Rn. 7.

2155 So *Torres Pérez*, EuConst 10 (2014), S. 308ff.

2156 *Besselink*, ELR 39 (2014), S. 531, 549, weist daraufhin, dass der EuGH die Bedeutung des Rechts auf ein faires Verfahren der spanischen Verfassung nicht ausreichend berücksichtigt habe und stellt daher die Frage, ob es sich um einen *„dialogue among the deaf“* handelt; s. auch *Herzmann*, EuGRZ 2015, S. 445, 451.

2157 Vgl. *de Boer*, CMLR 50 (2013), S. 1083, 1100f.; s. auch *Torres Pérez*, EuConst 10 (2014), S. 308, 317f., die darauf verweist, dass der EuGH in seiner Entscheidung lediglich in drei kurzen Randnummern zur Auslegung von Art. 53 GRC Stellung nimmt.

Verfassungsüberlieferungen der Mitgliedstaaten entspricht.[2158] Weder der EuGH noch das *Tribunal Constitucional* sind auf die jeweiligen Argumente des anderen Gerichts ausführlich eingegangen und haben somit die Bereitschaft vermissen lassen, ernsthaft in einen Dialog treten zu wollen.[2159]

Auch wenn die Rechtssache *Melloni* dementsprechend als ein „Negativbeispiel" für den gerichtlichen Dialog gelten mag, so verdeutlicht sie die Voraussetzungen eines solchen Dialogs im Bereich des Grundrechtsschutzes: Nationale Verfassungsgerichte und der EuGH müssen sich wechselseitig als Partner beim Schutz der Grundrechte akzeptieren. Dabei sollte sich der Gerichtshof verstärkt mit den nationalen Verfassungen auseinandersetzen, um zu vermeiden, dass der Eindruck entsteht, die Auslegung der Unionsgrundrechte sei völlig unabhängig von nationalen Verfassungstraditionen zu betrachten.[2160] Insofern könnte es hilfreich sein, wenn dieser seine Entscheidungen ausführlicher begründen und umfassend auf die gestellten Vorlagefragen eingehen würde.[2161] Nationale Verfassungsgerichte könnten durch die umfassende Berücksichtigung der Ausführungen des EuGH ihre Rolle als Teil des europäischen Grundrechtsdialogs effektiver wahrnehmen. Dies setzt die Bereitschaft voraus, auch eine in Teilen abweichende Auffassung anzuerkennen und unter Berücksichtigung nationaler Besonderheiten anzuwenden.

b. Rechtssache *Taricco* als „Positivbeispiel"

Im Gegensatz zur Rechtssache *Melloni* kann das Verfahren der sog. *Taricco*-Saga[2162] als Beispiel für einen funktionierenden Dialog und die gegenseitige Rücksichtnahme zwischen EuGH und Verfassungsgerichten angeführt werden.

2158 *De Witte*, in: Peers/Hervey/Kenner/Ward (Hrsg.), EU Charter of Fundamental Rights, 2014, Art. 53, Rn. 53.33.

2159 Vgl. *Besselink*, ELR 39 (2014), S. 531, 550 m.w.N. zur Kritik diesbezüglich.

2160 Vgl. *de Visser*, Maastricht J. Eur. & Comp. L. 20 (2013), S. 576, 588.

2161 S. zu einem Beispiel, in dem ebenfalls eher von einem Neben- statt eines Miteinanders und eines wirklichen Dialogs auszugehen ist, da der EuGH auf die Auslegungsfragen des nationalen Verfassungsgerichts hinsichtlich der GRC nur begrenzt einging, EuGH, *Digital Rights Ireland*, verb. Rs. C-293/12 und C-594/12, EU:C:2014:238, Rn. 71f.; *Reiling*, in: Broemel/Krell/Muthorst/Prütting (Hrsg.), Prozessrecht, 2017, S. 11, 33f.

2162 S. dazu bereits oben 3. Kapitel, C., II., 2.

Wie bereits dargestellt, führte die Antwort des EuGH in einem ersten Vorabentscheidungsverfahren zu einem Widerspruch zwischen Unionsrecht und italienischem Verfassungsrecht, weshalb die *Corte costituzionale* erneut ein Vorabentscheidungsverfahren nach Art. 267 AEUV anstrengte. In ihrem Vorlagebeschluss betonte diese, dass sie sich an die Auslegung des Unionsrechts des EuGH gebunden fühlte und diese nicht durch eine eigene ersetzen werde, die Auslegung des Art. 325 AEUV in der Rechtssache *Taricco* jedoch nicht eindeutig sei, sodass eine erneute Vorabentscheidung erforderlich sei.[2163] Dabei wurde durch die Zitierung von Vertragsbestimmungen und Entscheidungen des EuGH, insbesondere durch die Auseinandersetzung mit der Rechtssache *Melloni* und dem Bezug auf Art. 4 Abs. 2 EUV deutlich, dass die *Corte costituzionale* die Bereitschaft signalisiert, „die Sprache des Unionsrechts“ zu sprechen und sich auf einen Dialog mit dem EuGH einzulassen.[2164] Zugleich betonte sie aber auch, die besondere Bedeutung des Legalitätsprinzips als Ausdruck der italienischen Verfassungsidentität.

Mit dieser Vorgehensweise – der Betonung der Sicherstellung nationaler Grundwerte unter Berücksichtigung des in Art. 2 EUV normierten Pluralismus sowie der nationalen Identität in Art. 4 Abs. 2 EUV – hat die *Corte costituzionale* einen auch für den EuGH gangbaren Weg vorgezeichnet, einen möglichen Widerspruch zwischen nationalem Verfassungsrecht und Unionsrecht zu vermeiden, ohne dass der Vorrang des Unionsrechts infrage gestellt wird.[2165] Das Vorabentscheidungsersuchen erweist sich als Entscheidung, die nicht auf eine unmittelbare Konfrontation mit dem EuGH ausgerichtet ist.[2166]

In seiner Antwort erlaubte der Gerichtshof die Anwendung eines höheren nationalen Grundrechtsschutzniveaus mit der Folge, dass italienische Gerichte von den Grundsätzen der *Taricco*-Entscheidung abweichen

---

2163 Deutlich insofern Corte costituzionale, Urt. Nr. 24/2017 v. 23.11.2016, Rn. 5: *„It is certainly not for this Court to attribute to Article 325 TFEU a meaning different from that which it was found to have by the Court of Justice* (…)“.

2164 *Paris*, QIL 37 (2017), S. 5, 14ff.

2165 Vgl. auch *Amoroso*, in: Palombino (Hrsg.), Duelling for Supremacy, 2019, S. 184, 201f.

2166 *Sarmiento*, Quaderni costituzionali 2018, S. 228, 230; im Gegensatz etwa zum Vorlagebeschluss des BVerfG im *OMT*-Verfahren wählte die *Corte costituzionale* eine Wortwahl, durch die deutlich wurde, dass sie zu Zugeständnissen bereit war, *ebd.*; *Burchardt*, EuR 2018, S. 248, 250; *Skouris*, EuR 2021, S. 3, 14 sieht in dem Vorgehen der *Corte costituzionale* eine Fortsetzung des Dialogs mit dem EuGH und einem Ausweg, damit es nicht zu unüberwindbaren Auseinandersetzungen komme.

konnten, ohne die vorherige Rechtsprechung aufzugeben.[2167] Der EuGH würdigte insofern das Vorbringen der *Corte costituzionale*, was auch als Reaktion auf die Kritik an seiner Antwort in der Rechtssache *Melloni* zu interpretieren sein kann.[2168]

In der abschließenden Entscheidung stellte die *Corte costituzionale* unter Verweis auf die Entscheidung des EuGH fest, dass die Grundsätze der *Taricco*-Entscheidung in den streitgegenständlichen Verfahren nicht gelten, insbesondere da diese vor dem Zeitpunkt der (ersten) *Taricco*-Entscheidung des EuGH erfolgten.[2169] Zudem verwies die *Corte costituzionale* darauf, dass unabhängig von der zeitlichen Perspektive ein Widerspruch der *Taricco*-Entscheidung zum Legalitätsprinzip der italienischen Verfassung bestehe, wobei auch der EuGH in seiner Antwort anerkenne, dass der Einzelne anhand des Gesetzeswortlauts und gegebenenfalls mithilfe der gerichtlichen Auslegung erkennen können muss, welche Handlungen eine strafrechtliche Verantwortung begründen; letztlich ergebe sich die Nicht-Anwendung der Grundsätze der *Taricco*-Entscheidung sowohl aus der italienischen Verfassung als auch aus dem Unionsrecht selbst.[2170]

Im Ergebnis zeigt sich zunächst der Vorteil eines direkten Dialogs zwischen einem nationalen Verfassungsgericht und dem EuGH: In der ersten Vorabentscheidung hatte die *Tribunale di Cuneo* dem EuGH nicht alle relevanten nationalen Hintergründe übermittelt, insbesondere jene hinsichtlich des verfassungsrechtlichen Kontexts.[2171] Dies betont auch der Gerichtshof, wenn er in der Rechtssache *M.A.S. und M.B.* klarstellt, dass er nunmehr über Fragen zu entscheiden habe, die „in der Rechtssache, in der das Urteil *Taricco* ergangen ist, nicht zur Kenntnis gebracht worden waren."[2172] Deutlich wird zudem, dass der Dialog zwischen dem EuGH und nationalen Gerichten nicht zwangsläufig nach einer (ersten) Antwort des EuGH beendet sein muss, sondern insbesondere nationale Verfassungs-

---

2167 Ausführlich oben 3. Kapitel, C., II., 2., b.

2168 *Sarmiento*, Quaderni costituzionali 2018, S. 228, 230.

2169 Corte costituzionale, Urt. Nr. 115/2018 v. 10.04.2018, Rn. 9f., https://www.cortecostituzionale.it/documenti/download/doc/recent_judgments/S_2018_115_EN.pdf.

2170 Corte costituzionale, Urt. Nr. 115/2018 v. 10.04.2018, Rn. 11ff.; aufgrund der Betonung der nationalen Sichtweise gehen *Fabbrini/Pollicino*, in: Calliess/van der Schyff (Hrsg.), Constitutional Identity, 2019, S. 201, 218 davon aus, dass das abschließende Urteil der *Corte costituzionale* weniger von einem pluralistischen Verständnis getragen sei als die Entscheidung des EuGH.

2171 S. *Bonelli*, Maastricht J. Eur. & Comp. L. 25 (2018), S. 357, 368.

2172 EuGH, *M.A.S. und M.B.*, Rs. C-42/17, EU:C:2017:936, Rn. 28.

gerichte eine erneute Vorlage erwägen sollten, um im Wege einer erneuten Vorlage an den EuGH einen drohenden Konflikt zwischen nationalem Verfassungsrecht und Unionsrecht zu lösen.[2173] Sofern nationale Verfassungsgerichte und der EuGH dazu bereit sind, auf die jeweils von der anderen Seite vorgebrachten Argumente einzugehen und unionsrechtliche sowie nationale Besonderheiten zu berücksichtigen, ist ein erfolgreiches Ergebnis aus Sicht beider Gerichte möglich, wie die Rechtsprechung zum *Taricco*-Verfahren verdeutlicht.[2174]

2. Indirekter Dialog

Als Beispiel für einen „indirekten Dialog" sind die verb. Rechtssachen *Aranyosi und Căldăraru*[2175] anzuführen, da der EuGH auf die Entscheidung des Bundesverfassungsgerichts *Europäischer Haftbefehl II* reagierte, ohne dass dieses den EuGH im Wege des Vorabentscheidungsverfahrens angerufen hatte (a.). Die Rechtssachen *Egenberger*[2176] und *IR*[2177] zeigen, dass der EuGH und nationale Verfassungsgerichte mit vergleichbaren grundrechtlichen Fragestellungen befasst sein können und nationale Verfassungsgerichte nach Art. 267 AEUV in einen unmittelbaren Dialog mit dem EuGH eintreten sollten (b.).

a. Verbundene Rechtssachen *Aranyosi* und *Căldăraru*

Ausgangspunkt der verb. Rechtssachen *Aranyosi und Căldăraru* war jeweils ein Vorabentscheidungsersuchen des OLG Bremen, in dem dieses im Wesentlichen wissen wollte, ob Art. 1 Abs. 3 des Rahmenbeschlusses zum

2173 *Bonelli*, Maastricht J. Eur. & Comp. L. 25 (2018), S. 357, 369.

2174 Vgl. *Mitsilegas*, NJECL 9 (2018), S. 38, 41; zu einer weniger optimistischen Einschätzung, wonach aufgrund der wenig diplomatischen Wortwahl der *Corte costituzionale* in der abschließenden Entscheidung eher von einem Konflikt anstatt eines Dialogs auszugehen sei, s. *Staffler*, EuGRZ 2016, S. 613, 618; kritisch auch *Gappa*, ZEuS 2020, S. 641, 643.

2175 EuGH, *Aranyosi und Căldăraru*, verb. Rs. C-404/15 und C-659/15 PPU, EU:C:2016:198; dazu etwa *Anagnostaras*, CMLR 52 (2016), S. 1675ff.; *Brodowski*, JR 2016, S. 415ff.; *Müller*, ZEuS 2016, S. 345ff.; *Schwarz*, EuR 2016, S. 421ff.

2176 EuGH, *Egenberger*, Rs. C-414/16, EU:C:2018:257; dazu etwa *Classen*, EuR 2018, S. 752ff.

2177 EuGH, *IR*, Rs. C-68/17, EU:C:2018:696; dazu etwa *Greiner*, NZA 2018, S. 1289ff.; *Malorny*, EuZA 2019, S. 441ff.

Europäischen Haftbefehl einer Auslieferung entgegensteht, wenn gewichtige Anhaltspunkte dafür bestehen, dass die Haftbedingungen im Ausstellungsmitgliedstaat als menschenrechtswidrig anzusehen sind.[2178] Gemäß Art. 1 Abs. 3 des Rahmenbeschlusses berührt dieser „nicht die Pflicht, die Grundrechte und die allgemeinen Rechtsgrundsätze, wie sie in Artikel 6 [EUV] niedergelegt sind, zu achten." Ein derartiges Absehen von der Vollstreckung eines Europäischen Haftbefehls erscheint zunächst problematisch, da dieser auf den Grundsätzen der gegenseitigen Anerkennung sowie des gegenseitigen Vertrauens beruht.[2179] Zudem sind die Ablehnungsgründe in Art. 4 des Rahmenbeschlusses abschließend aufgeführt. Die Ablehnung eines Auslieferungsersuchens aufgrund menschenrechtswidriger Haftbedingungen ist dort nicht vorgesehen. In seiner bisherigen Rechtsprechung hatte der EuGH bereits klargestellt, dass auch die Verletzung (nationaler) Grundrechte nicht die Verpflichtung zu gegenseitigem Vertrauen und der Vollstreckung eines Haftbefehls beeinträchtigen könne – einen entsprechenden Grundrechts- oder *ordre public*-Vorbehalt sehe der Rahmenbeschluss nicht vor.[2180]

In den verbundenen Rechtssachen *Aranyosi und Căldăraru* entschied der Gerichtshof nunmehr, dass eine begrenzte Prüfungs- und ggf. Aussetzungspflicht nationaler Gerichte hinsichtlich der Unionsgrundrechte im Ausstellungsmitgliedstaat besteht. Behörden bzw. Gerichte des Vollstreckungsstaates seien dazu verpflichtet, „sofern sie über Anhaltspunkte dafür verfüg[en], dass eine echte Gefahr unmenschlicher oder erniedrigender Behandlung von Häftlingen im Ausstellungsmitgliedstaat besteht, im Licht des durch das Unionsrecht gewährleisteten Schutzstandards der Grundrechte und insbesondere von Art. 4 der Charta (...) das Vorliegen

---

2178 Zum Sachverhalt s. EuGH, *Aranyosi und Căldăraru*, verb. Rs. C-404/15 und C-659/15 PPU, EU:C:2016:198, Rn. 28ff.

2179 *Müller*, ZEuS 2016, S. 345, 347; EuGH, *Leymann und Pustovarov*, Rs. C-388/08 PPU, EU:C:2008:669, Rn. 51; *Dominic Wolzenburg*, Rs. C-123/08, EU:C:2009:616, Rn. 57; *Melloni*, Rs. C-399/11, EU:C:2013:107, Rn. 63; *Jeremy F.*, Rs. C-168/13 PPU, EU:C:2013:358, Rn. 49f.

2180 S. etwa EuGH, *Leymann und Pustovarov*, Rs. C-388/08 PPU, EU:C:2008:669, Rn. 51; *Dominic Wolzenburg*, Rs. C-123/08, EU:C:2009:616, Rn. 57; *Melloni*, Rs. C-399/11, EU:C:2013:107, Rn. 63; *Jeremy F.*, Rs. C-168/13 PPU, EU:C:2013:358, Rn. 49f.; zur „fundamentalen Bedeutung" des Grundsatzes des gegenseitigen Vertrauens, s. EuGH, *EMRK-Beitritt II*, Gutachten 2/13, EU:C:2014:2454, Rn. 191; zur Forderung eines *ordre public*-Vorbehalts bei der Vollstreckung eines Europäischen Haftbefehls s. bereits Schlussanträge GA *Sharpston*, *Radu*, Rs. C-396/11, EU:C:2012:648, Rn. 97.

dieser Gefahr zu würdigen."[2181] Nationale Justizbehörden müssen sich „zunächst auf objektive, zuverlässige, genaue und gebührend aktualisierte Angaben über die Haftbedingungen im Ausstellungsmitgliedstaat stützen, die das Vorliegen systemischer oder allgemeiner, bestimmte Personengruppen oder bestimmte Haftanstalten betreffender Mängel belegen."[2182] Sodann ist zu prüfen, ob im konkreten Einzelfall eine Gefahr unmenschlicher oder erniedrigender Behandlung besteht; sofern diese bejaht wird, ist „ist die Vollstreckung des Haftbefehls aufzuschieben, aber nicht aufzugeben."[2183] Der Grundsatz des gegenseitigen Vertrauens wird somit grundrechtlich eingeschränkt.

Der EuGH ist folglich von seiner bisherigen Rechtsprechung abgewichen, was auch vor dem Hintergrund der Entscheidung des Bundesverfassungsgericht zum Europäischen Haftbefehl im Jahr 2015 zu sehen ist: Dieses war mit der Annahme einer horizontalen Prüfungs- und Aussetzungspflicht nationaler Gerichte zu einem ähnlichen Ergebnis gelangt, wenngleich die Ausgangsfälle nicht identisch waren.[2184] Das Bundesverfassungsgericht hatte festgestellt, dass eine Begrenzung des Grundsatzes des gegenseitigen Vertrauens durch die Garantie der Menschenwürde in Art. 1 Abs. 1 GG in Betracht komme, wobei auch das Unionsrecht keine unbegrenzte Geltung dieses Grundsatzes vorsehe.[2185] Indem der EuGH in der Rechtssache *Aranyosi und Căldăraru* bestätigte, dass eine Durchbrechung des Grundsatzes des gegenseitigen Vertrauens möglich ist, wenn die unionale Menschenwürdegarantie verletzt ist, erkennt er implizit auch die Auslegung des Rahmenbeschlusses durch das Bundesverfassungsgericht

---

2181 EuGH, *Aranyosi und Căldăraru*, verb. Rs. C-404/15 und C-659/15 PPU, EU:C:2016:198, Rn. 88; *Reinbacher/Wendel*, EuGRZ 2016, S. 333, 338; bestätigt und präzisiert in EuGH, *Minister for Justice and Equality (Mängel des Justizsystems)*, Rs. C-216/18 PPU, EU:C:2018:586, Rn. 59ff.; *Generalstaatsanwaltschaft (Conditions de détention en Hongrie)*, Rs. C-220/18 PPU, EU:C:2018:589, Rn. 59ff.; *Dorobantu*, Rs. C-128/18, EU:C:2019:857, Rn. 49ff.

2182 EuGH, *Aranyosi und Căldăraru*, verb. Rs. C-404/15 und C-659/15 PPU, EU:C:2016:198, Rn. 89.

2183 EuGH, *Aranyosi und Căldăraru*, verb. Rs. C-404/15 und C-659/15 PPU, EU:C:2016:198, Rn. 92ff.

2184 BVerfGE 140, 317 – *Europäischer Haftbefehl II*; ausführlich dazu bereits oben 1. Kapitel, A., I., 2., h. sowie 3. Kapitel, B., II., 2.; zum Streitstand hinsichtlich der Reichweite des Grundsatzes des gegenseitigen Vertrauens und der Frage, ob eine zusätzliche Überprüfungsmöglichkeit eines Auslieferungshaftbefehls durch die Gerichte des Aufenthaltsstaates besteht, s. *Reinbacher/Wendel*, EuGRZ 2016, S. 333, 337ff.

2185 BVerfGE 140, 317 (355ff.) – *Europäischer Haftbefehl II*.

an.[2186] Zugleich vermittelt der EuGH die Botschaft, dass er einen effektiven Grundrechtsschutz auf Unionsebene gewährleisten kann.[2187] Dementsprechend kann das Urteil des Gerichtshofs als Reaktion auf die Entscheidung des Bundesverfassungsgerichts *Europäischer Haftbefehl II* angesehen werden.[2188] Somit fand zwar ein „Dialog" bzw. eine „Kommunikation" zwischen EuGH und dem Bundesverfassungsgericht statt, gleichwohl wäre die Einleitung eines Vorabentscheidungsverfahrens in diesem Fall für das Bundesverfassungsgericht eine gute Möglichkeit gewesen, seiner Rolle als Impulsgeber für die europäische Grundrechtsauslegung aktiv gerecht zu werden.[2189]

b. Rechtssachen *Egenberger* und *IR*

In zwei Entscheidungen war der EuGH jedenfalls indirekt mit der Rechtsprechung des Bundesverfassungsgerichts befasst.

In der Rechtssache *Egenberger* sah sich die Klägerin des Ausgangsverfahrens aufgrund ihrer Konfessionslosigkeit in einem Bewerbungsverfahren als benachteiligt an, da die ausgeschriebene Stelle die Mitgliedschaft in einer evangelischen oder der Arbeitsgemeinschaft Christlicher Kirchen in Deutschland angehörenden Kirche voraussetzte.[2190] Sie verlangte daher eine Entschädigung nach § 15 Abs. 2 AGG, der bei einem Verstoß gegen das Benachteiligungsverbot eine Entschädigung vorsieht. Das AGG wurde zur Umsetzung verschiedener Antidiskriminierungsrichtlinien, u.a. der Gleichbehandlungsrichtlinie 2000/78/EG, erlassen, sodass insoweit ein unionsrechtlicher Bezug bestand. Art. 4 Abs. 2 der Gleichbehandlungsrichtlinie 2000/78/EG enthält eine Sonderregelung zum kirchlichen Arbeitsrecht, wonach die Mitgliedstaaten „in Bezug auf berufliche Tätigkeiten innerhalb von Kirchen (...) Bestimmungen in ihren zum Zeitpunkt der Annahme

2186 *Dietz*, NVwZ 2016, S. 1383, 1385.

2187 *Anagnostaras*, CMLR 52 (2016), S. 1675, 1702.

2188 Vgl. *Anagnostaras*, CMLR 52 (2016), S. 1675, 1677; *Bonelli*, Maastricht J. Eur. & Comp. L. 25 (2018), S. 357, 367, Fn. 76; *Brodowski*, JR 2016, S. 415, 425; *Dietz*, NVwZ 2016, S. 1383, 1383; *Müller*, ZEuS 2016, S. 345, 359; *Satzger*, NStZ 2016, S. 514, 519; *Schwarz*, EuR 2016, S. 421, 426; den EuGH als „aufmerksamen Zuhörer" ansehend *Hong*, EuConst 12 (2016), S. 549, 549.

2189 Vgl. *Reinbacher/Wendel*, EuGRZ 2016, S. 333, 339, 343; zum Vorwurf, dass in der Entscheidung des BVerfG eine „mangelnde Europafreundlichkeit" zum Ausdruck komme s. *Müller*, ZEuS 2016, S. 345, 362ff.

2190 S. zum Sachverhalt EuGH, *Egenberger*, Rs. C-414/16, EU:C:2018:257, Rn. 24ff.

dieser Richtlinie geltenden Rechtsvorschriften beibehalten oder in künftigen Rechtsvorschriften Bestimmungen vorsehen, die zum Zeitpunkt der Annahme dieser Richtlinie bestehende einzelstaatliche Gepflogenheiten widerspiegeln und wonach eine Ungleichbehandlung wegen der Religion oder Weltanschauung einer Person keine Diskriminierung darstellt, wenn die Religion oder die Weltanschauung dieser Person nach der Art dieser Tätigkeiten oder der Umstände ihrer Ausübung eine wesentliche, rechtmäßige und gerechtfertigte berufliche Anforderung angesichts des Ethos der Organisation darstellt." Das BAG wollte in seinem Vorabentscheidungsersuchen insbesondere wissen, ob ein kirchlicher Arbeitgeber aufgrund des kirchlichen Privilegs der Selbstbestimmung verbindlich selbst bestimmen kann, ob eine bestimmte Religionszugehörigkeit eines Bewerbers eine gerechtfertigte berufliche Anforderung i.S.d. Art. 4 Abs. 2 der Richtlinie 2000/78/EG darstellt.[2191] Aufgeworfen ist somit die Frage nach der Intensität der gerichtlichen Kontrolle einer kirchlichen Entscheidung.

Diese Fragestellung war auch in der Rechtssache *IR* von Bedeutung, in welcher das Bundesverfassungsgericht die gerichtliche Kontrolle auf eine Plausibilitätskontrolle reduzierte. Gegenstand dieser Rechtssache war die Kündigung eines katholischen Chefarztes, der in einem katholischen Krankenhaus arbeitete.[2192] Kündigungsgrund war die Eingehung einer zweiten Ehe, womit der Chefarzt den Grundsatz der Unauflöslichkeit der Ehe verletzt habe, der nach dem kirchlichen Selbstverständnis ein wesentlicher Grundsatz der katholischen Glaubens- und Sittenlehre ist. Das BAG entschied 2011, dass die ausgesprochene Kündigung sozial nicht gerechtfertigt sei, da nach einer Abwägung der beiderseitigen Interessen der Parteien die Fortsetzung des Arbeitsverhältnisses zumutbar sei.[2193] Diese Entscheidung hob das Bundesverfassungsgericht 2014 mit der Argumentation auf, dass das BAG das kirchliche Selbstbestimmungsrecht nicht ausreichend geachtet habe, da die Fachgerichte die Vorgaben der jeweiligen verfassten Kirche, insbesondere deren glaubensdefiniertes Selbstverständnis und die Eigenart des kirchlichen Dienstes als Maßstab zu beachten hätten und hinsichtlich der Darlegungen des kirchlichen Arbeitgebers lediglich eine Plausibilitätskontrolle vorzunehmen sei.[2194] Dabei ist das Bundesverfassungs-

---

2191 S. zum Vorlagebeschluss BAG, Beschluss v. 17.03.2016 – 8 AZR 501/14 (A).

2192 S. zum Sachverhalt EuGH, *IR*, Rs. C-68/17, EU:C:2018:696, Rn. 23ff.

2193 BAG, Urt. v. 08.09.2011 – 2 AZR 543/10

2194 BVerfGE 137, 273 (314ff.) – *Katholischer Chefarzt*; bei arbeitsrechtlichen Streitigkeiten über Loyalitätsobliegenheiten kirchlicher Arbeitnehmer haben Fachgerichte ein zweistufiges Prüfungsprogramm anzuwenden: Auf der ersten Stufe ist im Sinne einer Plausibilitätskontrolle zu prüfen, ob eine bestimmte

gericht allerdings nicht auf die einschlägige Gleichbehandlungsrichtlinie 2000/78/EG und die in Art. 4 Abs. 2 enthaltene Sonderregelung eingegangen. Mangels entsprechender Rechtsprechung des EuGH zu dieser Vorschrift zum Zeitpunkt der Entscheidung wäre eine Vorlage des Bundesverfassungsgerichts nach Art. 267 Abs. 1 lit. a AEUV denkbar bzw. geboten gewesen.[2195] Zu einer entsprechenden Vorlage entschied sich indes das BAG und fragte den EuGH, ob Kirchen oder andere öffentliche oder private Organisationen, deren Ethos auf religiösen Grundsätzen oder Weltanschauungen beruht, die Voraussetzungen des Art. 4 Abs. 2 der Richtlinie 2000/78/EG autonom bestimmen können und ob die staatlichen Gerichte diesbezüglich zu einer umfassenden Kontrolle, einer Plausibilitätskontrolle oder einer reinen Missbrauchskontrolle verpflichtet sind.[2196]

Der EuGH stellte fest, dass die gerichtliche Kontrolle sich zwar nicht darauf erstrecken könne, „die Legitimität des Ethos der betreffenden Kirche oder Organisation als solchen zu beurteilen."[2197] Zu prüfen sei indes, ob dieser Ethos für die Ausübung der fraglichen Tätigkeit eine wesentliche Anforderung ist, was auch angesichts des Rechts auf effektiven Rechtsschutz nach Art. 47 GRC einer vollen gerichtlichen Kontrolle unterliege.[2198] Damit ist nach Auffassung des EuGH eine strengere Kontrolle geboten als nach der Rechtsprechung des Bundesverfassungsgerichts vorgesehen. Zwar erwähnt der EuGH in seinen Entscheidungen die Auffassung des Bundesverfassungsgerichts nicht. Indem er allerdings betont, dass mitgliedstaatliche Gerichte im Rahmen der unionsrechtskonformen Auslegung auch dazu verpflichtet sind, „eine gefestigte Rechtsprechung gegebenenfalls abzuändern", wird deutlich, dass dem Gerichtshof die abweichende Auffassung des Bundesverfassungsgerichts bewusst ist.[2199] Offen ist, ob und inwiefern der EuGH die deutsche verfassungsgerichtliche Rechtsprechung berücksichtigt hätte, wenn sich das Bundesverfassungsgericht in der

Loyalitätsobliegenheit Ausdruck eines kirchlichen Glaubenssatzes und welches Gewicht dieser Loyalitätsobliegenheit und einem Verstoß hiergegen nach dem kirchlichen Selbstverständnis zu kommt. Auf einer zweiten Stufe ist eine Abwägung zwischen der Selbstbestimmung der Kirchen und den Interessen und Grundrechten der Arbeitnehmer vorzunehmen, s. zur ständigen Rechtsprechung des BVerfG, BVerfGE 137, 273 (314ff.) – *Katholischer Chefarzt.*

2195 So auch *Classen*, EuR 2017, S. 347, 360; *ders.*, EuR 2018, S. 752, 755.

2196 S. zum Vorlagebeschluss BAG, Beschluss v. 28.07.2016 – 2 AZR 746/14.

2197 EuGH, *Egenberger*, Rs. C-414/16, EU:C:2018:257, Rn. 61.

2198 EuGH, *Egenberger*, Rs. C-414/16, EU:C:2018:257, Rn. 49ff., 61ff.; *IR*, Rs. C-68/17, EU:C:2018:696, Rn. 43ff.

2199 EuGH, *Egenberger*, Rs. C-414/16, EU:C:2018:257, Rn. 72; *Classen*, EuR 2018, S. 752, 765.

Rechtssache *IR* zu einer Vorlage nach Art. 267 AEUV entschieden hätte; eine andere Reaktion des Gerichtshofs wäre in diesem Falle jedenfalls nicht ausgeschlossen gewesen.[2200] Insbesondere dieses Verfahren ist ein Beispiel für „eine gewisse Isoliertheit der gerichtlichen Sichtweisen“[2201], d.h. die Fokussierung auf das eigene Verständnis, und zeigt die Chancen für nationale Verfassungsgerichte auf, die sich daraus ergeben, dass sie in einen direkten Dialog mit dem EuGH treten und verfassungsrechtliche Besonderheiten in den europäischen Diskurs einbringen.[2202]

3. Vergleichbarer Dialog zwischen dem Österreichischen Verfassungsgerichtshof und dem EGMR

Ein anschauliches Beispiel für einen gerichtlichen Dialog stellt die Rechtsprechung des Österreichischen Verfassungsgerichtshofs und des EGMR zum Doppelbestrafungs- bzw. Doppelverfolgungsverbot, dem Grundsatz *ne bis in idem*, dar und die Frage, welche Anforderungen an den Begriff der Straftat zu stellen sind.[2203]

Da die EMRK und ihre Zusatzprotokolle in Österreich im Rang formellen Verfassungsrechts stehen, rekurriert der Österreichische Verfassungsgerichtshof häufig auf die EMRK sowie die Rechtsprechung des EGMR und wendet diese als Prüfungsmaßstab an.[2204] Dies ist vergleichbar mit der Konstellation, wenn nationale Verfassungsgerichte die Grundrechtecharta als Prüfungsmaßstab anwenden, auch da der Österreichische Verfassungsgerichtshof von einer funktionellen Äquivalenz von Grundrechtecharta

---

2200 *Classen*, EuR 2017, S. 347, 364; *ders.*, EuR 2018, S. 752, 765.

2201 *Becker*, EuR 2019, S. 469, 496.

2202 Gelegenheit zur Stellungnahme hat das BVerfG in der noch anhängigen Verfassungsbeschwerde hinsichtlich der Entscheidung des BAG in der Rechtssache *Egenberger*, mit der dieses der Klägerin eine Entschädigung zusprach, BAG, Urt. v. 25.10.2018 – 8 AZR 501/14; es ist wahrscheinlich, dass das BVerfG dem EuGH hinsichtlich der Intensität der gerichtlichen Kontrolle folgt, da die Entscheidung des EuGH weder als *Ultra-vires*-Akt einzuordnen ist, noch die Verfassungsidentität hinsichtlich des kirchlichen Selbstbestimmungsrecht berührt ist, vgl. *Malorny*, EuZA 2019, S. 441, 452f. In der Rechtssache *IR* erklärte das BAG die Kündigung des Chefarztes für unwirksam BAG, Urt. v. 20.02.2019 – 2 AZR 746/14; das Erzbistum Köln verzichtete auf eine erneute Verfassungsbeschwerde, s. den Hinweis in NJW-Spezial 2019, S. 466.

2203 S. dazu auch *Fuchs*, Jahrbuch Öffentliches Recht 2010, S. 181ff.

2204 S. *Grabenwarter*, in: von Bogdandy/Grabenwarter/Huber (Hrsg.), IPE VI, 2016, § 102, Rn. 123.

und EMRK ausgeht.[2205] Die letztverbindliche Auslegung der jeweiligen Grundrechte ist dabei einem überstaatlichen Gericht, dem EGMR bzw. dem EuGH, überlassen. Aus diesem Grund kann, trotz der bereits aufgezeigten Unterschiede zwischen Unionsgrundrechten und den Rechten der EMRK, im Rahmen der vorliegenden Untersuchung der Dialog zwischen dem Österreichischen Verfassungsgerichtshof und dem EGMR als Orientierung für den EuGH und mitgliedstaatliche Verfassungsgerichte dienen.

Ausgangspunkt dieses Dialogs hinsichtlich des Begriffs der Straftat ist das Verfahren *Gradinger*. In diesem nahm der EGMR einen Verstoß gegen den Grundsatz *ne bis in idem* nach Art. 4 des 7. ZP zur EMRK an, da zwei strafrechtliche Verurteilungen auf demselben Verhalten („*same conduct*") des Beschwerdeführers beruhten.[2206] Diese Rechtsprechung des EGMR steht im Widerspruch zur Praxis des Österreichischen Verfassungsgerichthofs, welcher einen Verstoß gegen das Doppelbestrafungsverbot annimmt, wenn eine Strafverfolgung bereits Gegenstand eines Strafverfahrens und der herangezogene Deliktstypus den Unrechts- und Schuldgehalt eines Täterverhaltens vollständig erschöpft und eine erneute Verurteilung erfolgt; es ist daher auch möglich, dass durch ein und dasselbe Verhalten mehrere Delikte verwirklicht werden können, ohne dass eine Verletzung des *ne bis in idem*-Grundsatzes vorliegt.[2207] In der Folgerechtsprechung näherte sich der EGMR zunächst dem Verständnis des Österreichischen Verfassungsgerichthofs an: In der Entscheidung *Oliveira* erklärte der EGMR, dass nicht die Identität der Sachverhalte entscheidend sei, sondern die rechtliche Qualifizierung einer Handlung, sodass dasselbe Verhalten verschiedene Deliktstatbestände erfüllen kann.[2208] Im Verfahren *Fischer* prüfte der EGMR unter ausdrücklichem Verweis auf die Rechtsprechung des Österreichischen Verfassungsgerichtshofs, ob die Strafvorschriften, nach welchen der Beschwerdeführer verurteilt wurde, „die gleichen wesentlichen Elemente aufweisen" und entschied, dass die Tatbestände nur nominell

2205 Vgl. *Grabenwarter*, in: Merten/Papier (Hrsg.), HGR, Bd. VII/1, 2014, § 2, Rn. 33.

2206 EGMR, *Gradinger/Österreich*, 23.10.1995 – 15963/90, Rn. 55; zur Rechtsprechung des EGMR hinsichtlich des Begriffs der Straftat s. *Kadelbach*, in: Dörr/Grote/Marauhn, EMRK/GG Konkordanzkommentar, 3. Aufl., im Erscheinen, Kapitel 29, Rn. 17f.

2207 S. etwa Öst. VerfGH, Erkenntnis v. 05.12.1996, G9/96, G83/96, G86/96, G110/96, G136/96, G143/96, G148/96, G159/96, G197/96, G23/99.

2208 EGMR, *Oliveira/Schweiz*, 30.07.1998 – 25711/94, Rn. 25ff.

verschieden seien, sodass ein Verstoß gegen das Doppelbestrafungsverbot vorliege.[2209]

Eine Rechtsprechungsänderung des EGMR erfolgte im Fall *Zolotukhin*. In jener Entscheidung stellte der EGMR dar, dass in den Verfahren *Gradinger*, *Oliveira* und *Fischer* verschiedene Ansätze zu der Frage, ob die strafbaren Handlungen dieselben waren, entwickelt worden seien, welche es nun aufgrund der dadurch bestehenden rechtlichen Unsicherheit zu harmonisieren gelte. Hierbei bezog sich der EGMR, ähnlich wie im Fall *Gradinger*, wieder ausschließlich auf die Tathandlung und prüfte, ob sich im Falle einer zweiten Verurteilung diese Bestrafung aus identischen Tatsachen oder im Wesentlichen denselben Tatsachen ergibt.[2210]

Aufgrund dieser Entscheidung sah sich der Österreichische Verfassungsgerichtshof veranlasst „(...) sich einerseits der Grundlinien seiner Rechtsprechung im Interesse der Kohärenz derselben zu vergewissern und sie andererseits im Lichte der vom EGMR genannten Ziele im Interesse größtmöglichen Grundrechtsschutzes an die Dynamik dieser Rechtsprechung im Rahmen seiner Entscheidungsbefugnisse anzupassen.“ [2211] Der Verfassungsgerichtshof stellte dabei fest, dass es auch nach der Rechtsprechung des EGMR seit dem Urteil im Fall *Oliveira* bei der Frage des Vorliegens „derselben strafbaren Handlung“ maßgeblich auf die Straftatbestände und nicht auf das tatsächliche Verhalten ankomme.[2212] Durch die Auslegung des Art. 4 des 7. ZP zur EMRK nach den Auslegungsgrundsätzen des Art. 31 der Wiener Vertragsrechtskonvention kam der Verfassungsgerichtshof zu dem Ergebnis, dass eine Verurteilung nach zwei verschiedenen Straftatbeständen zulässig sei, sofern sie sich in ihren wesentlichen Elementen unterschieden, wobei er nicht an der Auslegung durch den EGMR zweifelte, jedoch ausführlich begründete, weshalb in Österreich ein abweichendes Verständnis von dem Verfahren *Zolotukhin* gelten müsse.[2213]

In der Rechtssache *A und B* hielt der EGMR zwar an seinem Ansatz aus dem Fall *Zolotukhin* fest, kam jedoch zu dem Ergebnis, dass eine zweifache Verfolgung und Bestrafung desselben Verhaltens keinen Verstoß gegen das Verbot der Doppelbestrafung begründe, wenn zwischen einer verwaltungs- und einer strafrechtlichen Sanktion eine enge Verbindung in zeitlicher und inhaltlicher Hinsicht bestehe, sodass ein einheitliches Sank-

---

2209 EGMR, *Franz Fischer/Österreich*, 29.05.2001 – 37950/97, Rn. 25.
2210 EGMR (GK), *Zolotukhin/Russland*, 10.02.2009 – 14939/03, Rn. 70ff., 82.
2211 Öst. VerfGH, Erkenntnis v. 02.07.2009, B559/08, Rn. 4.
2212 Öst. VerfGH, Erkenntnis v. 02.07.2009, B559/08, Rn. 4.2.
2213 Öst. VerfGH, Erkenntnis v. 02.07.2009, B559/08, Rn. 4.4ff.

tionsmodell vorliege.[2214] Auf dieses Urteil verweist der Österreichische Verfassungsgerichtshof in einer Entscheidung vom 11.10.2017 und führt aus, dass aus diesem folge, „dass eine Aufeinanderfolge oder Parallelität von Verwaltungsstrafverfahren und gerichtlichem Strafverfahren mit Art. 4 Abs. 1 des 7. ZP zur EMRK vereinbar sein kann, wenn es sich bei der Verfolgung (und Bestrafung) eines bestimmten Verhaltens nicht um eine Verdoppelung der Verfahren handelt, sondern die beiden Verfahren in einem komplementären Verhältnis zueinander stehen, indem sie einander mit unterschiedlichen rechtlichen Reaktionen zu verschiedenen Zwecken ergänzen."[2215] Dieser Verweis könnte darauf hindeuten, dass der Österreichische Verfassungsgerichtshof auch grundsätzlich den Ansatz des EGMR, wonach entscheidend auf die Tat abzustellen ist, übernommen hat.

Das Beispiel des Dialogs zwischen dem Österreichischen Verfassungsgerichthof und dem EGMR zeigt, dass nationale Verfassungsgerichte in ihrer Begründung und ihrem Verständnis durchaus anderer Auffassung als ein übergeordnetes Gericht sein können. Sofern die beteiligten Akteure die jeweils unterschiedliche Sichtweise darstellen und auf die vorgebrachten Argumente eingehen, kann es zu Rechtsprechungsänderungen kommen. Zugleich können nationale Besonderheiten beachtet werden.

IV. Zwischenergebnis

Es zeigt sich, dass ein Dialog zwischen nationalen Verfassungsgerichten und dem EuGH insbesondere nach Art. 267 AEUV erstrebenswert ist, da somit die verfassungsrechtliche Rechtsprechung im Unionsrecht berücksichtigt werden und die Kooperation der nationalen Gerichte mit dem EuGH im Wege des Vorabentscheidungsverfahrens zu einem insgesamt höheren Niveau des Grundrechtsschutzes führen kann.[2216] Die Bereitschaft

2214 EGMR (GK), *A und B/Norwegen*, 15.11.2016 – 24130/11 und 29758/11, Rn. 120ff., 130.

2215 Öst. VerfGH, Erkenntnis v. 11.10.2017, E 1698/2017, Rn. 28; s. auch Erkenntnis v. 14.03.2018, E 507/2017, Rn. 25ff.

2216 *Sándor-Szalay/Mohay*, Hungarian Yearbook of International Law and European Law 2013, S. 403, 422; *Bobek*, EuConst 10 (2014), S. 54, 86; *Hwang*, ZEuS 2016, S. 369, 378; *Safjan*, in: Cafaggi/Law (Hrsg.), Judicial Cooperation, 2017, S. 51, 62; zur Auffassung, wonach sich insbesondere nationale Verfassungsgerichte im Bereich der Grundrechte als besonders qualifiziert erweisen im Wege des Vorabentscheidungsverfahrens Impulse für die europäische Grundrechtsauslegung zu geben, s. *Reinbacher/Wendel*, EuGRZ 2016, S. 333, 343.

des EuGH zum Dialog mit nationalen Höchst- bzw. Verfassungsgerichten kommt etwa in den Rechtssachen *Taricco* oder *Aranyosi und Căldăraru* zum Ausdruck.[2217] Dieser Dialog kann als „Instrument der Rechtsschöpfung“ den Grundrechtsschutz auf europäischer Ebene fortentwickeln und zu einer Optimierung des Grundrechtsschutzes in Europa beitragen, wobei der Inhalt der Grundrechte auf europäischer Ebene nur in einem diskursiven Prozess geklärt werden kann.[2218] Durch den Vorlagebeschluss nach Art. 267 AEUV können nationale Gerichte ihre rechtlichen Argumente vortragen und somit erheblichen Einfluss auf die Entscheidung des Gerichtshofs nehmen. In diesem Sinne ermöglicht es das Vorabentscheidungsverfahren, dass nationale Verfassungsgerichte das Unionsrecht mitgestalten können, sodass die Gefahr selbst an Einfluss zu verlieren, gering ist, wenn diesen ein eigenständiger Raum zur Grundrechtsanwendung unter Berücksichtigung der Unionsgrundrechte zugestanden wird.[2219] Insbesondere die Anwendung der Unionsgrundrechte als Prüfungsmaßstab ermöglicht, dass sich nationale Verfassungsgerichte zur Klärung grundrechtlicher Fragestellungen auf europäischer Ebene einbringen können. Ein Vorteil hiervon ist, dass Grundrechtsfragen zum selben Grundrechtstext gestellt werden können. Die dargestellten Beispiele verdeutlichen, dass der gerichtliche Dialog es erfordert, dass sich das vorlegende Gericht als auch der EuGH auf den Austausch von Argumenten einlassen und sich mit den vorgebrachten Standpunkten auseinandersetzen.[2220]

Durch eine rechtsvergleichende Argumentation kann es dabei auch zu einem Dialog zwischen den nationalen Verfassungsgerichten untereinander über Inhalte gemeineuropäischen Verfassungsrechts kommen.[2221] In der wechselseitigen Bezugnahme nationaler Verfassungsgerichte und dem EuGH in Grundrechtsfragen bietet sich zudem die Chance, dass einem europäischen Grundrechtsdialog eine integrierende Wirkung zukommt.

2217 S. auch *Sauve*, in: Heusel/Rageade (Hrsg.), The Authority of EU Law, 2019, S. 61, 69.

2218 Vgl. *Komárek*, EuConst 9 (2013), S. 420, 424; *Poli*, Der Staat 55 (2016), S. 373, 377; *Buchholtz*, DÖV 2017, S. 837, 843.

2219 Vgl. *Cartabia*, EuConst 5 (2009), S. 5, 25; *Thym*, EuConst 9 (2013), S. 391, 408; *Kühling/Drechsler*, NJW 2017, S. 2950, 2955; zur Einordnung eines Urteils eines mitgliedstaatlichen Gerichts, das nach einem Vorabentscheidungsverfahren ergangen ist, als „gemeinsame Entscheidung“ des jeweiligen Gerichts und des EuGH s. *Schnettger*, Verbundidentität, 2020, S. 353f.

2220 So auch etwa *Krämer/Märten*, EuR 2015, S. 169, 174; *Torres Pérez*, in: de Witte/Mayoral/Jaremba/Wind/Podstawa (Hrsg.), National Courts and EU Law, 2016, S. 191, 195.

2221 S. dazu *Wendel*, Der Staat 52 (2013), S. 339, 360ff.

Abhängig von dem Status des Grundrechtsschutzes in dem jeweiligen Mitgliedstaat kann sich das arbeitsteilige Zusammenwirken von EuGH und nationalen Gerichten positiv für den betroffenen Bürger auswirken.[2222]

Zum Wesen des Dialogs gehört es, Differenzen aufzuzeigen und sich über diese zu verständigen.[2223] Treffen Verfassungsgerichte im Rahmen einer Güterabwägung andere Wertungen als der EuGH besteht nicht zwangsläufig eine zu vermeidende Kollisionslage; bei unbestimmten Rechtsbegriffen und bipolaren Grundrechtsverhältnissen sind vielmehr unterschiedliche Abwägungsansätze denkbar, ohne dass rechtliche Mängel auftreten.[2224] Zu beachten ist jedoch, dass nationale Verfassungsgerichte im Zweifel zur Vorabentscheidung an den EuGH verpflichtet sind, etwa um die Reichweite eines nationalen Spielraums zu erfragen.[2225] Wie die sog. *Taricco*-Rechtsprechung zeigt, können und sollten nationale Verfassungsgerichte ein erneutes Vorabentscheidungsverfahren einleiten, wenn nach einer Entscheidung des EuGH weiterhin eine verfassungsrechtliche Konfliktlage besteht.[2226]

Ein regelmäßiger und intensiver Dialog zwischen den obersten nationalen Gerichten und den europäischen Gerichten kann insofern dazu beitragen, dass weder die Autorität des Unionsrechts noch die Autorität des nationalen Verfassungsrechts beeinträchtigt werden.[2227] Auch die institutionelle Heterogenität hinsichtlich der Gerichtsbarkeit in den Mitgliedstaaten verlangt eine „Aushandlung" des europäischen Rechts, welche in rechtsfort- und -rückbildenden Gerichtsdialogen erfolgt.[2228] Dabei kann eine europaweiten Debatte über die gemeinsame Wertebasis der Union

2222 S. etwa die Rechtssache *Österreichischer Rundfunk*, in der es dem Österreichischen Verfassungsgerichtshof erst durch die Entscheidung des EuGH ermöglicht wurde, Grundrechte in Stellung zu bringen und aufgrund des Vorrangs des Unionsrechts eine nationale Regelung als grundrechtswidrig zu bewerten, *Öhlinger*, in: Karl (Hrsg.), Internationale Gerichtshöfe, 2005, S. 123, 129ff.

2223 *Wendel*, Der Staat 52 (2013), S. 339, 361.

2224 Vgl. *Schmahl*, in: Härtel (Hrsg.), Handbuch Föderalismus, 2012, S. 411, 439.

2225 *Thym*, JZ 2015, S. 53, 56.

2226 Dies wäre auch im *PSPP*-Verfahren ein denkbarer Weg gewesen, um die Annahme des BVerfG, dass die Entscheidung des EuGH im Vorabentscheidungsverfahren einen *Ultra-vires*-Akt darstellt, zu vermeiden, s. *Möllers*, EuZW 2020, S. 503, 505; *Mayer*, JZ 2020, S. 725, 731; s. auch Schlussanträge GA *Tanchev*, *A.B. u.a. (Nomination des juges à la Cour suprême - Recours)*, Rs. C-824/18, EU:C:2020:1053, Rn. 80f.

2227 *Sauve*, in: Heusel/Rageade (Hrsg.), The Authority of EU Law, 2019, S. 61, 70.

2228 Vgl. *Haltern*, Europarecht, Bd. II, 2017, § 10, S. 529f.

entstehen, was sich als zeitintensiv und als sich stetig entwickelnder Prozess erweist.[2229]

Für einen funktionierenden Dialog ist es erforderlich, dass der EuGH seine Entscheidungen ausführlicher begründet und somit seine argumentative Überzeugungskraft anhand nachvollziehbarer dogmatischer Gründe steigert.[2230] Dabei sollte sich der Gerichtshof zukünftig noch konstruktiver auf mitgliedstaatliche Kritik sowie verfassungsrechtliche Besonderheiten einlassen und diese ernst nehmen.[2231] Nationale Verfassungsgerichte sollten insofern ihre Argumente und ihr Grundrechtsverständnis deutlich darlegen.[2232]

E. Ergebnis

Festzuhalten ist, dass aus unionsrechtlicher Perspektive und aus mitgliedstaatlicher Perspektive, wie etwa das Beispiel der Bundesrepublik Deutschland zeigt, eine Doppelbindung der Mitgliedstaaten an Unionsgrundrechte und nationale Grundrechte möglich ist. Die Unionsgrundrechte wurden erstmals vom Österreichischen Verfassungsgerichthofs als Prüfungsmaßstab anerkannt. Diesem folgten weitere nationale Verfassungsgerichte, wie die *Corte costituzionale* und das Bundesverfassungsgericht in seinen Beschlüssen zum sog. *Recht auf Vergessen* im Jahr 2019, was die nationale Grundrechtsdogmatik erheblich ändern wird. Die Anwendung der Grundrechtecharta kann dazu führen, dass nationale Verfassungsgerichte einem möglichen Bedeutungsverlust entgegenwirken. Zu betonen ist dabei, dass nationale Verfassungsgerichte als letztinstanzliche Gerichte bei der Auslegung der Unionsgrundrechte der Vorlagepflicht des Art. 267 Abs. 3 AEUV unterliegen.

2229 Vgl. *Pernice*, DVBl. 2000, S. 847, 853.

2230 So auch *Cartabia*, EuConst 5 (2009), S. 5, 29ff.; zwar sind die Schlussanträge der Generalanwälte hinsichtlich der Begründung oft deutlich ausführlicher, diese sind jedoch formal nicht Teil der Entscheidungsbegründung. Auch folgt der EuGH diesen nicht immer oder nur eingeschränkt; *Komárek*, EuConst 9 (2013), S. 420, 433, geht davon aus, dass die stellenweise kurze Begründung des EuGH ein Grund dafür ist, weshalb nationale Verfassungsgerichts auf die Einleitung eines Vorabentscheidungsverfahrens verzichten.

2231 *Claes*, GLJ 16 (2015), S. 1331, 1342.

2232 *De Visser*, Human Rights Review 15 (2014), S. 39, 47; vgl. auch *Schnettger*, Verbundidentität, 2020, S. 377ff.

Wenden nationale Verfassungsgerichte die Grundrechtecharta als Prüfungsmaßstab an, sollte diesen die Möglichkeit verbleiben, eigene Vorstellungen im europäischen Grundrechtsdiskurs zu entfalten. Insofern kommt eine Rücknahme der Kontrolldichte des EuGH in Betracht, die vergleichbar mit dem durch die Rechtsprechung des EGMR entwickelten Instituts der *margin of appreciation* ausgestaltet werden kann.

Nationale Grundrechtsgewährleistungen können nach Art. 53 GRC berücksichtigt werden, wenn das Unionsrecht keine vollständige Harmonisierung bewirkt und durch die Anwendung nationaler Grundrechte weder der Vorrang noch die Einheit und die Wirksamkeit des Unionsrechts beeinträchtigt werden.[2233] In unionsrechtlich determinierten Situationen kann in Einzelfällen die Beachtung nationaler Grundrechte nach Art. 4 Abs. 2 EUV in Betracht kommen, wobei strengere Anforderungen zu stellen sind als an die Möglichkeit der Berücksichtigung nach Art. 53 GRC.

In sämtlichen Konstellationen ist ein Dialog zwischen dem EuGH und nationalen Verfassungsgerichten erforderlich, um eine effektive Kooperation, die zu einem verbesserten Grundrechtsschutz in der Union führen kann, zu erreichen. Als Verfahren steht dabei insbesondere das Vorabentscheidungsverfahren nach Art. 267 AEUV zur Verfügung.

2233 S. auch EuGH, *Pelham u.a.*, Rs. C-476/17, EU:C:2019:624, Rn. 80f.

4. Kapitel: Verhältnis der Unionsgrundrechte und nationalen Grundrechte nach dem Beitritt der EU zur EMRK

Die bisherige Darstellung berücksichtigte die Auswirkungen der EMRK auf die Unionsgrundrechte und die nationalen Grundrechtsgewährleistungen *de lege lata* – vor einem Beitritt der EU zur EMRK. Bereits seit Jahrzehnten wird über einen solchen lebhaft debattiert.[2234] Einen ersten Beitrittsvorschlag unterbreitete die Kommission im Jahr 1979.[2235] Das Europäische Parlament forderte den Rat und die Kommission in einer Entschließung vom 27.04.1979 dazu auf, „unverzüglich den Beitritt der Europäischen Gemeinschaft zur Europäischen Menschenrechtskonvention vorzubereiten."[2236] In der Folgezeit gab es zwar vereinzelte Initiativen einen Beitritt voranzutreiben. Zur Aufnahme von Beitrittsverhandlung kam es indes nicht.[2237] Im Jahr 1994 stellte der Rat einen Antrag an den EuGH zur Erstellung eines Gutachtens, um zu klären, ob ein Beitritt der damaligen Gemeinschaft mit dem EGV vereinbar ist. Dies verneinte der EuGH, da ausgehend vom Prinzip der begrenzten Einzelermächtigung nach dem damaligen Art. 3b Abs. 1 EGV eine Rechtsgrundlage für den Beitritt fehle, insbesondere aufgrund der verfassungsrechtlichen Dimension eines Beitritts könne diese nicht auf die sog. Vertragsabrundungskompetenz des Art. 235 EGV (inzwischen Art. 352 AEUV) gestützt werden.[2238] Ein Beitritt zur EMRK könne nur im Wege einer Vertragsänderung vorgenommen werden.[2239]

2234 S. den Vorschlag des ehemaligen Kanzlers des EGMR *Heribert Golsong* im Jahr 1978, *Golsong*, EuGRZ 1978, S. 346, 350ff.; zu weiteren Nachweisen s. *Engel*, Beitritt der EU zur EMRK, 2015, S. 1, Fn. 5.

2235 Kommission der Europäischen Gemeinschaften, Memorandum zum Beitritt der Gemeinschaften zur Menschenrechtskonvention v. 04.04.1979, COM/1979/0210 final, abgedruckt in: EuGRZ 1979, S. 330ff.; *Schneiders*, Grundrechte der EU und die EMRK, 2010, S. 248.

2236 Entschließung zum Beitritt der Europäischen Gemeinschaft zur Europäischen Menschenrechtskonvention v. 27.04.1979, ABl. C 127 v. 21.05.1979, S. 69f.

2237 S. zur weiteren Entwicklung m. Nachweisen etwa *Michl*, Überprüfung des Unionsrechts, 2014, S. 55ff.

2238 EuGH, *EMRK-Beitritt I*, Gutachten 2/94, EU:C:1996:140, Rn. 23ff.

2239 EuGH, *EMRK-Beitritt I*, Gutachten 2/94, EU:C:1996:140, Rn. 35.

Insbesondere im Zuge der Ausarbeitung der Grundrechtecharta gab es erneut Forderungen zur Verwirklichung des Beitritts der EU zur EMRK.[2240] Eine entsprechende Vertragsänderung erfolgte allerdings erst mit dem Vertrag von Lissabon, durch den in Art. 6 Abs. 2 S. 1 EUV festgeschrieben wurde, dass die „Union (...) der Europäischen Konvention zum Schutz der Menschenrechte und Grundfreiheiten bei[tritt].“[2241] Nach dem Inkrafttreten des 14. ZP zur EMRK und der damit in Art. 17 des Protokolls vorgesehenen erfolgten Änderung des Art. 59 EMRK, der nunmehr in Absatz 2 normiert, dass die Europäische Union der Konvention beitreten kann, begannen die Beitrittsverhandlungen im Juli 2010.[2242] Im Jahr 2013 wurden die Verhandlungen abgeschlossen und der EuGH wurde um eine Stellungnahme über die Vereinbarkeit des zwischen den 47 Vertragsstaaten der EMRK und der EU ausgehandelten Beitrittsabkommens ersucht.[2243] Der EuGH erklärte in seinem Gutachten, dass das Abkommen nicht mit Art. 6 Abs. 2 EUV und dem Protokoll (Nr. 8) zu Art. 6 Abs. 2

2240 S. die Nachweise bei *Spiekermann*, Folgen des Beitritts der EU zur EMRK, 2013, S. 10f.

2241 S. zur Erarbeitung und Diskussion der Vorgängernorm im vorgesehenen Verfassungsvertrag, die unverändert als Art. 6 Abs. 2 EUV übernommen wurde *Michl*, Überprüfung des Unionsrechts, 2014, S. 65ff.; diese Norm ermöglicht nicht nur den Beitritt zur EMRK, sondern begründet eine entsprechende Verpflichtung der EU, vgl. *Pache/Rösch*, EuR 2009, S. 769, 779f.; *Jacqué*, CMLR 48 (2011), S. 995, 995; *Terhechte*, Konstitutionalisierung, 2011, S. 82; *Obwexer*, EuR 2012, S. 115, 116f.; *Streinz*, in: Breuer/Epiney/Haratsch/Schmahl/Weiß (Hrsg.), FS Klein, 2013, S. 687, 688; *Wollenschläger*, in: Hatje/Müller-Graff (Hrsg.), Europäisches Organisations- und Verfassungsrecht, 2014, § 8, Rn. 40; *Peers*, GLJ 16 (2015), S. 214, 218.

2242 S. zu den Verhandlungen etwa *Obwexer*, EuR 2012, S. 115, 123ff.; *Polakiewicz*, EuGRZ 2013, S. 472, 473f.; *Streinz*, in: Breuer/Epiney/Haratsch/Schmahl/Weiß (Hrsg.), FS Klein, 2013, S. 687, 690f.; *Engel*, Beitritt der EU zur EMRK, 2015, S. 10ff.

2243 Das Beitrittsabkommen ist in Anhang I des Zwischenberichts an das Ministerkomitee zur Unterrichtung über die Verhandlungen über den Beitritt der Europäischen Union zur Europäischen Menschenrechtskonvention enthalten, s. Fifth Negotiation meeting between the CDDH ad hoc Negotiation Group and the European Commission on the Accession of the European Union to the European Convention on Human Rights, Final Report to the CCDH, 05.04.2013, 47+1(2013)008rev2, https://www.echr.coe.int/Documents/UE_Report_CDDH_ENG.pdf; zu dem Abkommen etwa *Gragl*, CMLR 51 (2014), S. 13ff.

EUV vereinbar ist.[2244] Nach diesem Gutachten schien der Beitritt in ungewisse Ferne gerückt zu sein.[2245]

Da die Union zu einem Beitritt zur EMRK weiterhin verpflichtet ist, prüfte die Kommission Möglichkeiten, um die vom Gerichtshof angesprochenen Probleme in der Arbeitsgruppe des Rates einer Lösung zuzuführen.[2246] Nachdem die Beratungen in dieser Arbeitsgruppe erfolgversprechend verlaufen sind, strebte die Kommission die Wiederaufnahme der Beitrittsverhandlungen an, [2247] welche nunmehr im Herbst 2020 begonnen haben.[2248] Zwar handelt es sich dabei nur um einen ersten Schritt und der Ausgang dieser Verhandlungen ist freilich offen. Dennoch besteht Anlass zu der optimistischen Einschätzung, dass der Beitritt in baldiger Zukunft erfolgen kann.

Aus diesem Grund sollen nachfolgend zunächst die zentralen Bestimmungen des bereits ausgehandelten Entwurfs eines Beitrittsabkommens der EU zur EMRK dargestellt werden, um das Gutachten 2/13 des Gerichtshofs einzuordnen und kritisch zu betrachten (A.). Es wird sich zeigen, dass der Beitritt der EU zur EMRK weiterhin notwendig und möglich ist (B.). Daher kann abschließend auf die wesentlichen Folgen eines Beitritts für den europäischen Grundrechtsschutz eingegangen werden (C.).

2244 EuGH, *EMRK-Beitritt II*, Gutachten 2/13, EU:C:2014:2454.

2245 So etwa *Grabenwarter*, in: Schumann (Hrsg.), Hierarchie, Kooperation und Integration, 2015, S. 129, 151; *Kämmerer*, NVwZ 2015, S. 1321, 1326; *Thorarensen*, in: Arnardóttir/Buyse (Hrsg.), Shifting Centres of Gravity in Human Rights Protection, 2016, S. 79, 98 geht davon aus, dass es sogar wahrscheinlicher ist, dass der Beitritt gar nicht erfolgen werde.

2246 Europäische Kommission, Bericht über die Anwendung der Charta der Grundrechte der Europäischen Union 2016, COM(2017) 239 final, S. 9.

2247 Europäische Kommission, Die Stärkung der Rechtsstaatlichkeit in der Union, Ein Konzept für das weitere Vorgehen, COM(2019) 343 final, S. 9.

2248 S. Joint statement on behalf of the Council of Europe and the European Commission v. 29.09.2020, https://www.coe.int/en/web/portal/-/the-eu-s-accession-to-the-european-convention-on-human-rights; zu ersten Vorschlägen für Regelungen in einem neuen Beitrittsabkommen, s. 7th Meeting of the CDDH ad hoc negotiation group ("47+1 Group") on the accession of the European Union to the European Convention on Human Rights, Meeting Report v. 26.11.2020, https://rm.coe.int/cddh-47-1-2020-r7-en/1680a08c5c.

A. Entwurf des Beitrittsabkommens und Gutachten 2/13

I. Entwurf des Beitrittsabkommens

Der Abkommensentwurf sieht zunächst in Art. 1 Abs. 3 vor, dass die Union, ihre Organe sowie Personen, die in ihrem Namen handeln, umfassend an die EMRK gebunden sind. Dabei wird davon ausgegangen, dass die EU den gleichen Stauts wie die übrigen Konventionsstaaten haben soll, sofern die Eigenschaft der EU als nicht-staatliche Einheit nicht etwas anderes erfordert.[2249] Maßnahmen der Mitgliedstaaten der Union, die der Umsetzung von Unionsrecht dienen, sollen diesen zugerechnet werden, was der Verantwortung der Union für diese Maßnahme nicht entgegensteht, Art. 1 Abs. 4. Es können somit Fälle auftreten, in welchen ein Urteil des EGMR die Kompetenzabgrenzung zwischen den Mitgliedstaaten und der Union berührt. Dies gilt insbesondere vor dem Hintergrund, dass ein Großteil des Unionsrechts von Mitgliedstaaten umzusetzen ist. Beschwerdeführer werden sich daher häufig gegen einen Mitgliedstaat wenden. Gerade wenn den Mitgliedstaaten kein oder nur ein sehr eingeschränkter Umsetzungsspielraum verbleibt, ergibt sich die Situation, dass nach einem Beitritt der EU zur EMRK eine Vertragspartei, die Union, den angegriffenen Rechtsakt erlassen hat, während eine andere Vertragspartei, ein Mitgliedstaat, diesen ausführt. Es stellt sich dabei die Frage, ob die Union oder der Mitgliedstaat für eine mögliche Verletzung der Gewährleistungen der EMRK verantwortlich ist, wobei die Kompetenzverteilung und die Auslegung des Sekundärrechts entscheidend sein kann.[2250] Art. 3 sieht daher einen sog. *„co-respondent mechanism“* (Mechanismus des Mitbeschwerdegegners) vor, wonach die Union oder ein Mitgliedstaat in einem Verfahren weiterer Beschwerdegegner bzw. -gegnerin und somit Partei einer Rechtssache werden, was der Entscheidung des EGMR obliegt.[2251] Art. 3 Abs. 2 des Abkommens bestimmt, dass die Union Mitbeschwerdegegnerin in einem Verfahren werden kann, wenn die behauptete Verletzung der EMRK zugleich die Frage der Vereinbarkeit einer Bestimmung des Unionsrechts mit

2249 Besonderheiten ergeben sich nach Art. 7 des Abkommensentwurfs etwa hinsichtlich des Status und der Beteiligung der EU im Ministerkomitee des Europarats, *Kadelbach*, in: Kadelbach/Rensmann/Rieter (Hrsg.), Judging International Human Rights, 2019, S. 171, 188.

2250 *Jacqué*, CMLR 48 (2011), S. 995, 1013f.; *Kadelbach*, in: Kadelbach/Rensmann/Rieter (Hrsg.), Judging International Human Rights, 2019, S. 171, 190.

2251 Entsprechend dem deutschen Verwaltungsrecht könnte insofern von „notwendiger Beteiligung“ gesprochen werden, *Polakiewicz*, EuGRZ 2013, S. 472, 476.

der EMRK aufwirft. Art. 3 Abs. 3 des Abkommens sieht vor, dass bei einer Beschwerde gegen die Union ein oder mehrere Mitgliedstaaten Mitbeschwerdegegner werden können, wenn die Vereinbarkeit von Primärrecht mit der EMRK infrage steht. Nach Art. 3 Abs. 5 des Abkommens prüft der EGMR im Wege einer Plausibilitätskontrolle, ob die Voraussetzungen des Art. 3 Abs. 2 und 3 des Abkommens vorliegen, wenn ein entsprechender Antrag zur Zulassung als Mitbeschwerdegegner gestellt wurde. Dieser Mechanismus hat zum Ziel, dass der EGMR nicht selbst über die Verteilung der Kompetenzen zwischen Union und Mitgliedstaaten entscheidet und Lücken bei Prozessbeteiligung, Verantwortlichkeit und Durchsetzbarkeit vermieden werden.[2252]

Nach einem Beitritt der EU zur EMRK können Einzelne nationale Umsetzungsmaßnahmen von Unionsrecht im Individualbeschwerdeverfahren nach Art. 35 EMRK rügen, wobei nicht sichergestellt werden kann, dass der EuGH das streitgegenständliche Unionsrecht etwa hinsichtlich der Vereinbarkeit mit den Unionsgrundrechten prüfen konnte. Aus diesem Grund normiert Art. 3 Abs. 6 des Abkommens, dass in einem Verfahren, in dem die Union weitere Beschwerdegegnerin ist, der EuGH die Möglichkeit haben soll, die unionsrechtlichen Bestimmungen auf ihre Vereinbarkeit mit dem Unionsrecht zu prüfen, sofern dies noch nicht erfolgte (sog. Vorabbefassungsverfahren). Die Union hat hierbei Sorge dafür zu tragen, dass diese Prüfung zeitnah erfolgt. Die Befugnisse des EGMR sollen durch dieses Verfahren nicht berührt werden.

II. Gutachten 2/13 als Ende der Beitrittsbemühungen?

Das als „Paukenschlag" bezeichnete Gutachten 2/13 des Gerichtshofs lehnte in (überraschend) deutlicher Weise, entgegen der Stellungnahme der Generalanwältin *Kokott*, die den Beitritt unter bestimmten Voraussetzungen als mit den Verträgen vereinbar erachtet hatte,[2253] eine externe Menschenrechtskontrolle der Union ab.[2254] Insgesamt sind dem Gutachten fünf Kritikpunkte zu entnehmen, auf die im Folgenden eingegangen werden soll.

2252 *Polakiewicz*, EuGRZ 2013, S. 472, 476.

2253 Stellungnahme GA *Kokott*, *EMRK-Beitritt II*, Gutachten 2/13, EU:C:2014:2475.

2254 *Schmahl*, in: Kadelbach (Hrsg.), Die Welt und Wir, 2017, S. 45, 45; von einem „schockierende[n] Ergebnis" sprechend *Gragl*, in: Folz/Isak/Kumin (Hrsg.), Homogenität und/oder Desintegration?, 2017, S. 251, 253.

1. Besondere Merkmale und Autonomie des Unionsrechts

Der EuGH betonte zunächst, dass durch den Beitritt der EU zur EMRK nicht die Autonomie der Unionsrechtsordnung beeinträchtigt werden und insbesondere der Union bei der Ausübung ihrer internen Zuständigkeiten nicht eine verbindliche Auslegung der Regeln des Unionsrechts vorgegeben werden dürfe.[2255] Das Auslegungsmonopol des EGMR für die EMRK wird vom EuGH zwar anerkannt, dies könne jedoch nicht für das Unionsrecht, einschließlich der Grundrechtecharta gelten; insbesondere sollte vom EGMR nicht geprüft werden können, ob eine mitgliedstaatliche Bindung an Unionsgrundrechte besteht.[2256]

Der Gerichtshof stellte sodann „ohne erkennbaren Zusammenhang“ [2257] dar, dass nach Art. 53 EMRK die Vertragsparteien höhere als die durch die EMRK gewährleisteten Schutzstandards für die Grundrechte vorsehen könnten und nach der *Melloni*-Rechtsprechung aus Art. 53 GRC folge, dass durch die Anwendung nationaler Schutzstandards für die Grundrechte weder das in der Charta vorgesehene Schutzniveau noch der Vorrang, die Einheit und die Wirksamkeit des Unionsrechts beeinträchtigt werden dürfe, sodass eine Abstimmung zwischen dem EGMR und dem EuGH möglich sein müsse, um eine Beeinträchtigung des Unionsrechts zu vermeiden.[2258] Eine solche Abstimmung, d.h. eine Regelung zum Verhältnis von Art. 53 GRC und Art. 53 EMRK, ist in dem Beitrittsabkommen jedoch nicht vorgesehen.

Diese Argumentation des Gerichtshofs ist indes nur schwer verständlich und wohl von dem Gedanken getragen, aus Art. 53 EMRK eine Befugnis für die Mitgliedstaaten herleiten zu wollen, um den unionsrechtlichen

2255 EuGH, *EMRK-Beitritt II*, Gutachten 2/13, EU:C:2014:2454, Rn. 183f.; zur besonderen Bedeutung der Autonomie des Unionsrechts im Zusammenhang mit dem Beitritt der EU zur EMRK s. bereits *Lock*, CMLR 48 (2011), S. 1025, 1028ff.

2256 EuGH, *EMRK-Beitritt II*, Gutachten 2/13, EU:C:2014:2454, Rn. 185f.

2257 *Engel*, Beitritt der EU zur EMRK, 2015, S. 314; ähnlich auch *Tomuschat*, EuGRZ 2015, S. 133, 136.

2258 EuGH, *EMRK-Beitritt II*, Gutachten 2/13, EU:C:2014:2454, Rn. 187ff.; eine von der *Melloni*-Rechtsprechung abweichende Auslegung des Art. 53 GRC derart, dass diese Norm sicherstellen solle, dass die Grundrechtsvorgaben der GRC im Anwendungsbereich des Unionsrechts ausschließlich maßgeblich sind, lässt sich dem Gutachten nicht entnehmen, so jedoch *Hwang*, ZEuS 2016, S. 369, 372f., die die Ausführungen des EuGH zu Art. 53 GRC und dem Grundsatz des gegenseitigen Vertrauens verbindet, was dem Gutachten 2/13 in dieser Form jedoch nicht zu entnehmen ist.

Anwendungsvorrang infrage zu stellen.[2259] Ein solches Vorgehen ist jedoch nicht nur deswegen unwahrscheinlich, weil Art. 53 EMRK nicht zu einem höheren Grundrechtsschutz unter Verstoß gegen das anwendbare Recht führen kann, sondern auch weil unionsrechtsintern entweder nach Art. 267 AEUV oder Art. 258f. AEUV Möglichkeiten bestehen, den Vorrang des Unionsrechts sicherzustellen.[2260]

Sodann führte der Gerichtshof den Grundsatz des gegenseitigen Vertrauens zwischen den Mitgliedstaaten an, wonach abgesehen von außergewöhnlichen Umständen, die Beachtung der Grundrechte durch die übrigen Mitgliedstaaten grundsätzlich zu unterstellen ist.[2261] Die EMRK verpflichte die Vertragsstaaten hingegen zur Prüfung, ob in einem anderen Vertragsstaat Grundrechte beachtet werden, sodass „der Beitritt geeignet [ist], das Gleichgewicht, auf dem die Union beruht, sowie die Autonomie des Unionsrechts zu beeinträchtigen."[2262]

Eine Erklärung für diese Kritik könnte darin zu sehen sein, dass der EGMR in asylrechtlichen Fällen Überstellungsverbote auch unterhalb der Schwelle „systemischer Mängel" ausgesprochen hatte, während der EuGH den Grundsatz des gegenseitigen Vertrauens nur in Fällen „systemischer Mängel" als verletzt ansieht.[2263] Es besteht insofern eine materiell-rechtliche Divergenz zwischen der EMRK und dem Unionsrecht, was stets logische Folge einer externen Kontrolle sein und auch durch Regelungen in einem Beitrittsabkommen nicht vermieden werden kann.[2264]

Schließlich kritisierte der EuGH im Zusammenhang mit der Autonomie des Unionsrechts, dass das bislang nicht in Kraft getretene 16. ZP

2259 *Breuer*, EuR 2015, S. 330, 333f.

2260 Vgl. *Breuer*, EuR 2015, S. 330, 334; *de Witte/Imamović*, ELR 40 (2015), S. 683, 696; *Engel*, Beitritt der EU zur EMRK, 2015, S. 315f.; *Lock*, EuConst 11 (2015), S. 239, 257; *Gragl*, in: Folz/Isak/Kumin (Hrsg.), Homogenität und/oder Desintegration?, 2017, S. 251, 257.

2261 EuGH, *EMRK-Beitritt II*, Gutachten 2/13, EU:C:2014:2454, Rn. 192.

2262 EuGH, *EMRK-Beitritt II*, Gutachten 2/13, EU:C:2014:2454, Rn. 194.

2263 S. etwa EGMR (GK), *Tarakhel/Schweiz*, 04.11.2014 – 29217/12, Rn. 103ff.; s. zuvor bereits (GK), *M.S.S./Belgien und Griechenland*, 21.01.2011 – 30696/09; zur gegensätzlichen Rechtsprechung des EuGH s. etwa EuGH, *Abdullahi*, Rs. C-394/12, EU:C:2013:813, Rn. 60; *Edenharter*, Grundrechtsschutz, 2018, S. 823; zu beachten ist, dass sich der EuGH ausgehend von den verb. Rs. *Aranyosi und Căldăraru* dem Verständnis des EGMR angenähert hat, s. dazu *Müller*, ZEuS 2016, S. 345, 358; *Callewaert*, in: Kadelbach (Hrsg.), Die Welt und Wir, 2017, S. 67, 77ff.

2264 *Wendel*, NJW 2015, S. 921, 925; *Gragl*, in: Folz/Isak/Kumin (Hrsg.), Homogenität und/oder Desintegration?, 2017, S. 251, 260.

zur EMRK zur Gefahr einer Umgehung des Vorabentscheidungsverfahrens nach Art. 267 AEUV führen könne.[2265] Das 16. ZP sieht vor, dass Verfassungsgerichte bzw. letztinstanzliche Gerichte der Vertragsparteien sich an den EGMR wenden können, um im Rahmen eines unverbindlichen Gutachtens Grundsatzfragen betreffend die Auslegung oder Anwendung der durch die EMRK oder ihre Protokolle gewährleisteten Rechte und Freiheiten zu klären.[2266] Zwar soll die EU diesem Zusatzprotokoll selbst nicht beitreten, jedoch könne nicht ausgeschlossen werden, dass es zu einer Umgehung des Vorabentscheidungsverfahrens nach Art. 267 AEUV kommen könne, insbesondere wenn Rechte in Rede stünden, die durch die Charta gewährleistet werden und den durch die EMRK anerkannten Rechte entsprechen und bei einem Gutachten nach dem 16. ZP zur EMRK das im Beitrittsabkommen vorgesehene Vorabbefassungsverfahren ausgelöst werde.[2267]

Zwar ist insofern die Gefahr eines „*forum shoppings*" zum Nachteil des Gerichtshofs möglich.[2268] Nicht ganz klar ist jedoch, welches Interesse ein nationales Gericht verfolgen könnte, wenn dieses, anstatt den EuGH im Wege des Vorabentscheidungsverfahrens mit einer unionsrechtlichen Fragestellung zu befassen, ein Gutachtenverfahren zum EGMR einleiten würde.[2269] Damit es überhaupt zu einer Vorabbefassung des EuGH im Rahmen des Mitbeschwerdegegner-Mechanismus kommt, muss ein Mitgliedstaat primärer Beschwerdegegner sein; in dem Gutachtenverfahren des 16. ZP zur EMRK gibt es jedoch keinen Beschwerdegegner, sodass das vom EuGH befürchtete Szenario nur dann eintritt, wenn das Vorabbefassungsverfahren auf das Gutachtenverfahren ausgedehnt würde; zudem steht einer Umgehung des Vorabentscheidungsverfahrens unionsrechtsintern die Vorlagepflicht des Art. 267 Abs. 3 AEUV sowie das Loyalitätsgebot des Art. 4 Abs. 3 EUV entgegen.[2270] Dass die Autonomie der Unionsrechtsordnung im Falle eines Beitritts der EU zur EMRK durch das (fakultative) Gutachtenverfahren des 16. ZP zur EMRK tatsächlich beeinträchtigt werden könnte, ist somit wenig plausibel.[2271]

2265 EuGH, *EMRK-Beitritt II*, Gutachten 2/13, EU:C:2014:2454, Rn. 196ff.

2266 S. zu diesem Verfahren etwa *Thorarensen*, in: Arnardóttir/Buyse (Hrsg.), Shifting Centres of Gravity in Human Rights Protection, 2016, S. 79ff.

2267 EuGH, *EMRK-Beitritt II*, Gutachten 2/13, EU:C:2014:2454, Rn. 197f.; zustimmend *Halberstam*, GLJ 15 (2015), S. 105, 120ff.

2268 *Schmahl*, in: Kadelbach (Hrsg.), Die Welt und Wir, 2017, S. 45, 59.

2269 *Spaventa*, Maastricht J. Eur. & Comp. L. 22 (2015), S. 35, 47f.

2270 *Breuer*, EuR 2015, S. 330, 337.

2271 So auch *Pernice*, CDE 2015, S. 47, 62.

2. Artikel 344 AEUV

Nach Art. 344 AEUV verpflichten sich die Mitgliedstaaten, Streitigkeiten über die Auslegung oder Anwendung der Verträge nicht anders als hierin vorgesehen zu regeln. Nach der ständigen Rechtsprechung des EuGH dürfen internationale Übereinkünfte nicht die in den Verträgen festgelegte Zuständigkeitsordnung und damit die Autonomie des Rechtssystems der Union beeinträchtigen; ein Verstoß gegen Art. 344 AEUV liegt demnach vor, wenn ein Mitgliedstaat zur Feststellung der Verletzung einer unionsrechtlichen Verpflichtung ein anderes Gericht als den EuGH anruft.[2272] Da die EMRK bei einem Betritt zum Bestandteil des Unionsrechts würde, wäre der EuGH bei unionsrechtlichen Rechtsstreitigkeiten, die auch die EMRK betreffen, ausschließlich zuständig.[2273] Der EuGH kritisierte in seinem Gutachten, dass es die Staatenbeschwerde nach Art. 33 EMRK jedoch ermögliche, dass der EGMR Unionsrecht prüfen könne, was auch durch Art. 5 des Beitrittsabkommens[2274] nicht verhindert werde, da dieser lediglich die Tragweite der in Art. 55 EMRK vorgesehenen Verpflichtung zur vorrangigen Anrufung des EGMR bei Fragen im Hinblick auf die Auslegung und Anwendung der EMRK reduziere.[2275] Da das Beitrittsabkommen keinen Ausschluss der Zuständigkeit des EGMR für Streitigkeiten zwischen den Mitgliedstaaten bzw. ihnen und der Union betreffend die Anwendung der EMRK im materiellen Anwendungsbereich des Unionsrechts vorsehe, liege eine Beeinträchtigung des Art. 344 AEUV vor.[2276]

Die Bedenken des EuGH hinsichtlich seiner ausschließlichen Zuständigkeit in unionsinternen Streitigkeiten sind angesichts des deutlichen Wortlauts des Art. 344 AEUV verständlich, können jedoch nicht zu einer Begünstigung der Union derart führen, dass die Beschwerde nach Art. 33 EMRK gänzlich ausgeschlossen wäre.[2277] Der Argumentation des Gerichts-

2272 Vgl. EuGH, *EWR*, Gutachten 1/91, EU:C:1991:490, Rn. 35; *Kommission/Irland*, Rs. C-459/03, EU:C:2006:345, Rn. 123ff.; *Kadi I*, verb. Rs. C-402/05 P und C-415/05 P, EU:C:2008:461, Rn. 282; *Obwexer*, EuR 2012, S. 115, 121.

2273 EuGH, *EMRK-Beitritt II*, Gutachten 2/13, EU:C:2014:2454, Rn. 204.

2274 Art. 5 des Beitrittsabkommens stellt klar, dass Verfahren vor dem EuGH nicht als Verfahren der Streitbeilegung nach Art. 55 EMRK anzusehen sind. Art. 55 EMRK sieht vor, dass Fragen hinsichtlich der Anwendung und Auslegung der EMRK ausschließlich von dem EGMR zu klären sind.

2275 EuGH, *EMRK-Beitritt II*, Gutachten 2/13, EU:C:2014:2454, Rn. 205ff.

2276 EuGH, *EMRK-Beitritt II*, Gutachten 2/13, EU:C:2014:2454, Rn. 208ff.

2277 *Gragl*, in: Folz/Isak/Kumin (Hrsg.), Homogenität und/oder Desintegration?, 2017, S. 251, 263.

hofs ist aber vor allem entgegenzuhalten, dass der EGMR im Fall einer Staatenbeschwerde nach Art. 33 EMRK nicht das Unionsrecht verbindlich auslegt, sondern die Vorschriften der EMRK prüft.[2278] Zudem sind die Mitgliedstaaten unionsrechtlich dazu verpflichtet, einen unionsinternen Streit vor dem Gerichtshof auszutragen, wobei anderenfalls mit dem Vertragsverletzungsverfahren ein wirksamer Rechtsbehelf besteht.[2279]

3. *Co-respondent mechanism*

Hinsichtlich des in Art. 3 des Beitrittsabkommens vorgesehenen *co-respondent mechanism* bzw. Mitbeschwerdegegner-Mechanismus führte der EuGH zunächst aus, dass die im Beitrittsabkommen vorgesehene Plausibilitätskontrolle des EGMR im Hinblick auf einen Antrag der Union oder eines Mitgliedstaats auf Zulassung als Mitbeschwerdegegner bzw. -gegnerin auch die Verteilung der Zuständigkeiten zwischen Union und Mitgliedstaaten erfassen könne und insoweit geeignet sei, in die Verteilung dieser Zuständigkeiten einzugreifen.[2280]

Die Plausibilitätskontrolle des EGMR über die Voraussetzungen des *co-respondent mechanism* kann damit erklärt werden, dass dieser „Herr des Verfahrens" ist.[2281] Dadurch wird nicht die unionsinterne Zuständigkeitsverteilung beeinträchtigt, da der EGMR diese nicht für das Unionsrecht verbindlich entscheidet.[2282] Ferner ist es wahrscheinlich, dass ein Antrag der Kommission bereits eine umfassende Begründung für das Erfordernis der Union als Mitbeschwerdegegnerin enthält, sodass der EGMR regelmä-

---

2278 *Edenharter*, Grundrechtsschutz, 2018, S. 821f.; a.A. *Halberstam*, GLJ 15 (2015), S. 105, 120; *Eeckhout*, Fordham International Law Journal 38 (2015), S. 955, 977 weist zudem darauf hin, dass die Mitgliedstaaten bereits vor dem Beitritt der EU zur EMRK eine Staatenbeschwerde nach Art. 33 EMRK anstrengen können, auch wenn Unionsrecht betroffen ist.

2279 *Schmahl*, in: Kadelbach (Hrsg.), Die Welt und Wir, 2017, S. 45, 58; eine entsprechende Regelung zum Ausschluss der Zuständigkeit des EGMR nach Art. 33 EMRK entspricht zudem „keiner gängigen Praxis in internationalen Übereinkünften", Stellungnahme GA *Kokott*, *EMRK-Beitritt II*, Gutachten 2/13, EU:C:2014:2475, Rn. 116.

2280 EuGH, *EMRK-Beitritt II*, Gutachten 2/13, EU:C:2014:2454, Rn. 223ff.

2281 *Wendel*, NJW 2015, S. 921, 924.

2282 *Breuer*, EuR 2015, S. 330, S. 341; *de Witte/Imamović*, ELR 40 (2015), S. 683, 697; die Skepsis des EuGH jedoch teilend *Halberstam*, GLJ 15 (2015), S. 105, 116f.; *Krenn*, GLJ 16 (2015), S. 147, 152f.

ßig keine Einwände im Rahmen seiner Plausibilitätskontrolle äußern dürfte.[2283]

Zudem bemängelte der EuGH, dass nach Art. 3 Abs. 7 des Beitrittsabkommens eine gemeinsame Haftung von Beschwerdegegner und Mitbeschwerdegegner möglich ist, wobei nicht ausgeschlossen wurde, dass ein Mitgliedstaat dann nicht gemeinsam mit der Union für die Verletzung einer Bestimmung der EMRK haftbar gemacht werden kann, wenn dieser einen Vorbehalt nach Art. 57 EMRK angebracht hat.[2284] Dies stelle einen Verstoß „gegen Art. 2 des EU-Protokolls Nr. 8 [dar], wonach in der Beitrittsübereinkunft sichergestellt werden muss, dass ihre Bestimmungen die besondere Situation der Mitgliedstaaten in Bezug auf die EMRK und insbesondere auf Vorbehalte zu ihr unberührt lassen."[2285]

Diese Argumentation verkennt, dass eine entsprechende Situation letztlich nicht eintreten kann, da eine Beschwerde gegen einen Mitgliedstaat in diesem Fall bereits als unzulässig anzusehen wäre und der *co-respondent mechanism* somit nicht aktiviert werden könnte.[2286]

Schließlich monierte der EuGH die Regel des Art. 3 Abs. 7 des Abkommens, der vorsieht, dass der EGMR nach Anhörung des Standpunkts des Beschwerdeführers entscheiden kann, dass entweder die Union oder der Mitgliedstaat haftet. Die Frage der Haftungsverteilung sei allein in Anwendung unionsrechtlicher Regelungen zu klären; eine entsprechende Festlegung durch den EGMR beeinträchtige daher die besonderen Merkmale der Union.[2287]

Dieser Einwand des EuGH beruht auf einer fehlenden Differenzierung zwischen völkerrechtlicher und unionsrechtlicher Ebene, da sich bei einer fälschlichen Verurteilung der Union anstelle eines Mitgliedstaats eine innerunionale Verpflichtung des Mitgliedstaats aus dem Grundsatz der

---

2283 S. *Engel*, Beitritt der EU zur EMRK, 2015, S. 323f., der auch darauf verweist, dass eine unionsinterne Absicherung derart, dass die antragstellende Kommission zu einer vorherigen Einholung einer Stellungnahme durch den EuGH verpflichtet ist, eine Auflage des EuGH für den Beitritt der EU zur EMRK hätte sein können.

2284 EuGH, *EMRK-Beitritt II*, Gutachten 2/13, EU:C:2014:2454, Rn. 226f.

2285 EuGH, *EMRK-Beitritt II*, Gutachten 2/13, EU:C:2014:2454, Rn. 228.

2286 *Breuer*, EuR 2015, S. 330, S. 341f.; *Engel*, Beitritt der EU zur EMRK, 2015, S. 324f.

2287 EuGH, *EMRK-Beitritt II*, Gutachten 2/13, EU:C:2014:2454, Rn. 229ff.

loyalen Zusammenarbeit nach Art. 4 Abs. 3 EUV ergibt, den Völkerrechtsverstoß zu beseitigen.[2288]

4. Verfahren der Vorabbefassung des Gerichtshofs

Zum Vorabbefassungsverfahren stellte der EuGH zunächst klar, dass dieses so ausgestaltet sein müsse, „dass in jeder beim EGMR anhängigen Rechtssache die Union vollständig und systematisch unterrichtet wird, damit ihr zuständiges Organ in die Lage versetzt wird, zu beurteilen, ob der Gerichtshof über die Frage, die Gegenstand einer solchen Rechtssache ist, bereits entschieden hat, und, sofern dies nicht der Fall ist, dieses Verfahren in die Wege zu leiten."[2289]

Diese Forderung des EuGH nach systematischer Information kann indes unionsintern umgesetzt werden, indem entsprechende Strukturen errichtet werden, um die Mitgliedstaaten dazu zu verpflichten, die Union und den Gerichtshof zeitnah, systematisch und umfassend über die jeweiligen Verfahren zu informieren.[2290]

Zudem werde nach Auffassung des Gerichtshofs der Grundsatz der ausschließlichen Zuständigkeit des EuGH für die verbindliche Auslegung des Unionsrechts dahingehend verletzt, dass das Vorabbefassungsverfahren auf Gültigkeitsfragen hinsichtlich der Rechte aus der EMRK beschränkt sei, sodass es dem EuGH nicht gestattet sei, eine Auslegung des Sekundärrechts vorzunehmen.[2291]

Zuzugeben ist insoweit, dass der Auslegungszuständigkeit der Unionsgerichte insbesondere im Zusammenhang mit grundrechtlichen Fragen eine besondere Bedeutung zukommt.[2292] Da sich die Beschränkung des Vorabbefassungsverfahrens auf Gültigkeitsfragen nur aus dem Erläutern-

---

2288 *Breuer*, EuR 2015, S. 330, 341, 344; *de Witte/Imamović*, ELR 40 (2015), S. 683, 698f. sehen in der Entscheidungsbefugnis des EGMR hinsichtlich der Haftungsverteilung eine mögliche Verletzung der Autonomie des Unionsrechts, weisen jedoch ebenfalls darauf hin, dass eine entsprechende Regelung unionsintern, anstatt in einem völkerrechtlichen Vertrag, geregelt werden sollte.

2289 EuGH, *EMRK-Beitritt II*, Gutachten 2/13, EU:C:2014:2454, Rn. 241.

2290 *Wendel*, NJW 2015, S. 921, 924; *Gragl*, in: Folz/Isak/Kumin (Hrsg.), Homogenität und/oder Desintegration?, 2017, S. 251, 270; *Edenharter*, Grundrechtsschutz, 2018, S. 820.

2291 EuGH, *EMRK-Beitritt II*, Gutachten 2/13, EU:C:2014:2454, Rn. 242ff.

2292 Vgl. Stellungnahme GA *Kokott*, *EMRK-Beitritt II*, Gutachten 2/13, EU:C:2014:2475, Rn. 130ff.

den Bericht zum Beitrittsabkommen[2293] ergibt, stellt dies aber nicht das Beitrittsabkommen als solches infrage, da die entsprechende Formulierung in Art. 3 Abs. 6 „Prüfung der Vereinbarkeit“ auch weitere Auslegungsmöglichkeiten zulässt.

5. Besondere Merkmale des Unionsrechts in Bezug auf die gerichtliche Kontrolle im Bereich der GASP

Hinsichtlich der besonderen Merkmale des Unionsrechts in Bezug auf die gerichtliche Kontrolle im Bereich der GASP betont der EuGH zunächst, dass er, wie sich aus Art. 24 Abs. 1 UAbs. 2 EUV ergebe, „in Bezug auf die Bestimmungen der Verträge über die GASP nur für die Kontrolle der Einhaltung des Art. 40 EUV und die Überwachung der Rechtmäßigkeit bestimmter Beschlüsse nach Art. 275 Abs. 2 AEUV zuständig [ist].“[2294] Somit sind bestimmte Handlungen im Bereich der GASP der gerichtlichen Kontrolle des EuGH entzogen. Nach einem Beitritt der EU zur EMRK könne der EGMR jedoch über die Vereinbarkeit der Bereiche, die der Rechtssprechungsgewalt des EuGH entzogen sind, mit der EMRK entscheiden, sodass die gerichtliche Kontrolle insoweit ausschließlich einem unionsexternen Organ anvertraut wäre.[2295] Da die Zuständigkeit für die gerichtliche Kontrolle von unionsrechtlichen Maßnahmen nicht ausschließlich einem solchen externen Gericht übertragen werden dürfe, verstoße das Beitrittsabkommen gegen die besonderen Merkmale des Unionsrechts, sodass ein Beitritt der Union zur EMRK auch aus diesem Grund nicht möglich sei.[2296]

Dieser Kritikpunkt ist nur wenig überzeugend, da die Verfasser des Vertrags von Lissabon die Verpflichtung der EU zum Beitritt der EMRK nach Art. 6 Abs. 2 EUV bewusst aufgenommen haben, ohne die Zustän-

2293 Draft explanatory report to the Agreement on the Accession of the European Union to the Convention for the Protection of Human Rights and Fundamental Freedoms (47+1(2013)008rev2, Appendix V), Rn. 66; zu einer „großzügigen Interpretation“ der Formulierung „Gültigkeit“ s. *Walter*, in: Kment (Hrsg.), FS Jarass, 2015, S. 145, 156.

2294 EuGH, *EMRK-Beitritt II*, Gutachten 2/13, EU:C:2014:2454, Rn. 249; s. zur Zuständigkeit des EuGH im Bereich der GASP etwa *Fontaine*, Anwendbarkeit und Durchsetzbarkeit, 2018, S. 446ff.

2295 EuGH, *EMRK-Beitritt II*, Gutachten 2/13, EU:C:2014:2454, Rn. 254f.

2296 EuGH, *EMRK-Beitritt II*, Gutachten 2/13, EU:C:2014:2454, Rn. 256f.

digkeit des EuGH im Bereich der GASP zu ändern.[2297] Aus dem Fehlen einer Zuständigkeit des EuGH die Schlussfolgerung zu ziehen, dass daher auch keine Zuständigkeit des EGMR bestehen dürfe, erscheint nur wenig plausibel.[2298] Zudem steht dieses Argument in gewissem Widerspruch zur *Kadi*-Rechtsprechung des EuGH, in der dieser seine eigene Prüfungskompetenz auch mit dem Fehlen einer wirksamen Grundrechtskontrolle auf übergeordneter Ebene der UN begründete.[2299] Angesichts der Verpflichtung des Art. 6 Abs. 2 EUV wäre die „problematische“ Folge, dass im Falle eines Beitritts eine Verantwortlichkeit der Union für einen Verstoß gegen die EMRK bei Handlungen der GASP entstehen kann, ohne dass ein Unionsgericht dies prüfen könnte, hinzunehmen.[2300] Im Ergebnis vertieft der EuGH somit das bestehende Rechtsschutzdefizit im Bereich der GASP, da aus Sicht des Einzelnen ein Beitritt zur EMRK zu einem Zugewinn richterlicher Kontrolle führen würde.[2301]

6. Bewertung

Das Gutachten 2/13 zeigt die Bestrebung des Gerichtshofs, die Autonomie und die Grundprinzipien des Unionsrechts vor einer Infragestellung durch den EGMR zu verteidigen.[2302] Zwar sind einzelne Argumente des EuGH nachvollziehbar, jedoch zeigt sich zugleich, dass einige vermeintliche Probleme bereits innerhalb der Union gelöst werden könnten und der EuGH sich teilweise für die Auslegung entscheidet, die am „beitrittsungünstigsten“ ist.[2303] Dass tatsächlich die Autonomie des Unionsrechts durch das Beitrittsabkommen infrage gestellt wird, ist jedoch nicht ersichtlich, insbesondere da der EGMR das Unionsrecht auch nach einem Beitritt nicht verbindlich auslegen könnte.[2304] Überzeugender ist insofern die differenzierte Stellungnahme der Generalanwältin *Kokott*, die zu dem Ergebnis kommt,

---

2297 Stellungnahme GA *Kokott*, *EMRK-Beitritt II*, Gutachten 2/13, EU:C:2014:2475, Rn. 194; a.A. *Jacqué*, CMLR 48 (2011), S. 995, 1005.

2298 S. *Tomuschat*, EuGRZ 2015, S. 133, 137f.

2299 EuGH, *Kadi I*, verb. Rs. C-402/05 P und C-415/05 P, EU:C:2008:461, Rn. 322ff.

2300 S. zu diesem Einwand *Halberstam*, GLJ 15 (2015), S. 105, 143.

2301 *Wendel*, NJW 2015, S. 921, 926; *Schmahl*, in: Kadelbach (Hrsg.), Die Welt und Wir, 2017, S. 45, 60.

2302 *Pernice*, CDE 2015, S. 47, 71.

2303 Vgl. *Breuer*, EuR 2015, S. 330, 349; ähnlich auch *Nergelius*, Swedish Institute for European Policy Studies (2015), Issue 3, S. 27f.

2304 *Edenharter*, Grundrechtsschutz, 2018, S. 825.

dass die Defizite des Beitrittsabkommens den Beitritt nicht „grundlegend in Frage“ stellten, weshalb das Beitrittsabkommen „vergleichsweise geringfügiger Modifizierungen bzw. Ergänzungen“ bedürfe.[2305] Das Gutachten 2/13 erschwert indes den Beitritt der EU zur EMRK und es wirkt, als ob der EuGH für den Beitritt sehr hohe Hürden errichten wollte, um diesen so schwer wie möglich zu gestalten.[2306]

Im Hinblick auf das Verhältnis der Gerichte untereinander sind die Aussagen des Gerichtshofs ebenfalls kritisch zu sehen: Seine Ausführungen deuten auf ein hierarchisches Verständnis hin und zeigen ein Misstrauen gegenüber den nationalen Gerichten, was dem gerichtlichen Dialog wenig förderlich ist.[2307] Insbesondere gegenüber dem EGMR lässt das Gutachten daran zweifeln, ob der Gerichtshof an einem ernst gemeinten Dialog mit diesem interessiert ist.[2308] Zudem entspricht das Gutachten 2/13 weniger einem konstitutionellen Pluralismus, d.h. der EuGH neigt nicht der Auffassung zu, wonach eine Vielzahl an konstitutionalisierter Rechtsordnungen besteht, die miteinander in Kontakt treten, sondern sieht die Unionsgrundrechte als eigene Rechtsquelle, die von der EMRK unabhängig ist.[2309]

Neben der vielfachen Kritik, die das Gutachten 2/13 im Schrifttum erfahren hat, wurde vereinzelt auch Verständnis für den EuGH geäußert: So ist nach einer Deutung das Gutachten vor dem Hintergrund zu lesen, dass es dem EuGH primär um die Aufrechterhaltung der Funktionsfähigkeit der Union ging, da der Gerichtshof sich etwa angesichts mitgliedstaatlicher Kontrollvorbehalte nicht einem weiteren „unionsexternen Druckfak-

---

2305 Stellungnahme GA *Kokott*, *EMRK-Beitritt II*, Gutachten 2/13, EU:C:2014:2475, Rn. 278.

2306 *De Witte/Imamović*, ELR 40 (2015), S. 683, 704; *Douglas-Scott*, in: Schütze/Tridimas (Hrsg.), Oxford Principles, Vol. I, 2018, S. 383, 403f.; das Fehlen einer konstruktiven Einstellung des EuGH zu einem Beitritt kritisiert *Nergelius*, Swedish Institute for European Policy Studies (2015), Issue 3, S. 38.

2307 *Guerra Martins*, in: Papadopoulou/Pernice/Weiler (Hrsg.), Legitimacy Issues of the European Union, 2. Aufl., 2018, S. 233, 265f.; zur Einschätzung, dass das Gutachten 2/13 einen Dialog zwischen den europäischen Gerichten nicht fördert, s. auch *Nergelius*, Swedish Institute for European Policy Studies (2015), Issue 3, S. 48; s. zu dem in dem Gutachten zum Ausdruck kommenden Misstrauen gegenüber EGMR und den Mitgliedstaaten auch *Walter*, in: Kment (Hrsg.), FS Jarass, 2015, S. 145, 152ff.

2308 *Eeckhout*, Fordham International Law Journal 38 (2015), S. 955, 963ff.

2309 Vgl. *Eeckhout*, Fordham International Law Journal 38 (2015), S. 955, 989; *Gragl*, in: Folz/Isak/Kumin (Hrsg.), Homogenität und/oder Desintegration?, 2017, S. 251, 273f.

tor" aussetzen möchte, der eine Gefahr für die Rechts- und Wertegemeinschaft der Union darstellen könnte.[2310] Einige Argumente des EuGH werden insofern jedenfalls verständlicher, wenn davon ausgegangen wird, dass es ein wesentliches Anliegen des Gerichtshofs war, die „verfassungsrechtliche Ordnung" der Union zu schützen.[2311] Diese Überlegungen sind zwar nicht von der Hand zu weisen, können jedoch nicht darüber hinwegsehen lassen, dass die deutliche Ablehnung eines Beitritts der Union zur EMRK auch auf Argumenten beruht, die nur auf den ersten Blick überzeugend wirken. Die geäußerte Kritik ist an manchen Stellen von Befürchtungen geleitet, die sich in der Realität kaum bewahrheiten dürften, und verkennt, dass einige der angesprochenen Probleme auf Unionsebene zu lösen sind.

Insgesamt führt das Gutachten 2/13 zu der Annahme, dass der EuGH seine eigene Autorität und seine Stellung als „Grundrechtsgericht" stärken und sich als maßgebliches Grundrechtsgericht in der EU positionieren will.[2312] Dieser Eindruck verstärkt sich im Zusammenhang mit den Entscheidungen des EuGH in den Rechtssachen *Åkerberg Fransson* und *Melloni*. Unabhängig von der konkreten Intention des Gerichtshofs hinsichtlich des Gutachtens 2/13 bleiben jedenfalls die hierdurch aufgestellten Hürden bestehen und werden bei den zukünftigen Beitrittsverhandlungen zu beachten sein.

B. Gründe und Möglichkeiten für den Beitritt der EU zur EMRK nach dem Gutachten 2/13

Angesichts des Gutachtens 2/13 und den damit verbundenen Schwierigkeiten hinsichtlich eines zukünftigen Beitritts der EU zur EMRK ist zunächst den Gründen nachzugehen, die diesen Beitritt weiterhin erfordern (I.).

2310 S. *Schmahl*, in: Kadelbach (Hrsg.), Die Welt und Wir, 2017, S. 45, 50ff., die daher einen Beitritt der EU zur EMRK erst dann für erstrebenswert ansieht, wenn die Grundlagen der Union und der unionale Zusammenhalt gesichert sind, *ebd.*, S. 45, 65; s. hingegen zum Vorwurf, dass der EuGH maßgeblich eigene institutionelle Interessen verfolge, *Möllers*, ZEuP 2015, S. 461, 466; *Walter*, in: Kment (Hrsg.), FS Jarass, 2015, S. 145, 158.

2311 Vgl. *Halberstam*, GLJ 15 (2015), S. 105, 113ff.

2312 S. etwa *Pernice*, CDE 2015, S. 47ff.; *Kadelbach*, in: Kadelbach/Rensmann/Rieter (Hrsg.), Judging International Human Rights, 2019, S. 171, 192; s. auch *Tomuschat*, EuGRZ 2015, S. 133, 138, der davon ausgeht, dass der EuGH mit dem Gutachten 2/13 bekräftigt, die „Führungsrolle im europäischen Grundrechtsschutz unter Zurückdrängung des EGMR" zu beanspruchen.

Nach dem Gutachten ist es offensichtlich, dass ein Beitritt der EU zur EMRK nur bei einer Änderung des Beitrittsabkommens oder der Verträge möglich ist. Denkbare Änderungsmöglichkeiten sind daher in einem weiteren Schritt aufzuzeigen (II.).

I. Fortbestehende Notwendigkeit eines Beitritts der EU zur EMRK

Insbesondere nach Inkrafttreten der Grundrechtecharta und der zunehmenden Bedeutung der Unionsgrundrechte in der Rechtsprechung könnte der Beitritt der EU zur EMRK, angesichts des ursprünglichen Hintergrunds eines Beitritts, wonach ein eigenständiger Grundrechtskatalog der damaligen Gemeinschaft kurzfristig für nicht realisierbar angesehen, aber dennoch eine zügige Stärkung des Rechtsschutzes des Einzelnen durch den Beitritt zur EMRK angestrebt wurde,[2313] nicht mehr notwendig sein.[2314] Da die Gewährleistungen der Charta zudem weiter reichen als diejenige der EMRK, wird daran gezweifelt, dass ein Beitritt wesentliche Vorteile hinsichtlich des Grundrechtsschutzes in der Union bringen könnte.[2315] Diese Sichtweise verkennt jedoch, dass einzig ein Beitritt der EU zur EMRK die notwendige Kohärenz im europäischen Grundrechtsbereich sichern und zu einem verbesserten Grundrechtsschutz in Europa führen kann.[2316] Seit Inkrafttreten der Charta ist zu beobachten, dass sich der EuGH zunehmend auf die Charta und weniger auf die EMRK und die Rechtsprechung des EGMR beruft, was zu einer zunehmenden Autonomie der Unionsgrundrechte führen kann.[2317] Diese Entwicklung kann langfris-

---

2313 Vgl. etwa *Michl*, Überprüfung des Unionsrechts, 2014, S. 53f.

2314 In diese Richtung s. etwa *Amalfitano*, General Principles of EU Law and Protection of Fundamental Rights, 2018, S. 49 m.w.N.

2315 *Emmert/Carney*, Fordham International Law Journal 40 (2017), S. 1047, 1166.

2316 *Polakiewicz*, in: FS Stein, 2015, S. 1050, 1070; *Polakiewicz/Suominen-Picht*, EuGRZ 2018, S. 383, 387; kritisch hingegen, da ein Beitritt unter den Bedingungen des EuGH nach dem Gutachten 2/13 zu einem geringeren Grundrechtsschutzniveau führen würde, *Peers*, GLJ 16 (2015), S. 214, 218; skeptisch gegenüber dem Argument der „Kohärenz" *Terhechte*, in: Iliopoulos-Strangas/Pereira da Silva/Potacs (Hrsg.), Beitritt der Europäischen Union zur EMRK, 2013, S. 23, 39f.

2317 *De Búrca*, Maastricht J. Eur. & Comp. L. 20 (2013), S. 168ff.; *Douglas-Scott*, in: Schütze/Tridimas (Hrsg.), Oxford Principles, Vol. I, 2018, S. 383, 398; *Kadelbach*, in: Kadelbach/Rensmann/Rieter (Hrsg.), Judging International Human Rights, 2019, S. 171, 178; so verwies der EuGH im Jahr 2018 in 356 Fällen auf die Charta, im Jahr 2010 finden sich in lediglich 27 Verfahren entsprechende

tig Fragen der Kohärenz im europäischen Grundrechtssystem aufwerfen, wohingegen bei einem Beitritt der Union zur EMRK eine Annäherung der Rechtsprechung des EuGH und des EGMR und damit auch eine geringere Rechtsunsicherheit bei etwaigen Divergenzen zu erwarten ist.[2318]

Nach wie vor ist zudem keine übergeordnete Kontrolle des EuGH möglich. Wesentlicher Vorteil eines Beitritts wäre, dass der EGMR eine externe Kontrolle aus einer „unvorbelasteten“ Perspektive vornehmen könnte, die eine systeminterne Grundrechtskontrolle ergänzt und zu einem Dialog, der den Grundrechtsschutz insgesamt verbessern kann, führt.[2319] Diese Kontrollperspektive soll einer Rechtsordnung inhärente Besonderheiten, die zu einer unangemessenen Abwägung widersprüchlicher Interessen führen können, erkennen und diesen entgegenwirken.[2320] Eine interne, systemeigene Grundrechtskontrolle kann insofern eine externe, internationale Kontrolle nicht ersetzen, sodass ein Beitritt der EU zur EMRK auch der Stärkung ihrer eigenen Glaubwürdigkeit dient.[2321]

Die Glaubwürdigkeit der Union ist aus einem weiteren Grund durch einen Beitritt unter Beweis zu stellen: Die Union verlangt nach den sog. Kopenhagener Kriterien[2322] als Voraussetzung für eine Mitgliedschaft in der EU, dass der Beitrittskandidat Vertragspartei der EMRK ist. Aus diesem Grund ist es nur konsequent, wenn auch die Union selbst der Konvention beitritt.[2323] Ein Beitritt unterstreicht in diesem Sinne die Bedeutung der Grund- und Menschenrechte innerhalb der Union und ist aufgrund der besonderen Bedeutung der Rechtsstaatlichkeit innerhalb der Union geboten.[2324] Der Beitritt ist daher auch als verfassungspolitisches Signal von erheblicher Bedeutung.

Verweise, Europäische Kommission, Bericht über die Anwendung der Charta der Grundrechte der Europäischen Union 2018, COM(2019) 257 final, S. 12.

2318 *Polakiewicz*, EuGRZ 2013, S. 472, 473.

2319 *Callewaert*, in: Kadelbach (Hrsg.), Die Welt und Wir, 2017, S. 67, 69f.

2320 *Spaventa*, Maastricht J. Eur. & Comp. L. 22 (2015), S. 35, 38.

2321 *Callewaert*, in: Niedobitek/Sommermann (Hrsg.), Europäische Union als Wertegemeinschaft, 2013, S. 77, 88.

2322 Schlussfolgerungen des Vorsitzes, Europäischer Rat (Kopenhagen), 21./22.06.1993, SN 180/1/93 REV 1.

2323 *Polakiewicz*, EuGRZ 2013, S. 472, 473; *Spaventa*, Maastricht J. Eur. & Comp. L. 22 (2015), S. 35, 43; *Kadelbach*, in: Kadelbach/Rensmann/Rieter (Hrsg.), Judging International Human Rights, 2019, S. 171, 187f.

2324 Vgl. *Sándor-Szalay/Mohay*, Hungarian Yearbook of International Law and European Law 2013, S. 403, 425; *Douglas-Scott*, in: Schütze/Tridimas (Hrsg.), Oxford Principles, Vol. I, 2018, S. 383, 399.

Mit einem Beitritt können zudem verbliebene Rechtsschutzlücken geschlossen werden: Da alle Mitgliedstaaten der Union Vertragsparteien der EMRK sind, unterliegen sie der Kontrolle des EGMR. Aufgrund des noch nicht erfolgten Beitritts der Union ist jedoch die Ausübung der ihr von den Mitgliedstaaten übertragenen Kompetenzen der Kontrolle des EGMR entzogen, sodass Lücken im europäischen Grundrechtsschutz bestehen.[2325] Einzelne können zwar Maßnahmen der Mitgliedstaaten, welche Unionsrecht umsetzen, in Straßburg prüfen lassen. Dies gilt jedoch nur, soweit den Mitgliedstaaten Umsetzungsspielräume verbleiben. Rechtsschutzlücken lassen sich nicht nur im Bereich der GASP erkennen,[2326] sondern auch etwa im Bereich des Europäischen Zivilprozessrechts.[2327] Angesichts der steigenden Bedeutung der Union in Bereichen wie dem Straf-, Asyl- oder Einwanderungsrecht, und der damit verbundenen Gefahr einer fehlenden bzw. eingeschränkten Kontrollmöglichkeit durch den EuGH, ist der Beitritt mehr denn je geboten.[2328]

Ein Beitritt eröffnet, wie gezeigt, die Möglichkeit, dass die Union in einem Verfahren als *co-respondent* beitritt. Die Union kann somit, insbesondere im Bereich des gegenseitigen Vertrauens, die Verantwortlichkeit für einen möglichen Verstoß gegen die Konvention übernehmen, wodurch weder ein mitgliedstaatlicher Grundrechtsvorbehalt wie etwa der *Solange*-Vorbehalt aktiviert werden könnte, noch der Grundsatz des gegenseitigen Vertrauens beeinträchtigt wird.[2329]

2325 *Callewaert*, in: Kadelbach (Hrsg.), Die Welt und Wir, 2017, S. 67, 68; zu einer weiteren „Lücke“, in der ein konventionswidriger Sachverhalt vom EuGH als nicht grundrechtswidrig beurteilt wurde, eine Beschwerde vor dem EGMR gegen die EU mangels Beitritts unzulässig war, s. EuGH, *Connolly/Kommission*, Rs. C-274/99 P, EU:C:2001:127 sowie, EGMR, *Connolly/15 EU-Mitgliedstaaten*, 09.12.2008 – 73274/01; *Lock*, CMLR 48 (2011), S. 1025, 1027f.; *Gragl*, in: Folz/Isak/Kumin (Hrsg.), Homogenität und/oder Desintegration?, 2017, S. 251, 252.

2326 S. umfassend dazu *Engel*, Beitritt der EU zur EMRK, 2015, S. 86ff.; Zweifel, ob der EGMR in außenpolitischen Konstellationen tätig wird, äußert *Terhechte*, in: Iliopoulos-Strangas/Pereira da Silva/Potacs (Hrsg.), Beitritt der Europäischen Union zur EMRK, 2013, S. 23, 43f.

2327 Vgl. *Wolber*, ZEuP 2017, S. 936, 939ff.

2328 *Douglas-Scott*, in: de Vries/Bernitz/Weatherill (Hrsg.), EU Charter of Fundamental Rights as Binding Instrument, 2015, S. 153, 165; *Spaventa*, Maastricht J. Eur. & Comp. L. 22 (2015), S. 35, 39.

2329 S. *Halberstam*, GLJ 15 (2015), S. 105, 131ff.; s. auch *Spiekermann*, Folgen des Beitritts der EU zur EMRK, 2013, S. 210, die hervorhebt, dass die Mitgliedstaaten derzeit noch die „Verteidigung“ der Union in Fällen mit unionsrechtlichen Bezug übernehmen müssen, wohingegen nach einem Beitritt die Union selbst in der Lage ist, sich vor dem EGMR zu „wehren“.

Auch das weite Verständnis des Gerichtshofs hinsichtlich der Bindung der Mitgliedstaaten an Unionsgrundrechte nach Art. 51 Abs. 1 S. 1 GRC unterstreicht die Notwendigkeit eines Beitritts, da je nach Fallkonstellation die Anwendung des nationalen Grundrechtsschutzniveaus ausgeschlossen ist und in diesen Fällen nur eine eingeschränkte Kontrollmöglichkeit des EGMR besteht.[2330] Nicht zuletzt wird mit einem Beitritt der EU zur EMRK der „Makel" einer fehlenden externen Kontrolle beseitigt. Es zeigt sich somit, dass trotz des Inkrafttretens der Grundrechtecharta der Beitritt weiterhin notwendig ist.

II. Möglichkeiten eines Beitritts

Wie bereits dargestellt, erschwert das Gutachten 2/13 einen Beitritt der EU zur EMRK erheblich. Dieser kann dennoch etwa durch eine Änderung der Verträge, einseitige Erklärungen der Union und der Mitgliedstaaten, EU-interne Vereinbarungen, Erklärungen zur Auslegung der EMRK, eine Erklärung von Vorbehalten nach Art. 57 EMRK oder eine Änderung des Beitrittsabkommens ermöglicht werden.[2331] Änderungen des Beitrittsabkommens „sollten auf ein Minimum reduziert werden", da Ausnahmen als unangemessene Bevorzugung der Union angesehen werden könnten.[2332] Im Folgenden sollen entsprechend der oben dargestellten Kritik des EuGH[2333] Lösungsmöglichkeiten dargestellt werden.

Zur Kritik einer fehlenden Regelung zum Verhältnis von Art. 53 GRC und Art. 53 EMRK ist, wie gezeigt, keine konkrete Problemlage ersichtlich, sodass kein unmittelbarer Handlungsbedarf besteht. Zur Klarstellung könnte aber im Beitrittsabkommen eine Änderung des Art. 53 EMRK festgelegt werden, wonach dieser ergänzt wird und ausdrücklich normiert, dass es den Konventionsstaaten nicht erlaubt ist, aufgrund dieser Norm von vorrangigen internationalen Verpflichtungen abzuweichen.[2334] Dies könnte allerdings auch ohne eine Änderung des Beitrittsabkommens oder

2330 Vgl. *Spaventa*, Maastricht J. Eur. & Comp. L. 22 (2015), S. 35, 40.

2331 S. *Lock*, EuConst 11 (2015), S. 239, 245, der darauf hinweist, dass Vorbehalte nach Art. 57 EMRK nur unter bestimmten Voraussetzungen zulässig sind und etwa Auslegungserklärungen auch von den anderen Vertragsparteien anerkannt werden müssen, weshalb er eine Neuverhandlung des Beitrittsabkommens als vernünftigste Lösungsmöglichkeit erachtet, *ebd.*, S. 245f.

2332 *Polakiewicz/Suominen-Picht*, EuGRZ 2018, S. 383, 387.

2333 4. Kapitel, A., II.

2334 Vgl. *Engel*, Beitritt der EU zur EMRK, 2015, S. 316f.

der EMRK durch eine Erklärung der Mitgliedstaaten der Union erfolgen.[2335] Um der Kritik des Gerichtshofs zu begegnen, wonach der Grundsatz des gegenseitigen Vertrauens einem Beitritt entgegenstehe, könnte es eine Lösung sein, den Anwendungsbereich des *co-respondent mechanism* dahingehend zu erweitern, dass auch derjenige Mitgliedstaat am Verfahren beteiligt werden kann, dessen Rechtsakt im Verfahren maßgeblich ist und aufgrund des gegenseitigen Vertrauens unionsrechtlich allenfalls eingeschränkt überprüfbar ist.[2336] Hinsichtlich des Gutachtenverfahrens nach dem 16. ZP der EMRK könnte im Beitrittsabkommen festgelegt werden, dass die Mitgliedstaaten bei der Umsetzung des Unionsrechts nicht auf dieses Verfahren zurückgreifen können, sofern nicht der EuGH die Anwendung weiterer Grundrechtsstandards ausdrücklich erlaubt, wenngleich eine solche Bestimmung als unionsinterne Angelegenheit nicht in einem völkerrechtlichen Vertrag zu verorten wäre.[2337]

In Bezug auf die Kritik zum *co-respondent mechanism* könnte die vorgesehene Plausibilitätskontrolle des EGMR im Falle eines Antrags der Union, als Partei einem Verfahren gegen einen Mitgliedstaat beizutreten, gestrichen und der Union die Stellung als *co-respondent* nach einem Antrag automatisch eingeräumt werden.[2338] Gleiches gilt für die vom EuGH kritisierte Möglichkeit des EGMR, die Haftung entweder der Union oder eines Mitgliedstaats festzulegen, wenn diese jeweils (Mit-)Beschwerdegegner sind.[2339]

Hinsichtlich des Vorabbefassungsverfahrens ist es denkbar, dass im Beitrittsabkommen eine Klarstellung aufgenommen wird, wonach dem EuGH im Wege der Vorabbefassung, nicht nur dann, wenn Unionsprimär-

---

2335 *Halberstam*, GLJ 15 (2015), S. 105, 126.

2336 *Engel*, Beitritt der EU zur EMRK, 2015, S. 317f.

2337 *Gragl*, in: Folz/Isak/Kumin (Hrsg.), Homogenität und/oder Desintegration?, 2017, S. 251, 262.

2338 *Engel*, Beitritt der EU zur EMRK, 2015, S. 324; *Lock*, EuConst 11 (2015), S. 239, 248; so auch der Vorschlag der EU im Rahmen der wieder begonnen Beitrittsverhandlungen, 7th Meeting of the CDDH ad hoc negotiation group ("47+1 Group") on the accession of the European Union to the European Convention on Human Rights, Meeting Report v. 26.11.2020, https://rm.coe.int/cddh-47-1-2020-r7-en/1680a08c5c.

2339 *Lock*, EuConst 11 (2015), S. 239, 248f.; *Halberstam*, GLJ 16 (2015), S. 105, 137 schlägt vor, dass dem EGMR nicht die Befugnis zukommen soll, eine von der Union festgelegte Haftungsverteilung zu prüfen.

recht, sondern auch wenn Sekundärrecht betroffen ist, Gelegenheit zu geben ist, Auslegungsfragen zu klären.[2340]

Diese Änderungsvorschläge müssten nicht alle zwangsläufig im Beitrittsabkommen aufgenommen werden, sondern könnten auch in Form von Erklärungen oder Protokollen erfolgen, was insbesondere für Probleme gilt, die unionsintern behoben werden können; als größeres Problem bleiben allerdings die Ausführungen des EuGH zu den besonderen Merkmalen des Unionsrechts in Bezug auf die gerichtliche Kontrolle im Bereich der GASP bestehen.[2341] Sofern der Gerichtshof in einem möglichen erneuten Gutachten seine Argumentation nicht revidiert, ist insofern eine Vertragsänderung erforderlich, sodass (auch) eine gerichtliche Kontrolle durch den EuGH möglich ist.[2342] Möglicherweise könnte durch eine gemeinsame Erklärung von Kommission, Rat und Europäischem Parlament, in der die Notwendigkeit des Beitritts der EU zur EMRK auch unter den bestehenden Verträgen betont wird, als deutliche politische Botschaft, der EuGH insoweit zu einer Änderung seiner Auffassung bewegt werden.[2343] Ein Vorbehalt derart, dass der Bereich der GASP von der Zuständigkeit des EGMR ausgenommen ist, dürfte indes kaum mit dem Grundsatz der Gleichheit aller Konventionsparteien vereinbar sein.[2344]

Es zeigt sich, dass wesentliche Probleme des Gutachtens 2/13 mit geringfügigen Änderungen des Beitrittsabkommens und Erklärungen der Mitgliedstaaten gelöst werden können und somit ein Beitritt der EU zur EMRK bei erfolgreicher Fortführung der im Herbst 2020 wieder aufgenommenen Beitrittsverhandlung in absehbarer Zeit realistisch sein kann.[2345] Dies setzt jedoch auch die Bereitschaft des Gerichtshofs voraus, seine Auffassung jedenfalls in Teilen zu überdenken und die Beitrittsverpflichtung des Art. 6 Abs. 2 EUV ernst zu nehmen.

2340 S. bereits Stellungnahme GA *Kokott*, *EMRK-Beitritt II*, Gutachten 2/13, EU:C:2014:2475, Rn. 135.

2341 *Pernice*, CDE 2015, S. 47, 71.

2342 Vgl. *Schmahl*, in: Kadelbach (Hrsg.), Die Welt und Wir, 2017, S. 45, 60; denkbar ist auch, dass Art. 6 Abs. 2 EUV derart geändert wird, dass dieser ausdrücklich zu einem Beitritt verpflichtet trotz der fehlenden Zuständigkeit des EuGH im Bereich der GASP, *Lock*, EuConst 11 (2015), S. 239, 266f.

2343 Vgl. *Spaventa*, Maastricht J. Eur. & Comp. L. 22 (2015), S. 35, 55; *Polakiewicz*, Human Rights Law Journal 36 (2016), S. 10, 22.

2344 *Polakiewicz*, EuGRZ 2013, S. 472, 476; *Edenharter*, Grundrechtsschutz, 2018, S. 829.

2345 Zur Auffassung, dass das Gutachten 2/13 einem Beitritt entgegenstehe s. *Guerra Martins*, in: Papadopoulou/Pernice/Weiler (Hrsg.), Legitimacy Issues of the European Union, 2. Aufl., 2018, S. 233, 238.

C. Wesentliche Folgen eines Beitritts der EU zur EMRK für den europäischen Grundrechtsschutz

Nach einem Beitritt der EU zur EMRK können Einzelne gemäß Art. 34 EMRK Beschwerden unmittelbar gegen die Union richten. Die sich in diesem Zusammenhang sich ergebenden Folgen eines Beitritts der Union waren bereits vielfach Gegenstand rechtswissenschaftlicher Untersuchungen, sodass insbesondere auf Verfahrensfragen und die Modalitäten eines Beitritts nach Art. 218 AEUV nicht näher eingegangen werden soll.[2346] Im Folgenden sollen die wesentlichen Auswirkungen eines Beitritts für das in dieser Arbeit primär betrachtete Verhältnis von Unionsgrundrechten und nationalen Grundrechten dargestellt werden, wozu die Folgen eines Beitritts für die Mitgliedstaaten zu erörtern sind (II.). Zu diesem Zweck ist zunächst zu klären, welche Stellung die EMRK nach einem Beitritt innerhalb des Unionsrechts hat (I.). Im Verhältnis von EGMR und EuGH ist insbesondere fraglich, ob die sog. *Bosphorus*-Vermutung nach einem Beitritt weiterhin Bestand haben kann (III.).

I. Stellung der EMRK innerhalb des Unionsrechts

Nach Art. 216 Abs. 2 AEUV binden die von der Union geschlossenen Übereinkünfte die Organe der Union und die Mitgliedstaaten. Diese werden ab ihrem Inkrafttreten fester Bestandteil des Unionsrechts.[2347] Nach der Rechtsprechung des EuGH nehmen völkerrechtliche Verträge einen Rang zwischen Primär- und Sekundärrecht ein.[2348] Da Art. 218 Abs. 8 UAbs. 2 S. 2 AEUV vorsieht, dass das Beitrittsabkommen der Union zur EMRK eines einstimmigen Beschlusses des Rats bedarf, der erst in Kraft tritt, nachdem alle Mitgliedstaaten im Einklang mit ihren jeweiligen ver-

2346 Umfassend s. etwa *Vondung*, Architektur des europäischen Grundrechtschutzes, 2012; *Spiekermann*, Folgen des Beitritts der EU zur EMRK, 2013; *Michl*, Überprüfung des Unionsrechts, 2014; *Engel*, Beitritt der EU zur EMRK, 2015.

2347 EuGH *Haegeman/Belgischer Staat*, Rs. 181/73, EU:C:1974:41, Rn. 5; *Air Transport Association of America u.a.*, Rs. C-366/10, EU:C:2011:864, Rn. 73; *Kommission/Ungarn (Enseignement supérieur)*, Rs. C-66/18, EU:C: EU:C:2020:792, Rn. 69; Gutachten 1/17, *CETA EU-Kanada*, EU:C:2019:341, Rn. 117.

2348 S. etwa EuGH, Kommission/Deutschland, Rs. C-61/94, EU:C:1996:313, Rn. 52; *Algemene Scheeps Agentuur Dordrecht*, Rs. C-311/04, EU:C:2006:23, Rn. 25; *Kadi I*, verb. Rs. C-402/05 P und C-415/05 P, EU:C:2008:461, Rn 307; *Air Transport Association of America u.a.*, Rs. C-366/10, EU:C:2011:864, Rn. 50.

fassungsrechtlichen Vorschriften zugestimmt haben, ist eine unionsinterne Anhebung der EMRK in den Rang von Primärrecht denkbar.[2349] Auch Art. 52 und 53 GRC legen es nahe, die EMRK im Primärrecht einzuordnen.[2350] Grundrechtecharta und EMRK stehen demnach als Primärrecht nach einem Beitritt der EU gleichrangig nebeneinander.[2351]

Als Bestandteil der Unionsrechtsordnung sind Bestimmungen der Konvention zudem unmittelbar anwendbar, sofern sie „unter Berücksichtigung ihres Wortlauts und im Hinblick auf den Zweck und die Art des Abkommens eine klare und eindeutige Verpflichtung [enthalten], deren Erfüllung oder deren Wirkungen nicht vom Erlass eines weiteren Aktes abhängen."[2352] Angesichts der hinreichend bestimmten und unbedingten Formulierung der Rechte der EMRK ist eine unmittelbare Anwendbarkeit der EMRK, die zugleich ihre Teilnahme am Anwendungsvorrang des Unionsrechts begründet, anzunehmen, wobei die unionsrechtliche Bindung der Mitgliedstaaten an die EMRK nur soweit reicht, wie die Mitgliedstaaten an die Unionsgrundrechte nach Art. 51 Abs. 1 S. 1 GRC gebunden sind.[2353]

2349 S. *Obwexer*, EuR 2012, S. 117, 144, der letztlich von „primärrechtsergänzende[m] Sekundärrecht" spricht.

2350 *Kadelbach*, in: Kadelbach/Rensmann/Rieter (Hrsg.), Judging International Human Rights, 2019, S. 171, 189f.; so im Ergebnis auch etwa *Uerpmann-Wittzack*, EuR 2012, Beiheft 2, S. 167, 174 („Primärrecht zweiter Stufe"); *Edenharter*, Grundrechtsschutz, 2018, S. 816f.; a.A. *Krämer*, ZÖR 69 (2014), S. 235, 248; *Kingreen*, in: Calliess/Ruffert (Hrsg.), EUV/AEUV, 5. Aufl., 2016, Art. 6 EUV, Rn. 27; *Rung*, Grundrechtsschutz, 2019, S. 129; *Streinz*, in: Breuer/Epiney/Haratsch/Schmahl/Weiß (Hrsg.), FS Klein, 2013, S. 687, 693, geht davon aus, dass der EMRK jedenfalls faktisch eine dem Primärrecht vergleichbare Wirkung in der Unionsrechtsordnung zukommt.

2351 A.A. *Pache/Rösch*, EuR 2009, S. 769, 785; *Fontaine*, Anwendbarkeit und Durchsetzbarkeit, 2018, S. 161.

2352 S. etwa EuGH, *Demirel*, Rs. 12/86, EU:C:1987:400, Rn. 14; *The Queen/Minister of Agriculture, Fisheries and Food, ex parte Anastasiou*, Rs. C-432/92, EU:C:1994:277, Rn. 23; *Racke/Hauptzollamt Mainz*, Rs. C-162/96, EU:C:1998:293, Rn. 31; *Eddline El-Yassini*, Rs. C-416/96, EU:C:1999:107, Rn. 25.

2353 Vgl. *Vondung*, Architektur des europäischen Grundrechtschutzes, 2012, S. 126f.; *Michl*, Überprüfung des Unionsrechts, 2014, S. 150ff.; *Rung*, Grundrechtsschutz, 2019, S. 130f.

II. Auswirkungen in den Mitgliedstaaten

Da ein Beitrittsabkommen zunächst nur die Union selbst und nicht ihre Mitgliedstaaten betrifft, könnte davon ausgegangen werden, dass sich im Hinblick auf das jeweilige nationale Recht keine Änderungen ergeben. Jedenfalls für den des Status der EMRK in den Mitgliedstaaten sowie das Verhältnis von nationalen Verfassungsgerichten und dem EGMR in rein innerstaatlichen Sachverhalten hat ein Beitritt keine unmittelbaren Auswirkungen. Dies folgt bereits daraus, dass die Union allgemein keine Regelungskompetenz für Grundrechtsfragen besitzt und somit ein Beitritt zur EMRK nicht über Art. 216 Abs. 2 AEUV unionsrechtliche Verpflichtungen für die Mitgliedstaaten begründen kann.[2354]

Nach einem Beitritt wird die EMRK zum Bestandteil des Unionsrechts, sodass sich in unionsrechtlichen Fallgestaltungen Änderungen auch in den Mitgliedstaaten ergeben können. So hat der Beitritt zur Folge, dass die EMRK zum unmittelbaren Prüfungsmaßstab wird, wenn eine Durchführung i.S.d. Art. 51 Abs. 1 S. 1 GRC vorliegt. Konsequenterweise müssten nationale Verfassungsgerichte daher auch die EMRK als unmittelbaren Prüfungsmaßstab akzeptieren, soweit diese die Unionsgrundrechte als Prüfungsmaßstab anerkannt haben.[2355] Dies hätte etwa für die Rechtsprechung des Bundesverfassungsgerichts zur Folge, dass die EMRK bei der Prüfung der Grundrechte des Grundgesetzes als Auslegungshilfe dient bzw. als mittelbarer Prüfungsmaßstab zur Anwendung kommt, wohingegen sie bei der Anwendung der Unionsgrundrechte als unmittelbarer Prüfungsmaßstab anzusehen wäre.[2356] Angesichts dieser ungewöhnlichen Differenzierung ist die Frage aufgeworfen, ob eine entsprechende Änderung im nationalen Recht erforderlich ist. Jedenfalls aus unionsrechtlicher Perspektive ist dies zu verneinen, da die Union keine Regelungskompetenz für Grundrechtsfragen besitzt. Dies gilt auch nach einem Beitritt der Union zur EMRK, da Art. 6 Abs. 2 S. 2 EUV insoweit klarstellt, dass dieser nicht die in den Verträgen festgelegten Zuständigkeiten der Union ändert.

Sind sowohl Unionsgrundrechte als auch die EMRK anwendbar, sind mögliche Divergenzen im Wege des Dialogs zu lösen, wobei mitgliedstaatliche Gerichte bei Streitigkeiten betreffend die EMRK als Bestandteil des Unionsrechts primär dazu verpflichtet sind, den EuGH nach Art. 267

2354 *Krämer*, ZÖR 69 (2014), S. 235, 248.

2355 *Klein*, DÖV 2020, S. 341, 346.

2356 Zur Stellung der EMRK im deutschen Recht s. oben 1. Kapitel, B., IV., 2., b.; *Klein*, DÖV 2020, S. 341, 346.

AEUV anzurufen.[2357] Dies gilt nicht, wenn die Vereinbarkeit des Primärrechts mit der EMRK infrage steht, da der EuGH insofern keine Zuständigkeit besitzt. Haben nationale Gerichte eine entsprechende Frage nicht dem EuGH vorgelegt, kommt eine Beteiligung des Gerichtshofs bei einem Verfahren vor dem EGMR im Wege des Vorabbefassungsverfahrens in Betracht.

Nach einem Beitritt der Union zur EMRK ist es ferner unwahrscheinlich, dass mitgliedstaatliche Grundrechtsvorbehalte hinsichtlich des Anwendungsvorrangs des Unionsrechts, wie etwa der *Solange*-Vorbehalt des Bundesverfassungsgerichts, noch zur Anwendung kommen können, da der Grundrechtsstandard der Unionsgrundrechte jedenfalls nicht mehr unter das Mindestschutzniveau der EMRK sinken dürfte.[2358]

III. Auswirkungen auf das Verhältnis zwischen EuGH und EGMR

Nach Art. 46 EMRK ist der Gerichtshof nach einem Beitritt der Union zur EMRK formal an die Rechtsprechung des EGMR und die Bindungswirkung seiner Urteile gebunden. Angesichts der bereits existierenden Regelung des Art. 52 Abs. 3 GRC ergeben sich im Verhältnis von Grundrechtecharta und EMRK nach einem Beitritt keine Änderungen. Zudem enthält die Grundrechtecharta überwiegend vergleichbare Regelungen,[2359] sodass die materiell-rechtlichen Folgen eines Beitritts daher begrenzt bleiben werden.[2360]

Eine wesentliche Frage ist jedoch, ob die Rücknahme des Kontrollanspruchs des EGMR gegenüber dem EuGH nach der *Bosphorus*-Rechtsprechung[2361] Bestand haben kann. Die besondere Struktur der Union als Rechtsordnung *sui generis* könnte eine entsprechende Beibehaltung

2357 Zum Stellenwert des Dialogs im Verhältnis von EGMR und nationalen Gerichten s. etwa *Polakiewicz*, in: FS Stein, 2015, S. 1050, 1056f.

2358 *Kadelbach*, in: Kadelbach/Rensmann/Rieter (Hrsg.), Judging International Human Rights, 2019, S. 171, 190.

2359 So ist Art. 4 GRC etwa wortgleich zu Art. 3 EMRK; zu Unterschieden s. etwa das Recht auf Freiheit und Sicherheit, das in Art. 6 GRC in einem Satz, wohingegen dies in Art. 5 EMRK in fünf Absätzen normiert ist.

2360 Vgl. *Obwexer*, EuR 2012, S. 115, 146ff.; *Andreadakis*, in: Vickers/Morano-Foadi (Hrsg.), Fundamental Rights in the EU, 2017, S. 47, 64f.; *Guerra Martins*, in: Papadopoulou/Pernice/Weiler (Hrsg.), Legitimacy Issues of the European Union, 2. Aufl., 2018, S. 233, 256.

2361 Dazu bereits oben 1. Kapitel, B., IV., 1., b.

begründen.[2362] Sowohl der Gedanke der grundsätzlichen Gleichheit der Konventionsstaaten als auch der Sinn und Zweck des Beitritts der Union zur EMRK, die uneingeschränkte Kontrollmöglichkeit, streiten dafür, dass die sog. *Bosphorus*-Vermutung nach dem Beitritt obsolet ist.[2363] Dies könnte dazu führen, dass die Rechtsfigur der *margin of appreciation*[2364] vom EGMR auch zugunsten der Union angewendet wird. Aufgrund der Besonderheiten der Union ist es wahrscheinlich, dass der EGMR eine für das Unionsrecht eigene *margin of appreciation*-Doktrin entwickeln wird, die allerdings angesichts der Gleichheit der Konventionsparteien keinen weitergehenden Beurteilungsspielraum der Union gegenüber dem der weiteren Konventionsparteien vorsehen dürfte.[2365]

Bisher zeigen sich wenige Divergenzen in der Rechtsprechung von EuGH und EGMR, doch sind diese nicht gänzlich ausgeschlossen.[2366] Der Beitritt kann insbesondere dazu führen, dass der EGMR eine Maßnahme für konventionswidrig erachtet, die der EuGH zuvor als mit den Grundrechten vereinbar angesehen hat. Mögliche Konflikte können im Wege des Dialogs, vergleichbar dem Verhältnis von nationalen Verfassungsgerichten und dem EuGH, gelöst werden. Nach einem Beitritt der EU zur EMRK besteht insofern die Möglichkeit eines „direkten" Dialogs zwischen EuGH und EGMR durch das Vorabbefassungsverfahren im Rahmen des *co-respondent mechanism*, sofern das Beitrittsabkommen diesbezüglich

---

2362 *Douglas-Scott*, in: de Vries/Bernitz/Weatherill (Hrsg.), EU Charter of Fundamental Rights as Binding Instrument, 2015, S. 153, 174.

2363 *Haratsch*, ZaöRV 66 (2006), S. 927, 945f.; *Schmahl*, EuR 2008, Beiheft 1, S. 7, 30; *Uerpmann-Wittzack*, EuR 2012, Beiheft 2, S. 167, 181; *Vondung*, Architektur des europäischen Grundrechtschutzes, 2012, S. 262f.; *Polakiewicz*, EuGRZ 2013, S. 472, 482; *Schmahl*, in: Kadelbach (Hrsg.), Die Welt und Wir, 2017, S. 45, 49f.; *Engel*, in: Lorenzmeier/Sancin (Hrsg.), Contemporary Issues of Human Rights Protection, 2018, S. 133, 141ff.; denkbar ist auch, dass die *Bosphorus*-Vermutung auf nationale Verfassungsgerichte erweitert wird, *Kadelbach*, in: Kadelbach/Rensmann/Rieter (Hrsg.), Judging International Human Rights, 2019, S. 171, 191; s. auch *Andreadakis*, in: Vickers/Morano-Foadi (Hrsg.), Fundamental Rights in the EU, 2017, S. 47, 61ff.

2364 S. bereits 3. Kapitel, C., IV., 1.

2365 So *Vondung*, Architektur des europäischen Grundrechtschutzes, 2012, S. 264f.; *Engel*, in: Lorenzmeier/Sancin (Hrsg.), Contemporary Issues of Human Rights Protection, 2018, S. 133, 150f.; a.A. *Hwang*, Europarechtsordnung als Rahmenordnung, 2020, S. 274ff.

2366 Vgl. umfassend *Spiekermann*, Folgen des Beitritts der EU zur EMRK, 2013, S. 140ff.

nicht grundlegend geändert wird.[2367] Die erforderlichen Bestimmungen, insbesondere solche zur Antragsberechtigung, zum Ablauf des Verfahrens und zur Wirkung einer Entscheidung des EuGH, müssten als Ergänzung der EuGH-Satzung im Wege des ordentlichen Gesetzgebungsverfahrens (Art. 281 Abs. 2 AEUV) erlassen werden, ohne dass also ein förmliches Vertragsänderungsverfahren (Art. 48 EUV) erforderlich wäre.[2368] Ferner könnte die EU, wenngleich dies derzeit nicht vorgesehen ist, dem 16. ZP zur EMRK beitreten, sodass der EuGH Fragen zur Auslegung der EMRK dem EGMR vorlegen könnte.[2369] Zwar kann ein Vorlageverfahren vom EuGH zum EGMR zeitintensiv sein, was dem Gebot des effektiven Rechtsschutzes entgegensteht.[2370] Ein solcher Dialog wäre jedoch insofern vorteilhaft, als Vorfestlegungen zu neuen Rechtsfragen durch den EuGH, die im Widerspruch zu einer späteren Rechtsprechung des EGMR stünden, vermieden würden.[2371] Wegen der fehlenden Bindungswirkung einer Antwort des EGMR im Gutachtenverfahren (Art. 5 des 16. ZP), wäre auch die Unabhängigkeit des EuGH nicht gefährdet.[2372] Wie bereits im Verhältnis zwischen mitgliedstaatlichen Gerichten und dem EuGH ist es

2367 Bereits vor dem Beitritt kann ein (indirekter) Dialog zwischen EuGH und EGMR identifiziert werden, s. etwa als Beispiel hierfür, das zu einer Stärkung des Grundrechtsschutzes führte EGMR, *Matthews/Vereinigtes Königreich*, 18.02.1999 – 24833/94 sowie EuGH, *Spanien/Vereinigtes Königreich*, Rs. C-145/04, EU:C:2006:543; *Eeckhout*, Fordham International Law Journal 38 (2015), S. 955, 975; zur Bedeutung des Dialogs im System der Konvention vgl. umfassend *Glas*, Procedural Dialogue, 2016.

2368 S. Stellungnahme GA *Kokott*, *EMRK-Beitritt II*, Gutachten 2/13, EU:C:2014:2475, Rn. 61ff.

2369 Zum Gutachtenverfahren nach dem 16. ZP zur EMRK allgemein s. etwa *Gundel*, EuR 2015, S. 609ff.; *ders*., EuR 2019, S. 421ff.; weitere Nachweise *ebd*., Fn. 4.

2370 Kritisch insoweit *Szczekalla*, in: Heselhaus/Nowak (Hrsg.), Handbuch der Europäischen Grundrechte, 2. Aufl., 2020, § 3, Rn. 39.

2371 Vgl. *Gundel*, EuR 2015, S. 609, 619, der insofern die Rechtsprechung des EuGH anführt, wonach der Schutz von Geschäftsräumen von der Unverletzlichkeit der Wohnung nach Art. 8 EMRK, auch mangels Rechtsprechung des EGMR zu dieser Problematik, zunächst nicht erfasst wurde (EuGH, *Hoechst*, verb. Rs. 46/87 und 227/88, EU:C:1989:337, Rn. 17f.), was in der Folgerechtsprechung allerdings an das Verständnis des EGMR, der auch Geschäftsräume in den Schutzbereich des Art. 8 EMRK einbezieht (EGMR, *Niemitz/Deutschland*, 16.12.1992 – 13710/88, Rn. 28ff.), angepasst wurde (EuGH, *Roquette Frères*, Rs. C-94/00, EU:C:2002:603, Rn. 29).

2372 *Szczekalla*, in: Heselhaus/Nowak (Hrsg.), Handbuch der Europäischen Grundrechte, 2. Aufl., 2020, § 3, Rn. 39, betont, dass ein solches Verfahren nur dann sinnvoll sei, wenn dieses mit einer Bindungswirkung ausgestaltet ist.

für einen funktionierenden Dialog zwischen dem EGMR und dem EuGH erforderlich, dass eine Auseinandersetzung mit den jeweils vorgebrachten Argumenten erfolgt.

5. Kapitel: Zusammenfassung und Ausblick

Über zehn Jahre nach Inkrafttreten der Charta der Grundrechte der Europäischen Union und rund zwanzig Jahre nach ihrer Proklamation sind die Unionsgrundrechte zunehmend in der Rechtsprechung des EuGH sowie der Rechtsprechung nationaler Verfassungs- und Höchstgerichte präsent. Bis Ende 2016 wendete der EuGH die Grundrechtecharta in rund 950 Rechtssachen an und zeigte in Entscheidungen, wie etwa *Google Spain*, *Schrems* und *Facebook Ireland und Schrems*, dass er den Grundrechtsschutz ernst nimmt.[2373]

Der Einfluss des Unionsrechts in den Mitgliedstaaten sowie die unterschiedlichen Vorstellungen zum Verhältnis von Unionsrecht und nationalem Recht können zu Konflikten führen, da die Mitgliedstaaten nach Art. 51 Abs. 1 S. 1 GRC nicht umfassend an Unionsgrundrechte gebunden sind, sondern nur, soweit sie Unionsrecht durchführen. Somit besteht ein wesentlicher Unterschied zur EMRK, da die Konventionsstaaten umfassend an die Gewährleistungen der EMRK gebunden sind. Die Rechtsprechung des EuGH und nationaler Verfassungs- und Höchstgerichte zeigt, dass diese das „letzte Wort" für sich beanspruchen, was zu Divergenzen und Konflikten geführt hat. Nicht zuletzt vor dem Hintergrund der deutlichen Wortwahl des Bundesverfassungsgerichts gegenüber dem EuGH in seinem *PSPP*-Urteil, in dem es dem EuGH eine methodisch nicht mehr vertretbare und objektiv willkürliche Argumentation vorgeworfen hat, birgt die Rechtsprechung von nationalen Verfassungsgerichten und EuGH weiterhin ein erhebliches Konfliktpotential. Im Grundrechtsbereich können insbesondere kompetenzrechtliche und inhaltliche Konflikte sowie Konkurrenzen auftreten.

Von entscheidender Bedeutung ist dabei, in welchen Situationen die Mitgliedstaaten der Union an die Unionsgrundrechte nach Art. 51 Abs. 1 S. 1 GRC gebunden sind. Die Bedeutung des Begriffs „Durchführung des Rechts der Union" im Sinne dieser Vorschrift ist weiterhin nicht vollständig geklärt. Die Auslegung dieser Norm hat gezeigt, dass mit ihr die Grundsätze des Gerichtshofs zur mitgliedstaatlichen Bindung an die damaligen Gemeinschaftsgrundrechte kodifiziert werden sollten. Mitgliedstaaten sind demnach sowohl in der *agency situation* als auch im Rahmen

2373 *Stotz*, ZEuS 2017, S. 259, 260ff.

der Beschränkung von Grundfreiheiten an Unionsgrundrechte gebunden, d.h. sie sind von den Mitgliedstaaten zu beachten, wenn ein Sachverhalt vom Anwendungsbereich des Unionsrechts erfasst ist.

Der EuGH geht seit der Rechtssache *Åkerberg Fransson* von einem grundsätzlichen weiten Verständnis des Art. 51 Abs. 1 S. 1 GRC aus. Seiner bisherigen Rechtsprechung lassen sich Kriterien entnehmen, die trotz des Fehlens einer allgemeingültigen Formel zur Bestimmung der mitgliedstaatlichen Bindung an Unionsgrundrechte zu einer rechtssicheren Handhabung führen. Hiernach ist etwa zu fragen, ob das Unionsrecht für die Mitgliedstaaten bestimmte Verpflichtungen in dem streitgegenständlichen Bereich schafft, ob eine Durchführung des Unionsrechts bezweckt wird, welchen Charakter die nationale Vorschrift hat, welche Ziele mit dieser verfolgt werden, sowie ob es eine Regelung des Unionsrechts gibt, die für diesen Bereich spezifisch ist oder ihn beeinflussen kann.[2374] Keine Bindung besteht hingegen, wenn Mitgliedstaaten in Bereichen handeln, in denen thematisch relevante Bestimmungen des Unionsrechts zwar existieren, diese sich jedoch nicht tatsächlich in rechtlicher Weise auswirken. Aus der Rechtsprechung des EuGH wird somit ersichtlich, dass dieser keine umfassende Bindung der Mitgliedstaaten an die Unionsgrundrechte anstrebt. Der bei einer weitgehenden Bindung der Mitgliedstaaten an Unionsgrundrechte teilweise befürchtete „Verfassungskonflikt“[2375] ist ausgeblieben.

Um den Anwendungsbereich der Grundrechtecharta in den Mitgliedstaaten näher zu bestimmen, bietet sich eine Orientierung an Fallgruppen an, deren Grundlage die Rechtsprechung des EuGH unter Berücksichtigung der Diskussionen und Konkretisierungsansätze im Schrifttum ist. Eine Grundrechtsbindung vermittelt über Primärrecht kommt demnach bei einer Beeinträchtigung von Grundfreiheiten, einer Beschränkung des Freizügigkeitsrechts bzw. des Kernbestands der Unionsbürgerschaft und bei der Verpflichtung zur Beachtung weiterer primärrechtlicher Vorgaben in Betracht. Eine sekundärrechtlich vermittelte Bindung ist anzunehmen, wenn eine nationale Vorschrift in den Anwendungsbereich einer Verordnung oder Richtlinie fällt. Schwierigkeiten ergeben sich dabei insbesondere im Zusammenhang mit Richtlinien, wobei die genauen Konturen und die Gewichtung der Kriterien des EuGH noch nicht abschließend geklärt sind. Enthält ein Sekundärrechtsakt keine bzw. keine spezifischen Regelungen für eine nationale Maßnahme, findet die Charta jedenfalls keine Anwendung.

2374 EuGH, *Hernández u.a.*, Rs. C-198/13, EU:C:2014:2055, Rn. 35ff.
2375 S. etwa *Cremer*, NVwZ 2003, S. 1452ff.; *Scholz*, DVBl. 2014, S. 197, 204.

Insbesondere ein eher weites Verständnis des Art. 51 Abs. 1 S. 1 GRC führt zu der Frage, in welchem Verhältnis Unionsgrundrechte und nationale Grundrechte zukünftig stehen sollten. Es besteht insofern die Gefahr einer „Marginalisierung" der nationalen Grundrechtsgewährleistungen, die zu einem Bedeutungsverlust der nationalen Verfassungsgerichte führen könnte. Um dieser zu begegnen, kommt die Anwendung der Unionsgrundrechte als Prüfungsmaßstab der Verfassungsgerichte in Betracht. Dabei ist eine Bindung der Mitgliedstaaten an nationale und unionale Grundrechtsgewährleistungen möglich. Dies verdeutlichen die wegweisenden Beschlüsse des Bundesverfassungsgerichts zum sog. *Recht auf Vergessen*: Hiernach sind die Unionsgrundrechte Prüfungsmaßstab des Bundesverfassungsgerichts, wenn bei der Anwendung des nationalen Rechts kein Umsetzungsspielraum verbleibt. Im Bereich von gestaltungsoffenem Unionsrecht sind die Grundrechte des Grundgesetzes primärer Prüfungsmaßstab, da insofern vermutet wird, dass diese das Schutzniveau der Charta, wie sie vom EuGH ausgelegt wird, in der Regel mitgewährleisten. Von maßgeblicher Bedeutung ist demnach zukünftig die Abgrenzung zwischen vollvereinheitlichtem und gestaltungsoffenem Unionsrecht. Insbesondere bei Richtlinien können insoweit schwierige Abgrenzungsfragen auftreten, da diese häufig vollharmonisierte Elemente beinhalten und zugleich Ermessensspielräume eröffnen. In Zweifelsfällen muss keine Abgrenzung vorgenommen werden, eine Entscheidung mithin nicht getroffen werden, wenn die Anwendung nationaler Grundrechte und der Unionsgrundrechte zu vergleichbaren Ergebnissen führt. Wenn somit die Frage der Anwendbarkeit des jeweiligen Grundrechtskatalogs in den Hintergrund rückt, kann dies bewirken, dass der Bedeutungsgehalt des infragestehenden Grundrechts ausführlicher erörtert wird.[2376]

Um einen effektiven Grundrechtsschutz zu gewährleisten, ist es erforderlich, dass nationale Besonderheiten auch auf europäischer Ebene berücksichtigt werden können. Die Frage des „letzten Worts" muss dabei im europäischen Grundrechtsverbund offenbleiben und bedarf keiner Beantwortung. EuGH und nationale Verfassungs- und Höchstgerichte können im Wege des Dialogs, der im Vorabentscheidungsverfahren nach Art. 267 AEUV stattfinden kann, Abgrenzungsfragen hinsichtlich der Reichweite des Art. 51 Abs. 1 S. 1 GRC und der Auslegung der Unionsgrundrechte klären. Die europäische Grundrechtsordnung ist insofern nicht als Nebeneinander verschiedener Systeme zu verstehen, sondern sie ist geprägt von

2376 *Holoubek*, in: Becker/Hatje/Potacs/Wunderlich (Hrsg.), FS Schwarze, 2014, S. 109, 138.

Wechselwirkungen und gegenseitigen Bezugnahmen. Der Verzicht auf das „letzte Wort" steht zwar im Widerspruch zu den Grundsätzen der Rechtsklarheit und der Rechtssicherheit, die ein eindeutiges Ergebnis verlangen.[2377] Im Dialog der Gerichte können solche Wirkungen allerdings abgeschwächt werden.

Sowohl der EuGH als auch nationale Verfassungsgerichte können durch eine Kooperation und einem gemeinsamen Dialog ihre Bedeutung im europäischen Grundrechtsraum steigern, wobei insbesondere nationale Verfassungsgerichte ihre Position durch die Partizipation am Grundrechtsdialog nach Art. 267 AEUV verbessern und einer befürchteten Schwächung der eigenen Rollen im nationalen Rechtssystem entgegenwirken können.[2378] Der EuGH ist dazu berufen, „die gemeinsamen Werte und Grundsätze herauszuarbeiten und zusammenzufassen" und muss dies „unter Beachtung der nationalen und der verfassungsrechtlichen Identität der Mitgliedstaaten insbesondere auf Ebene der höchsten Werte tun und dabei die nationalen Besonderheiten beachten und den Richtern Gehör schenken, die diese schützen."[2379] Art. 53 GRC und Art. 4 Abs. 2 EUV sind dabei Ausdruck eines Pluralismus, die eine Ausnahme von der einheitlichen Anwendung des Unionsrechts begründen können, wobei die genauen Bedingungen vom EuGH zu entscheiden sind.[2380] Die Einheit des Unionsrechts verlangt nicht, dass Unionsgrundrechte stets in allen Mitgliedstaaten vollständig gleich angewendet werden; „mitgliedstaatliche Unionsrechte" können sich im Detail unterscheiden.[2381] Nach Art. 53 GRC können nationale Grundrechtsgewährleistungen zur Anwendung kommen, wenn das Unionsrecht keine vollständige Harmonisierung bewirkt, der Standard der Grundrechtecharta dabei nicht unterschritten wird und nicht „Vorrang, Einheit und Wirksamkeit des Unionsrechts" beeinträchtigt werden. Die Berücksichtigung nationaler Grundrechtsstandards ist demgegenüber nach Art. 4 Abs. 2 EUV unter Verweis auf die nationale Identität im Bereich vollständig determinierten Unionsrechts nur unter strengeren Voraussetzungen möglich. Erforderlich ist insofern, dass sich ein Mitgliedstaat auf wesentliche verfassungsrechtliche Inhalte beruft und die entsprechende Bedeutung von dem nationalen Gericht in seinem Vorlagebeschluss nach

2377 *Bergmann*, EuR 2006, S. 101, 101.

2378 Vgl. *Sarmiento*, CMLR 50 (2013), S. 1267, 1302; *Claes*, GLJ 16 (2015), S. 1331, 1336.

2379 *Tizzano*, EuGRZ 2010, S. 1, 8.

2380 *Torres Pérez*, in: Saiz Arnaiz/Alcoberro Llivina (Hrsg.), National Constitutional Identity, 2013, S. 141, 154ff.

2381 *Bäcker*, EuR 2015, S. 389, 407.

Art. 267 AEUV ausführlich dargelegt wird. Der Verweis auf die nationale Identität hat dabei aus unionsrechtlicher Perspektive den Vorteil, dass nur das bilaterale Verhältnis einer mitgliedstaatlichen Rechtsordnung zur Unionsrechtsordnung betroffen und somit nur hinsichtlich des jeweiligen Mitgliedstaats eine besondere Beurteilung geboten ist, während sich ein etwaiger Vorwurf einer unionsrechtlichen Kompetenzüberschreitung zwangsläufig auf den Unionsrechtsakt bzw. unionsrechtliches Handeln insgesamt auswirken muss.[2382] Entsprechende verfassungsrechtliche Identitätsvorbehalte, deren Deutungshoheit nationale Verfassungsgerichte für sich beanspruchen, können insofern zu einem gelingenden Dialog beitragen, da der EuGH dadurch aufgefordert ist, verstärkt auf nationale Besonderheiten Rücksicht zu nehmen. Im Rahmen der Anwendung der Unionsgrundrechte durch mitgliedstaatliche Verfassungsgerichte ist ferner eine Rücknahme der Kontrolldichte durch den EuGH im Vorabentscheidungsverfahren möglich, welche nationale Entscheidungsspielräume eröffnet. Um zukünftige Konflikte zu vermeiden, ist es insofern erforderlich, dass der EuGH den Mitgliedstaaten bei der Beachtung der Unionsgrundrechte größere Entscheidungs- und Abwägungsspielräume als in der bisherigen Rechtsprechung belässt.[2383] Der Dialog nach Art. 267 AEUV kann zwar zu Differenzen führen, aber auch dazu, dass im Wege des Diskurses der Grundrechtsschutz in der Union insgesamt verbessert wird.

Als fehlender „Baustein" ist trotz der zunehmenden Bedeutung der Grundrechtecharta der Beitritt der Europäischen Union zur EMRK erforderlich. Die im Herbst 2020 wieder aufgenommenen Beitrittsverhandlungen sind trotz des ablehnenden Gutachtens 2/13 nicht aussichtslos und könnten zu einem zeitnahen Beitritt der EU zur EMRK führen. Jener Beitritt ermöglicht einen verstärkten Dialog zwischen nationalen Verfassungsgerichten, EuGH und EGMR.[2384] Ein möglichst konsistentes Grundrechtsverständnis der maßgeblichen Akteure in Europa – den nationalen Verfassungsgerichten, dem EuGH sowie dem EGMR – ist notwendig, um eine breite Akzeptanz des europäischen Grundrechtsschutzes zu erhalten. Neben der Gefahr eines „Wettbewerbs" um den bestmöglichen Grundrechtsschutz drohen zwar nationale kulturelle oder historisch begründete Tradi-

2382 Vgl. *Mayer*, JZ 2020, S. 725, 731.

2383 So auch *Michl*, Überprüfung des Unionsrechts, 2014, S. 192, der auch darauf verweist, dass der EuGH im Verhältnis zum EGMR profitieren könnte, da er sodann nach dem EMRK-Beitritt wesentlich glaubwürdiger auf den Wegfall der *Bosphorus*-Vermutung drängen könne.

2384 Vgl. *Guerra Martins*, in: Papadopoulou/Pernice/Weiler (Hrsg.), Legitimacy Issues of the European Union, 2. Aufl., 2018, S. 233, 244.

tionen und Besonderheiten vernachlässigt zu werden. Das Zusammenspiel von Grundrechtecharta, nationalen Grundrechten und den Rechten der EMRK bietet jedoch die Chance, dass in einem „konstruktiven Zusammenwirken" ein „wechselseitiger Lernprozess" gefördert wird, der zu einer Stärkung des Grundrechtsschutzes insgesamt führt.[2385] Die Charta „beauftragt" den EuGH zum Dialog mit den nationalen Verfassungsgerichten und dem EGMR, wobei das Vertrauen der Bürgerinnen und Bürger in zwei europäische Gerichte gesteigert werden kann, wenn diese in einem kooperativen Zusammenwirken gemeinsame Werten teilen.[2386] Ähnlich der EMRK, die zu einem Diskussionsforum für die Entwicklung eines europäischen Wertekodex geworden ist,[2387] kann auch die Grundrechtecharta dazu beitragen, dass sich ein gemeinsames Grundrechtsverständnis auf Unionsebene entwickelt.

Dieser Prozess ist aus rechtswissenschaftlicher Perspektive zu begleiten. Maßgebliche Aufgabe wird es sein, Kriterien für eine einheitliche europäische Grundrechtsdogmatik zu entwickeln. Besondere Herausforderungen ergeben sich etwa hinsichtlich der Frage, wie eine solche im Dialog zwischen den Gerichten entstehen kann, ohne dass nationale Besonderheiten, die es zu schützen gilt, verloren gehen, dieser aber zugleich jene Dogmatik auch nicht einseitig prägen. Insofern ist insbesondere die Anwendung der Unionsgrundrechte durch nationale Verfassungsgerichte zu beobachten, wobei auf eine erhöhte Vorlagebereitschaft dieser zu hoffen ist.

2385 Vgl. *Hofmann-Riem*, NJW 2009, S. 20, 26.
2386 *Lenaerts*, Il Diritto dell'Unione Europea 2018, S. 9, 12, 21.
2387 *Nußberger*, in: Isensee/Kirchhof (Hrsg.), HStR X, 2012, § 209, Rn. 66.

Literaturverzeichnis

Acierno, Silvia, The *Carpenter* judgment: fundamental rights and the limits of the Community legal order, European Law Review 28 (2003), S. 398-407.

Ackermann, Thomas, Case Law, Case note on Case C-36/02, Common Market Law Review 42 (2005), S. 1107-1120.

Aden, Hartmut, Human rights before the courts - Concurrence or complementary protection by the European Court of Human Rights, the European Court of Justice and by national constitutional courts?, in: Brosig, Malte (Hrsg.), Human Rights in Europe – A fragmented Regime?, Frankfurt am Main 2006, S. 57-66.

Adrian, Axel, Grundprobleme einer juristischen (gemeinschaftsrechtlichen) Methodenlehre. Die begrifflichen und („fuzzy"-)logischen Grenzen der Befugnisnormen zur Rechtsprechung des Europäischen Gerichtshofes und die Maastricht-Entscheidung des Bundesverfassungsgerichts, Berlin 2009.

Ahdieh, Robert B., Between Dialogue and Decree: International Review of National Courts, New York University Law Review 79 (2004), S. 2029-2163.

Alber, Siegbert/Widmaier, Ulrich, Mögliche Konfliktbereiche und Divergenzen im europäischen Grundrechtsschutz, Die Ausübungs- und Einschränkungsklauseln für die Grundrechte der Europäischen Union (Art. II-112 EV), EuGRZ 2006, S. 113-123.

Amalfitano, Chiara, General Principles of EU Law and the Protection of Fundamental Rights, Cheltenham, UK; Northampton, MA, USA 2018.

Amoroso, Daniele, Italy, in: Palombino, Fulvia Maria (Hrsg.), Duelling for Supremacy: International Law vs. National Fundamental Principles, Cambridge 2019, S. 184-209.

Anagnostaras, Georgios, Mutual confidence is not blind trust! Fundamental rights protection and the execution of the European arrest warrant: *Aranyosi and Căldăraru*, Common Market Law Review 53 (2016), S. 1675-1704.

Andreadakis, Stelios, Problems and Challenges of the EU's Accession to the ECHR: Empirical Findings with view to the Future, in: Vickers, Lucy/Morano-Foadi, Sonia (Hrsg.), Fundamental Rights in the EU. A Matter for Two Courts, Oxford, Portland 2017, S. 47-67.

Anweiler, Jochen, Die Auslegungsmethoden des Gerichtshofs der Europäischen Gemeinschaften, Frankfurt am Main 1997.

Apostolaki, Mariela/Tzanakopoulos, Antonios, Greece, in: Palombino, Fulvia Maria (Hrsg.), Duelling for Supremacy: International Law vs. National Fundamental Principles, Cambridge 2019, S. 106-126.

Arai-Takahashi, Yutaka, The Margin of Appreciation Doctrine and the Principle of Proportionality in the Jurisprudence of the ECHR, Antwerp u.a. 2002.

Arden, Mary, Peaceful or Problematic? The Relationship Between National Supreme Courts and Supranational Courts in Europe, Yearbook of European Law 29 (2010), S. 3-20.

Arnardóttir, Oddný Mjöll/Guðmundsdóttir, Dóra, Speaking the Same Language? Comparing Judicial Restraint at the ECtHR and the ECJ, in: Arnardóttir, Oddný Mjöll/Buyse, Antoine C. (Hrsg.), Shifting Centres of Gravity in Human Rights Protection: Rethinking Relations between the ECHR, EU, and National Legal Orders, Abingdon, New York 2016, S. 161-188.

Arold Lorenz, Nina-Louisa/Groussot, Xavier/Petursson, Gunnar Thor, The European Human Rights Culture - A Paradox of Human Rights Protection in Europe?, Leiden 2013.

Asche, Josephine, Die Margin of Appreciation, Entwurf einer Dogmatik monokausaler richterlicher Zurückhaltung für den europäischen Menschenrechtsschutz, Berlin, Heidelberg 2018.

Augsberg, Steffen, Von der Solange- zur Soweit-Rechtsprechung: Zum Prüfungsumfang des Bundesverfassungsgerichts bei richtlinienumsetzenden Gesetzen, DÖV 2010, S. 153-160.

Avbelj, Matej/Komárek, Jan, Introduction, in: Avbelj, Matej/Komárek, Jan (Hrsg.), Constitutional Pluralism in the European Union and Beyond, Oxford 2012, S. 1-15.

Azoulai, Loïc, The Case of Fundamental Rights: a State of Ambivalence, in: Micklitz, Hans-W./de Witte, Bruno (Hrsg.), The European Court of Justice and the Autonomy of the Member States, Cambridge u.a. 2012, S. 207-218.

Bainczyk, Magdalena, Die erste Vorabentscheidungsfrage des polnischen Verfassungsgerichtshofs an den EuGH, Anmerkung zum Beschluss des polnischen Verfassungsgerichtshofs vom 7. Juli 2015, Akz. K 61/13, EuR 2017, S. 121-136.

Bainczyk, Magdalena/Ernst, Ulrich, Fragen der EU-Mitgliedschaft vor dem polnischen Verfassungsgerichtshof - Anmerkung zum Urteil des polnischen Verfassungsgerichtshofs vom 11.05.2005, EuR 2006, S. 247-265.

Bakó, Beáta, The Zauberlehrling Unchained? The Recycling of the German Federal Constitutional Court's Case Law on Identity-, Ultra Vires- and Fundamental Rights Review in Hungary, ZaöRV 78 (2018), S. 863-902.

Baldus, Christian/Vogel, Friederike, Gedanken zu einer europäischen Auslegungslehre: Grammatikalisches und historisches Element, in: Wallerath, Maximilian (Hrsg.), Fiat iustitia, Recht als Aufgabe der Vernunft, Festschrift für Peter Krause zum 70. Geburtstag, Berlin 2006, S. 237-252.

Bardutzky, Samo, The Future Mandate of the Constitution of Slovenia: A Potent Tradition Under Strain, in: Albi, Anneli/Bardutzky, Samo (Hrsg.), National Constitutions in European and Global Governance: Democracy, Rights, the Rule of Law, National Reports, The Hague 2019, S. 687-744.

Barents, René, The Precedence of EU Law from the Perspective of Constitutional Pluralism, European Constitutional Law Review 5 (2009), S. 421-446.

Barnard, Catherine, The 'Opt-Out' for the UK and Poland from the Charter of Fundamental Rights: Triumph of Rhetoric over Reality?, in: Griller, Stefan/Ziller, Jacques (Hrsg.), The Lisbon Treaty, EU constitutionalism without a constitutional treaty?, Wien u.a. 2008, S. 257-283.

Barriga, Stefan, Die Entstehung der Charta der Grundrechte der Europäischen Union. Eine Analyse der Arbeiten im Konvent und kompetenzrechtlicher Fragen, Baden-Baden 2003.

Bartmann, Julia, Terrorlisten, Ebenenübergreifende Sanktionsregime zur Bekämpfung der Terrorismusfinanzierung, Stuttgart 2011.

Bates, Ed, The evolution of the European Convention on Human Rights, from its inception to the creation of a permanent court of human rights, Oxford 2010.

Bateup, Christine, The Dialogic Promise: Assessing the Normative Potential of Theories of Constitutional Dialogue, Brooklyn Law Review 71 (2006), S. 1109-1180.

Bauer, Lukas, Der Europäische Gerichtshof als Verfassungsgericht?, Baden-Baden 2008.

Baumann, Jessica, Das Piloturteilsverfahren als Reaktion auf massenhafte Parallelverfahren, Eine Bestandsaufnahme der Rechtswirkungen der Urteile des Europäischen Gerichtshofs für Menschenrechte, Berlin 2016.

Bäcker, Matthias, Das Grundgesetz als Implementationsgarant der Unionsgrundrechte, EuR 2015, S. 389-415.

Beck, Gunnar, The Legal Reasoning of the Court of Justice of the EU, Oxford u.a. 2012.

Becker, Anne C., Vorrang versus Vorherrschaft – Anmerkung zum Urteil des spanischen Tribunal Constitucional DTC 1/2004, EuR 2005, S. 353-363.

Becker, Ulrich, Grundrechte der Arbeit in Europa – zu Funktionen, Verschränkungen und Konfliktlinien vernetzter Grundrechtsordnungen, EuR 2019, S. 469-502.

Bengoetxea, Joxerramon, The legal reasoning of the European Court of Justice, Towards a European jurisprudence, Oxford 1993.

Benvenisti, Eyal/Harel, Alon, Embracing the tension between national and international human rights law: The case for discordant parity, International Journal of Constitutional Law 15 (2017), S. 36-59.

Berger, Alina, Anwendungsvorrang und nationale Verfassungsgerichte, ein Vergleich der verfassungsgerichtlichen Rechtsprechung in Deutschland, Frankreich und Spanien im Hinblick auf die Effektivität des unionsrechtlichen Anwendungsvorrangs, Tübingen 2015.

Bergmann, Jan, Diener dreier Herren? – Der Instanzrichter zwischen BVerfG, EuGH und EGMR, EuR 2006, S. 101-115.

Bernitz, Ulf, The Scope of the Charter and its Impact on the Application of the ECHR: The *Åkerberg Fransson* Case on *Ne Bis in Idem* in Perspective, in: de Vries, Sybe/Bernitz, Ulf/Weatherill, Stephen (Hrsg.), The EU Charter of Fundamental Rights as a binding instrument. Five Years Old and Growing, Oxford 2015, S. 155-172.

Bernitz, Ulf, The *Åkerberg Fransson* Case: Ne bis in idem: Double Procedures for Tax Surcharge and Tax Offences not Possible, in: Nergelius, Joakim/Kristoffersson, Eleonor (Hrsg.), Human Rights in Contemporary European Law, Oxford u.a. 2015, S. 191-209.

Bernsdorff, Norbert/Borowsky, Martin, Der Grundrechtekonvent. Unveröffentlichte Arbeitsdokumente, Band 1 und 2, Hannover 2003.

Bernsdorff, Norbert/Borowsky, Martin, Die Charta der Grundrechte der Europäischen Union. Handreichungen und Sitzungsprotokolle, Baden-Baden 2002.

Berramdane, Abdelkhaleq, Le champ d'application de la Charte, Revue de l'Union Européenne 2020, S. 548-552.

Besselink, Leonard F.M., Entrapped by the Maximum Standard: On Fundamental Rights, Pluralism and Subsidiarity in the European Union, Common Market Law Review 35 (1998), S. 629-680.

Besselink, Leonard F.M., The Member States, the National Constitutions and the Scope of the Charter, Maastricht Journal of European and Comparative Law 8 (2001), S. 68-80.

Besselink, Leonard F.M., National and constitutional identity before and after Lisbon, Utrecht Law Review 6 (2010), S. 36-49.

Besselink, Leonard F.M., Respecting Constitutional Identity in the EU, Common Market Law Review 49 (2012), S. 671-694.

Besselink, Leonard F.M., The Parameters of Constitutional Conflict after *Melloni*, European Law Review 39 (2014), S. 531-552.

Bienert, Claus-Peter, Die Kontrolle mitgliedstaatlichen Handelns anhand der Gemeinschaftsgrundrechte, Göttingen 2001.

Biernat, Stanisław, Kontroversen in Polen um die Charta der Grundrechte der Europäischen Union, in: Stumpf, Cordula/Kainer, Friedmann/Baldus, Christian (Hrsg.), Privatrecht, Wirtschaftsrecht, Verfassungsrecht, Privatinitiative und Gemeinwohlhorizonte in der europäischen Integration, Festschrift für Peter-Christian Müller-Graff zum 70. Geburtstag am 29. September 2015, Baden-Baden 2015, S. 1350-1357.

Bilz, Christopher, Margin of Appreciation der EU-Mitgliedstaaten, Eine Untersuchung im Anwendungsbereich der Grundrechtecharta am Beispiel des Datenschutzgrundrechts, der Religionsfreiheit, der unternehmerischen Freiheit und des Rechts auf einen wirksamen Rechtsbehelf, Tübingen 2020.

Binder, Darcy S., The European Court of Justice and the Protection of Fundamental Rights in the European Community: New Developments and Future Possibilities in Expanding Fundamental Rights Review to Member State Action, Cambridge 1995.

Blanquet, Marc, Droit général de l'Union européenne, 11. Auflage, Paris 2018.

Bleckmann, Albert, Zu den Auslegungsmethoden des Europäischen Gerichtshofs, NJW 1982, S. 1177-1182.

Bleckmann, Albert, Europarecht, Das Recht der Europäischen Union und der Europäischen Gemeinschaften, 6. Auflage, Köln u.a. 1997.

Bleckmann, Moritz, Nationale Grundrechte im Anwendungsbereich des Rechts der Europäischen Union. Die Kooperation des Grundrechtsschutzes in der Europäischen Union unter Berücksichtigung der besonderen Ausprägungen des nationalen Grundrechtsschutzes, Tübingen 2011.

Bobek, Michal, The Impact of the European Mandate of Ordinary Courts on the Position of Constitutional Courts, in: Claes, Monica/de Visser, Maartje/Popelier, Patricia/van de Heyning, Catherine (Hrsg.), Constitutional Conversations in Europe, Actors, Topics and Procedures, Cambridge u.a. 2012, S. 287-308.

Bobek, Michal, *Landtová, Holubec*, and the Problem of an Uncooperative Court: Implications for the Preliminary Rulings Procedure, European Constitutional Law Review 10 (2014), S. 54-89.

Bonelli, Matteo, The Taricco saga and the consolidation of judicial dialogue in the European Union, Maastricht Journal of European and Comparative Law 25 (2018), S. 357-373.

Borchardt, Klaus-Dieter, § 15 Auslegung, Rechtsfortbildung und Rechtsschöpfung, in: Schulze, Reiner/Kadelbach, Stefan/Janssen, André (Hrsg.), Europarecht, Handbuch für die deutsche Rechtspraxis, 4. Auflage, Baden-Baden 2020, S. 682-698.

Böckenförde, Ernst-Wolfgang, Grundrechtstheorie und Grundrechtsinterpretation, NJW 1974, S. 1529-1538.

Böckenförde, Ernst-Wolfgang, Die Methoden der Verfassungsinterpretation – Bestandsaufnahme und Kritik, NJW 1976, S. 2089-2099.

Braibant, Guy, La Charte des droits fondamentaux de l'Union européenne, Témoignage et commentaires, Paris 2001.

Brecht, Holger, Änderungen an der EU-Grundrechtecharta. Korrekturen durch Verfassungskonvent und Regierungskonferenz sowie Konsequenzen für die Auslegung der Charta, ZEuS 2005, S. 355-396.

Bredimas, Anna, Methods of Interpretation and Community Law, Amsterdam 1978.

Brems, Eva, The Margin of Appreciation Doctrine in the Case-Law of the European Court of Human Rights, ZaöRV 56 (1996), S. 240-314.

Brenn, Christoph, VfGH versus Unionsrecht, Unionsrechtliche Würdigung des Grundrechteerkenntnisses, ÖJZ 2012, S. 1062-1065.

Brenn, Christoph, Schutz der EU-Grundrechte durch den Obersten Gerichtshof, ZÖR 2013, S. 707-728.

Breuer, Marten, „Wasch mir den Pelz, aber mach mich nicht nass!“ Das zweite Gutachten des EuGH zum EMRK-Beitritt der Europäischen Union, EuR 2015, S. 330-350.

Brittain, Stephen, The EU Charter of Fundamental Rights and the Member States: An Originalist Analysis, Dublin University Law Journal 36 (2013), S. 277-310.

Britz, Gabriele, Bedeutung der EMRK für nationale Verwaltungsgerichte und Behörden, Erweiterte Bindungswirkung nach EuGH, Slg. 2002, I-6279 – Carpenter?, NVwZ 2004, S. 173-177.

Britz, Gabriele, Grundrechtsschutz durch das Bundesverfassungsgericht und den Europäischen Gerichtshof, EuGRZ 2015, S. 275-281.

Brkan, Maja, L'arrêt *Melloni*: nouvelle pierre dans la mosaïque de la protection des droits fondamentaux dans l'Union européenne, Revue des Affaires Européennes 2013, S. 139-145.

Brodowski, Dominik, Die drohende Verletzung von Menschenrechten bei der Anerkennung Europäischer Haftbefehle auf dem Prüfstand: Die zweifelhafte Aktivierung der Verfassungsidentität durch das BVerfG und eine Kurskorrektur in der Rechtsprechung des EuGH, JR 2016, S. 415-432.

Brosius-Gersdorf, Frauke, Bindung der Mitgliedstaaten an die Gemeinschaftsgrundrechte. Die Grundrechtsbindung der Mitgliedstaaten nach der Rechtsprechung des EuGH, der Charta der Grundrechte der Europäischen Union und ihre Fortentwicklung, Berlin 2005.

Brosius-Linke, René, Die Vorlageentscheidung des Bundesverfassungsgerichts, DÖV 2014, S. 612-616.

Bröhmer, Jürgen, Die Bosphorus-Entscheidung des Europäischen Gerichtshofs für Menschenrechte, der Schutz der Grund- und Menschenrechte in der EU und das Verhältnis zur EMRK, EuZW 2006, S. 71-76.

Brummund, Fabian, Kohärenter Grundrechtsschutz im Raum der Freiheit, der Sicherheit und des Rechts, Einordnung von Titel V AEUV in das grundrechtliche Mehrebenensystem des Europäischen Verfassungsverbundes, Baden-Baden 2011.

Bucher, Stefan, Die Bindung der Mitgliedstaaten an die EU-Grundrechtecharta bei Ermessensspielräumen, insbesondere in Fällen der Richtlinienumsetzung und unter Berücksichtigung der Folgerechtsprechung zu „Åkerberg Fransson“, ZEuS 2016, S. 203-233.

Buchholtz, Gabriele, Grundrechte und Datenschutz im Dialog zwischen Karlsruhe und Luxemburg, DÖV 2017, S. 837-845.

Buck, Carsten, Über die Auslegungsmethoden des Gerichtshofs der Europäischen Gemeinschaft, Frankfurt am Main 1998.

Buerstedde, Wolfgang, Juristische Methodik des Europäischen Gemeinschaftsrechts. Ein Leitfaden, Baden-Baden 2006.

Bulitta, Erich/Bulitta, Hildegard, Das große Lexikon der Synonyme, über 28000 Stichwörter; über 300000 sinn- und sachverwandte Begriffe, Frankfurt am Main 2005.

Bulmer, Simon/Lequesne, Christian, The Member States of the European Union, 3. Auflage, Oxford 2020.

Bulterman, Mielle K./Kranenborg, Herke R., What if rules on free movement and human rights collide? About laser games and human dignity: the Omega case, European Law Review 31 (2006), S. 93-101.

Bungert, Hartwin, Das Recht ausländischer Kapitalgesellschaften auf Gleichbehandlung im deutschen und US-amerikanischen Recht, zugleich ein Beitrag zu einem internationalen Grundrechtskollisionsrecht, München 1994.

Burchardt, Dana, Die Rangfrage im europäischen Normenverbund, Theoretische Grundlagen und dogmatische Grundzüge des Verhältnisses von Unionsrecht und nationalem Recht, Tübingen 2015.

Burchardt, Dana, Die Ausübung der Identitätskontrolle durch das Bundesverfassungsgericht – Zugleich Besprechung des Beschlusses 2 BvR 2735/14 des BVerfG vom 15.12.2015 ("Solange III"/"Europäischer Haftbefehl II"), ZaöRV 76 (2016), S. 527-551.

Burchardt, Dana, Kehrtwende in der Grundrechts- und Vorrangrechtsprechung des EuGH? – Anmerkung zum Urteil des EuGH vom 05.12.2017 in der Rechtssache M.A.S. und M.B. (C-42/17, „Taricco II"), EuR 2018, S. 248-264.

Burchardt, Dana, Backlash against the Court of Justice of the EU: The Recent Jurisprudence of the German Constitutional Court on EU Fundamental Rights as a Standard of Review, German Law Journal 21 (2020), Special Issue March 2020, S. 1-18.

Burgorgue-Larsen, Laurence, La Charte des Droits Fondamentaux saisie par les juges en Europe, The Charter of Fundamental Rights as apprehended by judges in Europe, Paris 2017.

Burkiczak, Christian, Eine neue Zuständigkeit für das BVerfG? Zur Frage, wer über die Europarechtswidrigkeit deutscher Gesetze entscheiden sollte, ZRP 2015, S. 21-24.

Burr, Isolde, Sprache und Recht – Auslegungsprobleme bei der Grundreche-Charta aus sprachvergleichender Sicht, in: Stern, Klaus/Tettinger, Peter J. (Hrsg.), Die Europäische Grundrechte-Charta im wertenden Verfassungsvergleich, Berlin 2005, S. 61-80.

Busch, Andrej Victor Mykola Wasyl, Die Bedeutung der europäischen Menschenrechtskonvention für den Grundrechtsschutz in der europäischen Union, Grundrechtskontrolle des EGMR über das Recht der EU, Baden-Baden 2003.

Buschmann, Marco/Daiber, Birgit, Subsidiaritätsrüge und Grundsatz der begrenzten Einzelermächtigung, DÖV 2011, S. 504-509.

Büdenbender, Martin, Das Verhältnis des Europäischen Gerichtshofs zum Bundesverfassungsgericht, Köln 2004.

Bühler, Margit, Einschränkung von Grundrechten nach der Europäischen Grundrechtecharta, Berlin 2005.

Callewaert, Johan, Quel avenir pour la marge d'appréciation?, in: Mahoney, Paul/ Matscher, Franz/Petzold, Herbert/Wildhaber, Luzius (Hrsg.), Protection des droits de l'homme: la perspective européenne. / Protecting Human Rights: The European Perspective, Mélanges à la mémoire de / Studies in memory of / Rolv Ryssdal, Köln u.a. 2000, S. 147-166.

Callewaert, Johan, Gleiche Rechte, gleiche Tragweite? Überlegungen zur Stellung der Grundrechte im Unionsrecht nach dem Lissabonner Vertrag, in: Niedobitek, Matthias/Sommermann, Karl-Peter (Hrsg.), Die Europäische Union als Wertegemeinschaft, Forschungssymposium zu Ehren von Siegfried Magiera, Berlin 2013, S. 77-89.

Callewaert, Johan, Kontrolle ist gut, Vertrauen ist besser? Zu den Folgen von Gutachten 2/13 in: Kadelbach, Stefan (Hrsg.), Die Welt und Wir, Die Außenbeziehungen der Europäischen Union, Baden-Baden 2017, S. 67-84.

Calliess, Christian, Europa als Wertegemeinschaft – Integration und Identität durch europäisches Verfassungsrecht?, JZ 2004, S. 1033-1045.

Calliess, Christian, Europäische Gesetzgebung und nationale Grundrechte – Divergenzen in der aktuellen Rechtsprechung von EuGH und BVerfG?, JZ 2009, S. 113-121.

Calliess, Christian, Kooperativer Grundrechtsschutz in der Europäischen Union – Überlegungen im Lichte der aktuellen Rechtsprechung von EuGH und deutschem Bundesverfassungsgericht (BVerfG), Journal für Rechtspolitik 23 (2015), S. 17-34.

Calliess, Christian, 70 Jahre Grundgesetz und europäische Integration: „Take back control" oder „Mehr Demokratie wagen"?, NVwZ 2019, S. 684-692.

Calliess, Christian/Ruffert, Matthias (Hrsg.), EUV/EGV. Das Verfassungsrecht der Europäischen Union mit Europäischer Grundrechtecharta, Kommentar, 3. Auflage, München 2007 (zitiert: *Bearbeiter*, in: Calliess/Ruffert (Hrsg.), EUV/AEUV, 3. Aufl., 2007).

Calliess, Christian/Ruffert, Matthias (Hrsg.), EUV/AEUV. Das Verfassungsrecht der Europäischen Union mit Europäischer Grundrechtecharta, Kommentar, 4. Auflage, München 2011 (zitiert: *Bearbeiter*, in: Calliess/Ruffert (Hrsg.), EUV/AEUV, 4. Aufl., 2011).

Calliess, Christian/Ruffert, Matthias (Hrsg.), EUV/AEUV. Das Verfassungsrecht der Europäischen Union mit Europäischer Grundrechtecharta, Kommentar, 5. Auflage, München 2016 (zitiert: *Bearbeiter*, in: Calliess/Ruffert (Hrsg.), EUV/AEUV, 5. Aufl., 2016).

Calliess, Christian/Schnettger, Anita, The Protection of Constitutional Identity in a Europe of Multilevel Constitutionalism, in: Calliess, Christian/van der Schyff, Gerhard (Hrsg.), Constitutional Identity in a Europe of Multilevel Constitutionalism, Cambridge 2019, S. 348-371.

Canor, Iris, Case C-117/01, K.B. v. National Health Service Pensions Agency, Secretary of State for Health, judgment of the full court of 7 January 2004, Common Market Law Review 41 (2004), S. 1113-1125.

Canor, Iris, *My brother's keeper*? Horizontal *solange*: "An ever closer distrust among the peoples of Europe", Common Market Law Review 50 (2013), S. 383-421.

Cariat, Nicolas, La Charte des droits fondamentaux et l'équilibre constitutionnel entre l'Union européenne et les États membres, Brüssel 2016.

Cartabia, Marta, Europe and Rights: Taking Dialogue Seriously, European Constitutional Law Review 5 (2009), S. 5-31.

Cede, Philipp, Kernbestand der Unionsbürgerschaft und Grundrechte, EuR 2015, Beiheft 1, S. 79-94.

Chalmers, Damian, Looking Back at ERT and its Contribution to an EU Fundamental Rights Agenda, in: Maduro, Miguel Poiares/Azoulai, Loic (Hrsg.), The past and future of EU law, the classics of EU law revisited on the 50th anniversary of the Rome Treaty, Oxford 2010, S. 140-150.

Chowlik-Lanfermann, Ellen, Grundrechtsschutz in der Europäischen Union. Bestand, Tendenzen und Entwicklungen, Frankfurt am Main 1994.

Christensen, Ralph/Sokolowski, Michael, Juristisches Entscheiden unter der Vorgabe von Mehrsprachigkeit, in: Müller, Friedrich/Burr, Isolde (Hrsg.) Rechtssprache Europas. Reflexion von Sprache und Mehrsprachigkeit im supranationalen Recht, Berlin 2004, S. 113-137.

Chronowski, Nóra, Enhancing the scope of the Charter of Fundamental Rights?, JURA 2014, S. 13-21.

Chronowski, Nóra/Varju, Márton/Bárd, Petra/Sulyok, Gábor, Hungary: Constitutional (R)evolution or Regression? in: Albi, Anneli/Bardutzky, Samo (Hrsg.), National Constitutions in European and Global Governance: Democracy, Rights, the Rule of Law, National Reports, The Hague 2019, S. 1439-1488.

Cirkel, Johannes, Die Bindungen der Mitgliedstaaten an die Gemeinschaftsgrundrechte, Baden-Baden 2000.

Claes, Monica, Negotiating Constitutional Identity or Whose Identity is It Anyway?, in: Claes, Monica/de Visser, Maartje/Popelier, Patricia/van de Heyning, Catherine (Hrsg.), Constitutional Conversations in Europe, Actors, Topics and Procedures, Cambridge u.a. 2012, S. 205-233.

Claes, Monica, The Primacy of EU Law in European and National Law, in: Arnull, Anthony/Chalmers, Damian (Hrsg.), The Oxford handbook of European Union law, Oxford 2015, S. 178-211.

Claes, Monica, Luxembourg, Here We Come? Constitutional Courts and the Preliminary Reference Procedure, German Law Journal 16 (2015), S. 1331-1342.

Claes, Monica/de Visser, Maartje/Popelier, Patricia/van de Heyning, Catherine, Introduction, in: Claes, Monica/de Visser, Maartje/Popelier, Patricia/van de Heyning, Catherine (Hrsg.), Constitutional Conversations in Europe, Actors, Topics and Procedures, Cambridge u.a. 2012, S. 1-10.

Classen, Claus Dieter, Legitime Stärkung des Bundestages oder verfassungsrechtliches Prokrustesbett? Zum Urteil des BVerfG zum Vertrag von Lissabon, JZ 2009, S. 881-889.

Classen, Claus Dieter, Zu wenig, zu fundamentalistisch – zur grundrechtlichen Kontrolle „unionsrechtlich determinierter“ nationaler Hoheitsakte, Anmerkung zum Beschluss des BVerfG vom 15.12.2015, 2 BvR 2735/14, EuR 2016, S. 304-313.

Classen, Claus Dieter, Europäische Rechtsgemeinschaft à l’allemande? - Anmerkung zum Urteil des BVerfG vom 21.06.2016, 2 BvR 2728/13 u.a., EuR 2016, S. 529-544.

Classen, Claus Dieter, Schwierigkeiten eines harmonischen Miteinanders von nationalem und europäischem Grundrechtsschutz, EuR 2017, S. 347-367.

Classen, Claus Dieter, Das kirchliche Arbeitsrecht unter europäischem Druck – Anmerkungen zu den Urteilen des EuGH (jeweils GK) vom 17.04.2018 in der Rs. C-414/16 (Egenberger) und vom 11.09.2018 in der Rs. C-68/17 (IR), EuR 2018, S. 752-768.

Classen, Claus Dieter, Über das Ziel hinausgeschossen? Anmerkung zu den zwei Beschlüssen des BVerfG zum Recht auf Vergessen vom 6.11.2019, 1 BvR 16/13, 276/17, EuR 2021, S. 92-113.

Cloots, Elke, National identity in EU law, Oxford 2015.

Coppel, Jason/O' Neill, Aidan, The European Court of Justice: taking rights seriously?, Common Market Law Review 29 (1992), S. 669-692.

Cornils, Matthias, Besprechung von BVerfG, Beschluss vom 13. März 2007, ZJS 2008, S. 69-75.

Coutinho, Francisco Pereira/Piçarra, Nuno, Portugal: The Impact of European Integration and the Economic Crisis on the Identity of the Constitution, in: Albi, Anneli/Bardutzky, Samo (Hrsg.), National Constitutions in European and Global Governance: Democracy, Rights, the Rule of Law: National Reports, The Hague 2019, S. 591-639.

Craig, Paul, The Lisbon Treaty, law, politics, and treaty reform, Oxford u.a. 2010.

Cremer, Hans-Joachim, Zur Bindungswirkung von EGMR-Urteilen, EuGRZ 2004, S. 683-700.

Cremer, Wolfram, Der programmierte Verfassungskonflikt: Zur Bindung der Mitgliedstaaten an die Charta der Grundrechte der Europäischen Union nach dem Konventsentwurf für eine Europäische Verfassung, NVwZ 2003, S. 1452-1457.

Cremer, Wolfram, Grundrechtsverpflichtete und Grundrechtsdimensionen nach der Charta der Grundrechte der Europäischen Union, EuGRZ 2011, S. 545-554.

Croon-Gestefeld, Johanna, Reverse Solange: Union Citizenship as a Detour on the Route to European Rights Protection against National Infringements, in: Kochenov, Dimitry (Hrsg.), EU Citizenship and Federalism, The Role of Rights, Cambridge 2017, S. 665-684.

Cruz Villalón, Pedro, "All the Guidance", ERT and Wachauf, in: Maduro, Miguel Poiares/Azoulai, Loic (Hrsg.), The past and future of EU law, the classics of EU law revisited on the 50th anniversary of the Rome Treaty, Oxford 2010, S. 162-169.

Cruz Villalón, Pedro, Die allgemeinen Bestimmungen über die Auslegung und Anwendung der Charta, ZEuS 2015, S. 265-276.

Cruz Villalón, Pedro, Der Stellenwert der Grundrechte-Charta im europäischen „Verfassungsverbund", in: Verfassungsgerichtshof der Republik Österreich (Hrsg.), Verfassungstag 2015 anlässlich der Wiederkehr des Tages der Beschlussfassung über das Bundes-Verfassungsgesetz und der Einrichtung der österreichischen Verfassungsgerichtsbarkeit, Wien 2015, S. 13-27.

Dauses, Manfred A., Der Schutz der Grundrechte in der Rechtsordnung der Europäischen Union. Unter besonderer Berücksichtigung des institutionellen Schutzes dieser Rechte, Frankfurt am Main 2010.

Däubler-Gmelin, Herta, Eine europäische Charta der Grundrechte – Beitrag zur gemeinsamen Identität, EuZW 2000, S. 1-1.

De Boer, Nik, Addressing rights divergences under the Charter: *Melloni*, Common Market Law Review 50 (2013), S. 1083-1104.

De Búrca, Gráinne, The drafting of the European Union Charter of fundamental rights, European Law Review 26 (2001), S. 126-138.

De Búrca, Gráinne, The Evolution of EU Human Rights Law, in: Craig, Paul/De Búrca, Gráinne (Hrsg.), The Evolution of EU Law, 2. Auflage, Oxford 2011, S. 465-497.

De Búrca, Gráinne, After the EU Charter of Fundamental Rights: The Court of Justice as a Human Rights Adjudicator, Maastricht Journal of European and Comparative Law 20 (2013), S. 168-184.

De Cecco, Francesco, Room to move? Minimum harmonization and fundamental rights, Common Market Law Review 43 (2006), S. 9-30.

Dederer, Hans-Georg, Die Architektonik des europäischen Grundrechtsraums, ZaöRV 66 (2006), S. 575-624.

Dederer, Hans-Georg, Die Grenzen des Vorrangs des Unionsrechts – Zur Vereinheitlichung von Grundrechts-, Ultra-vires- und Identitätskontrolle, JZ 2014, S. 313-322.

Dederichs, Mariele, Die Methodik des EuGH. Häufigkeit und Bedeutung methodischer Argumente in den Begründungen des Gerichtshofes der Europäischen Gemeinschaften, Baden-Baden 2004.

Degan, V.D., Procédés d'interprétation tirés de la jurisprudence de la Cour de Justice des Communautés européennes, expose comparatif avec la jurisprudence de la Cour internationale de Justice, Revue trimestrielle du droit européen 1966, S. 189-227.

De la Mare, Thomas/Donnelly, Catherine, Preliminary Rulings and EU Legal Integration: Evolution and Stasis, in: Craig, Paul/De Búrca, Gráinne (Hrsg.), The Evolution of EU Law, 2. Auflage, Oxford 2011, S. 363-406.

De Mol, Mirjam, Article 51 of the Charter in the Legislative Processes of the Member States, Maastricht Journal of European and Comparative Law 23 (2016), S. 640-666.

Derlén, Mattias, Multilingual Interpretation of European Union Law, Austin u.a. 2009.

Deutscher Bundestag (Hrsg.), Die Charta der Grundrechte der Europäischen Union, Berichte und Dokumentation mit einer Einleitung von Jürgen Meyer und Markus Engels, Opladen 2001.

De Visser, Maartje, Dealing with Divergences in Fundamental Rights Standards – Case C-399/11 Stefano Melloni v. Ministerio Fiscal, Judgement (Grand Chamber) of 26 February 2013, Case Notes, Maastricht Journal of European and Comparative Law 20 (2013), S. 576-588.

De Visser, Maartje, Constitutional Review in Europe, A Comparative Analysis, Oxford, Portland 2014.

De Visser, Maartje, National Constitutional Courts, the Court of Justice and the Protection of Fundamental Rights in a Post-Charter Landscape, Human Rights Review 15 (2014), S. 39-51.

De Visser, Maartje/Claes, Monica, Courts United? On European Judicial Networks, in: Vauchez, Antoine/de Witte, Bruno (Hrsg.), Lawyering Europe: European Law as a Transnational Social Field, Oxford, Portland 2013, S. 75-100.

De Witte, Bruno, The Past and Future Role of the European Court of Justice in the Protection of Human Rights, in: Alston, Philip (Hrsg.), The EU and Human Rights, Oxford, New York 1999, S. 859-897.

De Witte, Bruno, Direct Effect, Primacy and the Nature of the Legal Order, in: Craig, Paul/De Búrca, Gráinne (Hrsg.), The Evolution of EU Law, 2. Auflage, Oxford 2011, S. 323-362.

De Witte, Bruno, The scope of application of the EU Charter of Fundamental Rights, in: González Pascual, Maribel/Torres Pérez, Aida (Hrsg.), The right to family life in the European Union, London, New York 2017, S. 29-39.

De Witte, Bruno/Imamović, Šejla, Opinion 2/13 on accession to the ECHR: Defending the EU legal order against a Foreign Human Rights Court, European Law Review 40 (2015), S. 683-705.

Di Federico, Giacomo, Fundamental Rights in the EU: Legal Pluralism and Multi-Level Protection After the Lisbon Treaty, in: Di Federico, Giacomo (Hrsg.), The EU charter of fundamental rights: from declaration to binding instrument, Dordrecht u.a. 2010, S. 15-54.

Dietz, Sara, Die Menschenwürde im Diskurs zwischen BVerfG und EuGH, Fundament für einen effektiven Individualschutz in einem konfliktfreien Unionsgerichtsverbund, NVwZ 2016, S. 1383-1385.

Dietz, Sara, Die europarechtsfreundliche Verfassungsidentität in der Kontrolltrias des Bundesverfassungsgerichts, AöR 142 (2017), S. 78-132.

Dietz, Sara, Die gerichtliche Kontrolle der EZB durch den EuGH und das BVerfG – ein Konfliktfall im Verfassungsgerichtsverbund und Eurosystem?, EuZW 2019, S. 925-933.

Dombert, Maximilian, Der Grundrechtsföderalismus der Vereinigten Staaten von Amerika. Eine Darstellung vor dem Hintergrund der Debatte um die Bindung der Mitgliedstaaten an die Grundrechte der Europäischen Union, Baden-Baden 2017.

Dougan, Michael, Judicial review of Member State action under the general principles and the Charter: Defining the "scope of Union law", Common Market Law Review 52 (2015), S. 1201-1245.

Douglas-Scott, Sionaidh, Constitutional Law of the European Union, London 2002.

Douglas-Scott, Sionaidh, The Court of Justice of the European Union and the European Court of Human Rights after Lisbon, in: de Vries, Sybe/Bernitz, Ulf/Weatherill, Stephen (Hrsg.), The EU Charter of Fundamental Rights as a binding instrument. Five Years Old and Growing, Oxford 2015, S. 153-179.

Douglas-Scott, Sionaidh, The European Union and Fundamental Rights, in: Schütze, Robert/Tridimas, Takis (Hrsg.), Oxford principles of European Union law, Volume I, The European Union legal order, Oxford, New York 2018, S. 383-422.

Dorf, Yvonne, Zur Interpretation der Grundrechtecharta, JZ 2005, S. 126-132.

Dörr, Oliver, Rechtsprechungskonkurrenz zwischen nationalen und europäischen Verfassungsgerichten, DVBl. 2006, S. 1088-1099.

Dörr Oliver/Grote, Rainer/Marauhn, Thilo (Hrsg.), EMRK/GG Konkordanzkommentar zum europäischen und deutschen Grundrechtsschutz, 3. Auflage, i.E.

Dreier, Horst (Hrsg.), Grundgesetz, Kommentar, Band I, Art. 1-19, 3. Auflage, Tübingen 2013 (zitiert: *Bearbeiter*, in: Dreier (Hrsg.), Grundgesetz, Bd. I, 3. Aufl., 2012).

Dreier, Horst (Hrsg.), Grundgesetz, Kommentar, Band II, Art. 20-82, 3. Auflage, Tübingen 2015 (zitiert: *Bearbeiter*, in: Dreier (Hrsg.), Grundgesetz, Bd. II, 3. Aufl., 2015).

Dreier, Horst (Hrsg.), Grundgesetz, Kommentar, Band III, Art. 83-146, 3. Auflage, Tübingen 2018 (zitiert: *Bearbeiter*, in: Dreier (Hrsg.), Grundgesetz, Bd. III, 3. Aufl., 2015).

Düsterhaus, Dominik, EU Citizenship and Fundamental Rights: Contradictory, Converging or Complementary?, in: Kochenov, Dimitry (Hrsg.), EU Citizenship and Federalism, The Role of Rights, Cambridge 2017, S. 642-664.

Eckstein, Ken, Im Netz des Unionsrechts – Anmerkungen zum Fransson-Urteil des EuGH, ZIS 5/2013, S. 220-225.

Edenharter, Andrea, Grundrechtsschutz in föderalen Mehrebenensystemen. Inspiration des EU-Grundrechtsschutzes durch die Grundrechtsentwicklung in Deutschland und der Schweiz sowie durch die EMRK, Tübingen 2018.

Edenharter, Andrea, Auflösung von Jurisdiktionskonflikten durch eine Variierung der richterlichen Prüfungsdichte, Übertragung der Spielraumkonzepte des EGMR und des Schweizer Bundesgerichts auf die Rechtsprechung des EuGH, Der Staat 57 (2018), S. 227-265.

Edenharter, Andrea, Die EU-Grundrechte-Charta als Prüfungsmaßstab des Bundesverfassungsgerichts, DÖV 2020, S. 349-357.

Eeckhout, Piet, The EU Charter of Fundamental Rights and the Federal Question, Common Market Law Review 39 (2002), S. 945-994.

Eeckhout, Piet, The Growing Influence of European Union Law, Fordham International Law Journal 33 (2010), S. 1490-1521.

Eeckhout, Piet, Opinion 2/13 on EU Accession to the ECHR and Judicial Dialogue: Autonomy or Autarky, Fordham International Law Journal 38 (2015), S. 955-992.

Ehlers, Dirk, § 2 Allgemeine Lehren der EMRK, in: Ehlers, Dirk (Hrsg.), Europäische Grundrechte und Grundfreiheiten, 4. Auflage, Berlin, Boston 2014, S. 25-95.

Ehlers, Dirk, § 14 Allgemeine Lehren der Unionsgrundrechte, in: Ehlers, Dirk (Hrsg.), Europäische Grundrechte und Grundfreiheiten, 4. Auflage, Berlin, Boston 2014, S. 513-580.

Ehlers, Dirk, § 11 Verhältnis des Unionsrechts zu dem Recht der Mitgliedstaaten, in: Schulze, Reiner/Kadelbach, Stefan/Janssen, André (Hrsg.), Europarecht, Handbuch für die deutsche Rechtspraxis, 4. Auflage, Baden-Baden 2020, S. 532-570.

Eisner, Carolin, Die Schrankenregelung der Grundrechtecharta der Europäischen Union. Gefahr oder Fortschritt für den Grundrechtsschutz in Europa?, Baden-Baden 2005.

Emmert, Frank/Carney, Chandler Piche, The European Union Charter of Fundamental Rights vs. the Council of Europe Convention on Human Rights on Fundamental Freedoms – A Comparison, Fordham International Law Journal 40 (2017), S. 1047-1173.

Engel, Daniel, Der Beitritt der Europäischen Union zur EMRK. Vom defizitären Kooperationsverhältnis zum umfassenden EMRK-Rechtsschutz durch den EGMR?, Tübingen 2015.

Engel, Daniel, The Future of the Bosphorus-Presumption after the EU's Accession to the European Convention on Human Rights, in: Lorenzmeier, Stefan/Sancin, Vasilka (Hrsg.), Contemporary Issues of Human Rights Protection in International and National Settings, Baden-Baden 2018, S. 133-152.

Epiney, Astrid, Umgekehrte Diskriminierungen, Zulässigkeit und Grenzen der discrimination à rebours nach europäischem Gemeinschaftsrecht und nationalem Verfassungsrecht, Köln u.a. 1995.

Epiney, Astrid, Zum „Anwendungsbereich des Vertrages" in Art. 12 EGC – Einige Gedanken zu den Implikationen der Freizügigkeitsrechte der Unionsbürger, in: Epiney, Astrid/Haag, Marcel/Heinemann, Andreas (Hrsg.), Die Herausforderung von Grenzen – Le défi des frontières – Challenging boundaries: Festschrift für Roland Bieber, Baden-Baden 2007, S. 661-680.

Epiney, Astrid, Le champ d'application de la Charte des droits fondamentaux: l'arrêt Fransson et ses implications, Cahiers de droit européen 2014, S. 283-304.

Epiney, Astrid, Die Rechtsprechung des EuGH im Jahr 2016: Unionsbürgerschaft, Diskriminierungsverbot und Grundfreiheiten, NVwZ 2017, S. 846-855.

Erikson, Erik H., Identität und Lebenszyklus, drei Aufsätze, Titel der Originalausgabe: Identity and the Life Cycle, 1959, Nachdruck, Frankfurt am Main 2007.

Esser, Robert, Anwendungsbereich der Grundrechtecharta – Konsequenzen der Bindungswirkung, in: Jahn, Matthias/Radtke, Henning (Hrsg.), Deutsche Strafprozessreform und Europäische Grundrechte – Herausforderungen auch für die Rechtsprechung des BGH in Strafsachen?, Referate und Diskussionen auf dem 5. Karlsruher Strafrechtsdialog am 12. Juni 2015, Köln 2016, S. 55-90.

Everling, Ulrich, Zur Begründung der Urteile des Gerichtshofs der Europäischen Gemeinschaften, EuR 1994, S. 127-143.

Everling, Ulrich, Der Beitrag des Europäischen Gerichtshofs zur europäischen Grundrechtsgemeinschaft, in: Stern, Klaus (Hrsg.), 40 Jahre Grundgesetz. Entstehung, Bewährung, und internationale Ausstrahlung, München 1990, S. 167-180.

Everling, Ulrich, Durch die Grundrechtecharta zurück zu Solange I?, EuZW 2003, S. 225-225.

Everling, Ulrich, Europas Zukunft unter der Kontrolle der nationalen Verfassungsgerichte, Anmerkungen zum Urteil des Bundesverfassungsgerichts vom 30. Juni 2009 über den Vertrag von Lissabon, EuR 2010, S. 91-108.

Fabbrini, Federico/Pollicino, Oreste, Constitutional Identity in Italy, in: Calliess, Christian/van der Schyff, Gerhard (Hrsg.), Constitutional Identity in a Europe of Multilevel Constitutionalism, Cambridge 2019, S. 201-221.

Fabbrini, Federico/Sajó, András, The dangers of constitutional identity, European Law Journal 25 (2019), S. 457-473.

Fennelly, Nial, Legal Interpretation at the European Court of Justice, Fordham International Law Journal 20 (1996), S. 656-679.

Fleischer, Holger, Rechtsvergleichende Beobachtungen zur Rolle der Gesetzesmaterialien bei der Gesetzesauslegung, AcP 211 (2011), S. 317-351.

Fontaine, Anna, Die Anwendbarkeit und Durchsetzbarkeit der Unionsgrundrechte bei militärischen Operationen der Europäischen Union, eine Untersuchung am Beispiel des EU-NAVFOR Somalia-Einsatzes der EU (ATALANTA), Baden-Baden 2018.

Fontanelli, Filippo, *Hic Sunt Nationes*: The Elusive Limits of the EU Charter and the German Constitutional Watchdog: Court of Justice of the European Union: Judgment of 26 February 2013, Case C-617/10 *Åklagaren v. Hans Åkerberg Fransson*, European Constitutional Law Review 9 (2013), S. 315-334.

Fontanelli, Filippo, Implementation of EU Law through Domestic Measures after Fransson: the Court of Justice Buys Time and "Non-preclusion" Troubles Loom Large, European Law Review 39 (2014), S. 682-700.

Fontanelli, Filippo, The Implementation of European Union Law by Member States Under Article 51(1) of the Charter of Fundamental Rights, Columbia Journal of European Law 20 (2014), S. 194-247.

Fontanelli, Filippo, National Measures and the Application of the EU Charter of Fundamental Rights – Does *curia*.eu Know *iura*.eu?, Human Rights Law Review 14 (2014), S. 231-265.

Frantziou, Eleni, Constitutional Reasoning in the European Union and the Charter of Fundamental Rights: In Search of Public Justification, European Public Law 25 (2019), S. 183-203.

Franzius, Claudio, Strategien der Grundrechtsoptimierung in Europa, EuGRZ 2015, S. 139-152.

Franzius, Claudio, Grundrechtsschutz in Europa, Zwischen Selbstbehauptungen und Selbstbeschränkungen der Rechtsordnungen und ihrer Gerichte, ZaöRV 75 (2015), S. 383-412.

Frenz, Walter, Handbuch Europarecht. Band 4, Europäische Grundrechte, Berlin u.a. 2009.

Frenz, Walter, Handbuch Europarecht. Band 5, Wirkungen und Rechtsschutz, Berlin u.a. 2010.

Frenz, Walter, Vorrang, Grenzen und Verstärkungseffekte der EU-Grundrechte – Folgerungen aus den Urteilen Åkerberg Fransson, Pfleger und Dano (Hartz IV), DVBl. 2015, S. 741-746.

Frenz, Walter, Anmerkung zu BVerfG, Urt. v. 21.06.2016 – 2 BvE 13/13, 2 BvR 2728/13, 2 BvR 2729/13, 2 BvR 2730/13, 2 BvR 2731/13 – Vb und Organstreitverfahren gegen das OMT-Programm der EZB erfolglos – Kein juristischer Brexit des BVerfG, DVBl. 2016, S. 1056-1060.

Frenzel, Eike Michael, Die Charta der Grundrechte als Maßstab für mitgliedstaatliches Handeln zwischen Effektivierung und Hyperintegration, Der Staat 53 (2014), S. 1-29.

Freundorfer, Clarissa, Die Beteiligung des Deutschen Bundestages an der Sekundärrechtssetzung der Europäischen Union, Frankfurt am Main 2008.

Fries, Sybilla, Die Grundrechtsbindung der Mitgliedstaaten nach dem Gemeinschaftsrecht, München 2002.

Frowein, Jochen Abr., Das Maastricht-Urteil und die Grenzen der Verfassungsgerichtsbarkeit, ZaöRV 54 (1994), S. 1-16.

Fuchs, Claudia, Ne bis in idem: Korrespondenzen zwischen Straßburg und Wien, Jahrbuch Öffentliches Recht 2010, S. 181-197.

Funke, Andreas, Umsetzungsrecht. Zum Verhältnis von internationaler Sekundärrechtssetzung und deutscher Gesetzgebungsgewalt, Tübingen 2010.

Gaede, Karsten, Minimalistischer EU-Grundrechtsschutz bei der Kooperation im Strafverfahren, NJW 2013, S. 1279-1281.

Gappa, Marius, Der Schutz der mitgliedstaatlichen Verfassungsidentität im Unionsrecht anhand der „Taricco Saga“: C-105/14 (Taricco u.a.) und C-42/17 (M.A.S. u.a. – „Taricco II“), ZEuS 2020, S. 641-673.

García, R. Alonso, The General Provisions of the Charter of Fundamental Rights of the European Union, European Law Journal 8 (2002), S. 492-514.

Gächter-Alge, Marie-Louise, Mehrsprachigkeit im Völkervertragsrecht – von der Ausarbeitung zur Auslegung, Bamberg 2011.

Gebauer, Jochen, Die Grundfreiheiten des EG-Vertrags als Gemeinschaftsgrundrechte, Berlin 2004.

Gebauer, Katharina, Parallele Grund- und Menschenrechtsschutzsysteme in Europa? Ein Vergleich der Europäischen Menschenrechtskonvention und des Straßburger Gerichtshofs mit dem Grundrechtsschutz in der Europäischen Gemeinschaft und dem Luxemburger Gerichtshof, Berlin 2007.

Geiger, Sarah, Verfassungsrechtliche Grundrechteprüfung im Anwendungsbereich des Unionsrechts – Deutschland und Frankreich im Vergleich – Zugleich eine Anmerkung zur Entscheidung des Bundesverfassungsgerichts vom 6. November 2019 (Recht auf Vergessen II), DÖV 2020, S. 366-371.

Geiger, Sarah, Allemagne: césure jurisprudentielle en matière de protection des droits fondamentaux européens, Revue trimestrielle de droit européen 2020, S. 225-241.

Geiger, Rudolf/Khan, Daniel-Erasmus/Kotzur, Markus (Hrsg.), EUV/AEUV, Vertrag über die Europäische Union, Vertrag über die Arbeitsweise der Europäischen Union, 6. Auflage, München 2017 (zitiert: *Bearbeiter*, in: Geiger/Khan/Kotzur (Hrsg.), EUV/AEUV, 6. Aufl., 2017).

Geiß, Robin, Europäischer Grundrechtsschutz ohne Grenzen?, DÖV 2014, S. 265-272.

Gentzsch, Markus, Gerichtliche Kontrolle geldpolitischer Entscheidungen der EZB am Beispiel des Public Sector Purchase Programme, EuR 2019, S. 279-302.

Gérard, Philippe/Verrijdt, Willem, Belgian Constitutional Court Adopts National Identity Discourse, Belgian Constitutional Court, No. 62/2016, 28.04.2016, European Constitutional Law Review 13 (2017), S. 182-205.

Gerards, Janneke, Pluralism, Deference and the Margin of Appreciation Doctrine, European Law Journal 17 (2011), S. 80-120.

Gerards, Janneke, Judicial Argumentation in Fundamental Rights Cases – the EU Courts' Challenge, in: Neergaard, Ulla/Nielsen, Ruth (Hrsg.), European Legal Method – in a Multi-Level EU Legal Order, Kopenhagen 2013, S. 27-69.

Gerkrath, Jörg, Als krönender Abschluss des Grundrechtsschutzes in der EU verlangt die Charta nach einer breiten und dezentralisierten Anwendung, in: Masing, Johannes/Jestaedt, Matthias/Capitant, David/Le Divellec, Armel (Hrsg.), Strukturfragen des Grundrechtsschutzes in Europa, Tübingen 2015, S. 3-44.

Gerkrath, Jörg, The Constitution of Luxembourg in the Context of EU and International Law as 'Higher Law', in: Albi, Anneli/Bardutzky, Samo (Hrsg.), National Constitutions in European and Global Governance: Democracy, Rights, the Rule of Law, National Reports, The Hague 2019, S. 221-268.

Giegerich, Thomas, Luxemburg, Karlsruhe, Straßburg – Dreistufiger Grundrechtsschutz in Europa?, ZaöRV 50 (1990), S. 836-868.

Giegerich, Thomas, Zwischen Europafreundlichkeit und Europaskepsis – Kritischer Überblick über die bundesverfassungsgerichtliche Rechtsprechung zur europäischen Integration, ZEuS 2016, S. 3-48.

Glas, Lize R., The Theory, Potential and Practice of Procedural Dialogue in the European Convention on Human Rights System, Cambridge 2016.

Glaser, Andreas, Die Entwicklung des Europäischen Verwaltungsrechts aus der Perspektive der Handlungsformenlehre, Tübingen 2013.

Goldhammer, Michael, Die Achtung der nationalen Identität durch die Europäischen Union – Theorie und Dogmatik des Art. 4 Abs. 2 EUV im Lichte der ersten Entscheidungen, JöR N.F. 63 (2015), S. 105-127.

Goldner Lang, Iris/Đurđević, Zlata/Mataija, Mislav, The Constitution of Croatia in the Perspective of European and Global Governance, in: Albi, Anneli/Bardutzky, Samo (Hrsg.), National Constitutions in European and Global Governance: Democracy, Rights, the Rule of Law, National Reports, The Hague 2019, S. 1139-1177.

Golsong, Heribert, Grundrechtsschutz im Rahmen der Europäischen Gemeinschaften / Ist der Katalog der in der EMRK enthaltenen Grundrechte für die EG verwendbar?, EuGRZ 1978, S. 346-352.

Gorzoni, Paula, Der 'margin of appreciation' beim Europäischen Gerichtshof für Menschenrechte, Eine prinzipientheoretische Rekonstruktion, Baden-Baden 2019.

Göler, Daniel, Europäisierung hat viele Gesichter, Anmerkungen zur Widerlegung des Mythos einer 80-Prozent-Europäisierung, PVS 2009, S. 75-79.

Grabenwarter, Christoph, Auf dem Weg in die Grundrechtsgemeinschaft, EuGRZ 2004, S. 563-570.

Grabenwarter, Christoph, Die deutsche Sicherungsverwahrung als Treffpunkt grundrechtlicher Parallelwelten, EuGRZ 2012, S. 507-514.

Grabenwarter, Christoph, Europäische Grundrechte in der Rechtsprechung des Verfassungsgerichtshofes, JRP 2012, S. 298-304.

Grabenwarter, Christoph, § 2, Verfassungsrecht, Völkerrecht und Unionsrecht als Grundrechtsquellen, in: Merten, Detlef/Papier, Hans-Jürgen (Hrsg.), Handbuch der Grundrechte in Deutschland und Europa, Band VII/1, Grundrechte in Österreich, Heidelberg u.a. 2014, S. 51-76.

Grabenwarter, Christoph, Konkurrenz und Kooperation zwischen dem Europäischen Gerichtshof für Menschenrechte, dem Europäischen Gerichtshof und dem Bundesverfassungsgericht, in: Schumann, Eva (Hrsg.), Hierarchie, Kooperation und Integration im Europäischen Rechtsraum, Berlin 2015, S. 129-154.

Grabenwarter, Christoph, § 102 Der österreichische Verfassungsgerichtshof, in: von Bogdandy, Armin/Grabenwarter, Christoph/Huber, Peter M. (Hrsg.), Handbuch Ius Publicum Europaeum, Band VI, Verfassungsgerichtsbarkeit in Europa: Institutionen, Heidelberg 2016, S. 413-469.

Grabenwarter, Christoph/Pabel, Katharina, Europäische Menschenrechtskonvention. Ein Studienbuch, 7. Auflage, München 2021.

Grabitz, Eberhard/Hilf, Meinhard/Nettesheim, Martin (Hrsg.), Das Recht der Europäischen Union. Loseblatt-Kommentar, Drei Bände, München, Stand: 71. EL., August 2020 (zitiert: *Bearbeiter*, in: Grabitz/Hilf/Nettesheim (Hrsg.), Das Recht der Europäischen Union).

Graf Vitzthum, Nikolaus, Die Entdeckung der Heimat der Unionsbürger – Anmerkung zum Urteil des EuGH vom 8. März 2011, Rs. C-34/09 – Zambrano, EuR 2011, S. 550-567.

Gragl, Paul, A Giant Leap for European Human Rights? The Final Agreement on the European Union's Accession to the European Convention on Human Rights, Common Market Law Review 51 (2014), S. 13-58.

Gragl, Paul, Interne Homogenisierung und externe Desintegration – Dogmatische und theoretische Bemerkungen zum Beitritt der EU zur EMRK nach dem Gutachten 2/13, in: Folz, Hans-Peter/Isak, Hubert/Kumin, Andreas J. (Hrsg.), Homogenität und/oder Desintegration?, Beiträge zum 15. Österreichischen Europarechtstag 2015, Baden-Baden 2017, S. 251-280.

Granat, Katarzyna, Kontrolle des EU-Sekundärrechts durch den polnischen Verfassungsgerichtshof – Anmerkung zum Beschluss des polnischen Verfassungsgerichtshofs vom 16. November 2011, SK 45/09, EuR 2013, S. 205-215.

Greiner, Stefan/Kock, Maja-Carolin, Sozialleistungsansprüche für Unionsbürger im Spannungsfeld von Missbrauchsprävention und Arbeitnehmerfreizügigkeit, NZS 2017, S. 201-207.

Greiner, Stefan, Kirchliche Loyalitätsobliegenheiten nach dem „IR"-Urteil des EuGH, NZA 2018, 1289-1294.

Griebel, Jörn, Doppelstandards des Bundesverfassungsgerichts beim Schutz europäischer Grundrechte, Der Staat 52 (2013), S. 371-399.

Griebel, Jörn, Europäische Grundrechte als Prüfungsmaßstab der Verfassungsbeschwerde, DVBl. 2014, S. 204-211.

Griebel, Jörn, Das Bundesverfassungsgericht und die Unionsgrundrechte, in: Gornig, Gilbert H. (Hrsg.), Rechtspolitische Entwicklungen im nationalen und internationalen Kontext, Festschrift für Friedrich Bohl zum 70. Geburtstag, Berlin 2015, S. 325-336.

Griller, Stefan, Der Anwendungsbereich der Grundrechtscharta und das Verhältnis zu sonstigen Gemeinschaftsrechten, Rechten aus der EMRK und zu verfassungsgesetzlich gewährleisteten Rechten, in: Duschanek, Alfred/Griller, Stefan (Hrsg.), Grundrechte für Europa. Die Europäische Union nach Nizza, Wien 2002, S. 131-182.

Griller, Stefan, Unionsbürgerschaft als grundlegender Status, EuR 2015, Beiheft 1, S. 7-31.

Griller, Stefan, Fragmentierungen im Öffentlichen Recht: Diskusvergleich im internationalen und nationalen Recht, VVDStRL 77 (2018), S. 237-279.

Grimm, Dieter, Der Datenschutz vor einer Neuorientierung, JZ 2013, S. 585-592.

Groussot, Xavier/Pech, Laurent/Petursson, Gunnar Thor, The Reach of EU Fundamental Rights on Member State Action after Lisbon, in: de Vries, Sybe/Bernitz, Ulf/Weatherill, Stephan (Hrsg.), The Protection of Fundamental Rights in the EU After Lisbon, Oxford u.a. 2013, S. 97-118.

Große Wentrup, Anna, Die Europäische Grundrechtecharta im Spannungsfeld der Kompetenzverteilung zwischen Europäischer Union und Mitgliedstaaten, eine Untersuchung am Beispiel von Art. 14 und Art. 16 EuGRC, Berlin 2003.

Grundmann, Stephan M., Die Auslegung des Gemeinschaftsrechts durch den Europäischen Gerichtshof. Zugleich eine rechtsvergleichende Studie zur Auslegung im Völkerrecht und im Gemeinschaftsrecht, Konstanz 1997.

Gstrein, Oskar Josef/Zeitzmann, Sebastian, Die „Åkerberg Fransson"-Entscheidung des EuGH – „Ne bis in idem" als Wegbereiter für einen effektiven Grundrechtsschutz in der EU?, ZEuS 2013, S. 239-259.

Guerra Martins, Ana Maria, Opinion 2/13 of the European Court of Justice in the Context of Multilevel Protection of Fundamental Rights and Multilevel Constitutionalism revisited, in: Papadopoulou, Lina/Pernice, Ingolf/Weiler, Joseph H.H. (Hrsg.), Legitimacy Issues of the European Union in the Face of Crisis, Dimitris Tsatsos in memoriam, 2. Auflage, Baden-Baden 2018, S. 233-270.

Guerra Martins, Ana Maria/Prata Roque, Miguel, Judicial Dialogue in a Multilevel Constitutional Network, The Role of the Portuguese Constitutional Court, in: Andenas, Mads/Fairgrieve, Duncan (Hrsg.), Courts and Comparative Law, Oxford 2015, S. 300-328.

Gundel, Jörg, Die Rechtsprechung zur Individualklagebefugnis des Art. 263 Abs. 3 AEUV nach dem Vertrag von Lissabon – Eine Bestandsaufnahme zu den Folgen der Neuregelung, EWS 2014/Heft 1, S. 22-27.

Gundel, Jörg, Der beschränkte Anwendungsbereich des Charta-Grundrechts auf gute Verwaltung: Zur fortwirkenden Bedeutung der allgemeinen Rechtsgrundsätze als Quelle des EU-Grundrechtsschutzes, Anmerkung zum Urteil des EuGH v. 17. Juli 2014, verb. Rs. C-141/12 u. C-372/12 (Y.S. u. M. u. S./Minister voor Immigratie), EuR 2015, S. 80-91.

Gundel, Jörg, Erfolgsmodell Vorabentscheidungsverfahren? – Die neue Vorlage zum EGMR nach dem 16. Protokoll zur EMRK und ihr Verhältnis zum EU-Rechtsschutzsystem, EuR 2015, S. 609-624.

Gundel, Jörg, Der Verlust der bürgerlichen Ehrenrechte als Eingriff in die Grundrechtecharta – Neues zur Reichweite des EU-Grundrechtsschutzes gegenüber den Mitgliedstaaten und zur lex-mitior-Garantie, EuR 2016, S. 176-188.

Gundel, Jörg, Erste Erfahrungen mit der neuen Gutachtenvorlage zum EGMR nach dem Protokoll Nr. 16 zur EMRK, EuR 2019, S. 421-433.

Gundel, Jörg, § 3 Verwaltung, in: Schulze, Reiner/Kadelbach, Stefan/Janssen, André (Hrsg.), Europarecht, Handbuch für die deutsche Rechtspraxis, 4. Auflage, Baden-Baden 2020, S. 149-233.

Günther, Cécile, Die Auslegung des Rechts auf Bildung in der europäischen Grundrechtsordnung, Frankfurt am Main 2007.

Habersack, Mathias/Mayer, Christian, Die überschießende Umsetzung von Richtlinie, Normauslegung und Rechtsweg im Grenzbereich zwischen deutschem und europäischem Privatrecht, JZ 1999, S. 913-921.

Habersack, Mathias/Mayer, Christian, § 14, Die überschießende Umsetzung von Richtlinie, in: Riesenhuber, Karl (Hrsg.), Europäische Methodenlehre. Handbuch für Ausbildung und Praxis, 3. Auflage, Berlin u.a. 2015, S. 297-325.

Hager, Günter, Rechtsmethoden in Europa, Tübingen 2009.

Haguenau-Moizard, Catherine, Identité constitutionnelle et mandat d'arrêt européen: l'exploitation de la jurisprudence *Melloni* par la Cour constitutionnelle allemande, Europe 2016, S. 37-42.

Hailbronner, Kay/Thym, Daniel, Ruiz Zambrano – Die Entdeckung des Kernbereichs der Unionsbürgerschaft, NJW 2011, S. 2008-2014.

Hailbronner, Kay/Thym, Daniel, Vertrauen im europäischen Asylsystem, NVwZ 2012, S. 406-409.

Hain, Karl-E., Zur Frage der Europäisierung des Grundgesetzes, Eine kritische Analyse, DVBl. 2002, S. 148-157.

Halberstam, Daniel, "It's the Autonomy, Stupid!" A Modest Defense of Opinion 2/13 on EU Accession to the ECHR, and the Way Forward Special Section - Opinion 2/13, German Law Journal 16 (2015), S. 105-146.

Hallstein, Walter, Die echten Probleme der europäischen Integration, Kiel 1965.

Haltern, Ulrich, Eine Lanze für Mangold, in: Haltern, Ulrich/Bergmann, Andreas (Hrsg.), Der EuGH in der Kritik, Tübingen 2012, S. 25-71.

Haltern, Ulrich, Europarecht, Dogmatik im Kontext, Band II: Rule of Law, Verbunddogmatik, Grundrechte, 3. Auflage, Tübingen 2017.

Hancox, Emily, The meaning of "implementing" EU law under Article 51 (1) of the Charter: *Åkerberg Fransson*, Common Market Law Review 50 (2013), S. 1411-1432.

Haratsch, Andreas, Die Solange-Rechtsprechung des Europäischen Gerichtshofs für Menschenrechte – Das Kooperationsverhältnis zwischen EGMR und EuGH, ZaöRV 66 (2006), S. 927-947.

Haratsch, Andreas, Nationale Identität aus europarechtlicher Sicht, EuR 2016, S. 131-147.

Hatje, Armin/Schwarze, Jürgen, Der Zusammenhalt der Europäischen Union, EuR 2019, S. 153-189.

Haug, Thomas, Die Pflicht deutscher Gerichte zur Berücksichtigung der Rechtsprechung des EGMR, NJW 2018, S. 2674-2677.

Häberle, Peter/Kotzur, Markus, Europäische Verfassungslehre, 8. Auflage, St. Gallen 2016.

Heck, Daniel, Rechtsschutz gegen durch EG-Richtlinien determiniertes Gesetzesrecht, NVwZ 2008, S. 523-526.

Heiderhoff, Bettina/Lohsse, Sebastian/Schulze, Reiner (Hrsg.), EU-Grundrechte und Privatrecht, EU fundamental rights and private law, Baden-Baden 2016.

Heißl, Gregor, Verhältnis der Grundrechtecharta zu nationalen Grundrechtsgewährleistungen und zur Europäischen Menschenrechtskonvention in Bezug auf Grundrechtskollisionen, in: Kahl, Arno/Raschauer, Nicolas/Storr, Stefan (Hrsg.), Grundsatzfragen der europäischen Grundrechtecharta, Wien 2013, S. 59-86.

Heißl, Gregor, Grundrechtskollisionen am Beispiel von Persönlichkeitseingriffen sowie Überwachungen und Ermittlungen im Internet, Wien 2017.

Heer-Reißmann, Christine, Die Letztentscheidungskompetenz des Europäischen Gerichtshofes für Menschenrechte in Europa: eine Untersuchung zum Verhältnis von EGMR und EuGH in Menschenrechtsfragen unter Berücksichtigung des Verhältnisses des BVerfG zum EuGH, Frankfurt am Main 2008.

Heller, Kurt, Die Anwendung der Grundrechte der Europäischen Union durch den Verfassungsgerichtshof, Eine Besprechung des Erkenntnisses des Verfassungsgerichtshofs vom 14.03.2012, U 466/11, U 1836/11, JBl. 2012, S. 675-680.

Henninger, Thomas, Europäisches Privatrecht und Methode. Entwurf einer rechtsvergleichend gewonnenen juristischen Methodenlehre, Tübingen 2009.

Hentschel-Bednorz, Meike, Derzeitige Rolle und zukünftige Perspektive des EuGH im Mehrebenensystem des Grundrechtsschutzes in Europa, Köln, München 2012.

Herresthal, Carsten, Grundrechtecharta und Privatrecht, Die Bedeutung der Charta der Grundrechte für das europäische und das nationale Privatrecht, ZEuP 2014, S. 238-280.

Herrnfeld, Hans-Holger, Der Vorrang hält – aber noch eine Frage offen? Grundrechtsschutz und gegenseitige Anerkennung im Lichte des EuGH-Urteils in der Rs. Melloni, in: Becker, Ulrich/Hatje, Armin/Potacs, Michael/Wunderlich, Nina (Hrsg.), Verfassung und Verwaltung in Europa. Festschrift für Jürgen Schwarze zum 70. Geburtstag, Baden-Baden 2014, S. 81-108.

Hertig Randall, Maya, Der grundrechtliche Dialog der Gerichte in Europa, EuGRZ 2014, S. 5-18.

Herzmann, Karsten, Das spanische Verfassungsgericht und der Fall Melloni, Konsequenzen des EuGH-Urteils aus Sicht seines Adressaten, EuGRZ 2015, S. 445-453.

Heselhaus, Sebastian, § 6 Grundrechte und Kompetenzen, in: Heselhaus, Sebastian/Nowak, Carsten (Hrsg.), Handbuch der Europäischen Grundrechte, 2. Auflage, München 2020, S. 101-121.

Hesse, Konrad, Grundzüge des Verfassungsrechts der Bundesrepublik Deutschland, 20. neubearb. Auflage, Heidelberg 1995.

Heuer, Jan, Art. 51 Abs. 1 Satz 1 GRC, Die Bindung der Mitgliedstaaten an die Unionsgrundrechte, München 2014.

Heureux-Dubé, Claire, The Importance of Dialogue: Globalization and the International Impact of the Rehnquist Court, Tulsa Law Review 34 (1998), S. 15-26.

Hilf, Meinhard, Die Auslegung mehrsprachiger Verträge. Eine Untersuchung zum Völkerrecht und zum Staatsrecht der Bundesrepublik Deutschland, Berlin, Heidelberg, New York 1993.

Hilf, Meinhard, Europäische Union und nationale Identität der Mitgliedstaaten, in: Randelzhofer, Albrecht/Scholz, Rupert/Wilke, Dieter (Hrsg.), Gedächtnisschrift für Eberhard Grabitz, München 1995, S. 157-170.

Hillgruber, Christian, Spielräume und Grenzen des EuGH, in: Behrens, Peter/Eger, Thomas/Schäfer, Hans-Bernd (Hrsg.), Ökonomische Analyse des Europarechts, Beiträge zum XII. Travemünder Symposium zur ökonomischen Analyse des Rechts (24. - 26. März 2010), Tübingen 2012, S. 1-26.

Hjortnæs, Lars, A view from the Danish Supreme Court in light of the *Ajos* Judgment, in: Heusel, Wolfgang/Rageade, Jean-Philippe (Hrsg.), The Authority of EU Law, Do We Still Believe in It?, Berlin 2019, S. 73-85.

Hobe, Stephan, Abkehr von Solange? – Die Entscheidungen des Bundesverfassungsgerichts zur Vorratsdatenspeicherung und zu Honeywell, in: Sachs, Michael/Siekmann, Helmut (Hrsg.), Der grundrechtsgeprägte Verfassungsstaat, Festschrift für Klaus Stern zum 80. Geburtstag, Berlin 2012, S. 745-760.

Hoffmann, Jan Martin, Unionsgrundrechte als verfassungsrechtlicher Prüfungsmaßstab, NVwZ 2020, S. 33-37.

Hoffmann, Jan Martin/Kollmar, Frederike, Bindung der Mitgliedstaaten an die Charta der Grundrechte der Europäischen Union – Anmerkung zu EuGH, Urt. v. 26.02.2013 – C-617/10, DVBl. 2013, S. 717-719.

Hoffmann, Jan Martin/Rudolphi, Verena, Die Durchführung des Unionsrechts durch die Mitgliedstaaten – Art. 51 Abs. 1 Satz 1 Alt. 2 Grundrechtecharta im Spiegel der Rechtsprechung des Europäischen Gerichtshofs, DÖV 2012, S. 597-602.

Hoffmann-Riem, Wolfgang, Kohärenz der Anwendung europäischer und nationaler Grundrechte, EuGRZ 2002, S. 473-483.

Hoffmann-Riem, Wolfgang, Kontrolldichte und Kontrollfolgen beim nationalen und europäischen Schutz von Freiheitsrechten in mehrpoligen Rechtsverhältnissen – Aus der Sicht des Bundesverfassungsgerichts, EuGRZ 2006, S. 492-499.

Hoffmann-Riem, Wolfgang, Die Caroline II-Entscheidung des BVerfG – Ein Zwischenschritt bei der Konkretisierung des Kooperationsverhältnisses zwischen den verschiedenen betroffenen Gerichten, NJW 2009, S. 20-26.

Hofmann, Mahulena, Zum zweiten „Lissabon-Urteil" des Tschechischen Verfassungsgerichts, EuGRZ 2010, S. 153-156.

Hofmann, Rainer, Die Bindung staatlicher Macht, in: Hofmann, Rainer/Marko, Jospeh/Merli, Franz/Wiederin, Ewald (Hrsg.), Rechtsstaatlichkeit in Europa, Heidelberg 1996, S. 3-29.

Hofmann, Rainer, Zurück zu Solange II! Zum Bananenmarktordnungs-Beschluß des Bundesverfassungsgerichts, in: Cremer, Hans-Joachim/Giegerich, Thomas/ Richter, Dagmar/Zimmermann, Andreas (Hrsg.), Tradition und Weltoffenheit, Festschrift für Helmut Steinberger, Berlin 2002, S. 1207-1224.

Hofmann, Rainer/Heger, Alexander, Das Selbstverständnis des Bundesverfassungsgerichts als Hüter des Kompetenzverhältnisses zwischen der Europäischen Union und Deutschland, EuGRZ 2020, S. 176-190.

Hofmann, Rainer/Heger, Alexander, Zur neuen Grundrechte-Architektur im europäischen Mehrebenensystem, EuGRZ 2021, S. 1-11.

Hofmann, Rainer/Heger, Alexander/Gharibyan, Tamara, Die Wandlung des Grundrechtsschutzes durch das Bundesverfassungsgericht – Recht auf Vergessen I und II als „Solange III"?, KritV 2019, S. 277-292.

Holdgaard, Rass/Elkan, Daniella/Krohn Schlademose, Gustav, From cooperation to collision: The ECJ's Ajos ruling and the Danish Supreme Court's refusal to comply, Common Market Law Review 55 (2018), S. 17-53.

Holoubek, Michael, Ein Grundrechtskatalog für Europa, in: Becker, Ulrich/Hatje, Armin/Potacs, Michael/Wunderlich, Nina (Hrsg.), Verfassung und Verwaltung in Europa. Festschrift für Jürgen Schwarze zum 70. Geburtstag, Baden-Baden 2014, S. 109-140.

Honer, Mathias, Die Geltung der EU-Grundrechte für die Mitgliedstaaten nach Art. 51 I 1 GRCh, JuS 2017, S. 409-413.

Hoppe, Tilmann, Die Europäisierung der Gesetzgebung: Der 80-Prozen-Mythos lebt, EuZW 2009, S. 168-169.

Hong, Mathias, Caroline von Hannover und die Folgen – Meinungsfreiheit im Mehrebenensystem zwischen Konflikt und Kohärenz, in: Matz-Lück, Nele/Hong, Mathias (Hrsg.), Grundrechte und Grundfreiheiten im Mehrebenensystem, Konkurrenzen und Interferenzen, Berlin, Heidelberg 2012, S. 251-292.

Hong, Mathias, Human Dignity, Identity Review of the European Arrest Warrant and the Court of Justice as a Listener in the Dialogue of Courts: Solange-III and Aranyosi, European Constitutional Law Review 12 (2016), S. 549-563.

Hölscheidt, Sven/Hoppe, Tilman, Der Mythos vom „europäischen Impuls“ in der deutschen Gesetzgebungsstatistik, ZParl 2010, S. 543-551.

Höpfner, Clemens/Rüthers, Bernd, Grundlagen einer europäischen Methodenlehre, AcP 209 (2009), S. 1-37.

Huber, Peter M., Bundesverfassungsgericht und Europäischer Gerichtshof als Hüter der Gemeinschaftsrechtlichen Kompetenzordnung, AöR 116 (1991), S. 210-251.

Huber, Peter M., Unitarisierung durch Gemeinschaftsgrundrechte – Zur Überprüfungsbedürftigkeit der ERT-Rechtsprechung, EuR 2008, S. 190-199.

Huber, Peter M., Auslegung und Anwendung der Charta der Grundrechte, NJW 2011, S. 2385-2390.

Huber, Peter M., Grundrechtsschutz in Europa – Vermehrung, Verunsicherung, Kohärenz, in: Biaggini, Giovanni/Diggelmann, Oliver/Kaufmann, Christine (Hrsg.), Polis und Kosmopolis, Festschrift für Daniel Thürer, Baden-Baden, Zürich, St. Gallen 2015, S. 305-321.

Huber, Peter M., Recht und Nationale Identität, in: Kment, Martin (Hrsg.), Das Zusammenwirken von deutschem und europäischem Öffentlichen Recht, Festschrift für Hans D. Jarass zum 70. Geburtstag, München 2015, S. 205-215.

Hufeld, Ulrich/Rathke, Hannes, Der Grundrechtsschutz nach Lissabon im Wechselspiel zwischen der Charta der Grundrechte der Europäischen Union, Europäischer Menschenrechtskonvention und den nationalen Verfassungen, EuR 2013, Beiheft 3, S. 7-53.

Hufen, Friedhelm, Entstehung und Entwicklung der Grundrechte, NJW 1999, S. 1504-1510.

Hwang, Shu-Perng, Grundrechte unter Integrationsvorbehalt? Eine rahmenorientierte Überlegung zur Debatte um die Bindung der Mitgliedstaaten an die Unionsgrundrechte, EuR 2014, S. 400-420.

Hwang, Shu-Perng, Anwendungsvorrang statt Geltungsvorrang? Normlogische und institutionelle Überlegungen zum Vorrang des Unionsrechts, EuR 2016, S. 355-373.

Hwang, Shu-Perng, Grundrechtsoptimierung unter dem Vorbehalt des unionsrechtlichen Vorrangs? Zur Auslegung des Art. 53 GRCh im Lichte des Vorrangs des Unionsrechts, ZEuS 2016, S. 369-388.

Hwang, Shu-Perng, Vorrang der Verfassungsidentität als Herausforderung für die Rechtsordnung der Europäischen Union?, Der Staat 56 (2017), S. 107-132.

Hwang, Shu-Perng, Humanitäre Visa für Flüchtlinge: Einfallstor für ein unbeschränktes Asylrecht?, EuR 2018, S. 269-289.

Hwang, Shu-Perng, Europarechtsordnung als Rahmenordnung. Versuch einer Überwindung der dualistischen Konstruktion von staatlichen und überstaatlichen Rechtsordnungen, Tübingen 2020.

Iancu, Bogdan, Romania – The Vagaries of International Grafts on Unsettled Constitutions, in: Albi, Anneli/Bardutzky, Samo (Hrsg.), National Constitutions in European and Global Governance: Democracy, Rights, the Rule of Law: National Reports, The Hague 2019, S. 1047-1095.

Iglesias Sánchez, Sara, Fundamental Rights and Citizenship of the Union at a Crossroads: A Promising Alliance or a Dangerous Liaison?, European Law Journal 20 (2014), S. 464-481.

Illiopoulos-Strangas, Julia, § 16 Griechenland, Offene Staatlichkeit, in: von Bogdandy, Armin/Cruz Villalón, Pedro/Huber, Peter M. (Hrsg.), Handbuch Ius Publicum Europaeum, Band II, Offene Staatlichkeit, Wissenschaft vom Verfassungsrecht, Heidelberg 2008, S. 71-105.

Ingold, Albert, Die verfassungsrechtliche Identität der Bundesrepublik Deutschland – Karriere – Konzept – Kritik, AöR 140 (2015), S. 1-30.

Ipsen, Hans Peter, Das Bundesverfassungsgericht löst die Grundrechts-Problematik – Zum „Mittlerweile"-Beschluß des 2. Senats vom 22. Oktober 1986, EuR 1987, S. 1-6.

Ipsen, Hans Peter, Zehn Glossen zum Maastricht-Urteil, EuR 1994, S. 1-21.

Jacobs, Francis Geoffrey, Is the Court of Justice of the European Communities a Constitutional Court?, in: Curtin, Deirdre/O'Keeffee, David (Hrsg.), Constitutional Adjudication in European Community and National Law. Essays for the Hon. Mr. Justice T. F. O'Higgins, Dublin 1992, S. 25-32.

Jacobs, Francis Geoffrey, Human rights in the European Union: the role of the Court of Justice, European Law Review 26 (2001), S. 331-341.

Jacqué, Jean-Paul, The accession of the European Union to the European Convention on Human Rights and Fundamental Freedoms, Common Market Law Review 48 (2011), S. 995-1023.

Jacqué, Jean-Paul, The Charter of Fundamental Rights and the Court of Justice of the European Union: A First Assessment of the Interpretation of the Charter's Horizontal Provision, in: Rossi, Lucia Serena/Casolari, Federico (Hrsg.), The EU after Lisbon, Amending or Coping with the Existing Treaties?, Cham u.a. 2014, S. 137-160.

Jakab, András, Application of the EU CFR by National Courts in Purely Domestic Cases, in: Jakab, András/Kochenov, Dimitry (Hrsg.), The Enforcement of EU Law and Values, Ensuring Member States' Compliance, Oxford 2017, S. 251-262.

Jarass, Hans D., Grundfragen der innerstaatlichen Bedeutung des EG-Rechts, die Vorgaben des Rechts der Europäischen Gemeinschaft für die nationale Rechtsanwendung und die nationale Rechtssetzung nach Maastricht, Köln u.a. 1994.

Jarass, Hans D., Die Bindung der Mitgliedstaaten an die EU-Grundrechte, NVwZ 2012, S. 457-461.

Jarass, Hans D., Zum Verhältnis von Grundrechtecharta und sonstigem Recht, EuR 2013, S. 29-45.

Jarass, Hans D., Charta der Grundrechte der Europäischen Union, Unter Einbeziehung der sonstigen Grundrechtsregelungen des Primärrechts und der EMRK, Kommentar, 4. Auflage, München 2021.

Jarass, Hans D./Beljin, Saša, Die Bedeutung von Vorrang und Durchführung des EG-Rechts für die nationale Rechtsetzung und Rechtsanwendung, NVwZ 2004, S. 1-11.

Jarass, Hans D./Kment, Martin, EU-Grundrechte, 2. Auflage, München 2019.

Jäger, Torsten, Überschießende Richtlinienumsetzung im Privatrecht, zugleich ein Beitrag zur Dogmatik der Mindestharmonisierung, der richtlinienorientierten Auslegung und des Vorabentscheidungsverfahrens, Baden-Baden 2006.

Jestaedt, Matthias, Phänomen Bundesverfassungsgericht. Was das Gericht zu dem macht, was es ist, in: Jestaedt, Matthias/Lepsius, Oliver/Möllers, Christoph/Schönberger, Christoph (Hrsg.), Das entgrenzte Gericht – Eine kritische Bilanz nach sechzig Jahren Bundesverfassungsgericht, Berlin 2011, S. 77-157.

Jestaedt, Matthias, Der „Europäische Verfassungsgerichtsverbund“ in (Verfahrens-kenn-)Zahlen, Die Arbeitslast von BVerfG, EuGH und EGMR im Vergleich, JZ 2011, S. 872-879.

Jestaedt, Matthias, Verfassungsgericht ist nicht gleich Verfassungsgericht, Vergleichende Beobachtungen zum französischen Conseil constitutionnel und zum deutschen Bundesverfassungsgericht, JZ 2019, S. 473-482.

Jones, Stephen, Die Bindung der Mitgliedsstaaten an die Grundrechte der Europäischen Gemeinschaft. Zur Frage der innerstaatlichen Anwendbarkeit der Gemeinschaftsgrundrechte und der Bindung der nationalen Stellen am Beispiel der Bundesrepublik Deutschland, Sinzheim 1999.

Jung, Aeryjung, Grundrechtsschutz auf europäischer Ebene – am Beispiel des personenbezogenen Datenschutzes, Hamburg 2016.

Jürgensen, Thomas/Schlünder, Irene, EG-Grundrechtsschutz gegenüber Maßnahmen der Mitgliedstaaten, AöR 121 (1996), S. 200-228.

Kadelbach, Stefan, Allgemeines Verwaltungsrecht unter europäischem Einfluß, Tübingen 1999.

Kadelbach, Stefan, Unionsbürgerschaft, in: von Bogdandy, Armin/Bast, Jürgen (Hrsg.), Europäisches Verfassungsrecht, Theoretische und dogmatische Grundzüge, 2. Auflage, Berlin, Heidelberg 2009, S. 611-656.

Kadelbach, Stefan, Die Bindung an die Grundrechte der Europäischen Union bei der Anwendung staatlichen Strafrechts – Anmerkungen zum Urteil des EuGH in der Rechtssache *Åkerberg Fransson*, KritV 2013, S. 276-291.

Kadelbach, Stefan, ECB Unbound? – Das BVerfG, der EuGH und das OMT-Programm der Europäischen Zentralbank, JURA 2017, S. 940-950.

Kadelbach, Stefan, Konstitutionalisierung und Rechtspluralismus – Über die Konkurrenz zweier Ordnungsentwürfe, in: Bung, Jochen/Engländer, Armin (Hrsg.), Souveränität, Transstaatlichkeit und Weltverfassung – Tagung der Internationalen Vereinigung für Rechts- und Sozialphilosophie (IVR) im September 2014 in Passau, Archiv für Rechts- und Sozialphilosophie, Beiheft 153, 2017, S. 97-108.

Kadelbach, Stefan, The European Court of Justice and Human Rights Law, in: Kadelbach, Stefan/Rensmann, Thilo/Rieter, Eva (Hrsg.), Judging Human Rights – Courts of General Jurisdiction as Human Rights Courts, Cham 2019, S. 171-200.

Kadelbach, Stefan/Petersen, Niels, Europäische Grundrechte als Schranken der Grundfreiheiten, Anmerkung zum EuGH-Urteil in der Rs. C-112/00, Schmidberger/Republik Österreich (Brennerblockade), EuGRZ 2003, S. 693-698.

Kahl, Wolfgang/Schwind, Manuel, Europäische Grundrechte und Grundfreiheiten – Grundbausteine einer Interaktionslehre, EuR 2014, S. 170-195.

Kaila, Heidi, The Scope of Application of the Charter of Fundamental Rights of the European Union in the Member States, in: Cardonnel, Pascal/Rosas, Allan/Wahl, Nils (Hrsg.), Constitutionalising the EU Judicial System. Essays in Honour of Pernilla Lindh, Oxford, Portland 2012, S. 291-315.

Kainer, Friedemann, Aus der nationalen Brille: Das PSPP-Urteil des BVerfG, EuZW 2020, S. 533-536.

Kaiser, Angela, Minderheitenschutz in der Europäischen Union. Eine Untersuchung des „doppelten Standards" des EU-Minderheitenschutzes unter besonderer Berücksichtigung der Europäischen Grundrechtecharta, Frankfurt am Main 2005.

Kamanabrou, Sudabeh, Der Einfluss der Grundrechte-Charta auf das deutsche Arbeitsrecht, in: Heiderhoff, Bettina/Lohsse, Sebastian/Schulze, Reiner (Hrsg.), EU-Grundrechte und Privatrecht, EU fundamental rights and private law, Baden-Baden 2016, S. 167-189.

Kanitz, Ralf/Steinberg, Philipp, Grenzenloses Gemeinschaftsrecht? Die Rechtsprechung des EuGH zu Grundfreiheiten, Unionsbürgerschaft und Grundrechten als Kompetenzproblem, EuR 2003, S. 1013-1036.

Karaosmanoğlu, Cem, Die Nichtanwendung deutscher unionsrechtswidriger Gesetze, Verfassungsrechtliches Erfordernis eines umfassenden Verwerfungsmonopols des Bundesverfassungsgerichts, Baden-Baden 2017.

Karaosmanoğlu, Cem/Ebert, Björn P., Einzelfallbezogener Grundrechtsschutz gegen EU-Akte – Abkehr von der Solange-Rechtsprechung? DVBl. 2016, S. 875-881.

Karpenstein, Ulrich/Kottmann, Matthias, Vom Gegen- zum Mitspieler – Das BVerfG und die Unionsgrundrechte, EuZW 2020, S. 185-189.

Karpenstein, Ulrich/Mayer, Franz (Hrsg.), EMRK, Konvention zum Schutz der Menschenrechte und Grundfreiheiten, Kommentar, 2. Auflage, München 2015 (zitiert: *Bearbeiter*, in: Karpenstein/Mayer, EMRK, 2. Aufl., 2015).

Kälin, Walter/Künzli, Jörg, Universeller Menschenrechtsschutz. Der Schutz des Individuums auf globaler und regionaler Ebene, 4. Auflage, Basel 2019.

Kämmerer, Jörn Axel, Verfassung im Nationalstaat: Von der Gesamtordnung zur europäischen Teilordnung?, NVwZ 2015, S. 1321-1327.

Kämmerer, Jörn Axel/Kotzur, Markus, Vollendung des Grundrechtsverbunds oder Heimholung des Grundrechtsschutzes? Die BVerfG-Beschlüsse zum „Recht auf Vergessen" als Fanal, NVwZ 2020, S. 177-184.

Keleman, R. Daniel, On the Unsustainability of Constitutional Pluralism: European Supremacy and the Survival of the Eurozone, Maastricht Journal of European and Comparative Law 23 (2016), S. 136-150.

Keller, Helen/Kühne, Daniela, Zur Verfassungsgerichtsbarkeit des Europäischen Gerichtshofs für Menschenrechte, ZaöRV 76 (2016), S. 245-307.

Keller, Helen/Stone Sweet, Alec, A Europe of Rights, The Impact oft he ECHR on National Legal Systems, Oxford 2008.

Kellerbauer, Manuel/Klamert, Marcus/Tomkin, Jonathan, The EU Treaties and the Charter of Fundamental Rights, a commentary, Oxford 2019.

Kieber, Stefan/Klaushofer, Reinhard, The Austrian Constitutional Court Post Case-Law After the Landmark Decision on Charter of Fundamental Rights of the European Union, European Public Law 23 (2017), S. 221-235.

Kingreen, Thorsten, Die Gemeinschaftsgrundrechte, JuS 2000, S. 857-865.

Kingreen, Thorsten, Grundrechtsverbund oder Grundrechtsunion? – Zur Entwicklung der subjektiv-öffentlichen Rechte im europäischen Unionsrecht, EuR 2010, S. 338-364.

Kingreen, Thorsten, Ne bis in idem: Zum Gerichtswettbewerb um die Deutungshoheit über die Grundrechte, Anmerkung zur Entscheidung des EuGH vom 26.2.2013 (C-617/10), EuR 2013, S. 446-454.

Kingreen, Thorsten, Die Grundrechte des Grundgesetzes im europäischen Grundrechtsföderalismus, JZ 2013, S. 801-811.

Kingreen, Thorsten, In love with the single market? Die EuGH-Entscheidung Alimanovic zum Ausschluss von Unionsbürgern von sozialen Grundsicherungsleistungen, NVwZ 2015, S. 1503-1506.

Kingreen, Thorsten, Der Abstieg der Grundfreiheiten und der Aufstieg der Unionsgrundrechte, in: Kment, Martin (Hrsg.), Das Zusammenwirken von deutschem und europäischem Öffentlichen Recht, Festschrift für Hans D. Jarass zum 70. Geburtstag, München 2015, S. 51-62.

Kingreen, Thorsten/Störmer, Rainer, Die subjektiv-öffentlichen Rechte des primären Gemeinschaftsrechts, EuR 1998, S. 263-290.

Kirchhof, Ferdinand, Die Kooperation zwischen Bundesverfassungsgericht und Europäischem Gerichtshof, Addierung oder Optimierung des Grundrechtsschutzes, in: Herdegen, Matthias/Klein, Hans Hugo/Papier, Hans-Jürgen/Scholz, Rupert (Hrsg.), Staatsrecht und Politik. Festschrift für Roman Herzog zum 75. Geburtstag, München 2009, S. 155-171.

Kirchhof, Ferdinand, Grundrechtsschutz durch europäische und nationale Gerichte, NJW 2011, S. 3681-3686.

Kirchhof, Ferdinand, Kooperation zwischen nationalen und europäischen Gerichten, EuR 2014, S. 267-277.

Kirchhof, Ferdinand, Nationale Grundrechte und Unionsgrundrechte – Die Wiederkehr der Frage eines Anwendungsvorrangs unter anderer Perspektive, NVwZ 2014, S. 1537-1541.

Kirchhof, Paul, Das Maastricht-Urteil des Bundesverfassungsgerichts, in: Hommelhoff, Peter/Kirchhof, Paul (Hrsg.), Der Staatenverbund der Europäischen Union, Beiträge und Diskussionen des Symposions am 21./22. Januar 1994 in Heidelberg, Heidelberg 1994, S. 11-35.

Kischel, Uwe, Zur Dogmatik des Gleichheitssatzes in der Europäischen Union, EuGRZ 1997, S. 1-11.

Klaas, Nadine, Das Recht auf Vergessen(-werden) und die Zeitlichkeit der Freiheit, Zugleich Besprechung der Beschlüsse des BVerfG vom 06.11.2019 – 1 BvR 16/13 – Recht auf Vergessen I sowie 1 BvR 276/17 – Recht auf Vergessen II, ZUM 2020, S. 265-278.

Klatt, Matthias, Die praktische Konkordanz von Kompetenzen, Tübingen 2014.

Klatt, Matthias K., Herabsetzung des Ruhestandsalters für Richter in Polen, Anmerkung zu EuGH (Große Kammer), Urt. v. 24.06.2019 – C-619/18, NVwZ 2019, S. 1109-1118.

Klaushofer, Reinhard/Palmstorfer, Rainer, Austrian Constitutional Court uses Charter of Fundamental Rights of the European Union as standard of review, European Public Law 19 (2013), S. 1-11.

Klein, Eckart, Should the binding effect of the judgments of the European Court of Human Rights be extended?, in: Mahoney, Paul/Matscher, Franz/Petzold, Herbert/Wildhaber, Luzius (Hrsg.), Protection des droits de l'homme: la perspective européenne. / Protecting Human Rights: The European Perspective, Mélanges à la mémoire de / Studies in memory of / Rolv Ryssdal, Köln u.a. 2000, S. 705-713.

Klein, Eckart, Europäischer Grundrechtsschutz und nationale Identität, in: Niedobitek, Matthias/Sommermann, Karl-Peter (Hrsg.), Die Europäische Union als Wertegemeinschaft, Forschungssymposium zu Ehren von Siegfried Magiera, Berlin 2013, S. 59-75.

Klein, Eckart, Kompetenzielle Würdigung und verfassungsprozessuale Konsequenzen der „Recht auf Vergessen"-Entscheidungen, DÖV 2020, S. 341-349.

Klein, Marvin, Friedensgrüße aus Luxemburg: Neue Entwicklungen im europäischen Grundrechteverbund, DÖV 2018, S. 605-612.

Klein, Tonio, Schleierhaftes vom EuGH? Wie zwei Urteile die Kopftuchdebatte in Deutschland beeinflussen, NVwZ 2017, S. 920-925.

Kleinlein, Thomas, Federalisms, Rights, and Autonomies: The United States, Germany and the EU, International Journal of Constitutional Law 15 (2017), S. 1157–1173.

Kleinlein, Thomas, Grundrechtsföderalismus, Eine vergleichende Studie zur Grundrechtsverwirklichung in Mehrebenen-Strukturen – Deutschland, USA und EU, Tübingen 2020.

Knecht, Matthias H., Die Charta der Grundrechte der Europäischen Union. Eine Würdigung der Entstehung und rechtsvergleichende grundrechtsdogmatische Analyse, Stuttgart 2005.

Kober, Martin, Der Grundrechtsschutz in der Europäischen Union. Bestandsaufnahme, Konkretisierung und Ansätze zur Weiterentwicklung der europäischen Grundrechtsdogmatik anhand der Charta der Grundrechte der Europäischen Union, München 2009.

Kokott, Juliane, Bedeutung und Wirkungen deutscher und europäischer Grundrechte in Steuerstrafrecht und Steuerstrafverfahren, NZWiSt 2017, S. 409-417.

Kokott, Juliane/Sobotta, Christoph, Die Charta der Grundrechte der Europäischen Union nach dem Inkrafttreten des Vertrags von Lissabon, EuGRZ 2010, S. 265-271.

Komárek, Jan, Czech Constitutional Court Playing with Matches: The Czech Constitutional Court Declares a Judgment of the Court of Justice of the EU Ultra Vires: Judgment of 31 January 2012, European Constitutional Law Review 8 (2012), S. 323-337.

Komárek, Jan, The Place of Constitutional Courts in the EU, European Constitutional Law Review 9 (2013), S. 420-450.

Komárek, Jan, Why National Constitutional Courts Should Not Embrace EU Fundamental Rights, in: de Vries, Sybe/Bernitz, Ulf/Weatherill, Stephen (Hrsg.), The EU Charter of Fundamental Rights as a binding instrument. Five Years Old and Growing, Oxford 2015, S. 75-92.

Kombos, Constantinos/Laulhé Shaelou, Stéphanie, The Cypriot Constitution Under the Impact of EU Law: An Asymmetrical Formation, in: Albi, Anneli/Bardutzky, Samo (Hrsg.), National Constitutions in European and Global Governance: Democracy, Rights, the Rule of Law, National Reports, The Hague 2019, S. 1373-1434.

Kornezov, Alexander, The right to vote as an EU fundamental right and the expanding scope of application of the EU Charter of Fundamental Rights, Cambridge Law Journal 75 (2016), S. 24-27.

Kotroni, Loukia, Grundrechtliche Verpflichtungen der Mitgliedstaaten der Europäischen Union. Insbesondere unter Zugrundelegung von Artikel 51 der Grundrechtecharta, Frankfurt am Main 2004.

Kotzur, Markus, Eine Bewährungsprobe für die Europäische Grundrechtsgemeinschaft / Zur Entscheidung des EuG in der Rs. Yusuf u.a. gegen Rat, EuGRZ 2006, S. 19-26.

Kotzur, Markus, Kooperativer Grundrechtsschutz in der Völkergemeinschaft / Zur Rechtsmittelentscheidung des EuGH (Große Kammer) vom 3. September 2008 in den verb. Rsn. Kadi u.a., EuGRZ 2008, S. 673-680.

König, Doris, Die Übertragung von Hoheitsrechten im Rahmen des europäischen Integrationsprozesses – Anwendungsbereich und Schranken des Art. 23 des Grundgesetzes, Berlin 2000.

König, Thomas/Mäder, Lars, Das Regieren jenseits des Nationalstaates und der Mythos einer 80-Prozent-Europäisierung in Deutschland, PVS 2008, S. 438-463.

König, Thomas/Mäder, Lars, Antwort auf die Replik von Daniel Göler zum Beitrag „Das Regieren jenseits des Nationalstaates und der Mythos einer 80-Prozent-Europäisierung in Deutschland", PVS 2009, S. 80-85.

Kramer, Ernst A., Juristische Methodenlehre, 6. Auflage, Bern 2019.

Krämer, Hannes, Änderungen im Grundrechtsschutz durch den Beitritt der Europäischen Union zur EMRK, ZÖR 69 (2014), S. 235-255.

Krämer, Rike/Märten, Judith, Der Dialog der Gerichte – die Fortentwicklung des Persönlichkeitsschutzes im europäischen Mehrebenenverbund, EuR 2015, S. 169-188.

Krenn, Christoph, Autonomy and Effectiveness as Common Concerns: A Path to ECHR Accession after Opinion 2/13, German Law Journal 16 (2015), S. 147-167.

Kronenberger, Vincent, Quand „mise en œuvre“ rime avec „champ d'application“: la Cour précise les situations qui relèvent de la Charte des droits fondamentaux de l'Union européenne dans le contexte de l'application du *ne bis in idem*, Revue des Affaires Européennes 2013, S. 147-159.

Kruis, Tobias, Der Anwendungsvorrang des EU-Rechts in Theorie und Praxis, seine Durchsetzung in Deutschland; eine theoretische und empirische Untersuchung anhand der Finanz- und Verwaltungsgerichte und Behörden, Tübingen 2013.

Krūma, Kristīne/Statkus, Sandijs, The Constitution of Latvia – A Bridge Between Traditions and Modernity, in: Albi, Anneli/Bardutzky, Samo (Hrsg.), National Constitutions in European and Global Governance: Democracy, Rights, the Rule of Law: National Reports, The Hague 2019, S. 951-995.

Kuhn, Tomas, Überschießende Umsetzung bei mindest- und vollharmonisierenden Richtlinien: Einheitliche oder gespaltene Anwendung?, EuR 2015, S. 216-238.

Kumm, Mattias, The Jurisprudence of Constitutional Conflict: Constitutional Supremacy before and after the Constitutional Treaty, European Law Journal 11 (2005), S. 262-307.

Kustra-Rogatka, Aleksandra/Hamuľák, Ondrej, Keeping Safe Distance: Chapters from Randomised (Non)Application of the EU Charter of Fundamental Rights before Polish Constitutional Tribunal, Baltic Journal of European Studies 9 (2019), S. 72-107.

Kutscher, Hans, Thesen zu den Methoden der Auslegung des Gemeinschaftsrechts, aus der Sicht eines Richters, in: Gerichtshof der Europäischen Gemeinschaften (Hrsg.), Begegnung von Justiz und Hochschule am 27. und 28. September 1976, Luxemburg 1976, Bericht I, S. 1-40.

Kühling, Jürgen, Grundrechte, in: von Bogdandy, Armin/Bast, Jürgen (Hrsg.), Europäisches Verfassungsrecht, Theoretische und dogmatische Grundzüge, Berlin, Heidelberg 2009, S. 657-704.

Kühling, Jürgen, Kernelemente einer kohärenten EU-Grundrechtsdogmatik in der Post-Lissabon-Ära, ZÖR 2013, S. 469-485.

Kühling, Jürgen, Das „Recht auf Vergessenwerden“ vor dem BVerfG – November(r)evolution für die Grundrechtsarchitektur im Mehrebenensystem, NJW 2020, S. 275-280.

Kühling, Jürgen/Drechsler, Stefan, Alles „acte clair“? – Die Vorlage an den EuGH als Chance, NJW 2017, S. 2950-2955.

Kühling, Jürgen/Martini, Mario/Heberlein, Johanna/Kühl, Benjamin/Nink, David/Weinzierl, Quirin/Wenzel, Michael, Die Datenschutz-Grundverordnung und das nationale Recht, Erste Überlegungen zum innerstaatlichen Regelungsbedarf, Münster 2016.

Ladenburger, Clemens, Das Verhältnis der Grundrechtecharta zum mitgliedstaatlichen Recht – Einige Anmerkungen zum Anwendungsbereich, zur Tragweite und zur Auslegung der Rechte und Grundsätze der Charta, in: Stern, Klaus/Tettinger, Peter J. (Hrsg.), Europäische Verfassung im Werden, Berlin 2006, S. 83-109.

Ladenburger, Clemens, European Union Institutional Report, in: Laffranque, Julia (Hrsg.), The Protection of Fundamental Rights Post-Lisbon: the Interaction between the Charter of Fundamental Rights of the European Union, the European Convention on Human Rights and National Constitutions, Reports of the XXV FIDE Congress Tallinn 2012, Volume 1, Tallinn 2012, S. 141-215.

Lange, Friederike, Verschiebungen im europäischen Grundrechtssystem, NVwZ 2014, S. 169-174.

Langenbucher, Katja, § 1 Europarechtliche Methodenlehre, in: Langenbucher, Katja (Hrsg.), Europäisches Privat- und Wirtschaftsrecht, 4. Auflage, Baden-Baden 2017, S. 25-70.

Langenfeld, Christine, EuGH-EGMR-BVerfG: Von der Multipolarität zum Verbund der Gerichtsbarkeiten im Bereich des Grundrechtsschutzes, in: Heusel, Wolfgang/Rageade, Jean-Philippe (Hrsg.), The Authority of EU Law, Do We Still Believe in It?, Berlin 2019, S. 87-112.

Larenz, Karl, Methodenlehre der Rechtswissenschaft, 6. Auflage, Berlin, Heidelberg, New York 1991.

Larenz, Karl/Canaris, Claus-Wilhelm, Methodenlehre der Rechtswissenschaft, 3. Auflage, Berlin u.a. 1995.

Latzel, Clemens, Die Anwendungsbereiche des Unionsrechts, EuZW 2015, S. 658-664

Law, David S./Chang, Wen-Chen, The Limits of Global Judicial Dialogue, Washington Law Review 86 (2011), S. 523-577.

Lavranos, Nikos, The ECJ's Judgments in Melloni and Åkerberg Fransson: Une Ménage à Trois Difficulté, European Law Reporter 2013, S. 133-141.

Lazzerini, Nicole, The Scope and Effects of the Charter of Fundamental Rights in the Case Law of the European Court of Justice, in: Palmisano, Giuseppe (Hrsg.), Making the Charter of Fundamental Rights a Living Instrument, Leiden u.a. 2014, S. 30-54.

Leibholz, Gerhard, Denkschrift des Bundesverfassungsgerichts vom 27. Juni 1952. Die Stellung des Bundesverfassungsgerichts. Gerichtet an Bundespräsident, Präsidenten von Bundestag und Bundesrat sowie Bundesregierung, abgedruckt in: JZ 8 (1953), S. 157-158 sowie JöR 6 (1957), S. 144-148.

Leidenmühler, Franz, Die freiwillige „Überfüllung" unionsrechtlicher Vorgaben durch die Mitgliedstaaten. Ein Beitrag zur rechtsdogmatischen und rechtspolitischen Diskussion um das sog. „Gold Plating", EuR 2019, S. 383-400.

Leisner, Walter Georg, Die subjektiv-historische Auslegung des Gemeinschaftsrechts – Der „Wille des Gesetzgebers" in der Judikatur des EuGH, EuR 2007, S. 689-707.

Leistner, Matthias, Die „Metall auf Metall"-Entscheidung des BVerfG, Oder: Warum das Urheberrecht in Karlsruhe in guten Händen ist, GRUR 2016, S. 772-777.

Lembcke, Oliver W., Hüter der Verfassung, Eine institutionentheoretische Studie zur Autorität des Bundesverfassungsgerichts, Tübingen 2007.

Lenaerts, Koen, Interlocking Legal Orders in the European Union and Comparative Law, International & Comparative Law Quarterly 52 (2003), S. 873-906.

Lenaerts, Koen, Die EU-Grundrechtecharta, Anwendbarkeit und Auslegung, EuR 2012, S. 3-18.

Lenaerts, Koen, Exploring the Limits of the EU Charter of Fundamental Rights, European Constitutional Law Review 8 (2012), S. 375-403.

Lenaerts, Koen, Grundrechte-Charta im System eines pluralistischen Grundrechtsschutzes, AnwBl. 2014, S. 772-785.

Lenaerts, Koen, Kooperation und Spannung im Verhältnis von EuGH und nationalen Verfassungsgerichten, EuR 2015, S. 3-28.

Lenaerts, Koen, In Vielfalt geeint / Grundrechte als Basis des europäischen Integrationsprozesses, EuGRZ 2015, S. 353-361.

Lenaerts, Koen, The European Court of Human Rights and the Court of Justice of the European Union: Creating Synergies in the Field of Fundamental Rights Protection, Il Diritto dell'Unione Europea 2018, S. 9-22.

Lenaerts, Koen/Gutiérrez-Fons, José Antonio, The constitutional allocation of powers and general principles of EU law, Common Market Law Review 47 (2010), S. 1629-1669.

Lenaerts, Koen/Gutiérrez-Fons, José Antonio, To Say What the Law of the EU Is: Methods of Interpretation and the European Court of Justice, Columbia Journal of European Law 20 (2014), S. 3-48.

Lenz, Carl Otto, Der Vertrag von Maastricht nach dem Urteil des Bundesverfassungsgerichts, NJW 1993, S. 3038-3039.

Lenz, Carl Otto, EuGH-Urteil „Fransson" – Kein Anlass zum Richterkrieg, EWS 2013/Heft 3, S. I-I.

Lenz, Christofer, Anmerkung zu EGMR, Urteil vom 18.02. 1999 - 24833/94 (Denise Matthews/Vereinigtes Königreich), EuZW 1999, S. 311-313.

Lepsius, Oliver, Grundrechtspluralismus in Europa, in: Masing, Johannes/Jestaedt, Matthias/Capitant, David/Le Divellec, Armel (Hrsg.), Strukturfragen des Grundrechtsschutzes in Europa, Tübingen 2015, S. 45-65.

Liisberg, Jonas Bering, Does the EU Charter of fundamental rights threaten the supremacy of community law?, Common Market Law Review (38) 2001, S. 1171-1199.

Limbach, Jutta, Die Kooperation der Gerichte in der zukünftigen europäischen Grundrechtsarchitektur, Ein Beitrag zur Neubestimmung des Verhältnisses von Bundesverfassungsgericht, Gerichtshof der Europäischen Gemeinschaften und Europäischem Gerichtshof für Menschenrechte, EuGRZ 2000, S. 417-421.

Lindfelt, Mats, Fundamental Rights in the European Union: Towards Higher Law of the Land?: a Study of the Status of Fundamental Rights in a Broader Constitutional Setting, Åbo 2007.

Lindner, Josef Franz, Grundrechtsschutz in Europa – System einer Kollisionsdogmatik, EuR 2007, S. 160-194.

Lindner, Josef Franz, Grundrechtsschutz gegen gemeinschaftsrechtliche Öffnungsklauseln – zugleich ein Beitrag zum Anwendungsbereich der EU-Grundrechte, EuZW 2007, S. 71-75.

Lindner, Josef Franz, Zur grundsätzlichen Bedeutung des Protokolls über die Anwendung der Grundrechtecharta auf Polen und das Vereinigte Königreich – zugleich ein Beitrag zur Auslegung von Art. 51 EGC, EuR 2008, S. 786-800.

Lochmann, Moritz, Taricco I – ein Ultra-vires-Akt? Zur Rechtsfortbildung durch den EuGH, EuR 2019, S. 61-86.

Lock, Tobias, Das Verhältnis zwischen dem EuGH und internationalen Gerichten, Tübingen 2010.

Lock, Tobias, Walking on a Tightrope: The Draft Accession Agreement and the Autonomy of the EU Legal Order, Common Market Law Review 48 (2011), S. 1025-1054.

Lock, Tobias, The future of the European Union's accession to the European Convention on Human Rights after Opinion 2/13: is it still possible and is it still desirable?, European Constitutional Law Review 11 (2015), S. 239-273.

Loehr, Kerstin, Mehrsprachigkeitsprobleme in der Europäischen Union. Eine empirische und theoretische Analyse aus sprachwissenschaftlicher Perspektive, Frankfurt am Main 1998.

Lord Goldsmith, Peter Henry, A Charter of Rights, Freedoms and Principles, Common Market Law Review 38 (2001), S. 1201-1216.

Ludwig, Thomas Claus, Zum Verhältnis zwischen Grundrechtecharta und allgemeinen Grundsätzen – die Binnenstruktur des Art. 6 EUV n.F., EuR 2011, S. 715-735.

Ludwigs, Markus, Kooperativer Grundrechtsschutz zwischen EuGH, BVerfG und EGMR, EuGRZ 2014, S. 273-285.

Ludwigs, Markus, Der Ultra-vires-Vorbehalt des BVerfG – Judikative Kompetenzanmaßung oder legitimes Korrektiv?, NVwZ 2015, S. 537-543.

Ludwigs, Markus/Sikora, Patrick, Der Vorrang des Unionsrechts unter Kontrollvorbehalt des BVerfG, EWS 2016/Heft 3, S. 121-131.

Ludwigs, Markus/Sikora, Patrick, Der Zweite Senat zwischen Selbstbehauptung und Kooperation – Das OMT-Urteil des BVerfG vom 21.06.2016, EWS 2016/Heft 4, S. 215-222.

Ludwigs, Markus/Sikora, Patrick, Grundrechtsschutz im Spannungsfeld von Grundgesetz, EMRK und Grundrechtecharta, JuS 2017, S. 385-393.

Lücke, Jörg, Bundesfreundlichen und Bürgerfreundliches Verhalten, Zur bürgerbezogenen Ergänzungsbedürftigkeit des Grundsatzes des bundesfreundlichen Verhaltens, Der Staat 17 (1978), S. 341-367.

MacCormick, Neil, The Maastricht-Urteil: Sovereignty Now, European Law Journal 1 (1995), S. 259-266.

MacCormick, Neil, Questioning Sovereignty: Law, State, and Nation in the European Commonwealth, Oxford 1999.

Macdonald, Ronald St. J., The Margin of Appreciation, in: Macdonald, Ronald St. J./Matscher, Franz/Petzold, Herbert (Hrsg.), The European System for the Protection of Human Rights, Dordrecht, Boston, London 1993, S. 83-124.

Madelaine, Colombine, L'application de la Charte des droits fondamentaux de l'UE par les juridictions nationales, Revue de l'Union Européenne 2020, S. 567-575.

Maduro, Miguel Poiares, Contrapunctual Law: Europe's Constitutional Pluralism in Action, in: Walker, Neil (Hrsg.), Sovereignty in Transition, Oxford, Portland, Oregon 2003, S. 501-537.

Mager, Ute, Dienstleistungsfreiheit und Schutz des Familienlebens, Anmerkung zu der Entscheidung EuGH, Rs. 60/00 – Mary Carpenter, JZ 2003, S. 204-207.

Mager, Ute, Geltung der Charta der Grundrechte der Europäischen Union nach Maßgabe des Vorrangprinzips – Wer bestimmt über das Verhältnis von Freiheit und Gemeinwohl im europäischen Verfassungsverbund?, in: Stumpf, Cordula/Kainer, Friedmann/Baldus, Christian (Hrsg.), Privatrecht, Wirtschaftsrecht, Verfassungsrecht, Privatinitiative und Gemeinwohlhorizonte in der europäischen Integration, Festschrift für Peter-Christian Müller-Graff zum 70. Geburtstag am 29. September 2015, Baden-Baden 2015, S. 1358-1364.

Magiera, Siegfried, Die Grundrechtecharta der Europäischen Union, DÖV 2000, S. 1017-1026.

Mahlmann, Matthias, Grundrechtstheorien in Europa – kulturelle Bestimmtheit und universeller Gehalt, EuR 2011, S. 469-487.

Maier, Benjamin, Grundrechtsschutz bei der Durchführung von Richtlinien, eine Analyse im Spannungsfeld von Grundrechten der Europäischen Union, nationalen Grundrechten und EMRK-Rechten, Baden-Baden 2014.

Makoski, Bernadette, Kooperativer Grundrechtsschutz im europäischen Mehrebenensystem, Teil I: Grundrechtsschutz im europäischen Mehrebenensystem, EuZW 2020, S. 1012-1018.

Makoski, Bernadette, Kooperativer Grundrechtsschutz im europäischen Mehrebenensystem, Teil II: (Vertiefter) Kooperativer Grundrechtsschutz, EuZW 2020, S. 1053-1059.

Mall, Julia, Die Bindung der Mitgliedstaaten an die Unionsgrundrechte. Artikel 51 Abs. 1 S. 1 GRCh und das Protokoll Nr. 30 über die Anwendung der Charta der Grundrechte der Europäischen Union auf Polen und das Vereinigte Königreich, Frankfurt am Main 2012.

Malorny, Friederike, Diskriminierungsschutz als Grenze kirchlicher Selbstbestimmung, EuZA 2019, S. 441-454.

Mangold, Anna Katharina, Gemeinschaftsrecht und deutsches Recht. Die Europäisierung der deutschen Rechtsordnung in historisch-empirischer Sicht, Tübingen 2011.

Mangold, Anna Katharina, Rettungsschirm für Grundrechte, in: Steinbeis, Maximilian/Kemmerer, Alexandra/Möllers, Christoph (Hrsg.), Gebändigte Macht: Verfassung im europäischen Nationalstaat, Verfassungsblog II, Baden-Baden 2015, S. 155-161.

Mangold, Anna Katharina/Payandeh, Mehrdad, Diskriminierungsschutz und unternehmerische Freiheit im Unionsrecht. Anmerkungen zu den Urteilen des EuGH v. 14.3.2017 in den Rs. C-157/15 (Achbita) und C-188/15 (Bougnaoui), EuR 2017, S. 700-725.

Mangoldt, Hermann von (Begr.)/Klein, Friedrich (Fortf.)/Starck, Christian (Hrsg.), Kommentar zum Grundgesetz, Band I: Präambel, Artikel 1 bis 19, 7. Auflage, München 2018 (zitiert: *Bearbeiter*, in: Mangoldt/Klein/Starck, GG, Bd. I, 7. Aufl., 2018).

Mangoldt, Hermann von (Begr.)/Klein, Friedrich (Fortf.)/Starck, Christian (Hrsg.), Kommentar zum Grundgesetz, Band II: Artikel 20 bis 82, 7. Auflage, München 2018 (zitiert: *Bearbeiter*, in: Mangoldt/Klein/Starck, GG, Bd. II, 7. Aufl., 2018).

Mangoldt, Hermann von (Begr.)/Klein, Friedrich (Fortf.)/Starck, Christian (Hrsg.), Kommentar zum Grundgesetz, Band III: Artikel 83 bis 146, 7. Auflage, München 2018 (zitiert: *Bearbeiter*, in: Mangoldt/Klein/Starck, GG, Bd. III, 7. Aufl., 2018).

Mannefeld, Lisa-Karen, Verfassungsrechtliche Vorgaben für die europäische Integration. Rechtsprechung des deutschen und des italienischen Verfassungsgerichts, Tübingen 2017.

Markakis, Menelaos/Dermine, Paul, Bailouts, the Legal Status of Memoranda of Understanding, and the Scope of Application of the EU Charter: *Florescu*, Common Market Law Review 55 (2018), S. 643-672.

Martens, Sebastian A.E., Methodenlehre des Unionsrechts, Tübingen 2013.

Martinico, Giuseppe/Pollicino, Oreste, The Interaction between Europe's Legal Systems: Judicial Dialogue and the Creation of Supranational Laws, Cheltenham u.a. 2012.

Martinico, Giuseppe/Repetto, Giorgio, Fundamental Rights and Constitutional Duels in Europe: An Italian Perspective on Case 269/2017 of the Italian Constitutional Court and Its Aftermath, European Constitutional Law Review 15 (2019), S. 731-751.

Masing, Johannes, Vorrang des Europarechts bei umsetzungsgebundenen Rechtsakten, NJW 2006, S. 264-268.

Masing, Johannes, Einheit und Vielfalt des Europäischen Grundrechtsschutzes, JZ 2015, S. 477-487.

Matscher, Franz, Methods of Interpretation of the Convention, in: Macdonald, Ronald St. J./Matscher, Franz/Petzold, Herbert (Hrsg.), The European System for the Protection of Human Rights, Dordrecht u.a. 1993, S. 63-81.

Matz-Lück, Nele, Die Umsetzung von Richtlinien und nationaler Grundrechtsschutz, EuGRZ 2011, S. 207-211.

Matz-Lück, Nele, Europäische Rechtsakte und nationaler Grundrechtsschutz, in: Matz-Lück, Nele/Hong, Mathias (Hrsg.), Grundrechte und Grundfreiheiten im Mehrebenensystem, Konkurrenzen und Interferenzen, Berlin, Heidelberg 2012, S. 161-201.

Matz-Lück, Nele/Hong, Mathias (Hrsg.), Grundrechte und Grundfreiheiten im Mehrebenensystem – Konkurrenzen und Interferenzen, Berlin, Heidelberg 2012.

Maunz, Theodor/Dürig, Günter (Hrsg.), Grundgesetz, Kommentar, Stand: 93. EL, Oktober 2020 (zitiert *Bearbeiter*, in: Maunz/Dürig (Hrsg.), Grundgesetz-Kommentar).

Maunz, Theodor, Bundesverfassungsgericht zu Grundrechten und Europarecht, BayVBl. 1976, S. 360-361.

Maunz, Theodor/Schmidt-Bleibtreu, Bruno/Klein, Franz/Bethge, Herbert (Hrsg.), Bundesverfassungsgerichtsgesetz, Kommentar, Stand: 60. EL, Juli 2020 (zitiert: *Bearbeiter*, in: Maunz/Schmidt-Bleibtreu/Klein/Bethge (Hrsg.), Bundesverfassungsgerichtsgesetz).

Mayer, Franz C., Kompetenzüberschreitung und Letztentscheidung. Das Maastricht-Urteil des Bundesverfassungsgerichts und die Letztentscheidung über Ultra-vires-Akte in Mehrebenensystemen; eine rechtsvergleichende Betrachtung von Konflikten zwischen Gerichten am Beispiel der EU und der USA, München 2000.

Mayer, Franz C., Verfassungsgerichtsbarkeit, in: von Bogdandy, Armin/Bast, Jürgen (Hrsg.), Europäisches Verfassungsrecht – Theoretische und dogmatische Grundzüge, 2. Auflage, Berlin, Heidelberg 2009, S. 559-607.

Mayer, Franz C., Der Vertrag von Lissabon und die Grundrechte, EuR 2009, Beiheft 1, S. 87-102.

Mayer, Franz C., Rebels without a cause? Zur OMT-Vorlage des Bundesverfassungsgerichts, EuR 2014, S. 473-514.

Mayer, Franz C., Verfassung im Nationalstaat: Von der Gesamtordnung zur europäischen Teilordnung?, VVDStRL 75 (2016), S. 7-58.

Mayer, Franz C., Der Ultra vires-Akt, Zum PSPP-Urteil des BVerfG v. 05.05.2020 – 2 BvR 859/15 u.a., JZ 2020, S. 725-734.

Mayer, Franz C./Lenski, Edgar/Wendel, Mattias, Der Vorrang des Europarechts in Frankreich - zugleich Anmerkung zur Entscheidung des französischen Conseil d'Etat vom 8. Februar 2007 (Arcelor u.a.), EuR 2008, S. 63-87.

Meesen, Karl M., Maastricht nach Karlsruhe, NJW 1994, S. 549-554.

Mehde, Veith, Gespaltener Grundrechtsschutz in der EU? Zur Bedeutung der Sonderregelung für Polen und das Vereinigte Königreich, EuGRZ 2008, S. 269-274.

Meier, Gert, Anmerkung zu BVerfG, Beschl. v. 29.05.1974 – 2 BvL 52/17, NJW 1974, S. 1704-1705.

Merli, Franz, Umleitung der Rechtsgeschichte, JRP 2012, S. 355-361.

Meyer, Frank, Der Grundsatz gegenseitigen Vertrauens – Konzeptualisierung und Zukunftsperspektiven eines neuen Verfassungsprinzips, EuR 2017, S. 163-186.

Meyer, Frank, Anmerkung zu EuGH, Urteil v. 05.12.2017 – C-42/17 M.A.S. und M.B., JZ 2018, S. 304-308.

Meyer, Jürgen (Hrsg.), Charta der Grundrechte der Europäischen Union, 4. Auflage, Baden-Baden 2014 (zitiert: *Bearbeiter*, in: Meyer (Hrsg.), Charta der Grundrechte, 4. Aufl., 2014).

Meyer, Jürgen/Hölscheidt, Sven (Hrsg.), Charta der Grundrechte der Europäischen Union, 5. Auflage, Baden-Baden 2019 (zitiert: *Bearbeiter*, in: Meyer/Hölscheidt (Hrsg.), Charta der Grundrechte, 5. Aufl., 2019).

Meyer-Ladewig, Jens/Petzold, Herbert, Die Bindung deutscher Gerichte an Urteile des EGMR – Neues aus Straßburg und Karlsruhe, NJW 2005, S. 15-20.

Meyer-Ladewig, Jens/Nettesheim, Martin/von Raumer, Stefan (Hrsg.), EMRK, Europäische Menschenrechtskonvention, Handkommentar, Baden-Baden, Wien, Basel 2017 (zitiert: *Bearbeiter*, in: Meyer-Ladewig/Nettesheim/von Raumer (Hrsg.), Europäische Menschenrechtskonvention, 4. Aufl. 2017).

Michl, Fabian, Unionsgrundrechte aus der Hand des Gesetzgebers, Tübingen 2018.

Michl, Walther, Die Überprüfung des Unionsrechts am Maßstab der EMRK. Individualgrundrechtsschutz im Anwendungsbereich des Unionsrechts unter den Vorzeichen des Beitritts der EU zur EMRK, Tübingen 2014.

Milej, Thomasz, Der „Kernbestand der Rechte“ eines Unionsbürgers in der neueren Rechtsprechung des EuGH – Potential und Grenzen des Konzepts, BayVBl. 2015, S. 361-366.

Millet, François-Xavier, How much lenience for how much cooperation? On the first preliminary reference of the french constitutional council to the court of justice, Common Market Law Review 51 (2014), S. 195-218.

Millet, François-Xavier, Constitutional Identity in France, in: Calliess, Christian/van der Schyff, Gerhard (Hrsg.), Constitutional Identity in a Europe of Multilevel Constitutionalism, Cambridge 2020, S. 134-152.

Mitsilegas, Valsamis, Judicial dialogue in three silences: Unpacking *Taricco*, New Journal of European Criminal Law 9 (2018), S. 38-42.

Mock, William B.T./Demuro, Gianmario (Hrsg.), Human rights in Europe, commentary on the Charter of Fundamental Rights of the European Union, Durham (North Carolina) 2010 (zitiert: *Bearbeiter*, in: Mock/Demuro (Hrsg.), Human rights in Europe).

Möllers, Christoph, Durchführung des Gemeinschaftsrechts – Vertragliche Dogmatik und theoretische Implikationen, EuR 2002, S. 483-516.

Möllers, Christoph, Grundrechtsschutz: Wäre weniger mehr? – Zu Friktionen im europäischen Mehrebenensystem, ZEuP 2015, S. 461-468.

Möllers, Thomas M. J., Das PSPP-Urteil des BVerfG und die Europäische Rechtsunion, Drei Wege aus der Sackgasse, EuZW 2020, S. 503-505.

Murswiek, Dieter, Die Ultra-vires-Kontrolle im Kontext der Integrationskontrolle, EuGRZ 2017, S. 327-338.

Mückl, Stefan, Kooperation oder Konfrontation – Das Verhältnis zwischen Bundesverfassungsgericht und Europäischem Gerichtshof für Menschenrechte, Der Staat 44 (2005), S. 403-431.

Müller, Kristina, Vertrauen ist gut, Kontrolle ist besser: Einordnung des neuen EuGH-Urteils zum Europäischen Haftbefehl in das grundrechtliche Mehrebenensystem in Europa, ZEuS 2016, S. 345-368.

Müller, Friedrich/Burr, Isolde (Hrsg.), Rechtssprache Europas. Reflexion der Praxis von Sprache und Mehrsprachigkeit im supranationalen Recht, Berlin 2004.

Müller, Friedrich/Christensen, Ralph, Juristische Methodik, Band I: Grundlegung für die Arbeitsmethoden der Rechtspraxis, 11. Auflage, Berlin 2013.

Müller, Friedrich/Christensen, Ralph, Juristische Methodik, Band II: Europarecht, 3. Auflage, Berlin 2012.

Müller, Amrei/Kjos, Hege Elisabeth, Introduction, in: Müller, Amrei (Hrsg.), Judicial Dialogue and Human Rights, Cambridge 2017, S. 1-24.

Naumann, Kolja, Art. 52 Abs. 3 GrCh zwischen Kohärenz des europäischen Grundrechtsschutzes und Autonomie des Unionsrechts, EuR 2008, S. 424-435.

Neier, Christina, Der Kernbestandsschutz der Unionsbürgerschaft, Baden-Baden 2019.

Nergelius, Joakim, § 22 Schweden, Offene Staatlichkeit, in: von Bogdandy, Armin/Cruz Villalón, Pedro/Huber, Peter M. (Hrsg.), Handbuch Ius Publicum Europaeum, Band II, Offene Staatlichkeit, Wissenschaft vom Verfassungsrecht, Heidelberg 2008, S. 277-311.

Nergelius, Joakim, The accession of the EU to the European Convention on Human Rights: A critical analysis of the Opinion of the European Court of Justice, Swedish Institute for European Policy Studies (2015), Issue 3.

Nergelius, Joakim/Kristoffersson, Eleonor, Human Rights in Contemporary European Law – Swedish Studies in European Law Volume 6, Oxford, Portland 2015.

Nettesheim, Martin, Die Zulässigkeit von Verfassungsbeschwerden und Richtervorlagen nach Art. 23 GG, NVwZ 2002, S. 932-935.

Nettesheim, Martin, Anmerkung zu BVerfG, Beschl. v. 15.12.2015 – 2 BvR 2735/14 –, JZ 2016, S. 424-428.

Nettesheim, Martin, Das PSPP-Urteil des BVerfG – Ein Angriff auf die EU?, NJW 2020, S. 1631-1634.

Neve, Leo, The *Berlioz*-decision of the CJEU provides legal protection for concerned persons in transnational setting, but will it hold in the international area?, Review of European Administrative Law 2017, S. 95-119.

Nicolaysen, Gert, § 1 Historische Entwicklungslinien des Grundrechtsschutzes in der EU, in: Heselhaus, Sebastian/Nowak, Carsten (Hrsg.), Handbuch der Europäischen Grundrechte, 2. Auflage, München 2020, S. 1-26.

Nicolaysen, Gert/Nowak, Carsten, Teilrückzug des BVerfG aus der Kontrolle der Rechtmäßigkeit gemeinschaftlicher Rechtsakte: Neuere Entwicklungen und Perspektive, NJW 2001, S. 1233-1238.

Niedobitek, Matthias, Kollisionen zwischen EG-Recht und nationalem Recht, VerwArch 92 (2001), S. 58-80.

Nowag, Julian, EU law, constitutional identity, and human dignity: A toxic mix? Bundesverfassungsgericht: Mr R, Common Market Law Review 53 (2016), S. 1441–1453.

Nusser, Julian, Die Bindung der Mitgliedstaaten an die Unionsgrundrechte – Vorgaben für die Auslegung von Art. 51 Abs. 1 S. 1 EuGrCh, Tübingen 2011.

Nußberger, Angelika, § 209 Europäische Menschenrechtskonvention, in: Isensee, Josef/Kirchhof, Paul (Hrsg.), Handbuch des Staatsrechts der Bundesrepublik Deutschland, Band X: Deutschland in der Staatengemeinschaft, 3. Auflage, Heidelberg 2012, S. 135-171.

Nußberger, Angelika, Das Verhältnismäßigkeitsprinzip als Strukturprinzip richterlichen Entscheidens in Europa, NVwZ Beilage 1/2013, S. 36-44.

Nußberger, Angelika, Die Europäische Menschenrechtskonvention – Eine Verfassung für Europa?, JZ 2019, S. 421-428.

Obwexer, Walter, Der Beitritt der EU zur EMRK: Rechtsgrundlagen, Rechtsfragen und Rechtsfolgen, EuR 2012, S. 115-148.

Obwexer, Walter, Der Schutz der Grundrechte durch den Gerichtshof der EU nach Lissabon, ZÖR 2013, S. 487-518.

Obwexer, Walter, Das Freizügigkeitsrecht als elementares und persönliches Recht der Unionsbürger, EuR 2015, Beiheft 1, S. 51-78.

Oechsler, Jürgen, Die Wahrung des Grundrechtsstandards im Urheberrecht, NJW 2020, S. 3206-3210.

Oeter, Stefan, Rechtsprechungskonkurrenz zwischen nationalen Verfassungsgerichten, Europäischem Gerichtshof und Europäischem Gerichtshof für Menschenrechte, VVDStRL 66 (2007), S. 361-391.

Ogorek, Markus, Anwendungsbereich der EU-Grundrechte-Charta – Inhalt des Grundsatzes „ne bis in idem", JA 2013, S. 956-959.

Ohler, Christoph, Grundrechtliche Bindungen der Mitgliedstaaten nach Art. 51 GRCh, NVwZ 2013, S. 1433-1438.

Ojanen, Tuomas/Salminen, Janne, Finland: European Integration and International Human Rights Treaties as Sources of Domestic Constitutional Change and Dynamism, in: Albi, Anneli/Bardutzky, Samo (Hrsg.), National Constitutions in European and Global Governance: Democracy, Rights, the Rule of Law: National Reports, The Hague 2019, S. 359-404.

Oppel, Florian/Sendke, Thomas, Unionsrechtlicher Grundrechtsschutz beim internationalen Informationsaustausch, IStR 2018, S. 110-117.

Oppermann, Thomas/Classen, Dieter/Nettesheim, Martin, Europarecht. Ein Studienbuch, 9. Auflage, München 2021.

Oreschnik, Bernhard, Verhältnismäßigkeit und Kontrolldichte: Eine Analyse der Rechtsprechung des EuGH zu den Grundrechten und Grundfreiheiten, Wiesbaden 2019.

Ossenbühl, Fritz, § 15, Grundsätze der Grundrechtsinterpretation, in: Merten, Detlef/Papier, Hans-Jürgen (Hrsg.), Handbuch der Grundrechte in Deutschland und Europa, Band I: Entwicklung und Grundlagen, Heidelberg 2004, S. 595-630.

Öhlinger, Theo, Perspektiven des Grundrechtsschutzes in Europa: Das Zusammenspiel von EGMR, EuGH und VfGH im Lichte des Verfassungsentwurfs der Europäischen Union, in: Karl, Wolfram (Hrsg.), Internationale Gerichtshöfe und nationale Rechtsordnung, Internationales Symposium am Österreichischen Institut für Menschenrechte am 28. und 29. November 2003 in Salzburg zu Ehren von em.o.Univ.-Prof. DDr. Dr. h.c. Franz Matscher, Kehl u.a. 2005, S. 123-144.

Öhlinger, Theo, Anmerkung zu EuGH (Fünfte Kammer), Urt. v. 11.9.2014 – C-112/13 (A/B u.a.), EuZW 2014, S. 955-956.

Pache, Eckhard, Europäische und nationale Identität: Integration durch Verfassungsrecht?, DVBl. 2002, S. 1154-1167.

Pache, Eckhard, Der Vertrag von Lissabon, NVwZ 2008, S. 473-480.

Pache, Eckhard, § 7 Begriff, Geltungsgrund und Rang der Grundrechte der EU, in: Heselhaus, Sebastian/Nowak, Carsten (Hrsg.), Handbuch der Europäischen Grundrechte, 2. Auflage, München 2020, S. 122-180.

Pache, Eckhard/Rösch, Franziska, Die neue Grundrechtsordnung der EU nach dem Vertrag von Lissabon, EuR 2009, S. 769-790.

Panara, Carlo, § 18 Italien, Offene Staatlichkeit, in: von Bogdandy, Armin/Cruz Villalón, Pedro/Huber, Peter M. (Hrsg.), Handbuch Ius Publicum Europaeum, Band II, Offene Staatlichkeit, Wissenschaft vom Verfassungsrecht, Heidelberg 2008, S. 143-176.

Papier, Hans-Jürgen, Verhältnis des Bundesverfassungsgerichts zu den Fachgerichtsbarkeiten, DVBl. 2009, S. 473-481.

Paris, Davide, Constitutional Courts as Guardians of EU Fundamental Rights? Centralised Judicial Review of Legislation and the Charter of Fundamental Rights of the EU, European Constitutional Law Review 11 (2015), S. 389-407.

Paris, Davide, Carrot and Stick. The Italian Constitutional Court's Preliminary Reference in the Case Taricco, Questions of International Law 37 (2017), S. 5-20.

Pechstein, Matthias, EU-Prozessrecht, 4. Auflage, Tübingen 2011.

Pechstein, Matthias/Drechsler, Carola, § 7, Die Auslegung und Fortbildung des Primärrechts, in: Riesenhuber, Karl (Hrsg.), Europäische Methodenlehre. Handbuch für Ausbildung und Praxis, 3. Auflage, Berlin u.a. 2015, S. 125-145.

Pechstein, Matthias/Nowak, Carsten/Häde, Ulrich (Hrsg.), Frankfurter Kommentar zu EUV, GRC und AEUV, Band I, Tübingen 2017 (zitiert: *Bearbeiter*, in: Pechstein/Nowak/Häde (Hrsg.), Frankfurter Kommentar EUV/GRC/AEUV, 2017).

Peers, Steve, The Rebirth of the EU's Charter of Fundamental Rights, Cambridge Yearbook of European Legal Studies 13 (2011), S. 283-309.

Peers, Steve, The EU's Accession to the ECHR: The Dream Becomes a Nightmare Special Section - Opinion 2/13, German Law Journal 16 (2015), S. 214-222.

Peers, Steve/Hervey, Tamara/Kenner, Jeff/Ward, Angela (Hrsg.), The EU Charter of Fundamental Rights – A commentary, Oxford 2014.

Peifer, Karl-Nikolaus, Das Recht auf Vergessenwerden – Ein neuer Klassiker vom Karlsruher Schlossplatz, Zugleich Besprechung von BVerfG „Recht auf Vergessen I und II", GRUR 2020, S. 34-37.

Perez Fernandes, Sophie, Fundamental rights at the crossroads of EU constitutionalism. Decoding the Member States' key(s) to the Charter, Revista de Derecho Comunitario Europeo 2018, S. 677-715.

Pernice, Ingolf, Gemeinschaftsverfassung und Grundrechtsschutz Grundlagen, Bestand und Perspektiven, NJW 1990, S. 2409-2420.

Pernice, Ingolf, Eine Grundrechte-Charta für die Europäische Union, DVBl. 2000, S. 847-859.

Pernice, Ingolf, Europäisches und nationales Verfassungsrecht, VVDStRL 60 (2001), S. 148-188.

Pernice, Ingolf, Das Verhältnis europäischer zu nationalen Gerichten im europäischen Verfassungsverbund, Berlin 2006.

Pernice, Ingolf, The Treaty of Lisbon and Fundamental Rights, in: Griller, Stefan/Ziller, Jacques (Hrsg.), The Lisbon Treaty, EU constitutionalism without a constitutional treaty?, Wien 2008, S. 235-256.

Pernice, Ingolf, Der Schutz nationaler Identität in der Europäischen Union, AöR 136 (2011), S. 185-221.

Pernice, Ingolf, L'adhésion de l'Union européenne à la Convention européenne des droits de l'homme est suspendue, Cahiers de droit européen 2015, S. 47-72.

Pernice, Ingolf, „Die Normativität der Europäischen Verfassung". Wunschdenken oder Wegweisung der Zukunft?, in: Krüper, Julian/Payandeh, Mehrdad/Sauer, Heiko (Hrsg.), Konrad Hesses normative Kraft der Verfassung, Tübingen 2019, S. 165-224.

Pernice, Ingolf, Plädoyer für Lissabon: Nachbemerkungen zur mündlichen Verhandlung vom 10./11. Februar 2009 im Verfahren gegen den Vertrag von Lissabon vor dem Bundesverfassungsgericht (2019), in: Pernice, Ingolf (Hrsg.), Der Europäische Verfassungsverbund. Ausgewählte Schriften zur verfassungstheoretischen Begründung und Entwicklung der Europäischen Union, Baden-Baden 2020, S. 921-961.

Pernice, Ingolf, Machtspruch aus Karlsruhe: „Nicht verhältnismäßig? – Nicht verbindlich – Nicht zu fassen..." Zum PSPP-Urteil des BVerfG vom 05.05.2000, EuZW 2020, S. 508-519.

Peters, Anne, Elemente einer Theorie der Verfassung Europas, Berlin 2001.

Pfeil, Werner, Historische Vorbilder und Entwicklung des Rechtsbegriffs der „Vier Grundfreiheiten" im Europäischen Gemeinschaftsrecht, Frankfurt am Main 1998.

Phelan, William, Can Ireland legislate contrary to European Community law?, European Law Review 33 (2008), S. 530-549.

Philippi, Nina, Die Charta der Grundrechte der Europäischen Union: Entstehung, Inhalt und Konsequenzen für den Grundrechtsschutz in Europa, Baden-Baden 2002.

Pianka, Verena, Konkurrenzen und Konflikte beim Rechtsschutz im europäischen Mehrebenensystem, zum Verhältnis von Gerichtshof der Europäischen Union, Europäischem Gerichtshof für Menschenrechte und Bundesverfassungsgericht, Berlin 2016.

Piccirilli, Giovanni, The '*Taricco* Saga': the Italian Constitutional Court continues its European journey, European Constitutional Law Review 14 (2018), S. 814-833.

Picod, Fabrice/van Drooghenbroeck, Sébastien (Hrsg.), Charte des droits fondamentaux de l'Union européenne, Commentaire article par article, Brüssel 2018 (zitiert: *Bearbeiter*, in: Picod/van Drooghenbroeck (Hrsg.), Charte des droits fondamentaux, 2018).

Pilz, Stefan, Anmerkung zu EuGH (Große Kammer), Urteil vom 5.12.2017 – C-42/17 (Strafverfahren gegen M. A. S. und M. B.), NJW 2018, S. 221-221.

Piqani, Darinka, The Simmenthal revolution revisited: what role for constitutional courts?, in: de Witte, Bruno/Mayoral, Juan A./Jaremba, Urszula/Wind, Marlene/Podstawa, Karolina (Hrsg.), National Courts and EU Law, New Issues, Theories and Methods, Cheltenham, Northampton 2016, S. 26-48.

Pirker, Benedikt, Grundrechtsschutz im Unionsrecht zwischen Subsidiarität und Integration. Zur Anwendung der Unionsgrundrechte auf die Mitgliedstaaten, Baden-Baden 2018.

Plehwe, Dieter, Zahlenpolitik: EU-Recht und nationalstaatliche Gesetzgebung, WZB-Mitteilungen September 2007, S. 7-11.

Pliakos, Asteris/Anagnostaras, Georgios, Fundamental Rights and the New Battle over Legal and Judicial Supremacy: Lessons from *Melloni*, Yearbook of European Law 34 (2015), S. 97-126.

Polakiewicz, Jörg, Die Verpflichtungen der Staaten aus den Urteilen des Europäischen Gerichtshofs für Menschenrechte = The obligations of states arising from the judgments of the European Court of Human Rights, Berlin u.a. 1993.

Polakiewicz, Jörg, Der Abkommensentwurf über den Beitritt der Europäischen Union zur Europäischen Menschenrechtskonvention, EuGRZ 2013, S. 472-482.

Polakiewicz, Jörg, Mobile, Counterpoint or Pyramid – The Interaction Between National and European Courts in Human Rights Protection, in: Calliess, Christian (Hrsg.), Herausforderungen an Staat und Verfassung, Völkerrecht – Europarecht – Menschenrechte, Liber Amicorum für Torsten Stein zum 70. Geburtstag, Baden-Baden 2015, S. 1050-1070.

Polakiewicz, Jörg, Accession to the European Convention on Human Rights' – An Insider's View Adressing One by One the CJEU's Objections in Opinion 2/13, Human Rights Law Journal 36 (2016), S. 10-22.

Polakiewicz, Jörg/Suominen-Picht, Irene, Aktuelle Herausforderungen für Europarat und EMRK: Die Erklärung von Kopenhagen (April 2018), das Spannungsverhältnis zwischen EMRK und nationalen Verfassungen und die Beteiligung der EU an dem europäischen Menschenrechtskontrollmechanismus, EuGRZ 2018, S. 383-390.

Poli, Maria Daniela, Der justizielle Pluralismus der europäischen Verfassungsgemeinschaft: „Babylonische Gerichte“ oder „Gerichte für Babylon“?, Der Staat 55 (2016), S. 373-391.

Portocarrero Quispe, Jorge A., Der autoritative Charakter der Grundrechtsabwägung, Eine Untersuchung über die Rolle der formellen Prinzipien in der Grundrechtsinterpretation, Baden-Baden 2014.

Posch, Albert, Bindung der Mitgliedstaaten an die Grundrechtecharta der EU, ÖJZ 2013, S. 380-382.

Potacs, Michael, Auslegung im öffentlichen Recht. Eine vergleichende Untersuchung der Auslegungspraxis des Europäischen Gerichtshofs und der österreichischen Gerichtshöfe des öffentlichen Rechts, Baden-Baden 1994.

Potacs, Michael, Anmerkung zu VfGH 14.03.2012, U 466/11, U 1836/11, JBl. 2012, S. 509-511.

Potacs, Michael, Das Erkenntnis des VfGH zur Grundrechte-Charta und seine Konsequenzen, Fragen des öffentlichen Rechts im Jahr 2012, Jahrbuch Öffentliches Recht 2013, S. 11-21.

Pötters, Stephan, Grundrechte und Beschäftigtendatenschutz, Baden-Baden 2013.

Pötters, Stephan, Entgeltzahlung im Kündigungsschutzverfahren – Anwendungsbereich der Grundrechtecharta, Anmerkung zu EuGH (Fünfte Kammer), Urt. v. 10.07.2014 – C-198/13 (Julian Hernández ua/Reino de España ua), EuZW 2014, S. 798-799.

Pötzlberger, Florian, „Metall auf Metall" im Loop: Erneuter Wendepunkt im Sampling-Streit? – Anmerkung zu GA Maciej Szpunar, Schlussanträge vom 12.12.2018 – C-476/17, ZUM 2019, S. 250-253.

Prechal, Sacha, Competence Creep and General Principles of Law, Review of European and Administrative Law 3 (2010), S. 5-22.

Prepeluh, Urska, Die Entwicklung der *Margin of Appreciation*-Doktrin im Hinblick auf die Pressefreiheit, ZaöRV 61 (2001), S. 771-832.

Proelß, Alexander, Bundesverfassungsgericht und überstaatliche Gerichtsbarkeit, Prozedurale und prozessuale Mechanismen zur Vermeidung und Lösung von Jurisdiktionskonflikten, Tübingen 2014.

Proelß, Alexander, Zur verfassungsgerichtlichen Kontrolle der Kompetenzmäßigkeit von Maßnahmen der Europäischen Union: Der „ausbrechende Rechtsakt" in der Praxis des BVerfG, EuR 2011, S. 241-263.

Rabe, Hans-Jürgen, Grundrechtsbindung der Mitgliedstaaten, NJW 2013, S. 1407-1408.

Ranacher, Christian, Die Bindung der Mitgliedstaaten an die Gemeinschaftsgrundrechte. Reichweite – Konsequenzen – Perspektiven, ZÖR 58 (2003), S. 21-104.

Rauchegger, Clara, The Interplay Between the Charter and National Constitutions after Åkerberg Fransson and Melloni. Has the CJEU Embraced the Challenges of Multilevel Fundamental Rights Protection?, in: de Vries, Sybe/Bernitz, Ulf/Weatherill, Stephen (Hrsg.), The EU Charter of Fundamental Rights as a binding instrument. Five Years Old and Growing, Oxford 2015, S. 93-131.

Rauchegger, Clara, National constitutional rights and the primacy of EU law: *M.A.S.*, Common Market Law Review 55 (2018), S. 1521-1547.

Rauchegger, Clara, The Bundesverfassungsgericht's New Human Dignity Review: *Solange II*I and its Application in Subsequent Case Law", in: Violini, Lorenza/Baraggia, Antonia (Hrsg.), The Fragmented Landscape of Fundamental Rights Protection in Europe: The Role of Judicial and Non-Judicial Actors, Cheltenham, UK, Northampton, MA, 2018, S. 94-113.

Reestman, Jan-Herman/Besselink, Leonard, *After Åkerberg Fransson and Melloni,* European Constitutional Law Review 9 (2013), S. 169-175.

Reiling, Katharina, Introvertierte versus extrovertierte Normenkontrolle, Eine rechtsvergleichende Untersuchung zur Rolle der Verfassungsgerichtsbarkeit beim europäischen Grundrechtsschutz, in: Broemel, Roland/Krell, Paul/Muthorst, Olaf/Prütting, Jens (Hrsg.), Prozessrecht in nationaler, europäischer und globaler Perspektive, Tübingen 2017, S. 11-41.

Reich, Norbert, Zur Notwendigkeit einer Europäischen Grundrechtsbeschwerde, ZRP 2000, S. 375-378.

Reimer, Franz, Juristische Methodenlehre, 2. Auflage, Baden-Baden 2020.

Reimer, Franz, Vielfalt und Einheit juristischer Methoden, in: Gödicke, Patrick/Hammen, Horst/Schur, Wolfgang/Walker, Wolf-Dietrich (Hrsg.), Festschrift für Jan Schapp zum siebzigsten Geburtstag, Tübingen 2010, S. 431-444.

Reinbacher, Tobias/Wendel, Mattias, Menschenwürde und Europäischer Haftbefehl – Zum ebenenübergreifenden Schutz grundrechtlicher Elementargarantien im europäischen Auslieferungsverfahren, EuGRZ 2016, S. 333-343.

Rengeling, Hans-Werner, Rechtsgrundsätze beim Verwaltungsvollzug des Europäischen Gemeinschaftsrechts, Zu den Grundlagen des Verwaltungsvollzuges sowie zur Theorie und Konkretisierung der Rechtsgrundsätze unter besonderer Berücksichtigung der Rechtsvergleichung, Köln u.a. 1977.

Rengeling, Hans-Werner, Grundrechtsschutz in der Europäischen Gemeinschaft, Bestandsaufnahme und Analyse der Rechtsprechung des Europäischen Gerichtshofs zum Schutz der Grundrechte als allgemeine Rechtsgrundsätze, München 1993.

Rengeling, Hans-Werner/Szczekalla, Peter, Grundrechte in der Europäischen Union. Charta der Grundrechte und Allgemeine Rechtsgrundsätze, Köln 2004.

Rickert, Beate, Grundrechtsgeltung bei der Umsetzung europäischer Richtlinien in innerstaatliches Recht, Berlin 1997.

Riedel, Christian G.H., Die Grundrechtsprüfung durch den EuGH, Systematisierung, Analyse und Kontextualisierung der Rechtsprechung nach Inkrafttreten der EU-Grundrechtecharta, Tübingen 2020.

Riegel, Reinhard, Anmerkung zu BVerfG, Beschl. v. 29.05.1974 – 2 BvL 52/17, NJW 1974, S. 2176-2177.

Riesenhuber, Karl, Europäische Methodenlehre. Handbuch für Ausbildung und Praxis, 3. Auflage, Berlin u.a. 2015.

Ritleng, Dominique, De l'articulation des systèmes de protection des droits fondamentaux dans l'Union. Les enseignements des arrêts Åkerberg Fransson et Melloni, Revue trimestrielle de droit européen 2013, S. 267-292.

Rodriguez Iglesias, Gil Carlos, Der Gerichtshof der Europäischen Gemeinschaften als Verfassungsgericht, EuR 1992, S. 225-245.

Rohleder, Kristin, Grundrechtsschutz im europäischen Mehrebenen-System, Unter besonderer Berücksichtigung des Verhältnisses zwischen Bundesverfassungsgericht und Europäischem Gerichtshof für Menschenrechte, Baden-Baden 2009.

Rosas, Allan, When is the EU Charter of Fundamental Rights applicable at National Level?, Jurisprudence 2012, S. 1269-1288.

Rosas, Allan, The Applicability of the EU Charter of Fundamental Rights at National Level, European Yearbook on Human Rights 2013, S. 97-112.

Rossi, Matthias, Das Diskriminierungsverbot nach Art. 12 EGV, EuR 2000, S. 197-217.

Roßnagel, Alexander, Neue Maßstäbe für den Datenschutz in Europa – Folgerungen aus dem EuGH-Urteil zur Vorratsdatenspeicherung, MMR 2014, S. 372-377.

Roth, Wulf-Henning, Europäische Verfassung und europäische Methodenlehre, RabelsZ 75 (2011), S. 787-844.

Ruffert, Matthias, Die Mitgliedstaaten der Europäischen Gemeinschaft als Verpflichtete der Gemeinschaftsgrundrechte, EuGRZ 1995, S. 518-530.

Ruffert, Matthias, Die künftige Rolle des EuGH im europäischen Grundrechtsschutzsystem, Bemerkungen zum EuGH-Urteil v. 20.05.2003, Rechnungshof/ORF u.a., EuGRZ 2004, S. 466-471.

Ruffert, Matthias, Schlüsselfragen der Europäischen Verfassung der Zukunft Grundrechte – Institutionen – Kompetenzen – Ratifizierung, EuR 2004, S. 165-201.

Ruffert, Matthias, An den Grenzen des Integrationsverfassungsrechts: Das Urteil des Bundesverfassungsgerichts zum Vertrag von Lissabon, DVBl. 2009, S. 1197-1208.

Ruffert, Matthias, Das Bundesverfassungsgericht als Akteur im Prozess der europäischen Integration, EuGRZ 2017, S. 241-249.

Ruffert, Matthias, Europarecht und Verfassungsrecht: Ultra-vires-Kontrolle über EZB-Anleihekäufe und EuGH-Urteil, JuS 2020, S. 574-577.

Rung, Joachim, Grundrechtsschutz zwischen Verfassungsidentität und der Melloni-Rechtsprechung des EuGH, Besprechung von BVerfG, 15.12.2015 – 2 BvR 2735/14, EWS 2016/Heft 3, S. 145-150.

Rung, Joachim, Grundrechtsschutz in der Europäischen Strafkooperation, Die Vorgaben der Charta der Grundrechte der Europäischen Union für den Europäischen Haftbefehl, Tübingen 2019.

Rupp, Hans Heinrich, Zur bundesverfassungsgerichtlichen Kontrolle des Gemeinschaftsrechts am Maßstab der Grundrechte, NJW 1974, S. 2153-2156.

Rupp, Hans Heinrich, Anmerkung zu BVerfG, 22.10.1986 - 2 BvR 197/83, JZ 1987, S. 241-242.

Sachs, Michael (Hrsg.), Grundgesetz: GG, Kommentar, 9. Auflage, München 2021 (zitiert: *Bearbeiter*, in: Sachs (Hrsg.), GG, 9. Aufl., 2021).

Sadurski, Wojciech, "Solange, Chapter 3": Constitutional Courts in Central Europe: Democracy – European Union, European Law Journal 14 (2008), S. 1-35.

Safferling, Christoph, Der EuGH, die Grundrechtecharta und nationales Recht: Die Fälle Åkerberg Fransson und Melloni, NStZ 2014, S. 545-551.

Safferling, Christoph/Rückert, Christian, Europäische Grund- und Menschenrechte im Strafverfahren – ein Paradigmenwechsel?, NJW 2021, S. 287-292.

Safjan, Marek, Areas of Application of the Charter of Fundamental Rights of the European Union: Fields of conflict?, EUI Working Papers LAW 2012/22.

Safjan, Marek, Fields of application of the Charter of Fundamental Rights and constitutional dialogues in the European Union, in Cafaggi, Fabrizio/Law, Stephanie (Hrsg.), Judicial Cooperation in European Private Law, Cheltenham 2017, S. 51-68.

Sagmeister, Holger M., Die Grundsatznormen in der Europäischen Grundrechtecharta: zugleich ein Beitrag zum subjektiv-öffentlichen Recht im Gemeinschaftsrecht, Berlin 2010.

Sajó, András, Learning Co-operative Constitutionalism the Hard Way: the Hungarian Constitutional Court Shying Away from EU Supremacy, ZSE 2004, S. 351-371.

Sándor-Szalay, Elisabeth/Mohay, Ágoston, Multilevel Protection of Fundamental Rights in the European Union and in Hungary, Hungarian Yearbook of International Law and European Law 2013, S. 403-432.

Sarmiento, Daniel, Who's afraid of the Charter? The Court of Justice, national courts and the new framework of fundamental rights protection in Europe, Common Market Law Review 50 (2013), S. 1267-1304.

Sarmiento, Daniel, Adults in the (Deliberation) Room. A comment on M.A.S., Quaderni costituzionali 2018, S. 228-231.

Satzger, Helmut, Grund- und menschenrechtliche Grenzen für die Vollstreckung eines Europäischen Haftbefehls? – „Verfassungsgerichtliche Identitätskontrolle" durch das BVerfG vs. Vollstreckungsaufschub bei „außergewöhnlichen Umständen" nach dem EuGH, NStZ 2016, S. 514-522.

Sauer, Heiko, Jurisdiktionskonflikte in Mehrebenensystemen, Die Entwicklung eines Modells zur Lösung von Konflikten zwischen Gerichten unterschiedlicher Ebenen in vernetzten Rechtsordnungen, Berlin u.a. 2008.

Sauer, Heiko, Europas Richter Hand in Hand? – Das Kooperationsverhältnis zwischen BVerfG und EuGH nach Honeywell, EuZW 2011, S. 94-97.

Sauer, Heiko, Grundrechtskollisionsrecht für das europäische Mehrebenensystem Konkurrenzbestimmung – Kollisionsvermeidung – Kohärenzsicherung, in: Matz-Lück, Nele/Hong, Mathias (Hrsg.), Grundrechte und Grundfreiheiten im Mehrebenensystem, Konkurrenzen und Interferenzen, Berlin, Heidelberg 2012, S. 1-68.

Sauer, Heiko, „Solange" geht in Altersteilzeit – Der unbedingte Vorrang der Menschenwürde vor dem Unionsrecht, NJW 2016, S. 1134-1138.

Sauer, Heiko, Der novellierte Kontrollzugriff des Bundesverfassungsgerichts auf das Unionsrecht, EuR 2017, S. 186-206.

Saul, Matthew, The European Court of Human Rights' Margin of Appreciation and the Processes of National Parliaments, Human Rights Law Review 15 (2015), S. 745-774.

Sauve, Jean-Marc, L'autorité du droit de l'Union européenne, le point de vue d'un juge français, in: Heusel, Wolfgang/Rageade, Jean-Philippe (Hrsg.), The Authority of EU Law, Do We Still Believe in It?, Berlin 2019, S. 61-71.

Savigny, Friedrich Karl von, System des heutigen römischen Rechts, Band 1, 2. Neudruck der Ausgabe Berlin 1840, Aalen 1981.

Schaller, Werner, Die EU-Mitgliedstaaten als Verpflichtungsadressaten der Gemeinschaftsgrundrechte, Baden-Baden 2003.

Scheffczyk, Fabian, Verfassungsprozessuale Folgefragen von „Recht auf Vergessen I+II", NVwZ 2020, S. 977-982.

Scheuing, Dieter H., Zur Grundrechtsbindung der EU-Mitgliedstaaten, EuR 2005, S. 162-191.

Schiedermair, Stephanie/Mrozek, Anna, Die Vorratsdatenspeicherung im Zahnräderwerk des europäischen Mehrebenensystems, DÖV 2016, S. 89-97.

Schima, Bernhard, EU Fundamental Rights and Member State Action After Lisbon: Putting the ECJ's Case Law in its Context, Fordham International Law Journal 38 (2015), S. 1097-1133.

Schlaich, Klaus/Korioth, Stefan, Das Bundesverfassungsgericht. Stellung, Verfahren, Entscheidungen; ein Studienbuch, 11. Auflage, München 2018.

Schmahl, Stefanie, Grundrechtsschutz im Dreieck von EU, EMRK und nationalem Verfassungsrecht, EuR 2008, Beiheft 1, S. 7-41.

Schmahl, Stefanie, § 88 Grundrechtsschutz im föderalen Europa, in: Härtel, Ines (Hrsg.), Handbuch Föderalismus – Föderalismus als demokratische Rechtsordnung und Rechtskultur in Deutschland, Europa und der Welt, Berlin, Heidelberg 2012, S. 411-447.

Schmahl, Stefanie, § 15 Gleichheitsgarantien, in: Grabenwarter, Christoph (Hrsg.), Europäischer Grundrechteschutz, Enzyklopädie Europarecht, Band 2, Baden-Baden 2014, S. 551-633.

Schmahl, Stefanie, Der Beitritt der EU zur Europäischen Menschenrechtskonvention: Wo liegt das Problem?, in: Kadelbach, Stefan (Hrsg.), Die Welt und Wir, Die Außenbeziehungen der Europäischen Union, Baden-Baden 2017, S. 45-66.

Schmalenbach, Kirsten, Bedingt kooperationsbereit: Der Kontrollanspruch des EuGH bei gezielten Sanktionen der Vereinten Nationen, JZ 2009, S. 35-43.

Schmid, Sebastian, Die Auslegung der Grundrechtecharta, in: Kahl, Arno/Raschauer, Nicolas/Storr, Stefan (Hrsg.), Grundsatzfragen der europäischen Grundrechtecharta, Wien 2013, S. 153-177.

Schmidt, Christopher P., Grund- und Menschenrechte in Europa, das neue System des Grund- und Menschenrechtsschutzes in der Europäischen Union nach dem Inkrafttreten des Vertrags von Lissabon und dem Beitritt der Union zur EMRK, Baden-Baden 2013.

Schmidt-Aßmann, Eberhard, Einheit und Kohärenz der europäischen Mehrebenenrechtsordnung, EuGRZ 2016, S. 85-92.

Schmidt-Bleibtreu, Bruno/Hofmann, Hans/Henneke, Hans-Günter (Hrsg.), GG – Kommentar zum Grundgesetz, 14. Auflage, Köln 2017 (zitiert: *Bearbeiter*, in: Schmidt-Bleibtreu/Hofmann/Henneke (Hrsg.), GG, 2017).

Schmittmann, Georg J., Rechte und Grundsätze in der Grundrechtecharta, Köln 2007.

Schmitz, Thomas, Die Grundrechtecharta als Teil der Verfassung der Europäischen Union, EuR 2004, S. 691-713.

Schmoll, Julia, Unionsgrundrechte, innerstaatliche Grundrechte und die nationalen Höchstgerichte, ZÖR 2011, S. 461-489.

Schneiders, Benedikt, Die Grundrechte der EU und die EMRK. Das Verhältnis zwischen ungeschriebenen Grundrechten, Grundrechtecharta und Europäischer Menschenrechtskonvention, Baden-Baden 2010.

Schnettger, Anita, Article 4(2) TEU as a Vehicle for National Constitutional Identity in the Shared European Legal System, in: Calliess, Christian/van der Schyff, Gerhard (Hrsg.), Constitutional Identity in a Europe of Multilevel Constitutionalism, Cambridge 2019, S. 9-38.

Schnettger, Anita, Verbundidentität, Schutzgehalt, Funktionen und gerichtliche Durchsetzung des Art. 4 Abs. 2 S. 1 Var. 2 EUV, Tübingen 2020.

Scholz, Rupert, Nationale und europäische Grundrechte – Zum Verhältnis von Grundgesetz und Europäischer Grundrechtscharta – in: Lorenz, Stephan/Trunk, Alexander/Eidenmüller, Horst/Wendehorst, Christiane/Adolff, Johannes (Hrsg.), Festschrift für Andreas Heldrich zum 70. Geburtstag, München 2005, S. 1311-1324.

Scholz, Rupert, Nationale und europäische Grundrechte: Umgekehrte „Solange"-Regel?, DVBl. 2014, S. 197-204.

Schorkopf, Frank, Die Europäische Union im Lot – Karlsruhes Rechtsspruch zum Vertrag von Lissabon, EuZW 2009, S. 718-724.

Schorkopf, Frank, § 3 Grundrechtsverpflichtete, in: Grabenwarter, Christoph (Hrsg.), Europäischer Grundrechteschutz, Enzyklopädie Europarecht, Band 2, Baden-Baden 2014, S. 137-160.

Schorkopf, Frank, Europäischer Konstitutionalismus oder die normative Behauptung des „European way of life", Potenziale der neueren Werterechtsprechung des EuGH, NJW 2019, S. 3418-3423.

Schönberger, Christoph, Anmerkungen zu Karlsruhe, in: Jestaedt, Matthias/Lepsius, Oliver/Möllers, Christoph/Schönberger, Christoph (Hrsg.), Das entgrenzte Gericht, eine kritische Bilanz nach sechzig Jahren Bundesverfassungsgericht, Berlin 2011, S. 9-76.

Schönberger, Christoph, Identitäterä. Verfassungsidentität zwischen Widerstandsformel und Musealisierung des Grundgesetzes, JöR N.F. 63 (2015), S. 41-62.

Schönberger, Christoph, Anmerkung zu BVerfG, Beschl. v. 15.12.2015 – 2 BvR 2735/14 –, JZ 2016, S. 422-424.

Schroeder, Werner, Die Auslegung des EU-Rechts, JuS 2004, S. 180-186.

Schulte, Henrike, Zur Übertragbarkeit der Margin-of-appreciation-Doktrin des EGMR auf die Rechtsprechung des EuGH im Bereich der Grundfreiheiten, Baden-Baden 2018.

Schulze, Reiner, Allgemeine Rechtsgrundsätze und europäisches Privatrecht, ZEuP 1993, S. 442-474.

Schübel-Pfister, Isabel, Sprache und Gemeinschaftsrecht. Die Auslegung der mehrsprachig verbindlichen Rechtstexte durch den Europäischen Gerichtshof, Berlin 2004.

Schwarz, Michael, Der Europäische Gerichtshof bestätigt die Sollbruchstellen der Anerkennung, Anmerkung zum Urteil des EuGH vom 5. April 2016, verb. Rs. C-404/15 und C-659/15 PPU (Aranyosi und Căldăraru), EuR 2016, S. 421-341.

Schwarze, Jürgen (Hrsg.), Der Europäische Gerichtshof als Verfassungsgericht und Rechtsschutzinstanz, Referate und Diskussionsbeiträge der Tagung des Arbeitskreises Europäische Integration e.V. in Hamburg vom 2. bis 4. Juni 1983, Baden-Baden 1983.

Schwarze, Jürgen, Schutz der Grundrechte in der Europäischen Gemeinschaft / Grundlagen und heutiger Entwicklungsstand, EuGRZ 1986, S. 293-299.

Schwarze, Jürgen, Ein pragmatischer Verfassungsentwurf – Analyse und Bewertung des vom Europäischen Verfassungskonvent vorgelegten Entwurfs eines Vertrags über eine Verfassung für Europa, EuR 2003, S. 535-573.

Schwarze, Jürgen, Der Schutz der Grundrechte durch den EuGH, NJW 2005, S. 3459-3466.

Schwarze, Jürgen, Europäisches Verwaltungsrecht, Entstehung und Entwicklung im Rahmen der Europäischen Gemeinschaft, 2. Auflage, Baden-Baden 2005.

Schwarze, Jürgen, Die Abwägung von Zielen der europäischen Integration und mitgliedstaatlichen Interessen in der Rechtsprechung des EuGH, EuR 2013, S. 253-272.

Schwerdtfeger, Angela, Europäisches Unionsrecht in der Rechtsprechung des Bundesverfassungsgerichts – Grundrechts-, ultra-vires- und Identitätskontrolle im gewaltenteiligen Mehrebenensystem, EuR 2015, S. 290-310.

Seidel, Martin, Pro futuro: Kraft Gemeinschaftsrechts Vorrang des höheren einzelstaatlichen Grundrechtsschutzes?, EuZW 2003, S. 97-97.

Semmelmann, Constanze, The European Union's Economic Constitution Under the Lisbon Treaty: Soul-Searching Shifts the Focus to Procedure, European Law Review 35 (2010), S. 516-542.

Senden, Hanneke, Interpretation of fundamental rights in a multilevel legal system: an analysis of the European court of human rights and the court of justice of the European Union, Cambridge u.a. 2011.

Shuibhne, Niamh Nic, Margins of appreciation: National values, fundamental rights and EC free movement law, European Law Review 32 (2009), S. 230–256.

Shuibhne, Niamh Nic, The reality of rights: From rhetoric to opt-out, European Law Review 32 (2009), S. 815-816.

Shuibhne, Niamh Nic, The Court of Justice and Fundamental Rights: if Margin of Appreciations the Solution, what is the Problem?, in: Arnardóttir, Oddný M./Buyse, Antoine C. (Hrsg.), Shifting Centres of Gravity in Human Rights Protection: Rethinking Relations between the ECHR, EU, and National Legal Orders, Abingdon, New York 2016, S. 116–143.

Siekmann, Helmut, Gerichtliche Kontrolle der Käufe von Staatsanleihen durch das Eurosystem, Anmerkungen zum PSPP-Urteil des BVerfG vom 05.05.2000, EuZW 2020, S. 491-500.

Siemen, Birte, Grundrechtsschutz durch Richtlinien / Die Fälle Österreichischer Rundfunk u.a. und Lindqvist – Anmerkungen zu den Urteilen des Europäischen Gerichtshofes in den verbundenen Rechtssachen C-465/00, C-138/01 und C-139/01 und C-101/01, EuR 2004, S. 306-321.

Simon, Sven, Grenzen des Bundesverfassungsgerichts im europäischen Integrationsprozess, Tübingen 2016.

Skouris, Vassilios, Développements récents de la protection des droits fondamentaux dans l'Union européenne: les arrêts Melloni et Åkerberg Fransson, Il diritto dell'Unione Europea 2013, S. 229-243.

Skouris, Vassilios, Die Europäische Grundrechte-Charta in der Rechtsprechung des EuGH, AuR 2015, S. 294-300.

Skouris, Vassilios, Die Rolle der Grundfreiheiten in der Europäischen Wirtschaftsverfassung und ihr Verhältnis zur Grundrechte-Charta, in: Ellger, Reinhard/Schweitzer, Heike (Hrsg.), Die Verfassung der europäischen Wirtschaft, Symposium zu Ehren von Ernst-Joachim Mestmäcker aus Anlass seines 90. Geburtstages, Baden-Baden 2018, S. 53-68.

Skouris, Vassilios, Der Vorrang des Europäischen Unionsrechts vor dem nationalen Recht. Unionsrecht bricht nationales Recht, EuR 2021, S. 3-28.

Snell, Jukka, Fundamental Rights Review of National Measures: Nothing New under the Charter?, European Public Law 21 (2015), S. 285-308.

Sonnevend, Pál, § 25 Ungarn, Offene Staatlichkeit, in: von Bogdandy, Armin/Cruz Villalón, Pedro/Huber, Peter M. (Hrsg.), Handbuch Ius Publicum Europaeum, Band II, Offene Staatlichkeit, Wissenschaft vom Verfassungsrecht, Heidelberg 2008, S. 379-402.

Sonnevend, Pál, Rescue Package for Fundamental Rights, in: Steinbeis, Maximilian/Kemmerer, Alexandra/Möllers, Christoph (Hrsg.), Gebändigte Macht: Verfassung im europäischen Nationalstaat, Verfassungsblog II, Baden-Baden 2015, S. 151-153.

Spaventa, Eleanor, A Very Fearful Court: The Protection of Fundamental Rights in the European Union after Opinion 2/13, Maastricht Journal of European and Comparative Law 22 (2015), S. 35-56.

Spaventa, Eleanor, Should we "harmonize" fundamental rights in the EU? Some reflections about minimum standards and fundamental rights protection in the EU composite constitutional system, Common Market Law Review 55 (2018), S. 997–1023.

Spieker, Luke Dimitrios, Framing and managing constitutional identity conflicts: How to stabilize the modus vivendi between the Court of Justice and national constitutional courts, Common Market Law Review 57 (2020), S. 361-398.

Spiekermann, Julia, Die Folgen des Beitritts der EU zur EMRK für das Verhältnis des EuGH zum EGMR und den damit einhergehenden Individualrechtsschutz, Baden-Baden 2013.

Staffler, Lukas, Verfassungsidentität und strafrechtliche Verjährung, Das (vorläufige) Ende des Konflikts zweier Höchstgerichte in der Rechtssache Taricco, EuGRZ 2018, S. 613-619.

Stalberg, Johannes, Zum Anwendungsbereich des Art. 50 der Charta der Grundrechte der Europäischen Union (ne bis in idem), Frankfurt am Main 2013.

Stangl, Florian, Der Anwendungsbereich der Grundrechtecharta, in: Kahl, Arno/Raschauer, Nicolas/Storr, Stefan (Hrsg.), Grundsatzfragen der europäischen Grundrechtecharta, Wien 2013, S. 1-26.

Starck, Christian, § 271 Maximen der Verfassungsauslegung, in: Isensee, Josef/Kirchhof, Paul (Hrsg.), Handbuch des Staatsrechts, Band XII: Normativität und Schutz der Verfassung, 3. Auflage, Heidelberg 2014, S. 613-657.

Starke, Christian Paul, Die Anwendbarkeit der Europäischen Grundrechtecharta auf rein nationale Gesetzgebungsakte, DVBl. 2017, S. 721-730.

Starke, Max Fabian, EU-Grundrechte und Vertragsrecht, Tübingen 2016.

Stein, Sarah Katharina, Drittwirkung im Unionsrecht, Die Begründung einer Horizontalwirkung allein durch Vorrang und unmittelbare Anwendbarkeit, Baden-Baden 2016.

Stern, Klaus, § 1, Die Idee der Menschen- und Grundrechte, in: Merten, Detlef/Papier, Hans-Jürgen (Hrsg.), Handbuch der Grundrechte in Deutschland und Europa, Band I: Entwicklung und Grundlagen, Heidelberg 2004, S. 3-48.

Stern, Klaus, Das Staatsrecht der Bundesrepublik Deutschland, Band III/1: Allgemeine Lehren der Grundrechte, Grundlagen und Geschichte, nationaler und internationaler Grundrechtskonstitutionalismus, juristische Bedeutung der Grundrechte, Grundrechtsberechtigte, Grundrechtsverpflichtete, München 1988.

Stern, Klaus, Die Mehrdimensionalität von Grundrechtsregimen in Europa, Ein Beitrag zum Verhältnis von Grundrechte-Charta und Konvention zum Schutz der Menschenrechte und Grundfreiheiten zu den Grundrechten des Grundgesetzes, in: Becker, Ulrich/Hatje, Armin/Potacs, Michael/Wunderlich, Nina (Hrsg.), Verfassung und Verwaltung in Europa. Festschrift für Jürgen Schwarze zum 70. Geburtstag, Baden-Baden 2014, S. 244-262.

Stern, Klaus/Sachs, Michael (Hrsg.), Europäische Grundrechte-Charta GRCh, Kommentar, München 2016 (zitiert: *Bearbeiter*, in: Stern/Sachs (Hrsg.), GRCh, 2016).

Stotz, Rüdiger, Die Beachtung der Grundrechte bei der Durchführung des Unionsrechts in den Mitgliedstaaten – Von *Stauder* über *Wachauf* zu *Åkerberg Fransson* –, in: Heid, Daniela/Stotz, Rüdiger/Verny, Arsène (Hrsg.), Festschrift für Manfred A. Dauses zum 70. Geburtstag, München 2014, S. 409-428.

Stotz, Rüdiger, § 22, Die Rechtsprechung des EuGH, in: Riesenhuber, Karl (Hrsg.), Europäische Methodenlehre. Handbuch für Ausbildung und Praxis, 3. Auflage, Berlin u.a. 2015, S. 491-518.

Stotz, Rüdiger, Aktuelle Rechtsprechung zur EU-Charta der Grundrechte, ZEuS 2017, S. 259-281.

Streinz, Rudolf (Hrsg.), EUV, EGV, Vertrag über die Europäische Union und Vertrag zur Gründung der Europäischen Gemeinschaft, München 2003.

Streinz, Rudolf, § 218 Vollzug des europäischen Rechts durch deutsche Staatsorgane, in: Isensee, Josef/Kirchhof, Paul (Hrsg.), Handbuch des Staatsrechts der Bundesrepublik Deutschland, Band X: Deutschland in der Staatengemeinschaft, 3. Auflage, Heidelberg 2012, S. 507-552.

Streinz, Rudolf, Anwendungsbereich der EU-Grundrechtecharta, JuS 2013, S. 568-571.

Streinz, Rudolf, EU und EMRK: Beitritt ermöglicht, aber nicht leicht gemacht, Probleme des Beitritts der Europäischen Union zur Europäischen Menschenrechtskonvention nach dem Vertrag von Lissabon, in: Breuer, Marten/Epiney, Astrid/Haratsch, Andreas/Schmahl, Stefanie/Weiß, Norman (Hrsg.), Der Staat im Recht, Festschrift für Eckart Klein zum 70. Geburtstag, Berlin 2013, S. 687-699.

Streinz, Rudolf, Streit um den Grundrechtsschutz? Zum Grundrechtsschutz in der Europäischen Union nach den Urteilen des EuGH in den Fällen Åkerberg Fransson und Melloni und des BVerfG zur Antiterrordatei, in: Heid, Daniela/Stotz, Rüdiger/Verny, Arsène (Hrsg.), Festschrift für Manfred A. Dauses zum 70. Geburtstag, München 2014, S. 429-443.

Streinz, Rudolf, Grundrechtsschutz im europäischen Mehrebenensystem – Die Schutzniveauklausel des Art. 53 EU-Grundrechtecharta in der Rechtsprechung des EuGH, in: Kment, Martin (Hrsg.), Das Zusammenwirken von deutschem und europäischem Öffentlichen Recht, Festschrift für Hans D. Jarass zum 70. Geburtstag, München 2015, S. 133-144.

Streinz, Rudolf (Hrsg.), EUV/AEUV, Vertrag über die Europäische Union, Vertrag über die Arbeitsweise der Europäischen Union, Charta der Grundrechte der Europäischen Union, 3. Auflage, München 2018 (zitiert: *Bearbeiter*, in: Streinz (Hrsg.), EUV/AEUV, 3. Aufl., 2018).

Streinz, Rudolf, Europarecht, 11. Auflage, Heidelberg 2019.

Stuyck, Jules, Case C-71/02, Herbert Karner Industrie-Auktionen GmbH v. Troostwijk GmbH, Common Market Law Review 41 (2004), S. 1683-1700.

Szczekalla, Peter, Grenzenlose Grundrechte, NVwZ 2006, S. 1019-1021.

Szczekalla, Peter, § 3 Das Verhältnis zwischen dem Grundrechtsschutz in der EU und nach der EMRK, in: Heselhaus, Sebastian/Nowak, Carsten (Hrsg.), Handbuch der Europäischen Grundrechte, 2. Auflage, München 2020, S. 45-59.

Szczekalla, Peter, § 10 Grundrechtliche Schutzbereich und Schrankensystematik, in: Heselhaus, Sebastian/Nowak, Carsten (Hrsg.), Handbuch der Europäischen Grundrechte, 2. Auflage, München 2020, S. 241-281.

Szwarc, Monika, Application of the Charter of Fundamental Rights in the Context of Sanctions Imposed by Member States for Infringements of EU Law, Comment on *Fransson* Case, European Public Law 20 (2014), S. 229-245.

Teetzmann, Constantin, Grundrechtsbindung des Unionsgesetzgebers und Umsetzungsspielräume, EuR 2016, S. 90-105.

Terhechte, Jörg Philipp, Konstitutionalisierung und Normativität der europäischen Grundrechte, Tübingen 2011.

Terhechte, Jörg Philipp, Autonomie und Kohärenz – Die Eigenständigkeit der Unionsgrundrechte im Zuge des EMRK-Beitritts der Europäischen Union, in: Iliopoulos-Strangas, Julia/Pereira da Silva, Vasco/Potacs, Michael (Hrsg.), Der Beitritt der Europäischen Union zur EMRK / The Accession of the European Union to the ECHR / L'adhésion de l'Union Européenne à la CEDH, Die Auswirkung auf den Schutz der Grundrechte in Europa / The impact on the protection of fundamental rights in Europe / L'impact sur la protection des droits fondamentaux en Europe, Baden-Baden 2013, S. 23-50.

Thiele, Alexander, Das Rechtsschutzsystem nach dem Vertrag von Lissabon – (K)ein Schritt nach vorn?, EuR 2010, S. 30-51.

Timmerman, Mikhel, Balancing effective criminal sanctions with effective fundamental rights protection in cases of VAT fraud: Taricco, Common Market Law Review 53 (2016), S. 779-796.

Tizzano, Antoni, Der italienische Verfassungsgerichtshof (Corte costituzionale) und der Gerichtshof der Europäischen Union, EuGRZ 2010, S. 1-11.

Thomy, Patricia, Individualrechtsschutz durch das Vorabentscheidungsverfahren, Baden-Baden 2009.

Thorarensen, Björg, The advisory jurisdiction of the ECtHR under Protocol No. 16: enhancing domestic implementation of human rights or a symbolic step?, in: Arnardóttir, Oddný M./Buyse, Antoine C. (Hrsg.), Shifting Centres of Gravity in Human Rights Protection: Rethinking Relations between the ECHR, EU, and National Legal Orders, Abingdon, New York 2016, S. 79-100.

Thym, Daniel, Die Reichweite der EU-Grundrechte-Charta – Zu viel Grundrechtsschutz?, NVwZ 2013, S. 889-896.

Thym, Daniel, Separation versus Fusion – or: How to Accommodate National Autonomy and the Charter? Diverging Visions of the German Constitutional Court and the European Court of Justice, European Constitutional Law Review 9 (2013), S. 391-419.

Thym, Daniel, Blaupausenfallen bei der Abgrenzung von Grundgesetz und Grundrechtecharta, DÖV 2014, S. 941-951.

Thym, Daniel, Vereinigt die Grundrechte!, JZ 2015, S. 53-63.

Thym, Daniel, Rettungsschirm für Grundrechte, in: Steinbeis, Maximilian/Kemmerer, Alexandra/Möllers, Christoph (Hrsg.), Gebändigte Macht: Verfassung im europäischen Nationalstaat, Verfassungsblog II, Baden-Baden 2015, S. 173-177.

Thym, Daniel, Friendly Takeover, or: the Power of the 'First Word'. The German Constitutional Court Embraces the Charter of Fundamental Rights as a Standard of Domestic Judicial Review, European Constitutional Law Review 16 (2020), S. 1-26.

Toda Castán, Daniel, Die Öffnung des EU-Rechts für die Europäische Menschenrechtskonvention, DÖV 2016, S. 12-22.

Tomuschat, Christian, Die Europäische Union unter der Aufsicht des BVerfG, EuGRZ 1993, S. 489-496.

Tomuschat, Christian, Individueller Rechtsschutz: Das Herzstück des „ordre public européen" nach der Europäischen Menschenrechtskonvention, EuGRZ 2003, S. 95-100.

Tomuschat, Christian, The Effects of the Judgments of the European Court of Human Rights According the German Constitutional Court Developments, German Law Journal 11 (2010), S. 513-526.

Tomuschat, Christian, Der Streit um die Auslegungshoheit: Die Autonomie der EU als Heiliger Gral – Das EuGH-Gutachten gegen den Beitritt der EU zur EMRK, EuGRZ 2015, S. 133-139.

Torres Pérez, Aida, Conflicts of Rights in the European Union, Oxford 2009.

Torres Pérez, Aida, Spanish Constitutional Court, Constitutional Dialogue on the European Arrest Warrant: The Spanish Constitutional Court Knocking on Luxembourg's Door; Spanish Constitutional Court, Order of 9 June 2011, ATC 86/2011, European Constitutional Law Review 8 (2012), S. 105-127.

Torres Pérez, Aida, Constitutional Identity and Fundamental Rights: The Intersection between Articles 4(2) TEU and 53 Charter, in: Saiz Arnaiz, Alejandro/Alcoberro Llivina, Carina (Hrsg.), National Constitutional Identity and European Integration, Cambridge u.a. 2013, S. 141-157.

Torres Pérez, Aida, *Melloni* in Three Acts: From Dialogue to Monologue, European Constitutional Law Review 10 (2014), S. 308-331.

Torres Pérez, Aida, A predicament for domestic courts: Caught between the European Arrest Warrant and Fundamental Rights, in: de Witte, Bruno/Mayoral, Juan A./Jaremba, Urszula/Wind, Marlene/Podstawa, Karolina (Hrsg.), National Courts and EU Law, New Issues, Theories and Methods, Cheltenham, Northampton 2016, S. 191-216.

Töller, Annette Elisabeth, Dimensionen der Europäisierung – Das Beispiel des Deutschen Bundestages, ZParl 2004, S. 25-50.

Töller, Annette Elisabeth, Mythen und Methoden, Zur Messung der Europäisierung der Gesetzgebung des Deutschen Bundestages jenseits des 80-Prozent-Mythos, ZParl 2008, S. 3-17.

Töller, Annette Elisabeth, Die Rolle der nationalen Parlamente im europäischen Rechtssetzungsprozess, Probleme und Potentiale des Ländervergleichs, in: Kadelbach, Stefan (Hrsg.), Europäische Integration und parlamentarische Demokratie, Baden-Baden 2009, S. 75-113.

Töller, Annette Elisabeth, Measuring and Comparing the Europeanization of National Legislation: A Research Note, Journal of Common Market Studies 2010, S. 417-444.

Töller, Annette Elisabeth, Europäisierung der deutschen Gesetzgebung. Wissenschaftliches Kurzgutachten, 14.04.2014, online abrufbar unter: https://ub-deposit.fernuni-hagen.de/servlets/MCRFileNodeServlet/mir_derivate_00000959/Töller_Kurzgutachten_Europäisierung_Gesetzgebung_2014.pdf.

Tuori, Kaarlo, The pluralism of European fundamental rights law, in: Douglas-Scott, Sionaidh/Hatzis, Nicholas (Hrsg.), Research handbook on EU law and human rights, Cheltenham, Northampton, MA 2017, S. 35-57.

Tridimas, Takis, The general principles of EU law, 2. Auflage, Oxford 2006.

Trstenjak, Verica/Beysen, Erwin, The Growing Overlap of Fundamental Freedoms and Fundamental Rights in the Case Law of the CJEU, European Law Review 38 (2013), S. 293-315.

Turpin, Fabienne, L'intégration de la Charte des droits fondamentaux dans la Constitution européenne, Projet de Traité établissant une Constitution pour l'Europe, Revue trimestrielle de droit européen 2003, S. 615-636.

Tzanakopoulos Antonios, Judicial Dialogue as a Means of Interpretation, in: Aust, Helmut Philipp/Nolte, Georg (Hrsg.), The Interpretation of International Law by Domestic Courts: Uniformity, Diversity, Convergence, Oxford 2016, S. 72-95.

Uerpmann-Wittzack, Robert, Doppelter Grundrechtsschutz für die zukünftige Europäische Union, DÖV 2005, S. 152-157.

Uerpmann-Wittzack, Robert, Rechtsfragen und Rechtsfolgen des Beitritts der Europäischen Union zur EMRK, EuR 2012, Beiheft 2, S. 167-188.

Van Bockel, Bas/Wattel, Peter, New Wine into Old Wineskins: The Scope of the Charter of Fundamental Rights of the EU after *Åkerberg Fransson*, European Law Review 38 (2013), S. 866-883.

Van de Heyning, Catherine, No place like home: Discretionary space for the domestic protection of fundamental rights, in: Popelier, Patricia/van de Heyning, Catherine/Van Nuffel, Piet (Hrsg.), Human rights protection in the European legal order: the interaction between the European and the national courts, Cambridge 2011, S. 65-96.

Van de Heyning, Catherine, The Natural 'Home' of Fundamental Rights Adjudication: Constitutional Challenges to the European Court of Human Rights, Yearbook of European Law 31 (2012), S. 128-161.

Van den Brink, Martijn, EU Citizenship and EU Fundamental Rights: Taking EU Citizenship Rights Seriously?, Legal Issues of Economic Integration 39 (2012), S. 273-289.

Van den Brink, Martijn, EU citizenship and (fundamental) rights: Empirical, normative and conceptual problems, European Law Journal 25 (2019), S. 21-36.

Van der Mei, Anne Pieter, The Scope of Application of the EU Charter of Fundamental Rights – ERT Implementation, Maastricht Journal of European and Comparative Law 22 (2015), S. 432-439.

Van der Schyff, Gerhard, The Constitutional Relationship between the European Union and its Member States: The Role of National Identity in Article 4(2) TEU, European Law Review 37 (2012), S. 563-583.

Van der Schyff, Gerhard, Member States of the European Union, Constitutions, and Identity, A Comparative Perspective, in: Calliess, Christian/van der Schyff, Gerhard (Hrsg.), Constitutional Identity in a Europe of Multilevel Constitutionalism, Cambridge 2020, S. 305-347.

Van Ooyen, Robert Christian, Die Staatstheorie des Bundesverfassungsgerichts und Europa. Von Solange über Maastricht und Lissabon zur EU-Grundrechtecharta, 8. Auflage, Baden-Baden 2020.

Vasak, Karel, Human Rights: A 30-year struggle, The sustained efforts to give force of law to the Universal Declaration of Human Rights, UNESCO Courier 1977, Heft 11, S. 29-32.

Vedder, Christoph, Ein neuer gesetzlicher Richter? – Zum Beschluß des BVerfG vom 22.10. 1986, NJW 1987, S. 526-531.

Vedder, Christoph/Heintschel von Heinegg, Wolff (Hrsg.), Europäisches Unionsrecht, EUV, AEUV, GRCh, EAGV, Handkommentar, mit den vollständigen Texten der Protokolle und Erklärungen, 2. Auflage, Baden-Baden 2018.

Verrijdt, Willem, The Limits of the International Petition Right for Individuals: A Case Study of the ECtHR, in: Claes, Erik/Devroe, Wouter/Keirsbilck, Bert (Hrsg.), Facing the Limits of the Law, Berlin, Heidelberg 2009, S. 333-354.

Vervaele, John, The Application of the EU Charter of Fundamental Rights (CFR) and its Ne bis in idem Principle in the Member States of the EU, Review of European Administrative Law 6 (2013), S. 113-134.

Vervaele, John, The European Arrest Warrant and Applicable Standards of Fundamental Rights in the EU, Review of European Administrative Law 6 (2013), S. 37-54.

Viganò, Francesco, Supremacy of EU Law vs. (Constitutional) National Identity: A New Challenge for the Court of Justice from the Italian Constitutional Court, European Criminal Law Review 7 (2017), S. 103-122.

Viganò, Francesco, Melloni overruled? Considerations on the '*Taricco II*' judgment of the Court of Justice, New Journal of European Criminal Law 9 (2018), S. 18-23.

Vikarská, Zuzana/Bobek, Michal, Slovakia: Between Euro-Optimism and Euro-Concerns, in: Albi, Anneli/Bardutzky, Samo (Hrsg.), National Constitutions in European and Global Governance: Democracy, Rights, the Rule of Law: National Reports, The Hague 2019, S. 835-886.

Vincze, Attila, Das tschechische Verfassungsgericht stoppt den EuGH – Zum Urteil des tschechischen Verfassungsgerichts Pl. ÚS 5/12 vom 14.02.2012, EuR 2013, S. 194-205.

Volkmann, Uwe, Doppelt genäht hält besser? Zur Rolle der Grundrechte im europäischen Verfassungsverbund, in: Geis, Max-Emanuel/Winkler, Markus/Bickenbach, Christian (Hrsg.), Von der Kultur der Verfassung, Festschrift für Friedhelm Hufen zum 70. Geburtstag, München 2015, S. 127-136.

Von Bogdandy, Armin, Europäische und nationale Identität: Integration durch Verfassungsrecht?, VVDStRL 62 (2003), S. 156-193.

Von Bogdandy, Armin/Schill, Stephan, Die Achtung der nationalen Identität unter dem reformierten Unionsvertrag, Zur unionsrechtlichen Rolle nationalen Verfassungsrechts und zur Überwindung des absoluten Vorrangs, ZaöRV 70 (2010), S. 701-734.

Von Bogdandy, Armin/Schill, Stephan, Overcoming absolute primacy: Respect for national identity under the Lisbon Treaty, Common Market Law Review 48 (2011), S. 1417-1453.

Von Bogdandy, Armin/Kottmann, Matthias/Antpöhler, Carlino/Dickschen, Johanna/Hentrei, Simon/Smrkol, Maja, Ein Rettungsschirm für europäische Grundrechte, Grundlagen einer unionsrechtlichen *Solange*-Doktrin gegenüber Mitgliedstaaten, ZaöRV 72 (2012), S. 45-78.

Von Bogdandy, Armin/Kottmann, Matthias/Antpöhler, Carlino/Dickschen, Johanna/Hentrei, Simon/Smrkol, Maja, A European Response to Domestic Constitutional Crisis: Advancing the *Reverse*-Solange *Doctrine*, in: von Bogdandy, Armin/Sonnevend, Pál (Hrsg.), Constitutional crisis in the European constitutional area, theory, law and politics in Hungary and Romania, Oxford u.a. 2015, S. 235-253.

Von Bogdandy, Armin/Antpöhler, Carlino/Ioannidis, Michael, Protecting EU values, Reverse *Solange* and the Rule of Law Framework, in: Jakab, András/Kochenov, Dimitry (Hrsg.), The Enforcement of EU Law and Values, Ensuring Member States' Compliance, Oxford 2017, S. 218-233.

Von Bogdandy, Armin/Spieker, Luke Dimitrios, Reverse Solange 2.0: Die Durchsetzung europäischer Werte und die unions- und strafrechtliche Verantwortung nationaler Richter, EuR 2020, S. 301-332.

Von Danwitz, Thomas, Grundrechtsschutz im Anwendungsbereich des Gemeinschaftsrechts nach der Charta der Grundrechte, in: Herdegen, Matthias/Klein, Hans Hugo/Papier, Hans-Jürgen/Scholz, Rupert (Hrsg.), Staatsrecht und Politik, Festschrift für Roman Herzog zum 75. Geburtstag, München 2009, S. 19-33.

Von Danwitz, Thomas, Verfassungsrechtliche Herausforderungen in der jüngeren Rechtsprechung des EuGH, EuGRZ 2013, S. 253-261.

Von Danwitz, Thomas, § 6 Gerichtlicher Schutz der Grundrechte, in: Grabenwarter, Christoph (Hrsg.), Europäischer Grundrechteschutz, Enzyklopädie Europarecht, Band 2, Baden-Baden 2014, S. 255-301.

Von Danwitz, Thomas/Röder, Sonja, Vorüberlegungen zu einer Schutzbereichslehre der europäischen Charta-Grundrechte, in: Stern, Klaus/Tettinger, Peter J. (Hrsg.), Die Europäische Grundrechte-Charta im wertenden Verfassungsvergleich, Berlin 2005, S. 31-60.

Von Danwitz, Thomas/Paraschas, Katherina, A Fresh Start for the Charter: Fundamental Questions on the Application of the European Charter of Fundamental Rights, Fordham International Law Journal 35 (2012), S. 1396-1425.

Von der Decken, Kerstin, § 49 Diskriminierungsverbote, in: Heselhaus, Sebastian/Nowak, Carsten (Hrsg.), Handbuch der Europäischen Grundrechte, 2. Auflage, München 2020, S. 1077-1109.

Von der Groeben, Hans/Schwarze, Jürgen/Hatje, Armin (Hrsg.), Europäisches Unionsrecht, Vertrag über die Europäische Union – Vertrag über die Arbeitsweise der Europäischen Union – Charta der Grundrechte der Europäischen Union, Kommentar, 7. Auflage, Baden-Baden 2015 (zitiert: *Bearbeiter*, in: von der Groeben/Schwarze/Hatje (Hrsg.), Europäisches Unionsrecht, 7. Aufl., 2015).

Von Diest, Antoinette, Änderungen im Diskriminierungsschutz durch die Europäische Grundrechtecharta: Anwendungsbereich und inhaltliche Reichweite des Art. 21 Abs. 1 EGRC, Baden-Baden 2016.

Vondung, Julie, Der EGMR als Ersatzspieler des EuGH? Anmerkung zum Urteil des EGMR v. 6.12.2012 – 12323/11 – Michaud/Frankreich, EuR 2013, S. 688-697.

Vondung, Julie, Die Architektur des europäischen Grundrechtsschutzes nach dem Beitritt der EU zur EMRK, Tübingen 2012.

Von Graevenitz, Albrecht, Mitteilungen, Leitlinien, Stellungnahmen – Soft Law der EU mit Lenkungswirkung, EuZW 2013, S. 169-173.

Von Papp, Konstanze, Die Integrationswirkung von Grundrechten in der Europäischen Gemeinschaft, Die Rolle der Gemeinschaftsgrundrechte bei der Verwirklichung der Grundfreiheiten und des allgemeinen Freizügigkeitsrechts, Baden-Baden 2007.

Von Papp, Konstanze, A Federal Question Doctrine for EU Fundamental Rights Law: Making Sense of Articles 51 and 53 of the Charter of Fundamental Rights, European Law Review 43 (2018), S. 511-533.

Voßkuhle, Andreas, Der europäische Verfassungsgerichtsverbund, NVwZ 2010, S. 1-8.

Voßkuhle, Andreas, Die Landesverfassungsgerichtsbarkeit im föderalen und europäischen Verfassungsgerichtsverbund, JöR 59 N.F. (2011), S. 215-243.

Voßkuhle, Andreas, Menschenrechtsschutz durch die Europäischen Verfassungsgerichte, RdA 2015, S. 336-343.

Wagner, Stephan, Kopftuch in Beschäftigungsverhältnissen – Zu den Auswirkungen der EuGH-Urteile in den Rechtssachen Achbita u.a. (Rs. C-157/15) und Bougnaoui u.a. (Rs. C-188/15) auf den nationalen Grundrechtsschutz, EuR 2018, S. 724-752.

Walker, Neil, The Idea of Constitutional Pluralism, The Modern Law Review 65 (2002), S. 317-359.

Walker, Neil, Constitutional Pluralism Revisited, European Law Journal 22 (2016), S. 333-355.

Wallrab, Annette, Die Verpflichteten der Gemeinschaftsgrundrechte, Umfang und Grenzen der Bindung der Europäischen Gemeinschaft und der Mitgliedstaaten an die Grundrechte des Europäischen Gemeinschaftsrechts, Baden-Baden 2004.

Walter, Christian, § 1 Geschichte und Entwicklung der Europäischen Grundrechte und Grundfreiheiten, in: Ehlers, Dirk (Hrsg.)., Europäische Grundrechte und Grundfreiheiten, 4. Auflage, Berlin, Boston 2014, S. 1-24.

Walter, Christian, Der verpasste Verfassungsauftrag: Zum Gutachten des EuGH gegen den Beitritt der EU zur EMRK, in: Kment, Martin (Hrsg.), Das Zusammenwirken von deutschem und europäischem Öffentlichen Recht, Festschrift für Hans D. Jarass zum 70. Geburtstag, München 2015, S. 145-158.

Walter, Christian/Vordermayer, Markus, Verfassungsidentität als Instrument richterlicher Selbstbeschränkung in transnationalen Integrationsprozessen. Vergleichende Überlegungen anhand der Rechtsprechung von EuGH und EGMR, JöR N.F. 63 (2015), S. 129-166.

Weber, Albrecht, Rechtsfragen der Durchführung des Gemeinschaftsrechts in der Bundesrepublik, Köln u.a. 1987.

Weber, Albrecht, Die Europäische Grundrechtscharta – auf dem Weg zu einer europäischen Verfassung, NJW 2000, S. 537-544.

Weber, Albrecht, Einheit und Vielfalt der europäischen Grundrechtsordnung(en), DVBl. 2003, S. 220-227.

Wegner, Kilian, Die „Fransson"-Entscheidung des EuGH – Eine Erschütterung im System der europäischen Grundrechte?, HRRS 2013, S. 126-131.

Weidmann, Klaus W., Der Europäische Gerichtshof für Menschenrechte auf dem Weg zu einem europäischen Verfassungsgerichtshof d. Entwicklung d. Rechtsprechung d. Europ. Gerichtshofs für Menschenrechte, insbesondere d. method. u. grundrechtstheoret. Ansätze, Frankfurt am Main u.a. 1985.

Weiler, Joseph H.H., The European Court at a Crossroads: Community Human Rights and Member State Action, in: Capotorti, Francesco u.a. (Hrsg.), Du Droit International au droit de l'integration: Liber amicorum Pierre Pescatore, Baden-Baden 1987, S. 821-842.

Weiler, Joseph H.H./Lockhart, Nicolas J.S., "Taking rights seriously" seriously: The European Court and its fundamental rights jurisprudence – part I, Common Market Law Review 32 (1995), S. 51-94.

Weiler, Joseph H.H./Lockhart, Nicolas J.S., "Taking rights seriously" seriously: The European Court and its fundamental rights jurisprudence – part II, Common Market Law Review 32 (1995), S. 579-627.

Weinzierl, Josef, Der EuGH erklärt erstmalig nationales Recht für ungültig – Anmerkung zum Urteil des EuGH v. 26.02.2019, Rs. C-202/18 (Rimšēvičs), EuR 2019, S. 434-459.

Weiß, Wolfgang, Grundrechtsschutz durch den EuGH: Tendenzen seit Lissabon, EuZW 2013, S. 287-292.

Wendel, Mattias, Permeabilität im europäischen Verfassungsrecht, Verfassungsrechtliche Integrationsnormen auf Staats- und Unionsebene im Vergleich, Tübingen 2011.

Wendel, Mattias, Neue Akzente im europäischen Grundrechtsverbund, Die fachgerichtliche Vorlage an den EuGH als Prozessvoraussetzung der konkreten Normenkontrolle, EuZW 2012, S. 213-218.

Wendel, Mattias, Richterliche Rechtsvergleichung als Dialogform: Die Integrationsrechtsprechung nationaler Verfassungsgerichte in gemeineuropäischer Perspektive, Der Staat 52 (2013), S. 339-370.

Wendel, Mattias, Kompetenzrechtliche Grenzgänge: Karlsruhes *Ultra-vires*-Vorlage an den EuGH, ZaöRV 74 (2014), S. 615-670.

Wendel, Mattias, Der EMRK-Beitritt als Unionsrechtsverstoß, Zur völkerrechtlichen Öffnung der EU und ihren Grenzen, NJW 2015, S. 921-926.

Wendel, Mattias, Nationale Identität als Narrativ der europäischen Integration?, in: Franzius, Claudio/Mayer, Franz C./Neyer, Jürgen (Hrsg.), Die Neuerfindung Europas, Bedeutung und Gehalte von Narrativen für die europäische Integration, Baden-Baden 2019, S. 51-66.

Wendel, Mattias, Das Bundesverfassungsgericht als Garant der Unionsgrundrechte, Zugleich Besprechung von BVerfG, Beschlüsse v. 06.11.2019 – 1 BvR 16/13 (Recht auf Vergessen I) und 1 BvR 276/17 (Recht auf Vergessen II), JZ 2020, S. 157-168.

Wendel, Mattias, The two-faced guardian – or how one half of the German Federal Constitutional Court became a European fundamental rights court, Common Market Law Review 57 (2020), S. 1383-1426.

Wetter, Irmgard, Die Grundrechtscharta des Europäischen Gerichtshofes. Die Konkretisierung der gemeinschaftlichen Grundrechte durch die Rechtsprechung des EuGH zu den allgemeinen Rechtsgrundsätzen, Frankfurt am Main 1998.

Weyer, Hartmut, Gemeinschaftsrechtliche Überprüfbarkeit mitgliedstaatlicher Regelungen der Verkaufsmodalitäten, EuZW 2004, S. 455-457.

Wiethoff, Jan Hendrik, Das konzeptionelle Verhältnis von EuGH und EGMR, Baden-Baden 2008.

Wildhaber, Luzius, Eine verfassungsrechtliche Zukunft für den Europäischen Gerichtshof für Menschenrechte?, EuGRZ 2002, S. 569-574.

Winkler, Roland, Die Grundrechte der Europäischen Union, System und allgemeine Grundrechtslehren, Wien u.a. 2006.

Winter, Regine, Deutliche Worte des EuGH im Grundrechtsbereich, NZA 2013, S. 473-477.

Wischmeyer, Thomas, Nationale Identität und Verfassungsidentität. Schutzgehalte, Instrumente, Perspektiven, AöR 140 (2015), S. 415-460.

Wolber, Johannes, Der Beitritt der Europäischen Union zur EMRK im Lichte des Europäischen Zivilprozessrechts, Eine Kritische Analyse des Gutachtens 2/13 des EuGH, ZEuP 2017, S. 936-952.

Wolff, Daniel, Der Einzelne in der offenen Staatlichkeit: grundgesetzlicher Grundrechtsschutz in der zwischenstaatlichen Kooperation, Tübingen 2020.

Wollenschläger, Ferdinand, Grundfreiheit ohne Markt, Die Herausbildung der Unionsbürgerschaft im unionsrechtlichen Freizügigkeitsregime, Tübingen 2007.

Wollenschläger, Ferdinand, § 8 Grundrechtsschutz und Unionsbürgerschaft, in: Hatje, Armin/Müller-Graff, Peter-Christian (Hrsg.), Europäisches Organisations- und Verfassungsrecht, Enzyklopädie Europarecht, Band 1, Baden-Baden 2014, S. 367-475.

Wollenschläger, Ferdinand, Anwendbarkeit der EU-Grundrechte im Rahmen einer Beschränkung von Grundfreiheiten, Bestätigung der ERT-Rechtsprechung durch den EuGH auch unter der Grundrechtecharta, EuZW 2014, S. 577-580.

Wollenschläger, Ferdinand, Die Erga-omnes-Wirkung von EuGH-Urteilen in Vorabentscheidungsverfahren und die TK-Verkehrsdatenspeicherung, NJW 2018, S. 2532-2536.

Wollenschläger, Ferdinand/Krönke, Lukas, Telekommunikationsüberwachung und Verkehrsdatenspeicherung – eine Frage des EU-Grundrechtsschutzes?, NJW 2016, S. 906-910.

Wölk, Jonas, Die Umsetzung von Richtlinien der Europäischen Gemeinschaft. Eine rechtsvergleichende Untersuchung zum Recht der Bundesrepublik Deutschland, der französischen Republik und des Vereinigten Königreichs, Baden-Baden 2002.

Wróblewski, Mirosław, The Legal Value and Implementation of the Charter of Fundamental Rights in Poland, in: Palmisano, Giuseppe (Hrsg.), Making the Charter of Fundamental Rights a Living Instrument, Leiden u.a. 2014, S. 314-342.

Xuereb, Peter G., The Constitution of Malta: Reflections on New Mechanisms for Synchrony of Values in Different Levels of Governance, in: Albi, Anneli/Bardutzky, Samo (Hrsg.), National Constitutions in European and Global Governance: Democracy, Rights, the Rule of Law, National Reports, The Hague 2019, S. 141-178.

Zeder, Fritz, Sanktionen des EU-Beihilfenrechts, Steuerzuschläge: ne bis in idem zu Betrug?, Oder: Bauern und Fischer als Katalysatoren der Grundrechtsentwicklung in der EU, ÖJZ 2014, S. 494-500.

Zedler, Friederike, Mehrsprachigkeit und Methode. Der Umgang mit dem sprachlichen Egalitätsprinzip im Unionsrecht, Baden-Baden 2015.

Zglinski, Jan, The rise of deference: the margin of appreciation and decentralized judicial review in EU free movement law, Common Market Law Review 55 (2018), S. 1341-1386.

Ziegenhorn, Gero, Der Einfluss der EMRK im Recht der EU-Grundrechtecharta, genuin chartarechtlicher Grundrechtsschutz gemäß Art. 52 Abs. 3 GRCh, Berlin 2009.

Ziegenhorn, Gero, Kontrolle von mitgliedstaatlichen Gesetzen „im Anwendungsbereich des Unionsrechts" am Maßstab der Unionsgrundrechte, NVwZ 2010, S. 803-808.

Zimmermann, Andreas, Die Charta der Grundrechte der Europäischen Union zwischen Gemeinschaftsrecht, Grundgesetz und EMRK, Entstehung, normative Bedeutung und Wirkung der EU-Grundrechtecharta im gesamteuropäischen Verfassungsraum, Baden-Baden 2002.

Zippelius, Reinhold, Juristische Methodenlehre, 11. Auflage, München 2012.

Zuleeg, Manfred, Das Recht der Europäischen Gemeinschaften im innerstaatlichen Bereich, Köln 1969.

Zuleeg, Manfred, Zum Verhältnis nationaler und europäischer Grundrechte, Funktionen einer EU-Charta der Grundrechte, EuGRZ 2000, S. 511-517.